山阴县志

SHAN YIN XIAN ZHI

1998–2016

山阴县志编纂委员会 编

方志出版社
Publishing House of Local Records

图书在版编目（C I P）数据

山阴县志：1998—2016 / 山阴县志编纂委员会编. --
北京：方志出版社，2019.12
ISBN 978-7-5144-3915-1

Ⅰ. ①山… Ⅱ. ①中… Ⅲ. ①山阴县—地方志—
1998—2016 Ⅳ. ①K292.54

中国版本图书馆CIP数据核字(2019)第255072号

山阴县志（1998—2016）

编　　者：	山阴县志编纂委员会
责任编辑：	范　静
出 版 者：	方志出版社
	地址　北京市朝阳区潘家园东里 9 号（国家方志馆 4 层）
	邮编　100021
	网址　http://www.fzph.org
发　　行：	方志出版社图书经销中心
	电话（010）67110500
经　　销：	各地新华书店
印　　刷：	山西基因包装印刷科技股份有限公司
开　　本：	889mm × 1194mm　　1/16
印　　张：	60.25
字　　数：	1732千字
版　　次：	2019年12月第1版　　2019年12月第1次印刷
印　　数：	0001～5000册

ISBN　978-7-5144-3915-1　　　　定价：890.00元

《山阴县志（1998—2016年）》编纂委员会

（2016年10月至2018年12月）

主　任：李旭清

副主任：南志中　相　成　段国强

委　员：丁　裕　王　伟　王建平　王国梁　李　启　李全胜　李可进　刘向前

刘德义　刘德智　乔新文　苏　美　何兴斌　杨良贵　杨德文　钟军辉

郭兆文　郭振林　降　英　宣春青　柴　俊　黄永红

（2019年1—10月）

主　任：李旭清

副主任：苏　坡　相　成　段国强

委　员：丁　裕　王国文　王建平　王国梁　李可进　刘　宇　刘向前　刘德义

刘德智　乔新文　何兴斌　杨良贵　杨德文　钟军辉　郭兆文　郭　瑞

郭振林　降　英　宣春青　柴　俊

《山阴县志（1998—2016年）》编辑部

（2016年10月至2019年10月）

主　　编：侯志林

副 主 编：曹宝文（2016—2017年）

特邀编辑：黄　冀　李文军　高峤朕　张玲玲

编　　辑：王应霞　白永强　兰成权　石海雁　闫晓莉　李　成　李　霞　李淑琴

杨彩虹　赵丽娟　赵美珍　贾常春　高淑泓　谷慧敏　何晓娟　郝金仙

校　　对：赵文华　门建石

摄　　像：郑　文　刘文孝

评审《山阴县志》领导与专家

张志仁	山西省委党史研究院（山西省地方志研究院）院长
刘益令	山西省委党史研究院（山西省地方志研究院）副院长
钟启元	山西省委党史研究院（山西省地方志研究院）副院长
马正英	原省地方志办公室原副巡视员
焦永萍	原省地方志办公室市县志处处长
杨　颖	原省地方志办公室市县志处调研员
董剑云	原省地方志办公室旧志处处长
刘　辉	原省委党史办公室宣传教育处处长
童文佐	原朔州日报总编辑
张　超	原省地方志办公室市县志处干部
赵永强	山西省委党史研究院（山西省地方志研究院）信息资料室主任
冯翠兰	山西省委党史研究院（山西省地方志研究院）方志四室调研员
郝世文	山西省委党史研究院（山西省地方志研究院）办公室主任
向建伟	山西省委党史研究院（山西省地方志研究院）办公室调研员
张瑞琴	山西省委党史研究院（山西省地方志研究院）方志三室主任科员
蔚　铭	朔州市地方志办公室主任
苗连顺	朔州师范高等专科学校副教授
丁一厚	朔州师范高等专科学校副教授
黄　冀	山阴县文联主席（原《山阴县志》执行主编）
罗　君	朔州市地方志办公室综合科科长
王富霖	朔州市地方志办公室科员

◆ 桑干河

◆ 广武汉墓群

◆ 县城鸟瞰图

◆ 山阴牌楼

◆ 山阴县政府及广场航拍图

◆ 青年东街

◆ 中共山阴县委、县政府、县人大、县政协综合办公楼

◆ 府东街延长线

◆ 旧街广场

◆ 河阳大道

◆ 河阳广场

山阴站

◆ 山阴北收费站

◆ 大运、荣乌高速立交桥

◆ 雁门关隧道

◆ 耕　地

◆ 富硒谷子

◆ 朔州市骏宝宸农业科技有限公司基地

◆ 农民丰收节

◆ 高 粱

◆ 苹 果

◆ 南口前大接杏

◆ 农业病虫飞防

◆ 村庄绿化

◆ 山体绿化

◆ 植树造林

◆ 街巷硬化、绿化、美化

◆ 夕照桑干

◆ 苍　鹭

◆ 白骨顶黑水鸡

◆ 黑翅长脚鹬

◆ 黑　鹳

◆ 草　鹭

◆ 桑干河湿地

◆ 桑干夜景

◆ 桑干河上的游船

◆ 织女泉风电场

◆ 山阴中电新能源有限公司电站局部

◆ 硅锰产品出炉

◆ 昱光电厂

◆ 中煤华昱集团运煤栈桥

◆ 铁路运煤

◆ 中煤集团山西华昱能源有限公司

◆ 公路运煤

◆ 金龙输煤专线

◆ 古城乳业年产 15 万吨液态奶生产车间

◆ 古城乳业集团厂景

◆ 无菌灌装生产线

◆ GEA 超高温灭菌车间

◆ 古城乳业现代化挤奶车间

山西古城乳业农牧有限公司

◆ 古城乳业厂内一角

◆ 山阴县医疗集团人民医院

◆ 山阴一中

◆ 山阴县中医医院

◆ 山阴二中

◆ 山阴县基层群众文化汇报演出

◆ 传统庙会

◆ 山阴县文化群众艺术大讲堂

◆ 庆祝建党 90 周年红歌会

◆ 雨霁文魁塔

◆ 长城夕照

◆ 化悲岩寺天王殿

◆ 广武汉文化广场汉武大帝雕塑

◆ 广武明长城

◆ 王家屏墓园

◆ 下立羊泉烈士陵园

◆ 旧广武雌雄双柏

◆ 威风锣鼓

◆ 扇子舞

◆ 文化广场彩灯

◆ 彩　车

◆ 蝴蝶门

◆ 挠 搁

◆ 踩高跷

◆ 政府大楼彩灯

◆ 彩 车

◆ 舞 龙

辽武从兴买地石券（三级文物）

汉“五铢”背“十一”铜钱范（二级文物）

明“帝鉴忠勤”木匾（二级文物）

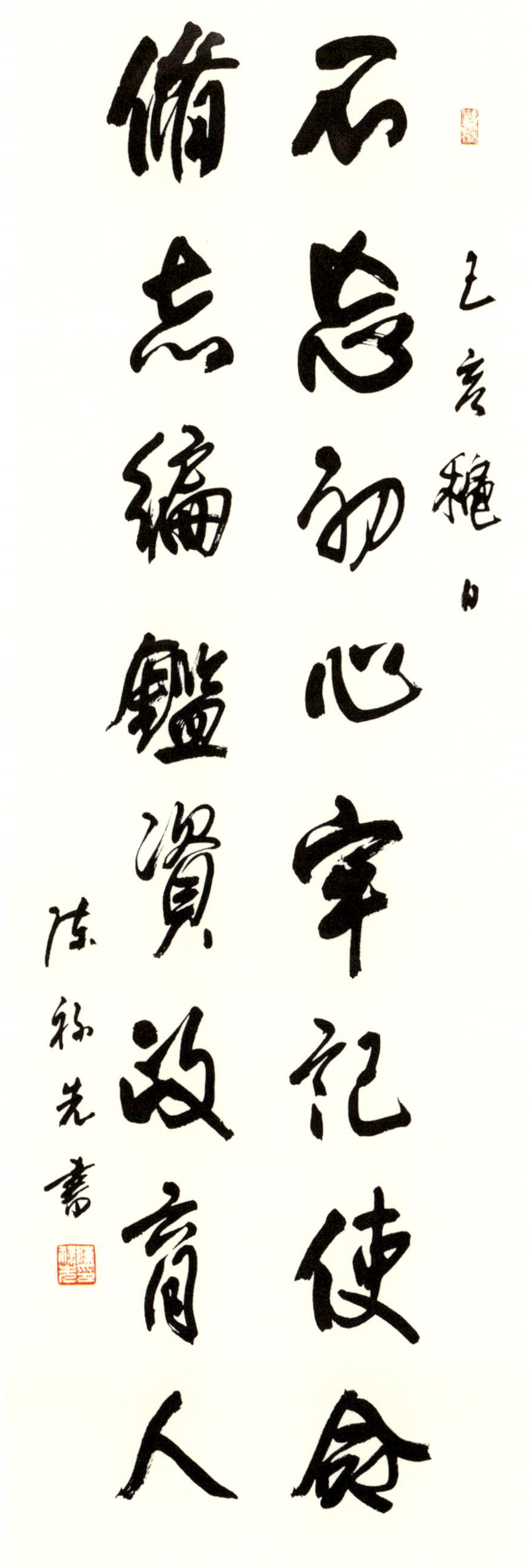
不忘初心牢记使命
修志编鉴资政育人
陈禄先书

◆ 陈禄先 作品

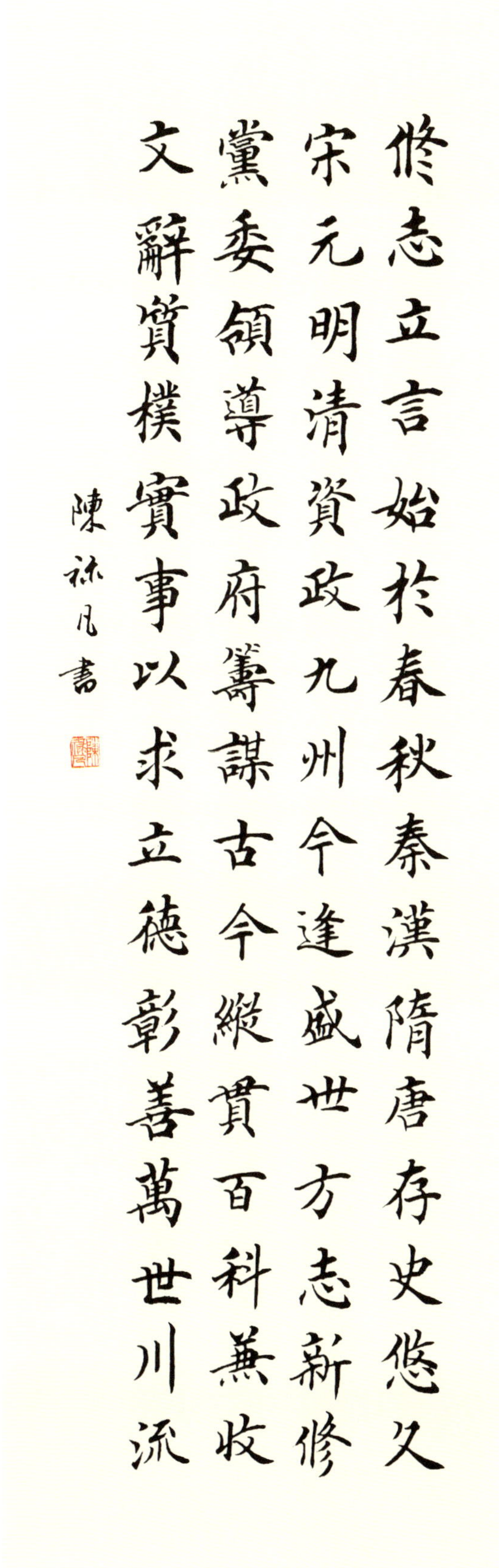
修志立言始於春秋秦漢隋唐存史悠久
宋元明清資政九州今逢盛世方志新修
黨委領導政府籌謀古今縱貫百科兼收
文辭質樸實事以求立德彰善萬世川流
陳祿凡書

◆ 陈禄凡 作品

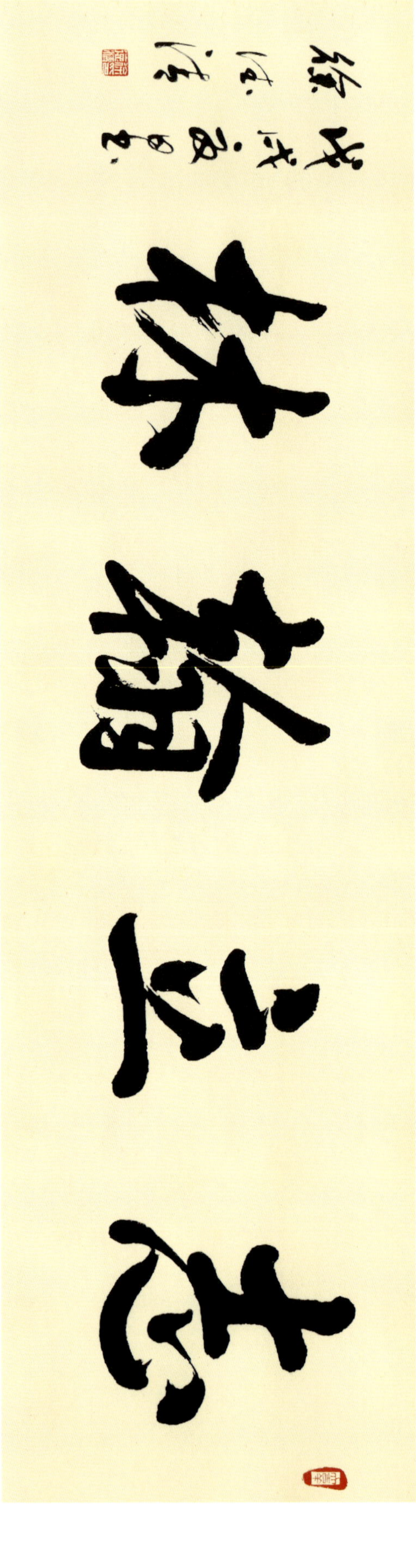

徐德清 作品

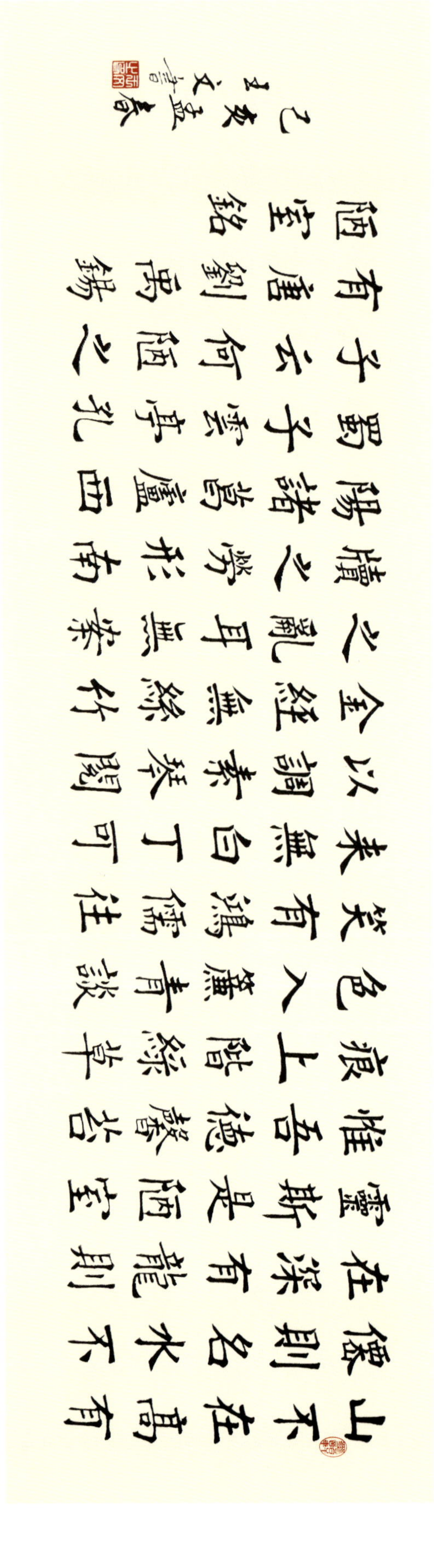
山不在高有僊則名水不在深有龍則靈斯是陋室惟吾德馨苔痕上階綠草色入簾青談笑有鴻儒往來無白丁可以調素琴閱金經無絲竹之亂耳無案牘之勞形南陽諸葛廬西蜀子雲亭孔子云何陋之有
唐劉禹錫陋室銘
乙未孟春王文書

王文 作品

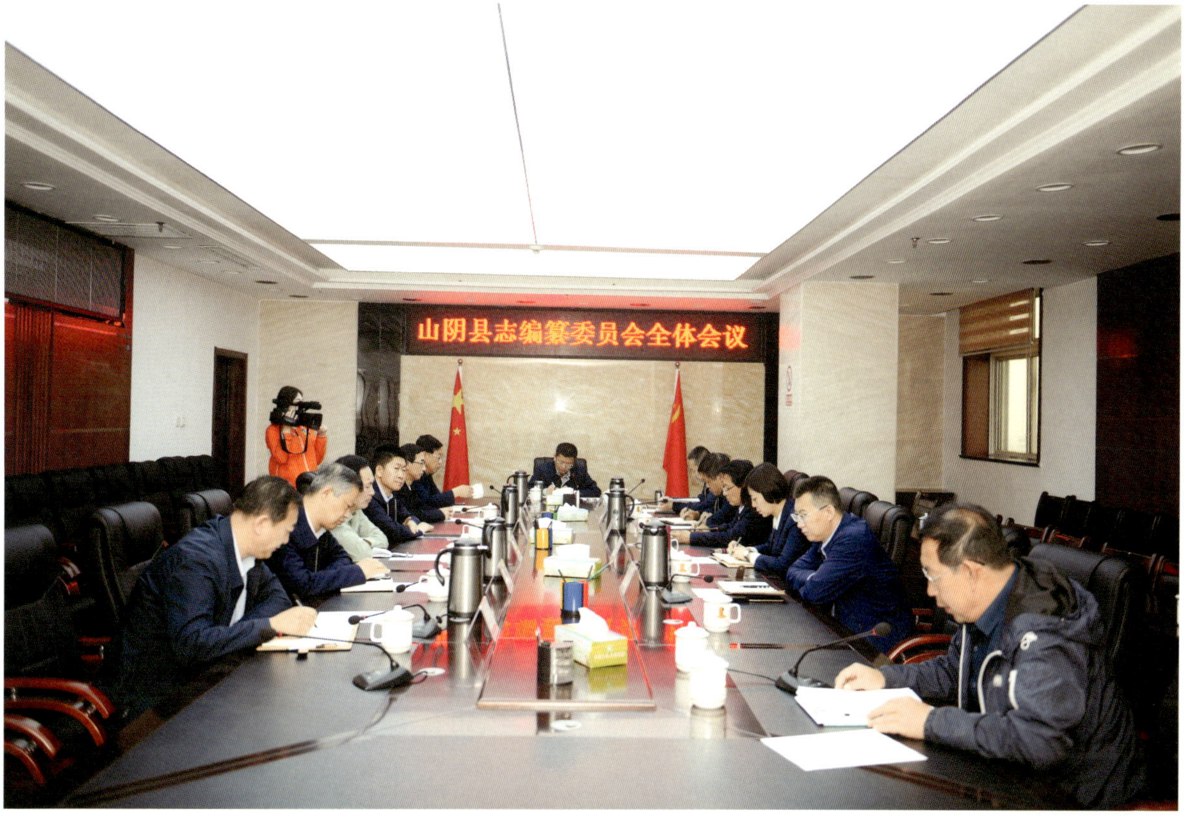

◆ 山阴县志编纂委员会全体会议

◆ 山阴县委党史研究室工作人员讨论志稿

《山阴县志（1998~2016）》评审会合影：前排从左到右刘辉、董剑云、焦永萍、马正英、钟启元、张祥、张志仁、李旭清、蔚铭、杨颖、童文佐、郭兆文、王国梁

序 言

人事有代谢，往来成古今。不断发展变化的社会生活，呈现出丰富多彩的人文画卷。每个地方的历史和现状，只有借助志书的真实记载，才能实现超越时空的传承价值。

山阴县地处桑干河畔，雁门关外，树木青翠丰茂，山峰高峻险要，自古就是兵家必争的战略要地。境内地势平坦，桑干河、黄水河贯穿其间，渠道密布，灌溉方便。蜿蜒曲折的广武长城，保存完整的新广武城旧广武城，高耸连绵的汉代墓群，演绎着烽烟漫漫的悲壮故事。中华人民共和国成立以来，山阴人民进行社会主义经济建设、改造农田、兴修水利、创办工业企业、营造商贸环境、满足人们日益增长的生活需求。进入21世纪，山阴产业体系门类齐全，产业结构相对合理。煤炭、乳品逐渐成为两大标志性优势产业。循环经济、奶牛乳品、规模养殖、农产品加工、生态绿化、广武边塞文化旅游等亦是山阴发展成果的卓越体现。实施“蓝天碧水”和“节能减排”工程，全面治理生态环境。健全完善社会保障体系，实现养老和医疗保险全覆盖。科教、文卫等各项社会事业成就斐然，人民安居乐业的幸福感逐步增强。

山阴县波澜壮阔的奋斗历程，荣辱成败的经验教训，需要地方志书进行记载和传承。根据国务院《地方志工作条例》《山西省地方志工作条例》和《全国地方志事业发展规划纲要（2015—2020年）》《山西省地方志事业发展规划纲要（2015—2020年）》要求，到2020年完成省、市、县三级第二轮修志工作。2016年，山阴县为了实现“志鉴两全”目标，决定续修《山阴县志（1998—2016年）》。为确保编纂工作有计划、有步骤、高效率地推进，坚持党委领导、政府主持、史志部门牵头、各部门共同参与的原则，把地方志工作纳入国民经济和社会发展规划及政府工作任务之中。特制定《〈山阴县志〉编纂方案》。从指导思想、编纂要求、组织领导、业务培训等方面进行规范和保障。要求各乡镇（管委会）、县直各单位、各条管单位、驻县单位给予积极配合。通过编辑人员的辛勤劳动，以及各单位相关人员的有力支持，第二轮《山阴县志（1998—2016年）》即将出版，达到思想性、科学性和资料性的统一，充分体现时代特征和地方特色。这是山阴县文化建设的重大成果，弥足珍贵，意义深远！

地方志编纂工作是修志问道、以启未来的事业，包含着巨大的时代担当与使命追求。在此，要感谢所有编纂人员，正是他们的勤恳敬业成就一部县志。也感谢那些默默无闻的人们，正是他们的无私奉献，为县志提供详实的史料。尤其要感谢省市方志领导和专家，正是他们的不吝赐教和热心帮助，《山阴县志（1998—2016年）》才能做得尽善尽美。

《山阴县志（1998—2016）》是文化事业建设的非凡成就，必将让山阴这颗塞上明珠闪耀出夺目的光彩！

朔州市政协副主席、山阴县委书记 李旭信

山阴县委副书记、政府县长 [signature]

2019年9月29日

凡 例

一、本志以马克思列宁主义、毛泽东思想、邓小平理论、“三个代表”重要思想、科学发展观、习近平新时代中国特色社会主义思想为指导，坚持辩证唯物主义和历史唯物主义的立场、观点和方法，记述山阴县自然、政治、经济、文化和社会的历史与现状。

二、本志上限为1998年1月1日，下限至2016年12月31日。部分事物和人物的记述时限适当上溯，大事记、人物篇突破下限，截至定稿日期。

三、本志结构为章节体，分编、章、节、目4个层次。

四、本志体裁分述、记、志、传、图、表、录，诸体并用，以志为主；图表随文穿插，作为补充；大事记以编年体为主，辅以记事本末体。

五、语言用字按2001年《中华人民共和国国家通用语言文字法》,2013年6月5日国务院公布的《通用规范汉字表》执行。

六、标点符号按中华人民共和国国家质量监督检验检疫总局、中国国家标准化管理委员会2011年12月30日发布、2012年6月1日实施的《标点符号用法》执行。

七、数字按中华人民共和国国家质量监督检验检疫总局、国家标准化管理委员会2011年7月29日发布、2011年11月1日实施的《出版物上数字用法》执行。

八、志书纪年，清代及清以前采用历史纪年，农历记月日，用汉字书写，括注公元纪年及部分可考溯确定的公历月日；民国时期采用民国 纪年，后括注公元纪年，以公历纪月日；中国人民共和国成立后一律采用公元纪年。括注公元纪年的括号内统一省去“公元”字，公历纪月日则统一采用阿拉伯数字组合汉字书写。

九、计量单位以1984年2月国务院发布的《关于在我国统一实行法定计量单位的命令》和1993年国家技术监督局国家标准《量和单位》为准。

十、组织机构和会议首次出现使用全称，后用简称。历史地名括注今地名，相同的村名前冠乡镇名。缩略用语首次出现时括注全称。

十一、本志人物坚持“生不立传”的原则，立传人物为对山阴县经济与社会发展作出重大贡献的本客籍人士，以卒年为序。人物传记述为山阴县解放与发展作出突出贡献的革命烈士、执政者。人物简介记述山阴县各行各业杰出人才。人物名录记述副厅（师）级以上党政军干部及各界副高职称以上人员以及获得博士学位的山阴县籍学生。人物传记、人物简介、人物名录以生年为序编排。

十二、本志所用资料来源于各承编部门、档案、书刊及调查记录。所用数据来自山阴县统计局及县有关部门。

目 录

第三编 人 口

第四编 中共山阴县地方组织

第五编 山阴县人民代表大会

第六编 山阴县人民政府

第七编 政协山阴县委员会

第八编　民主党派　群众团体

第九编　综合政务

第十编 检察 审判

第十一编 公安 司法行政

第十二编 军 事

第十三编　城乡建设

第十四编　环境保护

第十五编　交　通

第十六编 邮政 电信

第十七编 经济综述

第十八编 农 业

第十九编 林业 畜牧

第二十编 水 利

第二十一编 工 业

第二十二编 煤炭工业

第二十三编 乳 业

第二十四编　商贸服务业

第二十五编　财　税

第二十六编　银行业　保险业

第二十七编　经济管理

第二十八编 教育科技

第二十九编 文 化

第三十编 卫生 体育

第三十一编 文物 旅游

第三十二编 民俗 宗教

第三十三编 方 言

第三十四编 人 物

第三十五编 艺 文

概 述

一

山阴县位于山西省北部，大同盆地南缘，内长城雁门关外，恒山余脉翠微山北，北纬 39°11′~39°47′，东经 112°25′~113°04′。东邻应县，南毗代县，西交朔城区、平鲁区，北与左云、右玉、怀仁接壤。县城距北京 415 公里，距太原 208 公里，距朔州城区 47 公里，距大同 87 公里。总面积 1651 平方公里，南北长 66.7 公里，东西宽 36.5 公里。

县境内有翠微山、洪涛山以及黄花岭，南北高，中间低，最高点为洪涛山主峰大贝山，海拔 1947.5 米，最低点为合盛堡乡北郭庄，海拔 1003 米。全县地貌分为山地、丘陵、平原，分别占总面积的 41.4%、6.7% 和 51.9%。

山阴县属温带大陆性季风气候，属晋北温带寒冷半干旱气候区，初霜期为九月下旬，无霜期 143 天。年平均气温 7.3℃，年平均日照时数 2830.4 小时，年总辐射量 137.48 千卡 / 平方厘米，年平均蒸发量 1988.1 毫米，年平均风速 2.6 米 / 秒，年平均降水量 384.7 毫米。

境内自然资源较为丰富，其中以煤炭为主，煤田总面积 355.2 平方公里，总储量 114 亿吨，煤质品种以氯煤和弱粘煤为主，为优质烟煤，素有“煤乡”之称；铁矿石储量 4000 万吨，系赤铁矿；铝矾土 900 万吨；石灰石 3000 万吨；方解石 40 万吨；大理石 2600 万吨。石灰石主要集中在县城西部的洪涛山上，探明高钙石灰石的储量达 500 余亿吨。此外有石英石、钾长石、黑云母、玄武岩等。

全县林业用地面积 75.36 万亩，其中：森林面积 13.8 万亩，宜林荒山荒地面积 26 万亩。至 2014 年，森林覆盖率 13.73%，活立木蓄积量 57.1 万立方米。

山阴县主要河流有桑干河、黄水河、木瓜河，属海河流域、永定河水系。有大小泉水 53 处。水资源总量 1.19 亿立方米。盆地地下水主要补给为基岩山区侧向补给和降雨垂直入渗，年补给量 0.94 亿立方米。

2016 年，全县辖 4 镇 9 乡 2 个管委会，分别为：玉井镇、北周庄镇、岱岳镇、古城镇、马营乡、吴马营乡、下喇叭乡、合盛堡乡、安荣乡、薛圐圙乡、后所乡、张家庄乡、马营庄乡、东城管委会、西城管委会。县城所在地为岱岳镇。全县行政村 257 个，社区 10 个。全县常住人口为 24.24 万人，其中农业人口 17.12 万人。全县人口以汉族为主，占总人口的 99.9%。另有蒙古族、满族、土家族、藏族等 13 个少数民族。

进入 21 世纪，全县推进城市基础设施建设，城市功能不断完善，城市品位稳步提升。坚持生态优先、绿色转型，加快以美丽山阴为目标的生态文明建设步伐。2012 年，以桑干河湿地生态修复工程为龙头，掀开大县城扩容提质的序幕，县城面积由 12 平方公里拓展为 24 平方公里。实施矿山生态恢复治理工程，持续推进造林绿化。2016 年，完成京津风沙源治理人工造林 3000 亩，巩固退耕还林干果经济林 3300 亩，实施荣乌高速公路通道绿化工程。

二

1998年后，山阴县贯彻中国共产党在农村的各项政策法规，减轻农民负担，拓宽农民增收渠道。在保证土地所有权不变，保证农民家庭承包经营权30年不变的前提下，本着自愿、有偿、依法的原则，采取租赁、转包、入股、合作等多种形式，引导和规范农村土地流转工作，土地向种养大户集中，发展规模经济，解决了龙头企业扩大规模的土地制约问题。坚持“优玉米、精杂粮、扩蔬菜、提单产、上饲草”的宗旨，建成高产玉米示范基地、特色杂粮基地、无公害蔬菜基地、饲草饲料基地。2007年，粮食总产量1.515亿公斤，其中玉米1.3亿公斤。全县新建蔬菜大棚210座，其中竣工130座，在建80座。2009年，把发展设施农业作为调整农业结构、促进农业增效、农民增收的新增长点，采取“政府补、贷款扶、农民筹”的投资方式，建成温室大棚450座。加大农副产品龙头企业的扶持力度，鼓励发展“公司＋基地＋农户”的产业经营模式，提升农业产业化水平。全县市级农业产业化龙头企业新增3家，农业产业化龙头企业达14家，带动农户2.8万户。各类农民专业合作社350余家。2012年，围绕“十二五”末农民人均纯收入在全省率先突破2万元和玉米秸秆、畜禽粪便两个100%转化的目标，农牧结合，多措并举，农业种养加循环产业链不断延伸发展。以古城乳业集团、天鹏农牧有限公司为代表的13个省市“513”龙头企业竞相发展，全县农副产品加工销售收入达24亿元。2016年，紧抓国家“粮改饲”试点机遇，推进以养带种的种植结构调整，重点推进青贮玉米、小杂粮、苜蓿三大基地建设，集中连片种植优质全株青贮玉米13.5万亩，推广种植旱地谷子2万亩。

全县发挥主导产业优势，引资金、引项目，壮大煤炭、乳品、化工三大优势产业，培育陶瓷、旅游两大潜力产业，形成“3+2”工业主导型的县域经济发展格局。2007年，第二产业工业经济结构继续推进，煤电、乳品、冶化、农副产品加工等主导产业发展势头良好。第三产业服务业发展加快，服务业增加值完成18.55亿元，增长17.4%，占GDP比重32.4%。其中：交通运输和仓储邮政业占23.5%，批发零售业占18.7%，住宿和餐饮业占7.3%，金融业占5%，房地产业占10.5%，其他服务业占35%。2009年，围绕国家产业政策，发展煤矸石发电、风力发电和热电联供，延伸煤炭产业链条，坚持煤电一体化发展战略，促进能源结构实现升级。按照“多元集群、循环耦合”的发展理念，推行煤—电—冶—新型建材—煤化工梯次延伸，不断推进北周庄循环经济工业园区建设。园区内落地项目10个，建成投产7个，初步形成煤炭洗选、皮带输送、发运3个千万吨的能力，年可发电6亿千瓦时、生产硅锰合金5万吨、生产标准煤矸石烧结砖2亿块的生产规模，全年实现销售收入18亿元，上缴税金5.3亿元。2012年，完善和提升城市功能，引进商业巨头，华联集团投资1.5亿元新建6万平方米的全国县级最大的虹桥商贸综合体，美特好集团投资1.2亿元新建3万平方米的鹏逸商贸城，商贸流通服务业实现突破性发展。2016年，适应经济发展新常态，推进稳增长、调结构、促改革各项工作，加快转型升级步伐。成立能源、农业、城市三大投资公司，注册资本金1.1亿元；与农发行、全国合作经济工作委员会、金融合作专业委员会等进行对接。持续开展助保贷业务，为19家企业解决贷款5829万元。以电力供给侧结构性改革为契机，争取将中煤华昱集团列为“煤—电—X”（代表依靠煤炭支柱产业，带动其他产业发展）试点，全面承接和发展现代载能产业。

三

1998年后，山阴县继续巩固和完善人民代表大会制度，发挥人大及其常委会的各项职能，行使法律监督和工作监督的权力，保障人民当家做主的权利。通过坚持和完善共产党领导多党合作和政治协商制度，推进人民政协政治协商、民主监督、参政议政的规范化和制度化。加强城乡基层政权机关和群众自治组织建设，使民主选举、民主决策、民主管理和民主监督得到很好的体现，保证人民依法享有广泛的权利和自由。2002 年 1 月，山阴县召开党政机构改革动员大会。全县共设置机构 31 个，其中：县委 7 个、政府 24 个、县级机关行政编制人员为 374 人。

2005 年，工会、共青团、妇联等群团组织在全县两个文明建设中发挥重要的桥梁作用。在各级各部门开展形式多样、内容丰富的学法用法活动，增强普法宣传的覆盖面。全县公民的法治观念得到加强，法制意识明显提高。以“破大案、打团伙、追逃犯、保平安”为主攻方向，政法各部门发挥职能作用，保持对犯罪活动的凌厉攻势和高压态势，彰显“严打”威力。加强矛盾纠纷排查工作力度，加强领导，落实责任，构筑县、乡、村三道防线，基本上做到把不稳定因素控制在“源头”，在萌芽状态就解决消化掉。2007 年，推进“平安山阴”创建工程。以创建和谐、稳定、平安的新山阴为主线，重点开展“黄、赌、毒”三项专项斗争和“平安校园”创建活动，有效地净化社会风气，提高人民群众的安全感。

2012 年，全县坚持以创建学习型党组织和学习、宣传、贯彻党的十八大精神为主题，开展党员干部培训教育活动。加强党风廉政责任制建设，广泛开展“勤廉好公仆”评选和“廉政歌曲大家唱”活动。组织广大党员干部观看警示教育片，在干部思想上树立了执政为民、立党为公的务实作风意识，筑起拒腐防变的防线。2016 年，坚持党的领导、人民当家做主和依法治县有机统一，巩固发展民主团结、生动活泼、安定和谐的政治局面。坚持用法治思维谋划发展、破解难题，用法治方式保稳定、促发展，把依法执政理念贯穿于工作全过程。坚持党管武装原则，军民军地深度融合发展。

四

强化管理，开拓创新，推进教科文卫事业的繁荣与发展。1998 年，全县共有中小学校 281 所，其中高中 2 所，初中 22 所，小学 251 所，厂矿子弟学校 2 所，职业中学 3 所，教师进修校 1 所，共有在校学生 43171 人。2003 年，开展科技、文化、卫生“三下乡”活动，改善经济建设软环境；高标准选树一批文明创建先进典型，为促进全县文明创建活动的深入开展起到示范、带动、辐射作用；利用各类传统节假日和革命纪念日等，推动村镇、企业和校园文化建设；组织举办多场文艺表演、电影展映和文体活动比赛，扶持群众性的健身活动，基本满足全县群众多层次、多品位、多样化的精神文化需求。2007 年，推进科教兴县战略，在顺利通过省政府“普九”验收的基础上，继续做好教育对口帮扶工程，推进标准化“普九”县建设进程。编辑出版《山阴人文》《和曲》《山阴教育与人才》《青春岁月》《山西山阴煤炭博览》等。2008 年，建立科技信息网络共享平台，涉及全县 13 个乡镇，在每个乡镇政府所在地建立一个信息分台，在县城建立一个信息总台，为广大农民群众提供更多的科技信息。2009 年，落实教育优先发展战略，推进教育改革，举全县之力，办人民满意的教育。投资 2316 万元，建成薛圐圙、古城等 8 所农村寄宿制学校，新建高标准校舍 2.6 万平方米。乡村两级看病难、买药难、报销难的问题得到初步解决，乡村公共卫生、医疗卫生体系不断完善。推进文化事业大繁荣、文化产业大发展。培植一批青年晋剧团、耍孩儿剧团、华兴文化广场等文化产业骨干品牌，涌现出像苑家辛庄威风锣鼓、移民新村文艺队等农村自发性业余文艺团体。

树立品牌，打造精品，繁荣发展文化产业。2012 年，举办首届中国山阴边塞文化周暨奶牛节，其间，上演大型歌舞音画诗剧《雁门关外好人家》、新版晋剧《打金枝》。初步形成包括图书音像、休闲娱乐、体育健身、文艺演出、工艺美术、信息服务、广播影视、群众文化等行业在内的综合型文化产业体系和以广播电视、文化娱乐、文化旅游、特色产品制作生产为主的、多业并举的文化产业发展格局，成为全县经济的重要组成部分和新的增长点。建设诸如王家屏纪念园、广武明长城游步道、农村文化休闲广场、儿童公园等一大批公共文化基础设施，健全公共文化服务体系，完善公共文化运行机制，引导、扶持、规范一批文化企业和文化经营项目，促进文化产业的快速发展。

2016年，深化公立医院综合改革和县乡“医联体”建设，完善分级诊疗制度，提高基本公共卫生服务标准，解决群众看病难、看病贵问题。公开招聘中小学和幼儿教师110人，其中100人分配到农村一线，通过国家级义务教育均衡验收。

五

加强劳动就业管理，逐步完善社会保障体系。1998年，山阴县就业与再就业领导组成立，主要职责是基本解决体制转轨时期遗留的下岗失业问题，重点做好国有企业下岗失业人员、集体企业下岗职工、国有企业关闭破产需要安置人员以及就业困难群体的就业再就业工作。2003年，征缴养老保险费，规范失业保险机制，开展医疗保险工作，落实城市低保工作。全县共收缴养老保险费1180万元，参保职工9580人，发放养老保险费1193万元。完成失业保险费征缴131万元。成立劳动力管理服务中心，为劳务输出、下岗再就业创造条件。

争取上级救灾资金，及时将救灾款发到灾民手中，实行村评、乡审、民政监督制度，严格履行“户申村评议、乡审核、县审定”的程序。2006年共拨发救灾款166万元，救灾衣被1475套和1727床，救济灾民2600户，7328人。

坚持以人为本，强化征缴手段，加强基金监管，实行全民参保。2009年，全县养老、失业、医疗等保险参保人数124526人，征缴基金1.35亿元，支付社会保障基金5559万元。

全面推行公务员法及其配套政策法规，做好公务员录用、调任、考核、任免、奖惩、交流等日常管理工作，平稳推进事业单位参照公务员法管理人员登记入轨运行工作。2010年，从“夯实基础抓规范”入手，对全县机关事业单位所有工作人员及基本情况重新核实，建立健全人员电子数据库。

2012年，推进农村新的“五个全覆盖”工程，大规模开展以村容村貌整治为重点的新农村建设。同时，以新建县人民医院为龙头，推进乡、村级卫生室升级改造。

全面提高城乡居民基本养老保险保障水平，推动全民参保登记工作。2016年，全县登记人数22.4万人，达到90.7%；累计发放社会保障卡13.9万张；加大各项社会保险费的征收力度和参保力度，实现养老和医疗保险全覆盖，失业、工伤、生育保险覆盖规定人群。

坚持共享发展，统筹城乡两端，始终把保障和改善民生作为一切工作的出发点和落脚点。把脱贫作为最大的民生工程，坚持精准扶贫、精准脱贫，因人因地施策，创新扶贫开发工作机制，加快贫困乡镇、贫困人口脱贫步伐。

六

山阴文化底蕴深厚，历史上是重要的军事战略要地，经历汉逐匈奴、唐御突厥、宋抗契丹、明击瓦剌等战争。战国的李牧，汉代的卫青、霍去病、李广，唐朝的薛仁贵，宋朝的杨家将等，都曾在这里成边守土。特别是广武地区有全国最大的298座汉墓群，有全国现存最完整的辽金始建的广武城，有全省保存较完整的明长城，集边塞文化、古战争文化、游牧文化、民族交融文化、佛教文化为一体。

20世纪90年代末，山阴县把广武边塞文化旅游区开发作为全县加快服务业发展重点项目。2008年，省旅游局把山阴县广武边塞文化旅游区建设项目列入全省旅游业发展的项目库来重点扶持。借用雁门关这一品牌，优化世界文化遗产万里长城山阴段，结合珍贵文物资源、历史文化遗产、浓郁的边塞文化风情以及精心打造的情景体验主题项目，塑造具有鲜明特色的景区形象，形成最具特色的体验类旅游资源，以特有的旅游形象吸引海内外游客。

2016年，山阴县把文化旅游业作为发展非煤产业的一大重点，以广武边塞文化旅游区为核心，以山水为背景，以文化为底蕴，加速推进文旅融合。坚持“政府主导、企业主体、市场化运作、多元化投入”的模式，实施大集团、大资本、大平台发展战略，依托明长城、汉墓群、广武古城、化悲岩寺、蝴蝶谷、王家屏墓等旅游景点，撬动社会资本参与旅游区开发，全力打造边塞文化游、佛教文化游、生态景观游等品牌，把山阴旅游做强做大，尽快产生一定规模的经济效益。

七

2016年后，全县经济社会发展还存在不少困难和问题，主要表现在：经济发展规模不大，质量效益不高，三次产业结构有待进一步优化；城镇化水平偏低，城乡面貌差距较大，城乡协调发展需进一步加快；部分指标增速放缓，财政收支矛盾突出，公共服务保障压力加大。对于这些问题，必须积极采取措施，认真加以解决。

机遇与挑战并存，困难与希望同在。只要把握大势，奋发有为，就一定能够爬坡过坎，走出险滩，推动全县经济社会发展再上新台阶。2016年重点工作推进情况：加快推进晋北现代煤化工基地建设。煤化工基地是山阴延伸拓展煤炭价值链和产业链的重要载体。推进项目建设，引育并举、突出重点、创优环境抓项目。发展现代农业，调整农业种植结构，提升畜牧业品质，改善农业生产条件，提升农技装备水平，发展农村电子商务，推进脱贫攻坚。改善生态环境，推进造林绿化，推进乡村清洁工程，推进大气和水污染治理工程。补齐城建教育短板，推进保障性安居工程，推进乡村道路城乡电网升级改造工程。启动金融创新计划，促进民营经济发展。

山阴县“十三五”规划主要目标是：经济保持中高速增长，地区生产总值年均增长7%左右，城乡居民人均收入年均增长10%左右，确保2020年地区生产总值和城乡居民人均收入比2010年翻一番。现行标准下8000多贫困人口全部脱贫。

为了实现“十三五”规划目标，要根本性破解煤炭过度依赖难题，初步形成新的核心工业经济体。通过承接晋北现代煤化工基地建设，主动对接晋煤、阳煤、潞安、中煤等大集团，加快发展高端精细化工产业，形成煤基新材料产业集群。发展低热值煤发电和高参数大容量超临界、超超临界燃煤发电机组，力争昱光三期。同时，继续发展风电、光伏发电、生物质能发电等新能源电力。

面对日趋激烈的国际农产品市场竞争，应对粮价、奶价下跌冲击，全面提升产业水平刻不容缓。“十三五”期间，要形成农业升级的新动能，发展标准高、融合深、链条长、质量好、方式新的精致农业，推进农业产业化经营、标准化生产、规模化扩张、集体化发展、拓宽农业增效，农民增收空间。至少要建成5个饲草生产加工龙头企业，建立“公司＋基地＋农户”“种植＋加工＋销售”一体化经营模式，带动农户发展的全株青贮玉米、紫花苜蓿、柠条等为主的优质牧草种植面积不少于30万亩。

大事记

1998年

2月2日，开始党改机构和乡镇机构改革，撤销机要室、机关工委，行政职能分别划归县委办公室和组织部，撤销农村工作部、农业委员会，行政职能划归农村工作领导小组办公室。

2月10日，山阴县协调250万元资金，重点投入玉井、芍药沟、宝峰、南改、昌平、圪洞窑、南河乡办煤矿、张家沟、朱和咀、北祖、元宝湾、米庄窝、缠腰湾13座煤矿上筛选设备。

2月10日，中共山阴县委第九届十次全体（扩大）会议召开。

3月1日，成立农村村务公开领导组，在全县农村推行村务公开，公开财务管理、农民负担、计划生育、宅基地审批、奖授物资和救济款物发放、重点工程建设等内容。

3月19—21日，中共山阴县第十届代表大会召开，选举蔚文彩为县委书记。

3月20日，县城岱岳重点基建“1436”工程启动：即开发同太路1条街，建设4个专业市场，形成36个开发点。

4月12日，山阴县总工会改革，内设办公室，行政编制6人，其中主席1人，副主席2人。

4月16日，中共山阴县委第九届十一次全体会议召开。

5月25—27日，山阴县政协第五届会议召开，选举王双为政协主席。

5月26—30日，山阴县第十二届人民代表大会召开，选举王守生为县人大常委会主任，马占俊为县长。

6月，山阴县企业产权制度改革完成，改制企业58家，改制面90.6%；改制总资产32834.13万元，涉及职工6945人（含离退休560人），盘活资产1亿余元，吸纳资金1867万元。

7月，山阴县长途汽车站投入使用。

7月22日，调整山阴县奶牛养殖乳品加工星火区域支柱产业领导组，县委书记蔚文彩任组长，县委副书记贾忠权，副县长白文浩、程育胜、陈小洪、韩文让，政协副主席樊志明任副组长，办公室设在县科委，办公室主任由丰焕章兼任。

7月23日，山阴县人民检察院机构改革，内设办公室、政工科、审查批捕科、审查起诉科、反贪污贿赂科、法纪检察科、监所检察科、民事行政检察科、控告申诉检察科、检察技术科、法警队、山阴县人民检察院驻岱岳乡检察室。设编制30人，其中检察长1人、副检察长3人。

7月24日，开展企业下岗职工基本生活保障和再就业工作，通过明确职工下岗的界限，建立再就业服务中心。确保在保障1246名下岗职工基本生活同时，使750人实现再就业。

9月，应广线改建工程竣工通车，全长21公里，总投资574万元。

9月，长江、松花江流域发生严重水灾，全县干部群众踊跃捐款献爱心，共捐款167.7万元。

9月7日，山阴县人民法院机构改革，内设刑事审判庭、民事审判庭、经济审判一庭、经济审判二庭、行政审判庭、执行庭、综合审判庭、办公室、政工科、司法警察大队，全院共设基层法庭7个，行政编制50人，其中院长1人、副院长3人。山阴县文学艺术工作者联合会机构改革，内设办公室，行政编制3人，其中主席1人、副主席2人。

9月7日，共青团山阴县委员会机构改革，内设办公室负责机关行政事务、组织指导全县团员青年的思想教育和全县组织的文化活动，行政编制6人，其中书记1人、副书记2人。山阴县工商联合会机构改革，内设办公室，行政编制3人，其中主席1人、副主席2人。

9月7日，山阴县妇女联合会机构改革，内设办公室，行政编制6人，其中主任1人、副主任2人。

9月7日，政协山阴县委员会机构改革，内设办公室、提案委员会、文史学习委员会、经济委员会、教科文卫委员会，行政编制10人，主席副主席编制单列，办公室主任1人、副主任1人。山阴县科协技术协会机构改革，内设办公室，负责办理科协日常事务工作，行政编制3人，其中主席1人、副主席2人。

9月9日，县委、县政府授予山阴县教育委员会等20个单位“先进集体”称号，授予闫寰等20人“优秀教育工作者”称号，授予赵新民等60人“优秀教师”称号，分别颁发荣誉证书，奖金100元。

9月20日，在县城开展以“营造美好家园，塑我山阴形象”为主题的创三优活动和在农村开展以“讲文明，树新风，建设社会主义新农村”为主题的文明创建活动，分宣传发动、集中整治、深化延伸三个阶段，大大改善了县城和农村的人文和自然环境。

10月7日，山阴县开展“百日禁毒”行动，破获一批毒品案件、抓获一批毒品违法分子、劳教一批、依法重判一批。

10月29日，黑圪塔乡除砷改水工程竣工。国家卫生部副部长尹大奎、山西省副省长王昕为除砷改水工程开闸放水。全乡6个村5000人、2000余头大牲畜结束饮砷水的历史。该工程投资200余万元，打590米深井两眼，建80立方米水场、250立方米蓄水池各一个，铺设输水管道3万米。

11月29日，省委副书记刘泽民，省委常委、组织部部长李景田和各地市委组织部部长在山阴县北周庄、北王庄调研，肯定山阴县农村实行规范化管理的成绩。

1999年

1月，古城乳业集团公司开工建设5000吨系列奶粉项目。

1月12日，成立腰寨矿、水泥厂、特种水泥厂改革工作组，县委副书记贾忠权任腰寨矿改革工作组长，煤管局书记戴江、经委副主任张建平任副组长；副县长刘培平任水泥厂改革工作组组长，县长助理朱志盛任副组长；人大主任王守生任特种水泥厂改革工作组组长，人大副主任温日平任副组长。

3月5日，成立维护军人军属合法权益领导组，县委副书记赵向东任组长，县委常委、政法委书记贺志功，副县长刘培平、白文浩，人武部政委范守箴任副组长，领导组下设维护军人军属合法权益协调中心，办公室设在人武部政工科。

3月12日，成立山西省煤炭管理干部学院山阴县招生、办学点领导小组。县委副书记赵向东任组长、副县长袁林生、白文浩任副组长，下设办公室设在县委党校，王玉成兼任办公室主任。

5月22日，成立古城集团完善改制工作组和县芍矿、安平矿、昌平矿、宝峰矿改革工作组，贾忠权任古城集团完善改制组和宝峰矿改革工作组组长，县人大主任王守生、副县长程育胜任古城集团完善改制工作组，王守生任县芍矿改革工作组组长，白文浩任安平矿改革工作组组长，樊志明任昌平矿改革工作组组长。

7月20日，山阴县在全县范围内全面推行政务公开制度，将国家机关行使的各项职能、经济和社会管理的各项事务（国家保密的事项除外）向社会公开。

8月26日，成立高山矿、南阳坡矿改革工作组，贾忠权任高山矿改革组长、温日平任副组长，白文浩任南阳坡矿改革组组长、樊志明任副组长。

8月，山阴县春城乳业有限公司成立。公司由22个股东参股投资，注册资金1600万元，地址在后所乡南万庄村。

9月，李志斌、黄冀主编的《山阴县志》由中国华侨出版社出版发行。

9月7日，对改制企业党组织和职代会、工会进行改选，规定改制企业中，凡有3名以上正式党员的，必须依实际情况建立党的基层组织，建立职工代表大会制度，职工大会至少每半年召开一次，每次会议必须有2/3以上的职工代表参加。改制企业原有工会组织要继续保留，并做好改选工作；没有设置工会组织的，按照工会章程发展工会会员，发展会员25人以上的建立基层工会委员会。

11月5日，成立北周庄集运站、东榆林煤站洗煤厂筹备领导组，县委副书记贾忠权任小组长，领导组办公室设在东榆林煤站，李国良兼任办公室主任。

是年，山阴县水利服务中心完成水利工程53处，其中：民生渠节水改造工程共改造中低产田14100亩，水保治理2万亩；黄土高原世行贷款项目完成机修梯田4500亩，营造乔木林1830亩；解决9000人、4000头牲畜吃水问题；新增水地2500亩，改善水地25000亩。

是年，康喜奶粉厂投资400万元建年产2000吨奶粉生产线。

2000年

2月28日，经山阴县委研究成立山阴县农村党员“双新双带”科教工程领导组。县委副书记赵向东任组长，县委常委、组织部部长赵文君、副县长程育胜任副组长，领导组设在组织部，办公室主任由王世仪兼任。

4月29日，启用“中共山阴县委‘三讲’教育领导组办公室”公章，“三讲”教育领导组成立。

5月13日，开展“百日集中排查处置不稳定因素活动”，排查处置人民内部矛盾和社会治安方面的突出问题，分准备阶段、排查阶段、处置阶段三个阶段。同日，连顺能源公司在柏坡村开工建设输煤隧道工程。

6月，民营企业家杨永宏投资170万元创建山阴永恒陶瓷有限公司。

6月19日，成立山阴县煤炭经销体制改革领导组，县委副书记贾忠权任组长，纪检委书记张天茂、人大副主任温日平任顾问，政府副县长袁林生、白文浩，政协副主席樊亮、樊志明任副组长，领导组下设办公室，办公室主任由冯培亮兼任。

6月24日，成立山阴县机关规范化建设领导组，对县委副书记赵向东任组长，纪检委书记张天茂、县委办主任王振声、常务副县长袁林生任副组长，促进全县机关的高效运转。

9月21日，实行领导干部任前公示，县委常委会议讨论研究拟提拔任职的干部就姓名、性别、年龄、政治面貌、籍贯、学历、曾任职务及现任职务等方面的情况进行公示，并设专人接待群众来信、来访、来电，对反映对象的有关情况进行登记建档和调查核实。

12月11日，成立山阴县撤乡并镇工作综合领导组，下设办公室和财产监督检查组织人事编制、宣传、财产处理移交和区划调整审核5个小组，县委书记蔚文彩任组长、赵向东兼任办公室主任。

是年，大运高速公路（大新段）动工修建，山阴县段位于新广武与康庄之间，总长度50公里，占地4800亩。

是年，民营企业家李生军投资690万元创建山阴县绿源苗木种苗基地。

2001年

1月4日，县委、县政府对全县离休干部、特困职工、优抚对象和驻县部队进行走访慰问。

1月19日，山阴县评选2000年度红旗集体、先进集体及优秀工作者、先进工作者。

3月，民营企业家武日有创办宏胜活性炭有限公司，固定资产380余万元。

3月5日，山阴县开展农村基层党组织建设“三级联创”活动，县、乡、村均按达标、先进两个档次进行了验收，没有不达标准的。

5月，民营企业家丁浩德成立浩德炭素厂，年产炭素6000万吨。

5月25日，全县13个乡（镇）党政机构改革。岱岳乡属一类乡，内设5个综合性办事机构：综合办公室、党建办公室、经济发展办公室、社会事务办公室、村镇建设办公室，乡党委设书记1人、副书记3人，乡人大主席1人，乡政府设乡长1人、副乡长3人。北周庄镇、玉井镇、古城镇属二类镇，内设4个综合性办事机构：综合办公室、党建办公室、经济发展办公室、社会事务办公室，镇党委设书记1人、副书记3人，镇人大主席1人，镇政府设镇长1人、副镇长2人。马营庄乡、后所乡属二类乡，内设4个综合性办事机构：综合办公室、党建办公室、经济发展办公室、社会事务办公室，乡党委设书记1人、副书记3人，乡人大主席1人，乡政府设乡长1人、副乡长2人。薛圐圙乡、马营乡、下喇叭乡、安荣乡、吴马营乡、合盛堡乡、张家庄乡属三类乡，内设2个综合性办事机构：综合办公室，经济发展办公室，乡党委设书记1人、副书记3人，乡人大主席1人，乡政府设乡长1人、副乡长3人。

7月5日，山阴县将吴马营等9个乡87个村列入省级扶贫范围。

8月，朔州市委调整山阴县领导班子，马占俊任县委书记，陈晋才任代县长。

9月27日，山阴县第十二届人大四次会议，陈晋才当选县长，贾忠权当选县人大常委会主任。

10月1日，《山阴报》正式创刊，兰思蓁任社长兼总编。

10月8日，山阴县成立山阴报社，单位性质为科级全额事业单位，人员编制10人。

10月，西山森林公园建设完成12个园区：林圃园区、防护林园区、草圃园区、生态景观园区、林圃农区、花灌木区、山桃山杏灌木区、灌木区、针阔林区、环保区、村圃林区、娱乐区。

11月1日，山阴县成立经济责任审计领导组。

11月6日，吴马营乡的10个村正式恢复通电。

12月5日，山阴县县级党政机构改革方案出台，设置党政机构31个，其中县委7个、县政府24个、议事协调机构的办事机构1个。县委机构设置纪律检查委员会机关和6个工作部门，工作部门包括办公室、组织部、宣传部、统一战线工作部、政法委员会、机构编制委员委员会办公室。县政府部门设置24个，另设议事协调机构的办事机构1个。

12月10日，县人大常委会审议并通过《山阴县人事机构改革实施方案》和《山阴县关于旧城改造的实施方案》。

是年，山阴县被省政府确定为五个插花贫困县之一，有6个乡镇、87个村列入2001—2010年区域扶贫范围。

是年，山阴县撤乡并镇完成，全县21个乡镇合并为13个乡镇，分别是：岱岳乡、岱岳镇、甘庄乡合并为岱岳乡；北周庄镇、苑家辛庄乡合并为北周庄镇；马营乡、偏岭乡合并为马营乡；玉井镇、史家屯乡合并为玉井镇；下喇叭乡、冻牛坡乡合并为下喇叭乡；安荣乡、泥河乡合并为安荣乡；薛圐圙乡、黑圪塔乡合并为薛圐圙乡，其中前皇台，后皇台划入古城镇；后所乡；吴马营乡；张家庄乡；马营庄乡；合盛堡乡；山阴城镇改名为古城镇。县城岱岳设立两个城区管委会：东城区、西城区。

是年，县城新建、扩建、维修街道工程和文化广场建设，总投资1000余万元，新修和改建街道总长8605米，铺油面积157361平方米，修下水道4682米，动土方43000余立方米，新安装路灯268盏，新打深井2眼，新建山阴标志门楼1座，为环卫队补充10万元的专用设备，新修5000平方米的文化广场，新修3000平方米的街心草坪。

是年，金海洋集团公司建设500万吨水煤浆生产线和500万吨选煤厂。

2002年

1月1日，山阴县龙江亚飞汽车租赁中心成立，中心主任赫玉林是民营企业家。

1月22日，朔州市小型水利产权制度改革现场会在山阴县召开，与会者到北周庄镇新岱岳村拍卖水井现场进行观摩，共拍卖22眼机井的使用权。

1月26日，山阴县召开党政机构改革动员大会。全县共设置机构31个，县委7个、政府24个，县级机关行政编制374人。

1月31日，县委、县政府召开建设雁门关生态畜牧经济区动员大会。山西省雁门关生态畜牧经济区包括28个县。山阴县市其中之一。

2月28日，成立山阴县协税护税领导组，负责税收征管的督促、指导、协调工作，促进财政收入。

3月20日，朔州市青山生态经济开发园区在山阴县兰家窑举行开工仪式。朔州市神泉药业公司董事长兰青山介绍总体规划，建设园区拟投资2600万元，占地5000亩。

4月28日，山阴县举行旧城改造建设工程奠基仪式。

5月29日，山阴县乡镇事业单位机构改革出台，成立农业综合服务站、文化广播站、畜牧兽医站、计划生育服务指导站、国土资源管理站、财政统计站。一类乡镇编制限额30人、二类乡镇限额25人、三类乡镇限额20人。

6月，山阴县第三中学校被评为省级文明学校。

6月11日，山阴县成立执法监督检查领导组，对执法单位及工作人员的执法行为进行经常性全方位的监督检查。

6月20日，山阴县机构编制委员会办公室机构改革内设1个综合股，行政编制4人，设主任1人，副主任2人。

6月25日，山阴县委宣传部机构改革内设5个职能股室，为办公室、宣传股、理论股、精神文明办公室、新闻股，行政编制11人，其中部长1人、副部长2人、工勤人员全额事业编制2人。

6月25日，山阴县委办公室机构改革，内设8个职能科室，为综合科、信息科、调研科、内务科、文书科、督促检查室、机要保密局、县信访局，行政编制18人、县委常委兼办公室主任1人、副主任3人。

6月25日，山阴县纪律检查委员会、监察委员会机构改革，内设8个职能室，为办公室、宣传教育室、监督室、执法监察室、案件检查室、案件审理室、信访室、纠风室。县纪委机关、监察委员会行政编制14人，其中副书记3人、专职常委3人，书记编制单列，核定工勤人员全额事业编制2人。

6月25日，山阴县委统一战线工作部机构改革，设综合办公室，行政编制6人，其中部长1人、部长编制单列、副部长3人。

6月25日，山阴县人大常委会机构改革，内设办公室、政法工作委员会、财政经济工作委员会、教科文卫工作委员会、人事代表工作委员会，行政编制10人，常委主任、副主任编制单列。

6月25日，山阴县总工会机构改革，内设办公室、女工部、劳动保障部、法工部、宣教部，行政编制5人，其中主席1人、副主席3人。

6月25日，山阴县人民法院机构改革，内设办公室、政治处、立案庭、刑事审判庭、民事审判一庭、民事审判二庭、行政审判庭、审判监督庭、执行局、司法警察大队。

7月29日，省长刘振华考察山阴县大运高速路两侧的绿化建设工程。

9月10日，常务副省长薛军把“中国名牌产品证书”颁发给山西古城乳业集团有限公司董事长乔道首；同日，古城乳业集团公司获得“免检产品”资格。

2003年

1月1日，山阴县会计核算中心成立，县级机关会计集中核算、政府统一采购工作开始运行。

2月26日，市委、市政府决定命名山阴县古城乳业集团有限公司、山阴康喜有限公司、山西辈辈龙蔬菜食品饮料公司、山阴麦片厂、山阴春城乳业公司五家企业为朔州市龙头企业。

3月10日，山阴县成立康立化工有限责任公司工作指导组。

3月20日，县委组建山阴县老干部文史研究室。由麻乐士、冯瑞章、王振华任编委主任，杨占宽任主编，兰蔼蓁任副主编。

3月28日，山阴县第三次残疾人代表大会召开，选举副县长程育胜为残联主席，贾文满为残联理事长。

4月11日，山阴县成立治理整顿土地市场秩序领导组和创建国土资源执法模范县领导组，领导组设办公室、督查组、案件处理组、城建规划拆迁组。

4月20日，山阴县成立非典型肺炎防治领导组，领导组下设办公室、宣传组、专家组、技术指导组、换位组、治安组。

4月21日，县委成立以县长陈晋才为组长的防治“非典”领导组。

5月1日，蒙牛乳业与山阴县溶溶乳业联合成立的蒙牛奶源山西事业部为山阴县防治“非典”捐赠50万元。同月11日，山阴移动营业部和伊利乳业公司向山阴县抗击“非典”办公室分别捐赠价值4万元的通信物资和1000箱纯鲜牛奶。

5月21日，山阴县第十二届人大常委会召开34次会议，任命左中伟、安秀清为副县长。

7月4日，县委书记马占俊逝世。同月9日，山阴县为县委书记马占俊举行吊唁仪式。省委副书记、纪委书记金银焕，省级老领导张秉法、左祥，市委书记闫沁生，市长张建欣送来花圈。

7月15日，山阴县成立村通油路（水泥路）工程建设领导组，领导组下设办公室、技术指导组、宣传组、考核组，主要负责村通油路工程建设、技术指导、质量监理等工作。

7月17日，山阴县召开税费改革试点工作动员大会。

7月27日，山阴县西山城市公园正式奠基。为此项工程捐款单位及金额为：北周庄集运站35万元，北周庄煤站10万元，东榆林煤站10万元，山阴煤运公司5万元，化肥厂5万元，超强水泥厂5万元。

7月，山阴县投资320万元建设的第三中学校“校校通”工程竣工。学生坐在本校教室，能够随时收看全国各地名师的讲课。

8月13日，山阴县成立北周庄煤炭集运站改制领导组，对煤炭运销企业进行改革。

8月15—16日，中共山阴县第十一次代表大会召开，选举陈晋才为县委书记。

8月17日，山阴县政协第六届第一次会议召开，选举王双为政协主席。

8月18日，山阴县第十三届人代会第一次会选举贾忠权为人大主任，左中伟为县长。

8月28日，全省农村小康建设朔州现场会的代表到山阴县参观。

9月10日，亚洲地区地方性砷中毒防治班在山阴县古城镇举办。前来参加培训的有联合国儿童基金会专家，有朝鲜、蒙古、越南、老挝、柬埔寨、缅甸六国的官员和专家，还有中国河北、黑龙江、新疆、山东等11个省区的卫生部门负责人，共计60余人参加培训。

9月18日，县委作出“向董德高同志学习”的决定。11月28日，董德高事迹报告会暨《清风颂》

首演仪式在县影剧院举行。

9月22日，合盛堡乡村村通油路工程通车剪彩仪式在大虫堡村举行。

9月25日，山阴县成立“三项治理”领导组，主要是“清理领导干部违规多占、多购住房”“纠正超标准、超编制配备和使用小汽车”“制止奢侈浪费行为”三项工作，下设办公室、综合组、清房组、清车组、制止奢侈浪费组。

9月26日，山阴县成立事业单位人事制度改革领导组，对事业单位人事制度改革工作进行规范。

9月28日，大运高速路全线贯通，山阴县康庄服务区投入使用。康庄服务区主要为高速路过往车辆提供临时休息、加油、购物服务，同时为飞机跑道提供后勤保障。服务区分东西（A、B）两区，占地面积各为87576平方米。两区建设均以园林式为基础，结合喷泉、绿化、彩灯、广场等，使康庄服务区成为大运高速路第一个靓丽的景观。

10月5日，山阴县成立核实财政供养人员工作领导组，内设办公室。

10月16日，山阴县成立晋能集团山阴冶金公司协调服务领导组，为山阴冶金公司创造良好外部条件，使企业快速发展，领导组下设办公室。

10月24日，山阴县成立山阴县麦片厂改制服务组。

10月25日，金海洋万吨重载列车开通仪式在北周庄金海洋公司举行。

11月4日，山阴县成立整顿县直机关工作作风领导组，内设办公室。

11月17日，山阴县成立煤炭工作、奶牛乳品业发展、经济结构调整、基础设施和发展城市建设四个领导组，内均设办公室。

11月22日，晋能山阴冶金公司二期工程奠基，投资3000万元，年产5万吨锰硅合金。

12月25日，山阴县马营庄乡高庄村南新建供水站，供水站能解决周围十余个村的吃水困难。

12月，县委、县政府为278名机关行政和58名企业离休干部补发2000年以前政策性调资拖欠的离休费41万元。

2004年

1月1日，《山阴报》更名为《山阴快报》。

1月，县委组织部对全县53名抗日战争时期入党的党员进行慰问。县委、县政府主要领导对特困职工385户（人）、在乡革命伤残军人137人、烈属33户、农村低保户70户和49位生活在敬老院的老人、228位离休干部，进行登门慰问并送去慰问金。

2月27日，山阴县成立招商引资促进会，左中伟任主任，南志中、袁林生、刘培平任副主任，领导组下设办公室，办公室设在政府办，办公室主任由马维华兼任。

3月2日，成立涉法上访问题专项治理工作领导组，县委副书记赵文君任组长，县委常委、县政法委书记贺志功任副组长，领导组下设办公室，办公室设在政法委执法检查科，办公室主任由段元兼任。

3月25日，山阴县实施深化煤炭企业改革方案，根据实情采用一次性公平竞争的转让改制模式，提高产业集中度，资源保护能力。

4月15日，矿业公司岱岳运销站万吨列车开通，总投资800万元，年发运煤能力80万吨。

4月，金海洋永皓矸石电厂开工建设，总投资5亿元，新建2台5万千瓦发电机。

4月，山西锡锦源煤业有限责任公司成立，公司位于苑家辛庄村西，占地140亩，新建120万吨洗选项目。

6月8日，山阴县晋源洗煤有限公司成立，公司位于苑家辛庄村西，占地60亩，总投资1000万元。

6月15日，山阴县在全县范围内加强保护森林资源工作，县林业局全权负责全县保护森林资源工作的组织协调指挥，县政府成立保护森林资源领导组，办公室设在林业局，从重从严打击破坏森林资源行为。

6月，晋能集团山阴冶金5万吨二期工程投产。

7月，山阴县陶艺玻璃有限公司试产，总投资700万元。

8月20日，成立新建路西出口拆迁工作领导组，副县长刘培平任组长，下设办公室设在建设局，黄建国兼任办公室主任。

9月，山阴四季春10万吨饲料加工厂完成土建任务，总投资2500万元。

9月，山阴县石星化工有限责任公司年产5万吨石灰氮生产线项目，在安荣乡安良铺村西建成投入使用。总投资3000万元，一期工程投资1500万元，建筑面积1670平方米。

11月11日，在全县开展“扶贫济困送温暖”集中募捐活动，募捐范围是全县党政机关、企事业单位、社会团体及广大干部职工和城市居民，分宣传发动、捐赠接收、物资发放三个阶段。

是年，后所乡进行油路改造，工程为国债项目，其中国债540万元，县投资540万元，改造后为三级油路，全长18.5公里。

是年，山西古城乳业集团有限公司建成“良种奶牛繁育基地”，牛舍和现代化挤奶厅2万平方米，总投资4500万元。

2005年

3月18日，山阴县城市建设管理领导组成立。

3月23日，县委、县政府在全县56座煤矿派驻产销联络员，负责统计煤矿产销数量，监督煤站与煤矿履行合同以及产销工作。

3月25日，山阴县开展“平安乡镇”（单位社区）创建活动，构建覆盖全县城乡的“五防五治”防控网络。

4月29日，县委、县政府表彰在教育工作中成绩突出的20名教师和10名先进教育工作者。

4月，由明代刘以守修纂，黄冀、郝建平点校的崇祯《山阴县志》出版。县委书记陈晋才、县长左中伟作序。

5月1日，山阴县新闻中心主办的《山阴》创刊，闫文光任主编。

5月25日，全国高科技绿色能源委员会朔州基地在山阴县举行成立大会。这是山阴县引进的“煤炭间接液化项目”工程。

5月29日，山阴县实行县领导信访接待日制度，负责及时处置群众来访事项。

6月19日，中共山阴县委第十一届三次全体（扩大）会议召开。

6月28日，山阴县纪委召开勤政廉洁好公仆表彰会，对全县评选出的20名好公仆进行表彰。

7月5—7日，三晋文化研究会在山阴县开展抗日战争胜利60周年纪念签名活动，活动的主题是：弘扬以爱国主义为核心的万众一心、艰苦抗战、全面胜利的民族精神。县委书记陈晋才、县长左中伟、县人大主任贾忠权、县政协主席王双及四大班子领导参加签名活动。活动签名条幅保存在中国革命历史博物馆。

7月12日，全县中小学危房改造工程开工奠基仪式在永静城村举行。

8月10日，市委副书记、市纪委书记冯改朵，副市长杨富，市人大副主任张仲英来山阴县慰问北周庄镇抗日战争时期的五位老战士，每人发放500元慰问金。

8月，由山阴人武部组织编写的《山阴军事志》问世，该志由人武部领导任主编、县文联主席黄冀执笔。该志是山阴县第一部军事志。

9月9日，古城镇快乐村八一希望小学落成。省军区副政委孙连元、省政府副秘书长郭慧民、团省委书记张九萍、预备役83师师长朱健、副市长高厚到会祝贺。快乐村希望小学共投资31.2万元，其中预备役83师投资12万元、县财政投资16万元，快乐村投资3.2万元，占地3900平方米，建筑面积560平方米，22间教室。

10月5日，刘少奇之子刘源、杨尚昆之女杨李、彭真之子傅洋等20余位老知青重返第二故乡，在白坊村、康庄村、羊圈铺村参观。

10月12日，山阴县出台创建文明县城综合治理实施方案，从市容市貌、交通治安、城市建设、文化市场4个方面着手具体工作。

10月16日，何庄希望小学举行落成庆典仪式。何庄希望小学投资57万元，是全市危房改造的典型。

12月20日，全县开展“扶贫济困送温暖”集中募捐活动，活动范围为全县各乡镇、县直各机关、团体、学校、企事业单位及广大干部员工，捐助款物由县民政局捐助接受中心统一接受和配发。

12月23日，中共山阴县非公有制经济组织第一次代表大会召开。

2006年

3月6日，山阴县慈善协会成立，60余名会员出席成立大会，选举王清贵为会长。

3月20日，山阴县首届煤炭订货会召开，共有23家煤站和洗煤厂与山阴县48座煤矿签订1800份煤炭产销合同。

3月20日，山阴县开展“打黑除恶”专项工作，分为调查摸底、破案攻坚、深挖处理三个阶段。

3月21日，山阴县“环城”百里林带绿化现场会在岱岳乡夏家窑标段施工现场召开。山阴县环城百里林带长53公里，涉及岱岳、北周庄、安荣三个乡镇，共需植树32万株，林带洞线两侧植一米以上油松八行。

4月24日，成立山阴县流动人口计划生育清查验证工作领导组，县委常委、县政法委书记贺志功任组长，副县长韩文让、公安局局长殷相、人口计生局局长韩圣章任副组长。

4月25日，山阴县授予捐资助学荣誉称号和表彰对口扶贫先进单位。同日，县直机关事业单位及条管、驻县单位与薄弱学校结成对子，开展一对一的专项扶贫活动。

4月，《洪涛儿女》第一辑编印成书，县长左中伟任主编，选录山阴县19名先进人物典型事迹。

5月17日，成立山阴县青年东街闫家巷段道路拓宽和旧房改造工作组，县长左中伟任组长，县委常委副县长杨思育任副组长，下设办公室设在闫家巷村委办公楼二楼，杨思育兼任办公室主任。

5月18日，岱马路台东山隧道杨庄收费站通车仪式举行。台东山工程总投资1.62亿元，全长32公里，隧道长1175米，中型桥梁2座、小型桥梁5座，途经杨庄、张家沟、郭庄、魏庄、梁头、偏岭等村。

6月5日，中共山阴县委第十一届五次全体会议召开。

6月16日，山阴县公交车开始运营，县四大班子领导参加剪彩仪式。

6月22—24日，中国共产党山阴县第十二次代表大会在县城召开，会期3天，大会选举产生了山阴县第十二届委员会委员31人、候补委员6人、纪委委员15人。6月24日，中共山阴县委第十二届一次全体会议。

7月31日，山阴县成立民用爆炸物安全管理专项领导组，县长左中伟任组长，县委副书记赵文君、政法委书记贺志功、宣传部部长郭存斌、副县长袁林生、朱志盛任副组长，领导组办公室设在县公安局，殷相兼任办公室主任。

11 月 15 日，开展各乡镇考核工作，考核分经济建设、政治文明建设、精神文明建设三大文明建设和领导评估、群众评议两个评估部分。综合考列前 3 名的乡镇，县委、县政府给予表彰奖励。

12 月 5 日，成立山阴县实施公务员法工作领导小组，县委副书记、县长左中伟任组长，县委常委、组织部长钟启宇、县政府常务副县长袁林生任副组长。领导组主要负责全县公务员法实施的统筹协调和组织指导工作，县领导组下设办公室设在县人事局，任君兼任办公室主任。

是年，县民政局筹措资金 1250 万元，对低保户、五保户、伤残军人、孤儿、农村特困户、残疾人进行救助。

2007 年

2 月 13 日，中共山阴县委第十二届二次全体会议。

4 月，山阴县玉龙土特产开发公司获“全省十佳特色品牌产品”称号。

5 月，全面实行农村义务教育经费保障机制改革，免除农村义务教育阶段中小学生学杂费，严禁“一边免费，一边乱收费”。

5 月，县卫生监督所对全县所有单位进行整顿检查，共审核发放卫生许可证 189 家。其中食品类 177 家，公共场所类 12 家，体检从业人员 386 人。

5 月 30 日，山阴县委组织出版《朔州信用档案》建设山阴县社会信用体系，规范市场经济秩序。

6 月 18 日，山阴县开展整治非法用工和打击“黑砖窑”专项行动，打击黑恶势力，保护民工合法权益。

7 月 12 日，山西警官职业学院先后深入山阴县古城镇、看守所、县城地税广场开展为期两天的大学生“送法下乡”社会实践活动。

9 月 10 日，山阴县建立新型农村合作医疗制度，建立稳定筹资机制，减轻农民医疗负担。

10 月 23 日，县长左中伟、副县长郭存斌带领政府办、城管、建设、水利、国土、林业等部门负责人，先后深入第一、第二供热站和南水北调工程打井地点、蓄水池、管道铺设处、二水厂等进行实地察看和现场办公。

11 月 7 日，山阴县举行消防站落成典礼暨全市 119 消防宣传启动仪式。

11 月 15 日，县委办公室机构改革，内设内务科、秘书科、综合科、调研科、信息科、农业科、经济科、督促检查室、社情民意通道办公室、总值班室。

11 月 18 日，第七届“新世纪之声 · 和谐中国”活动表彰大会在北京人民大会堂举行。山阴县交通局长郭文忠获“新世纪之声 · 和谐中国”十大影响力人物殊荣。全国人大常委会副委员长司马义 · 艾买提、全国政协副主席张榕明接见并颁奖。

12 月 28 日，金海洋能源集团公司矸石电厂、输煤专线两大项目正式投产运营。

2008 年

1 月 16 日，县委、县政府表彰 2007 年度信访工作先进集体和先进个人。共表彰下喇叭乡、安荣乡，合盛堡乡等先进集体 30 个；李日宏、苑曙，张志新等先进个人 21 人。

1 月 22 日，县委、县政府出台关于 2008 年元宵节盛世春韵文娱活动方案。具体安排文娱、工艺彩灯类、文艺演出、焰火、旺火等六大类板块。

1 月 25 日，县委、县政府表彰 2007 年度民兵基层建设先进集体和先进个人。共表彰山阴县合盛堡乡武装部、山阴县古城镇武装部，山阴县北周庄镇武装部等先进集体 3 个；靳卫华、张瑞云，吴建平等先进个人 3 人。

2 月 2 日，中共山阴县委第十二届三次全体会议。

2 月 14 日，开展“向南方灾区人民献爱心”社会捐助活动，由县民政局组织实施，专人负责。

3 月 5 日，由县妇联组织的庆“三八”文艺联欢会在政府中型会议厅举行。全县机关、农村各行各业的妇女代表参加庆祝活动。

3 月 20 日，山阴县三晋文化研究会成立，王双任三晋文化研究会会长。

4 月 14 日，副县长郭存斌带领县“三化”建设领导组成员单位及七大系统负责人对全县“三化”建设情况进行督促检查。督促检查组先后检查宣传、计划、经贸、党群、政府、政法、农业各系统分管地段和岱岳乡城中村等地段的卫生清理情况。

4 月 23 日，山阴县第十四届人民代表大会第二次会议闭幕。大会审议通过《政府工作报告》等六个报告并作出相应的决议，侯元当选山阴县县长。

4 月 29 日，县委、县政府表彰 2007 年度政法、综治工作先进集体、先进个人。共表彰政法工作先进集体 13 个、综治先进集体 36 个、矛盾纠纷排查调处先进集体 5 个、铁路护路联防先进集体 3 个；程毅、李雁、武海珍等先进个人 62 人。

5 月 5 日，县长侯元带领政府办、农业局、畜牧局负责人，深入后所乡、马营庄乡、古城镇调研，听取乡镇书记、乡镇长对各自乡镇基本情况和发展思路的汇报。实地察看南辛寨养殖园区、八里庄养殖园区建设进展情况，了解古城镇畜牧兽医中心站运行情况。

5 月 9 日，山阴县组织开展一次县城大清洁活动，县直各系统及岱岳镇党委组织各机关、事业单位干部对县城主要街道、卫生死角、“牛皮癣”进行清理。县四大班子及纪委班子领导参加此次清洁活动。

6 月 18—28 日，县委、县政府决定在全县范围内开展整治非法劳动用工及打击“黑砖窑”专项行动。

6 月 26 日，县委、县政府表彰先进基层党组织、优秀共产党员和优秀党务工作者。共表彰先进基层党组织 30 个、优秀共产党员 80 个、优秀党务工作者 20 人、“五好”农村党支部 13 个，“五好”农村党支部书记 13 人。

7 月 21 日，县委、县政府成立车站、道路设卡检查、盘查工作组配合奥运会安保工作。共设立五个工作组，火车站检查、盘查组；汽车站检查、盘查组；出省高速口检查、盘查组；跨省交界口检查、盘查组，矿区检查、盘查组。

10 月 16 日，副县长、县处置问题奶粉领导组副组长安秀清组织质监、工商、食药、环保等部门有关人员对蒙牛山西乳业有限公司、朔州伊利乳业有限公司召回的部分不合格液体奶产品进行集中统一销毁。两家企业被销毁的产品均为 2008 年 9 月 12 日生产的利乐枕纯牛奶，共计 1854 件，11.06 吨。其中：蒙牛 1822 件〔规格：485 毫升（500 克）×12 包 / 件〕，10.932 吨；伊利 32 件〔规格：242 毫升（250 克）×16 包 / 件〕，0.128 吨。同日，县委、县政府开展“送温暖、献爱心”社会捐助活动，捐助以捐赠新棉衣为主，对口支援四川茂县和全县困难群众。

2009 年

1 月 20 日，县长侯元、县人大副主任杨增文、副县长郭存斌带领政府办、建设、消防、城管、公安、文体、环保、卫生等单位负责人对山阴县自来水水厂、万人商厦、山阴大会堂、新时尚网吧、两大供热站等公共场所的安全运营情况进行督查。

1 月 22 日，山阴县开展“进万户门、解万家难、暖万人心”活动。各乡镇党委、县直各部门、各单位，加强联系沟通，及时体察民情，向困难群众送温暖，截至1月22日下午慰问村庄162个、困难户2935户19813口人，包括救助困难户7765人，共发放慰问金24.42万元、面粉1475袋、大米640袋、食用油116桶、酸奶25箱，总价值43.18万元。

2月2日，县长侯元，副县长安秀清、刘守斌，政府办主任王良、经贸局局长丰贵宝等，先后深入石星公司、金源化肥、鑫华煤气化公司、晋能山阴冶金公司、金海洋集团等企业慰问，并就当前应对金融风暴及安全生产工作调研。

3月4日，市长冯改朵带领市安监、公安、财政等有关部门负责人，深入山阴县飞宇花炮厂调查了解烟花爆竹退市情况、金海洋集团公司2×300兆瓦煤矸石电厂项目进展情况以及中小企业发展、财政税收等工作。县委书记陈晋才、县长侯元、纪委书记苑德、政法委书记贺志功、副县长杨时育和相关部门负责人及金海洋集团总经理沈勇一同调研。

3月16日，山阴县组织开展专项行动，大力净化社会文化环境，工商局、文体局、公安局重拳出击，依法取缔“黑网吧”。移动、联通、电信终止“黑网吧”互联网接入服务；“黑网吧”业主违法情节严重者，移交司法机关依，法追究刑事责任。

3月，山阴县委组织全县2008年度党内文件和内部刊物回收工作。回收时间为2009年3月15日至4月15日，为期一个月。回收文件包括：县机要保密局发放给各单位2008年度各类党内文件，2008年度上级各部门、各系统下发的文件和内部刊物资料，2008年度县四套班子领导和各单位领导外出开会带回的各类文件及重要资料等。

4月3日，开发银行山西分行行长张京辉等8人到山阴县考察城市基础建设项目。县长侯元、副县长郭存斌及各项目实施单位负责人与张行长等8人座谈，双方就投融资合作达成一致。

5月19日，山阴县第十四届人民代表大会第三次会议第二次全体会议在政府报告厅召开。会议听取县人大常委会工作报告、县人民法院工作报告；听取县检察院工作报告。人大副主任徐万道主持会议。

6月，县委办公室党总支部对全县党员展开深入学习实践科学发展观活动整改落实活动，围绕“强化科学发展理念，建设高效务实机关”“强素质、转作风、提效能，争当科学发展的排头兵”的主题，解决影响和制约科学发展的突出思想问题，确保学习实践活动落到实处。

7月1日，山阴县廉租房建设开工奠基仪式举行，市委常委、副市长雷建国，市政协副主席、市发改委主任支立新，县委书记陈晋才、县长侯元及市、县有关部门负责人以及承建、设计、监理等单位的负责人参加。

10月21日，县长助理相成带领旅游局、文物执法队、文管所负责人到广武旅游区实地调研景区内的防火和文物保护工作。

11月6日，市委常委、市政法委书记、主持山阴县委工作的李锦，县长侯元等县委、县政府领导亲赴马营乡中学疫区一线，现场检查指导甲型H1N1流感疫情防控和患者救治工作，并对下一步工作进行安排部署。

12月2日，县长侯元和县委常委、常务副县长苏斌如带领相关职能部门深入玉井、千井、北祖等煤矿就安全生产和资源整合情况调研。

12月22日，山阴县机构改革动员会议召开。山阴县政府机构改革工作正式展开，机构改革方案已经市政府批准，全县政府机构改革将在年底前完成。县政府机构设置作出调整，改革后，县政府设置工作部门23个。

2010 年

3 月 10 日，县委、县政府委任各乡镇乡镇长为第一责任人，在山阴县行政区域内，对本行政区域在新民主义革命时期（1919 年五四运动爆发）到中华人民共和国成立（1949 年 10 月）时期形成的重要革命历史文化遗址展开普查。包括党的重要机构旧址，党史人物故居、旧居、活动地，重要事件、重大战役遗址，具有重要影响的革命烈士事迹发生地或墓地，能够反映重要历史活动进程、思想、文化的各种遗址等。

4 月 4 日，县长侯元带领林业、旅游等相关部门负责人，深入到山阴县广武边塞文化旅游区、西山环城五万亩生态建设工程，就清明期间的森林防火工作进行检查指导。

5 月 12 日，市长冯改朵、副市长靳瑞林，县长侯元、副县长段国强一同在山阴县调研五个全覆盖。

6 月 1 日，西班牙坎塔布里亚地区发展协会首席代表哈维尔・鲍特一行在省、市外事办领导一同对山阴古城乳业集团进行参观考察。山阴县委常委、政府常务副县长苏斌如接待考察团一行。

6 月 3 日，县委在全县基层党组织和党员中深入开展创先争优活动，围绕全县经济社会发展目标组织开展党性教育，通过悬挂横幅、书写标语、制作展板、张贴宣传画，多种形式进行宣传发动，引导全县广大党员干部树立先进典型、搞好对标定位在各自工作岗位上争当先锋，为推动全县经济率先发展、短板全面突破做贡献。

8 月 11 日，县委书记、县长侯元、副县长段国强深入县水利局检查指导防汛工作，并对全县防汛工作作出安排部署。

9 月 7 日，市委副书记、市长冯改朵带领市发改、重点办等相关部门主要负责人到山阴县观摩检查重点工程。县委书记、县长侯元一同检查。

10 月 18 日，省人大副主任安焕晓一行与县委书记、县长侯元、人大主任李国胜、县长助理相成及文物旅游局负责人考察全国重点文物保护单位山阴县旧广武城。

11 月 8 日，山阴县县委、县政府加大促进残疾人事业发展工作力度，保障残疾人就业，增加助残基础设施建设。县人事、劳动社保、卫生部门分别将残疾人纳入城镇职工基本医疗保险、城镇居民基本医疗保险、新型农村合作医疗和城乡医疗救助制度，对特困残疾个人缴纳部分由财政代缴，确保残疾人参保参合全覆盖。

12 月 14 日，县委组织全县领导干部开展“访贫、帮困、送温暖”活动，责令深入农村、困难企业，深入群众，特别是最贫困地区，走访优抚对象、受灾村（居）民、城乡低保人员、五保户、孤残人员、城镇下岗人员、困难企业职工、生活困难的返乡农民工和弱势群体，解决生产生活实际问题，保障受困村（居）民基本生活。

12 月 30 日，县委在全县开展干部（以领导干部为主）下乡住村（社区）活动。围绕新农村建设，组织“三送”（送生产资料、送技术、送信息）活动，帮助所住村立足本地实际，找准项目，促进集体经济发展。

2011 年

1 月 6 日，山阴县政府规范寄宿制学校学生接送车辆管理，严厉打击非学生接送车辆、非客运车辆接送学生。落实各寄宿制学校配备一名副校长专管学生接送车辆管理，严禁学生乱乘车辆，学生搭乘车辆必须有教师护送。

1 月 7 日，为推进山阴县文化产业跨越发展，带动文化旅游业，山阴县委对山阴历史文化名人王家屏的书稿、著述、故事等组织专人整理，成立山阴县王家屏研究会，会长李国胜，专门研究有关王家屏的文化历史资料，并组织修缮王阁爷相府、召开学术研讨会。

4月19日，经山西省人民政府批准，山阴县撤销岱岳乡，设置岱岳镇。

5月5日，县委副书记南志中、政府副县长段国强，率领县农业局、畜牧局等部门主要负责人，深入古城佳联农牧公司进行调研。

5月，同煤织女泉风电项目落户织女泉村。

5月7日，县委成立万亩盐碱地直接改造煤化工园区指挥部，负责合盛堡万亩盐碱地直接改造煤化工园区项目协调及加强园区建设组织领导、推进工程建设等工作。指挥部组成人员包括：总指挥县长南志中、常务副总指挥副县长李日宏、副总指挥县政协主席袁林生等。

5月9日，为推进规模、健康养殖园区建设，山阴县委常委会成立万亩大型现代化养殖园区指挥部。县委副书记、县长南志中任总指挥，副县长段国强常务副总指挥，县发展和改革局局长卢满等人担任组员。

5月31日，县委、县政府决定县四大班子领导深入学校与师生共度“六·一”国际儿童节。让孩子们度过一个祥和欢乐的节日，其中县委领导袁林生、杨增文、靖文勇探望了山阴县岱岳镇第一小学师生；县委领导侯元、相成探望了山阴县岱岳镇第二小学师生。

6月14日，县委在全县开展迎“七一”庆祝建党90周年活动，开展走访慰问党员行动，组织县四大班子党员领导干部分13个慰问组，深入基层、深入农村对老党员、老干部、优秀党员、困难党员等重点对象进行慰问。

6月16日，市药品安全专项整治督导组到山阴县检查指导药品安全专项整治进展工作。

7月15日，山阴县委、县政府规范基层医疗卫生事业单位及工作人员管理办法。遵循按劳分配与生产要素参与分配相结合的原则，实行按岗位定编，按业绩定酬，建立重实绩、重贡献、重技术、重医德的分配机制，把分配向医疗实绩大、医疗水平高，医疗服务好的优秀人才和技术骨干倾斜，惩治为追求个人利益开大处方、乱用抗生素的恶劣行为，纠正分配沿用开单提成的不良现象，奖优罚劣，确保医疗卫生安全。

7月20日，山阴县开展打击违法非法占地和违规违法建设行为专项行动。拆除违反规划、占用耕地违法建筑，恢复地貌。其中严重影响城乡规划或影响城乡规划且不积极改正者，由建设部门责令限期拆除或没收违法建筑物；非基本农田的占地者，通过置换等方式补办用地手续。

8月15日，山阴县在政府一楼中心会议厅召开庆祝中国共产党成立90周年红歌会总结表彰会。县委书记侯元出席并讲话。县委常委、宣传部部长程育胜总结红歌会的经验做法，并安排部署下一阶段的宣传文化工作。县委常委、副县长田永清主持表彰会。县人大副主任尤跃栋、政协副主席靖文勇出席表彰会。

8月，山阴县委、县政府对在2009—2010年政法综治工作中做出显著成绩的县人民法院执行局等30个先进集体和王聪等60名先进个人予以表彰奖励，弘扬先进，激励后进，推动政法综治工作再上一个新台阶。

9月26日，第六届中国中部投资贸易博览会在中国（太原）煤炭交易中心开幕。县委书记侯元、县委副书记苏斌如、副县长李日宏带队参加第六届中博会，县招商局作为领导小组主要成员单位做了大量的客商邀请、项目对接、招商宣传等筹备工作。17个重点项目成功签约，签约总额151.97亿元，引资147.9亿元，签约项目、签约总额、引资额全市名列前茅。

10月10—11日，大唐山西新能源公司与山阴县就开发分散式微风发电及光伏发电产业、加强双方经贸合作达成一致意见，并签署分散式发电、光伏发电项目开发建设协议书。

11月6日，山阴县第一期“农业现代化与新农村建设高级研修班”在清华大学继续教育学院开班，此次干部选学是全县有史以来干部教育培训师资最强、规模最大、时间最长、投资最多的一次外出培训。学校为他们安排5门课程，涉及新农村建设、农业现代化、新闻发言等方面，老师全部是各个领域的名家。

12月15日，山阴县委发出《关于向彭云同志学习的决定》，全县掀起学先进、见行动、比贡献、创一流的学习新高潮。

2012年

1月10日，县委、县政府组织县各级领导干部，慰问全县所有离休老干部及其遗属，重点优抚对象：城乡特困户、低保户、五保户、受灾户，县光荣院和乡镇敬老院院民、特困老党员、困难劳模、困难下岗职工、特困残疾人员，驻县预备役坦克团、一间房部队农场、白坊27军82旅农场、县人民武装部、武警中队、消防队的官兵。

1月16日，中共山阴县委十三届二次全体会议暨全县经济工作会议在政府中心会议厅召开。会议主要任务是：认真贯彻落实党的十七届六中全会、省委十届二次全会、市委五届二次全会精神和中央、省、市经济工作会议精神，听取中共山阴县委常委会工作报告，总结山阴县2011年各项工作，安排部署2012年的工作任务。

2月5日，市委副书记、代市长李正印深入山阴县广武旅游景区就发展旅游业调研，李正印听取山阴县委、县政府负责人关于全县经济社会情况汇报和开发广武旅游资源的情况介绍，并实地考察雁门关旅游风景区的开发建设情况。

2月24日，全县开展保持党的纯洁性学习教育活动。县委办公室成立保持党的纯洁性学习教育活动领导组，全体党员把边学边改、边查边改贯穿始终，同时开展下乡住村和包村增收活动，听民情、察民意，结合各自职责，形成一份在推动发展、促进民生中保持党的纯洁性的思想总结，建立保持党的纯洁性的长效机制。

3月14号，山西新闻网山阴视窗开通仪式暨网络信息员通信员培训会在政府一楼中心会议厅举行。县委书记侯元、山西新闻网总裁刘欣宇、《山西日报》专家组组长翟翠明、《山西日报》记者部副主任白薇、《山西日报》记者部副主任韩建平、《山西日报》晋城分社社长李志军、《山西日报》朔州分社社长安玉及各乡镇、管委会副书记、各大系统负责人、全县新闻网络信息员通信员参加启动仪式。仪式由县委常委、宣传部部长程育胜主持。

4月20日，山阴县第十五届人民代表大会第二次会议在政府二楼报告厅召开。来自全县各条战线的人大代表认真履行宪法和法律赋予的职责，发挥地方国家权力机关的监督作用。县人大主任郭自更主持大会。

5月8日，山阴县举行《平凡的人，感人的事》一书首发式，该书的主人公彭云是下喇叭乡口子梁村党支部书记，2011年12月5日因病倒在工作岗位上。彭云去世后，山阴县专门召开党政联席会议，决定由组织部和县基层组织建设年暨保持党的纯洁性学习教育活动领导小组负责书籍的编辑出版工作，内容以记录彭云事迹的讲话、访谈、回忆文章、通信报道等为主，反映彭云全貌，展现彭云一生中的闪光点。《平凡的人，感人的事》既是对彭云一生的总结，又为全县党员干部树立榜样，更是传递给后人的精神火炬。

6月，《中国产经新闻》工会主席王晓东等15人深入山阴县进行“走、转、改”采访。采访团先后在山阴县广武边塞文化旅游区、桑干河湿地生态修复治理工程、古城乳业集团、古城农牧公司、天鹏农牧有限公司、山阴一中、西山缓坡丘陵区、北周庄低碳循环工业园、中煤金海洋等参观。

8月17日，山阴县在深圳市五洲宾馆举办招商引资项目推介会，向深圳乃至整个珠三角地区推介山阴的优质资源，推介会由县长南志中作主题演讲，共推介18个招商引资项目。招商引资推介会共签约各类项目8个，预计总投资55.5亿元，项目涉及新技术、新材料、观光旅游、现代农业、食品加工、现代商业、基础设施等领域。

9月8日，“我家在长城下”摄影展在山阴县广武村开展。来自省内和北京的摄影家们把自己的作品挂在百姓家院、村落古街，让摄影艺术融入百姓家庭。

10月27日，山西奥力乒羽俱乐部乒乓球联谊赛在山阴中学体育馆开赛，本次联谊赛由山阴县委、县政府主办，由山阴县文化广电体育局承办。市委常委、纪委书记刘国庆出席比赛并为联谊赛开球，县委书记侯元主持，县长南志中参加。

10月31日，县四大班子领导、县级部分离退休老领导、县直机关单位、条管单位负责人，以及各乡镇书记镇长，来到北周庄镇检查验收重点工程，北周庄镇党委书记王碧邦做现场汇报。

12月12日，《山西经济日报》总编屈建龙、副社长马正率记者团深入山阴县进行采风和宣传报道，县委书记侯元、宣传部部长程育胜及市县相关人员参加。

12月18日，山阴县召开全县干部大会，迅速传达学习贯彻党的十八大精神，对全县学习贯彻党的十八大精神做了全面部署。会议强调全县上下紧紧团结在以习近平同志为总书记的党中央周围，全面贯彻十八大精神。

2013年

1月10日，中共山阴县委十三届三次全体会议暨全县经济工作会议。

1月31日，县委组织四大班子领导、法院院长、检察院检察长，开展“访民生、知民情、解民事”集中走访活动。走访在全县村（居）民中展开，以服务人民为宗旨，解决问题为目标，深入实际、深入群众，问政于民、问策于民，换取人民群众的“幸福指数”，为促进转型跨越发展、建设幸福美丽山阴营造良好政治和社会环境。

2月10日，县委副书记、县长南志中分别深入县看守所、公安局110指挥中心、县城商品街交警执勤岗、交通局交警执勤岗、消防大队，亲切慰问春节期间战斗在一线的公安民警和消防官兵。

4月8日上午，市委书记王安庞在山阴调研，与县委书记侯元、县长南志中到下喇叭乡口子梁村走访慰问彭云遗属，与乡村干部和群众座谈，询问全县山村吃水困难情况，实地察看口子梁村打井现场。针对山阴山区四个乡镇、25个农村、1万多口人的吃水困难问题，按“一井一村”或“一井多村”模式，各村铺设自来水管网，每户建蓄水池，把水输送到每家每户。

6月8日，县委副书记、县长南志中在华圣大酒店会见以色列LR集团中国首席代表陈然，中科构想（北京）林业科技发展有限公司总经理于源，科尔沁（北京）投资有限公司副总经理刘志勇，副县长段国强，山阴农牧场场长吴玉国和县农委、畜牧局负责人参加会见。

6月19日，省委副书记、省长李小鹏带领省直有关部门负责人深入山阴县，就产业转型、循环经济、项目建设、造林绿化、安全生产和现代农业等方面情况调研。

8月11日，中国扶贫开发协会会长胡富国与市委书记王安庞，市委副书记、市长李正印，市委常委、秘书长李根田，副市长王志刚，县委书记侯元，县委副书记、县长南志中等到山阴县桑干河湿地生态修复工程、中煤金海洋工业园区调研。

8月18日，由省作家协会党组书记、常务副主席张明旺带领的“山西作家看朔州”集中采风组到山阴县，就生态建设、循环工业发展、现代农业发展情况及历史古迹进行采风。市委副书记郑红，市委常委、宣传部部长刘英魁，县委书记侯元，县委常委、宣传部部长闫祖伟一同参加。

8月30日，全县范围内集中开展纪律作风整顿工作，通过自查自纠、问卷调查、走访群众等方式，纠正了部分干部群众观念淡薄的问题，解决了一些干部践行党的群众路线不坚决、不彻底，为人民服务的宗旨意识淡化，漠视群众需求，对民情民意不掌握，对群众疾苦不关心，对民生问题解决不到位的现象和问题。

9月22日，县委书记侯元到古城农产品加工园区、驿泽奶牛养殖专业合作社和山西宇昊蘑菇种植有限公司，就现代农业发展状况和重点项目建设进行调研。副县长、县委办主任何兴斌和相关部门负责人一同调研。

10月30日，省政协原副主席吕日周、省国土资源交易事务中心主任赵利斌、市政协副主席闫美珍、大同市政协原副主席徐万道、山阴县委书记侯元等领导在山阴县马营庄乡南口前村举行扶贫捐赠仪式。

11月10日，省级重大备选项目现代蔬菜综合开发园区、山阴县千亩土地治理及高科技无公害蔬菜生产示范园建设在马营庄乡正式启动。

11—12月，市委对山阴县各乡镇、教育科技局、民政局、农机服务中心、扶贫办、扶贫工作队和驻村第一书记等机构和个人进行巡查，考核县委、县政府领导和组织扶贫工作政治责任落实情况、扶贫工作中是否履职不力、作风不实，处理了一些产业扶贫项目、易地扶贫搬迁项目出现的问题。

12月20日，县委宣传部、组织部、县委党校部分理论骨干，组成党的十八届三中全会精神宣讲团，深入全县各乡镇、各机关、单位、企业及学校开展集中宣讲。县委常委、宣传部部长闫祖伟任团长，县委党校常务副校长王玉成副团长。

12月31日，省林业厅批准山阴桑干河湿地公园晋升省级湿地公园。

2014年

2月13日，县委书记侯元亲临元宵会展现场，对元宵节灯会及安全保障和各项筹备工作进行现场检查指导，县委副书记李全胜，县委常委、宣传部部长闫祖伟，县委常委、政法委书记郭兆文，副县长何兴斌及有关部门负责人一同检查。

3月6日，山阴县在政府一楼中心会议厅举行纪念“三八”妇女节104周年暨表彰大会。县委书记侯元，县人大副主任安秀清、李宝英，县政协副主席郭文忠，副县长何兴斌出席表彰大会。受表彰的先进集体和个人代表，全县妇女工作者及县直相关单位负责人共计200余人参加会议。

4月24日，县委、县政府在全县范围内开展为期一百天严厉打击环境污染违法犯罪“百日会战”专项行动。排查工业园区和工业集中区内电力、建材、焦化、化工、食品、垃圾处理等企业，整除土小企业、国家明确淘汰的污染项目企业、危废品生产处置企业，有效改善全县生态环境。

5月7—9日，山阴县第十五届人民代表大会第四次会议召开。会议选举相成为山阴县第十五届人民代表大会常务委员会主任，乔振文为山阴县人民检察院检察长。

5月12日，县防灾减灾成员单位和民政局组织工作人员在政府广场、古城镇、古城镇中学，开展以“城镇化与减灾”为主题的“防灾减灾日”宣传活动。全天共发放宣传单1300份、防灾知识手册200本，提高山阴县城乡居民的防灾减灾意识。

7月1日，市委常委、政法委书记李锦深入联系点——山阴县薛圐圙乡进行“访民生、知民情、解民事”走访调研。

8月1日，县长南志中带领有关部门负责人到安荣乡、薛圐圙乡、后所乡、张家庄乡10余个农村田间地头了解旱情，并在农业局的一份旱情报告上作出重要批示。

8 月 5 日，由市纪委监察局效能监察室主任李荣岗带队的检查组，以听取汇报和明察暗访相结合的方式，就山阴县开展规范行政执法行为和贯彻落实省政府“煤炭 20 条”措施工作情况进行检查。

9 月 27 日，县委对县纪委监察局牵头或参与议事协调机构进行精简。调整后，县纪委监察局保留或继续参与的议事协调机构为 10 个，其他纪委监察局参与议事协调的职能予以退出或取消，原有工作交由相关主责部门承担。

10 月 30 日，省委党校在山阴县开展送学专场讲座活动，来自省委党校的林洁副教授为 200 余名党员干部，举行题为《“四化”同步推进，统筹城乡发展》的专题讲座。

11 月 2 日，县委副书记、县长南志中带领电力、水利部门负责人，到雁门关农产品物流园区现场办公，协调解决园区建设过程中遇到的困难和问题。副县长马立强一同参加现场办公。

12 月 17 日，住建部、文化部、国家文物局、财政部、国土资源部、国家旅游局等联合公布第三批中国传统村落名录，山阴县张家庄乡旧广武村落榜上有名。入选后，该村落将在保护、开发、财政等方面得到相应支持。

2015 年

1 月 20 日，山阴县公安局为确保全县社会治安稳定和“两节”“两会”期间良好的治安秩序，决定在全县范围内开展为期三个月的“春雷”专项行动。期间，全警动员、全员参战、全力以赴，严厉打击各类严重刑事犯罪活动，集中整治突出治安问题。

3 月 3 日，在“三八”国际妇女节 105 周年来临之际，县妇联联合各相关单位在岱岳镇移民新村举行“三八”维权周宣传暨“送健康、送法律、送服务”下基层活动。

3 月 26 日，县委、县政府开展陈规陋俗专项整治活动。整治婚丧嫁娶、喜庆活动中的大操大办，随礼风泛滥、彩礼钱过重、陈规陋习沉渣泛起，封建迷信屡禁不止的问题，严肃处理参与封建迷信活动的党员干部。通过专项整治，正党风、带民风、树新风，促进学习讨论落实活动取得新成效。

4 月，山阴县各乡镇组织食品药品监督所、工商所等多个部门对各乡镇辖区内学校食堂、商店进行食品安全检查，排除食品安全隐患，保证师生在校期间的食品安全。

5 月 18 日，在国税局办税服务厅，国税地税联合办税正式启动。

8 月 14 日，县委组织部署县纪委（纪检组）监督责任专项行动。县纪委、乡镇纪委、县直单位纪检组落实每月召开案件分析会，每季度召开常委扩大会议，各乡镇纪委抓好村级事务监督，县直各单位纪检组抓好关键岗位监督。县纪委监察局包片常委、副局长定期不定期深入乡镇和机关督导。

8 月 21 日，山阴县农村危房改造和乡村清洁工作推进会在县住建局召开。县委常委、政府常务副县长程万强出席会议，住建局有关领导、各乡镇书记及分管领导参加会议。

8 月 25 日，市委书记王安庞就安全生产、企业运行、产业发展、环境整治、落实“两个责任”、推进“三转”、解决发生在群众身边的腐败问题在山阴县进行实地调研、检查督导。

9 月 2 日，县人大主任相成、副主任尤跃栋等人对参加抗日战争的曹恒山、王纯喜、田文斗 3 位老同志进行走访慰问，转达县委、县政府对他们的关心、关怀。并颁发抗日战争纪念章及一次性补助金。

10 月 16 日，女童保护公益项目“关爱山西系列行动”第八站朔州市山阴县启动仪式在山阴县第六小学举行，参加会议的有女童保护发起人、山西地区负责人、中国县域经济报驻山西记者站站长席兆平；山西省慈善总会副秘书长王嵘；著名演员成龙；山西省商务厅信息化中心副主任郭佩红；山阴县妇联主席降英；山阴县人民政府副县长何兴斌；山阴县教育局局长刘华及全县部分小学校长、六小部分学生及教师，共计1200余人。

11月20日，全县宣传系统举办党的十八届五中全会精神报告会，县委常委、宣传部部长闫祖伟主持会议并讲话。来自全县各乡镇、管委会的宣传委员、文化辅导员和宣传系统各部门、各单位，共计150余人参加会议。

12月8日，山阴县全面推进科技创新战略。整合分散于各部门的财政科技资金，设立统一科学合理的科技项目分类类别，由科技部门牵头建立委局联席会议制度，统筹资金，统筹项目，解决科技项目重复立项、科技资金碎片化、聚焦不够、科技创新能力不足、科技投融资体系不健全等问题。

2016年

1月1日，县委、县政府成立山阴县脱贫攻坚领导小组。县委书记李旭清和县委副书记、县长南志中任组长；县委副书记李全胜，县政协主席、副县长段国强任副组长。原山阴县扶贫开发领导组不再保留。

2月2日，县委书记李旭清深入古城镇、古城饲料加工厂、朔州市供销社新锦华烟花爆竹有限责任公司，对各企事业单位安全生产情况调研。

2月5日，县委、县政府在三分之一的乡村（社区）铺开“六权治本”延伸工作，围绕建设基层法治政府、创新政府、廉洁政府和服务型政府，通过规范职权运行，从源头上解决发生在群众身边的腐败问题，实现优化治理、服务群众、促进发展的目标。

2月15日，县委、县政府成立山阴县防范和查处违法建设工作领导组。结合山阴县实际，坚持按照“疏堵结合、标本兼治”原则，按照统一领导、分片负责、部门联动、协调配合方针，全面、深入、持久防范和查处违法建设行为。

3月6日，山阴县地方税务局会同公安局、国税局、工商局等相关部门在地税广场联合举办打击“偷逃骗税”宣传活动。

4月19日，山阴县接待“2016年发展中国家包容性增长与持续减贫官员研修班”考察活动。这次考察活动由12个国家29名司处级官员、中国国际扶贫中心、省扶贫办及朔州市相关领导组成，共计50余人。副县长郭兆文，县扶贫办、外事办、信访局等部门负责人陪同参与这次考察活动。这是山阴县历史上接待外宾最多、涉及国家最多的一次外事接待活动。

4月20日，全省特色农业产业扶贫“渗水地膜谷子穴播技术”示范推广试点项目·朔州启动现场会在山阴举行，参加这次会议的有省农科院、省扶贫办领导以及全省11个市的涉农部门、扶贫部门240余人。市委副书记郑红、副市长田东出席会议。

5月3日，县委在全县党员中开展“学党章党规、学系列讲话，做合格党员”学习教育。学习中，倡导创新学习教育方式，有效化解工学矛盾，做到“磨刀不误砍柴工”，防止了撇开日常工作搞学习，学做分离和知行脱节。

5月16日，县委在全县党员干部整治“为官不为”现象，采取自查自纠，边查边改等方式，解决“不作为、慢作为、乱作为”的问题。

6月26日，县第十六届人民代表大会第一会议第三次全体会议在政府二楼报告厅召开。选举产生县人大主任、副主任、常务委员会委员，县政府领导集体，相成当选为县第十六届人大常委会主任，杨晓明、郭增友、刘世泉、毕财当选为人大常委会副主任，南志中当选县长，黄永红、李启、郭兆文、何兴斌、乔新文、苏美当选副县长。王建永等26人当选为县人大常委会委员。王志远当选为县人民法院院长，乔振文当选为县人民检察院检察长。

7月5日，落实全省检察机关预防涉农领域职务犯罪推进“阳光百姓工程”工作。7月初，成立实施“阳光百姓工程”领导机构,7月底，县农委及各涉农部门与县“阳光百姓工程”办公室完成数据传输与对接，8月全面启动。

7月15日，县人大常委会与县政府在政府八楼会议室召开建议、意见交办会。在县十六届人大一次会议期间，代表们履行宪法和法律赋予的职责，围绕教育、城建、道路交通等制约全县发展的短板问题和新农村建设、扶贫帮困、水利设施建设等民生问题，通过建议和意见的方式向大会提交上来，大会共收到建议和意见85件，经过县人大机关和县政府办公室的同志认真研究，确定建议、意见承办单位。

7月19日，在全县开展安全生产和社会稳定大检查大排查大整治工作。各乡镇、各相关单位上报《安全生产隐患大排查大整治实施方案》，对进度拖沓的单位提出批评。

7月22日，全县开展环境保护大检查，重点检查卫生防护范围内，居民搬迁不落实、土小企业取缔不到位、面源污染严重、偷摆偷放、污染防治设施不正常运行、环境安全隐患排查不到位、环境信访案件长期得不到解决、环境保护基础设施建设滞后等问题。建立健全环境保护长效机制、责任体系和工作制度。

8月10日，县委在全县范围内，对县、乡党政机关，人大，政协，人民检察院，人民法院，党政机关直属事业单位、派出机构，各人民团体展开清查，对超标准占用、使用办公用房的单位进行清理、腾退。

9月13日，县委、县政府确定县委常委、政府副县长、人大、政协正职领导帮扶企业名单，组织领导干部走访企业，加强沟通指导，帮助山阴县重点企业排忧解难，增强发展活力和后劲，提升市场竞争力。

10月4日，山阴县广武明长城敌楼残垣发生坍塌，县长南志中赶赴现场多次组织召开由省市专家和相关部门负责人参加的会议，成立广武明长城调查与保护领导组，围绕长城保护进行安排部署。

11月，山阴县党委组织开展“送温暖、献爱心”社会捐助活动，全县党政机关、社会团体、企事业单位、驻县单位、个体工商户等单位或组织以及社会各界群众，按照自觉、自愿原则参加捐助，并且为了防止流行疾病传播及危害，这次社会只接收捐款，未接收衣物。

12月7日，山西省农科院高粱所副研究员曹昌林等3人，深入山阴县后所乡后张堡村开展“国家万名专家服务基层行动——高粱产业专家服务基层活动”，市人社局组织市农业种子站、土肥站、朔州职业技术学院等单位的4名市级农业种植专家协同配合，活动采取专题讲座、现场技术指导等形式，为种植户答疑解惑。

2017年

1月11日，县委中心组学习会议召开，在党政联席会议室进行集中学习。县委书记李旭清主持。县委宣传部副部长高玉国就《全面从严治党的制度保障》在会上作了专题辅导。

1月23日，山阴县公安局在全县范围内组织开展了“无缝隙、拉网式”治安大清查集中统一行动。

2月15日，人武部协调县委、县政府，驻山阴各部队，组织召开了部队全面停止有偿服务工作会议。中共山阴县第十四届纪律检查委员会第二次全体议召开。

3月2日，全县农村工作、脱贫攻坚、目标责任考核表彰大会在政府二楼报告厅召开。

3月15日，山阴县第十六届人民代表大会第二次会议开幕，3月16日下午，山阴县第十六届人民代表大会第二次会议选举了山阴县监察委员会主任，郭振林当选为主任，在圆满完成各项议程后胜利闭幕。

3月22日，开展了“世界水日”和“中国水周”宣传活动。主题为“落实绿色发展理念，全面推行河长制”。

4月6—7日，省供销社理事会主任狄重阳到山阴县调研供销社电子商务工程，并深入合盛堡乡东双山村泰和农牧专业合作社调研。

4月11日，山阴召开全县统战工作会议。各乡镇统战委员、统战系统成员单位全体干部参加会议。同日，山阴县旱地渗水地膜高产谷子穴播技术推广现场会在岱岳镇七里沟村召开。

5月27日，上午山阴县2017年重点工程项目集中开工暨锦晔100万吨低阶煤分质利用示范项目破土启动仪式，在山阴县晋北煤化工基地规划区隆重举行。市委书记王安庞、市委副书记陈振亮出席开工仪式并按下启动仪。山阴县集中开工51个重点项目。

5月30日至6月2日，山阴一中发生部分学生呕吐腹泻低热情况，县人民医院累计收治86人，截至6月2日晚，仅有1人留院治疗。

5月，完成全县县城饮用水源地（后所乡水峪口）和三个乡镇（后所乡苏庄村、马营庄乡高庄村、合盛堡乡合盛堡村）集中式饮用水源地标志牌新建、维修工作。

5月，完成环境监察移动执法系统建设。配置便携式手持移动执法装备4套20件，与省市执法平台终端对接，实现了环境执法移动化，数据上传自动化，执法数据共享化。

6月10—13日，省水利厅稽察办稽察工作组第三组一行7人对山阴县2016年中央财政农田水利建设项目进行了专项稽察，达到了各项要求。

6月19日，市政府副市长田东带领市水务局副局长陈江斌就山阴县贯彻落实省政府关于向桑干河实施生态补水工作开展情况进行了专题调研，县政府党组成员陈计珍，县水利局局长杨时育一同调研。

6月29日，晚上由中共山阴县委组织部、中共山阴县委宣传部主办、县广播电视台承办的山阴县纪念中国共产党成立96周年“不忘初心永跟党走”主题晚会在政府二楼报告厅举行。

6月30日，山阴县下喇叭乡冻牛坡村180千瓦光伏扶贫项目并网接入。

7月15日，县委、县政府取缔山阴县部分不符合产业政策，污染物排放不达标，治理无望，土地、环保、工商质监等手续不全的“散乱污”企业，取消企业现有生产经营资格和生产条件，断水、断电，清除原料、清除产品、清除设备，直至关停。

7月21日，山阴县城范围内突降暴雨，县城多个低洼地段被淹，100余名群众被困。县委、县政府领导，县公安局组织民警、驻地武警官兵、人武部组织50名民兵应急分队队员立即展开紧急救援工作。

8月28日，省委督查组一行莅临山阴，督查山阴学习教育和主题教育、“三基建设”工作情况。

8月，为加强和规范村务监督工作，县委在全县建立健全村务监督委员会制度。村务监督委员会一般由3~5人组成，设主任1人，主要由非村民委员会成员的村党组织班子成员或中共党员担任主任，监督委员员负责收集意见、提出建议、建立台账，享受知情权、质询权、审核权、建议权等权力，每季度向村党组织和乡镇党委、乡镇纪委、监察员报告村务监督工作。

10月28日，“两岸四地”摄影家世界文化遗产中国长城·朔州300公里全景采访团在广武长城授旗。

10月30日，下午山阴县召开县委常委（扩大）会议，传达学习党的十九大和十九届一中全会精神，研究部署学习宣传贯彻党的十九大精神各项工作。

11月14日，省地方志办公室党组成员、副主任赵群虎，年鉴期刊处处长高生记，专志处处长冯林平以及朔州市地方志办公室主任蔚铭等一行5人莅临山阴县督查志鉴“两个目标全覆盖”任务进展和完成情况。柴俊副县长汇报县志、年鉴工作进度，县史志馆侯志林做了表态。

11月16日，省人大内司委主任委员李永林、巡视员郭忠烈等一行六人莅临山阴县人民法院调研员额制改革、司法责任制推进情况和司法公开、民事行政检察监督情况。

12月1日下午，山阴县召开贫困退出核查评估动员部署会，安排部署贫困退出核查评估工作。

12月6日上午，党的十九大精神市委宣讲团山阴报告会在政府二楼报告厅举行。

12月17日，由山阴县政协策划、组织的“中书汇书法学苑学员作品展”在山阴县太行村镇银行正式开展。

12月26日上午，山阴县在政府八楼会议室举行“送温暖、献爱心”社会捐助活动仪式。

12月，县城污水处理厂扩容提质工程开工。项目投运后，污水处理规模可达到1.5万立方米/日，再生水回用规模可达到0.8万立方米/日，将有效改善桑干河出境断面水质。

2018年

1月19日，山阴县政协在山阴县第一小学举行“书法进校园”活动。为发扬传统文化，建设“书法大县”提供了有力的支持。山阴县政协、教育科技局、太行村镇银行、中书汇书法学苑等参加了活动。

1月，中共山阴县委组织部举办山阴县2018年农村（社区）“领头雁”培训班4期、每期3天，对440名村（社区）“两委”主干及31名农村第一书记进行专题培训。

2月27日，县纪委十四届三次全体会议召开。会议认真总结2017年山阴县全面从严治党工作，科学分析当前面临形势，安排部署2018年重点任务。县委书记李旭清出席全会并作重要讲话。会议通过了郭振林代表县纪委常委会所作的工作报告和中国共产党山阴县第十四届纪律检查委员会第三次全体会议决议。

2月28日，山阴县委政法委开通“平安法治山阴”微信公众号。

2月，中共山阴县委组织部指导基层各党组织开好民主（组织）生活会；春节前集中慰问26名生活困难的65周岁以上、任职年限10年以上的农村“两委”主干。召开专题会议研究县直事业单位招聘20名山阴籍全日制硕士研究生等专业人才的申报工作。

3月1日，山阴县在政府广场前举办元宵节文艺会演。来自全县自发组织的20多支文艺队齐聚广场，展现了山阴的文化特色。

3月14日，山西省“扫黄打非”办公室第二督导组淮书妮队长一行4人莅临山阴县开展全国两会期间出版物市场工作督导检查，市县文化局、行政综合执法大队一同参加。

3月16日，山西省农科院高寒所，高粱所，畜牧所，环境资源所，旱地农业研究中心，计40多位专家教授齐聚山西朔州山阴县黄花梁泰和牧业，共谋有机旱作农业发展事宜。

3月21日，山阴县委、县政府召开全县农村工作、脱贫攻坚工作、目标责任考核表彰大会。表彰了脱贫攻坚先进集体、先进个人、2017年度先进集体和先进个人。

3月22日，朔州市供电公司赵进斌副总经理到山阴县与副县长乔新文座谈，双方就山阴电厂二期低热值煤发电项目送出工程杆塔占地及赔偿事宜交换了意见。

3月22日，山西省委脱贫攻坚第四督导组到山阴县开展脱贫攻坚督导工作。

3月，中共山阴县委组织部印发《关于推进基层党组织标准化建设的实施方案》，确定83个基层党组织作为标准化建设示范点重点提升打造。对乡镇“三基建设”工作开展情况进行督查；督促指导全县党组织开好组织生活会，做好党员民主评议工作。

3月，山阴县委利用电视、广播、网络、微信等媒体，宣传安全用火基本常识，开展森林防火宣传。各乡镇、村、重点林区印发防火宣传横幅、宣传牌、“禁火令”等，悬挂张贴到位、宣传到位，营造宣传氛围，提高全社会防火意识，形成森林防火群防群治新格局。

4月9日，朔州市供销社主任李悦一行与山阴县供销社主任马兴宏深入山阴县部分农业合作社了解合作社现状和生产经营中遇到的困难、问题，与合作社共谋发展。

4月10日，山阴县项目集中开工启动仪式在山阴县合盛堡工业园区内举行，山西超牌煅烧高岭土项目现场开工。市委常委、政法委书记王黎明，市政法委副书记高宇、市卫计委主任崔金鑫、市金融办主任白秀、市规划局副局长杜丛出席了仪式。山阴县四大班子在家领导，法检两长，各乡镇（管委会）党委书记、乡镇长，县直各部门负责人，条管单位、驻县单位负责人和工人代表参加了开工仪式。山阴县委副书记、县长南志中主持开工启动仪式。

4月11日，山阴县不动产登记局率先在全省为山西省山阴农牧场颁发了国有农用土地使用权不动产权利证书。这是全市2016年9月18日颁发了第一本不动产登记证书后，山阴县率先在全省颁发了第一本国有农用土地使用权不动产权利证书。

4月12日，山阴县委常委、政府常务副县长郭兆文携农委、畜牧局、农技中心、农机中心、扶贫办等农口单位负责人深入合盛堡乡围绕渗水地膜旱地谷子种植基地开展情况调研春耕备耕工作。

4月20日，山西农村广播“春回大地话春播”大型流动直播活动在山阴县北周庄镇郑庄村黄花梁举行。

6月7日，省农业厅副厅长郭建文到山阴县调研指导有机旱作农业示范县建设情况。

6月13日，山阴县在第四小学举行“读万卷书，行万里路”读书活动暨北京国际和平文化基金会鸿公益基金爱心捐赠图书仪式。县政协主席段国强，县委常委、政法委书记刘德义，县政府副县长何兴斌，北京学友会会长刘宽胜，副会长兼财务总监于万泉，北京国际和平文化基金会秘书长张月，总干事杨学文。县政协、县教育科技局及县太行村镇银行等参加了活动。本次活动为学校捐赠了图书、书架等价值6万余元的学习用品，并通过山阴籍北京学友于万泉的不懈努力，北京国际和平文化基金会与山阴县第四小学、第八小学和新大滩小学建立了长期捐助关系，还通过网络媒体对新大滩小学进行了报道，后期将要进行图书馆建设等捐赠。与会嘉宾与同学们一起在“读万卷书，行万里路”横幅上签字。

6月15日，桑干河清河行动启动，总投资18021.35万元，桑干河清河行动启动至12月，桑干河清河行动完成投资15722.35万元。全县清河行动工程施工阶段任务已基本完成。包括完成城镇污水排入污水厂管网建设工程2800万元；县污水处理厂提温提效改造工程投资2070万元；县污水处理厂扩容改造工程完成初沉池、二沉池和高密度澄清池等14座，投资3692.02万元。

6月20日，市委书记陈振亮到山阴县对桑干河清河行动工作进展情况进行督导。市委常委、政法委书记王黎明，副市长张天茂一同督导。

6月22日，山阴县在政府八楼会议室召开法学会工作会议，县委常委、政法委书记、法学会会长刘德义主持会议，县法学会理事、部分法学会会员参加了会议。

6月28日，山阴县在政府一楼中心会议厅召开纪念中国共产党成立97周年暨表彰大会。表彰先进，弘扬正气，树立标杆。在政府二楼报告厅隆重举办“唱响新时代、展现新作为”庆祝中国共产党成立97周年大型文艺晚会。

6月29日，山阴县府东街城市棚户区跨线立交桥工程开工仪式在县城商品街东环路口举行。市委常委、常务副市长陈耳东应邀出席开工仪式，山阴县在家的“四大班子”领导，法检两长，各乡镇党委书记、乡镇长，县直部门负责人，工人代表共计180余人参加开工仪式。山阴县委副书记丁裕主持仪式。

6月，中共山阴县委组织部召开“庆祝中国共产党成立97周年暨‘七一’表彰大会”，举办“山阴县纪念中国共产党成立97周年文艺晚会”，集中开展“七一”走访慰问建国前老党员55人，生活困难党员100人，并为4户因公牺牲党员家属发放2018年补助金各1万元。组织第一批39名党务干部赴井冈山干部学院参加党性修养示范班培训。

6月，山阴县成立山阴县优质煤配送中心，承担全县散煤用户的优质煤供应，严控散煤燃烧，划定禁燃区，对居民进行煤改气供应，取缔县城建成区10蒸吨/小时及以下燃煤锅炉。对一些长期存在的落后产能，责令限期整改。

7月10日，合盛堡乡党委、乡政府在黄花梁富硒有机旱作农业基地隆重举办首届道德模范表彰暨黄花梁富硒特色农产品文化节。县领导丁裕、相成、刘德义、降英、郭增友、刘世泉等出席活动并为道德模范颁奖。

7月13日，为扩大山阴特色农产品流通渠道，朔州特色农产品“走出山西网上行”活动暨山阴县首届黄花梁瓜果文化节启动仪式在黄花梁富硒有机旱作农业基地隆重举办。省供销社党组成员、副巡视员吴鲁平，省供销社社团处处长杨宝旭，市政府副秘书长尚兴阳，市供销社主任李悦，市供销社副主任牛开平，市供销社副调研员吴海仁，省农科院专家教授，山阴县供销社主任马兴宏及其他县区供销社负责人等出席活动。山阴县人大副主任杨晓明主持活动启动仪式。山阴县政府副县长乔新文致辞。

7月16日，山阴县13个乡镇新时代传习所全部挂牌成立，这标志着在基层一线，有了传播习近平新时代中国特色社会主义思想的前沿阵地。

7月23日，为深入贯彻习近平新时代强军思想，中共山阴县委2018年议军会议在县人武部会议室召开。县委书记、人武部党委第一书记李旭清主持会议并讲话。县委副书记、县长、国动委主任南志中，县委副书记丁裕及其他县委常委，人武部、各乡镇（管委会）党委书记，县直有关部门负责人等参加了会议。

7月25日，山阴县召开美丽乡村建设现场观摩推进会。副市长田东、市农委主任石生华，山阴县委书记李旭清，县委副书记、县长南志中，县委副书记丁裕，县人大主任相成及县四套班子其他领导，县直有关部门负责人，各乡镇党委书记等出席推进会。

7月，县委选取薛圐圙、河曲堡、白坊、老羊寨、北周庄、燕庄、郑庄、辛留、芦岭、安荣、泥河、新广武、旧广武、北王庄、麻疃、康庄村、羊圈铺村、庞家堡村、东庄村共计19个村庄作为示范村，实施垃圾分类试点，建立垃圾收运处置体系，非正规垃圾堆放点完成整治，示范村农村卫生厕所普及率达到90%以上。

8月4日，由山阴县科学技术协会主办的山阴县第二届“太行杯”格物斯坦机器人创新大赛在政府广场隆重举行。

8月4日，山阴县首届“请老乡·回故乡·建家乡”扶贫助学活动在山阴县教科局举行。北京山阴学友刘宽胜院长、边妙莲首席专家、王立贤教授等27名爱心人士从山阴一中选出8名品行优良、诚实谦逊、家庭困难的学生，对他们进行了资助。

9月1—2日，汝州市夏店镇组织6个省级贫困村第一书记、支部书记到山西省朔州市山阴县取经，学习山阴县惠牧源农牧专业合作社无公害小米产业、渗水地膜、谷子种植等行业先进经验。

9月6日，参加2018山西粮食产销衔接会的国家粮食局总经济师何毅，省粮食局长王云龙，国家粮食交易中心总经济师张云和来自江苏、天津、广西等21个省、市、自治区粮食局负责同志及川粮集团、苏粮集团、陕西粮农集团、山西龙首山粮油集团等130多家省内外粮食企业负责同志在朔州市委常委、常务副市长陈耳东及市粮食局有关人员等到山阴观摩。山阴县委书记李旭请，县委副书记丁裕，副县长乔新文等陪同观摩。

9月7日，按照中共中央办公厅、国务院办公厅《关于建立贫困退出机制的意见》及中共山西省委办公厅、山西省人民政府办公厅《关于山西省贫困退出实施办法》有关规定，经县级申请、市级初审、省级部门评价、省级第三方评估检查、整改专项检查和社会公示，阳曲县等12个省定贫困县均达到贫困县退出的相关指标，符合贫困县退出标准。山阴退出贫困县。

9月18日上午，朔州市政府新闻办召开山阴县扫黑除恶新闻发布会。市委外宣办、市政府新闻办主任丁建新主持发布会，山阴县委常委、政法委书记刘德义，山阴县副县长、公安局局长杨德文就近期扫黑除恶情况进行发布。国家、省、市级17家新闻媒体近30名记者出席发布会。

9月27日，北京知青纪念下乡插队50周年，一行20多人代表全县20个村460名北京知青为县教育局、文化馆共捐书13000多册。

9月29日，市委书记陈振亮到山阴就农业秋收工作进行调研。山西农业大学党委书记、教授廖允成一同调研，市委副书记操学诚，副市长田东等参加调研。县委书记李旭清，县委副书记、县长南志中，县委副书记丁裕等一同调研。

9月30日，山阴县在下立羊泉抗日烈士陵园举行烈士纪念日向人民英雄敬献花篮仪式。县委副书记、县长南志中，县委副书记丁裕，县人大主任相成，县政协主席段国强及县四套班子其他领导，县直机关负责人，各乡镇党委书记、乡镇长，武警官兵及其他社会各界代表等参加全县烈士纪念日向人民英雄敬献花篮仪式。县委副书记丁裕主持仪式。

9月29日，市委副书记、市长高键带领市煤炭、安监、煤监等部门负责同志，深入山阴县华夏煤业有限公司，重点对煤矿安全生产、行业安全监管责任落实情况进行检查。副市长张天茂一同检查。

10月17日下午，山阴县召开巩固提升脱贫成果决战决胜全面小康会议，总结了全县脱贫摘帽工作，就脱贫成果巩固提升工作作了安排部署。县委书记李旭清作重要讲话。县委副书记、县长南志中主持会议。

10月31日上午，副县长王建平，县委办主任郭东升，政府办主任闫志民，岱岳镇党政班子主要负责人，北王庄村历届村支部书记、村主任及为北王庄村建设无私捐资的社会人士和北王庄村民共同参加了北王庄村美丽乡村建设竣工暨石牌楼揭牌仪式。

11月12日，宁夏回族自治区西吉县农技中心副主任田振荣和粮作站站长马玉鹏带队，西吉县2018年新型职业农民培训工程小杂粮种植大户培训班，一行100余人深入山阴县泰和牧业专业合作社就万亩有机旱作农业种植情况进行实地观摩、学习。宁夏兴鲜杂粮种植加工基地（有限公司），山西省农科院晋北高寒所技术人员参加。

11月10日，以浙江省宁波市教育局局长沈剑光为组长的全国义务教育发展基本均衡县第四督导检查组一行，深入朔州市山阴县进行复查教育均衡工作。市教育局正处级督学王森和山阴县委、县政府以及县教科局有关领导参加。

11月13日上午，山阴县委、县政府组织县公安局、国土局、环保局、煤管局、北周庄镇等有关部门执法人员40余人，对北周庄镇苑家辛庄村隆盛宏伟煤场、晶安恒煤场等三家环保不达标煤场进行了强制取缔。

11月19日上午，县委书记李旭清、县委副书记丁裕、副县长杨良贵及县委办、政府办、环保、国土、煤炭等部门主要负责人和北周庄镇党政主要负责人先后深入到五福煤厂、华夏洗煤厂、新云盛石料厂等企业现场督导检查中央环保督察“回头看”案件整改工作。

11月，全市“三基建设”工作例会现场观摩活动，深入古城乳业、岱岳镇北王庄村、合盛堡乡康庄村、北周庄镇党建广场等实地观摩。对 13 个乡镇“五小”建设情况进行调研指导，全面提档升级“五小”硬件配置。组织 10 个社区党支部书记参加全市社区“领头雁”城市基层党建工作示范培训。

12 月 14 日，省委脱贫攻坚第一督导组组长郭新民，副组长赵春雷等一行，深入山阴县，就脱贫攻坚工作情况进行督导调研。山阴县委书记李旭清，副书记丁裕，朔州市扶贫开发服务中心主任高成富，副主任雷发明等领导一同督导调研。

2019 年

1 月 2 日，政府副县长杨良贵在县政府五楼书记会议室参加书记办公会议。研究县城三年城建规划以及交通、供热等事宜；晚上，在县政府八楼党政联席会议室参加县委书记李旭清主持召开的大原高铁（朔州段）专题研究会议，会上就山阴段涉及的拆迁补偿问题作了进一步安排。

1 月 9 日，政府副县长柴俊再次就北京中枫国际商务咨询有限公司山阴分公司资金兑现困难问题组织相关部门召开县长办公会议，会上副县长柴俊听取了检查阶段工作开展情况的汇报，并安排部署了下一阶段的具体工作。

1 月 9 日，政府副县长乔新文主持召开清理拖欠民营中小企业账款推进会议，乔新文要求：各单位一定要从思想上重视起来，财政局要拿出还款计划并上报县政府。

1 月 23 日，政府副县长柴俊在县政府五楼会议室召集农委、国土局、公安局、岱岳镇等部门召开山阴县农地非农化整改会；随后，在政府五楼会议室召集国土局、财政局等部门召开玉井镇王老沟黏土矿勘探协调会。

1 月 28 日上午，县委副书记、代县长苏坡参加县委十四届八次全会暨县委经济工作会议，并作经济工作报告；下午，慰问金银花地毯厂职工、铁东民福小区困难户；晚上，参加县委常委（扩大）会议，讨论政府工作报告。

1 月 29 日至 2 月 1 日召开山阴县第十六届人民代表大会第四次会议，会议选举产生了山阴县人民政府县长 1 人、山阴县监察委员会主任 1 人。苏坡当选为山阴县人民政府县长，刘德智当选为山阴县监察委员会主任。

2 月 12—13 日，县委副书记、县长苏坡赴北京对接国家能源局布局煤制气项目。

2 月 20 日，在县委组织下，全县党员干部群众 2—4 月开展“改革创新、奋发有为”大讨论。讨论围绕“破除资源依赖”“解决市场理念不浓问题”等议题展开，达成“以市场打开发展新通途”“在转型发展、高质量发展”等共识。清华大学煤制乙二醇、硅酸钙保温板以及省农科院等重要科研技术成果转化、重大科技项目攻关、重大科技成果转化、高层次人才引进培养、高新技术企业培育、科学技术普及等工作得到肯定和重视。

2 月，经市委、市政府决定，山阴县实施机构改革。山阴县教育局等山阴县多家县直单位党组机构进行了改革，如设立中国共产党山阴县教育局党组，撤销中国产党山阴县教育科技局党组；设立中国共产党山阴县工业和信息化局党组，撤销中国共产党山阴县经济和信息化局党组。此外多家组织机构进行了结构调整，如组建县监察委员会同县纪律检查委员会合署办公，不再保留县监察局；县委网络安全和信息化领导小组改为县委网络安全和信息化委员会，作为县委议事协调机构。

3 月 13 日上午，市政协副主席、山阴县委书记李旭清就“改革创新、奋发有为”大讨论深入古城乳业进行调研，县委常委、宣传部部长刘宇，副县长王建平等陪同。

3 月 14 日，县委常委、常务副县长郭兆文在华夏煤业有限公司主持召开煤矿井下问题车辆集中销毁现场会。

3 月 31 日，市委书记陈振亮深入山阴县督导“三个专项行动”进展情况。在张家庄乡明长城上，政府副县长柴俊汇报了本县地质灾害防治工作。

4 月 4 日下午，县委副书记、县长苏坡到平鲁区与山阴交界处山火现场，现场指挥调度，救援处置。

4 月 12 日下午，市政协副主席、县委书记李旭清，县委副书记、县长苏坡一同会见中国煤炭地质总局总经济师姚志祥，中煤矿业发展有限公司党委委员、副总经理张成森一行。双方就落地项目运营情况、未来发展合作规划等事宜进行了商谈。

5 月 16 日，山阴县在重庆举办山西·朔州市山阴县（重庆）招商引资推介会，宣传山阴，推介山阴，搭建投资贸易交流平台。

6 月 15 日，山阴县薛圐圙乡薛圐圙村日间照料中心正式启动、县民政、薛圐圙乡、华宝康养服务有限公司负责人出席启动仪式。

建置　区划

第一编

山阴县位于山西省北部，大同盆地南缘，内长城雁门关外，恒山余脉翠微山北。因位于恒山余脉翠微山北，故名山阴。山阴县于辽初时置为河阴县，以在桑干河之阴，故名。山阴城始建于元末。明、清时期，商贾艺人云集，百业兴盛。清末民国初，县城逐渐衰败。期间建置几经变迁。1958 年 11 月与应县合并为山阴县，县人民委员会驻岱岳镇。1959 年 7 月，恢复山阴县原建置。1967 年 4 月县人民委员会被山阴县革命委员会取代，隶属雁北地区革命委员会。1979 年 12 月恢复山阴县人民政府名称。1989 年 1 月划归朔州市。1997 年全县设 4 个镇、17 个乡，共辖 262 个村委会、4 个居民委员会。2001 年，山阴县撤乡并镇，全县 21 个乡镇，合并为 13 个乡镇。2007 年，县城面积 20 平方公里，人口 7 万余人。2012 年，以桑干河湿地生态修复工程为龙头，县城面积拓展到 24 平方公里。2016 年，山阴县城镇化率达到 52.74%，城区人口 13 万人。全县设玉井镇、北周庄镇、岱岳镇、古城镇 4 个镇，马营乡、吴马营乡、下喇叭乡、合盛堡乡、安荣乡、薛圐圙乡、后所乡、张家庄乡、马营庄乡 9 个乡，东城管委会、西城管委会 2 个社区管委会。

第一章 建 置

第一节 境 域

位 置

山阴县为山西省朔州市辖县，位于山西省北部，介于北纬 39°11′~39°47′，东经 112°25′~113°04′之间。山阴县东与应县为邻，南与代县接壤，西与朔城区、平鲁区交界，北与左云、右玉、怀仁县毗连。县城岱岳镇位于境内中部，西距朔州市 46 公里，南至省会太原 210 公里，北到大同 87 公里，距首都北京 402 公里。

境 域

县境内有恒山余脉翠微山、洪涛山以及黄花岭，有桑干河、木瓜河、黄水河、元子河（吴马营大河槽河）4 条较大河流。境内南北高，中间低。西北有洪涛山、山势呈西南～东北走向，其中洪涛山主峰大贝山峰为最高，海拔 1947 米。南为恒山支脉翠微山，山势呈西南～东北走向，其主峰馒头山海拔 2426 米。中部为大同盆地的一部分，地势平坦，桑干河、黄水河贯穿其间。南北长 66.7 公里，东西宽 36.5 公里，总面积 1651 平方公里。

第二节 建置沿革

春秋 县地为北狄所居。

战国 为赵雁门郡楼烦县所属。

秦 属雁门郡，为楼烦县地。

汉 为雁门郡地。县地东西分属汪陶、阴馆二县。新莽时期一度改阴馆为富代，东汉时复为阴馆县。灵帝时，因战乱县废，县地先后为匈奴、鲜卑所居。

三国 县地西北部属拓跋鲜卑，其余为汪陶、阴馆县地，隶属并州雁门郡。

西晋 初为汪陶、阴馆县地，隶属并州雁门郡。晋怀帝永嘉四年（310），将马邑（今朔城区）、阴馆、楼烦（怀仁）、繁峙（应县）、浑源五县人民迁移到雁门关以南。

北魏 初属代郡，为桑乾县地。道武帝拓跋珪迁都平城（大同），为京畿地，隶属司州神武郡。

北齐 改神武郡为太平郡。

北周 改太平郡为太平县。

隋 为马邑郡神武县地。

唐 初属朔州马邑县，后归入应州金城县。

五代 属应州，始称河阴县，以治所在桑干河之南命名。后晋天福元年（936）石敬瑭叛唐，向契丹献燕云十六州，河阴更名为阴馆，属契丹。

宋 初属辽西京道大同府应州。后归金仍名河阴。金大定七年（1167）因避古郑州属县同名，始更名山阴，取地处复宿山北之意，隶属应州。金贞祐二年（1214），宣宗完颜珣因与辽名臣沙彦珣（山阴人）

名相似，且敬慕之，升山阴为忠州，属西京道大同府。

元 初为忠州，属大同路。至元二年（1265），忠州城为大水淹没，县地并入金城县。后复置山阴县，属山西布政司大同府应州。

明 称为山阴县，属山西布政司大同府应州。山阴县划分为2坊，5里，领60个村。

清 初因袭明制，山阴县设8里，领102村。

民国26年（1937），日军侵占本县，县政府解散。此后，中国共产党领导的晋察冀和晋绥边区政府将本县与邻县部分区域先后组建为应山联合县、右山怀中心县、山朔县、山阴县等县级抗日民主政权。

民国35年（1946）6月24日，山阴全境解放，山阴县人民民主政府更名山阴县人民政府，由南山迁至岱岳镇，属冀晋一专署。辖五区一市。

民国36年（1947）10月后，先后隶属绥蒙区人民政府、晋绥五专署、察哈尔省雁北行政专员公署等。

中华人民共和国成立后，称山阴县。1952年12月察哈尔省撤销，随雁北专署划归山西省人民政府。1958年11月与应县合并为山阴县，县人民委员会驻岱岳镇。1959年7月应、山两县分治，恢复山阴县原建置。1959年1月至1961年8月属晋北专区，后复归雁北专署。1967年4月县人民委员会被山阴县革命委员会取代，隶属雁北地区革命委员会。1979年12月恢复山阴县人民政府名称。1989年1月划归朔州市至今。

第二章 行政区划

第一节 辖区沿革

明崇祯时全县领60个村，划为2坊5里。清时全县领102个村，划为8里。民国9年（1920）全县领116村，划分为3个区。抗日战争时期，境内先后建立过多个县级抗日民主政权，境域区划变化频繁。民国35年6月，新成立的山阴县人民政府辖五区一市，领280个村。

中华人民共和国成立初，全县共领6个区、37个行政村、288个自然村。1953年8月，原一区所属96村划归代县，同时由右玉县划入玉井等48村组建为新一区，全县共领237村，划分为6个区46个乡。1961年，全县重新区划为20个人民公社，领246个生产大队。1984年原20个人民公社改称为乡。

1997年全县设4个镇、17个乡，共辖262个村委会、4个居民委员会。

2001年，山阴县撤乡并镇，全县21个乡镇，合并为13个乡镇。具体是：岱岳乡、岱岳镇、甘庄乡合并为岱岳乡；北周庄镇、苑家辛庄乡合并为北周庄镇；马营乡、偏岭乡合并为马营乡；玉井镇、史家屯乡合并为玉井镇；吴马营乡；下喇叭乡、冻牛坡乡合并为下喇叭乡；安荣乡、泥河乡合并为安荣乡；薛圐圙、黑圪塔乡合并为薛圐圙乡；后所乡；张家庄乡；马营庄乡；合盛堡乡。山阴城镇改名为古城镇。县城岱岳设立两个城区管委会：东城区、西城区。

第二节 现行区划

2016年，全县设玉井镇、北周庄镇、岱岳镇、古城镇4个镇，马营乡、吴马营乡、下喇叭乡、合盛堡乡、安荣乡、薛圐圙乡、后所乡、张家庄乡、马营庄乡9个乡，东城管委会、西城管委会2个社区管委会。全县共辖257个村民委员会、6个自然村、10个社区居民委员会。

玉井镇辖26个村委会：玉井、水头、东庄、王老沟、水泉、南祖、北祖、王坪沟、口前、沈庄窝、青杨沟、董庄窝、老庄窝、米庄窝、盘道、千井、窝棚沟、史家屯、吴家坪、杨家岭、范家屯、宋家沟、一堵墙、马家洼、东石人坡、西石人坡。

北周庄镇辖21个村委会：北周庄、棋道地、郑庄、二铺、辛留村、安岸庄、新岱岳、下神泉、永静城、李家窑、白家堡、王家堡、郭庄、杨庄、柏坡、张庄、贺庄、白殿沟、上神泉、燕庄、苑家辛庄。

岱岳镇辖28个村委会：南大道、先进、化家岭、兰园、梁山、花园、堡子巷、闫家巷、安祥寺、小快乐、麻疃、刘家岭、解庄、北王庄、七里沟、夏家窑、上岱岳、王家洞、关岱岳、上沙河、下沙河、新大滩、甘庄、移民村、鸳鸯会（辖鸳鸯会、面瓮山）、郭家窑、兰家窑、贾家窑。

古城镇辖26个村委会：古城、四里庄、王庄、胡疃、上河西、西盐池、南盐池、快乐村、芦岭、安居坊、洪济屯、小圪塔、马梁村、杨村、西小河、东小河、中小河、东辛庄、北盐池、李珠庄、后射躲、前射躲、羊圈头、羊圈铺、前皇台、后皇台。

马营乡辖22个村委会：马营、上石井、下石井、观音堂、五家沟、张家堡、后石门、张家沟、南河、东水泉、腰寨、陆家窑、龙泉寺、偏岭、芍药沟、梁家店、山峡村、庄窝、戈道、青杨岭、魏家沟、梁头。

吴马营乡辖15个村委会：吴马营、大洼、屯港、东短川、大坪、南屯、尖山、西郭家窑、阎家窑、马家河、前榆林、黄草梁、后榆林、包家岭、西短川。

下喇叭乡辖19个村委会：下喇叭、稽麻沟、榆树洼、榆坪、罗庄、上喇叭、口子梁、冻牛坡、后山、双井、黑龙池、小庄窝、刘家窑、吴庄、吴儿城、上立羊泉、下立羊泉、柳沟、织女泉。

合盛堡乡辖16个村委会：合盛堡、河头、来远、杨庄、康庄、黄巍、东双山、西双山、上小河、大虫堡、北郭庄、常辛村、高山疃、兴盛堡、贺家堡、陈家岭。

安荣乡辖14个村委会：安荣、西沟、贺家窑、八步堰、安良铺、四铺、岳庄、泥河、大羊村、小羊村、下寨、西鄯河、河阳堡、东鄯河。

薛圐圙乡辖19个村委会：薛圐圙、南罗庄、西寺院、卢岭、辛兴铺、小村、豆庄、白坊、沙岭、庞家堡、河曲堡、老羊寨、西李庄、黑圪塔、双寨、双寨铺、曹庄、大营、老羊寨铺。

后所乡辖19个村委会：后所、南辛庄、辛立庄（辖辛立庄、冯家窑、贾家窑）、西沙堆、后张堡、前张堡、辛兴庄、安乐庄、南洲庄（辖南洲庄、盘道窑）、苏庄、水峪口、庙家窑、北万庄、南万庄、元营、帐头铺。

张家庄乡辖14个村委会：张家庄、旧广武、新广武（辖新广武、天圪垯）、陆庄、水河铺、山阴庄、油房、西察罕铺（辖西察罕铺、南寺）、东察罕铺、泉子沟、羊十二庄、林桥。

马营庄乡辖23个村委会：马营庄、八里庄、下疃、云水庄、苏家场、沙家寺、吴家铺、许家洼、荆家庄、东寨、小柴棚、大柴棚、何庄、新马营、陈庄、西安峪、东沙堆、南口前、高庄、南辛寨、胡峪口、故驿、南李庄。

东城管委会辖5个社区居民委员会：南街、北街、和顺、兴隆、光明。

西城管委会辖5个社区居民委员会：广益、集贤、德望、幸福、惠丰。

第三节　县　城

山阴县于辽初时置为河阴县，以在桑干河之阴，故名，属朔州。清宁中年改属应州。金大定七年（1167）因与郑州属县同名，改名山阴县，以县在复宿山之北，故名。贞祐二年（1214）改名忠州，属西京路。元至元二年（1265）并入金城县。故治所在今山阴城南 7.5 公里故驿村之北。元末于今古城镇复置山阴县，属应州。从此县名不改。明、清属大同府。民国属雁门道。民国 26 年（1937）山阴县移治今岱岳镇至今。

山阴城始建于金天会十三年（1135）—金大定八年（1168）。据明《山阴县志》载：山阴县城（今山阴城）“永乐三年重筑，高两丈五尺，正统二年修，正德六年修。嘉靖十六年重修，增高三丈三尺，隆庆四年增高四丈。隆庆四年砖包。周围四里零二十步。高如旧，基阔三丈八尺，顶广两丈，壕深八尺，广二丈，为门三：东曰永泰，南曰宿峰，西曰靖远。上建楼层，外为瓮城，瓮城外为月城，北城无门，上建真武庙。……知县刘以守外筑护垣九百五十丈，基阔两丈，引黄水河水绕护东西南三面，北面掘深旧壕……城上置悬楼十六座，便施炮石下击，屹然成金汤之势”。街道成“丁”字形，明洪武八年（1375）在城东南隅建县署衙门。典史衙、儒学建在县宅西。守备守、北察院、阴阳学、山阴驿、僧会司建于东部。南察院、预备仓、草场建于城南。儒学衙、医学、监狱建于城西。史目厅、守卫所、常平仓和大仓建于城北。城北的王家屏家祠是仅次于县衙的第二大建筑。清时于北大街建都司公署。明、清时期，商贾艺人云集，百业兴盛。清末民国初，县城逐渐衰败。日军入侵后降为行政村。民国 35 年（1946）6 月全县解放后，先后为第二区公所、山阴城人民公社、山阴城乡、山阴城镇驻地。

1977 年开始县城新区建设，首建完成西起土牛沟、东至同太公路的洪涛山大街，全长 900 余米，红线宽度 46 米，路面宽度 22 米，两侧人行路各宽 12 米（1992 年更名新建路）。大街主体布局有 52893 部队（坦克团）、县委县人民政府机关大楼、雁山饭店、文卫楼、邮电楼等。1984 年将同太路过境段，南起矿业公司，北至岱玉路，改造成县城的主体骨架道路，全长 2.5 公里，红线宽度 44 米，路面宽度 22 米，两侧人行路各宽 11 米，为县城南北向的交通干道，与东西青年路、新建路形成县城新区的道路骨架。1985 年修建一座投资 157.2 万元、横跨铁路的立交桥，成为沟通新旧县城的主要道路。1986 年进行商品街的开发与建设，沿路均为砖混结构的楼房，门店从事饮食、百货、理发行业。城区总面积 4.02 平方公里。1987 年起县城沿街建筑逐渐向楼房发展，多是砖混结构，亦有框架结构。1991 年开始县城西、北、南环路的开发与建设，共投资 115 万元。西环路长 2100 米、宽 15 米，北环路长 355 米、宽 15 米，南环路长 570 米、宽 15 米，均为沥青碎石路面。1993 年开始进行商品住宅楼的建设，主要有西环路的商品楼小区，新建路的牧工商住宅楼，广播局住宅楼，邮电局住宅楼，工商银行住宅楼，城区总面积 6.05 平方公里。1996 年新影剧院建成，同年建成青年路的中行楼、新建路的仁利商城。1997 年县城新旧城区总面积 12 平方公里，居民 5 万人。2003 年，建成世纪大道 1183 米，铺油面积 19490 平方米。2007 年，县城规模扩大到 20 平方公里，人口增加到 7 万余人。2012 年，以桑干河湿地生态修复工程为龙头，掀开大县城扩容提质的序幕，县城面积拓展到 24 平方公里。2016 年，山阴县城镇化率达 52.74%，城区人口 13 万人。

第三章　乡镇管委会

第一节　乡

马营乡

辖区　地处山阴县西北部洪涛山腹地，东与怀仁县金沙滩镇、吴家窑镇相邻，南与北周庄镇、下喇叭乡接壤，西与玉井镇、右玉县元堡子镇相连，北与大同市左云县相望。辖区东西最大距离16公里，南北最大距离11公里，矿区面积49平方公里，耕地5.8万亩。人民政府驻马营村，距县城31公里。1998年，马营乡辖13个村民委员会。2001年2月，将偏岭乡并入马营乡；增设偏岭、戈道、梁头、山村、青杨岭、梁家店、庄窝、魏家沟、芍药沟9个村民委员会。2016年，辖马营、上石井、下石井、观音堂、五家沟、张家堡、后石门、张家沟、南河、水泉、腰寨、陆家窑、龙泉寺、偏岭、芍药沟、梁家店、山村、庄窝、戈道、青杨岭、魏家沟、梁头22个村民委员会。全乡户籍户数4768户，户籍人口11432人，常住户数3100户，常住人口8036人，其中外来人口1389人。国土面积122.36平方公里。

产业　1998年后，以煤炭开采、加工为主导产业，农作物主要种植马铃薯、胡麻、莜麦、豆类，共有农业专业合作社11家。根据山区的特色优势和市场需求，调整粮食作物和经济作物及退耕还草面积的比例为5∶3∶2，重点是推广优种、提高单产、稳粮增收。

2006年，全乡16座煤矿有12座煤矿生产，有4座煤矿延伸和打接替井，扩大生产后原煤产量达到220万吨，实现产值7000万元，农民从煤矿中得到的劳务收入人均可达800元。

2012年，依托西坪养殖专业合作社，实施优质玉米、莜麦、山药高产创建示范区工程，面积达到5000亩。发挥资源优势，壮大煤炭支柱产业，完成玉（井）马（营）煤炭工业园区投资26.317亿元。

2014年，以专业合作社政策支持为契机，重点扶持培育一批农民专业合作社。富源养殖专业合作社投资100万元，进行鸡舍、办公场所建设。西平养殖专业合作社投资50万元，扩大西蒙塔尔繁育肉牛的养殖规模，同时扩大玉米种植面积。强旺养殖专业合作社投资20万元用于种羊引进。戈壁滩养殖专业合作社投资50万元进行羊舍、鸡舍建设。

2016年，完善“公司＋合作社＋基地＋农户”的发展模式，发展地方特色产业，全力推进经济林、旱地谷子、中药材、马铃薯、小杂粮五大农业基地的发展，提升农产品的科技含量，发展一批具有山区特色的现代农业基地。有大型煤矿企业10座，属中煤华昱5座：五家沟煤业、马营煤业、高山煤业、南阳坡煤业、元宝湾煤业；属普大集团1座：芍药花煤业；属中煤顺通1座：辛安煤业；属同煤集团1座：安平煤业；属民营2座：华夏煤业、腰寨煤业，生产矿井8座。商业网点276家，从业人员496人。

基础设施　1998年后，马营乡加强基础设施建设，提升全乡供电、道路环境。2006年，改革农电管理体制，取消原来由煤矿包揽村民用电和村电工挣工资的旧做法，投资120万元，对全乡11个村进行农网改造，使1460户居民实现用电一级管理，每度电价下降0.3元，村集体每年减少电费7万元。

2012年，马营村筹资150万元对府南街3000米道路进行硬化，完善排水设施，并铺设彩砖6000多平方米，还以50米间距安置路灯38盏，全部使用节能环保的新能源路灯。2014年，投资150万元对府南街3000米道路进行硬化，完善排水设施，铺设彩砖6000多平方米，安装新能源路灯38盏。2016年，实施乡村亮化工程，改造路灯老化现象，完成马营村太阳能路灯改造80盏。建设马营村视频监控工程，安装摄像头26个。

文教卫生　1998年后，马营乡计划生育服务所配备孕检、妇幼健康检查及生育服务等一整套医疗器械。2012年，加大计划生育经费投入，加强流动人口的管理及计划生育工作队伍建设。全乡总人口数为11346人，已婚育龄妇女数为1894人，人口出生数为75人（男38人，女37人），出生率为6.9‰，计划生育率为86%，出生婴儿性别比102.7。全乡共上环133例，查环查孕3143例。

2014年，通过形式多样的培训班，开展农业实用技术和职业技能培训，着力提高农业从业人员的职业素质、科学素质、人文素质。开展对全乡义务教育对象的全面调查，确保适龄儿童义务教育入学率达100%。加强对村级农家书屋、农村文化信息苑、体育健身苑等文体设施的投入和管理。

2016年，全乡22个村级活动场所配备图书5万余册、活动器材500余件套，群众的文化生活活动异彩纷呈。全乡 22 个村有 21 个医疗点均配备村医，乡卫生院从业人员有 9 人，床位 14 张，建筑面积 540 平方米。

吴马营乡

辖区 吴马营乡地处山阴县西北部洪涛山腹地，东与玉井镇接壤，南与下喇叭乡相邻，西与平鲁区榆岭乡、向阳堡乡相连，北与右玉县高家堡乡相望。辖区东西最大距离 8.5 公里，南北最大距离 13.7 公里。人民政府驻吴马营村，距县城 45 公里。1998 年，吴马营乡辖 15 个村民委员会。2016 年，辖吴马营、东短川、郭家窑、西短川、大洼、尖山、前榆林、后榆林、马家河、闫家窑、南屯、包家岭、屯港、大坪、黄草梁 15 个村民委员会。全乡户籍户数 3473 户，户籍人口 8596 人。常住户数 788 户，常住人口 1945 人，其中外来人口 16 人。国土面积 106.84 平方公里。

产业 1998 年后，发展养殖业，拓宽致富门路，增加农民收入。2008 年，全乡经济总收入 2631 万元，农民人均纯收入 3967 元。2009 年，审批注册的农民专业合作社 5 个，其中 3 个养殖专业合作社，2 个蔬菜产销专业合作社。新建养殖园区 3 个，养羊 1000 余只。

2015 年，以养羊、养牛为主的养殖业逐步发展壮大，占农民增加收入的比重越来越大。有养羊专业合作社 8 个，1000 只以上养殖场 3 个，20 头以上养牛户 6 户。同年，吴马营村和北京三安集团有限公司合作种植 600 亩无公害莜麦；屯港村全部推广种植冀张 2191 和“青薯 9 号”马铃薯 500 亩；全乡试种植沁州黄谷子 1200 亩。推广玉米地膜覆盖种植，从 2012 年全乡种植 230 亩发展到 2015 年的 4800 余亩。

基础设施 2005 年，为北片 4 个村 297 户安装有线电话。2006 年，拓宽南屯至包家岭村道路长 6 公里，宽 5 米。黄草梁、闫家窑、马家河、屯港四村新铲、拓宽出村路 5.5 公里，新修跨度 45 米涵洞一处，共投资 9.8 万元。投资 29 万元为吴马营村兴修地下排水道 1.2 公里，设计流量为每秒 1.2 立方米，其结构为石头混凝土浇灌矩形渠道，用预制板覆顶，该工程的建设彻底解决每逢雨季给村民及附近单位带来的困扰。2008 年，有线电话覆盖率达 90%，移动电话基本普及；60% 的村庄配有电脑，并接入互联网。2015 年，新建乡村水泥路 2.5 公里，有效改善北片 5 个村的交通条件；争取投资 80 万元建起前榆林村前桥涵，维修田间道路 14.5 公里。

文教卫生 2005 年，对原吴马营中学进行资源整合，危房改造。设计建筑为二层教学楼（1200 平方米），配套建筑有学生宿舍楼、办公室、电脑室、实验室、仪器室、图书室、食堂、锅炉房，总建筑面积 3200 平方米平方米，操场、校园进行全部绿化（种树、种花草）。2006 年，绝大多数育龄妇女接受省、县医疗服务队的检查与治疗，上交县财政社会抚养费 3.36 万元，投资 0.65 万元书写计生宣传标语，计生家庭奖励全部兑现，并完成县委、县政府下达的各项计划生育指标。

2008 年，50% 的村庄建立农村文化活动室；部分村配备体育健身器材，多数村购置各种图书和农民休闲娱乐用品，为丰富群众文化生活，提高全民素质创造良好的条件。2009 年，完成后榆林、大坪两个村新型农村合作医疗点的建设，并配备了相应的医生；新型农村合作医疗费收缴率 93.7%。2016 年，落实医疗服务惠民工程，免费为 60 周岁以上老人做体检。逐村更新健康档案信息，开展中医特色门诊建设，发挥医疗预防保健作用。

下喇叭乡

辖区 地处山阴县西北部洪涛山区，东邻北周庄镇、岱岳镇，南接安荣乡，西毗平鲁区下面高乡，北连吴马营乡、玉井镇、马营乡。乡政府驻地下喇叭村，距岱岳 17 公里。1998 年，下喇叭乡辖 10 个村民委员会。2001 年冻牛坡乡并入下喇叭乡，下辖 19 个村。辖区东西最大距离 6.3 公里，南北最大距离 13.1 公里，耕地面积 48150 亩。2016 年，全乡户籍户数 2851 户，户籍人口 6792 人，常住户数 1115 户，常住人口 2349 人，无外来人口且全部是汉族。国土面积 134.11 平方公里。

产业　下喇叭乡以种养加工业为主，主要农作物有莜麦、豌豆、马铃薯、胡麻、荞麦等高寒作物，畜牧业以养羊、养鸡为主。2016年末，有机井4眼，中小型拖拉机99台，各类旋耕机34台、播种机37台，土豆收获机17台，联合收割机11台，机械化播种和收割面积达70%以上。全乡羊存栏15026只，其他大牲畜449头。全乡退耕还林19335亩，有林面积达33561亩，林地面积110092.5亩，森林覆盖率达34.36%，蓄材量98914.06立方米。

下喇叭乡矿石资源主要有青钙石、方解石、大理石等，风能资源比较丰富，开发利用价值较高，织女泉风电于2011年5月落户织女泉村。2016年，工矿企业有5家，从业人员173人。

第三产业以旅游业为主，旅游资源有千佛寺、风力发电景观、下立羊泉抗日烈士陵园、八路军电台遗址，以及同华侨女英雄李林并肩抗日战友吴儒玢纪念碑、纪念林。

基础设施　1998—2005年，全乡固定电话有530部。2005年后，旧式固定电话机逐步淘汰，无线移动电话开始兴起，移动电话用户2000户。2006年，乡政府与文化站最先通宽带。2011年，普遍使用无线电话，通话质量良好。2016年，宽带网络实现全覆盖。

2008年，下喇叭乡发放卫星电视120户，2009年发放126户，2010年发放218户，2015年发放440户。2016年末，共有电视用户1115户。

下喇叭乡政府距县城17公里，罗庄、口子梁、下喇叭、蓿麻沟、上喇叭和织女泉6个村，地处虎山线沿线，荣乌高速公路东西贯穿全境，有县乡公路1条，总长30公里，其中口子梁—冻牛坡村县乡村路，下喇叭—上立羊泉村乡村路改造升级为柏油路。2016年末，全乡19个村实现“村村通”水泥路，总长45公里，全乡街巷硬化里程65.39公里。

文教卫生　截至2016年，下喇叭乡驻地建有文化站1所，设有文化室、娱乐室、多功能厅等各项设施，图书阅览室藏书3700册。全乡图书35000册，19个村建有农家书屋，各村平均藏书1700册。全乡有1支农村电影放映队，6支村级文艺队，19个健身广场，配有体育设施、音响器材等，实现文化全覆盖。在下喇叭、冻牛坡、榆树洼、小庄窝、双井和黑龙池6个村各建有一座戏台。

下喇叭乡政府所在地建有标准化寄宿制小学1所。下喇叭学校创建于1974年，占地5375平方米，建有二层教学楼、办公楼、宿舍楼各1幢，建筑面积2304平方米，草坪操场占地2400平方米，配有实验基地、各类体育设施。2016年，学校有7个班级（含幼儿班），72名学生，专职教师15人，配有标准化宿舍、辅楼、操场等。

2010年，下喇叭乡卫生院综合楼建成并投入使用，医院占地面积780平方米；病床8张，每千人拥有医疗床位1张；专业医疗从业人员7人，每千人拥有卫生技术人员1人。乡卫生院集医疗、预防、保健、卫生服务为一体，拥有心电仪、B超、X光机、生化分析仪等20多种基本医疗设备，承担全乡卫生管理、疾病防治、妇幼保健等公共卫生职能。2016年末，全乡有18个村级卫生室，18名村医，具有输液、打针、用药等初级医疗条件。

下喇叭乡农村“空心村”现状调查　下喇叭乡位于山阴县西北部，是一个山区乡镇，“空心村”现象普遍存在。所谓“空心村”，是一种人口流失、房屋闲置、土地浪费的现象。2016年，下喇叭乡对农村“空心村”现状进行调查，有针对地走访重点村庄和部分农户，调查结果揭示出山阴县山区农村空心化的一个趋势。

“空心村”基本情况　下喇叭乡共有19个行政村，户籍人口2851户，6792人。1978年前，人口分布较稳定，2000年后，人口流动频繁，常住人口呈下降趋势。2016年末，全乡常住人口仅1115户，2349人，各个村不同程度地存在家庭院落闲置或无人居住的情况，存在偏远土地无人耕种的现象。

后山村户籍人口77户，148人，2016年常住户仅有15户38人，村庄占地320亩，闲置院落达40

多处，利用率不到28%。吴庄村户籍人口27户，58人，2016年常住户仅有8户20人，村庄占地10亩，闲置院落达20多处，利用率不到29%。下立羊泉村户籍人口46户，99人，2016年常住户仅有8户10人，村庄占地40亩，闲置院落达30多处，利用率不到22%。柳沟村户籍人口39户，75人，2016年常住户仅有9户25人，村庄占地15亩，闲置院落达25处多，利用率不到27%。像这种状况，在全乡其他村也不同程度地存在。

2016年，下喇叭乡对部分空心村的贫困户进行易地搬迁，对18户47人进行易地分散搬迁。按照“因人制宜、因地制宜”的原则，搬迁户发展养羊业6户，种植大接杏2户，外出务工2户，确保搬迁群众“搬得出、稳得住、有保障”。后山村搬迁到下喇叭村7户12人；搬迁到织女泉村2户6人；搬迁到岱岳镇安祥寺村1户2人；搬迁到上岱岳村1户3人，搬迁到冻牛坡村1户3人。吴庄村搬迁到刘家窑2户7人。刘家窑村1户5人搬迁到双井村。上立羊泉1户4人搬迁到冻牛坡村。下立羊泉村搬迁到下喇叭村1户2人；搬迁到上立羊泉村1户3人。

“空心村”形成原因 历史原因。20世纪80年代，农民流动逐渐频繁，搬出老宅旧院，搬到交通便利的地方，居住在下喇叭乡边远山村的住户，有的直接搬到下喇叭乡、冻牛坡乡政府所在地，但农民还能回村耕种土地。到90年代，部分村民外出务工经商，还有部分村民就业转为城市户口，这些人生活条件改善后把老人接入县城生活，村中房屋被长期闲置起来，部分土地出现撂荒。2000年后，随着撤乡并镇及教育资源的逐步整合，农民流动进一步加速，部分农民为了子女读书到县城租房居住，并且在外务工以补贴家用，导致农村房屋有人管而无人住。国家出台退耕还林政策，土地闲置和撂荒得以缓解，农民逐渐从耕地上解放出来。

地理原因。由于原来的村庄格局缺少规划，不能满足农民生产和生活的需要。随着现代经济的快速发展，农民对村庄居住条件的要求越来越高，对于下喇叭乡来说，主要是对交通和饮水的要求，很多人弃旧移居，搬迁到交通便利、饮水方便的地方居住劳作，甚至是直接搬离原村到外村，甚至是外乡、外县居住务工，原来的老宅旧院和较远的土地开始闲置。

社会原因。2000年后，随着当代社会的快速发展，高额消费支出越来越多，特别是在住房、教育、医疗、养老等方面的支出越来越高。虽然农产品价格大幅上涨，但相对其他物价上涨幅度较小，在家种地生产得到的收入难以维持生计。加上山区耕种分散，技术落后，缺水少雨，靠天吃饭，产量低，因此很多农民被迫外出务工或经商。调查中一个老汉说自己老了，受不动了（指不能劳动务农），没多少钱看病，没几个钱养老；儿子在外工作，也没时间照顾自己，所以还得跟孩子们一起走。走访中，遇到一个回村探望父母的中年人，他说：“在村种地收入不多，现在这个时候正是上有父母要养老、下有孩子要念书，还是出去打工能多挣点钱。”

“空心村”对策研究 农村闲置房屋和土地造成土地资源浪费，农户居住地变得分散，增加农村通信、道路等基础设施统一建设的难度。废弃房屋由于长期无人居住，外观大都破旧不堪，存在巨大安全隐患。

科学规划，完善基础设施。建议将“空心村”改造与村庄环境整治建设结合起来，引导农民集居化建设，统筹规划农村的水电、道路、通信、垃圾处理等基础设施建设。在实施改造前，制定可行的土地利用总体规划，既要规划新村，也要改造旧村。

制定政策，规范宅基地管理。实行宅基地统一管理制度，要合理制定相关政策、评估标准、验收办法和补偿安置方式，合理置换收回旧的宅基地；对统一收回的旧宅基地由村集体重新进行改造，改造后的土地收益金列为村财政收入，用于村集体发展资金储备。

解放思想，盘活闲置房屋。由于相当一部分闲置房屋内部结构较好，位置也较好，在盘活利用农村闲置房屋时应结合各地闲置房屋的实际情况，做到物尽其用。如充分利用闲置房，发展农村公共文化事

2016 年山阴县下喇叭乡各村基本情况表

表 1-1

村名	面积（平方公里）	本村离乡政府距离（公里）	总户数（户）	总人数（人）	常住户（户）	常住人口（人）	耕地（亩）	粮食直补（元）	劳动力（人）	农村经济总收入（万元）	人均纯收入（元）	粮食产量（吨）	农作物总播种面积（亩）	小牲畜（头）		大牲畜（头）		
														山羊	绵羊	驴	骡	马
织女泉	7.1	6	494	1152	125	256	6233	4400	250	1063	6661	1179	5100	1000	2500	8	30	—
下喇叭	4.4	—	326	654	115	246	3629	2500	200	273	6375	616	2900	120	616	7	8	—
蓿麻沟	3.6	4	121	290	105	204	1985	1250	158	194	5976	264.5	1300	—	50	6	1	—
上喇叭	5.2	3	167	328	27	53	1873	1570	31	214	5922	322.6	1700	—	180	5	20	—
榆树窊	10.7	6.5	245	625	55	101	3075	2200	30	328	6233	267.5	2400	—	800	40	15	2
榆　坪	3.9	2	82	183	45	50	1971	1550	80	107	5945	181.8	1800	—	40	6	15	—
上立羊泉	11.7	4	104	254	27	53	1705	1450	133	150	6223	274.5	1700	—	600	5	16	—
下立羊泉	7	5	45	93	19	60	500	830	20	108	6265	63.2	900	900	200	—	—	—
口子梁	4.8	1.5	53	108	18	36	1154	810	21	102	6167	185.1	1000		300	1	—	—
罗庄（北）	7.9	3.5	86	201	12	28	757	700	19	121	6193	113.5	750	130	180	—	—	—
冻牛坡	18.6	6	306	701	221	461	4300	2450	220	319	6239	361	3000	700	1100	20	30	—
后　山	7.6	8	79	150	5	11	874	570	61	37	6392	127.5	700	100	20	1	6	—
双　井	13.9	8	199	466	64	209	4309	3850	260	351	6248	733	4200	200	1500	30	40	—
黑龙池	6.9	10	171	446	59	130	4127	3750	170	324	6404	566.4	3900	—	750	26	32	—
小庄窝	3.6	7	122	298	51	122	3299	2800	40	162	6273	452.5	3150	—	250	3	7	—
刘家窑	2.9	7.5	53	128	26	27	946	760	16	52	6343	92.5	850	150	190	—	8	—
吴　庄	13.2	7.5	30	59	8	12	502	350	9	10	5772	70.5	450	80	220	1	5	—
吴儿城	3	18	175	396	103	245	5177	4830	210	233	6256	953	5100	900	1000	13	38	—
柳　沟	2	17	39	78	30	45	1800	1080	35	39	5049	166	1200	50	200	3	1	—
合　计	138	—	2897	6610	1115	2349	48216	37700	1963	4187	6155	6990	42100	4330	10696	175	272	2

业，建立老年活动中心、养老中心、村图书室等；在农业旅游资源丰富的地方可以将闲置房屋改造成“农家乐”，发展特色种养殖业，实现增收致富。

“空心村”改造是一项长期复杂的系统工程，也是一项民心工程、德政工程，只要拓宽思路、完善政策、强化措施，必将惠及广大农民群众，为集约利用土地和全面推进新农村建设发挥作用。

1998—2016 年山阴县下喇叭乡基本情况一览表

表 1-2

年份	乡（镇）	户数（户）	人口（人）	耕地（亩）	粮食产量（吨）	劳力（人）	大牲畜（头）	猪（头）	羊（只）	总收入（万元）	人均纯收入（元）
1998	下喇叭乡	844	3000	25000	1000	1110	491	279	4050	1002	1206
	冻牛坡乡	732	2473	22000	990	1274	477	489	2580	980	1182
1999	下喇叭乡	823	2920	25000	1100	1110	499	282	4310	1005	1207
	冻牛坡乡	720	2450	22000	1050	1195	583	209	2280	990	1190
2000	下喇叭乡	925	3130	25000	1200	1115	511	338	4615	1010	1215
	冻牛坡乡	639	2434	22000	1100	1155	525	207	2330	1003	1203
2001	下喇叭乡	1490	5579	47000	2251	1697	1127	116	10278	1018	1237
2002	下喇叭乡	1477	5498	47000	2100	1564	1114	607	10185	1085	1285
2003	下喇叭乡	1491	5434	47000	2260	1117	1111	777	12700	1153	1376
2004	下喇叭乡	1491	5434	47000	2276	1115	1086	780	11300	1283	1455
2005	下喇叭乡	1574	5831	47000	2250	1160	865	602	5000	1411	1675
2006	下喇叭乡	1686	5929	47000	2020	1160	853	630	3900	1690	1890
2007	下喇叭乡	1686	5929	47025	2190	1150	782	581	3100	1870	2280
2008	下喇叭乡	1686	5929	47025	2265	1160	896	581	3100	2152	2575
2009	下喇叭乡	1686	5929	47025	2280	1160	652	185	4060	2390	2780
2010	下喇叭乡	1845	6597	47025	2395	1033	596	121	4190	2597	2933
2011	下喇叭乡	2684	6746	47025	2317	1033	575	135	7500	3243	4485
2012	下喇叭乡	2684	6746	47025	2379	2904	534	147	8600	3243	4485
2013	下喇叭乡	2684	6746	47025	2993	2904	633	161	12780	3562	4888
2014	下喇叭乡	2947	6776	48216	3033	3451	500	310	19269	3918	5600
2015	下喇叭乡	2820	6418	48216	3929	2303	513	103	20413	3929	5673
2016	下喇叭乡	2897	6610	48216	6990	1963	449	136	15026	4187	6155

合盛堡乡

辖区 合盛堡乡位于县城东北 10 公里处，黄花岭脚下，桑干河、木瓜河、民生渠流经境内，东临应县，北接怀仁。1998 年，合盛堡乡辖 16 个村民委员会。2016 年，辖合盛堡、大虫堡、杨庄、来远、西双山、东双山、陈家岭、贺家堡、北郭庄、康庄、河头、兴盛堡、上小河、常辛村、黄巍、高山疃

16个村民委员会。2016年，全乡户籍户数5422户，户籍人口12247人，常住户数4331户，常住人口10040人，其中外来人口96人。国土面积99.86平方公里。

产业 第一产业：合盛堡乡是农业大乡，以种植业、养殖业为主。农业种植业。粮食作物主要以谷子、玉米、豆类等小杂粮为主。2003年5月山西泰新农贸科技有限公司在高山疃村建绿色无公害反季节日光节能蔬菜大棚60座，填补了合盛堡乡冬季无绿色蔬菜的空白。2010年后，改善农业生产条件，加快农业供给侧结构性改革，推广种植青贮玉米1.5万亩，发展渗水地膜谷子4000余亩。2016年末，全乡有大型玉米收割机42台、大中型拖拉机83台套、小型拖拉机120台套，机械化播种面积达95%以上，机械化收割面积达78%以上。畜牧养殖业。随着雁门关生态畜牧经济区的实施，合盛堡乡抓住项目建设机遇，加大招商引资力度，发展生态畜牧养殖。2005—2016年，投资5000余万元建起15座高标准现代化人畜分离养殖园区、18座高标准现代化奶站以及50余个青贮窖。2016年末，全乡奶牛存栏6000头，畜牧业收入占全乡人均纯收入一半以上，奶牛养殖园区实现机械化饲草料加工、喂养、挤奶和储运。

第二产业：2012年，合盛堡乡完成工业园区总体规划，完成土地征收征用及租用6000余亩。园区入园主干道河阳大道北沿线建成通车，园区东西向主干道建成通车，园区人工湖建成具备储水条件。2016年末，合盛堡乡有石料厂4座，砖厂1座，年产玄武岩20余万立方米，产黏土砖20万块，有油坊等小作坊加工10余家，年产值3000余万元。

第三产业：2010年，在大虫堡、北郭庄、河头、常辛村、来远5个村新建便民连锁店。2016年8月，合盛堡乡成立山阴县和盛劳务服务有限公司，主动对接光伏电厂及园区其他企业，承接除草、清洁太阳能板、园区保洁等工作。2016年末，全乡16个村中12个完成便民连锁店建设，便民连锁店实行统一供货，定点销售。有大中型运输车辆100余辆，各种个体经营户50余户，年产值500余万元。

基础设施 合盛堡乡交通便利，境内有通乡公路北合路、岱合路、河阳大道北沿线。大运高速公路纵贯南北，荣乌高速公路横贯东西，并在陈家岭村交汇。2008年，全乡16个村实现"村村通"和"户户通"水泥路。2009年，合盛堡乡投资40余万元新建一条由北郭庄到合盛堡的5公里三级砂石路，配合县交通局完成5条"村连村通"工程，黄巍—常辛村（3.6公里），杨庄—大虫堡（3.7公里），高山疃—解庄（3.7公里），合盛堡—贺家堡（3公里），贺家堡—康庄（3公里），共计17公里。2009年末，合盛堡乡实现建置村通水泥（油）路全覆盖。2010年，投资800余万元完成大虫堡、来远、东双山、陈家岭、北郭庄、河头、兴盛堡、上小河8个村街巷硬化，共硬化街道39.5公里13.8万平方米。

文教卫生 合大学校始建于2005年，2006年8月在布局调整中把原合盛堡小学和大虫堡小学合并为一体，正式命名为合大小学。学校占地面积15500平方米，建筑面积4417平方米，建有一幢900平方米二层教学楼，一幢900平方米二层公寓楼，一幢2200平方米二层教学辅助楼。学校配置微机室、图书室、阅览室、音乐室、实验室等多功能教室。学校共有教职工46人，学生158人。2013年，由县教育局资助修建专属幼儿园。

合盛堡乡卫生院始建于1956年，2008年投资90万元新建综合楼一幢，医院总建筑面积达780平方米。医院设有床位15张，拥有心电、B超、200毫安光机、半自动生化分析仪、洗胃机、尿分析仪、血球计数仪等20套基本医疗设备，固定资产116万元。2016年，医院职工10人，医师职称7人。医院主要开展内科、外科、儿科、预防接种、妇幼保健等，承担全乡1.2万余人的基本医疗和公共卫生服务。全乡16个村实现医疗卫生室全覆盖。

合盛堡乡文化建设致力于统筹乡村协调发展，打造合盛堡乡文化站"一个中心"，合盛堡、北郭庄、康庄、黄巍、高山疃"五个重点"，图书阅览室、文化共享工程、有线网络"三个全面覆盖"工程，每年开展一次文艺会演、一次广场舞培训、一次放映活动、一次文体竞赛"四个一"活动。2009年，合盛堡乡投资30余万元为16个村配备文化共享工程设备，各村均开通广播电视。2010年，投资50余万元硬化乡文化站广场4158平方米，埋设下水道；投资29万元为康庄、黄巍、高山疃、杨庄、合盛堡、东双山、西双山、陈家岭8村配置健身器材13套；投资34万元为贺家堡、常辛村、河头等11村配置图书光碟16500册，配置图书架16套；投资8万余元为全乡16个村配置音响、点歌机等娱乐设备；投资2万元为康庄、北郭庄两村各配置桌子6张、椅子12把。全年为16个村播放电影16场，观看3000余人次。2016年，全乡共新建、整合文化活动室50余间1000余平方米，建设大型舞台3座，硬化文化广场16处3万余平方米，安装健身器材21套，配置文化共享工程电脑、投影仪、点歌机、音响17套，配置图书25600册，配置音响光盘300余，配置书架50余套。全乡文化建设投资千万元，直接受益人口1万余人。

安荣乡

辖区 安荣乡位于县城西南，东、北与古城镇、岱岳镇、下喇叭乡为邻，南与薛圐圙乡为界，西与平鲁区、朔城区接壤，地理坐标为北纬39°11′，东经112°25′，南北长12.5公里，东西宽6.56公里。1998年，安荣乡下辖安荣、安良铺、四铺、贺家窑、西沟、八步堰、岳庄7个村民委员会。2001年3月，撤销原泥河乡人民政府，并入安荣乡人民政府，下辖安荣、安良铺、四铺、贺家窑、西沟、八步堰、岳庄、泥河、河阳堡、大羊村、小羊村、东鄯河、西鄯河、下寨14个村民委员会。2016年，全乡户籍户数5347户，户籍人口13093人，常住户数4510户，常住人口11783人，其中外来人口210人。国土面积90平方公里。

产业 1998年来，在夯实农业发展和提升畜牧养殖业的基础上，加快农业与二、三产业的融合发展，实现与县城的同城化发展，全面提升农村经济发展水平。2000年后，通过完善农业基础设施建设，改善农田水利灌溉条件，推进高效节水灌溉工程和膜下滴灌工程，引进高新品种，发展生态养殖，在夯实主导产业的基础上，推广科技种植，发展“一村一品”，加大规模养殖力度，将传统种养与现代经营相结合，走农业产业化、农业现代化的道路。重点推进“绿色蔬菜瓜果、玉米丰产田和优质谷黍”三大基地建设。

2008年，发展煤运、陶瓷、建材、化工、煤气等工业企业，重点推进“煤炭发运、钙化工工业产品和建筑建材产品”三大基地建设。先后引进国飞、鸿泽、建强、玉竹、元泰等五家高钙石灰环保企业入驻西山钙化工园区，央企国电公司、山西瑞启、朔贸同煤站、东榆林煤站4家煤炭运销大型企业，为当地经济发展注入活力。2016年，全乡农民人均纯收入达到1.7万元，粮食总产量达到1036.3万公斤。

基础设施 道路交通境内北同蒲、大原高铁两条铁路，大运二级公路（大忻线）、208国道两条公路纵横交错，交通条件便利。尤其是农村两轮“五个全覆盖”工程实施以来，农村道路建设取得长足发展，2016年，累计投资1000余万元，完成14个村86公里的农村街巷硬化工程，给1.3万名群众生产生活带来便利。

农田设施。截至2016年，累计投入资金900余万元，新打机井50多眼；投资1300万元，实施8000亩土地提质工程；投资200万元，完成8个村6100人、390头大牲畜的人畜安全饮水工程；疏通桑干河河道及洪水渠道1.6万米；维修高灌2个，新增水浇地1.5万亩，全乡85%的耕地实现水浇。

广播电视。截至2016年，全乡广播电视信号全覆盖，联通、移动、电信分别在安荣境内设有基站，有线电视端口接入农户，宽带、光纤改造升级完成，群众足不出户便可了解天下新闻。

文教卫生 教育至2016年，全乡共有安荣、东鄯河两所寄宿制小学，教职员工80人，学生220人，适龄儿童义务教育入学率达到100%，“两免一补”政策全部落实到位。

医疗卫生。截至2016年，全乡有安荣、泥河2个卫生院，加强14个村标准化卫生服务室建设，配备专职医护人员12人，实现村级医疗卫生全覆盖，同城化程度越来越高。

文化体育。至2016年，累计建成300平方米的乡文化站和14个村的农家书屋，发放图书3万余册，配套篮球架、乒乓球桌、健身器材 11 套，发放音响设备 25 套，达到全覆盖，为丰富群众文化生活提供物质保障。

薛圐圙乡

辖区　薛圐圙乡位于山阴县西南部，东接古城镇，南连后所乡，西邻朔城区，北靠安荣乡。乡政府驻薛圐圙村，距县城 15 公里。境内大运高速公路、208 国道、林荫路、古老线纵横交错，交通便利。1998 年，薛圐圙乡辖 11 个村民委员会。2001 年，撤销黑圪塔乡，并入薛圐圙乡，2016 年，辖薛圐圙、庞家堡、白坊、河曲堡、卢岭、沙岭、罗庄、辛兴铺、西寺院、小村、豆庄、黑圪塔、西李庄、大营、老羊寨、双寨铺、老羊寨铺、曹庄、双寨 19 个行政村。全乡有 4499 户，11730 人。

产业　薛圐圙乡是一个纯农业乡镇，土地肥沃，便于灌溉，经济收入以种植业、养殖业为主。1998 年后，打造以玉米为主体，牧业以奶牛饲养业为龙头，以农养牧，以牧促农，农牧并举，多元突破，循环发展的产业格局。2011 年，全乡经济总收入 24979 万元，农民人均纯收入 10987 元。种植业除传统的玉米种植外，经济作物甜菜种植发展态势良好，2011 年甜菜种植面积 1.2 万亩。2016 年，畜牧养殖业以奶牛养殖为主，全乡建成农民专业合作社 20 余家，建设标准化奶牛养殖园区 17 座，存栏奶牛 13500 头，年产鲜奶 40500 吨；羊、芦花鸡等特种养殖初具规模。第二、三产业一直发展缓慢，乡政府驻地薛圐圙村以及公路两旁有几家餐饮、运输商户，理发、小型餐馆、日用百货能满足当地百姓生活。

基础设施　薛圐圙乡境内大运高速公路、208 国道、林荫路纵横交错，柏油路、水泥路、砂石路四通八达，交通十分便利。

文教卫生　2011 年，薛圐圙乡有小学 6 所，在校生 1205 人，专任教师 102 人，小学适龄儿童入学率 100%；初中 2 所是位于山阴农牧场的山阴县第六中学、黑圪塔村义山中学（民办），在校生 4300 人，专任教师 280 余人，初中适龄人口入学率 98.1%，小升初升学率 100%，九年义务教育覆盖率达 100%。小学毛入学率达 96%，初中毛入学率达 95%，初中生辍学率控制在 3% 以内。

2011 年末，各级各类医疗卫生机构 20 个，其中乡级卫生院 2 所，村级卫生室 18 所；病床 60 张，其中卫生院床位 22 张，每千人拥有医疗床位 6 张，固定资产总值 800 万元。村级卫生室实现全覆盖。

2016 年，建成农家书屋 19 所，文化体育场所实现全覆盖。

后所乡

辖区　后所乡位于恒山山脉翠微山脚下，南依代县，西临朔城区，东与马营庄乡毗邻，北接薛圐圙乡。全乡交通便利，208 国道、应广公路、大运高速公路贯穿全乡。1998 年，后所乡辖 16 个村民委员会。2016 年，辖庙家窑、水峪口、南辛庄、辛立庄、南洲庄、苏庄、元营、后张堡、北万庄、南万庄、前张堡、辛兴庄、后所、安乐庄、帐头铺、西沙堆 16 个村民委员会。后所乡东西宽 15 公里、南北长 13 公里。全乡户籍户数 5649 户，户籍人口 15496 人，常住户数 4258 户，常住人口 11478 人，其中外来人口 69 人。国土面积 115.15 平方公里。

产业　1998 年，后所乡依托得天独厚的自然条件，发展现代化种植养殖业，主要产业有设施农业、现代化规模养殖、林果业。2000 年后，后所乡坚持走“一村一品、一乡一业”特色产业发展之路，按照“宜人居、宜创业、宜发展”的标准统筹规划，重点抓好设施农业建设，兴建现代养殖园区，发展生态旅游业、经济林果业，推进小杂粮产业建设与农贸物流园区六大产业于一体的规模建设，促进全乡经济转型跨越发展，为农民增收致富构建有力的支撑体系。

2012 年，在南山坡区新建四个标准化养殖园区，园区占地面积 28580 平方米，新建圈舍 20 栋，可容纳 600 头肉牛和 2500 只肉羊。新建青贮窖 5000 立方米。

2016 年，全乡共有农业产业合作社 74 家，现代化奶牛养殖园区 13 家，奶牛存栏 13859 头，日产鲜奶 167 吨，羊存栏 32535 只；种植专业合作社 60 家，有大棚 1120 座；全乡没有 1 家工矿企业，属于宜农宜牧纯农业乡。农村人均纯收入 14944 元。

基础设施 全乡境内“村村通”路、“户户通”路纵横交错，柏油路、水泥路、砂石路四通八达。供电、通信等设施全部覆盖辖区。

文教卫生 1998 年，计划生育服务所配备孕检、妇幼健康检查及生育服务等一整套医疗器械，安排医务人员坚守计生服务岗位。2007 年，开展农业实用技术和职业技能培训，提高农业从业人员的职业素质、科学素质、人文素质。2016 年，落实医疗服务惠民工程，免费为 60 周岁以上老人做体检。逐村更新健康档案信息，开展中医特色门诊建设，发挥医疗预防保健作用。

张家庄乡

旧广武村景

辖区 张家庄乡素有山阴县“南大门”之称。东北界后所乡，南邻代县雁门关，西接朔城区滋润乡，为山阴县、代县、朔城区三县交界处。地理坐标为北纬 39°15′，东经 112°47′，面积 91.34 平方公里，乡政府驻张家庄村，距县城 32.8 公里。1998 年，张家庄乡辖 12 个村民委员会。2000 年 2 月，张庄乡改名为张家庄乡，张庄村更名为张家庄村。2016 年，辖新广武、旧广武、张家庄、水河铺、陆庄、山阴庄、西察罕铺、东察罕铺、林桥、羊十二庄、油房、泉子沟 12 个村民委员会。全乡户籍人口 3630 户，9409 人，常住户 2362 户，耕地面积 4.43 万亩，其中水浇地面积 18000 亩。

产业 张家庄乡是一个纯农业乡，土地贫瘠，经济收入主要依靠种植业、养殖业，主要种植玉米、西瓜、谷子等。1998 年，全乡劳动力 2621 人，其中男 1531 人，女 1090 人，建筑业 43 人，交通运输仓储业 65 人，商业餐饮业 57 人，外出务工 195 人。以种植玉米为主，产粮 4259 吨，单产每亩 164 公斤，果园面积 2175 亩，水果产量 6 吨，地膜使用量 28 吨，覆盖 11000 亩，有羊 6294 头，牛 1966 头。

2000 年，劳动力 2658 人，其中男 1489 人，女 1169 人，建筑业 91 人，交通运输仓储业 75 人，商业餐饮业 58 人，外出务工 153 人。地膜覆盖面积 12000 亩，粮食总产量 4626 吨，平均亩产 213 公斤，有羊 8100 只，牛 2547 头。

2010 年后，调整产业结构，增加农民收入渠道。2016 年，劳动力 3660 人，其中男 1925 人，女 1735 人，建筑业 151 人，交通运输仓储业 81 人，商业、零售、住宿餐饮业 123 人，外出务工 695 人。全乡新建蔬菜大棚 568 座，主要种植青椒、尖椒、西红柿、黄瓜等。在坡区培育大接杏经济林 5000 亩，农民出售大接杏收入 600 余万元。形成旅游休闲观光采摘为一体的经济结构模式，发展大棚种植油桃、水蜜桃、葡萄等经济林木。全乡共有机井 188 眼，修防渗渠 16000 米，退耕还林 16256 亩。农民搞养殖业，有 9 个养殖园区，奶牛 3665 头，养羊 16143 只。农业设施日益发达，新建连栋温室 3 个，占地 50 亩，日光温室 193 个，占地 404 亩。

张家庄乡引导农民在空地栽植树木，引进速生树品种。2016 年末，退耕还林 15515.76 亩，其中国家退耕还林 6818.9 亩，县退耕还林 8696.86 亩。全乡生态林达 6.9 万亩，主要有新疆杨、油松等，分布在油房村、旧广武村、新广武村等村。经济林有成片的杏园、枣园，经济效益可观。

2010 年以来，随着雁门关、广武旅游风景区的发展，新广武、旧广武、张家庄村运输业、商饮业、服务业逐渐形成规模。2016 年，商贸服务业个体商户 29 户，交通运输仓储业 81 人，计算机信息业 4 人，批发与零售业 73 人，住宿餐饮业 50 人，其他行业 41 人。

基础设施　1998 年，张庄乡通汽车村庄 14 个，通公路村 13 个，全乡公路 120 公里。2011 年，村村通水泥路，街道、巷道全部硬化，实现村村通公交车。大运高速广武段、208 国道纵贯南北，朔蔚、应广路横穿东西，大运高速新广武收费站建于新广武村，北同蒲铁路和新修韩原铁路分列左右，相距不超 20 公里。

1998 年，全乡实现村村通电话工程，固定电话 350 部，普及率达 30%。2007 年，实现村村通宽带。2016 年，固定无线电话 200 部，手机 8000 部，宽带发展到 2000 户。

文教卫生　1998 年，乡文化站设在乡政府，尚无图书和文化设施。2010 年，新广武村建设综合文化站，建筑面积 300 余平方米，设有图书阅览室、多功能活动室和辅导培训室，有 2500 册图书。2016 年末，各村均设有阅览室和舞蹈队，丰富人民群众的文化生活。

2000 年末，全乡校舍均实现砖瓦平房化，初中和中心小学的图书、仪器较为齐全。2005 年，全乡小学恢复六年制。2006 年，明德学校投入使用，占地 22032 平方米，有公寓楼、实验楼、教学楼、餐厅，有多媒体教室、理化实验室和音乐、美术、体育器材，初中升学率达 80%。2007 年，张家庄中学改为九年一贯制，国家全免学生学杂费。2008 年，全乡 953 名适龄儿童入学 894 人，入学率为 99%，其中在本乡就读 905 人，随父母外地就读 989 人。2016 年 8 月，旧广武学校投入使用，是一所高标准现代化幼儿园。

1998 年，乡计划生育服务所配备孕检、妇幼健康检查及生育服务等一整套医疗器械，安排 3 名医务人员坚守计生服务岗位。2009 年，乡卫生院新建一栋综合治疗楼，占地面积 900 平方米，建筑面积 210 平方米。2016 年，卫生院在职职工 9 人，其中职业医师 3 人，职业助理医师 2 人，药师 1 人，信息员 1 人，护士 1 人，设备有全血细胞分析仪、全自动生化分析仪、尿液分析仪和 B 超机。全年门诊达 3356 人次，医疗总费用 25.8 万元，新农合共为患者报销医药费 15.5 万元。落实医疗服务惠民工程，免费为 60 周岁以上 440 名老人做体检。逐村更新健康档案信息，开展中医特色门诊建设，发挥医疗预防保健作用。

马营庄乡

辖区　马营庄乡地处山阴县东南部，东邻应县下马峪乡、南邻代县胡峪乡，西邻后所乡，北邻古城镇。乡政府驻马营庄村，距县城岱岳 27 公里。古马线、经济线穿境而过。1998 年，马营庄乡辖 23 个村民委员会。2016 年末，辖马营庄、八里庄、下疃、云水庄、苏家场、沙家寺、吴家铺、许家洼、荆家庄、东寨、小柴棚、大柴棚、何庄、新马营、陈庄、西安峪、东沙堆、南口前、高庄、南辛寨、故驿、南李庄、胡峪口 23 个村民委员会。2016 年，全乡户籍户数 6505 户，户籍人口 15775 人，常住户数 3170 户常住人口 9126 人，其中外来人口 36 人。国土面积 132.79 平方公里。

产业　马营庄乡是传统的农业乡，经济收入主要依靠种植业和畜牧养殖业。2010 年，个体经营网点共计 100 余家，从业人员有 300 余人。2016 年，全乡建设标准化奶牛养殖园区共 25 个，存栏奶牛 13600 头，年产鲜奶 44900 吨。全年经济总收入为 36820 万元，农民人均纯收入达 14100 元。

基础设施　古马线、市旅游线穿境而过。“村村通”路、“户户通”路纵横交错，全乡境内道路柏油路、水泥路、砂石路四通八达。2016 年，供电、通信等设施覆盖全辖区。

文教卫生　2016 年末，小学有 2 所，在校学生 230 人，专任教师 80 人，小学适龄儿童入学率 100%，巩固率 100%，合格率达 98%。全乡共建设农家书屋 23 个，图书总量为 57500 册，占地面积 740 平方米，37 间房屋。建设篮球场地 20 个，体育健身器材 260 件。建设新场所与修缮旧场所相结合，共完成村级文化活动场所建设 23 个。每村有 1~2 个广场舞队。医疗机构有乡卫生院 1 所，村级卫生室实现全覆盖。

第二节 镇

玉井镇

辖区 玉井镇位于山阴县县城西北，211省道虎山线、241省道元元线穿镇而过，东接马营乡，南连下喇叭乡，西邻吴马营乡，北靠右玉县。距离朔州市区50公里、大运高速山阴出口36公里、荣乌高速5公里、山阴县城36公里。镇政府驻地玉井村。1998年，玉井镇辖17个村民委员会。2000年撤乡并镇，将史家屯乡所辖9个行政村划为玉井镇管辖，下辖玉井、水头、东庄、王老沟、水泉、南祖、北祖、王坪沟、口前、沈庄窝、青杨沟、董庄窝、老庄窝、米庄窝、盘道、千井、窝棚沟、史家屯、吴家坪、杨家岭、范家屯、宋家沟、一堵墙、马家洼、东石人坡、西石人坡26个行政村。2016年，全镇8867户，22263人。

产业 1998年后，玉井镇以“龙头化带动、规模化种养、良种化推广、专业化经营”为指导方针，加大扶持全镇农业稳步发展。2014年镇政府投资20万元购买土豆和莜麦良种，史家屯、马家洼等16个村组织村民调运5000亩良种，鼓励规模种植，在2013年100亩以上的种植户16户基础上，2014年史家屯和董庄窝村委会承包大户种植规模达2500亩，粮食产量突破500万公斤。新增“一村一品”示范村一个。大搞基本农田保护工作，确保子孙后代有地可种，守住基本耕地面积95608亩。2016年，以沈万山农牧有限公司这一农产品加工龙头企业为依托，发展山区特色种植业，提高种植效益。全镇共种植粮食作物70452亩，其中莜麦27930亩、荞麦7480亩、土豆4167亩、豌豆6751亩、玉米2598亩、胡麻7244亩、谷子1754亩、黑豆5229亩、青饲料1581亩、糜黍5718亩。发展肉猪、肉牛、小尾寒羊、土鸡规模化养殖，发展多元经济。同年末，猪存栏241头、牛存栏683头、羊存栏11583只、鸡存栏12198只。玉井镇有耕地7.88万亩，全镇人均耕地4.73亩；林地面积3.24万亩，其中退耕还林1.9万亩。全镇农村经济总收入27500万元，农村居民人均可支配收入9500元。

1998年后，玉井镇以煤炭产业为支柱，带动煤炭生产、洗选、运销、电力、冶化、建材、地产等多行业、多企业，形成各种新资源综合利用的一体化循环经济发展的格局。2016年完成招商引资6亿元。境内玉井矿、台东山矿、北祖矿、口前矿完成投资0.6449亿元；风电二期完成投资3.8亿元；水泉矿露采前期移民完成投资1.8亿元。山西漳泽电力股份有限公司落户玉井镇，总投资4.5亿元。

基础设施 玉井镇地理位置优越，县乡公路四通八达，村村通水泥路，各村完成道路硬化工程。镇内有县城通往玉井镇的专线公交车数十辆，有吴马营乡通往县城的公交途经玉井镇，内蒙古通往太原方向的部分客车也途经玉井镇。以玉井为中心，以211省道、241省道为轴线，南北纵向延伸，东西横贯连接，形成通往26个村的交通网络。至2016年，完成70户农村住房抗震改建试点任务，农户纸质档案建档率和网上录入率达到100%。重点围绕“一路二桥三坝”展开工作，“一路”是绿化一条路。投资55万元，沿新修的虎山线两侧，从窝棚沟村南到口前桥北，栽植1.5米高油松一万株。“二桥”是整修两座桥。投资15万元，重修盘道桥，硬化37米长、5.5米宽的桥面，石砌护坡，两侧修排水沟各一个；投资20万元，重修玉井桥，硬化40米桥面，两侧修排水沟各一个。“三坝”是新修三座坝。投资20万元，修建王坪沟（2座）和南祖村（1座）淤地坝。

广电通信邮电通信网络健全，镇政府所在地玉井村设有邮政所，全镇开通国际国内直拨程控电话。实现高速光纤全覆盖。移动信号发射台辐射全镇，农民边种田边打电话成为现实，部分农民利用手机功能做买卖联系业务。

文教卫生 2016年，全镇26个村全部建有文化活动室和图书室，并配有专职人员看管。挖掘和传承山区特有的踢鼓、拉花、扭秧歌和地方小戏等文艺表演形式。每年正月举行的全镇文艺大会演，得到省、市、县和全国多家大型网站媒体的关注和报道。文化室、农家书屋、文化共享工程全覆盖。玉井镇寄宿制学校是一所九年一贯制学校，学校设施齐全，小学 300 余人，初中 150 多人，教职工 71 人、专职教师 61 人。

玉井卫生院始建于 1958 年，1983 年更名为玉井镇卫生院，2001 年撤乡并镇后，更名为玉井镇中心卫生院，下设一个分院，即史家屯卫生院。2008 年经国家发改委批准立项对卫生院进行扩建，占地面积 2900 平方米，建筑面积 1050 平方米，医院在编人员 21 人，临时工 6 人，其中卫生技术人员 14 人，后勤人员 7 人，床位数 24 张。卫生院的主要任务是承担全镇人民的基本医疗服务和基本公共卫生服务，医疗设备有：200 毫安 X 光机，全自动生化仪，三分类血球仪，尿常规仪，心电图机，救护车等。2016 年门诊 4817 人次，住院 204 人次，总业务 53.3 万元。让老百姓享受质优、价廉的医疗保健服务。

北周庄镇

辖区　北周庄镇位于山阴县境中北部，镇域东北与怀仁县接壤，东与合盛堡乡毗邻，南接岱岳镇，西连下喇叭乡，西北靠马营乡。距县城岱岳 9 公里，镇政府驻地最初在原糖厂加工处旧址、同太路东侧，2012 年搬迁到现址（北周庄村北、金光大道北侧）。1998 年，北周庄镇辖 10 个村委会。2001 年，撤销苑家辛庄乡，并入北周庄镇。同时将原甘庄乡的 3 个村并入本镇。2016 年，辖北周庄、棋道地、郑庄、二铺、辛留村、安岸庄、新岱岳、下神泉、永静城、李家窑、白家堡、王家堡、郭庄、西杨庄、柏坡、张庄、贺庄、白殿沟、上神泉、燕庄、苑家辛庄 21 个行政村。2016 年，全镇 8053 户，人口 20592 人。

产业　1998 年来，北周庄走上工业反哺农业、城乡一体化的道路。工业迅速发展，非农产业收入比例逐年增多。2006 年，北周庄多数村庄种植技术采取地膜覆盖高陇作业，建设日光节能温室蔬菜大棚 8 个。2016 年，全镇有批发零售摊点 310 个，从业人员 1134 人；个体私营工商户 199 个，从业人员 758 人。

基础设施　同蒲铁路过境，全镇交通便利。2006 年，全镇投入新农村建设资金 1380 万元，其中，投资 800 万元完成“村村通”“通达通畅”道路建设 41.8 公里。至 2016 年，镇内修通国家、省级公路 28 公里，县级公路 24 公里，乡级公路 54 公里，村级公路 32 公里。全镇共架电线 360 公里，其中高压 10 千伏 195 公里公里，低压 165 公里公里，用电村 100%。全镇安装程控电话，实现村村通电话，户装电话率 90%；联通、移动、电信公司进入本镇，无线网络覆盖 21 村。

文教卫生　2016 年末，全镇有文化站 1 个，工作人员 2 人，藏书 3500 册。有小学 5 所，在校生 351 人，教职工 129 人。全镇小学入学率、巩固率、完成率 100%。卫生院 1 处，医务人员 14 人，其中医师 5 人。医院设内科、外科、中医、妇产、妇幼保健等科室，门诊 3000 人次。

岱岳镇

辖区　岱岳镇是山阴县城所在地，位于山阴县城中心，洪涛山脚下，地理坐标为北纬 39° 31′，东经 112° 56′，南与安荣乡接壤，北与北周庄镇毗邻，东与古城镇、合盛堡乡相望，西与下喇叭乡相邻。1998 年，岱岳乡辖 22 个村民委员会，岱岳镇下辖 3 个居民委员会。2001 年岱岳乡、岱岳镇、甘庄乡合并为岱岳乡。县城岱岳设立两个城区管委会：东城区、西城区。2011 年岱岳乡改称岱岳镇，下辖 28 个行政村。2016 年，全镇户籍户数 11784 户，户籍人口 28091 人，常住户数

岱岳镇下属村庄村景（七里沟村）

9961 户，常住人口 26063 人，其中外来人口 4064 人。面积 136.25 平方公里。

产业 1998 年后，岱岳镇建设甘庄片小杂粮基地、城郊无公害蔬菜基地、西片生态建设基地、城东畜禽规模健康养殖基地和千亩干果经济林基地五大基地，促进农业增产增效，农民增收。2006 年，有耕地面积 4.56 万亩，农业人口 2.3 万人。2016 年，全镇总播种面积 45200 亩，主要农作物有谷子、马铃薯、玉米、老黑豆等，粮食总产量 15751.32 吨，退耕还林 22132.4 亩。年末大牲畜存栏 1680 头，其中奶牛 1350 头；生猪存栏 16500 头，生猪出栏 18500 头；羊存栏 14000 只，出栏 15000 只；鸡存栏 565000 只，肉类总产量 7577 吨，奶产量 4485 吨，禽蛋产量 7119 吨。全镇规模经营、合作经济稳步发展，百头以上奶牛场 1 座，500 只以上羊场 1 座，千只以上鸡场 10 个，全镇百亩以上种植大户 6 户，家庭农场 68 家，各类合作社 78 家。

2006 年，发挥城郊优势，以养殖加工企业为龙头，成长起康喜、伊利等著名企业。2016 年，坚持以农业结构调整为主线，以富民强镇为出发点，重点培育山西鑫霏农业开发有限公司、朔州市骏宝宸农业科技有限公司、金银花手工针织厂、华晟活性炭有限公司、宏星和轩农混凝土搅拌站、博昌 4S 店、宏远农机等一大批龙头企业，引领经济转型跨越发展。

1998 年以来，私营商业逐渐复兴，第三产业繁荣发展。至 2016 年，辖区内拥有超市、商厦、家具广场、金融服务、娱乐、餐饮、宾馆等中小型企业、九小场所 1000 余家及 2000 多家个体商户。

基础设施 岱岳镇地理位置优越，交通便利，境内有两条高速公路（大运高速公路、荣乌高速公路）；一条国道（208 国道）；两条省道（大忻线、虎山线）；一条电气化铁路（北同蒲铁路）；县乡公路四通八达，村村通水泥路，各村完成道路硬化工程。以岱岳为中心，以 208 国道、大运二级路为轴线，南北纵向延伸，东西横贯连接，形成通往 28 个村的交通网络。

岱岳镇 28 个村均有公路，全长 150 多公里，均可通行机动车辆。山区路基宽 5 米，路面宽 3.5 米。川区路基宽 5 米，路面宽 3.5 米。2008 年村村通油路工程实施，解决世代行路难的状况。至 2016 年，全镇乡村户户通油路。

2016 年末，境内拥有 220 千伏变电站 1 座，为 220 千伏七里沟变电站，变压器 2 台，总容量 3 万千伏安；110 千伏变电站 1 座，为 110 千伏山阴变电站，变压器 2 台，总容量 8 万千伏安；35 千伏变电站 1 座，为 35 千伏北王庄变电站，变压器 2 台，总容量 16300 千伏安。至此，镇内 28 个村全部用上来自电网的供电。

文教卫生 1998 年后，岱岳镇有文化站、森林公园等文化设施，各村建有文化活动室、宣传栏、黑板报、广播、广场舞台、健身点。逢年过节有丰富多彩的民俗文化娱乐活动。全镇发挥基层文化队伍作用，进行“农家书屋”建档工作和图书设备的配送。2016 年末，每村均配置价值 3 万元的书籍 1500 余册，音像制品光盘 100 余张，书架 100 余个；电影下乡 300 部，投影仪和电脑达到全覆盖。为各村安装篮球架、乒乓球桌、健身器材，实现全镇文化资源共享工程全覆盖。为移民村等 10 个村新建戏台，全镇文化广场达到全覆盖。

2016 年，全镇 7 所小学在校生 1788 人，教职工 285 人，专职教师 218 人，3 所建成高标准寄宿制小学（北王庄、新大滩、甘庄）。村级幼儿园 4 所（甘庄、北王庄、关岱岳、新大滩），在校幼儿 170 多人，小学生 540 余人，教师职工 43 人。

1998 年有岱岳乡卫生院一座，2001 年撤乡并镇后，岱岳镇卫生院下设 2 个分院，即岱岳卫生院、甘庄卫生院分院。2008 年，经国家发改委批准立项，对岱岳镇卫生院进行改扩建，建设规模 521.86 平方米，总投资 51.2 万元（中央资金 20 万元，县配套资金 31.2 万元）。2010 年投资 15 万元，购买 B 超、呼吸机、X 光机、心电图机、生化分析仪、生物显微镜、尿液分析仪、血球计数仪、干燥箱、电热恒温培养箱、洗胃机、手术床、无影灯、麻醉机、呼吸气囊、急救箱、吸引器、观片灯、一次性器具毁型器、产床、妇科检查床、妇科检查器械、多普勒胎儿听诊器、五官科椅、电脑、冰箱、冰柜等，提高卫生院诊疗保健服务功能。

2011年，山阴县编办按照每服务千人配置1.2名医技人员比例，核定卫生院编制92人。2011年7月，卫生院纳入全额拨款事业单位。2016年，医务人员48人，其中正式在职职工38人，聘用临时或返聘10人；专业技术人员36人（中级职称12人，初级职称24人）。

岱岳镇卫生院承担28个行政村及29个县城小区的医疗卫生及健康保健服务。2016年，医疗业务收入为110万元，其中药品收入103万元，诊疗人数为3903人次，其中住院1381人次。全乡共购销基本药物756种，金额167.8万元，全部实行零差率销售，让利群众40.9万元，让老百姓享受质优、价廉的医疗保健服务。

古城镇

古城村村景

辖区　古城镇位于山阴县县城东南部，距山阴县城15公里，北纬39°29′，东经12°53′。古城镇是晋北古镇，始建于宋末金初，即金天会十三年（1135）至金大定八年（1168）。民国26年（1937）前为明、清、民国时的山阴县治。今为古城镇党委、政府驻地。全境为平川，水源丰富，桑干河灌区渠系遍布全境，黄水河由中部穿过。北接合盛堡乡、岱岳乡，南临马营庄乡、后所乡，东与应县接壤，西与安荣乡、薛圐圙乡毗邻。全镇东西长13公里，南北宽达12公里。交通便利，大运高速公路由境内穿过，设有山阴互通口；林荫路、虎山线和新建的北同蒲铁路，都途经本镇。1998年，古城镇辖24个村民委员会。2001年2月，将黑圪塔乡北部的前皇台、后皇台等村和山阴城镇合并，设立古城镇。2014年，政区辖古城、四里庄、王庄、胡疃、上河西、西盐池、南盐池、快乐、芦岭、安居坊、洪济屯、小圪塔、马梁村、杨村、西小河、东小河、中小河、东辛庄、北盐池、李珠庄、后射躲、前射躲、羊圈头、羊圈铺、前皇台、后皇台26个村民委员会。2016年，全镇户籍户数7739户，户籍人口19624人，常住户数4543户，常住人口12641人，其中外来人口118人。国土面积166.81平方公里。

产业　1998年以来，深化产业结构调整，促进经济平稳快速增长。2006年，基本形成以乳品为龙头的“种—养—加”特色农业产业经济格局，不断发展玉米种植，壮大奶牛饲养。全年农村经济总收入54446万元，粮食产量2408万公斤。至2016年，辖区内拥有超市、商厦、家具广场、金融服务、娱乐、餐饮、宾馆等中小型企业1000余家。

基础设施　朔（县）蔚（县）公路东西向横穿全境，西自泥河与朔县接界，向东经安荣、岱岳、麻疃和古城、东辛庄、李珠庄通往应县。山阴县境内全长31公里，本镇境内长13公里。为省管二级油路。大（同）运（城）高速公路2003年建成，由北向南穿过本镇，途经北盐池、西盐池等村，在北盐池西有山阴站出口。本镇境内全长12.5公里。虎（右玉杀虎口）山（山阴）线。由西北到东南穿过本镇，途经芦岭、北盐池、古城等村，本镇境内长16公里。薛（圐圙）马（营庄）公路西起薛圐圙，途经西盐池、古城、四里庄、八里庄、荆家庄至马营庄，全长23公里，投资150万元，路基宽7.2米，昼夜车流量500车次，属县管三级砂石路。老（羊寨）古（城镇）公路途经老羊寨、西李庄、黑圪塔、曹庄、后皇台、上河西至古城。全长18公里，路基宽7.5米，属县管三级砂石路。本镇26个建置村共有乡村公路57公里，均可满足机动车辆正常通行。供电所位于古城村北，占地面积66667平方米，建筑面积400平方米平方米，2006年建成，负责供应26个村18528人用电。2008年，本镇邮路全长60公里，邮电所工作人员2人。全镇电话电缆长度65皮长公里，交换机总容量3000门。至2016年，古城镇26个村做到网络全覆盖，有联通、移动、电信等网络运营商。

文教卫生 2008年，有小学20所，在校生1574人，入学率100%，合格率100%。全镇有中学一所，在校生368人，教职工21人。

2016年，全镇各个村全部建有文化活动室和图书室，并配有专职人员看管。有镇卫生院一所，村卫生所26所，从业人员42人。

第三节 管委会

东城管委会

辖区 山阴县岱岳东城社区管理委员会2001年成立，简称东城管委会，办公场所位于旧城广场路。2016年，东城管委会有工作人员7人，下辖南街、北街、和顺、兴隆和光明五个居委会社区，有机关、南街、北街、和顺、兴隆、光明、太行村镇银行和工商联合会八个党支部，党员188人，其中妇女党员78人。五个居委会共辖14个居民小区，49个网格，居委会支部书记、主任、委员、工作人员共76人。

东城管委会辖区范围为同太路以东，刘家岭以西。2016年，管委会管理居民区非农业人口和流动人口，总户11353户，总人口33434人，独立行使社区管理、监督、服务职能。东城管委会有机关企事业单位43个，高中1所，初中4所，小学5所，幼儿园15所，医院2所，商铺门店780个，基督教堂1个，寺庙2个。享受城镇居民最低生活保障的2390户，共有残疾人439人。

文体活动场所 旧城广场位于岱岳旧城，在南街社区辖区，东邻东城管委会、中医院，西邻广场路，占地面积2000平方米，于2001年重新翻新，广场中间设有露天戏台，东西两侧设有供居民休息纳凉的走廊，还有健身器材若干，承担着居民日常的锻炼、休闲、娱乐等工作职能。

站前广场位于岱岳旧城，在南街社区辖区，占地面积2000平方米，为社区居民提供体育健身、文化娱乐等多方面的服务。

紫源广场位于岱岳旧城青年东街路南，占地面积9000平方米，2012年紫源广场建设工程作为山阴县百日攻坚百项重点工程之一，由国家林业局林业工业规划设计院设计，由内蒙古瑞博工程项目管理咨询有限公司监理，是县城居民休闲健身之所。

体育场位于山阴县东城兴隆小区府东街朝晖小区，建成于1993年，田径场用地面积19980平方米，场地面积17499平方米，环形跑道8条，周长400米。篮球场用地面积1600平方米，场地面积1216平方米，占地面积3万平方米，主要承担着居民健身运动、休闲、娱乐活动的职能。

山阴一中体育馆位于岱岳旧城北街社区青年东街，始建于2012年，占地面积2万平方米，设有篮球场、乒乓球场地、网球场地、足球场、塑胶跑道等，为全县举办重大体育赛事提供场地。

交通 岱岳火车站位于岱岳镇，建于1939年，是北同蒲线上的铁路车站，距离大同站85公里，距离太原站270公里，主要承担着客运、货运等服务居民的工作职能。

2013—2014年，在南街、光明社区为居民硬化巷道500米；2014年为三中东巷和北街忠州路安装太阳能路灯10盏；2016年在光明社区怡安小区居民以集资为主、管委会资助为辅，投资30万元，铺设管道1722米、硬化巷道960米。

文化活动室　东城管委会设有5个文化活动室，分别是南街文化活动室、北街文化活动室、和顺文化活动室、兴隆文化活动室、光明文化活动室。2016年，东城管委会5个文化活动室，各拥有图书2000余册。

山阴县晋剧团　山阴县晋剧团位于岱岳东城南街社区，成立于2006年1月，以文武兼备的特色、严谨朴实的团风，以较高的剧团质量活跃在广大农村，深受广大父老乡亲的喜爱。《薛门洗冤记》《嘉靖宫变》《齐王拉马》等14部新编历史剧和《乡亲》《天河》2部新编现代戏，深受社会各界的好评。

卫生　朔州市中医精神病医院（原山阴县岱岳公社精神病院），创建于1963年，医院占地面积31960平方米，是全国唯一一所以中医中药为主治疗精神病的专科医院，亦是中残联等有关部门确定的全国精神病防治康复试点医院，确立在全国精神卫生行业的品牌地位。

山阴县中医医院的前身为山阴县第二人民医院。1989年10月县人民医院整体搬迁，当时县委、县政府为方便旧城居民就医，成立山阴县第二人民医院，1993年3月省政府批准成立山阴县中医医院。山阴县中医医院是集医疗、教学、预防、保健、康复于一体的“二级甲等”医院。医院占地面积8517平方米，建筑面积5244平方米。设有内科、外科、皮肤科、针灸科（特色专科）等各类临床医技科室。

2016年，管委会与中医院五次为居民进行健康讲座，两次为辖区居民免费体检。

商业　辖区内有华联、万人、客都、家家利等各类大型商场、超市，这些场所集购物、餐饮于一体，为居民的生活提供便利。

人文古迹　关帝庙位于东城北街社区兰园村1号，占地面积500平方米，始建年代不详，据庙中现存石碑记载，清雍正三年（1725）重建，现存为清代建筑，有正殿及东朵殿、东配殿、山门及西南角便门。

明光寺位于东城南街社区，先进小区顺城巷口，占地面积200平方米，始建于清光绪二十二年（1896），1996—2013年称居士林，2013年10月更名为明光寺，承担着念佛、修行等职能。

民生　2013年救助光明社区因雨受灾群众100多户，2014年救助和顺社区因雨受灾居民100多户。至2016年，东城共有低保2200余户，新增低保72户；为293户住房困难低保户上报廉租房申请；配合住建局对和顺社区1000余户居民的棚改进行入户评估登记。

西城管委会

辖区　山阴县西城管委会成立于2001年，辖区位于县城西部二级路和同太路之间，北至北沙沟，南至世纪大道，面积6平方公里，2005年7月成立5个社区，分别是广益社区、集贤社区、德望社区、幸福社区、惠丰社区。五大社区下设15个居民小区、31个网格。共有居民（加流动人口）13000多户，4万余人。2016年，管委会党委下设六个基层党支部，除五个社区支部外，还有机关支部。共有直管党员204人，协管党员1456人。管委会有正科1人，副科6人，科员1人，事业人员2人。五个社区共有两委成员49人，政府购买基层公共服务岗位人员30人，两委成员工资全部纳入财政拨款。管委会和五大社区办公用房全部租赁。五大社区居委会承担的工作有宣传宪法、法律、法规和国家的政策，同时协助政府部门开展医疗、卫生计生、教育、统计、民政、信访维稳、帮扶救困、下岗再就业、消防安全、助残帮扶、城建民政、综合治理等工作。管委会和各社区全面推行一站式服务管理模式。按照属地化网格化管理，管委会组织各社区工作人员对辖区内所有家庭、个人信息进行全方位的入户了解掌握，并全部录入微机电子系统，建立档案。建立社区网格基础信息数据库，网格管理的格局初步形成，为创建平安社区、和谐社区奠定坚实基础。

文体活动场所　政府广场位于山阴县府西街，在德望社区辖区，占地面积5000平方米，广场中间设有大型音乐喷泉，东西两侧设有供居民休息纳凉的走廊及花坛，承担着居民日常的锻炼、休闲、娱乐等功能。

地税广场位于山阴县青年西街，在幸福社区辖区，占地面积2000平方米，广场内设有健身器材多种，为社区居民提供体育健身、文化娱乐等多方面的服务，营造健康向上、文明和谐的社区文化氛围。

西山森林公园位于山阴县大运路西，由国家林业局林业工业规划设计院设计，是县城居民休闲健身的好地方。

老干局活动中心位于山阴县文卫路，在西城德望社区辖区，内设多个乒乓球案，棋牌室，主要承担着老年居民健身运动、休闲、娱乐活动的功能。

交通 西城辖区内有众多交通干道，尤其是连接县城中心的主干道，如同太路、青年西路、大运路等，辖区居民区巷道硬化率达90%以上，道路宽阔，路面平坦，整齐有序。

学校 辖区内有山阴二小、七小、六小、平泽苑、山阴二中、新杰学校等中小学。

文化活动室 西城管委会设有5个文化活动室，建于2005年，分别是广益文化活动室、惠丰文化活动室、德望文化活动室、幸福文化活动室、集贤文化活动室。每个文化活动室设有书架书桌及各种图书，供辖区居民阅读学习。2016年，西城管委会5个文化活动室，各拥有图书2500余册。

卫生 山阴县第一人民医院是集医疗、教学、预防、保健、康复于一体的“二级甲等”医院。医院占地面积9000余平方米，建筑面积6000平方米。设有内科、外科、妇科、儿科、皮肤科、针灸科（特色专科）等各类临床医技科室。2016年，管委会与县人民医院五次为居民进行健康讲座，两次为辖区居民免费体检。

第四章 村 庄

第一节 村名来历

下喇叭乡

织女泉 该村奶奶庙前的石碑记载：“大明万历十三年建村名为汁泥淥。”汁泥淥是先人们对泉水的崇尚，由汁从泥中取水升华而来。经对山阴、右玉、朔县、应县县志考证，明清以来村名未曾有改动。民国后，逐渐音译成现在的“织女泉”村。在“文化大革命”期间，织女泉改为“文胜村”，“文化大革命”结束后恢复“织女泉”村名。

上喇叭 相传早年间此村人丁不旺，经常生病。后来，西藏的一位高僧喇嘛云游到此，在当地山上采了些药草煎成汤让全村人一喝，全好了。村民们认为他们的病是上仙喇嘛看好的，就取村名叫“上喇嘛”。后来因方言“喇嘛”与“喇叭”相近，被谐音叫成“上喇叭”。

下喇叭 该村地势虽低，打出水却全是苦水。有一年本村一个哑巴小女孩指手划脚的让村人打井，起初人们不相信她，后来抱着试一试的心态打了一眼井是甜水，村民又惊又喜，一连打了八个井全是甜水，再叫她指甜水处，哑巴小女孩摇头。为了纪念小女孩，村名便叫成“哑八井”，因该村地势低洼，改名“下亚八”。后因地处山上的村名叫上喇叭，此村就被谐音成了“下喇叭”。

冻牛坡 相传这村始建于北魏年间，原名“屯牛堡”，旧址在现村东的庄窝梁上。村西有一条大路又陡又长，再壮再快的牛在这条路上也走不快，人称“钝牛坡”。

另据老人传说，因村庄地势较高，昼夜温差很大，五黄六月的晚上冻死过一头牛，白天几个人紧剥慢剥就臭了。二者谐音村名就演绎为“冻牛坡”。

罗庄 相传唐朝时，罗通扫北后，与山阴一个叫姜贵的姑娘成婚，生了13个儿子。后来，罗通随薛仁贵征东，又随薛丁山征西，在黑风关为国捐躯。姜贵带着13个儿子去长安吊唁丈夫。唐太宗同情姜贵，欲将其13个儿子全封官。姜贵奏请，为了保全罗家后人，不愿做官，她要带着儿子回山阴；唐太宗准其奏，并由朝廷拨钱，在两处择地起房盖屋，繁衍后代，这两处同时起村名罗庄村（另一处，在薛圐圙乡，因重名现更名为南罗庄村）。

黑龙池 相传这村全是姓白的。因村中有一水潭，村名叫白家潭。一天村里来了一个黑衣头陀沿门化缘。村中有一地痞叫白迟，人们叫他“白吃”。当头陀进院化缘，他不但不给，还将头陀打了一顿，头陀一怒，一把抓住他向空中一跃，头陀变成黑龙，“白吃”变成老鼠，钻入本村水潭。为了纪念黑衣头陀为民除恶，从此村名就叫成了黑龙池。

后山 相传原来有个前山村，经常被风沙刮的七倒八塌；人们为躲避风沙，就全搬到后山避风处，盖起房屋住上了，从此“前山人不提，后山百姓居”。这便是后山村。

上立羊泉与下立羊泉 传说这地方古时候有座山，山上的石头重叠，只有半山腰有个泉眼，流出的水不等流到地面，便让离地三尺高的石洞吸走了，羊群过来喝水，必须站立于泉眼之下才能喝上水。故地处山上方的，村名就叫“上立羊泉”；地处山下方的，其村名就叫“下立羊泉”。

蓿麻沟 因村域沟坡上，生长独有的野生植物蓿麻而得名，故称“蓿麻沟”。另据，相传这里曾是云游喇嘛的住宿地，人称“宿嘛沟”。

榆坪 因初建村时，这里地处沟畔上，山坡下较为平坦的地方，生长的全是榆树，至今村内也是榆树多。因此而得村名“榆坪”。

口子梁 原名无道口，是连接晋蒙两省的必经之地。四面群山环绕，只有一山口，地势险要，有“一夫当关，万夫莫开”之传。因村庄坐落在山梁上，又是连接晋蒙两地的关口，民国初期改村名为“口子梁”。

吴儿城 相传，三国时魏为防止北方鲜卑族向南扩张，把对吴战争中的部分俘虏押到此地，强迫他们替魏筑城据守，故得名“吴儿城”，一直沿用至今。

柳沟 这个村是韩姓一家村，建村时取名“韩家庄”，后因村庄位于沟内，柳树掩映，远望只见柳树不见人家，渐人们指树为村，就叫“柳沟”。

安荣乡

安荣村 相传北宋年间，萧太后打败宋兵，将宋朝由洛阳进贡来的银子放在这里的堡子，（在前街）同时建了十二连堡（现存四座），把安荣村围成一个土城，取名“安银子”（安放银子的地方），后来改名为“安营子”，中华人民共和国成立后改为安荣村。曾发现大量的宋瓷和宋钱。

东鄯河、西鄯河 相传古时候，阴馆县来了个新知县名叫单和，是广东人。单知县一上任，他的两个表弟要求分一片地，单知县一下物色下两片好地给他们。两个表弟分地时都想多分些。单知县亲自给分，分给任高升的叫东鄯河，分给任旺长的叫西鄯河。因县令叫单和，两个表弟取其音而作为留念。

河阳堡 明朝时，王家屏常到桑干河的九龙湾观看河水。其水到了那儿，一旋一拐，拥波逐浪，所以他由水而悟出个人生的道理——人之一生，如同流水，有时平途直进，有时曲折迂回。他由感慨而下恒心，努力钻研，刻苦自励，终于做官到东阁大学士。他告老还乡，在九龙湾修墓，给工匠们在大河北的向阳处修了一个小堡居住，因地处桑干河北岸，他便给这个小堡起名叫河阳堡。

大羊村 明朝初年，羊皮值钱。有几个投机商抓住机遇从蒙古买回一群羊，物色下这块草坡广阔的地方，打土板墙，围起个大圐圙，取名叫大羊圈头。清朝顺治年间，一位名叫爱新觉罗圈头的亲王来这里视察。一听此地叫大羊圈头，责问到：“是否存心污辱本官？”吓得陪他的里正和地保，连忙跪下求情。

从此，这村就改成了大羊村。

贺家窑 唐朝时，名臣贺知章为了摸清百姓的生活情况，在全国私访。当他走到塞外的一个小村时，由于水土不服，患了痢疾。幸亏被当地郎中用中草药医治好。此村贫穷，贺知章知晓后，如实向上反映，从此减少皇粮，本村百姓为报恩起名叫贺家窑。

岳庄 相传宋时，匈奴南侵，宋朝便让岳飞之子岳雷挂帅出征。在战斗中，岳雷遇到了武艺高强的契丹姑娘雀儿，并在阵前招了亲。二人给国家立了大功。可是，秦桧的余党却造谣，岳雷里通外国，与敌招亲，犯了大法。宋孝宗把此事就交给太子赵惇处理，也就是后来的光宗帝。他把岳雷叛了流放罪，押到塞外的一个小村安置下来。又秘密地给他送了许多金钱，使他在当地成了一个大员外。从此这村就叫岳庄。

薛圐圙乡

薛圐圙 “圐圙”来自蒙语，意为围起来的草场，元时曾于此地圈马，后形成村落，薛氏为村中大户，故得名。

大营 宋朝时，杨文广在这里驻守，并让军队在本地开荒种地，这便是山阴大营。

西李庄 传说，李世民的二十八代后人在宋朝时从西安迁到这里居住，所以起村名时，既有西，又有李，叫成了西李庄。

黑圪塔 一种说法是，早年此地盐坊甚多，遍布盐土圪塔，雨后一片褐色，故得名。另一种说法是，这村每年春天，四周盐碱土白汪汪一片，老年人说早年间叫白圪旦，到了元顺帝至正二十三年（1363），黑格达楼蛮王爷到这里旅游，看中这块地方，掠夺大片地盘据为已有，强迫当地居民给他熬盐碱。自从这位蒙王爷一来，白圪旦被改成黑圪塔（因与他的名字黑格达同音），延至现在，仍叫这村为黑圪塔。

白坊 这村坐落在一片盐碱滩上，春天一到，白茫茫一片，为白字之源；人们熬盐和碱，盖起几处作坊，为坊字之源，两字一合为白坊。

老羊寨 宋朝末年，元军侵入，村民逃走，元军把一群羊宰杀，只留老羊，他们怕煮不烂，咬不动。元军走了，村民回来，见有些老羊仍在，喜欢之余，叫村为老羊在，后来改为老羊寨了。

后所乡

辛立庄 传说元朝时，有位蒙古贵公子在这里居住，因此这村叫贵子屯。元末明初，这位贵公子的后人被当地居民赶跑了，但村名仍叫贵子屯。20 世纪中期，村民欲以辛勤的劳动改变全村贫穷，立业兴村，改名辛立庄。

水峪口 早年间，在翠微山下的峪口处有一股长流水，内有磷黄，冬天也不冻，当时人们迷信神灵，有皮肤病在水里洗一洗就好了。所以大家集资盖了两座庙——山神庙和河神庙。起村名叫水峪口。

张家庄乡

东察罕铺、西察罕铺 元至元九年（1272）为治理桑干河，在此建察罕都御府，后称察罕铺，分东西二村。

广武 一说，西汉末年，刘秀在这里避过难，其时曾彭和马武找到刘秀后，将残兵败将在这里休息三天，商讨得天下后刘秀的帝号叫光武帝。为纪念他们由败转胜始于此村，便把这村叫光武，后来逐渐演化成广武。后随新广武建成后改叫旧广武。

另一种说法，汉武帝时，朝廷任命大将军李广在这里驻兵、练兵，以防北夷侵犯，并修城一座，名叫广武城。后叫旧广武。明朝洪武七年（1374），朱元璋外甥十王在这里修建起一座城，取名广武陉，广武站，为与旧广武区别，后改称新广武。

马营庄乡

马营庄 相传隋朝末年，群雄并起，马邑县的铁匠尉迟恭去投刘武周前，在神头海岸捉住匹马，他骑马路过一个地方，拾了个马鞭子。刘武周一见他，当即封为骑兵元帅。尉迟恭把几千骑兵带到他拾马鞭的地方驻扎下来训练，后来这地方就叫成了马营庄。

沙家寺 五代后唐时，此村出了个节度使名叫沙彦珣，驻守云州。后来后唐灭，辽主耶律德光仍封他为节度使。因他是文武全才，当代豪杰，很得辽主器重，晚年又升为丞相，对辽国政绩影响很大。到了金朝的第六任皇帝章宗完颜二年，为了纪念他，在他故乡修建瑞云寺，因这位将军姓沙，寺院也叫沙家寺。

故驿 村北有忠州城遗址，该城元末为大水毁没。《读史方舆纪要》卷 44 载："山阴故邑在县城（山阴城）西南十五里，亦名忠州城。""故驿"为"故邑"之讹读。

玉井镇

千井、玉井、王老沟 据传说，三国被晋统一之后，吴王孙皓及其臣僚和家属全被晋武帝司马炎派人押解到塞外的大山上劳动。吴国失权的官僚们，为了体面，把吴王孙皓住的地方叫作天京，太子住的地方叫作玉京，岁数大的臣僚住的地方叫作王老沟，岁数小的臣僚住的地方叫吴儿城。司马炎知道后，传下圣旨来，把天京改为千井，把玉京改为玉井。

西水泉 传说唐太宗与尉迟恭君臣二人驱马游走，到了一处，山清水秀。举目一望，不远处有一清泉冒出水头足有五尺多高。唐太宗因得到虎将尉迟恭，心情异常兴奋，见景生情，诗性大发：

"手握乾坤治军严，锦绣江山属圣贤。
虎将归朕虎添翼，君臣又遇西水泉"。

尉迟恭拍手称赞："好，此处就叫西水泉吧！"从此，这村就叫成了西水泉。

老庄窝 春秋时，贫困潦倒的思想家、政治家庄周的第三位妻子去世后，他在家乡（宋国蒙邑，今河南商丘）再也安不下心了。就到了楚国苦县（今河南鹿邑）找到曾做过周朝藏书史官现已退居老家的大文学家、道教创始人李耳（老子），结为师徒。二人盟誓，著书传世，他们为收集素材便周游列国。

李耳骑头大青牛，庄周骑头老骗驴，二人逶迤北进。当他们走到塞外的山区时，正值初夏季节，只见那山清水秀，鸟语花香，空气新鲜，草绿树茂，便在一个小村隐居下来，师徒二人朝夕推敲，开始著书。李耳写《道德经》，庄周写《庄子》，后来，当地一个名叫周馥散的文盲，由于嫉贤妒能的恶劣意识驱使，把李庄二人的心血结晶竹简，抢了一部分给烧掉了。

过了几年，当地百姓回忆起李耳和庄子曾在这里住过一段时期，为了纪念他们，便把这村取名为老庄窝。

米庄窝 宋朝政绩显著的贤臣米芾，由于不满意当时朝纲和地方的腐化堕落现象，推心置腹地给皇帝奏了一本，被奸臣趁机陷害，流放到塞外一村。后该村便得名米庄窝。

北周庄镇

上神泉 村外一里处有一泉，泉水顺坡流入村中，目观村比泉高，水往高流，百姓神奇之，故得名。

苑家辛庄 清康熙年间（1662—1722）苑氏家庭从洪洞迁徙时落户较早，故得此村名。

岱岳镇

岱岳 相传舜王姚重华当了皇帝后，听从妻子娥皇和女英的建议任命东夷族首领皋陶为刑法官。皋陶先制定几条法律，在全国设立三大监狱。第三监狱设在山西雁北的黄花梁南 25 里之外，名叫大狱。此处一直到夏商周春秋时仍叫大狱。到了赵、韩、魏三家灭晋之后，赵襄子才遵其父赵简子遗嘱，把大狱改成大要。明朝崇祯十三年（1640）干旱，百姓凄苦，朝廷惊慌。明思宗朱由检下令让百姓从人口密集处往人口稀少处迁移，大要便是此时改为岱岳。

鸳鸯会 相传古时村中有一水池，一对鸳鸯因雌鸟落入池中，雄鸟每日觅食喂养，相会于此，故得名鸳鸯会。

另一说：晋武帝灭了三国，把三国的君臣全押到雁北大山上劳动。当时，吴国的几位中级官员被押到此村，而没带妻小。三年后，他们的妻子全来这里寻丈夫。夫妻团圆，生活虽苦，也觉甜美。恩爱异常，白头偕老，所以那村取名叫鸳鸯会。

其他乡镇

大虫堡（合盛堡乡） 该村地处黄花岭下，古时岭上森林茂盛，常有老虎出没，村民助堡设防，取名“防大虫堡”，后简称大虫堡。

吴马营（吴马营乡） 辽时，契丹人在此扎营圈马，后因吴姓增多，取名吴马营，山阴县马营，马营庄，新马营等村。均应历代养马得名。

龙泉寺（马营乡） 村中原有一山洞直通村外宝峰山上的泉水，后于此处修一寺庙，起名“龙泉寺”，村庄因寺得名。

前射躲、后射躲（古城镇） 宋辽交战时（一说赵武陵王时），附近是驻军操练射箭的场地，设有许多靶垛，后形成村，取名前，后射垛，后谐音演化为前、后射躲。

洪济屯（古城镇） 明洪武年间在此屯田，起村名“大屯”，后以村中韩洪、韩济兄弟之名，各取一字称洪济屯。

第二节 人文古迹

下喇叭乡

吴儿城三官庙 坐落于吴儿城村中部，坐东朝西，占地面积150平方米。始建于明隆庆六年（1572），明崇祯七年（1634）、清道光二年（1822）、清道光四年（1824）重修。现存建筑为清代所建，有大殿、戏台。大殿前廊内有明崇祯七年、清道光四年布施碑各一通。

合盛堡乡

合盛堡乡是全县有名的文化之乡，既有清代高山疃进士崔增瑞，又有杨庄村三圣寺、西双山村恒山庙、黄巍村佛殿庙、东双山村关帝庙、康庄关帝庙等古寺庙建筑。

杨庄村三圣寺 坐落于杨庄村中部，创建年代不详，现存庙宇为清代重建。坐北朝南，占地面积160平方米。依次有山门、钟鼓楼、戏台、大殿。其中大殿面阔五间，进深三间，单檐硬山顶。

黄巍村佛殿庙 坐落于黄巍村中部，始建年代不详，现存建筑为明清两代修建。庙坐北朝南，占地面积240平方米。民国25年（1936）重修，2016年再次重修。现存大殿、东西配殿、钟鼓楼。大殿面阔三间，进深二间，单檐硬山顶。明暗间前后均有斗拱，三卷双翘殿的前廊，内有重修时布施碑一通。

康庄村关帝庙 位于康庄村中，俗称老爷庙。东西长22米，南北宽35米，占地面积770平方米。大殿前廊西侧有石碑一通，青石质，高1.83米，宽0.65米，厚0.17米，石碑记载，清宣统二年（1910）重修关帝庙事宜以及布施数额。该庙原为坐北朝南，建筑有乐楼、正殿、朵殿。2005年村民对庙宇进行重建，现保存乐楼原有墙体，其余地面建筑全无。

安荣乡

王家屏纪念园景区 王家屏是明代大同府山阴县人，生于嘉靖十三年（1534），卒于万历三十一年（1603），终年68岁，字忠伯，号对南，谥号文端，明代著名的政治家、文学家、教育家。官至明代万历年内阁首辅大臣，朝廷尊称“王阁老”，民间敬呼“王阁爷”，百姓奉为文曲星，有“天下文官祖，三辈帝王师”之称。著有《王文端公集》《复宿山房文集》。

王家屏纪念园现设有八大景观，分别是“日照桑干”“河阳古堡”“魁星点斗”“连中三元”“山河奥壤”“神道回音”“忠伯对南”“文立山西”。

王家屏纪念园坐落于风景秀丽的桑干河畔九龙湾，山阴县河阳堡村西600米处，建筑面积1.8万平方米。该纪念园由两部分组成。一部分是墓区，面积1.4万平方米，即明代万历皇帝首辅王家屏之墓地，是现存较为完好的明代最高品位的官员墓之一，具有极高的文物价值，1986年6月，被山西省人民政府公布为文物保护单位。2010年3月开工建设，整个建筑按照明代一品大员墓地规划修复，主要建筑有高6.8米的主墓冢和三座小墓冢，四座用来祭祀和安置石碑的享堂，栩栩如生的石人石兽（石像生），充溢着浓厚文化气息的神道、碑刻。神道碑、墓表碑及部分石匾均为明代原物。另一部分是管理中心和纪念馆及魁星楼等旅游文化设施。管理中心以复宿山房命名，仿蔚县暖泉镇苍竹轩经典古院落建筑的复宿山房砖雕木刻做工精美，寓意深刻，发人深思，面积1000多平方米。纪念馆及魁星楼以南洲书院命名，面积3000多平方米。南洲书院内魁星楼里，有魁星点斗金碑、国学大师季羡林“独占鳌头”墨宝、魁星点斗刻石、康熙皇帝御笔“天下第一福”、魁星点斗雕像、80多位历史文化名人彩绘。南洲书院里还有“连中三元”转运石和仿宋版书劝学墙、仿汉简的大学墙及文房四宝的其他建筑物。王家屏生平、思想包括山阴历史文化纪念馆，以国学为主的勤学励志纪念馆的内容正在收集制作中。

通过王家屏文化园的建设和展示，可以更好地发掘和扩大山阴的历史文化资源，提高山阴的文化品位，全面、生动地展示古城山阴的风采。同时，王家屏纪念园传承了山阴文脉，对于弘扬地方文化、发展旅游产业、振兴县域经济，以及提高当地民众和来客的文化素养与水平具有积极意义。

河神宫 安荣乡河神宫始建于1791年，光绪二十六年（1900年）八月十一日，慈禧太后和光绪皇帝自京都去往西安，途经安营村时，在河神庙作短暂休息，慈禧太后亲笔题下“威镇桑乾”一匾，并将“安营”改为安荣。光绪皇帝也为安荣桑干河渡桥题了“普济安宁”四字，1940年3月10日，河神庙被侵华日军烧毁。

张家庄乡

境内旅游资源丰富，有汉墓群、明长城、新广武城、旧广武城（辽城），是古代军事文化旅游胜地。

广武汉墓群 在张家庄乡西南，旧广武与新广武城之北，东西宽4公里，南北长8公里，占地面积32平方公里，共有封土堆298座，是中国最大的汉墓群。整个墓群南依群山，北连朔州平川，从南向北俯瞰，由高到低、大小不一的封土堆星罗棋布。最高封土堆10余米，最低3余米。其规模之大、数量之多为全国之首，1988年被列为全国文物重点保护单位，并在汉墓群南端修建广武汉墓群保管所。广武汉墓群虽未发掘，但从墓群西北端被水冲塌的四座墓室看，为砖室墓，出土文物有陶壶、陶罐、陶钵、陶奁及五铢钱等，从墓的形状和出土文物考证为东汉时期。

雌雄双柏 在旧广武城西南的小学校院内（原佛殿庙）有两株巍峨挺拔的古柏树，距今有900余年的历史，相传为北宋元丰年间（1010—1085）栽种。两树相距4米，高16.7米。此双柏在全国较为稀有，雌柏胸径3.2米，雄柏胸径3.14米，更令人称奇的是在雄柏的枝桠处长着一棵枸杞树，一到秋天一粒粒红色的枸杞格外引人注目。而雌树的枝桠处，有形似蹲卧式的狮子两头，形象逼真，堪称一奇。相传1096年，一对少年男女自由相爱，为了爱情冲破世俗偏见，以身殉情，化生为雌雄双柏。后人将双柏的枝条当做吉祥物，象征爱情、平安、吉祥。

马营庄乡

境内人文景观、自然景观、历史遗迹、地质遗迹较多，原生态自然资源旅游资源丰富，可观赏的旅游景点和待开发的景点 10 多处，在南部坡区有五大峪口，是北宋时期杨家将精忠报国、抗辽卫疆的战场，至今仍有烽火台、长城等一些军事遗迹。主要旅游景点有瑞云寺、六棱砖塔、故驿古城、老君庙、石人沟、瀑布、一线天等，草垛山、馒头山两山对峙，山大沟深，绵延不绝，溪水潺潺，景色宜人，里面苍松翠柏，如荫似盖，浮云缭绕，如临仙境。

翠微山 旧称佛宿山、复宿山、勾注山。山势呈西南东北走向，海拔 1200~1900 米，沟谷切割较深。生长有华北落叶松、桦树、野玫瑰等乔灌植物。整个山脉雄浑壮阔，巍然屹立，或孤峰兀显，或群峰拱秀，或壁立千仞，或层峦叠嶂，或远山青黛，或满目葱茏，或飞石凌空，或沟壑万丈，象形石比比皆是。春天郁郁葱葱，夏天凉风习习，秋天遍山红叶，冬天坚冰悬空。尤其是夏季，松涛云海漫卷，绿茵如毡，山花烂漫，鸟鸣莺啼，山涧清泉飞流直下，形成道道瀑布，声若惊雷轰鸣，十分壮观。

香山 翠微山中的香山，位于南山口，三峰奇秀，三面临崖，登临者乐此不疲。古人把“花木香盛”的香山美景称为“香山叠翠”，把悬于山腰的奇特瀑布称为“寒潭石瓮”。

沙家寺龙王庙 坐落于山阴县沙家寺村中部。据大殿前廊碑文记载，创建于清同治三年（1864）。坐北朝南，占地面积 108 平方米。有戏台和大殿。大殿面阔五间，进深三间，单檐硬山顶。

玉井镇

水泉佛殿庙 位于水泉村中。坐北朝南，东西长 10.5 米，南北宽 10 米，建筑面积 105 平方米。现仅存正殿一座，据庙内现存碣记载，庙始建于明万历十六年（1588），现存为明代遗构。正殿为砖券窑洞，面宽三孔，硬山顶，筒板瓦覆盖，前檐顶部仿木结构砖雕椽飞。前檐明间辟拱形门，两次间辟拱形窗。各檐墙底部条石垒砌，上部青砖砌筑。

王老沟大寺庙 位于王老沟村中。坐北朝南，东西长 10.5 米，南北宽 8 米，占地面积 84 平方米。现仅存正殿一座，始建年代不详，现存为清代遗构。面阔三间，进深两间，前出廊个，硬山顶，筒板瓦覆盖。门窗在 20 世纪 50 年代改作学校时全部改制。殿内山墙壁画多部被后人用泥皮覆盖，绘制时代及内容不详。

王老沟乐楼 位于王老沟村中。坐西朝东，为清代遗构。1986 年村民将其改建为住宅，现坍塌失修，已荒弃。乐楼建在毛石砌筑的高台上，条石压面。面阔三间，进深三间，筒板瓦覆盖。

宋家沟奶奶庙 位于宋家沟村南 1 公里处。坐东朝西，东西宽 5.4 米，南北长 7 米，建筑面积 37.8 平方米。始建年代不详，现存为清代遗构。片石垒砌，面宽三间，进深一间，明间券拱形门，两次间辟方形窗。屋顶为横向拱券。庙内西山墙彩绘神像人物。顶部片石垒砌而成。距奶奶庙东 30 米处遗存石窟一个，面宽 4 米，进深 2.5 米。前檐片石垒砌，辟长方形门窗各一。

吴家坪奶奶庙 位于吴家坪村中。坐北朝南，东西宽 11 米，南北长 20 米，占地面积 220 平方米。始建年代不详，现存正殿及乐楼，均为清代遗构。正殿为石砌窑洞式建筑，面宽三孔，前檐每间辟拱形门，20 世纪 50 年代改作粮库。殿内绘有水墨人物画，绘制年代不详。乐楼面宽三间，仅存两山及后檐墙，屋面坍塌。

南祖乐楼 位于南祖村中。坐西朝东，东西宽 7.3 米，南北长 8 米，占地面积 58.4 平方米。始建年代不详，现存为清代遗构。乐楼毛石砌基，面阔三间，进深三间，后接一间为化妆室，硬山顶，顶部坍塌，仅存部分梁架。

口前聚落遗址 位于口前村北 300 米处，为东周、汉代聚落遗址。南北长 80 米，东西宽 40 米，分布面积 3200 平方米。遗址地处洪涛山下的台地上，遗址全部处于农耕区域，受农民修筑梯田取土损毁严重，暴露出文化层堆积厚度 0.46~0.8 米，内含残陶片。遗址内地面采集的陶片有泥质灰陶，未发掘。

玉井聚落遗址 位于玉井村西 300 米，为汉代聚落遗址。南北长 53 米，东西宽 30 米，分布面积

1600 平方米。遗址地处洪涛山下的台地上，东临季节河，西为农耕区域，受农民修筑梯田取土损毁严重，暴露出文化层堆积厚度 0.27~0.5 米，内含残陶片。遗址内地面采集的陶片有泥质灰陶，未发掘。

老庄窝五岳庙 位于王老沟与老庄窝村之间的奶奶庙山上。五岳庙全称“五岳庙子孙圣母台”，也称“五岳庙子孙圣母堂”。面向笸箩、簸箕和瞭高山。据《大同府属应州安东卫左里九甲老庄窝村重修碑记》记载，五岳庙始建于元代，复修于明代，重修于清同治年间（1862—1874）。2016 年，山阴人刘殿海斥巨资，历时三个月重新修复该庙。

东庄村 358 旅部驻地旧址 位于东庄村南平缓地带。该遗址是一处石砌四合院窑洞。院落东西宽 10 米，南北长 30 米，呈长方形，坐北朝南。面阔 10 米，进深 7 米，东西配窑各 4 间；南窑 2 间，大门 1 处。东配窑完整可见，西配窑全部坍塌。

北周庄镇

周庄堡 在北周庄村中，建于明代。设东南西三个门，堡外还有小南堡、西堡、后堡。整体堡墙由夯土做成，其基本形制保存完整，是研究本地区土堡的实物资料。

白殿沟关帝庙 在白殿沟村中，建于清代。坐北朝南，东西长 10.5 米，南北宽 22 米，占地面积 231 平方米。始建年代不详，现存为清代遗构。现仅存正殿、乐楼。殿内及前廊两侧绘有风俗壁画 4 幅，总面积 20 平方米。

上神泉过街土地庙 在上神泉村中，建于明清时期。坐北朝南，东西长 23.7 米，南北宽 27 米，占地面积 640 平方米。据正殿梁架题记，庙始建于明嘉靖四十五年（1566），清乾隆三十九年（1774）维修，现存为清代遗构。有正殿及东西朵殿、乐楼。正殿梁上有“大清教癸巳年”等题记。

李氏家族墓地 在上神泉村东南，建于清代，面积 8100 平方米。墓地有封土堆，现存石望柱、石碑等。按碑文记载，此墓地为李长盛家族墓，光绪三十三年（1907）立。

郝林山宅院 在上神泉村中，建于清代，坐西朝东，占地面积 310 平方米。大门辟于东北角，拱形，砖石碹。宽 2 米，高 2.6 米。院墙厚重，高大，墙基毛石垒砌，墙体内外双层，内层毛石垒砌，外层青砖砌筑，高 3.8 米。

北周庄治安二区 15 号宅院 在北周庄村治安二区 15 号，建于清代。坐北朝南，占地面积 605 平方米。一进院落布局，现存楼门、正房及东西耳房、东西房。门楼木制，歇山顶。宅院围墙体砌砖，墙上部用筒板瓦砌成五种几何图案，其中有用砖砌成“吉”字图案。该宅院为当地传统民居的代表作，具有较高的历史和艺术价值。

郝林魁宅院 在上神泉村中，建于清代。坐北朝南，两进院布局，占地面积 782.1 平方米。大门砖碹，拱形，宽 2 米，高 3 米。院内地面全部用河卵石铺墁，院落古朴雅致。

上神泉新石器遗址 在上神泉村西 300 米，建于新石器时代、战国时期。遗址地面有新石器时代的石斧残件、蓝纹罐，战国时期的浅盘豆残片，未发掘。

上神泉龙王庙 在上神泉村西南 1 公里，建于清代。坐西朝东，面宽 4 米，深 5 米，建筑面积 20 平方米，硬山顶，筒板瓦覆盖。通体青砖包护，前檐辟拱形门，仅剩门洞。上神泉村为神泉水的源头，村民建庙供奉龙王，原龙王塑像已毁。

北周庄诸圣宫 在北周庄村中，建于清代。坐北朝南，建筑面积 7 平方米。门楼为木结构，悬山顶，木雕精致，保存较完整，具有一定的价值。

上神泉诸圣宫 在上神泉村中，建造年代不详，现存清代遗构。坐北朝南，占地面积 742.5 平方米。一进院落布局，现存正殿、东西朵殿、乐楼、过殿（山门）。过殿门额上有清乾隆壬寅年（1783）石匾一方，上书“诸圣宫”。

木瓜河水库 在郑庄村东南1公里，建于1961年，库容量262万立方米。水库砌坝墙，东侧设泄洪闸6孔，溢洪闸4孔，南设分水闸2孔，北设分水闸1孔。

任氏家族墓地 在二铺村东北800米，建于清代。墓地现存封土堆6座、石望柱2件、界桩4件、石碑5通。该墓群封土堆高1.2~1.8米，碑首均为龙纹、青石质，上书“皇清”二字。石碑保存完整。

周典墓 在辛留村西南100米，建于清光绪三十三年（1907）。坐北朝南，分布面积312平方米，现地表无封土，存石碑两通、石望柱一对。一通为青石质，碑文正面载：“例赠修职郎乡钦等耆宝府君周典，孺人郭氏合葬之墓”；另一通也为青石材质，上书“明堂”二字。

郑庄乐楼 地址在郑庄村中，建于清代。坐南朝北，占地面积72平方米。始建年代不详，现存建筑为清代遗构，乐楼面宽三间，进深三椽，顶部、前檐全部坍塌。

白家堡新石器遗址 在白家堡村南900米，为东周新石器时代遗址。遗址西部为季节河。遗址内地面采集的陶片有泥质灰陶素面盘口器、夹砂灰陶兰纹罐等。

苑家辛庄遗址 在苑家辛庄村东1.2公里处，有东周、汉代遗址。遗址地处木瓜河东岸临河台地上，延绵不断，中部被通村公路相隔，北部是农耕区域。遗址内地面采集的陶片有泥灰陶，可辨器形有罐、壶等残件，未发掘。

刘良相旧居 在下神泉村西南，建于民国21年（1932），砖碹窑洞，二进院落，大门、二门残破严重。窑洞面宽五间，进深5米。据1999年新版《山阴县志》记载：刘良相（1895—1937），男，下神泉村人。毕业于太原军官学校，先后任晋绥第十九军七十师所属部队连长、营长。民国21年（1932）升为晋军十九军二十四旅四十七团团长。“七七事变”后，良相奉命参战，在忻口战役中沉着应战，终因敌众我寡，为国捐躯。

贺庄石刻底座 在贺庄村，建筑年代不详。该底座为青石质，高0.4米，上下方形，中部束腰。下层四周刻有莲瓣纹，顶部有一方形凹槽，凹槽底部正中有一圆形孔。

杨万镒家族墓地 在棋道地村北500米处，建于清代。坐西北向东南，占地面积3150平方米。地面现存封土堆9座，石碑3通，石界桩4件。石碑1为杨万镒墓石碑，青石质，碑文内容为“皇清逝待封杨府君讳万镒孺人李氏、刘氏合葬之墓碑”，右侧上书大清光绪乙巳年。

王永毅宅院 在郭庄村中，建于清代。坐南朝北，一进院落布局，占地面积146平方米。现存正房，面宽五间，进深二椽，单坡硬山顶，筒板瓦覆盖。明间辟门1扇，两次间辟窗，两稍间辟门。院内用卵石铺砌花卉图案。

岱岳镇

岱岳有北贾家窑遗址、王氏家族墓地、刘家岭道姑庵等。

北贾家窑遗址 位于北贾家窑村西南1.5公里，汉代遗址，南邻季节河，西靠洪涛山，受季节河冲刷暴露出文化层堆积厚0.3~0.45米，内含残陶片。遗址内地面采集的陶片有泥质灰陶，纹饰为绳纹，可辨器形有罐、盆等残件，未发掘。

王氏家族墓地 位于王家涧村东20米处，清乾隆末年立茔，为王氏第一座老坟地，墓地有封土13座，高1~1.5米，现存石望柱1对，青石质，柱顶端一对石狮被盗窃。石碑1通，青石质，圆首。碑文为“待赠奋武郎先考王公讳曰慈妣白太孺人合葬之墓”，石碑左侧上书“大清同治二年”。墓地四至清楚，石碑保存完整。

刘家岭道姑庵 位于刘家岭村正南1公里，辽大安元年（1085）建，庵前竖立高2.1米的石塔（俗称寺塔或石人），塔座双层，塔身三段六面结构，每层塔檐45°斜面拱，刻有石佛，佛旁有“大安元年乙丑”字样。

古城镇

快乐村真武庙 坐落于快乐村中部。据大殿前廊内的碑文记载，创建于清道光二年（1822）。坐北朝南，占地面积120平方米。有戏台和大殿。其中大殿面阔5间，进深3间，为单檐硬山式顶。内有完整壁画37.4平方米，前廊内有道光二年布施碑1通，保存完整。

后皇台关帝庙 坐落于后皇台村中部。据大殿廊内碑文记载，创建于清光绪十四年（1888），现仅存大殿。坐北朝南，大殿占地面积108平方米，面阔七间，进深三间，为单檐硬山式顶。明间出抱厦三间，为单檐卷棚歇山顶。前廊内有光绪十四年（1888）"千年不易"布施碑一通，保存完整。

胡疃村关帝庙 坐落于胡疃村南部，创建年代不详，现为清代遗构。坐北朝南，占地面积140平方米。依次有戏台、大殿。其中大殿面阔三间，进深三间，前为单檐卷棚式顶，后为硬山式顶，保存完整。

东小河村关帝庙 坐落于东小河村中部，创建年代不详。清道光二十一年（1841）、民国7年（1918）重修，现为清代所建。坐北朝南，占地面积120平方米，有戏台和大殿。其中大殿面阔五间，进深对上么间，为单檐硬山式顶。内有完整壁画95平方米，前廊内有两次重修寺庙布施碑各一通，保存完整。

羊圈头云台寺 坐落于羊圈头村中部，创建年代不详，现仅存观音殿，为清代所建。坐北朝南，观音殿面阔五间，进深三间，为单檐硬山式顶。殿内还有完整壁画83平方米，泥塑3尊，保存较完整。

第三节 各村基本情况表

1998年全县设有4镇17乡，共辖262个村委会，4个居民委员会，2001年机构改革后，全县设4镇9乡，2016年全县设4镇9乡下辖257个村民委员会，6个自然村10个社区居民委员会。以下按照2016年情况，依照各乡镇管辖，列表说明各村基本情况。

马营乡

2016年山阴县马营乡行政村基本情况表

表1-3

村 名	乡村户数（户）	乡村人口（人）	乡村劳动力（个）	总播面积（亩）
马 营	435	1012	650	2813
下石井	250	675	90	1814
上石井	43	85	410	1739
观音堂	286	729	640	3106
五家沟	62	123	202	2068
张家堡	70	260	240	2634
后石门	306	792	410	—
张家沟	40	140	260	1580
南 河	110	310	626	1717
水 泉	93	283	160	1760
腰 寨	172	432	260	286
陆家窑	50	100	260	1144

续 表

村 名	乡村户数	乡村人口	乡村劳动力	总播面积
龙泉寺	13	20	70	465
偏 岭	326	650	511	2195
芍药沟	250	680	412	3143
梁家店	150	310	250	1915
山 村	200	420	370	3853
庄 窝	165	440	280	1337
戈 道	40	60	120	447
青杨岭	40	60	121	132
魏家沟	21	62	110	182
梁 头	32	58	60	261
合 计	3154	7701	6512	34591

吴马营乡

2016 年山阴县吴马营乡行政村基本情况表

表 1-4

村 名	乡村户数（户）	乡村人口（人）	乡村劳动力（个）	总播面积（亩）
前榆林	76	215	150	2100
后榆林	63	176	123	1600
马家河	120	366	185	2640
南 屯	75	206	144	2280
包家岭	67	166	116	2080
吴马营	130	396	276	2430
西短川	272	861	543	5020
郭家窑	45	135	90	855
屯 港	62	241	168	1480
东短川	69	175	119	1790
大 洼	37	95	65	1660
尖 山	25	94	65	952
闫家窑	43	168	117	1900
大 坪	52	145	100	1950
黄草梁	46	116	81	1480
合 计	1182	3555	2342	30217

合盛堡乡

2016 年山阴县合盛堡乡行政村基本情况表

表 1-5

村　名	乡村户数（户）	乡村人口（人）	乡村劳动力（个）	总播面积（亩）
合盛堡	438	1186	552	1428
大虫堡	452	1042	421	3850
（东）杨庄	309	831	451	3930
来　远	331	818	351	3900
西双山	252	587	265	3550
东双山	331	721	291	3693
陈家岭	117	261	39	2860
贺家堡	128	272	110	1140
北郭庄	177	340	150	2010
康　庄	432	932	421	6400
河　头	316	754	366	3996
兴盛堡	56	100	45	1780
上小河	95	215	105	2180
常辛村	371	911	381	4800
黄　巍	406	802	330	750
高山疃	527	1145	363	6500
合　计	4738	10917	4641	52767

安荣乡

2016 年山阴县安荣乡行政村基本情况表

表 1-6

村　名	乡村户数（户）	乡村人口（人）	乡村劳动力（个）	总播面积（亩）
西　沟	410	1024	334	4099
贺家窑	302	746	275	2290
八步堰	200	480	165	2178
安良铺	215	535	188	1861
四　铺	85	201	83	533
安　荣	1100	3005	933	7018
岳　庄	120	337	119	1197
泥　河	446	1033	330	3203
大羊村	506	1405	487	3551

续 表

村 名	乡村户数（户）	乡村人口（人）	乡村劳动力（个）	总播面积（亩）
小羊村	178	480	167	2118
下 寨	186	536	206	1965
西鄯河	270	701	266	2374
东鄯河	293	820	293	2006
河阳堡	199	480	204	2200
合 计	4510	11783	4050	36593

薛圐圙乡

2016 年山阴县薛圐圙乡行政村基本情况表

表 1-7

村 名	乡村户数（户）	乡村人口（人）	乡村劳动力（个）	总播面积（亩）
薛圐圙	731	1784	912	8989
（南）罗庄	273	673	380	6930
西寺院	293	755	380	3723
卢 岭	92	246	130	2123
辛兴铺	116	303	165	3300
小 村	68	167	91	1950
豆 庄	201	508	275	4410
白 坊	393	986	498	6630
沙 岭	372	920	470	6710
庞家堡	112	276	150	3350
河曲堡	210	568	300	4260
老羊寨	94	268	160	2980
老羊寨铺	100	284	150	1900
西李庄	248	685	340	6210
黑圪塔	353	960	500	8206
双 寨	329	1060	590	7265
双寨铺	68	187	98	1265
曹 庄	153	366	185	2350
大 营	156	353	180	3790
合 计	4362	11349	5954	86341

后所乡

2016 年山阴县后所乡行政村基本情况表

表 1-8

村 名	乡村户数（户）	乡村人口（人）	乡村劳动力（个）	总播面积（亩）
南辛庄	555	1637	580	7851
辛立庄	428	1150	465	5370
西沙堆	383	1375	650	8860
帐头铺	517	1757	810	7529
后 所	745	2248	800	8960
前张堡	198	541	290	5200
辛兴庄	46	178	60	2210
安乐庄	373	1052	480	7600
南洲庄	183	425	60	2294
苏 庄	380	1047	450	4220
水峪口	79	167	108	648
庙家窑	67	143	70	976
北万庄	222	702	180	4400
南万庄	223	631	230	3700
元 营	726	1836	540	8876
后张堡	121	329	160	3374
合 计	5246	15218	5933	82068

张家庄乡

2016 年山阴县张家庄乡行政村基本情况表

表 1-9

村 名	乡村户数（户）	乡村人口（人）	乡村劳动力（个）	总播面积（亩）
油 房	23	50	25	780
旧广武	300	1230	6600	3430
新广武	464	1662	860	3610
泉子沟	65	210	140	1551
林 桥	145	365	201	3995
东察罕铺	118	317	180	2495
西察罕铺	140	340	220	2863
水河铺	135	326	220	3360
张家庄	402	1135	670	7986

续 表

村 名	乡村户数（户）	乡村人口（人）	乡村劳动力（个）	总播面积（亩）
羊十二庄	74	177	120	2440
山阴庄	214	612	390	6450
陆 庄	152	503	249	3679
合 计	2232	6927	9875	42639

马营庄乡

2016 年山阴县马营庄乡行政村基本情况表

表 1-10

村 名	乡村户数（户）	乡村人口（人）	乡村劳动力（个）	总播面积（亩）
马营庄	364	1265	510	8692
云水庄	662	1761	687	4810
西安峪	718	1792	690	4010
胡峪口	113	246	95	644
苏家场	216	512	202	1540
下 疃	46	125	56	710
何 庄	221	656	291	5510
新马营	334	798	323	7500
吴家铺	275	728	275	8200
荆家庄	166	428	184	2980
八里庄	404	731	368	6070
故 驿	516	1316	498	12122
东沙堆	287	759	296	6860
南辛寨	308	897	362	7900
南李庄	108	272	120	3570
许家洼	93	194	76	905
沙家寺	248	635	186	1940
东 寨	124	246	74	1900
南口前	242	545	202	1700
陈 庄	60	141	69	920
高 庄	257	632	251	4660
小柴棚	191	481	194	3770
大柴棚	109	244	110	1200
合 计	6062	15404	6119	98113

玉井镇

2016年山阴县玉井镇行政村基本情况表

表1-11

村 名	乡村户数（户）	乡村人口（人）	乡村劳动力（个）	总播面积（亩）
水 头	812	2301	410	7964
东 庄	630	1780	699	4979
王老沟	691	1936	610	6212
水 泉	245	674	400	
南 祖	144	400	180	3284
北 祖	92	301	162	1736
王坪沟	250	699	285	885
口 前	220	481	240	4072
沈庄窝	271	670	420	2210
玉 井	566	2094	494	2595
青杨沟	72	213	143	1140
董庄窝	234	530	280	1963
老庄窝	38	68	30	1255
米庄窝	133	428	227	2730
盘 道	102	246	154	1360
千 井	248	632	220	3450
窝棚沟	48	142	70	623
史家屯	372	926	511	3954
吴家坪	98	253	90	4266
杨家岭	13	25	8	654
东石人坡	70	150	80	2420
西石人坡	75	140	50	4550
范家屯	40	87	60	2730
宋家沟	102	284	151	1618
一堵墙	221	554	74	907
马家洼	89	223	140	2895
合 计	5876	16237	6188	70452

北周庄镇

2016 年山阴县北周庄镇行政村基本情况表

表 1-12

村 名	乡村户数（户）	乡村人口（人）	乡村劳动力（个）	总播面积（亩）
北周庄	1520	5861	2130	10660
棋道地	52	188	70	1330
郑 庄	388	1215	418	6750
二 铺	178	462	175	2063
辛留村	397	1117	385	5040
安岸庄	185	568	210	5780
新岱岳	512	1541	559	5823
下神泉	207	420	190	4390
永静城	695	2131	730	6940
李家窑	170	551	208	4530
苑家辛庄	679	2012	7189	7203
白家堡	204	587	174	2616
王家堡	214	601	175	2006
郭 庄	202	431	128	240
西杨庄	131	304	88	228
柏 坡	166	553	114	—
张 庄	157	457	99	—
贺 庄	119	257	65	—
白殿沟	83	201	82	670
上神泉	120	451	157	2469
燕 庄	160	402	118	2173
合 计	6539	20310	13464	70911

岱岳镇

2016 年山阴县岱岳镇行政村基本情况表

表 1-13

村 名	乡村户数（户）	乡村人口（人）	乡村劳动力（个）	总播面积（亩）
南大道	981	2421	648	1442
先 进	712	2263	901	1024
化家岭	415	1212	544	804
兰 园	515	1137	485	789

续 表

村 名	乡村户数（户）	乡村人口（人）	乡村劳动力（个）	总播面积（亩）
梁 山	440	1092	522	790
花 园	312	810	365	323
堡子巷	302	720	289	507
闫家巷	525	1617	727	378
安详寺	497	1682	756	1291
小快乐	58	188	76	88
麻 疃	60	201	98	272
刘家岭	212	623	296	4649
解 庄	158	509	241	4483
北王庄	365	1267	534	6582
七里沟	259	880	354	2634
夏家窑	253	853	383	76
上岱岳	194	812	365	591
王家涧	305	825	404	919
关岱岳	199	640	421	2001
上沙河	38	120	51	787
下沙河	48	150	84	2396
新大滩	25	105	65	
甘 庄	390	1212	501	3466
鸳鸯会	71	223	111	570
兰家窑	168	525	240	2801
郭家窑	160	533	236	2418
贾家窑	78	287	116	877
移民村	69	235	98	
合 计	7809	23142	9911	42958

古城镇

2016年山阴县古城镇行政村基本情况表

表1-14

村 名	乡村户数（户）	乡村人口（人）	乡村劳动力（个）	总播面积（亩）
古城村	893	1991	1100	8400
四里庄	249	552	240	3700
王 庄	276	770	490	4200

续 表

村 名	乡村户数（户）	乡村人口（人）	乡村劳动力（个）	总播面积（亩）
胡 疃	375	929	410	4930
上河西	531	1573	700	10515
西盐池	314	803	338	5050
南盐池	64	146	60	1100
快乐村	627	1643	916	13000
芦 岭	222	550	280	3050
安居坊	61	136	75	1940
洪济屯	257	630	260	6800
小圪塔	163	400	219	4200
马梁村	364	830	370	4190
杨 村	190	395	270	3750
西小河	230	520	300	4865
中小河	120	307	165	2800
东小河	69	171	123	1050
东辛庄	300	850	400	4280
北盐池	145	319	130	3060
李珠庄	99	211	90	1270
后射躲	26	74	89	820
前射躲	137	294	198	3150
羊圈头	163	460	400	4140
羊圈铺	168	476	300	3800
前皇台	100	267	160	2400
后皇台	368	995	900	9455
合 计	6511	16292	8983	115915

第二编

自然环境

自然环境

山阴县国土总面积1651平方公里，南北长66.7公里，东西宽36.5公里。全县地貌分为山地、丘陵、平原，分别占总面积的41.4%、6.7%和51.9%。土壤类型主要有山地草甸土、栗钙土、盐土、沼泽土。植被树种以杨、柳、榆、槐、松、柏居多。河流主要有桑干河、黄水河、木瓜河等。泉水主要有水峪口泉、广武口泉、牛圈沟泉和沙家峪泉等。属半干旱大陆性季风气候，温寒、温凉作物带（山区4个乡镇、川区9个乡镇），四季分明，冬春雨雪稀少、干燥、寒冷，夏季较热，雨量高度集中。春旱秋涝是气候的主要特点。年均气温7.6℃，年均降水量362.4毫米，年均无霜期143天。探明和发现的矿产有煤、石灰岩、玄武岩、方解石、长石、铁矿石等14种。地表水可利用量1052万立方米，地下水可利用量7132万立方米。山阴县夏季气温偏高，降水偏少且分布不均匀。冬季气温偏低，降水偏多。局地的旱灾、风雹灾、大风、冰雹等天气对农业有一定影响。

第一章　地质　地貌

第一节　地　质

构　造

按多旋回地质构造观点划分，山阴县属中朝准地台山西断隆的北部，纵跨三个Ⅳ级大地构造单元。

云岗—宁武台凹，位于县境内北部，口泉断裂西北冻牛坡—史家屯—偏岭一带。

雁门关凸起，位于新广武断裂以南馒头山一带。

桑干河断陷盆地，位于县境内中部平原地区。

构造行迹

县境内南缘雁门关凸起区为五台山群变质岩区，地质构造极为复杂。但总体构造线方向多为北东向或北北东向。县境中部的桑干河断陷盆地，东北走向，北浅南深，又可划分为怀仁凹陷、后所凹陷和黄花梁凸起三个部分。县境北部出露地层较多，构造行迹受大同煤盆地南部总体构造控制。其构造形态大致为东北走向、倾向西北的单斜构造或单斜中沿走向和沿倾向具有破浪起伏的次级褶皱构造。

褶　皱

冻牛坡向斜，位于冻牛坡—黑龙池一带，轴向 N40°E；南陡北缓，倾角 7~30°，南翼南侧露出地层为寒武系、奥陶系，北侧除寒武系奥陶系外，还有太界古集宁群出露，向斜轴部和北翼均为奥陶系。

洪涛山背斜，位于洪涛山—织女泉一带，轴向 N40~50°E，倾角 20~30°，轴部出露寒武系张夏组，南翼为奥陶系，北翼为奥陶系。

玉井—观音堂向斜，位于县境北部地区，为左云—平鲁向斜的西部。该向斜轴北东，北向北东敞开，倾角平缓。轴部地层为二叠系上，下石盒子组。南翼与洪涛山背斜北翼相接。向斜北翼在前榆林、杨家岭一带向斜西南段吴马营一点出露奥陶系。向斜内有小的波状起伏。

断　裂

口泉断裂带，该断裂带又称鹅毛口断裂带，南起山阴县上神泉，向北东经怀仁大峪口，鹅毛口、大同市口泉。直到镇川堡一带，长 100 余公里，总体走向 N30°E。断裂影响范围 2~3 公里，为雁行状斜列的逆冲断层组，断距 1500~2000 米。

李家窑断裂层，为正断层，走向 N50°W，倾向 SW，倾角 50，断层长 3 公里，断距 30~50 米，为二叠系石盒子组中下部岩层接触，缺失中部岩层，北东盘上升，岩层倾角变陡，局部近直立。

戈道断层，为正断层，走向 N80°W，倾向 SSW，倾角近直立，断层长 4 公里，破碎带宽 5 米，断距 50 米，为奥陶系下马寨沟组灰岩与石炭系太原组接触，西北盘下降，东南盘上升。

上满沟破屋北断层，为正断层，走向 N70°W，倾向 NE，倾角 60°，断层长 1.8 公里，破碎带宽 5 米，断层西段为石炭系太原组煤层，黏土岩和奥陶系下马寨沟组灰岩接触，东段为石炭系木溪组与二叠系山西组中，上部页岩接触，断距 50~80 米。

上满沟破屋南断层，为正断层，走向 N80°W，倾向 SW，断层长 2 公里，破碎带宽 10 米，为石炭系本溪组，太原组与奥陶系接触，南西盘下低，东北盘上升，断距 50 米。

梁头断层，为平移断层，走向 N35°W，倾角 NE，断层长 2 公里，破碎带宽 10 米，为石炭系本溪组、太原组奥陶系下马沟组接触，北东盘有走向 N15°E 的小断层与其交会。

后石门断层，为正断层，断层走向北东，倾向北西，长度 2.6 公里，为二叠系下石盒子组顶部的泥岩与中部的页岩接触，北西盘下降，断距为 40 米。

郭庄断层，性质不明，断层走向 N55°E，长度 4 公里。南东盘为集宁群黑云斜长片麻岩，西北盘为寒武系中统毛庄组，徐庄组紫红色页岩，白云质灰岩。

回窑沟山断层，性质不明，断层走向 N60°E，长 6 公里，因掩盖断层面不清，表现为不同岩层接触。

宝峰山—王府岭断层，断层走向 N45°E，长度 15 公里，断层面不清，有断层角砾岩和破碎带。

龙王岭断层，为逆断层，断层走向 N66°E，倾向 NW，倾角 80°，断层长 1.5 公里可见破碎带，南东斜为寒武系徐庄组上部厚层缅状白云质灰岩，西北盘为徐庄组下部紫红色页岩，断距 20~30 米。

张崖沟断层，为正断层，断层走向 N20°W，倾向 SM，倾角 85°，断层面近直立，沿断裂带可见层角砾岩，局部地段断层面略有弯曲现象，南西盘为石炭系太原组厚层状含砾粗砂岩夹沙质页岩，北东盘为奥陶系上马家沟组致密状灰岩，断距 150 米。

黑龙池断层，为正断层，走向 N55°W，倾向 NE，断层长 4.2 公里，破碎带宽 20 米，岩层产状紊乱，构造角砾岩发育，两盘地层均为奥陶系下马家沟薄层泥质白云岩、厚层灰岩，断层 100 米。

上神泉断层，断层走向东西，性质不明，断层面不清，仅两盘岩性及产状判为断层。南盘为奥陶系下统厚层状结晶白云岩，北盘为寒武系上统薄层状泥质条带状灰岩。

老帽山断层，性质不明，断层走向 N85°W，倾向 SW，倾角 75°，断层长度 4.8 公里，南盘为寒武系徐庄组中厚层白云质灰岩，与北盘集宁群黑云斜长片麻岩接触，断距 600 米。

牛圈沟逆断层，位于山阴县与代县交界处的牛圈沟，太板峪一带，断层长 17 公里，断层走向 N50°E，倾向 NW，倾角 80°，断层附近岩石破碎，局部间断层面，断距不清。在断层西南段被一组 NF 向和 NW 向的断层切割，使新广武与东寺一带构造十分复杂。

地 层

山阴县境内以古生代和新生代地层为发育，分布广泛。太古代地层出露不多。中生代地层在县境内没有分布，而在东北和北面怀仁、左云、右玉等县市大量出露。

太古界

中太古界集宁群（Ar2J）：分布在县境内中部杨庄、张庄以黑云硅线榴石钾长片麻岩，含榴长英麻粒岩（浅色麻粒岩）为主，透辉紫苏斜长麻粒岩（暗色麻粒岩）次之，与上覆古生界寒武系中统毛庄组紫红色页岩呈角度不整合接触，下未见底，出露厚度大于 1600 米。根据同位素年龄测定其沉积时间至少在 28 亿年以上，为本县最古老的地层。

上太古界五台群（Ar3W）：分布在县境内南缘云水庄以南与代县接壤一带，为五台群的台子底组，碾子沟组，冰凌沟组。该组由一套中级变质和局部混合岩化—酸性海底火山变质岩组成，主要岩石有混合岩化黑云变粒岩、黑云角闪变粒岩、黑云斜长片麻岩及斜长角闪岩，局部夹磁铁石英岩，硅线榴石二云石英片岩、兰晶榴石黑云片岩、白云石英片岩等。与上覆寒武系呈角度不整合接触，出露不全，厚度大于 8000 米。根据同位素年龄测定，沉积时间在 25 亿 ~26 亿年，晚于集宁群的沉积时间。

古生界

寒武系：主要分布在大羊村—贺家窑—甘庄—上神泉—杨庄一带及张家庄乡南寺村南，油房村一带。为一套浅海相碎屑岩—碳酸盐岩构造，分为中、上二统六组，总厚度 350~400 米，其间均为连续沉积，与其上覆奥陶系呈整合接触，与其下伏太古界集宁群及五台群呈角度不整合接触。由下而上简述如下：

中统（E2）

主要由下部紫红色页岩、灰色白云质灰岩（或石英砂砂岩）及上部浅灰色—灰色薄—厚层状鲕状灰岩，有时为白云质鲕状灰岩夹薄层状泥鲕条带灰岩（或含铁、白云石条带灰岩）组成，本统厚193.5~320米。

毛庄组（E2m）：厚17.5~92米，底部为一层不稳定的砂砾岩与下伏集宁群、五台群呈角度不整合接触，砂砾岩之砾石成分为长石，石英，浅粒岩及燧石等。该层厚度一般为0.2~1米；砂砾岩之上为砖红、紫红色沙质页岩、泥岩，页岩夹紫红色，砖红色钙质粉砂岩、砂岩（或石英砂岩）和灰色、灰白色或紫红色砂、粉砂质白云质灰岩，白云质灰岩（或灰质白云岩）、白云岩、泥灰岩，含食盐假晶，并见有波痕。

徐庄组（E2x）：下部主要为暗紫红色页岩，夹石英砂岩，上部主要为浅灰—灰色中—厚层鲕状灰岩。本厚组91~121米。

张夏组（E2z）：主要由浅灰—灰色、薄层—厚层鲕状灰岩，薄层泥质条带（或含铁、白云石条带）灰岩（或白云质灰岩）、夹竹叶状灰岩组成。顶部之白云质灰岩多相变为结晶鲕状灰岩含海绿石鲕状灰岩，本组厚85~107米。

上统（E3）

主要为灰黄、灰褐、灰色、薄—厚层状灰岩、泥质条带灰岩、白云质灰岩、紫红色竹状灰岩夹鲕状灰岩及页岩组成。本统厚度83~150米。

崮山组（E3gc）：主要由灰黄色、浅色、灰色、薄—中厚层状灰岩泥质条带灰岩（含铁、白云石条带）夹鲕状灰岩及竹叶状灰岩组成。本组厚度55~62米。

长山组（E3c）：主要由灰色中—厚状灰岩及紫红色竹叶状灰岩组成，有时夹绿色页岩；底部多为紫红色竹叶状灰岩，竹叶周围具铁质氧化圈。灰岩含铁、白云石条带。本组厚度6~9米。

凤山组（E3f）：本组岩性变化较大，下部主要由黄褐—灰色薄层状灰岩、白云质灰岩夹竹叶状灰岩及黄绿色、紫红色页岩；上部主要由灰、黄褐色、中—厚层白云质灰岩夹泥质条带灰岩，竹叶状灰岩及少量黄绿色页岩组成。本组厚度22~89米。

奥陶系（0）主要分布在富汉梁、洪涛山、织女泉、面瓮山一带，在县境内西北吴马—前榆林一带也有少量分布。本系主要为浅海相碳酸盐岩沉积，岩相、厚度变化不大，由下、中统组成（由于加里东运动，华北地台上升为陆地，上统没有沉积）。奥陶系与下伏寒武系呈整合接触，与下覆岩石炭呈平行下整合接触，总厚920米。

下　统

本统以厚层结晶白云岩及燧石白云岩为特征，全统厚202米。由一、二段组成，全组厚0~184米。

一段主要为浅灰黄色薄层状泥质白云岩、泥灰岩、角砾状泥灰岩，中夹一层1米左右的中厚层白云质灰岩组成。在织女泉带为浅黄色薄层状粉砂质泥质灰岩，本段厚度0~40米。

二段以灰色、深灰色厚层致密状灰岩为主，其岩性下部为厚层灰岩夹两小层薄层状板桩泥质灰岩，上部为灰色厚层状灰岩、豹皮状灰岩、白云质灰岩、含燧石条带状灰岩、局部含燧石结核及铁质结核。本段厚0~144米。与上覆中石炭本统本溪组呈品行不整合接触。

石炭系（C）

是本县重要的含煤地层，并储存有铁矿、黏土等矿产资源，主要分布在县境内之黄草梁—北咀—玉井—张家沟—前榆林—吴马营一带，为一套海陆交替、陆相沉积的砂岩、页岩、黏土岩、石灰岩和含煤建造地层。在华北地区，由于中奥陶世以后，地壳长期上升为陆地，遭受风化剥蚀，缺失志留系、泥盆系和下石炭统的沉积，故华北地区的石炭系仅有中、上石炭统，而缺失下石炭统。本区中、上石炭统总厚 63~120 米。

中石统本溪组（C2b）：本组为一套海陆交替相的沉积。与下伏中奥陶统呈品行不整合接触，在玉井以北本溪组覆盖于下马家沟之上。其岩性下部为紫红、灰色泥岩、黏土岩及页岩，夹有煤线，底部黏土岩中夹少量的褐铁矿（山西式铁矿）：中部位 1~2 层海相石灰岩或页岩及砂岩，在洪涛山以南及北侧，下层灰岩发育，在玉井以西，灰岩含泥质较多，风化后呈土黄色；上部为黄色、黄绿色页岩及粉砂岩、岩屑砂岩、石英砂岩等、本组 26~39 米。

上石炭统（C3）太原组（C3t）：本组为一套海陆交的含煤建造，含煤 1~12 层，为本区主要含煤地层，主要可采层为 4 号、9 号、11 号、与下伏本溪组呈整合接触。下部以石英岩、岩屑砂岩、砂制页岩及 1 层海相石灰岩和煤层组成，在硕峙峪附近，发育有黏土及黏土页岩，在山阴陆家窑附近发育有两含菱铁矿透镜体和含竹科、腕足类化石的薄层状灰岩，这两层灰岩，下层在山阴后石门以北消失，上层在怀仁小峪口以北尖灭；在中部洪涛山南侧主要为泥灰岩、泥岩及煤层，上部泥灰岩多呈透镜状夹于泥岩之中，在洪涛山北侧，主要为岩屑砂岩、砂质页岩及煤层，而愈向北碎屑岩愈发育，煤层间多夹砂岩、页岩（尤其是盆地边缘），煤层分叉与合并增多。

上述岩性、岩相的变化表明洪涛山以南海相地层发育有一层灰岩，洪涛山以北在梁头附近逐渐由海相灰岩变成海相页岩，再往北至怀仁吴家窑及以北地区则没有海相地层，全为古迹边缘的海湖相碎屑岩沉积，本组地层北厚（81 米）南薄（37 米）。

二叠系（P）

本系在山阴县境内主要包括下统山西组、下石盒子组、上统上石盒子组。石千峰组在境内没有出露，在怀仁羊圈头等地才有出露，境内的二叠系广泛出露于偏岭、马营、观音堂、史家屯、杨家岭一带。

下 统

山西组（P1S）：为陆相碎屑含煤建造，含煤 2~4 层。局部可采煤层为山 1 号，与下伏上石炭统太原组呈整合接触。下部为一厚度较大的岩屑砂岩及粉砂岩或页岩组成；中部为煤层及砂质页岩、页岩、砂岩、粉砂岩；上部为砂质页岩、粉砂岩、细砂岩及煤层组成。本组在洪涛山南侧碎屑岩发育，沉积厚度较大，而煤层则不发育；洪涛山以北山西组之煤盆地中心太原组的玉井—梁头向北迁至怀仁小峪口—鹅毛口一带，在小峪口及鹅毛口、山西组中下部全为煤层，而洪涛山以南的担水沟一带，仅见两层煤线无可采煤层。本组地层北厚（68 米）南薄（34 米）。

下石盒子组（P1x）：与下伏山西组呈整合接触，一般由砂岩—页岩或砂质页岩等数个韵律层组成。中下部为灰白色页岩砂岩与灰黄色、黄绿色、浅灰色等杂色砂质泥岩（俗称桃花页岩）夹砂岩，并含有锰铁质鲕粒，为上、下石盒子组分界的辅助标志，在洪涛山南侧砂岩较发育，地层厚度较大，往北砂岩减少，本组一般厚度为 79~143 米。

上统上石盒子组（P2S）：与下伏下石盒子组呈整合接触，下部为灰白色、紫红色含岩屑砂岩及黄绿色、紫红色泥岩；底部砂岩在玉井一带含锰铁质较高，局部夹炭质页岩或煤线；上部为灰白色、紫红、灰绿色含岩屑砂石、粉砂岩及紫红色、黄绿色砂质页岩，本组最厚达 336 米。

新生界

本区新生界在大同—朔州断陷盆地及一些山间盆地中广泛分布，但厚度变化较大，在山区较薄，一般厚 5~25 米；在桑干河两岸厚度在 200~400 米之间，在山阴县城南，据电测资料，新生界厚度最大达 2000~3000 米。

第二节 地 貌

山阴县地处大同断陷盆地南部，境内南北高，中间低。东南边缘是恒山余支翠微山，西北部是洪涛山以及黄花岭。有较大的河流4条，桑干河、木瓜河、黄水河、元子河（吴马营大河槽河）。中间为大同盆地的一部分，地势平坦，桑干河、黄水河贯穿其间，渠道密布，灌溉方便，部分低洼区土壤盐碱化较严重。形成北东—南西向槽形盆地，受地质构造控制，地形为西北向东南倾斜。西北是洪涛山、主峰大贝山，海拔1947.5米；南为恒山支脉翠微山，其主峰馒头山、海拔2426米，为境内最高点。最低处为合盛堡乡北郭庄，海拔1003米；相对高差1423米。根据地貌形态、成因、海拔高度及地面组成物质，全县地貌划分为山地、台地、丘陵和平原4个单元。其中山地684平方公里，占全县总面积的41.4%，台地、丘陵111平方公里，占全县总面积的6.7%；平原856平方公里，占全县总面积51.9%。

山 地

翠微山 旧称“佛宿山”“复宿山”“勾注山”，系恒山余支，位于县境东南，为山阴与代县之界山，其最高峰馒头山。山势呈西南—东北走向，境内段长32公里，海拔1200~2426米，挺入张家庄乡、后所、马营庄三乡，占地79平方公里。此间山势陡峻，坡度多在40°~60°，沟谷切割较深，岩石裸露多。山体主要由花岗片麻岩组成，土壤发育以栗钙土为主，区内有1500米以上山峰20余座，有名称的7座：

翠微山秋景

馒头山 位于马营庄村南6公里处，海拔2426米。

草垛山 位于马营庄村南6公里处，与馒头山相对、在其东，海拔2400余米。

猴儿山 位于新广武村东南3公里处，海拔1791米。

道八梁 位于胡峪口村南1公里处，海拔1730米。

娘娘沟山 位于南口前村东南0.5公里处，海拔1574.6米。

虎儿沟山 位于南口前村东1公里处，海拔1537米。

摩天岭 位于苏家场村南1公黑处，海拔1514.2米

沿山由西往东有隘口5个：

白草口 位于旧广武村南，为古雁门关，宽180~1000米。长4公里。两侧山高坡陡，顺沟底可通大车至代县。

广武口 位于新广武村南，宽60~700米。长20公里。两侧山势高耸，顺沟直抵雁门关，为古代南北要道。

水峪口 位于水峪口村东南，宽10~150米，长15公里，两侧山势陡险、悬崖峭壁沟谷往南渐窄，单人行走无固定道路。

盆峪口 位于云水庄村东南，宽10~75米，长20公里，两侧山势陡峻，难以攀登，沟谷狭窄，驮载沿沟可通代县分水岭。

胡峪口 位于胡峪口村东南，宽10~150米，长15公里，两侧山势较陡，驮载沿沟可通代县分水岭。

蝴蝶谷 位于位于马营庄乡沙家寺村西2.5公里。谷内集雄、奇、险、幽、美、水、树、花于一体。

蝴蝶谷

洪涛山 位于县境西北部，系吕梁山支脉，山势呈西南—东北走向，境内段纵贯马营、玉井、下喇叭、吴马营4个乡镇，与左云、右玉、朔城、平鲁四县区交界、占地605平方公里，按地面组成物质可分为石灰岩山区和砂页岩山区，石灰岩山区：面积287平方公里，分布于下喇叭、吴马营等乡。出露岩性多为奥陶系灰岩、寒武岩、石灰岩，一般为黄土覆盖、海拔1200~1900米，边山地段相对高程400余米，区内峰峦起伏，沟壑纵横、正面险陡，坡度一般在30°~50°；阴面坡度较缓，一般在10°~30°。土壤发育以山地草甸土和山地栗钙土为主，大部分地区有杨、榆树及醋柳、胡榛子、沙棘、柠条、牛筋子等草灌植被，部分垦为农田。石炭二叠系砂页岩区：面积318平方公里。分布于偏岭、马营、玉井、史家屯一带，海拔1300~1700米。出露岩性主要为砂页岩煤系地层，地表覆盖着较厚的第四系黄土。区内有海拔1500米以上的山峰80余座，有名称的31座：

大贝山 位于下立羊泉村西3公里处。海拔1947.5米。为洪涛山主峰。

回窑沟山 位于陆家窑村东南2公里处，海拔1900.6米。

唐紫山 位于上喇叭村西北2公里处，海拔1899米。

宝峰山 位于陆家窑村南2公里处，海拔1889米。

富汉梁峰 位于柳沟村西1.5公里处，海拔1880.6米。

燕家洞山 位于燕庄村西北2公里处，海拔1868米。

大元峁山 位于吴庄村北3公里处，海拔1866米。

王府岭 位于织女泉村西南2公里处，海拔1863米。

高山山 位于榆树洼村西北0.5公里处，海拔1844米。

横涛山 位于张家沟村南1公里处，海拔1840.3米。

南东岭 位于贺庄西2公里处，海拔1806米。

大南叉山 位于蓿麻沟村东北1公里处，海拔1795米。

狼背山 位于黄草梁村东2公里处，海拔1779米。

大团山 位于蓿麻沟村西北1.5公里处，海拔1776米。

黄花山 位于黑龙池村西1.5公里处，海拔1761米。

盘道山 位于张家沟村东北0.5公里处，海拔1756米。

台墩山 位于口子梁村北1公里处，海拔1738米。

王咀山 位于后山村东北1公里处，海拔1695米。

牛米梁峰 位于吴儿城西南2公里处，海拔1664米。

兔儿山 位于刘家窑村东北1公里处，海拔1655米。

西泉山 位于王坪沟村西1公里处，海拔1648.5米。

杨家岭山 位于杨家岭村西0.5公里处，海拔1641.8米。

黄花岩峰 位于鸳鸯会村西2公里处，海拔1610米。

雪积山　位于柳沟村北 2 公里处，海拔 1610 米。

奶奶庙山　位于老庄窝村南 1 公里处，海拔 1603 米。

东狼峪山　位于大羊村西北 4 公里处，海拔 1594 米。

老帽山　位于罗庄村南 0.5 公里处，海拔 1559 米。

了高山　位于西石人坡村北 0.5 公里山阴、右玉交界处，海拔 1556 米。

八爷山　位于吴家坪村北 1 公里山阴、右玉交界处，海拔 1551 米。

韭菜山　位于黄草梁村南 1 公里处，海拔 1517 米。

沿山坡前有隘口 2 个：

偏岭口　位于梁头村南，宽 60 米，长 2 公里，两侧山势较陡，可通大车。

口子梁口　位于口子梁村东侧，宽 50~150 米，长 2 公里，两侧山势较，坡度 25°~40°，岱玉公路沿北侧通过。

台　地

台地土壤的发育主要为栗钙土。一是分布南部翠微山的下部，坡度明显变缓成为山地到平原的过渡地带，称为坡积台地。二是分布在西北部山地的下部，山坡出口处，成为山地到平原的过渡地带，称为坡洪积台地。

丘　陵

主要分布于夏家窑至兰家窑村西北、东部的黄花岭和南山前，海拔高度 1200~1400 米，面积 111 平方公里，占总面积的 6.7%，地势波状起伏，坡度平缓向中部平原倾斜。区内黄土覆盖较厚，冲沟发育，石砾遍布。土壤发育以栗钙土和栗钙土性土为主。

平　原

洪积倾斜平原，分布于北周庄、岱岳、泥河一带及南山坡前，海拔 1050~1250 米，地形平缓，坡度约 3%。面积 287 平方公里。地表多冲沟，出露岩性以砂砾石、亚砂土为主，土壤发育为栗钙土和栗钙土性土。生长有百里香、冷蒿、甘草、狗尾草、针茅、枸杞等草灌植物。

冲积平原分布于盆地中部薛圐圙、古城镇、合盛堡等乡镇。地形平坦，海拔 1003~1050 米，面积 569 平方公里。地表有桑干河、黄水河、木瓜河三条河流穿过，地下水流通不畅，造成土地大面积盐碱下湿。土壤发育有栗钙土、草甸土、苏打盐化草甸土、沼泽土等。

第二章　气候　物候

第一节　气　候

日　照

1998 年，山阴县日照时数 2793 小时。2000 年，日照时数 2575.6 小时，比历年平均值偏少。晴天日数 119.4 天，阴天日数 76.7 天，平均日照时数 9.35 小时。

2005 年，日照时数为 2704.3 小时，比历年偏少 139.2 小时。2008 年，日照时数为 2521.7 小时，比历年偏少 321.8 小时。2012 年，日照时数 2649.4 小时，比历年偏少。2016 年日照时数 2604.4 小时，与历年变化不大。

气 温

1998年，全县气温偏高，平均气温8.9℃，比历年平均值偏高1.9℃，极端最高气温35℃，出现在9月9日，极端最低气温-23.7℃，出现在1月18日。2000年，平均气温8℃，比历年平均值偏高0.4℃，最高气温35℃，出现在7月1日，最低气温-25.1℃，出现在1月31日。

2005年，平均气温7.9℃，比历年平均值高0.3℃。极端最高气温38.9℃，出现在6月22日。极端最低气温-27.3℃，出现在1月1日。2008年，平均气温7.8℃，比历年平均值高0.2℃。极端最高气温34.6℃，出现在8月3日。极端最低气温-26.7℃，出现在1月24日。

2012年，平均气温7.6℃，与历年持平。冬季（1—2月）平均气温-8.6℃，比历年平均气温-8.0℃低0.6℃。春季（3—5月）平均气温10.9℃，比历年平均气温9.3℃高1.6℃。夏季（6—8月）平均气温21.6℃，比历年平均气温21.3℃高0.3℃。秋季（9—11月）平均气温6.9℃，比历年平均气温7.7℃低0.8℃。

2016年，平均气温9.0℃，与历年平均值比较偏高1.4℃。冬季（12—2月）平均气温-6.9℃，比历年平均气温-7.3℃高0.4℃。春季（3—5月）平均气温11.5℃，比历年平均气温9.7℃高1.8℃。夏季（6—8月）平均气温21.7℃，比历年平均气温21.5℃高0.2℃。秋季（9—11月）平均气温9.3℃，比历年平均气温7.9℃高1.4℃。

降 水

1998年，全县降水327.7毫米，比历年平均值少35.1毫米，日最大降水量31.5毫米，出现在7月31日，年蒸发量1869.8毫米。2000年，降水量294.7毫米，比历年平均值偏少89.3毫米，日最大降水量45.1毫米，出现在7月4日，年蒸发量2304.9毫米。

2005年，降水量360.9毫米，与历年平均值比较偏少1.5毫米。日最大降水量为31.7毫米，出现在8月12日。2008年，降水量387.1毫米，与历年平均值比较偏多24.7毫米。日最大降水量为29.6毫米，出现在8月9日。全年蒸发量为1841.1毫米，比历年偏少194.5毫米。

2012年，降水量393.6毫米，与历年平均值比较偏多31.2毫米。日最大降水量为92.1毫米，出现在7月21日。冬季（1—2月）降水量2.4毫米，比历年5.1毫米少2.7毫米。春季（3—5月）降水量77毫米，比历年55毫米多22毫米。夏季（6—8月）降水量224.9毫米，与历年226.8毫米比较基本相同。秋季（9—11月）降水量85.6毫米，比历年72.7毫米多12.9毫米。

2016年，降水量427.8毫米，与历年平均值比较偏多101.4毫米。日最大降水量为40.4毫米，出现在8月15日。冬季（12—2月）降水量17.1毫米，比历年5.9毫米多11.2毫米。春季（3—5月）降水量76.7毫米，比历年60.6毫米多16.1毫米。夏季（6—8月）降水量215.5毫米，比历年218.3毫米少2.8毫米。秋季（9—11月）降水量118.5毫米，比历年73.4毫米多45.1毫米。

风 霜

1998年，山阴县初霜出现在9月18日，终霜日3月24日，初终间日数188天。大风出现12次，最多风向西南。2000年，初霜日9月23日，终霜日3月16日，初终间日数176天，大风出现17次，最多风向西南、西北。2005年，终霜期出现在4月10日，初霜期出现在10月4日，无霜期为176天，比历年偏多。全年大风共出现20天。2008年，终霜期出现在4月23日，初霜期出现在10月6日，无霜期为165天。全年大风共出现11天，较历年有所下降。2012年，无霜期日数略多于历年无霜日为186日。大风沙尘等天气较少。终霜期出现在3月16日，初霜期出现在9月28日。2016年，无霜期为159天，终霜期出现在4月21日，初霜期出现在10月5日。

第二节　物　候

春　季

3 月中旬到 4 月中旬为孟春，节令大致在春分、清明前后。日平均气温 2℃ ~3℃。冰融雪消，地面解冻，冬眠动物苏醒，草木发芽，豌豆、春小麦入种。4 月下旬到 5 月中旬为仲春，节令正值谷雨、立夏前后，日平均气温 9℃ ~10℃。野草丛生，杨柳披翠，归燕结巢，春风渐少，杏、桃、梨、果树次第开花，农民开始播种玉米、谷子等作物。5 月中旬到 6 月中旬为季春，节令大致为小满、芒种前后，日平均气温 15℃左右，黑豆、土豆、瓜菜等作物都在这时期下种。

夏　季

6 月下旬到 7 月中旬为孟夏，节令大致在夏至、小暑前后，日平均气温 20℃左右。大地一片葱绿，小麦灌浆结籽，动物蜕换绒毛。7 月下旬到 8 月上旬为仲夏，节令在大暑前后，日平均气温在 22℃以上，各种作物进入生长的最旺盛时期，玉米开始抽穗、灌浆。8 月中旬到 9 月中旬为季夏，节令大致在立秋、处暑、白露前后，日平均气温逐渐降到 20℃以下。暑气开始消退，昼夜温差增大，秋白菜入种，糜谷抽穗、灌浆。

秋　季

9 月下旬到 10 月中旬为孟秋，节令大致在秋分、寒露前后，气温急骤下降，早霜即现，树叶变黄，大雁南飞。10 月下旬到 11 月中旬为仲秋，节令大致在霜降、立冬前后，平均气温降到 0℃左右，野草枯死，树叶脱落净尽，百虫蛰伏，地面开始冻结。

冬　季

时间跨度为 11 月下旬至次年年初，期间河流结冰，寒冷至极，动物增绒御寒。节令大致在小雪、大雪、冬至、小寒、大寒、立春、雨水、惊蛰前后。这时，冰寒料峭，农民只能干些加工粮食、饲养牲畜、砍柴积肥、整修农具之类的工作。在立春、雨水之后，严寒稍减。过了惊蛰，阳春渐至，农民开始平茬、送粪。

第三章　土壤植被

第一节　土　壤

土壤类型

山地草甸土　分布在 1800 米以上的大贝山、宝峰山等缓坡顶上，面积 28874 亩，占总土地面积的 1.17%。

栗钙土　是山阴县主要土壤类型，多发育于黄土覆盖的山地、丘陵和沟谷地带。海拔 1050~1800 米之间都有分布，面积 1540058 亩，占总土地面积的 62.15%。

草甸土　主要分布于桑干河、木瓜河和黄水河之间的洼地中，划分为栗钙化草甸土、草甸土、盐化草甸土、盐化沼泽化草甸土、苏打盐化草甸土、沼泽化草甸土、苏打盐化沼泽化草甸土 7 个亚类，总面积 828460 亩，占总土地面积的 33.44%。其中栗钙化草甸土分布于岱岳、安荣的二级阶地上部，面积

5051 亩，占总土地面积的 0.2%；草甸土分布在河岸两侧二级阶地稍高处，面积 132119 亩，占总土地面积的 5.33%；盐化草甸土主要分布在桑干河、黄水河和木瓜河两侧地势较低洼处，面积 27403 亩，占总土地面积的 11.06%；苏打盐化草甸土主要分布在盆地稍高处苏打出现的地方，面积 319946 亩，占总土地面积的 12.91%；沼泽化草甸土主要分布在盆地南缘马营庄、后所、张庄一带，面积 58133 亩，占总土地面积的 2.35%；盐化沼泽化草甸土主要分布在后所、张庄一带，面积 25223 亩，占总土地面积的 1.02%；苏打盐化沼泽化草甸土主要分布于新马营等地，面积 13985 亩，占总土地面积的 0.56%。

盐土 划分为草甸盐土和苏打盐土 2 个亚类，零散分布于北盐池、白坊、小麻疃等地，面积 50463 亩，占总土地面积的 2.02%。其中草甸盐土 27472 亩，占总土地面积的 1.1%；苏打盐土 22991 亩，占总土地面积的 0.93%。

沼泽土 只有一个亚类，一个土属，一个土种，主要分布于北周庄镇苑家辛庄村山前交接洼地，面积 1193 亩，占总土地面积的 0.05%。

土壤质地

砂质土 包括砂土、砂壤，主要为砂壤。分布于桑干河两岸和边山洪积扇区，面积 157154 亩。其特点是：土质粗松，大孔隙多，通气透水性强，保水肥能力差，胶结力弱，易耕作，土性热，发小苗，土温变化大。

壤质土 包括轻壤、中壤，主要为发育在黄土和红黄土母质上的土壤，其次为发育在冲积母质上的土。面积 1549197 亩。主要特点是：孔隙适宜，松紧适度，通气透水性良好，施肥后肥效发挥较快，持续时间长，既发小苗，又发老苗，适种广泛。

黏质土 包括重壤和黏土。零星分布于盆地中心，面积 13424 亩。其特点是土质黏重而致密，耕作困难，小孔隙多，保水肥能力强，通气透水性差，易板结，土性凉，幼苗出土困难，发育迟。

土壤结构

耕作层 厚 15~20 厘米，结构多为屑粒、碎块状，极少数呈团粒结构（山地草甸土）。

犁底层 厚 10 厘米，多为紧实块状结构，通气、透水性不良。

心土层 60 厘米左右，结构多为块状。

底土层 一般在 60 厘米以下，多为块状结构。

土体构型

薄层型 主要是山地薄层型，发育于残积母质上的山地土壤，多小于 50 厘米。其特点是：土体浅薄，多夹杂砾石、岩屑，保水肥能力差，土温变化大，水、肥、气、热等肥力因素之间关系不够协调。此类土型一般很少耕用。

通体型 有两种类型。通体砂质型：发育于冲积母质上，土体较厚，土性软绵，上下质地均匀（多为砂填），通气透水性强。土温变化大而性热，保水、肥力弱而供水、肥力强。通体壤质型：发育于黄土母质上，多属通体轻壤；发育于冲积母质上，多属通体中壤。其特点是：土体深厚，土性适中、上下质地均匀一致，保水肥能力较好，土温变化适中，水、肥、气、热诸因素之间的关系较为协调。

夹层型 主要分布在沿河两岸、山前交接洼地及洪积扇上，土体内有障碍因素，是发育于洪积、冲积、淤积母质上的土壤。土体中砂、黏交替相间，层次明显，质地变化大，通气透水性差。

土壤容重

山阴土壤容重表土层一般为 1~1.5 克 / 立方厘米，属偏高型。灌淤钙土、黄土质栗钙土性土、红黄土质栗钙土性土、钙化草甸土、黄土状栗钙土稍小，在 1~1.3 克 / 立方厘米之间。苏打盐化草甸土、碱化草甸土因土壤板结，在 1.3~1.5 克 / 立方厘米之间。

土壤养分

有机质　土壤表层 0~20 厘米，含量大多在 0.6% ~1%之间，平均含量为 0.91%，最高值 5.55%，最低值 0.13%。其中耕作土壤一般在 0.7% ~1.2%之间，平均含量为 0.84%，最高值 2.89%，最低值 0.13%。

全氮　含量多在 0.041% ~0.078%之间，平均为 0.057%，最高 0.359%，最低 0.016%。其中耕地的全氮含量平均为 0.053%，最高 0.183%，最低 0.016%。有机质含量与全氮含量的碳氨比平均值为 9.2∶1。

速效磷　表层土壤含量一般在 3~10 毫克 / 千克，平均 6.3 毫克 / 千克，最高 45.6 毫克 / 千克，最低 0 毫克 / 千克总体速效磷含量极低。

速效钾　本县土壤成土母质中一般富含钾素，表层平均含量为 82 毫克 / 千克，最高达 552 毫克 / 千克，最低 18 毫克 / 千克。

碳酸钙　山阴土壤大部分属石灰性土壤和盐渍土壤，土壤碳酸钙含量较高，一般在 5% ~10%，平均 7.6%，最高 44%，最低 0.32%。

土壤 pH 值

pH 值多数在 7.5~8.5 之间，最高 10.2 最低 7.7，土壤多呈碱性反应。

山阴县土壤主要养分分布情况表

表 2-1

项目 / 样点	有机质（%）		全　氮（%）		速效磷 PPm		速效钾 PPm	
	自然土壤	耕　地	自然土壤	耕　地	自然土壤	耕　地	自然土壤	耕　地
马营乡	1.75	1.14	0.114	0.074	5.3	6.5	210	75
吴马营乡	—	1.06	—	0.068	—	7	—	80
下喇叭乡	3.09	0.84	0.199	0.055	6.5	6.1	48	59
合盛堡乡	0.76	0.83	0.049	0.054	5.6	8.3	86	100
安荣乡	0.9	0.7	0.059	0.045	3.5	5.9	52	54
薛圐圙乡	0.54	0.76	0.035	0.049	5.6	5.9	51	52
后所乡	1.11	0.77	0.07	0.05	5.2	4.8	79	80
玉井镇	2.97	0.9	0.19	0.059	4.2	5.1	101	87
北周庄镇	0.85	0.83	0.057	0.055	4.7	4.7	107	111
岱岳镇	1.72	0.89	0.11	0.057	3.5	8.6	29	64
古城镇	0.78	0.84	0.051	0.055	6.7	6.9	87	122

第二节　植　被

植　被

山阴境内植被类型属温带草原，有森林、灌丛、草甸，成垂直分布规律。南山生长有华北落叶松、桦、柳、杨，麻黄、狼毒、醋柳、柽柳、山定子、刺玫、芨芨等树木和草灌植物。北山区内山坡较缓，植被稀疏，水土流失较重，生长有油松、醋柳、刺玫、山桃、山杏、胡榛子、绒毛线绣菊、蔷薇、艾蒿等。丘陵生长有杨、柳、杏、榆、杞柳、酸枣、枸杞、甘草、冷蒿、狼毒、牛筋子、麻黄等树木和草灌植物。平原生长有青蒿、狗舌草、金戴戴、隐花草、芨芨、芦苇、披碱草、碱蓬、艾蒿等耐盐碱植物。海拔 1000—

1600 米的大部分平川和丘陵区为农业植被。

原生高山草甸、草丛 分布在海拔 2300~2500 米之间的山区，建群种类为细叶苔草，蒿草、苔草和兰花棘豆为主组成的亚高山草甸群落。以翠微山主峰馒头山草甸为代表。

原生高山灌丛 分布在海拔 2000~2300 米之间。以苔草、针茅、蒿类等杂类草丛为主。

原生针叶林 分布在海拔 1700~2000 米之间，以县城西北部，洪涛山脉为主，其中主峰大贝山峰，生长有油松、醋柳、刺玫、山桃、山杏、胡榛子、绒线菊、绣线菊、蔷薇、艾蒿等。

原生针阔混交林 分布在海拔 1400~1700 米之间，以位于鸳鸯会村西 2 公里处的黄花岩峰为代表。建群种类为华北落叶松、油松、云杉和白桦等。海拔 1800 米以下的山区，有山杨及虎榛子，绣线菊，黄刺玫、美蔷薇和沙棘为主组成的落叶林、针阔叶林、灌木林，局部出现以苔草、针茅、蒿类等杂类草丛。

次生草丛、灌木丛 分布在海拔 1000~1400 米之间，植被有虎榛子、绒线菊和沙棘灌丛等。海拔 1400 米左右植被以百里香、蒿类为主组成草原植被群落。海拔 1300 米以下，形成碱蓬、赖草、盐生草甸植被群落。

原生常绿阔叶林 分布在海拔 600~1000 米之间，有柳树、榆树、山柳、山杨林等，是全区森林植被重要组成部分。海拔 1000 米左右的河漫滩有以苔草、匍匐委陵草为主的河漫滩草甸植被群落和蒲草为主的沼泽植被群落。

次生针阔混交林 分布在海拔 600 米以下，在山阴境内从起源上分生长在山区受海拔影响的天然次生桦林、山杨林和生长在丘陵、平原山区的人工林等。人工林树种以小叶杨和杂交杨为主。

人工栽培植被

湿地植被

栽培植被分农田植被和树木植被两种：农田植被有玉米、谷子、春小麦、莜麦、豆类、马铃薯，胡麻，甜菜等一年一熟的作物。在盆地和河流一、二级阶地上，农作物以玉米、谷子、春小麦为主，甜菜主要分布于轻度盐碱化的盐土上。在黄土丘陵的半干旱地区和低中山地以谷子、莜麦，豆类、胡麻、马铃薯为主。山阴县树木植被主要由四旁绿化、农田林网、防护林网、荒山造林等形成。水源涵养林主要分布于南部土石山区及山涧沟坡，有华北落叶松、油松、杨、榆、柳、槐、椿等树种。农家院内多种植梨、果、杏、葡萄、桃等树木。公路小道以及河渠两旁均植有带状树木，以杨、柳、榆、槐、松、柏居多。县城内街道两旁多种国槐、北京桧、油松、丁香、侧柏、桧柏、沙地柏、金叶榆等。防护林带有小叶杨、青杨、油松、落叶松、旱柳、椿等树种。公园广场各种景观树、花草。

第四章 水 文

第一节 地表水

山阴县河流以海河流域桑干河水系为主，河流主要有桑干河、黄水河、木瓜河、源子河、大峪河、小马营河、冻牛坡河、水峪口河等。全县 1956—2000 年平均地表径流量 2283 万立方米，清水流量 539

万立方米（不含南边山泉组水量），可利用量 1832 万立方米，桑干河多年平均过境水量 23000 万立方米。

桑干河

桑干河是永定河的上源，发源于忻州市宁武县管涔山庙儿沟，始称恢河。流经忻州市宁武县城，在阳方口镇进入朔州市，于朔城区神头镇马邑附近同源子河汇流后称为桑干河，因每年桑葚成熟时河水干涸而得名。此后，接纳黄水河、浑河、御河等支流，由西南向东北流经山阴县、应县、怀仁、大同县（现大同市云州区），在阳高县流出省境。进入河北省阳原县，最后于官厅水库上游与洋河汇合后称为永定河。

桑干河水

桑干河多年平均径流量 3.14 亿立方米，最小流量 3.25 立方米 / 秒，最大洪峰流量 1270 立方米 / 秒，多年平均洪峰流量 4518 万立方米，多年平均含沙量 38.2 公斤 / 立方米，洪水最大含沙量 925 公斤 / 立方米，泥沙平均粒径 0.02~0.072 毫米，河床宽 150~200 米。桑干河在山阴县流长 32 公里，经安荣、古城、岱岳、合盛堡四个乡镇，流入应县。

木瓜河

木瓜河发源于怀仁县刘晏庄、南家堡一带。木瓜河河道上建有三座小型水库，库容量分别为二库 125 万立方米，三库 260 万立方米，四库 20 万立方米。木瓜河三库上游流域面积 193 平方公里，根据推算，20 年一遇洪峰流量 536 立方米 / 秒。木瓜河年平均径流量为 0.616 亿立方米，清水流量枯季平均 119.6 立方米 / 秒，年清水流量 359.9 万立方米。河道在山阴县流长 15 公里，流经北周庄、合盛堡两个乡镇，在应县薛家营汇入桑干河。

黄水河

黄水河是桑干河的一级支流，发源于忻州宁武薛家洼一带，自南向北流经宁武薛家洼，经阳方口镇的三府窑，从朔城区沙塄河乡的上石碣峪进入朔州市境内，在山阴境内流长 32 公里。黄水河从西南向东北方向横穿朔城区东南部的沙塄河、贾庄、福山庄、滋润四乡，经滋润小霍家营，从山阴县后所乡的元营进入山阴县，在山阴县流经后所乡、薛圐圙乡、古城镇，由古城镇的李珠庄到应县杏寨的大东庄，经杏寨、大黄巍、臧寨，在臧寨的西珠庄汇入桑干河。

黄水河在山阴境内流域面积 545 平方公里，主干流长 32 公里，基本流向为由西南向东北，平均纵坡 3.0‰ ~6.2‰，河床糙率为 0.040~0.055，河型为蜿蜒型。经洪水频率分析，朔城区与山阴县交界处 5 年一遇洪峰流量为 159 立方米 / 秒，20 年一遇洪峰流量为 250 立方米 / 秒，山阴县与应县交界处李珠庄 5 年一遇洪峰流量为 217 立方米 / 秒，20 年一遇洪峰流量 324 立方米 / 秒。流域平均径流深 23.2 毫米，年径流变差系数为 0.58，多年平均清水流量为 0.1 立方米 / 秒。黄水河平均流冰期为 158 天，一般 11 月上旬开始封冻，次年 3 月上旬开始解冻。

源子河

源子河是永定河上游段，发源于大同市左云县马道头乡潘家窑村，经左云县东古城，从右玉县曾子坊进入朔州市境内，横穿右玉南部山区，从高家堡的大川村东出右玉县，经山阴县吴马营乡进入平鲁，在平鲁过榆林乡、下面高乡高阳坡村西南流入朔城区，于朔城区神头镇的马邑村接纳一级支流恢河。源子河流域面积 2131 平方公里，河道全长 120 公里，山阴县境内主干流长 16 公里，流域面积 467 平方公里。

源子河平均河宽为 120~200 米，深 2~10 米。在山阴县境内基本流向为由东北向西南，平均纵坡

3.0‰~6.2‰，河床糙率为0.025~0.04，河型为蜿蜒型。

小马营河

小马营河是源子河的一级支流，发源于山阴县偏岭，经马营、井沟村、观音堂，于右玉县教场坪进入右玉县境内，在元堡子乡的小马营村汇入源子河。

小马营河流域面积105.63平方公里，河道长24.2公里，河道平均比降11.5‰，山阴县境内流域面积为80平方公里，河道长15.1公里，平均比降14.2‰，河型为蜿蜒型，河床糙率在0.03~0.04之间。

小马营河是季节性河流，多年平均径流量169万立方米，径流深16毫米。

冻牛坡河

冻牛坡河是源子河的一级支流，发源于山阴县的下喇叭乡蓿麻沟和北周庄镇的燕庄（燕家洞山）附近，经下喇叭、冻牛坡，于吴庄村西出山阴进入平鲁区，在平鲁区经张崖沟于红崖村东南汇入源子河。

冻牛坡河流域面积103.26平方公里，河道长22.5公里，河道平均比降12.2‰，在山阴县流域面积为94.38平方公里，河道长18.2公里。

冻牛坡河是一条季节性河流，多年平均径流量412万立方米，径流深40毫米，年径流变差系数为0.47毫米。

水峪口河

水峪口河是黄水河的一级支流，发源于忻州市代县小林沟一带，在上游自南向北，从宁武的黄草彦，经山阴县后所乡水峪口村进入朔州市，在水峪口以下自西南向东北，沿南洲庄、南辛庄，在西沙堆北汇入黄水河。

水峪口河主干流长25公里，流域面积204.41平方公里，山阴县境内流域面积115.3平方公里。在山阴县水峪口以上主要为山区型，河道比降24.5‰~16.1‰，水峪口为平原型，河道比降8.2‰~3‰，河型为蜿蜒分叉型，流域内有较多河流及峪沟汇入。水峪口河床宽度在50~100米之间，河床糙率为0.035~0.055。

水峪口河水资源较为丰富，是朔州市南部山区清水出露最大的峪口之一，正常年清水流量0.4立方米/秒，1998年实测值为0.34立方米/秒，多年平均年径流量2000万立方米，其中清水年径流量1200万立方米。

第二节 地下水

地下水分布在基岩裂隙岩溶水区、黄土丘陵孔隙水区、冲洪积扇裙孔隙水区、冲洪积倾斜平原孔隙水区和冲湖积平原孔隙水区。根据2004年《朔州市第二次水资源调查评价》成果，山阴县多年平均补给量13662.8万立方米，其中：盆地平原区地下水总补给量为9567.1万立方米，其中，降水入渗补给量4356万立方米，山前侧向补给量3846.9万立方米，地表水体入渗补给量1174.8万立方米，井灌回归量189.4万立方米；一般山丘区地下水总补给量为4081.5万立方米，其中基流量264.2万立方米，山前侧向流出量3791万立方米，开采净耗26.3万立方米；岩溶山区地下水总补给量为3315万立方米，其中，泉流量3210万立方米，山前侧向排泄量56万立方米，开采量49万立方米。

第三节 泉 水

山阴县境内主要泉水有水峪口泉、广武口泉和牛圈沟泉等。

水峪口泉 位于山阴县南部山区水峪口内，实测流量 0.3281 立方米 / 秒，枯季流量 0.263 立方米 / 秒，年总流量 829.4 万立方米，注入黄水河。

广武口泉 位于山阴县新广武村附近，实测流量 0.037 立方米 / 秒，枯季流量 0.03 立方米 / 秒，年总流量 94.6 万立方米，注入黄水河。

牛圈沟泉 位于山阴县南部山区贾家窑村附近，实测流量 0.029 立方米 / 秒，枯季流量 0.023 立方米 / 秒，年总流量 71.3 万立方米，注入黄水河。

沙家峪泉 位于马营庄乡沙家寺村，实测流量 9 升 / 秒，年总流量 28.3 万立方米，注入黄水河。

许家洼泉 位于马营庄乡许家洼村西南，实测流量 3.4 升 / 秒，年总流量 10.8 万立方米，注入黄水河。

南口前泉 位于马营庄乡南口前村南，实测流量 13 升 / 秒，年总流量 41 万立方米，注入黄水河。

盆峪口泉 位于马营庄乡云水庄村南，实测流量 93 升 / 秒，年总流量 293.2 万立方米，注入黄水河。

胡峪口泉 位于马营庄乡胡峪口村东南，实测流量 91 升 / 秒，年总流量 287 万立方米，注入黄水河。

南洲庄泉 位于后所乡南洲庄村东南，实测流量 4.3 升 / 秒，年总流量 13.6 万立方米，注入黄水河。

白草口泉 位于张家庄乡油房村附近，实测流量 26 升 / 秒，年总流量 82 万立方米，注入黄水河。

第四节 水 质

山阴县大部分地区地下水水质无色、无味、无臭，矿化度小于 1 克 / 升，pH 值 7~9，均属重碳酸盐型水。

山区、丘陵区，由于地下水埋藏较深、交替性强，均为淡水，矿化度普遍小于 0.5 克 / 升，pH 值 7~8，为重碳酸盐型中性弱碱性水。

平川区随着地下水位逐渐降低，水质由重碳酸盐型水逐渐变为氯化物盐型水，矿化度由 0.5 克 / 升逐渐变为大于 2 克 / 升。

张家庄、后所、故驿、马营庄一带，由于地下水较丰富，径流条件好，水质较佳，矿化度小于 1 克 / 升。

刘家岭、洪济屯、北郭庄和薛圐圙、西寺院、前张堡等地，水质类型为氯化物硫酸盐型水，矿化度大于 2 克 / 升。羊圈铺、西李庄、快乐村、西盐池、八里庄一带，地下水质为硫酸重碳酸盐型水，矿化度大于 2 克 / 升。

合盛堡一带，地下水含氟量大于 5 毫克 / 升，局部高达 9.4 毫克 / 升，分布面积 40 平方公里。据大虫堡 240 米深孔资料：100 米以上地下水含钙量小于 10 毫克 / 升，含氟量大于 5 毫克 / 升；100 米以下地下水含钙量增高到 40 毫克 / 升，含氟量降低，能够饮用。黄水河两岸古城、后所、安荣三乡镇百余平方公里内地下水含砷量普遍超标。大营村含砷量高达 4.44 毫克 / 升。

根据 2004 年《朔州市第二次水资源评价及水资源总体规划报告》，山阴县无Ⅰ、Ⅱ类水。Ⅲ类水分布面积 1144.2 平方公里，占全县面积的 69.6%；Ⅳ类水分布面积 328.3 平方公里，占全县面积的 20%；Ⅴ类水分布面积 170.5 平方公里，占全县面积的 10.4%。Ⅳ类、Ⅴ类水主要分布于桑干河、黄水河沿线，超标项目氨氮、氟化物，超标倍数分别达 87.1 倍及 8.65 倍。

第五章 自然资源

第一节 土 地

山阴县国土总面积 1651 平方公里，南北长 66.7 公里，东西宽 36.5 公里。1998 年，全县耕地面积 80 万亩，粮食作物以玉米、谷子、黍子、豆类为主，是优质小杂粮生产县。2006 年，林地总面积 912111 亩，主要种植油松、金叶榆、桃树、紫叶李、香花槐、紫穗槐、漳河柳、新疆杨、侧柏、云杉等树种。2010 年，共有耕地面积 73.7 万亩，占县域总面积的 32.6%。2016 年，粮食作物 77 万亩，其中谷物 68 万亩，经济作物 8.92 万亩。

第二节 矿 藏

山阴县地理属大同盆地，总面积 1651 平方公里，其中山区占 37.55%，黄土丘陵区占 10.42%，南部翠微山，北部、西部有洪涛山。矿产资源丰富是山阴县经济发展的一大优势，探明和发现的矿产有煤、石灰岩、玄武岩、方解石、长石、铁矿石、铝矾土、高岭岩、耐火黏土、陶瓷黏土、石英、大理岩、白云岩、砂岩矿等 14 种。开发的矿产有煤、石灰岩、玄武岩、方解石、陶瓷黏土和砖瓦黏土等。

煤 炭

山阴县煤炭储量丰富，含煤面积 355.2 平方公里，占总面积的 21.5%，分布于县境西北部的马营、玉井、吴马营三个乡镇，累计查明资源储量 53 亿吨，煤炭种类以气煤为主，占总储量的 99.1%，其次为长焰煤或气肥煤。原煤灰份多在 26%~38% 之间，个别大于 40%，主采煤层 4 号煤为低硫煤，9 号煤为中硫煤。

县煤炭资源总的特点：一是煤种单一，主要为气煤，仅在腰寨精查区有长焰煤 4880 万吨；二是共生矿产多，主要有高岭岩、硬质及软质黏土和陶瓷土。

高岭岩（煤矸石）

山阴县高岭岩多与煤层共生，分布广泛，资源丰富，以偏马片产量多，而且质量好，估算资源储量 5.6 亿吨。质量好的高岭岩 Al_2O_3（三氧化二铝）占 60%~70%，是烧制高级陶瓷和造纸张添加剂的优质材料。

耐火黏土

山阴县耐火黏土储存于石岩系和二叠系地层中，按其成因主要分为两类：一类是煤层风化形成的黏土矿，另一类是沉积型黏土矿。矿石类型包括高铝、硬质、软质黏土等，共有十余层。分布于境内西北部的偏岭、马营、玉井、吴马营、下喇叭、冻牛坡、甘庄一带，其中千井、偏岭、马营南、织女泉四处矿产地资源总量为 3304.34 万吨，其中高铝黏土 135.8 万吨，软质黏土 2070.94 万吨，硬质黏土 1097.6 万吨。矿石质量以千井和南屯区最好，矿石品位氧化铝 / 36%（平均）、氧化铁 / 1.3%、二氧化硅 / 51%。耐火度为 1780℃。

陶瓷土（白黏土）

山阴县陶瓷土储存于石炭系上统，勘探的矿区为织女泉，查明资源储量 246 万吨，矿层厚 1 至 10.3 米，平均厚 3.5 米，主要化学成分为 Al_2O_3 / 27.51%、Fe_2O_3 / 1.85%，塑性指数为 12，千井软质陶瓷黏土矿区查明资源储量为 477.2 万吨。

石灰岩

山阴县石灰岩分布广、储量大、品味高，主要分布于下喇叭、岱岳、安荣、北周庄四个乡镇地域。全县查明优质的石灰岩产地为下喇叭乡吴庄矿区，累计查明资源储量 197.03 万吨，其他地域资源储量 61116 万吨。主要化学成分 CaO / 54%、MgO / 0.41%、Fe_2O_3 / 0.1%。矿石质量以吴庄区和大洋村区为最好，CaO 含量达 54.89%，是全省矿石质量最优的矿区之一，主要化学成分均达工业要求，可作为冶金、电石灰岩石。

玄武岩

玄武岩主要分布于山阴县城岱岳东北、北周庄镇和合盛堡乡的黄花岭，黄花岭处于大同盆地中段，黄花岭玄武岩以灰色灰黑色橄榄玄武岩为主，其结构以致密块状和气孔—杏仁状为主，SiO_2 含量在 42.76%~45.93%，属于超基性的基性岩，储量 800 万立方米。

此外，山阴县具有潜在远景的矿产有方解石、建筑石料、石英石等。

第三节　水

山阴县水资源总量为 12791 万立方米，其中：可利用量为 7202 万立方米，全县水资源可利用率为 56.3%。全县年入境水资源总量 981 万立方米，可利用量 780 万立方米。本地加入境水资源总量为 13772 万立方米，可利用量为 7982 万立方米。

尚有潜力开发区主要分布在县城以南倾斜平原区，范围包括后所乡、张家庄乡及马营庄乡等区域，面积 642 平方公里。该区地下水埋深一般为 20~50 米，含水岩性为砂卵石、砂砾石及粗中砂，单井出水量 20~60 立方米 / 天，个别区域达到 80 立方米 / 天以上，可开采模数在 8~14.2 万立方米 / 平方公里，孔隙水可采资源量 6047 万立方米。

采补平衡区位于县城西北部山前倾斜平原区，范围包括北周庄镇、七里沟、夏家窑、上岱岳、王家涧、关岱岳部分区域，面积 254 平方公里，以农灌开采用水为主。该区孔隙水可采资源量 720 万立方米。

超采区位于县城周围，范围包括岱岳、北王庄和乡农场部分区域，面积 22 平方公里，孔隙水可开采资源量 143 万立方米，是山阴县城居民、工业区和蔬菜生产集中区。至 2000 年，区内建成各类水源井 322 眼，水井密度 15 眼 / 平方公里，全年开采量 510 万立方米，超采量达 367 万立方米，是可采量的 2.5 倍。由于水井过密，开采集中，区域地下水位年降幅达 0.6 米以上。

第四节　动植物

动　物

种属分布　山阴县在山西省内的动物地理区划属晋北—晋西北温带干旱草原动物地理带。据 1989—1993 年野生动物资源普查，区内主要野生动物有 150 科 471 种，新发现和养殖 8 科 26 种，已知动物共有 158 科 497 种，其中，哺乳类动物 19 科 53 种、鸟类动物 49 科 159 种、爬行类动物 4 科 6 种、两栖类动物 2 科 4 种、鱼类动物 10 科 23 种，昆虫类动物 74 科 252 种。山阴县动物组成分布和自然环境条件有着密切关系。结合地形、气候、植被等条件，可划分为五大地理分布区。山区：气候冷凉、自然降水较多，蒸发量少。纯林、混交林、灌木林较多，海拔为 1400~2000 米。食肉目的香鼠、食虫目的麝鼹

和小麝鼹都有发现，近林区常可见大林姬鼠。山峪口区：森林茂密，大中型兽类易于潜踪，野猪、狐狸、野兔、较多见。丘陵区：位于区境北部和西部，海拔1000~1400米，农田中的害鼠以黄鼠、中华鼢鼠为主。食肉兽中以狐、艾鼬、豹猫较为多见，兔形目中仅有草兔，偶蹄目中仅有狍偶见，缺少大型动物。平原区：土地平坦，适种作物广泛，水资源较丰富。林下以草本为主，海拔1000米左右，食虫目的刺猬、水麝鼩见于该区。盐渍区：啮齿类动物10余种，小毛足鼠与翼手目的小伏翼发现于该区。

主要物种 哺乳类有19科52种，种类不多但较为常见以犬科、鼬科、猫科、牛科、马科、羊科、兔科、仓鼠科等为代表。爬行类有4科6种，分别是蜥蜴科、游蛇科、蝰科和鳖科。鸟类有49科159种，其中常见的黑鹳、猎隼、环颈雉（野鸡）、鹌鹑、鸽子、喜鹊、鹁鸽、雕、雁、石鸡、鹑、鹞、白鹭、鹚、灰斑鸠、山斑鸠、豆雁、斑翅、沙鸡、麻雀、白骨顶、赤麻鸭和鸿雁，分属鹳科、隼科、雉科和鸭科。两栖类有2科4种，其中蟾蜍科有大蟾蜍和花背蟾蜍；蛙科有黑斑蛙和中华林蛙。昆虫类有74科252种，以蜻科、蝗科、蝼蛄科、蝽科、蟋蟀科、瓢虫科、蝶科、蛾科、蝉科、金龟子科、天牛科、天蛾科、蚜科、象甲科、叩甲科、豆象科等为代表。鱼类有10科23种，其中鲑科、鲤科、鲤、鲫、花鳅等为常见种类。

保护动物 山阴县境内有国家一级保护动物4种，二级保护动物25种，省级重点保护动物7种。其中鸟类29种，兽类9种。国家一级保护动物有金雕、黑鹳、白鹳、大鸨。国家二级保护动物有石貂、黄喉貂（青鼬）、猞猁、兔狲、黄羊、狼、大天鹅、灰鹤、雀鹰、苍鹰、白琵鹭、秃鹫、白尾鹞、鵟、乌雕、大鵟、毛脚鵟、红隼、红脚隼、猎隼、长耳鸮、鸢、短耳鸮、纵纹腹小鸮、普通雕鸮。省级重点保护动物有苍鹭、星头啄木鸟、普通夜鹰、蓝翡翠、长灰伯劳、红腹红尾鸲和小麝狗。

国家二级保护动物石貂

动物用途 野生动物用途：皮毛动物共有20多种，有草兔、花鼠、狐、狼、狗獾、黄鼬、艾鼬、石貂、豹猫、鹿、獾、豺、貉等。多属亚寒带和寒温带种类，具有毛长、绒厚等优点。肉用动物20种以上，有狍、猪獾、黄羊、野兔、中华鼢鼠等肉用兽，具有高蛋白、低脂肪的特点。肉用鸟类有环颈雉、灰斑鸠、山斑鸠、豆雁、斑翅、石鸡、鹌鹑、沙鸡、麻雀、白骨顶、赤麻鸭、鸽子等。制革和羽（毛）用动物约有50种左右。其中兽类有黄羊、狍子、獾、黄鼬、青鼬、艾虎等。鸟类有雁、鸭、鸮类、鹭类、鹰隼类、雉类。药用动物共有20种以上。其中兽类有鹿（茸、肉）、原鼢鼠（肉）、狗獾（油、心、血）、狐（心）、狼（脂肪）等，鸟类有麻雀（脑）、岩鸽（血）、红嘴鸭（血）、鹌鹑（肉）等。

国家二级保护动物毛脚鵟

益鸟益兽 境域内对农、林、牧、医等有益鸟兽50多种。农业上的食虫鸟有山雀、椋鸟、鹡鸰、乌鸦、喜鹊等；林业上主要益鸟有啄木鸟科、杜鹃科、鹟科和黄鹂科的益鸟等；能大量捕食苍蝇的燕子、灰鹟、雨燕和刺猬等是卫生事业的益鸟益兽；蝙蝠、燕子、沼泽山雀、柳莺、灰鹟等是捕蚊能手；两栖类中林蛙、黑斑蛙、大蟾蜍以及爬行类中的北草蜥等对消灭害虫有一定作用；黄鼬、艾鼬、狗獾、猪獾、狐狸和一些猛禽等，能大量捕食啮齿类动物，保护草场和农作物，秃鹫专吃各种腐败尸体。

养殖动物 山阴境内畜牧业历史悠久，畜、禽品种资源丰富、有育成的地方品种、引进国内外的优良品种，还有地方优种和国内外优种杂交培育成功的新品种。可分为家畜养殖、家禽养殖、特种养殖和水产养殖四类。家畜有役用家畜、肉用家畜、奶用家畜。役用家畜主要有牛、马、驴、骡；肉用家畜主要有牛、羊、猪、鸡、兔、獭兔等；奶用家畜主要有奶牛、奶羊等。禽类养殖主要有鸡、鸭、鹅、鸽子等。境内特种养殖在传统基础上种类上数量上有新发展。主要有麋鹿、梅花鹿、鸵鸟、獭兔、鸽子、狐狸、鹌鹑、水貂、珍禽和藏獒等。饲养宠物以犬、猫、鸟类、观赏鱼为多，兔、仓鼠、蜥蜴、蜜蜂、乌龟等也有。水产养殖随着区内湖泊库塘水面扩大，养殖科技的推广和人民生活的需要，境内鱼类养殖数量和品种丰富。主要有鲢鱼、草鱼、鲤鱼、鲇鱼、甲鱼、螃蟹、虹鳟鱼、金鳟鱼、中华鲟等。

植 物

植物科属 山阴境内植物区系属于泛北极植物区域、黄土高原亚地区。植物种类丰富，用植物分类的门、纲、科概述境内的植物分布。境内植物和新引进的共有高等植物（除苔藓植物门）113 科 1026 种。其中蕨类植物门 8 科 13 种，境内以圆枝卷柏、中华卷柏、节节草、问荆、蕨、银粉背蕨、变异铁脚蕨、冷蕨、羽节蕨、鞭叶毛蕨、网眼瓦韦等，称孢子植物（隐花植物）；裸子植物门 5 科 23 种，被子植物门 100 科 990 种，称种子植物（显花植物）。又分木本植物 265 种，草本植物 716 种，藤本植物 9 种。由国家和省公布的珍稀、濒危树种 12 种，其中天然 4 种，有刺五加、红丁香、华北驼绒藜、玫瑰；引进栽培 8 种，有银杏、黄柏、樟子松、胡杨、水曲柳、臭冷杉、翅果油树、蝟实。属于朔州市濒危树种 17 种，有杜松、榛子、毛榛、东陵绣球、元宝槭、五角槭、辽东栎、青杄、白杄、蒙桑、毛樱桃、榆叶梅、珍珠梅、华北紫丁香、葎叶蛇葡萄、蒙椴、红瑞木等。种子植物门：以裸子、被子植物门两类概述。

市级濒危植物葎叶蛇葡萄

裸子植物门 银杏、白杄、青杄、华北落叶松、白皮松、油松、樟子松、华山松、小叶罗汉松、黄洋松、红松、黑松、侧柏、杜松、刺柏、圆柏、桧柏、爬地柏、草麻黄、中麻黄、单子麻黄、凤尾松、凤尾蕉等。被子植物门：又以双子叶植物纲、单子叶植物纲两类概述。

双子叶植物门 境内发现 86 种，西、北、南土石山灌木丛区，以沙棘、胡榛子、刺儿玫等灌木为群体，灌木下生长禾本科、豆科牧草、蒿类等、为灌木草原类。1020~1500 米区域，代表性科有柳科（银白杨、新疆杨、小叶杨、合作杨、群众杨、北京杨、小黑杨、毛白杨、垂柳、旱柳、竹柳、龙须柳等）、榆科（白榆、黑榆、旱榆等）、蓼科［荞麦、苦荞、篇蓄（猪牙草）、红蓼、酸模叶蓼（醋柳）等］、藜科［灰绿藜（各种涝藜）、繁缕、王不留行等］、苋科［野苋、反枝苋（马齿菜、马蜂草）］、毛茛科［芍药、牡丹、蒙古白头翁（老白巨苦菜）、毛茛、茴茴蒜（小蒜）等］、罂粟科［野罂粟（野洋烟）、罂粟、虞美人、角茴香等］、白花菜科［白花菜（醉蝶菜）、卷心菜、芥菜疙瘩、白菜、油菜、荠菜等］、十字花科（菜花、萝卜、西兰花、甘蓝等）、蔷薇科（各种线菊、各种枸子、野山楂、山定子、苹果、各种梨、各种蔷

柠条锦鸡儿

薇、黄刺玫、各种杏、各种桃、李子等）、豆科（各种槐、各种苜蓿、各种草木樨、各种黄芪、各种棘豆、甘草、各种胡枝子、蚕豆、各种野豌豆、各种大豆、菜豆、扁豆、紫藤、花生、豇豆等）、亚麻科［野亚麻、亚麻（胡麻）］、鼠李科（枣、酸枣、黑枣等）、葡萄科（各种葡萄）、柽柳科［柽柳（山春柳）、红柳、乌柳］、葫芦科（西瓜、西葫芦、各种甜瓜、丝瓜、黄瓜、南瓜）、伞形科（芫荽、各种柴胡、各种芹菜、茴香、各种蒿子、胡萝卜等）、花葱科（花葱、中华花葱）、旋花科［打碗花、牵牛、田旋花（长圆狗儿蔓）、菟丝子、黑红薯、空心菜、油麦菜等］、唇形科［各种黄岑、各种荆芥、夏至草、野薄荷、马铃薯（土豆）、益母草（龙须草）］、菊科［马兰、旋覆花、飞蓬、各种苍耳（蒺藜）、向日葵、菊芋、各种野菊、茵陈蒿（白蒿、药用茵陈）、青蒿、狗舌草、各种毛菊、各种蒲公英（咕咕英、婆婆丁）、苦苣菜（白毛苦菜、药用败酱草）、各种苦卖菜（甜苣菜）、碱蒿、盐蒿、河蒿、茼蒿等］。木本植物：针叶树类有油松、华北落叶松、白杆、青杆、樟子松等；阔叶树类有杨、柳、桦、槐、椿、杏、李、苹果、梨等；灌木类有沙棘、虎榛子、柽柳、柠条锦鸡儿等。

沙 棘

单子叶植物门 境内发现14科，草本植物境内以多年旱生型丛生禾草和蒿类为主。西山、南山1500~1800米地区，以温生及冷生的旱生禾本科和蒿类为主，有蒿类、针茅、碱草、苔草、早熟禾、花苜蓿、华北黄芪、棘豆等，并生各种杂草40%，为亚高山草甸类和山区干草原类。在1020~1200米区域平川下湿盐碱草甸类区域，土壤盐碱含量高，湿度大，植被以水生和盐生植物为主，有碱蓬（黄须草）、盐爪爪、水稗、碱蒿。在1020~1300米区域，农作物耕作区土壤pH大都在7.5~8.5，盐碱度较高，土体粘重，生长的杂草仍以盐生植物为主，有水稗、芦枝、白草、青草、狗尾草、牛筋草、莎草、圪节草、灰草（各种涝藜）、老牛草、旋花（长圆狗儿蔓）、苍耳、刺儿菜等。代表性植物百合科［龙须菜、金针菜（黄花菜、忘忧草）、黄精、各种韭、蒜、葱、贼面花、百合、芦荟等］、禾本科［蒙古羊茅、各种早熟禾、碱茅、无芒雀麦、各种画眉草（扫帚草）、各种鹅观草、冰草、小麦、披碱草、野燕麦（细叶燕麦草、莜麦（燕麦的一种）、各种芨芨草、各种针茅、黍子、糜子、稗子、马唐、谷子、狗尾草（莠子草）、黄涝草、白草、高粱 、玉米、虎尾草、狗牙根、隐花草（扎屁股草）、赖草、各种水稗草］、莎草科［各种莎草（文文草）、水葱（小葱）、牛毛毡等］、美人蕉科（各种美人蕉）。

栽培农作物 在1020—1700米区域，粮食作物以玉米、马铃薯、谷子、高粱、黍子、糜子、豆类、小麦、莜麦、荞麦为主，近年有山坡区引种藜麦、苦荞等。经济和油料作物以胡麻、向日葵、蓖麻、甜菜、小茴香、药材等。蔬菜瓜果类主要品种有叶菜类以菠菜、芹菜、茼蒿、莙荙（甜菜）、茴香、生菜、空心菜、木耳菜等；茄果类以西红柿、茄子、甜椒、辣椒、尖椒等；菜瓜类以黄瓜、西葫芦、丝瓜、窝瓜、苦瓜、冬瓜、瓠瓜等；豆类以矮生菜豆、红豆、蔓生菜豆、豌豆等；白菜类以长白菜、小白菜、油菜等；结球类以圆白菜、苤蓝、芥菜、蔓菁、草莓等；葱蒜类以大葱、洋葱、韭菜等；薯芋类以马铃薯（土豆）、长山药等；多年生蔬菜以小地榴、菊芋、黄花菜（金针菜）等；瓜类以西瓜、香瓜、菜瓜等；食用菌类以凤尾菇、平菇、草菇、金针菇、香菇、木耳、猴头等。

低等植物 境内除藻类门、地衣门、细菌门，已知有真菌类食用菌（孢子植物）9科12种。以香菇、平菇、草菇、金针菇、鸡腿菇、马勃、木耳、猴头、鸡枞、羊肚菌、地皮菜、马皮炮。其余不述。

第六章 自然灾害

第一节 气象灾害

干旱

1998 年，全县气温偏高，降水偏少，无霜期较长，日照充足，伏旱较为严重，影响全县的粮食总产量。

2008 年，全县 13 个乡镇 81 万亩农作物受灾，受灾人口 8.6 万人，直接经济损失 4174 万元。

2009 年，全县 13 个乡镇全部受灾，农作物受灾 73.5 万亩，绝收面积 21 万亩，直接经济损失 1.7 亿元。

暴雨

2012 年 5 月 31 日，降水和风力对马营庄乡、后所乡和张家庄乡造成影响，共计受灾大棚 2105 座，农作物受灾 36789 亩，直接经济损失 2576 万元。7 月 21 日，山阴县出现暴雨，造成古城镇、岱岳乡、马营庄乡、后所乡、薛圐圙乡、张家庄乡、北周庄镇共 7 个乡镇受灾，经济损失 1100 多万元，受灾人口达 9198 人。8 月 11 日，吴马营乡因降水造成房屋倒塌，道路冲毁，受灾人数 30 人，直接经济损失 9 万元。9 月 7 日，马营乡因风暴造成 45 亩作物受灾，受灾人口 15 人，经济损失 1.35 万元。

2013 年 8 月 6 日，玉井镇、北周庄镇、岱岳镇、合盛堡乡遭受洪灾，受灾人口 6623 人，经济损失 740.8 万元。农作物受灾面积 12680.7 亩，紧急转移人口 78 人，倒塌房屋 20 户 39 间，严重损坏 75 间。

2015 年 6 月 15 日下午，山阴县马营乡一道沟突发山洪灾害，沿路前往中煤顺通辛安矿的运煤车辆损失严重，受损车辆 104 辆，其中严重受损大车 33 辆，小车 2 辆，比较严重受损的车辆 44 辆，一般受损车辆 25 辆，另有辛安矿接送大客车 1 辆轻微受损。经乡村排查，附近的戈道、青杨岭、魏家沟三村房屋受洪灾影响不大，因沟内洪灾，农作物涉及面积不大，戈道村饮水井被水淹。

冰雹

2008 年 6 月 26 日，山阴县古城镇 6 个自然村受冰雹袭击，农作物受灾面积 3060 亩。2009 年 7 月 28 日，北周庄 6 个自然村受冰雹袭击，受灾面积 14475 亩，直接经济损失 290 万元。

2011 年 7 月 16 日，冰雹造成玉井镇受灾面积 13939.5 亩，绝收 2614.5 亩，受灾人口 6247 人，经济损失 280 万元；下喇叭乡受灾面积 12600.9 亩，绝收面积 6915 亩，受灾人口 2403 人；经济损失 239 万元，暴雨造成岱岳镇冲毁农田 12 亩，受灾 12 户，经济损失 5.75 万元。7 月 26 日，冰雹造成吴马营乡受灾面积 244.5 亩，受灾人口 781 人，经济损失 10 万元；岱岳镇下沙河村受灾面积 2205.99 亩，绝收面积 277.5 亩，受灾人口 246 人，经济损失 51.38 万元。8 月 3 日，马营乡受冰雹袭击，受灾户数 110 户，人口 324 人，总受灾面积 123.1 亩，直接经济损失 19.7 万元。

大风

2010 年 3 月 20 日，大风天气共损毁蔬菜大棚 30 个、工业园区 1 个、养殖园区 6 个、居民住户 56 户，总经济损失 263 万元；后所乡造成 10 个蔬菜大棚倒塌，受灾面积 309 亩；马营乡造成 40 个蔬菜大棚倒塌，24 个受损受灾面积达 52.5 亩；玉井镇 4 个蔬菜大棚受损，受灾面积达 4.05 亩。

2011 年 6 月 2 日，薛圐圙乡奶牛场受龙卷风袭击，受灾人口 20 人，倒塌房屋 33 间，并损坏 17 间，直接经济损失 12 万元。8 月 3 日，玉井镇 9 个村受大风、冰雹、暴风雨的袭击，受灾户数 975 户，人口

3108人，总受灾面积16835亩，绝收3958亩，直接经济损失208万元。

雪灾

2009年11月9日，山阴县发生雪灾，损坏309个大棚，直接损失123.8万元；冻坏309亩露天蔬菜，直接损失51.7万元；冻死4头牛，直接损失6.8万元。

霜冻

2010年3月20日，霜冻造成岱岳乡蔬菜幼苗冻死，受灾人数达3000人，经济损失25万元，合盛堡乡16个行政村甜菜幼苗冻死，受损受灾面积达49.5亩，薛圐圙乡造成1275亩玉米幼苗冻死。

第二节 地震灾害

1998—2016年，山阴县发生M3.0级以上地震共2次。2011年4月26日，山阴县北纬39°35′、东经113°02′处发生3.1级地震，震源深度8公里。区域内震感明显，无房屋损坏和人员伤亡情况。同年12月24日，山阴县北纬39°47′、东经112°78′处发生3.3级地震，震源深度6公里。区域内震感明显，无房屋损坏和人员伤亡情况。

第三节 病虫害

山阴县病虫害主要有土蝗、红蜘蛛、草地螟等。1998—2007年，对土蝗、红蜘蛛、草地螟等暴发性害虫及时作出预报和防治技术要点，对地下害虫、蔬菜虫情等及时指导和培训防治，引起群众提早重视，未造成大的经济损失。

2001年，山阴县遭受了百年来罕见的特大干旱和严重虫害，农业生产受到严重损失，全县粮食总产为30904吨，较去年减75.4%，全县农村经济总收入10.68亿元，比去年降低53.3%。139个特重灾村缺口粮、缺饲料、缺饲草，缺杆种，人畜吃水困难。

2009年，玉米拔穗期间，大面积发生红蜘蛛虫害。全县4.2万亩玉米不同程度发生虫害，全县调运5吨多农药发放到北周庄镇、合盛堡乡、岱岳乡、安荣乡4个乡镇。2012年9月合盛堡乡因病虫害造成246.7公顷作物受灾，直接经济损失296万元。2016年，全县未发生较大病虫害灾情。

第三编

人口

人口

山阴县有汉族、回族、蒙古族、满族、俄罗斯族、藏族、维吾尔族等民族分布，其中汉族人口最多，回族次之。1998 年，全县总户数 66317 户，总人口 204136 人，人口密度为 77 人 / 平方公里。全县人口年龄构成由年轻型向成年型转变。2003 年，山阴县常住人口 222216 人，其中城镇 86043 人，乡村 136173 人，自然增长率 0.749%。2010 年，全县家庭户数 69156 户，其中二人户 15589 户，三人户 16935 户。2012 年，男性人口 124249 人，女性人口 117495 人。2016 年，山阴县常住人口 246549 人，城镇人口 130028 人，城镇化率 52.74%。全县农业人口 176022 人，呈逐年递减趋势。

1998—2016 年，山阴县落实各项优待和奖励政策，依法保障育龄群众实行计划生育的合法权益。建立起为广大妇女儿童健康服务的妇幼卫生服务体系和运行机制，建立健全县妇幼保健中心，促进妇幼保健工作与社区卫生服务相结合。广泛宣传和普及避孕节育、优生优育、生殖保健的科学知识，促进育龄群众身心健康，提高全县已婚育龄妇女的生殖健康水平。

第一章　人口状况

第一节　人口数量

1998 年，全县总户数 66317 户，总人口 204136 人。2002 年，常住人口 217320 人。2008 年，总人口 229806 人。2012 年，总人口 241744 人。2016 年，总人口 246549 人。

1998—2016 年山阴县人口总量变化情况表

表 3-1　　单位：人

年　份	总人口	年　份	总人口	年　份	总人口
1998	204136	2005	225534	2012	241744
1999	206267	2006	227057	2013	243078
2000	217298	2007	228413	2014	244608
2001	218958	2008	229806	2015	245754
2002	220558	2009	231062	2016	246549
2003	222216	2010	239102		
2004	223914	2011	240302		

注：表中数据来自《山阴统计年鉴 2017》

第二节　人口分布

1998 年，全县总户数 66317 户，总人口 204136 人，人口密度为 77 人 / 平方公里。2002 年，全县总户数 66756 户，总人口 220558 人，人口密度为 131.6 人 / 平方公里，属于人口较稀疏区，整个地域内以县城为中心形成一个人口集聚区，其他地域人口分布相对比较均衡，只有北部和南部山区个别乡镇人口密度相对较低，体现平川区人口分布的典型特征。2003 年，全县城镇 86043 人，乡村 136173 人。2005 年，城镇 91046 人，乡村 134488 人。2008 年，城镇 98174 人，乡村 131632 人。2012 年，城镇人口 115068 人，乡村人口 126676 人。2014 年，城镇人口 123871 人，乡村人口 120737 人，城镇化率 50.64%。2016 年，全县城镇人口 130028 人，城镇化率 52.74%。同年，人口密度为 93 人 / 平方公里。

第三节　人口变动

自然变动

1998 年，全县人口出生率 14.17‰，死亡率 5.99‰，自然增长率 8.18‰。2003 年，全县人口自然增长率 7.49‰。2005 年，人口自然增长率 7.23‰。2008 年，人口自然增长率 5.9‰。2014 年，出生率 11.69‰，死亡率 5.42‰，自然增长率 6.27‰。2016 年，出生率 9.41‰，死亡率 6.18‰，自然增长率 3.23‰。

1998—2016年山阴县人口自然变动情况表

表 3-2

年 份	出生人口（人）	出生率（‰）	死亡人口（人）	死亡率（‰）	自然增长率（‰）
1998	2893	14.17	1223	5.99	8.18
1999	2955	14.34	1365	6.62	7.71
2000	3042	14.00	1449	6.67	7.33
2001	3100	14.16	1434	6.55	7.61
2002	3101	14.06	1495	6.78	7.28
2003	3117	14.03	1453	6.54	7.49
2004	3088	13.82	1388	6.21	7.61
2005	2989	13.25	1358	6.02	7.23
2006	2921	12.86	1392	6.13	6.73
2007	2711	11.87	1354	5.93	5.94
2008	2732	11.89	1376	5.99	5.90
2009	2616	11.32	1357	5.87	5.45
2010	2387	9.99	1348	5.64	4.35
2011	2378	9.90	1256	5.23	4.67
2012	2686	11.11	1237	5.12	5.99
2013	2814	11.58	1340	5.51	6.06
2014	2860	11.69	1326	5.42	6.27
2015	2526	10.28	1378	5.61	4.67
2016	2320	9.41	1523	6.18	3.23

机械变动

2000年，山阴县迁入人口1332人，迁出人口1050人，机械增长率0.14%。2007年，迁入人口10242人，迁出人口5238人，机械增长率2.17%。2016年，迁入人口4806人，迁出人口5086人，机械增长率-0.11%。

2000—2016年山阴县人口机械变动情况表

表 3-3

年 份	迁入人口（人）	迁入率（%）	迁出人口（人）	迁出率（%）	机械增长率（%）
2000	1332	0.66	1050	0.52	0.14
2001	1413	0.69	1254	0.61	0.08
2002	1686	0.80	1121	0.53	0.27
2003	860	0.39	897	0.41	-0.02
2004	1286	0.58	1330	0.60	-0.02
2005	138	0.06	2268	1.03	-0.97

续　表

年　份	迁入人口（人）	迁入率（%）	迁出人口（人）	迁出率（%）	机械增长率（%）
2006	5571	2.49	4361	1.95	0.54
2007	10242	4.43	5238	2.26	2.17
2008	5173	2.19	3020	1.28	0.91
2009	2596	1.09	3791	1.59	−0.50
2010	3524	1.49	4194	1.77	−0.28
2011	3349	1.39	3419	1.42	−0.03
2012	4230	1.79	3419	1.44	0.35
2013	3000	1.24	2274	0.94	0.30
2014	2340	0.96	3907	1.61	−0.65
2015	6046	2.48	5850	2.40	0.08
2016	4806	1.96	5086	2.07	−0.11

第二章　人口构成

第一节　性别构成

全县人口性别构成经历从严重失调到逐渐平衡的发展过程。1998 年，全县男性人口 108185 人，女性人口 95951 人，男女性别比为 112.75 %。2000 年，男女性别比为 107.07%，2006 年，男女性别比为 109.3%。2012 年，男性人口 124249 人，女性人口 117495 人。2014 年，男性人口 129161 人，女性人口 115447 人。2016 年，男性人口 128982 人，女性人口 117567 人，男女性别比为 109.7%。

1998—2016 年山阴县人口性别构成表

表 3-4

年　份	按性别分（人）		性别构成（%）		性别比（%）
	男	女	男	女	
1998	108185	95951	53	47	112.75
1999	109226	97041	52.95	47.05	112.56
2000	112360	104938	51.71	48.29	107.07
2001	113225	105733	51.71	48.29	107.09
2002	114034	106524	51.70	48.30	107.05
2003	114738	107478	51.63	48.37	106.75
2004	115602	108312	51.63	48.37	106.73
2005	116267	109267	51.55	48.45	106.41

续 表

年 份	按性别分（人）		性别构成（%）		性别比（%）
	男	女	男	女	
2006	118580	108477	52.22	47.78	109.31
2007	118639	109774	51.94	48.06	108.08
2008	117895	111911	51.30	48.70	105.35
2009	118771	112291	51.40	48.60	105.77
2010	124761	114341	52.18	47.82	109.11
2011	125070	115232	52.05	47.95	108.54
2012	124249	117495	51.40	48.60	105.75
2013	129205	113873	53.15	46.85	113.46
2014	129161	115447	52.80	47.20	111.88
2015	128008	117746	52.09	47.91	108.72
2016	128982	117567	52.31	47.69	109.71

第二节 年龄构成

1998年后，全县人口年龄构成由年轻型向成年型转变，2000年，0~14周岁、15~64周岁、65周岁及以上人口比例分别为28.75%、63.87%、7.38%。2005年，60周岁以上的人口比例为15.9%，老龄化现象开始显现。2010年，0~14周岁人口42399人、15~64周岁人口176657人、65岁及以上人口19853人，比例分别为17.75%、73.95%、8.30%。2016年，0~17周岁、18~34周岁、35~59周岁、60周岁及以上人口比例分别为19.2%、28.3%、34.4%、18.1%。

第三节 民族构成

2000年，全县汉族人口217041人，占99.88%，少数民族人口257人，占0.12%。2010年，全县蒙古族44人、彝族64人、满族22人、土家族28人、藏族7人、苗族8人，另有壮族1人、布依族1人、侗族1人、瑶族1人、哈尼族1人、佤族1人等。2015年，全县人口以汉族为主，占总人口的99.9%，还有蒙古族、满族、土家族、藏族等13个少数民族212人，其中蒙古族54人，满族46人，土家族21人，藏族20人。

第四节 文化构成

2000年，全县6周岁及以上人口197798人，其中大专及以上人口3741人，高中和中专人口20955人，初中人口78268人，小学人口75357人，文盲、半文盲人口19577人。2010年，全县未上过学人口8445人，小学人口58279人，初中人口112392人，高中人口33029人，大学专科人口9921人，大学本科1998人，研究生46人。文盲人口7868人。

第五节　乡村人口与城镇人口

乡村人口

1998年，全县农业人口170255人。2000年，改为按城镇乡村人口划分，乡村人口167047人。2002年，乡村人口136745人。2005年，乡村人口134488人。2008年，乡村人口131632人。2009年，乡村人口131692人。2010年，乡村人口135475人。2011年，乡村人口132552人。2012年，乡村人口126676人。2014年，乡村人口120737人。2016年，乡村人口116521人。总体上，全县乡村人口呈逐年递减趋势。

城镇人口

1998年，全县非农业人口33881人。2000年，城镇人口50251人。2002年，城镇人口83813人。2004年，城镇人口88892人。2008年，城镇人口98174人。2009年，城镇人口99370人。2010年，城镇人口103627人。2011年，城镇人口107750人。2012年，城镇人口115068人。2014年，城镇人口123871人。2016年，城镇人口130028人。总体上，全县城镇人口呈逐年递增趋势。

第三章　婚姻家庭

第一节　婚　姻

1998—2016年，县内男女婚姻，普遍都能遵守恋爱自由、婚姻自主、一夫一妻制的法律准则。在农村，通过他人（媒人）撮合成婚的习俗虽然还有，但较之以前大大减少。自选对象、接触了解、自由恋爱组成家庭已成为主流。广大男女青年通过生产劳动、外出打工、经商、读书、同一单位工作进行交往，从相互认识、交流思想，达到相互了解、增强感情，或经他人牵线搭桥，进而确立恋爱关系。条件成熟后，按照双方意愿，自主到民政部门办理结婚手续，建立婚姻家庭。有些中、老年人丧偶或离异后，因感情寂寞孤单等，主动提出再婚，并能取得子女的理解和支持，重新组织家庭，这种情况日渐增多。婚姻离异现象呈上升趋势。

2004年，山阴县开始实行集中婚姻登记，当年共登记结婚365对，离婚20对。2007年共登记结婚1183对，离婚25对。2012年山阴县共登记结婚1744对，离婚91对。2016年山阴县共登记结婚2290对，离婚250对。

第二节　家　庭

受中国传统习俗影响，山阴县居民素有尊老爱幼、勤俭持家的传统美德，虽然老少分开居住、家庭规模缩小，但亲情仍然浓厚不减，长辈关怀爱护晚辈，晚辈则随时探望、关心长辈，经常给予精神上的安慰、经济上的支持，常回家看看，老少时而聚合，共享天伦之乐。男女平等、同工同酬、互敬互爱、敬老爱幼、关心体贴等蔚然成风，新型的家庭关系已经普遍形成。

2001年，《中华人民共和国婚姻法》新修订以后，山阴县坚决贯彻执行。同时开展创建文明家庭活动，成立县老龄工作委员会和关心下一代工作委员会。县直各部门、各乡镇（管委会）也都开展了老龄工作。

每年都举行“五好文明家庭”“婚育新风进万家”等活动，倡导爱国守法、遵章守纪、移风易俗、少生优育、夫妻互敬、尊老爱幼、勤俭持家、文明礼貌、清洁卫生等社会新风。相反，也还有少不尊老、妻不敬夫、夫不爱妻、兄弟相残、遗老弃老的现象，家庭成员之间常为某些家庭小事争吵相斗。遗弃婴儿的事例也偶有发生。

2010年，全县家庭户数69156户，一人户7242户，二人户15589户，三人户16935户，四人户17687户，五人户7219户，六人户2826户，七人户1010户，八人户366户，九人户174户，十人及以上户108户。全县家庭户类别有一代户20064户，二代户40096户，三代户8690户，四代户305户，五代及以上户1户。

第三节　姓　氏

2000年，第五次人口普查统计，境内有姓氏198个。万人以上姓氏5个，依次为王、张、李、杨、刘。2010年，第六次人口普查统计，境内有姓氏213个。万人以上姓氏有5个，依次为王、张、李、杨、刘。

2016年山阴县下喇叭乡各村主要姓氏构成表

表3-5

村名	主要姓氏（以人口多少排序）	备注	村名	主要姓氏（以人口多少排序）	备注
上喇叭	李、郭、朱	李姓居多	冻牛坡	李、陈、杨、宋、刘、张、王	李、陈姓居多
下喇叭	王、李、杨、丰	王、李姓居多	刘家窑	杨、王、卢、荆	杨、王姓居多
榆树洼	丰、李、胡、靳、赵、张、戎		吴庄	孟、王、戎	孟、王姓居多
榆坪	宋、王、张、李	宋、王、张姓居多	后山	张、叶、袁	张、叶姓居多
上立羊泉	李、赵、丰、陈、张	李、赵、丰姓居多	小庄窝	杨、谢、王、戎	杨姓居多
下立羊泉	李、杨、丰、刘、	李姓居多	黑龙池	张、杨、段	张 杨姓居多
织女泉	张、王、李、赵	张、王姓居多	双井	王、刘、陈	王、刘姓居多
蓿麻沟	李、张、朱、王	李姓居多	柳沟	韩	
口子梁	张、彭、王	张、彭姓居多	吴儿城	李、强、韩、董、高	李、强、韩姓居多
罗庄	罗				

第四章　人口控制

第一节　服　务

政策措施

1998年，山阴县各级各类企业依法落实各项优待和奖励政策，依法保障育龄群众实行计划生育的合法权益。

2003年，企业员工符合晚婚、晚育规定和产假期间采取长效节育措施，或夫妻一方接受绝育手术的，依据《计划生育条例》规定享受婚假、产假、护理假，休假期间，工资、奖金照发。

2007 年，山阴县领取独生子女父母光荣证的夫妻，从领证之月起至独生子女 16 周岁止，夫妻双方各依法享受每月 10 元的独生子女父母奖励费。独生子女父母奖励费由夫妻双方各自所在企业（单位）解决。夫妻一方是企业职工，另一方是城镇无业居民或农业人口者，全部由前者所在企业支付；丧偶者由所在单位全发。国有、国家控股等类型所有制企业聘用的职工中属于农业户口或界定为农村居民户口且不属于正式职工者，独生子女父母奖励费由其户籍所在地人民政府解决；私营、“三资”、集体等类型所有制企业职工中属于农业户口或界定为农村居民户口者，由其户籍所在地人民政府解决。

实行计划生育的育龄夫妻享受人口和计划生育部门免费提供的避孕药具服务。

夫妻领取独生子女父母光荣证后，退休时可以由所在企业按山阴县上年度职工平均工资额的 30% 给予一次性奖励；其子女入园、接受义务教育、就医等费用，可以由双方所在单位给予补贴，补贴标准由企业根据自身效益情况自行决定。

对企业职工的独生子女发生意外伤残丧失劳动能力或死亡，其父母不再生育、子女户籍在山阴县者，山阴县人民政府视具体情况，按照不低于上年度山阴县城镇居民年人均可支配收入的标准给予一次性补助。

2011—2016 年，加强妇幼保健工作，建立健全妇幼保健工作网络。依法规范妇幼保健服务。建立起为广大妇女儿童健康服务的妇幼卫生服务体系和运行机制，建立健全县妇幼保健中心，促进妇幼保健工作与社区卫生服务相结合。开展婚前检查、城乡已婚育龄妇女的妇女病检查和优生监测服务。开展产前筛查、产前诊断、遗传病诊断等工作，加强出生缺陷干预，提高人口素质；基本建立以居住地为主的流动人口妇幼保健管理模式，使流动人口孕产妇、儿童享有与户籍地人口同等的保健服务；全县实行妇幼保健管理信息化，加强孕产期尤其是对高危孕妇的管理，提高住院分娩率，保证母婴安全。全县妇幼保健工作的主要指标保持全省先进水平。

生育管理服务

1998 年，全县计划生育工作开展“双服务”活动，人口自然增长率控制在 7.92‰以内，综合节育率由 1992 年的 89.52% 提高到 1997 年的 92.81%，连续四年被评为全省计生工作先进县。

2000 年，全县人口出生率和自然增长率分别控制在 14.33‰和 7.71‰以内，综合节育率达 92.82%，计划生育率达 82.17%。

2002 年，山阴县总人口 220558 人，出生 2584 人，出生率为 12.76‰，比 2001 年下降 0.54 个千分点。

2007 年，全县结合实际制定加强企业人口和计划生育工作的具体实施办法。县级以上人民政府将企业人口和计划生育工作作为目标管理责任制的一项重要内容进行管理、考核，表彰奖励工作出色、目标管理责任指标完成好的企业。计生行政部门对企业完成人口计划生育目标管理责任制情况依法进行考核。通过考核，促进企业提高人口计划生育工作水平，维护企业职工实行计划生育的合法权益，推进企业人口计划生育工作的健康发展。

按照《关于批准发布〈农村计划生育服务机构基础设施建设标准〉的通知》要求，玉井镇、吴马营乡、马营乡、下喇叭乡、合盛堡乡、岱岳镇、安荣乡、薛圐圙乡、张家庄乡、古城镇、马营庄乡计划生育服务所需重新建设，每个乡镇计生服务所规划占地面积 4000 平方米。

2016 年，全县人口数据库常住人口入库率达到 102%；符合政策生育率达 98%；已婚育龄妇女综合避孕率达 90.72%；出生人口性别比为 96.08；全员信息系统方面，身份证准确率达 99.74%、个案信息重复率为 0.19%、数据审核差错率为 0.19%、跨省流动人口协作按时处理率为 90.35%；生育政策知识生殖健康知识知晓率 93%；群众对计生工作满意率达 95%；对全县入党、转正、党代表、人大代表、政协委员及聘任、录用、调整、拟提拔人员和评先单位及个人等资格进行相关审核，促进计生事业持续发展。

第二节 宣 传

1998 年，全县坚持计划生育政策发展与国民经济相协调，人口政策与社会发展相适应。以加强农村、城镇基础工作为重点，大力宣传计划生育法律法规，提高城乡居民计划生育、优生优教意识。山阴县计划生育工作深入开展“双服务”活动，人口自然增长率控制在 79.2% 以内，综合节育率由 1992 年的 89.52% 提高到 1997 年的 92.81%，连续四年被评为全省计生工作先进县。

2002 年，县级行政机构改革，山阴县计划生育委员会改称为山阴县计划生育局。2005 年 3 月机构改革又改称为山阴县人口和计生局，内设办公室、政策法规和发展规划、宣传教育和科学技术、流动人口服务管理四个科室，成为山阴县计划生育阵线排头兵。

2007 年，山阴县结合实际制定加强企业人口和计划生育工作的具体实施办法。计生行政部门对企业完成人口计划生育目标管理责任制情况依法进行考核，兑现奖惩。同时，广泛开展优质服务，建立办事公开、服务承诺制等，推出“一站式”服务等便民利民服务措施。“十一五”期间，全县卫生系统有 2 个单位获省级文明单位，2 个单位获市级文明单位，6 个单位获县级文明单位，涌现一批白求恩式医务人员、抗击非典英雄和先进医务工作者。

2014 年，全县卫计工作人员在县政府广场前设立政策咨询、药具发放、健康检查等服务点，现场为群众宣传计划生育相关知识和免费健康检查，前来咨询领取药品的群众络绎不绝。此次活动共发放计生优质服务、避孕节育、生殖健康等宣传手册 5000 余份，为育龄群众提供避孕药具 1000 余份，并为群众义诊测血压 20 余人次。广泛宣传和普及避孕节育、优生优育、生殖保健的科学知识，促进育龄群众身心健康，提高全县已婚育龄妇女的生殖健康水平。

2016 年，全县完成 300 名农村妇女免费宫颈癌筛查任务。完成增补叶酸预防神经管缺陷项目任务。完成农村孕产妇住院分娩补助项目任务。完成 700 对孕前优生免费健康检查任务。生育政策知识生殖健康知识知晓率 93%，群众对计生工作满意率达 95%。

第三节 管理机构

1994 年 8 月，山阴县计划生育委员会成立。1998 年 5 月，县计划生育委员会内设机构有办公室、计财室、计生服务指导站。行政编制 8 人，其中主任 1 人，副主任 2 人。

2015 年 11 月，卫生局与人口和计划生育局合并，组建为卫生和计划生育局（简称卫计局）。2016 年，内设机构 9 个：办公室、政策法规宣传教育股、规划信息股、疾控应急股、医政中医股、基层卫生股、计生发展指导股、机关计生与流动人口办公室、计划财务股。编制 19 人，实有人数 26 人。历任主任（局长）有周玉英、樊胜兴、韩圣章、罗玉屏、罗殿林。

中共山阴县地方组织

第四编

中共山阴县地方组织

1998—2016年，中共山阴县委共召开5次党员代表大会，围绕强县富民战略，促进经济运行质量和经济效益提高，保持全县政治稳定、经济发展、社会安定局面。县纪检委利用县级“三讲”教育和廉政警示教育活动，加强对党员干部理想信念教育、权力观教育和党纪国法教育。县委组织部加强各级领导班子、干部队伍、基层组织和党员队伍建设，为全县改革、发展、稳定提供坚强的组织保证。县委宣传部利用开展保持共产党员先进性教育活动，加强精神文明建设和创建基层先进党组织宣传报道。县综治办组织动员全社会力量，整治社会治安，化解社会矛盾，维护社会稳定。县委统战部执行“长期共存、互相监督、肝胆相照、荣辱与共”方针，坚持四项基本原则，不断加大统战宣传力度。县信访部门对信访案件进行排查、梳理，采取带案下访、约访等方式，集中时间、集中力量化解信访积案。乡镇机构改革以转变政府职能为核心，理顺县乡职责关系，提高乡镇组织能力、管理能力、执行能力和服务能力，促进农村经济社会发展。至2016年，中共山阴县委下辖基层党委27个、乡镇党委13个、机关事业党委10个、企业党委3个、党总支43个、基层党组织712个，全县有党员10868人。

山阴縣志

第一章　中国共产党山阴县历次代表大会

第一节　中国共产党山阴县第十次代表大会

1998—2016年，中共山阴县委共召开5次党的代表大会，完成不同时期的工作任务。

中国共产党山阴县第十次代表大会1998年5月19—21日在县城召开。出席大会的有正式代表321人，列席代表46人。大会以无记名投票方式，直接差额选举的办法，选举产生中共山阴县第十届委员会、中共山阴县纪律检查委员会。5月21日下午，中共山阴县第十届委员会和纪律检查委员会第一次会议召开，选出县委常委11人，书记蔚文彩，副书记马占俊、贾忠权、赵向东、南志中。

当选的25名县委委员（按姓氏笔画为序排列）是：马占俊、王应贤、王振声、尤跃栋、白文浩、朱志盛、刘青长、刘尚荣、刘培平、安秀清、李尚智、李宝英、杨怀恩、何永龙、张天茂、赵文君、赵向东、南志中、贺志功、袁林生、贾忠权、康生霖、程育胜、蔚文彩、魏志翰。

当选的4名县委候补委员（按得票多少为序列）是：石生林、段有昆、唐志宽、董文槐。

当选的14名县纪委委员（按姓氏笔画为序排列）是：马一山、王世义、王光银、白明堂、李安唐、杨怀恩、杨增文、孟守信、赵守忠、赵喜文、柴树山、徐万道、樊平发、樊胜兴。

当选的6名县纪委常委（按市委批复为序）是：杨怀恩、王光银、杨增文、柴树山、赵喜文、马一山。

当选的11名县委常委（按市委批复为序）是：蔚文彩、马占俊、贾忠权、赵向东、南志中、杨怀恩、张天茂、赵文君、王振声、贺志功、安秀清。

第二节　中国共产党山阴县第十一次代表大会

中国共产党山阴县第十一次代表大会于2003年8月15—16日在县城召开。出席大会的有正式代表268人，列席代表61人。会议听取并审议陈晋才作的《解放思想，抢抓机遇，自加压力，争先发展，为全面建设山阴小康社会而努力奋斗》的工作报告。大会选举产生中共山阴县第十一届委员会、中共山阴县纪律委员会。8月16日上午，中国共产党山阴县第十一届委员会和纪律检查委员会第一次会议召开，全会采取无记名投票方式，直接差额选举办法，选举产生中共山阴县第十一届委员会常务委员；采用差额选举办法，选举产生中共山阴县第十一届委员会书记、副书记。当选的县委常委11人，县委书记为陈晋才，副书记为左中伟、南志中、李国胜、赵文君。

2003年8月15—16日，中共山阴县第十一次代表大会召开，选举产生中共山阴县第十一届委员会委员25人、候补委员4人、县纪委委员15人、县纪委常委6人，县委常委11人。

当选的25名县委委员（按姓氏笔画为序排列）是：王喜、王应贤、王振声、尤跃栋、左中伟、朱志盛、刘青长、刘培平、安秀清、李国胜、李尚智、陈晋才、林海义、苑德、南志中、赵文君、钟启宇、段有昆、贺志功、袁林生、徐万道、郭存斌、康生霖、程育胜、魏志翰。

当选的4名县委候补委员（按得票多少为序）是：杨时功、李晋山、张志刚、殷相。

当选的15名县纪委委员（按姓氏笔画为序排列）是：马一山、王世义、王光银、王尚龙、杨增文、张效良、赵守忠、赵喜文、苑德、罗殿林、徐万道、郭宏章、韩圣章、管福、薛建平。

当选的 6 名县纪委常委（按市委批复为序）是：苑德、王光银、杨增文、张效良、赵喜文、马一山。

当选的 11 名县委常委（按市委批复为序）是：陈晋才、左中伟、南志中、李国胜、赵文君、苑德、贺志功、钟启宇、刘青长、郭存斌、王喜。

第三节 中国共产党山阴县第十二次代表大会

2006 年 6 月 23—24 日在县城召开。出席大会的正式代表 252 人，请假 17 人，应到 269 人。会议听取并审议陈晋才作的《加快科学发展，促进和谐稳定，为建设富裕文明和谐的新山阴而努力奋斗》的工作报告。选举产生中共山阴县第十二届委员会常务委员 10 人、书记 1 人、副书记 3 人。选举采用无记名投票方式，常务委员会采用直接差额选举的办法产生，书记、副书记采用等额选举的办法产生。陈晋才当选为县委书记，左中伟、赵文君、苑德当选为副书记。

2006 年 6 月 23—24 日，中共山阴县第十二次代表大会召开，选举产生中共山阴县第十二届县委常委 10 人、县纪委常委 7 人。

当选的 31 名县委委员（按姓名笔划为序列）是：王双、王与茂、王秀兰、王应贤、王振声、尤跃栋、左中伟、毕治中、朱志盛、朱志斌、刘青长、刘培平、安秀清、杨时功、杨思育、李尚智、李国胜、李宝英、张凯瑞、陈晋才、林海义、苑德、赵文君、钟启宇、贺志功、袁林生、贾忠权、殷相、郭存斌、郭自更、程育胜。当选的 6 名县委候补委员（按得票多少为排列）是：王振林、卢满、李晋山、段国强、靖文勇、樊建华。当选的 15 名县纪委委员（按姓名笔划为序排列）是：马一山、王世义、毕财、任君、杨增文、张效良、苑德、罗殿林、赵凤岐、赵国选、赵秉国、韩圣章、管福、薛有华、薛建平。当选的 10 名县委常委（按姓氏笔画为序排列）是：左中伟、毕治中、刘培平、张凯瑞、陈晋才、苑德、赵文君、钟启宇、贺志功、郭存斌。当选的 7 名县纪委常委（按姓氏笔画为序排列）是：马一山、杨增文、张效良、苑德、罗殿林、赵国选、赵秉国。

第四节 中国共产党山阴县第十三次代表大会

2011 年 5 月 29—31 日在县城召开。出席大会的正式代表 274 人，请假 5 人。会议听取并审议侯元作的《打造新基地，拓展新优势，争当"四体一化东部新区"建设排头兵》的工作报告。选举产生中共山阴县第十三届委员会委员 11 人，候补委员 6 人，纪委委员 15 人。中共山阴县第十三届委员会第一次全体会议选举产生中共山阴县第十三届委员会书记 1 人，副书记 2 人。侯元当选为县委书记，南志中、苏斌如当选为县委副书记。

2011 年 5 月 29—31 日，中共山阴县第十三次代表大会召开，选举产生中共山阴县第十三届委员会委员 31 人、候补委员 6 人、县纪委委员 15 人、县委常委 11 人、县纪委常委 7 人。

当选的 31 名县委委员（按姓氏笔画为序排列）是：丰贵宝、王划、王良、王登峰、卢满、田永清、句爱云、毕财、刘世泉、苏斌如、李波、李日宏、李尚智、杨青如、杨晓明、何兴斌、张凯瑞、张效良、孟福荣、相成、柳丽君、南志中、段国强、侯元、袁林生、郭自更、郭兆文、郭志平、黄永红、程育胜、智杰山。当选的 6 名县委候补委员（按姓氏笔画为序排列）是：王成元、刘华、刘福广、李官、李胤龙、何云彪。当选的 15 名县纪委委员（按姓氏笔画为序排列）是：马一山、王伟、王日东、王景龙、句爱云、张玉成、张素英、罗玉屏、罗殿林、赵国选、侯跃文、崔正荣、闫志民、魏玉彪、魏雁明。当选的

11 名县委常委（按姓氏笔画为序排列）是：田永清、句爱云、苏斌如、张凯瑞、孟福荣、南志中、侯元、郭兆文、黄永红、程育胜、智杰山。当选的 7 名县纪委常委（按姓氏笔画为序排列）是：马一山、句爱云、张素英、罗殿林、赵国选、魏玉彪、魏雁明。

第五节　中国共产党山阴县第十四次代表大会

2016 年 6 月 13—15 日在县城召开。应到正式代表 277 人，实到 277 人。会议听取并审议李旭清作的《坚定信心真抓实干，凝心聚力推动发展，为实现全面建成小康社会目标而努力奋斗》的工作报告。选举产生中共山阴县第十四届委员会常委 10 人，书记 1 人，副书记 2 人；李旭清当选为县委书记，南志中、李全胜当选为县委副书记。

2016 年 6 月 13—15 日，中共山阴县第十四次代表大会召开，选举产生中共山阴县第十四届县委常委 10 人，县纪委常委 7 人。

当选的 33 名县委委员（按姓氏笔画排列）是：王伟、王成元、王志远、王浩宇、王继红、史俊龙、乔振文、乔新文、刘华、刘向前、刘福广、刘德义、苏美、李全胜、李旭清、李胤龙、何兴斌、张志斌、庞晓辉、降英、赵生富、相成、南志中、钟军辉、段国强、郭俊、郭东申、郭兆文、郭连兵、郭金业、郭振林、黄永红、魏雁明。当选的 6 名县委候补委员（按得姓氏笔划排列）是：王志文、王泽邦、刘文斌、闫志民、吴玉梅、赵凯。当选的 17 名县纪委委员（按姓氏笔画排列）是：王运尧、王景龙、尹晋峰、白继龙、冯树田、孙增喜、李日旭、张志新、张素英、陈瑛、周世平、赵将、赵凤岐、郝建平、高玉国、郭振林、常顺平。当选的 10 名县委常委（按姓氏笔画顺序排列）是：王伟、刘向前、刘德义、李全胜、李旭清、降英、南志中、钟军辉、郭振林、黄永红。当选的 7 名县纪委常委（按姓氏笔画顺序排列）是：白继龙、冯树田、张素英、赵凤岐、郝建平、郭振林、常顺平。

第二章　中国共产党山阴县委员会工作及会议

第一节　县委工作

1998—2003 年，县委共召开五次全委会议，规划和部署系列工作。2002 年，全县财政总收入突破亿元大关，达到 1.1 亿元，比 1997 年增长 3323.4 万元，比 2001 年净增 2778 万元。干部职工工资是 1997 年的 1.7 倍，增幅 61.1%；农民人均纯收入 2491 元，城镇居民人均可支配收入 3961 元。城乡居民储蓄存款余额 10.69 亿元。2002 年山阴县被评为全省结构调整先进县。95% 的国有集体企业开展产权制度改革。建设金海洋“双 500 万”洗精煤项目，连顺 100 万吨煤基合成油工程输煤隧道；乳品加工业通过扶优扶强、开放引进，形成古城、伊利、蒙牛三大龙头企业齐头并进的局面。至 2002 年，退耕还林 4.34 万亩，种草 3.5 万亩，全县奶牛存栏 5.1 万头，50 头以上的奶牛场 40 多个。固定资产投资 5 年累计 6.99 亿元。城乡建设完成旧城拆迁改造、新城扩建配套、工业园区建设和城市美化绿化四大工程，修建、硬化主要街道和巷道、兴建市政景点、森林公园等工程。道路建设实现乡乡通油路、村村通公路；兴建骨干水利工程和人畜吃水工程，改造中低产田 8.43 万亩，解决 68 个农村的人畜吃水问题；除砷改水工程受益单位 73 个，其中涉及 65 个村；城乡电网改造完成，实现城乡同网同价；社会保障体系得到完善。2001—

2002年，养老保险覆盖面达90%，社会化发放率100%。2002年，养老保险征缴额为1205万元。形成以养老保险、失业保险、医疗保险、城市低保为主体的社会保障体系。文化事业方面，《山阴县志》编辑出版，《山阴报》创刊发行；教育事业方面，高考本科达线人数5年累计1286人；卫生事业方面，各类地方病、传染病得到防控。开展“三讲”集中教育和村级“三个代表”重要思想学习教育活动，推进干部人事制度改革，完成县乡机构改革和撤乡并镇工作；各级基层党组织开展“三级联创”活动。

2004—2006年，全县累计投资近2亿元，绿化造林面积52万亩，奶牛存栏6.85万头。2005年，农民人均纯收入3388元，成为全省增加农民收入先进县。城建、交通基础设施建设累计投资7.2亿元。城市建设投入4.1亿元，完成西环路、新建路、青年路、同太路、北环路、文卫路和县城东、西出口等8条主要街道的延伸、扩建、改造；新增住房面积30多万平方米，新增商场面积1万多平方米；完成县城供水、供热管道设施的升级改造。道路建设投入3.13亿元，新增公路里程376公里。教育事业方面，完成县乡中小学新扩建和危房改造9.6万平方米。农村用水安全问题得到解决，完成60个村、3.90万人、7000多头大牲畜的人畜饮水工程；完成83个村、5.65万人除砷、除氟改水工程；文化活动场所方面，建设完善县城西山公园、文化广场；沿大运路建成28个配置大众健身器材的体育场。新增电视节目36套，电视人口覆盖率达95%以上；通讯电话普及率达到50部/100人；健全社会保障体系发展，国有集体企业养老保险覆盖面达95%以上。城镇居民人均可支配收入7020元。全县生产总值完成25亿元，三年增长87.55%；财政总收入完成5.21亿元，位列山西省第三十四位。实施结构调整战略，引进金海洋、晋能、蒙牛、伊利、山煤、同煤等大型企业、集团和千万元以上调产项目40个，完成投资近50亿元，带动全县煤电、乳品、冶化和农副产品加工、旅游五大产业的优化升级。煤炭资源通过整合，安全生产能力得到提高，煤炭回采率达40%以上，煤炭年产量突破1000万吨，发运能力超过2000万吨，60%的煤矿完成采煤方法改革。以金海洋为龙头的煤产品加工转化得到延伸，煤炭精洗能力达1000万吨以上，完成20万兆瓦矸石发电项目。冶化产业多元发展，形成石星、普能、金海洋、金源四大冶化骨干企业，硅锰合金生产能力达到10万吨，电石、电灰氮基本达到“双8万吨”，合成氨5万吨、甲醇3万吨。乳品加工业引进蒙牛、伊利两大企业，形成古城、蒙牛、伊利三大龙头并立的局面，连同康喜、春城、溶溶、鑫源等六家乳品企业共同领跑山阴奶牛乳品业发展格局。乳品生产加工能力达30万吨。农副产品加工企业有天鹏、雁门等肉类加工企业，辈辈龙、鲜通等8家蔬菜加工企业，鑫邦、玉龙等小杂粮加工企业，云水露、昆鹏等粮食酿酒企业，黑白花、四季春等饲料加工企业，金银花纺织品加工企业，形成乳、肉、菜、粮、饲、纺六类农副产品加工业。全县推进“以牧为主，农牧结合”的雁门关生态畜牧经济区建设。同时县委加强党的建设、精神文明建设和民主法制建设，开展“三个代表”实践工程和共产党员先进性教育，制定领导干部实绩考核办法，健全“两档一制”，行风评议形成制度化；开展公民道德建设工程，未成年人思想道德建设取得进展。

2007—2011年，县委发挥总揽全局、协调各方的领导作用和做决策、定方向、抓大事、管干部。团结带领全县党员干部群众完成第十二次党代会提出的目标任务。通过创新载体，开展学习实践科学发展观、创建学习型党组织和学习弘扬右玉精神等一系列党建主题活动；创建“百里党建精品示范带”，建设基层组织活动场所，党工共建工作成为全省典型；树立干事创业的用人导向，使优秀人才走上领导岗位；落实党管人才政策，择优考录892名大学生村干部、中小学教师、计生服务员、卫生监督员、卫生技术员、民政助理员和煤矿安监员；制定完善《常委会议事规则》及《请示报告制度》等十多项制度，贯彻民主集中制，推进党风廉政和反腐败工作。2008年，山阴经历全球金融危机、“三聚氰胺”以及安全事故等事件。县委面对压力，落实扩大内需政策，从保增长入手，推进项目建设，引进各类项目122个，总投资156亿元；推进煤炭资源整合和企业兼并重组，煤矿数量由39座整合为21座，煤炭产能由1245

万吨提升到 2640 万吨；推进中煤、格盟等大企业与金海洋联合，建成矸石电厂、新型建材等煤电延伸项目；针对“三聚氰胺”事件，县委规范奶站、建设园区，及时财政补贴，稳定奶农情绪，保持全县奶牛存栏 7.50 万头的数量不变。大力发展设施农业，集中连片建设 6500 多亩设施蔬菜示范大棚，拓宽农民稳定增收渠道。“十一五”时期，全县财政总收入累计完成 80 亿元，比“十五”增加 69 亿元，是“十五”时期的 9.67 倍。县委谋划全县发展布局，以产业集聚、产品延伸、联产循环、绿色生态为方向，集中打造中煤金海洋全省循环经济试点园区，促进黑色煤炭链条延伸，形成产—运—洗—销和煤—电—冶—建两大工业循环链；推进白色乳品联动循环，培育粮—牛—奶和畜—沼—菜两大农业循环链，在绿色生态规模方面，集中实施西山 20 万亩缓坡丘陵区治理、广武雁门关 10 万亩劣质地类治理和大运高速路造林绿化三大生态工程，构建“三色经济”循环发展的山阴模式。促进煤电循环、奶牛乳品、健康养殖、农产品加工、设施农业、生态绿化等发展实力提升。教育投入 9.6 亿元，完成中小学校舍改造新建，实现每个乡镇都有一所高标准寄宿制小学的目标。投资 2.7 亿元，新建山阴一中。城乡基础设施建设投入 7.2 亿元，完成县城水、电、气、暖和垃圾、污水处理厂以及绿化、亮化、美化等城市公共设施新建改造工程。全省首家县城热电联供项目建成。完善医疗服务体系，八项保险参保人数达 16.5 万人次。2008 年，全县经济社会发展居山西省 119 个县前 20 位。2010 年，财政总收入完成 20.13 亿元，连续四年保持总量全市第一，是“十五”期末的 3.86 倍；一般预算收入完成 10.05 亿元，连续三年保持总量全市第一，是“十五”期末的 6.05 倍；城镇居民人均可支配收入 1.74 万元，是“十五”期末的 2.49 倍；农民人均纯收入 7532 元，是“十五”期末的 2.22 倍；全县地区生产总值完成 116 亿元，是“十五”期末的 4.91 倍。县委围绕中心工作，开展群众文化活动，形成一批文化组织和文化产品；推进“平安山阴”创建活动。县委刷新工作标准，各项重点工作排在省市乃至全国前列，被国家有关部委表彰为全国农田水利建设先进县，全国农村社区建设实验县，全民健身活动先进单位，第一次全国污染源普查先进集体，全国“中华魂”主题教育活动先进集体，全国关心下一代工作先进集体；被省委、省政府评为全省造林绿化先进单位，全省增加农民收入先进县，全省粮食生产先进县；农村工作、生态建设、健康养殖、设施蔬菜、农产品加工、动物防疫、安全生产、环境保护、治理超载、新型农合、残疾人工作、计生、卫生、科普、安保等 50 多项工作受到省级以上表彰，70 多项工作受到市级表彰。2009 年和 2010 年山阴县进入全国县域经济中部百强县行列，位居第 93 位、第 49 位。

2011—2016 年，县委团结带领广大党员和干部群众，贯彻落实党的十八大和十八届三中、四中、五中全会精神，学习贯彻习近平总书记系列重要讲话精神，围绕“四个全面”战略布局，完成县十三次党代会提出的各项目标任务。县委以党的基层组织建设为基础，以各级领导班子和干部队伍建设为关键，以党风廉政建设为重点，加强党的建设。开展党的群众路线教育实践活动、学习讨论落实活动、“三严三实”（既严以修身、严以用权、严以律己又谋事要实、创业要实、做人要实）专题教育、“两学一做”学习教育，使党性修养得到提高。制度化组织县委中心组学习，加强干部教育培训，请专家进行专题辅导，送干部外出学习培训。2011—2016 年，累计对科级干部、村“两委”主干、大学生村干部分主题分类别进行集中培训 30 多期。整治农村软弱涣散党组织，推进农村挂职“第一书记”和“三级联创”活动，从严干部

2014 年 5 月，山西省党的群众路线教育实践活动专题晚会《晋风颂》在县政府二楼报告厅举办

选拔任用，坚持“三个一批”（甄别处理一批、调整退出一批、掌握使用一批），树立正确的用人导向。落实中央八项规定，整治“四风”问题，持续开展学习贯彻党的十八大精神。开展纪律作风整顿，推进下乡住村包村增收、“党建连心桥”“访知解”（访民生、知民情、解民事）“右玉精神在朔州”等活动；实施抓基层党建专项述职评议等制度，推动落实“五位一体”工作机制；聚焦大操大办、公车私用、收送礼金等“四风”问题和隐形变异动向。县委把各项工作决策都围绕发展展开，经济综合实力得到提升。“十二五”期间，全县地区生产总值累计完成778.12亿元，是“十一五”的2.03倍。粮食产量突破2.5亿公斤，成为全省粮食生产重点县。推进产业结构调整，三次产业结构由“十一五”末的8.4∶48.8∶42.8调整为“十二五”末的8.88∶36.7∶54.5；煤炭企业共建成14座标准化煤矿，两条皮带输煤专线，提升煤炭企业规模化、集约化和机械化水平。煤电一体融合发展，昱光一期2×30万千瓦矸石电厂并网发电。风电、光伏发电等新能源规模分别达到20万千瓦和10万千瓦。煤炭产运洗销、煤电冶建两条工业循环链条延伸发展，推进循环产业体系建设。依托奶牛养殖特色优势，实施雁门关生态畜牧经济区领头雁工程和核心区建设，建成标准化奶牛养殖园区121座。玉米种植、设施蔬菜、小杂粮、大接杏、旱地高产谷子等特色产业规模发展，形成农业产业区域化布局、规模化生产、产业化经营的格局。古城15万吨液态奶项目竣工，宇昊磨菇种植和深加工项目建成运营，同煤5万吨燕麦及小杂粮食品加工项目投入生产。建成虹桥商贸、雁门关物流园区。社会消费品零售总额累计完成145亿元，是“十一五”的1.96倍，年均增长11.9%。县委坚持“尊重自然、顺应自然、保护自然”的生态文明理念，实施广武劣质地治理、西山生态绿化和桑干河湿地生态治理三大生态绿化工程，全县造林绿化面积达到93.93万亩，森林覆盖率13.73%，比“十一五”末增长3.62个百分点，被评为全省“两网”绿化先进县。桑干河湿地工程初具规模，水系建设和生态绿化融为一体。实施一批改善城乡面貌的基础设施项目，完成同太路、青年西路、大忻线西移等县城道路工程，完成古马线、虎山线、偏玉线三条省、县级道路改造70.3公里。供水、供暖、供电和垃圾处理、污水处理等城市公共设施建设得到加强。建设扩建二中、五中、一幼、二幼、雁杰和8所乡镇幼儿园，对27所学校进行维修改造。实施学生营养奶、营养餐工程。高考二本以上达线人数由2011年的295人，提升到2015年的682人；完善社会保障体系，保障标准按政策及时兑现，养老、医疗、失业等参保人数达23.8万人次。社会保险综合覆盖率达98.3%。县城公交免费乘坐。落实低收入农户免费供应1吨煤工作，34个村近万人告别吃水困难，完成新的农村“五个全覆益”工程。计生工作被省政府表彰为人口计生工作目标责任制考核先进县，获得全国计划生育优质服务先进单位称号。扶贫开发方面，脱贫19245人，减贫率75.8%。推进农村土地承包经营权确权登记颁证工作。推进“六权治本”，突出制度约束。加强“智慧山阴”“平安山阴”建设。

办公室工作

1998年，县委办公室内设机构9个：综合科、信息科、督查科、调研室、内务科、文书科、机要室、对台办、信访室，行政编制29人。领导职数为主任1人，副主任3人。县委办公室主要职能是围绕县委中心工作，通过开展调研、信息、督查工作，为县委决策提供参考依据。围绕“三服务”（为上级党委服务、为同级党委服务、为基层群众服务），搞好综合协调等项工作。2001年，中共山阴县委办公室编写《面向市场，调整结构、推动本县乳品业再上新台阶》《山阴县存贷增幅差距较大的主要原因》和《山阴县鲜奶市场亟待整顿》等信息。同年，办公室为信息科配置打印机、专用电话等设施，提高信息工作的时效性；全年共编发《山阴信息》213期、600多条，其中被《山西信息》采用80余条，《朔州信息》采用100余条，上报信息和采用量名列全省前茅、全市第一；全年共进行专项督查9次，配合省、市督查组督查6次，共上报《督查情况》21期。

2002年，县委办公室督查雁门关生态畜牧经济区建设会议精神和财政收入上亿元会议精神等决策的落实情况；对机关规范化建设、加快小城镇建设等工作开展专题督查；联合督查煤炭“五统一”、整顿煤矿安全生产等工作；调查研究山阴县乳品业的发展现状及前景、雁门关生态畜牧建设、加快小城镇建设工作等。2004年，县委办公室开展对全县重点工程项目进展情况、贯彻中央一号文件情况、落实招商引资工作会议精神、优化发展环境工作、煤炭封闭运行、整顿集煤点、口蹄疫和禽流感防治以及大运高速公路两侧绿化工程等工作的专题督查。同年，对存在的问题，如“发现口蹄疫”“出现病虫害”“发生特大交通事故”等情况及时上报。全年共上报信息150期,410条，给解决实际问题提供可靠的信息依据；撰写领导讲话、汇报、文件等各类资料200篇，约150万字；接待来访群众100余件次，单独处理来访事件30余件次。

2007年，县委办公室就群众反映较多的养老保险、再就业、土地征用、城市和农村低保、矿区村民生存环境等社会问题组织开展9次相关督查。全年共撰写各类讲话30余篇、汇报10余篇，《情况简报》14期，起草县委文件18个，县委办公室文件37个，总字数达40余万字；共编发《山阴信息》274期408条，被省委信息部门采用9条，市委信息部门采用126条。其中《受饲料价格上涨影响，山阴县奶牛业呈下滑趋势》等信息直接促进问题的解决。通过新创刊的《工作研究与交流》编发调研材料12期。全年接待来访群众80余件次，单独处理来访事件20余件次。2008年，县委办公室针对全县社会稳定、奥运安保、处置问题奶粉、安全生产、治超、教育、民生、重点建设项目以及村委会换届、保密等工作开展督促检查；协助县级领导牵头调研重点课题，就山阴县抗日战争时期中国人口伤亡和财产损失展开调研；全年深入基层、一线调查研究，撰写各类调研文稿20余万字。2010年，县委办公室专题督查开展“救灾、帮困、送温暖”活动情况、社会稳定、安全生产、教育、民生等工作；调查群众反映的修路占地补偿、拖欠奶款、县城拆迁回迁、农村饮水、县城居民取暖等问题，走访核实督促涉及单位限期整改。就转变金融服务方式支持三农发展、推行“四议两公开”、推进农业产业化、推进转型跨越发展等专题开展调研，共撰写《工作研究与交流》6期；全年共撰写各类讲话材料、汇报材料80余篇，起草县委文件15个、县委办公室文件32个，编发《情况简报》25期、《和谐简报》14期，编发《办公室通报》9期，直报市委的《每月情况快报》12期，总字数达100余万字。

2011年，围绕全县转型跨越发展战略部署中涉及的县城热电联供项目、二级路西移工程、同太路改造工程、住房保障建设工程，开展“访贫、帮困、送温暖”活动情况、社会稳定、安全生产、教育、民生等工作开展专项督查；重点督查广武景区周边环境“脏、乱、差”，学校在建工程，煤矿私挖乱采等问题；调查土地征收、房屋拆迁、县城居民取暖、低收入农户冬季供暖用煤等问题，督促涉及单位限期整改。全年共编发《督查专报》16期;《山阴信息》918期、1806条，被省委办公厅选用79条，其中《山西信息》普刊选用19条，综合刊选用40条，副刊选用3条，增刊选用2条，中办选用1条，要情选用8条，调研选用6条；被市委办公厅选用119条，其中《朔州信息》普刊选用107条，调研选用8条，副刊选用2条，增刊选用2条。专题调研资源型地区转变发展方式路径、以工业化带动城镇化发展、发展“一村一品”促进农民增收、雁门关广武边塞古军事文化资源开发保护等，全年共撰写《工作研究与交流》12期。接待各级参观团、考察团和现场会等活动50多次。2012年，县委办公室整合信息工作力量，确定所有文秘人员都有收集、编发、报送信息的职责。全年共编发《山阴信息》705期、1563条，日均2期、4条以上。上报信息被省委办公厅选用56条。专项督查桑干河湿地生态修复工程进展情况、农村“新的五个全覆盖”工程完成情况以及全县十大园区推进情况等；对西山绿化以及主干线绿化、农村环境整治以及县城道路脏乱差改造工程等开展30多次重点督查。持续推进党的十八大精神的学习与贯彻。调查群众反映的房屋拆迁、县城居民取暖、农村人畜吃水、低收入农户冬季供暖用煤等问题，共编发《督查专报》13期。

2013 年，县委办公室围绕贯彻落实十八届三中全会精神、贯彻落实全市领导干部大会精神、解决山区农村饮水困难、“右玉精神在朔州”活动、全县植树造林生态建设、土地流转等事项深入基层督查；共上报包括“朔州企业家投资在朔州”活动、爱心煤发放情况等 7 项办结件，配合市委督查室深入本县基层开展专项活动 5 次。全年共编发《山阴信息》540 期、1137 条。上报信息被省委办公厅选用 53 条，被市委办公厅选用 58 条。在全省、全市党委信息工作年终考核中取得山西省第三名、朔州市第一名的成绩。2016 年，县委办公室围绕全县“切实解决群众身边突出问题”工作，3 次深入基层，专题调研乱搭乱建、乱停乱放等热点、难点问题。多次深入扶贫联系点玉井镇沈庄窝村贫困户姚秉福家中扶贫；抽调专人成立扶贫工作队，深入下喇叭乡织女泉村、吴马营乡西短川村进行扶贫。全年共撰写《工作研究与交流》12 期。历任县委办主任有王振声、刘青长、李尚智、何兴斌、刘德义、郭东申。

第二节　常委会议

中共山阴县委 1998 年共召开常委会议 22 次。中共山阴县委 1999 年共召开常委会议 14 次，其中研究重要工作、重要事项 1 次。1999 年 4 月 28 日，会议通报山西省小康检查组验收情况。参加人员：蔚文彩，马占俊、贾忠权、赵向东、南志中、张天茂、赵文君、王振声、贺志功、安秀清、薛俊。中共山阴县委 2000 年共召开常委会议 13 次，其中研究重要工作、重要事项共 4 次。2000 年 3 月 1 日，会议研究雁山饭店事宜，通报雁山饭店清点接交情况。参加人员：蔚文彩、马占俊、贾忠权、赵向东、南志中、张天茂、赵文君、王振声、贺志功、安秀清。列席人：王守生。7 月 2 日，召开关于“三讲”教育民主测评会议有关事项的会议。参加人员：蔚文彩、马占俊、贾忠权、赵向东、南志中、赵林海、张天茂、赵文君、王振声、贺志功、安秀清。列席人：王守生。7 月 5 日，研究推荐山阴县参加市评选“十佳”乡镇党委书记的乡镇，推荐马营乡、岱岳乡、后所乡，无记名投票全票通过。参加人员：蔚文彩、马占俊、贾忠权、赵向东、南志中、张天茂、赵文君、贺志功、安秀清。列席人：王守生。11 月 8 日，通报集运站和连顺公司代发煤意向，通报北周庄煤站和国家物价公司下属的煤炭股份公司联营，在北周庄煤站建立一个煤站 2 台。参加人员：蔚文彩、马占俊、贾忠权、赵向东、赵林海、张天茂、赵文君、王振声、贺志功、安秀清、薛俊。列席人：王守生。中共山阴县委 2001 年共召开常委会议 16 次，其中研究重要工作、重要事项 1 次。2001 年 12 月 6 日，讨论《关于成立东城区、西城区管委会的实施意见》。参加人员马占俊、陈晋才、李国胜、张天茂、赵文君、贺志功、安秀清、钟启宇、刘青长。列席人：王守生。中共山阴县委 2002 年共召开常委会议 6 次，其中研究重要工作、重要事项 1 次。2002 年 9 月 5 日，学习贯彻《党政领导干部选拔任用工作条例》。参加人员：马占俊，陈晋才、李国胜、张天茂、赵文君、贺志功、安秀清、钟启宇、刘青长、张承军。列席人：王守生。

中共山阴县委 2003 年共召开常委会议 13 次。中共山阴县委 2004 年共召开常委会议 12 次，其中研究重要工作、重要事项 1 次。2004 年 11 月 6 日，讨论研究 2004 年工作思路，把三大支柱产业（煤炭、乳品、化工）作为主攻方向。参加人员：左中伟，李国胜、赵文君、苑德、贺志功、钟启宇、刘青长、郭存斌、孟德胜。中共山阴县委 2005 年共召开常委会议 11 次，其中研究重要工作、重要事项共 4 次。2005 年 6 月 24 日，安排部署未成年人思想道德建设问题。参加人员：陈晋才，左中伟、李国胜、赵文君、苑德、贺志功、钟启宇、刘青长、郭存斌。9 月 26 日，讨论研究打击非法违法煤矿有关事宜，明确责任、落实任务，“严打”与安全并查。参加人员：陈晋才、左中伟、李国胜、赵文君、苑德、贺志功、钟启宇、刘青长、郭存斌、杨时育。11 月 8 日，讨论研究煤矿“严打”事宜，通报严打情况：取得阶段性成果，查处一些非法违法人员，查处一些隐患，责令整改。参加人员：陈晋才、左中伟、李国胜、赵文君、苑德、贺志功、钟启宇、刘青长、郭存斌、孟德胜、杨时育。12 月 21 日，讨论研究苑德汇报纪检工作，“一个中心、两个重点、三项工作。”具体有：1. 制定干部“十不准”；2. 廉政“六项”制度；3. 娱乐场所检查；4. 落实“十不准”检查；5. 廉政谈话；6. 清廉工作；7.“好公仆”颁奖；8. 学习“实施纲要”；9. 信访工作；10. 参与煤矿整顿；11. 销煤市场整顿；12. 医药市场整顿；13. 查处“三乱”；14. 案件查处；15. 民主评议。参加人员：陈晋才、左中伟、李国胜、赵文君、苑德、贺志功、钟启宇、刘青长、郭存斌、孟德胜、杨时育。中共山阴县委 2006 年共召开常委会议 11 次，其中研究重要工作、重要事项 1 次。2006 年 3 月 14 日，讨论研究计生工作（“十一五”计生目标，达到全省中等偏上水平，人口出生率 12.5‰以内），议定抓好社会抚养费征收和长效节育措施，落实计生工作各项经费、加强对人口计生工作的考核和计调工作。参加人员：陈晋才、左中伟、李国胜、赵文君、苑德、贺志功、钟启宇、刘青长、郭存斌、孟德胜、杨时育。列席：贾忠权、韩文让、韩圣章、张志刚。

中共山阴县委 2007 年共召开常委会议 11 次，其中研究重要工作、重要事项共 3 次，2007 年 5 月 11 日，讨论财政预算情况，议定：1. 政策性配套资金要保证，政策性欠账要保证，重点工程政府实行要保证；2. 涉及老百姓应得的如工资等要保证；3. 公用经费要从严，接待费购置费从严；4. 总的原则是花钱办事。参加人员：陈晋才、左中伟、赵文君、苑德、贺志功、钟启宇、毕治中、张凯瑞。列席：贾忠权、李国胜、袁林生、尤跃栋、郭自更、刘正权。11 月 13 日，讨论研究教育有关事宜，议定：1. 进一步加强校长和教师队伍建设；2. 保证各项教育经费落到实处；3. 保证教育重点工程顺利竣工，进一步改善办学条件；4. 加强职业教育和成人教育。参加人员：陈晋才、左中伟、赵文君、苑德、刘培平、贺志功、钟启宇、毕治中、张凯瑞。列席：李尚智。12 月 29 日，讨论研究除砷改水项目。参加人员：陈晋才、左中伟、苑德、贺志功、钟启宇、毕治中、张凯瑞、杨时育、刘守斌、郭存斌、段国强。列席：李尚智、王良、马兴平、李日宏、刘德义。中共山阴县委 2008 年共召开常委会议 12 次，其中重要工作、重要事项共 2 次，2008 年 4 月 3 日，讨论研究综合治理有关事宜，议定全县在重要街道、繁华路段、城际交界点、公共服务场所安装视频监控系统，投资 390 万元，2008 年底前完成一期工程。参加人员：陈晋才、侯元、赵文君、苑德、贺志功、钟启宇、毕治中、张凯瑞。列席：李国胜、袁林生、李尚智、梁日军、郭跃生。2008 年 9 月 16 日，讨论研究乳品安全及乳业市场整顿事宜，议定：1. 对现有产品进行召回，出厂进市场的，下架封存；2. 质量监督部门进驻加工企业。参加人员：陈晋才、赵文君、苑德、袁林生、贺志功、钟启宇、张凯瑞、杨时育、郭存斌、段国强、王与茂。列席：李尚智、王良、张乐祥、罗玉屏、王国忠、刘建华、梁启有、王世义、胡建华、张凯、李美及古城乳业集团、蒙牛乳业集团、伊利乳业集团等乳品企业负责人。中共山阴县委 2009 年共召开常委会议 18 次，其中研究重要工作、重要事项 1 次，2009 年 2 月 25 日，讨论研究当前安全稳定工作事宜，加大煤矿安全隐患排查治理工作力度。参加人员：陈晋才、侯元、赵文君、李国胜、袁林生、程育胜、贺志功、钟启宇、毕治中、穆晓彤等。中共山阴县委 2010 年共召开常委会议 16 次，其中研究重要工作、重要事项共 2 次，2010 年 6 月 13 日，讨论研究煤矿整合重组后征收交易税和个人所得税工作。参加人员：李锦、侯元、赵文君、苑德、穆晓彤、苏斌如、贺志功等。7 月 28 日，讨论研究对山阴中学高考达线突破百人大关奖励事宜，议定奖励山阴中学 30 万元。参加人员：侯元、赵文君、苑德、苏斌如、贺志功、钟启宇、毕治中等。

中共山阴县委 2011 年共召开常委会议 36 次，其中研究重要工作、重要事项共 3 次。2011 年 5 月 11 日，关于信访问题有所反复的问题。信访问题由信访局、劳动人事局、安监局进行调查；煤矿监管问题由安监局做到位，确保山阴县稳定。参加人员：侯元、南志中、苏斌如、程育胜、贺志功、句爱云、毕治中、张凯瑞、孟福荣、田永清。7 月 22 日，研究县影剧院和电影发行放映公司体制改革的实施方案。参加人：侯元、南志中、苏斌如、智杰山、程育胜、黄永红、句爱云、郭兆文、张凯瑞、孟福荣、田永清。12 月

15 日，研究桑干河湿地公园规划，整改湿地公园体现自然生态、生物净化。参加人员：侯元、南志中、句爱云、张凯瑞、孟福荣、田永清等。中共山阴县委 2012 年共召开常委会议 29 次，其中研究重要工作、重要事项共 2 次。2012 年 2 月 28 日，研究中共北周庄低碳循环经济工业园区工作委员会事宜。北周庄低碳循环经济园区内有 12 个村，农村、学校企业人口合计约为 14819 人。北周庄低碳循环经济工业园区党工委是县委的派出机关，主要职责是：1. 具体负责领导、指导和协调园区内外农工经济组织党的建设；2. 宣传和贯彻党的路线、方针、政策，促进中央和省、市、县委各项决策部署在园区的贯彻落实；3. 教育和引导园区内外农工经济组织遵守国家法律法规，团结凝聚职工群众。参加人员：侯元、苏斌如、程育胜、黄永红、孟福荣、郭兆文、田永清。7 月 13 日，研究督查村容村貌整治和"五个全覆盖"情况的相关事宜。村容村貌环境督查主要内容：垃圾清理、墙壁粉刷、"三拆"、绿化、修缮。"五个全覆盖"主要内容：便民连锁店、街巷硬化、健身场所、中等职业教育、养老保险。参加人员：南志中、李全胜、程育胜、智杰山、黄永红、孟福荣等。12 月 7 日，召开县委常委扩大会议，传达省管领导干部学习贯彻党的十八大精神集中轮训报告会精神。集体学习中共中央政治局关于改进工作作风，密切联系群众的八项规定。

中共山阴县委 2013 年共召开常委会议 18 次，其中研究重要工作、重要事项共 8 次。2013 年 1 月 7 日，研究讨论县委常委会工作报告；研究讨论经济工作报告。参加人员：侯元、南志中、李全胜、程育胜、智杰山、张凯瑞、句爱云、黄永红等。1 月 29 日，研究财政拟拨付各类工程建设基金及部分单位经费支出事宜。参加人员：侯元、南志中、李全胜、程育胜、智杰山、张凯瑞、句爱云、郭兆文等。3 月 8 日，传达学习市委关于近期普遍开展领导干部"访民生、知民情、解民事"集中走访活动安排的通知，进一步部署此项工作；传达学习省、市纪委领导在山阴督查调研时的讲话精神，安排部署进一步转变干部作风，创优发展环境的有关工作。参加人员：侯元、南志中、张凯瑞、句爱云、黄永红、闫祖伟、孟福荣、郭兆文等。6 月 4 日，会议听取山阴县对"两大任务"中涉及的具体工作进行责任细化分解情况的汇报。参加人员：侯元、南志中、李全胜、程万强、张凯瑞、句爱云、黄永红、闫祖伟、孟福荣等。9 月 2 日，研究召开县委常委（扩大）会议，会议传达贯彻全市重点工作观摩点评会议精神并安排部署近期工作。参加人员：侯元、南志中、李全胜、程万强、张凯瑞、句爱云、黄永红、闫祖伟、孟福荣等。9 月 24 日，汇报县领导包省、市交办信访案件进展情况。参加人员：侯元、南志中、李全胜、张凯瑞、句爱云、黄永红、闫祖伟、郭兆文、王伟等。10 月 24 日，会议讨论通过《中共山阴县委关于进一步加强和改进新形势下人大工作的办法》。参加人员：侯元、南志中、李全胜、程万强、句爱云、黄永红、闫祖伟、郭兆文、王伟等。12 月 10 日，会议安排部署煤电一体、农牧一体、城乡一体"三篇大文章"的破题工作，并由农委汇报"以集团化模式推进农牧一体化"破题工作的基本思路和工作措施。参加人员：侯元，县委常委、县人大、政府、政协三套班子领导等。

中共山阴县委 2014 年共召开常委会议 19 次，其中研究重要工作、重要事项共 9 次。2014 年 1 月 2 日，研究召开县委常委（扩大）会议，会议听取 2013 年朔州市对县目标责任考核和全县目标责任考核工作安排情况的汇报。参加人员：侯元、南志中、李全胜、程万强、黄永红、闫祖伟、郭兆文、王伟等。2 月 17 日，会议议定项目推进有关事宜。参加人员：侯元、南志中、李全胜、程万强、句爱云、黄永红、闫祖伟、郭兆文、王伟等。4 月 14 日，会议安排部署党的群众路线教育实践活动下一步工作。参加人员：侯元、南志中、李全胜、句爱云、郭兆文、王伟、钟军辉等。8 月 25 日，会议安排党的群众路线教育实践活动近期工作。参加人员：侯元、南志中、李全胜、程万强、闫祖伟、郭兆文、王伟、钟军辉等。9 月 26 日，县委常委（扩大）会议，会议安排党的群众路线教育实践活动下一步工作。参加人员：侯元、南志中、李全胜、程万强、闫祖伟、郭兆文、王伟、钟军辉等。10 月 20 日，会议传达全市 1—9

月份经济工作分析会议精神；讨论关于选派第二批农村党组织“第一书记”有关事宜。参加人员：侯元、南志中、程万强、闫祖伟、郭兆文、王伟等。10月27日，会议研究第十届村“两委”换届工作相关事宜。参加人员：侯元、南志中、程万强、句爱云、闫祖伟、郭兆文、王伟等。10月30日，听取县政府“冲刺第四季度”工作汇报，讨论研究2015年全县工作计划并做好与市委、市政府调研衔接工作。参加人员：侯元、南志中、李全胜、程万强、句爱云、闫祖伟、郭兆文等。12月3日，研究召开县委常委（扩大）会议，会议传达市委常委（扩大）会议精神并安排部署全县学习讨论落实活动动员大会有关事宜。参加人员：侯元、南志中、李全胜、程万强、句爱云、闫祖伟、郭兆文、王伟、钟军辉等。

中共山阴县委2015年共召开常委会议25次，其中研究重要工作、重要事项共10次。2015年2月2日，会议讨论《中共山阴县委关于贯彻落实党的十八届四中全会精神全面加快法治山阴建设的实施意见》。参加人员：侯元、南志中、程万强、闫祖伟、郭兆文、王伟、钟军辉等。3月2日会议，听取全县学习讨论落实活动专项整治工作动员会筹备情况。参加人员：侯元、南志中、句爱云、闫祖伟、郭兆文、王伟、钟军辉等。4月16日，研究讨论贯彻落实全市推进干部纪律作风建设动员大会的意见。参加人员：侯元、南志中、程万强、句爱云、黄永红、闫祖伟、郭兆文、王伟、钟军辉等。5月28日，县委常委（扩大）会议，会议传达省委王儒林书记、市委王安庞书记关于开展“三严三实”专题教育党课主要精神；安排部署全县近期主要工作。参加人员：侯元、南志中、程万强、句爱云、黄永红、闫祖伟、郭兆文、王伟、钟军辉等。5月28日，会议研究《关于在全县处级以上领导干部中开展“三严三实”专题教育实施方案》。参加人员：李旭清、南志中、程万强、句爱云、黄永红、闫祖伟、郭兆文、王伟、钟军辉等。7月17日，会议讨论关于推进“六权治本”规范权力运行的实施方案。参加人员：李旭清、南志中、李全胜，程万强、句爱云、黄永红、闫祖伟、郭兆文、王伟、钟军辉等。8月24日，县委常委（扩大）会议，会议传达市委常委（扩大）会议精神并安排部署山阴县近期安全生产督促检查有关工作。参加人员：李旭清、南志中、程万强、句爱云、黄永红、闫祖伟、郭兆文、王伟、钟军辉等。9月18日，县委常委（扩大）会议。会议传达9.14市委常委（扩大）会议精神，简要总结2015年以来的工作，重点安排下一步全县工作；传达王儒林书记在全省金融振兴民营经济发展大会上的重要讲话精神，并提出山阴县贯彻落实工作措施。参加人员：李旭清、南志中、李全胜、程万强、句爱云、黄永红、闫祖伟、郭兆文、王伟、钟军辉等。11月17日，县委常委（扩大）会议，会议听取有关项目建设推进情况的汇报：神雾集团项目建设推进情况；400万吨低阶煤项目建设推进情况。参加人员：李旭清、南志中、李全胜、程万强、句爱云、黄永红、闫祖伟、郭兆文、王伟、钟军辉等。12月10日，会议听取制定十三五规划工作进展情况的汇报。参加人员：李旭清、南志中、程万强、句爱云、黄永红、闫祖伟、郭兆文、王伟、钟军辉等。

中共山阴县委2016年共召开常委会议32次，其中研究重要工作、重要事项共12次。2016年2月15日，县委常委（扩大）会议，会议研究召开全县规范城乡管理工作会议有关事宜。参加人员：李旭清、南志中、李全胜、程万强、句爱云、黄永红、闫祖伟、王伟、刘德义等。2月25日，县委常委（扩大）会议，会议讨论关于城建规范管理有关事宜。参加人员：李旭清、南志中、李全胜、程万强、句爱云、黄永红、闫祖伟、钟军辉、刘德义等。2016年3月22日，会议讨论审定《县委县乡领导班子换届工作实施方案》。参加人员：李旭清、南志中、李全胜、句爱云、黄永红、闫祖伟、王伟、钟军辉、刘德义等。4月7日，县委常委（扩大）会议，会议传达中共山西省委《关于深化政治巡视25条》精神。参加人员：李旭清、南志中、李全胜、程万强、句爱云、黄永红、闫祖伟、钟军辉等。4月10日，讨论县乡换届调整乡科级干部工作方案。参加人员：李旭清、南志中、李全胜、句爱云、黄永红、闫祖伟、王伟、钟军辉、刘德义等。4月25日，县委常委（扩大）会议，会议研究通过车改车辆分配事宜。参加人员：李旭清、南志中、李全胜、程万强、句爱云、黄永红、闫祖伟、王伟等。6月20日，县委常委（扩大）会议，会议传达《中共中央办公厅关于部分人大代表、政协委员涉法涉罪问题问责情况及其教训的通报》。参加人员：李旭清、南志中、李全胜、郭振林、王伟、刘向前、刘德义、降英、钟军辉等。8月3日，县委常委（扩大）会议。听取"六打六整三加强"创建平安山阴集中行动进展情况；听取全县安全生产隐患大排查大整治工作进展情况；听取全县打击私挖滥采工作进展情况。参加人员：李旭清、南志中、李全胜、郭振林、黄永红、王伟、刘向前、刘德义、降英等。8月25日，讨论全县教育工作会议有关事宜及《中共山阴县委办公室、山阴县人民政府办公室关于进一步加强教师队伍管理的意见》。参加人员：李旭清、南志中、李全胜、黄永红、王伟、刘向前、刘德义、降英、钟军辉等。8月26日，县委常委（扩大）会议，会议安排部署近期重点工作。参加人员：李旭清、南志中、李全胜、郭振林、黄永红、王伟、刘向前、刘德义、降英等。10月12日，县委常委（扩大）会议，会议传达楼阳生代省长在省政府第十次全体会议（扩大）会议上的讲话精神，并安排全县近期工作。参加人员：南志中、郭振林、黄永红、王伟、刘向前、刘德义等。12月21日，县委常委（扩大）会议，会议就迎接省委脱贫攻坚督查工作进行安排。参加人员：南志中、李全胜、郭振林、黄永红、王伟、刘德义、降英、钟军辉等。

第三节 全体会议

1998年2月10日，中共山阴县委第九届十次全体（扩大）会议。1998年4月16日，中共山阴县委第九届十一次全体会议。2003年5月21日，中共山阴县委第十届五次全体会议。2003年8月16日，中共山阴县委第十一届一次全体会议。2005年1月18日，中共山阴县委第十一届三次全体会议。2005年6月19日，中共山阴县委第十一届三次全体（扩大）会议。2006年1月20日，中共山阴县委第十一届四次全体（扩大）会议。会议内容：通过《中共山阴县委关于制定国民经济和社会发展第十一个五年规划的建议》。2006年6月5日，中共山阴县委第十一届五次全体会议。会议内容：讨论通过《关于召开县党代会的实施方案》。2006年6月24日，中共山阴县委第十二届一次全体会议。会议内容：选举产生新的县委常委和书记、副书记，通过县纪委第一次全体会议选举结果。2007年2月13日，中共山阴县委第十二届二次全体会议。2008年2月2日，中共山阴县委第十二届三次全体会议。2009年1月，中共山阴县委第十二届四次全体（扩大）会议。会议内容：通过县委常委会关于干部选拔任用和抓基层党建工作情况报告的决议。

2010年2月7日，中共山阴县委第十二届五次全体（扩大）会议。会议内容：通过关于《中共山阴县委贯彻落实〈中共中央关于加强和改进新形势下党的建设若干重大问题的决定〉的实施意见》的决议。2011年1月14日，中共山阴县委第十二届六次全体（扩大）会议。会议内容：通过《中共山阴县委关于制定国民经济和社会发展第十二个五年规划的建议》。2011年4月14日，中共山阴县委十二届七次全体会议。会议内容：讨论通过县乡换届工作有关事项。2011年4月18日，中共山阴县委十二届八次全体会议。会议内容：讨论决定公推直选安荣乡党委书记候选人有关事宜。2011年5月28日，中共山阴县委十二届九次全体会议。会议内容：讨论县委工作报告的草案和县纪委工作报告的草案。2011年5月31日，中共山阴县委十三届一次全体会议。会议内容：通过县纪委常委、书记、副书记选举结果。2013年1月10日，中共山阴县委十三届三次全体会议暨全县经济工作会议。2014年1月14日，中共山阴县委十三届四次全体会议。2016年6月6日，中共山阴县委十三届八次全体会议。会议内容：解读县委和县纪委工作报告、讨论出席市党代表构成原则及人选名单。

1998—2016 年山阴县委书记、副书记一览表

表 4-1

党代会（届次）	姓　名	职　务	任职时间	党代会（届次）	姓　名	职　务	任职时间
第十届	蔚文彩	书　记	1998 年 5 月至 2001 年 7 月	第十二届	左中伟	副书记	2006 年 6 月至 2008 年 4 月
	马占俊	书　记	2001 年 7 月至 2003 年 7 月		侯　元	副书记	2008 年 4 月至 2010 年 7 月
	马占俊	副书记	1998 年 5 月至 2001 年 7 月		赵文君	副书记	2006 年 6 月至 2011 年 3 月
	贾忠权	副书记	1997 年 4 月至 2001 年 8 月		苑　德	副书记	2006 年 6 月至 2011 年 3 月
	赵向东	副书记	1998 年 5 月至 2001 年 8 月		穆晓彤	副书记	2008 年 11 月至 2010 年 5 月（挂职）
第十届	南志中	副书记	1998 年 5 月至 2003 年 8 月	第十三届	侯　元	书　记	2011 年 5 月至 2015 年 5 月
	陈晋才	副书记	2001 年 8 月至 2003 年 7 月		李旭清	书　记	2015 年 5 月至 2016 年 6 月
	李国胜	副书记	2001 年 8 月至 2003 年 8 月		南志中	副书记	2015 年 3 月至 2016 年 6 月
	赵文君	副书记	2001 年 8 月至 2003 年 8 月		苏斌如	副书记	2011 年 4 月至 2012 年 5 月
	赵林海	副书记	2000 年 12 月至 2001 年 12 月（挂职）		李全胜	副书记	2012 年 5 月至 2016 年 6 月
第十一届	陈晋才	书　记	2003 年 7 月至 2006 年 6 月	第十四届	李旭清	书　记	2016 年 6 月—
	左中伟	副书记	2003 年 5 月至 2006 年 6 月		南志中	副书记	2016 年 6 月至 2018 年 11 月（免职）
	南志中	副书记	2003 年 8 月至 2006 年 6 月		李全胜	副书记	2016 年 6 月至 2017 年 9 月
	李国胜	副书记	2003 年 8 月至 2006 年 6 月		丁　裕	副书记	2018 年 4 月至 2019 年 4 月
	赵文君	副书记	2003 年 8 月至 2006 年 6 月		苏　坡	副书记	2019 年 1 月—
第十二届	陈晋才	书　记	2006 年 6 月至 2009 年 9 月		王国文	副书记	2019 年 5 月—
	侯　元	书　记	2010 年 7 月至 2011 年 5 月				

第三章　山阴县委和乡镇党委机构改革

第一节　县委机构改革

1998 年，根据朔州市委、市政府批准的《山阴县党政机构改革方案》，山阴县调整党委机构设置。纪律检查委员会与监察委员会合署办公，实行一个机构，两块牌子。设立县委工作部门 6 个：县委办公室，撤销机要室，行政职能划归县委办公室；组织部，撤销机关党委，行政职能划归组织部，老干部局仍为事业单位；宣传部；统一战线工作部；政法委员会（与社会治安综合治理委员会办公室合署办公，实行一个机构，两块牌子）；农村工作领导小组办公室（挂县委农村工作委员会和县政府农业委员会牌子），归口县委。撤销农村工作部、农业委员会，行政职能划归农村工作领导小组办公室。2001 年，增设机构编制委员会办公室。2004 年，成立“山阴县民族宗教事务局”与山阴县委统战部合署办公，实行一套人马、两块牌子；设置中共山阴县委防范和处理邪教问题领导小组办公室，挂靠县委办公室；山阴县委办公室挂县机要保密局牌子，同时加挂县密码工作领导小组办公室、县保密委员会办公室牌子。2005 年，

山阴县民族宗教事务局列入政府序列（与统战部合署办公）。将原归统战部管理的山阴县台湾事务办公室划归县委办公室管理，在县委办公室加挂山阴县县委台湾工作办公室、山阴县台湾事务办公室的牌子。2009 年，成立山阴县国家密码管理局，与县委机要局实行“一个机构、两块牌子”仍为县委办公室内设机构。2016 年，中共山阴县委办公室加挂中共山阴县委全面深化改革领导小组办公室牌子。

第二节 乡镇党委机构改革

1998 年，根据《山西省县、乡党政机构改革方案》和朔州市批准的《山阴县党政机构改革方案》，山阴县调整乡镇机构设置。按照确定的分类标准，山阴县有二类乡镇 9 个：山阴城镇、岱岳乡、马营乡、合盛堡乡、北周庄镇、后所乡、薛圐圙乡、马营庄乡和玉井镇。各乡镇设置 2 个综合性办事机构。三类乡镇 12 个：张庄乡、偏岭乡、泥河乡、冻牛坡乡、甘庄乡、安荣乡、史家屯乡、吴马营乡、黑圪塔乡、下喇叭乡、苑家辛庄乡和岱岳镇。各乡镇设置 1 个综合性办事机构。

2001 年，根据《关于乡镇党政机构改革的实施意见》精神，山阴县结合实际，按照乡镇类别的规定，划分岱岳乡为一类乡，共设置 5 个综合性办事机构：综合办公室、党建办公室、经济发展办公室、社会事务办公室、村镇建设办公室；划分古城镇、马营庄乡、后所乡、玉井镇和北周庄镇为二类乡镇，共设置 4 个综合性办事机构：综合办公室、党建办公室、经济发展办公室、社会事务办公室；划分张家庄乡、合盛堡乡、吴马营乡、下喇叭乡、马营乡、安荣乡和薛圐圙乡为三类乡，共设置 2 个综合性办事机构：综合办公室和经济发展办公室。2003—2016 年，乡镇机构设置无变化。

1998—2016 年各乡镇、管委会历届书记

马营乡历届书记：李尚智、段国强、王嘉平、乔新文、吕志宇。偏岭乡历届书记：兰录山、白成全。

吴马营乡历届书记：张效良、韩圣章、郭文忠、苑曙、魏雁明、朱志斌、王日东。史家屯乡历届书记：马礼恒、贾文满、郭文忠。

下喇叭乡历届书记：王嘉平、刘占东、王登峰、薛拉格、张志斌、王永霞。冻牛坡乡历届书记：王志文、康志耿。

合盛堡乡历届书记：卢满、相成、杨晓明、吴玉梅、魏玉彪。

安荣乡历届书记：武忠宝、樊建华、白成全、刘世泉、王登峰、樊晋阳。泥河乡书记：吕喜增。

薛圐圙乡历届书记：王玉成、郭志平、秦汉文、赵生富、梁日军。黑圪塔乡书记：康有义。

后所乡历届书记：王尧邦、王秀兰、张志新、乔新文、宋军。

张家庄乡历届书记：杨时功、赵学崇、李建文、刘文斌、王聪。

马营庄乡历届书记：黄建国、王国忠、刘占东、郭兆文、郭金业、程毅。

玉井镇历届书记：杨时育、樊建华、郭志平、陶占有、张志斌。

北周庄镇历届书记：马兴平、王振林、李可进、王碧邦、史俊龙、刘华。苑家辛庄历届书记：王与元、罗玉屏。

岱岳镇历届书记：吕进增、靖文勇、何兴斌、刘德义、马维华、魏雁明。甘庄乡书记：王耀华。岱岳乡历届书记：郭存斌、靖文勇。

古城镇历届书记：段国强、李日宏、刘德义、刘世泉、王浩宇。

东城管委会历届书记：郭波、苑平。

西城管委会历届书记：王守恒、王军。

第四章　组织工作

第一节　基层组织建设

农村组织建设

1998—2004 年，山阴县农村党组织数量 257 个。1998—2005 年，山阴县委组织部按照“四个好”（原原本本学习好、行业职能发挥好、系统阵地利用好、目标任务落实好）要求，坚持吃“准”实情，把“控”全局，配“好”班子，明“细”程序，从“严”纪律，平“稳”推进这“六字要诀”，细化“十有十能”（有核心能带动、有制度能规范、有档案能查阅、有厨房能煮饭、有宿舍能住人、有净水能洗漱、有厕所能方便、有网络能办事、有书报能学习、有公示能明白）任职条件，统筹谋划，真正把住了村级换届的“总开关”。2005 年，全县农村党组织数量增至 262 个。2006 年，县委组织部为拓宽村党支部书记选人渠道，力推大学生村干部参与换届选举，解决农村后继无人、主要干部年龄老化问题，促使大学生村干部真正融入农村，真心服务群众。同年，全县农村党组织数量 261 个。2010 年，山阴县成立农村党组织 260 个。2011 年，全县农村党组织数量 291 个。2013 年，山阴县农村党组织数量增至 294 个。

2014 年“七一”前夕，县委组织部集中组织 30 名农村预备党员参观“六大现场教育基地”，在刘幸烈士陵园举行集体入党宣誓仪式。为加强流动党员管理工作，县委组织部依托社区、园区等流入党员密集区建立流动党支部 2 个，流动党小组 63 个，使 2238 名流动党员在参加活动中得以学习和进步，这一做法得到上级认可，山西电视台新闻联播作出相应报道。2014—2016 年，全县农村党组织数量是 294 个。2016 年，县委组织部联合县纪委共查处党员干部 89 人，信访处理 31 宗；全面铺开农村干部经济责任专项审计，先后两轮排查“村霸”，严防涉嫌“村霸”人员进入班子。确保 267 个村（社区）党组织圆满完成换届选举工作，选举产生党组织委员 894 人，比上届减少 40 人；连选连任 507 人，比上届增加 5.8%；选出各类优秀人才 417 人，比上届增加 122 人，实现“八不能”（受到撤销党内职务及以上处分未满两年的，正在被纪委监委立案审查的；涉嫌“村霸”七种情形之一的；近三年内在民主评议党员中被评为不合格党员的；信奉邪教、搞迷信活动或参与非正常上访被有关部门处理不满三年的；长期外出不能正常履行职责的；被人民法院确定为失信被执行人的；选举前不按规定签订遵守换届纪律承诺书的）人员“零当选”。

县直机关组织建设

1998 年，山阴县直机关各级党组织按照中共中央印发的《中国共产党和国家机关基层组织工作条例》，从“党组织的设置”“党组织的职责”“党员的教育、管理和发展”“对机关党的基层组织工作的领导和指导”等方面加强机关党组织建设。同年，山阴县成立县直机关党组织 92 个。2002—2004 年，山阴县直机关党组织增至 95 个。2006 年，县委组织部紧紧围绕省委提出的“三基”建设战略要求，树立大抓基层的鲜明导向，把从严治党要求向基层延伸，确立用好一个抓手、推进一个建设、做长四块短板、实现一个目标的“1141”工作思路。同年，全县县直机关党组织的数量增至 221 个。

2008 年，根据省、市、县委的部署和要求，县直工委制定《山阴县直工委关于实施强基固本工程，全面推进党的基层组织建设三年规划》，对县直机关党组织及其党员的发展作出规划并实施，推动县直机关各党组织实施“强基固本”工程。同年，县直机关党组织数量增至234个。2012年山阴县委组织部筹备宣讲团深入县直各机关及企事业单位宣讲党的十八大精神，全力推进党的基层组织建设，全面提高党建科学化水平。宣讲过程中在县直机关大力推行“文建明工作法”，把践行党的群众路线贯穿于改革发展稳定的全过程。同年，县直机关党组织数量增至250个。

2016年，山阴县建立基层党建工作清单制，列出问题清单9项、任务清单13项、责任清单35项，各乡镇、县直单位均建立清单台账，用力拉紧责任链条。以推行“动态式”党建工作例会为总抓手，深化“一带三创”活动，(“一带”是把以上率下作为基本工作方法，一级做给一级看，一级带着一级干，逐层逐级抓落实，形成大抓基层的鲜明导向；“三创”就是各地要结合本地实际，选好立足点、找准着力点，深入开展创建“五个好”村党组织、“五个好”乡镇党委、农村基层党组织建设先进县“三级联创”活动，努力实现“乡村治，百姓安”)。采取观摩看新点、汇报听履职、点评找短板、部署提要求的形式，每季以片组织一次例会，每次推出8~9个有前瞻性、示范性、牵引性的典型，构建点抓成线、线拓成面的工作格局。全年共选树各类典型34个，辐射带动效应逐步显现。同年，县直机关党组织数量增至255个。

非公经济和社会组织建设

1998—2005年，山阴县非公工委坚持“围绕发展抓党建，抓好党建促发展”的总体思路，采取“五抓”举措，激发党组织活力，促进非公企业党建工作再上新台阶，为全县转型跨越发展提供了强有力的基础保障。山阴县探索区域化党建新模式，一手抓十大园区经济发展，一手抓园区党的工作，较好地解决了组织设置在前、工作覆盖在后，前后不同步的问题。至2007年，山阴县成立非公和社会组织19个。2008年，山阴县初步确立“345”工作框架（“3”是搭建党建联商理事会、党建工作站、党员培训中心“三个平台”；“4”是突出开放互融、统筹整合、柔性引导、品牌战略“四个重点”；“5”是构建组织共建、发展共促、服务共做、区域共管、资源共享“五个机制”，最大限度地实现区域内党建资源的共建共享），同年，全县非公和社会组织的数量增至43个。

2013年，山阴县在古城农牧加工园区坚持产业发展和党的建设同频共振，在产业链上及时跟进党的工作，设置奶源、生产、销售、种养示范和科技服务等产业的党组织，发挥党组织政治引领作用，得到朔州市委肯定。同年，全县非公和社会组织增至49个。2015年，全县成立非公企业党组织55个，覆盖率达85.6%，新成立社会组织党组织26个，覆盖率90.1%，先后精心挑选出135名干部、117名党建工作指导员入企开展帮扶和党建工作，推行“四融四增”工作法，实现非公党建与企业发展互促共赢。

山阴县委组织部对选派的党建指导员进行严格管理考核，每月驻非公企业和社会组织工作时间不能少于10天，建立到岗制度，党建指导员记录工作日志；建立报告制度；建立廉洁自律制度。对党建指导员每年考核一次，把党建工作指导员开展工作作为年度考核一项重要内容，纳入干部年度考核。2016年，考核结果作为评选先进、提拔使用、晋升职级的重要依据。对工作不负责任的给予批评教育，造成不良后果的及时调整和处理。

第二节 干部选拔与任用

1998年后，山阴县委、县政府学习贯彻《党政干部选拔任用工作条例》(简称《干部任用条例》)，不断强化干部选拔任用和监督管理。2003年，山阴县委把学习《干部任用条例》作为一项重要学习内容，专门组织副科级以上干部进行《干部任用条例》测试。同时，结合实际，集中在强化领导干部选拔任用和监督管理上下功夫。完善并出台《干部考察预告制度》《干部推荐制度》《干部试用期制度》《股级干部程序鉴证和职数审批制度》等，加强干部队伍宏观管理。同时强化监督管理机制，建立与干部选拔任用相配套的监督管理机制，坚持用好的作风选作风好的人，主要强化任前监督和任后管理，在继续推行领导干部任前公示和试用期制基础上，突出抓好正科实职干部实绩考核。下半年，根据民主推荐、实绩考核结果，择优选拔调整13名优秀正科干部充实到县人事局、岱岳乡等8个单位担任局长、书记，为县委确立正确用人导向，在群众中产生良好影响。

2004年，山阴县委、县政府以贯彻执行《干部任用条例》为准则，深化干部人事制度改革，干部选拔任用和监督管理得到完善。在选拔任用干部上，把《干部任用条例》作为执行准则，严格程序，选好干部。根据工作需要，先后调整两批43人次（不包括免职），得到群众认可和好评。同时建立和完善科学考评机制。按照正确政绩观要求，完善并出台《关于对乡镇和县直单位党政正职实绩考核的意见》，对各乡镇、各部门党政"一把手"实行量化硬性目标，建立干部实绩考核机制，调动和提高各级领导干部干事创业积极性和为民服务主动性。2005年，在干部选任工作上形成一套比较完善制度，即"六凡六必"（凡任必推、凡任必考、凡任必公、凡任必征、凡任必试、凡任必决），干部工作民主化、科学化程度明显提高。根据工作需要，提拔使用科级干部34人，其中县直机关10人，乡镇24人，调整交流26人。在此基础上，深化干部人事制度改革，推行公开选拔和竞争上岗选任干部方法。在全县教师队伍中选拔13名乡镇中心校校长。

2008年，创新干部考核机制，按照科学发展观要求，县委组织部重新修订实绩考评办法，体现考评结果的公正性、真实性、权威性，使实绩考评导向作用更加明显。健全和落实党建工作责任制。完善农村党员、干部"双考双亮"（"双考"是对领导班子和领导干部实行双重考核，"双亮"是考核成绩进行排名靠前领导干部公开亮和排名靠后领导干部适度亮。）目标管理机制。坚持党管干部原则，规范人事任免程序，对拟任人员向人大常委会作供职报告，接受广大人民群众监督。2009年，重新修订实绩考评办法，完善农村党员、干部"双考双亮"目标管理机制。做好干部选用工作。执行《干部任用条例》，健全和完善民主推荐、民主测评、任前公示、公开选拔、竞争上岗等干部选用制度。坚持重品行、重公论、重实绩的正确用人导向，加快干部人事制度改革步伐，提高干部选人用人公信度。全年调整交流干部14人，其中，平调7人，免职5人，提拔重用2人。按照公开、平等、竞争、择优原则，公开考录9名乡镇公务员及县乡事业单位工作人员，整个考录工作风清气正，选出一批德才兼备好干部，社会反响良好。2010年，在干部考核方面，结合实际制定《山阴县年度目标责任考核试行办法》，高起点起步、高效率运转、高质量推进年度目标责任考核工作。2016年，全面加强领导班子和干部队伍作风建设，强化领导班子和领导干部目标考核。

第三节　党员队伍建设

党员发展

1998年后，山阴县坚持从严治党方针，以创建基层党组织建设先进县为目标，充分发挥全县各级党组织的战斗堡垒作用和全体党员的先锋模范作用。从思想上、组织上、作风上全面加强党的建设，不断推进新的伟大工程。1998年，全县共发展党员241人，女党员37人。其中机关干部68人，企事业单位57人，学生党员4人，其他社会阶层17人，农牧渔95人。1999年，山阴县发展党员276人，女党员47人。其中机关干部69人，企事业单位77人，学生党员7人，其他社会阶层5人，农牧渔118人。2001年，全县发展党员121人，女党员19人。其中机关干部39人，企事业单位32人，其他社会阶层7人，农牧渔43人。2002年，全县发展党员152人，女党员24人。其中机关干部34人，企事业单位28人，其他社会阶层 9 人，农牧渔 81 人。2003 年，全县发展党员 142 人，女党员 21 人。其中机关干部 32 人，企事业单位 30 人，其他社会阶层 10 人，农牧渔 70 人。2004 年，全县发展党员 130 人，女党员 19 人。其中机关干部 43 人，企事业单位 31 人，其他社会阶层 6 人，农牧渔 50 人。2005 年，全县发展党员 89 人，女党员 12 人。其中机关干部 33 人，企事业单位 30 人，其他社会阶层 6 人，农牧渔 20 人。2006 年，全县发展党员 171 人，女党员 47 人。其中机关干部 63 人，企事业单位 56 人，其他社会阶层 1 人，农牧渔 51 人。

中共十七大召开后，全县万名党员干部收听收看十七大开幕式。县委常委分别深入党建联系点与基层党员干部一起收看胡锦涛总书记报告。县委专门召开全县干部大会传达十七大精神，在 2007 年下发《关于在全县学习贯彻十七大精神的通知》和《贯彻落实党的十七大精神实施意见》。同年发展党员 253 人，女党员 46 人。其中机关干部 48 人，企事业单位 57 人，其他社会阶层 16 人，农牧渔 132 人。2008 年，山阴县发展党员 101 人，女党员 25 人。其中企事业单位 27 人，农牧渔 74 人，全县党员共 7521 人。同年，在“七一”庆祝建党 87 周年之际，山阴县组织开展党员评议、重温入党誓词、慰问老党员等一系列活动。特别是举办“庆祝建党 87 周年大型演唱会”，全县 30 家县直机关党组织派出 2400 人的演出队伍，在地税广场演出 3 场，县城数万人观看演出。同时，县委表彰在全县“三个文明”建设中涌现出的 30 个先进基层党组织、13 个“五好”农村支部及 13 名“五好”农村支部书记、80 名优秀共产党员和 20 名优秀党务工作者，掀起浓厚的比、学、赶、帮、超热潮。

2009 年，全县发展党员 199 人，女党员 44 人。其中机关干部 75 人，企事业单位 39 人，农牧渔 85 人。2010 年，全县发展党员 198 人，女党员 36 人。其中机关干部 12 人，企事业单位 29 人，其他社会阶层 45 人，农牧渔 112 人。2011 年，全县发展党员 169 人，女党员 51 人。其中机关干部 23 人，企事业单位 37 人，其他社会阶层 56 人，农牧渔 53 人。2012 年，全县发展党员 178 人，女党员 46 人。其中机关干部 7 人，企事业单位 53 人，其他社会阶层 67 人，农牧渔 51 人。2013 年，全县发展党员 131 人，女党员 33 人。其中机关干部 19 人，企事业单位 21 人，其他社会阶层 28 人，农牧渔 63 人。2014 年，全县发展党员 104 人，女党员 36 人。其中机关干部 23 人，企事业单位 22 人，其他社会阶层 32 人，农牧渔 27 人。2015 年，全县发展党员 105 人，女党员 28 人。其中机关干部 15 人，企事业单位 31 人，其他社会阶层 6 人，农牧渔 53 人。至 2016 年，全县党员发展到 10868 人，女党员 1763 人，占党员总数的 16.2%；工人、农牧渔民 5231 人，占总数的 48.1%；机关干部、公有企事业单位管理人员、专业技术人员 2769 人，占总数的 25.5%；非公有企业单位、民办非企业单位管理人员、专业技术人员 334 人，占总数的 3.1%；流动党员 47 人，占总数的 0.4%；少数民族党员 11 人，占党员总数的 0.1%。

党员教育

20 世纪 90 年代末，山阴县加强党员经常性教育，通过开展爱国主义、艰苦奋斗等教育活动，培养和树立像老党员王凤鸣式的好党员，形成一种“自主改革，自求发展，自加压力，敢于争先”的精神风貌。2007 年，共安排党员教育经费 80 万元，其中投资 6 万元在全县 6 个乡镇、14 个村首批开通党员远程教育网络。县、乡、村三级共举办各种培训活动 38 期，培训科级干部 800 人次、党员 3000 人次、农村两委干部 1000 人次。

2008 年，全县建成远程教育站点 120 个，农村建点率达到 40% 以上。已建的站点均配备专兼职人员负责管理维护。站点建成后，开展播放收看活动，内容主要为政治理论学习辅导、学习讲座、专题报告和农村实用技术。2010 年，山阴县各乡镇、农村党组织从实际出发，制订培训计划，健全教育网络，丰富教育内容，创新教育方式，把“党员活动日”“素质教育”工程、“三会一课”、领导干部为基层讲党课、农村党员冬训等制度有机结合起来，以中共十七大和十七届三中全会精神、农村政策、农业科技知识、致富能力教育等为主要内容，加大了党员的教育培训力度，确保党员素质提高。县委组织部创新党员教育管理，2012 年全年共举办专题讲座、机关送学、农村“领头雁”等各类教育培训 126 批次，培训党员干部 10400 余人次。11 月 8 日召开全县干部大会，迅速传达党的十八大会议精神、安排部署全县上下学习贯彻党的十八大精神。县委组织部四项措施，学习贯彻党的十八大精神。一是联系思想和工作实际，精心部署加强学习。二是开展多种学习活动，创新载体，增强学习效果。三是开展千名干部下乡住村，深入宣传十八大精神。四是以十八大精神为指导，开创组织工作新局面。

2014 年，先后组织主体培训、集中培训、专题培训 15 次，把党性教育作为首修课，经常讲、反复讲、深入讲，让党员干部在认识新常态、适应新常态、引领新常态中懂规矩、守底线、增定力。落实提高党员干部能力素质任务，先后邀请省市知名学者教授作专题讲座 5 场，培训人数 2300 多人次，及时扩充新能量。配合省委党校举办送学下乡讲座 2 期，协同举办党代表、人大代表、党务干部、政法干警、新录用人员培训班 5 期，累计培训人数 1300 多人次，着力提高履职能力。2016 年，山阴县共培养入党积极分子 686 人，实施“双培养一发展”计划，百人以上的村至少培养 2 名党员后备干部、2 名入党积极分子，三年内至少发展 1 名新党员，共培养村级党员后备干部 567 人。

党员管理

1998 年，山阴县围绕四大机制，狠抓基层党组织和干部队伍的规范化管理。制定《基层党组织规范化管理实施意见》，通过“一教三定，双考双亮”着力规范教育机制，制约机制、考核监督机制和企业党建工作良好运行机制，使基层党建工作走向规范化、制度化，党员干部的精神面貌有了新变化，增强了基层党组织的凝聚力和战斗力。

2007 年，山阴县各级党组织普遍建立联系点制度，共结成帮扶组织 5103 对，开展各种慰问活动 2 万人次，发放慰问金 100 余万元，为基层和困难群众办实事办好事 2000 件次。2008 年，建立完善流动党员管理机制，确保发挥作用。制定流动党员管理办法，设立党员服务中心、服务站，建立外出登记、专人联系、定期汇报、家访帮困、召开返乡座谈会等制度，做好流动党员的教育、管理和服务工作。

2013 年，通过“面对面”帮扶困难党员、“手拉手”爱心捐助老弱党员、“零距离”拓展新党员技能培训、“一对一”结对子为流动党员办实事，拓展党内关爱帮扶长效机制，共争取帮扶基金 4.8 万元，救助生活困难党员 20 人；给中华人民共和国成立前老党员发放生活补助金 40.98 万元；各级党组织开展送温暖活动，慰问生活困难党员、老党员和老干部，慰问金和慰问品共计 14.53 万元；发放党员志愿服务便民卡 3000 余张，解决生产和生活难题 98 个，办实事好事 217 件。2014 年，国庆 65 周年之际，慰问老党员 106 人，发放慰问金 3.18 万元，让老党员真切感受党的温暖。

第四节 干部队伍建设

领导班子建设

1998 年后，山阴县坚持“四化”方针，建设一支较高素质的干部队伍。县委九届八次全委会议后，先后制定实施《关于加强乡村两级班子建设的意见》和《关于加强干部队伍建设，提高干部队伍素质的决定》，促进各级领导班子的建设，增强各级党组织的凝聚力和战斗力。全县各级领导班子形成讲学习、讲政治、讲正气、讲团结、讲原则、讲大局的坚强领导集体。山阴县委、县政府按照县级领导班子换届要求，做好县党代会、人代会、政协会的组织工作，并选举产生 2003 年新一届县委、政府、人大、政协领导班子。2007 年，按照宪法、选举法和地方组织法的有关规定，完成县、乡人大换届工作。新一届县乡人大、县政协领导班子成员全部以高票或满票当选。换届后县政府、人大、政协班子总职数由 19

人减为16人，平均年龄下降1.17岁。13个乡镇减少领导职数13人。乡镇政府、人大班子成员的平均年龄下降1.2岁。

2008年，全县各级领导班子落实中央、省、市委关于加强领导班子自身建设的要求，着眼于提高领导干部的政治素质和思想理论水平，完善中心组学习制度，县委中心组安排集中学习12次。举办学习实践科学发展观、解放思想大讨论等调研活动5次，为全县各级领导班子作出表率。组织全县各级领导班子召开学习“右玉精神”、学习实践科学发展观2次专题民主生活会，找到差距，达成共识，增进班子的团结，推动各项工作。开展“解放思想大讨论”活动，按照市委要求，周密部署，精心组织，突出“抢抓新机遇，拓展新空间，实现新发展”主题，制定实施方案。电视台、《山阴报》开辟专栏，编发简报80期；聘请省委党校赵公社、市气象局局长岳福豹等专家作专题辅导；全县500多名科级以上干部撰写学习体会、理论文章800余篇。2013年，中共山阴县委贯彻全市“5·17”干部大会精神，加强民主集中制建设，健全和规范理论学习、谈心谈话、议事决策制度，凝聚思想共识，激发干事激情，增强班子合力。以召开“反对四风，服务群众”专题民主生活会为抓手，深化“右玉精神在朔州”活动，县四大班子党员领导干部带头进乡镇、进机关直接指导，现场点评，确保质量。对全县13个乡镇25个县直部门召开民主生活会的质量进行分类评比，对主题不突出、批评不深刻、效果不明显的5个单位责令重开。

2014年，协调召开领导小组会议6次，办公室会议19次，协调小组会议7次，起草下发各类文稿210多份，关键节点拉出任务清单，提出明确要求。承办组织工作推进会12次，督导组工作会议8次，研究解决问题，安排部署工作；组织随机抽查6次，随机调阅基层单位材料2次，抽查面和调阅面均达30%以上，对不履职、不规范的下达改进意见书；配合省市督导组调研指导50多次，指导面达20%以上。2016年，贯彻新修订的《干部任用条例》，印发《学习指导手册》300余册，让刚性要求变成思想自觉和行为遵循。树立正确的用人导向，注重在推进“三个一体化”建设中，培养使用“坐阵守城型”“合纵连横型”“开疆拓土型”好干部；坚持从严规范档案，集中抓好“三龄两历一身份”档案信息专项清理和重新审核认定工作，共整理规范在职科级干部和党群、乡镇一般科员档案959卷。推行干部档案初始否决制，对疑议档案在没有查清作出鉴定之前，一律不列为初始提名人选，从源头上杜绝“带病档案”；坚持从严制度管理，推行常态化谈心谈话、后备干部跟踪管理、提名考察干部联合审查、年度目标责任考核四项制度，健全干部日常管理台账，全方位了解干部，立体式评价干部，落实“三个一批”要求，按职数配备和管理干部。同时，通过制度约束解决乡镇干部“走读”现象，基本实现在岗在位在状态。

干部选拔任用

1998年后，山阴县委深化干部人事制度改革，按照《党政领导干部选拔任用工作暂行条例》，坚持民主、公正、择优的原则，推行“民主测评、定位推荐、组织考擦、常委会投票表决”的方法，凭工作实绩选人才，以民主推荐用干部，加快干部人事制度改革的步伐。按照组织程序办事，发扬民主，加强领导，完成县委、人大、政府、政协领导班子的换届选举工作。基层领导班子结构得到改善和优化，在基层领导班子的配备上，解放思想，更新观念，不拘一格选拔人才，一大批勇于开拓的优秀年轻干部走上领导岗位。

2007年，组织大学生村干部选聘工作，选聘102名大学生当村干部，充实到新农村建设一线。2008年，创新干部考核机制，按照中组部、省委组织部关于体现科学发展观要求的干部实绩考评办法有关文件精神，重新修订《山阴县2008年度实绩考评办法》，细化考评单位的分类；扩大征求意见、民主测评的范围；变考核为考评，增加实绩呈报、考评结果公示、召开通报会等程序。群众满意度、被考评对象的信服度有较大提高，考评结果的公正性、真实性、权威性得到普遍认可。2013年，坚持正确用人导向，注重在服务全县转型跨越发展的主战场考察干部、识别干部、使用干部。出台《加强后备干部队伍建设实施意见》，建立科级后备干部人才库。重点掌握一批想干事、能干事、会干事的干部，为科级领导班子调整补充提供后备人选。

2015 年，山阴县将县纪检监察体制改革精神贯穿干部选用工作的全过程，严格把握程序、严格资格审查、严格干部“六查”、严格班子选配，提名的监委会主任、副主任、委员人选全部满票当选，派驻单位纪检监察组人员全部选配到位，配齐配强乡镇纪检监察干部队伍，推动全县纪检监察体制改革取得阶段性成效。同时，按照省市委的要求，启动县非公和社会组织工委、县公安局等班子成员、重要岗位的配备任务。全年在干部任用过程中，有 15 名干部被终止任用程序，进行诫勉谈话，120 名干部全部配备到位。2016 年，县委、县政府把握中央和省市委关于换届“四个好”的目标要求，完成县、乡换届工作。选人用人过程中，严格班子选配，树立重德才、重基层、重实绩、重公论的用人导向，既注重班子整体配备，又考虑整体功能发挥；既注重选拔优秀干部，又考虑消化超配干部；既注重使用年轻干部，又考虑基层干部成长；既注重近三年考核结果运用，又考虑一贯的工作表现，体现进有重责、退有所惠的初衷。全年先后调整干部 13 批 354 人次。

干部培训教育

1998 年，山阴县开展反对官僚主义斗争，按照省、市的统一部署，从领导干部抓起，从整顿机关作风和纪律抓起，通过培训教育、自查自纠的形式，集中解决干部队伍中存在的不负责任、无所作为、精神不振、工作漂浮等问题。2007 年，加大干部理论培训力度，举办“副科以上干部学习十七大精神培训班”，参加培训的人数达 800 余人次。2008 年，出台《干部培训班次安排计划》，共选配 100 多人次的各级各类干部参加省市组织的各种培训活动。其中，30 多名副处以上干部普遍参加市委党校组织的轮训，12 名科级干部参加省市委组织的赴发达地区、知名高校异地培训班。县委依托党校，组织全县副科以上干部轮训班 8 期 800 余人次。2011 年 11 月，山阴县组织科级干部赴清华大学培训，期间赴密云蔡家洼参观学习。2012 年，开展千名干部下乡住村，深入宣传落实十八大精神。2013 年，落实大面积培训干部，大幅度提高干部能力要求，在全市率先对全县 215 名科级干部进行学习贯彻习近平总书记重要讲话精神“封闭式”培训。在培训形式上，打破传统的专家辅导模式，县委书记、县长等 6 名县领导亲自授课，呈现出“先、高、紧、盼”四大特点，《朔州日报》10 月 14 日以《同心齐聚正能量》为题介绍县委组织部的做法。全年共举办专题讲座、机关送学、农村“领头雁”等各类培训 126 批次，培训党员干部 10400 余人次。

2011 年 11 月山阴县干部赴清华大学培训学习

2015 年，在全市率先组织 485 名农村“两委”主干参加封闭培训，对 168 名正科实职干部进行专题培训，对 61 名“第一书记”进行任前培训，每次培训均邀请县领导登台讲授。举办名家讲座 6 期，培训党员干部 5000 余人次；抓好联合培训，利用县干部教育培训中心，配合省直机关党校完成处级干部进修班延伸培训，协同市委组织部完

2015 年 8 月，山阴县优秀干部到村任第一书记培训班

成大学生村干部示范班培训；抓好师资队伍，会同县委党校选聘13名县直单位科级领导干部，充实教师人才库，开展讲学活动，强化师资力量建设。2016年5月，全县举办两期党务知识培训班，“两新”组织和机关党组织书记培训实现全覆盖。6月，邀请《塘约道路》作者王宏甲作脱贫攻坚专题辅导。10月，邀请省委党校刘兆征、王小军两位教授分别就脱贫攻坚、“三基建设”进行专题辅导。

第五节 机 构

中共山阴县委组织部是县委主管组织工作和干部工作的职能部门。1998年5月，县委组织部有办公室、干部科、组织科、党管科、干教科、党员电化教育科，行政编制24人，部长编制单列。领导职数为部长1人，副部长3人。

2016年，县委组织部设8个职能科室：办公室、干部科、组织科、党员管理科、干部监督科、大学生村干部管理办公室、干部教育科、电化教育中心（事业机构）。隶属事业单位5个：干部教育培训中心、大学生村干部创业培训中心、县委人才管理中心、组织史编撰办公室、党建研究中心。挂靠单位4个：县委老干部局、县直机关工委、县非公经济组织和社会组织工委、县考核办。1998年后，历任部长有赵文君、钟启宇、孟福荣、王伟、王国梁。

第五章 纪检监察

第一节 党风廉政建设

党风廉政教育

1998年，县纪委组织对全县副科以上干部进行全面考试，考试结果通报全县，并入档案作为考核使用干部的依据之一。同时，组织有关部门深入到各单位检查、抽查，促进学习宣传工作的深入开展。征订《正气》《监督时报》800份，《中国纪检监察报》100份、《党风党纪》150份，为广大党员干部学习党风廉政建设和反腐败理论提供教材。对孔繁森、李国安等一批先进人物的事迹进行广泛宣传，同时对14起大要案件进行公开曝光处理。2000年，开展县级“三讲”教育和警示教育活动。采取召开动员会、群众座谈会，广泛开展谈心谈话活动，发放征求意见卡等形式，全方位多角度地征求群众对县级领导班子及其成员的意见及建议。组织全县党员干部集体观看电影防腐败巨片《生死抉择》，以及电视纪录片《胡长清警示录》，有640名副科以上领导干部写出观后体会。

2008年，坚持以领导干部为重点，结合全县实际情况和发生的一些典型案例，加强对党员干部理想信念教育、权力观教育和党纪国法教育，增强思想道德教育的针对性、实效性，开展一系列廉政文化建设活动，营造“以廉为荣、以贪为耻”的浓厚氛围。开展第二届勤廉好公仆评选活动，举办别开生动的颁奖盛会，为全县树立新风正气、做好各项工作。起到积极推动作用。在县城府南街和青年路两侧路灯杆上悬挂廉政公益广告灯箱。结合中共中央纪律检查委员会倡导的“做党的忠诚卫士，当群众的贴心人”主题活动推出“三个典型人物”：历史人物一代廉相——王家屏，“李林式”的女英雄——吴儒玢，助人为乐、见义勇为的当代村干部——董德高。参加全县召开的“向四川地震灾区人民献爱心”社会捐助活动，全体纪检干部共向灾区捐款2万余元。在全县党员干部中开展廉政警句和作风建设征文活动，共征集到廉政警句1000余条，作风建设征文300余篇。

2012年，学习弘扬“右玉精神”，通过组织推选先进人物，编印学习资料，宣传学习八项规定举办“廉政歌会”，观看警示教育片等，提高党员干部廉洁自律意识。2014年，在开展“纪律教育整顿月”活动和第二批党的群众路线教育实践活动期间，印制1500余册《山阴县党员干部必读手册》，发到全县党员领导干部手中；印发1000余册《山阴县深入开展“四风”突出问题专项整治方案》合订本，督促整改落实到位；开展观看《周恩来的四个昼夜》《苏联亡党亡国20年祭》《警钟长鸣》和《廉吏于成龙》等警示片教育活动，既正面教育，又反面警醒；开展“一月一警示”专题教育活动，要求全县副科以上干部每个月观看一次警示教育片，引导党员干部树立正确的权力观、地位观、利益观，筑牢拒腐防变的思想道德防线；进行廉政知识测试。要求各单位组织开展对《朔州市党员干部廉洁法规知识应会读本》的学习，对全县100名重点岗位和关键环节的领导干部分两批进行廉政教育测试。2016年，县纪委将党章党规党纪有关内容、习近平总书记和中央纪委书记王岐山有关全面从严治党、落实主体责任、严明政治纪律和政治规矩等重要论述编印成册，《廉政准则》分发到四大班子领导、乡镇党委书记、纪委书记和部分机关党组书记、纪检组组长手中，提高政治站位和政治觉悟。上级纪委先后对新任四大班子领导和新任乡镇党委书记、乡镇长，以及新任县直机关主要负责人42人开展廉政谈话，促使新任领导干部时刻牢记政治纪律。

党风廉政建设责任制

1998年，继续实行县党政领导包抓案件责任制，每个领导至少包抓一起有较大影响的违法违纪案件。在制定反腐败工作实施方案时健全和完善反腐败工作领导责任制，将具体工作落实到党政领导、各部门、各单位和具体负责人头上，分工负责层层落实，追究责任。建立健全责任制，各部门均实行一把手负责制，签订责任状，并且层层落实，责任到人，强化对治理“三乱”（乱收费、乱罚款、乱摊派）的组织领导。2000年，山阴县成立县和乡镇落实责任制领导组。通过采取分解细化任务，制定配套制度，加强督促检查，对不按规定落实党风廉政建设责任制的领导班子及领导干部进行“五追究”等一系列措施，在落实责任制过程中，共有9名领导干部受到责任追究，其中有2名粮站主任因管理不力，把关不严、收“人情粮”“关系粮”受到撤职处理。

2014年，实行全员办案制度和定时限、定人员、定责任、领导包案的“定包”制度，给予22人诫勉谈话。加强农村党风廉政建设，深化农村基层党务、政务和村务公开，为13个乡镇、20个村制作廉政版面，为21个重点村制作公开栏，并随时督办其公开内容的真实性和及时性。扩大《山阴县农村重大事项民主决策监督管理暂行办法》实施范围，县农廉办就各乡镇重点村的执行情况进行全程跟踪检查，强化对村级事务民主决策的监督管理。健全完善乡镇便民服务室，把涉农事项全部纳入大厅集中办理或代为办理，方便群众办事。强化对强农惠农政策执行情况的监督检查，切实维护农民群众利益。2015年，县委制定关于落实党委主体责任和纪委监督责任“两个实施意见”，以责任清单形式明确县委领导班子责任40项，领导班子主要负责人责任20项，领导班子其他成员责任16项；明确县纪委领导班子责任10项，领导班子主要负责人责任7项，领导班子其他成员责任5项。出台关于落实党委（党组）主体责任、纪委（纪检组）监督责任的十项规定。明晰党委（党组）和纪委（纪检组）的具体责任，召开2次落实“两个责任”座谈会，1次落实“两个责任”专项整改会议，走访调研13个乡镇，要求各单位结合本单位实际，坚持问题导向，提出落实“两个责任”的具体措施。

2016年，县委落实管党治党政治责任，开展基层党组织主要负责人向上级纪委全会“四述”工作。对安全生产隐患排查整治工作不力的11个乡镇、2个管委会、20个县直单位主要负责人进行约谈。协助县委及时制定《中共山阴县委关于认真学习贯彻落实〈中国共产党问责条例〉的意见》，对全县各级各部门学习贯彻落实问责条例，明确提出十项具体要求和措施，推动管党治党政治责任的落实。

领导干部廉洁自律

1998年，全县落实《党政机关县（处）级以上领导干部收入申报规定》，35名副处级以上领导干部申报上半年的收入。执行《个人重大事项报告制度》，15名领导报告个人重大事项。狠抓国有企业廉洁自律工作，全县国有企业按时召开党内民主生活会，开展批评与自我批评，对提出的问题能够彻底整改，并制定相应的约束制度；48家国有企业和股份制企业向职代会和股东报告业务招待费情况。2000年，执行出台修订后的《关于严禁大操大办婚丧喜庆事宜的规定》，推行举办婚丧喜庆事宜活动申报制。出台《关于贯彻市纪委"两清"工作的实施意见》，成立"两清"工作领导组，印发各类表格600余份，查出县公安局消防支队借用邮政局212型小汽车1部，按规定期限要求进行清退。

2008年，全县共初核违法违纪线索48件，立案48件，查处48件，查处率100%；处分各类人员72人，其中党纪处分42人，政纪处分32人。从初核线索所反映的部门来看，反映党政部门30件，事业服务部门7件，农村案件22件；从所反映的情况看，反映党政部门36人，事业单位干部33人，农村干部22人。在所查办的案件中，无一例疑案、错案。在全县通报6起典型案件中，立案查处农村基层党员干部违纪违法案件7件，处分7人。2014年，对党员干部公款吃喝、公款送礼、公车私用、大操大办婚丧喜庆等问题进行专项整治；对承担22个涉及36项"四风"专项整治任务的主责部门工作开展情况进行监督检查。从快严处违反工作纪律人员19人，对12名负有领导责任的干部进行诫勉谈话。紧盯元旦、春节、国庆等关键时间节点，开展6轮150余次明察暗访，查处违反中央"八项规定"人员28人。加强对农村"两委"换届纪律的监督检查。

2015年，全县共有8人因党风廉政建设主体责任落实不力被问责，其中党政纪处分4人。全年共查处群众身边腐败问题90件，党政纪处分105人，组织处理2人，移送司法机关2人；开展"四风"突出问题专项整治，核查问题线索7个，党政纪处分6人，诫勉谈话4人。2016年，开展"零承诺"活动中，县乡两级共2次约谈13个乡镇28人，乡村两级共约谈257个村1838人，作出"零承诺"报告1838人。31个村41人主动退缴虚报冒领涉农资金10.24万元。对41人进行分类处理，其中党纪处分3人，诫勉谈话2人，批评教育36人。

第二节　案件查处

1998年，中共山阴县委通过常委会、党委政府联席会、书记碰头会等形式，经常听取县纪委工作汇报，了解情况，分析研究解决问题；及时调整反腐败领导机构；继续实行县党政领导包抓案件责任制，并将具体工作落实到党政领导、各部门、各单位和具体负责人头上，分工负责层层落实，追究责任。对全县招生、招干、转干等工作进行监督，杜绝其中的不正之风；对县直各单位考核制度的执行情况进行监督检查。清理党政机关事业单位违规乘车问题，共清理63辆，封存20辆，拍卖22辆，重新分配21辆，收回资金83万元。清理公款安装住宅电话372部，公费改私费的299部，封存73部，清理移动电话27部，全部封存。严格控制会议、庆典、达标活动，召开各类会议31次，除换届选举外，其中只有12个会议从财政拨款12.1万元，会议费比1997年同期下降65.4%。重点对县公安局、县人民检察院、县人民法院、县交通局、县工商行政管理局、县审计局等六部门进行"收支两条线"专项检查，共查出违纪金额110万元，处罚1.5万元。清理整顿政法机关经商办企业，成立清理经商办企业领导组，通过摸底调查，清理出一家经商办企业的单位（司法局）。县政府专门下发清理预算外资金和"小金库"的通知，由县监委、财政组成检查组进行专项检查，共检查资金192万元，查出未入专户储存款27万元，检查后入专户18.6万元，罚款1.8万元。

2000年，县反腐败斗争领导组下发《关于限制机关、事业单位公房出租有关问题的暂行规定》。对全县36家公房出租单位进行检查，查出单位在公房出租中不同程度地存在着违规违纪问题。对违规出租公房的单位进行通报，责令限期整改，并没收违规出租费5.2万元。共检查2004年、2005年、2006年、2007年扶贫资金611.5万元，贫困学生“两免一补”资金297万元，后备奶牛良种补贴款1679.6万元，繁育母猪补贴款20.72万元。2008年，县纪委监委严肃查处16起破坏土地资源的违法违纪行为，有21人受到不同程度的党纪政纪处分。继续协同公安、工商、国土资源等部门参与整顿全县煤炭市场，彻底打击破坏耕地、掺杂放假、炒买炒卖等扰乱煤炭市场的恶行，保护生产和经销单位的合法利益，全县10家洗煤厂共缴税款1855.8万元，5家储煤场缴税1108.2万元。协同公安、检察、法院、国土资源等部门打击私挖乱采现象，扣押大型设备13台辆，烧毁三轮车6辆，拘留当事人13人，扭转乱挖滥采的局面。同时，参与治理污染专项行动。全县共炸毁土白灰窑105座，全县空气质量明显改善。清理追缴各种费税10995.93万元，其中，追缴欠缴国税583.3万元，欠缴地税2932.4万元，追缴欠收采矿权价款4626.5万元，追缴欠收发展基金814.6万元、排污费379.65万元，矿管费、企管费1131万元，矿补费513.48万元，物价水资费、稽查费15万元。

2012年，联合财政、审计等部门加强对农业、水利、民政等7个部门及延伸单位45项强农惠农资金管理使用情况的检查。将29个部门124项行政审批服务事项，全部纳入电子监察系统，健全定期检查和专项督查制度，完善纪律保障机制。全县共核实“吃拿卡要”线索19件，立案7件，结案7件，处理处分违纪干部11人。开展招投标中挂靠借用、出借资质问题的专项清理工作；开展500万元以上政府投资项目和省、市重点工程、民生工程招商引资项目的自查工作，共发现问题14个，处理整改问题14个。2014年，开展行政审批电子监察工作，对13家被红牌警告单位下达电子监察整改通知书；开展规范行政执法行为的专项检查，对发现的问题，及时下达整改意见书，督促其健全制度，公开、公平执法；开展违规经商办企业专项清理工作，全县128家单位共10148人作出承诺，3人主动申报。

2015年，全县7415人对收受礼金、红包问题主动作出承诺；设立礼金红包上交专户和贵重物品上交专库，共上交礼金12.7万元。开展整治不担当、不作为、乱作为专项活动，各单位自查自纠问题200余条，并及时进行整改落实。持续纠正“四风”问题，盯住时间节点，开展突击检查，落实中央“八项规定”精神，严肃查处3起，从严处理3人。全年13个乡镇共立案92件，处分92人。2016年，共查处违反中央“八项规定”精神和“四风”问题各类案件22件，党政纪处分16人，组织处理6人。处置基层站所“吃拿卡要”问题11件，处理13人，其中党内警告1人，诫勉谈话5人，批评教育7人。查处大操大办问题4起，1人党内警告处分，给予2人通报批评，责令1人辞去村委会主任职务，并没收违规礼金5200元。

第三节 机 构

1998年，中共山阴县委纪律检查委员会（简称县纪检委）与县监察委员会合署办公，实行一套工作机构、两个机关名称的体制，履行党委纪律检查和政府行政监察两项职能。2002年，内设办公室、宣传教育室、监督室、执法监察室、案件检查室、案件审理室、信访室（举报中心）、纠风室8个职能室，行政编制14人。其中副书记3人，专职常委3人。书记编制单列。核定工勤人员全额事业编制2人。

2010年9月，山阴县纪检监察培训中心成立，股级建制，全额事业单位，编制8人。12月，山阴县监察委员会更名为山阴县监察局，领导职数一正三副。2013年3月，山阴县监察局电子监察中心成立，股级建制，编制 6 人；山阴县监察局审计中心成立，股级建制，编制 5 人。12 月，山阴县纪委监察局调整内设机构，设办公室、宣传教育室、党风政风监督室、执法和行政效能监督室、纪检监察一室、纪检监察二室、纪检监察三室、纪检监察四室、案件审理室、信访室（举报中心）10 个科室。核定行政编制 20 人，事业编制 20 人，工勤人员全额事业编制 2 人。书记编制单列。2015 年 12 月，山阴县纪委、监察局调整内设机构，设办公室、宣传部、党风政风监督室（挂县纠正行业不正之风办公室牌子）、案件监督管理室、第一纪检监察室、第二纪检监察室、第三纪检监察室、第四纪检监察室、案件审理室、信访室 10 个科室。核定行政编制 20 人，事业编制 23 人，工勤人员全额事业编制 2 人。书记编制单列。

2016 年，山阴县纪委、监察局调整内设机构，设办公室、信访室、案件审理室、党风政风监督室、案件监督管理室、宣传部、执纪监督一室、执纪监督二室、执纪监督三室、执纪监督四室、执纪审查（调查）一室、执纪审查（调查）二室 12 个科室；共设置 11 个派驻纪检监察组，其中 7 个综合派驻纪检监察组，4 个单独派驻纪检监察组。12 月 26 日，根据党中央确定的《关于在北京市、山西省、浙江省开展国家监察体制改革试点方案》实行监察体制改革，设立监察委员会。历任纪委书记有杨怀恩、张天茂、苑德、句爱云、郭振林、刘德智。历任监察局局长有杨怀恩、马一山、王聪、常顺平。

第六章 宣传工作

第一节 理论宣传

理论学习培训

1998 年，全县开展农村党员干部和青年学理论活动，加强理论宣传和理论研究工作，并完善县委中心组理论学习制度，丰富机关干部周六上午学习活动。2003 年，举办“学习十六大知识竞赛”“董德高先进事迹专题报告会”等活动，并在广播、电视台开办专题节目，在《山阴报》上开辟“学习十六大精神专题辅导”“三个代表”重要思想系列谈等专栏。县、乡两级中心学习组定期开展中心组集中学习活动，系统学习有关“三个代表”重要思想一系列重要论述和文献并开展座谈讨论。全县机关、企事业单位干部职工开展“周学习日”活动和坚持“每日一小时”制度。2005 年，开展保持共产党员先进性教育活动，累计举办各类讲座 60 多场，受训人数达 3000 多人次。并在广播、电视中创办专题节目，在《山阴报》上开辟“保持共产党员先进性教育系列谈”专栏等，对全县党员干部和群众进行专题理论培训教育，形成强大的理论宣传声势。

2008 年，完善中心组学习制度，安排集中学习 6 次，举办学习实践科学发展观、解放思想大讨论等调研活动 5 次。召开学习右玉精神、学习实践科学发展观专题民主生活会 2 次。并开展“解放思想大讨论”活动，全县 500 余名科级以上干部撰写学习体会、理论文章 800 余篇。同时加强党员干部培训工作，举办 8 期培训班，对全县副科以上干部进行十七届三中全会精神专题培训，30 多名副处以上干部普遍参加市委党校组织的培训，12 名科级干部参加省市委组织的赴发达地区、知名高校异地培训班。60 多名村支部书记和村委主任到省内外特色产业园区参观学习。138 名大学生村干部接受岗前任职培训。全年培训农村党员干部、企业职工党员、机关党员干部 1.5 万人次。2013 年，全县深入开展学习贯彻党的十八大精神和“右玉精神在朔州”活动，共举办各类大型培训 11 次，受训人次达 9356 人次；县委宣传部深入基层各单位、企业、乡村组织宣讲 116 次，受训人次达 7545 人次；省委送学下乡来县宣讲一次，受训人次 197 人次。参加培训干部共计 17819 人次。县委中心组举行集中学习 8 次，撰写各类理论研讨和工作调研文章 20 余篇。

2016 年，结合“两学一做”学习教育，举办各类专题性培训 6 期。组织全县理论骨干深入基层开展理论宣讲 30 余场，受众人数达两万余人次。11 月，省委党校教授张志蓬来县开展“两学一做”学习教育和《习近平治国理政新思想新理念新战略》专题培训。12 月，市委宣讲团刘文虎一行 4 人到山阴县开展中共十八届六中全会暨省市党代会精神宣讲活动，累计宣讲 4 场，受众达 1200 余人。县委常委会、县委中心组先后学习习近平总书记在中共中央政治局“两学一做”动员会上的讲话精神、习近平总书记在建党 95 周年大会上的讲话、《十八届六中全会公报》、省委书记骆惠宁的讲话精神等，观看警示片《西式民主怎么了》《西方新闻自由只是传说》，累计专题学习 11 次。

宣传教育

1998 年，山阴县坚持舆论引导服务中心，学习贯彻中共十五大报告精神，加大经济建设和改革发展稳定宣传力度，加强精神文明建设和创建基层先进党组织宣传报道。2003 年，在各级新闻媒体上发表各类稿件 1500 多篇，在新闻橱窗上展出各类摄影图片 50 多期 1000 余幅。面对“非典”疫情，县委宣传部组织专人对全县各行各业在抗击“非典”战役中涌现出的众多先进人物及其事迹进行重点报道。同年摄制电视系列专题片《辉煌的五年》，举办“五年成绩摄影图片展”。2006 年，组织制作电视专题片《效能访谈》《廉政文化活动月》《城市管理法规法律讲座》《回眸十五》，在全县营造团结奋进、激昂向上的思想氛围。

2008 年，全县 624 个基层党组织的 7521 名党员在庆祝建党 87 周年之际，组织开展党员评议、重温入党誓词、慰问老党员等一系列活动。在“庆祝建党 87 周年大型演唱会”活动中，全县 30 家县直机关党组织派出 2400 人的演出队伍，在地税广场演出 3 场，县城数万人观看了演出。同时，县委表彰在全县“三个文明”建设中涌现出的 30 个先进基层党组织、13 个“五好”农村支部及 13 名“五好”农村支部书记、80 名优秀共产党员和 20 名优秀党务工作者。2011 年，开展纪念中国共产党成立 90 周年和纪念辛亥革命 100 周年宣传教育活动。从 5 月 30 日开始，举办为期一个月的喜迎建党 90 周年唱红歌大型活动，党政、经贸、乡镇、教育四个专场、43 支队伍、5000 多名县乡党员干部职工参与。其间举办“红色收藏展览”和全县中小学生爱党爱国演讲比赛活动。

2012 年，围绕全县学习宣传贯彻十八大精神活动，开办《十八大精神润山阴》专栏。山阴电视台开辟《学彭云》专栏。2015 年，在做好常规宣传基础上，县委宣传部以弘扬社会主义核心价值观为主题，在县内媒体开辟《身边的人、感人的事》专栏，对全县各行各业涌现出的先进人物、先进事迹进行专题报道，累计播发 33 期，推出 33 名先进典型或道德模范。2016 年，在电视台、网络媒体开辟专栏，对山阴县在推进实施“2361”思路进程中的重点项目、先进典型以及对县乡换届、脱贫攻坚等工作进行专题报道和重点报道。

社会宣传

1998 年，县委宣传部制定出台《山阴县文化市场管理暂行办法》，组织开展一系列群众性文化娱乐活动，狠抓文化、科技、卫生“三下乡”活动。广播剧《好站长——魏文亮》获省精神文明建设“五个一工程”优秀作品奖。2007 年，宣传报道县委、县政府重大决策部署和经济社会发展成就，新闻中心编辑出版《山阴报》83 期；在市级以上新闻媒体刊发稿件 500 余篇；制作“新闻宣传橱窗”60 期；编发《山阴宣传信息》25 期。组织“民生工程”“南水北调”等大型报道活动 20 余个。制作《承诺》《路魂》等电视专题片 4 部。并通过山西卫视、黄河电视台、《中国交通报》等媒体开展山阴公路建设成就系列宣传报道，编制大型画册《大路如歌》，向省内外宣传山阴县道路交通建设新成就。

2010年，围绕转型跨越发展，重点宣传中煤金海洋能源集团等单位在转型跨越发展方面的好举措、好经验。全年在中央媒体发表稿件15篇，省级媒体发表稿件40篇。在省电视台播出新闻40条，在市电视台播出新闻264条，县电视台播出新闻1200余条。2013年，围绕抢抓“两大试点”机遇，拓展“三色经济”优势，主攻“十大园区”建设，做好“转型发展，跨越发展”主题宣传，在各级媒体相继刊登稿件，展示2013年山阴在工农业发展、生态绿化、民生改善、文化建设等各个方面取得的进步。

2016年，在《山西日报》《山西经济日报》、山西新闻网等省级媒体刊发30余篇文章，《朔州日报》刊发180余篇文章，展示山阴在工农业发展、生态绿化、民生改善、文化建设等各个方面取得的进步。山阴电视台在《山阴新闻》栏目开辟《严守纪律、换出干劲》《新班子、新作为、新气象》《七一·老党员访谈录》《脱贫攻坚》等11个专栏，播出“两学一做”系列报道20期，制作山阴招商引资专题片《借力山阴、扬帆远航》，播出山阴县万亩渗水地膜旱地谷子种植示范纪录片《金穗匍匐铺富路》，在山西卫视、朔州电视台发消息240余条。全年制作新闻橱窗160期；在政府网站发布信息2500余条，图片2000多幅。

第二节 精神文明建设

思想道德教育

1998年后，县委宣传部加强爱国主义、集体主义、社会主义教育，选树基层涌现出的先进典型，加强社会公德、职业道德、家庭美德建设，加强思想政治工作和形势教育工作。2003年，开展“讲文明、树新风、争做文明山阴人”活动，重点宣传见义勇为、因保护集体树木而不幸殉职的好干部董德高等一批文明先进典型。以理想信念教育为核心，开展“党在我心中”主题教育活动，并开展以“在社会做个好公民，在家庭做个好成员，在单位做个好职员”为主题的道德实践活动。

2006年，健全关心下一代工作领导体制和工作机制，在青少年中广泛开展“八荣八耻”教育，让青少年树立正确的社会主义荣辱观。全年组织宣传报告26次，直接受教育学生达3万人次。围绕建党85周年和长征胜利70周年，以深入开展爱国主义教育为主题，弘扬民族精神和时代精神，在青少年中组织开展抗战歌曲歌咏比赛活动，组织青少年观看爱国主义题材影片。

2009年，以建设社会主义核心价值体系为根本，开展国策、国情、国防、法制、防范邪教、维护社会稳定和反腐倡廉教育进社区、进学校、进农村、进机关、进企业活动。开展“双百评选活动”，在全县发放2万张选票，100多个单位、13个乡镇、2个管委会参加评选活动，党员覆盖率达85%；推荐全县30多个企业和优秀个人参加朔州市“建市20周年杰出人物”和“建市20周年功勋企业”评选活动。在全县中小学校开展“孝亲尊师”“感恩教育校园行”“远离网吧、健康成长”“珍爱生命、远离毒品”等系列主题教育活动。2013年，开展中华魂“理想点亮人生”读书活动，营造富有激情、富有朝气的校园文化氛围，展示学生良好精神风貌，推进学生思想道德建设。赵国文被评为山西省第四届助人为乐道德模范。

2016年，宣传社会主义核心价值观“三个倡导”的24字基本内容。在全县主要道路两侧墙体、隔离带、灯杆等醒目位置设置标语，在立交桥道路两侧，用彩绘、浮雕等图文并茂形式展示社会主义核心价值观基本内容。政府广场电子屏上全天候滚动播出社会主义核心价值观内容。同时宣传践行社会主义核心价值体系先进人物及其优秀事迹。山阴县马营乡五家沟村少年朱海龙获得山西省首届“最美孝心少年”称号，给全省青少年树立了孝老敬亲榜样。

文明创建活动

1998 年后，山阴县狠抓“六个一”（一条文明示范街、一个善行义举四德榜、一处道德讲堂、一处四德文化场所、一处文明乡、一个文明家庭）典型示范工程，全面开展创建文明县城、文明村镇、文明户活动，宣传队伍整体素质不断提高，全县宣传思想工作保持积极、健康、向上态势。2003 年，开展以“昂首新世纪，弘扬新风尚”为主题的文明之春系列活动。2007 年，深入拓展文明创建活动，组织开展“净化城乡环境、清除文化垃圾，营造宣传十七大精神氛围”活动，清除垃圾美化环境，规范整顿广告牌匾，清除城市“牛皮癣”，整治交通秩序，整顿文化市场，为全县人民营造整洁文明良好环境。向省市推荐文明单位 26 个，其中 3 个单位（县地税局、县国税局、县供电公司）被评为省级文明单位；呈报市级文明单位 20 家；对县级文明单位进行摸底，培育出县财政局、征费所、山阴高速公路收费站、合盛堡乡等 10 余个文明单位典型。

2010 年，加大“文明行业、文明单位、文明村镇”创建力度，向省市推荐文明单位 26 个，其中县地税局、县国税局、县供电公司被评为省级文明和谐单位；县财政局、县公路段等 4 家单位被评为市级文明和谐标兵单位；县物价局、县消防队、县计生局等 19 家单位被评为市级文明和谐单位；古城镇、合盛堡乡、马营庄乡被评为市级文明乡镇；八里庄、马营村被评为市级文明村。2013 年，全县有 6 家单位及村镇申报省级文明单位，31 家申报市级文明单位及标兵。

2016 年，开展“树文明新风、建和谐山阴”文明创建活动。以文明村、文明家庭和山阴好人作为创建重点，协调推进文明单位、文明乡镇、文明社区创建工作。培育出河曲堡村、新广武村、旧广武村、兰家窑村和古城村等几个先进典型。古城村被推荐参加省文明委主办的省级美丽乡村建设先进典型评选。同时，弘扬中华民族传统美德和孝道文化，营造孝敬老人、家庭和睦、社会和谐氛围。在重阳节期间，县文明办与县老龄委、县妇联联合举办“双十”评选活动，从全县 13 个乡镇、2 个管委会、257 个行政村、10 个社区推荐两类典型，确定 10 名“老有所为”模范、10 名“孝老爱亲”模范。

第三节　舆情工作

机　构

2011 年 7 月，山阴县互联网信息办公室成立，隶属县委宣传部，事业单位，正科级建制，事业编制 16 人。2016 年，编制人数 4 人，领导职数 1 正 2 副，主任吕建全。主要承担全县互联网宣传和管理工作，负责山阴县政府网站的建设和日常维护。

主要工作

山阴县互联网信息办公室成立以来，组建一支 50 人的网络评论员队伍，评论员分别来自全县各乡镇、县直各单位。评论员既承担组织管理本单位、本系统网络评论员队伍的建设，并兼县网络评论员的任务。县网络管理中心定期召开网络评论员培训会，安排任务。网络评论员围绕县委、县政府中心工作以及各乡镇、县直各部门、各单位的实际情况开展工作，加强正面宣传，引导社会热点，解疑释惑，营造良好的网上舆论环境，对外展示全县良好形象。

2012—2016 年，山阴县互联网信息办公室对县内各类网站进行摸底排查，依规关停 5 家“僵尸”“睡眠”网站，备案的政府类网站、企业类网站均运行良好，对其他网站和公众微信号进行有序登记，提升全县互联网建设工作。在网络舆情信息监管中，建立监测、研判、报告制度；在网络舆情处置中，成立网络评论员队伍，主动回应、及时疏解网民情绪。组织发表健康、主流导向评论 6 万多条，在知名网站发表评论文章 100 多篇，有效回应网民关切问题，及时避免恶意网络炒作事件的发生。出版《网络舆情快报》188期，尤其对2015年“千亩林地被毁”、2016年广武明长城“月亮门”坍塌事件等重大舆情应对方面，网管中心全体人员认真监测，发现舆情，及时上报，全面准确掌握网络舆情动态，各类事件得到有效处置。

第四节 机 构

中共山阴县委宣传部是县委主管意识形态的综合职能部门。1998年5月，县委宣传部有办公室、宣传科、党教科、理论科、精神文明办公室、通讯组6个内设机构，行政编制18人，部长编制单列。其中部长1人，副部长2人。

2016年，宣传部内设机构为办公室、宣传股、理论股、新闻股。贯彻执行中共中央、省委、市委和县委在宣传思想战线的方针政策并进行调查研究和宏观指导。引导和把握社会舆论，对文化新闻、广播电视、文学艺术等部门和有关群团组织的业务工作进行指导，协调、监督、和服务，并在政治方向和方针政策方面实施领导。历任部长有安秀清、郭存斌、程育胜、闫祖伟、刘向前、刘宇。

第七章 政法工作

第一节 队 伍

队伍组成

山阴县政法部门包括县委政法委、县人民法院、县人民检察院、县公安局、县司法局五个单位。下设股、所、科、室、队等机构98个。2016年，共有在编干警583人，协警478人，具备执法资格的有238人，其中法官26人、检察官9人、法警21人、授衔民警169人。从知识结构来看，研究生及以上学历6人，占1%，本科学历214人，占40%；大专及以下学历314人，占59%。

队伍建设

1998—2016年，政法系统各部门围绕县委中心工作，发挥职能作用，推进“平安山阴”和“法治山阴”建设，开展“发扬传统、坚定信念、执法为民”主题教育实践活动、政法干警核心价值观教育实践活动、“公正司法为人民”主题教育活动、“优化发展环境，塑造良好形象”作风纪律整顿活动，整肃警纪警风，提升政治业务水平。重点加强政法委和政法各部门班子建设，增加人员编制和领导职数，配齐配强干部队伍，优化知识结构，做到懂法律、会办案、善监督。探索建立健全警务、检务、审判督察制度，建立健全各种有效的监督制约机制，推行阳光执法活动，增强干警自律、自重、自省、自警意识，有效预防和遏制司法腐败，提升政法机关的执法公信力。

第二节 社会治安综合治理

组织机构

县综治办 1990年，山阴县社会治安综合治理委员会办公室（简称县综治办）成立，与山阴县委政法委机关合署办公。2012年3月，山阴县社会治安综合治理委员会办公室更名为山阴县社会管理综合治理委员会办公室。2014 年 11 月，山阴县社会管理综合治理委员会办公室更名为山阴县社会治安综合治理委员会办公室。县综治办根据县综治委的部署，研究制订综治工作措施，提出工作建议；掌握各乡镇、各部门、各单位综治工作进展情况，及时向县综治委汇报；开展调查研究，推动各乡镇各部门各单位落实综合治理各项措施；对全县综治责任单位的社会治安综合治理目标管理责任制的执行情况进行检查、考核、评比，提出实施奖励或处罚的建议；总结交流典型经验，鼓励先进，推动后进；办理县综治委交办的其他事项。

县矛盾纠纷排查调处办公室 2005 年 5 月，山阴县矛盾纠纷排查调处办公室成立，科级建制，事业单位，人员编制 5 人。2011 年 7 月事业单位清理规范后，核定科级领导职数 1 正，核定财政拨款事业编制 3 人，其中管理人员编制 2 人，专业技术编制 1 人。2012 年 5 月，县编办决定为县矛盾纠纷排查调处办公室增加事业编制 6 人。县矛盾纠纷排查调处办公室职责是：贯彻落实县委、县政府和上级部门关于社会矛盾纠纷排查调处工作的方针政策和工作部署；组织对全县社会矛盾纠纷排查调处工作进行调查研究，分析研究社会矛盾纠纷的动态、特点和对策；加强各单位在社会矛盾纠纷排查调处工作中的协调沟通，研究解决跨部门的相关问题，对各乡镇各单位社会矛盾纠纷排查调处工作中的综合协调，并负责指导、检查和督促；协调解决社会矛盾纠纷排查调处工作中的突出问题和困难，总结和推广典型经验，做好信息报送以及完成矛盾纠纷排查调处领导组交办的其他工作；负责矛盾纠纷的接待受理、分流指派、协调调度和督办指导，直接调处或和有关部门联合调处重大疑难矛盾纠纷。

县铁路护路联防办公室 1998 年 5 月，设立县铁路护路联防办公室。1999 年 5 月，组建铁路护路联防专职中队。2016 年，有队员 9 人，队部设在县城世纪大道，负责北同蒲铁路线 71~101 公里的护路联防任务。中队下设 3 个执勤小组，分别负责北周庄镇、岱岳镇、安荣乡的铁路护路执勤巡逻和应急抢险任务，执勤里程达 30 公里。县铁路护路联防领导组及其办公室每年与铁路沿线有关乡镇签订铁路护路责任状，按照省、市有关部门要求，强化有关部门和专兼职队伍责任，采取分段包片、分组巡护的治理措施，确保国家铁路的安全畅通。

县社会服务管理指导中心 2013 年 10 月，山阴县社会服务管理指导中心成立，股级建制，全额拨款事业单位，编制 6 人，隶属山阴县社会管理综合治理委员会办公室管理。主要职责：制定相关制度和措施，组织协调各部门齐抓共管，解决社会服务管理重点、难点问题；对群众反映、下级上报、上级交办的服务管理事项受理登记、请示报告和分类处置，指派、调度和相关部门完成工作任务；对各部门和下级中心工作运行情况和具体事项进行指导、检查、督办、推动工作落实；对领导不重视、措施不落实、工作推诿扯皮，导致发生重大案（事）件或造成恶劣影响、产生严重后果的地方和部门，提出“一票否决”和责任查究建议。

县法治办 2015 年 4 月，山阴县委法治建设领导小组办公室（简称法治办）成立，县委依法治县领导组更名为县委法治建设领导组，由县委书记担任组长，履行法治山阴建设第一责任人职责。领导组负责全面加快法治山阴建设的整体谋划、系统设计、督促落实。领导组下设建章立规、依法行政、公正司法和法治社会建设三个专项领导小组，分别由县人大、县政府、县委政法委主要负责人担任组长，形成统一领导与分工负责相结合的法治建设领导格局。办公室设在县委政法委，具体承担全县法治建设工作的统筹协调、督查考核和调研指导职能，承担起协调推进法治山阴建设的日常职责。

综治网格建设

2012 年，全省基层社会服务管理体系建设工作开展以来，山阴县按照省、市的统一部署，通过准确定位，使“三级平台”成为“平安山阴”建设的推进载体，成为“智慧山阴”建设的重要平台，成为政法综治工作的重要阵地。落实省综治委关于网格工作“六步工作法”（划网格、定格长、组团队，明职责、定制度、建档案的工作程序）和县、乡、村三级中心的12项具体工作制度，实行网格问题上报、首问首办负责和限时办结等制度，建立督办考核和社会评价等办法，发挥网格在发现问题、及时反馈处置等方面的工作优势。

全县13个乡镇、2个管委会、257个行政村和10个社区全部按规定标准于2012年成立基层社会服务管理中心，形成"全方位、无缝隙、规范化"的县乡村三级基层社会服务管理网络体系。县城10个社区按照居民居住区域划分为80个社区网格，257个行政村划分329个，乡镇（管委会）、村（社区）干部全部下沉到网格，200余名民警充实到网格。各乡镇统一制作网格服务公示牌，将辖区内人、地、物、事、组织等要素分类整合、全部纳入网格的服务管理范畴，每个网格成为社会服务管理的基本单元和组织节点。2014年，县综治办为各乡镇基层社会服务管理中心配备专用电脑、打复印一体机、大屏幕高清电视和高端智能3G手机411部，为基层社会服务管理体系建设提供强有力的经费保障，绘制三维电子地图，对全县的楼院、建筑物等划分标识，能够直观显示每个乡镇（管委会）、村（社区）责任网格分布状况，房院、道路、设施状况等。2016年，县综治办实行"基础信息＋超报奖励"的办法，提高社会管理信息的采集量、精准度和覆盖率，基层社会服务管理信息平台共受理案（事）件46226件，结案45076件，结案率为97.5%，各级中心和网格工作人员在信息采集、人口协管、矛盾化解、隐患排查中发挥作用。

综治工作机制

1998年以来，综治办组织动员全社会各方面的力量，运用政治的、经济的、行政的、法律的、文化的、教育的等多种手段，整治社会治安、化解社会矛盾、维护社会稳定、推进社会和谐，最大限度地预防和减少违法犯罪，为经济社会的全面发展创造良好的社会环境。建立领导干部抓综治的工作制度。落实主要领导亲自抓、分管领导具体抓、部门领导分头抓、协调配合共同抓的工作责任，层层签订责任书，层层落实责任，坚持完善和严格落实综治委会议工作制度、五部门联席会议制度、综治成员单位月例会制度等相关制度，抓好"一票否决"制和领导责任查究制度，推动社会治安综合治理和平安山阴建设各项措施的全面落实，确保社会治安综合治理和"平安山阴"建设领导责任制落到实处。建立健全化解社会矛盾长效机制。按照《群众利益诉求表达和社会矛盾化解机制》《群众利益协调和保障机制》《社会稳定风险评估机制》《重大社会矛盾应急机制》《社会矛盾排查化解督查和考核机制》《矛盾纠纷责任查纠机制》等工作制度的要求，定期不定期组织集中排查矛盾纠纷；按照分级负责、归口调处的要求，落实责任单位、责任人，限期解决。对矛盾纠纷和群众来信来访，综合运用人民调解、行政调解、司法调解等方法进行疏导化解，把各种矛盾纠纷化解在基层、化解在内部、化解在萌芽状态。

建立健全特殊人群管理机制。建立完善社区矫正人员、刑释解教人员、吸毒人员、艾滋病人、易肇事肇祸精神病人、社会闲散青少年等"六类特殊人群"社会关怀帮扶体系，做好新形势下特殊人群动态管控、教育矫治、安置帮教等服务管理工作，最大限度地防止高危人群违法犯罪、危害社会，促进全县和谐稳定。建立健全舆论宣传工作机制。动员全社会各方面力量和广大人民群众参与，形成综合治理从我做起、人人有责的浓厚氛围。县、乡综治部门不断加大综治工作宣传力度，发挥宣传舆论的引导作用，采用贴近生活，贴近实际，贴近群众的方式，利用新闻媒体、广播电视、横幅标语等多种形式加强综治宣传，宣传平安法治创建典型和群众参与综治工作的典型事迹，增强公民法治观念，震慑犯罪。

2016年，规范政法综治各部门的工作程序和机制，推进公正执法，全面提高执法水平，出台《山阴县社会治安综合治理工作督查、建议和整改意见》《关于建立社会治安综合治理工作实绩档案和征求综治意见的通知》，转发中办、国办，省委、省政府关于《健全落实社会治安综合治理领导责任制规定》宣传册，开展综治法治巡回宣传。建立健全全县主要领导干部《综治实绩档案》资料，并作为评先晋优、选拔任用的依据。对新提拔任用的领导干部，均要求签订《社会治安综合治理领导责任制承诺书》，履行承诺书所列事项，推动政法综治工作机制健全完善。

平安创建

2011 年，全县政法综治工作以服务转型跨越发展为主线，以“抓基层、夯基础、上台阶”为目标，履行第一责任，主动服务第一要务，开展社会矛盾化解、社会管理创新、公正廉洁执法三项重点工作和“发扬传统、坚定信念、执法为民”主题教育实践活动，完善工作机制，解决人民群众关心的热点难点问题，从总体上提升政法综治工作水平，推动经济社会发展、维护社会稳定，促进社会公平正义。2012 年，全县政法综治工作围绕经济转型跨越发展这个中心，强化对敌斗争、严打整治、矛盾化解三项工作，完善社会管理、综合治理、队伍管理三大体系，开展公正廉洁执法和核心价值观教育两大活动，在加强政法委自身建设上实现新突破，全面提升政法工作水平。

2013 年 8 月，印发《关于深化平安山阴建设的实施意见》《平安山阴建设五年规划（2013—2017 年）》，贯彻十八大和习近平总书记关于建设平安中国的重要指示及全国、全省、全市深化平安建设工作会议精神，《关于深化平安山阴建设的实施意见》从总体要求、目标任务、基本要求四个方面对深化平安山阴建设做出总体规划部署，《平安山阴建设五年规划（2013—2017 年）》从指导思想、基本原则、工作目标、建设任务、主要措施五个方面对全县平安建设进行总体规划安排。2014 年 11 月，印发《关于加强全县平安志愿服务工作的实施方案》，分四个主要类型加强平安志愿者服务，发挥人民群众在平安建设中的主体作用，加强群防群治工作，推进平安山阴建设不断向纵深发展。

2016 年，全县政法综治工作把防控风险、服务发展、破解难题、补齐短板摆在更加突出的位置，因治施策，精织“视频监控网、矛排化解网、社会管理网、打击整治网、领导责任网”五张大网，提高维护社会稳定的能力和水平，增强人民群众的安全感和获得感。印发《关于深化乡村和行业系统平安创建活动的通知》，按照“属地管理”和“谁主管，谁负责”的原则，明确在乡村和行业系统 16 个方面深化平安创建活动，调动乡村和行业系统的积极性和主动性，构建条块结合、横向到边、纵向到底的立体化平安创建工作格局。深化、细化、实化“一村（社区）一警”联系走访活动，全面提升政法队伍服务、保障发展的能力和水平，营造风清气正、干事创业的良好生态，为精准扶贫提供法治保障，为平安山阴、法治山阴营造安全稳定的社会环境。

第三节　机　构

1983 年 11 月，始设山阴县委政法委员会（简称县委政法委），正科级建制，设书记 1 人，副书记 2—3 人，为党委的一个工作部门，具体联系、指导政法各部门的工作，主要职能是组织协调公、检、法、司各方打击刑事犯罪，协助县委整顿政法干部队伍，提出政法工作的政策方向等。1993 年，县委政法委书记进入县委常委序列，书记为副处级。2002 年，县政法委在原 52893 部队南营房办公楼三楼办公。2005 年，迁到原县委政府大楼五楼。2008 年 10 月迁入现政府大楼四楼。

县委政法委员会是党委领导、管理政法工作的职能部门，县社会治安综合治理委员办公室是协助县委、县政府领导全县社会治安综合治理工作的常设组织、协调、议事、办事机构，与县委政法委员是合署办公。2011 年，内设机构有办公室、执法检查股、综合治理督查股、干部管理股、矛盾纠纷排查调处办公室、铁路护路联防办公室。2012 年，县委政法委员会（县社会治安综合治理委员会办公室）有行政编制 7 人，书记编制单列。其中副书记 3 人，综治办副主任 2 人，核定工勤人员全额事业编制 1 人。至 2016 年，机构设置未变。历任政法委书记张天茂、贺志功、郭兆文、刘德义、郭瑞。

第八章 统战工作

第一节 落实统战政策

统战队伍

1998 年，山阴县委统战部贯彻落实山政办便字〔1996〕4 号文件《关于恢复维修化悲岩寺的会议纪要》第五条款中（统战等部门必须严格把关、照章办事）的指示，统战部相关责任人先后 4 次前往化悲岩寺现场办公，帮助组建恢复维修的管理机构。并组织人员到张庄乡、后所乡、山阴城镇等全县宗教活动多的乡镇调查了解，下发《关于认真贯彻落实中共中央办公厅、国务院办公厅关于河南省南阳市清官祠问题的通报精神的通知》。

2011 年，调整和充实统战部机关工作队伍。落实县统战部部长兼任县委常委的工作领导体制，调整两位副部长，办公室新抽调两位年轻大学生干部。统筹制定下发《关于加强基层统战队伍建设的意见》。按照文件精神，确定以各乡镇（管委会）党委副书记为统战委员，各村党支部书记为统战联络员，各机关系统副科级以上的党员担任统战委员，县、乡、村三级统战工作队伍由此建立。同年下发《中共山阴县委关于加强基层统战队伍建设的意见》，完善《乡镇统战工作考核制度》《基层统战信息调研报送制度》等。

2016 年 8 月，山阴县委召开统战工作会议

2012 年，按照朔州市委统战部《关于推荐统一战线优秀中青年党外人士的通知》要求，在全县推荐符合条件的 23 名优秀中青年党外人士。并下发《关于调整基层统战委员和统战联络员的通知》。2015 年，贯彻《中国共产党统一战线工作条例（试行）》，响应全省县级统战部门合署办公意见，整合县宗教局、县工商联工作资源，形成共同工作的大统战工作格局。县委统战部被山西省委统战部、省人力资源和社会保障部评为全省统战工作先进集体。2016 年，制定出台《中共山阴县委关于贯彻〈条例〉的实施细则》。成立中共山阴县委统一战线工作领导小组，由县委书记担任组长，县委常委、统战部部长担任副组长。

统战宣传

1998 年后，山阴县贯彻执行“长期共存、互相监督，肝胆相照、荣辱与共”方针，坚持四项基本原则，不断加大统战宣传。2000 年，在对中央、省、市统战工作的大政方针和领导讲话精神深入领会学习基础上，县政协副主席尤跃栋结合山阴县工作实际撰写题为《统战工作服务转型发展大有作为》理论文章，刊登在 12 月 20 日《山阴报》和县政协主办的《山阴人文》杂志上。

2001 年，在全省率先开办“统战大讲堂”，通过邀请统战专家讲授、统战委员片区交流、统战联络员宣讲的三位一体方式，实现统战知识大普及，扩大统一战线影响，提高统战宣传工作质量和水平。截至 7 月，《山阴统战信息》开办以来共刊发统战信息 14 期，在山西新闻网、山西统一战线网、《山西统一战线》杂志、朔州市人民政府网、《朔州日报》、朔州新闻频道和朔州新闻网等媒体刊物上登载 30 多篇次。2012 年，组织召开县民族宗教领域安全稳定工作会议，下发《全县民族宗教领域安全稳定工作的通知》，对乡镇（管委会）、各宗教团体 80 余人进行宗教政策法律法规培训，发放民族宗教政策法律法规书籍 100 多本，宣传材料 2000 多份。全年上报信息 33 条，被《中央统一战线》《山西统一战线》等统战刊物及搜狐新闻频道、山西新闻网、朔州新闻网等多家媒体转发采用 33 条，信息采用率达 100%。

2013 年，举办农村领头雁培训，由县委统战部对农村党支部书记、村委会主任进行《党的统一战线理论与政策》专题培训。8 月，选派统战干部到太原参加全省统战调研、宣传、信息工作业务培训班，加强统战理论水平。2015 年，印制《宗教政策汇编》500 册，发放到各宗教场所。2016 年 11 月 3 日，举办"提升能力、建设队伍"统战工作知识培训，全县各乡镇、机关统战员，各民主党派代表人士、无党派代表人士、非公经济代表人士和宗教界代表人士共计 80 余人参加。

第二节　党外干部工作

联络工作

2001 年，协调与台湾及海外人士联谊交友活动。举办政协委员、统战成员、政协信息员业务知识培训班。2011 年组织参加山阴县开展的纪念建党九十周年系列活动。如红歌会、红色电影月、同心书画展、"缅怀丰功伟绩，共铸山阴辉煌"座谈会、大型主题展览、大型诗歌朗诵会、党的知识竞赛，举办纪念辛亥革命 100 周年活动等。

2016 年，出台《山阴县党员领导干部与党外代表人士联谊交友制度》，了解和征求到党外人士和知识分子的意见建议，掌握党外人士思想动态和现实表现，巩固和发展山阴县爱国统一战线，推动新形势下统一战线事业不断发展。

选拔任用

1998 年 5 月，山阴政协第五届委员会换届，推荐的 81 名政协委员中，非中共人士 49 人，占委员总数的 60.49%。委员中有少数民族、宗教人士，也有民主党派，还有工商联、个体工商业者。13 名常委中，非中共人士 9 人，占常委总数的 69.23%。2001 年，在党外代表人士安排任用方面，山阴县共安排副科级以上党外领导干部 40 人，其中副处级领导干部 3 人、正科实职 3 人、副科实职 12 人，特别是 2000 年无党派人士担任工商联主席，实现党外干部担任部门正职的突破。在政治安排和社会安排方面，全县共安排党外政协委员 119 人，占县政协委员的 63%；人大代表 29 人，占县人大代表的 18%。并保证党外代表人士有职、有权、有责，引导党外代表人士参政议政有高度、民主监督有力度、政治协商有深度。

2014 年，按照朔州市委统战部《关于推荐统一战线优秀中青年党外人士的通知》和《关于进一步调整完善党外知识分子工作领域代表人士数据库的通知》要求，县委统战部推荐山阴县符合条件的 32 名优秀党外人士。10 月，为了解掌握党外代表人士思想、工作等方面情况，县委统战部对县民主党派主要成员进行了解走访。2016 年，县人大、县政协换届。经推荐，有 93 名民主党派、无党派和党外知识分子进入新一届人大和政协担任代表和委员，其中 2 名当选县政协班子成员，5 名进入乡镇和机关事业单位领导班子。全县有党外人士干部 42 人，其中科级干部 38 人、处级干部 4 人。

第三节 民族宗教事务管理

管理机构

1987年9月，山阴县民族宗教事务管理局成立。1992年12月，县民族宗教事务管理局并入县政府办公室。2004年3月，又成立山阴县民族宗教事务局（简称县宗教局），与山阴县统战部合署办公，一套人马、两块牌子，不增加编制和人员。2016年，山阴县民族宗教事务局行政编制3人。历任局长有麻贵仕、杭宝平、薛有华。

宗教管理

1998年后，山阴县通过开展“规范年”和谐寺观教堂创建活动，加强对宗教活动场所宗教教职人员的教育引导和规范管理，各宗教活动场所逐步建立健全人员、组织、安全、消防、文物保护、卫生防疫等内部管理制度，自觉在政策法规和教义教规允许的范围内开展活动。与此同时，县宗教局对宗教活动场所财务管理进行进一步的整顿规范，统一为其制定财务管理制度，并成立活动场所财务管理小组，实行民主理财和财务公开。根据“保护合法、制止非法、抵御渗透、遏制开端、打击犯罪”的原则，贯彻执行党的宗教政策。对非法宗教活动，坚持露头就打的原则，发现一起，依法取缔一起；对私设聚会点，坚持正确疏导与严格封堵相结合，采用撤点合并、以堂代点等办法，深入细致地做信教群众工作。

2016年，山阴县在抵御渗透遏制极端方面，坚持以爱国主义为主题、法治教育为主线，深入推进“抵御极端、预防渗透”的宣传教育工作。县民族宗教事务局和各宗教活动场所签订《山阴县宗教场所防范抵制邪教责任承认书》，严禁各宗教团体、活动场所私自接待外来人员或接受外来资金、资料等。同年，山阴县成立县宗教工作领导小组，出台《关于建立县乡村三级民族宗教事务管理网络和民族宗教工作责任制的实施意见》，形成上下联动、相互配合、协调有力的管理工作机制，全县民族宗教事务管理更加规范。

第四节 外事侨务对台工作

外事侨务

机构 山阴县人民政府外事侨务办公室成立于2009年7月30日，归县人民政府管理，与山阴县委台湾事务办公室、山阴县人民政府台湾事务办公室合署办公，一套人马三块牌子，设定事业编制2人。2012年6月27日，山阴县人民政府港澳事务办公室成立，挂靠山阴县人民政府外事侨务办公室。2016年，外事侨务办公室事业编制3人。

归侨、侨属 根据二次调查摸底的情况统计，2016年底，全县共有侨胞13人，分布在世界上10多个国家；有蒙古国归侨1人，全县共有侨属70人。

外事工作 2010年4月10日，英国阿贝尔公司艾科姆·凯斯一行4人到山阴县古城乳业集团进行参观考察。县政府外事侨务办公室接待并陪同考察。6月1日，西班牙坎塔布里亚地区发展协会首席代表哈维尔·鲍特一行在省、市外事办领导的陪同下，参观考察山阴古城乳业集团。

2011年1月21日，山阴县人民政府外事侨务办公室参与接待全球水电公司到山阴县进行项目合作考察外宾4人。10月，参与接待吉尔吉斯斯坦到山阴县项目合作考察团。10月28日，参与接待美驻华使馆官员柯迈恒一行对山阴县的考察。

2012年1月30日，摩尔多瓦共和国国家投资促进部大欧洲区代表龙累率领的到山阴投资建设葡萄酒庄园和肉制品加工的考察团对山阴进行访问考察。7月15日，日本鹿儿岛市曾於县长一行5人到山阴县参观考察，并签署了建立友好城市关系意向书。7月17日，美国纽约州布鲁克林区中美事务部主任，美国纽约中美农业科学组织机构代表郑祺蓉一行到访山阴，签订了与美国纽约州奥兰治华威县建立友好城市关系意向书，郑祺蓉受华威县政府之委托代表华威县与山阴签署承办《中华人民共和国山西省朔州市山阴县与美利坚合众国纽约州奥兰治郡华威县之间农业交流活动意向书》；9月8日，山阴县举办首届边塞文化周暨奶牛节，县政府发函邀请华威县出席，美方因故未能参加该活动，华威县政府及美驻华商务参赞蔡瑞德均发来贺函，对友好城市山阴县举办的活动表示祝贺；10月14日，华威县举办一年一度的苹果节，山阴县人民政府发去贺信，对友城市华威县举办的苹果节表示祝贺。10月26日，西班牙坎塔布里亚自治区畜牧业体验基地董事长兼总经理古铁雷斯一行访问山阴。12月，应美国纽约州华威县迈克尔·司威登县长邀请，以山阴县政府县长南志中为团长的政府代表团一行6人赴华威县进行了友好访问。访问期间，代表团与华威县草签了《中华人民共和国山西省朔州市山阴县同美利坚合众国纽约州奥兰治郡华威县友好交流意向书》，美国中文12台对此次活动进行了全面报道。12月20日，澳大利亚追风赛马公司客人到访山阴。

2013年1月8日，日本东方株式会社福岛大毅一行访问山阴，考察奶牛尿液加工项目。1月10日，美国SMP公司客人一行访问考察与山阴县合作奶牛养殖项目。1月20日，美国城市规划设计公司董事长GATANA及美籍华人郑祺蓉一行，访问山阴并签署了城市规划设计合作意向书。3月6日，澳大利亚恒汇投资公司BRUCE ROSS一行到访，签署了3个合作意向书。3月10日，美国纽约州华威县经济处国际事务部主任PETER GROGERY及美籍华人纽约市布鲁克林区中美事务部主任郑祺蓉到访，就双方姊妹城市关系方面的合作事务进行了交流。4月4日，美籍华人高娓娓到访。5月，法国法语联盟主席与联合国生土建筑专家对山阴进行考察。7月7日，澳大利亚GSSM公司和COCO集团及恒汇公司董事长Bruce Ross到访山阴，商谈关于GSSM公司迁址山阴县的合作事项。7月12日，澳籍华人郭贵恒到山阴商谈关于养殖项目。9月30日，山阴县外事办代表县政府对山阴县姊妹城市美国华威县于10月6日举办的苹果节发去贺信。10月24日，美国友城代表团，原华威县经济处国际事务部主任，华威县纽约中美农业科技研究机构总经理，Peter·Grogery受华威县县长之委托在出席浙江义乌市义博会后，再次访问山阴县并转交了华威县县长致山阴县县长南志中的亲笔信。

2014年4月，接待了到山阴县考察访问的阿根廷伊图萨根因市代表团一行。9月21日，韩国全罗南道前知事一行到山阴县考察访问。2015年10月22日，荷兰国王及王室成员一家5口等一行访问参观山阴广武明长城。2016年3月28日，中国人民对外友好协会批准山阴县与美国纽约州华威县建立友好城市关系。4月19日，接待“2016年发展中国家包容性增长与持续减贫官员研修班”考察活动。考察活动由12个国家29名司处级官员、中国国际扶贫中心、省扶贫办及朔州市相关领导组成，共计50余人。政府副县长郭兆文、县扶贫办、外事办、信访局等部门负责同志陪同参与。这是山阴县历史上接待外宾最多、涉及国家最多的一次外事接待活动。10月3—10日，山阴县人民政府派代表团出访美国华威县并签署了建立友好城市关系正式协议书。

对台事务

机构 中共山阴县委台湾工作办公室（山阴县人民政府台湾事务办公室）成立于1983年，是山阴县委、县政府领导下的负责办理全县对台事务的组织机构。1998年2月，对台工作办公室撤销，行政职能划归县委办公室。2016年，有对台工作人员4人，其中主任1人，副主任1人，科员2人（含外事办工作人员1人）。中共山阴县委台湾工作办公室围绕两岸关系和平发展这一主线，开展各项对台工作。历任主任有李英姿、夏文清。

台胞情况　1997 年调查统计数据显示，1949 年随国民党去台湾的山阴县第一代台胞共有 17 户，29 人。2004 年统计，在台人员 38 户，140 多人。2016 年，山阴县有台属 70 多户，300 多人，分布在岱岳镇、北周庄镇、安荣乡、古城镇、玉井镇、下喇叭乡、合盛堡乡 7 个乡镇。

联谊活动　1998 年后，山阴县加强对台交流互访，增进两岸共识。1998—2016 年山阴县共接待到山阴进行参访交流的台湾团组 4 个，共 18 人。山阴县组团赴台交流的团组 3 个，共 20 余人。

2008 年 4 月，台湾中国电视公司来山阴县拍摄《万里江山——大陆寻奇》电视系列片《山西篇》中的山阴历史文物广武、明长城和汉墓群。2009 年 3 月 11 日，台湾岛屿视觉创意文化事业有限公司到山阴县为“发现新大陆”节目拍摄历史文物广武城、汉墓群和明长城。

2011 年 6 月 27—28 日，根据山西省委台湾事务办公室通知组织山阴县政府有关部门和企业界负责人赴台参加中国中小企业协会与台湾有关组织在台北共同主办的首届海峡两岸中小企业论坛。11 月，应台湾广运集团的邀请，山阴县人民政府招商参访团赴台进行了为期 5 天的参访交流活动。12 月 13 日，台湾广运集团公司董事长率领的参访团一行到山阴进行项目合作考察参访交流。2012 年 5 月，台湾立法委员、中常委邱毅到访山阴。2013 年 5 月 4—12 日，应台北市农经会的邀请，山阴县组团赴台湾开展农业交流活动。在台期间，交流团实地考察了台湾花卉种植基地、农业实验园区、绿色农产品加工基地，拜会了当地农业协会、行业工会等。

第五节　机　构

中共山阴县委统一战线工作部（简称县统战部）是县委主管统一战线工作的职能部门。1998 年 5 月，县委统战部内设机构为办公室，行政编制 5 人，领导职数为部长 1 人，副部长 2 人。县统战部负责联系全县各民主党派，对坚持和完善党领导的多党合作和政治协商制度及民主党派工作的重大问题进行调查研究，协调有关方面协助民主党派积极开展民主监督、参政议政和社会服务。1998 年以来，历任部长有尤跃栋、黄永红、降英。

第九章　其他党务工作

第一节　信　访

机　构

1998 年 2 月，山阴县信访局撤销，行政职能划归县委办公室，领导李树仁未免职。1999 年 12 月，信访局恢复，中共山阴县委、山阴县人民政府信访局（以下简称县信访局）是山阴县委、县人民政府主管信访工作的行政机构，内设办公室和接待中心，均为股级。县信访局实有编制 7 人，其中公务员 3 人。历任局长有许永平、李志文、毕财、刘华、郭东申、王永霞、高海。

信访接待

1998 年后，山阴县致力于源头治理，推行领导接访，为本地经济社会转型跨越发展营造良好社会环境。2006 年，共接待群众来访 164 件，其中集体访 46 件 506 人，个访 118 件 138 人；来信 33 件，其中集体 9 件，个人 24 件。2012 年，山阴县信访维稳工作形势呈现“四下降一好转”态势，即全县信访总量下降 50.3%；进京非正常上访为零，进京访批次、人数分别下降 40.8%、78.5%；赴省集体访为零，个体访下降 23.5%；赴市集体访人数下降 37.5%，个体访下降 53.3%。中央、省、市联席办交办山阴县 52 件信访积案全部办结，办结率 100%，息诉率 79%。全年县级领导接访 97 批 1329 人次，机关干部下访 470 次，解决问题 279 件，息诉罢访 167 件，息诉罢访率 86%。

2014 年，共受理群众来信来访 327 件次、1315 人次，其中初信初访案件 209 件，初信初访办结率为 98%，个访 163 件，集体访 46 件。全年受理网上信访投诉 286 件，办结率 100%。信访主要问题有：土地征用、移民搬迁、城市拆迁、劳动保障、拖欠农民工工资、涉法涉诉、涉纪等方面。2016 年，县信访局共受理群众来信来访 159 件次，1250 人次，其中个访 130 批 147 人次，集体访 58 批次 1103 人次，信访主要问题有：土地征用、土地纠纷、城市拆迁、移民搬迁、劳动保障、农村低保、涉法涉诉、涉纪等几个方面。受理网上信访投诉 159 件，办结 156 件，办结率 98%。

信访案件查处

1998 年后，山阴县信访局对信访案件进行排查、梳理，落实包案稳控责任，采取带案下访、约访等方式，集中时间、集中力量化解信访积案。2006 年，办结来访案件 132 件，办结率 80.5%；息诉罢访 83 件，息诉罢访率 50.6%；进京赴省越级访 25 件，未形成新的积案，所有来访事项均得到妥善处理。2012 年，全部办结梳理出的 116 个信访案件，其中 83 件息诉罢访。全年县级主要领导主持召开各类矛盾纠纷化解联席会议 10 次，妥善化解 30 余件重大矛盾纠纷。

2014 年 7 月，推进“双百”活动（关于开展《信访条例》实施百日督查、信访积案化解百日清理），将交办、自查信访案件梳理合并为 72 件，全部办结，并录入全国信访信息系统。全年上级交办案件 346 件，其中全国人大交办案件 2 件，国家信访局要结果案件 5 件，省、市联席办分三批共交办 39 件，省群众路线领导组交办 3 件，市群众路线领导组交办 11 件，全部办结。网上投诉受理中心分四类交办案件 286 件，其中来信 154 件，来访 66 件，网上投诉 65 件，电话投诉 1 件，到期办结录入信访信息系统 276 件，限期办结率 100%。全年进京非访按户籍地统计共发生 55 人次，比 2013 年同期下降 70%，下半年未发生一件集体进京非访和极端个人事件。2016 年，全部办结省、市交办案件共 7 件。“一交办三治理”专项活动交办 9 件案件。

依法治访

1998 年后，山阴县坚持依法治访，树立综治理念，维护正常信访秩序。2012 年，实行“司法调解制”，充分考虑信访人特殊情况，综合运用行政、法律、教育等多种手段解决问题。2006 年，完善《责任追究制度》《信访工作首问责任制》《通报制度》等，强化工作措施，依法规范信访秩序。

2014 年，按照《国家信访局关于进一步规范信访事项受理办理程序引导来访人依法逐级走访的办法》，畅通信访渠道，规范工作程序，引导上访人通过理性合法方式逐级文明、依法表达诉求，并通过积极协调，引导部分信访案件进入司法程序。县信访局印发《信访指南》，12 月 4 日法制宣传日向全县群众发放，方便群众了解信访相关知识。

2016 年，建立依法分类诉求清单，县直相关单位开门接访，组织力量对本领域信访事项进行分类梳理，形成本系统依法分类处理信访诉求清单，研究信访积案，寻找解决途径，把初访问题化解在萌芽状态。律师接访现场答复率 100%，限期办结率 90%。

第二节 编 制

机 构

山阴县机构编制委员会办公室（简称县编办）为山阴县机构编制委员会的常设办事机构。1998—2000 年，县编办与县人事局合署办公。2001 年机构改革，县编办作为独立的工作机构，列入县委序列。县编办设 1 个内设机构综合股，负责机要、文秘、信息、文印、学习卫生、后勤、业务等工作。2016 年，县编办设主任 1 人，副主任 3 人。主任许永平。

山阴县事业单位登记管理局成立于 2002 年 11 月，隶属于县编办，副科级建制。工作职责：拟定事业单位登记管理的方针、政策和规定，起草有关法律法规草案和部门规章，并组织实施和监督检查。依法保护核准登记的事业单位有关登记事项的合法权益。监督事业单位贯彻落实《事业单位登记管理暂行条例》（简称《条例》）和《事业单位登记管理暂行条例实施细则》（简称《实施细则》），依法处理违反《条例》和《实施细则》的行为。指导和监督检查地方登记管理机关的事业单位登记管理工作。负责《实施细则》规定的管辖范围事业单位的登记管理工作。

主要工作

2002 年，全县党、政、群、乡镇机构改革。县编办下属事业单位山阴县事业单位登记管理局成立。2004 年，成立山阴县土地执法监察大队、山阴县环境监察大队、山阴县农业综合开发办公室等单位。2007 年，成立山阴县新型农村合作医疗管理中心。2010 年，根据山西省委办公厅、省政府办公厅《关于全面推进乡镇机构改革的意见》精神，山阴县进行乡镇机构改革。此项工作以转变政府职能为核心，理顺县乡职责关系，提高乡镇组织能力、管理能力、执行能力和服务能力，促进农村经济社会发展。根据《山西省机构编制管理规定》和《朔州市事业单位清理规范和分类改革方案》，县编办对事业单位进行清理，对保留的事业单位进行规范，对规范的事业单位进行分类改革。2013 年，县编办成立“右玉精神在朔州”活动领导小组，制定“右玉精神在朔州”活动实施方案。

2016 年，深化行政审批制度改革、推进“放管服效”改革、深化权责清单运行监督管理机制。落实国务院、省市政府文件，相应取消、承接一批行政审批事项，并以《山阴县人民政府关于落实和承接国务院、省市政府取消下放行政审批事项的通知》文件形式下发各相关单位。同年开展“减证便民”专项行动，对县级行政审批前置申请材料进行全面清理规范，形成“三清单”（行政审批申请材料清单、相关证照年审年检清单、政府指定培训目录清单），并纳入县政府服务平台运行。

第三节 党 校

机 构

中共山阴县委党校成立于 1959 年 5 月 3 日，正科建制事业单位，内设办公室、教务处、后勤处。县委党校经过四次校址大搬迁，曾先后设在山水巷、冯门巷旧县政府大院、冯门巷、北环街原预备役坦克团旧址（现移动公司）。2009 年，新建县委党校，2012 年竣工投入使用。校址位于县城南环路南，占地总面积 7313.3 平方米，总建筑面积 4500 平方米，内设有可容纳 300 人的报告厅一个，80 人的会议室 2 个，标准化教室 3 个，可安排 150 人住宿的学员宿舍。2015 年，朔州市开展大党校建设，加挂“朔州市委党校山阴分校”牌子。8 月，县委党校聘请 16 名客座教授。2016 年，下设办公室、教务处、教学研究室、财务室、行政股、图书室等 6 个科室。校长 1 人，由县委常委副书记兼任，副校长 3 人。在职人员 30 人，其中行政编制 1 人，事业编制 29 人。历任党校校长有赵向东、李国胜、赵文君、苏斌如、李全胜、王伟、王国梁。

干部培训

1999—2009 年，共举办副科以上干部培训班 54 期，培训干部达 46500 人（次）。共举办“三讲教育”“三个代表”重要理论教育、解放思想大讨论、“十七”大精神教育、保持共产党员先进性教育、科学发展观教育等大型专题报告会 8 场，听讲受训人员 2450 人，期间共派出教师 30 余人次为基层单位和乡镇讲党课并培训。2016 年，举办 2 期党的十八大精神培训班，培训科级领导干部、党务工作者、后备干部、农村“两委”主干，每期学员 300 人。

函授教育

1993 年，山阴县党校创办函授教育。至 2007 年，共招收中央党校函授学院本科班学员 600 余人。2007 年后，中央党校函授学院本科班停办，所有学员全部毕业。1993—2016 年，共招收山西省委党校函授学院本科班学员 990 余人，均全部毕业。

第四节　老干部

机　构

1983 年，县委组织部成立老干部科。1984 年，县老干部局成立，正科级建制，为县委组织部的下属单位，是管理和服务老干部的职能部门。2001 年机构改革，组织部挂老干部局牌子。山阴县专门成立老干部工作领导组，县长担任组长，县委副书记和组织部部长担任副组长，成员为各单位一把手和乡镇书记。2016 年，老干局内设机构为办公室、活动指导科、政法待遇科。编制 5 人，其中局长 1 人，副局长 1 人。历任局长有苑九州、李发、吕进增、崔万林、刘福广、卢胜。

老干部管理

老干部最初特指离休干部，即 1949 年 9 月 30 日（新中国成立）前参加革命工作且符合离休条件的干部。之后退休干部逐年增加，老干部包含离休和退休干部，或称为离退休老干部。1998 年底，全县离休干部 302 人，退休 1100 多人。2006 年底，离休 208 人，退休 1500 多人。2007 年，组织全县老干部参观工业生产、林业建设 2 次；邀请 80 位老同志列席全县经济工作会、人大、政协会议及大型庆典活动；举办老干部情况通报会 1 次，召开庆“五一”、迎“八一”座谈会，集中传达重要会议精神 5 次。为老同志订阅各种报刊 2000 余份，离休干部人手一份《山西老年》《老友报》《山西日报》，每人 100 元文艺费。春节前，县四大班子慰问老干部 200 余人，慰问金 6 万多元。

老干部局办公楼于 2008 年 10 月投入使用，总占地面积 8000 多平方米，建筑面积 2000 多平方米，其中老干部活动室三个，西城区老干部活动室，使用面积 120 平方米；东城区老干部活动室，使用面积 240 平方米；老干部局老干部活动室，使用面积 400 平方米。老干部局活动室，是老干部学习、交流思想的场所。每年“五一”劳动节和“九九”重阳节，山阴县组织老干部在此召开座谈会，征求老同志的意见建议，十八大以来，又多次在此组织学习习近平总书记系列重要讲话和治国理政新理念新思想新战略。2016 年，全县有老干部党支部 25 个，离休 76 人，退休 3200 多人。

2009—2016 年山阴县离退休老干部统计表

表 4-2　　单位：人

年　份	离休干部	退休干部
2009	172	1553
2010	163	1591
2011	141	1645
2012	124	1749
2013	114	1828
2014	103	1890
2015	85	1965
2016	76	1985

老有所为

2006 年，老干部文史研究室成立。几位老干部勤奋写作，总结工作经验或谈论传统文化，8 年间一共自费出版 10 部文史书籍。2010—2014 年，离休干部上官升魁每年用 1 万元离休费，资助 4~6 名考上大学的贫困学生。1996—2016 年，机关工委 6 位老干部坚持不懈到中小学校开展爱国主义和革命传统教育。有一定技术特长的老干部，在本行业发挥专业技能，服务群众。一些老干部参加老干部合唱团、舞蹈队以及其他文体组织，为群众文化活动增加人气，多次参加省、市比赛，并获得奖项。

第五节　机要保密

山阴县县委机要室成立于 1985 年，科级建制，编制 6 人。1990 年，山阴县保密局成立，正科建制，和机要室一套人马两块牌子。编制 9 人，樊胜兴任保密局局长、机要室主任。1993 年，县保密局被撤销，机要室划归县委办，编制 7 人。1995 年，机要室更名为机要保密室，正科建制，县委办副主任周文新任主任，编制 7 人。1999 年，县机要保密室挂靠县委办公室。2004 年，县机要保密局成立，陈录文任局长，编制 6 人。2016 年，张连任机要保密局局长，编制 6 人。

机要保密局主要负责县密码工作领导小组日常工作；县党政系统密码和县商用密码的管理；译传、办理县直各单位密码电报和内部明传电报；全县密码通信网的建设和使用管理；全县党政系统文书的传阅、分发、归档、销毁等工作；县委保密委员会的日常工作；依法进行保密行政管理。

山阴县人民代表大会

第五编

山阴县人民代表大会，发展至今已经历了三个主要阶段。第一阶段从1949年12月至1953年11月，为各届人民代表会议，这是人民代表大会的雏形；第二阶段从1954年6月到1966年“文化大革命”开始，为山阴县人民代表大会建立和成长期；第三阶段是在“文化大革命”后至今。从1981年6月起，山阴县人民代表大会制度开始恢复发展，并根据国家修正后的地方组织法规定，在县级人民代表大会设立常务委员会，作为山阴县人民代表大会的常设机关。山阴县的政权建设进入一个新的大发展时期。1998—2016年，山阴县人民代表大会历经5届，共召开会议18次，依法选举产生第十二届、十三届、十四届、十五届、十六届人大常委会组成人员和“一府两院”领导人。山阴县人民代表大会常务委员会，根据宪法和法律规定的职权，在市人大常委会的有力指导和中共山阴县委坚强领导下，围绕全县大局，行使监督权、重大事项决定权和人事任免权。不断加强代表工作，为推动全县经济、政治、社会各项事业发展，发挥地方国家权力机关的重要职能作用。

第一章　人大代表

第一节　代表选举

1949年12月至1953年11月，历届山阴县各界人民代表会议的代表，是按照中央人民政府颁布的各界人民代表会议组织通则，经过各界推选和协商产生的。1954年开始实行普选，乡镇人大代表由选民选举产生，县代表由乡镇（公社）人代会选举产生，县代表产生方式是间接选举。1981年后由选民直接选举产生。从1993年山阴县第十一届人民代表大会开始，根据修正后的地方组织法规定，山阴县人民代表大会的任期由过去的每届三年改为五年，人民代表大会的选举方式也发生了由代表举手表决到无记名投票、由等额选举到差额选举的变化，或进行预选确定正式候选人，然后进行等额或差额无记名投票选举。自1998年开始，每一届山阴县人大代表名额均为160名。县人大代表名额由省人大常委会确定。

第十二届人民代表大会代表选举

山阴县第十二届人民代表大会代表的选举工作，于1998年4月10日至6月20日进行，选举日为1998年5月10日。全县共划分选区63个，登记选民125052人，实参加投票选举的选民123413人，占登记选民总数的98.6%，共选举产生山阴县第十二届人民代表大会代表160人。

第十三届人民代表大会代表选举

山阴县第十三届人民代表大会代表的选举工作，于2003年3月18日至6月10日进行，选举日为2003年5月9日。全县共划分选区58个，登记选民139812人，实参加投票选举的选民134384人，占登记选民总数的96.1%，共选举产生山阴县第十三届人民代表大会代表160人。

第十四届人民代表大会代表选举

山阴县第十四届人民代表大会代表的选举工作，2007年3月12日至4月底进行，选举日为2007年4月25日，全县共划分选区58个，登记选民145862人，实参加投票选举的选民138277人，占登记选民总数的94.8%，共选举产生山阴县第十四届人民代表大会代表160人。

第十五届人民代表大会代表选举

山阴县第十五届人民代表大会代表的选举工作，2011年3月20日至6月30日进行，选举日为2011年5月23日，全县共划分选区58个，登记选民164333人，实参加投票选举的选民145448人，占登记选民总数的88.5%，共选举产生山阴县第十四届人民代表大会代表159人。

2016年5月30日，山阴县机关一选区召开县人大代表选举大会，县领导以普通选民身份选举县人大代表

第十六届人民代表大会代表选举

山阴县第十六届人民代表大会代表的选举工作，2016年4月1日至6月30日进行，选举日为2016年5月30日，全县共划分选区58个，登记选民157984人，实参加投票选举的选民130147人，占登记选民总数的82.3%，共选举产

生山阴县第十四届人民代表大会代表 160 人。

第二节 代表构成

第十二届人民代表大会代表

从所产生代表性别上看：男性代表 113 人，占代表总数的 70.62%；妇女代表 47 人，占 29.38%。

从年龄上看：35 周岁以下的代表 38 人，占代表总数的 23.13%，36~40 周岁的代表 40 人，占 25%；41~45 周岁的代表 37 人，占 23.13%；46~50 周岁的代表 30 人，占 18.75%；51~55 周岁的代表 13 人，占 8.12%；56~60 周岁的代表 2 人，占 1.25%；61 周岁以上的代表 1 人，占 0.62%。

从政治面貌看：中共党员代表 96 人，占代表总数的 60%；群众代表 64 人，占 40%。

从文化程度看：大学本科以上代表 14 人，占代表总数的 8.75%；大专代表 66 人，占代表总数的 41.25%；中专、高中代表 42 人，占 26.25%；初中代表 38 人，占 23.75%。

从所产生代表阶层看：工人代表 23 人，占 14.37%；农民代表 49 人，占代表总数的 30.63%；干部代表 48 人，占 30%；知识分子代表 26 人，占 16.25%；军人代表 2 人，占 1.25%；其他代表 12 人，占 7.5%。

第十三届人民代表大会代表

从所产生代表阶层看：农民代表 31 人，占代表总数的 19.38%；工人代表 19 人，占 11.88%；干部代表 91 人，占 56.86%。

从政治面貌看：中共党员代表 100 人，占代表总数的 62.5%；群众代表 60 人，占 37.5%。

从文化程度看：大学本科以上代表 26 人，占代表总数的 16.25%；大专及高级职称的代表 86 人，占代表总数的 53.75%；分别比上届人大代表高出 7.5% 和 12.5%；中专及高中代表 30 人，占 18.75%；初中以下学历代表 18 人，占 11.25%。分别比上届人大代表低 7.5% 和 12.5%，代表的素质明显提高，代表的结构更趋合理。

第十四届人民代表大会代表

从所产生代表性别上看：男性代表 118 人，占代表总数的 73.75%；妇女代表 42 人，占 26.25%。

从政治面貌看：中共党员代表 104 人，占代表总数的 65%；群众代表 56 人，占 35%。

从文化程度看：硕士以上代表 5 人，占代表总数的 3.1%；大学本科代表 40 人，占代表总数的 25%；大专代表 70 人，占 43.75%；中专及高中以下代表 45 人，占 28.15%。

从所产生代表阶层看：工人代表 18 人，占 11.25%；农民代表 61 人，占代表总数的 38.13%；干部代表 43 人，占 26.88%；知识分子代表 18 人，占 11.25%；民营企业代表 10 人，占 6.25%；军人代表 1 人，占 0.63%；其他代表 9 人，占 5.61%。连选连任代表 44 名，占代表总数的 27.5%，保持了各界代表的连续性和稳定性。

第十五届人民代表大会代表

从所产生代表性别上看：男性代表 111 人，占代表总数的 69.8%；妇女代表 48 人，占 30.02%。

从政治面貌看：中共党员代表 93 人，占代表总数的 58.5%；群众代表 66 人，占代表总数的 41.5%。

第十六届人民代表大会代表选举

从所产生代表性别上看：男性代表 110 人，占代表总数的 68.8%；妇女代表 50 人，占 31.2%。

从政治面貌看：中共党员代表 98 人，占代表总数的 61.3%。群众代表 62 人，占代表总数的 38.7%。

第二章　人民代表大会

第一节　县人民代表大会

第十二届人民代表大会

山阴县第十二届人民代表大会从1998年5月26日至2003年8月，共召开过五次会议。

第一次会议　于1998年5月26日至30日召开，出席会议代表160人，列席98人。会议听取并审议了政府县长马占俊作的《政府工作报告》；计委副主任李志斌作的《关于山阴县1997年国民经济和社会发展计划执行情况与1998年国民经济和社会发展计划（草案）的报告》；财政局局长马海文作的《关于山阴县1997年财政决算和I998年财政预算（草案）的报告》；人大常委会副主任王守生作的《山阴县人民代表大会常务委员会工作报告》、山阴县人民法院院长石生林作的《山阴县人民法院工作报告》、山阴县人民检察院代检察长李安唐作的《山阴县人民检察院工作报告》。会议审议并通过了这六个报告的决议。根据本次会议通过的选举办法，大会以无记名投票的方式对山阴县地方国家工作人员进行了选举。王守生当选山阴县第十二届人民代表大会常务委员会主任，苏适平、温日平、赵守富、乔九崇当选山阴县第十二届人民代表大会常务委员会副主任。

马占俊当选山阴县人民政府县长，袁林生、刘培平、白文浩、程育胜、陈小洪、韩文让当选山阴县人民政府副县长。石生林当选山阴县人民法院院长。李安唐当选山阴县人民检察院检察长。

第二次会议　于1999年5月24—26日召开，出席会议代表159人，列席99人。会议听取并审议了政府县长马占俊作的《政府工作报告》；计委主任李志斌作的《关于山阴县1998年国民经济和社会发展计划执行情况与1999年国民经济和社会发展计划（草案）的报告》；财政局局长马海文作的《关于山阴县1998年财政决算和1999年财政预算（草案）的报告》；人大常委会副主任苏适平作的《山阴县人民代表大会常务委员会工作报告》；县人民法院院长石生林作的《山阴县人民法院工作报告》；县人民检察院检察长李安唐作的《山阴县人民检察院工作报告》。会议审议并通过了上述六个报告的决议。根据本次会议通过的选举办法，大会以无记名投票的方式，选举出席朔州市第三届人民代表大会的代表44人。会议共收到代表建议42件。

第三次会议　于2000年3月29—30日召开，出席会议的代表158人，列席98人。会议听取并审议了山阴县人民政府县长马占俊作的《政府工作报告》；计委主任李志斌作的《关于山阴县1999年国民经济和社会发展计划执行情况与2000年国民经济和社会发展计划（草案）的报告》；财政局局长马海文作的《关于山阴县1999年财政决算和2000年财政预算（草案）的报告》；人大常委会副主任赵守富作的《山阴县人民代表大会常务委员会工作报告》；县人民法院院长石生林作的《山阴县人民法院工作报告》；县人民检察院检察长李安唐作的《山阴县人民检察院工作报告》。会议审议并通过报告，共收到代表建议53件。

第四次会议　于2001年9月25—26日召开，出席会议的代表160人，列席93人。会议听取并审议了政府代县长陈晋才作的《山阴县国民经济和社会发展第十个五年计划纲要的报告》，计委副主任丰贵宝作的《关于山阴县2000年国民经济和社会发展计划执行情况与2001年国民经济和社会发展计划（草案）的报告》；财政局长马海文作的《关于山阴县 2000 年财政决算和 2001 年财政预算（草案）的报告》；人大常委会副主任赵守富作的《山阴县人民代表大会常务委员会工作报告》；县人民法院院长石生林作的《山阴县人民法院工作报告》；县人民检察院代检察长管福作的《山阴县人民检察院工作报告》。会议批准了山阴县第十个五年规划的报告；通过了报告的决议。

根据本次会议通过的选举办法，采取无记名投票的方式进行选举。

补选贾忠权为山阴县第十二届人民代表大会常务委员会主任；补选白文浩、王尧邦为山阴县第十二届人民代表大会常务委员会副主任；补选陈晋才为山阴县人民政府县长；补选管福为山阴县人民检察院检察长。会议共收到代表建议 56 件。

第五次会议　于 2002 年 4 月 11—13 日召开，出席代表 160 人，列席 135 人。会议听取并审议了政府县长陈晋才作的《政府工作报告》；县人大常委会主任贾忠权作的《山阴县人民代表大会常务委员会工作报告》；县发展计划局局长康生霖作的《关于 2001 年国民经济和社会发展计划执行情况与 2002 年计划（草案）的报告》；县财政局局长冯守忠作的《关于 2001 年财政决算和 2002 年财政预算（草案）的报告》；县人民法院院长石生林作的《山阴县人民法院工作报告》；县人民检察院检察长管福作的《山阴县人民检察院工作报告》。会议审议并通过了以上六个报告的决议。大会共收到代表意见、批评和建议 40 件。

第十三届人民代表大会

山阴县第十三届人民代表大会从 2003 年 8 月 18 日至 2007 年 5 月，共召开过四次会议。

第一次会议　于 2003 年 8 月 18—20 日召开，出席会议代表 158 人，列席 136 人。会议听取并审议了政府代县长左中伟作的《政府工作报告》；发展计划局局长康生霖作的《关于山阴县 2002 年国民经济和社会发展计划执行情况与 2003 年国民经济和社会发展计划（草案）的报告》；财政局局长冯守忠作的《关于山阴县 2002 年财政决算和 2003 年财政预算（草案）的报告》；人大常委会主任贾忠权作的《山阴县人民代表大会常务委员会工作报告》；县人民法院代院长林海义作的《山阴县人民法院工作报告》；县人民检察院检察长管福作的《山阴县人民检察院工作报告》。会议通过这六个报告的决议。

根据本次会议通过的选举办法，大会以无记名投票的方式，对山阴县地方国家工作人员进行了选举。贾忠权当选山阴县第十三届人民代表大会常务委员会主任；白文浩、苏适平、温日平、赵守富、王尧邦当选山阴县第十三届人民代表大会常务委员会副主任；左中伟当选山阴县人民政府县长；袁林生、刘培平、程育胜、王振声、朱志盛、韩文让、安秀清（女）当选山阴县人民政府副县长。林海义当选山阴县人民法院院长；管福当选山阴县人民检察院检察长。会议收到代表建议 67 件。

第二次会议　于 2004 年 5 月 28—30 日召开，出席会议的代表 156 人，列席 125 人。

会议听取并审议政府县长左中伟作的《政府工作报告》；发展计划局局长康生霖作的《关于山阴县 2003 年国民经济和社会发展计划执行情况与 2004 年国民经济和社会发展计划（草案）的报告》；财政局局长冯守忠作的《关于山阴县 2003 年财政决算和 2004 年财政预算（草案）的报告》；人大常委会主任贾忠权作的《山阴县人民代表大会常务委员会工作报告》；县人民法院院长林海义作的《山阴县人民法院工作报告》；县人民检察院检察长管福作的《山阴县人民检察院工作报告》。会议审议并通过了上述 6 个报告的决议。

根据本次会议通过的选举办法，大会以无记名投票的方式，选举出席朔州市第四届人民代表大会的代表 44 人。会议共收到代表建议 46 件。

第三次会议　于 2005 年 1 月 29—31 日召开，出席会议代表 158 人，列席 123 人。

会议听取并审议了政府县长左中伟作的《政府工作报告》；发展计划局局长康生霖作的《关于山阴

县 2004 年国民经济和社会发展计划执行情况与 2005 年计划（草案）的报告》；县财政局局长冯守忠作的《关于 2004 年财政预算执行情况和 2005 年财政预算（草案）的报告》；县人大常委会主任贾忠权作的《山阴县人民代表大会常务委员会工作报告》；县人民法院院长林海义作的《山阴县人民法院工作报告》；县人民检察院检察长管福作的《山阴县人民检察院工作报告》。会议审议并通过六个报告的决议；根据本次会议通过的选举办法，采取无记名投票的方式，补选王应贤、冯守忠为山阴县人大常委会副主任。大会共受理代表建议 44 件。

第四次会议　于 2006 年 4 月 19—21 日召开，出席会议代表 158 人，列席 123 人。

会议听取并审议了政府县长左中伟作的《关于山阴县国民经济和社会发展第十一个五年规划纲要的报告》；县人大主任贾忠权作的《山阴县人民代表大会常务委员会工作报告》；县人民法院院长林海义作的《山阴县人民法院工作报告》；县人民检察院检察长管福作的《山阴县人民检察院工作报告》。书面审议了发展计划局局长康生霖作的《关于山阴县 2005 年国民经济和社会发展计划的执行情况与 2006 年计划（草案）的报告》；县财政局局长郭自更作的《关于山阴县 2005 年财政预算执行情况和 2006 年财政预算（草案）的报告》。会议批准《山阴县国民经济和社会发展第十一个五年规划纲要》，通过报告的决议。

根据本次会议通过的选举办法，以无记名投票的方式进行选举。补选康生霖为山阴县人大常委会副主任。大会共收到代表建议 34 件。

第十四届人民代表大会

山阴县第十四届人民代表大会从 2007 年 5 月 16 日至 2011 年 6 月，召开过四次会议。

第一次会议　于 2007 年 5 月 16—18 日召开，出席会议代表 160 人，列席 141 人。

会议听取并审议政府县长左中伟作的《政府工作报告》；人大常委会主任贾忠权作的《山阴县人民代表大会常务委员会工作报告》；县人民法院代院长杨青如作的《山阴县人民法院工作报告》；县人民检察院代检察长王划作的《山阴县人民检察院工作报告》。书面审议发改局局长卢满作的《关于山阴县 2006 年国民经济和社会发展计划执行情况与 2007 年国民经济和社会发展计划（草案）的报告》；财政局局长郭自更作的《关于山阴县 2006 年财政决算和 2007 年财政预算（草案）的报告》。会议审议并通过了六个报告的决议。

根据本次会议通过的选举办法，大会以无记名投票的方式，对山阴县地方国家工作人员进行了选举。李国胜当选山阴县人民代表大会常务委员会主任；韩文让、徐万道、杨增文、李宝英（女）当选山阴县人民代表大会常务委员会副主任；左中伟当选山阴县人民政府县长；杨时育、安秀清（女）、张峰、刘守斌、郭存斌、段国强当选山阴县人民政府副县长；杨青如当选山阴县人民法院院长；王划当选山阴县人民检察院检察长。会议收到代表建议 62 件。

第二次会议　于 2008 年 4 月 21—23 日召开，出席会议的代表 158 人，列席 143 人。

会议听取并审议政府代县长侯元作的《政府工作报告》；人大常委会主任李国胜作的《山阴县人民代表大会常务委员会工作报告》；县人民法院院长杨青如作的《山阴县人民法院工作报告》；县人民检察院检察长王划作的《山阴县人民检察院工作报告》。书面审议发改局局长卢满作的《关于山阴县 2007 年国民经济和社会发展计划执行情况与 2008 年计划（草案）的报告》；财政局局长郭自更作的《关于 2007 年山阴县财政决算执行情况与 2008 年财政预算（草案）的报告》。会议审议并通过了 6 个报告的决议。根据本次会议通过的选举办法，大会以无记名投票的方式，补选侯元为山阴县人民政府县长。会议共收到代表建议 81 件。

第三次会议　于 2009 年 5 月 18—20 日召开，出席会议的代表 157 人，列席 155 人。

会议听取并审议了政府县长侯元作的《政府工作报告》；人大常委会主任李国胜作的《山阴县人民

代表大会常务委员会工作报告》；县人民法院院长杨青如作的《山阴县人民法院工作报告》；县人民检察院检察长王划作的《山阴县人民检察院工作报告》。书面审议了发改局局长卢满作的《关于山阴县2008年国民经济和社会发展计划执行情况与2009年计划（草案）的报告》；财政局局长郭自更作的《关于2008年山阴县财政预算执行情况与2009年财政预算（草案）的报告》。会议审议并通过了六个报告的决议。根据本次会议通过的选举办法，采取无记名投票的方式，选举山阴县出席朔州市第五届人民代表大会代表44人。会议收到代表建议、批评和意见77件。

第四次会议 于2010年4月12—14日召开，出席会议代表158人，列席152人。会议听取并审议政府县长侯元作的《政府工作报告》；县人大常委会主任李国胜作的《山阴县人民代表大会常务委员会工作报告》；县人民法院院长杨青如作的《山阴县人民法院工作报告》；县人民检察院检察长王划作的《山阴县人民检察院工作报告》。书面审议县发展和改革局局长卢满作的《关于山阴县2009年国民经济和社会发展计划执行情况与2010年计划（草案）的报告》；县财政局局长郭自更作的《关于2009年山阴县预算执行情况与2010年预算（草案）的报告》。会议审议并通过6个报告的决议。会议收到代表意见、批评和建议61件。

第十五届人民代表大会

山阴县十五届人民代表大会从2011年6月12日至2016年6月，共召开过6次会议。

第一次会议 于2011年6月12—14日召开，出席会议代表157人，列席150人。

会议听取和审议山阴县政府代县长南志中作的《政府工作报告》。审查和批准山阴县国民经济和社会发展第十二个五年规划纲要。审查山阴县人民政府关于山阴县2010年国民经济和社会发展计划执行情况与2011年国民经济和社会发展计划草案的报告。批准山阴县2011年国民经济和社会发展计划。审查县人民政府关于山阴县2010年预算执行情况及2011年预算草案的报告。批准山阴县2010年预算执行情况及2011年预算草案的报告。听取和审议山阴县人民代表大会常务委员会主任李国胜作的《山阴县人民代表大会常务委员会工作报告》；山阴县人民法院院长杨青如作的《山阴县人民法院工作报告》；山阴县人民检察院检察长王划作的《山阴县人民检察院工作报告》。书面审议县发展和改革局局长卢满作的《关于山阴县2010年国民经济和社会发展计划执行情况与2011年计划（草案）的报告》；县财政局局长毕财作的《关于2010年山阴县预算执行情况与2011年预算（草案）的报告》。

本次大会郭自更当选山阴县第十五届人民代表大会常务委员会主任，尤跃栋、安秀清、杨增文、李宝英、郭增友当选山阴县第十五届人民代表大会常务委员会副主任。

南志中当选山阴县人民政府县长，智杰山、田永清、段国强、相成、李启、李日宏当选山阴县人民政府副县长。杨青如当选山阴县人民法院院长。王划当选山阴县人民检察院检察长。

第二次会议 于2012年4月20—22日召开，出席会议代表158人，列席149人。

会议听取和审议山阴县政府县长南志中作的《政府工作报告》。审查和批准山阴县人民政府关于山阴县2011年国民经济和社会发展计划执行情况与2012年国民经济和社会发展计划草案的报告。批准山阴县2012年国民经济和社会发展计划。审查和批准山阴县人民政府关于山阴县2011年预算执行情况及2012年预算草案的报告。批准山阴县2012年预算草案的报告。听取和审议山阴县人民代表大会常务委员会主任郭自更作的《山阴县人民代表大会常务委员会工作报告》；山阴县人民法院院长杨青如作的《山阴县人民法院工作报告》；山阴县人民检察院副检察长陈瑛作的《山阴县人民检察院工作报告》。书面审议县发展和改革局局长卢满作的《关于山阴县2011年国民经济和社会发展计划执行情况与2012年计划（草案）的报告》；县财政局局长毕财作的《关于2011年山阴县预算执行情况与2012年预算（草案）的报告》。

第三次会议　于2013年4月22—25日召开，出席会议代表158人，列席149人。会议听取和审议山阴县政府县长南志中关于政府工作的报告。审查和批准山阴县人民政府关于山阴县2012年国民经济和社会发展计划执行情况与2013年国民经济和社会发展计划草案的报告。批准山阴县2013年国民经济和社会发展计划。审查和批准山阴县人民政府关于山阴县2012年预算执行情况及2013年预算草案的报告。批准山阴县2013年预算草案的报告。听取和审议山阴县人民代表大会常务委员会副主任尤跃栋作的山阴县人大常委会工作报告；山阴县人民法院院长杨青如作的《山阴县人民法院工作报告》；山阴县人民检察院检察长王划作的《山阴县人民检察院工作报告》。书面审议县发展和改革局局长卢满作的《关于山阴县2012年国民经济和社会发展计划执行情况与2013年计划（草案）的报告》；县财政局局长毕财作的《关于2012年山阴县预算执行情况与2013年预算（草案）的报告》。本次大会补选程育胜为山阴县第十五届人民代表大会常务委员会主任。

第四次会议　于2014年5月7—9日召开，出席会议代表155人，列席147人。

会议听取和审议山阴县政府县长南志中作的《政府工作报告》。审查和批准山阴县人民政府关于山阴县2013年国民经济和社会发展计划执行情况与2014年国民经济和社会发展计划草案的报告。批准山阴县2014年国民经济和社会发展计划。审查和批准山阴县人民政府关于山阴县2013年预算执行情况及2014年预算草案的报告。批准山阴县2014年预算草案的报告。听取和审议山阴县人民代表大会常务委员会副主任尤跃栋作的《山阴县人大常委会工作报告》；山阴县人民法院院长杨青如作的《山阴县人民法院工作报告》；山阴县人民检察院代检察长乔振文作的《山阴县人民检察院工作报告》。书面审议县发展和改革局局长卢满作的《关于山阴县2013年国民经济和社会发展计划执行情况与2014年计划（草案）的报告》；县财政局局长毕财作的《关于2013年山阴县预算执行情况与2014年预算（草案）的报告》。本次大会补选相成为山阴县第十五届人民代表大会常务委员会主任。补选乔振文为山阴县人民检察院检察长。

2014年5月7日上午，山阴县人大十五届四次会议开幕

第五次会议　于2015年5月19—20日召开，出席会议代表157人，列席150人。

会议听取和审议山阴县政府县长南志中作的《政府工作报告》。审查和批准山阴县人民政府关于山阴县2014年国民经济和社会发展计划执行情况与2015年国民经济和社会发展计划草案的报告。批准山阴县2015年国民经济和社会发展计划。审查和批准山阴县人民政府关于山阴县2014年预算执行情况及2015年预算草案的报告。批准山阴县2015年预算草案的报告。听取和审议山阴县人民代表大会常务委员会主任相成作的《山阴县人大常委会工作报告》；山阴县人民法院院长杨青如作的《山阴县人民法院工作报告》；山阴县人民检察院检察长乔振文作的《山阴县人民检察院工作报告》。书面审议县发展和改革局局长卢满作的《关于山阴县2014年国民经济和社会发展计划执行情

2015年5月20日，山阴县人大第十五届人民代表大会第五次会议

况与 2015 年计划（草案）的报告》；县财政局局长毕财作的《关于 2014 年山阴县预算执行情况与 2015 年预算（草案）的报告》。

第六次会议 于 2015 年 11 月 27—29 日召开，出席会议代表 156 人。会议选举产生 44 名山阴县出席朔州市第六届人民代表大会代表。

第十六届人民代表大会

第一次会议 于 2016 年 6 月 24—26 日召开，出席会议代表 157 人，列席 150 人。

会议听取和审议山阴县政府县长南志中作的《政府工作报告》。审查和批准山阴县人民政府关于山阴县 2015 年国民经济和社会发展计划执行情况与 2016 年国民经济和社会发展计划草案的报告。批准山阴县 2016 年国民经济和社会发展计划。审查和批准山阴县人民政府关于山阴县 2015 年预算执行情况及 2016 年预算草案的报告。批准山阴县 2016 年预算草案的报告。听取和审议山阴县人民代表大会常务委员会主任相成作的《山阴县人大常委会工作报告》；山阴县人民法院代院长王志远作的《山阴县人民法院工作报告》；山阴县人民检察院检察长乔振文作的《山阴县人民检察院工作报告》。本次大会相成当选山阴县第十六届人民代表大会常务委员会主任；杨晓明、郭增友、刘世泉、毕财当选山阴县第十五届人民代表大会常务委员会副主任。

南志中当选山阴县人民政府县长，黄永红、郭兆文、李启、何兴斌、乔新文、苏美当选山阴县人民政府副县长。王志远当选山阴县人民法院院长。乔振文当选山阴县人民检察院检察长。

第二节 乡（镇）人民代表大会

乡镇人民代表大会在各乡镇举行，历届历次会议主要听取和审议《政府工作报告》和《人大主席团工作报告》等，并作出相应的决议；选举或补选人大主席、乡（镇）长和副乡（镇）长。

马营乡

1999 年 6 月 12 日，马营乡第十三届人民代表大会第一次会议召开。高树茂当选人大主席，王守恒当选乡长，宋军、陈振兴、郝慧玲（女）当选副乡长。

2002 年 6 月 12 日，撤乡并镇后的马营乡第一届人民代表大会第一次会议召开，孟大裕当选人大主席，郭世和当选乡长，宋军、孟守信、郝慧玲（女）当选副乡长。2006 年 6 月，第二次会议召开，宋军当选人大主席，王碧邦当选乡长，李文善、李子亮当选副乡长。

2007 年 5 月 12 日，第二届人民代表大会第一次会议召开、宋军当选人大主席，王碧邦当选乡长，李文善、李子亮、苏国强、郝慧玲（女）当选副乡长。2009 年 5 月第二次会议召开，王尚龙补选为乡长。

2011 年 6 月 2 号，第三届人民代表大会第一次会议召开，郭占臣当选人大主席，王尚龙当选乡长，李子亮、刘振平、郭林凡当选副乡长。2011 年 12 月 30 号，第二次会议召开，程毅补选为乡长。

2016 年 5 月 9 日，第四届人民代表大会第一次会议召开，苏国强当选人大主席，王特祥当选乡长，李文善、路世明、周应胜当选副乡长。

吴马营乡

1999 年 4 月 28 日，吴马营乡第十三届人民代表大会第一次会议召开。贺国银当选人大主席，郭波当选乡长，任秀峰、麻文斗、韩丙君当选副乡长。

2002 年 6 月 7 日，第十四届人民代表大会第一次会议召开，张凤清当选人大主席，苑曙当选乡长，白生富、李玉春当选副乡长。2005 年 7 月 13 日，第二次会议召开，王志文补选为副乡长。

2007 年 5 月 11 日，吴马营乡第十五届人民代表大会第一次会议召开。李永章当选人大主席，张凤清当选乡长，刘应飞、李玉春、周振国当选副乡长。

2011年6月2—3日，第十六届人民代表大会第一次会议召开。樊志清当选人大主席，张凤清当选乡长，牛翠茹、尹晋峰、高登峰当选副乡长。2011年9月23日，第二次会议召开，魏雁明当选乡长。2012年3月28日，第三次会议召开，叶青当选乡长。2015年6月28日，第四次会议召开，会议通过尹晋峰辞去副乡长职务的辞呈。

2016年5月8—9日，第十七届人民代表大会第一次会议召开，樊志清当选人大主席，王伟当选乡长，王明峰、杨武荣、韩英当选副乡长。

下喇叭乡

1999年6月29日，下喇叭乡第十三届人民代表大会第一次会议召开，温登宏当选人大主席，杨晓明当选乡长，刘振平、李子亮、潘玉泉当选副乡长。

2002年6月11日，与冻牛坡乡合并后的下喇叭乡第一届人民代表大会第一次会议召开，刘文斌当选人大主席，王登峰当选乡长，李明亚、贾岳当选副乡长。

2007年5月11日，第二届人民代表大会第一次会议召开，安玉当选人大主席，薛拉格（女）当选乡长，李明亚、王喜玉、徐晓圆当选副乡长。

2011年6月2—3日，第三届人民代表大会第一次会议召开，车晶锋当选人大主席。薛拉格（女）当选乡长，王喜玉、徐晓圆当选副乡长。2012年5月6日，第三届人民代表大会第二次会议召开，张志斌当选乡长。张建强当选副乡长。2015年6月16日，第三次会议召开，李艳（女）当选副乡长。

2016年5月9日，第四届人民代表大会第一次会议召开，刘应飞当选人大主席，郭正大当选乡长。李艳（女）、解俊杰、马跃元当选副乡长。

合盛堡乡

1999年6月15日，合盛堡乡第十三届人民代表大会第一次会议召开。郭世成当选人大主席，李日宏当选乡长，李玉春、李竹莲（女）、殷占利当选副乡长。

2002年6月7日，第十四届人民代表大会第一次会议召开、郭世成当选人大主席，刘世泉当选乡长，白海明、李竹莲（女）当选副乡长。2005年7月19日，第二次会议召开，冯培录、郑元春当选副乡长。

2007年5月12日，第十五届人民代表大会第一次会议召开，丰廷山当选人大主席，吴玉梅（女）当选乡长，白海明、李国栋、贺飞飞当选副乡长。

2011年6月2—3日，第十六届人民代表大会第一次会议召开，苏国强当选人大主席、吴玉梅当选乡长，温登财、刘宇、周文峰当选副乡长。2013年6月6日，第二次会议召开，张凤清当选乡长。2015年5月27日，第三次会议召开，李雁斌当选副乡长。

岱岳乡（镇）

1999年6月28日，岱岳乡第十三届人民代表大会第一次会议召开，乔志宏当选人大主席，靖文勇当选乡长，张素英（女）、赵守向、崔建新当选副乡长。

2001年撤乡并镇，岱岳乡和岱岳镇、甘庄乡合并为岱岳乡，共召开两届人民代表大会。

2002年6月13日、岱岳乡第一届人民代表大会第一次会议召开，乔志宏当选人大主席，靖文勇当选乡长、李杰玉、吴玉梅（女）、张素英（女）当选副乡长。2005年7月23日，第二次会议召开，何兴斌补选为乡长。毕智、刘培霞（女）、李竹莲（女）、贾海补选为副乡长。

2007年5月12日，岱岳乡第二届人民代表大会第一次会议召开，王灼当选人大主席，何兴斌当选乡长，刘培霞（女）、李竹莲（女）、贾海、崔建新、刘瑞栋当选副乡长。

2011年6月2—3日，岱岳镇第一届人民代表大会第一次会议召开。王灼当选人大主席，马维华当选镇长，刘培霞（女）、李竹莲（女）、崔建新当选副镇长。

2016 年 5 月 8—9 日，岱岳镇第二届人民代表大会第一次会议召开，麻鹏斗当选镇长，丁广厚、张科雄、李君枝当选副镇长。

安荣乡

1999 年 6 月，安荣乡第十三届人民代表大会第一次会议召开。尤跃进当选人大主席，相成当选乡长，梁绪光、白生富、李秀英（女）当选副乡长。

2002 年 6 月 12 日，与泥河乡合并后的安荣乡第一届人民代表大会召开，尤跃进当选人大主席，杨晓明当选乡长，徐恒峰、王志富当选副乡长。2005 年 7 月 15 日，第二次会议召开，王尚龙补选为乡长，白俊义、郝宝龙补选为副乡长。

2007 年 5 月 11 日，安荣乡第二届人民代表大会召开，叶青当选人大主席，王尚龙当选乡长，白俊义、梁艳锋（女）、丁玉平当选副乡长。2009 年 5 月 10 日举行第二次会议，朱志斌补选为乡长。

2011 年 6 月 2—3 日，安荣乡第三届人民代表大会第一次会议召开，叶青当选人大主席，朱志斌当选乡长，白俊义、梁永军、梁艳锋（女）、丁玉平当选副乡长。2014 年 3 月 19 日，第二次会议召开，赵晋虎补选为人大主席。2015 年 6 月 29 日，第三次会议召开，黄慧鲜（女）补选为副乡长。

2016 年 5 月 9 日，第四届人民代表大会第一次会议召开，赵晋虎当选人大主席，梁艳锋（女）当选乡长，史有权、王明山、黄慧鲜（女）、刘善智当选副乡长。

薛圐圙乡

1999 年 4 月 29 日，薛圐圙乡第十三届人民代表大会第一次会议召开，高继艮当选人大主席，王玉成当选乡长，朱文元、王忠义、薛有华（女）当选副乡长。

2002 年 6 月 9 日，与黑圪塔乡合并后的薛圐圙乡第一届人民代表大会第一次会议召开，王凤君当选人大主席，秦汉文当选乡长，马登华、李守新、李月兰（女）当选副乡长。2005 年 7 月 24 日，第二次会议召开，李玉成、米轶聪补选为副乡长。

2007 年 5 月 12 日，第二届人民代表大会第一次会议召开，赵岗当选人大主席，赵生富当选乡长，马登华、赵守向、段秀东（女）当选副乡长。

2011 年 6 月 2 日，第三届人民代表大会第一次会议召开，王海峰当选人大主席，赵生富当选乡长，赵守向、麻文斗、段秀东当选副乡长。2012 年 5 月，第二次会议召开。郝建明补选为乡长。

2016 年 5 月 8 日，第四届人民代表大会第一次会议召开，王海峰当选人大主席，张龙当选乡长，麻文斗、赵文官、安丽霞、李智兴当选副乡长。

后所乡

1999 年 6 月，后所乡第十三届人民代表大会第一次会议召开，张生明当选人大主席，王秀兰（女）当选乡长，吕树荣（女）、李永章、吴晋章当选副乡长。

2002 年 6 月，第十四届人民代表大会第一次会议召开，张生明当选人大主席，王秀兰（女）当选乡长，李永章、张志斌当选副乡长。2005 年 7 月 15 日，第二次会议召开，郭占臣补选为人大主席，肖玉林、丁建斌、苗德青补选为副乡长。

2007 年 5 月 10 日，第十五届人民代表大会第一次会议召开，郭占臣当选人大主席，乔新文当选乡长，丁建斌、苗德青、孙培峰当选副乡长。

2011 年 6 月 3 日，第十六届人民代表大会第一次会议召开，刘国栋当选人大主席，宋军当选乡长，王明山、赵新力当选副乡长。2012 年 5 月 25 日，第二次会议召开，王进旭补选为副乡长。2015 年 6 月 3 日，第三次会议召开，高小军补选为副乡长。

2016 年 5 月 5 日，第十七届人民代表大会第一次会议召开，高贵林当选人大主席，刘国栋当选乡长，王进旭、龙海鹰、高永军、朱秀芳当选副乡长。

张庄乡（张家庄乡）

1999 年 6 月，张庄乡第十三届人民代表大会第一次会议召开，王成富当选人大主席，梁善申当选乡长，王晋叶（女）、赵贵卿、王举祥当选副乡长。2001 年 4 月，第二次会议召开，赵学崇补选为乡长。

2001 年撤乡并镇后，张庄乡更名为张家庄乡。2002 年 6 月，张家庄乡第一届人民代表大会第一次会议召开，王成富当选人大主席，李建文当选乡长，白凤鸣、张沛当选副乡长。2005 年 7 月 5 日，第二次会议召开，赵文官补选为副乡长。

2007 年 5 月，张家庄乡第二届人民代表大会第一次会议召开，刘文斌当选乡长，王晋叶、安伟德、赵文官当选副乡长。

2011 年 6 月 2 日，张家庄乡第三届人民代表大会第一次会议召开，陈晓东当选人大主席，刘文斌当选乡长，王晋叶、赵文官、姚小叶当选副乡长。2012 年 5 月，第二次会议召开。吕志宇补选为乡长，刘澎补选为副乡长。

2016 年 6 月 8 日，张家庄乡第四届人民代表大会第一次会议召开，陈晓东当选人大主席，车晶锋当选乡长，姚小叶、段秀东、尚怀帅当选副乡长。

马营庄乡

1999 年 6 月，马营庄乡第十三届人民代表大会第一次会议召开，丰立山当选人大主席，郭宏智当选乡长，徐瑞、张秀花（女）、郭自权当选副乡长。

2002 年 6 月，第十四届人民代表大会第一次会议召开，丰立山当选人大主席，张守富当选乡长，贾海、郭自权当选副乡长。2005 年 7 月，第二次会议召开，米久盈补选为人大主席，赵将、丁建业、李玉文补选为副乡长。

2007 年 5 月，第十五届人民代表大会第一次会议召开，米久盈当选人大主席，郭金业当选乡长，李玉文、李晓宁（女）、梅树元当选副乡长。

2011 年 6 月 2—3 日，马营庄乡第十六届人民代表大会第一次会议召开，安玉当选人大主席，赫明宇当选乡长，史有权、李玉文、梅树元当选副乡长。2012 年 4 月 26 日，第二次会议召开，魏玉彪补选为乡长，唐勇补选为副乡长。

2016 年 5 月 8—9 日，第十七届人民代表大会第一次会议召开，安玉当选人大主席，落军当选乡长，马刚、刘丽芳、李宝发、唐勇当选副乡长。

玉井镇

1999 年 6 月，玉井镇第十三届人民代表大会第一次会议召开，邱占尧当选人大主席，李太章当选镇长，史俊龙、王翠兰（女）、吴建平当选副镇长。

2002 年 6 月 10 日，撤乡并镇后的玉井镇第一届人民代表大会第一次会议召开，王文跃当选人大主席，李太章当选镇长，赵学树、黄时胜、王增华当选副镇长。

2007 年 5 月 11 日，第二届人民代表大会第一次会议召开，赵学树当选人大主席，陶占有当选镇长，马培瑞、刘殿模、王忠禄当选副镇长。

2011 年 6 月 2—4 日，玉井镇第三届人民代表大会第一次会议召开，赵刚当选人大主席，陶占有当选镇长，刘殿模、郭卫军、王忠禄、贺生伟当选副镇长。2012 年 4 月 11 日，第二次会议召开，闫志民补选为镇长。

2016 年 5 月 8—9 日，玉井镇第四届人民代表大会第一次会议召开，李志宏当选人大主席，王日东当选镇长，刘振平、贺生伟、勾江、郭凤鸣当选副镇长。

北周庄镇

1999 年 4 月 9 日，北周庄镇第十三届人大第一次会议召开，苑曙当选人大主席，王振林当选镇长，吕玉（女）、李守新、乔新文当选副镇长。

2002 年 5 月 29 日，与苑家辛庄合并后的北周庄镇第一届人民代表大会第一次会议召开，何文斌当选人大主席，李可进当选镇长，乔新文、李凤莲（女）当选副镇长。2005 年 7 月 19 日，第二次会议召开，张素文、韩英补选为副镇长。

2007 年 5 月 11 日，第二届人民代表大会第一次会议召开，张富生当选人大主席，李志文当选镇长，刘龙翔、陈佩珍（女）、韩英当选副镇长。

2011 年 6 月 3—4 日，第三届人民代表大会第一次会议召开，郭自权当选人大主席，史俊龙当选镇长，丁建斌、刘春、陈佩珍（女）、梅丽丽（女）当选副镇长。

2016 年 5 月 8—9 日，第四届人民代表大会第一次会议召开，郭自权当选人大主席，李宝强当选镇长，王晓龙、刘春、闫剑峰、梅丽丽（女）当选副镇长。

古城镇

1999 年 6 月 29 日，山阴城镇第十三届人民代表大会第一次会议召开，马兴宏当选人大主席，郭世和当选镇长，戴海、吉翠莲（女）、孙有山当选副镇长。

2002 年 6 月 10 日，古城镇第一届人民代表大会第一次会议召开，马兴宏当选人大主席，李日宏当选镇长，薛有华（女）、孙有山当选副镇长。2005 年 7 月 16 日，第二次会议召开，冯培森、魏雁明补选为副镇长。

2007 年 6 月 12 日，第二届人民代表大会第一次会议召开，赵富仁当选人大主席，刘德义当选镇长，赵将、郭忠道、王海峰当选副镇长。2008 年 1 月 3 日，第二次会议召开，大会审议并通过《山阴县古城镇总体规划（2007—2025）》的说明。

2011 年 6 月 3 日，第三届人民代表大会第一次会议召开，李永章当选人大主席，梁晖当选镇长，李雁、赵将、郭忠道、解宏波当选副镇长。2015 年 7 月 10 日，第二次会议召开，赵青春补选为副镇长。

2016 年 5 月 8—9 日，第四届人民代表大会第一次会议召开，赵岗当选人大主席，王家民当选镇长，金建军、赵青春、郭少华、解宏波当选副乡长。

第三章　县人大常委会

第一节　机　构

山阴县人民代表大会常务委员会（简称山阴县人大常委会）是山阴县人民代表大会常设机关，对本级人民代表大会负责并报告工作。1981 年 6 月，山阴县第七届人民代表大会，根据中华人民共和国地方组织法关于“县级以上各级人民代表大会设常务委员会”的规定选举产生了第七届人民代表大会常务委员会。自此，山阴县以后各届人民代表大会均设常委会。

中共山阴县委按照有关规定，在县人大常委会设置中共党组即县人大常委会党组，加强党的领导，强化党的建设。党组设书记 1 人，副书记 1~2 人，成员若干人，由常委会主任、副主任、办公室主任中的中共党员干部兼任。

山阴县人大常委会由人民代表大会依法选举的常委会主任、副主任、委员组成。同时，由常委会主任、副主任组成主任会议，处理常委会的重要日常工作。根据法律规定，常委会每两个月至少举行一次会议。举行会议时，县政府及所属有关部门负责人、县法检两长、县人大常委会工作机构负责人、乡镇人大主席列席会议。近年来还邀请人大代表、人民群众列席会议。

山阴县人大常委会按照宪法法律赋予的职责，依法履职行权，认真行使监督权、重大事项决定权、人事任免权三项职权。充分发挥代表作用，努力做好代表工作，不断加强自身建设，为全县经济政治社会各项事业发展，为推进基层民主法治建设做出了积极贡献。

1998—2016年，山阴县人大常委会历经五届，即县十二届至县十六届人大常委会，每届常委会领导班子成员见下表。

1998—2016年山阴县人大常委会主任、副主任一览表

表5-1

届　次	职　务	姓　名	任职时间
十二届	主　任	王守生	1998年5月至2001年9月
		贾忠权	2001年9月至2003年8月
	副主任	苏适平	1998年5月至2003年8月
		温日平	1998年5月至2003年8月
		赵守富	1998年5月至2003年8月
		白文浩	2001年9月至2003年8月
		王尧邦	2001年9月至2003年8月
十三届	主　任	贾忠权	2003年8月至2007年5月
	副主任	白文浩	2003年8月至2005年1月
		苏适平	2003年8月至2007年5月
		温日平	2003年8月至2007年5月
		赵守富	2003年8月至2005年1月
		冯守忠	2005年1月至2007年5月
		王应贤	2005年1月至2007年5月
		康生霖	2006年4月至2007年5月
十四届	主　任	李国胜	2007年5月至2011年5月
	副主任	韩文让	2007年5月至2011年5月
		徐万道	2007年5月至2011年5月
		杨增文	2007年5月至2011年5月
		李宝英	2007年5月至2011年5月
十五届	主　任	郭自更	2011年6月至2013年4月
		程育胜	2013年4月（2013年4月去世）

续 表

届 次	职 务	姓 名	任职时间
十五届	主 任	相 成	2014年4月至2016年5月
	副主任	尤跃栋	2011年6月至2016年5月
		安秀清	2011年6月至2015年12月
		杨增文	2011年6月至2015年6月
		李宝英	2011年6月至2016年5月
		郭增友	2011年6月至2016年5月
十六届	主 任	相 成	2016年6月—
	副主任	杨晓明	2016年6月—
		郭增友	2016年6月—
		刘世泉	2016年6月—
		毕 财	2016年6月—

山阴县人大常委会自1981年6月产生后，不断加强自身建设，工作机构逐步完善健全。1981年6月，设办公室。历任主任王增陵、李可进、王碧邦、赵兴东、张龙、陈续。

1987年6月增设政法工作委员会。历任主任有郭万民、渠志源、陈续、季宗海。

1987年6月增设财政经济工作委员会。历任主任有张富善、关英。

1987年6月增设教科文卫工作委员会。历任主任有樊胜、段元、高清贵。

1989年1月增设人事代表工作委员会。历任主任有白富厚、刘正权。

2007年5月增设农村工作委员会，主任祝启海。

2008年4月增设城乡建设环境保护工作委员会，主任赵晓君。

2016年，县人大常委会机关工作机构设置1室6委，即常委会办公室、政法工作委员会、财政经济工作委员会、教育科学文化卫生工作委员会、人事代表工作委员会、农村工作委员会、城乡建设环境保护工作委员会7个工作机构，在职干部职工27名。

第二节 监督工作

听取和审议工作报告

监督权是地方人大常委会运用最多的一项法定职权，法律规定监督的主要方式包括听取审议工作报告、执法检查、视察调研、询问和咨询等。山阴县人大常委会紧紧围绕全县工作大局，围绕关系改革发展稳定大局和群众切身利益问题，群众反映强烈带有共性的问题，精准选题，强化监督，督促一府两院及其工作部门依法行政，公正司法，积极履职。

历届人大常委会都对国民经济和社会发展计划，财政预算执行情况，财政决算和其他收支审计，计划预算调整，三农、教育、城建、环保、安全生产、扶贫、司法等工作，听取一府两院及其工作部门工作报告或专项工作报告，或者审议审查并提出建议意见。促进一府两院有关工作健康有序开展。

执法检查监督

执法检查监督是县人大常委会行使监督职权法律监督的重要形式。历届人大常委会都围绕全县不同时期中心工作，围绕上级人大及其常委会有关执法检查工作要求，尽职履责，狠抓执法检查，有效发挥执法监督职能作用，保障和监督宪法、法律在本县内得以贯彻落实，通过执法检查促进和规范了相关法律、法规的贯彻执行，对促进全县依法行政，公正司法，加强法制建设等起到了非常重要的作用。

山阴县人大常委会先后对全县贯彻执行《中华人民共和国农业法》《中华人民共和国城市规划法》《中华人民共和国义务教育法》《中华人民共和国教师法》《中华人民共和国烟草专卖法》《中华人民共和国人口和计划生育条例》《中华人民共和国预算法》《中华人民共和国森林法》《中华人民共和国药品管理法》《中华人民共和国电力法》《中华人民共和国会计法》《中华人民共和国传染病防治法》《山西省煤炭管理条例》《中华人民安全生产法》《山西省矿产资源管理条例》《中华人民共和国环境保护法》等 50 余部法律法规条例进行执法检查。

视察调研

视察调研是人大常委会一项重要的基础性工作，县人大常委会每年都针对全县一定时期中心工作、重大事项、代表人民群众反映强烈的问题，适时抽调精干力量展开视察调研，掌握第一手资料，形成调研报告，为县委决策提供依据，为行使职权打下坚实基础。2007 年 8 月，针对 2006 年下半年饲草饲料价格上涨，牛价暴跌，奶农卖牛，全县奶牛养殖业呈下滑趋势的现象进行调研。建议政府加大对奶牛养殖业的支持力度；制定牛奶收购保护价；建立奶业发展基金；加大执法力度，规范乳品市场；提高奶牛养殖科技含量，增加科技投入；增强乳品龙头企业的辐射带动能力；按实际收奶价格提取进项税，减轻乳品企业负担；建立奶牛协会和奶业合作社。2007 年 9 月，针对 2006 年以来全县的社会治安整治情况到县公安局、岱岳、桥东、古城、北周庄、马营五个治安状况复杂、有代表性的公安派出所、县城居民小区、部分村庄进行专题调研。建议县公安局针对侵财案件多发现状，进一步加大打击力度，积极寻找办法，学习周边其他区县好的做法，尽快组建专职巡逻队，对居民集中居住区、商贸区、重点单位开展巡逻，特别是夜间要合理分配警力，划区域进行巡逻防范。在重点区域、重点行业单位启动监控视频，实施动态管理，控制盗抢等可防性案件发生；加强对暂住人口的管理；加强干警队伍建设；警民联动，创建平安乡村，要协调乡村加强“两会一队”（治保会、民调会、巡逻队）建设，发挥“两会一队”在治安防范中的作用；推进派出所建设。

2008 年 6 月，对劳动部门和用工企业贯彻执行劳动法律法规情况进行调研。发现存在社会保障覆盖面窄、各项社会保险参保不统一、基金征收质量不高、三条保障线不衔接、劳动关系不规范、缴费基数不实、劳动保障执法难等问题。2009 年 8 月，由县人大常委会副主任杨增文带队，农村工作委员会参与，对山阴县新农村建设情况，采取听取汇报、查阅资料、走村串户、群众座谈、实地察看等方式，先后深入马营乡、后所乡、原岱岳乡、古城镇有代表性的其中 4 个试点村和 4 个重点推进村进行调研，了解掌握山阴县社会主义新农村建设的发展情况。发现部分农民对新农村建设的主体意识不强，不少人存在“等、靠、要”的懒惰思想；新农村基础设施尽管有所改观，但还比较薄弱、资金缺口大；农业产业化经营还处在初级发展阶段，规模小，抗风险能力弱；农民收入不够稳定，农民增收后劲不足；严格的土地政策与新农村建设存在矛盾；新农村建设中主体作用发挥不够充分。建议宣传党中央关于新农村建设的决策部署，调动各方面的积极性；突显新农村建设的新亮点，以示范村建设为主体，全面提升示范村建设的规模化、科学化、配套化；开辟农民增收的新渠道；加大对农村基础设施的投入力度，不断改善农民的生产、生活条件；健全新农村建设运行机制。

2011 年 5 月，围绕积极改善山阴县中小学校教育落后状况这一中心，以首先加强教师队伍建设为切入点，组织专题调研活动。建议盘点整顿现有教师队伍，挖掘现有师资力量，做到人尽其才；有计划地吸纳补充具有现代教学水平的各学科教育人才，尽快均衡城乡之间、学校之间以及一个学校中班级之间的师资力量，逐步消除择校、择班现象；重视小学英语和音体美教师的补充，初级中学中的理、化、生，史、地、政等学科教师的配备；尽快实施全县学校布局调整规划，避免因规划长期不落实，而引起的负面效应；加强教育部门的职能作用，利用教育部门的监督、教研、培训功能，发挥学科带头人的示范效应，多渠道、多侧面、全方位来促进师资质量的提高，通过量的积累，力争在短时间内达到质的突破。2015—2016 年，针对全县推广的旱地渗水地膜全覆盖穴播高产谷子的种植情况进行视察调研。发现推广种植过程中存在选种问题、农机操作手缺乏、农民的操作还不规范、缺少配套的收割机械、缺乏品牌战略。建议农业部门加大培训力度，培训一定数量的农机操作手，并对种植户进行相关种植技术和市场销售方面的培训；推行订单农业，走品牌战略的路子。

第三节 人事任免

山阴县人大常委会坚持依法任免干部与党管干部原则的统一，充分发扬民主，严格依法办事，积极慎重地、正确有效地行使人事任免职权，有效地保证“一府两院”工作的正常运转，为全县的改革发展提供了有力的组织保障。对拟任命人员，坚持严把“三关”（任前法律知识考试关、工作考核关、供职关），对其进行宪法和有关法律、人民代表大会制度等方面内容的知识考试，并让其对履行拟任职务做出承诺，增强其公仆意识、政治意识和法制意识。加强任后监督管理，每年年终组织人员对任命人员进行年终述职和民主测评，即在本机关的信任度评价测评和常委会的满意度评价测评，以此实现监督权和人事任免权的有机结合。

2016 年，修订和完善《山阴县人大常委会关于人大及其常委会选举和任命的“一府两院”工作人员任后监督暂行规定》，完善任前考试、供职发言、宪法宣誓、任后监督以及信任度测评等制度，确保人事任免的严肃性和规范化。全年共依法任免山阴县地方国家机关工作人员 122 人（次），组织 3 次向宪法宣誓仪式。

按照地方组织法的规定，每届人民代表大会换届后两个月内，要重新任命政府序列的委局办负责人。

十二届人大常委会第二次会议（1998 年 8 月 8 日）

决定任命：

刘青长为山阴县政府办公室主任；

李志斌为山阴县计委主任；

樊志明为山阴县经委主任；

魏志翰为山阴县财经委主任；

张志刚为山阴县教委主任；

丰焕章为山阴县科委主任；

窦新文为山阴县公安局局长；

郭自更为山阴县民政局局长；

马海文为山阴县财政局局长；

徐万道为山阴县人事局局长；

周世仁为山阴县劳动局局长；

周玉英为山阴县卫生局局长；

樊胜兴为山阴县计生委主任；
赵守忠为山阴县审计局局长；
安万庆为山阴县统计局局长；
白明堂为山阴县工商局局长；
李成元为山阴县物价局局长；
王兴贤为山阴县司法局局长；
解录昌为山阴县城建局局长；
王与茂为山阴县煤管局局长；
高焕荣为山阴县文体委主任；
王清贵为山阴县交通局局长；
张志富为山阴县土地局局长。

十三届人大常委会第一次会议（2003 年 10 月 20 日）

决定任命：
苑　德为山阴县监察委员会主任；
徐万道为山阴县政府办公室主任；
殷　相为山阴县公安局局长；
康生霖为山阴县发展计划局局长；
魏志翰为山阴县经济贸易局局长；
张志刚为山阴县教育局局长；
王耀华为山阴县科学技术局局长；
冯守忠为山阴县财政局局长；
王清贵为山阴县民政局局长；
樊胜兴为山阴县劳动和社会保障局局长；
罗玉屏为山阴县卫生局局长；
韩圣章为山阴县计划生育局局长；
王嘉平为山阴县统计局局长；
赵守忠为山阴县审计局局长；
任兴凯为山阴县文化体育局局长；
吕玺增为山阴县司法局局长；
王与茂为山阴县安全生产监督管理局局长；
郭自更为山阴县国土资源局局长；
黄建国为山阴县建设局局长；
卢　满为山阴县交通局局长；
王守礼为山阴县粮食局局长；
王与元为山阴县林业局局长；
马兴平为山阴县水利局局长。

十三届人大常委会第二次会议（2003 年 11 月 18 日）

决定任命：
任　君为山阴县人事局局长；

马礼恒为山阴县环保局局长；
杨时功为县农业局局长。

十四届人大常委会第二次会议（2007年7月12日）

决定任命：
王　良为山阴县政府办公室主任；
苑　德为山阴县监察委员会主任；
卢　满为山阴县发展和改革局局长；
丰贵宝为山阴县经贸局局长；
樊建华为山阴县教育局局长；
贾尚勇为山阴县科技局局长；
张乐祥为山阴县公安局局长；
王俊杰为山阴县民政局局长；
何云彪为山阴县司法局局长；
郭自更为山阴县财政局局长；
任　君为山阴县人事局局长；
王振林为山阴县劳动和社会保障局局长；
黄建国为山阴县建设局局长；
郭文忠为山阴县交通局局长；
马兴平为山阴县水利局局长；
杨时功为山阴县农业局局长；
郭世和为山阴县林业局局长；
王跃文为山阴县文化体育局局长；
罗玉屏为山阴县卫生局局长；
韩圣章为山阴县人口和计划生育局局长；
王守礼为山阴县审计局局长；
王秀兰为山阴县环保局局长；
王嘉平为山阴县统计局局长；
王与茂为山阴县安全生产监督管理局局长；
姚　华为山阴县粮食局局长。

十五届人大常委会第二次会议（2011年8月12日）

决定任命：
郭志平为山阴县政府办公室主任；
卢　满为山阴县发展和改革局局长；
丰贵宝为山阴县经济和信息化局局长；
刘　华为山阴县教育局局长；
马一山为山阴县监察局局长；
王俊杰为山阴县民政局局长；
何云彪为山阴县司法局局长；
毕　财为山阴县财政局局长；

秦汉文为山阴县人力资源和社会保障局局长；
赵国选为山阴县住房保障和城乡建设管理局局长；
杨晓明为山阴县农业委员会主任；
杨时育为山阴县水利局局长；
王跃文为山阴县文化广电体育局局长；
任　君为山阴县卫生局局长；
庞晓辉为山阴县食品药品监督管理局局长；
罗玉屏为山阴县人口和计划生育局局长；
张志新为山阴县审计局局长；
杨志清为山阴县统计局局长；
张效良为山阴县安全生产监督管理局局长；
李建文为山阴县粮食局局长。

十六届人大常委会第一次会议（2016 年 7 月 27 日）

决定任命：
苏　美为山阴县公安局局长；
马维华为山阴县发展和改革局局长；
丰贵宝为山阴县经济和信息化局（商务粮食局）局长；
郭连兵为山阴县教育科技局局长；
秦汉文为山阴县人力资源和社会保障局局长；
杨时育为山阴县水利局局长；
罗殿林为山阴县卫生和计划生育局局长；
张志新为山阴县审计局局长；
杨志清为山阴县统计局局长；
王志文为山阴县安全生产监督管理局局长；
任　君为山阴县工商和质量监督管理局局长；
陶占有为山阴县环境保护局局长；
史俊龙为山阴县财政局局长；
郭金业为山阴县农业委员会主任；
刘文斌为山阴县林业局局长；
叶　青为山阴县食品药品监督管理局局长；
赵　凯为山阴县交通运输局局长；
王泽邦为山阴县住房保障和城乡建设管理局局长；
刘福广为山阴县民政局局长；
李志文为山阴县文化局局长；
李日旭为山阴县司法局局长。

第四节　重大事项决定

县人大常委会抓大事、议大事，围绕全县经济和社会发展的重大问题，依法治县和民主法治建设中的重大事项，人民群众普遍关心的热点焦点问题，如城市总体规划、文化旅游、生态建设、普法教育、计划预算调整等。通过听取专项工作报告、视察调研等，认真审议做出决议或决定。2001 年 12 月 10 日，县十二届人大常委会第二十二次会议审议山阴县人民政府提出的《旧城改造总体方案》，要求尽快组织实施，在施工期间涉及到的各事项都要严格按照国家有关法律、法规的程序办理，确保旧城改造顺利进行。2008 年 8 月 13 日，县十四届人大常委会第九次会议听取县政府所作的《关于调整县城总体规划的报告》，提出审议意见，要求继续完善县城总体规划。

2009 年 5 月 5 日，县十四届人大常委会第十三次会议审议通过了山阴县人民政府《关于山阴县农村公路改扩建全覆盖工程项目建设资金有关问题的报告》，同意将山阴县农村公路改扩建全覆盖工程项目建设资金及利息逐年列入财政预算，由财政收入或其他来源在预算中分年安排项目资金，用于偿还山阴县投资建设开发有限公司项目建设贷款本金及利息。按预算法规定的程序办理法定手续，并负责监督执行。2009 年 6 月 19 日，山阴县第十四届人大常委会第 16 次会议审议山阴县人民政府提请的《关于申请国家开发银行贷款进行城区生活垃圾处理厂等项目工程建设的报告》，同意山阴县人民政府提出的委托代建模式，并同意将项目建设所需资本金和委托代建资金列入政府年度财政预算。

2010 年 3 月 26 日，县十四届人大常委会第二十二次会议听取和审议县人民政府关于利用国家开发银行贷款山阴县第一中学工程的报告。通过《关于批准山阴县人民政府将山阴县第一中学工程列入 2010 年利用国家开发银行贷款项目》的决定。要求对贷款的使用，要严格实行项目法人责任制、项目合同制，按照统一使用、统一管理的原则，做到专款专用，严格管理，加强审计。县人大常委会每年都要听取和审议县人民政府关于资金使用和还贷情况的报告，依法实行监督。2012 年 4 月 21 日，山阴县第十五届人民代表大会第二次会议第三次主席团会议审查县人民政府提出的《关于山阴县 2011 年国民经济和社会发展计划执行情况与 2012 年国民经济和社会发展计划草案的报告》及 2012 年国民经济和社会发展计划草案。决定批准《关于山阴县 2011 年国民经济和社会发展计划执行情况与 2012 年国民经济和社会发展计划草案的报告》，批准 2012 年国民经济和社会发展计划。

2013 年 11 月 11 日，县十五届人大常委会二十一次会议听取、审议并通过山阴县人民政府提出的关于《山阴县县城总体规划（2013—2030）》的议案。要求县人民政府要严格执行规划，加强管理，为建设自然、生态、现代、宜居的幸福新城作出新贡献。2016 年 12 月 15 日，山阴县第十六届人大常委会第三次会议，听取并审议县司法局局长李日旭受县政府委托所作的《关于在全县开展法治宣传教育的第七个五年规划（2016—2020 年）》的报告。要求各乡镇、县直各单位要根据本规划认真制定本单位规划，宣传发动，组织实施。县政府要加强普法工作的检查考核，做好中期督导检查和末期验收工作，并向人大常委会定期报告普法工作情况，确保“七五”普法规划得到贯彻实施。

山阴县人民政府

第六编

1998—2016 年，山阴县政府把公众参与、专家论证、风险评估、合法性审查和集体讨论决定作为重大决策的必经程序，推进科学民主决策，把依法行政贯穿到政府决策、执行和监督的全过程。坚持廉政勤政，推行政务公开，提高行政透明度。牢固树立“有为政府”理念，以改革创新的精神，不断提升政府执行力、创新力和公信力。面对严峻复杂的经济形势和艰巨繁重的改革发展稳定任务，山阴县政府团结带领全县干部群众，完成“十五”“十一五”“十二五”计划目标任务。2006 年，县域经济实力显著增强，在第六届全国县域经济基本竞争力评价中，山阴县上榜全国县域经济基本竞争力提升速度最快的百强县之列。2010 年，建成“健康奶业”远程监控系统，在全省率先实现奶源监管自动化、信息化，排名全国牛奶生产强县第 14 位。“三色经济”（黑色煤炭、白色乳制品、绿色生态林业）循环发展初具规模，形成特色鲜明多元循环发展的山阴模式。2016 年，山阴县被省政府评为县域经济发展争先进位县，全省 119 个县区仅有 3 个县区获该项殊荣。

第一章　政府机构

第一节　县政府领导成员

县人民政府设县长、副县长。县长、副县长由县人民代表大会选举产生。在县人民代表大会闭会期间，由县人大常委决定代理县长、副县长的任免。1995 年设县长助理，由县政府提名，经县委常委会议研究决定任免。县政府党组成员一般由县长、副县长、县长助理、政府办主任、人事局局长组成。政府县长任党组书记，常务副县长任党组副书记。

1998—2019 年山阴县人民政府历任县长名表

表 6-1

职　务	姓　名	籍　贯	任职时间
县　长	马占俊	怀仁县	1996 年 7 月至 2001 年 9 月
县　长	陈晋才	忻州市	2001 年 9 月至 2003 年 8 月
县　长	左中伟	怀仁县	2003 年 8 月至 2008 年 4 月
县　长	侯　元	右玉县	2008 年 4 月至 2011 年 6 月
县　长	南志中	平鲁区	2011 年 6 月至 2018 年 11 月
县　长	苏　坡	大同市	2019 年 2 月—

注：1. 南志中 2018 年 11 月 8 日被免职

2. 苏坡于 2019 年 1 月 7 日十六届人大常委会 21 次会议被选任为代县长，2019 年 2 月 1 日十六届四次人民代表大会被选任为县长

1998—2019 年山阴县人民政府历任副县长名表

表 6-2

职　务	姓　名	籍　贯	任职时间
副县长	陈小洪	夏　县	1994 年 6 月至 2002 年 4 月
副县长	袁林生	洪洞县	1997 年 3 月至 2006 年 12 月
副县长	刘培平	芦　岭	1997 年 3 月至 2006 年 12 月
副县长	白文浩	泥　河	1997 年 3 月至 2001 年 8 月
副县长	程育胜	应　县	1997 年 3 月至 2006 年 12 月
副县长	王　双	怀仁县	1997 年 3 月至 1998 年 3 月
副县长	韩文让	芮城县	1997 年 5 月至 2006 年 12 月
副县长	王振声	山阴县	2001 年 8 月至 2006 年 12 月
副县长	朱志盛	山阴县	2001 年 8 月至 2006 年 12 月

续 表

职 务	姓 名	籍 贯	任职时间
副县长	左中伟	怀仁县	2003 年 5 月至 2003 年 8 月
副县长	安秀清	山阴县	2003 年 5 月至 2011 年 5 月
副县长	杨时育	山阴县	2006 年 6 月至 2009 年 6 月
副县长	张 峰	盐湖区	2007 年 3 月至 2009 年 3 月
副县长	刘守斌	朔城区	2007 年 5 月至 2011 年 6 月
副县长	郭存斌	山阴县	2007 年 4 月至 2011 年 5 月
副县长	段国强	山阴县	2007 年 4 月至 2016 年 6 月
副县长	苏斌如	朔城区	2009 年 11 月至 2011 年 5 月
副县长	智杰山	平鲁区	2011 年 6 月至 2013 年 2 月
副县长	程万强	平鲁区	2011 年 6 月至 2016 年 1 月
副县长	田永清	原 平	2011 年 4 月至 2013 年 4 月
副县长	相 成	山阴县	2011 年 6 月至 2013 年 9 月
副县长	李 启	山阴县	2011 年 6 月至 2018 年 4 月
副县长	李日宏	沙 岭	2011 年 5 月至 2016 年 6 月
副县长	马立强	太 原	2013 年 6 月至 2014 年 9 月
副县长	何兴斌	山阴县	2013 年 9 月—
副县长	郭兆文	山阴县	2016 年 2 月—
副县长	黄永红	平鲁区	2016 年 6 月至 2018 年 4 月
副县长	乔新文	山阴县	2016 年 6 月—
副县长	苏 美	怀仁县	2016 年 6 月至 2018 年 6 月
副县长	柴 俊	平鲁区	2017 年 10 月—
副县长	王建平	平鲁区	2018 年 6 月—
副县长	杨良贵	应 县	2018 年 6 月—
副县长	杨德文	泰顺县	2018 年 6 月—
副县长	宣春青	平鲁区	2018 年 9 月—

1998—2016 年山阴县人民政府历任县长助理名表

表 6-3

职 务	姓 名	籍 贯	任职时间
县长助理	朱志盛	山阴县	1995 年 9 月至 2001 年 9 月
县长助理	王应贤	山阴县	2002 年 3 月至 2005 年 12 月
县长助理	李尚智	山阴县	2005 年 3 月至 2007 年 6 月
县长助理	王与茂	山阴县	2005 年 3 月至 2009 年 2 月

续　表

职　务	姓　名	籍　贯	任职时间
县长助理	张乐祥	朔城区	2009 年 2 月至 2011 年 4 月
县长助理	相　成	山阴县	2009 年 5 月至 2011 年 2 月
县长助理	陈计珍	岚　县	2008 年 12 月至 2011 年 12 月
			2013 年 4 月至 2017 年 9 月

第二节　县政府机构改革及工作部门

1998 年 2 月，《山阴县党政机构改制方案》确定，山阴县政府组成部门 25 个：政府办公室（撤销民兵训练基地、国防教育办公室、人民防空办公室、县政府法制室、无线电管理委员会办公室，行政职能划归政府办公室）、计划委员会（撤销经济贸易委员会）、经济委员会、财贸委员会、教育委员会（撤销教育督导室，行政职能划归教育委员会）、科学技术委员会、公安局、监察委员会（与纪律检查委员会机关合署）、民政局、财政局（挂国有资产管理局牌子）、人事局（机构编制委员会办公室是机构编制委员会的常设办事机构，与人事局合署）、劳动局、卫生局、计划生育委员会、审计局、统计局（撤销统计委员会）、工商行政管理局、物价局、司法局、城乡建设环境保护局、煤炭工业局（原煤炭工业管理局更名煤炭工业局）、文化体育运动委员会、交通局。县政府直属机构：地方税务局。技术监督局改为技术监管中心（挂技术监督局牌子），档案馆挂档案局牌子，接待处改为事业单位，都为县政府直属事业单位。农业服务中心、林业服务中心、水利服务中心、乡镇企业总公司、畜牧服务中心、农机服务中心、粮油总公司、广播电视服务公司，挂农业局、林业局、水利局、乡镇企业管理局、畜牧局、农机局、粮食局、广播电视局的牌子，保留公章，暂时保留行政职能。轻工业总公司挂二轻总会的牌子。撤销绿化委员会，行政职能划归农村工作领导小组办公室。撤销爱国卫生运动委员会，行政职能划归卫生局。撤销经济体制改革委员会办公室，行政职能划归政府办公室。撤销土地局、矿产资源管理局，成立土地矿产资源管理局。1998 年 5 月，县政府组成部门 24 个，即：办公室、计划委员会、经济委员会、财金贸易委员会、教育委员会、科学技术委员会、公安局、监察委员会、民政局，劳动局、卫生局、计划生育委员会、审计局、统计局、工商行政管理局、物价局、司法局、城乡建设环境保护局、煤炭工业局、文化体育委员会、交通局、人事局、土地矿产资源管理局。县直机构 1 个：地方税务局。机构编制委员会办公室是机构编制委员会的常设办事机构，与人事局合署办公。县级机关行政编制 500 人。（不含公、检、法、司单列编制 207 人）

2001 年 12 月，县党政机构进行改革，《山阴县县级党政机构改革方案》确定，山阴县政府工作部门 24 个：办公室、发展计划局（挂物价局牌子）、经济贸易局、教育局、科学技术局、公安局、监察委员会（纪律检查委员会机关与其合署办公，列入政府机构序列，不计政府机构个数）、民政局、司法局、财政局、人事局、劳动和社会保障局、国土资源局、城乡建设环境保护局、交通局、水利局、农业局（县委农村工作领导小组办公室与其一个机构、两块牌子）、林业局、卫生局、文化体育局、计划生育局、审计局、统计局、粮食局、安全生产监督管理局（挂煤炭工业局牌子）。2004 年 11 月，山阴县党政机构再次进行改革，《山阴县人民政府机构改革方案》确定，山阴县政府设置工作部门 25 个：办公室、发展和改革局（挂物价局牌子）、经济贸易局、教育局、科学技术局、公安局、监察委员会（纪律检查委员会机关与其合署办公，列入政府机构序列，不计政府机构个数）、民政局、司法局、财政局、人事局、劳动和社会保障局、国土资源局、建设局、交通局、农业局（县委农村工作领导小组办公室与其一个机构，两块牌子）、水利局、林业局、文化体育局、卫生局、人口和计划生育局、审计局、环境保护局、统计局、安全生产监督管理局（挂煤炭工业局牌子）、粮食局。

2014 年 12 月 11 日，山阴县再次进行党政机构改革，根据《山阴县人民政府职能转变和机构改革方案》，将改革局承担的深化医药卫生体制改革领导小组办公室职责划入县卫生和计划生育局，不再保留县卫生局、县人口和计划生育局。优化配置医疗卫生和计划生育服务资源。将县妇幼保健站和县人口和计划生育服务中心整合组建县妇幼保健计划生育服务中心；乡镇计划生育服务站并入乡镇卫生院，乡镇卫生院加挂妇幼保健计划生育服务站牌子，接受县卫生和计划生育局、乡镇政府双重管理。调整省以下工商、质监行政管理体制，实行分级管理，接收县工商行政管理局和县质量技术监督局，整合组建县工商和质量监督管理局，为县政府工作部门。不再保留县工商行政管理局、县质量技术监督局。继续完善食品药品监督管理体制。根据山西省人民政府《关于市县食品药品监督管理体制改革的实施意见》，强化监管责任，确保食品药品监管机构有足够力量和资源有效履行职责，提高食品药品安全质量水平。县发展和改革局挂县国家资源型经济转型综合配套改革试验区办公室牌子，不再挂县物价局牌子。县教育局不再挂县科技局牌子，更名为县教育科技局。按照职能有机统一的大部门体制改革要求，县文化广电体育局更名为县文化局。将县粮食局的职责、县商务局（事业机构）的行政职能划入县经济和信息化局，在县经济和信息化局挂县商务粮食局牌子。县商务局（事业机构）和县招商引资办公室（县招商局）整合为县招商引资服务中心。不再保留县粮食局、县商务局、县招商引资办公室（县招商局）。县政府机构改革后，设置办公室和工作部门 23 个，为正科级，内设机构一般为股级。

2016 年，县政府工作部门有：山阴县人民政府办公室、山阴县发展和改革局、山阴县经济和信息化局、山阴县教育科技局、山阴县公安局、山阴县监察局、山阴县民政局、山阴县司法局、山阴县财政局、山阴县人力资源和社会保障局、山阴县国土资源局、山阴县环境保护局、山阴县住房保障和城乡建设管理局、山阴县交通运输局、山阴县水利局、山阴县农业委员会、山阴县林业局、山阴县文化局、山阴县卫生和计划生育局、山阴县审计局、山阴县工商和质量监督管理局、山阴县统计局、山阴县安全生产监督管理局。

第三节 乡镇政府

机构改革

1998 年，山阴县共设 17 个乡人民政府，4 个镇人民政府，下属 262 个村民委员会，4 个居民委员会。2001 年 2 月 6 日，经山西省政府批复，将史家屯乡并入玉井镇；将苑家辛庄乡和甘庄乡北部的上神泉、白殿沟、燕庄 3 个村并入北周庄镇；将甘庄乡南部的鸳鸯会、兰家窑、郭家窑、面瓮山、甘庄、北贾家窑 6 个村并入岱岳乡；将黑圪塔乡北部的前皇台、后皇台 2 个村与山阴城镇合并，设置古城镇；将黑圪塔乡的曹庄、大营、黑圪塔、老羊寨、老羊寨铺、西李庄、双寨、双寨铺 8 个村并入薛圐圙乡；将偏岭乡并入马营乡；将冻牛坡乡并入下喇叭乡；将泥河乡并入安荣乡。原吴马营乡、合盛堡乡、张家庄乡、马营庄乡、后所乡建制保持不变。同年 3 月 6 日，经县委常委会议研究

北周庄镇人民政府图

决定，调整乡镇党的委员会组织设置，调整后乡镇个数为 13 个。12 月 28 日，为加强县城社区管理工作，经县委、县政府研究决定，成立岱岳东城社区管理委员会、岱岳西城社区管理委员会。

2002 年 5 月 29 日，根据《山阴县乡镇事业单位机构改革方案》，成立农业综合服务站；将农业技术推广站、农机管理站、合作经营站、林业工作站、水利水保站、乡镇企业管理站等涉农机构合并为农业综合服务站；将文化站、广播站合并为文化广播站；成立畜牧兽医站；成立计划生育服务指导站；成立国土资源管理站，撤销原土地管理站；将财政所、统计站合并为财政统计站。取消乡镇教办（联校），成立乡镇中心学校。教育教学业务管理由乡镇中心学校校长负责。

2010 年 12 月 28 日，经朔州市委、市政府批准《山阴县乡镇机构改革方案》，各乡镇机构统一设置为：党政工作办公室（挂社会治安综合治理办公室牌子）、经济发展办公室（挂安全生产监督管理办公室牌子）、社会事务办公室（挂人口和计划生育办公室牌子）。整合现有乡镇事业站所，将承担的行政管理职能划归乡镇政府，生产经营性职能分离出去，公益性职能重新整合，其中，农业技术推广、畜牧兽医、水利水保、农机管理等技术服务机构纳入县级职能部门服务网络，按区域综合设置，其机构，人员及经费由县级有关部门统一管理；其他中心站所整合为一个事业机构，名称为 XX 乡（镇）农村综合便民服务中心，人、财、物由乡镇管理；保留计划生育服务站。乡镇一律不设自收自支事业单位。核定各乡镇党委、人大、政府领导职数为 9 人，其中：设党委书记 1 人，党委副书记 2 人（其中 1 人兼任乡镇长、1 人兼任政协联络组长），纪委书记 1 人，人大主席团主席 1 人，乡镇长 1 人（由党委副书记兼任），副乡镇长 4 人。

2011 年 4 月 19 日，山西省政府下发关于同意山阴县撤销岱岳乡设置岱岳镇的批复。2016 年，全县辖 4 镇（玉井镇、北周庄镇、古城镇、岱岳镇），9 乡（吴马营乡、马营乡、下喇叭乡、合盛堡乡、安荣乡、薛圐圙乡、后所乡、张家庄乡、马营庄乡），2 个管委会（岱岳东城管委会、岱岳西城管委会），县政府驻岱岳镇。

1998—2016 年历届乡（镇）长、管委会主任

马营乡历届乡长：王守恒、郭世和、王碧邦、王尚龙、程毅、王特祥。偏岭乡历届乡长：罗玉屏、赵学崇。

吴马营乡历届乡长：韩圣章、郭波、郭宏智、苑曙、张凤清、魏雁明、叶青、王伟。

史家屯历届乡长：梁善申、贾文满、郭志宏。

下喇叭乡历届乡长：秦汉文、刘占东、杨晓明、王登峰、薛拉格、张志斌、郭正大。

冻牛坡乡历届乡长：郭宏智、缠宏山。

合盛堡乡历届乡长：郭志平、李日宏、相成、刘世泉、吴玉梅、张凤清、赵晓滨。

安荣乡历届乡长：樊建华、相成、杨晓明、王尚龙、朱志斌、梁艳锋。泥河乡长：王太邦。

薛圐圙乡历届乡长：王良、秦汉文、赵生富、郝建明、樊晋阳、张龙。黑圪塔乡长：王国忠。

后所乡历届乡长：王秀兰、乔新文、宋军、刘国栋。

张家庄乡历届乡长：郭文忠、梁善申、赵学崇、李建文、刘文斌、吕志宇、车晶锋。

玉井镇历届镇长：李太章、王太邦、张志新、陶占有、闫志民、王日东。

北周庄镇历届镇长：王振林、李可进、李志文、王碧邦、史俊龙、李宝强。苑家辛庄历届乡长：许永平、韩吉昌。

岱岳镇历届镇长：翟振宏、何兴斌、马维华、麻鹏斗。甘庄乡乡长：袁林忠。岱岳乡历届乡长：靖文勇、杨晓明、何兴斌。

古城镇历届镇长：郭世和、李日宏、刘德义、梁日军、王家民。

东城管委会主任：贺国银。

西城管委会主任：邱占尧。

第二章 施政辑要

第一节 推进循环经济发展

1998年后，山阴县坚持可持续发展战略，开始上洗选项目，规划建设煤化工、煤炭间接液化项目。“十五”期间，全县煤矿累计投入安全改造资金近3亿元，生产能力、洗选能力均达到1000多万吨，百万吨死亡率控制在1人以下，煤炭资源回采率达到了40%。“十五”末，煤炭行业对山阴县财政的贡献率达到81.8%，比“九五”末提高了46.1个百分点，成为主体财源。冶化业规模不断扩大，产品实现了多元化。全县新增电石生产能力3万吨、石灰氮3万吨、合成氨1.5万吨、甲醇1万吨、硅锰合金5万吨。同时，农副产品新上蔬菜制品加工、肉制品加工、饲草饲料加工等企业。全县饲草饲料加工能力达到2万多吨，燕麦加工能力3000吨，脱水蔬菜及蔬菜制品加工2万多吨。

“十一五”期间，是山阴县经济结构调整迈出坚实步伐，多元循环发展模式初步形成的五年。煤炭资源整合和煤矿兼并重组取得重大成果，39座煤矿整合为21座，产能由1200万吨提高到2600万吨。电力工业迅速崛起，煤电产业不断延伸。服务业加速发展，特别是广武边塞文化旅游区已见端倪。三次产业比重由“十五”期末的18.44∶45.35∶36.21调整到2010年的8.43∶48.82∶42.75，第三产业比重提高了6.54个百分点，荣获全省结构调整先进县。新建奶牛标准化养殖小区81个，建成“健康奶业”远程监控系统，实现奶源监管自动化、信息化。生态建设大规模开展，荣获全省造林绿化先进县。

2011年，山阴县新上煤矸石烧结砖生产线、新型干法水泥、粉煤灰蒸压砖等项目，落地建设同煤风电、明勇黏土深加工陶粒砂等项目，并推进中煤金海洋昱光二期2×35万千瓦矸石发电、华能2×100万千瓦超临界发电等项目。煤炭生产彻底告别了小煤窑时代，以综采为标志的机械化采煤设备得到全面推广，整合重组效果开始显现，全年煤炭产量1689万吨，同比增长19.4%。服务业蓬勃发展，第三产业产值达到60.01亿元，同比增长11%，第三产业比重占到40.62%。2012年，全面规划建设“十大产业园区”，开展“百项工程、百日攻坚”，铺开138个工程项目，总投资达500多亿元，当年完成投资150多亿元。

2016年，成立晋北现代煤化工基地管理委员会筹备委员会，总投资37亿元的阳煤200万吨低阶煤清洁高效利用多联产、总投资5亿元的普大100万吨洁净型煤和总投资160亿元的松蓝80万吨丙烯酸及酯类三大项目准备落地。同时，一方面大力招商引资，一方面培育新能源、新材料、节能环保等新兴产业，推动经济转型，中电投合盛堡二期5万千瓦光伏发电、联成偏岭1.2兆瓦分散式风力发电、正大桑田2万吨玉米仓储烘干物流项目竣工投产；昱光二期2×35万千瓦低热值煤发电项目主体工程竣工；神雾集团拟新上煤炭清洁高效利用40万吨/年聚乙烯项目；新大象集

2016年9月23日上午，省委常委、组织部长盛茂林（前排左三）一行在中煤集团山西华昱能源有限公司调研

团正在上马年出栏6000头生猪养殖项目等。在引进外资同时，激活内资，玉竹万吨针状硅酸钙项目为钙化工产业探出一条新路；森泰50万吨民用洁净型煤项目建成投产，成为治理雾霾的新型环保产业；金源化肥公司恢复生产。华夏300万吨洗煤、昀鑫等畜禽养殖园区污水处理、五家沟等煤矿矿井水生活污水处理、老年公寓扩建等一批煤炭产业延伸、节能环保、健康养老项目积极新建，成为县域经济新增长极。

第二节　强化“三农”工作

1998年，山阴县农村经济全面发展，全县以基本达小康为龙头，全面实施了小康建设“十个一工程”，粮食总产达0.925亿公斤，油料999.3万公斤，蔬菜0.935亿公斤，分别比上年增长0.77%、295%和120%；全县大牲畜存栏达5.96万头，其中奶牛3.95万头，鲜奶总产12.4万吨，分别比上年增长153%、9.42%和12.7%；完成成片林5.15万株，四旁植树105万株，新建和完善农田林网2.1万亩，新育苗1270亩；乡镇企业完成增加值2.06亿元，应缴税金2745万元，分别比上年增长2189%和10%；全县改造中低产田1.72万亩，新增水地3600亩，被省政府表彰为“农业综合开发先进县”，被市委、市政府评为“农建先进县”。

“十五”期间，山阴县实施雁门关生态畜牧经济区发展战略，建设农田基本水利工程和农业综合开发项目，调整农业结构，促进种养加农业产业化经营向纵深发展。全县水利建设投资7485万元，完成治理面积131.6平方公里。高标准建设万亩生态示范园、西山森林公园、西山百里林带、广武生态旅游景观区、大运高速公路百米林带、千米林网等。完成京津风沙源治理71万亩，其中退耕还林20.8万亩，道路绿化300多公里。农业综合开发完成投资3207万元，改造中低产田5.9万亩。土地开发整理1.8万亩，完成投资1919万元。畜禽养殖向园区化、规模化方向发展。年末大牲畜存栏8.8万头，其中奶牛存栏6.85万头，比“九五”末增长52%，年均增长8.8%。猪存栏4.68万头，比“九五”末增长8%，年均增长1.7%；羊16.4万只，比“九五”末增长22%，年均增长4.09%。全县肉类总产9655吨，禽蛋总产5025吨，分别比“九五”末增长60%和33%。新建东大滩扶贫移民新村。农村经济全面发展。全县粮食总产1.03亿公斤。乡镇企业增加值7.08亿元，比“九五”末增长152%。农村经济总收入18.9亿元，比“九五”末增长13.3%。2008年，完成马营庄1万亩无公害蔬菜和优质饲料基地建设；实施原岱岳乡等3个万亩玉米丰产方。新建28个新农村超市，32个村实施了饮水安全工程。建成奶牛养殖小区23座，新建青贮窖18万立方米，建成佳联农牧公司大型沼气站、新大滩秸秆气化站等。西盐池10万亩盐碱地改良项目开工实施；朔州新科20万吨燃料乙醇项目列入国家投资名录。

“十一五”期间，山阴县加大“三农”工作扶持力度，累计投入11.26亿元，是“十五”时期的4.8倍，年均增幅达28.6%。农业综合生产能力显著提高，完成5万亩农业节水灌溉、5万亩农业综合开发、桑干河流域4万亩盐碱地开发治理、6000多亩土地开发整理等工程项目建设，2010年粮食总产达到1.83亿公斤。设施农业快速起步，两年建成日光温室大棚3500余座，荣获全省设施农业建设先进县。全面完成农村“五个全覆盖”工程。农产品加工龙头企业渐成规模，发展到31家，16家进入全省“513”工程。农村社区实验工作走在全国前列。2011年，社会消费品零售总额23.3亿元，增长17.6%；农民人均纯收入8905元，增长18.2%；粮食总产量突破2亿公斤，增长11.5%。在设施农业建设方面，累计投入大棚建设资金3亿多元，建成6800多座，规模达到1.2万亩，2010、2011连续两年荣获全省设施蔬菜建设先进县。在规模健康养殖方面，新建人畜分离奶牛养殖小区30个；奶牛存栏8.3万头，同比增长4.5%，年产鲜奶25万吨，同比增长11.9%，奶牛的品质进一步优化；动物防疫工作得到加强，在全市率先建成冷链防疫体系，荣获全省规模健康养殖先进县。在农业基础设施建设方面，完成中低产田改造2万多亩。农业龙头企业和农民专业合作社进一步发展壮大，荣获全省农产品加工“513”工程先进县。2012年，农民人均纯收入全市首家突破万元大关，粮食总产量突破2.5亿公斤大关。

2016年，重点实施2万亩渗水地膜旱地谷子等产业扶贫项目，亩均增产350~500多公斤，亩均增收1500~2000元，开辟了山坡区农民新的增收渠道。提升农业机械化水平，吸收贫困农户组建农机专业合作社，全县主要粮食作物综合机械化率达到82.1%。以产业扶贫为龙头，实施“龙头企业、合作社+贫困农户+种养加产业”的资产收益扶贫模式，推进八大工程二十个专项行动。选择信誉度好、产业竞争力强、市场前景广阔的古城乳业、泰和牧业、驿泽奶牛等龙头企业和合作社，构建与贫困农户的利益链接机制，采取“折股量化、保底收益”的模式，在玉井、合盛堡等10个乡镇实施资产收益扶贫试点，共注入财政扶贫资金1977万元，带动全县1196户3024人增收脱贫。同时完成织女泉、西短川2个100千瓦村级电站，新上黄草梁340千瓦屋顶分布式光伏发电项目；完成4个贫困村的农网改造任务；完成贫困村吴家坪通村路1.2公里等。山阴县全年投入各级各类扶贫资金达8000多万元，实现17个贫困村退出，1706户4388名贫困人口脱贫。

第三节 加大基础设施建设

1998年，山阴县基础设施建设明显加快，重点工程进展顺利。道路建设完成同太路—马营庄三级油路13公里、山阴庄—五花营三级油路2公里、林荫路二级油路19公里、马营庄—应县三级油路6公里、口子梁—下喇叭三级油路1.6公里；完成44个村村通公路2195公里，4个村通油路4公里，新增下喇叭乡、马营庄乡两个通油路乡镇。县城同太路两侧沿街开发不断升温。全县新上文化地税大楼、劝业场等24项建设项目，其中完成主体工程4项，陆续开工6项，汽车客运站投入使用。“九五”期间，全县累计完成投资1.18亿元，比“八五”期间增长93%。公路建设省、市、县三级共投资6800万元，全民义务修路投资2000万元，完成二级路铺油72公里、三级治路56公里。全县13个乡镇全部实现通油路，90%以上的村实现通公路。无线寻呼、移动通讯网络快速扩展。2000年，县城基础设施建设投入资金达1000多万元，新建道路6条，改造道路2条，新打机井2眼，新建文化广场、森林公园，居民生产生活条件进一步改善。

“十五”期间，山阴县基础设施建设累计投资24亿元，其中城市建设投入4亿元，进行县城扩建改造、道路改造、基础设施完善配套和美化亮化工程，县城污水处理项目开工建设，提升了城市化水平；交通道路建设投入20亿元（含高速公路山阴段），新增公路里程410公里，全县公路通车里程达到968.6公里（含村村通工程），公路等级明显提升，路网结构更加完善。

“十一五”期间，山阴县招商引资工作一直保持省市领先地位，五年内共引进500万元以上建设项目14类117项，引进并到位资金154.99亿元，弥补自身发展力量的不足。引进中煤金海洋煤电项目，为山阴县增强区域经济竞争力。2016年，山阴县重拳出击打击违法占地和违法建设，全面规范城市用地和建设秩序，建立健全房地产开发、居民房屋翻修新建等制度，形成依法打击“两违”的高压态势，全年审批房屋建设81例，依法查封违建8例，依法拆除12例，一改过去一喊就停、边整边建的不良局面，形成依法审批、依法建设、规范有序的城建格局。并完成府南路、文卫西街、府东街延长线一期工程、纵四路、府东街至青年街东段等道路建设工程；新增供热能力100万平方米，新增供水能力1000多立方米，天然气入户820多户等。

第四节　发展社会事业

1998年，山阴县社会事业全面发展，民主法制建设得到加强。全县高考本科达线人数174人，为历史最好水平。普及实验教学工作和初级卫生保健达标工作一次性通过省政府验收。地方病防治工作取得突破性进展。黑圪塔乡大营等六村除砷改水工程投资200多万元，解决5000多人口2000多头大牲畜的饮水问题。全县人口出生率和自然增长率分别控制在14.29‰和8.26‰以内。全县严格环保执法，全力治理污染企业，环保质量有所改善。文化、广播电视、体育、科技、民政、老龄、残疾人等各项事业取得新成绩。

“十五”期间，全县教育基础设施投入2亿多元，基本完成县乡中小学危房改造。民办教育势头迅猛。投资上亿元的兴华高中、投资1300多万元的平泽苑学校建成，投资1000万元的金海洋中学办理土地征用手续。解决180个村、11.3万人的饮水问题，完成了89个村、5.65万人除砷、除氟改水工程；通讯电话普及率达到每百人50部。2008年，全县新增城镇就业6884人，835名下岗失业人员实现再就业，城镇登记失业率控制在2.6%。各类社会保险参保人数达到8.86万人，当年征缴基金1.03亿元，累计滚存结余基金1.55亿元。建成三小、六小教学楼和四中公寓楼，启动13所高标准寄宿制小学建设。新建、改扩建12所乡镇卫生院，15.1万名农民参加新型农村合作医疗，参合率85.5%。完成计生各项指标任务，人口自然增长率控制在3.77‰。发放廉租住房补助10万元救助648户。地质灾害避让搬迁开工建设5个村，建成房屋1200多间。

“十一五”期间，全县教育累计投资达10.8亿元，新建或改扩建县直中学5所、小学4所、农村学校56所，总建筑面积21.5万平方米，投资2.9亿元新建了山阴一中；实施县城热电联供、南山引水、污水处理、垃圾处理、天然气引进等重大工程项目，城市基础设施不断完善；投资4200多万元，完成县乡村三级卫生服务体系建设，新型农村合作医疗参合人数达15.3万人；共促进就业12570人，城镇登记失业率低于全省平均水平；全县养老、失业、医疗等八项保险参保人数达到16.53万人次，累计滚存结余基金2.18亿元；先后成为全省和国家新型农村养老试点县，60周岁以上农村居民享受到生活补贴。实施文化信息共享工程，成功举办环西山自行车越野赛，全民健身活动受到国家体育总局表彰。人口计生服务体系建设和优质服务提质提速，先后被省政府评为人口计生目标责任制考核先进县、计划生育优质服务先进县。安全生产监管体系得到完善，“十一五”期间实现安全生产事故和死亡人数“双下降”。社会治安综合治理得到加强，平安山阴建设及精神文明创建活动扎实推进。

2016年，山阴县教育投入投资9000万元，通过教育部均衡教育验收。新招聘教师110人。公共卫生服务水平进一步提升，县乡“医联体”建设和分级诊疗制度得到落实；全面实施二胎政策。全民参保登记率达到95%以上，机关事业单位养老并轨运行。全年新增城镇就业2842人，农村转移劳动力就业2617人，城镇登记失业率控制在2.85%。文化事业繁荣发展，全民健身活动持续推进，“三下乡”（科技、文化、卫生）活动继续开展。妇女儿童、老龄和残疾人事业进一步发展，民族、宗教、外事、人防、气象、地震、档案、史志等各项工作取得新成绩。

第三章 工作机制与管理

第一节 政府运行机制

县政府职权

1979年7月1日，第五届全国人民代表大会第二次会议通过《中华人民共和国地方各级人民代表大会和地方各级人民政府组织法》，后经1982年12月、1986年12月、1995年2月三次修正。2004年10月27日，第十届全国人民代表大会常务委员会第十二次会议《关于修改〈中华人民共和国地方各级人民代表大会和地方各级人民政府组织法〉的决定》第四次修正规定，县级以上的地方各级人民政府行使下列职权：

执行本级人民代表大会及其常务委员会的决议，以及上级国家行政机关的决定和命令，规定行政措施，发布决定和命令；领导所属各工作部门和下级人民政府的工作；改变或者撤销所属各工作部门的不适当命令、指示和下级人民政府的不适当的决定、命令；依照法律规定任免、培训、考核和奖惩国家行政机关工作人员；执行国民经济和社会发展计划、预算，管理本行政区域内的经济、教育、科学、文化、卫生、体育事业、环境和资源保护、城乡建设事业和财政、民政、公安、民族事务、司法行政、监察、计划生育等行政工作；保护社会主义的全民所有的财产和劳动群众集体所有的财产，保护公民私人所有的合法财产，维护社会秩序，保障公民的人身权利、民主权利和其他权利；保护各种经济组织的合法权益；保障少数民族的权利和尊重少数民族的风俗习惯，帮助本行政区域内各少数民族聚居的地方依照宪法和法律实行区域自治，帮助各少数民族发展政治、经济和文化的建设事业；保障宪法和法律赋予妇女的男女平等、同工同酬和婚姻自由等各项权利；办理上级国家行政机关交办的其他事项。

政府会议

县政府常务会议 山阴县政府常务会议作为县政府集体议事决策性会议，一般由县政府主要领导主持召开，原则上采取每月例会制，特殊情况需要临时加开的，由县政府主要领导决定并召集。会议由县长组织，会务工作由政府办公室负责。主要围绕关系全县经济民生的重大事项进行讨论研究。

历年县政府常务会议选介：1998年11月13日，常务副县长袁林生主持召开政府常务会议，召集乡镇及政府办、财金委、粮食局、农发行、国税、地税、四家粮站等负责人，就如何不折不扣落实省市粮食收购政策和粮食流通体质改革进行了座谈。2003年4月23日，县长陈晋才主持政府常务会议，就社会保障和劳动力市场管理有关事宜进行专题研究。2004年1月31日晚，县委书记陈晋才同志召集程育胜副县长以及县口蹄疫病防治指挥部组成人员、各乡镇党委书记在常委会议室召开常务会议，就如何防治山阴县口蹄疫疑似病传播进行专题研究部署。2008年10月30日下午，县长侯元组织召开县政府第七次常务会议，就县城未进入集中供热的小区供热事宜进行专题研究。

2009年7月3日上午，县长侯元在五楼常务会议室，主持召开第十一次常务会议，邀请县人大李主任、政协袁主席参加会议，经贸、国土、劳动、粮食等有关部门负责人列席会议。会议专题研究粮食购销企业产权制度改革、接收山阴药材公司以及新上年产6万吨黏土及深加工事宜。2011年8月11日，县长南志中主持召开第十五届县政府第四次常务会议，会议就招商引资项目、奶牛补贴等事项进行研究。

2012年3月16日下午3时，县长南志中在后二楼政府常务会议室主持召开第17次政府常务会议，就开展全县煤矿安全专项整治、打击私挖滥采等工作进行研究部署。

2013年12月3日，县长南志中主持召开县政府第54次常务会议，就食品药品监督管理体制改革等进行专题研究和部署。2015年1月13日，县长南志中主持召开县政府第七十九次常务会议，就预发机关事业单位津贴补贴绩效工资提标增资等事宜进行专题研究和部署。2016年12月8日，县长南志中主持召开第七次政府常务会议，就扶贫项目及资金变更、工业项目引进等事宜进行了研究部署。

县长办公会议　山阴县县长办公会议根据工作需要不定期召开，由县长或副县长主持，相关部门负责人及有关人员参加，研究、处理、决定有关事项。

历年县长办公会议选介：1998年5月5日，5月28日，县长马占俊、常务副县长袁林生带领政府办、张庄乡、文管部门负责人对汉墓群、广武长城、旧广武辽城作了考察，并就山阴县文物保护、旅游资源开发等工作进行现场办公。2002年4月24日上午，县长陈晋才召集副县长刘培平、政府办主任徐万道、教育局长张志刚及发展计划局刘高斌、国土资源局张国富，就全县中小学危房改造工作召开县长办公会议。2004年4月29日下午，县长左中伟召集县政府相关领导、县建设、交通、发展计划及玉井镇党委书记、镇长等负责人在玉井镇现场办公，就玉井镇规划及建设工作召开现场办公会议。

2006年4月28日下午，在畜牧中心三楼会议室，副县长刘培平召集公安、交警、卫生、质检、林业、工商、畜牧、广播电视和岱岳乡等有关单位负责人，就山阴县发生不明原因鸡死亡现象，召开县长办公会议。2007年11月2日18时左右，山阴县偏玉线东湾沟煤矿至马营村中间处发生地面塌陷。县政府接到乡村两级报告后，立即责成煤管局牵头，国土局、马营乡配合，组成联合调查组，深入东湾沟煤矿及周边煤矿井上井下进行全面细致实地勘查。现已查明：地面塌陷是因煤矿采煤后形成采空区造成的。后石门村下面部分区域也成为采空区，随时有塌陷危险。为此，县长左中伟于11月6日下午组织有关部门召开县长办公会议。

2008年7月30日下午，县委副书记、县长侯元主持召开县长办公会议。会上侯县长就切实抓好全县煤炭安全生产工作作具体的安排部署。2009年5月16日下午3时，县委书记陈晋才召集县政府有关领导及相关部门负责人，在广武旅游区建设指挥部召开现场办公会议，就广武游客接待中心增加负一层及博物馆钢结构烽火台建设一事进行研究。2011年6月4日，县委书记侯元、县长南志中以及副县长智杰山、相成，召集政法委、法院、城建、教育、城管、供电公司、一中工程项目部、供水、供热、天然气等有关部门负责人，在新建山阴一中工地现场办公，就新建山阴一中、五中工程建设中存在的问题进行研究。2012年7月2日下午，副县长段国强主持召开县长办公会议，就雁门关农产品物流中心项目建设的有关事宜进行专题研究。

2012年12月5日，县长南志中在古城乳业集团会议室主持召开县长办公会议，就推进古城食品加工园区规划建设有关事宜进行专题研究。2013年6月28日，县长南志中在县长办公室主持召开县长办公会议，就扶贫移民搬迁住宅区选址等事宜进行研究部署。2014年11月7日，副县长何兴斌、县食药、畜牧等部门主要负责人深入古城乳业集团就产品质量安全进行调研，实地察看企业工艺流程和产品质量检测检验中心，并主持召开办公会议，就如何严把产品质量安全关进行讨论研究。2015年8月28日，县政协主席、副县长段国强召集交通局、招商局、古城镇、部队农场、朔山铁路及晋能光伏等有关负责人在晋能光伏项目指挥部现场办公协调朔山线铁路工程建设项目和晋能光伏项目占地规划工作。2016年7月18日，县长南志中在吴马营乡政府会议室主持召开现场办公会议，听取了吴马营乡、玉井镇、马营乡三个乡镇近期内精准脱贫工作进展情况的汇报，并对马营乡25户61个贫困人口的脱贫措施进行了逐户逐人的指导，对下一步脱贫攻坚工作进行了安排部署。

政府工作制度

县政府实行县长、副县长、县长助理分工负责制。县长负责县政府全面工作，常务副县长协助县长负责全面工作。县长外出时，由常务副县长主持工作。副县长协助县长工作，并按照分工或受县长委托，负责各自的工作。对于工作中的重要情况和重大事件，须及时向县长或县政府常务会议报告。对于带有方针政策性的问题，须认真调查研究，及时向县长提出解决问题的建议。县长助理按照分工，协助县长做好分管工作。

县政府已有明确规定的日常工作，按照分工由副县长、政府办主任负责处理。紧急重要的事项，处理后报告县长。县长、副县长外出时，县人民政府日常工作由政府办公室主任做原则处理，处理后在适当时候报告县长或副县长。

第二节　综合管理

行政审批

1998—2003年行政审批制度改革广泛发展，转变政府职能实现政企、政事、政社分开，建立廉洁高效、运转协调，行为规范的行政管理体制。2004—2007年行政审批制度改革深入开展，进一步转变政府职能，调整和完善政府机构设置，理顺政府部门职能分工。2008年以后县级行政审批制度改革切实把政府经济管理职能转到主要为市场主体服务和创造良好发展环境上来，推进政企分开、政资分开，政府与市场、中介组织分开，减少和规范行政审批。

2013年，按照全省行政审批电子监察系统省、市、扩权强县试点县三级联网建设会议精神和省、市建设行政审批电子监察系统平台工作要求，山阴县对有行政审批和公共服务管理职能的单位所有审批服务事项进行全面梳理和流程再造，完成系统软硬件建设和信息录入工作，1月6日上午9点，行政审批电子监察系统开始上线试运行。截至3月底，全县15个部门的81项审批服务事项进驻县政务服务中心集中办理（其中子项125项、行政许可事项95项，非行政许可事项11项，公共服务事项19项），其中包括扩权强县8个部门的57项审批服务事项（其中子项77项、行政许可事项65项，非行政许可事项9项，公共服务事项3项）；同时有14个单位43项审批事项纳入行政审批电子监察系统应用平台网上模拟大厅试运行（其中子项56项、行政许可事项45项、非行政许可事项8项、公共服务事项3项）。2015年3月，县政府办公室印发关于《山阴县行政审批违规和滥用审批权问题专项整治方案的通知》要求，贯彻落实县委关于开展学习讨论落实活动的统一部署，通过“重点整治行政审批权力滥用、暗箱操作等问题；整治行政审批过程中的‘吃拿卡要’和不作为、乱作为等问题；整治以备案之名行审批之实问题；整治门好进、脸好看，但事情仍然难办等突出问题”，切实转变工作作风，规范行政审批行为，提高行政审批效率，优化政务服务环境。

2015年，县政府办公室印发关于山阴县推行政府权力清单制度工作方案的通知要求，将县政府工作部门行使的各项行政职权及其依据、行使主体、运行流程、对应的责任等，以清单形式明确列示出来，向社会公布，接受社会监督。通过建立权力清单和相应责任清单制度，明确全县政府工作部门职责权限，推动简政放权，加快形成边界清晰、分工合理、权责一致、运转高效、依法保障的政府职能体系和科学有效的权力监督、制约、协调机制，全面推进依法行政，为净化政治生态、实现弊革风清、促进富民强县提供强有力的机制保障。县政府办公室关于清理规范县政府部门行政审批中介服务的通知要求，全面清理规范行政审批中介服务，重点解决环节多、耗时长、收费乱、垄断性强、与审批部门存在利益关联等突出问题，建立行政审批中介服务事项清单管理制度，培育服务高效、管理规范、公平竞争、监督有力的中介服务市场，促进中介服务市场健康发展。县政府关于规范县政府部门行政审批行为改进行政审批有关工作的实施意见要求，推进简政放权、放管结合，加快转变政府职能，坚持依法行政，规范行政审批行为、提高审批效率，激发市场社会活力、营造公平竞争环境，减少权力寻租空间、铲除滋生腐败土壤，确保行政审批在法治轨道运行，进一步提升政府公信力和执行力，建设法治政府、创新政府、廉洁政府和服务型政府。

2016 年，县政府办公室印发关于山阴县 2016 年政务公开工作实施方案的通知要求，在县级以上人民政府工作部门权力清单和责任清单公开的基础上，建立健全动态调整和长效管理机制，根据实际情况及时调整更新权力清单、责任清单，通过县政府门户网站集中展示，方便公众获取和监督。做好县直部门取消、下放和调整行政审批、职业资格等事项的公开工作，及时公开清理规范后保留为县政府部门行政审批受理条件的中介服务事项清单。

政府采购

1998 年后，山阴县采购范围和规模不断扩大。2002 年，县政府印发《山阴县政府采购管理试行办法》，共六章二十条，规定政府采购的范围、方法、程序、经费、监督等细则。2004 年，县政府印发《山阴县政府采购实施意见》，明确政府采购范围、方法、程序、经费来源、招标管理、监督、适用对象等。2007 年，政府采购资金规模达到 955 万元，范围涉及汽车、办公用品、医疗用品三大类十几个品种，为财政节约资金 14 万元。2008 年，加强政府采购，全年政府采购资金额 1512 万元，比上年 898 万元增长 68.4%。

2009 年，政府采购行为更加规范。加强政府采购制度建设，拓展政府采购范围，全年完成采购金额 749.5 万元，货物采购从专用设备采购拓展到医疗设备、多媒体教学采购；采购资金从财政预算内、外资金拓展到中央和省、市专款补助、国债资金项目。2011 年，根据山阴县委、县政府《关于事业单位清理规范和分类改革的实施意见》和《山西省机构编制管理规定》，清理规范山阴县财政局，保留山阴县政府采购中心，由其负责统一组织纳入集中采购目录的政府采购、制定集中采购的具体操作方案并组织实施、直接组织招标活动、组织签订采购合同并督促合同履行、及时准确上报政府采购信息统计情况的季报和年报、制定集中采购内部操作规程、接受供应商质疑和受理投诉事项以及组织政府采购从业人员的业务培训。2016 年，政府采购招投标信息更新实行实时化，政府采购更加公开透明。

行政监察

1998 年，山阴县坚持从严治政、廉洁为民工作。2004 年，为保证《中华人民共和国行政许可法》（以下简称行政许可法）7 月 1 日正式施行后的全面、正确贯彻落实，促进县乡两级政府和县直有关部门依法行政，县政府结合实际制定贯彻《中华人民共和国行政许可法》实施方案，对行政许可法的学习、宣传和培训及行政许可规定和实施机关的清理等工作进行详细规定。5 月 14 日，县城主要街道悬挂横幅标语，集中在文化广场开展学习宣传活动，县政府领导、县直有关单位参加。县直各有关单位印发宣传材料，设立咨询点，为群众答疑解难，掀起学习宣传行政许可法高潮。

2006 年 8 月，县政府办公室印发《山阴县行政效能监察暂行办法》（以下简称暂行办法）的通知。暂行办法共五章二十条，对行政效能监察工作机构职责、程序和方法、过错责任追究等规则进行详细规定。同日，县政府办公室印发《山阴县国家行政机关及其工作人员行政不作为问责办法》（以下简称问责办法）的通知。问责办法共二十条。9 月 8 日，县政府办公室出台《关于印发山阴县行政效能监察实施方案的通知》。2016 年，对全县行政机关的执法情况、执法检查、行政复议、行政应诉等方面进行检查、考核，推动县行政执法工作的规范化、制度化建设。

第三节 公文处理

1998 年后，山阴县不断规范公文处理工作程序，严格行文规则，强化公文审核把关，提高公文质量。2008 年，县政府办公室（以下简称县政府办）全年撰写综合性材料 83 篇、领导讲话 121 篇。对《政府工作报告》和全省畜牧现场会典型材料等重要文稿，组织专门班子，发挥团队优势，打造“精品”材料。全年起草制发各类文件 256 件，审核规范性文件 26 件，受理行政复议案件 3 件，办理领导交办涉法事务 16 件，收发上级来文 5485 件，接收上级传真电报 763 件，处理部门上报请示报告 800 多件，接待查档 354 多次，向外单位借文 281 次，下发会议通知 1300 多次。

2011 年，县政府办提高公文写作水平，围绕领导思路推精品、出力作，更好地当好参谋，服务决策，推介山阴。先后起草《政府工作报告》《经济工作报告》《季度经济运行情况汇报》《四化一体东部新区建设工作汇报》《全省深化医疗卫生体制改革朔州现场会山阴典型材料》《全市新的“五个全覆盖工程”应县现场会山阴典型材料》等文稿，编发《工作动态》21 期，上报《山政信息》87 期 200 多条，其中市级以上采用 70 多条，成为近年来被采用信息最多的一年。全年共起草撰写各类文字材料 360 余篇，撰写汇报、总结、报告等各类综合性、专题性重点文稿 100 余篇，39 万余字。承办政府领导批办件 186 件，办结率达 100%。运转各类公文 2400 余件，整理各类档案 270 多卷。办理人大建议 92 件、政协提案 167 件。审核文件 350 多件，规范性文件备案率 100%。

2012 年，县政府办组织《党政机关公文处理工作条例》（以下简称《条例》）培训。2015 年，县政府办起草撰写《县政府工作报告》《县政府工作总结》《全县经济工作报告》等文稿，全年共起草、审核以县政府名义和县政府办名义印发的各类文件 275 件，指导全县工作。编发《山政信息》138 期 280 余条，编发《山政动态》25 期。办理人大建议 49 件，政协提案 63 件。公开政府信息 2600 余条，保障政务公开工作开展的长期性和有效性。运转各类文件 554 件，确保高效、快捷、安全、规范。2016 年，进一步规范公文处理，一般公文均在 2 个工作日内处理完毕，在符合程序和保证质量前提下，确保公文安全高效运转。精简文件，减少公文数量，确保公文严肃性。政府办公室历任主任有刘青长、徐万道、相成、王良、郭志平、闫志民。

第四节 档案管理

1998 年后，山阴县不断提高档案管理人员业务素质，加强全县档案规范化管理，使之更好服务于本地的经济和社会发展。2002 年 4 月、11 月，由档案馆具体负责，在全县范围内开展档案业务培训。培训工作分两批进行。培训内容主要为《档案法》《档案法实施办法》《山西省档案管理条例》及档案业务基础知识、档案工作操作技能、档案移交进馆程序等。5 月 27 日，为贯彻落实《档案法》和《山西省档案管理条例》，决定进行档案管理定级、升级工作。各单位确立分管领导，配备专职档案人员，设立综合档案室，对本单位历年

山阴县档案馆

文书、图表、会计、声像、科技、业务等档案资料进行统一管理，确保档案完整、准确与安全。5月31日，县政府办转发《国家档案局、中央档案馆关于立即组织开展档案安全大检查的紧急通知》，主要内容为：档案安全保管和保密工作责任制、规章制度的建立健全和执行情况；档案安全保管和保密隐患排查和整改情况；档案安全保管和保密工作监督管理人员职责履行情况。

2004年7月20日，根据《中华人民共和国档案法》《中华人民共和国档案法实施办法》以及《山西省档案管理条件》有关规定，为解决山阴县大部分立档单位的档案移交不及时、不完整，还有部分单位从未移交过的问题，确保山阴县对国家和社会有保存价值档案得到有效管理和妥善处置，避免国家档案资源流失，促进档案资源开发利用，县政府决定在全县范围内开展档案移交和接收工作，要求各机关、团体、企事业单位和其他社会组织档案，自形成之日起满十年后，向县档案馆移交。凡记录重大活动的录音、录像、照片等档案，在活动结束后半年内按有关规定向县档案馆移交。机关、团体、临时机构撤销时应及时向县档案馆移交档案。2016年，在全县范围内继续开展档案移交和接收工作。

第五节　事业单位改革

实行聘用制　山阴县人事局（以下简称县人事局）设置事业单位岗位，实行全员合同管理。为保障事业单位工作人员合法权益，推行事业单位聘任制，通过聘任合同管理，实现事业单位从身份管理到岗位管理的转变，结合山阴县岗位聘用工作实际情况，强化事业单位聘用合同管理工作。1998年后，县人事局核准事业单位岗位设置方案，设置岗位总数。根据所聘岗位情况与单位签订岗位聘用合同，做好合同聘用工作并及时编号管理。2005年，招聘领导组严密研究部署招聘工作坚持“公开、公平、竞争、择优”原则，每个具体操作环节都经过招聘领导组严密研究部署，保证公平公正。

2010年，事业单位人事制度改革进一步深化。山阴县进入首次定岗确认阶段，同时加大人才交流工作力度，引进人才。根据有关部门人员急缺需求意见，制定具体招聘方案，有序推进人员招聘工作。为规范有序招聘工作，制定出台《山阴县国家工作人员招聘录用和选拔任用暂行规定》，对招聘工作的报名、资格审查、考试、面试、政审、体检、聘用、监督等方面作具体明确规定，为县经济发展提供智力和人才服务。2011年，加快推进事业单位岗位设置和人员聘用工作。按照朔州市事业单位岗位设置实施工作、组织开展事业单位人员聘用工作统一部署，坚持“公开、公平、合理、有序”逐步推进原则，组织实施事业单位岗位设置、岗位聘用、组织认定、上报审批等工作，教育、卫生、城建、交通、文化广电新闻等94个单位完成岗位设置，鉴定聘用合同4223人。按照《朔州市事业单位公开招聘人员实施办法》，县人事局为乡镇卫生院和新型农村合作医疗管理中心公开招聘技术人员40人。

2012年，建立岗位设置管理基本制度。坚持“公开、公正、公平、择优”原则，把好人员进口关，严格执行招聘工作程序。全年为县人民医院、县中医医院和新型农村合作医疗管理中心公开招聘技术人员40人。2013年，规范事业单位公开招聘程序，分三次招聘事业人员82人。2014年，全年分两次招聘事业人员109名人，其中，食品药品监督管理和检验检测人员63人，医疗卫生技术人员46人。2016年，结合县岗位聘用工作实际情况，强化事业单位聘用合同管理工作。并结合事业单位分类改革，建立事业单位人事管理配套政策体制，完善事业单位岗位管理、公开招聘和竞聘上岗制度。充分发挥人员计划宏观调控职责，落实财政供养人员只减不增要求，针对全县教师队伍缺人问题，在自然减员、空编情况下，按照公开、平等、竞争、择优原则，通过笔试（测试）、面试、体检、考核等程序，为中小学、幼教共招聘录用教师110人。其中研究生11人，占10%。安置免费定向培养医学专业学生4人并办理工作手续。安置一本贫困生2人。

职称改革 1992年，县科技干部管理局合并到县人事局，成立人事局专业技术职务管理科，股级建制。1993年，经济系列和审计系列实行以考代评。1994年，卫生系列实行以考代评。1995年，统计系列实行以考代评。1999年，实行外语等级考试。2003年，实行计算机应用能力考试。2009年，稳步推进职称制度改革。在职称评聘中，县人事局结合正在推行的岗位设置管理工作，本着“事业单位从严、基层一线倾斜”原则，评审中小学教师67人，工程系列3人，畜牧兽医2人。

2010年，完善专业技术人才队伍管理。完成机关事业单位工人参加晋升等级考试报名282人（技师102人、高级100人、初中级80人）；专业技术人员继续教育模块983人次；经济师报名67人；职称外语59人。评审初级职称101人名，审核上报中级职称280人、高级10人。办理考试合格人员资格证699个。对全县4029名专业技术人员进行年度考核工作。2011年，全面推行事业单位岗位设置管理制度，事业单位由身份管理变为岗位管理。规范职称申报程序，严格专业技术职务聘任工作纪律。在规范事业单位岗位设置、岗位聘用基础上，实行总量控制，规范专业技术职务评审、聘任条件，严格审核认定工作。新聘副高职称5人，审核申报中级23人，其中县医院6人。

2016年，完善人才评价激励机制。全面推进中小学教师职称制度改革，深化职业资格管理制度改革。上半年评审教师系列专业技术职务192人，为企业评审工程系列专业技术职务30人。聘任高级教师34人，卫生人员10人。取消英语和计算机应用能力考试。10月，全县开展中小学教师职称制度改革，建立统一的中小学教师职称等级和名称，进行统一考核登记，直接过渡中小学教师职称系列。

政协山阴县委员会

第七编

山阴县政协委员参与重大决策的政治协商，运用提案的形式建言献策，发挥在履行职能中的重要作用。2000年，县政协委员先后深入农村、厂矿、学校20余次，进行专题调查研究活动5次，参加活动的委员达60余人次，形成调查报告7篇。2008年，全县13个乡镇组建政协联络组，全部配备乡镇政协联络员。各乡镇政协联络组在理顺情绪、化解矛盾、了解民情、反映民意、推进民主、增进团结等方面发挥独特作用。2013年，开展多层议政，抓好大事协商建言。发挥全体会议影响大、规格高的优势，开展全体会议整体协商。2016年，组织政协委员90余人，对“脱贫攻坚、县人民医院建设、义务教育均衡发展、玉马小区建设、安全稳定、草牧业发展”等全县重点工作进行视察调研和座谈。

1998—2016年山阴县共召开五届政协委员会议，会议听取审议政协山阴县委员会常务委员做工作报告，选举政协委员会主席、副主席、常务委员。履行政治协商、民主监督、参政议政职能。

第一章　政协全体委员会议

第一节　全体委员会议

政协山阴县第五届委员会（1998—2002 年）

政协山阴县第五届委员会共召开 5 次全体委员会议。政协山阴县第五届委员会第一次会议，于 1998 年 5 月 24—27 日召开，会议议程如下：听取和审议政协山阴县第四届委员会常务委员会工作报告；听取和审议政协山阴县第四届委员会常务委员会提案委员会工作报告；列席山阴县第十二届人民代表大会第一次会议，听取并讨论《政府工作报告》《国民经济和社会发展计划报告》《财政预决算报告》；选举政协山阴县第五届委员会主席、副主席、常务委员会；听取政协山阴县第五届委员会第一次会议提案审查情况的报告；审议通过政协山阴县第五届一次会议各项决议。会议选举产生政协山阴县第五届委员会，选出常务委员 13 名，其中中共党员 4 名，占常委总数的 30.77%，非党 9 名，占常委总数的 69.23%。

王双当选主席，尤跃栋、樊亮、樊志明、闫美珍当选副主席。马富枝、王双、王福安、尤跃栋、丰和平、丰昌德、闫美珍、任世职、哈芳英、段贵林、常福桃、樊亮、樊志明当选常委委员。1999 年 5 月 22—25 日，第二次会议召开。2000 年 3 月 27—29 日，第三次会议召开。2001 年 9 月 23—25 日，第四次会议召开，郭存斌、李泰山补选常务委员，郭存斌补选副主席。2002 年 4 月 10—12 日，第五次会议召开。

政协山阴县第六届委员会（2003—2006 年）

政协山阴县第六届委员会共召开 4 次全体委员会议。政协山阴县第六届委员会第一次会议召开时间为 2003 年 8 月 16—18 日，会议议程如下：听取和审议政协山阴县第五届委员会常务委员会工作报告；听取和审议政协山阴县第五届委员会常务委员会提案工作情况的报告；列席山阴县第十三届人民代表大会第一次会议，听取并讨论《政府工作报告》及其他报告；选举政协山阴县第六届委员会主席、副主席、常委；审议通过政协山阴县六届一次会议各项决议。会议选举产生政协山阴县第六届委员会。王双当选主席，尤跃栋、樊亮、樊志明、闫美珍当选副主席，何云彪、哈芳英、丰和平、樊清梅、李泰山、郭增友、常宝、张义清、侯静、管晓玲、康继文、麻元斗、黄冀、马振国当选常务委员。2004 年 5 月 26—28 日，第二次会议召开，赵兴平、张清军、樊文厚、吉建斌、李世文、李生武补选委员，兰青山补选常务委员。2005 年 1 月 27—29 日，第三次会议召开，徐万道补选副主席。2006 年 4 月 17—19 日，第四次会议召开，赵明补选常务委员。

政协山阴县第七届委员会（2007—2010 年）

政协山阴县第七届委员会共召开 4 次全体委员会议。政协山阴县第七届委员会第一次会议召开时间为 2007 年 5 月 14—17 日，会议议程如下：听取和审议政协山阴县第六届委员会常务委员会工作报告；听取和审议政协山阴县第六届委员会常务委员会提案工作情况的报告；列席山阴县第十四届人民代表大会第一次会议，听取并讨论《政府工作报告》及其他报告；选举；审议通过政协山阴县七届一次会议各项决议。

2007 年 5 月 17 日政协山阴县七届一次会议选举主席 1 人、副主席 4 人、常务委员 18 人。袁林生当选主席，尤跃栋、闫美珍、郭自更、任广毅当选副主席，尹护帮、何云彪、李泰山、常宝、侯静、管晓玲、康继文、马振国、赵明、黄冀、白宝平、郭俊、梁继功、赵富珍、祝占君、沈勇、郝慧玲、崔建国当选常委委员。2008 年 4 月 19—22 日，第二次会议召开。2009 年 5 月 16—19 日，第三次会议召开。2010 年 4 月 11—13 日，第四次会议召开。

政协山阴县第八届委员会（2011—2015 年）

政协山阴县第八届委员会共召开 5 次全体委员会议。政协山阴县第八届委员会第一次会议召开时间为 2011 年 6 月 10—13 日，会议议程如下：听取和审议政协山阴县第七届委员会常务委员会工作报告；听取和审议政协山阴县第七届委员会常务委员会提案工作情况的报告；列席山阴县第十五届人民代表大会第一次会议，听取并讨论《政府工作报告》《山阴县国民经济和社会发展第十二个五年规划纲要》及其他报告；委员大会发言；选举政协山阴县第八届委员会主席、副主席、常委；审议通过政协山阴县第八届委员会第一次会议各项决议。

2011 年 6 月 13 日政协山阴县第八届委员会第一次会议选举主席 1 人、副主席 3 人、常务委员 24 人。袁林生当选主席，任广毅、郭文忠、靖文勇当选副主席，尹护帮、侯静、管晓玲、白宝平、赵明、梁继功、赵富珍、祝占君、沈勇、郝慧玲、张进忠、闫宏刚、华丽、王强贤、欧阳力、殷占东、常顺平、樊文厚、段富强、刘志华、周有福、李晋山、崔桂枝、李晓宁当选常务委员。2012 年 4 月 18—21 日，第二次会议召开，卢胜补选常务委员。2013 年 4 月 21—24 日，第三次会议召开。2014 年 5 月 5—8 日，第四次会议召开。2015 年 5 月 17—19 日，第五次会议召开，段国强补选主席。

政协第九届山阴县委员会（2016 年 6 月—）

政协第九届山阴县委员会第一次会议召开时间为 2016 年 6 月 23—25 日，会议议程如下：听取和审议政协第八届山阴县委员会常务委员会工作报告；听取和审议政协第八届山阴县委员会常务委员会提案工作情况的报告；列席山阴县第十六届人民代表大会第一次会议，听取并讨论《政府工作报告》《山阴县国民经济和社会发展第十三个五年规划纲要》和其他报告；委员大会发言；选举政协第九届山阴县委员会主席、副主席、常委；审议通过政协第九届山阴县委员会第一次会议各项决议。2016 年 6 月 25 日政协山阴县第九届委员会第一次会议选举主席 1 人、副主席 4 人、常务委员 27 人。段国强当选主席，任广毅、靖文勇、王登峰、吉谦当选副主席。卢胜、白宝平、祝占君、张进忠、华丽、殷占东、樊文厚、段富强、李晓宁、王丽霞、刘玉花、任永丽、邵家喜、赵丙祥、贺家军、常顺霞、温日凯、田婷、刘德强、张淑莲、赵生贵、郭翠清、夏有兵、钱伟、温雪洁、薛有华、魏日文当选常务委员。

第二节　政协委员

政协委员会由中国共产党、各民主党派、无党派人士、人民团体、少数民族和各界代表组成，每届委员会由若干界别组成。

政协山阴县第五届委员会（1998—2002 年）设 17 个界别、81 名委员。中共界 5 人，少数民族界 1 人，宗教界 3 人，民主党派 1 人，工、青、妇 3 人，新闻界 2 人，文艺体育界 4 人，教育界 7 人，科学技术界 10 人，医药卫生界 4 人，工商、个体两界 15 人，农林牧界 7 人，经济企业界 8 人，特邀界 11 人。在 81 名委员中，常委 13 人，占委员总数的 16%。常委中中共委员 4 人，占委员总数的 4.94%。在 81 名委员中，中共委员 32 人，占委员总数的 39.51%，非党委员 49 人，占委员总数的 60.49%。在 81 名委员中，具有大专以上学历的 48 人，占委员总数的 59.25%；中专（高中）学历的 25 人，占委员总数的 30.88%；初中学历的 8 人，占委员总数的 9.87%。具有中级职称的 41 人，占委员总数的 50.61%；初级职称的 16 人，占委员总数的 19.75%。81 名委员平均年龄为 44.44 岁。妇女委员 22 人，占委员总数的 27.15%。

政协山阴县第六届委员会（2003—2006 年）委员名额确定为 125 人，常委确定为 19 人，设 17 个界别；党外委员不少于委员总数的 60%，党内委员不超过委员总数的 40%，妇女委员占 10% 以上，少数民族委员应占有适当比例；常务委员中，党外不少于 65%，党内不超过 35%。委员年龄一般不超 55 周岁，党外的可适当放宽。中共界 6 人，民主党派 6 人，科技界 10 人，教育界 7 人，文艺体育界 7 人，新闻界 4 人，医药卫生界 8 人，特邀界 10 人，工商界 5 人，个体工商界 18 人，经济企业界 22 人，农林牧界 11 人，宗教界 7 人，少数民族界 1 人，工会界 1 人，共青团界 1 人，妇联界 1 人。

政协山阴县第七届委员会（2007—2010 年）共有委员 153 人，设 17 个界别。中共 8 人，科技 11 人，教育 11 人，文体 10 人，特邀 17 人，工商 17 人，无党派 9 人，社福 3 人，经企 19 人，农林 18 人，医卫 12 人，宗教 5 人，妇联 3 人，工会 3 人，共青团 2 人，新闻 4 人，少数民族 1 人。

政协山阴县第八届委员会（2011—2015 年）常委 28 人，其中中共 10 人，占常委总数的 35%，非中共常委 18 人。年龄结构：平均年龄 45.4 岁。界别结构：中共 10 人，无党派 3 人，新闻 1 人，党派 1 人，医卫 2 人，经企 2 人，科技 2 人，农林 1 人，工商 2 人，文体 1 人，社福 1 人，教育 1 人，特邀 1 人。性别结构：男 22 人，占常委总数的 79%；女 6 人，占常委总数的 21%。学历结构：大学 11 人，占常委总数的 39%，大专 11 人，占常委总数的 39%，中专（包括高中）6 人，占常委总数的 22%。专业技术职称：高级 3 人，中级 9 人，初级 1 人，拥有职称的常委占总数的 46%。委员 189 人，其中女委员 63 人，占委员总数的 33.3%；中共委员 74 人，占委员总数的 39.4%；非中共委员 115 人，占委员总数的 60.6%。年龄结构：25 周岁以下 1 人，26~35 周岁 29 人，36~40 周岁 41 人，41~45 周岁 50 人，46~50 岁 49 人，51 周岁以上 19 人。最大的 57 周岁，最小的 24 周岁，平均年龄 42.4 岁，比上届增 0.4 岁。学历结构：大学 76 人，占委员总数的 39.7%；大专 83 人，占委员总数的 43.9%；中专（包括高中）27 人，占委员总数的 14.3%；初中 3 人，占委员总数的 2.1%。专业技术职称：高级 9 人，中级 39 人，初级 13 人，拥有专业技术职称的委员占总数 32.3%。界别结构：中共界 10 人，少数民族界 1 人，宗教界 5 人，工会界 3 人，共青团界 3 人，妇联界 2 人，新闻界 5 人，文艺体育界 14 人，教育界 19 人，科学技术界 15 人，医药卫生界 13 人，工商界 21 人，经企界 17 人，农林牧界 18 人，社福界 12 人，特邀界 15 人，党派界 3 人，无党派界 13 人。

政协第九届山阴县委员会（2016 年 6 月）共有委员 156 人，19 个界别。中共界 8 人，无党派界 10 人，新闻界 4 人，党派界 7 人，医卫界 11 人，经企界 14 人，科技界 12 人，科协界 3 人，农林牧界 12 人，工商界 14 人，文体界 11 人，社福界 10 人，教育界 16 人，特邀界 13 人，共青团界 2 人，工会界 2 人，妇联界 2 人，宗教界 3 人，少数民族界 2 人。

第二章　政协工作

第一节　参政议政

1998 年，山阴县政协专派一名领导参加县委和政府的重要会议，了解情况，把握局势，坚持决策前的政治协商。引导政协委员参与自己所在部门重大决策的政治协商，发挥委员们在履行职能中的重要作用。2001 年，县政协主动围绕县委和县政府的中心工作以及人民群众关心的热点、难点问题，结合政协的自身特点，选择具有客观性和超前性的课题，开展调查研究，向县委和县政府提供有价值的建议和意见，改变以往县委、县政府派工的被动局面。采取书面报告、编印简报、撰写提案和建议等有效途径，及时、准确、全面地把具有真实性、普遍性、超前性和可用性的信息反馈给县委、县政府和有关部门，供决策参考。2005 年，县政协围绕贯彻落实中央减轻农民负担精神，重点研究如何增加农民收入的问题；围绕政府职能转变，重点研究投资环境的建设问题；围绕劳动就业制度改革，重点研究就业和再就业的问题。各专委会结合自身特点，发挥优势，选择发展非公有制经济、城镇化建设、农村改革等方面的热点问题，开展调查研究，积极参政议政。

2007 年，围绕县委、县政府的工作中心，开展广泛的政治协商，先后就着力推动产业转型、招商引资、地方财力建设、新农村建设、发展高新产业、培植税源经济、提升传统产业、培育规模企业、发展新型服务业等议题，通过常委会议、主席会议和视察等形式进行专项议政，从产业定位、生产布局、成长路径选择、要素配置、推进方略等方面提出许多针对性强、参考价值高的意见和建议。如提出高度重视发展非煤产业，尽快建立“煤矿开采所造成的地质灾害补偿”机制，营造乳业发展氛围，做大做强传统支柱产业，强化政府职能，保障畜牧事业发展，加快旅游开发，提升文化品位等，形成书面协商意见，为县委、县政府的决策提供重要参考依据。2009 年，县政协开展协商、视察、调研活动，较好地履行参政议政职能。利用主席列席县委常委会、县政府常务会，参加党政联席会议的机会，对诸如煤炭资源整合、财政税收、城镇建设、教育振兴等重大问题协商讨论，提出建议。召开政协主席会议、常委会议，特邀县政府有关领导和部门负责人参加，围绕九年制义务教育、职业教育、社会治安、旅游业发展、“三农”工作等议题，听取通报，进行面对面交流。

2013 年，开展多层议政，抓好大事协商建言。发挥全体会议影响大、规格高的优势，开展全体会议整体协商。八届三次会议分别对《政府工作报告》及计划、财政、法检两院工作报告进行协商。对促进“三色经济”互促互动和推进“两大任务”中战略性、全局性、前瞻性问题，报送 35 条重要专题建议和报告；对于涉及党政工作中的重点和群众关心的热点问题，以及新型工业、煤炭生产、乳品产业、民生保障等议题，进行常委会专题协商；对于涉及的一些专项工作，邀请相关界别专家、委员参与调研视察、对口协商，为相关问题的解决提供有益参考。2014 年，县政协开展和实施多形式、多渠道、多层次民主监督活动。由主席班子成员对城建、环保、安全、文体、审计、农业等工作开展监督视察，提出改进意见 23 条，促进相关工作的开展和落实。选派委员和机关干部参加教育实践和学习讨论落实活动征求意见座谈会，对窗口单位和重点行业提出整改建议。多批次组织委员参与全县机关事业单位、乡镇及主要负责人的评议，发挥政协委员监督作用。2016 年，山阴县政协围绕产业发展、转型升级、精准扶贫等工作，开展专项视察和民主监督，助推经济发展。针对社会事业发展和民生改善等问题，反映民意和建言献策，促进民生热点问题解决，增强民主监督实效。

第二节 提案办理

1998 年，山阴县政协提案委员会共收到提案 43 件，提出提案的委员有 56 人，占委员总数的 69%。经提案委员会审查、立案处理 20 件，作为意见报送有关部门参考的 23 件。在立案处理的提案中，属于经济建设方面 12 件；属于科教文卫方面 5 件；属于劳动、人事、政法、宣传等方面 3 件。这些提案由各承办单位全部办理完毕，委员提案得到有关部门采纳并见到实效的有 8 件。如赵润中、宋发等委员关于县城周围脏乱差的提案，县政府和有关部门十分重视，并发动机关全体干部职工，划区分片，利用 15 天的时间，基本上解决这个问题。委员提案落实中的 6 件，如部分委员提出的关于中商街改造案，县城建局答复，所提建议纳入规划，逐步实施。建议合理，但因故暂不采纳的有 6 件。2001 年，县政协五届四次会议后，共征集提案 110 件，经提案委员会审定，立案处理 80 件；作为意见送有关单位参考 30 件。立案处理的提案中，属于经济建设方面的 34 件；属于科教文卫体方面的 25 件；属于党群政法、劳动人事方面的 13 件；属于农村工作方面的 8 件。以上提案分别呈送县委、县政府所属 33 个单位办理。

2003 年，全体委员运用提案的形式建言献策，共提出提案 108 件，其中，会议期间 98 件，平时征集 10 件。经提案委员会审查，立案处理的有 90 件，作为意见处理的有 18 件。在立案处理的提案中，属于经济建设方面的 32 件；属于教科文卫体方面的 35 件；属于统战、政法、劳动人事等方面的 23 件。以上提案按照分口交办的原则分别移文县委办、政府办交有关单位进行办理，作为意见处理的 18 件也及时送交有关部门参考。各主管部门和各承办单位全部办理完毕。在已办复的 90 件提案中，建议被有关单位采纳，已经解决和正在解决的 72 件。如夏文清提出的《做好项目筛选与可研工作，加大招商引资力度》的提案，县委、县政府给予肯定，速转县计划局办理。计划局对全县重点项目进行初步调查，建起项目储备库，出台招商引资优惠政策。宋桂芳提出《建设生态畜牧区，必须做强做优种植业》的提案，受到县委、政府重视。随着全省雁门关生态畜牧经济区的建设，县政府就种植结构调整方面提出“优玉米，精杂粮，扩牧草”的调整思路，实现玉米种植面积 25 万亩，品种由商品型向高蛋白饲草饲料型转变。饲草种植由单一品种向多元化、高产量的方向迈进。原政协主席冯瑞章、委员管晓玲、许世杰、薛拉格等联名提出的《提高奶牛单产量，发展山阴奶牛养殖业》提案，受到承办单位采纳和好评。县畜牧中心对全县奶牛统一供应优质奶牛精液，加大对外地流入精液的打击力度，和省繁改站取得联系，为全县低产奶牛提供高产奶牛胚胎和移植技术，推广奶牛粗饲料科学处理技术。任翠萍提出《把领导干部的“职务消费”和“假日消费”列入党内廉政建设的考核内容》提案，得到县纪委采纳，并把此项工作列入干部守法自律的重点内容之一。县委提出责成有关单位参与制定标准及方案。薛拉格提出的《政府出一点、居民筹一点，改善居住环境》的提案，县建设局提出县城环境卫生工作改革方案，使县城环卫工作达到“人民群众满意，社会满意”。一些建议合理，但因条件所限，暂不能解决的 18 件提案，占办理总数的 20%。如李建宏提出的《尽快实施生态家园富民计划》提案，王春华提出的《取缔传统旱厕，优化居民生存环境》提案等。

2004 年，全县共提出提案 112 件，经提案委员会审查，立案处理的有 96 件，作为意见处理的有 16 件。在立案处理的提案中，属于经济建设方面 34 件；属于教科文卫体方面的 38 件；属于统战、政法、劳动、人事等方面的 24 件。提案按照分口交办的原则分别送请县委办、政府办交有关单位进行办理。作为意见处理的 16 件及时送交有关部门参考。各主管部门和各承办单位全部办理完毕。在办复 96 件提案中，建议被有关单位采纳，已经解决和正在解决的 60 件。建议合理但因条件所限暂时不能解决的 36 件。2005 年，全县共提出提案 110 件，经提案委员会审查，立案处理的有 92 件，作为意见处理的有 18 件。在立案处理的提案中，属于经济建设方面的 46 件；属于教科文卫体方面的 30 件；属于统战、政法、劳动、人事等方面的 16 件。以上提案按照分口交办的原则分别送请县委办、政府办交有关单位进行办理。作为意见处理的文件及时送交有关部门参考。各主管部门和各承办单位全部办理完毕。在办复的 92 件提案中，建议被有关单位采纳，已经解决和正在解决的 62 件。建议合理，但因条件所限暂时不能解决的 30 件。

2007 年，全县委员提出提案 133 件，根据政协提案工作条例，经提案委员会审查立案 101 件。其中，专门委员会提出的提案 4 件，乡镇联络组提出的提案 13 件。涉及经济方面的有 33 件；科、教、文、卫、体方面的 29 件；城建、环保与城管方面 21 件；党群、劳动、人事、纪检、政法方面 18 件；上述提案分别送请县委、县政府交由 31 个县直单位办理。立案办理的 101 件提案全部办复完毕。提案提出的问题基本解决或正在着手解决的有 68 件。如高瑜的《县城饮水问题应尽快解决》的提案，再度引起县委、县政府领导的重视，投资近亿元建设“南山引水”工程。杨圣华的《让东环路夜间亮起来》提案，得到县公共事业建设管理局重视，行动起来在县城东环路全部安装路灯。王继红的《尽快治理县城环境污染》的提案，县环保局接到提案后，促企业污染治理投资6600万元，完成37家达标任务，取缔25台采暖锅炉，开展专项行动取缔52家137座白灰窑，铲除14家30座倒烟窑，清查关闭15座不达标砖窑，投资3720万元新建的县城污水处理厂。委员提案得到肯定，有关部门创造条件解决的有20件。一些提案内容很好，建议具体，但由于受各种客观因素制约，须继续创造条件才能解决。如邵加喜的《建议在森林公园建佛教建筑》，韩卫华的《山阴县文化馆亟待扩建》，薛有华等的《尽快解决本县农村中小学教师严重短缺的问题》，任秀珍的《关于建立奶业发展风险基金》等提案，对全县经济和社会的发展，对改善人民群众的生产、生活环境具有促进作用，但由于各种因素这些问题的解决需要有关部门和全社会的共同努力，创造条件逐步予以解决。

2009年，政协委员提交128件提案，经提案委员会审查，立案119件，立案提案中，按类别分，经济建设方面提案35件；城市建设与管理方面提案38件；教科文卫体方面提案32件；民主法制方面提案5件；环保方面提案4件；其他方面提案5件。县政协会同县政府办将审查立案的119件提案交送36个承办单位办理。2012年，县政协八届二次会议以来，共收到提案194件，经提案审查委员会审查，立案181件，在所立案的提案中，综合方面47件；城市建设和管理方面34件；教科文卫方面50件；交通、交警方面9件；政法、劳动、民政、公安方面9件；农业、乳业、旅游、林业方面17件；司法、药监、宣传方面7件；妇联、残联、老龄、县社方面4件；其他方面4件。提案办理工作得到县委、县政府和各承办单位的重视，立案提案全部办复完毕。

2014年，政协委员提出提案83件，经审查立案78件。提案经过24个承办单位办理，至2015年1月全部办复。其中，提案所提问题已经解决或所提建议已被采纳的49件；列入计划逐步解决的21件；因条件限制，暂时无法解决，用作参考的8件。从委员反馈的情况看，满意的62件；基本满意的13件；不满意的3件。2016年，政协委员提出提案111件，经提案审查委员会审查，立案102件，占提案总数的91.89%。在立案提案中，经济建设方面9件；城建、市容市貌管理、环保方面的23件；教科文卫体方面的36件；交警、交通方面的6件；社会、政法、劳动、民政方面的11件；农业、畜牧、水利方面的13件；扶贫方面的2件；其他2件。

第三节　调查视察

1998年，山阴县政协针对全县政治、经济、文化及社会生活中的重要问题，选择专题，进行调研活动。关注农业和农村经济的发展，为促进全县农业产业化经营，推动农业向商品化、专业化、现代化转变进行深层次调查。6月，政协分成两个小组，到全县15个乡镇进行调查研究，形成《关于加快发展全县农业的建议》调查报告，指导全县农村工作。视察山阴乳品集团和丰氏股份有限公司，形成《联合创出高效益》《从凉粉摊走出来的千万富翁》两篇调查报告。1999年，县政协依托各专委会、各团体不定期地组织委员进行视察。如视察泰山养殖场、金银花针织厂、石星化工有限责任公司、六小、七小、第二幼儿园以及宗教工作等。参加视察委员对产业化结构调整、国有企业改革、教育改革等方面存在问题，提出许多有针对性批评或建议。2000年，县政协委员先后深入农村、厂矿、学校20余次，进行专题调查研究活动5次，参加活动委员60余人次，形成调查报告7篇。针对煤炭生产外销难，了解和调查县北周庄煤炭集运站、泥河煤站以及部分煤矿。为了解民营企业的现状和发展方向，深入星火养殖场、丰氏有限责任公司、金银花针织厂进行调查研究活动，与民营企业家探讨民营企业在市场竞争中生存和发展能力。全面推行素质教育，组织部分委员，调查了解县城部分中小学校学生学业负担情况。

2009年，政协委员先后对古城乳业集团、广武生态旅游区的运行情况以及全县安全生产落实情况进行视察；对“中小企业如何应对金融危机”“创业就业”“关于开展和加强提案工作”等进行专题调研，形成三个调研报告。对全县“三农”问题进行专题调研，形成《关于本县“三农”问题的调研报告》，为县委、政府提供决策参考依据。围绕“金融服务农业、增加农民收入”这一课题，先后对财政局、信用联社、农行、农发行、邮政储蓄山阴县支行5家单位，后所、马营庄2个乡镇，古城乳业集团、天鹏农牧有限公司2个企业进行视察，对岱岳乡北王庄、后所乡帐头铺、马营庄南口前和八里庄4个村庄的21户农民进行现场走访，从中了解实情，发现问题，形成调研报告上报县委及市政协，所提的合理建议得到重视和采纳。2011年，县政协组织常委和相关界别委员对发展循环经济、文化事业发展、食品安全、生态文明建设、旅游业发展、加强和创新社会管理进行调研视察。加大对“三农问题”关注和研究，深入岱岳镇、张家庄乡、后所乡、马营庄乡、薛圐圙乡、北周庄镇就“一村一品”发展状况进行调研视察。由提案委牵头，对设施农业发展状况，深入西山缓坡生态建设区、应广线两侧设施农业示范区，古城镇、马营庄乡、后所乡、张家庄乡种养结合示范区，新规划的桑干河湿地公园进行调研视察，形成两个高质量的调研报告。其中《关于山阴县发展“一村一品”的调研报告》，被全文刊发在《山西政协报》上，所提意见和建议被省政协《社情民意》采纳。《关于山阴县发展观光农业的调研报告》，上报县委和市政协，在全市范围内第一时间提出发展观光农业的建议。组织60多名委员，对文化事业发展深入乡镇文化站、民间艺术团、红木家具厂等单位进行视察调研，召开座谈会。座谈会上在听取相关部门负责人的汇报后，委员们对文化事业发展、提升文化软实力、打造文化强县提出许多建设性的意见和建议，形成《关于本县文化事业发展的调研报告》。

2014年，县政协开展9项专题调研视察活动，其中，对生态畜牧养殖进行现场调研，提出《创新发展生态畜牧养殖基地》建议。深入老年公寓、乡镇养老院视察调研，形成《加快健全本县社会养老服务体系》调研报告。对“实施精准扶贫、推进扶贫攻坚步伐”进行调研，提出意见。对开展好党的群众路线教育实践和学习讨论落实活动开展专题调研，形成《关于开展党的群众路线教育实践活动的调研报告》，提出有针对性、可操作性强的意见建议，为全县扎实开展好活动发挥重要作用。2016年，全县组织政协委员90余人，对“脱贫攻坚、县人民医院建设、义务教育均衡发展、玉马小区建设、法治安全稳定、草牧业发展”等重点工作进行视察调研和座谈。先后视察吴马营乡西短川村精准扶贫项目、新建人民医院工程、县第三小学、古城学校、玉马小区限价商品房项目工程、炫昂建材有限公司生产体系、县人民法院、吴马营乡地质灾害治理生态复垦工程、山阴县农牧场沃润源奶牛园区。视察结束后，召开专题座

山阴县政协领导到法院调研

2016政协主席段国强（左二）及部分政协委员调研山阴县农牧场沃润源奶牛园区

谈会，政协委员对视察项目所涉及的问题进行讨论，对这些重点工作给予肯定，对如何改进提出意见和建议，对加快非煤产业发展、促进产业转型升级等提出意见。会后，向县委提交《关于县政协委员视察全县重点工作的调研报告》，为县委、县政府加快全县各项重点工程建设提供决策依据和参考。

第四节 政协信息

1999 年，山阴县政协成立县政协信息工作领导组，组建信息工作网络。制定《山阴县政协信息工作目标责任制》，要求政协机关干部均为专职信息员，在各界别中明确一人为信息组组长，机关明确一人为联络员，定期联络，定期评比，排队亮相，做到好的表扬，差的批评。定期对委员进行信息工作培训，提高信息质量。全年共收到信息 182 条，其中有价值的 126 条，被县委、县政府及有关部门采纳的有 72 条，被市政协采纳的有 3 条，变为提案的有 51 条。2000 年，县政协共收到信息 330 条，其中有价值的 310 条，被市政协采用的 151 条，被省政协采用的 1 条。2003 年，加强社情民意的征集和反馈工作，编发《社情民意》10 期，向省、市政协报送社情民意信息 90 余条，协助党委和政府做好理顺情绪、化解矛盾和增加团结的工作。

2008 年，县政协下发《关于加强反映社情民意工作的实施意见》，实行“主席督促、分管副主席主抓、委办具体抓”的机制，即政协抓专委会，专委会抓信息员、委员，信息员、委员联系本界别群众，把触角伸到社会各个层面，社情民意的数量与质量均得到提高。全年共收到社情民意 300 多条，编发《山阴政协信息》32 期，不少社情民意真实客观地反映山阴县存在的一些问题及人民群众的心声，为党和政府了解社情、体察民意、办好实事、凝聚人心起到参谋促进作用。2009 年，建立健全“主席监督、分管副主席主抓、委员具体抓”工作机制，对委员社情民意的数量和质量均提出具体要求。全年共收到社情民意信息 360 条，编发《社情民意》26 期、《政协信息》13 期，为维护稳定、构建和谐社会发挥了推动作用。

2014 年，县政协坚持把反映社情民意作为履职工作的重要基础和环节，实施季度通报和奖励制度，注重培训指导，及时定向约稿，建立收集、编写、整理、报送、反馈制度。全年共有 24 条“社情民意”得到市政协采用和省政协转发，选荐 2 名委员担任省政协社情民意信息特约委员，举办 1 期培训班。做好舆情汇集分析，促进社情民意信息工作常态化。2016 年，县政协捕捉新闻信息线索，撰写信息，及时报送稿件。全年在各级媒体刊播政协新闻稿件 30 多篇（条）。坚持“存史、资政、团结、育人”方针，挖掘历史、传承文化，收集山阴历史沿革、文化传承、建筑风格和民风习俗等方面内容，对影像资料做好整理归档和保存工作，办好《山阴人文》刊物，完成文史资料报送任务。

第三章 政协常务委员会

第一节 常委会工作机构

1998 年，政协召开五届一次全体会议，设界别 1 个，有委员 85 人。选举产生主席 1 人，副主席 4 人。内设机构办公室、提案委、经济委、文史学习委、教科文卫委。县政协五届（1998）、六届（2003）、七届（2008）、八届（2013）届委员会内设机构未改变。2016 年，政协常务委员会工作机构包括：政协机关内设机构、政协委员活动机构。历任办公室主任有任世职、何云彪、尹护帮、卢胜。历任文史委主任有杨秀卿、孙秀峰。历任提案委主任有尹护帮、丰建国。历任教科文委主任有高贵、董素文。历任经济委主任有王海梅、冯六一、王俊杰。政协委员培训中心主任是张淑莲。

第二节　常委会组成人员

1998—2016年，山阴县政协常委会委员会由主席、副主席、秘书长和常务委员组成，由政协全体委员会选举产生，历经6届委员会。

1998—2016年山阴县政协主席副主席名表

表7-1

届 次	职 务	姓 名	籍 贯	任职时间
第四届	主 席	刘振国	山阴县	1998年1月至1998年5月
	副主席	崔培儒	山阴县	1998年1月至1998年5月
	副主席	李忠祥	山阴县	1998年1月至1998年5月
	副主席	樊 亮	山阴县	1998年1月至1998年5月
	副主席	尤跃栋	山阴县	1998年1月至1998年5月
	副主席	郝美英	山阴县	1998年1月至1998年5月
	副主席	樊志明	山阴县	1998年1月至1998年5月
第五届	主 席	王 双	怀仁县	1998年5月至2003年8月
	副主席	尤跃栋	山阴县	1998年5月至2003年8月
	副主席	樊 亮	山阴县	1998年5月至2003年8月
	副主席	樊志明	山阴县	1998年5月至2003年8月
	副主席	闫美珍	山阴县	1998年5月至2003年8月
	副主席	郭存斌	山阴县	2001年8月至2003年8月
第六届	主 席	王 双	怀仁县	2003年8月至2007年5月
	副主席	尤跃栋	山阴县	2003年8月至2007年5月
	副主席	樊 亮	山阴县	2003年8月至2007年5月
	副主席	樊志明	山阴县	2003年8月至2004年11月
	副主席	闫美珍	山阴县	2003年8月至2007年5月
	副主席	徐万道	山阴县	2003年8月至2007年5月
第七届	主 席	袁林生	洪洞县	2007年5月至2011年6月
	副主席	尤跃栋	山阴县	2007年5月至2011年6月
	副主席	闫美珍	山阴县	2007年5月至2011年6月
	副主席	郭自更	阳高县	2007年5月至2011年6月
	副主席	任广毅	山阴县	2007年5月至2011年6月

续 表

届 次	职 务	姓 名	籍 贯	任职时间
第八届	主 席	袁林生	洪洞县	2011 年 6 月至 2015 年 5 月
	主 席	段国强	山阴县	2015 年 5 月至 2016 年 6 月
	副主席	任广毅	山阴县	2011 年 6 月至 2016 年 6 月
	副主席	郭文忠	山阴县	2011 年 6 月至 2016 年 6 月
	副主席	靖文勇	浑源县	2011 年 6 月至 2016 年 6 月
第九届	主 席	段国强	山阴县	2016 年 6 月—
	副主席	靖文勇	浑源县	2016 年 6 月—
	副主席	任广毅	山阴县	2016 年 6 月—
	副主席	王登峰	山阴县	2016 年 6 月—
	副主席	吉 谦	山阴县	2016 年 6 月—

第三节 常委会会议

1998—2016 年，山阴政协第五届常委会会议共召开 16 次，第六届常委会会议共召开 13 次，第七届常委会会议共召开 12 次，政协七届历次常委会分别对九年义务教育、职业教育、社会治安、旅游业发展、煤炭行业安全生产等召开协商讨论会，听取通报，与县政府及相关部门负责同志进行面对面的交流讨论、协商对策。第八届常委会会议共召开 13 次。2011 年 6 月 15 日，山阴县政协第八届一次常委会议召开，参会人有袁林生、任广毅、郭文忠、靖文勇及 22 位常委，专委会工作人员列席。议程主要讨论通过《2011 年工作要点》。2016 年 7 月 13 日，山阴县政协第九届一次常委会议召开，会议主要讨论通过《主席、副主席分工》《全体会议工作规则》《常委会工作规则》《专委会工作规则》《考核办法》《“爱心助学”组委会人员》议程。

乡镇政协

2007 年 4 月，县委常委会决定，13 位乡镇党委副书记兼任乡镇政协联络员。截止 2016 年，各乡镇政协联络员如下：

马营乡：史俊龙、常顺平、梅树元；吴马营乡：赵学春、周振国；下喇叭乡：肖玉林；合盛堡乡：兰彩云；安荣乡：王志明、刘瑞栋、梁艳锋；薛圐圙乡：季玉恒；后所乡：高贵林；张家庄乡：张跃谦、王继红；马营庄乡：张志斌、王玉国；玉井镇：李志宏；北周庄镇：郑建平、樊宇峰；岱岳镇：邱建中；古城镇：薛有华、王日东。

民主党派　群众团体

第八编

民主党派 群众团体

山阴县民主党派坚持中国共产党领导的多党合作制度，注重加强自身建设，履行参政议政职能，坚持开展社会服务活动。1998—2016年，全县各民主党派主动关注民生、了解民情，围绕县委、县政府中心工作开展参政议政。发挥人才荟萃、智力密集优势，以主题教育为主线，以爱岗敬业为根本，以服务社会为大局，以社会服务为纽带，为全县各项事业的发展做出积极贡献。

1998年后，县总工会在具体工作中，维护广大职工的合法权益。县妇联建立县、乡、村三级科技培训、服务网络。县文联加强对文艺工作者行为引导、规则约束、权益维护，引领文艺行业健康发展。县科协发挥科技人才和政策职能优势，引导优质科技资源和服务向基层集聚，提高公民科学素质和生产技能。2008—2013年，在爱心企业和爱心人士热情捐助下，团县委连续五年帮助上千名家庭困难、成绩优秀学生迈入大学校门。2016年，推进残疾人就业工作，建立残疾人扶贫基地、实训基地、盲人按摩店。全县有劳动能力残疾人5032人，自主创业15人。

第一章　民主党派

第一节　中国国民党革命委员会山阴县支部

组织机构

中国国民党革命委员会（简称民革）山阴支部成立于2012年9月3日，初期共有党员5人，大会选举赵丙祥为民革山阴支部第一届主委，贺丽芳、陈佩珍为副主委，段淑清为秘书长，解丽丽为宣传委员。2016年，有党员6人。主委赵丙祥为市政协六届委员，县政协八届委员、县政协九届常委、县二中副校长（主持工作）。副主委贺丽芳为县政协九届委员、县委统战部科员。副主委李新梅为县政协九届委员、县工会副主席兼办公室主任（副科级）。秘书长关永强为市人大代表、县人大代表、县畜牧局动物检疫科科长。秘书长郭玉平为县经信局干事。宣传委员解丽丽为县三小教师。

主要工作

2013年，民革山阴支部与民进、九三学社、民盟等民主党派，为下喇叭乡中心校、吴马营乡中心校送去衣物3000余件，价值800元的书包、文具等学习用品，彰显民革山阴支部的社会责任。民革山阴支部自成立以来，坚持按照“以政治交接为主线，以参政议政和自身建设为重点，把民革建设成为高素质参政党”的基本思路，立足于顾全大局，不断加强自身建设，履行参政党职能，提高社会服务水平，为山阴经济社会发展作出贡献。

第二节　中国民主同盟山阴县支部

组织机构

2007年，山阴县有2名中国民主同盟会（简称民盟）盟员，随后逐年增加，到2010年发展到5名盟员，已符合成立支部的条件。民盟朔州市委指示在山阴成立民盟组织。2011年10月28日，民盟山阴支部成立，李桃当选主任委员，白宝平当选组织委员，郑林当选宣传委员。

民盟山阴支部坚持按照“人才兴盟、人才强盟”要求，从参政党的性质、地位、特点和发挥参政党作用的要求出发，以组织发展为基础，以基层组织建设为重点，以制度建设为保障，不断探索组织建设新思路，开创组织建设工作新局面。通过严格执行组织发展程序，注重将政治素质好、理论水平高、业务能力强、有一定代表性人士吸收到组织中，成员分布文化教育界、医药卫生界以及其他经济、文艺等界别。

2016年11月10日，民盟山阴支部召开第二届盟员大会。民盟朔州市委主委闫美珍、中共山阴县委统战部部长降英出席会议并作指示，山阴县其他民主党派及市工商联领导到会祝贺。会议选举产生民盟山阴县第二届支部委员会。李桃当选主任委员；白宝平当选组织委员；薛永忠当选宣传委员。

主要工作

民盟山阴支部在县委统战部和上级民盟组织领导下，以加强自身建设为基础，提升思想建设水平、参政议政水平和社会服务水平，发挥参政党地方组织作用，为促进经济社会发展贡献力量。民盟山阴支部把思想建设摆在所有工作的突出位置，组织和推动盟员学习党的路线、方针、政策、多党合作理论和民盟优良传统，将思想建设与宣传工作、学习考察、“评优选先”等紧密结合，采取多种形式、多种方法夯实思想基础，提高广大盟员思想素质、政治觉悟和理论水平，为盟员发挥作用提供思想保障。先后开展“政治交接学习教育活动”“树立和践行社会主义核心价值体系活动”“同心教育活动”等纪念活动和主题教育活动。并先后组织盟员参加盟市委组织的“风雨同舟”演讲比赛、“庆祝新中国成立 60 周年书画展”“庆祝中国共产党成立 90 周年，纪念中国民主同盟成立 70 周年书画展”等各种纪念宣传活动。部分盟员赴盟中央、中国抗战纪念馆、卢沟桥、大寨、怀仁驻军某部、右玉等地学习参观。

围绕全县经济建设，民盟山阴支部服从和服务于改革发展，就全县经济社会发展等问题，组织调研，在各级人大、政协会议上提出议案、提案 50 余件，内容涉及农业、城建、医疗、科技、文化、教育、环保、民生等多个方面，提出《关于加强农村教师队伍的建议》《关于加强家校合作培养合格人才的建议》《关于各寄宿学校配备校医的建议》《关于加快社会养老进程的建议》《关于建设专业教师培训机构的建议》等意见和建议。并按照上级民盟组织加强信息工作要求，先后报送各种社情民意信息近百条。民盟山阴支部坚持“发挥优势、突出特色、量力而行、注重实效”原则，以扶贫和“文化、科技、卫生下乡”为主，开展社会服务活动。依靠盟员中的教育资源，开展送教下乡，多次到安荣乡鄯河学校支教；依靠盟员中的医务工作者，开展医疗卫生下乡活动，先后到鄯河学校、闫家窑村为大家进行健康检查；依靠文艺界的盟员开展文化下乡活动，先后为南口前村、闫家窑村送去文化大餐；依靠全体盟员特别是盟员中的企业家，进行教育捐助活动，先后在玉井寄宿制学校、下喇叭学校、鄯河学校开展过捐赠活动。并两次协助盟市委组织“让农村娃进城看看”活动。

2014 年 12 月，民盟山阴支部和朔城区支部联合举行“烛光行动”。烛光行动服务小组来到山阴县安荣乡东鄯河村，为鄯河小学送去面粉，给全体师生进行义务体检，开展课堂观摩点评。体检中，服务小组中的医务人员为每个孩子进行视力测试、口腔、内外科、超声波、心电图检查等，根据体检中发现的问题，引导学生认识正确的生活方式，让学生们从小养成良好的卫生习惯。2016 年 6 月，民盟山阴支部组织部分盟员赴中国人民解放军驻怀仁某师举行以“增强国防意识，坚持跟党奋进”为主题的走进军营参观学习活动。每位民盟委员聆听某师司令部军训科飞行技术检查主任作的题为“发扬英雄传统，争取更大光荣”的英模事迹报告，参观军史馆、空军新型战机以及飞行员宿舍。

第三节 中国民主促进会山阴县支部

组织机构

中国民主促进会（简称民进）在山阴县发展会员始于 1989 年。2004 年 8 月，民进山阴支部成立，康继文任主委，郭增友、王志任副主委。2006 年 7 月，民进山阴支部换届，康继文任主委，郭增友、王志任副主委。2012 年 3 月，民进山阴支部换届，康继文任主委，段富强、左梅、韩卫华、李世文任副主委，秘书长魏志旻。至 2016 年，民进山阴支部共有会员 40 人，其中女性 17 人，会员平均年龄 43 岁，具有中高级职称 25 人，大专以上学历 38 人，其中研究生学历 3 人、本科学历 14 人、大专学历 21 人，分别在教科、医卫、经济、行政等行业和领域。民进山阴支部现有市政协委员 2 人，市人大代表 2 人，县人大代表 3 人（其中县人大副主任 1 人、常委 1 人），县政协委员 8 人（其中常委 1 人）。

主要工作

1998 年后，在民进市委、中共山阴县委统战部的指导和领导下，民进山阴支部参加县委统战部组织的各种协商会、征求意见会、座谈会，并多次参加市、县人大、政协组织的考察、视察调研活动。支部通过召开调研工作会，集思广益，精选课题，围绕拟题深入实地进行调研，向县政协递交《关于本县枸杞产业发展情况的调研报告》《雁门关农贸物流公司发展情况的调研报告》《关于本县饲草机械化采收与加工的调研报告》；围绕市政协“做好非煤大文章，促进文化旅游产业转型升级”调研课题，撰写《关于本县文化旅游产业发展状况的调研报告》。同时根据支部优势和特色，坚持社会服务工作，进行项目对接与落实，先后开展“送医、送药、送文化”下乡活动、会员献爱心捐资助学活动、下乡住村推动脱贫攻坚、精准扶贫工作。

2006 年，组织支部班子成员深入乡村做调研，组织会员去新农村建设试点村“送医、送科教、送文化”。2012 年 12 月，民进山阴县支部先进事迹材料《与时俱进谱写参政党新篇章》被民进山西省委收编入《山西民进践行社会主义核心价值体系读本》。

2016 年“两会”期间，支部向县政协提交提案 10 余份。其中，孙淑珍在县政协九届一次大会上所作的《关于进一步提升本县地域文化形象的建议》，获得县领导高度重视和与会者好评。

第四节　九三学社山阴县支社

组织机构

九三学社山阴支社成立于 2006 年，李晓明任主委。2016 年 10 月，九三学社山阴支社换届，殷占东任主委，戎菊文、管晓玲为副主委，张青春为秘书长。

主要工作

九三学社山阴支社贯彻以经济建设为中心，坚持四项基本原则，坚持改革开放，坚持中国特色社会主义的基本路线，坚持中国共产党领导的多党合作和政治协商制度，积极参政、议政，努力为社会主义现代化建设服务，不断开拓新局面。2016 年，九三学社山阴支社作好提案、议案、社情民意信息收集、整理、报送工作。全年开展调研 2 次，提供社情民意 12 篇。

九三学社山阴支社医务人员下乡义诊

第二章　群众团体

第一节　总工会

组织机构

1998 年，山阴县总工会（简称县总工会）设有办公室、财务室两个部门，在职干部职工 16 人，其中主席 1 人，副主席 3 人。另有离休职工 3 人，退休职工 2 人。根据《中共山阴县委办公室印发山阴县总工会职能配置内设机构和人员编制方案的通知》，县总工会行政编制 5 人。同年，基层工会建立在政府机关、学校、商业、供销、粮食、二轻以及化肥厂、电石厂、水泥厂等，有基层工会百家左右，工会会员1万人左右，其中女会员3000人左右。2007年，县总工会内设机构4个，其中办公室负责综合协调工作，组织民管部负责工会组织建设工作，经济权益部负责职工权益保障工作，困难职工帮扶中心负责职工法律援助、困难救助、金秋助学、就业帮扶等工作。

2016年，共有在职干部职工11人，离退休人员10人。其中主席1人，副主席2人，纪检组长1人，主任科员1人，副主任科员1人，其他5人。同年，山阴县基层工会组织306个，其中单独的基层工会委员会员291个，乡镇工会联合会15个，工会会员31800人，其中农民工会员5000~8000人，女会员10800人，职工入会率达到98%，工会组织覆盖全县所有法人单位及个体工商户。历任县总工会主席有崔显、段有昆、白成全、贾尚勇、刘世泉。

代表大会

县总工会自1946年5月成立，到1987年10月先后召开六次代表大会，山阴县总工会第七次代表大会于1994年1月召开。山阴县总工会第八次代表大会于2009年3月23—24日在县政府二楼中心会议厅召开。参加此次代表大会的代表共105人，具有广泛的代表性。代表中工会工作者63人，占60.1%；工会积极分子15人，占14.3%；先进模范人物和一线工人19人，占18%；教科文卫体等方面的知识分子和社会知名人士8人，占7.6%。代表中妇女代表23人，占22%；中共党员83人，占79%。有87.6%的代表来自基层，此外有20人列席、特邀代表参加。工会主席白成全代表山阴县总工会第七届委员会作《围绕中心、服务大局，团结带领全县广大职工为建设富裕和谐新山阴而努力奋斗》的工作报告，向与会代表发放《山阴县工会第八届经费审查委员会工作报告》。会议通过《关于山阴县总工会第七届委员会工作报告的决议（草案）》，选举产生山阴县工会第八届委员会和经费审查委员会。

主要工作

1998年后，县总工会围绕劳动合同、集体合同、劳动报酬、社会保障、安全生产等积极推动并配合人大执法检查、政府监察、政协视察活动，监督劳动法律法规实施并落到实处。设立职工法律援助窗口，依法维护职工合法诉求。通过开展“依法维权年”“工资集体协商月”“安全生产活动日”“安康杯”法律法规知识竞赛等活动，在餐饮、化工、煤炭、乳品、电力等行业普遍开展“依法维权宣传教育”专项维权，为包括农民工在内的广大职工免费发放《工会法》《劳动法》《劳动合同法》《农民工维权口袋书》《女职工权益保护》《职工知识问答手册》等书籍手册，让广大职工了解掌握国家相关政策、法律法规知识，教育指导职工树立社会主义法治观念，提高运用法治思维、法治方式开展维权、化解矛盾的能力，把维权工作纳入规范化、制度化、法制化轨道。

2005年，全县首家村级工会委员会在岱岳镇移民新村成立，全村640名农民工加入工会组织，参与农民工技能培训、就业帮扶、权益维护、工会帮扶，为新农村建设注入活力。同年，县总工会首次开展“金秋助学”活动。2006年，首次开展职工大病互助活动，保障患病职工的基本生活。2009年，全县各级工会追缴农民工工资58万余元，慰问困难职工1000多人，发放救助款20多万元，助学21人4.2万元，救助患病职工59人60万元。岱岳镇移民新村工会获得“省级十佳基层工会”荣誉称号。古城镇、玉井镇和西城区三个工会联合会被省总工会评为全省乡镇标兵总会。芍药花煤业有限公司综采队被省总工会授予“工人先锋号”称号，被评为省级模范单位。2012年，县总工会开展“情系职工、夏送清凉”活动，维护广大基层一线职工特别是农民工的合法权益，改善职工的生产生活条件。11月，开展“阳光助学”活动，共资助困难职工（农民工）子女61人，资助金额14.64万元。2015年10月，县总工会为山阴县第一小学的学生送去书包、铅笔、文具盒等学习用品，合计金额2万元。

2016年，县总工会开展“歇歇脚、喝杯水、暖暖心、提提神”关爱环卫工人活动，在县城内相关银行营业网点设立“关爱环卫工人爱心服务站”，悬挂统一标牌，设置专用座椅，配备饮水机、水杯等，热情为一线环卫工人提供饮水、歇脚等服务，并为环卫工人开通专用窗口，提供政策咨询、法律援助、困难帮扶等服务。同年，落实扶贫经费，投资 6.84 万元改善张家庄乡旧广武村村委会的办公条件，帮扶 12 户贫困户解困“造血”。协调处理农民工工资、工伤保险、劳动争议等案例 300 余人次，涉及金额近百万元，有效化解劳资双方的隔阂，使有可能激化的矛盾消除在萌芽状态。2005—2016 年，助学活动连续举办 12 年，助学人数逐年增加，累计资助困难职工（农民工）子女 617 人次，资助金额 111.39 万元。职工大病互助活动开展 10 期，至 9 月末，共救助患大病职工 494 人次，补偿金额 673.24 万元。

2005—2016 年山阴县总工会金秋助学与送温暖情况统计表

表 8-1

年　份	资助学生（人）	金额（万元）	救助人数（人）	救助金额（万元）
2005	11	2.2	50	0.5
2006	10	2	60	0.6
2007	10	2	60	0.6
2008	9	1.8	73	8.6
2009	28	4.2	114	9.8
2010	20	4	104	10.1
2011	25	5	347	31
2012	86	19.64	1343	71.59
2013	41	10.25	1064	23.86
2014	75	15	1366	66.21
2015	140	21	1476	53.14
2016	162	24.3	1059	36.77

2012—2016 年山阴县总工会送清凉情况统计表

表 8-2

年　份	单　位	金额（万元）
2012	公交公司、电力公司、环卫队、一中建筑工地	2.6
2013	交警队、同太路铺路工地	6.8
2014	交警队、环卫队	3
2015	公交公司、环卫队	5
2016	电力公司、公交公司	2.2
	设立关爱环卫工人爱心服务站（18 个）	2

第二节　中国共产主义青年团山阴县委员会

组织机构

1998 年，团县委行政编制 6 人，其中书记 1 人，副书记 2 人。2016 年，内设办公室、学少部 2 个机构。

办公室协助书记、副书记做好工作，负责内务、文秘、后勤协调工作，协助分管副书记做好农村青年和企业、城镇青年工作。学少部协助少工委主任做好学校和少先队工作。历任书记有董文槐、朱志斌、柳丽君、王继红。

2013 年，按照团省委《关于做好在村“两委”换届选举中村团支部书记通过依法选举进入“两委”班子工作的通知》要求，村团支部书记进入“支委”班子 93 人，大学生村干部 60 人，女团支部书记 34 人，大专以上学历 61 人，村团支部书记 30 周岁以下 37 人，30~35 周岁 56 人；进入“村委”班子 164 人。根据山阴县实际情况，团县委采取联合团建方式创新团支部建设，对偏远、青年少的村，选择几个村联合建团，由村党支部提名推荐团支部书记和支部委员，上报乡镇党委批准后进行选举。山阴县有 13 个乡镇团组织，235 个村级团组织，22 个联合团支部，两新团组织 62 个，覆盖两新组织 180 个，覆盖团员青年 3500 人。辖区内青少年总人数 62793 人，其中：未成年人数（已满 6 周岁至未满 18 周岁）32649 人；青少年人数（已满 18 周岁至未满 26 周岁）30144 人。2013—2016 年，全县发展团员 3028 人，推优入党 20 人，注册团员志愿者 6500 人，推进新形势下网络团建创新，直接服务青年 6200 人。2016 年，按照县乡村三级团组织换届工作通知精神，完成乡、村两级团组织换届工作。乡镇团委书记有专职团委书记 5 人，其余 8 人均为兼职。

代表大会

第十四届委员会 1999 年 1 月 27—28 日，中国共产主义青年团山阴县第十四次代表大会在县政府会议厅召开，出席大会代表 114 人。董文槐作题为《肩负跨世纪使命，团结带领全县青年为实现强县富民的赶超战略目标而努力奋斗》报告。会议选举董文槐等 23 人为团县委委员，候补委员 3 人。选举董文槐为书记，薛拉格、朱志斌为副书记。书记：董文槐（1991 年 1 月—2005 年 3 月）、朱志斌（2005 年 3 月—2007 年 11 月）。

第十五届委员会 2007 年 11 月 16 日，中国共产主义青年团山阴县第十五次代表大会在县政府一楼中心会议厅召开，出席大会代表 102 人。朱志斌作题为《立足实践、面向未来，为全面开创共青团工作新局面而努力奋斗》的报告。会议选举柳丽君等 21 人为团县委委员，王永峰等 9 人为候补委员。选举柳丽君为书记，降英、董素文、李峰为副书记。

第十六届委员会 2010 年 11 月 11—12 日，中国共产主义青年团山阴县第十六次代表大会在县政府一楼中心会议厅召开，出席大会代表 100 人。柳丽君作题为《凝心聚力、创新创业，为实现山阴经济社会转型跨越发展奉献青春和力量》的报告。会议选举柳丽君等 23 人为团县委委员，周玉凯等 9 人为候补委员。选举柳丽君为书记，李峰为副书记。

第十七届委员会 2013 年 9 月 29 日，中国共产主义青年团山阴县第十七次代表大会在县政府一楼中心会议厅召开，出席大会代表 102 人。王继红作题为《围绕“两大任务”、服务“三区一县”，在全面建设小康社会美丽山阴的伟大实践中谱写青春华章》的报告。会议选举马刚等 21 人为团县委委员，刘振国等 9 人为候补委员。选举王继红为书记，温雪洁为副书记。

主要工作

思想教育 1998 年，团县委组织团员青年认真学习贯彻 9 月 28 日江泽民总书记在全国抗洪抢险总结表彰大会上重要讲话精神。2005 年，开展先进性教育活动；召开全县团组织加强未成年人思想道德建设专题会议；纪念“五四”运动 86 周年之际，开展入团宣誓、大型图书展读等主题教育活动，激发广大青少年爱国热情。2006 年“六一”期间，举行“八荣八耻”百米长卷万人签名仪式，广大青年树立正确的社会主义荣辱观。2007 年，组织广大团员青年上街开展法律、卫生、科技知识宣传 21 次。2008 年，举办“华兴杯奥运在我心中”征文展和“共青团记忆”如雷锋、赖宁等优秀共青团员和少先队员先进事迹巡回展。2009 年，团县委、少工委在山阴中学、平泽苑学校举办两场团中央“知心姐姐”巡回报告。2010 年，在全县各小学开展“牢记党的嘱托争当四好少年”书画展活动和“手抄报”大赛。2011 年，开展“我与祖国共奋进，我与山阴同发展”宣讲活动。2012 年，开展“青年文化月”系列活动。2014 年，组织全县 20 所中小学开展“弘扬雷锋精神，传承中华美德，争做三节能手”（“三节”指节水、节电、节粮）为主题的学雷锋活动。2015 年，开展“奋斗的青春最美丽”“社会主义核心价值观·中国梦”“红领巾相约中国梦”三项活动，组织青年讲堂、主题演讲、相互交流、榜样分享等活动 16 场次，覆盖青少年 3500 余人，引导青少年心怀梦想、坚定理想信念。2016 年，开展习近平总书记系列讲话精神学习。

青少年工作　1998 年后，团县委重视青少年和共青团工作，关怀青少年健康成长。1999 年，开展农村青年“双新”（带头创业致富，争做新青年；带领群众致富，建设新农村）工程，在全县有关部门、单位中开展创建优秀“青少年维权岗”活动。2005 年，开展“树立兴县富民志，落实科学发展观”为主题的暑期文化、科技、卫生“三下乡”活动。组织“卡拉 OK”青年歌手大奖赛、煤炭安全知识竞赛，拓展和深化教育活动，广大团员在实践中受教育、长才干、做贡献。2006 年，会同宣传等部门联合发出“远离毒品、远离网吧”倡议，引导未成年人崇尚健康向上的良好风尚，创建“青少年零犯罪社会”活动；会同科协举办“智力七巧板”培训活动；在“五四”期间，举办乒乓球大赛。2008 年“五四”期间，进行“华兴杯奥运在我心中”征文展和“共青团记忆”；团市委验收山阴县 14 个省市级“青年文明号”。同年，举办“庆五四、迎奥运”大型文艺会演，丰富广大青少年业余文化生活。2010 年，开展“四好少年”（热爱祖国、理想远大的好少年；勤奋学习、追求上进的好少年；品德优良、团结友爱的好少年；体魄强健、活泼开朗的好少年）活动、节能环保十小事、“红色传递”爱国主义教育等为内容的少先队漂流册，传播少先队员应知应会基本知识，传递少先队组织温暖友爱的人文理念。以少年儿童平安行动为主题，全县各级少先队组织举行安全校园活动，“手拉手抗旱救灾”活动，以“奉献一瓶水、真情润西南”为主题，全县各级团队组织为灾区捐款捐水。开展“青年文明号”创建活动、“纪念学习雷锋 47 周年活动月”。

2011 年，团县委开展“光荣啊，共青团员”征文活动，引导全县团员青年树立正确的人生观、价值观。为纪念“五四”运动 92 周年，山阴县举办首届“舞动青春”交谊舞大赛，丰富青年业余文化生活，增进青年交流和学习，增强共青团组织吸引力和凝聚力。2012 年，举办纪念建团 93 周年暨入团宣誓仪式；开展“山阴青年大讲堂”主题教育宣讲活动；举办“光荣—传承”共青团记忆巡回展；举办“励志—奋斗”青少年书画赛；开展青少年维权活动。2013 年，组织召开纪念“五四”运动 94 周年暨表彰大会，通过表彰一批先进青年代表，展示先进青年在建设美丽山阴中的崭新形象。2014 年 3 月 12 日，牵头发动机关和社会青年、志愿者及学校共青团员在桑干河湿地公园进行“植绿爱绿护绿，保护母亲河”启动仪式，拉开全县青年春季义务植树活动序幕。5 月 4 日上午，在平泽苑学校举办建团 95 周年暨新团员入团宣誓仪式，来自全县 9 所中学 568 名新团员进行入团宣誓。同年，开展“安全法律进校园”“禁毒宣传月”“预防青少年犯罪”等宣传活动，对县 12 所中小学共开展 5 场青少年法制讲座，有 1200 余名青少年聆听讲座，发放宣传资料 2000 余份。在全县 9 所中学召开主题班会公开课，团支部以发放节能宣传卡片，以小手拉大手的形式，让学生带动家庭成员践行“三节”教育活动。协调林业局、绿委、环保、教育局等部门，号召全县各级团组织行动起来，进行“植绿护绿爱绿，保护母亲河”宣传，利用电视、广播、微博、QQ 等多种形式，宣传这次活动的目的和意义。开展“践行价值观，共筑中国梦”书画创作大赛，全县 5000 名小学生参加这项活动，涌现出一大批优秀作品，其中荣获省一等奖 10 人，二等奖 25 人，三等奖 75 人。

2015 年，团县委开展“我为核心价值观代言”活动，编发微博 83 条，转发微博、微信 500 余条，网络覆盖青少年 600 人次；开展“学雷锋”“学郭明义”“山阴最美青年”“山阴乡村好青年”等活动，唱响青春主旋律；开展以“文明上网，争做山阴好网民”宣传活动，各单位、乡镇及学校团组织以不同的形式有序开展；开展各类技能培训 11 场次，600 余名青年直接接受教育培训，增强青年创业就业能力；带领青少年参与全县城乡环境卫生整治和生态环境建设。以环保宣传、队伍培育、志愿护洁、筹资造林为重点，动员青少年远离“脏乱差”，养成保护环境、讲究卫生的文明风气，栽种树木 350 余株，清理垃圾 35 立方米。组织纪念“五四”运动表彰大会和“五四”座谈会活动。2016 年，召开纪念“五四”运动 97 周年暨表彰大会。

青年创业就业　1998 年后，团县委结合青年就业创业人才群体特点，采取多种途径培训、引导、服务青年就业创业，将青年人才凝聚在团组织周围。2007 年，在全县举办各类农村培训班 9 期，受训人数 1089 人，培育青年兴业领头人 78 人，通过山西共青团劳务输出大篷车输出农村青年剩余劳动力 130 人。2009 年，参与“阳光工程”和“雨露计划”，培训青年 80 人；开展“百县千乡”山西共青团劳务输出大篷车服务周活动，组织用工单位 15 家，现场签订协议 169 人，辐射带动 2000 人；建立“青年就业创业见习基地”——金海洋见习基地；在金海洋集团“人才双百”工程中，为金海洋集团推荐 150 名大学生；与县信用社签订合作协议，确定 95 个贷款项目，申请的 210 人中，138 人符合放款条件，共发放贷款 108.9 万元。2013 年，在服务青年就业创业上，创新和完善小额贷款担保方式，深化农村青年创业小额贷款工作，与县信用社、邮储银行积极沟通、密切配合，为青年就业创业协调小额贷款，累计发放农村青年小额贷款 3273.43 万元，辐射带动青年 470 人，城市青年小额贷款 808.3 万元，辐射带动青年 150 人。2014 年，帮助 16 名农村青年到博昌 4S 汽车有限公司学习汽车维修保养技术，每月实习工资为 800 元，住宿由博昌 4S 汽车有限公司提供。2015 年，依托博昌 4S、佳利农业专业合作社、中煤华昱青年创业见习基地，提供见习岗位 200 多个，帮助未就业大中专毕业生、下岗失业青年和青年农民工积累就业创业经验和技能，通过见习培训和锻炼，130 名待业青年顺利上岗就业。上半年累计发放农村、城市小额贷款 296 笔，金额 1168.91 万元。2016 年，加大对各基层团组织联系的优秀创业青年的服务力度，组织、鼓励、引导优秀创业项目参与各类创业大赛、创新活动，推动优秀创业青年快速成长。

送温暖活动　1998 年，团县委组织共青团员缴纳特别团费，支援中国受灾严重地区修建或重建希望小学，帮助受灾学生尽早重返校园。2005 年，对岱岳乡解庄小学和古城镇八一希望小学开展价值 1 万元“捐资助教送温暖”活动。2006 年，组织“希望工程圆梦大学”，被县委、县政府授予“捐资助学先进集体”。2007 年，在团省委、团市委帮助下，在“希望工程圆梦大学”行动中争取到贫困助学金 12 万元，资助 30 名农村贫困优秀大学生。2008 年，“希望工程圆梦大学”助学行动办公室共收到社会各界捐助款 15.5 万元，共有 52 名家庭经济困难大学生受到捐助。2009 年，举办“2009 年度山阴县圆梦大学助学行动捐助仪式”，发放“希望工程圆梦大学”捐助金额 18.6 万元，受助对象 62 人。2010 年，“希望工程圆梦大学”助学行动办公室收到捐款 25 万元，资助 88 名贫困大学生实现大学梦。2013 年，在开展圆梦大学助学行动上，古城乳业集团捐资 30 万元，资助 228 名大学生，贫困大学生实现大学梦。2006—2013 年，圆梦大学助学行动共计帮助上千名家庭困难、成绩优秀学生迈入大学校门。2014 年 5 月 20 日上午，举行“向重病大学生麻彩霞同学捐款仪式”，并向全县广大团员青年发放 5000 余份爱心捐款倡议书，短时间内收到全县各基层团组织爱心捐款 4.67 万元。同年，开展以“奉献爱心、捐赠助学”为主题的“E 路爱心中国行”三晋助学活动。为县城 6 所中学、9 所小学，13 个乡镇 31 所中小学，2 所民办学校（新洋学校、平泽苑学校）各捐赠一部无线教学机，共计 48 台；每校每个班捐赠一套电子激光教鞭（含各乡镇所有中小学），共计 704 个；每校推荐品学兼优特困生 2 人，每人捐赠一台智能掌上学习机，共计 102 台；每校推荐 10 名优秀教师，每人捐赠一套教学软件，共计 510 套；资助全县 10 名品学兼优特困学生，每人一次性资助现金 500 元，共计 5000 元；慰问老羊寨村 5 户贫困户，送去价值千元米、面、油。

2015 年，团县委开展“2015·爱心羽翼”关爱助学活动，分别在县二小、三小以及岱岳镇八小进行，捐赠对象为三所学校 66 名留守儿童、家庭贫困以及单亲家庭学生，共资助价值 5000 元的书包、笔记本等学习用品；开展以“青春情暖·留驻幸福”为主题的关爱农村留守儿童和困难青年爱心捐赠活动，捐赠物品是爱心书包、爱心全家福免费券，共有 257 名农村留守儿童和 1028 名困难青年得到捐赠。2016 年，向困难学生开展“2016·爱心羽翼”关爱助学活动，分别在县六小、二小以及三小进行，捐赠对象为三所学校 300 名农村留守儿童、家庭困难品学兼优学生，共资助价值 1 万余元的爱心书包；在杰创未来教育科技有限公司赞助下，向全县中小学捐赠图书 3000 册，价值 7 万余元。

志愿活动 1998 年，山阴县青年志愿者统一行动，开展“假日献真情、新年树新风”志愿服务活动。2005 年，围绕纪念“3·5”雷锋志愿者活动日，团县委开展主题为“行动起来，做注册志愿者”系列活动。2006 年，团县委组织实施“大学生志愿服务晋西北计划”。2008 年，开展“三支一扶”和“晋西北计划”；在“3·5”青年志愿日，组织部队、学校、厂矿青年志愿者深入街道、社区、敬老院打扫卫生等。2009 年，开展“百县千乡”山西共青团劳务输出大篷车山阴服务周活动；开展“青年月”活动。2013 年，在全县开展志愿服务活动，在广大青年中倡导“奉献、友爱、互助、进步”的志愿服务精神；在开展高考志愿者服务活动上，由 40 名青年志愿者组成“青年志愿者高考服务队”，在高考期间向广大考生和家长免费提供矿泉水、药品等消暑物品。

2016 年，联合山阴一中、虹桥商贸城、晋商银行、太行村镇银行、鹏程驾校、移动公司、邮政银行、农业银行等 8 家单位开展主题为“情系六月，爱心助考”高考志愿服务活动，196 名青年志愿者组成“高考志愿服务队”。本次活动免费发放矿泉水 1 万余瓶，搭建遮阳棚 30 个，放置凳子 90 把，环保袋 300 个，雨伞 120 把。

第三节 妇女联合会

组织机构

山阴县妇女联合会（简称县妇联）成立于民国 35 年（1946）。1998 年，内设机构为办公室，行政编制 6 人，其中主席 1 人，副主席 3 人。历任县妇联主席有郝美英、李宝英、降英。

2008 年，山阴县 13 个乡镇妇联中，大专以上文化程度有 11 人，其中 3 人成为乡镇党委委员，256 个村，村妇代会主任进支委的有 19 人，进村委的有 42 人。县级人大女代表 48 人，占总数的 30%，政协女委员 34 人，占总数的 25.2%。2016 年，内设办公室、宣传科。主席降英，副主席孟丽萍，编制人员 6 人。

妇女代表大会

第八次妇代会 1999 年 1 月 22 日，山阴县举办第八次妇女代表大会，妇联主席李宝英主持会议。会议应到代表 120 人，实到会议代表 106 人，因病因事请假代表 14 人。会议选举 18 人作为妇女联合会第八届执行委员会委员。

第九次妇代会 2011 年 9 月 18 日举办山阴县第九次妇女代表大会，实行差额选举，代表大会实到 130 人，会议选举 18 人作为妇女联合会第九届执行委员会委员。

妇女代表

田月萍，朔州市新科工程技术有限公司副总经理。1998 年她与公司总经理董建华共同创办新科公司肥料厂，创造出“晋马牌”复混肥系列产品，为山西、朔州的农业快速发展起到巨大的推动作用。

董爱兰，挤奶女劳模。2000 年代表她建成标准化牛舍 38 间，现代化挤奶厅。2007 年，固定资产 350 多万元，奶牛存栏达 200 多头，年产鲜奶 550 吨，收入 140 万元，种植收入 40 多万元，年纯收入 50 多万元。1989—1993 年，她被评为山西省“双学双比”先进女能手，1994 年被评为全国“双学双比”

先进女能手，1992、1995年被评为山西省劳动模范，多次被评为市、县级女模范。

樊建花，山阴县津鑫城乡公交公司副总经理。2006年6月16日，她成立全县首家城乡公交公司，解决山阴出行难问题，在山阴县经济的快速发展中起到了举足轻重的作用。公司在省、市、县多次检查中均受到好评，成为山阴县一项实实在在的惠民工程。

李建英，北周庄镇永静城村妇代会主任。2007年在中共“三化”（制度化、规范化、程序化）、“三农”（农村、农业、农民）富民政策对新农村的扶持下，她投资210万元筹建全省第一家“妇字号”建英畜牧专业合作社的新农村标准化人畜分离养殖小区。并投资165.21万元，建设建英专业合作社中型沼气工程项目，将养殖粪污转化为沼气、沼液、沼渣，形成“畜禽养殖—废弃物资源化—盐碱地改良—种植业”的良性循环系统，推动全村奶牛养殖业和有机农业产业化发展。

主要工作

1998—2004年，县妇联坚持代表、捍卫妇女权益、促进男女平等，维护少年儿童权益。在农村通过开展双学双比竞赛活动，引导带领农村妇女在农、林、牧等农村各业中大显身手，产生一大批种植、养殖等各类能手；在城镇通过开展“巾帼建功”活动，产生一批出类拔萃的优秀妇女人才。2006年，县妇联在全县建立县、乡、村三级科技培训、服务网络，248名妇代会主任中有212名女农民技术员。在农村“双学双比”活动中，培养优秀女企业家210人。

2008年，山阴县妇联坚持一手抓发展、一手抓维权的工作格局，横向建立“一庭”（妇女维权法庭）“一会”（每月十五日例会）“一中心”（法律援助中心）的维权框架，纵向建立起“一网”（三级信访网）“一校”（家长学校），有效维护妇女合法权益。全年受理来信来访15起，调解10起，移交法律援助中心5起。同年，和市妇联、市电视台联合宣传报道金银花手工艺针织厂董事长武彩萍和全市十佳女标兵——北周庄镇永静城村李建英的先进事迹，激发广大妇女解放思想、爱岗敬业的积极性。四川汶川“5·12”特大地震后，县妇联组织各乡镇和县直各单位妇女捐款51514元。9月18日，县妇联邀请“中国妇女健康促进工程”大同服务中心的志愿者在县政府中型会议厅举办以“关爱女性健康、构建和谐社会”为宗旨的专题培训，200多妇女参加此次活动。2009年，县妇联利用“三八”维权周和“六一”节，开展《妇女权益保障法》《未成年人保护法》等法律宣传。6月，组织全县妇女参加“亿万妇女学法律、家庭平安促和谐”法律知识竞赛活动，提高山阴妇女的法律意识。加大个案调处力度，受理来信来访6起，结案率100%，维护妇女儿童的合法权益。2016年，县妇联组织全县各条战线上的妇女200多人举办庆“三八”文艺联欢会，并慰问16名曾为山阴妇女事业做出贡献的老领导、老劳模。

2016年省市妇联领导到山阴县调研

第四节 科学技术协会

组织机构

1980年4月，山阴县科学技术协会（简称县科协）成立，负责组织全县学术交流、科普活动、重大课题研究及科技咨询活动。1998年，县科协内设机构为办公室，行政编制3人，其中主席1人，副主席

2人。2012年，全县发展农村专业技术协会31个，专业经济合作组织350个。2016年，县科协内设办公室，工作人员13人。历任科协主席安守章、蔡天喜、白建仁。

主要工作

1998年后，山阴县科协坚持中国科协倡导的献身、创新、求实、协作的科学精神和“坚持真理，诚实劳动，亲贤爱才，密切合作”的职业道德，经济建设依靠科学技术，团结和组织广大科技工作者，为全县“两个文明”建设做贡献。2000年，全县共举办各级各类实用技术培训班5期，培训农民300人次，印发相关技术资料26000多份，发放科普书籍6000余册，解答现场咨询群众800余人次。启动“科技富民行动”，在全县选聘8名科技特派员进驻8个乡镇、20个行政村，从事科技培训工作。2003年，山阴科协对50余名农村科技人员进行蔬菜种植新技术培训，组织“送健康送医疗到基层”的大型活动。2004年，山阴科协引导农民种植1000亩紫花当，200亩鲁梅克斯，还有阿尔冈金、菊苣、串叶松香、红豆草等13个品种、16个品系的高蛋白饲草。青玉高新技术示范园区引进养殖大户13家，存栏奶牛600多头，养羊18000多只，出栏种猪、商品肉猪12万头。2005年，奶牛医院办起“农民科技星火学校”，组建科普工作服务队56人，组织活动24次，发放各种资料和书籍2万余份（册），建起50个科普惠农信息栏95个信息站，其间共培训乡村科技骨干100人次，培训科技户、示范户、示范场21期1800人次，试验示范村培训62期4500人次，购置种菜、养猪、养羊、养牛等教材2000余册，招收学员300多人。山阴科协被省科协评为县级农函大工作先进单位、全国农村科普工作先进集体。2006年，县科协被朔州市委市政府评为朔州市科普工作先进集体。

2007年，农函大共招收学员800余人，聘请中国农科院、省农科院、朔州农校的专家、教授义务讲学培训，全县建成83个科普惠农服务站、科普惠农信息栏，并设置科普惠农信息员。为响应省科协“百万农民电脑科普培训”工程，县科协出动科普工作队60人次，利用暑假期间对全县13个乡镇25个行政村9253人农民进行培训。2008年，科普示范基地30个，其中省级科普基地3个，市级科普基地13个，县级科普基地14个。有种猪示范基地3座，千亩苜蓿草场1座，5万吨饲料加工厂和万吨肉制品加工厂各1座，建成58个科普信息栏，13个乡镇的科普惠农信息站。发展农村专业技术协会，有各种协会学会25个，新增协会5个。举办各级各类实用技术培训班6期，启动“科技富民行动”，在全县选聘6名科技特派员和3家法人科技特派员，进驻8个乡镇、20个行政村。传播实用技术，培训指导农民300人次。2009年，山西电视台公共频道《农科110》栏目在山阴县拍摄科普惠农专题片《农科专家学者把脉山阴》《盐碱滩上崛起的科普带头人——邵家金》《惠及奶牛见真情》《协会架起致富桥》《科普山阴创辉煌》《规模养殖增效益科学饲养促效益》《植物栽培技术及植物病虫害防治》7个专题片，先后报道山阴县科协科普惠农的先进事迹。2010年，开展青少年科技创新活动，共有2000名学生参加活动，县农业局选派100名业务骨干深入100个村，选择2000个县农业科技示范户进行科技培训，示范推广优良品种和配套技术，邀请省科协“科技大蓬车”来山阴县区各乡镇巡回演讲，省农函大赵子俊教授送技术、送服务，培训农民2000人次，发送书籍宣传单5000余份（册）。电视栏目全年24期，每期30分钟，山阴电视台进行插播。科普示范基地共引进新技术新品种12项，带动辐射5000农户。举办“全国科普日”宣传活动，在活动中发放科普书1000余册，赠送科技资料1万余份。县科协根据农民群众的需求，先后购进3000多册科普书籍，免费赠送给农民，编印“科普与我们同行”食品安全篇6000余册赠送给科普带头人和科技示范户。2011年，山阴县被山西省科学技术协会命名为“第五批山西省科普示范县”，辐射农户3000余户，面积1.1万亩，形成以蔬菜、玉米、畜牧为支柱产业的无公害农产品基地34800亩。建成高标准健康养殖小区30个，标准化蔬菜大棚4450个。

2013年，县科协先后邀请10名专家、学者举办各类讲座9场次，听众人数2000余人次，在华联商厦展出“青少年科技创新”“书法绘画”等作品展板32块，发放宣传资料100多份。开展科普活动50多次，120余名科技人员参与，培训农民1000人次，赠送科技图书500余册，发放科技资料2万份，受益群众2万人次。“科技活动周”期间开展形式多样的科普活动，下发科普村村通挂图100多套，赠送科技图书1000余册。县林学会开展“保护生态环境”宣传，水利学会开展“节水在我身边”，利用科普惠农信息栏展出“崇尚科学，反对邪教”宣传版面。在开展的农民科技培训活动中，协调各涉农部门，组织50余名科技人员，分片分批深入下去，到乡镇和村里开展培训。共发放各种技术资料3万余份，推广农作物新产品30余个，培训300余人次。2014年，县科协在山阴电视台开办《科普大篷车》栏目，播放中国科学技术馆制作的《科普大篷车》A版、B版栏目。2015年，山阴县油桃协会、山阴县蔬菜产业协会被评为2015年全国“科普惠农兴利计划”先进单位。2016年，县科协各级协会30多名技术员深入田间地头，先后举办农业科普讲座10场次，接受群众技术咨询1000余人次，地头培训农民300余人，发放生产资料2000余份。

第五节　工商业联合会

组织机构

山阴县工商业联合会（简称县工商联）于1953年成立，文革期间停止工作，1993年9月重新恢复。1999年1月，举行工商联第七届换届工作，吴昌喜任名誉主席，赵润中任党组书记，杨树文、郭连兵任副主席，庞秀萍任秘书长，李泰山、丰和平、樊清梅任名誉副会长，会员数为109人。2002—2011年期间，由康志耿任主席，杨树文、郭连兵、宋桂芳任副主席，庞秀萍任秘书长，李泰山、丰和平、樊清梅任名誉副会长。2011年11月举行工商联第八届换届工作，解洪明（无党派人士）任主席、樊晓雨任党组书记，宋桂芳任副主席，王喜任秘书长，4人形成了新一届工商联班子，王太邦、武彩平、郭俊、张权、蒋月武、武芳、武鹏、温日义、李建宏任非驻会副主席，会员数99人。此时工商联有工作人员12人，其中正科级2人，副科级2人。2016年机构未发生变化。

主要工作

1998—2016年，县工商联参与全县大政方针及政治、经济、社会生活中的重要问题的政治协商，参政议政，民主监督；引导会员积极参加国家经济建设，推动社会主义市场经济体制逐步完善，促进社会全面进步；在非公有制经济人士中，宣传、贯彻党和国家的方针政策，加强思想政治工作，推动企业文化建设，引导会员做中国特色社会主义事业的建设者；引导会员积极参与“光彩事业”；为会员提供信息和科技、管理、法律、会计、审计、融资、咨询等服务；开展工商专业培训，帮助会员改进经营管理，完善财会管理，提高生产技术和产品质量；组织会员举办和参加各种对内对外展销会、交易会，组织会员出国、出境考察访问，帮助会员开拓国内、国际市场；增进与香港特别行政区、澳门特别行政区及台湾地区和世界各国工商社团及工商经济界人士的联系和友谊，促进经济、技术和贸易合作；办好会办企业、事业。

第六节　文学艺术工作者联合会

机　构

山阴县文学艺术工作者联合会（简称县文联）组建于1984年。1998年，县文联内设机构为办公室，行政编制5人，其中主席1人，副主席1人。2016年，内设办公室、编辑部。下设文学、书法、音乐、舞蹈、美术、摄影、戏剧、民俗、校园、企业、易经研究等 11 个文艺协会，会员总数 500 人。历任主席有李志斌、黄冀。

主要工作

1999 年，县文联和史志馆联合主编的《山阴县志》（首轮修志）在全省获三等奖。此外，县文联配合有关单位编修有《山阴军事志》《山阴老区志》《古城镇志》《北周庄镇志》《岱岳镇志》《山阴儿女》《政务督查概论》《和曲》《山阴人大志》《山阴解放六十年大事记要》《品味山阴》《玩转朔州》《朔州旅游资讯》《印象朔州》《朔州导游词》，以及参与王家屏纪念园的系列资料整理工作。在小说散文方面，结集印刷的有李志斌著的杂文集《奇谈怪论》，黄冀著的散文、随笔作品集《难忘那段情》《情不自禁》《独来独往》，高耀文著的小说《山辉》（上、中、下），吴昌喜著的小说《穿过岁月的河流》，王永贞著的小说散文集《拾荒心语集》，郝紫珺著的小说散文集《潜行集》，韩晓春著的杂文集《做人》和《觉悟》，王文耀著的长篇小说《钟声》，王仁官著的散文集《漫漫人生路》，马穗生著的散文集《拙笔风行》，吕占国著的二十多部《塞外民间历史故事》集，苏适平著的报告文学集《西欧行》，王永贞有关王家屏的诗词、尺牍、奏章译注，郭志平、王志新、侯耀文、黄冀主编的《青春岁月》，万子文著的杂文集《民为邦本，民固则国固》，吴子麟著《安祥寺村纪实》，闫正通著《岱岳古镇之风貌》《岱岳古镇之风俗》等。在诗词曲艺方面，结集印刷的有马汉贵著的《中国历史歌谣》，王仁官著的《王仁官诗选》，马兴元著的《海洋放歌》，兰思蓁著的《兰思蓁曲艺作品集》，李清堂著的《劝世集》。2005 年 9 月，杨中桢摄影橱窗参加了中国平遥国际摄影大展，并获得中国当代优秀摄影师大奖。2012 年，主办边塞诗会。以王守恒、蔡天才等为代表的书画协会，不定期地参加并举办书画教学和展览，作品在省、市均有获奖。在舞蹈、音乐、戏曲方面，以韩卫华为代表的艺术工作者积极参加县、市举办的各项活动，韩卫华获有国家级奖。在民俗方面，王守恒著有《红白事实用大全》上下集，卢子全著有《山阴民谣》，徐万道著有《山阴村村美名扬》等。1998—2016 年，县文联带领各协会和全体会员，共创作文艺作品 1000 多件，其中市级以上发表数十件。县文联三度获朔州市文艺作品评奖活动组织奖。

第七节　残疾人联合会

组织机构

山阴县残疾人联合会（简称县残联）成立于 1991 年 7 月，正科级，计划单列，理事长专职。1998 年，县残联内设机构为办公室，事业编制 14 人，理事长 1 人，副理事长 2 人。2016 年，县残联内设机构为办公室、组联股、康复股、教就股、维权股、文宣股。行政编制 5 人，其中主席 1 人，副主席 1 人。历任理事长有韩德成、贾文满、赫明宇、杨志清。

代表大会

1998 年 6 月，山阴县残疾人联合会第二次代表大会召开，理事长为贾文满，理事长提名推荐副理事长、理事。2003 年 3 月 28 日，山阴县残疾人联合会第三次代表大会召开，理事长为贾文满，理事长提名推荐副理事长、理事。2008 年 5 月 18 日，山阴县残疾人联合会第四次代表大会召开，理事长为赫明宇，理事长提名推荐副理事长、理事。2013 年 5 月 28 日，山阴县残疾人联合会第五次代表大会召开，理事长为杨志清，理事长提名推荐副理事长、理事。

主要工作

残疾人康复　1998 年，县残联组织 21 名白内障疑似患者到怀仁县光明眼科医院做检查，符合手术特征的 14 人，全部做免费复明手术。组织 7 名 0~17 周岁小儿麻痹患者到平朔医院做矫治手术，为残疾人发放辅助器具 61 件，50 名贫困精神病患者免费服药。2002 年，山阴县残联在怀仁县光明眼科医院为 11 名白内障患者施行复明手术，为 25 名贫困精神病患者免费服药，45 名残疾人配发辅助器具，6 名肢体残疾人安装假肢，进行训练。2006 年，为 30 名精神病患者免费送药，10 名患者免费办理住院手续，30 名残疾人配备辅助器具，5 名小儿麻痹患者进行矫治手术，7 名肢体残疾人安装假肢，25 名白内障患者在怀仁光明眼科医院进行复明手术。在全县范围内对残疾人康复需求进行大调查。

2010 年，山阴县与太原爱尔眼科医院合作为 15 名白内障患者免费施行复明手术。为重度肢体残疾人免费发放 20 台坐便椅，10 名重度精神病患者进行补贴，3 名脑瘫儿童施行矫治手术，进行术后训练。培训社区康复协调员 50 人。为怀仁聋哑学校输送 5 名聋哑儿童。2014 年，为 15 名特困精神病患者实施免费住院治疗，65 名贫困精神病患者提供免费服药，130 名贫困白内障患者免费实施复明手术，6 名贫困残疾儿童进行救治，3 名聋儿免费佩戴助听器。为低视力家长培训 13 人，肢体残疾人康复训练 33 人，盲人定向行走训练 60 人，社区培训康复协调员 50 人。投资 4 万多元建立 2 个社区康复示范站，配备电脑、打字机、档案柜、办公桌椅以及康复器材。购买轮椅 50 辆、坐便椅 30 台、助听器 75 台、手杖 750 支进行免费发放。2016 年，为残疾人免费发放轮椅 98 辆，50 名贫困精神病患者免费发放药品，10 名重度精神病患者办理住院治疗补贴。为 15 名白内障患者做复明手术，9 名肢体残疾人安装小腿假肢 10 例，大腿 3 例，8 名 0~6 周岁肢体残疾儿童实施康复训练，2 名孤独症儿童实施康复训练，4 名智力残疾儿童实施社会适应性训练。培训社区康复协调员 35 人，对 25 名盲人实施定向行走训练。

残疾人就业与扶贫　1998 年后，山阴县残联以改善残疾人工作、生活状况为宗旨，开展残疾人就业与扶贫工作。2002 年，对残疾人就业培训 60 人。全县有劳动能力的残疾人 4256 人，就业 4178 人，就业率 98.17%。2006 年，邀请农技中心畜牧局技术人员授课，举办残疾人实用技术培训 2 期，培训 230 人次。残疾人自主创业 9 人。全县有劳动能力的残疾人 4106 人，就业 3962 人，就业率 96.49%。春节和助残日期间扶持残疾人 642 人。2010 年，举办农村残疾人实用技术培训班 2 期，培训 218 人。全县有劳动能力的残疾人就业 4852 人。残疾人个体经营 13 人，创办小型企业 4 人，企业安顿残疾人 7 人，雇主培训 7 人。春节和助残日期间扶持残疾人 702 人。2011 年，举办职业技能培训班 1 期，培训 45 人，农村实用技术培训班 2 期，培训 215 人。28 人参加省市职业技能培训班 3 期。全县有劳动能力残疾人 4905 人，有劳动能力的残疾人就业 4897 人，个体经营 12 人。春节和助残日期间扶持残疾人 715 人。2016 年，举办农村实用技术培训班 1 期，培训 160 人。21 人参加省市残疾人职业技能培训班 2 期。建立残疾人扶贫基地、实训基地、盲人按摩店，共安排残疾人就业 25 人，辐射带动残疾人 36 人，培训残疾人 120 人。全县有劳动能力残疾人 5032 人，自主创业 15 人。基层党组织扶持残疾人 25 人。

残疾人维权、帮扶　1998—2006 年，山阴县残联为 140 名精神病患者实施每人每年 400 元医疗救助。2007 年，为符合条件的 497 名下肢残疾人发放机动轮椅车燃油补贴。城建部门在县城主要街道铺设盲人道，对部分农村进行无障碍改造。接待来访残疾人 89 人次，对他们提出的问题及困难配合有关部门给予满意答复和解决。山阴县扶贫办对 330 名贫困残疾人进行建档立卡。社会保障局为 239 名二级以上重度残疾人参加医疗保险。2007—2008 年，对 100 户贫困残疾人进行危房改造。民政部门为 1960 名残疾人申请最低生活保障。2009 年 5 月，山阴县启动办理中华人民共和国第二代残疾人证工作，全县有各类持证残疾人 9910 人。2014 年 1 月，全省启动重度残疾人护理补贴和贫困残疾人生活补贴工作，每人每月 40 元。山阴县有 745 人享受此项补贴金。2015 年，接待残疾人政策咨询 60 人次，办理残疾人证 838 本。为 65 名残疾人发放机动轮椅车燃油补贴，为 43 户贫困残疾人实施无障碍改造，838 名残疾人享受每人每月 40 元的重度残疾人护理补贴和贫困残疾人生活补贴。2016 年，全省启动二级以上重度残疾人护理补贴工作，山阴县有 4043 人享有每人每月 50 元的补贴金。

第九编

综合政务

20世纪90年代末，山阴县委、县政府重视农村养老问题，筹建日间照料中心。加强村委会和居委会建设。山阴县城市居民最低生活保障从2001年建立并开始实施。2007年，人力资源和社会保障局（劳动）制定《山阴县社会救助实施办法》。2008年，山阴县民政局按照《社团登记管理条例》，对成立的12家民办非企业和10家社团进行登记。2014年，确定古城镇东辛庄刘幸烈士陵园为县六大红色教育基地之一。2016年，印发《山阴县农村居民申请低保家庭经济状况核算办法》《关于申请低保对象家庭收入评估标准的意见（试行）》文件，规范低保管理工作。

1998年，山阴县就业与再就业领导组成立。2006年，落实“劳动者自主择业，市场调节就业和政府促进就业”方针，解决体制转轨遗留再就业问题，推进高校毕业生就业工作。2010年，人力资源和社会保障局（人事）推进事业单位参照公务员法管理人员登记入轨运行工作。从2014年7月1日起，山阴县把《事业单位人事管理条例》纳入劳动人事争议调解仲裁受理范围。2016年，城乡居民养老保险坚持和完善社会统筹与个人账户相结合的制度模式，巩固和拓宽个人缴费、集体补助、政府补贴相结合的资金筹集渠道。全年城乡居民养老保险参保人数145113人，保险费征收1468万元。

1998—2016年，县政府法制办推行政府法制工作公开化，提高立法质量，完善行政执法监督和行政复议。

第一章 民 政

第一节 救灾救济

山阴县气候干旱多风，冬春风大，雨雪稀少，气候寒冷，夏季炎热，春旱秋涝。境内有河流 10 多条，汇水面积大，遇大暴雨，极易发生山洪灾害。典型灾害有 1991 年暴雨引发的山洪，1995 年的连续降雨洪涝灾害。2005 年，旱情造成全县农作物受灾面积 6910.05 亩，绝收面积 212205 亩，受灾人口 15.66 万人，直接经济损失 10839.63 万元。全年共拨发救灾款 110 万元，下拨救灾面粉折款 50 万元，发放救济棉衣 600 套、棉被 900 床、棉褥 900 件。并开展为困难群众送温暖献爱心的捐赠活动。2006 年，共拨发救灾款 166 万元，救灾衣被 1475 套和 1727 床。救济灾民 2600 户，7328 人。2007 年，山阴县委、县政府制定《山阴县社会救助实施办法》，按照村评、乡审、民政监督制度，严格履行“户申村评议、乡审核、县审定”的程序，组织人员定期检查救灾资金的发放情况，保证把救灾粮款物按时、足额地发放到基层政府和灾民手中。共拨发救灾救济款 63.6 万元，救济灾民 2520 户，7563 人。同年 7 月，对受风雹灾害的合盛堡乡进行救助。2008 年 6 月，全县 13 个乡（镇）普遍遭受旱灾。6 月 26 日后，又有 6 个乡（镇）的 46 个村相继遭受冰雹、洪涝、病虫害等灾害，全县受灾面积 589227 亩，直接经济损失 3246.7 万元，其中农业直接经济损失 3000 万元。全年共拨发救灾救济款 182.4 万元，救济灾民 4929 人。

2009 年，山阴县 13 个乡镇 256 个村遭受旱灾，受灾面积 728550 亩，直接经济损失 20937 万元，其中农业直接经济损失 20564 万元。全县共拨发救灾救济款 181 万元，救济灾民 11740 人。同年冬，境内遭受雪灾，造成蔬菜大棚不同程度的损害。全县动员社会各界人士捐款 100 多万元。2010 年，境内 13 个乡镇 256 个村遭受干旱、风雹等灾害，受灾面积 751800 亩，直接经济损失 21961 万元。全县共拨发救灾救济款 171.23 万元，救济灾民 10140 人，并在安荣乡建成占地面积 5625 平方米、建筑面积 340 平方米的“救灾物资仓储中心”，储备 500 床棉被和 700 套棉衣。2011 年，自然灾害频繁，农民经济损失严重，受灾面积 735180 亩，直接经济损失 19260 万元。全年共拨发救灾款 253 万元，发放白面 38 吨。2012 年 7 月，岱岳镇、后所乡、古城镇、北周庄镇、张家庄乡、薛圐圙乡、合盛堡乡 7 个乡镇均不同程度发生洪涝灾害，造成受灾人口 9189 人，直接经济损失 1118 万元。7 月 30 日，马营庄乡遭遇特大洪涝灾害，造成受灾人口 3930 人，直接经济损失 1552 万元。全县紧急调拨运送救灾帐篷 16 顶，拨发救灾款 230.7 万元。

2013 年，境内遭遇自然灾害多达 20 余次，全年先旱后涝，尤其进入汛期以后洪涝灾害和风雹灾害交错频发，全县受灾人口 15.312 万人，受灾面积 646590 亩，绝收面积 24438 亩，因灾倒塌房屋 90 间，严重损坏房屋 134 间，一般损坏房屋 2510 间，直接经济损失 5264.81 万元。全县共拨发救灾救济款 220.8 万元。2014 年，境内遭受大风、低温冷冻、洪涝、干旱等灾害，玉米、果类、蔬菜大棚、牲畜设施等受灾严重，全县共拨发各乡镇救灾救济款物共计 145.32 万元。同年 5 月 12 日，在政府广场、古城镇、古城镇中学，开展以“城镇化与减灾”为主题的“防灾减灾日”宣传活动，共发放宣传单 1300 份、防灾知识手册 200 本。2015 年，山阴县减灾委员会成立，组织全县 283 名灾害信息员进行业务培训。全年共拨发各乡镇救灾救济资金 110.3 万元，政府集中采购救灾储备物资 173.65 万元。2016 年，山阴县境内13个乡镇257个村遭受干旱、风雹、低温冷冻等灾害，受灾面积734880亩，直接经济损失20561万元。全县共拨发救灾救济款190.2万元，救济灾民10040人。

第二节　社会福利

敬老院、照料中心

20世纪80年代，山阴县光荣院建成，服务曾为革命做出贡献的孤寡老人。90年代末，为适应老龄化社会需求，县委、县政府着力提升公共服务供给能力和服务质量。全县各乡镇普遍建立敬老院，主要集中供养的对象是五保户。2000年后，随着计划生育政策的实施，农村家庭子女人数普遍减为1~2人，农村家庭养老的力量更加单薄，大量农村青壮年外出务工，供养矛盾更加突出。“十一五”期间，是山阴县养老事业发展最快的时期，共建成4所乡镇公办敬老院、1所民办老年公寓，但与全县总的养老需求相比，仍存在数量少、覆盖面小的问题。

2013年，山阴县东鄯河社区老年日间照料中心、合盛堡社区老年日间照料中心、东辛庄社区老年日间照料中心建成。2014年，冻牛坡社区老年日间照料中心、西短川社区老年日间照料中心建成。2015年，北王庄社区老年日间照料中心、张家庄社区老年日间照料中心、河曲堡村老年日间照料中心、后所村老年日间照料中心、新广武村老年日间照料中心建成。2016年，全县建成故驿社区老年日间照料中心、云水庄社区老年日间照料中心、吴马营社区老年日间照料中心、吴家坪社区老年日间照料中心、东庄社区老年日间照料中心、解庄社区老年日间照料中心、安良铺社区老年日间照料中心、白坊社区老年日间照料中心、新岱岳社区老年日间照料中心、西盐池社区老年日间照料中心。

敬老院选介

山阴县光荣院　始建于20世纪80年代，坐落于县城府西街普济小区，总建筑面积780平方米，2004年对原光荣院进行拆旧建新改造工程，年底建设成为集办公、休闲、洗浴、保健、住宿、饮食全方位配套的具备现代水平的新光荣院。新院拥有宿舍及办公等配套设施房屋40间，可入住80人。建设总投资80万元，其中福彩公益金投资解决10万元。光荣院配备工作人员32人。该院自成立至2016年，共收养为革命做出贡献的孤寡老人60多人。

安荣中心敬老院　2013年建成，位于安良铺村，占地面积4352平方米，建筑面积1100平方米，拥有床位50张，总投资275万元（其中省级资金100万元、彩票公益金13万元、县本级投资162万元）。敬老院有干部职工15人。2016年，入住五保老人26人。

安荣中心敬老院

古城镇中心敬老院　2014年建成，位于古城村，占地面积3888平方米，建筑面积1306平方米，拥有床位80张，总投资170万元。敬老院有干部职工10人。2016年，入住五保老人10人。

薛圐圙乡敬老院　2014年建成，位于薛圐圙村，占地面积2200平方米，建筑面积350平方米，拥有床位30张，总投资62万元。

吴马营乡敬老院　2015年建成，位于西短川村，占地面积5000平方米，建筑面积1600平方米，拥有床位80张，总投资243万元。敬老院有干部职工12人。2016年，入住五保老人32人。

山阴县老年公寓 2007年6月建成，位于县城西山森林公园北侧，建筑面积15600平方米，拥有床位260张，总投资6500万元。2016年，有养老床位860张，老年康复床位200张，入住老年人126人。敬老院有干部职工96人，其中专业技术护理人员32人，医护人员26人，管理人员12人，后勤保障人员26人。

第三节 五保低保

城乡低保

山阴县城市居民最低生活保障从2001年建立并开始实施，凡在城镇居住的非农业户口，家庭人均收入低于城镇最低生活保障标准的人口均可申请城镇居民最低生活保障。“十五”时期，加强城市低保工作，由2001年56户116人，年补助7.6万元，发展到2004年3509户8918人，基本上实现应保尽保。2006年，农村最低生活保障开始实施，首批有2030户3271人的头等特困户纳入农村低保。同年，山阴县对符合城市低保条件的4683户12423人进行低保金的发放，发放低保金889万元。2007年，全县享受城市最低生活保障的人员4796户12576人。并在全县按比例落实县财政配套资金162.3万元，惠及农村低保人数7270户12528人。2008年，《山阴县农村居民最低生活保障办法》出台。全县有农村低保对象13028人，发放农村低保金646.27万元。全县享受城市最低生活保障的人员5181户13748人，发放低保金1910万元。2009年，山阴县民政局对低保户进行复核，取消因生活水平提高、不再需要享受低保的低保对象300多户。全县享受城市最低生活保障人员13916人，发放城市低保金2478万元；全县享受农村低保对象15236人，发放农村低保金1190万元。2010年，全县享受城市最低生活保障人员5556户14326人，发放城市低保金2898.9万元；农村低保对象8107户15236人，发放农村低保金1390万元。

山阴县五保供养中心

2011年，按照民政部要求，县民政局对全县城乡低保户的基本信息，录入到全国最低生活保障信息管理系统，并在上半年对农村低保对象进行全面复核。全县享受农村最低生活保障人员8112户15236人，发放农村低保金2260万元；全县享受城市最低生活保障人员5685户14763人，发放城市低保金3820.3万元。2012年，县民政局通过对城乡低保家庭网络化调查和逐级审核等方式严格规范全县城乡低保，对城市、农村低保金、救助金全部通过银行代发。根据保障对象的贫困程度、致贫原因、劳动力等情况实施分类救助，做到城乡低保对象动态管理下的“应保尽保、应退尽退”。全县有城市低保对象5670户14417人，有农村低保对象13075户15236人，全年发放城市低保金4273.6万元，发放农村低保金2980.16万元。

2013年，县民政局完成市政府城乡低保、五保对象提标任务，完善社会救助标准与物价变动挂钩联动机制。全县纳入城市低保对象5545户14055人，农村低保对象13075户15236人，全年发放城乡低保金6958.24万元。2014年6月12日，全县城乡低保户核查工作正式开展。通过核查，有564户1205人城市低保户被取消或自动放弃低保；有623户673人农村低保户被取消或自动放弃低保。全县有城市低保对象4401户11095人，农村低保对象11756户12579人，全年发放城市低保金4052.73万元，农村低保金 2124.89 万元。2015 年，结合全省民政窗口五项专项整治活动，县民政局在全县范围内开展城乡低保年审复核工作。通过复核，城市低保取消 320 户 1160 人，新增 335 户 871 人；农村低保取消 3875 户 4744 人，新增 1440 户 1642 人。全年发放城市低保金 3612 万元。农村低保对象 7179 户 7656 人，全年发放农村低保金 2043.3 万元。2016 年，县民政局印发《关于建立低保经办人员近亲属享受低保备案制度》文件，会同县统计局联合印发《山阴县农村居民申请低保家庭经济状况核算办法》《关于申请低保对象家庭收入评估标准的意见（试行）》文件，低保管理工作进一步规范。全县有城市低保对象 3958 户 9680 人，农村低保对象 7597 户 8118 人。全年发放城市低保金 4003.43 万元，发放农村低保金 2200.06 万元。

五保供养

1994 年 1 月 23 日，国务院发布《农村五保供养工作条例》。1998 年后，山阴县加强农村五保供养工作。2005 年，对全县 836 名五保户通过财政转移支付发放五保金，每人发放 1200 元的五保金。2006 年，对全县 1825 名五保对象发放五保金 226.2 万元。2007 年，对全县 1965 户 2015 名五保对象发放五保金 290 万元。2008 年，对全县 1965 户 2015 名五保对象发放五保金 303 万元。2009 年，对全县 1956 户 2015 名五保对象发放五保金 310 万元。2010 年，对全县 2015 名五保对象发放五保金 311 万元。2011 年，对全县 2672 名五保对象发放五保金 400.8 万元。2012 年，对全县 2672 名五保对象发放五保金 523.72 万元。2013 年，对全县 2672 名五保对象发放五保金 536.1 万元。2014 年，对全县 2434 名五保对象发放五保金 445.42 万元。2015 年，对全县 1737 名五保对象发放五保金 557.39 万元。2016 年，对全县 1590 名五保对象发放五保金 516.4 万元。

第四节 地名地界

2005 年 9 月，县城内按居民分布情况和街路割块区域划分 29 个居民小区，以便于管理和服务。2007 年，县民政局开展平安边界创建工作。与周边县区开展行政区域界线联合检查。2008 年，投资 79 万元对县城范围内的街、路、巷、户、楼、单位等按照标准和美化城市的原则进行设计制作牌匾。2009 年，完成悬挂工作。2011 年，投资 9.8 万元对县城翠微街、北环街、东环路、府西街、府东街、府南路、青年西街、青年东街、广场路、忠州路等统一制作安装 53 块路、街地名标志牌。2016 年，山阴县有县级界线 7 条、总长 159.4 公里，埋设界桩 13 块（含三交点界桩），分别为山阴县—朔城区、山阴县—平鲁区、山阴县—右玉县、山阴县—怀仁县、山阴县—应县、山阴县—代县、山阴县—左云县。

第五节 社团登记管理

登记年检

20 世纪 90 年代后，山阴县各类社团组织不断增多，范围涉及教育、文化、科技、卫生、劳动、民政、体育、社会中介服务等领域，成为山阴县促进经济发展、繁荣社会事业、创新社会管理、促进和谐稳定的一支重要力量。

1998 年之前，山阴县对境内社会团体社团实行三重管理。1998 年 10 月，国务院颁布新的《社会团体管理条例》之后，对先前的社会团体进行清理整顿，实行归口登记、双重负责、分级管理模式，即由业务主管部门与登记机关双重负责。民政部门作为登记和监管主体，负责社团的成立、变更、注销的登记和备案，实施年检，对违反条例的问题进行监督检查以及对违反条例行为给予处罚等；业务主管部门作为指导工作的主体负责申请、备案、变更、注销等登记和审查，监督其遵守宪法、法律法规和国家政策，依据章程开展活动。1999—2004 年，山阴县民政局对全县 30 家民办非企业单位进行登记和年检工作。2006 年，对 5 家新成立民办非企业单位进行审批。2008 年，按照《社团登记管理条例》，对成立的 12 家民办非企业和 10 家社团进行登记。2009 年，对成立的 2 家民办非企业和 3 家社团进行登记。2010 年，对新成立的 2 家民办非企业和 5 家社团进行登记，对全县民办非企业、社团进行审核审查，并开展对社会团体“小金库”专项治理工作。2011 年，对全县 46 家民办非企业和社会团体进行审核审查。2012 年，对全县 27 家社会团体和 19 家民办非企业单位进行年检工作。2015 年，对全县 24 家社会团体和 34 家民办非企业单位进行年检工作。2016 年，对全县 21 家社会团体和 29 家民办非企业单位进行年检工作。

社团名录

2015 年登记社会团体名录（24 家）：山阴县三晋文化研究会、山阴县王家屏研究会、山阴县安荣乡东鄯河仲礼农业协会、山阴县手工织绣协会、山阴县西瓜协会、山阴县油桃种植协会、山阴县乒乓球协会、山阴县羽毛球协会、山阴县武术协会、山阴县自行车协会、山阴县篮球协会、山阴县中老年文化艺术协会、山阴县乒乓球联谊会、山阴县保安协会、山阴县蔬菜产业协会、山阴县创业就业协会、山阴县兴顺林草苗木协会、山阴县书画协会、山阴县老年书画协会、山阴县钙产业协会、山阴县民间商会、山阴县电子商务协会、山阴县诚信企业联盟会、山阴县体育舞蹈协会。

2016 年社会团体名录（21 家）：山阴县三晋文化研究会、山阴县王家屏研究会、山阴县安荣乡东鄯河仲礼农业协会、山阴县手工织绣协会、山阴县西瓜协会、山阴县乒乓球协会、山阴县羽毛球协会、山阴县武术协会、山阴县自行车协会、山阴县篮球协会、山阴县茶道文化协会、山阴县保安协会、山阴县兴顺林草苗木协会、山阴县钙产业协会、山阴县诚信企业联盟会、山阴县佛教协会、山阴县山力户外运动协会、山阴县中老年文化艺术协会。山阴县书画协会、山阴县老年书画协会、山阴县民间商会。

民办非企业

2015 年民办非企业（34 家）：山阴县新杰中学、山阴县平泽苑学校、山阴县新洋学校、马营乡宏宇学校、山阴县浦泽学校、山阴县新东方幼儿园、山阴县小宝贝幼儿园、山阴县成才幼儿园、山阴县小龙人幼儿园、山阴县黄鹂鸟艺术学校、山阴县强丽幼儿园、山阴县金太阳幼儿园、山阴县世纪星幼儿园、山阴县康乐幼儿园、山阴县智慧宝贝幼儿园、山阴县阳光美语幼儿园、山阴县育杰琳幼儿园、山阴县汇佳双语幼儿园、山阴县蓓蕾幼儿园、山阴县启明星幼儿园、山阴县益智幼儿园、山阴县家庭幼儿园、山阴县阳光苗苗幼儿园、山阴县春天敬老院、山阴县老年公寓、山阴县慈爱儿童福利院、山阴县新杰职业培训学校、山阴县晨阳职业培训学校、山阴县睿杰职业培训学校、山阴县圣源红职业培训学校、山阴县西花园诊所、山阴县民间艺术团、山阴县惠民文艺演出团、山阴县农机化培训学校。

2016 年民办非企业（29 家）：山阴县新杰中学、山阴县平泽苑学校、山阴县新洋学校、山阴县浦泽学校、山阴县新东方幼儿园、山阴县小宝贝幼儿园、山阴县小龙人幼儿园、山阴县康蕾幼儿园、山阴县黄鹂鸟艺术学校、山阴县强丽幼儿园、山阴县世纪星幼儿园、山阴县康乐幼儿园、山阴县阳光美语幼儿园、山阴县育杰琳幼儿园、山阴县汇佳双语幼儿园、山阴县蓓蕾幼儿园、山阴县益智幼儿园、山阴县家庭幼儿园、山阴县阳光苗苗幼儿园、山阴县老年公寓、山阴县慈爱儿童福利院、山阴县晨阳职业培训学校、山阴县睿杰职业培训学校、山阴县圣源红职业培训学校、山阴县西花园诊所、山阴县民间艺术团、山阴县惠民文艺演出团、山阴县山区片中小微企业服务站、山阴县农机化培训学校。

社团选介

山阴县三晋文化研究会 2008 年 10 月 31 日，山阴县三晋文化研究会召开第一次会员代表大会，选举王双为第一届理事会会长。至 2016 年，山阴县三晋文化研究会完成《朔州三晋文化研究・山阴专辑》《枫林晚集》（31 万字，山西春秋电子音像出版社 2014 年 10 月出版）《三晋石刻大全・山阴卷》等书的编辑工作。

王家屏研究会 2011年11月25日，王家屏研究会召开第一次会员代表大会成立，选举李国胜为第一届理事会会长。2012年9月8—10日，在首届中国·山阴边塞文化周暨奶牛节期间召开王家屏研究论坛。至2016年，王家屏研究会编辑完成《王家屏奏疏译注》（北岳文艺出版社2009年10月出版）、《王家屏诗词译注》（北岳文艺出版社2011年10月出版）、《王家屏尺牍译注》（第一辑）（山西人民出版社2012年5月出版）、《王家屏尺牍译注》（第二辑）（山西人民出版社2013年7月出版）、会刊《王家屏研究》（第一辑）（山西出版传媒集团山西春秋电子音像出版社2013年8月出版）、《王家屏讲章解读》（山西春秋电子音像出版社2014年12月出版）。

山阴县书画协会 山阴县书画协会成立于2011年6月，是山阴县学术性人民团体。机构设置有协会艺术顾问：霍文章、徐德清、丁义贤、王允纲、秦景和、温日凯；艺术指导：张天景、何祚乾、王明登、马真、白世柱、武华山、王海滨、陈录先、何利清；名誉主席：张志刚、蔡天才，陈禄凡；王守恒任主席。协会秘书长1人，常务副主席10人，副主席18人，常务理事20人，理事20人。协会自成立以来在全县开展各种书画活动，努力培养书画艺术人才，提高山阴书画艺术水平，是全县书画爱好者之家。2016年有会员248人，来自各行各业，由干部、教师、工人、学生和农民组成。每周五定期在协会进行书画点评讲座，全面培养会员的书写功夫和现场展示能力。协会和会员多次获得国家、省、市书画奖项，为繁荣山阴县书法、绘画和文化事业做出了积极贡献。

第六节　婚姻登记管理

20世纪90年代，全县各乡镇民政所建立婚姻登记窗口，开始逐步规范婚姻登记和收费标准，调整、充实、培训婚姻登记队伍。2004年，在县城民政部门建立婚姻登记处，实行集中婚姻登记。

2004—2016年山阴县婚姻登记情况表

表9-1

年份	结婚对数	离婚对数	年份	结婚对数	离婚对数
2004	365	20	2011	2964	42
2005	921	35	2012	1744	91
2006	902	40	2013	1053	118
2007	1183	25	2014	2745	215
2008	2199	41	2015	2972	194
2009	3282	53	2016	2290	250
2010	3309	54			

第七节　殡葬管理

1998年，山阴县内殡葬形式以土葬为主，极少数到境外进行火葬。2006年后，随着经济发展，城镇建设占用越来越多的土地，旧坟迁移也随之增多，县民政局将殡葬管理纳入重要事项，进行殡葬改革。2011年，县民政局依据《殡葬管理条例》《山西省殡葬管理办法》，将火化区进行规划。2013年9月，山西省人民政府重新划定火葬区，将山阴县岱岳镇划入火葬区范围。截至 2016 年底，山阴县 200 多个村委会重新修订了村规民约，100 多个村建立了红白理事会机构。

第八节 基层群众自治组织建设

村委会改革

2002 年 12 月 30 日，根据《山西省人民政府办公厅转发省民政厅关于在全省开展撤并村组工作的意见的通知》和《朔州市撤并村组工作实施方案》要求，县政府制定山阴县撤并村组工作实施方案，根据扩大规模、便于管理、依法办事、尊重民意、整体联动等原则进行撤并村组。

2005 年 9 月，山阴县人大常委会批准县城岱岳同太路东归东城管委会、同太路西归西城管委会。东城区分为 5 个社区：光明社区（含卫国、怡安、光明、日升四个小区）、兴隆社区（含兴隆、朝辉两个小区）、和顺社区（含绿源、和顺两个小区）、北街社区（含花园、友谊两个小区）、南街社区（含如意、先进、南大道、化家岭四个小区）；西城区分为 5 个社区：广益社区（含鸿雁、广益、长虹三个小区）、集贤社区（含芳园、欣欣、集贤三个小区）、德望社区（含文瀛、北辰、德望三个小区）、幸福社区（含普济、碧霄、幸福三个小区）、惠丰社区（含文萃、惠丰、凤凰三个小区）。2016 年，全县共有行政村 257 个、自然村 6 个，10 个社区居委会。

村委会选举

1998 年后，《村民委员会组织法》《居民委员会组织法》相继颁布。县民政局通过加强村委会和居委会建设，实行村民、居民自治，民主选举、民主决策、民主管理和民主监督，不断推进基层民主政治和政权建设。

第五届村委会换届选举 1999 年，县民政局下发关于全县村民委员会换届选举的实施方案，按照有关法律法规进行村委会第五届村委会换届选举工作。

第六届村委会换届选举 2002 年，县民政局制定第六届村委会换届选举的实施方案，全县各村委会按照选举方案要求完成换届选举工作。

第七届（居）村委会换届选举 2005 年 8 月，县民政局将原有的四个街道居委会改制为十个社区居委会。其中东城社区管委会下辖 5 个社区，西城社区管委会下辖 5 个社区。每个社区居委会设主任 1 人，副主任 1 人，委员 3 人。选出居委干部 49 人。从 10 月 14 日至 12 月底，全县 13 个乡镇 256 个行政村完成换届工作。支书、主任一人兼村 197 个占 77%；两委交叉任职村 235 个占 92%；一次选举完成村 232 个占 90.6%；附加另行选举完成村 19 个占 7.5%；首次选举无效而重新选举村 3 个占 1.9%。

第八届（居）村委会换届选举 2008 年 10 月，根据《中华人民共和国村民委员会组织法》《山西省村民委员会选举办法》的规定和民政部的要求，全县开展第八届村民委员会换届选举工作。全县 257 个行政村 100% 按时完成换届，100% 实现两委交叉任职（“一肩挑” 达到 92.2%），大学生村干部参选率达到 100%，两委班子女委员拥有率达 100%，农村稳定达到 100%。

第九届（居）村委会换届选举 2011 年 11 月，县民政局实行先党组织换届后村委会换届，全面推行“两推一选”（党员推荐、群众推荐，党内选举）方式进行换届。选举工作呈现出“一优四高”五个特点，即年龄结构进一步优化、文化层次明显提高、女性比例进一步提高、大学生村干部提名比率高、群众测评满意率高。

第十届（居）村委会换届选举 2014 年，结合正在开展的教育实践活动，14 个由县级领导牵头的调研组成立，从 8 月 1 日至 9 月 10 日进行换届前期调研，形成 15 份调研报告。全县 13 个乡镇 256 个村，以及东、西城管委会 10 个社区，按照换届流程和时间安排，完成换届选举工作。

第九节 双拥安置优抚

“双拥”工作

山阴县为革命老区，素有拥军优属的优良传统。1998 年后，县委、县政府重视“双拥”共建工作，成立双拥工作领导组，组织开展军地双拥活动。每年春节、“八一”建军节期间，采取出专栏、张贴标语、走访慰问、召开座谈会、对优抚对象代表和驻军、光荣院革命老人发放慰问金和年画等形式开展“双拥”工作。每年为部队输送合格兵员 100 人左右。开展“爱心献功臣”服务活动多次，组成形式多样的拥军优属服务队。商业、卫生、交通等部门均建立军人优先服务窗口，地方各部门、企业、乡镇、村庄、社区等积极开展拥军活动，并为驻地干部解决户口、住房、子女入学、就业等问题。2006 年 10 月 16 日，县民政局对在县境内进行军事演习的北京军区第 27 集团军进行慰问。2010 年，投资 110 多万元对古城镇东辛庄刘幸烈士陵园进行扩建，扩建后陵园占地面积 3000 平方米，建筑面积 2800 平方米。同年，投资 45 万元对吴马营乡老洼沟抗日烈士陵园进行扩建，扩建后陵园占地面积 1800 平方米。

悼念刘幸烈士纪念活动

2013 年，县民政局将下立羊泉南山向阳坡埋葬的 19 名抗日烈士遗骨和 1958 年山阴县人民委员会所立的墓碑一并迁建下喇叭乡下立羊泉抗日烈士陵园。建成后的陵园总占地面积 6072 平方米，总投资 120 多万元。2014 年，古城镇东辛庄刘幸烈士陵园确定为县六大红色教育基地之一。9 月 30 日是国家首个烈士纪念日，县四大班子领导、县各单位主要负责人、师生代表、驻县部队官兵，以及社会各界群众代表共 300 余人参加公祭仪式，深切缅怀为民族独立、人民解放和国家富强、人民幸福而英勇牺牲的烈士。2015 年 7 月，县民政局组成拥军慰问团前往南京军区某集团军宿营地看望慰问部队官兵并赠送价值 8 万余元慰问品。

2016 年，县民政局对全县伤残军人、烈士遗属、参战参试退役军人、在乡复员军人、部分 60 周岁以上农村籍退役士兵等重点优抚对象，利用 PDA 进行年检，全面采集优抚对象信息，对于行动不便的优抚对象采取入户便民核查。朔州陆军预备役坦克团开展脱贫攻坚工作，深入对口帮扶单位苑家辛庄村进行调查摸底，对 12 名符合安置条件的退役士兵全部安置到位。

退役士兵安置

1998 年后，山阴县退伍军人均按照国家政策给予妥善安置。其中部分带病回乡的享受国家定期定量补助；城市入伍退役的和三级以上士官由民政、劳动部门安排县企业和事业单位就业。2005 年，把 1996 年以来未安置的 36 名志愿兵全部安置到县差额补贴单位，把 125 名城镇退伍义务兵全部安置到厂矿、企业单位。2006 年，将待安置期间的转业志愿兵和城镇退役士兵 52 人纳入城市低保，并使移交政府安置的军队离退休人员进入医保。2008 年，参照 2002—2005 年全县志愿兵安置办法，对已安排在金海洋集团的志愿兵进行查档核实，把 10 名志愿兵安置到十个差额补贴事业单位，并和金海洋集团磋商，对分配到本企业的城镇义务兵重新优化上岗。2009 年，对三级以上士官 37 人进行系统的核实和重新安置。2010 年，对 2008—2010 年转业的 27 名三级以上士官（志愿兵）安置到县森林消防大队。2012 年，安置复员军人 9 人，随军家属 2 人。2013 年，根据国家有关安置法规和政策，将 2010 年以前的 86 名城镇退役士兵全部安置到城建、公共事业、旅游接待中心、湿地管委会等事业单位。并安置随军家属 4 人。2015 年，对 37 名符合安置条件的退役士兵进行安置。2016 年，将 12 名符合安置条件的退役士兵全部安置到位。

优待抚恤

1998 年，山阴县对在乡老复员军人、在乡伤残军人、在乡三属、在职伤残人员，发放抚恤金 233.21 万元。2000 年，对在乡老复员军人、在乡伤残军人、在乡三属、在职伤残人员，发放抚恤金 213.60 万元。2003 年，对在乡老复员军人、在乡伤残军人、在乡三属、在职伤残人员，发放抚恤金 208.51 万元。2005 年，山阴县对在乡老复员军人、在乡伤残军人、在乡三属、在职伤残人员，发放定补款、抚恤金 294 万元。2006 年，对在乡老复员军人、在乡伤残军人、在乡三属、在职伤残人员，发放抚恤金 223 万元。2008 年，对 887 名重点优抚对象发放抚恤金 492 万元。2009 年，山阴县对 837 名优抚对象发放抚恤金 453 万元；对现役优待军人 176 人发放优待金 69.64 万元。

2010 年，全县 998 名优抚对象发放抚恤金 667 万元，其中现役优待军人 161 人，发放优待金 64.4 万元，对优抚对象发放价格临时补贴 12.6 万元。并为企业军转干部解决生活困难、养老保险、医疗保险等问题，全年拨付养老所资金专款 19.77 万元，医疗所资金专款 3.2 万元。2011 年，对 798 名重点优抚对象发放抚恤金 498 万元、提标 23 万元（其中现役优待军人 131 人，发放优待金 57.8 万元）。并为企业生活困难军转干部解决医疗保险资金 5.3 万元。2012 年，对全县 737 名重点优抚对象发放抚恤金 559 万元；发放义务兵优待金 243 万元；对全县 299 名年满 60 周岁农村籍退役士兵发放生活补助款 19.8 万元；对 11 名年满 60 周岁农村籍烈士子女发放生活补贴金 2.8 万元。同年 10 月、12 月先后解决企业军转干部医疗保险资金 5.3 万元、生活困难补助资金 26 万元。

2013 年，山阴县对全县 723 名重点优抚对象发放抚恤金 599 万元；对 184 人发放义务兵优待金 408 万元；对全县 313 名年满 60 周岁农村籍退役士兵发放生活补助款 21.02 万元；对 11 名年满 60 周岁农村籍烈士子女发放生活补贴金 3.1 万元。落实中央六部委关于解决企业军转干部生活困难问题通知精神，为山阴县企业军转干部争取解困资金 42.41 万元。解决生活困难补助 36.8 万元，缴纳医疗保险 5.6 万元。2014 年，山阴县对全县 1014 名重点优抚对象发放抚恤金 689.23 万元。3 月初，对全县 162 名伤

2016 年，县委书记李旭清（左三）一行看望慰问抗战老兵高廷典

2015 年 2 月，县委书记侯元（右三）慰问彭云遗属

残军人开展换证工作。4月6—15日，按照国务院、中央军委《关于加强退役士官职业教育和技能培训工作的通知》要求，组织57名退役士兵参加职业技能培训。6月中旬，召开退役士兵安置会，将《2012年至2014年度三级以上转业士官及2011年至2012年城镇退役士兵》符合条件的65人进行安置。2015年，发放义务兵优待金223.5万元，对1006名各类重点优抚对象发放抚恤金603万元。2016年，对全县1038名重点优抚对象发放抚恤金664万元。

第十节　老龄工作

1998—2011年，每年的“重阳节”，山阴县老龄工作委员会主任仝循凯带领工作人员，深入乡镇慰问高龄特困老人，逐成惯例。2006年的“老年节”，老龄委到马营庄乡西安峪村、张家庄乡张家庄村、岱岳镇东平路133号，分别慰问三位百岁老人，并送上慰问品。2012年的敬老月和重阳节期间，开展“庆祝重阳节、走访慰问”活动。活动期间，对全县的百岁老人和高龄特困老人进行慰问，并送上慰问金2.9万元。是年，为全县60周岁及以上老年人免费办理优待证，得到广大老年人的认可和赞许。2013年9月，县老龄委在地税广场组织《老年法》宣传文艺表演活动。同时发放《老年法》单行本1000本，发放“老年法”彩页宣传资料5000份，及老年人保健知识宣传彩页5000份。春节前后，老龄委走访慰问高龄特困老人和百岁老人，并送上了慰问品和慰问金。

2014年，县老龄委开展以“家和万事兴”为主题的孝亲敬老宣传教育活动，在移民新村公开评选10名好媳妇，并为其颁发荣誉证书，送上太空被奖品。10月8日，慰问全县特困高龄老人及百岁老人，并送去3.37万元慰问金和慰问品。年底对全县60周岁老人进行摸底，初步统计全县60周岁及以上老人33379人，占全县总人口的14%。为全县出台针对老龄化社会相关政策提供切实的数据。2015年4月18日，老龄委与中国人寿山阴分公司在后所乡北万庄举办“关爱银龄、助老御险”活动，县老龄委为现场20名适龄老人，购买意外伤害医疗保险。5月28日，由县老龄委发起，康利口腔医院、中国人寿山阴分公司合办的“敬老走基层”活动亦在后所乡北万庄村举行。活动期间，发放《老年法》宣传资料，并现场义诊。同年老年节当天，县老龄委为入住山阴老年公寓的60多位老人每人送上价值30元的热包袋，并动员“山阴可大神剪”志愿者为入住老年公寓的30位老人及下神泉村的20位老年人义务理发。于“敬老月”期间，开展走访慰问活动，为全县8位百岁老人每人送上了2400元慰问金，为20名农村高龄特困老人每人送上了500元慰问金。邀请县医院大夫为移民新村、下神泉村、北万庄村的100多位老人提供免费义诊和保健知识讲授。

2016年6月24日，全市基层老年协会规范化建设现场促进会在山阴县后所乡北万庄村老年协会召开，省老龄办副主任续爱峰、市老龄办主任王志惠、山阴县副县长程万强、其他县区老龄委主任、及部分基层老年协会负责人40余人参加观摩交流会。现场会上，向全市介绍山阴县品牌老年协会规范化建设的经验，并进行交流和学习。9月8日，县宣传部、县老龄委、县妇联召开关于在全县农村开展“老有所为模范”“孝老睦邻模范”评选表彰活动启动会。县委常委政府常务副县长黄永红、县委常委宣传部部长刘向前、县委常委统战部部长妇联主席降英、县政府办主任闫志民及各乡镇管委会书记参加启动会。会后，通过宣传发动、组织推荐、填表上报、组织评选、表彰奖励五个阶段后召开表彰大会，对评选出的全县农村13位“老有所为模范”“孝老睦邻模范”（好媳妇）进行隆重表彰，颁发荣誉证书。同年10月，县委常委政府常务副县长黄永红、老龄委主任赵平等慰问全县的10位百岁老人，并为每位百岁老人送上1200元的慰问金及慰问品。老龄委组织相关单位和个人在县老年公寓举行“爱在重阳，感恩行动”的庆祝活动，并对公寓高龄老人进行慰问。

第十一节　机　构

民政局

1989年，山阴县民政局（简称县民政局）成立，是县政府主管社会行政事务的职能部门。1998年5月，县民政局内设机构为办公室、优抚安置科。行政编制8人，其中局长1人，副局长2人。2016年，县民政局内设办公室、社会救助股、优待抚恤股、基层政权和社会事务股、城乡低保股5个股（室）。有山阴县光荣院、山阴县城乡最低生活保障管理中心、山阴县流浪乞讨人员救助站、山阴县安荣中心敬老院4个直属事业单位。在全县4镇9乡设有民政工作站及专职民政助理员。民政局在职干部职工10人。光荣院干部职工32人，流浪乞讨人员救助站2人，最低生活保障中心1人，安荣中心敬老院4人。历任局长有郭自更、王清贵、王俊杰、刘福广。

山阴县民政局

老龄委

山阴县老龄工作委员会（简称县老龄委）成立于1986年，正科级建制。核定科级领导职数1正。2016年，县老龄委内设1个股，即办公室。核定股级领导职数1人。核定财政拨款事业编制9人，其中管理人员编制7人，专业技术人员1人，其他人员编制1人。主要职能是研究、制定全县老龄委事业发展规划；协调和推动有关部门依法做好维护全县老年人权益的保障工作；协调和推动有关部门加强对全县老龄工作的宏观指导和综合管理，开展有利于老年人身心健康的各项活动；指导、督促和检查各单位的老龄工作；推动和指导全县老年福利设施及老年产业的发展，组织协调有关老龄事务的对外交流和重大活动。历任县老龄委主任有郭秀莲、仝循凯、赵平。

第二章　人　事

第一节　工资福利

中华人民共和国建立初期，山阴县党政机关工作人员实行供给制，供给范围包括个人衣、食、住、行、学习等生活必需品。1955年7月实行工资制。1956年，机关事业单位分别实行不同内容的职务等级工资制，实行工资区类别制度。1985年，进行第二次工资改革，以职务（职称）工资为主，包括基础、工龄和奖励工资的结构工资制；设立教龄津贴和护士工龄津贴。各类人员工资水平人均提高17元。1993年，第三次工资改革，机关实行职务级别工资制度，包括职务、级别、基础和工龄工资四部分；事业单位实行全额拨款、差额拨款、自收自支分类管理。人均增资53元，后经六次正常晋档、七次调标，人均增资360元，机关各类津补贴人均增长近700元；事业津补贴人均增长570元。2004年1月开始，为离休干部每人一次性发放生活补贴170元，并先后为机关事业单位干部职工和退休人员每人每月发放生活补贴 100 元，年末又补齐剩余 70 元补贴。2006 年 7 月，第四次工资改革。改革公务员工资制度；事业单位建立岗位绩效工资制度，实行工资分类管理；并完善地区津贴制度。人均增资 300 元。

2008 年 7 月和 2011 年 1 月，全县两次提高津补贴标准，发放公教人员生活补贴，补发离退休干部和公教人员工资，启动住房公积金制度等。2009 年，对村“两委”主干全部兑现财政补贴工资报酬、养老保险。对连续任职 10 年或累计任职 20 年，年满 60 周岁正常离任的村支书、村主任，给予一定年度生活补助。并出台《山阴县义务教育学校实施绩效工资制度的办法》。2010 年 1 月，全县事业单位全部实施绩效工资。2011 年 1 月，提高事业单位绩效工资，人均月增资 1600 元。2011 年 9 月到 2012 年底，对全县 2006 年 7 月工资改革及以后年度晋档进行理顺。调整两次基本工资标准，调整增加三次津补贴，提高干部职工工资待遇。乡镇工作补贴发文并落实。2012 年，规范工资审批制度，制定出台《山阴县县属事业单位实施绩效工资办法》。

2013 年，人力资源和社会保障局（人事）落实第三次提高公务员津贴补贴标准及提高事业单位绩效工资标准。4 月，制定并上报《山阴县提高公务员津贴补贴实施方案》和《山阴县提高事业单位工作人员绩效工资水平实施方案》。5 月，发出《关于提高事业单位工作人员绩效工资水平的通知》。2014 年，印发《关于山阴县机关事业单位在职人员培训学习期间工资管理规定和机关事业单位工作人员死亡后遗属困难补助规定的通知》，对全县机关和事业单位在职人员培训学习期间工资管理规定和机关事业单位工作人员死亡后遗属困难补助人员进行全面核实工作。10 月，进行机关事业单位工作人员养老保险制度改革，县机关事业单位退休人员全部纳入机关事业养老保险所领取养老金。2016 年，人力资源和社会保障局（人事）按照晋政办发《关于调整机关事业单位工作人员基本工资标准和增加机关事业单位离休人员离休费的通知》文件精神，为全县 7144 名在职人员和 83 名离休人员落实调整基本工资标准。将原 200 元津、补贴纳入基本工资，人均新增资 300 元。此次调整工资标准是经济下行压力下第一次调整。7 月，两次调整公务员基本工资标准，将部分规范津贴补贴纳入基本工资。

第二节　人才开发

山阴县人才开发交流服务中心（简称县人才开发中心）成立于 1988 年 2 月，办公地点设在县人事局，隶属县人事局管理，为股级单位。1998 年后，山阴县围绕发展经济，做好人才服务工作。2009 年，以促进高校毕业生就业为重点，加强人才队伍建设。实施“选聘高校毕业生到村任职”“三支一扶”（支教、支农、支医和扶贫）“农村义务教育阶段学校教师特设岗位计划”等项目，充实“三支一扶”支教岗位 29 个；为县乡镇卫生监督所招考 26 名卫生监督员（包括市人才库 3 人），计生服务所 26 名计生服务员。强化对困难家庭高校毕业生就业援助，11 月，推动就业 86 人。同年，联系中煤金海洋集团，建立高校毕业生见习基地并正式挂牌。并于 6 月到省直各大院校招募就业见习人员，登记高校毕业生 200 多人。2010 年，根据山西省人力资源和社会保障厅《关于做好 2010 年高校毕业生就业见习工作的通知》《关于实施 2010 高校毕业生就业推进行动的通知》，落实山阴县京山开发实业有限公司为高校毕业生提供就业见习基地，推荐 80 名高校毕业生就业见习。全县“三支一扶”支教志愿者 29 人，4 人被县里招聘为教师。

2011 年，出台《山阴县基层医疗卫生事业单位及工作人员管理办法》（试行）《山阴县乡镇医疗卫生机构绩效考核办法》，实现基层医疗卫生规范化管理。联系天风学校、天鹏农牧公司等民营企业落实见习岗位 100 个。7 月，分别与山西中医学院、长治医学院、山西医科大学签订定向就业学生 4 人。全年申报 3 个工种 50 名技师，高级工 120 人，中级工 105 人，推进机关事业单位工人技术等级考核工作。2012 年，根据《关于规范事业单位工作人员转岗聘用有关政策规定的通知》，事业单位不再使用聘用制干部称谓，并停办聘用制干部的审批和续聘手续，县人才开发中心事业聘干 721 人。2013 年，联系省级高级专家教授 5 人、市级高级专家 5 人开展指导服务基层活动。指导帮助企事业单位开展专业技术职称评审工作，为山阴中煤顺通、玉井煤业等企业评审初级专业技术职称 68 人，为基层畜牧兽医站评审初级职称 7 人，上报省、市高级职称 21 人，中级职称 178 人。全年审核上报中级职称 74 人，高级职称 156 人，技师 12 人。录入报到大学生 320 人。登记造册高校毕业生党员 293 人。2014 年，全年审核上报中级职称 136 人，高级职称 221 人，技师 142 人。重点在农业、农机、水利等行业，联系省级高级专家教授 3 人开展指导服务基层活动。为政府购买基层公共服务岗位 42 人办理手续。

2015 年，联系省级专家教授 3 人、市级专家 5 人开展指导服务基层活动。申报省级千人百县服务基层专家服务基地 1 个。为教育系统评审初级专业技术职务 145 人，审核中级职称 17 人，高级职称 1 人。工人技术等级上报中级职称 83 人，高级职称 78 人，技师 100 人。2016 年，鼓励企业、学校、社会组织、个人等参与人力资源开发和引进，做好引智引才对接工作。购买基层公共服务人员 46 人，对省市下发的高校应届毕业生名单 438 人进行信息核实登记。先后联系省农科院姚建明、山西现代女子医院林雪峰等高级专家 6 人到山阴县开展服务基层活动，建立试点服务站 3 个。为企业评审工程系列专业技术职务 30 人，聘任高级职称卫生人员 10 人。

第三节　干部管理

公务员队伍

2006 年，全国开始实施公务员法。2009 年，山阴县人事局开始贯彻实施公务员法，做好公务员登记和参公管理工作。处理公务员登记中遗留问题，建立日常登记管理制度，巩固公务员法实施成果。山阴县直政府系统列入范围单位全部完成公务员登记，编制内共登记公务员 178 人。县人事局推进政府序列参照公务员法管理工作，对县直事业单位逐一审核，上报参公管理事业单位 2 个（县文物旅游局、招商局）。

2010 年，县人事局执行公务员法及其配套政策法规，做好公务员录用、调任、考核、任免、奖惩，交流等日常管理工作，推进事业单位参照公务员法管理人员登记入轨运行工作，对全县机关事业单位所有工作人员及基本情况重新核实。建立健全人员电子数据库；完成县 2009 年公务员统计年报工作；完成 2009 年干部年度考核。2011 年，县人事局落实《公务员法》《行政机关公务员处分条例》《政府信息公开条例》等法律规定，强化机关事业单位考核奖惩工作，引导干部做勤奋学习、努力工作、依法办事、勤政廉洁模范。2013 年，县人事局做好公务员日常业务管理工作。根据省、市有关精神，完成公安系统警员职务套改后纳编工作。新登记公务员 25 人。

2015 年，县人事局抓好县以下机关公务员职务与职级并行制度落实。按照晋办发《关于县以下机关建立公务员职务与职级并行制度的实施方案》通知精神，对全县达到规定任职和级别条件公务员，依据其德才表现和工作实绩，按照初核、民主测评和考核、公示、报批等环节，按现任职务管理权限和规定程序进行审批。全年晋升正处 3 人、副处 48 人、正科级 83 人、副科级 148 人。落实高校毕业生有关政策待遇。做好高校毕业生党员档案转递工作。做好公岗人员和见习岗位人员日常管理和考核工作，共安排见习岗位 760 人，政府购买基层公共服务人员 78 人。2016 年，县人事局把人事工作重心从招聘转移到日常监督管理，制定完善财政人员管理、机构实名制管理、绩效工资发放、借调人员管理、临时聘用人员管理等办法，形成一整套制度体系，对违纪违规人员严格依法处理，强化机关事业单位干部队伍管理。同年，政府购买基层公共服务人员 70 人，见习岗位 101 人，并将服务期满的 32 名公购人员转为公益性岗位。

干部培训

2009年，县人事局村加强大学生村干部管理教育。与各乡镇签订大学生村干部管理工作责任状，建立大学生村干部待遇保障、教育培训、考核评价、创业推动、合理流动“五大机制”。新录用53名大学生村干部。在全县大学生村干部开展“四比一争”活动，激发献身新农村建设，干事创业热情。重点对近年来选聘大学生村干部，农村“两委”干部、农村科技带头人等3万人次进行党的政策和农业技术培训。2011年，县人事局加强干部教育和培训，邀请14位国内著名专家学者对全县科级以上干部和大学生村干部组织13次专题培训，分三批将150名新任科级领导分别送往清华、浙大、哈工大进行学习培训。2015年，县人事局在朔州市率先组织485名农村“两委”主干、160名正科实职干部、66名“第一书记”进行培训。2016年，山阴县对县党代表、各乡镇人大主席、纪委书记、武装部长及全县副科以上干部进行教育培训3期，共培训1079人。

干部任职与退休

2008年，县人事局对教师队伍进行整顿，返岗教师230人，80名请假教师完善相关手续，录用28名支教大学生到农村任教，充实农村师资力量，为55名长期代课教师提高代课补助。2010年，根据有关离退休政策规定，县人事局做好机关事业单位干部职工退休审批以及对退休人员管理和慰问工作，办理退休手续39人。完成县政府交办股级干部任免19人。2011年，县人事局开展干部人事档案整理工作。集中力量对所管1600余份干部档案、2500余份聘用制干部档案进行标准化整理，补充短缺材料、档案目录、各种认定表8万余份，完成档案整理主体工程。

2012年，继续做好干部人事档案整理工作。县人事局完成“三龄两历一身份”认定，进行建立干部电子档案，完成公务员信息库建设。2006年后，机关事业单位增资表全部装入本人档案。2013年，开展干部人事档案“三龄两历一身份”集中清理工作。县人事局按干部管理权限，以干部“三龄两历一身份”信息为重点，本着积极稳妥、实事求是原则，对2000多份出生时间、参加工作时间、入党时间和学历学位等进行认定，按照法规认定情况填写《干部基本信息审核认定表》，分别由审核人、干部本人、部门负责人签字并加盖公章，及时归入本人档案。年中、年底分两次为到龄人员办理退休手续。通过核实档案年龄，及时通知到龄人员所在单位和本人办理退休手续，对不及时办理退休手续人员，一律通过财政停发工资。

2015年，接收工商、质检部门划归县级管理。按照干部管理权限，县人事局对工商、质检部门干部档案进行核实、认定、接收并核定工资手续。工商局接收在职人员77人，离退66人；质检局接收在职人员37人，离退9人。接收66名大学生村干部考试聘用山阴县事业编制工作人员。为到龄人员积极办理退休手续，到目前为止已办理59人。对立功受奖人员提高标准14人，其中，立“三等功”13人，受省级表彰1人。山西省2014年人力资源统计年报中，山阴人事局受到全优表彰通报，全省表彰全优县区22个，朔州市仅山阴1家。2016年，县人事局为到龄人员办理退休手续12人。

第四节　机　构

县人事局是县政府综合管理全县人事行政工作、机构编制工作和人事制度改革工作的职能部门。1998年5月，县人事局内设机构为办公室、工资福利股、专业技术人员管理股。行政编制12人，其中局长1人，副局长3人。历任人事局长有徐万道、任君、秦汉文。

2009年，根据《中共山阴县委、山阴县人民政府关于印发〈山阴县人民政府机构改革方案〉的通知》，设立山阴县人力资源和社会保障局（简称县人社局），正科级建制，为人民政府工作部门。下设办公室、公务员管理股、专业技术人员管理股、工资福利和离退休股、规划就业指导股、劳动监察股、基金监管股、调解仲裁管理股和社会保险股。行政编制 18 人，其中局长 1 人，副局长 3 人。2016 年，山阴县人力资源和社会保障局根据《中共山阴县委、山阴县人民政府关于印发〈山阴县人民政府机构改革方案〉的通知》，下设办公室、公务员管理股、专业技术人员管理股、工资福利股、规划就业指导股、劳动监察股、调解仲裁管理股、基金监督管理股、社会保险股，下属事业单位 31 家，有山阴县社会劳动保险事业所、机关事业单位养老保险所、城乡居民养老保险管理服务中心、城镇职工基本医疗保险管理服务中心、城乡居民医疗保险管理服务中心、工伤保险事业所、职工失业保险所、城镇职工生育保险管理服务中心、劳动人事争议仲裁院、劳动监察大队、劳动力市场管理服务中心、创业就业指导中心、社会保险费统一征缴办公室、劳动保障信息中心、职业技能鉴定中心、门诊服务部，以及 15 个乡（镇）、街道劳动就业社会保障服务所。

第三章　劳动与社会保障

第一节　保障体系建设

1998 年，山阴县加大社会保障体系建设力度，加强养老保险费征缴，失业保险机制得到规范，医疗保险工作进一步展开，低保工作得到全面落实。2003 年，全县共征缴养老保险费 1180 万元，占任务的 102%，参保职工 9580 人，发放养老保险费 1193 万元。完成失业保险费征缴 131 万元，占任务的 101%。城市低保工作做到在动态管理下应保尽保。成立劳动力管理服务中心，为劳务输出、下岗再就业创造条件。以养老保险、失业保险、医疗保险、城市低保为主体的社会保障体系得到完善。

2004 年，共征缴养老保险费 1580 万元，占任务的 127%，参保人数 9580 人，发放养老保险费 1080 万元。完成失业保险费征缴 136 万元，参保人数 10140 人。2005 年，征缴农村养老保险费 38 万元，全面完成年度任务。2007 年，山阴县农村养老保险管理服务中心征收农村养老保险 80.8 万元，完成年任务 80 万元的 101%。低保工作继续推进和完善“应保尽保，分类施保”制度。全县享受城市最低生活保障人员共 12576 人 4796 户，启动农村低保制度，确定农村低保人数 12528 人 7270 户。2008 年，农村养老保险参保人员达到 3400 人。山阴县农村养老保险管理服务中心继续推进和完善城市居民最低生活保障制度，全年为享受城市最低生活保障的 5206 户 13818 人发放低保资金 1920 万元，为享受农村低保的 13028 人发放低保金 797.3 万元。对全县 65 周岁以上的农村居民实施生活补助，为符合条件的 19367 人发放补助金 348.61 万元。对全县五保户实施应保尽保，为五保对象 1965 户 2015 人发放五保金 290.16 万元。对农村特困群众重大疾病医疗实施救助，为 1985 人发放医疗救助金 74.2 万元。

2009 年，农村养老保险列入省级、国家级试点。60 周岁以上农民每人每月可领取 55 元基础养老金，全部由国家财政负担。每年为全县 2.6 万 60 周岁以上农民发放基础养老金 1716 万元。城乡低保纳入 2.9 万人，发放低保金 3417 万元，做到应保尽保。2015 年，山阴县农村养老保险管理服务中心首次提高城乡居民 60 周岁以上领取人员基础养老金，每人每月增加到 110 元。2016 年，按照“全覆盖、保基本、多层次、可持续”的方针，坚持以扩面征缴为重点，健全制度，完善体系，统筹城乡社会保险发展。全年养老、医疗等五项社会保险征缴保费 46945 万元，待遇支付 48820 万元。

第二节 监察仲裁

监 察

1998年后，山阴县通过建立县、乡（镇）、村“一级执法、三级管理”劳动保障监察管理体系，利用劳动用工备案管理系统，适时采集和监控网格内用人单位劳动合同、工资支付、社会保险等方面信息，对用人单位劳动用工行为进行科学化和规范化管理，形成“全覆盖、全方位、全动态、全过程”管理机制，提高劳动保障监察工作效率，实现劳动保障监察维权职能向基层延伸。2011年，立案18起，结案18起，涉及农民工381人，涉及农民工工资504万元。2012年1月，华东矿建工程有限公司五家沟煤矿项目部发生欠薪案，经劳动监察大队多方协调，由金海洋集团总部发放76名工人370万元工资。全年立案26起，结案26起，涉及农民工765人，涉及农民工工资715.84万元。

2013年，立案11起，结案11起，涉及农民工188人，涉及农民工工资103.11万元。2014年，繁峙县建筑安装有限公司（山阴县二中、六中、薛圐圙幼儿园项目部）农民工讨薪案，该案分三次全部处理完成，涉及农民工145人，发放农民工工资411.9万元。全年立案27起，结案27起，涉及农民工222人，涉及农民工工资409.4万元。2015年，立案10起，结案10起，涉及农民工105人，涉及农民工工资173.44万元。2016年1月20日，朔州市烨锋工程建设有限公司山阴项目部工人周尚武等187名农民工讨薪案，经劳动监察大队多方协调，同年2月14日，该项目甲方山西华昱房地产开发有限公司将187名农民工394万元工资全部发放。全年立案8起，结案8起，涉及农民工280人，涉及农民工工资549.11万元。

仲 裁

山阴县劳动人事争议仲裁院（以下简称县仲裁院）前身为山阴县劳动争议仲裁委员会办公室，成立于1992年。1998年，调解案件12起，裁决1起。1999年，调解案件9起，裁决1起。2000年，调解案件14起，裁决1起。2001年，受理案件28起，调解25起，裁决3起。2002年，调解案件31起，裁决3起。2003年，调解案件23起，裁决2起。2003年后，以案件受理多元化、纠纷处理多样化为导向，以山阴县劳动者众多、安全系数相对低的煤炭企业为重点，探索受理新的案件类型，创新纠纷处理模式，提高仲裁效率。2004年，调解案件21起，裁决1起。2005年，调解案件19起，裁决2起。2006年，调解案件18起，裁决1起。2007年，调解案件22起，裁决1起。2008年，调解案件30起，裁决1起。2009年，调解案件23起，裁决3起。2010年，调解案件36起，裁决6起。2011年，调解案件32起，裁决3起。2012年，调解案件26起，裁决3起。2013年，调解案件43起，裁决5起。

2014年7月1日起，山阴县把《事业单位人事管理条例》纳入劳动人事争议调解仲裁受理范围。全年受理案件42起，调解39起，裁决3起。2015年，新增网上信访转接机构，拓宽劳动争议受理渠道。全年劳动争议仲裁立案裁决8起，案外调解8起，不予受理54起，结案率100%。重点解决拖欠农民工工资问题，先后为93名农民工追回拖欠工资150.8万元。2016年，成立劳资纠纷调解领导组，同时成立劳动人事争议仲裁委员会和劳动人事争议仲裁院，加强劳动人事争议仲裁实体化建设并依法开展工作。全年处理涉及劳动人事方面案件49起，因故不予受理46起，调解结案2起，仲裁裁决1起，结案率100%。

第三节 社会保险

养老保险

企业养老保险 1998—2016年，是山阴县企业养老保险发展、规范、完善阶段。养老保险扩面工作由国有企业扩大到集体企业，再扩大到私营企业及灵活就业人员；养老金社会化发放由国有企业扩大到集体企业；职工退休由国有集体企业正式工扩大到临时工，以及灵活就业人员；养老保险经办工作由手工操作实现计算机操作。

1998年，山西省出台《中共山西省委、山西省人民政府关于进一步做好国有企业下岗职工基本生活保障和企业离退休人员基本养老金按时足额发放工作的通知》等一系列关于养老保险重要文件。山阴县通过规范缴费基数和比例、规范基本养老保险个人账户、规范基本养老保险金计发办法和规范养老金调整机制，企业养老保险逐渐向省级统筹进行过渡。同年6月，全县共拖欠离退休人员养老金424万元，绝大多数企业无力缴纳企业保险费，在养老保险所领取养老金的312名退休人员只领取8个月养老金。省、市给山阴县拨付179万元补助基金，补发企业退休人员历年养老金拖欠款，涉及人数876人。1999年1月24日，国家《社会保险费征缴暂行条例》颁布实施。山阴县企业养老保险出现两个转变，企业参保由自愿实现强制，职工参保由自由实现必须。2000年，成立全省首家社会保险费征缴合议庭，专门配合养老保险所征缴企业养老保险费。合议庭首批对全县5家欠缴养老保险费大户进行起诉。2001年，朔州市政府召集各区县召开企业养老保险征缴动员大会，号召全市开展“养老保险征缴百日行动”。山阴县征缴到876余万元养老保险费，首次完成并超额完成市政府下达的年度目标任务。2002年，规定改造旧城中凡涉及企业门店拆迁，政府给予的拆迁补偿费，首先用于养老保险缴纳。商业系统、县社系统等下属企业用拆迁补偿费为职工一次性补缴15年的养老保险费。

2004—2005年，企业临时工开始纳入养老保险统筹，对长期临时工从1994年1月起实行补缴基本养老保险费。部分私营企业如蒙牛、伊利等开始参加基本养老保险。二轻系统312名在职职工个人垫缴养老保险。至2005年12月，全县征缴企业养老保险费1650万元，超全年任务220万元，发放率100%；征缴失业保险费115万元，参保职工1.1万人；医疗保险覆盖面达到1.18万人；征缴工伤保险481万元，超计划1万元，参保人数达到万人以上。2006年，县人事局解决职工拖欠工资、养老保险费等问题。全年共解决14家购销企业拖欠职工工资463万元，缴纳欠缴养老保险费129万元，发放退休人员生活补贴24万元。2007年，出台《关于煤炭企业养老保险费征缴的实施意见》，明确规定按吨煤2元征缴集体部分养老保险，由国税局代扣代缴，个人部分养老保险费由煤炭企业按职工个人实际工资总额代扣代征。全年征收养老保险费3393万元，完成年任务3353万元的101%，参保人数达到10500人，发放养老金2600万元，发放率100%。征收失业保险费194.45万元，完成年任务190万元的102%，参保人数达到10700人，发放失业金58万元。征收医疗保险费1550万元，实现年任务1100万元的140%。工伤保险费征收1041万元，完成年任务550万元的190%。参保职工达到15000人，支付工伤保险费601万元。2008年初，以1号文件出台《关于困难企业职工补缴养老保险费的实施意见》。全县4000多名职工补缴基本养老保险费，养老保险费征缴首次突破亿元大关，国有集体企业养老保险实现全覆盖。

2009年，山西省人力资源和社会保障厅出台《关于统一和规范全省城镇企业职工补缴基本养老保险费的办法》《达到国家规定的退休年龄但不符合按月领取基本养老金条件的参保人员基本养老保险费的续费办法》。山阴县把工作重点放在解决机关事业单位编外人员养老保险问题上，对年龄偏大人员采取补费办法，对年龄偏小人员采取当期缴费办法。县煤炭运销公司、县审计局、县同煤集团、县事务局、县煤炭管理局等机关事业单位，先后为本单位编外人员补缴基本养老保险费。县养老保险按时足额缴费体制逐步建立。2012 年，山西省人社厅出台《关于解决原国有煤炭企业农民合同制工人参加企业职工基本养老保险的意见》《关于做好国有煤炭企业合同制工人参加企业职工基本养老保险社会统筹经办管理工作有关问题的通知》，解决国有煤炭企业农民合同制工人无养老保险问题。大同矿务局、王坪煤矿、小峪煤矿为 414 名农民合同制工人补缴基本养老保险费。同年，山西省人力资源和社会保障厅又出台《关于社会保险费统一征缴管理有关问题的通知》。山阴县成立全省首家“征缴办”并批复机构和编制。2013—2016 年，全县有 3000 多名灵活就业人员参加基本养老保险。金海洋集团在县养老保险工作中起到龙头作用，年均缴费近 4000 万元。

机关事业单位养老保险　1993 年 5 月，县社会劳动保险事业所结余机关事业单位合同制职工养老保险基金 19.71 万元，一次性划归山阴县人事局。2003 年，人事局向县机关事业单位养老保险所移交养老保险基金 102.29 万元，年底结余 186.12 万元。2004 年，县机关事业单位养老保险所结余养老保险基金 376.94 万元。2005 年，县机关事业单位养老保险所征缴机关事业单位养老保险费 162 万元，比年度任务超收 67 万元，年底结余 387.85 万元。2006 年，县机关事业单位养老保险所结余养老保险基金 1281.08 万元。2007 年，县机关事业单位养老保险所征收机关养老保险 449 万元，完成年任务 440 万元的 102%，年底结余 1336.94 万元。2008 年，县机关事业单位养老保险所结余养老保险基金 1518.71 万元。2009 年，县机关事业单位养老保险所结余养老保险基金 1542.01 万元。2010 年，县机关事业单位养老保险所结余养老保险基金 1675.12 万元。2011 年，县机关事业单位养老保险所结余养老保险基金 1658.03 万元。2012 年，县机关事业单位养老保险所结余养老保险基金 1781.43 万元。2013 年，县机关事业单位养老保险所结余养老保险基金 2770.18 万元。2014 年，县机关事业单位养老保险所结余养老保险基金 2971.4 万元。2015 年，县机关事业单位养老保险所结余养老保险基金 3251.1 万元。2016 年，县机关事业单位养老保险所结余养老保险基金 6344.4 万元。

城乡居民基本养老保险　2003 年 3 月至 2009 年 12 月，2003 年，山阴县农村社会保险工作由县民政局划归县劳动和社会保障局。3 月 31 日，山阴县农村养老保险管理服务中心成立。山阴县执行老农保（农民自己缴费，实为自我储蓄的模式），以农民个人缴费为主，集体补助为辅，国家政策扶持；农民个人缴费和集体补助全部记入个人账户，按照国家规定运营增值；参保人达到 60 周岁时，根据其个人账户基金积累总额和领取人的相关因素计发养老金。2009 年 1 月，山阴县被确立为山西省 22 个省级新型农村社会养老保险试点县之一，人力资源和社会保障局（劳动）贯彻执行省政府转发的《关于开展新型农村社会养老保险试点工作的指导意见》文件，农村养老金全部实现社会化发放，并且新老农保进行衔接，凡已参加老农保、年满 60 周岁已开始领取养老金的参保人，可直接享受新农保基础养老金；对已参加老农保、未满 60 周岁没有领取养老金的参保人，将老农保个人账户资金并入新农保个人账户，按新农保缴费标准继续缴费，待遇符合规定条件时享受相应待遇。1 月，60 周岁以上农村老年居民开始领取新型农保基础养老金；11 月，每人每月享受基础养老金 30 元，享受人数为 22572 人，共发放新型农保基础养老金 749.5 万元；12 月，山阴县被确立为全省首批 15 个、全市唯一一个新型农村社会养老保险国家级试点县，依据人力资源和社会保障部《新型农村社会养老保险经办规程（试点）》文件，12 月 27 日，县政府下发《山阴县开展国家级新型农村社会养老保险试点工作的实施方案》，启动国家级新型农保试点工作，基础养老金标准为每人每月 55 元，享受人数为 24860 人。全年共发放基础养老金 20 万元，标志着山阴县覆盖农村居民的养老保障体系基本建立，在全省 27 个试点县中率先实现养老保障制度对广大农村居民的覆盖。

2011 年 7 月，山阴县被确立为首批国家级城镇居民养老保险试点县，依据《国务院关于开展城镇居民社会养老保险试点的指导意见》文件，县政府下发《山阴县开展国家级城镇居民社会养老保险试点工作的实施方案》，启动国家级城镇居民养老保险试点工作，基础养老金标准为每人每月 55 元。这一制度的建立，标志着山阴县覆盖城乡居民的养老保障体系基本建立。2014 年 2 月，国务院出台《关于建立统一的城乡居民基本养老保险制度的意见》，在总结新型农村社会养老保险和城镇居民社会养老保险试点经验基础上，决定将新农保和城居保两项制度合并实施，在全国范围内建立统一的城乡居民基本养老保险制度。2015 年，山阴县下发《关于建立统一的城乡居民基本养老保险制度的实施办法》，文件规定：基础养老金标准为每人每月 110 元（中央财政 70 元，省级财政 10 元，市、县财政各 15 元），享受人数为 29361 人。城乡居民养老保险坚持和完善社会统筹与个人账户相结合的制度模式，巩固和拓宽个人缴费、集体补助、政府补贴相结合的资金筹集渠道，完善基础养老金和个人账户养老金相结合的待遇支付政策，强化长缴多得、多缴多得等制度激励机制，建立基础养老金正常调整机制，健全服务网络，提高管理水平，为参保居民提供方便快捷服务。2016 年，城乡居民养老保险参保人数 145113 人，保险费征收 1468 万元，待遇支付 4300 万元。

医疗保险

新型农村合作医疗　山阴县于 2007 年 11 月筹建新型农村合作医疗管理中心，2008 年正式实行新型农村合作医疗制度。新型农村合作医疗制度是由政府组织、引导、支持，农民自愿参加，个人、集体和政府多方筹资，以大病统筹为主的农民医疗互助共济制度。主要采取个人缴费、集体扶持和政府资助的方式筹集资金。同年，农民个人缴费 20 元，政府人均补助 80 元，参合人数为 150674 人，农民受惠 37506 人次，报销金额 1067.7 万元。2008 年之后，个人缴费金额先后由每人每年 20 元，提高到 30、50、60、70、90 元。

2016 年个人缴费金额为每人每年 120 元。政府人均补助标准从 2008 年的每人每年 80 元的基础上，提高到 120、200、240、280、320、380 元。2016 年政府人均补助达到每人每年 420 元。2016 年，山阴县参合人数为 151048 人，农民受惠 252290 人次，报销金额为 7021 万元。2016 年参合农民报销在减去相应起付线后，报销标准为县级 90%，三级乙等及以下县内为 75%、县外市内为 65%，市外省内为 55%，三级甲等及以下为 55%；省外为 55%。新型农村合作医疗解决了农民看病难、看病贵的问题，减轻了农民负担。

城镇职工医疗保险　1998 年 12 月，国务院出台《国务院关于建立城镇职工基本医疗保险制度的决定》。1999 年 8 月，山西省人民政府出台《贯彻〈国务院关于建立城镇职工基本医疗保险制度的决定〉的实施意见》。2001 年 4 月，山阴县成立城镇职工基本医疗保险管理服务中心，主要职责是负责全县城镇职工医疗保险的筹集、管理和发放工作。2001 年 12 月，朔州市城镇职工基本医疗保险制度改革领导小组《关于印发〈朔州市城镇职工基本医疗保险实施细则〉等有关配套性文件的通知》。2002 年 11 月，山阴县人民政府印发《山阴县城镇职工基本医疗保险实施细则》文件。基本医疗保险费由用人单位和职工共同缴纳，其中，党政机关、事业单位和社会团体单位按职工上年度工资总额的 2% 缴纳，职工个人按本人上年度工资收入的 2% 缴纳，退休人员不缴纳基本医疗保险费；县境内企业和驻县单位按职工上年度的 6% 缴纳，职工个人按上年度工资收入的 2% 缴纳，退休人员不缴纳基本医疗保险费。随着县域经济的发展和县委、县政府对民生事业的高度关注。2008 年 1 月，县直党政机关、事业单位和社会团体单位缴纳的基本医疗保险费，达到国家规定的缴费比例，即用人单位按职工上年度工资总额（包括退休人员工资）的 6% 为职工缴纳基本医疗保险费。

2008 年山阴县根据《国务院关于开展城镇居民基本医疗保险试点的指导意见》和《山西省人民政府

关于开展城镇居民基本医疗保险试点的实施意见》有关规定，在2008年4月成立城镇居民医疗保险所。2008年6月1日，山阴县正式开展城镇居民医疗保险工作。城镇居民医疗保险所主要负责全县城镇居民医疗保险的筹集、管理和发放工作。工作实行四级统筹，市、县区两级经办，全市统一政策规定、统一缴费标准、统一支付比例、统一基金管理。2009年，山阴县发布文件《山阴县人民政府关于调整城镇居民基本医疗保险政策的通知》，按照要求城镇居民医疗保险从2009年1月1日起设立普通门诊费用统筹基金。2011年朔州市发布《朔州市城镇居民基本医疗保险门诊大病（慢性病）统筹管理试行办法》的通知，山阴县按照要求启动居民门诊大病16种（慢性病）。2011年6月，朔州市人民政府印发《朔州市城镇职工基本医疗保险市收统筹暂行办法》，2012年1月，山阴县城镇职工基本医疗保险实现了市收统筹，开启城镇职工医疗保险新时代。到2016年12月底，山阴县城镇职工参保单位324个，参保人员19165人，基本医疗保险费征收4362万元。至2016年12月底，参保人数为32000人，享受住院待遇人数为10032人，门诊慢性病为450人。

失业保险

1998年，山阴县全县征缴失业保险金，用人单位按工资总额的1%缴纳，职工按月工资总额的0.5%缴纳。1999年1月，国务院颁布《失业保险条例》，规定失业保险基金不再承担失业人员生产自救扶持任务，保证专款专用，领取失业保险期限与实际缴费时间相结合。征缴比例由城镇企事业单位按单位工资总额的2%缴纳，职工按个人工资的1%缴纳。1999—2005年，全部企事业单位按干部职工工资缴纳失业保险费，由单位缴纳2%，个人缴纳1%。此期间逐步扩大征缴范围，县劳动保险所统筹全县企事业单位、民营企业、股份制企业、民办非企业、个体工商户保险费的征缴以及发放工作。到2008年，此项工作步入正轨，征缴的力度逐步加大，全县参保的企事业单位达160多个，参保8956人，累计库存余额378万元，2009年后由朔州市统筹管理。

工伤保险

1997年，山阴县政府落实国务院《1996企业职工工伤保险试行办法》，一矿、二矿、一针、二针等国有企业参加工伤保险。2004年1月，国务院《工伤保险条例》施行。2005年，山阴县建立工伤保险业务流程和基金专户，保障劳动者在工作中或在规定的特殊情况下，遭受意外伤害或患职业病导致暂时或永久丧失劳动能力以及死亡时，对劳动者实行法定的医疗救治以及必要的经济补偿。工伤保险实行无过错原则，由用人单位为职工缴纳工伤保险费。2009年，推进民营企业参加工伤保险。2016年，山阴县参保单位289家，参保人数30000人，征收工伤保险费1200万元。

生育保险

2006年，山西省人民政府印发《山西省城镇职工生育保险办法》，要求全省境内城镇所有用人单位，包括各类所有制企业、机关、事业单位、社会团体、民办非企业单位及其职工，以及城镇个体经济组织业主及其从业人员，应当参加城镇职工生育保险。生育保险统筹层次与城镇职工基本医疗保险保持一致，实行统一参保、统一征缴、统一管理、分别运行的管理方式。山阴县于2008年启动城镇职工生育保险工作，2009年后由朔州市统筹管理。

第四节　劳动者再就业

1998年，山阴县就业与再就业领导组成立，办公室设在县劳动局。1998—2001年，山阴县共办再就业中心66个，举办下岗职工培训，共4期108人次，实现再就业796人，再就业率达63%。2005年，山阴县人力资源和社会保障局（劳动）通过引进县外企业项目，做大做强县内企业，直接新增就业人数超过1万多人，带动三产服务业繁荣发展，仅县城三产服务业人员达3万多人。

2006年，山阴县就业与再就业领导组贯彻落实“劳动者自主择业，市场调节就业和政府促进就业”方针，在重点解决体制转轨遗留再就业问题的同时，把高校毕业生就业工作摆到重要位置。2008年，注入再就业资金2000万元，注入社保补贴资金60万元，出资购买公益性岗位576个，缓解下岗失业人员就业难问题。全县城镇新增就业人员6884人，835名下岗失业人员实现再就业，城镇登记失业率控制在2.6%。2009年，通过岗位技能培训、就业指导、职业介绍等服务活动，807名下岗职工实现再就业，2213名农村劳动力实现转移，304名困难大学生实现就业。全县失业率控制在3.8%以内，低于山西省平均水平。

2012年，山阴县就业与再就业领导组鼓励促进各类群体开展创业创新活动，通过创业带动就业。开展职业技能培训和岗前培训，稳岗和增岗工作同时推进，解决经济结构调整、产权置换过程中产生的人员富余分流问题。鼓励高校毕业生创业带动就业和小微企业吸纳就业，并给予政策扶持和资金扶持。2016年，实施就业优先战略和更加积极的就业政策，主动适应经济发展新常态，解决高校毕业生就业和化解产能过剩人员安置两项重点问题。全年城镇新增就业2793人，下岗失业人员再就业1007人，发动就业286人，创业带动就业617人，农村富余劳动力新转移2517人，城镇失业率控制在3.15%。

第五节 职工抚恤与退休

因病因公死亡抚恤金发放

1998年1月至2002年9月，企业在职职工死亡与退休人员死亡的抚恤金执行同样标准。山阴县企业因病或非因公死亡职工丧葬补助费1000元，一次性抚恤金500元。因工致残死亡丧葬费补助金2000元，一次性工亡补助金1000元。因病或非因工死亡职工供养直系亲属生活困难补助费为：家居省辖市的每人每月60元，家居县市镇的每人每月50元，家居农村的每人每月40元。2002年10月至2006年12月，山阴县企业因病或非因工死亡职工丧葬补助费2000元，一次性抚恤金1000元。供养直系亲属的生活困难补助费为：家居省辖市的每人每月100元，家居县市镇的每人每月80元，家居农村的每人每月70元。因工致残死亡人员丧葬补助金3000元，一次性工亡补助金2000元。供养直系亲属抚恤金为：家居省辖市的每人每月180元，家居县市镇的每人每月150元，家居农村的每人每月120元。2004年全省启动工伤保险，因工致残人员的丧葬费、抚恤金以及供养直系亲属的生活补助费另行有关规定。2007年1月后，因新型农村养老保险启动和城镇居民最低生活保障制度建立，山西省再未发文提高标准遗属生活困难补助费。2007年1月至2016年12月，山阴县企业因病或非因工死亡职工丧葬补助费2000元，一次性抚恤费3000元。供养直系亲属的生活困难补助费为：家居省辖市的每人每月140元，家居县市镇的每人每月120元，家居农村的每人每月100元。

退休年龄

2008年1月至2016年12月，山阴县职工退休仍执行《国务院关于工人退休、退职的暂行办法》，文件规定正常退休年龄为男性年满60周岁，女性年满50周岁；特殊工种退休年龄为男性年满55周岁，女性年满45周岁。对于临时工、农民合同制工人，退休政策执行国家劳动部《关于完善城镇职工基本养老保险政策有关问题的通知》，退休年龄为男性年满60周岁，女性年满55周岁，不能按特殊工种退休，也不能因病退休。

退休金

1998—2016年，山阴县退休人员先后17次调整养老金（增资），其中，1999年，人均增资50元，涉及调资退休人员 1306 人；2002 年，人均增资 75 元，涉及人员 1875 人；2004 年，人均增资 40 元，涉及退休人员 2026 人；2007 年，人均增资 95 元，涉及退休人员 2485 人；2010 年，人均增资 110 元，涉及退休人员 3120 人；2012 年，人均增资 200 元，涉及退休人员 4316 人；2014 年，人均增资 240 元，涉及退休人员 5880 人；2016 年，人均增资 163 元，涉及退休人员 6487 人。山阴县人均月养老金由 1998 年的 276 元，提高到 2016 年人均月养老金 2412 元。

第六节　机　构

山阴县社会保障服务中心

1997 年 5 月，撤销劳动人事局，成立人事局、劳动局。山阴县劳动局是县政府综合管理全县劳动工作的职能部门。1998 年 5 月，县劳动局内设办公室、工资与职技工作站、劳动监察股。行政编制 10 人，其中局长 1 人，副局长 2 人。

2002 年，山阴县劳动和社会保障局成立。2003 年 1 月，山阴县机关事业单位养老保险所（简称县机关事业单位养老保险所）成立，由山阴县人事局管理的机关事业单位养老保险职能归县机关事业单位养老保险所管理，开始机关事业单位养老保险制度试点运行。2007 年 3 月，山阴县职业培训中心（以下简称县职业培训中心）成立，是县劳保局内设机构。2015 年 11 月，经县人社局局务会研究通过，县职业培训中心撤销，其职能划归劳动力市场管理服务中心。2009 年，县劳动和社会保障局与县人事局合并成立山阴县人力资源和社会保障局。历任劳动局局长周世仁、樊盛兴、王振林、李官。

第四章　扶贫开发

第一节　帮扶对象

2001 年，山阴县被山西省定为插花贫困县。分布于西北部山坡区的 6 个乡镇 87 个贫困村被列入其中，共有 11000 户 38630 人。2005 年 10 月，山阴县扶贫开发办公室开始对贫困人口建档立卡，并于年底将所有贫困人口档案录入微机。2010—2012 年，县扶贫办完成“两项制度”（对低收入以下符合低保标准的低保对象，通过农村最低生活保障制度保障其基本生活，做到应保尽保；对低收入以下符合扶贫开发标准具有劳动能力的扶贫对象，通过项目开发，实现增收脱贫，做到应扶尽扶）有效衔接识别工作，共识别贫困人口 31000 人。其中，2010 年完成 17000 人登记造册，录入专门系统管理；2012 年，完成对薛圐圙乡、马营庄乡、北周庄镇、古城镇、张家庄乡、后所乡、安荣乡、合盛堡乡等 8 个乡镇共 14000 名贫困人口识别与上报工作。

2014 年，重新识别贫困户，完善补充建档立卡工作，确定贫困规模 11658 户 30966 人。2015 年，进行“回头看”，对 2014 年建档立卡 39 个贫困村和 30966 口贫困人口进行复核，精准识别贫困人口 2291

户5817人，完成三个试点村推进工作。2016年，实现全过程留痕管理，对贫困人口识别精准。要求各乡镇按照宣传动员、农户申请、民主评议、公示公告等“两公示一公告”相关程序进行，开展建档立卡“回头看”“再回头看”和核查整改。同时从11月中旬进入贫困退出验收准备阶段，各乡镇于11月底开始组织初验贫困退出全过程，执行“一公示一公告”流程，并组织13个验收组进行全面核查。

第二节　扶持措施

政　策

1998以来，县扶贫办通过争取项目和资金，扶持一大批种植、养殖及农副产品加工企业，带动当地农民从事相关产业，形成企业联基地、基地带农户的农业产业化模式，促进当地调整产业结构，增加农民收入。2008年，县扶贫办共争取到9个产业化扶贫项目，落实财政扶贫资金56万元，为国家级扶贫龙头企业辈辈龙蔬菜食品饮料有限公司争取到贷款贴息67.5万元。2009年，为辈辈龙蔬菜食品饮料有限公司争取贷款贴息123万元。2010年，国家扶贫龙头企业贷款140.26万元到位。企业对贫困农民的固定用工和临时用工占到用工总数的50%以上；企业以贫困农户为主的种养业原料基地采购原料占企业使用原料总数的60%以上。2011年，扶持辈辈龙蔬菜食品饮料有限公司贷款贴息140.4万元。通过“公司＋农户”形式，收购胡萝卜等蔬菜，辐射带动周边750户贫困农民种植胡萝卜1453亩，实现增收致富。扶持省级龙头企业鑫邦燕麦食业有限公司贷款贴息24万元，带动农户120户从事相关产业，同时解决一部分农村剩余劳动力就业问题。2012年，争取产业化种草养畜项目5个，资金29万元。帮助辈辈龙蔬菜食品饮料有限公司申请解决贷款贴息104.25万元，带动周边800多户贫困农民实现增产增收。为全县从事种植、养殖、加工和农副产品流通的1245户贫困农民申请小额贷款贴息70万元。并争取到朔州市2012年干部下乡住村、领导包村增收项目资金235万元，共涉及32个村，内容包括小杂粮种植、养殖、村级基础设施建设及基础组织建设等。

市委书记在下喇叭乡调研

2013年，争取到各类扶贫资金1444.18万元。完成3万亩马铃薯机收作业补贴扶贫项目，涉及合盛堡、吴马营、张家庄、下喇叭、马营、玉井、岱岳、马营庄、后所等9个乡镇。县长任组长、有关职能部门参与的百企千村产业扶贫开发领导组成立，组织引导企业参与产业扶贫开发，年内共有8个企业参与扶贫项目开发，投入资金12.3万元，培训企业用工450人，开工数与投资数位居全市首位、全省前列。全年落实补助资金200万元，争取到朔州市2013年干部下乡住村、领导包村增收项目资金170万元。2014年，根据山阴实际情况，县扶贫办将朔州市下达的14家参与煤炭企业调整为中煤华昱能源、同煤朔州煤化、古城乳业、宇昊蘑菇、天鹏农牧、辈辈龙蔬菜食品饮料有限公司等6家能源企业和4家民营企业并得到市里认可。截至11月底，6家企业已完成投资26.03亿元，占项目总投资计划的69.69%。项目建设后，可形成9.6万亩产业基地，带动3200个贫困劳动力。2015年，省扶贫办下达山阴县“金融扶持贫困农户小额贷款”工程风险补偿金300万元，计划发放贷款额度为2400万元。合作银行山阴县邮政储蓄银行发放贷款54万元，其他银行发放贷款190万元，年产3万吨蘑菇种植及深加工系列产品项目贷款2000万元。

2016年，县扶贫办开展财政专项扶贫资金资产收益扶贫试点工作，玉井、合盛堡、下喇叭等10个乡镇把财政专项扶贫资金投放到古城、泰和牧业、华夏煤业、驿泽等企业，作为资产资金收益扶贫的实施主体，共注入财政扶贫项目资金1977万元，通过折股量化为贫困户股份，采取“保底收益”方式，使1196户3024人获得收益。合盛堡乡泰和牧业专业合作社设立的“贫困户养牛联合体”累计共筹集资金203万元，购置奶牛138头，当年合盛堡乡55户贫困户129个贫困人口共收益股金红利12.9万元，人均1000元。全县用于脱贫攻坚的各类资金达7000多万元，其中财政扶贫专项资金3617.96万元，贫困村农业和农村基础设施改善投入2000多万元，社会捐助近1000万元。县级财政投入118万元，比2015年的75万元增加43万元，增幅达57.3%。财政扶贫专项资金2303.16万元，支出2256.6万元，仅结余预留雨露计划和到户小额贷款贴息资金46.5万元，支付率达97.98%。财政扶贫项目整合涉农资金1692.3万元拨付到位，整合资金项目全部实施完毕。同年，《山阴县小额贷款风险补偿基金实施细则》出台，建立县级融资担保基金和平台，完善农村产权抵押融资制度，创新金融服务体系。县金融部门发放贷款543.26万元，其中贫困户小额贷款106.46万元，联保户贷款145.6万元，合作社贷款291.2万元，共计贴息9.46万元。并与太行村镇银行和农村商业银行合作实施扶贫小额贷款工程，全年共发放金融扶贫小额贷款310.8万元，其中贫困户小额贷款210.8万元，合作社贷款100万元。

产　业

1998年后，山阴县委、县政府把产业发展作为实现脱贫致富的根本支撑来抓，结合整村推进项目，重点推进五大扶贫产业。2004年，共落实以种草养畜为主的扶贫项目20多个，累计资金370多万元。年初，山西省扶贫办公室首次下达群众参与式整村推进项目，山阴县从当地实际和农民意愿出发，组织实施以养殖业、打井和种草为主的整村推进项目，落实财政扶贫资金80万元，涉及北祖、西石人坡、大坪和张庄4个村，全年种草1800亩，养羊1100只，养肉牛20头，打旱井80眼，种药材900亩。2007年，争取到财政扶贫资金100万元，四个整村推进贫困村项目已全部实施完毕。完善东大滩移民搬迁工程，建成移民房620套，计划移民2700人，已入住581户2588人，水、电、路、学校等公共设施全部配套，主要道路全部硬化并安装路灯，并建起村委会、卫生所、便民超市等。

2011年，片区扶贫开发小杂粮开发项目实施。项目总投资4428.78万元，其中使用省级扶贫资金2000万元，县配套资金300万元，农民投劳折款854.88万元，农民自筹802.51万元，合作社自筹471.38万元。项目区分布于岱岳镇、北周庄镇、下喇叭乡、玉井镇、吴马营乡、马营乡6个乡镇48个行政村，其中贫困村43个。涉及农户7210户，17342人。并聘请省级专家1人，市级专家5人，县级专家1人，农业技术员4人对农民进行技术培训，共培训19期4600多人，其中乡村干部120人，农村致富带头人490人，农民实用技术3900多人。2014年，实施玉井镇水泉村5座温室蔬菜大棚项目，总投资150万元，其中：省级50万元用于大棚主体建设，农民自筹100万元用于大棚水电配置、引进蔬菜新品种、培训、田间管理等。

2016年山阴县开展易地扶贫搬迁，从根本上解决偏远山区贫困群众贫困问题，通过搬迁使贫困群众的精神面貌、思想观念、生产生活方式发生转变，促进脱贫致富。2016年，山阴县易地扶贫搬迁98户211人，其中集中安置80户164人，涉及玉井镇西石人坡贫困户25户57人、东石人坡贫困户35户70人，北祖18户33人，王坪沟2户4人。同年，县扶贫办重点发展旱地谷子、枸杞、露地蔬菜、优质牧草等特色种植产业、手工艺编织品产业，推行光伏扶贫电子商务扶贫。并通过退耕还林、造林、生态管护和干鲜果业，为山区贫困人口脱贫开辟新路径。全县注册脱贫攻坚造林专业合作社10家233名社员，其中贫困户社员160人，占总入社人数的68%。全年完成810亩造林任务，160户500人受益。全县现有国家公益林22.15万亩，劳务管护资金99.68万元，管护人员341人，就近为55名贫困人员提供管护岗位，年获劳务收入 17.8 万元，人均增收 3236 元；全县未成林造林地管护面积 5.5 万亩，管护费用 32 万元，为 17 名贫困人口安排管护岗位，年获劳务收入 23.65 万元，人均增收 1.39 万元。

帮　扶

1998 年，山阴县坚持扶贫与“扶智”相结合，开展以提高贫困家庭成员职业技能和就业创业能力为核心的精准培训，从根本上增强贫困人口的“造血功能”和内生动力。2009 年，资助 39 名农村贫困学生完成学业，提高致富本领，其中包括 3 名大学生、18 名中技生和 18 名高中生。在安荣乡下寨村建立科学发展观学习阵地和进行 2010 年产业化项目规划。2010 年，开展雨露计划扶贫培训，培训 429 人，转移率达 75% 以上。完成科技培训项目任务，培训 950 人。并完成 3 名贫困大学生、22 名贫困高中生教育扶贫。2011 年，实施科技扶贫，共扶持 27 户养殖户，养殖鹌鹑 35 万只，县补助资金 40 万元。对 2011 年高考达二本线以上的 10 名贫困大学生，一次性资助 5000 元；中考达线被山阴一中正式录取的 58 名高一贫困生，每年资助 800 元，资助三年；确认 33 名贫困中技生并进行申报，帮助其顺利完成学业。2013 年，完成 35 名贫困大学生、79 名贫困高一新生的资助工作，并继续扶持 58 名高二贫困生、29 名高三贫困生。大学生每人一次性资助 5000 元，高中生每人每年资助 800 元。

2014 年，县扶贫办开展干部驻村入户帮扶增收脱贫工作，在全县 253 个农村特别是 39 个贫困村派出驻村入户帮扶工作队，共落实帮扶主体单位 253 个，其中市级领导市直机关 23 个，县级领导 14 个，县直机关、乡科级领导和乡镇干部主体 220 个，大学生村干部 253 个；落实帮扶措施 600 多项，资金 260 多万元，其中市级驻村帮扶资金 140 万元，县党建“连心桥”活动党员干部自愿帮扶 120 万元，实现 3335 个贫困人口增收脱贫目标。并完成教育扶贫“万人助学”工程，对达到省二本以上分数线的 70 名贫困大学生，108 名高二、高三贫困学生进行帮扶。2015 年，朔州市在山阴县派驻 25 个下乡驻村工作队，5 位四大班子成员，共帮扶 25 个贫困村、175 万元资金。其中，下喇叭乡在县扶贫办指导下，创新工作模式，推行民主议事制度，实行“三会一督两公开”。同时推动百企千村产业扶贫开发工程，通过用工、原料等，充分发挥企业带动作用。全年扶持考入二本 B 类（含 B 类）以上的建档立卡贫困户大学生，完成 131 名资助；扶持在校高职、高专、中职、中专学生的“雨露计划”宣传深入到各村庄。

2016 年，健全帮扶机制，确保脱贫攻坚高效有序进行。31 个贫困村和党组织软弱涣散村全部安排“第一书记”，从县机关单位选拔 54 名党员干部充实到“第一书记”岗位。帮扶单位捐助现金、物资和扶持脱贫的羔羊、仔猪或农用机械等总价值 200 万元以上。29 家企业投入帮扶资金，总额共计 471 万元，其中现金直接帮扶 234.93 万元，产业帮扶资金 197.7 万元，其他帮扶折合资金 32.6 万元，惠及 13 个乡镇 73 个村 1072 户贫困户，占到全县贫困户的 46.8%。古城乳业集团在玉井镇吴家坪村建成 470 亩饲用燕麦种植基地，签订收购协议，以高于市场价 1.2 元 / 公斤收购燕麦 17.08 万吨，实现贫困户增收总额 2.05 万元，户均增收 683 元，带动该村贫困户 30 户 73 人；以保底分红方式吸收玉井镇、薛圐圙乡扶贫资金 1280 万元，发放红利 128 万元，惠及玉井镇 23 个村 328 户贫困户 808 人和薛圐圙乡 111 户贫困户 363 人；对口帮扶古城镇 15 个村的贫困户，为 34 名贫困劳动力提供就业岗位，全年支付劳务报酬 36 万元，月人均收入 880 元。

培　训

1998 年后，山阴县政府狠抓扶贫劳动力转移培训工作，拓宽农村剩余劳动力就业渠道，增加贫困农民收入。2004 年，县扶贫办投资 3 万多元，由扶贫部门直接培训人员 100 人次，劳务输出人数 70 多人。与其他部门联合组织培训近 300 人次。2005 年，天风中学作为扶贫劳动力就业培训基地，投资 14 万元，培训保安、饮食、煤炭以及加工等相关专业人员 538 人，就地转移和输出劳动力 200 余人。2006 年，对 500 人进行职业技能培训，培训专业有家政、餐饮、种养业以及计算机操作，输送劳动力 390 余人。2007 年，加大对农村剩余劳动力培训力度，把职业中学作为农民工技能培训基地，先后培训 6 期共计 800 人，培训专业有餐饮、家政服务、乳制品加工、保安、宾馆服务，共转移 570 人，大部分为就地转移。2008 年，继续抓好劳动力转移培训，培训专业主要是计算机操作，其他培训专业有餐饮、家政服务、乳制品加工、保安、宾馆服务等，共培训 367 人，实现劳动力转移 81%。

2011 年，县扶贫办利用广播、电视和发放招生简章等形式广泛宣传和动员贫困农民参加扶贫培训和"雨露计划"培训，共招收 360 人，培训专业有农副产品加工、餐饮服务、酒店管理等，转移就业率达 85%。聘请农业技术专家及技术人员，采用进村集中培训，田间地头现场培训等方式，培训内容为小杂粮种植技术、病虫害防治、科学施肥、鹌鹑养殖技术等，完成培训 597 人。2012 年，根据贫困农民科技意识差、就业门路窄等现状，县扶贫办对 935 人进行农业技术培训，其中农村干部 150 人，主要内容是扶贫纲要、农作物种植技术及施肥技术。全年组织四期劳动力转移培训计 440 人，主要内容是计算机操作技术和农民工法律常识，转移就业学员 352 人，分别输送到上海英达有限公司、青岛星电电子有限公司和天津三星电子有限公司，转移就业率 80%。2013 年，县扶贫办在吴马营、玉井等乡镇举办 10 期科技培训班，聘请专家、农技人员，根据当地贫困农民急需掌握的实用知识进行培训，培训 1053 人，发放相关科技丛书 5000 余册。山西省委、省政府授予山阴县 2013 年度山西省扶贫开发先进县；山阴县委、县政府授予县扶贫办 2013 年度"先进集体"荣誉称号。

2014 年，山阴县全面完成千村万人就业培训行动计划。山西省给山阴县下达当年培训就业计划 880 人，截至 11 月底完成培训就业 750 人，完成率 93.75%，使 800 多贫困劳动力实现增收脱贫。县扶贫办获朔州市劳动竞赛委员会"集体一等功"，山西省委农村工作领导组授予山阴县"百企千村产业扶贫开发先进县"称号。2015 年，对有劳动能力和劳动意愿贫困人口实行就业培训和就业对接服务，使这部分人通过发展生产和外出务工稳定脱贫。睿杰职业培训学校培训新型职业农民 120 人；就业培训 150 人；客都超市培训就业 150 人；人和牧业培训新型职业农民 130 人；骏宝辰有限公司培训新型职业农民 50 人。2016 年，山阴县全年完成新型职业农民培训和千村万人就业培训 1150 人次。

第三节 机 构

2002 年 6 月，山阴县扶贫开发办公室（以下简称县扶贫办）成立，属县农业局内设科室，任命常务副主任、副主任各 1 人。2003 年 11 月，县扶贫办与县农业局分开成为独立机构，县委任命主任、副主任各 1 人，工作人员 4 人。2006 年，通过调入、分配途径，增加 3 名工作人员。2007 年，任命书记、副主任和纪检组组长各 1 人，并调入工作人员 1 人。至 2016 年，县扶贫办共有人员 12 人，其中副主任 3 人。扶贫办历届主任有王根、李子杰、赵永胜。

第五章 其他政务

第一节 政府法制

机 构

2006 年 10 月，山阴县人民政府法制办公室成立。山阴县政府法制办公室由县委常委、政府常务副县长分管，配备专职办公室主任和副主任。法制办挂靠县政府办公室，工作人员由县政府办公室内部组成。2016 年，机构设置未变，主任卢跃。

行政执法责任制

2007 年，全县依法行政工作贯彻国务院《全面推进依法行政实施纲要》，围绕建设法制政府目标，以规范行政执法评议为重点，开展行政执法监督检查及案件评比，开展重大行政许可、处罚、复议报备工作，纠正案卷评查执法违法行为。全面清理行政执法主体，确定行政许可实施主体 38 个，以县政府文件发布通告并通过电视台向社会公布。2007—2012 年，山阴县所有以县政府办发文的规范性文件均及时向市政府报备。县政府决定，所有拟将以县政府发文的规范性文件未经县政府法制办审核，政府常务会不予上会讨论。2015 年，行政执法审核证件改革实行网上年审。全县共 24 家行政单位，339 人以换发新版行政执法证为契机，对不符合执法条件的、没有执法资格的人员进行清理清退。执法机关坚决杜绝聘用社会闲散人员及临时工从事行政执法工作。2016 年，对全县行政许可实施主体及行政许可项目及时进行清理，确定行政许可实施主体 38 个，以县政府文件发通告并通过电视台向社会公布。

普法教育

2007 年，行政工作人员参加省、市政府法制办培训学习，增强依法行政能力和水平。专门聘请省、市政府法制办领导、专家来山阴县讲课，对全县 600 多名行政执法人员、行政审批人员，进行集中培训和考试，把考试培训合格者作为行政执法人员的重要依据，并颁发证书。法制办启动法制行政宣传月工作，组织县政府 18 个重点执法部门，编排黑板报、横幅标语等形式进行宣传。2012 年，按照市政府法制办的安排和要求，聘请省政府法制办领导到县对持有行政执法证件的所有执法人员进行《行政强制法》培训。全国、全省行政复议工作会议召开之后，及时组织全县各乡镇、各行政执法单位主要领导 800 多人进行《行政复议法》及《条例》的培训，建立健全行政复议工作责任制，建立行政复议工作流程，畅通行政复议渠道。

2013 年，贯彻国务院《全面推进依法行政实施纲要》和《关于加强市县政府依法行政的决定》，成立以县长为组长的依法行政工作领导小组，每年年初按实际需要编制全县副科以上领导干部集体年度学法计划，并组织 1 次集体学法考试活动。利用电视台、报纸和宣传单，广泛宣传依法行政的基本原则和具体举措。建立健全《政府工作规则》等 17 项制度，县政府聘请法律顾问对学员进行测试，做好法律把关。同时自觉接受县人大的法律监督、工作监督和县政协的民主监督。2016 年初，按实际需要编制全县副科以上领导干部集体年度学法计划，12 月 4 日，利用国家宪法日组织有关新闻单位和行政执法部门，利用电视台、报纸和法制宣传月，广泛宣传依法行政的基本原则和具体举措。开展“送法下乡”“送法进家庭”等活动，对百姓进行深入实际的依法行政知识宣传，为依法行政的全面推进营造良好的社会氛围。

民事调解

2012 年，依法受理行政复议、行政侵权投诉，维护人民群众合法权益，做到凡投诉有结果。按照规定建立行政复议信息化系统，及时向市政府法制办报送法制信息，参加相关论文征集活动，每半年向市政府法制办报送行政复议和行政应诉案件工作统计情况。上半年共收到复议案件 7 件，其中不予受理的 2 件，申请人主动撤回申请 2 件，受理 3 件，维持 1 件，撤销 1 件，和解 1 件，未引起群体上访和其他社会矛盾，真正做到“案结事了，定纷止争”。

2013 年，按照国务院《全面推进依法行政实施纲要》和《关于进一步加强市县政府依法行政的意见》的要求，提高科学、民主、依法决策的执法能力。坚持向县人大常委会报告工作和县政协通报工作制度，重视做好人大代表建议、政协委员提案办理工作。在做出重大决策时，重视做好调研、论证、咨询、听证工作，通过向社会公示，召开群众座谈会，进行民意测验，广泛征求群众意见，调解民事纠纷。

2016年，按照国家行政执法规定，建立行政复议信息化系统，及时向省市政府法制办报送法制信息横向联合联动，建立诉调、检调、公调、政调、访调对接窗口，纵向一线贯通，打造县、乡、村三级矛盾纠纷调解平台。全年受理民调案件22起，检调案件4起，诉调案件33起，公调案件48起，共计107起，全部调解成功，调解率达100%。接待来访群众80余人次，现场解答法律咨询120余人次，发放宣传资料1万余份。

第二节　人防办工作

工　作

山阴县人防办对1998年前修建的县城周边防空洞，人武部地下防空通道进行修缮，划定保护区域，严禁在地道表面开发搞建设，投资配套建设防空警设施。2002年3月—2006年6月，以宣传人防法律法规为主，人防意识进入机关干部职工视线。2006年，山阴县人防办投资对6条国防坑道进行全面整修维护，加装防护门，修补破损的密闭门，完善封闭伪装，重新落实看管人员。通过全面整形维护，确保国防设施处于良好状态，巩固国防后备基础力量。对新建的大型商品楼、住宅小区，以“军民通用”原则，限定要求建设地下防空设施，续建新建人防工程面积达到1万余平方米。

2006年6月—2011年7月，随着《山西省人防工程建设条例》颁布，成立了人防信息指挥保障中心，为全县人防信息化建设提供了组织保障。山阴县人防办注重加强人防教育，每年组织专项宣传活动。每年9月18日组织防空警报试鸣，并组织三十多个部门和单位召开会议，落实工作部署，开展应急演练，邀请县四大班子领导参加全市防空警报试鸣会议，人防警报设施逐年增加，提升了全民人防意识。全县人民防空设施建设起步，人防理念逐步融入城市建设，政府贯彻落实人防法律法规的力度持续加大，进一步促进了人防工作的深入开展，全县人防工作被评为省市人防工作先进集体。

2011年7月—2016年12月期间，特别是2012年以来，坚持“长期准备、重点建设、平战结合的方针，贯彻与经济建设协调发展、与城市建设相结合的原则”，2011年，山阴县被评为全省人防建设重点县，2012年到2014年山阴人防办连续三年分别荣获全省“人防先进单位”“人防自身能力建设重点工作年先进单位”。2016年，山阴县共有国防坑道六条，坑道全长1172.7米，被复长807.1米，未被复长365.6米。特别是2013年全县人防工作受省人防办主要领导和全省人防工作大会的充分肯定和称赞，全省县区名列前茅。

人防工作重点突破　2011年，县人民防空办公室纳入县规划委员会成员单位，积极争取发改、住建、国土等人防有关部门的支持，人防审批工作进入规范化轨道，人防信息保障突飞猛进。成立了人防专业队，并经常深入专业队所在单位检查和指导工作。同时，作为县国防动员委员会的一个办公室，不仅认真做好国动委安排部署的民兵整组、国防后备力量整组等工作，还积极参加了全省国动委研究性等演练、全市人防移动指挥所战备应急值班暨拉动训练山阴拉练活动，通过多次省市县人防演练，确保专业队“召之即来、来之能战”。人防宣传持续有力。人防办充分利用电视、网络、报纸等新闻媒体，对《中华人民共和国人民防空法》《山西省人防工程建设条例》、全国人防工作会议精神、人防应知应会知识等进行了定期和不定期的全方位宣传。每年9·18防空警报试鸣活动月，积极开展人防法律法规和人防知识宣传工作。2013年，参加了全市人防知识竞赛，夺得了全市第一。按照省、市人防办安全工作的部署和县安委会的工作要求，不仅及时印发安全工作文件，还每年春季、夏秋、冬季定期开展安全检查，同时，开展安全宣传教育，督促建设单位、施工单位加强安全防范。多年来没有发生一起安全事故。

机　构

山阴县人民防空办公室简称人防办，自成立以来，一直挂靠山阴县人民政府办公室，正科级建制。1998—2002 年 2 月期间，因 1993 年机构改革后，一直没有任命山阴县人民防空办公室主任。2002 年组织机构改革和完善，全县人民防空工作得到了有力巩固和长足发展。历任主任有陶占有、马维华、王家民、郭培旺。

第三节　机关后勤

机　构

山阴县机关后勤服务中心（以下简称县机关服务中心）成立于 1992 年 12 月，前身为山阴县机关事务管理局，正科级全额事业单位，内设办公室、综合股、公共机构节能办公室。2016 年，编制人数为 60 人。历任主任有高焕荣、黄培林、陈礼斌。

机关事务管理

1998 年后，县机关服务中心贯彻“发展要有新思路、改革要有新突破、各项工作要有新举措”的要求，坚持服务第一宗旨，强化服务意识，突出保障重点，注重工作实效，不断提高后勤保障和服务水平。2007 年，全年布置大小会议 150 多次，其中上百人会议 21 次。并健全安全保卫制度，增强保安和门卫安全意识，做到无偷盗、无火灾发生。加强机关大院车辆标准化管理，规范停车，政府机关大院秩序不断好转。2008 年，和县保安公司签订合同，雇用保安人员 9 人，对政府大院实行全天候安保工作。配合信访等部门做好上访人员疏导、劝阻和应急处置工作，维护政府办公秩序。强化安全教育，确保用车安全。注重专车司机安全教育，组织学习贯彻交通法规，结合工作实际制定安全行车管理措施，做到警钟长鸣，杜绝重特大交通事故发生。为机关车辆提供保障服务，对四大班子 48 辆车投保时间、年检工作及养路费缴纳情况详尽统计，按期、准时协助做好各项工作。为加强环卫、创造优美舒适的办公环境，新增卫生管理员 9 人，清理打扫政府广场、楼道、各层卫生间、各会议厅室。。对食堂进行改组，提出“三化”服务标准（服务“人本化”，制作“细致化”，品种“多样化”）。全年共接待会议 200 多次。

2009 年，县机关服务中心以适应形势增强素质为基础，注重工作实效，提高后勤保障和服务水平，全年接待会议 200 多次。接收公益性岗位人员 5 人，充实保安队伍。完善安全防范措施和应对突发事件方案，加强各单位安全和夜间巡逻及值岗值勤工作。通过改善用电设施，将机关办公室和广场内灯具全部换为节能灯具，全年节约用电费用 25000 多元。同年，承建人民广场，年内完成工程总量 80%。工程全部采用太阳能环保节能灯具，购置不锈钢垃圾桶，安装中华灯、地灯、音乐喷泉，同时栽植各种适合本地生长又能四季见绿树木，实现三季有花、四季常青、随处见景目标。

2012 年，推进电子政务公开，逐步降低办公用品消耗，抓好节能宣传周教育活动，逐步提高职工的节能意识，配专人参加公共机构节能执法培训。做好空调、电梯、消防、监控、水、电、暖等项目日常维修管理工作。落实巡查制度，发现问题，立即抢修。更新广场广告灯饰，广场两旁安装靓丽的 LED 树灯，完善广场亮化工程。修补广场破损石砖，门厅 4 个花坛购置新的草坪，优化整体环境。2016 年，县机关服务中心为档案馆调配办公用房，实现库、办分离。合理整合、调配换届后领导的办公用房。建立政府职工食堂，电梯内安装监控，更新微电脑变频恒压供水控制器。继续搞好水、电、暖、中央空调日常维护维修工作，坚持搞好政府广场绿化美化，除草、浇水、修剪等各项工作。

第四节 政务服务

机 构

山阴县政务大厅2006年7月开始筹备，2006年8月1日试运行。位于山阴青年西街和大运公路交汇处。政务大厅管理中心是县委、县政府派出机构，正科级事业单位。中心由管理层和窗口服务层两部分组成，管理层负责对集中审批事项组织协调、管理监督等指导服务工作，内设综合办公室、业务科、督查科，主要承担大厅的日常政务、内外事务、安全保卫、业务指导、督促检查、投诉受理等业务；窗口服务层由具有行政许可和服务职能的相关单位“窗口”组成，负责对外开展行政审批服务和配套便民服务，窗口服务层工作人员由各有关部门推荐，组织人事部门审核把关后，择优确定。主任廛润平。

工 作

集中服务 2006—2016年共有11个政府部门进驻中心集中办公，分别是：公安局、交警队、工商局、质监局、民政局、交通局、房管所、国土局、卫生局、建设局、物价局可办理行政许可及各类服务事项195项。政务大厅实行“一厅式”办公，“一条龙”服务微机局域网自动化办公。大厅内设有触摸屏、LED电子显示屏、咨询接待台等，各服务窗口配有微机、法律文书示范性文本、服务事项指南卡、咨询服务登记簿，做到办事一纸明、收费一口清，微笑式阳光服务。政务大厅，在办理基本建设、房地产开发、技术改造、外商投资、私营个体经济事项等方面实行并联审批，对于重点项目实行“一门受理、抄告相关、同步审批、限时完成”的新型审批方式，力求惠民便民。

山阴县政务大厅

平台建设 山阴县政务大厅以“互联网+政务服务”为引领，加强信息化建设，不断完善智慧政务平台，依托省市政务服务平台，实现政务服务事项“一站式”办理、“一张网”运行。并用“互联网+”规范政务服务。通过电子监察系统对大厅各窗口审批服务行为和工作人员的出勤情况、工作作风、服务态度等进行智能化实时监察、预警纠错、统计分析、绩效评价，并巡查抽检监控视频、调查处理异常办件。

政务管理 2006—2016年，大厅以标准化管理为支撑，严格监督考核，成立了由考核督查科业务科等有关科室和窗口首席代表组成的巡查小组，每天现场巡查，并对巡查中发现的问题及时处理反馈。巡查情况纳入窗口及工作人员月度、季度、年度考核，作为评先树优的重要依据。同时开展主题教育活动。为增强干部职工的廉洁从政意识，筑牢杜绝职务犯罪的思想防线，邀请县纪委县检察院有关专家，针对工作中出现的问题，以以案说法的形式做了精彩报告。通过举办廉政教育讲座，引导干部职工们自觉讲政治守纪律顾大局，用干部职工的奋斗指数来提升政务服务发展指数。

第十编

检察 审判

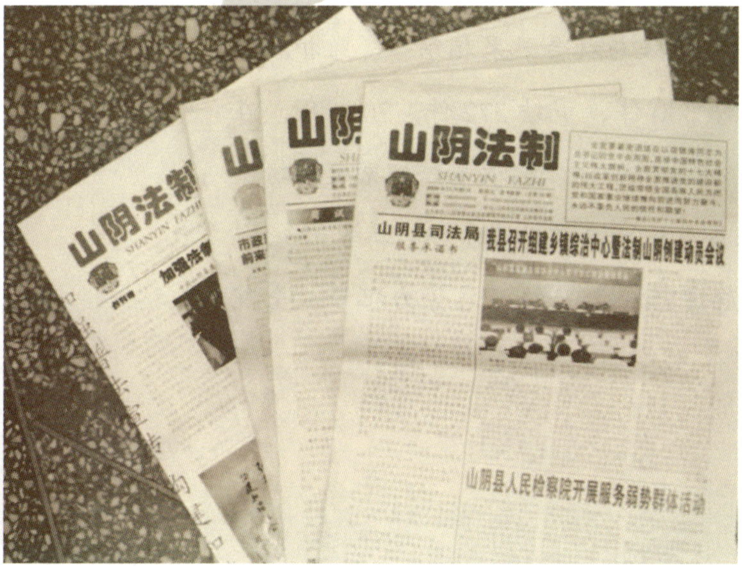

山阴法制
SHANYIN FAZHI
山阴县司法局
我县召开组建乡镇综治中心暨法制山阴创建动员会议
山阴县人民检察院开展服务弱势群体活动

山阴县检察院加强逮捕案件的审查，提高批捕准确率。1998 年，全县共受理审查逮捕案件 22 件 40 人。2003 年，集中进行清理超期羁押专项活动，初步建立防止和纠正超期羁押的长效机制。2008 年，县人民检察院在全省基层检察院率先成立案件管理中心（简称案管中心），对执法办案活动实行动态管理、同步监督，给办案安全上一道"防火墙"。2012 年，落实《关于民事案件执行监督意见（试行）》《山阴县检察院民事行政检察联络区域暨联络员制度》，积极服务群众，确保民事案件裁判公正。共受理申诉案件 6 件，办理支持起诉案件 39 件，执行监督 3 件。2016 年，反渎工作从群众反映强烈、社会普遍关注的重要问题入手，查办渎职侵权犯罪。反渎工作共立案查办渎职侵权类案件 3 件 11 人。

维护社会稳定的前提和关键是刑事审判。1999 年，山阴县共审判杀人、抢劫、强奸、投毒、爆炸等七类严重刑事犯罪，共判处严重刑事犯罪案件 12 件 16 人。2001 年，通过审理婚姻家庭、债权债务、土地承包以及邻里关系等与群众生产、生活息息相关的案件，疏导社会矛盾，化解民间纠纷，促进安定团结。受理各种民事案件 578 件，审结 554 件。2009 年，坚持司法公正与诉讼效率相结合，坚持法律效果与社会效果相结合，维护人民群众合法权益。受理各类民商事案件 380 件，审结 372 件。2012 年，在民商事审判中，妥善处理涉及离婚、抚养、赡养、继承等婚姻家庭纠纷案件，促进家庭和睦和社会安定。受理各类民商事案件 391 件，审结 383 件。2016 年，开展"严打"斗争，严惩危害社会治安的黑恶势力犯罪。全院受理各类刑事案件 116 件 149 人，旧存 37 件 45 人，全部审结。

第一章 检 察

第一节 机 构

1998 年 1 月，山阴县人民检察院（简称县人民检察院）调整内设机构，刑事侦查检察科更名为审查批捕科，刑事审判检察科更名为审查起诉科，增设政工科、检察技术科、法警队。2002 年 6 月，撤销贪污贿赂检察科、政工科、技术科、法警队，成立反贪污贿赂局，正科级建制；审查批捕科更名为侦查监督科，审查起诉科更名为公诉科，法纪检察科更名为渎职侵权检察科。2007 年 1 月，渎职侵权检察科更名为反渎职侵权局（编办未作批复，但工作中一直以反渎职侵权局称谓）。2010 年 7 月，增设案件管理中心，副科级建制。2012 年 5 月，增加全额事业编制 5 人，并增设事业单位法律政策研究中心。2014 年 3 月，增设未成年人刑事检察办公室、司法警察大队。同年 4 月，设立山阴县人民检察院驻北周庄镇检察室，股级建制（县编办未批机构）。2015 年 6 月，山阴县人民检察院监所检察科更名为山阴县人民检察院刑事执行检察科。2016 年，山阴县检察院增至 15 个机构。全院有政法专项编制 37 人，工勤编制 4 人，事业编制 44 人。共有干警 83 人，其中干部 65 人，工人 18 人。占政法编制 35 人，占工勤编制 4 人，占事业编制 44 人。全院中共党员 66 人。人员平均年龄 41 岁。历任检察长有韩秀歧、李安唐、管福、王划、乔振文。

山阴县检察院

第二节 刑事检察

审查批捕

1998 年，县人民检察院共受理审查逮捕案件 22 件 40 人，经审查，批准逮捕 38 人，不批准逮捕 2 人，追捕 1 人，建议公安机关提请逮捕 2 人。1999 年，共受理审查逮捕案件 47 件 65 人，经审查，批准逮捕 63 人，不批准逮捕 2 人，追捕 2 人。2000 年，共受理审查逮捕案件 48 件 93 人，经审查，批准逮捕 91 人，不批准逮捕 2 人，追捕 10 人。2001 年，共受理审查逮捕案件 34 件 58 人，经审查，批准逮捕 57 人，不批准逮捕 1 人，追捕 7 人。2002 年，共受理审查逮捕案件 27 件 47 人，经审查，批准逮捕 46 人，不批准逮捕 1 人，追捕 7 人。2003 年，共受理审查逮捕案件 53 件 107 人，经审查，批准逮捕 52 件 102 人，不批准逮捕 1 人，追捕 17 人。2004 年，共受理审查逮捕案件 70 件 113 人，经审查，批准逮捕 69 件 109 人，不批准逮捕 4 人，追捕 14 人。2005 年，共受理审查逮捕案件 94 件 154 人，经审查，批准逮捕 94 件 153 人，不批准逮捕 1 人，追捕 28 人。

2006 年，县人民检察院受理审查逮捕案件 76 件 139 人，经审查，批准逮捕 74 件 134 人，决定逮捕2件2人，不批准逮捕3人，追捕1人。批捕准确率为100%。2007年，受理各类移送审查逮捕案件98件169人，经审查，批准逮捕95件162人，决定逮捕3件4人，不予批准逮捕3人，批捕准确率为100%。2008年，受理提请、审查逮捕案件112件177人，经审查批准、决定逮捕108件166人，不予批准逮捕4件11人。2009年，受理公安机关及本院自侦部门移送审查逮捕案件83件174人，经审查批准逮捕79件165人，决定逮捕3件4人，不批准逮捕5人。2010年，受理审查逮捕案件72件112人，经审查批准逮捕70件106人，不批准逮捕2件6人。2011年，受理审查逮捕案件63件103人，经审查批准逮捕62件99人。2012年，受理审查逮捕案件98件183人，其中经审查批准逮捕97件162人，不批准逮捕21人，追捕26人。2013年，受理审查逮捕案件92件157人，经审查批准逮捕90件146人。2014年，受理审查逮捕案件85件137人，批准逮捕119人，不予批准逮捕20人，追捕漏犯4人。2015年，受理批捕案件95件121人，批准逮捕81件104人。2016年，受理审查批捕84件113人。

审查起诉

受理审查起诉刑事案件，提高批捕、起诉准确率。1998年，县人民检察院共受理审查起诉刑事案件22件38人，提起公诉18件30人，不起诉2件2人，报送市院2件6人，无积存案件。提起刑事抗诉3件3人，退回公安机关补充侦查3件6人，挖掘漏罪1案1人，改变罪名1件1人，自行补侦取证30余份。批捕、起诉准确率均为100%。1999年，共受理审查起诉刑事案件49件72人，提起公诉37件52人，不起诉2件2人，报送市院6件14人，退回补充侦查2件2人，建议自侦部门撤销案件1件1人，退侦后公安机关撤销案件1件1人，无超时效案件，无积存案件；全年共办理追诉案件5件6人，改变公安定性罪名1件2人，提起刑事抗诉2件7人，存疑不起诉1案1人，针对公安机关侦查中的违法行为口头纠正33次，发出纠正违法通知书27份，发出检察建议10份，批捕、起诉准确率均为100%。

2003年，共受理审查起诉案件53件89人，经审查，提起公诉40件63人，不起诉2件4人，报送市院2件4人，退回公安机关补充侦查3件9人，改变定性3件3人，建议撤案2件3人，移交其他院1件1人，追诉漏犯6人，提起刑事抗诉1件。2004年，共受理审查起诉案件78件119人，经审查，提起公诉76件115人，诉讼终止1人，公安机关另案处理1人，报送市院2件2人，追诉漏犯2人，提起刑事抗诉1件1人。全年没有不起诉案件、无罪判决案件、超期限案件和积存案件。2008年，县人民检察院受理审查起诉的各类案件125件177人，经审查向同级人民法院提起公诉114件160人，报市院审查起诉5件8人，退回公安机关补充侦查3件5人，不起诉处理3件4人。2009年，受理公安机关和本院自侦部门移送审查起诉（不起诉）案件107件173人（其中重报案件2件4人，在押人员遗漏犯罪1件2人），经审查，依法提起公诉100件154人，报市院审查起诉6件18人，不起诉2件2人。

2011年，县检察院受理审查起诉案件88件120人，经审查提起公诉79件103人，报市院审查起诉4件11人，提起公诉案件数量同比下降49%。2012年，受理审查起诉案件162件248人，其中提起公诉123件190人，正在审查27件44人，追诉漏犯13人，发出《纠正违法通知书》13份。2014年，县检察院受理审查起诉案件118件183人，提起公诉101件128人，报市院审查起诉2件12人，对法院判决提起抗诉3人，追诉漏犯8人，侦监、公诉两部门共向公安、法院发出《纠正违法通知书》33份。2015年，受理公诉案件154件194人，提起公诉134件179人。2016年，提起公诉122件158人。

侦查监督

1998年，县人民检察院建议公安机关提请逮捕2人，发出《要求说明不立案理由》通知书8件，通知公安机关立案7件，公安机关采纳后立案7件，说明不立案理由1件。1999年，共办理立案监督案件8件，其中要求公安机关说明不立案理由8件，发出《立案通知书》2件，公安机关予以立案8件；介入公安机关现场勘验、验尸6次，介入侦查预审3次。2002年，对公安机关监督立案12件，发出《纠正违法通知书》40 份，口头纠正违法 27 次。2003 年，对公安机关监督立案 13 件，纠正侦查活动违法 35 件次。2004 年，对公安机关监督立案 12 件，书面纠正侦查活动违法 20 件次。

2006 年，县人民检察院介入公安机关侦查活动 29 次，共向公安机关发出侦查监督文书 90 份，其中《提供法庭证据意见书》及《补充侦查提纲》共计 48 份，《纠正违法通知书》42 份。共办理立案监督案件 9 件 17 人，其中 1 件 2 人为不应当立案而立案，公安机关已撤案，6 件 11 人已作有罪判决（1 件 1 人被判无期徒刑），2 件 4 人已提起公诉，进入审判程序。2007 年，办理立案监督案件 8 件，介入侦查 10 案，追捕 6 人，追诉 2 人；针对公安机关、审判机关在办案过程中违反诉讼程序等情况，发出《检察建议》《纠正违法通知书》60 余份，口头纠正违法 20 余次，退回公安机关补充侦查 5 件 15 人，改变公安机关定性的罪名 7 件；提起刑事抗诉 1 件 5 人。

2010 年，县人民检察院立案监督案件 6 件 12 人，介入侦查案件 3 件，引导公安机关及时收集证据，促进快捕、快诉。共发出《检察建议书》8 份，《应当逮捕犯罪嫌疑人意见书》7 份，《纠正违法通知书》32 份，《追诉通知书》6 份；追捕 11 人，追诉 8 人，改变公安机关定性罪名 1 件，退回公安机关补充侦查 23 件次。2012 年，县检察院立案监督案件 10 件 15 人，向公安机关发出《纠正违法通知书》8 份，《应当逮捕犯罪嫌疑人意见书》13 份，无超期羁押案件。2013 年，立案监督 10 件 12 人，追捕 31 人，追诉 19 人。2014 年，对公安机关监督立案 9 件，作捕后羁押必要性审查 1 件。

审判监督

1998 年，县人民检察院提起刑事抗诉 3 件 3 人。1999 年，提起刑事抗诉 2 件 7 人。2000 年，提起刑事抗想诉 2 件 3 人，改变定性 2 件 2 人，发出《纠正违法通知书》19 份，检察建议 2 份。2001 年，提起刑事抗诉 1 件 3 人。2002 年，提起刑事抗诉 2 件 2 人。2003 年，提起刑事抗诉 1 件。2004 年，提起刑事抗诉 1 件 1 人。2005 年，提起刑事抗诉 2 件 5 人。2006 年，依法提起刑事抗诉 3 件 6 人。2007 年，提起刑事抗诉 1 件 5 人。2014 年，对法院判决提起抗诉 3 人，向法院发出《纠正违法通知书》。

第三节 民事行政检察

1998 年，县人民检察院共受理各类民事行政申诉案件 11 件，立案审查 7 件，即房地产案 1 件，债务纠纷案 3 件，赔偿案 1 件，其他案件 2 件。所立案件中，向县人民法院发检察建议 3 件，向市人民检察院提请抗诉 2 件，作息诉处理 2 件，为国家、集体和当事人挽回直接经济损失 6 万余元。1999 年，共受理各类民事行政申诉案件 18 件，立案审查 15 件。所立案件中，向县人民法院发检察意见 8 件，已有 5 件被采纳。向市检察院提请抗诉 5 件，建议提抗诉 1 件。2002 年，受理各类民事行政申诉案件 9 件，向市人民检察院提请抗诉 2 件，向县人民法院发书面检察建议 4 件，口头建议 2 件，息诉 1 件。2004 年，受理各类民事行政申诉案件 4 件，不予立案 1 件，立案审查 3 件。所立案件中，向县人民法院发检察意见 2 件，均被采纳。2005 年，受理各类民事行政申诉案件 9 件，立案审查 9 件。所立案件中，向县人民法院发再审检察建议 2 件，已被采纳。终止审查 1 件，建议不予提请抗诉 2 件，不提请抗诉 4 件。共办理支持起诉案件 10 件。

2008 年，县人民检察院受理各类民事申诉案件 11 件，立案审查 11 件，其中不提请抗诉 8 件，和解 1 件；办理支持起诉案件 21 件均获胜诉；提起刑事附带民事诉讼案件 3 件，均判决胜诉；以督促起诉的方式办理公益诉讼案件 3 件。2009 年，受理各类民事申诉案件 10 件，立案审查 10 件，其中发出检察建议 2 件，再审检察建议 3 件，不提请抗诉 4 件，移交市院 1 件；办理支持起诉案件 34 件，有 20 件被法院判决或调解胜诉；提起刑事附带民事诉讼案件 6 件，其中 2 件已判决胜诉。落实《关于民事案件执行监督意见（试行）》《山阴县检察院民事行政检察联络区域暨联络员制度》，积极服务群众，确保民事案件裁判公正。2011 年，县人民检察院受理民事申诉案件 7 件，刑事附带民事起诉 1 件，办理支持起诉案件 24 件，对民事判决案件执行监督 12 件，发出纠正违法通知书 13 份，督促起诉 4 件。

2012 年，共受理申诉案件 6 件，经审查后，均作出妥善处理；办理支持起诉案件 39 件，执行监督 3 件。2015 年，县人民检察院受理支持起诉 41 件，法院采纳 40 件，受理审判监督 38 件，法院采纳 32 件，督促起诉案件 4 件，受理执行监督 18 件，法院采纳 16 件，对民事、行政生效裁判受理监督案件 3 件，法院改判 3 件。2016 年，支持起诉 32 件，审判监督 25 件，向法院发出检察建议 21 件，执行监督 28 件，均被采纳；对民事、行政生效监督案件 3 件，向法院提出再审检察建议 2 件，法院已采纳，并作出再审裁定；向市院提请抗诉 1 件。

第四节 监所检察

山阴县人民检察院加强监所防范检查，确保监所的安全与稳定。1998 年，共发检察建议书 6 份，纠正超期羁押 5 案 6 人，编写各类检察信息 4 份。大力加强看守所安全防范检察，共进行安全防范检察 341 次，其中自行检察 288 次，联合检察 53 次，发现隐患 1 起，防止事故 1 起，确保看守所的安全与稳定。1999 年，共发检察建议 8 份，纠正超期羁押 28 案 63 人，编写各类检察信息 3 份。大力加强看守所安全防范检察，共进行安全防范检察 348 次，其中自行检察 295 次，联合检察 53 次，确保了看守所的安全与稳定。针对看守所关押劳教人员，及时向公安机关发纠正违法通知书 2 份，纠正 5 案 5 人。针对看守所白条押人问题，向公安机关发检察建议书 1 份，提出纠正意见。2002 年，县检察院共清理纠正超期羁押犯罪嫌疑人、被告人案件 15 起，超期羁押问题得到较好纠正。同时依法认真受理被监管人员及家属的申诉控告，有效维护在押人员的合法权益。一年来共受理申诉 5 件，办理申诉 1 件。加强看守所安全防范检察，有效地保证看守所的安全与稳定，防止各类事故的发生。2003 年，集中进行清理超期羁押专项活动，共清理纠正超期羁押 19 件 25 人，基本实现无超期羁押的目标，初步建立防止和纠正超期羁押的长效机制。

2006 年，县人民检察院加强看守所安全防范检察，共进行安全防范检查 80 余次；受理在押人员申诉控告案件 5 件，通过调查，作出相应的处理；继续加强对暂予监外执行罪犯的监督管理，集中进行监外执行专项检查。严格监督换押制度，有效防止超期羁押的发生。2007 年，共立案侦察看守所干警涉嫌玩忽职守案 2 案 2 人，经审查移交同级人民法院提起公诉，对被告人均做出有罪判决，实现建院以来查办大墙内职务犯罪零的突破；同时按照上级要求开展加强监外执行专项检查和取保候审专项检查活动，通过与公安、法院等部门相互配合，严格监督换押制度，有效防止超期羁押的发生。2010 年，县人民检察院通过强化对刑罚执行和监管活动的监督，确保监管活动严格依法进行。开展社区矫正法律监督工作，加强与相关部门的配合，探索有效的工作机制。监督社区服刑人员交接，按照“见人见档”的原则，对 81 名社区矫正对象的审核、交接过程全面监督。强化“稳定、监督、人权、大局”四种意识，定期与看守所、武警中队召开联席会议，确保看守所无安全隐患。全年共纠正超期羁押 32 人，实地巡视 204 次，个别谈话 106 次，召开联席会议 21 次。

2012 年，县人民检察院推进驻所检察室信息化建设步伐，实现与看守所监管信息系统和监控系统联网，对看守所监管活动实现网络化管理，做到在押人员信息共享和视频实时监控，有效维护在押人员的合法权益，促进监管场所依法、文明、科学管理和执法规范化建设。全年共召开联席会议 11 次，发出纠正违法通知书 95 份，进行个别谈话 38 人，巡视检察 202 次，保证监管场所安全无事故。强化刑法执行监督，维护监管场所的安全与稳定。2015 年，县人民检察院通过监控巡视、实地巡查、个别谈话等方式，维护在押人员权益，向看守所发出《纠正违法通知书》77 份，查办一起看守所管教民警白某虐待被监管人员案件，侦查终结，移送法院起诉，并作出有罪判决。推进羁押必要性审查工作的开展，降低关押成本，节约司法资源，收到良好效果。全年，针对社区矫正罪犯交付执行、管理矫正、变更执行、终止执行不当等违法情形提出书面矫正意见 77 件次，均被采纳并及时整改。共审查羁押必要性审查案件 10 件 10 人，发出羁押必要性审查建议 4 件 4 人，变更强制措施 4 人。

2016 年，县人民检察院共向看守所发出《纠正违法通知书》141 份，推进羁押必要性审查工作的开展，降低关押成本，节约司法资源。共审查羁押必要性审查案件 9 件；开展财产刑法执行监督工作，纠正法院财产刑违法 5 件。

第五节 控告申诉检察

1998 年，县人民检察院共受理群众来信来访 97 件次，其中来信 41 件，署名举报 23 件；来访 56 人次。经审查，涉及举报各类经济犯罪线索 25 件，法纪线索 4 件，民事行政 3 件，其他 7 件。开展初查 2 件。实行检察长接待制度，坚持检察长每周二轮流接待和预约接待，全年接待群众 56 次，接谈 68 人次，亲自批办举报案件线索 41 件。1999 年，共受理群众举报来信来访 189 件次，其中来信 31 件，署名举报 23 件；来访 158 人次。经审查，涉及举报各类经济犯罪线索 17 件，申诉案件 1 件，集体联名上访 3 件。开展初查 4 件，发出检察建议 1 份。贯彻检察长值班接待制度，每月 5 日、25 日轮流接待来访群众。2002 年，县人民检察院共受理群众来信来访 24 件次，初查各类案件 5 件。通过开展集中清理控告申诉案件专项行动，年内实现无重复信访和超级上访。落实控告申诉首办责任制，制定首办责任制试行规定，形成控申检察工作由转到办，随来随办的良性循环。同时，强化举报宣传工作，开展检察机关第四个举报宣传周活动。2003 年，共受理群众来信来访 22 件次，做到件件有落实有回音。深入开展专项活动，将“强化法律监督，维护公平正义”教育活动与“三改”专项教育整顿有机结合，解决队伍和工作中存在的突出问题。全年正副检察长共接待来访群众 10 余人次。

2005 年，县人民检察院共受理群众来信来访 44 件次，其中来信 27 件，来访 17 件，按照信访管理程序和首办责任制要求，均作妥善处理和分流。其中转纪检委 2 件，转县内有关部门 14 件，转本院业务部门 10 件，直接初查 18 件。全年共对不属检察机关管辖的 16 件举报线索进行跟踪督办。立足控申检察职能，开展举报初查，以初查促稳定、促办案。2006 年，县人民检察院共受理群众来信来访 24 件次，其中来信 11 件，来访 13 件。按照首办责任制的要求，均作合理分流，妥善处理。其中转县有关部门 2 件，本院业务部门 6 件，直接初查 14 件，办理刑事申诉案件 2 件。坚持和完善检察长接待日制度及首办责任制度，采取多种形式，疏通举报渠道，到重点行业和部门建立举报联系点，开通网上 QQ 举报交流平台和信函举报绿色通道等，进一步加强规范化管理，完善举报接待机制，加强对举报线索的初查力度和对不属检察机关管辖案件跟踪督办的力度，取得良好的法律效果和社会效果。

2009 年，县人民检察院开展“双百一评”活动，强化控申接待工作，坚持首办责任制和检察长接待日制度，以“双百一评“(社会矛盾百日大排查大调解、清理涉法涉诉信访积案百日攻坚和案件评查)活动为契机，加强与各级部门的纵横联系，主动深入基层，消除影响稳定的因素。做到信访举报 100% 接待、100% 受理、100% 答复，杜绝重信重访现象，年内开展了 2 次案卷评查活动。2010 年，共接待控告申诉、为群众提供法律咨询 90 余人次，受理案件线索 27 件，其中控告举报 26 件，刑事申诉案件 1 件。检察长参加接待 20 件次，接待集体上访 2 件，同比下降 50%。受理的案件线索经初核移交自侦部门立案查办 4 件，其中 3 件法院作有罪判决，其余均做出妥善分流、处理，息诉 6 件 6 人。2011 年，共接待控告申诉、为群众提供法律咨询50余人次，检察长参加接待30余人次；受理刑事申诉3件，经立案复查，息诉2件；受理举报线索8件，经初核均做出妥善分流、处理。

2014年，县人民检察院共接待群众来信来访及法律咨询232人次，检察长参加接待180余人次，经审查，共受理举报、控告申诉等案件36件，对其余不属于检察机关管辖的信访案件均作妥善分流处理。移送自侦部门举报线索4件，受理刑事申诉3件，立案复查3件。2015年，共接待控告、申诉、举报、法律咨询等各类信访429人次，其中受理审查管辖范围内控告、申诉、举报案件198件，检察接待260余人次。审查处理举报线索69件，举报线索移送自侦部门查办16件，控申初核、直接答复53件；立案复查刑事申诉案10件；向县委政法委及公安派出所提出建议，对两起信访案件受害人依法开展司法救助，两起涉法涉诉信访案均停访息诉，妥善化解社会矛盾。2016年，控申部门共受理控告举报类案件192件，审查处理举报线索59件，初核举报件数37件，转自侦部门办理18件；受理刑事申诉13件，立案复查13件。

第六节 反贪污贿赂

1998年，县人民检察院共受理审查各类经济案件16件，立案侦查8件，其中贪污案3件，侵占案1件，挪用公款案4件；因案件管辖范围的变更移送公安4件，侦查终结4件，全部移送起诉，为国家挽回直接经济损失30余万元。严格实行“收、支两条线”，清理出各种赃款21400元，上缴财政21400元，并将科里开设的赃款账户，移交院财务。1999年，县人民检察院共立案侦查8件8人，其中贪污案1件，挪用公款6案。为国家挽回经济损失20余万元。开展预防犯罪工作，结合办案分析发案单位在管理和制度等方面存在的问题，及时以书面、口头等各种形式提出检察建议达20余次，帮助企业整章建制，预防和减少犯罪。开展以案释法教育，发挥“一处亡羊，多处补牢”的辐射作用，把预防犯罪工作落到实处。2002年，县人民检察院共受理职务犯罪案件线索15件，经初查后，立案侦查8件，同比上升60%。其中贪污案4件4人，挪用公款案4件4人。所办案件中，副科级以上领导干部贪污案2件，同比上升100%；5万元以上大案2件，同比上升100%；“三机关一部门”（公检法、纪检委）案件2件，同比上升200%；大要案件占立案数的50%，同比增加30个百分点；结案率100%。通过办案，为国家挽回经济损失20余万元。2003年，共受理职务犯罪案件13件，依法立案侦查5件6人，依法向人民法院提起公诉6件7人，移送大同铁路检察院1件1人。通过办案，为国家挽回经济损失13万元。

2007年，县人民检察院共立案侦查贪污贿赂等职务犯罪案件6件6人，其中大案4件，占立案数的66.7%，超出市院下达的奋斗目标16.7个百分点，为国家挽回经济损失140余万元；所立案件的侦结率、起诉率、有罪判决率均为100%。2008年，共立案侦查贪污贿赂等职务犯罪案件3件3人，均为贪污案，其中5万元以上大案2件2人，通过办案为国家挽回经济损失20余万元，实现执法力度、办案质量、社会效果的统一。坚持以全省查办职务犯罪案件“一个主攻方向，三个重点领域”（以查办大案要案为重点，突出查办煤焦领域、民生领域、行政执法和司法领域职务犯罪）的工作思路为指针，以涉农和反映民生诉求的职务犯罪案件为重点，注重深挖细查，查办职务犯罪案件。2012年，县人民检察院立查涉嫌贪污贿赂犯罪16人，同比增长60%。所立案件中，大要案件14人，占立案数的88%，其中涉案金额5万元~10万元的7人，10万元以上的7人；涉农领域犯罪案件8人，占立案数的50%；行受贿案件6人，占立案数的38%。反贪污贿赂工作，在立案数、大要案件数、涉农领域犯罪案件数、行受贿案件数、涉案金额数、挽回经济损失数六个方面均创历史之最。

2013年，共查办贪污案件3件4人，贿赂案件1件6人，均侦查终结提起公诉。所办案件均是大案，大要案率达100%，为国家挽回经济损失40余万元。采用多种形式，强化职务犯罪预防工作，形成由点到线，由线成面的预防宣传格局，防止和铲除滋生腐败的土壤。2015年，县检察院从群众反映强烈、社会普遍关注的和重点领域、重点行业入手，坚持“抓系统、系统抓”，反贪案件质量和数量创历史新高。全年反贪局共立案10件12人，大案9件，查办处级1人，科级2人，侦查终结8件11人，移送审查起诉8件11人，有罪判决6人。2016年，共立案查办贪污贿赂类案件5件12人，办理大案7人，全部侦查终结并提起公诉。查办了全市最大的挪用公款案件，涉案金额1000余万元，查办处级干部2人。

第七节　反渎职侵权

1998年，县人民检察院共受各类法纪案件4件，其中，非法拘禁案1件，枉法追诉、裁判案2件。立案侦查2件，发出检察建议7份。针对年内案件线索稀缺的问题，采取强化行业调研、深入基层摸排线索、建立联系点等方式，推动工作。1999年，共受各类法纪案件7件，其中玩忽职守案1件，滥用职权案2件，枉法追诉、裁判案3件，非法低价出售国有土地使用权案1件。立案侦查3件，发出检察建议3份，深入税务系统开展渎职犯罪讲座3次，为国家挽回经济损失50余万元。2002年，县检察院严格规范受理举报、初查、立案、侦查、适用强制措施和起诉、申诉等环节的办案程序，加强内部制约，严格执行高检院“九条硬性规定”等办案纪律，提高办案质量和效率。全年共立案侦查渎职侵权等职务犯罪案件2件，其中滥用职权案1件1人，徇私枉法案1件3人。加强职务犯罪预防工作，分别在山阴交通征稽所和地税局建起警示教育阵地；在县直部门、驻县单位、国有企业建立预防职务犯罪联系点15个，聘任联络员16人，建立联席会议制度，召开联席会议3次，形成预防职务犯罪网络，对防止和减少职务犯罪起到积极作用。2003年，共受理渎职侵权类案件7件，立案侦查3件3人，查处正科级干部2人，立案数与上一年度相比增长50%。县人民检察院编印《渎职侵权法律知识读本》400册，发放于全县20余个行政部门，并将该读本内容在《山阴报》上进行连续刊载。

2007年，县人民检察院坚持一手抓办案，一手抓预防的工作方法，加大查办渎职侵权犯罪力度，全面提高侦查水平和办案质量。全年共查办渎职侵权案件3件4人，所办案件的侦结率、起诉率、有罪判决率均为100%。通过发出检察建议、帮助发案单位查堵漏洞、整章建制等多种形式进行个案预防。与重点行业、系统建立工作联系制度，共同做好行业预防和专业预防。在县内30个单位建立预防联系网点，多次在预防联系网点开展法制讲座。针对查办职务犯罪案件特点，开展专题调查研究，为有关单位提供预防对策。通过在县城主要路口设立反腐公益广告牌，印制以“强化法律监督，维护公平正义”为主题的廉政新年贺卡，赠送给县内各级机关领导部门。2009年，县人民检察院反渎工作共立案侦查渎职侵权案件4件5人，其中玩忽职守案2件3人，滥用职权案1件1人，非法拘禁案1件1人，侦查终结并移送审查起诉4件5人，法院作有罪判决2件2人。结合煤焦领域反腐败行动，煤炭资源整合，以深入开展查办危害能源资源和生态环境渎职犯罪专项行动为契机，对全县37座现有煤矿基本情况进行调查摸底，为全县煤炭资源整合、县委、县政府决策提供有效依据和档案资料。

2012年，县人民检察院查办一系列国家工作人员渎职侵权案件，一例涉农领域职务犯罪，查办玉井镇原经管站经营员王某、林业站林业员罗某在补办退耕还林相关手续过程中未认真履行工作职责，致该镇3村8名村干部利用职务之便非法办理退耕还林地700余亩，连续六七年非法套取退耕还林补偿款55万余元的渎职侵权案，及时保障人民群众的合法权益，避免涉检信访案件的发生。一例群体性事件背后的渎职侵权犯罪案件，立案查办山阴县安荣乡原秘书丁某，违反规定签盖国家行政机关公章，引发群众集体上访的行政诉讼案件，及时消除影响社会和谐稳定的因素。一例司法人员渎职侵权案件，查办山阴县公安局户籍警吕某，玩忽职守违规操作上户登记，严重损害人民警察形象的渎职案件，被提起公诉进入法院审判阶段。

县人民检察院反渎工作从群众反映强烈、社会普遍关注的重要问题入手，查办渎职侵权犯罪。2015 年，反渎局查办滥用职权案 2 件 4 人，玩忽职守案 1 件 2 人，共查办渎职侵权案件 3 件 6 人。其中对国土出让收益造成严重经济损失职务犯罪案 2 件 4 人；虚报寄宿生人数，套取寄宿学生生活补助专项款职务犯罪案件 1 件 2 人。上述案件重大案件 1 件，特大案件 2 件，2 人为正科级干部，全部侦查终结并移送审查起诉，全部判决。加强惠农资金及专项资金领域的职务犯罪预防工作，提出预防对策建议。主动服务重点项目建设，把服务的着力点放在规范企业经营，营造有利于推进企业改革、创新、发展的环境上来。强化打击和预防部门的配合，实现“打防一体化”。先后组织有关单位开展预防职务犯罪专题讲座，警示教育 10 余次，共发出检察建议 20 余份。2016 年，反渎工作共立案查办渎职侵权类案件 3 件 11 人，其中，查办重大案件 1 件 4 人，特大案件 1 件 6 人，查办处级干部 1 人，正科级干部 2 人，全部侦查终结并提起公诉。

第八节 队伍建设

教育培训

1998 年，县人民检察院除继续坚持每日班前一小时学习和周六上午政治理论学习，结合教育整顿，成立政治理论业务学习班，有计划、有组织、有步骤地对全体干警，特别是年轻干警进行政治思想教育及检察业务专题讲座、考试，重点对新刑法、新刑诉法进行系统学习，对案件评查中发现的问题进行讲评。2002 年，加强业务建设，提高检察干警的业务素质。除组织参加各类培训外，鼓励干警参加成人自考、函授、电大学习，结合机构改革、集中整顿、“严打”法律知识考试等，采取多种形式加强干警的业务学习。2005 年，采取“走出去，请进来”等多种方式对干警进行培训；鼓励干警参加各类院校的法律专业学习，通过自修、函授、电大等多种形式，提高学历层次，改变学历结构，优化专业结构。有 6 名干警参加法律本科学习。

2010 年，学习《中国共产党领导干部廉洁从政若干准则》《中华人民共和国检察官职业道德基本准则（试行）》以及市院贯彻落实《山西检察工作科学发展五年规划》2010 年实施细则等内容。全面浏览科学发展理论和检察职业道德规范，用科学理论武装头脑，提高干警对检察职业道德和检察工作科学发展的宏观认识，推动思想理论的入脑入心，形成“知、信、行”良性循环。2012 年，中共十八大召开之后，全院掀起学习宣传贯彻中共十八大精神的热潮。通过集中学习、专题研讨、座谈讨论、写学习心得等形式，研读中共十八大文件，学习中共十八大报告和党章，确保学习内容、时间、人员、效果的落实。2016 年，制订《2016 年党支部学习计划》及《2016 年业务培训学习计划》，增强党员干部开展工作、解决问题的能力。

2014 年 5 月，检察院座谈会现场

党风廉政

1998 年，县人民检察院开展教育整顿，加强队伍建设，贯彻落实“检务公开”和内部制约决定，严格办案纪律，整肃检容风纪，重塑检察机关形象。2000 年，从严治检，坚决执行“四条禁令”“九条卡死”规定（1. 严禁超越管辖范围办案；2. 严禁对证人采取任何强制措施；3. 立案前不得对犯罪嫌疑人采取强制措施；4. 严禁超期羁押；5. 不得把检察院的讯问室当成羁押室，讯问一般应在看守所进行，必须在检察院讯问室进行的，要严格执行还押制度；6. 不得违反规定使用技术侦查手段；7. 凡在办案中搞刑讯逼供的，先停职，再处理；8. 因玩忽职守、非法拘禁、违法办案等致人死亡的，除依法依纪追究直接责任人员外；对于领导失职渎职的一律给予撤职处分；9. 严禁截留、挪用、私分扣押款物）和《廉洁从检十项纪律》。2002 年，采取多种形式组织干警学习江泽民同志在中央党校重要讲话、六中全会《决定》、十六大精神以及检察官职业道德和检察人员严格遵守的纪律规定。增强教育的针对性和有效性，落实到办案第一线，把党风廉政教育贯穿到办案全过程，坚决杜绝人情案、关系案、金钱案。

2006 年，坚持从严治检，坚决杜绝和查处干警违纪违法案件。加强检风建设，杜绝和纠正损害群众利益和诉讼参与人合法权益的部门不正之风。加强教育、管理和监督，贯彻落实有关纪律规定、廉政监督制度和执法办案监督制度，从源头上预防和解决腐败问题。2011 年，贯彻《检察机关执法工作基本规范（2010 年版）》，以规范促公正，以规范促廉洁。按照高检院的部署，参与“维护人民群众合法权益、解决反映强烈突出问题”专项检查活动。排查和剖析人民群众反映强烈的执法不公正、不规范、不文明和不廉洁等突出问题，有针对性地组织开展职业道德教育、纪律作风教育、廉洁从检教育，开展“治散、治懒、治松、治浮、治庸”的“五整治”活动，倡导真抓实干、热爱学习、亲民爱民、清廉从检，艰苦奋斗、创先争优的“六种良好风气”，引导全体检察人员切实做到公正、廉洁、文明、规范执法。

2014 年，政工科组织全院学习近平总书记系列讲话、省院“八小时之外”五条禁令、改进作风“十个严禁”等制度。将干警的思想和行动统一到“为民、务实、清廉”和“严肃教育，严明纪律，严格监督，严守制度”的要求上来。其间，先后深入古城镇、口子梁村、南口前村等“群众路线教育基地”接受思想教育，转变工作作风；党组成员分别带领“一村一警”工作队，深入玉井镇、马营庄乡、吴马营乡所辖各村了解基本情况、调查社情民意、排查化解矛盾。2016 年，检察长与院班子成员、班子成员与各自分管部门负责人、部门负责人与干警分别签订党风廉政建设责任书，明确科室负责人的廉政责任，形成一级抓一级、层层抓落实的党风廉政建设新局面。

第二章 法 院

第一节 机 构

山阴县人民法院

山阴县人民法院（简称县法院）始建于 1954 年 11 月，重建于 1979 年 3 月。1998 年，内设 11 个职能机构：办公室、刑事庭、民事庭、经济一庭、经济二庭、行政庭、告申庭、执行庭、综合审判庭、政工科、法警大队。行政编制 94 人，其中院长 1 人，副院长 4 人。2002 年 6 月，县人民法院内设 11 个机构，分别为办公室、政治处、立案庭、刑事审判庭、民事审判第一庭、民事审判第二庭、行政审判庭、审判监督庭、执行局、司法警察大队、书记员室。5 个派出法庭，分别为薛圐圙法庭、山阴城法庭、玉井法庭、北周庄法庭、岱岳法庭。政法编制 45 人，其中院长 1 人、副院长 3 人、政治处主任 1 人，纪检组长 1 人。核定工勤人员全额事业编制 7 人。2007 年 6 月，县人民法院增加 2 名中央政法编；7 月，再增加 2 名中央政法编。2012 年 5 月，成立山阴县人民法院司法鉴定中心（后更名为山阴县人民法院司法技术管理中心），全额拨款事业单位，股级建制，编制 3 人。

2016 年 12 月，县法院内设 23 个机构：办公室、政治处、研究室、监察室、财务室、纪检组、立案庭、第一民事审判庭、第二民事审判庭、刑事审判庭、岱岳法庭、玉井法庭、薛圐圙法庭、北周庄法庭、古城法庭、审判监督庭、执行局、执行一庭、执行二庭、法警队、书记员室、审判管理办公室和事业单位司法技术管理中心。全院有政法专项编制 35 人，工勤编制 7 人，事业编制 23 人。共有干警 65 人，其中干部 44 人，工人 21 人。占政法编制 35 人，占工勤编制 7 人，占事业编制 23 人。历任县人民法院院长有石生林、林海义、杨青如、王志远。

省市妇联集体参观岱岳法庭

第二节 刑事审判

1998 年后，县人民法院把刑事审判工作放在首位，打击杀人、抢劫、强奸、投毒、爆炸等七类严重刑事犯罪，参加全省“南征北战”集中统一行动，开展打击“车匪路霸”、拐卖妇女儿童、扫“黄”打“非”等专项斗争。1999 年，判处各类刑事案件 33 案 48 人，审结率达 100%。其中被判处 10 年以上有期徒刑的 4 人，被判处 5 年以上不满 10 年有期徒刑的 13 人，被判处不满 5 年有期徒刑及被判处拘役管制的 31 人。审判杀人、抢劫、强奸、投毒、爆炸等七类严重刑事犯罪。共判处上述严重刑事犯罪案件 12 件 16 人，分别占到刑事案件总数和人犯总数的 36% 和 33%。对这些罪犯绝大多数处以 10 年以上或 5~10 年有期徒刑。同时，参与全省统一部署的禁毒专项斗争，首次判处毒品犯罪案件 3 案 3 人。开始审理新类型犯罪案件。随着城市“严打”斗争的深入，一些城市的犯罪分子逐步向县城转移。1998 年山阴县出现首例绑架勒索案，针对新的犯罪苗头，及时打击。2001 年，县人民法院审理刑事案件 62 案 85 人。其中，故意杀人、绑架、抢劫、拐卖妇女、贩毒、破坏电力设备等严重刑事犯罪 16 案 25 人；贪污、受贿、挪用公款、挪用资金、金融诈骗、侵占等经济犯罪 12 案 12 人；盗窃、抢夺、敲诈勒索、故意伤害、交通肇事等其他刑事犯罪 34 案 48 人。审结率为 100%。按照中央部署的“打黑除恶”集中统一行动和“严打整治斗争”，开展打击“绑架”“拦路抢劫”和“贩卖毒品”等带黑社会性质的专项斗争。先后摧毁以史某、张某、郭某成为首的“绑架”“抢劫”“贩毒”团伙和以王某、李某、叶某为首的三个黑恶势力团伙，形成对严重刑事犯罪强大的刑事惩治力和法律威慑力。

2003 年，县人民法院审理各类刑事案件 88 件 107 人。其中，故意杀人、抢劫、伤害、强奸、拐卖妇女、贩卖毒品等严重刑事犯罪 12 案 20 人；挪用公款、挪用资金、贪污类经济犯罪 11 案 17 人；盗窃犯罪 15 案 20 人；交通肇事、重大责任事故等 35 案 35 人；重婚案自诉案件 15 案 15 人，结案率达 100%。在已决案件中，判处 10 年以上有期徒刑的 14 人，5 年以上不满 10 年有期徒刑的 54 人，判处缓刑的 7 人，免刑的 10 人，无罪的 5 人，撤诉的 10 人，驳回起诉的 7 人。在刑事审判中，坚持以事实为根据，法律为准绳的原则，做到不枉不纵。2007 年，县人民法院审结刑事案件 115 件，对 152 名被告人处以刑罚。

审结的 111 件公诉案件，适用简易程序审结 40 件，适用率达 36%，当庭宣判的 32 件，当庭宣判率为 80%。审结的 4 件自诉案件，调解结案的 3 件，调解率达 75%。2008 年，受理刑事案件 124 件 166 人，审结 123 件 163 人，均在法定审限内审结。审结未成年人犯罪案件 8 件 12 人，促进失足未成年人的转化。加大对刑事附带民事案件的调解力度，案件调解率达 70% 以上。

2010 年，县人民法院贯彻“宽严相济”的刑事政策，尊重和保障人权，依法保护被害人和被告人的合法权益，保障无罪的被告人不受追究，对罪行较轻的初犯、偶犯、过失犯或有自首、立功等情节的被告人依法从轻、减轻或免予刑事处罚。针对严重影响县域经济发展、社会安全和行业、区域稳定的各类犯罪予以严厉打击，如对拐卖妇女并多次持刀抢劫被告人柏某、多次抢劫的被告人张某分别判处有期徒刑 19 年和 14 年。对于未成年人犯罪以及一些因民间纠纷、生活琐事所引发的轻微刑事案件，以宽缓为主，实现法律效果与社会效果的有机统一。全年受理各类刑事案件 78 件 118 人，审结 77 件 113 人；判处犯罪分子 113 人，对 110 名被告人予以刑罚，3 名被告人免予刑事处罚。其中判处 10 年以上有期徒刑 4 人，5 至 10 年有期徒刑 8 人，5 年以下有期徒刑、拘役、缓刑、单处罚金、免予刑事处罚 101 人，处罚金 48 人。2012 年，县人民法院全部审结受理刑事案件 137 件，审结刑事附带民事诉讼案件调解成功 37 件，判处犯罪分子 155 人。其中判处 10 年以上有期徒刑 7 人，5~10 年有期徒刑 9 人，5 年以下有期徒刑、拘役、缓刑 139 人，免予刑事处罚 6 人，处罚金 116 人，加强对赃款赃物追缴和对被告人适用财产刑，不让犯罪分子在经济上占任何便宜。

山阴县法院内景

2014 年，县人民法院受理各类刑事案件 128 件 186 人，结案 127 件，结案率为 99.2%。依法对抢劫、故意伤害、寻衅滋事等严重扰乱社会秩序的暴力犯罪及盗窃、抢夺等常发性侵财犯罪予以严惩。全年判决被告人 186 人，其中判处 10 年以上有期徒刑 6 人，5~10 年有期徒刑 7 人，3~5 年有期徒刑 26 人，3 年以下有期徒刑等刑罚 141 人。运用审判职能参与社会管理综合治理和社会管理创新工作，加大司法领域的人权保障力度，落实宽严相济的刑事政策，加强未成年人权益的司法保护。2016 年，全院受理各类刑事案件 116 件 149 人，旧存 37 件 45 人，全部审结。开展“严打”斗争，依法严惩严重危害社会治安的黑恶势力犯罪和“两抢一盗”、诈骗等多发性侵财犯罪以及涉黄赌毒犯罪，判处罪犯 54 人。严惩“醉驾”犯罪，判处罪犯 12 人。加大对职务犯罪的打击力度，审结贪污、贿赂、渎职等犯罪案件 10 件 24 人。贯彻宽严相济的刑事政策，对 86 名具有从轻、减轻情节的罪犯依法判处缓刑、管制非监禁刑和免予刑事处罚。参与社会治安综合治理，协同相关部门做好非监禁刑事犯的社区矫正和帮教工作，消除不安定因素，为人民群众安居乐业营造良好的法治环境。

第三节 民事审判

1998 年后，全县通过处理大量婚姻家庭、抚养、赡养、债务、赔偿、土地山林以及相邻关系等与群众生产、生活息息相关的案件，及时化解纠纷，疏导社会矛盾。1999 年，县人民法院受理各种民事案件 435 件，审结 415 件，结案率达到 95% 以上。2000 年，县人民法院审理涉及深化国有企业改革和发展的案件，促进国有企业改革，及时审理经济案件，妥善处理群体性纠纷案件，及时化解人民的矛盾。全年收案500件，结案率达到95%。2001年，受理各种民事案件578件，审结554件，结案率达96%。开展为中心工作服务的专项审理。针对金融系统、财税部门、劳动人事部门收贷、收税、收养老保险金难的问题，临时组建金融法庭、财税法庭、养老保险法庭，先后依法收贷100余万元；收税30多万元。特别是养老保险法庭为劳动人事部门收缴养老保险金200多万元，缓解社会矛盾。2003年，法院审结658件民事案件。通过对占民事案件一半以上的婚姻、抚养、赡养、继承案件的妥善处理和对下岗职工劳务报酬案件的及时处理，以案讲法，宣传贯彻新婚姻法和劳动法，制裁家庭暴力行为，维护妇女、儿童、老年人、残疾人和婚姻关系中无过错方的合法权益，保护下岗职工等弱势群体的利益。2004年，受理各类民商事纠纷、合同纠纷、侵权纠纷案件284件，审结273件，结案率达到96%。

2006年，全年受理民商事案件265件，审结254件，结案率达95.8%，诉讼标的额612万元，为当事人挽回经济损失221万元。2009年，县法院受理各类民商事案件380件，审结372件，结案率达98%。调解各类民商事纠纷案件169件，撤诉45件，调撤率为56%。民商事审判坚持司法公正与诉讼效率相结合，坚持实体公正与程序公正相结合，坚持法律效果与社会效果相结合，坚持化解群众矛盾与维护社会稳定相结合，加大调解力度，化解各种矛盾纠纷，维护人民群众的合法权益，为企业应对金融危机保驾护航。妥善处理涉及离婚、抚养、赡养、继承等婚姻家庭纠纷案件，受理上述案件164件，保护妇女、未成年人和离婚无过错方的合法权益，促进家庭和睦和社会安定。及时审理好各类合同纠纷案件，有效防范和化解金融风险，受理上述案件122件，涉及金额900余万元。注重审理好权属侵权及其他纠纷案件，确保国家、集体、个人的合法权益不受非法侵害，制裁违法侵权行为，受理上述案件94件。

2012年，县人民法院受理各类民商事案件391件，审结383件，结案率为98%。调撤审结229件，调撤率为60%。在民商事审判中，妥善处理涉及离婚、抚养、赡养、继承等婚姻家庭纠纷案件，保护妇女、未成年人和离婚无过错方的合法权益，促进家庭和睦和社会安定；及时审理好各类商事案件，防范和化解金融风险；审理好权属侵权纠纷案件，确实保护国家、集体、个人的合法权益不受非法侵害，制裁违法侵权行为。2013年，受理民商事案件470件，审结461件，结案率98%。其中，受理离婚、“三养”等婚姻家庭纠纷案件235件，审结234件；受理买卖合同、借款合同、农村承包合同、建设工程合同等合同纠纷案件113件，审结109件；受理人身损害、财产损害赔偿等权属侵权及其他民事纠纷案件122件，审结118件。坚持“调解优先，调判结合”的民事审判原则，实行“三调联动”的有效衔接，妥善处理和解决大量的矛盾纠纷。调解和撤诉结案的案件286件，占结案总数的62%。

2015年，县人民法院受理民商事案件1043件，审结1033件，结案率99.1%。其中，受理离婚、“三养”等婚姻家庭纠纷案件529件，审结524件；受理买卖合同、借款合同、农村承包合同、建设工程合同等合同纠纷案件239件，审结235件；受理人身损害、财产损害赔偿等权属侵权及其他民事纠纷案件275件，审结274件。调解和撤诉结案的案件708件，占结案总数的68.5%。2016年，县人民法院受理各类民商事案件1322件，旧存376件，审结1598件，结案率为94.11%，解决诉争标的额8095万元。妥善审理好家事、借贷等传统纠纷案件，化解矛盾纠纷；注重对大量劳动争议等涉民生案件的审理，对202件此类案件，建立台账，采取防控、稳控措施，严防因处理不当引发群体性事件。通过对县化肥厂、供销社、百货公司116名职工劳动争议案件的诉讼引导和妥善审理，维护企业下岗职工的民生权益。树立和谐司法理念，完善多元化纠纷化解机制，实行“诉调对接”“诉非衔接”，三调联动（人民调解、司法调解、行政调解衔接联动机制），深入全县乡（镇）村，就地调解，妥善化解大量矛盾纠纷，诉前调解矛盾纠纷1254件。坚持“调解优先、调判结合”的民事审判原则，加大民商事案件调解力度，促使当事人自觉服判息诉，全年民商事案件调解和撤诉结案821件，占结案总数的51.37%，取得较好的法律效果和社会效果。

第四节 行政审判

山阴县人民法院行政审判庭成立于1990年1月，法院行政审判工作随之开展起来，在成立之初首先进行行政诉讼案件的审理，后随着社会政治经济的发展，逐渐进行非诉行政执行案件的审查。山阴县人民法院受理的行政案件涉及公安、房屋、土地、劳动和社会保障、城乡建设、规划等与民生密切相关的管理领域，涉诉案件占全部行政案件的80%以上。行政审判庭在工作中遵循“大胆受理，依法审理，慎重处理、监督与支持相结合”的原则，推行多元纠纷化解机制，取得了历年行政诉讼案件结案率均为100%的成绩，较好地实现了法律效果和社会效果的有机统一，为县域经济社会跨越式发展作出积极的贡献。

2016年1月始，由山阴县人民法院管辖的行政诉讼案件被上级法院指定由朔州市朔城区人民法院集中管辖和审理，县法院不再审理行政诉讼案件，只对辖区内行政机关申请的非诉行政执行案件进行审查，同时办理司法救助案件和审理部分民事案件。行政审判庭现有法官二人，书记员三人，其中，审判人员均为大学本科学历，书记员为大专以上学历。

第五节 案件调解与执行

1999年，县人民法院成立执行工作领导组，由正、副院长分别担任正、副组长。领导组从各庭室抽调18名干警，组成三个行动组，分别由三名副院长带队，澄清全院历年来未执行案件228件，标的额达到480多万元。2001年，全院干警分为三个执行小组，每组由1名副院长领导，任务到组、责任到人。在执行策略上，采取对被执行人曝光，召开债务人会议，对被执行财产进行有奖举报等方法；在执行财产的方式上，探索出用劳务抵债、执行被执行人的经营权、承租权以及“代为执行”等多种方式，使许多看似很难执行的案件，得到变通执行。全年共执行各类案件361件，历年旧存积案全部执行完毕，现行案件执行率达80%以上。2003年，山阴县人民法院在执行工作中，在执行策略上，采取对被执行人曝光，召开债务人会议，对被执行人财产进行有奖举报等办法；在执行财产的方式上，探索出一套劳务抵债，以物还债，转让无形资产，执行被执行人的经营权、承租权以及执行和解等方式。历年积案基本执行完毕，现行案件执行率达70%以上。

2005年，县人民法院执行旧存积案20件，新收执行案件124件，执结99件，涉及标的额1368万元。执行过程中，针对被执行人难找、被执行财产难寻和第三人不配合等情况，对确实无力执行的案件暂缓执行、中止11件，对有履行能力但拒不执行人民法院生效判决、裁定的被执行人司法拘留46人次，查封、冻结、扣押财产386件，并为申请执行人发放债券凭证11份，一定程度上扭转执行工作的不良局面。2008年，县人民法院新收各类执行案件78件，执结52件；旧存299件，执结172件。出动干警500多人次，查封财产21宗，拍卖、变卖财产4宗。对拒不履行生效法律文书所确定义务的被申请人实行拘留，拘留40余人次。2009年，查封财产16宗，拍卖、变卖财产3宗，对拒不履行生效法律文书所确定义务的被申请人实行拘留40余人次，保护债权人合法权益。新收执行案件74件，委托外地法院执行10件，执结终结58件，执结标的额929.76万元。2010年，创新执行机制，强化诉前保全和诉讼保全措施的使用，防止在判决、裁定生效后败诉方当事人隐藏、转移、变卖财产。执结执行案件70件，执结标的额800余万元。维护当事人的合法权益，维护县域经济社会发展大局。

2014年，县人民法院通过集中执行、突击执行，执结一批涉及招商引资、重点工程项目开发建设以及其他疑难复杂案件。全年受理执行案件108件，执结102件，执结率达94.4%，执行标的总金额达1635.46万元。2015年，通过集中执行、突击执行，执结一批涉及招商引资、重点工程项目开发建设以及其他疑难复杂案件。全年受理执行案件264件，执结、终结99件，执结率达37.5%，执行标的总金额达5118.69万元。2016年，县人民法院通过对136名失信执行人名单信息公布，将失信被执行人列入网上黑名单全面曝光，形成对被执行人强力执行的高压态势，一大批久拖未执的案件得以执结。执行工作信息化建设取得初步成效，执行查控系统实现和公安、金融、车管、房产、工商、土地等相关部门联动执行机制。全年受理执行案件430件，旧存184件，执结、终结569件，执结率92.67%，执结标的额达4360万元。

第六节 人民陪审

1998年后，法院重视人民陪审员选任工作，为组成结构合理、代表性广、素质高的人民陪审员队伍，成立选任人民陪审员工作领导小组，制定选任人民陪审员实施方案。组成选拔考察小组，本着广泛代表性与专业性相结合、组织推荐与个人自荐相结合、公平竞争与择优选任相结合的原则，深入乡镇和县直部门进行考察。2005年，根据最高人民法院、省高院和市中院关于增选人民陪审员的有关规定，法院选任20名人民陪审员，利用多元化媒体形式宣传陪审员制度的作用和实施陪审员工作的具体举措，提高社会各界对陪审员工作的认知程度，确保人民陪审员的质量。2008年，山阴县人民法院加强陪审员培训工作，建立每季度一次的固定学习、培训制度，举办专题讲座共20场次。为陪审员订阅《人民法院报》等相关学习资料，促使陪审员适应陪审工作，提高审判业务能力。制定《人民陪审员考核任免制度》《人民陪审员工作制度》《人民陪审员奖励制度》，对人民陪审员参审情况进行一次全面考核，对于考核优秀的给予表彰奖励，向县委、政府汇报，将人民陪审员补助纳入县财政预算，给予人民陪审员一定的专项经费，对参审案件的人民陪审员每人每天补助50元，激发人民陪审员参与庭审的积极性和责任感。

《全国人民代表大会常务委员会关于完善人民陪审员制度的决定》实施以后，山阴县人民法院明确陪审员审判案件的范围，将“民间智慧”引入司法，发挥人民群众在解决社会纠纷中的助力作用，化解矛盾、调解纠纷，做到法官和人民陪审员优势互补。畅通民意沟通表达渠道，提高审判活动的透明度，促进司法公开，在合议庭内部形成一种自我约束机制，保证司法廉洁。2010年，加强人民陪审员业务培训，把陪审员培训工作列入法院年度教育学习计划之中。2012年，县人民法院要求干警认识人民陪审员的重要地位和作用，及时研究解决工作中的困难和问题，营造关心、支持、保障人民陪审员依法履行职务的良好氛围。面向社会加强对人民陪审员工作的宣传，与电视台、广播电台等媒体多方协调，鼓励法院干警及人民陪审员撰写稿件、调研文章，广泛宣传人民陪审员的作用，动员全社会对人民陪审员工作的支持。

2015年，山阴县人民法院共有人民陪审员89人，来自基层街道、社区及相关企事业单位的占65%以上，社会民意在司法审判中得以彰显；30周岁以下36人，31~40周岁26人，41~50周岁27人，结构组成全面且相对均衡，能够反映各年龄段人员的思维特点与价值观。89名人民陪审员整体文化素质较高，均具有大专以上文凭，其中80%有本科文凭，硕士研究生2人。分布在工商、教育、旅游、房屋拆迁、医院、统计、妇联、街办、建委、证券、供电、广告等不同行业，具有不同的专业特长，大多数人长期从事基层基础工作，为法院审理特殊类型疑难案件提供有力的专业支持。2016年，根据山西省高等法院《关于开展人民陪审员“倍增”工作》要求，改革选任程序，扩大参审范围，提高人民陪审员的广泛性和代表性。9月9日，县人大常委会任命89人为山阴法院人民陪审员。全年人民陪审员参审案件488件，普通程序案件参审率达 44.61% 以上。

第七节　队伍建设

山阴县人民法院把队伍建设放在重要位置，进行一年一度的作风纪律整顿，开展争先创优活动和树形象工程。1998 年，通过宗旨教育、传统教育、爱国主义教育以及反腐倡廉等多种形式的思想教育，全院出现一批先进集体和先进模范人物。31 名干警分别受到省委、省政府，市委、市政府，高、中级法院和县委、县政府的记功、嘉奖、评模等奖励。1999 年，开展干警队伍教育整顿工作，共查摆出各种问题 110 多条。2000 年，以事实为根据，法律为准绳的原则，不办人情案、关系案、金钱案，拒收贿礼 30 多次，总值达5000余元。2002年，县法院制定严格的规章制度，用制度管理人。在加强内部管理上有《值班制度》《请销假制度》《岗位责任制度》；在维护干警形象上有《挂牌服务制度》《不准干警下饭店酗酒》等制度；在廉政建设上有《法官违法违纪举报办法》《法官违反纪律处分办法》等制度。定期召开民主生活会，检查制度落实情况。发现苗头，及时处理，把问题解决在萌芽状态。2003 年，推出一系列便民利民措施，如建立方便群众诉讼的审判流程管理制度；抽调专人到外地为企业追要货款；组建各种临时审判法庭，依法帮助有关部门收贷、收税、收取养老保险金；建立群众来信来访接待室和院长接待日，解决群众的申诉信访问题。开展司法救助活动，10 余名诉讼当事人免去诉讼费，无钱的老百姓照样能打官司。

2006 年，县人民法院鼓励干警参加学习教育和各种培训，18 名干警参加法律本科学历教育和专业业务培训。要求干警向先进学习，增强服务意识，落实“情为民所系、权为民所用、利为民所谋”。开展“社会主义法治理念教育和整顿工作作风、加强机关建设”等活动，确保队伍廉洁公正。落实各项制度和惩罚措施，共对 3 人次干警进行诫勉谈话，责令作出深刻检查。2007 年，按照理论学习计划，规范学习时间和内容，每周一、三、四按部门学习，周二、周五组织全院干警学习。完善“一岗双责”规定，党风廉政建设进行量化规定，以便管理和考核，畅通外部监督渠道，设立举报电话和举报箱，自觉接受群众监督。自觉接受人大监督，贯彻人大加强和改进信访工作会议精神，健全法院工作机制，完善法院内部工作流程，快捷、高效、有序地进行审判工作。

2011 年，县人民法院从建立完善符合审判规律与特点的廉政风险防范机制入手，制定《岗位廉政预警机制实施办法》《山阴县人民法院廉政监督卡》等制度。执行“四个一律”“五个严禁”“五个不准”及时查处干警违法违纪行为。加强司法巡查和审务督查工作，确保干警依法履行职责，严肃审判纪律，公正高效司法。加强调研、信息、宣传工作。结合审判工作实际，开展具有审判实践意义的调研活动，提高办案水平；业务庭挖掘审判实践中的有价值线索，干警采写信息、宣传稿，宣传法院的审判工作及进行社会法制宣传教育。研究室沟通信息宣传渠道，加强与新闻部门、上级信息单位的联络，引导干警发表稿件。各庭室之间、干警之间互相配合，良性互动，全年共编发《法院信息》78 期，报送动态简报 10 余条。各类刊物采用调研文章 5 篇，宣传报道 20 余篇。加强法院文化建设工作，在平台搭建和制度建设上下功夫，培养干警对法院的认同感、归属感和荣誉感。

2016 年，省、市人大领导一同在法院调研

2015 年，县人民法院建立完善符合审判规律与特点的廉政风险防范机制，制定《山阴县人民

山阴县法院八查八整工作巡查动员会

法院岗位职责》等制度，印发《山阴县人民法院廉政监督卡》《山阴县人民法院案件回访表》，做到案案有跟踪监督，有回访记录。加强司法巡查和审务督查工作，执行“八项规定”“五个严禁”“四个一律”，确保干警依法履行职责，正确行使职权，严肃审判纪律，提高工作质效，公正高效司法。2016年，县人民法院下发《2016年度党风廉政建设和反腐败工作要点》，明确党风廉政建设工作的推进思路、工作重点、具体举措和目标要求。县法院党组书记与党组成员、党组成员与分管部门负责人层层签订《2016年度党风廉政建设目标责任书》。县人民法院开展党风廉政建设自查自纠工作，对每个问题明确整改措施、责任部门、责任领导和整改时限。

第十一编

公安　司法行政

1998年，开展“严打”斗争，整治社会治安秩序。以“破大案、打团伙、追逃犯、保平安”为主攻方向，保持对犯罪活动的凌厉攻势和高压态势，震慑犯罪。2005年，投资3万余元改造户政服务大厅，简化办事手续，增设便民措施。2009年，推进科技基础设施建设，提升交通管理科学化信息化水平。2012年，以推进《消防宣传全民纲要》和“户籍化”管理为契机，以提高社会单位消防安全管理能力为目标，组织社会单位开展消防安全培训。2016年，执行重大节日安保任务，完成元宵节文娱活动、“六一”、国庆等安全保卫活动。

1998年把民间纠纷立足于调解，着眼于预防，广泛地开展矛盾纠纷大排查，构建起县、乡、村三级人民调解网络。2007年，明确法律援助案件的受理、审查、审批、分流程序，严格执行值班制度，做好电话接听和来人接待工作。2012年，全县各乡镇建立“律师服务联系点”，以咨询、代理诉讼、调解等方式积极为农业产业发展、农民增收、解决农村矛盾纠纷提供法律服务。2016年，山阴县普法依法治理办公室成立，继续开展报纸普法、短信普法、街头电子大屏幕普法、喷绘法制宣传墙等各种形式的普法宣传。

第一章 公 安

第一节 机 构

1998 年，县公安局内设机构有办公室、政工股、政保股、内保股、治安股、户政股、刑事技术股、法制股、禁毒股、经济案件、侦查股、巡警大队、刑警队、企业消防队、看守所、行政拘留所。行政编制 95 人（含交警队 14 人），其中局长 1 人，副局长 5 人。1999 年 6 月，刑警队改为刑事警察大队。2003 年，县公安局原有的股全部改为科，撤销口子梁、泥河、甘庄 3 个派出所。增设警务督察科、监察审计科、机关党委、机关后勤中心、民用爆炸物品管理科和下喇叭、吴马营两个农村派出所。2004 年，县公安局禁毒科更名为禁毒大队，山阴城派出所更名为古城派出所。2010 年 4 月，县公安局行政拘留所更名为山阴县拘留所。2013 年，县公安局信通网监科更名为网警大队。2014 年 7 月，县公安局撤销企业消防队。2015 年 1 月，县公安局增设食品药品犯罪侦查大队。2016 年，县公安局机构设置未变化。历任局长有窦新文、殷相、张乐祥、苏美、杨德文。

1998—2003 年，县公安局编制机构为一室、四队、十股、十六所。一室为办公室；四队为：刑警队、巡警队、企业消防队、公安交警队；十股为：政保股、治安股、内保股、政工股、法制股、户政股、技术股、经侦股、禁毒股、预审股；十六所是：岱岳所、桥西所、泥河所、薛圐圙所、后所所、山阴城所、玉井所、北周庄所、口子梁所、马营所、马营庄所、合盛堡所、甘庄所、张庄所、看守所、行拘所。县公安局行政编制数 140 人。2004—2007 年，县公安局内设机构 16 个、直属机构 5 个、派出所 14 个。内设机构为：办公室、政治处、警务督察科、经济犯罪侦查大队、治安大队、预审科、刑事技术科、禁毒大队、刑事侦查大队、法制科、经文保科、户政科、民爆科、国保大队、信通网监科、巡警防暴警察大队。直属机构为：看守所、行政拘留所、交警大队、消防大队、企业消防队。派出所为：岱岳所、桥西所、玉井所、北周庄所、古城所、马营所、下喇叭所、吴马营所、合盛堡所、安荣所、薛圐圙所、后所所，张家庄所、马营庄所。县公安局行政编制增加 5 人，行政编制数 145 人。

2007—2016 年，县公安局内设机构 19 个、直属机构 4 个、派出所 16 个。内设机构为：办公室、政治处、纪检监察室、警务督察科、经济犯罪侦查大队、治安大队、案件管理中心、国保大队、网络安全大队、禁毒大队、民爆科、户政科、经文保科、刑事侦查大队、法制大队、特勤大队、巡逻警察大队、信访科、食药大队。直属机构为：看守所、拘留所、交警大队、消防大队。派出所为：岱岳所、桥西所、玉井所、北周庄所、古城所、马营所、下喇叭所、吴马营所、合盛堡所、安荣所、薛圐圙所、后所所、张家庄所、马营庄所、滨河路所、森林派出所。2007—2015 年县公安局行政编制增加 30 人，行政编制数 175 人。2016 年，县公安局行政编制减少 19 人，行政编制数 156 人。

第二节 刑事经济侦查

案件侦破

1998 年，全县立各类刑事案件 50 起破 46 起，破案率 92%，其中立重大案件 27 起破 25 起，破案率为92.5%，查获各类犯罪分子103人，缉捕逃犯4人，打掉犯罪团伙13个46人，缴获桑塔纳轿车2辆、面包车14辆、摩托车10辆、变压器1台、大牲畜5头，总价值100余万元。1999年，各类刑事案件立案49起破41起，破案率83.7%，查获各类犯罪分子98人，缉捕逃犯8人，打掉犯罪团伙3个14人。2000年，各类刑事案件立案63起破43起，破案率68.3%，其中立重大案件39起破29起，破案率74.3%，查获各类犯罪分子125人，缉捕逃犯21人，打掉犯罪团伙15个66人，缴获汽车6辆、摩托车13辆、变压器1台、微机1台、大牲畜7头，总价值100余万元，缴获各类枪支11支、炸药337公斤、雷管827枚、导火索75米。受理经济案件6起，及时查破6起，为企业挽回经济损失11余万元。2001年，各类刑事案件立案73起破49起，破案率67.1%，其中立重大案件38起破25起，破案率65.7%，查获各类犯罪分子133人，缉捕逃犯22人，打掉犯罪团伙14个64人，缴获汽车7辆、摩托车14辆、奶牛5头、制砖机1台、电动机3台、文物40余件、金首饰4件，总价值80余万元。受理经济案件6起，及时查破6起，为企业挽回经济损失28余万元，协助税务部门追缴税款30余万元。

2002年，查破各类刑事案件71起，其中重特大刑事案件32起，抓获各类犯罪嫌疑人103人，缉获在逃犯6人，打掉各类犯罪团伙8个30人，缴获赃款赃物总计价值30余万元。特别是快速侦破以姚某为首的团伙暴力抢劫案、林某持刀杀人案、北周庄杀人劫车案，有力打击刑事犯罪的嚣张气焰。2003年，开展“严打”斗争，整治社会治安秩序。以“破大案、打团伙、追逃犯、保平安”为主攻方向，保持对犯罪活动的凌厉攻势和高压态势，震慑犯罪。侦破各类刑事案件81起，抓获各类犯罪嫌疑人197人，追捕逃犯13人，打掉犯罪团伙19个67人，缴获赃款赃物总计价值60余万元。挖出潜藏于山阴县的河北省杀人逃犯李某，快速侦破北周庄“6·23”持刀杀人案。2004年，各类刑事案件立案227起破147起，破案率64.8%，抓获各类刑事犯罪人员243人，打掉犯罪团伙14个，缴获赃款赃物110余万元。打掉以郭某为首的长期盘踞山阴县、触角延伸至应县、怀仁、右玉、朔城等地区，盗窃作案60余起，涉案价值40余万元的特大盗窃奶牛犯罪团伙。

2005年，各类刑事案件立案191起破124起，破案率64.9%，抓获各类犯罪嫌疑人274人，打掉犯罪团伙17个，涉及成员67人，缴获赃款赃物总计价值150余万元。成功打掉1个专门以绑架出租车司机勒索钱财的犯罪团伙，抓获团伙成员3人，破获案件2起；协助应县警方打掉1个麻醉抢劫团伙，抓获涉案成员5人，破获抢劫案件10余起，缴获桑塔纳轿车1部。2006年，以“命案侦破”为龙头，严厉打击各种严重暴力犯罪活动，及时侦破一批影响恶劣、危害严重的杀人命案，并破获一起命案积案。发命案5起，破获5起。全年立各类刑事案件213起，破现行案件110起，破案率53%。破获各类刑事案件186起，其中破获危害严重八类案件20起，抓获各类刑事犯罪人员156人，打掉犯罪团伙18个；破获山西省公安厅督办的“2·5”“2·8”抢劫杀人案，抓获高某、伊某等5名犯罪嫌疑人。2007年，各类刑事案件立案233起，危害严重八类案件立58起（杀人5起，强奸3起，抢劫40起，贩卖毒品8起，绑架2起）。破获各种刑事案件193起，破案率82%。八类案件破获34起，破案率58%。追破年前隐案、积案66起，协助外省市破案13起。与2006年相比，总破案率提高29%，其中八类案件破案率提高15.6%。全年5起命案全侦全破，实现公安部命案必破目标，连续三年保持命案破案率100%纪录。共抓获各类违法犯罪嫌疑人216人，其中抓获网上逃犯121人，打掉各类犯罪团伙17个72人，缴获赃物赃款总计价值200余万元。

2008年，各类刑事案件立案248起，破获各类刑事案件219起，总破案率88.3%。抓获各类犯罪嫌疑人148人，抓获网上逃犯121人，打掉恶势力犯罪团伙2个，其他犯罪团伙16个，缴获赃款赃物总计价值200余万元。发9起命案破获8起，并破获命案积案3起。危害严重八类案件立53起，破38起，破案率71.7%。2009年，各类刑事案件立案248起，破获各类刑事案件301起（其中破现案165起，隐案 136 起）；其中八类严重刑事案件立案 85 起，破案 131 起（其中破现案 65 起，隐案 66 起）。抓获各类犯罪嫌疑人 139 人，缉捕网上逃犯 117 人，打掉各类犯罪团伙 17 个 71 人。2010 年，各类刑事案件立案 225 起，破获各类刑事案件 288 起（其中破获现案 150 起，破获隐案、积案 138 起），总破案率 112.9%；其中危害严重八类案件立案 55 起，破案 73 起（含隐案、积案），破案率 132.7%，抓获各类犯罪嫌疑人 114 人，打掉恶势力犯罪团伙 1 个，其他犯罪团伙 6 个，抓获网上逃犯 84 人（其中外省籍逃犯 15 人，历年逃犯 22 人）。全年发生 4 起命案，全部破获，并破获命案积案 1 起。2011 年，各类刑事案件立案 234 起（其中：八类刑事案件立 54 起，破 61 起（含积案），破案率 112.9%；“两抢一盗”案件立 151 起，破 112 起，破案率 74.2%），破获各类刑事案件 211 起，破案率 90.2%，抓获各类犯罪嫌疑人 172 人，打掉犯罪团伙 10 个。全年发生 7 起命案，全部侦破。

2012 年，刑事案件立案 417 起，总计破案 396 起（含隐案、积案），总破案率 94.96%。立八类案件 83 起，破 110 起。抓获各类犯罪嫌疑人 267 人，追捕网上逃犯 55 人，打掉犯罪团伙 16 个 72 人（其中打掉恶势力犯罪团伙 1 个 5 人）。年内发生 2 起命案，全侦全破。2013 年，各类刑事案件立案 288 起，破案 428 起（含隐案、积案 160 起）；其中八类案件立案 47 起，破案 79 起；“两抢一盗”犯罪立案 163 起，破案 309 起；抓获各类犯罪嫌疑人 183 人，抓获网上逃犯 53 人；打掉犯罪团伙 9 个 43 人，其中，打掉恶势力犯罪团伙 1 个。2014 年，各类刑事案件立案 519 起，破案 527 起（其中破隐案、积案 388 起），抓获犯罪嫌疑人 172 人，打掉团伙 14 个 48 人，其中恶势力团伙 1 个 10 人。发命案 4 起破获 4 起，命案破案率 100%。抓获各类网上逃犯 196 人。八类案件立 58 起破 72 起，“两抢一盗”案件立案 392 起破 439 起，经济犯罪案件立案 7 起破 5 起（其中，破非法吸收公众存款案 1 起，为群众挽回损失 180 余万元；破非法集资诈骗案 1 起，涉案金额 100 余万元）。2015 年，各类刑事案件立案 619 起，破案 412 起（其中破隐案、积案 233 起）；抓获犯罪嫌疑人 149 人，打掉犯罪团伙 7 个 25 人；抓获各类网上逃犯 127 人；命案发 5 起破 5 起。2016 年，各类刑事案件立案 512 起，破 343 起，其中八类案件立 27 起，破 35 起；抓获各类犯罪嫌疑人 152 人，追捕逃犯 81 人，打掉各类犯罪团伙 7 个 26 人。

专项斗争

1998 年，全县开展“百日禁毒大行动”，查破各类毒品案件 49 起，其中制贩 11 起，吸食 17 起，种植 21 起，查获毒品违法犯罪分子 46 人，其中刑拘 8 人，劳教 3 人，治安处罚 23 人，强制戒毒 11 人，取保候审 1 人，收缴土制海洛因 5 克，罂粟种籽 250 克，杜冷丁 28 支，其他毒品 100 克。2000 年，按照党中央、国务院和全国人大指示，全国公安机关统一组织开展“打击人贩子、解救被拐妇女、儿童”专项斗争。山阴县组织 2 次大型集中统一行动，摸排上报被拐卖妇女 87 人，被拐卖儿童 4 人，人贩子 56 人，侦破拐卖案件 15 起，抓获人贩子 18 人，解救被拐卖妇女 26 人，被拐卖儿童 2 人，取得“打拐”斗争阶段性胜利。2004 年，开展反邪教斗争，侦破“法轮功”邪教组织案件 1 起，“东方闪电”邪教案 1 起，抓获 4 名涉案人员，其中刑事拘留 3 人，劳教 1 人。

2005 年，组织治安、经侦部门打击非法违法煤矿，查处私采露头煤 44 处，炸毁黑井口 34 个，扣押大型设备 30 台次，取缔非法集煤场 36 家，没收原煤 8000 余吨，罚款 12.9 万元，遏制私挖滥采违法行为，规范煤炭生产秩序。同年春节前，开展为期两个月的“三节”严打专项行动，破获刑事案件 23 起，查处治安案件 179 起，抓获各类违法犯罪分子 236 人。5 月，开展为期 8 个月的打击“两抢一盗”专项行动，分别于 6 月和 11 月开展县城治安秩序集中整治。侦破盗、抢案件 86 起，抓获各类违法犯罪分子 120 人，打掉团伙 9 个。在集中打击赌博违法犯罪专项行动中，共查破赌博案件 146 起 535 人，治安罚款 50 余万元，有效遏制赌博违法。

2006 年 3 月，开展为期 9 个月的“打黑除恶”专项斗争，共打掉恶势力犯罪团伙 4 个，抓获犯罪分子15人，侦破案件26起。在以社会治安集中整治为主的打击“两抢一盗”专项行动中，侦破盗抢案件76起，抓获违法人员95人，捣毁犯罪团伙12个。在11月开展的冬季严打整治斗争中，抓获各类违法人员231人，快速侦破玉井镇50万元特大现金被盗案。2007年，在全县范围内集中开展以“打击黑恶势力犯罪、打击毒品犯罪、打击涉众型经济犯罪、打击多发性侵财犯罪、整治交通安全隐患、整治消防安全隐患、整治爆炸等危险物品安全隐患、整治公共复杂场所安全隐患”为主要内容的“四打四整治”百日大会战，破获各类刑事案件27起，抓获各类犯罪嫌疑人30人，抓捕网上逃犯25人，打掉犯罪团伙4个11人，查处各类治安案件117起，治安罚款69.29万元。

2009年，开展打击传销、打击假币、打击假发票“09”行动三个专项斗争，收缴假币48800元，假发票1223张，制止一起传销聚会案件。2011年，相继开展打击制售假冒伪劣食品药品农资犯罪、打击侵犯知识产权和制售伪劣商品犯罪、“打四黑除四害”、打击非法炼制地沟油犯罪等专项行动，破获刑事案件5起，其中销售假避孕药案件2起，销售有毒有害食品案1起，地沟油案1起，贷款诈骗案1起。2012年，开展“雷霆”1号、2号严打专项行动，破案69起，抓获各类犯罪嫌疑人86人，追捕网上逃犯55人，打掉犯罪团伙16个72人（其中打掉恶势力犯罪团伙1个5人）。查处治安案件186起，处理各类违法人员168人，其中行政拘留85人，拘罚并处83人。2013年，开展打黑除恶、打击“两抢一盗”、治爆缉枪、打击涉毒涉赌及电信诈骗犯罪、打击传销、破案追逃“六场硬仗”专项斗争，破案309起，抓获各类犯罪嫌疑人183人，抓获网上逃犯53人，打掉犯罪团伙9个43人，其中打掉恶势力犯罪团伙1个。2015年，开展夏季严打“闪电”行动，破获刑事案件26起，刑事拘留29人，打掉恶势力犯罪团伙1个，查处治安案件48起，行政拘留70人，强制隔离戒毒16人。2016年，按照山西省公安厅、朔州市公安局部署要求，组织开展以深化“打黑除恶”、铲除黄赌毒、推进治爆缉枪为重点的“三大战役”。在打黑除恶行动中，打掉具有村霸性质恶势力犯罪团伙1个，抓获团伙成员2人，核查办结市转涉黑涉恶线索2条、举报信1份。在治爆缉枪专项行动中，破获非法持有枪支案2起，刑事拘留2人；查处非法携带枪支案2起，行政拘留2人，缴获各类枪支5支，射钉弹14发，猎枪弹7发，弹丸298粒，气罐2个。

第三节 监所管理

1999年，山阴县看守所建成交付使用，占地8000平方米，建筑面积2500平方米，监室17个。2005年，看守所安装彩屏监控和高墙电网，在行拘所安装隔离网，加大督察检查，全面推进监管场所正规化建设。配合严打整治斗争，在关押场所开辟第二战场，深挖犯罪，挖出各类犯罪线索19条，查破刑事案件32起。2006年，看守所、行拘所加大政治攻势，挖出各类犯罪线索74条，查破刑事案件29起。2007年，对看守所存在的安全隐患进行全面整改，在隔离区外新建两间接待室，在监室内安装红外线夜视监控，购置新式囚车，整顿看守所班子，加强看守力量等等，消除死角死面，达到安全监管，并按照建设部、国家发改委批准发布的《看守所建设标准》，完成新建看守所筹建工作。

2008年8月新建看守所，位于山阴县安荣乡贺家窑村西，占地面积3598.3平方米，建筑面积3436.26平方米，设计关押量为24间监室，单人监室1间，讯问室3间，律师会见室1间，会见室1间，囚车2辆，年度关押量为300余人。2009年11月山阴县新建看守所落成。同年，挖出各类犯罪线索156条，查破刑事案件35起。2014年3月，推进监管场所“五化建设”（完善岗位设置和勤务机制，实现勤务模式科学化；完善执法制度和执法体系，实现执法行为规范化；落实管理规定和管理制度，实现管理工作精细化；加强信息技术建设和实战应用，实现监管手段信息化；改善基础设施和装备条件，实现设施保障标准化），提升监管场所对外透明度，邀请10名在押人员家属实地参观并座谈，直观了解亲人在看守所的生活、学习和改造情况。2016年，严格看守所执法，推进其规范化建设。

第四节 出入境管理

1998年后，全县加强出境人员审查签字，严把出入境关口。2002年2月，山阴县公安局出入境管理科正式挂牌，开始受理审核出入境资料。审核后，朔州市公安局受理、审批，山西省公安厅制证、发证。2007年1月1日，《中华人民共和国护照法》施行。10月，山西省公安厅下放权限，山阴县开始正式受理出入境证件，成为朔州市第一个区县级受理窗口。同年，县公安局进行《法定不批准出境人员通报备案》《国家工作人员登记备案》双备库的建设及完善。实行公民按需申领出入境证件。2013年，公安部下发《关于规范公安机关出入境管理机构依法独立行使行政处罚权的通知》，出入境管理机构成为继公安消防、公安交管部门之后第三个具有独立执法权限的警种。2016年12月，山阴县公安局出入境管理科撤销，挂山阴县公安局出入境管理大队牌子。2002—2016年，共审核、受理出入境证件28516人次，办理“三非”（非法入境、非法居留、非法就业）案件一起，遣返越南妇女一人，登记管理外国人29人次。

第五节 治安保卫

危险物品管理

1998年后，山阴县公安部门强化爆炸物品管理，严打涉爆违法行为。2001年4月，开展“治爆缉枪”专项斗争，检查煤矿46座，石料厂9家，经销单位2家，其他村镇单位258个，消除各类隐患80多处，责令5家存在问题的石料厂停业整顿，捣毁私制烟花爆竹窝点4家，收缴雷管1100余枚、导火索600米、火药550公斤、炸药200公斤、各类枪支125支（机制猎枪5支，土火枪120支）、手雷1枚、炮弹4发、子弹3发、半成品爆竹8万余枚，处罚21人（治安拘留12人，罚款8人）。2003年，县公安局结合“六项安全整治”（爆炸等危险物品安全整治、道路交通安全整治、消防安全整治、枪支弹药安全整治、公安监管场所安全整治、内部单位安全整治）工作，开展“治爆缉枪”专项斗争，对全县77家涉爆单位（煤矿47座、石料厂28家、县化轻公司、县副食日杂公司）逐一检查整治，消除治安隐患40多处，处罚有关单位3家，责任人3人，查破涉爆案件6起，抓获涉爆违法犯罪嫌疑人9人，收缴炸药135公斤、雷管331枚、各类枪支27支、子弹14发、导火索36米。2005年，加强对特种行业及枪支弹药、爆炸物品、剧毒危险化学品管理。对全县70多家涉爆单位进行大检查、大整改，安装信息系统，收缴雷管3862枚、导火索20米、土制炸药50公斤、土火枪4支。

2007年，县公安局对全县41座煤矿、16家采石场、1家爆炸物品销售单位和1家烟花爆竹生产企业及销售单位共60个涉爆单位逐一进行安全大检查，下发隐患通知书15份，对5家存在安全隐患存放爆炸物品的库房进行严格整改，逮捕涉爆人员2人，刑事拘留1人，治安拘留6人，收缴硝酸铵1420公斤、雷管5630枚、导火索60米、土制炸药137公斤、炮弹6发、土火枪2支，打掉非法采石点3个。2009年，县公安局坚持铁腕治爆、从严治爆，开展宣传发动、排查摸底、打击收缴、防控落实四个环节工作，反复排查农村及边远山区闲置厂房、废弃院落和流动暂住人员居住地，消除涉爆隐患。收缴雷管4200枚、炸药11808公斤、导火索7200米、烟火剂25吨。2011年，收缴炸药538公斤、雷管60250枚，做到村不漏户，户不漏人，消除涉爆隐患。2013年，收缴过期炸药1106.14公斤、导爆索1030米、雷管17975枚、复合肥11880公斤，全部安全销毁。2015年，县公安局组织民爆物品安全检查234次，检查涉爆单位 24 家，发现并及时整改安全隐患 52 处，下发整改意见书 26 份，收缴并销毁过期雷管 2958 枚、过期导爆管 3210 枚、过期炸药 5487.4 公斤。2016 年，县公安局开展民爆物品安全检查 88 次，检查涉爆单位 15 家，发现并及时整改安全隐患 18 处，下发整改意见书 18 份，收缴并销毁过期雷管 9340 枚、过期导爆管 1490 枚、过期炸药 3403 公斤。

黄赌毒禁查

1998 年，全县公安系统查处毒品案件 49 起，其中制贩 11 起、吸食 17 起、种植 21 起；查获毒品违法犯罪分子 46 人，其中刑拘 8 人、劳教 3 人、治安处罚 23 人、强制隔离戒毒 11 人、取保候审 1 人；收缴土制海洛因 5 克、罂粟种籽 250 克、杜冷丁 28 支、其他毒品 100 克。查处赌博案件 51 起，查获赌博分子 209 人，其中治安拘留并罚款 122 人，单处罚款 85 人，警告 2 人，罚款总额 30 万元。查获卖淫嫖娼案件 11 起，查处卖淫嫖娼人员 54 人。2000 年，查处毒品案件 31 起，处罚涉毒人员 48 人，其中判刑 4 人、劳教 2 人、治安处罚 33 人、强戒 6 人，罚款 6 万余元；缴获土制海洛因 2 克、其他毒品 550 余克，铲除罂粟 3000 株。查处赌博案件 31 起，查获赌博分子 125 人，其中治安拘留 37 人、罚款 81 人，罚款总额 13 万元。查获卖淫嫖娼案件 5 起，查处卖淫嫖娼人员 11 人，取缔非法经营的旅店、路边店 5 家，限期整改 13 家，收缴黄色录像带、影碟 9 盘、黄色宣传品 24 本。2001 年，开展“打黄扫非”专项斗争，查获卖淫嫖娼案件 34 起，查处卖淫嫖娼人员 78 人，治安罚款 9 万余元，取缔非法经营旅店、路边店 5 家，限期整改 13 家，收缴黄色录像带、影碟 23 盘，净化社会风气。

2002 年，查处毒品案件 97 起，处罚涉毒人员 103 人，缴获土制海洛因 20 余克、其他毒品 2000 余克，铲除罂粟 350 余株，罚款 11 余万元。查处赌博案件 150 起，查获赌博人员 494 人。查获卖淫嫖娼案件 16 起，查处卖淫嫖娼人员 35 人，收缴黄色录像带、影碟 28 盘。2004 年，查处毒品案件 284 起，处罚涉毒人员 285 人，其中强戒 79 人，缴获各类毒品 42 克，铲除罂粟 5000 株。查处赌博案件 152 起，查获赌博人员 235 人。查获卖淫嫖娼案件 12 起，查处卖淫嫖娼人员 36 人，收缴黄色录像带、影碟 29 盘。2006 年，破获各类毒品案件 298 起，抓获各类涉毒人员 318 人，其中判处徒刑 2 人、刑事拘留 1 人、劳教 17 人、强制戒毒 75 人、治安处罚 77 人。查处赌博案件 86 起 473 人。查处卖淫嫖娼案件 21 起 32 人。

2008 年，开展禁种铲毒、集中扫毒、集中收戒专项行动。工作中树立情报主导警务理念，重视缉毒情报信息收集，将全县涉毒人员信息全部录入网上，建立禁毒信息系统，服务现实斗争。查破各类涉毒案件 312 起（其中刑事案件 16 起，治安案件 296 起），抓获各类涉毒人员 313 人，其中逮捕 16 人、取保候审 1 人、强制戒毒 45 人、强制隔离戒毒 105 人、治安处罚 146 人。查处赌博案件 39 起 181 人。查处涉黄案件 13 起 13 人。2010 年，查破各类毒品案件 173 起（其中刑事案件 15 起，治安案件 158 起），打掉吸贩毒团伙 10 个，抓获涉毒人员 173 人，其中监视居住 15 人、强制隔离戒毒 121 人、治安处罚 37 人。查处涉赌案件 8 起 50 人，罚款 27 人，治安拘留 23 人，拘罚并处 8 人。查处涉黄案件 10 起 14 人，其中罚款 2 人，治安拘留 12 人，拘罚并处 5 人。

2012 年，查处涉毒案件 850 起，抓获涉毒人员 850 人，其中刑事案件 12 起、刑事拘留 3 人、强制隔离戒毒 328 人、治安处罚 510 人。7 月 9 日，山阴县公安局刑侦大队二中队打掉一个吸贩毒犯罪团伙，抓获涉毒人员 3 人，其中抓获网上批捕在逃犯 1 人，带破盗窃案 10 余起，涉案价值 1 万余元，缴获摩托车 1 辆、手机 1 部，毒资 2000 元。查处赌博案件 33 起 237 人。查处涉黄案件 18 起 36 人。2014 年，查处涉毒行政案件 473 起，破获刑事贩毒案件 7 起，刑事拘留 5 人，监视居住 4 人，处理各类涉毒人员 492 人，其中强制戒毒 262 人、行政拘留 230 人。查处赌博案件 14 起，打掉赌博游戏机窝点 2 个，收缴游戏机 23 台，全部予以销毁。查处涉黄案件 19 起。2016 年，在铲除黄赌毒行动中，破获毒品刑事案件 21 起，刑事拘留 22 人，查处涉毒治安案件 381 起，强制隔离戒毒 127 人，行政拘留 254 人。打掉一个强迫卖淫犯罪团伙，破获涉及内蒙古、太原等地强迫卖淫案4起，抓获犯罪嫌疑人2人，查处卖淫嫖娼案件12起，行政拘留25人。破获赌博刑事案件1起，刑事拘留1人；查处赌博治安案件7起，行政拘留21人，罚款12人，收缴赌资5110元。

安全警卫

1998年后，全县加强安全保卫工作，确保各种重大活动安全。2003年，完成9次首长安全警卫任务，同时开展抗“非典”工作。2006年，先后完成省长考察、6·24传统庙会、“唱响2008走进山阴县迎奥运大型演唱会”、抗击禽流感等重大活动安全保卫任务。2008年，在奥运圣火途经县境时，县公安局派出警力170人，抽调民兵150人，对途经路段所涉及的19个制高点、85个涵洞、24座桥梁、3个出入口执行保卫。2010年，完成山西省委书记到县视察、京津风沙源治理山阴现场会等大型保卫活动，以及“两节”“两会”等一系列安全保卫工作。2012年，完成中共十八大、中央、省、市领导到县考察和“两节”“两会”以及首届中国山阴边塞文化周暨奶牛节等一系列安全保卫活动。2014年，完成中共十八届四中全会、APEC会议、“两节”“两会”等重要活动和重大节日安保任务。2015年，完成“五一”“抗战胜利70周年纪念活动”、国庆、省委十届七次全会等重大安保任务。2016年，完成元宵节文娱活动、“六一”、国庆等安全保卫活动。

1998—2016年山阴县治安案件统计表

表11-1

年 份	发案数（起）	查处数（起）	查处率（%）	警告（人）	拘留（人）	罚款（万元）
1998	278	278	100	3	328	36.2
1999	197	197	100	2	135	18.6
2000	205	205	100	5	186	20.7
2001	303	303	100	—	934	60
2002	329	329	100	—	846	73.2
2003	458	458	100	—	649	130
2004	521	521	100	—	921	150
2005	885	885	100	—	860	140
2006	937	937	100	—	194	110
2007	1488	1488	100	52	267	123
2008	1559	1559	100	—	400	200
2009	1114	1114	100	—	304	35.31
2010	827	827	100	—	206	10.2
2011	682	682	100	—	219	7.18
2012	3449	3449	100	16	1399	26.45
2013	3619	3619	100	1	1238	21.58
2014	3618	3618	100	—	1074	11.36
2015	2284	2284	100	—	788	48.37
2016	1823	1823	100	—	622	30.03

第六节 户政管理

2005年，山阴县投资3万余元改造户政服务大厅，简化办事手续，增设便民措施，严格收费项目，实行阳光作业，做到便民、利民。4月，开展户口清理整顿工作，做到微机资料、居民户口簿、居民身份证、常住人口登记表、居民身份证编码和本人实际情况相一致，共入网户口77710户220318人。完成全县人口信息入网工作，其中人口信息录入、身份证号码纠错、人像采集三项指标在全市保持领先位置，人像采集率达到85%以上，比上级规定超5%。2006年，改革户籍管理制度，把户籍业务受理、办理移驻政务大厅，民警着装上岗、挂牌服务，实行一条龙作业，一站式办结，方便群众。从6月份开始办证后，仅用三个月超额完成全年5万张的制证任务，共受理二代证82982张，完成全年任务的166%，其中马营庄派出所日受理量突破426个，二代证办理在朔州市名列前茅。同年，以启动派出所综合信息应用平台为契机，健全规范派出所28种业务台帐，开展以常住人口核对、暂住人口清查、重点人口熟悉为重点的人口管理和信息录入工作，加强对出租房屋、娱乐场所、特种行业的管理和控制，综合信息录入7423条，并对暂住人口实施声像化、信息化管理。

2007年，全年制作二代证55467张，完成全年5万张制证任务的111%。受理临时身份证647张，纠正跨省重号109对。2008年，受理二代证33211人，完成全年任务的107.1%。2009年，通过入户调查，对每户居民家庭成员进行登记，对住宅方位进行具体确定，对家庭贵重物品进行拍照登记后录入系统，掌握第一手信息资料。至12月，入户调查3万多户，走访社区群众10万余人，建立4000余户家庭信息档案，其中入网2995户。全年办理二代证9536人，临时身份证675人。2013年1月10日至2016年12月30日，在全县范围内开展户口整顿工作。复核各类户口卷宗25428卷，排查并解决无户口人员278人，纠正户口登记项目差错3585个，其中姓名228个，性别21人，民族11人，出生日期171个，其他项目3132个，解决一人多户1952人，累计清理应销未销人员1584人，其中死亡未注销人员1461人，服现役未销人员123人。2014年4月，取消农业户口与非农业户口性质区分，统一登记为居民户口。户口登记以户为单位，共同居住生活在同一住所的常住人口立为一户。2015年，推出《户籍管理月评查制度》和《便民利民措施》，规范办事程序，提升服务效率。1—11月，共办理出生登记2769人（男1464人、女1305人），死亡注销638人，迁入3572人，迁出2859人，补录117人；受理二代身份证10030人，临时身份证1232人；累计清理纠正户口登记项目错误1306个，发现并注销一人多户195人。2016年，开展跨省异地受理身份证业务，前期将岱岳派出所作为试点单位，可以受理除内蒙古、宁夏以外的省、市、自治区身份证，其他派出所受理省内异地身份证业务。全县81101户，人口246549。

第七节 交通管理

机　构

1984年，山阴县成立交警大队，编制12人，负责车辆和交通事故管理，在新十字街口建岗2座。1996年12月，县交警大队成立4个交警中队。1998年5月，县公安局交警大队内设机构为办公室、交通管理股、宣传教育股、事故股。行政编制14人，其中队长1人，指导员1人。2005年，车管工作站改名车管所。2009年5月，违章处理中心成立。9月，法制股成立。同年，大运巡逻中队成立。2011年，科技信息中心成立。2014年1月，设立纪检监察室、政工室。7月，设立122指挥中心。2016年，内设机构共16个，共有工作人员296人。历任队长李猛、牛炳旺、郭世忠、郭全兵。

道路交通安全管理

1998年后，山阴县交警部门加强公路隐患排查促改，严格机动车辆管理，将交通安全宣传教育同执勤执法相结合，群众安全文明意识逐渐增强，交通环境持续改善。从2009年起，推进科技基础设施建设，提升交通管理科学化信息化水平。2009—2013年在干线公路建设卡口14套。2012年，筹资建设县城道路交通智能管理系统，在县城9处路口安装视频监控及电子警察，抓拍记录闯红灯、闯禁行、压线、违规变道等交通违法行为，2015—2016年两年配备350M集群对讲机45部，2015年装备执法记录仪100台。2016年又升级改造其中6套视频监控。同时配备5辆移动测速车。

2011年，交警部门组织民警开展“三打两禁一整治”（三打：严厉打击街面抢劫、抢夺犯罪活动；严厉打击入室盗窃和砸车盗物犯罪活动；严厉打击盗窃破坏农电、水利、通信和重点工程设施犯罪活动。两禁：严格禁止赌博违法犯罪活动、严格禁止吸贩制毒违法犯罪活动。一整治：从严整治交通秩序）专项行动、重特大道路交通事故集中整治、安全生产百日大检查、“三超一疲劳”（超速、超员、超载和疲劳驾驶）交通违法行为整治专项行动，严厉打击酒后驾驶、涉牌涉证、超速超员、疲劳驾驶等交通违法行为。全年查纠违法行为19076人次，查处超速行驶10754起，客车超员119起，货车载客109起，无证驾驶201起，饮酒驾驶13起，醉酒驾驶4起，行政拘留42人。2012年，县交警部门开展防事故保安全保畅通、整治“三超一疲劳”、飓风行动、“雷霆1号”行动等专项行动，查纠违法行为21576人次，查处超速行驶12603起，客车超员16起，货车超载16起，无证驾驶376起，醉酒驾驶20起，行政拘留343人，刑事拘留31人。

2013年，县交警部门开展“春运安保”“大排查、大教育、大整治”货车违法行为专项行动、摩托车交通违法行为专项整治、“安全生产月”活动、道路交通安全大检查、排查治理校车、接送学生车辆专项行动、整治县城街道机动车乱停乱放行为专项行动、整治工程车违法行为和酒后驾驶专项行动。查处各类交通违法行为15687起，其中无证驾驶361起，醉酒驾驶8起，饮酒驾驶2起，超速行驶9414起，超员4起，超载2起，涉牌涉证226起，其他违法行为5778起。全年共办理交通肇事、危险驾驶案等刑事案件33起，刑事拘留31人，2人取保候审；办理行政案件330起，行政拘留并处罚320人。2014年，县交警部门开展道路运输危化品安全专项整治、道路交通安全大检查、农村地区交通违法集中整治、安全生产月活动、“道路客运安全年”活动。查处机动车交通违法行为12144起，其中无证驾驶186起，超速5281起，超员4起，超载12起，饮酒驾驶4起，醉酒驾驶6起，其他6651起。办理行政案件212起，行政拘留并处罚款192人，单处罚款20人；办理刑事案件25起，刑事拘留23人，取保候审2人。同年11月起，全县开展淘汰黄标车及老旧车工作。查违法除隐患降事故保安全大会战、危化品运输监管、打非治违集中整治交通违法行为统一行动。查处机动车交通违法行为25582起，其中无证驾驶429起，超速5812起，饮酒驾驶4起，醉酒驾驶20起，超员1起，其他19316起。办理行政案件357起，行政拘留并处罚款341人，单处罚款16人；办理刑事案件41起，刑事拘留36人，取保候审5人。

2016年，县交警部门开展道路交通安全大检查、农村地区交通违法集中整治、安全生产月活动、“第二季度预防重特大道路交通事故专项整治行动”“六打六整三加强”创建平安山阴集中行动、电动车安全管理专项整治行动、黄标车淘汰工作、秋冬季严打专项整治行动。查处机动车交通违法行为58458起，其中无证驾驶277起，超速7834起，饮酒驾驶39起，醉酒驾驶8起，毒驾4起，超载8起，其他50288起。行政案件立案121起，行政拘留并处罚款118人，单处罚款3人；刑事案件立案41起，刑事拘留34人。同年，在春运安全启动日、安全生产月、“12·2”交通安全日、“12·4”宪法普法宣传日等重要时间节点和阶段性专项行动期间，在人流集中地段布置宣传展板，发放宣传资料，印发交通文明画册，悬挂条幅标语，交通宣传车巡回宣传；在县电视台播放提示语、通告，开设《向平安致敬》栏目，每周播放2

次，曝光交通违法行为；在车管所、违章处理大厅、事故处理等窗口单位和执法现场对群众进行宣传教育。全县建立7处交通安全宣传教育阵地，对不同群体进行安全教育。当年，山阴县有机动车辆26000辆，驾驶员33000人。

1998—2016年山阴县道路交通事故统计表

表11-2

年 份	事故起数（起）	死亡人数（人）	受伤人数（人）	经济损失（元）
1998	29	15	31	183085
1999	28	11	21	241190
2000	193	32	173	637600
2001	226	41	227	1126300
2002	206	42	236	965460
2003	184	48	168	952940
2004	91	42	103	476350
2005	115	35	143	658550
2006	120	33	193	574600
2007	93	31	141	519750
2008	87	24	102	1093100
2009	98	26	122	741902
2010	114	14	144	583508
2011	80	13	106	448000
2012	75	14	98	377900
2013	42	10	50	173200
2014	50	14	69	300400
2015	60	6	86	257200
2016	49	7	72	254000

道路交通事故例选

1999年10月14日9时10分，大同下寨劳教所驾驶员李某驾驶本单位2000型桑塔纳轿车（晋BD038警）沿208线由北向南行驶去太原，当车行驶至255公里+200米处，躲避前方畜力车时，车翻至路东侧边沟下，造成驾驶员李某受伤，乘车人张某、张某、李某、张某当场死亡，桑塔纳轿车受损。2000年12月10日17时，平朔煤炭公司马某驾驶秦皇岛开发区秦发贸易有限公司捷达小轿车沿大忻线由北向南行驶至57公里+200米处，与相对方向行驶实施左转弯的山阴县白家堡村陈某驾驶的无牌农用三轮车发生侧撞，捷达轿车侧滑于道路左侧，又与由南向北行驶的夏县水头乡曹张村王某驾驶的"解放"大货车碰撞起火，造成马某及车内乘车人于某（女）、张某（女）死亡，事故发生后陈某弃车逃逸。2003年1月20日5时，山阴县大羊村毛某驾驶解放143巨能王车沿大忻线由南向北行驶，当车行至山阴县境内74公里+43米处，追尾撞在前方同向行驶的山阴县王家洞村侯某拉的小平车，造成拉车的侯某受伤，小平车后面推车人邱某、孙某、王某死亡，肇事后毛某驾车逃逸。

2004 年 4 月 25 日 6 时 30 分，大同市阳高县纪家庄村武某无证（假证）驾驶大同市吉通汽车贸易有限责任公司“东风”中型普通货车，沿 208 线由南向北行驶，当行至 593 公里 +200 米处时与由北向南行驶的河北省张家口市桥西区赵某驾驶的“解放”大货车发生碰撞，造成武某和乘车人纪某当场死亡，乘车人张某送医院抢救无效死亡，乘车人孙某、赵某受伤，“东风”中型普通货车所载黄牛 23 头死亡。2005 年 5 月 5 日 18 时 50 分，朔州市平鲁区蒋家坪赵家窑村张某驾驶车主王某（行驶证车主张某、未过户）的“重庆长安”小型客车，沿大忻线由北向南行驶至大忻线 60 公里 +100 米处，与相对方向驶来的山阴县关岱岳村关某驾驶车主郭某（行驶证车主万某、未过户）的“东风”中型普通货车发生正面相撞，造成“重庆长安”小型客车乘车人敬某、王某死亡，王某、唐某及张某受伤。2007 年 5 月 3 日 14 时 40 分，孙某无证驾驶无牌“时风”三轮车（车主为四川省三台县古某），沿马营村至腰寨村乡村路行驶至腰寨矿附近下坡弯道处，未能保持安全车速，车辆发生侧翻后，三轮车滑出路面撞到停在路下便道上的大货车上，造成三轮车乘车人唐某、吕某、刘某死亡，姚某、姚某、王某、罗某及孙某受伤。

第八节　消防管理

机　构

山阴县专职消防队　1998 年延续 1978 年建队初期的山阴县企事业联合消防队，由山阴县各企业委派人员组成，县公安局消防股领导。2005 年 11 月，山阴县企事业联合消防队 22 名队员纳入全额事业编制，成立山阴县政府专职消防队，由山阴县公安消防大队负责管理。2016 年，山阴县政府专职消防队（以下简称县消防大队）有官兵 10 人，其中干部 4 人、士官 6 人，专职消防队员 19 人，文职 10 人。担负全县的消防安全保卫任务。历任消防大队长有李启宝、孔占彪、郭锐夫、王国富、陈明、王永祥、李正毅、冯龙。

县委书记李旭清慰问消防队

设施设备

2007 年 8 月，县消防大队建筑工程全部竣工，11 月 9 日投入执勤，地址位于东大滩工业园区。至 2016 年，相继投入 1500 余万元购置车辆装备器材。县消防大队执勤消防车共 5 辆，分别为斯太尔王水罐消防车 1 辆、斯太尔三联用消防车 1 辆、东风抢险救援车 1 辆、奔驰 34 米登高平台消防车 1 辆、斯太尔豪沃 25 吨水罐消防车 1 辆。消防员个人防护装备全部进行备份，配齐特勤器材，各类消防装备基本完善，共有 13 个类型、103 种、1453 件套器材。

消防宣传

1998 年后，山阴县消防部门坚持普及消防安全知识，增强群众消防安全意识和消防法制观念，提高全社会抗御火灾能力。2008 年 3 月 20 日，对山阴县三中二十六个班学生进行消防安全教育。4 月 16 日，对山阴县老年公寓工作人员进行消防安全教育、培训。5 月 27 日，对山阴县华森木业有限公司员工进行消防安全培训。2009 年，全县共举办大型消防宣传活动 2 次，发放宣传资料 2 万余份，展示消防宣传展板 12 块，悬挂消防宣传标语条幅 44 条，开放消防站 16 次，利用手机平台发放以消防宣传为主题的手机短信 3 万条，网上注册消防志愿者 2 万人。以火灾隐患排查整治工作为主线上门服务，重点对各单位安全责任人和管理人及单位员工分批次、分行业培训，普及消防法律法规，强化消防安全意识，提升防灾御灾能力。全年共开展各类消防安全培训班8个，免费发放消防知识资料3000多本，培训人员1000余人。

2010年，县消防部门制作2万余份消防宣传手册、消防宣传漫画、消防标识图册和消防安全“三提示”（提示公众所在场所火灾危险性；提示公众所在场所安全出口和疏散通道；提示公众所在场所逃生设备器材具体放置位置和使用方法），免费为社会单位发放。全年组织灭火逃生演练16次，提高社会单位员工消防安全意识和扑救初期火灾能力。开设社会单位人员消防安全培训班3次，培训588人。开设“流动培训课堂”，不定期上门对社会单位员工及管理人进行消防安全培训，主要培训火灾预防、初期火灾扑救、消防逃生常识、消防器材运用等。全年共计上门为社会单位培训52次1500余人。组织各试点单位消防安全责任人、管理人召开“试点单位‘四个能力’（提高社会单位检查消除火灾隐患的能力；提高社会单位组织扑救初期火灾的能力；提高社会单位组织人员疏散逃生的能力；提高社会单位消防宣传教育培训的能力）建设推进会”5次，15家试点单位基本达标。2011年，县消防部门开展各类消防培训60余次，培训4000余人，深入社会单位组织开展灭火逃生演练93次，开展消防宣传40余次，发放消防宣传资料5万余份，制作消防安全知识展板14块、条幅62条，督促人员密集场所设置消防安全“三提示”600余个，发送消防宣传短信10万条。

2012年，县消防部门以推进《消防宣传全民纲要》和“户籍化”管理为契机，提高社会单位消防安全管理能力为目标，组织社会单位开展消防安全培训14期，累计培训人员3600余人。在县政府广场、地税广场、影剧院广场设立宣传台，发放宣传资料5万余份，开放消防站16次，接待500余人参观；在辖区主街道及醒目位置利用LED显示屏播放消防知识及悬挂消防横幅100余条；在各场所张贴“温馨提示牌”“消防宣传警示牌”等宣传资料5000余份；与山阴电视台签订合作协议，在黄金时段播放公益广告20余条；与县团委联合下发《山阴县消防志愿者在身边活动实施方案》，发动消防志愿者走进社区、农村、单位，走上街道开展宣传33次，形成部队与社会、室内与室外、固定与流动相结合的多元化消防宣传体系。2013年，县消防部门组织《全民消防安全宣传教育纲要》和《国务院关于加强和改进消防工作的意见》文件精神宣贯活动，结合重大节假日、重大活动、安全生产月等有利时机，多种形式开展消防宣传，营造“全民消防、生命至上”浓厚氛围。全年15次主动上门服务，为辖区企业排忧解难，开展消防安全培训17次，110余家单位受益，7200余人成为“四个能力”建设“明白人”；组织各类场所开展应急疏散逃生演练13次，消防志愿者开展志愿服务9次，发放宣传资料7万余份，在县主要路口、街道悬挂宣传横幅共180余条，张贴发放宣传画16000余份，消防站开放11次，接待社会群众5500余人。

2014年，县消防部门组织消防安全培训9期，累计培训人员1700余人，深入广武村、古城村、薛圐圙村、合盛堡村、大虫堡村等开展消防宣传20余次；在县政府广场、地税广场、影剧院广场设立宣传台，发放宣传资料5万余份；开放消防站6次，接待200余人参观。在辖区主街道醒目位置悬挂并利用LED显示屏播放消防知识及宣传口号100余条；在各场所张贴“温馨提示牌”“消防宣传警示牌”等宣传资料5000余份。2015年8月，天津滨海新区爆炸事故发生后，县消防部门邀请太原市政安消防科教中心为县直各单位进行消防安全管理针对性培训，教官结合消防安全制度以及各类火灾案例，对如何树立公共消防意识，预防、杜绝可能引起消防事故的内外隐患，单位电源控制、个人面对突发火灾事故应如何进行救灾及逃生等进行全面培训。2016年，县消防部门采取“走出去、请进来”消防宣传战略，坚持部队与社会、室内与室外、固定与流动相结合的多元化消防宣传方式，深入农村开展消防宣传20余次；在县政府广场、地税广场、影剧院广场设立宣传台，发放宣传资料5万余份。

消防检查

1998年后，山阴县消防部门贯彻“以防为主、防消结合”方针，实施“161”工程，加强日常监督检查，加大消防专项治理工作力度，控制火灾事故发生。2008年，按照朔州市消防支队“红剑五号”“红剑六号”“两节”“两会”以及奥运保卫方案精神，县消防部门加大监督检查和执法力度，力保辖区消防安全。上半年检查、抽查278次，检查重点单位157次、非重点单位121次，下发《责令限期整改通知书》114份、《复查意见书》114份、《行政处罚决定书》19份，行政警告1人，行政拘留18人，行政罚款14.4万元。2009年，县消防部门开展“公众聚集场所、高层和地下建筑消防安全专项整治”“公众聚集场所易燃可燃装修材料消防安全整治”“净化社会文化环境消防专项治理”“辖区黑旅店、麻将馆消防安全专项治理”“国庆消防安全保卫专项行动”“中小学校舍消防安全专项治理”“九小场所消防安全专项整治”等。共排查358家（夜查97家）单位，其中商场市场52家，宾馆、旅馆、饭店84家，网吧、棋牌馆、歌舞娱乐场所95家，易燃易爆场所32家，在建工程13处，学校82家，发现火灾隐患476处，当场整改233处，下发《责令改正通知书》66份，责令停产停业12家，取缔非法经营场所69家，整治一批火灾隐患。同年7月15日，检查发现山阴县晋源家电商场未按规定配置火灾自动报警系统和自动灭火系统，立即督办整改。

2010年4月，山阴县2010年消防工作会议召开，消防部门与各重点单位、有关部门签订《2010年山阴县消防工作责任书》156份；6月，与消防安全重点单位法人代表签订《消防安全承诺书》66份；8月，与全县66家消防安全重点单位签订《山阴县社会单位“四个能力”建设工作责任状》，落实社会单位主体责任。12月17日，检查发现山阴县家家利超市地下电器商场未按规定设置火灾自动报警系统和自动灭火系统，督办整改。全年共检查189家（夜查38家）社会单位，其中商场市场26家，宾馆饭店42家，公众娱乐场所53家，易燃易爆场所34家，学校26家，新建扩建工程8处，发现火灾隐患293处，下发《责令改正通知书》98份，责令停产停业14家，行政拘留3人，行政罚款4000元。2011年，全县开展“大排查、大整治”和“清剿火患”战役，共检查单位场所1356家，发现隐患830处，督促整改708处，下发《责令改正通知书》471份，实施行政处罚117起，临时查封49处，责令“三停”（停产停业、停止施工、停止使用）57家，行政罚款36万元，行政拘留16人。

2012年，全县消防系统推进“网格化”管理，形成以山阴县政府为大网格、15个乡镇（管委会）为中网格、267个行政村（社区）为小网格、727个队组（小区）为精细网格的庞大网格体系，建立一级抓一级、层层抓落实的消防安全责任体系，开展“网格化”排查整治，实现隐患排查不漏一个街道乡镇、不漏一个村庄社区、不漏一个村组楼院。按照“覆盖城乡、防消一体、建管并重”原则，开展消防安全重点单位“户籍化”建设。为辖区80家消防安全重点单位量身打造“户籍化”档案，做到底数清，情况明；与消防重点单位签订《消防安全工作承诺书》80份；组织重点单位开展消防安全管理人履职、消防设施维护保养、消防安全自我评估等活动；制定单位消防安全“四个能力”自查考评通告表，并在山阴电视台、山阴报、山阴县政府门户网站进行公布，提升公共消防安全水平。全年开展联合执法检查14次，检查单位3700家，发现火灾隐患18572处，督促整改18524处，临时查封104家，责令“三停”单位65家，罚款58.75万元，行政拘留1人。11月25日至12月15日，对全县辖区内燃气站、火锅店、液化气销售摊点进行突击检查整治，共检查单位24家。

2013年，县消防部门发动乡镇、社区、村庄实施“网格化”排查整治，发现并消除一大批火灾隐患。在“3·15”消防产品专项整治行动中，共检查辖区各类人员密集场所和建筑工地45家，发现不合格消防产品148件（套），责令限期更换53件（套），扣押销毁不合格消防产品67件（套），累计罚款5.55万元。4月16日至6月16日，开展消防检查专项整治，集中检查危爆物品行业、校园及周边环境、人员密集场所、高层和地下建筑、网吧等216家场所、单位，查消火灾隐患156条，下发《责令改正通知书》138份，罚款2万元。5月22日至6月27日，对辖区人员密集场所和建设工程施工工地进行全面排查，检查39家违章搭建彩钢板临时建筑及人员密集场所门窗设置影响逃生灭火障碍物单位，拆除违章彩钢板建筑550平方米，拆除门窗障碍物230平方米。从6月21日开始，开展餐饮场所燃气专项整治。

2014年，县消防部门全面排查25家建筑施工工地，发现大部分施工工地存在消防未审未验情况。学校消防安全隐患突出，消防设施不能正常使用（主要问题为室内消火栓无水），其中山阴一中自动消防设施停用，山阴五中所有建筑一直未进行消防验收。2015年，县消防部门共检查消防责任单位1425家，发现火灾隐患1395处，督促整改火灾隐患1375处，下发整改通知书737份，临时查封16家，责令“三停”14家，受理火警80起，抢救被困人员23人，挽回经济损失161万余元。借助各类媒体开展公共消防设施和消防知识宣传活动，共发放各类宣传资料8万余份，全县30家消防安全重点单位公共消防设施全部达到标准化建设要求。2016年，县消防部门在全县范围内组织开展区域性、行业性火灾隐患集中整治行动。行动分三个阶段：动员部署阶段（1月15—25日），集中整治阶段（1月26至3月5日），总结督查阶段（3月6—15日）。在全县冬季严打集中统一行动中，交警、消防部门共出动警力1100多人次，车辆130多台次，查处各类交通违法行为1277起，检查重点消防单位30家，发现并整改消防安全隐患19处，下发整改通知书17份。

火灾事故

1998年，山阴县发生火灾事故10起，造成直接经济损失10032元，无人员伤亡。2000年，发生火灾事故14起，造成直接经济损失35497元，无人员伤亡。2005年，发生火灾事故13起，直接经济损失77万元，无伤亡人员。2009年，发生火灾37起，直接经济损失16.4万元，未发生1起人员伤亡的火灾事故。成功处置一起中石油油罐车在北周庄路段发生侧翻汽油泄漏事故。2010年，全县共发生火灾32起，无人员伤亡，直接财产损失92640元。2011年，共接火警出动184起，消防车出动382车次，出动官兵2000余人次，处理火灾事故58起，火灾直接财产损失60.2万元，抢救财产损失400余万元；进行抢险救援和社会救助113起，成功抢救被困人员42人。

2012年，全县共发生火灾92起，直接财产损失11.98万元，未发生一起重特大火灾事故和亡人火灾事故。2014年，共接火警出动112起，扑救火灾98起。2015年，共接火警出动84起，扑救火灾事故70起，火灾损失7.2万元；抢险救援14起，抢救被困人员6人。从起火区域分析，城镇火灾事故18起，农村火灾事故46起，其他火灾事故6起；从起火物统计，房屋火灾事故13起，柴草树木火灾事故48起，车辆火灾事故9起。2016年，县消防大队接火警出动151起，扑救火灾98起。用火不慎发生火灾83起，占总起数74%；玉米秆堆垛火灾52起，占火灾总起数46.4%；农村发生火灾76起，占火灾总起数67.8%；白天发生火灾92起，占火灾总起数82%。春节、元宵节、清明节三个节点火灾起数明显增多。

典型事故

2005年4月16日14时，山阴县腾宇化工有限公司发生重大火灾事故，过火面积4000余平方米，万余吨玉米芯堆生产原料着火。火灾发生后，朔州市消防支队调集朔州、怀仁、应县等地88辆消防车、200余名消防官兵灭火，县政府调集52辆拉水车供水，调集12台装载机倒运未燃区域内的原材料，腾宇化工厂百余名员工协助灭火。火灾直接经济损失300余万元，无人员伤亡。

2013年2月23日18时52分，位于山阴县同太北路一停车场院内仓库发生火灾。现场从南往北紧挨的4间库房已过火，火势正在向最后一间蔓延。仓库西墙后便是山阴县消防安全重点单位兴安液化气站，着火库房距30立方米液化气储罐仅13.8米。县消防大队官兵与前来增援的朔州特勤中队2辆消防车、10名消防官兵和朔州战勤保障大队1辆消防车、6名消防官兵共同压制火势，2月24日4时30分，大火被彻底扑灭。

1998—2016 年山阴县火灾事故统计表

表 11-3

年　份	起数（起）	损失（元）	年　份	起数（起）	损失（元）
1998	10	10032	2008	54	651640
1999	12	26900	2009	37	164000
2000	14	35497	2010	32	92640
2001	15	33690	2011	58	602000
2002	9	9421	2012	92	119800
2003	11	25332	2013	98	438551
2004	16	34892	2014	84	168370
2005	13	770000	2015	84	72000
2006	19	43645	2016	98	223804
2007	12	56988			

第二章　司法行政

第一节　机　构

山阴县司法局是县政府管理全县司法行政工作的职能部门。1998 年 5 月，县司法局内设办公室、宣传教育股、基层工作股。行政编制 32 人，其中局长 1 人，副局长 3 人。2016 年，内设办公室、宣传教育股、基层工作股、人民调解指导中心、公证律师管理股，派驻各乡镇、管委会的基层司法所共 15 个。有律师事务所、公证处、法律援助中心 3 个下属单位。全系统共有在职职工 63 人，离退休人员 12 人。历任局长有王兴贤、吕喜增、何云彪、李日旭。

第二节　民事调解

1998 年后，按照“调防结合，以防为主”的工作方针，山阴县司法局把民间纠纷立足于调解，着眼于预防，广泛地开展矛盾纠纷大排查，构建起县、乡、村三级人民调解网络。县司法局成立人民调解指导委员会，各乡镇、各村均分别调整和充实人民调解委员会组成人员。2004 年，县人民调解指导委员会成功调解各类纠纷 16 起，各乡镇、管委会成功调解民间纠纷 50 多起，村级调委会成功调解民间纠纷 200 起以上。2011 年，全县以司法所为依托，组织农村人民调解员，开展人民调解“三每”活动，即每户送一幅调解宣传挂图，每户进行一次矛盾摸排，每户进行一次问卷调查，让人民调解进千家入万户。发放调解宣传挂图 1 万多份，普法书籍 2 万多册，法律传单 5 万张，收回有效问卷 2000 多份。加强道路交通事故纠纷人民调解工作，调解道路交通事故纠纷 48 起。全年共排查矛盾 150 多起，化解 150 起，调解成功率达 100%。

2014 年，县司法局完善 267 个农村（社区）人民调解委员会，规范交通、劳动、煤炭、医疗、环保、土地、经信、教育、房产、中小企业行业等 10 个专业性人民调解委员会；按标准建起县级调解室 1 个，乡镇级调解室 12 个。2015 年，县矛盾纠纷调解中心成立。全县建立以人民调解为基础，人民调解、行政调解、司法调解、社会调解衔接联动的大调解工作体系，实现矛盾纠纷“大调解”工作机制。检察院委托诉前调解 2 起，中心指派分流到法院案件 12 起，均全部成功调解，中心受理 8 起并全部调解成功。2016 年，印制《中心简介》和《调解员名录》，广泛开展宣传。成功调解于 2014 年发生的久拖不决的袁某与山阴顺达客运公司的交通事故人身损害赔偿一案、调解冯某与史某经济纠纷一案等 22 件案件。

第三节　公证律师

山阴县律师事务所是山阴县人民政府设立的副科级事业单位，20 世纪 80 年代初成立时名为山阴县法律顾问处，1983 年更名为山阴县律师事务所，单位性质为全额拨款事业单位。法律援助中心以及乡镇司法所的主干力量均为该所原有人员。

1999 年山阴县公证处共办结各类公证事件 518 件，其中经济类案件 120 件，民事类案件 398 件。2002 年，共办结民事类案件 204 件。2005 年，共办结各类公证事件 207 件，其中经济类案件 147 件，民事类案件 60 件。2007 年，律师代理各类诉讼案件 38 件，办理非诉讼法律事务案件 3 件；公证处共办结各类公证事项 184 件，其中民事 89 件，经济 95 件。2010 年，山阴县律师事务所办理刑事案件 6 件、民事案件 20 件。2012 年，律师事务所在全县各乡镇建立“律师服务联系点”，以咨询、代理诉讼、调解等方式积极为农业产业发展、农民增收、解决农村矛盾纠纷提供法律服务。全年共办理案件 30 件，担任法律顾问 2 家。2016 年，办理诉讼案件 5 件，担任法律顾问 2 家，解答法律咨询 500 多人次。通过组织公证员进基层、进一线，拓宽公证服务网络，加大对低收入家庭、下岗失业人员、农民工等弱势群体提供公证法律援助力度，减轻困难群众负担。同时与信访局联合出台律师参与信访工作实施细则，派律师参与化解赴京越级访和进京非正常访案件，为信访人员提供法律帮助，提供法律咨询，引导上访人员依法维权，合法诉求，依法表达。

第四节　法律援助

2003 年 5 月，山阴县法律援助中心成立，编制 5 人。2004 年，全县受理援助案件 14 件，其中受理刑事案件 10 件，民事案件 4 件。在司法局一楼设立法律服务接待大厅，以律师为骨干按地理位置划分区域设立三个法律服务流动所，定期入村办理案件、为村民提供法律咨询，指导基层法律服务工作。法律援助中心建立远程视频专线，为群众提供“一对一”的远程法律服务。2007 年，县司法局规范办案流程，明确法律援助案件的受理、审查、审批、分流程序，严格执行值班制度，做好电话接听和来人接待工作。全年共登记办理法律援助案件 67 件，解答法律咨询 3 万人次。“十一五”期间，全县共办理法律援助案件 400 多件，法律援助案件数基本达到本地区总人口的 40‰，法律援助受援人数基本达到本地区总人口的 510‰。

2010 年，县司法局完善县、乡、村三级法律援助网络建设，为群众提供“零距离”的法律援助。全县共建起律师流动站 15 个，律师联系点 258 个；公证流动站 15 个，公证联系点 258 个；法律援助工作站 19 个，法律援助联系点 258 个。县、乡、村三级法律援助机构和广大法律服务人员积极开辟法律援助绿色通道，利用各种途径为农民工、老弱病残、未成年人等社会弱势群体提供各类法律援助。全年共办理各类法律援助案件 125 件，其中刑事 20 件，民事 105 件，接待群众法律咨询 4000 余人次。2012 年，全县各个乡镇、社区均建立法律援助工作站。各村建立“法律援助便民联系点”，发放“法律援助便民联系卡”，为广大农民群众和农民工提供“零距离”的法律援助。法律援助中心办理法律援助案件80多件。2016年，为因房屋拆迁、劳动纠纷、土地争夺发生矛盾的困难群众和弱势群体，提供法律援助。

第五节　普法教育

1998年，山阴县召开了“三五”普法大会，各乡镇党委书记、乡镇长、分管副职、司法助理员、机关各单位的党政人员、分管副职共计300多人参加会议，并进行法律知识培训9期，每期三天，共培训400人。2002年，山阴县司法局为全县13个乡镇和东城、西城管委会全部配齐了乡镇司法助理员。实现了司法助理员队伍的年轻化、专业化、知识化。同年，全县“四五”普法动员大会召开，各乡镇、各单位与县委依法治县领导组领导签订责任状。12月28日，对副处级以上干部进行法律知识考试。12月31日，对全县1000多名国家公务员和按公务员条例管理的干部进行法律知识考试。同年，在《山阴报》上开辟法制宣传专栏，根据人民群众关心的热点、焦点问题，结合社情民意，每周一期有针对性地开展法制宣传。2004年，山阴县以行政许可法的颁布和实施为契机，聘请有关专家对各单位200多位主要领导进行行政许可法及其他法律法规的培训。全年共举办乡镇干部学法培训班8期，受训人员100多人次。法制宣传月期间，举办《宪法》修正案、《行政许可法》等法律、法规的大型宣传活动，接待咨询2000多人次，散发宣传资料5000多份，并在山阴快讯上刊登法律知识讲座。“12·4”法制宣传日期间，悬挂过街横幅10多条，发放宣传资料2万多份，现场解答群众咨询1000多人次，展出版面20多块。

12·4全国法制日

“十一五”期间，山阴县司法局共开展“送法下乡”和“法律进社区”活动150余次，散发资料2万余份，接受群众法律咨询2000余人次，参与活动的农民群众5万余人。共举办乡（镇）、村（社区）干部培训班120余期，参训人员2600人次。2006年12月，《2006—2010普法宣传教育和依法治县工作规划》（简称“五五”普法规划）通过。同年，县人大十三届九次常委会，做出普法教育决议，讨论通过山阴县《关于进一步加强法制宣传教育工作的决议》，明确山阴县“五五”普法的指导思想和工作原则、工作目标和主要任务、对象和要求、工作步骤和时间安排、组织领导及保障措施等。2007年5月，普法报《山阴法制》创办。7月，由经验丰富的律师组成普法讲师团深入后所乡、北周庄镇、玉井镇3个乡镇为140多名人大代表讲授宪法、组织法、选举法、代表法、监督法5部法律，有效提高人大代表依法履行职责的能力。8月，在山阴电视台主办《法在身边》电视普法栏目。10月24日，对全县综治干部和司法所所长、派出所所长进行“五五”普法培训。同年，县司法局被朔州市评为“法

山阴县司法局送法进校活动

律六进”先进单位。2009 年，县司法局投资 15000 元创办“山阴县司法局”网站宣传法制。通过《山阴法制报》举办法律知识竞赛，发放法律知识竞赛试题 1 万份，大赛发放奖品 5000 多元。县直公、检、法、司等执法部门利用农民工维权宣传月、税法宣传月、水法宣传周、质量宣传月、“3·15”消费者保护日、土地宣传日、禁毒宣传日、“12·4”法制宣传日，以及科技、文化、卫生“三下乡”活动，开展专业法律法规宣传活动。

“十二五”期间，全县以“六五”普法规划为重点、以法治山阴创建为主要任务，以法治文化建设为突破口，推进“六五”普法规划的组织和实施，完善依法治理“1+6”工作体系（“1”为省委依法治省领导组办公室，“6”为省人大法工委、省法制办、政法委、省工商局、省民政厅、省司法厅分别牵头的地方立法、依法行政、公正司法、依法经营、基层民主、普法依法治理 6 个专项联席会议机制成员单位，形成项目化管理、任务明确、职责清晰、分工合理、运转有序的责任体系），开展普法教育，推进依法治理，为构建和谐稳定的法治山阴创造良好的法治环境。2011 年，县司法局开展“法制宣传进百村入万户”活动，发放宣传资料 5000 册，传单 3 万多张。“山阴县司法局网站”开辟“法制小课堂”。至年末，《山阴法制》报发行 44 期，88000 份。2016 年，山阴县普法依法治理办公室成立，推动全县国家工作人员学法用法工作制度化、规范化。继续开展报纸普法、短信普法、街头电子大屏幕普法、喷绘法制宣传墙等各种形式的普法宣传。全年免费发放法制宣传扑克 400 多副，法制宣传书籍 4000 多册，解答群众法律咨询 600 多人次。

第六节　安置帮教

1998 年，山阴县刑释解教人员安置帮教工作领导组成立，办公室设在县司法局。1999 年，建立安置帮教“四包两定一防”（包扶持、包安置、包教育、包管理，定帮教人、定帮教对象，防止重新犯罪）工作站。县司法局联合团委、妇联、人民武装部等单位，共同伸出援助之手，帮助刑释解教人员顺利回归社会。2001 年，县、乡、村三级确定专人负责刑释解教人员接转手续。2007 年，对 2004—2006 年刑释解教人员进行摸底，登记造册，全部录入微机。2008 年全县建立了县、乡（镇）和村（居）委会三级帮教工作网络，并结合实际先后制定了一系列工作制度，使帮教工作做到了有章可循、有条不紊。建立、扶持了一批过渡性安置实体或基地，并实施“三项工程”即过渡性安置基地建设、专项经费管理和税收优惠政策。为了便于资料管理和查找，还建立了刑释解教人员数据库。并针对当前社会人口流动性大的特点，在全县范围内对人户分离人员实行跨区域帮教。2009 年，开展安置帮教“和谐回归”活动，构建教育改造、帮教安置一体化体系。各乡（镇）司法所全部安装安置帮教工作软件。2016 年，山阴县司法局安置帮教工作“除隐患强基础保稳定”专项攻坚行动、社区矫正“漏管脱管虚管”专项整治活动、社区矫正安全隐患排查整治活动，严格按程序做好矫正对象的接收登记、建立档案、分类教育、个案矫正、信息上报等各项工作。截至 10 月底，共有矫正对象 103 人。

军

事

第十二编

军事

山阴县历来是军事要塞，十分重视军事事业建设。1998 年起，山阴县人武部采取集中授课、分组讨论、考核验收的方法，组织机关干部系统学习《高科技知识》《高科技应用》等书籍。2000 年，进行兵役登记统计，适龄青年总数 3407 人，应服兵役 2590 人。2003 年，以“维稳反恐行动”为课题编写教案，形成一套系统、规范、完整的教案体系。2004 年，共编民兵总数 15000 人、民兵连队 148 个。结合国内外形势和未来战争的特点，对专业基础训练、战术训练等科目组织演练。2009 年，完成“跨越—2009”军事演习、27 军演习部队过境等大项保障任务。2011—2016 年，全县对民兵预备役人员和大、中学生重点进行人民战争思想、革命英雄主义和一般军事常识教育，增强国防观念，提高服兵役的觉悟。1998—2016 年，每天能够很好地完成全县征兵任务，历年未出现差错和退兵现象。兵源素质呈历年上升趋势，近年大中专毕业生入伍情况呈上升趋势。

第一章　军事组织

第一节　地方人民武装部

山阴县人民武装部1998年延用1996年3月武装部重新纳入中国人民解放军序列建制，为团级单位，受朔州军分区和山阴县委双重领导。内设军事科、政工科、后勤科。下辖13个乡镇、2个管委会、1个农牧场武装部。2016年3月，成立中煤华昱公司人民武装部。山阴县人武部收归军队建制后，其职能、任务没有变化，担负的主要工作任务是民兵预备役工作。

山阴县人民武装部

2016年1月，人武部在山西省军区建制内转隶划归军委国防动员部管理。同年8月，划归中部战区指挥。人武部下设军事科、政治工作科、保障科三个科，编制现役人员3人，分别是部长、政治委员、副部长，非现役文职人员7人，三个科的科长和参谋、干事、助理员全部实行文职化。历任部长有薛俊、王喜、张凯瑞、庞建辉、石磐。历任政委王刚、范守箴、张永军、孟德胜、吕俊、钟军辉。

第二节　驻　军

朔州陆军预备役坦克团

朔州陆军预备役坦克团是一支具有光荣传统和卓越功勋的英雄部队，1998年转隶山西省军区。2004年11月改编为朔州陆军预备役坦克团。2008年3月由朔州军分区代管。1998—2016年，坦克团牢记人民军队根本宗旨，传承人民军队优良传统，承担维护社会安全稳定、开展精神文明建设，以及生态环境建设、新农村建设、兴教助学、抢险救灾等任务。

北京军区山阴农场

位于古城镇西盐池村，始建于1954年，原为国营山西省山阴县机械农场。总面积19平方公里，1966年2月23日，移交华北兵团。1969年1月移交原北京军区。1998年8月18日，移交原北京军区司令部，2015年12月，部队全面改革，农场移交原北京军区善后办。

武警山阴县中队

山西省武警总队朔州市支队山阴县中队，1989年8月随着朔州市支队的筹建而组建。从1989年连续三年被部队评为落实《军队基层建设纲要》达标先进单位，三次被总队荣记集体三等功。1998年，李宝刚任中队长，黑进保任指导员。2005—2016年，白冰任中队长，2004—2016年，郭美林任指导员。

第二章 兵 役

第一节 兵役制度

志愿兵役

1998 年兵役制度改革后，义务兵服役期满，根据军队需要和本人志愿，经团以上单位批准，可以改为志愿兵。志愿兵实行分期服现役制度。志愿兵服现役的期限，至少 3 年，一般不超过 30 年，年龄不超过 55 岁。根据部队需要，志愿兵也可以直接从非军事部门具有专业技能的公民中招收。2011 年 10 月 29 日第十一届全国人大常委会第 23 次会议《关于修改〈中华人民共和国兵役法〉的决定》第三次修正。新《兵役法》规定“中华人民共和国实行义务兵与志愿兵相结合、民兵与预备役相结合的兵役制度”；改革志愿兵服役制度，规定了志愿兵退出现役后，由过去全部安排工作，改为服现役不满 10 年退出现役的，按义务退伍政策安置，满 10 年退出现役的，由国家负责安排工作，连续服役期满 30 年的，可以作退休安置；完善预备役制度规定：经过登记服预备役的 35 岁以下退出现役的士兵、地方与军事专业对口技术人员以及其他 28 岁以下编入预备役部队和预编到现役部队的预备役士兵，为一类士兵预备役，编入民兵组织和其他符合士兵预备役条件的男性公民，为二类士兵预备役。全县兵役工作由县人民武装部负责管理。

义务兵役

1998 年 12 月第九届全国人民代表大会常务委员会第六次会议《关于修改〈中华人民共和国兵役法》的决定》修正，规定士兵包括义务兵和志愿兵，义务兵服现役的期限为 2 年。2011 年 10 月第三次修正的新《兵役法》规定“中华人民共和国实行义务兵与志愿兵相结合、民兵与预备役相结合的兵役制度”；新兵役法将义务兵服役期限调整为 2 年。

预备役

2011 年 10 月第三次修正新《兵役法》规定经过兵役登记的应征公民，未被征集服现役的，服士兵预备役。士兵预备役的年龄，为 18~35 周岁。士兵预备役分为第一类和第二类。第一类预备役包括经过発记服士兵预备役的 35 岁以下的退出现役的士兵、经过登记服士兵预备役的 35 岁以下的地方与军事专业对口的技术人员、其他编入预备役部队和预编到现役部队的 28 岁以下的预备役士兵；第二类预备役人员包括除服第一类士兵预备役的人员外，编入民兵组织的人员、其他经过登记服士兵预备役的 35 岁以下的男性公民。

兵役管理

山阴县人民武装部认真贯初《兵役法》，注重从根本上增强广大青年和人民群众的国防念、法制观念和义务观念，每年都能扎扎实实搞好兵役工作。征兵工作年年都是在县政府领导下，成立由县长任组长的征兵领导组，由相关单位领导参加。征兵前主要是适龄青年登记，一般每年在一月内完成，本着方便群众，避开农事大忙节，因地制宜，合理设置，固定登记点。每年组织机关、团体、企事业单位和乡镇人民政府对当年 12 月 31 日前满 18 周岁的男性公民进行兵役登记。登记不分民族、种族、职业、家出生、宗教信仰和文化程度，凡符合年龄条件的，未服兵役的男性公民均参加兵役登记。未出现过适龄公民拒绝或逃避登记。兵役登记后在征兵时按 3 倍人数上站体检，体检完全按照统定项目进行。体检后通过政审、定兵换装，集中交接，欢送入伍，把新兵送入队伍，真正做到了部队、政府、家庭、个人四满意。

第二节　征兵工作

机　构

《中华人民共和国兵役法》第 10 条规定，“全国的兵役工作，在国务院和中央军事委员会的领导下由国防动员部负责。”各省军区按照国防动员部赋予的任务，负责办理本区域的兵役工作。军分区（警备区）和县、自治县、市、市辖区的人民武装部，兼各级人民政府的兵役机关，在上级军事机关和同级人民政府的领导下，负责办理本区域的兵役工作。1998 年后，山阴县征兵工作领导组组长为县长，副组长由分管武装的县委副书记、副县长和县人武部部长、政委组成，成员主要由县人武部副部长和各科长、县各主要局室领导组成。办公室设在人武部军事科，办公室主任由人武部副部长担任。2016 年，办公室下设 6 个组：组织计划组、政审组、体检组、纪检组、保障组、宣传报道组，分别具体实施各项工作。各乡镇分别成立领导组，负责适龄青年的目测初检。村、（居）委会一级主要是按上级要求选送本辖区优秀适龄青年上站体检。

兵员征集

根据《中华人民共和国兵役法》规定，年满 18 周岁的男性适龄青年都要进行兵役登记。兵员征集对象以高中（含高职、中专、技校）毕业以上文化程度的青年为主，同等条件下，优先征用学历高的青年和应届毕业生，特别是普通高校应届毕业生。应征的非农业户口青年，要具备高中毕业以上文化程度；农业户口青年，要具备初中毕业以上文化程度；应征的女青年，应是普通高中应届毕业生和全日制普通高校应届毕业生及在校生。当年已被普通高校录取或者正在高校学习的学生，也可报名。应征男青年年龄要求为：高中（含中专、职高、技校）毕业及以上文化程度的青年（含高校在校生），当年 12 月 31 日前年满 17 至 22 周岁；大专及以上文化程度的高校毕业生，年满 17 至 24 周岁；初中毕业文化程度青年，年满 18 至 20 周岁。应征女青年年龄要求为：普通高中应届毕业生（含高校新生）、普通全日制高校在校生及应届毕业生，当年 12 月 31 日前年满 17~22 周岁。

2000 年 9 月，进行兵役登记统计工作，全县适龄青年总数 3407 人，应服兵役 2590 人，免服兵役 86 人，不得服兵役 21 人，注销 386 人。2004 年，共征集新兵 115 人。2016 年，以征集各级各类高等院校应届毕业生为重点，以规范征集秩序和加强廉洁征兵工作为依据，提高兵员质量，完成征集任务。全县兵役登记 5963 人，登记率达到 61.54%，网上报名 3190 人，共征集新兵 89 人。

第三章　民　兵

第一节　组织建设

1998 年，山阴县民兵总数为 15000 人，其中基干民兵 3400 人，女基干民兵 210 人，民兵应急分队 120 人。1999 年和 2000 年，在保持普通民兵制度的基础上，对基干民兵的人数及编组布局进行调整，基干民兵总数为 2000 人，其中女基干民兵 190 人，民兵连营总数调整，新增专业技术分队。2001—2002 年，围绕企业改革和撤乡并镇的总体部署和对台军事斗争准备的需求，重点建设主要交通沿线和社情复杂地区的民兵组织和基干队伍。

2005年，山阴县以城市民兵工作组织建设为重点，深化城市民兵改革，突出抓好县城中心集镇的民兵组织建设和骨干队伍建设。采取“三个压缩、四个拓展”。即：压缩偏远山村民兵数量、压缩困难企业的民兵数量，压缩普通基干民兵的数量，增加城市民兵数量，增加专业技术分队数量，增加科技含量；由国有企业向政府机关、邮电通信、医疗卫生、电力等行政事业单位拓展，由一般技术行业向科研单位等科技密集型行业拓展。通过整组，形成以企事业单位为基础，大中型企业为骨干、街道为依托的城市民兵组织新格局。全县民兵15000人，基干民兵2000人（女190人）。2009年，全县民兵总人数15000人，全县普通民兵14000人，均为男性，全县基干民兵1000人。民兵对口专业分队120人。县交通局为运输分队，县网通公司为通信支援分队，县人民医院为卫生勤务分队。全县有民兵教练员18人。

2010年按照新的民兵编制和辖区实际将民兵队伍结构数量调整为应急、支援、储备3大类，共编组基干民兵1000人，普通民兵12000人。2011年，按照《民兵营（连）部规范化建设标准细则》文件标准，提高全县民兵应急、应战能力，重点建设民兵分队的组织。2012年，基干民兵压缩20%、普通民兵进行适当压缩调整，共编组基干民兵1000人，普通民兵12000人。重点建设民兵阵地、民兵应急器材室、青年民兵之家，完成县乡两级阵地100%达标、村级阵地50%达标的任务。2013年建立民兵信息员队伍，在全县257个行政村、10个社区共编组406名民兵信息员，加强人武部对辖区民社情掌握。

2014年按照辖区任务实际，将应急、支援、储备三类队伍调整为应急、支援两类，基干民兵队伍人数由800人调整为895人，以行政区划为基础，采取县建125人的民兵应急连，乡镇建不少于30人的应急排，村建班组，人员编成上按3倍于编制，建强县、乡、村三级应急力量，确保任何情况下，能够满编制出动的要求。年内县乡村三级民兵阵地100%达标。2015年按照省军区《日常战备建设规范》要求，完善了县乡两级应急器材室，达到了应急器材按标准齐全配套，提升了应急抢险的能力。2016年成立中煤华昱企业武装部，成立组织，建立阵地，强化队伍，完善软件资料和器材配套。

第二节 军事训练

20世纪90年代，高新科技的发展促使军事技术日益走向高技术化。1998年起，山阴县人武部在抓好其他训练同时，以北京军区和山西省军区下发的高科技知识为基本教材，每月集中两至三天时间，采取集中授课、分组讨论、考核验收的方法，组织机关干部系统地学习《高科技知识》《高科技应用》等书籍。1999年是落实三年规划最后一年，县人武部专门购置电脑，每周用两天时间进行学习训练，通过军分区高科技知识学习情况的检查验收，山阴县人武部首长和机关干部掌握许多高科技知识，所有干部全部掌握电脑操作并通过全国计算机一级考核。

2003年，中国人民解放军总参谋部颁布《军分区（人武部）军事训练与考核大纲》（简称新纲），县人武部围绕任务精心谋划，为增强训练针对性，根据人武部未来担负的任务，选择“维稳反恐行动”作为年度训练目标，以培养合格指挥员、战斗员为标准，实现智能、体能、技能三合一。机关训练以具备运筹谋划和组织能力为标准，突出技能训练，突出战法、谋略训练。同时，以“维稳反恐行动”为课题编写教案，形成一套系统、规范、完整的教案体系。瞄准前沿建设平台，山阴县人武部配合军分区建成指挥自动化网络数据传输系统。2004年，县人武部结合国内外形势和未来战争的特点，以紧贴实战，注重改革创新，推行新的路数为着眼点，在组训形式上，针对于不同对象、不同内容、不同时段采取不同形式灵活组织，除共同科目训练外，还对专业基础训练、战术训练等科目组织演练，对新知识、新技能、新装备进行学习，提高人员的素质。

2012 年后，县人武部根据训练大纲的要求，改革教学方法，实行灵活施训。保证参训人员成绩合格率在 95% 以上；在参训人员中开展“比、学、赶、帮、超”活动，能者为师，官兵互帮、互学、互教，激励人员争当训练标兵。通过上级业务部门和分区考核验收，均取得良好以上的成绩。安荣乡武装部长王东贤在 2012 年军分区和省军区分层组织的专武干部集训比武考核中，取得综合成绩第一名的优异成绩。2015 年，山阴县人武部在政府广场集中全县民兵应急队伍点验，参加点验的 14 支队伍 515 人装具齐全，士气振奋，应急拉动科目完成出色。

2016 年，现役官兵训练完成军事理论、基础训练、专业技能 3 项 11 个课目的训练，共落实 15 个训练日 201 课时（含体能 86 课时），组织现役军官和专武干部以识图用图、战术标图、本级指挥、轻武器操作使用为主的业务技能训练；组织参加军分区组织的专武干部集训；采取结合岗位整组比、自下而上逐级比、区分专业分类比的方法，从基干民兵分队到乡（镇、企业）专武部长到人武部现役官兵组织了三级训练考核；采取县人武部统一标准、统一内容、统一设施的措施，对全县所有基层人武部、民兵应急分队、部分普通民兵分队阵地的软件、版面及设施进行统一规范，补充了设施设备，同时对人员素质进行了强化。开展了两期民兵军事训练。第一期从 4 月 1 日开始至 4 月 6 日结束，第二期从 4 月 11 日开始至 4 月 16 日结束，共计训练 14 天，培训民兵 400 人次（其中县应急独立连 94 人从 3 月 18 日开始至 4 月 26 日结束，共计训练 30 天），主要完成了队列、盾牌警棍术、轻武器操作使用等课目的学习和训练，经考核验收 400 名民兵军事训练总评成绩均达到及格以上。

第三节　民兵活动

演练保障

2003 年，山阴县国动委和上级领导机关的统一指挥下，完成公路飞机跑道试飞的警戒、交通疏导和有关保障工作。2004 年 10 月 23 日，保障北京军区部队演习中，山阴 400 名人武、专武干部和民兵，圆满完成保障执勤任务。2006 年 10 月，高标准完成“检验—2006”军事演习保障任务。演习保障中共组织出动民兵 350 人次，基层专武干部 70 人次，公安干警 200 人次，交警 420 人次，医疗救护人员 70 人次，从注重实效的前提出发，组织相关的军地部门负责人对演习场地和周围地区进行勘察，组织制定方案，对演习部队周围地区执行警戒任务。2007 年高标准完成“军交 -2007B”军事演习。2009 年完成“跨越—2009”军事演习、部队过境等大项保障任务。2014 年完成演习部队过境保障任务。2015 年完成演习部队过境保障任务。2016 年高标准完成演习部队过境保障任务。

抢险救灾

山阴县自然灾害频繁，民兵多次承担抢险救灾任务。2011 年 9 月 17 日参加中煤元宝湾煤矿透水事故救援。2012 年 4 月 4 日参加山阴县岱岳镇兰家窑村与甘庄村交界处火灾扑救工作。7 月 31 日，马营庄乡的何庄村和新马营村遭受几十年不遇的洪水，引发洪涝灾害，对受灾村庄的农田、民房和人身安全造成严重的危害，人武部接到险情通报后，赶赴受灾地，组织全县民兵应急分队出动 100 余人、车辆 5 台支援受灾人民抢险。经过民兵应急分队连续作战 4 个小时，在马营村东边筑起 2 米多高的挡水墙，在下游疏通排洪口，阻止洪水的肆虐，保护人民群众的人身和财产安全，圆满完成抗洪抢险任务。2014 年，清明前后两次组织民兵对古城镇、薛圐圙乡、下喇叭乡的火灾进行扑救。2015 年 6 月 16 日，山阴县马营乡青杨岭发生山洪，县政府通报，有地方人员、车辆在洪水中遇难。接到山阴县政府要求人武部出动民兵参与救援的任务后，人武部迅速组织民兵应急分队约 200 人，参加到搜救活动中。在 16 日、17 日连续两天的搜救活动中，共投入人力 400 余人次，搜寻区域达 10 平方公里，在山阴县相关区域内未发现遇难人员。2016 年 3 月 24 日，同煤集团同生安平煤业有限公司井下发生矿难事故，下井工人 129 人，安全升井 110 人，19 人困于井下遇难。接到报告后，人武部及时多级同时上报到战区作战指挥中心和军委国防动员部值班室。同时，人武部政委前往事发地，组织县民兵应急分队 2 个排（60 人）协助公安维护省、市、县现场指挥部外围和遇难者遗体升井口周围秩序。截至 24 日 14 时 30 分，19 名遇难者遗体全部找到并升井，按现场指挥部要求，人武部民兵应急分队于 15 时 15 分撤回，于 16 时 30 分安全返回。10 月 7 日，人武部民兵参加广武明长城“月亮门”抢修加固保护。

第四章 国防动员

第一节 国防教育

领导机构

2001 年，山阴县国防教育委员会正式组建，组建之初设在县人民政府，主任由县人民政府县长担任，成员单位主要有宣传、教育、民政、共青团、妇联、工会、新闻等单位和部门，办公室设在县人武部，办公室主任由人武部政工科长担任。2016 年，对领导机构组成进行调整，设主任、副主任及成员单位（由党校、教科局、民政局、财政局、交通局、文体局、广播电视台、工会、妇联、团委组成）。

教育制度

1998—2016 年，国防教育制度主要有会议制度、骨干培训制度等。

会议制度 全县每年召开一次党政议军会议，每半年召开一次国防教育委员会全体会议，主要研究解决国防教育中重大问题。县委宣传部年初结合工作实际安排全民教育，每年研究一次国防教育，县教育局每半年研究一次学校国防教育问题。

骨干培训制度 县、乡（镇）大中型企业，县直学校和乡（镇）中心学校每年都要通过教育准备会和以会代训等形式加强对骨干培训。

检查总结制度 县国防教育办公室每半年对所属单位进行一次检查，年终进行检查评比，并写出报告；县每两年召开一次国防教育经验交流会或总结表彰会。

奖惩制度县 国防教育委员会每年都要对成绩突出的单位和个人给予精神奖励。对作出突出贡献者，

省军区领导到山阴进行国防教育

报请上级主管部门给予记功，授予称号、晋级、晋职等奖励。对不重视、不组织国防教育的单位领导，不接受国防教育的个人，根据情节分别给予批评教育、行政或经济处罚。

教育内容

1998 年后，教育内容由单一性向系统性转变，逐步形成国防理论、国防形势、国防精神、国防历史、国防技能、国防体制、国防外交等完整体系。重点放在国防精神教育上，加强爱国主义精神、革命英雄主义精神、爱军尚武精神、民族自强自立精神等。2005—2010 年，国防教育的主要内容是国防理论、人民战争思想、国防建设与经济建设、战争与和平、军队和民兵在新时期的地位和作用等。

2011—2016 年，对民兵预备役人员和大、中学生重点进行人民战争思想、革命英雄主义、富民强兵、保家卫国、民兵基本常识教育、现代战争和一般军事常识教育，增强国防观念，提高依法服兵役的觉悟。对普通群众重点进行兵役义务、拥军优属、无兵不安的教育，使国家兴亡、人人有责的观念深入人心。对少年儿童进行爱国主义和革命英雄主义教育，从小树立热爱祖国、热爱军队的思想。

教育阵地

山阴县有 4 个国防教育基地。

上立羊泉革命烈士墓　位于上立羊泉村西南。1939 年为纪念抗日战争中被日寇杀害八路军伤病员和医护人员而建。1951 年 4 月 5 日树纪念碑。

李林烈士纪念碑　位于吴马营乡郭家窑村附近，是共产党员、巾帼英雄李林与日本侵略军作战英勇献身的地方。吴马营乡于 1983 年在此地树起纪念碑。

刘幸烈士纪念亭　位于古城镇东辛庄村东。1967 年 8 月东辛庄村被洪水围困，驻军 4647 部队战士刘幸为救群众而英勇牺牲。1968 年东辛庄村为他建立纪念亭，并且有碑楼。碑楼高 15 米，宽 11 米，碑上刻有“刘幸烈士纪念碑”七字。村名曾改为刘幸庄。

吴马营烈士纪念碑　位于吴马营村北 2 公里处。1938 年 6 月右玉动委会 50 余人在此遭日军残杀。1995 年建起纪念碑。

刘幸烈士纪念亭

第二节　国防动员机构

国防动员是同级党委、政府和军事机关国防动员工作的组织领导机构，与同级党委的人民武装委员会一个机构两块牌子。国防动员委员会成立后，政府原设的人民防空委员会，交通战备领导小组均自行撤销，其办事机构直接转为国防动员委员会的办事机构。国防动员委员会下设人民武装动员办公室、经济和装备动员办公室、交通战备办公室、政治动员办公室、人民防空办公室、科技动员办公室、信息动员办公室。

山阴县人民武装动员办公室设在县武装部军事科。主任为县人武部副部长，组员由各乡镇武装部长组成。主要任务和职责：调整民兵组织，加强政治教育，改革军事训练，改善武器装备，做到组织落实、政治落实、军事落实。抓好基干民兵特别是民兵应急分队的全面建设，提高快速动员和执行作战任务的能力。

山阴县国民经济和装备动员办公室设在县发改局。主任为发改局局长，组员由相关单位和部门人员组成。主要职责和任务：贯彻落实上级有关经济动员工作的方针、政策，制定区域内经济动员工作的规定和措施；组织拟制经济动员方案和地方生产企业、军工企业转产方案，指导检查区域内经济动员规划、计划落实情况；研究落实地方经济资源储备，组织协调军民通用物资联储、联供和联修、联医工作。

山阴县交通战备办公室设在县交通局。主任为交通局局长，组员由机关单位和部门人员组成。交通战备办公室工作职责：贯彻执行上级国防交通战备工作的方针、政策和法律、规章，拟制国防交通战备工作的具体规定；制定和实施国防交通科学技术研究及其成果的推广、应用，加强交通战备正规化建设；战时组织领导交通动员、运力征用和交通保障工作。

山阴县政治动员办公室设在县委宣传部。主任为宣传部一名副部长，组员由机关单位和部门人员组成。政治动员办公室工作职责：贯彻上级关于国防政治动员工作的方针、政策和指导；协调地方拟订有关政治动员工作的法律、法规和措施。

山阴县人民防空办公室设在县政府人防办。主任为人防办主任，组员由相关单位和部门人员组成。人民防空办公室工作职责：贯彻执行上级关于人民防空工作的方针、政策和法律、规章，组织拟订人民防空工作的政策、规章和措施；制定人民防空建设规划、计划，提出有关国家要求的意见和建议，组织指导检查规划、计划的落实，受理所辖地区人防政执法中申请复议的案件。

山阴县科技动员办公室设在县教科局。主任为教科局局长，组员由机关单位和部门人员组成。科技动员办公室主要工作职责：贯彻执行上级国防动员工作的方针、政策和法律、规章，会同有关部门研究制定本级科技动员工作的规定、措施；组织对本地区科技资源的种类、数质量和分布情况进行调查摸底。

山阴县信息动员办公室设在县联通公司。主任为联通公司经理，组员由机关单位和部门人员组成。信息动员办主要工作职责：执行上级关于国防动员工作的方针、政策法律、规章，会同有关部门研究制定本级信息动员工作规定、措施；组织拟制本级信息基本建设贯彻国防要求的规划、计划，对本级信息工程建设提出国防要求的建议，参加有关信息工程设施的勘察、设计鉴（审）定和竣工验收；掌握本地区信息资源潜力，拟制战时信息动员计划，组织信息力量为部队军事行动和其他紧急任务提供有关保障。

2008 年，国防动员委员会第一主任李锦（市委常委、政法委书记），主任侯元（县长），副主任张凯瑞（县委常委、县人武部部长）、段国强（政府副县长）、吕俊（县人武部政委）、李尚智（县委办公室主任）、王良（县政府办公室主任）。2016 年，国防动员委员会第一主任李旭清（山阴县委书记），主任南志中（县长），副主任李全胜（山阴县委副书记）、郭兆文（政府副县长）、钟军辉（县委常委、县人武部政委）、郭东申（县委办公室主任）、闫志民（县政府办公室主任）。

第三节 人民防空

山阴县人防办成立以来，加强全县人防基础设施建设和保护，于 20 世纪 70 年代修建县城周边防空洞，并对人武部地下防空通道进行修缮，划定保护区域，严禁在地道表面开发搞建设，投资配套建设防空警设施。2006 年，投资对 6 条国防坑道进行全面整修维护，加装防护门，修补破损的密闭门，完善封闭伪装，重新落实看管人员，明确区分各种责任。通过全面整形维护，从根本上确保国防设施处于良好状态，巩固国防后备基础力量。对新建的大型商品楼、住宅小区，以“军民通用”原则，限定要求建设地下防空设施，续建新建人防工程；注重加强人防教育，每年组织专项宣传活动。每年 9 月 18 日组织防空警报试鸣，提高全县人民防空意识。2016 年，山阴县共有国防坑道六条，位于雁门关广武口两侧。

城乡建设

第十三编

1998年后，山阴县在“强化极点、构建轴带、分区发展”地域开发模式的指导下，培育以县城为中心，以玉井镇、北周庄镇、古城镇、马营乡为节点，发展轴带为联系纽带，南北两个经济区为基础的城镇体系空间结构。按照“山阴县美丽宜居乡村建设规划”和社会主义新农村建设要求，进行乡村居民点重组，中心村规划，在空间分布上比较均衡，基本上能满足为周围居民点服务的要求。县城建成区道路骨架为方格网状形态，铁东区较方正，旧城则不太规则。干路有横向6条，纵向4条。2007年，山阴县建成污水处理厂1座，总规模1.5万立方米/天。2008年，完成南山引水县城管网配套。2013年，开通县城免费公交。年客运量突破千万人次，运行里程400余万公里。

1998—2016年，山阴县先后建成站前广场、儿童公园、府前广场、紫源广场、河阳广场、湿地公园等。建筑企业通过资源整合、合并重组为市政工程公司、锦绣垣建筑安装工程有限公司、中元建筑安装有限责任公司。2014年，推进城乡清洁工程，加大县城主、次干道清扫力度和保洁力度，西环路经省建设厅、市住建局验收合格，被评定为省级保洁示范街道。至2016年，山阴县改造东、西城区，建设多功能商业大厦以及建设城镇中各具特色的广场，63个中心村基本达到街巷硬化、学校教育、医疗卫生、广播电视、安全饮水五个全覆盖和硬化、亮化、绿化、美化、净化五化标准，丰富和满足人民群众文化生活的需求，提升城乡居民的幸福感。同年，全县主要房产开发公司有8家。主要住宅小区有40家。

第一章　城乡规划

第一节　县城规划

2004 年，山阴县编制完成《山阴县县城总体规划（2003—2020）》，规划期限 2003—2020 年，近期 2003—2010 年，远期 2011—2020 年。城市规划区是城市市区、近郊区以及城市行政区域内因城市建设和发展需要实行规划控制的区域。该规划旨在通过城镇体系规划的宏观指导，从区域角度出发，正确评价城镇与经济发展条件，选择适宜的空间开发模式，促进区域整体发展，实现城镇体系结构的合理化。

按照《山阴县城总体规划（2008—2020）》，全县选择向东为主导发展方向，向北、向南适当完善城市内部用地。

空间增长边界：西至大运公路、东至东外环路（大运高速公路连接线），北至北外环路，南至南外环路，规划形成“一城两区”布局形态。“一城”是指整个山阴县城。“两区”即以北同蒲铁路为界的铁东区、铁西区。

城市结构：“一主两次”三中心结构。主中心即府西街、青年街与同太路交叉口之间以商贸、行政、文娱为主的县城中心，同时也是铁西区中心。两个次中心分别为铁东新区中心和铁东旧区中心。铁东新区中心即府东街、纵五路以行政、文娱、体育、商贸市场为主的县域新区中心。铁东旧区中心即位于车站路与中商街交叉处以商贸为主的旧城中心。

道路骨架网络：道路系统形成网格式入网结构。主干路系统分为“七纵五横”，“七纵”即西环路、同太路、中商路、纵三路、纵四路、纵五路、工业区路；“五横”即北环街、府西街—府东街、青年街、洪涛街、南外环街。

公路、主干路、次干路一览表

表 13-1　　　　单位：米

道路名称	起讫点	长　度	红线宽度	类　型
大运路	北外环街—武警路	3580	42	公路
北外环街	东外环路—大运路	4560	40	公路
东外环路	北外环街—民生渠	4220	40	公路
西环路	北外环路—武警路	3830	42	主干路
同太路	北外环街—武警路	4030	50	主干路
中商街	北环街—南外环街	2820	30	主干路
纵三路	北环街—洪涛街	2080	30	主干路
纵四路	北环街—洪涛街	2080	30	主干路
纵五路	北外环街—南外环街	3320	42	主干路
纵七路	府东街—民生渠	2260	30	主干路

续 表

道路名称	起讫点	长 度	红线宽度	类 型
北环街	东外环街—大运路	5097	42	主干路
府西街	大运路—纵一路	2136	40	主干路
府东街	纵一路—东外环路	3087	40	主干路
青年街	大运路—东外环街	5838	50	主干路
洪涛街	大运路—民生渠	5641	50	主干路
南外环街	大运路—东外环路	6533	30	主干路
纵一路	北外环街—洪涛街	3185	30	次干路
纵二路	府东街—洪涛街	1675	24	次干路
纵六路	南外环街—青年街	1083	24	次干路
横一街	纵五路—中商街	1590	30	次干路
南环街	大运路—纵五路	4133	30	次干路

公共建筑有县政府办公大楼、政务大厅、文化广场、县第一人民医院、电影院、体育场、华联商厦、万人新天地、银海商厦等。

县城有园林绿地系统规划。园林绿地布局结构为“一园、四带、多点”的点线面相结合网络式园林绿地系统和生态环境体系。“一园”指洪涛山森林公园为绿色大背景的生态园区。“四带”指沿洪涛山冲沟而形成的三条绿化轴线和同蒲铁路两侧的防护绿地。“多点”指按服务半径布局的各级点状公园，如儿童公园、湿地公园、西山森林公园等。城市绿地规划中对公园绿地、生产防护绿地、生态绿地指标均做强制性要求。

县城规划建设一座体育中心，包括活动场地、体育馆、游泳馆和健身房，要求现代化水平较高，配置一批先进的运动器材，对现有的体育设施进行维护和完善。各居住片区配备一定规模的体育运动器材。

2016 年，山阴县编制完成《山阴县县城总体规划（2016—2030）》。通过推进设施提升、城市安居、城中村改造和环境提质“四大工程”，城市建设管理水平进一步提升。

第二节 乡镇规划

按照《山阴县城总体规划（2006—2020）》，全县对乡镇进行科学规划。岱岳乡、马营乡撤乡建镇；合并张家庄乡、后所乡设立广武镇；薛圐圙乡撤乡建镇；后所乡的南辛庄和西沙堆并入马营庄乡；撤销吴马营乡和下喇叭乡，重新划分界限分别并入玉井镇和岱岳镇；撤销安荣乡，并入岱岳镇和薛圐圙镇。乡镇调整后共设建制镇 7 个，乡级镇 2 个。

城镇体系职能结构规划表

表 13-2

职能等级	城 镇	职能类型	职能类型
I 县城中心	岱岳镇	综合型	综合型城镇，全县政治、经济、文化中心，以居住、文化、第三产业为核心的城镇

续　表

职能等级	城　镇	职能类型	职能类型
Ⅱ 重要城镇	古城镇	工贸型	以农副产品加工及商贸为主的重要城镇
	玉井镇	工贸型	以商贸及煤炭工业发展为主的重要城镇
	北周庄镇	综合型	以煤化工、建材工业、交通运输业以及集贸业为主的重要城镇
Ⅲ 一般乡镇	马营镇	工贸型	以煤炭及集贸业发展为主的重要城镇
	薛圐圙镇	三农服务型	以农牧业及集贸服务业为主的乡镇
	广武镇	旅游集贸型	以集贸服务业及旅游服务业为主的城镇
	马营庄乡	三农服务型	以农牧业、旅游服务业及集贸服务业为主的乡镇
	合盛堡乡	三农服务型	以农牧业及集贸服务业为主的乡镇

城镇体系规模结构规划表（2020 年）

表 13-3

等　级	规模（万人）	数　量	城镇名称及规模（万人）
Ⅰ	＞10	1	县城（11）
Ⅱ	0.5~1.5	4	古城（0.5）、北周庄（1.5）、玉井（1）、马营（0.3）
Ⅲ	＜0.5	2	广武（0.3）、薛圐圙（0.2）

空间结构规划：在“强化极点、构建轴带、分区发展”地域开发模式的指导下，培育以县城为中心，以玉井镇、北周庄镇、古城镇、马营镇为节点，发展轴带为联系纽带，南北两个经济区为基础的城镇体系空间结构。

重点镇：规划建 400 米标准体育场、游泳池、体育馆和灯光球场设施。

一般乡镇：结合学校体育场地，建灯光球场、活动室等。

第三节　农村规划

按照《山阴县城总体规划（2006—2020）》，全县对乡村进行科学规划，合理撤并。

行政村撤并一览表

表 13-4　　单位：个

乡镇名称	现　状	规划后	行政村
马　营	22	16	（上石井、下石井）、马营、观音堂、五家沟、张家堡、后石门、张家沟、东水泉、腰寨、陆家窑、偏岭、芍药沟、梁家店、山峡村、庄窝、弋道
吴马营	15	7	东短川（大洼、尖山）、南屯（包家岭）、马家河（后榆林）、西短川（屯港、郭家窑）、阎家窑（大坪、黄草梁）、吴马营、前榆林
下喇叭	19	16	（刘家窑、吴庄）、（上立羊泉、下立羊泉）、下喇叭、蓿麻沟、榆树洼、榆坪、罗庄、上喇叭、口子梁、冻牛坡、后山、双井、黑龙池、小庄窝、吴儿城、织女泉
安　荣	14	14	安荣、西沟、贺家窑、八步堰、安良铺、四铺、岳庄、泥河、大羊村、小羊村、下寨、西鄯河、河阳堡、东鄯河

续 表

乡镇名称	现 状	规划后	行政村
薛圐圙	19	16	（双寨、双寨铺）、薛圐圙（卢岭）、南罗庄、西寺院、辛兴铺（小村）、白坊、沙岭、庞家堡、老羊寨、黑圪塔、曹庄、大营、老羊寨铺、豆庄、西李庄、河曲堡
后 所	16	14	后所、辛立庄、后张堡、前张堡、辛兴庄、安乐庄、南洲庄、苏庄、北万庄、南万庄、元营、帐头铺、西沙堆、南辛庄
张家庄	12	11	新广武（旧广武）、张家庄、油房、陆庄、水河铺、山阴庄、东察罕铺、西察罕铺、林桥、泉子沟、羊十二庄
马营庄	23	18	（高庄、大柴棚）、沙家寺（东寨）、马营庄、八里庄、云水庄、苏家场、吴家铺、荆家庄、何庄、新马营、陈庄、西安峪、东沙堆、南口前、小柴棚、南辛寨、故驿、南李庄
玉 井	26	18	（玉井、口前、沈庄窝）、水头、东庄、王老沟、水泉、南祖、北祖、王坪沟、青杨沟、董庄窝、米庄窝、盘道、千井、窝棚沟、史家屯、吴家坪、东石人坡、西石人坡
北周庄	21	15	棋道地（白家堡）、（柏坡、张庄、贺庄）、北周庄（永静城）、郑庄、二铺、辛留村、安岸庄、新岱岳、下神泉、李家窑、王家堡、郭庄、杨庄、上神泉、苑家辛庄
岱 岳	27	19	安祥寺、小快乐、麻疃、刘家岭、解庄、北王庄、七里沟、夏家窑、上岱岳、王家涧、关岱岳、上沙河、下沙河、新大滩、甘庄、鸳鸯会、郭家窑、兰家窑、北贾家窑
古 城	26	24	（西小河、中小河）、前射躲（后射躲）、山阴城、四里庄、王庄、胡疃、上河西、西盐池、南盐池、快乐村、芦岭、安居坊、洪济屯、小圪塔、马梁村、杨村、东小河、东辛庄、北盐池、李珠庄、羊圈头、羊圈铺、前皇台、后皇台

注：括号为合并

基层村规划共确定基层村124个，分布在13个乡镇之内。

基层村规划一览表

表 13-5

乡镇名称	数量（个）	基层村名称
马 营	14	马营、观音堂、五家沟、张家堡、后石门、张家沟、东水泉、腰寨、陆家窑、芍药沟、梁家店、山峡村、庄窝、弋道
吴马营	5	东短川（大洼、尖山）、南屯（包家岭）、马家河（后榆林）、阎家窑（大坪、黄草梁）、吴马营、前榆林
下喇叭	13	（刘家窑、吴庄）、（上立羊泉、下立羊泉）、蓿麻沟、榆坪、罗庄、上喇叭、口子梁、后山、双井、黑龙池、小庄窝、吴儿城、榆树洼
合盛堡	9	上小河（常辛村）、西双山、河头、来远、杨庄、黄巍、大虫堡、北郭庄、陈家岭
安 荣	10	贺家窑、八步堰、四铺、岳庄、小羊村、下寨、西鄯河、河阳堡、安良铺、东鄯河
薛圐圙	11	南罗庄、西寺院、辛兴铺（小村）、庞家堡、老羊寨、曹庄、大营、老羊寨铺、豆庄、西李庄、河曲堡
后 所	6	后张堡、前张堡、辛兴庄、南洲庄、北万庄、南万庄
张家庄	5	油房、山阴庄、泉子沟、林桥、东察罕铺
马营庄	12	（高庄、大柴棚）、沙家寺（东寨）、苏家场、吴家铺、荆家庄、何庄、新马营、陈庄、南口前、小柴棚、东沙堆、南李庄
玉 井	11	水泉、南祖、北祖、王坪沟、青杨沟、董庄窝、盘道、窝棚沟、吴家坪、东石人坡、西石人坡
北周庄	11	棋道地（白家堡）、（柏坡、张庄、贺庄）、郑庄、二铺、安岸庄、下神泉、李家窑、王家堡、郭庄、杨庄、上神泉
岱 岳	12	小快乐、麻疃、上沙河、下沙河、新大滩、鸳鸯会、解庄、夏家窑、上岱岳、关岱岳、郭家窑、贾家窑

续 表

乡镇名称	数量（个）	基层村名称
古城	15	前射躲（后射躲）、四里庄、王庄、西盐池、南盐池、芦岭、安居坊、洪济屯、小圪塔、杨村、东小河、北盐池、李珠庄、羊圈铺、前皇台

中心村规划共确定中心村63个，分布在13个乡镇之内。

中心村规划一览表

表13-6

乡 镇	中心村数（个）	中心村名称
马 营	2	偏岭、下石井
吴马营	2	吴马营、西短川
下喇叭	3	织女泉、下喇叭、冻牛坡
合盛堡	5	康庄、高山疃、东双山、合盛堡、常辛村
安 荣	6	安荣、西沟、泥河、大羊村
薛圐圙	4	白坊、沙岭、黑圪塔、双寨
后 所	8	南辛庄、辛立庄、西沙堆、帐头铺、后所、安乐庄、苏庄、元营
张家庄	5	陆庄、西察罕铺、水河铺、张庄、羊十二庄
马营庄	5	云水庄、西安峪、八里庄、故驿、南辛寨
玉 井	6	王老沟、水头、东庄、史家屯、米庄窝、千井
北周庄	3	辛留村、新岱岳、苑家辛庄
岱 岳	7	安祥寺、刘家岭、北王庄、七里沟、王家涧、甘庄、兰家窑
古 城	8	上河西、胡疃、快乐、东辛庄、羊圈头、后皇台、西小河、马梁村

注：岱岳部分村庄因纳入城市规划区范围，故不再做中心村考虑

第二章 县城建设

第一节 旧城改造

20世纪90年代末，山阴县进行旧城改造，开工建设公路段商住楼、市政公司商住楼、农牧场商住楼、电业局安居楼、交警队安居楼、四中综合实验楼、康喜奶业公司搬迁工程、万吨系列乳品扩建项目、地税文化大楼、农行综合楼、商业劝业场副食加工厂营销楼，基建总投资2450万元，建筑面积3.88万平方米，增投资调节税49.1万元。

2002年，全县旧城改造建设工程完成总投资6680万元，总建筑面积3万平方米。2007年，全面改造旧城，实施闫家巷城中村拆迁改造工程，改造县城人行道3.6万平方米，修复路面8400平方米。2011年，华联商厦正式运营，是集商贸、餐饮、休闲、娱乐一体的多功能商业大厦。同年12月，对闫家巷进行改造，

天力中央城

建设栋数 10 栋，建设套数 1148 套，建筑面积 107685 平方米，容积率 2.47，总投资 17193 万元。

2009 年 12 月 25 日至 2014 年 8 月 25 日，铁东民福小区陆续开工建设廉租住房三期，建设 21 栋，1680 套，84000 平方米，总投资 12624 万元。

2011 年 12 月 25 日至 2016 年 8 月 26 日，开工建设经济适用住房 15 栋，826 套，66740.93 平方米，总投资 16712 万元。其间，投资 3.5 亿元，建设山阴一中、山阴五中。开发建设盛世锦珠住宅小区、浦东小区、时代华庭小区等。

2016 年，全县共开发建设玉鑫家园、同泰商居中心、天力中央城、锦绣佳苑、俊秀龙园、熙宝家园、兴隆小区等。翻新改造山阴三小、山阴六小、山阴二中、山阴三中、山阴四中。在世纪大道新建人民医院。在南环西路新建公、检、法办公大楼和质检局、武装部、党校、劳动保障局和计生服务大楼。

第二节　棚户区改造

2011 年 12 月，山阴县开始进行棚户区改造。至 2015 年，有山阴县国有工矿地方国营玉井煤矿棚户区改造工程，建设栋数 4 栋，建设套数 1032 套，建筑面积 110784.38 平方米，容积率 3.05，总投资 26843 万元；山阴县城市棚户区闫家巷改造工程，建设栋数 10 栋，建设套数 1148 套，建筑面积 107653 平方米，容积率 2.47，总投资 17193 万元；山阴县府东街城市棚户区改造工程，建设栋数 10 栋，建设套数 585 套，建筑面积 58985.64 平方米，容积率 1.34，总投资 25902 万元；山阴县纵三路西、兰园城中

和顺社区拆迁

玉井棚户区改造

村棚户区改造一期工程，建设栋数 2 栋，建设套数 565 套，建筑面积 49879.49 平方米，容积率 4.46，总投资 15033.69 万元；山阴县岱岳东城社区管理委员会和顺社区棚户区改造工程，征收总户数 753 户，征收总面积 91564 平方米，容积率 4.46，补偿总金额 36000 万元。2016 年，进行岱岳东城社区管理委员会和顺社区棚户区改造工程，该项目拆迁总户数 753 户，拆迁总面积 9.16 万平方米，总投资 38093 万元。

拆迁补偿中心

机构　2016 年 1 月成立山阴县国有土地上房屋征收与补偿中心股级建制，全额拨款事业单位，核定编制 8 个，隶属县人民政府办公室管理。2016 年 4 月，根据朔编办字〔2016〕19 号文件精神，将山阴

县国有土地上房屋征收与补偿中心机构规格调整为正科级，核定领导职数一正一副。主任：田向文。

管理　单位主要职责：宣传、贯彻、执行国家、省、市有关国有土地上房屋征收与补偿管理法律、法规和政策；制定辖区内国有土地上房屋征收与补偿管理的规划、政策并组织实施；核发房屋征收许可证，发布房屋征收公告；对房屋征收活动进行协调，监督和检查，对相关工作人员进行岗位培训。

第三节　街　道

1998—2016年，县城建成区道路骨架为方格网状形态，铁东区较方正，旧城则不太规则。干路有横向6条：北环路、府西街、青年路、南环路、世纪大道、站前路；纵向4条：西环路、同太路、中商街、东环路。支路有文卫路、爱民路、站前广场路、广场街、百货路、马邑道、南大道、山水巷、府南路。

中商街（路）

2016年县城道路一览表

表13-7　　单位：米

序　号	道路名称	起迄点	总长度	总宽度	车行道宽度	人行道宽度
1	同太路	北沙沟—运煤专线	4500	44	22	22
2	青年路	大运路—同太路	1300	46	22	22
3	青年东路	同太路—中商路	1100	30	15	15
4	府西街	大运路—车站路	2100	46	22	24
5	西环路	山和线运煤专线	3700	30	15	15
6	北环路	大运路—东环路	2000	30	15	15
7	东环路	山和线—府西街	1000	30	15	15
8	南环路	大运路—同太路	1300	30	15	15
9	文卫路	西环路—同太路	800	15	9	6
10	文卫东路	同太路—东环路	750	15	7	—
11	爱民路	北环路—府西街	806	50	30	20
12	世纪大道	大运路—同太路	1183	50	30	20
13	中商路	车站路—大桥沟	540	30	24	6
14	车站路	火车站—中商街	400	22	14	8
15	站前路	车站路—青年东路	505	30	12	3
16	广场街	站前广场—中商街	400	15	9	6
17	百货路	车站路—广场街	250	18	7	—
18	马邑道	车站路—南大道	630	15	6	—
19	南大道	车站路—麦片厂	650	18	7	—
20	山水巷	中商街—精神病院	1300	18	10	8

续　表

序　号	道路名称	起迄点	总长度	总宽度	车行道宽	人行道宽度
21	运煤线	大运路—同太路	1000	22	7	—
22	府南路	府南西街—青年路	310	40	22	18

第四节　排水排污

排　水

山阴县城区西高东低，北高南低。县城范围内有大寺沟和土牛沟两条大沟，便于县城雨水和污水排放，受纳水体桑干河位于县城东南部低洼处。1998 年后，山阴县排水体制为混合制，西部老城区为合流制，东部新城区及南部桑干河新区为分流制。2016 年，县城污水管道及合流制管渠共计 55 公里，其中老城区大部分为合流制管渠，多为石砌板涵，断面尺寸多为 0.8 × 1.2 米；污水管道多分布在新城区，管径 DN400—DN800，新城区覆盖率不足。排水管渠在城区的土牛沟、大寺沟、大桥沟等水体设有截流井，截流后的雨水及污水经管网输水到污水处理厂进行集中处理，水厂出水排入民生渠，后汇至桑干河。

排　污

山阴县有污水处理厂 1 座，位于铁东区东南角，占地 60 亩，总规模 1.5 万立方米 / 天，其中一期建设规模 1 万立方米 / 天，采用三沟式氧化沟处理工艺，设计出水水质为《城镇污水处理厂污染物排放标准》的一级 B 排放标准。一期工程于 2005 年开工建设，2007 年 11 月竣工，2008 年 5 月进行设备联合调试并投入运行。厂内设有 5000 氧化沟两座、粗格栅间、细格栅间、提升泵池、矩形配水井、三角形配水井、污泥脱水间、接触池、污泥调节池、综合办公楼、配电室、锅炉房及其他附属设施。配套再生水处理一期工程，采用 MBR 膜处理工艺。污水处理厂从 2008 年 5 月开始运行，2008—2012 年分别处理污水为 113.6、232.77、291.64、290.12、294.51 万吨，全部为生活污水。2015 年，处理生活污水 339.26 万吨。2016 年，处理生活污水 350 万吨。其中，电厂回用 54.34 万吨，城市景观回用 263 万吨。COD（化学含氧量、水样中需要被氧化的还原性物质的量）减排量 1315.13 吨，NH3—N（废水中氨氮含量指标）减排量 113.68 吨。产生污泥 1700 吨，全部运至垃圾处理厂卫生填埋。

山阴县污水处理厂

第五节　供水供热供气

供　水

2003 年，全县投资 820 万元完成县城供水项目，新打井 4 眼，建加压站 1 座，新增管网 12.8 公里，日增供水 5000 吨。2007 年，完成南山引水一期工程。2008 年，完成南山引水县城管网配套。2016 年，新增日供水能力 1000 多立方米。

县城用水量11600立方米/天。县城水源地有2处，分别为北周庄水源地和水峪口水源地，其中北周庄水源地已经无法利用，自来水开采的地下水均来至水峪口水源地，水峪口输水管线工程，管线全长24.8公里，管径DN800，途经后所乡、张家庄乡、古城镇等5个乡镇12个村。

2016年，县城有2座水厂。一水厂位于县城西北、大运北路以西300米处，厂内有500立方米、1000立方米和1500立方米清水池各一座，随着北周庄水源地的关闭，一水厂现状基本停运，清水池和加压设备依然保留，可以起到调节作用。二水厂位于县城西南部洪涛街与大运南路交汇处，取水水源地为水峪口，水源地最大开采量为15000立方米/天，水源地位于县城西南30公里处，地形标高为1050~1150米。

县城输配水干管5500米，管径为DN100—DN300，其中DN100的管段占到70%以上，多为树枝状管网。

供　热

2003年，投资301万元完成供热工程，新建第二供热站，新增供热面积8万平方米。2007年，扩大县城供热面积，新增50多万平方米。2008年，两座供热站扩容。2011年，回购第二供热站，完成热电联供二期工程。2014年，县城集中供热工程完成，完善河阳大道管网建设，改造文卫街、冷库小区等老旧供热管网，完成俊秀龙园、锦绣佳苑等6个大中型住宅小区居民用户热计量改造。2016年，新增供热能力100万平方米。

县城热源由中煤集团山西金海洋能源有限公司和山西昱光发电有限责任公司共同投资改造建设。2010年完成永皓电厂2×50兆瓦机组改造，供热能力60万平方米。2011年由永皓电厂2×50兆瓦机组和昱光发电厂一期2×30兆瓦机组共同供热，供热能力达到150万平方米。2015年昱光电厂二期2×35兆瓦机组建成，单独向县城供热，供热能力达到320万平方米。

县城集中供热一次管网从电厂首站墙外1.5米起点处到县城翠微路铺设DN900—DN700供热管网13.1公里，建设各类井室45座，于2010年11月底完成并投入试运行。县城建设换热站19座和各类井室21座，设计供热能力290万平方米。工程分两个年度建设，2010年完成4公里管网和5座换热站的土建安装，并于2010年12月8日投入试运行，新增供热能力40万平方米。2011年铺设管网5.6公里，建设换热站8座，安装换热站机组8座，新增供热能力135万平方米,2012年新建5座换热站（铁路小区、矿山救护队、工程公司、平泽苑、地税局），新增供热能力65万平方米，总供热能力达到200万平方米。

山阴县供热管道的走向是由北向南，现有民用建筑的采暖面积148.1039万平方米，采暖时间从当年10月25日至次年4月15日，集中供热普及率达到70.6%。山阴县热力公司于2013年利用金海洋电厂首站供热180万平方米，未开发的余热还有270万平方米。2016年，供热面积达到320万平方米。

供　气

山西三城天然气有限责任公司经省人民政府批准、省发改委核准，于2004年在朔州市工商局注册成立，注册资金30500万元。公司经营范围包括：城市燃气，天然气管网，CNG、LNG站的建设、运营、管理，天然气（含压缩天然气）储备销售。经过近几年的发展，公司的业务已扩展到朔州市各区县，固定资产达到9亿元，成为朔州市天然气行业的龙头企业。公司在山阴县和应县境内建设山阴县天然气输配工程，包括输气门站1处，分输阀室1处和输气管道1条。山阴门站位于山阴县岱岳镇刘家岭村南900米处；分输阀室位于山阴县古城镇镇区西北1公里处。输气管道大致呈东西走向，起于应县首站，途经应县金城镇、大黄巍乡和山阴县古城镇、岱岳镇，主要沿S303和S211北侧埋设，终于山阴门站。

山阴县用气气源来自陕京一线的输气干线，2009年三城燃气建设应县首站—古城分输阀室—朔州加气站高压管线（管径为DN200，管长分别为35.31公里、52.89公里），并通过古城阀室分输至山阴门站，管径为 DN100，管长为 8.49 公里，年输气量 1 亿立方米；该门站同时接收应县—铺上三城天然气输气管线来气，起点由应县—王庄—李庄—合盛堡南—王家堡村—铺上，管径为 DN300，长度 47 公里，输气量为 1.5 亿立方米。

县城无居民供气用户，只有桃园小区、山化小区、粮园小区引入天然气管网，设计压力为 0.4 兆帕，运行压力为 0.3 兆帕，低压工作压力为 3 千帕。县城汽车加气用户包括 220 辆出租车及部分私人轿车，加气用气量为 3 万立方米 / 吨。

山阴县县城管网共有中压燃气管道 2421 米，管材为 PE 管，最大管径为 De250，最小管径为 De90、De63。2016 年，天然气入户 820 多户。

山西三城天热气有限公司在刘家岭村南建城市门站 1 座，日供气能力 10 万立方米，占地面积 22580 平方米。加气母站位于门站东侧，2009 年投入运行，日均产量为 20 万立方米，主要承担向出租车、大型天然气槽车供气。

山西三城天然气有限公司在青年东路 4S 店东侧建设的 1 座 CNG 标准站，日供气 3 万立方米，占地面积 7333 平方米。在大忻线 S206 与虎山线公路交叉点西南建 CNG—LNG 合建站 1 座，日供气量 20 万立方米，占地面积 11333 平方米。

从虎山线沿大忻线到北周庄村西北大忻线路北建设工业门站 1 座，日供气能力 30 万立方米。

第六节 公共交通

2006 年，山阴县津鑫城乡公交有限公司成立。2016 年，公交线路覆盖全县 13 个乡镇、240 个行政村，形成定点、定时、定班对发。年运送乘客 960 万人次，往返行程 380 万公里。

设施建设

2006 年，购置中巴车 40 部，整合收购个体客运车辆 36 部，开通 22 条公交线路，覆盖全县 13 个乡镇、230 多个行政村，在全省率先实现一县一公司的城乡公交化运营模式。同年 8 月，马营公交客运站建成投入使用。12 月，玉井公交站建成投入使用。

2007 年 8 月，山阴县津鑫城乡公交有限公司总站正式启用。2008 年 8 月，后所乡客运站建成投入使用。2010 年 3 月，购入型号为中通 LCK6730D3GE 大型双开门公交车 5 部和中通 LCK6798H—1A 大型客车 2 部。2011 年 1 月，再次购入型号为 LCK6730D3GE 中通大型双开门公交车 10 部全部投入公交线路。

2012 年 8 月，开工建设新址位于高速公路引线西、鹏程检测线南、刘家岭村南的综合性服务站。同年 11 月，购入型号为中通 LCK6730D3GE 大型双开门公交车 10 部全部投入公交营运。2013 年 2 月，新购置型号为中通 LCK6121HEV1、LCK6103G 大型豪华新能源公交车 22 部，新增城区公交站牌 64 处，开通五条免费公交线。同年 7 月 16 日，正式启用综合性服务站。2016 年 12 月，新增 60 辆型号为 HFX6810BEVG11 大型纯电动公交车。

运输经营

2006 年，安全营运里程 110 万公里，年运送乘客 60 万人次，高峰期日客运量 1 万人次。

2006 年山阴县公交公司营运情况表

表 13-8

线　路	始发、终点站	途经主要站点	营运趟次 / 日	年客运量
环城一路	安祥寺—七里沟	安祥寺、精神病院、火车站、公交东站、贸易大楼、公交北站、五万三路口、七里沟	夏季： 首班：6:30 末班：19:00 冬季： 首班：7:00 末班：18:30 每 15 分钟一趟	55000 人次
环城二路	康喜乳业—上岱岳	康喜乳业、东环路、商品街、贸易大楼、地税广场、县政府、上岱岳		55000 人次
环城三路	煤炭大酒店—王家涧	煤炭大酒店、公交北站、贸易大楼、南环路口、国土局、公安局、王家涧		5 万人次
五　路	岱岳—西安峪	古城、马营庄、云水庄、西安峪、东安峪	四趟	4 万人次
六　路	岱岳—合盛堡	北王庄、合盛堡、西双山、东双山、陈家岭	四趟	3 万人次
七　路	岱岳—南辛寨	古城、马营庄、沙家寺、高庄、南李庄、南辛寨	二趟	5 万人次
八　路	岱岳—大柴棚	古城、马营庄、小柴棚、大柴棚、南李庄、南辛寨	十七趟	4 万人次
九　路	岱岳—故驿	古城、故驿、东沙堆	三趟	45000 人次
十　路	岱岳—何庄	古城、胡疃、大西头、望岩、何庄	四趟	35000 人次
十一路	岱岳—东辛庄	小圪塔、东小河、东辛庄	四趟	4 万人次
十二路	岱岳—羊圈头	古城、奶粉厂、王庄、前射躲、羊圈头	三趟	4 万人次
十三路	岱岳—张庄	薛圐圙、张庄、苏庄	四趟	5 万人次
十四路	岱岳—广武	薛圐圙、新广武、旧广武	四趟	4 万人次
十五路	岱岳—黑圪塔	薛圐圙、双寨、黑圪塔、后皇台、上河西	五趟	6 万人次
十六路	岱岳—泥河	安荣、泥河、东鄯河、西鄯河、西寺院	四趟	4 万人次
十七路	岱岳—白坊	沙岭、白坊、西盐池	二趟	1 万人次
十八路	岱岳—马营	北周庄、岱马路口、苑家辛庄、杨庄、芍药花煤业、芍药沟、元宝湾沟矿、马营	8:00—18:30，每 30 分钟一趟	9 万人次
十九路	岱岳—吴马营	七里沟、甘庄、口子梁、织女泉、窝棚沟、玉井、吴马营	8:00—18:30，每 30 分钟一趟	4 万人次
二十路	岱岳—前榆林	七里沟、甘庄、口子梁、织女泉、窝棚沟、玉井、前榆林	8:00—18:30，每 30 分钟一趟	2 万人次
二十一路	岱岳—玉井	七里沟、甘庄、口子梁、织女泉、窝棚沟、玉井、东庄、水头、王老沟	8:00—18:30，每 30 分钟一趟	5 万人次
二十二路	岱岳—下喇叭	口子梁、下喇叭、刘家窑	三趟	2 万人次

2007 年，安全营运里程 165 万公里，年运送乘客 110 万人次，营运线路、发车趟次不变，客运量较 2006 年，增加 25 万人次。2008 年，安全营运里程 170 万公里，年运送乘客 135 万人次。2009 年，安全营运里程 160 万公里，年运送乘客 165 万人次。2010 年，安全营运里程 165 万公里，年运送乘客 180 万人次。2011 年，安全营运里程 200 万公里，年运送乘客 205 万人次。2012 年，安全营运里程 210 万公里，年运送乘客 215 万人次。2013 年 2 月，开通县城免费公交。年客运量突破千万人次，运行里程 400 余万公里。2014 年，修订《管理制度》《安全制度》《驾驶员手册》，通过全国城市公交《安全生产标准

化》达标考评。安全营运里程 326 万公里，运送乘客 1007 万人次。2015 年，安全营运里程 305 万公里，运送乘客 935 万人次。2016 年，安全营运里程 317 万公里，运送乘客 1026 万人次。

2016 年山阴县线路营运情况表

表 13-9

线路	起止点	途径站点	营运时刻	客运量
1 路	消防队—政务大厅	新大滩村、山阴一中、公交东站、闫家巷、交通局、地税局广场、儿童公园、财政局	7:00　每 15 分钟一趟　19:30（夏） 7:00　每 15 分钟一趟　19:00（冬）	200 万人次
2 路	二级路—二级路	七小、二小、移动公司、三中、东环路口、东环路中、体育场、客都二部、县政府、民政局	7:00　每 20 分钟一趟　19:30（夏） 7:00　每 20 分钟一趟　19:00（冬）	160 万人次
3 路	华联商厦—北苑小区	菜市场、东海会馆、住建局、百货大楼、汽车站	7:00　每 15 分钟一趟　19:30（夏） 7:00　每 15 分钟一趟　19:00（冬）	170 万人次
5 路	公安局—民政局	公安局、南环路中、东海会馆、畜牧局、百货大楼、县政府	7:00　每 15 分钟一趟　19:30（夏） 7:00　每 15 分钟一趟　19:00（冬）	150 万人次
6 路	华联商夏—五万三	华联商厦、菜市场、南环路中、幸福社区、农机局、县医院西	7:00　每 15 分钟一趟　19:30（夏） 7:00　每 15 分钟一趟　19:00（冬）	110 万人次
7 路	岱岳—张庄	薛圐圙、农牧场、苏庄、林桥、东堡、西堡、水河铺、陆庄	6:00　7:50　10:20　13:20　16:20（夏） 6:30　8:00　10:30　13:20　16:20（冬）	14 万人次
8 路	岱岳—西沙堆	薛圐圙、农牧场、元营、山阴庄、陆庄、安乐庄、后所、帐头铺、辛立庄、南辛庄	6:20　7:10　9:00　11:00 13:00　14:00　15:00　16:00	16 万人次
9 路	岱岳—西安峪	古城、马营庄、荆家庄、云水庄、东安峪	6:30　10:20　13:50　16:50　（夏） 6:40　10:20　13:20　16:30（冬）	115000 人次
10 路	岱岳—辛立庄	薛圐圙、农牧场、元营、山阴庄、陆庄、安乐庄、后所、帐头铺、南辛庄	6:30　10:00　12:00　14:40	16 万人次
11 路	岱岳—安乐庄	薛圐圙、农牧场、元营、山阴庄、后所、帐头铺、辛立庄、西沙堆南辛庄	7:00　9:00　10:00 12:00　14:40	16 万人次
12 路	岱岳—白坊	沙岭、西盐池	6:30　16:30（夏） 6:50　15:30（冬）	7 万人次
13 路	岱岳—东辛庄	小圪塔、东小河、西小河、洪济屯、马梁村、杨村	6:50　10:50（火车站）　14:00　17:20（夏） 7:00　10:50（火车站）　14:00　17:00（冬）	9 万人次
14 路	岱岳—故驿	古城、马营庄、小柴棚、大柴棚、高庄、南辛寨、南李庄、东沙堆	6:30　10:00　13:30　16:30（夏） 6:40　10:00　13:00　16:00（冬）	15 万人次
15 路	岱岳—广武	薛圐圙、农牧场、元营、山阴庄、新旧广武、羊十二庄	6:30　8:00　10:30　13:30 16:30（夏）　6:30　8:00 10:30　13:30　16:30（冬）	95000 人次
16 路	岱岳—合盛堡	大虫堡、杨庄、来远、东西双山、陈家岭、贺家堡、康庄、黄巍、高山疃、北王庄	6:30　10:30　14:00　16:50（夏） 6:40　10:30　13:30　16:30（冬）	75000 人次
17 路	岱岳—何庄	古城、马营庄、荆家庄、吴家铺、新马营、胡疃	6:30　11:30　15:30　18:50（夏） 6:40　11:30　14:30　17:30（冬）	95000 人次
18 路	岱岳—后皇台	薛圐圙、农牧场、老羊寨、西李庄、双寨、大营、前皇台、曹庄、大营、上河西	6:40　10:30　13:50　16:50（夏） 6:50　10:30　13:30　16:30（冬）	145000 人次

续　表

线路	起止点	途径站点	营运时刻	客运量
19路	岱岳—后所	薛圐圙、农牧场、元营、山阴庄、陆庄、安乐庄、帐头铺、辛立庄、西沙堆、南辛庄	7:00 每40分钟一趟 19:00（夏） 7:30 每40分钟一趟 17:30（冬）	15万人次
20路	岱岳—前帐铺	薛圐圙、农牧场、后帐铺、北万庄、南万庄、安乐庄、后所	7:40 10:30 13:30 15:30	105000人次
21路	岱岳—羊圈头	古城、羊圈铺、奶粉厂、王庄、前射躲	6:30 9:20（火车站） 14:00 16:50（夏） 6:40 9:20（火车站） 13:30 16:30（冬）	12万人次
22路	岱岳—玉井	甘庄、鸳鸯会、罗庄、口子梁、下喇叭、上喇叭、窝棚沟、青杨沟、口前	7:20 每40分钟一趟 19:00（夏） 8:00 每40分钟一趟 17:20（冬）	16万人次
23路	岱岳—马营	北周庄、永静城、苑家辛庄、杨庄、郭庄、梁头、偏岭、芍药花煤矿、元宝湾、东湾沟、八一矿	7:20 每40分钟一趟 19:00（夏） 8:00 每40分钟一趟 17:30（冬）	18万人次

注：山阴城乡公交并非只是起点到线路名称的终点，有些线路会延长至其他村

第七节　公园广场

1998—2016年，山阴县先后建成文化广场、站前广场、西山森林公园、儿童公园、府前广场、紫源广场、河阳广场、汉墓群广场、桑干河湿地公园，这些公园广场的建成，满足人民群众文化生活的需求。

桑干河湿地公园

桑干河湿地公园是山阴县“两山一河（洪涛山、翠微山、桑干河）”生态建设的重点工程之一；项目总投资近20亿元，是集生态美化、科教研发、城市扩容、历史人文、休闲娱乐、旅游度假为一体的生态公园。辖区东起大运高速大桥东侧应县交界，西至桑干河东榆林水库，全长36公里，面积达12平方公里。项目规划为八大区域，即：原生湿地区、城市名片区、城市文化区、植物园区、湿地涵养区、边塞文化区、王家屏墓区、九龙湾生态防护区。

桑干河湿地公园月亮湾

湿地公园从绿、古、现多条线条寻找突破口，“绿”主要以桑干河天然的生态绿色资源为基础，实地种树和引进培育适宜树种，真实还原桑干河自然景观风貌，“古”依靠丰富的历史文化遗产，展现古人古迹的雄姿伟大。“现”通过采用现代高新技术改善湿地环境，将城市与公园完美衔接。桑干河湿地公园基本建成“三条轴线”（河道景观、城市发展、城市门户视觉），八大区域，“六类绿化结构层”（水体、河滩、草甸、灌丛、林地、耕地）。湿地由“五大系统”（原生湿地系统、人工湿地系统、地形植被系统、空中步道系统、边界缓冲系统）构成完整的生态链，营造一个区位、产业、文化、环境、交通均最佳的综合体，拥有观光、旅游、度假、科研等多种功能，成为塞北地区一处旅游胜地。

桑干河湿地修复工程的建设，有效地解决了该区域农民缩河种地、毁林种地的局面，保障了河道正常输水、泄洪畅通无阻。极大地改善了县域生态环境，基本恢复了桑干河湿地生态的原貌。现已成形河阳湖、向阳湖、正阳湖、枣园湖、多宝湖、聚宝湖、月亮湖、安荣湖八大湖群，十五个景点：王家屏墓、

文化广场、亲水平台、亲水码头、观鸟台、百鸟园、采摘园、观景台、东入口、太阳岛、文殊寺、文魁塔、河神宫、河神宫广场、沙滩。

2013 年 10 月，山西省林业厅正式批复为省级湿地公园。

2015 年，山阴县桑干河湿地管委会成立，主任胡建华，下设管理所、园林队、环卫队，对湿地公园进行管理和维护。

儿童公园

山阴县儿童公园始建于 2007 年 5 月，坐落于县城青年路南 50 米、西环路西 100 米处。公园占地 15 亩，土建面积为 4150 平方米，主要包括：管理房、长廊、凉亭、雕塑、器械活动区以及其他配套设施，绿地系统为 5850 平方米，主要树种有油松、樟子松、华山松、银杏、山桃、榆叶梅、樱花、紫叶李、草皮等。

杨莫岭森林公园

杨莫岭森林公园位于山阴县马营庄乡，地处山阴县东南部，东邻应县，西连后所乡，北毗古城镇，南接忻州市代县。

杨莫岭森林公园地势南高北低，南部为山坡区，地质古老，属恒山剥蚀断块高中山区，太古界变质火山岩沉积岩地层，中、北部为平川区，为典型的温带大陆性季风气候，年平均降水量 500 毫米，年平均气温 8.3℃，地下水源十分丰富，光照充足，无霜期为 130 天，主要动物有 13 目、25 科，主要植物有 42 科、90 属、195 种。境内泉水涌现，溪流不断，水中富含多种微量元素，极具开发价值。南部山区的省级生态公园杨莫岭森林公园原生态自然景观丰富，山水宜人，风景秀丽。

广武广场

广武广场又叫汉墓群广场，2012 年建成。位于山阴县张家庄乡新广武村西北，大运高速公路新广武口西侧，朔广公路北侧，广武汉墓群之南。南北长 800 米，东西最宽处为 140 米，北高南低，有明显高差。铺设青石板路面砖，局部修饰采用磨光花岗岩板材。

广武汉墓雕塑（牌楼）

广场牌楼坐北朝南，为汉阙样式。结构以混凝土框架为主，外挂雕刻石材。三门四柱，高度 22 米，跨度 32 米，中门跨 16 米，两边门各跨 8 米。上加斗拱飞檐、瑞兽祥禽等装饰总高 24 米，寓意汉王朝 24 帝。四柱雕花草纹图案，柱头为镂空二层六角莲花小亭。中门正中额枋横书楷体“广武”两个大字，字体庄重典雅，入石三分。以中门为轴线，两端侧门之上的柱枋、花板以及图案相互对称。侧门柱枋之上各有青龙一对。连接中门主柱的横枋之上置有两根小柱，小柱顶端，蹲坐石狮；小柱与主柱之间的柱枋之上各有两只白虎。连接两根小柱的横枋之上有朱雀两只。中门柱基置抱鼓，抱鼓前有石狮一对；石狮毛发卷曲，二目圆睁，威风凛凛。整个牌楼结构和谐，造型优美，雕刻精细，古朴自然，玲珑精巧。

广场中央是一座巨大的汉武帝君臣汉白玉雕像。雕像背北面南，通高 19.8 米，矗立在状如烽火台的三层基座之上。下层基座长 32 米，宽 24 米，高 4 米。台基南面正中置有台阶，台阶两侧有描述汉与匈奴交战场景的浮雕。底座上第二层基座长 18 米，宽 12 米，高 1.83 米。第三层基座长 13 米，宽 3 米，高 2.8 米。立于第三层基座上的群体站式雕像，由一块天然巨石雕凿而成。汉武帝居中，卫青居右，霍去病居左。

汉武帝头戴冕旒，身着龙袍，胡须飘然，气宇轩昂，目光深邃，右手执剑，左手前伸，踌躇满志，指点江山。右边卫青身披铠甲，左手握拳，睨露睥睨，仿佛胜券在握。左边霍去病头戴缨盔，身着戎装，右手叉腰，双眉上扬，英气勃发。

广场东西两侧各有高 5 米、宽 0.8 米、厚 2 米汉朝文武大臣雕像 10 尊。每尊雕像基座长 5 米，宽 1.2 米，高 1.6 米。雕像均为花岗岩石材。西侧 10 尊武将雕塑自南而北依次为韩信、樊哙、周勃、卫青、李广、霍去病、英布、彭越、周亚夫、马援。东侧 10 尊文臣雕塑自南至北依次为司马迁、董仲舒、萧何、陈平、张良、曹参、张衡、蔡伦、班固、张骞。

站前广场

2003 年，建设站前广场，占地 15350 平方米，投资 70 万元。

府前广场

2009 年，建设府前广场，占地 56666 平方米，投资 2514 万元。

紫源广场

2012 年 6 月，在青年东街南侧建设紫源广场，占地 8700 平方米，投资 642 万元。

河阳广场

2012 年，建设河阳广场，占地 20078 平方米，投资 3849.65 万元。河阳广场主题广场突出边塞文化，主题雕塑是“融合”，象征民族融合的大中华。

第八节 绿化美化亮化

机构

1998 年山阴县市政工程公司下设园林队和市政维护队，2006 年 3 月山阴县园林队成立，人员是市政公司 2005 年在园林队和市政维护队上班的职工，共 65 人。2014 年，核准在编人员 59 人，确认股级建制，自收自支事业单位。2006—2016 年，由于绿化管护和市政维护面积的增加，临时工增至 18 人。同时负责建成区主要街道绿化管护（儿童公园、文化广场、东城广场、紫源广场和车站广场）和市政设施的维护（包括建成区小街小巷的雨污水井的清淤和井盖损害更换）。

主要工作

1998—2016 年，山阴县加强街道、公共场所、单位庭院的绿化工作，建成区绿地率逐年提高。2010 年，建成区绿地面积 7815 亩，绿地率 4.73%。2016 年，建成区绿地面积 8550.6 亩，绿地率 38%。

2016 年山阴县街道绿化情况表

表 13-10　　单位：平方米

名　称	绿化面积	名　称	绿化面积
南环路	3900	东大滩东路	10600
文卫东路	1331	中商街	2800
文卫路	10800	东大滩中心路	4158
新大滩村南路	6000	青年路	9100
政府路	14875	同太路	17157
东环路	3000	北环路	6159

续 表

名 称	绿化面积	名 称	绿化面积
西环路	37320	站东路	1300
世纪大道	29000	西环南路	7992

2016 年山阴县公共场所绿化情况表

表 13-11　　单位：平方米

名 称	绿化面积	名 称	绿化面积
站前广场	1820	儿童公园	6500
旧广场	458	景 点	1666
文化广场	560	政府广场	68800
北出口	10000	山阴县西山森林公园	1680000

2010—2016 年山阴县建成区绿化率情况表

表 13-12

年 度	建成区面积单位（亩）	人口单位（万人）	绿地面积单位（亩）	绿地率单位（%）	绿化覆盖面积单位（亩）	绿化覆盖率单位（%）	绿地公园面积单位（亩）	人均公园绿地面积单位（亩）
2010 年	22500	9	7815	34.73	9165	40.73	1245	138.3
2011 年	22500	9	8010	35.6	9390	41.73	1245	138.3
2012 年	22500	9	8400	37.33	9840	43.73	1350	150
2013 年	22500	9	8490	37.73	9934.5	44.15	1440	159.9
2014 年	22500	9	8550	38	9996.6	44.42	1440	159.9
2015 年	22500	9	8550.6	38	9996.6	44.42	1440	159.9
2016 年	22500	9	8550.6	38	9996.6	44.42	1440	159.9

2016 年山阴县单位庭院小区绿化情况表

表 13-13　　单位：平方米

名 称	绿化面积	名 称	绿化面积
金银花地毯厂	7366.1	新大滩村委会	1003.7
新大滩学校	846	石星化工厂	506.55
山阴县抗旱服务队 / 水利局	60	大西物业管理分中心岱岳物业管理站	5077
山阴县职中	3000	福民供水管理站	2448
博昌 4S 店	384.6	山阴县第三小学	1169.7
公路段	40	中医院	84
佳联大酒店	100	绿农委	20
汽车站	30	二供热站	1470

续　表

名　称	绿化面积	名　称	绿化面积
国宾	26	机关幼儿园	23
山阴县邮政局	263.4	山阴县第三中学	602
山阴县公安局	634.5	山阴县民政局	487
山阴县新杰中学	2045.3	山阴二小	872.7
山阴七小	1459.9	山阴第二中学	12964.5
山阴老年公寓	20000	山阴供电支公司	386.4
山阴法院	726.7	山阴蒲泽学校	4892
山阴人民医院	6500	预备役坦克团	12000
岱岳乡	1595	国税局	354.52
山阴县第六小学	746.3	山阴县人民武装部	925.66
山阴县安监局	832.5	山阴县国土资源局	327.2
山阴县人民检察院	767.3	矿业公司岱岳运销站	2245.5
山西煤炭运销朔州山阴有限公司	560	山西宇通朔州沥青库	600
静怡小区	1000.5	津鑫城乡公交公司	1724.6
山阴县质监局	134	交警队	176.15
交通运输执法队	132.5	山阴县委老干部局	1200
山阴县矿山救护队	1491.2	山阴县桥东派出所	4172.16
山阴县消防队	1361	天鹏肉制品厂	4000
污水处理厂	25109	天鹏猪场	19856

2001—2013 年山阴县县城路灯新建改造情况表

表 13-14

年　度	路　段	工　程	数量（个）
2001	青年东	新建	62
2001	旧街（中商街、站前路、广场路、市政路、山水巷）	新建	163
2002	文卫西路	新建	20
2007	青年西路	改造	64
2007	政府路	改造	96
2008	西环路	新建	142
2009	北环路	新建	55
2011	同太路	改造	186
2012	河阳大道	新建	351

续 表

年 度	路 段	工 程	数量（个）
2012	顺通街	新建	122
2012	高速路连接线	新建	259
2012	南环路	新建	76
2012	北环路、西环路	改造	197
2013	文卫东路	新建	20

第三章 村镇建设

第一节 乡镇建设

1998年后，全县按照“县城乡镇体系规划”和社会主义新农村建设标准，各乡镇投入大量资金对办公条件和基础设施进行改善。各乡镇所在地民用建筑和公用设施改造速度比其他行政村快得多，规模也比较大。马营、玉井、北周庄、岱岳、下喇叭等乡镇政府都盖起新楼，马营庄、后所、薛圐圙、安荣、吴马营等乡镇改造为土木和砖混结构，各乡镇沿主要街道分布有商业供销点、中小学校、信用社、卫生院、邮电站、移动电信网点、法庭和派出所等。各乡镇都有一所高标准的寄宿制小学和中心幼儿园，并新建卫生院。岱岳镇是县城中心，以教育、文化、居住、服务为主的综合型城镇。在铁东新区建造镇政府政务服务中心，其他公共设施配套完善。北周庄镇是矿产资源加工基地，交通物流发达的综合城镇。在镇北建起六层办公大楼，沿街分布有商贸、学校、信用社、卫生院、邮电所、移动电信网点、法庭、派出所等。古城镇是县域重点城镇之一，乳制品加工基地，畜牧业龙头镇。镇政府现有砖木结构房屋6幢，镇内基础设施和服务机构一应俱全。至2016年，全县辖4镇9乡（玉井镇、北周庄镇、岱岳镇、古城镇、马营乡、吴马营乡、下喇叭乡、合盛堡乡、安荣乡、薛圐圙乡、后所乡、张家庄乡、马营庄乡），县人民政府驻岱岳镇。

第二节 新农村建设

1998年后，全县按照“山阴县美丽宜居乡村建设规划”和社会主义新农村建设要求，进行乡村居民点重组，中心村规划，规划确定63个中心村，基本上是发展条件好，人口规模较大的村庄。在空间分布上也比较均衡，基本上能满足为周围居民点服务的要求。对于中心村，政府给予大力支持，制定与中心村建设相关的配套政策，建立中心村发展基金，给予最大限度的财政支持，督促中心村进行规划设计，鼓励人口向中心村转移。

2016年，全县在新农村建设中对中心村的危房进行改造，改造危房户数10715户，改造和新建房屋为砖混结构平房，部分致富户新建二层楼房。80%以上的农民住进新房，共计建房416万平方米，住宅面积374万平方米，人均15平方米。63个中心村，村村有文化活动中心。全县农村宅基地审批登记由各乡镇土地所办理。63个中心村基本达到街巷硬化、学校教育、医疗卫生、广播电视、安全饮水五个全覆盖和硬化、亮化、绿化、美化、净化五化标准。

2011—2016 年山阴县农村危房改造一览表

表 13-15

乡 镇	2011 年（户）	2012 年（户）	2013 年（户）	2014 年（户）	2015 年（户）	2016 年（户）
马 营	—	280	34	72	70	70
吴马营	—	475	—	90	217	—
下喇叭	—	51	50	44	—	230
合盛堡	293	15	465	2	21	—
安 荣	170	1	120	1	—	—
薛圐圙	138	—	100	63	38	320
后 所	239	—	200	192	1	310
张家庄	320	17	120	100	20	—
马营庄	91	—	245	155	130	—
玉 井	—	326	1666	374	—	70
北周庄	214	—	200	—	—	—
岱 岳	185	350	1000	1	—	—
古 城	50	—	300	1	403	—

第三节 移民搬迁

山阴县于 2004 年开始移民搬迁。2004 年 11 月，马营乡井沟自然村因中煤 5 家沟煤业采煤塌陷，按 1800 元 / 平方米一次性补偿群众，74 名村民自主选择在马营村、岱岳等地购置房屋，整体搬迁。

2005 年，岱岳镇移民新村建成，全村共占地 630 亩，居民住房 628 套。2006 年，开始实施搬迁计划，先后接收来自全县 12 个乡镇 80 个村 628 户 2503 名移民入住移民新村。村址位于刘家岭、兰园村之间。

2013 年，水泉村 109 户 323 人，整体搬迁到马营村移民新村。腰寨村于 2013 年 6 月 24 日、2014 年 1 月 19 日、2016 年 10 月 25 日分三批共计为 143 户 418 人分配房屋，搬入地在山阴县城（二苗圃）。后石门村于 2013 年 6 月 25 日、2014 年 1 月 20 日、2016 年 10 月 26 日分三批共计为 241 户 690 人分配房屋，搬入地在山阴县城（二苗圃）。

玉井镇移民搬迁工作涉及采煤沉陷区搬迁和易地扶贫搬迁两项内容，搬迁方式为集中搬迁到山阴县湿地公园玉马小区。2016 年，玉井镇易地扶贫搬迁任务有东石人坡、西石人坡、王坪沟、北祖四村，79 户，164 人。易地扶贫搬迁项目补助 353.64 万元。东石人坡村贫困户 40 户 97 人、西石人坡村贫困户 27 户 67 人，共计 67 户 164 人获得搬迁补助。

第四章　建筑业与房地产

第一节　建筑业

1998—2016 年，山阴县建筑企业由原来的八大建筑公司通过资源整合，合并重组为市政工程公司、锦绣垣建筑安装工程有限公司、中元建筑安装有限责任公司。

建筑单位

山阴县市政工程公司　创建于 1980 年 5 月，经济性质为国有，资质为市政公用工程施工总承包三级，房屋建筑工程施工总承包叁级企业。公司有高级工程师 1 人，中级职称 10 人，助理工程师 24 人，特种作业人员 8 人，专职安全管理人员 24 人，工程造价员 5 人，注册二级建造师 9 人，公司注册资金 630 万元。隶属于山阴县公共事业管理局。该公司是一家以市政公用设施工程施工、房屋施工、水电暖安装、装饰装修为一体的全县唯一一个国有三级总承包施工企业。至 2016 年，公司先后承建县城青年路、世纪大道、东环路、应山路、山水巷等数十条道路工程，以及县廉租房一、二期工程，县城锦绣佳苑住宅小区等多项房建工程，合格率 100%，优良率 53%，安全事故为零。

山西锦绣垣建筑安装工程有限公司　前身是山阴县国营建筑工程公司，创建于 1976 年，经济性质为国有企业。1998 年 3 月改制为山阴县建筑工程有限责任公司。2000 年，组建成山西中元建筑安装工程有限责任公司第一分公司。2008 年注册为山西锦绣垣建筑安装工程有限公司，为股份制民营企业，资质为房屋建筑总承包三级，市政公用工程总承包叁级。2010 年公司资质为房屋建筑工程总承包二级，市政公用工程总承包三级企业。公司注册资金 2070 万元，经营地址为山阴县府东街 2 号，隶属山阴县住房和城乡建设管理局，公司工程技术和经济管理人员 125 人，其中高级工程师 1 人，经济师 1 人，会计师 1 人，工程师 12 人，助理工程师 52 人，特种作业人员 15 人，专职安全管理人员 25 人，工程造价员 3 人，注册二级建造师 15 人。2012 年公司取得 ISO、9001 和 GB—50431 质量体系认证；同年获山西省工商局“重合同、守信誉”荣誉称号；获市政府“文明施工企业”称号。至 2016 年，公司先后承建山阴县盛世锦珠小区、山阴县闫巷紫郡小区、山阴县同泰商居中心等亮丽景区，以及山阴县农牧场危房改造—18 层框架住宅楼，山阴县廉租房一、二、三期工程，山阴县经济适用住房二期一标段等工程。工程合格率 100%，无重大伤亡事故。

山西中元建筑安装有限责任公司　成立于 2002 年 3 月，是企业改制重组而建的有限责任公司，是集房屋施工总承包、市政公用工程施工总承包叁级、园林古建筑工程、水利堤防工程、装修装饰工程专业承包的多元化经营经济实体。2016 年，公司有各类专业技术人员 94 人，其中高级职称技术人员 2 人，中级职称技术人员 26 人，二级建造师 13 人，市政二级建造师 2 人，造价师 2 人，造价员 15 人。设立 4 个职能科室，6 个分公司，年从业人员 349 人，具有与经营活动相适应的施工机械 351 台。公司施工任务以朔州为中心，大小业务均承揽。承建过住宅小区、道路、公寓、土地、水利等。同年，获得过山西省建设厅颁发的“安全文明工地，建筑安全生产工作先进单位”的荣誉称号。

建筑工程管理

资质审查　2007 年 6 月 26 日，国家建设部颁布《建筑业企业资质管理规定》，全县予以执行。2012

年，根据《中共山西省委办公厅，山西省人民政府办公厅关于开展扩权强县试点县工作的意见》，除法律、法规和规章明确规定由市一级换发的证照外，原由市换发的其他证照，由试点县直接审查换发；需经市审核、报省直有关部门核发的证照，由试点县审核后直接报省直有关部门审查核发，报市备案。

从 2012 年开始，县建设局规划股对建筑业企业审查，核发以下资质许可：建筑业企业总承包资质序列三级；建筑业企业专业总承包序列三级；施工劳务资质。直接审查上报核准资质的有：二级建筑业企业总承包及专业承包资质；建设工程勘察乙、丙级资质；建筑工程设计乙、丙级资质；工程监理企业乙、丙级事务所资质。根据《关于 10 项行政许可项目启用网上审批系统的通知》，规划股对企业申请的行政许可项目，提交书面申请和网上申请。至 2016 年，建筑资质审查可网上进行审批。

工程招标　1998 年山阴县人民政府办公室发文成立“山阴县建筑工程招标领导组”，办公室设在城建局，启用公章“山阴县建筑安装工程招标办公室”。1999 年 8 月 30 日第九届全国人民代表大会常务委员会第十一次会议通过《中华人民共和国招标投标法》，自 2000 年 1 月 1 日起施行。

2004 年 9 月，山阴县首次在山西招投标网上发布建设工程招标公告。2007 年 7 月，调整山阴县建筑工程招标领导组组成人员。2010 年 3 月，设立山阴县住房保障和城乡建设管理局建筑安装工程招投标股（内设机构）。10 月，启用“山阴县建设工程招标投标备案专用章”。

2011 年 11 月，国务院第 183 次常务会议通过《中华人民共和国招标投标法实施条例》，自 2012 年 2 月 1 日起施行。2013 年 9 月，山阴县房屋建筑和市政基础设施工程的招标投标活动进入朔州市公共资源交易中心交易，进行统一管理。2015 年 7 月，改革建筑工程招投标监管方式，对非国有资金投资建筑工程项目实行事后备案监督管理。2016 年，山阴县建筑工程招投标信息录入山西省建筑市场监管与诚信信息一体化平台。

安全生产管理　2003 年 11 月 12 日国务院第 28 次常务会议通过《建设工程安全生产管理条例》，自 2004 年 2 月 1 日起施行。2007 年 12 月 20 日山西省第十届人民代表大会常务委员会第三十四次会议通过《山西省安全生产条例》，自 2008 年 1 月 1 日起施行。

2009 年 4 月，山阴县建设局发文《关于成立安监股及有关人员任命的通知》，决定在建设局内部设置安监股，主要职责为：受理全县建设项目安全监督备案登记，并根据《建筑法》《安全生产法》《建设工程安全生产管理条例》《山西省安全生产条例》等相关法律、法规，依法对山阴县行政区域内受监工程的施工安全进行监督。

2014 年，按照《建筑工程施工安全管理标准》（DBJ04—253—2007）文明施工要求和《防治城市扬尘污染技术规范》（HJ/T、393—2007）的要求，二级以上建筑施工企业的房屋建筑和市政基础设施工程施工“优良”率达 80% 以上，三级建筑施工企业的房屋建筑和市政基础设施工程施工现场“优良”率达 50% 以上。

2016 年，二、三级施工企业房屋建筑和市政基础设施工程施工现场全部达到“优良”。各级住建部门督促建设单位与施工单位在项目开工前提交扬尘污染防治方案，将施工扬尘防治费用纳入工程预算，把扬尘污染防治纳入工程监理范围。加强对建设工程现场的监管，推进建筑工地远程视频监控系统建设，实现建筑工地扬尘污染全天候监控，确保施工现场设置扬尘防治标志牌、施工现场全封闭围墙、土方工程防尘措施、施工过程中易起尘物料密闭、施工场地出入道路硬化、出入车辆清洁措施的落实。

节能管理　20 世纪 90 年代末，全县建筑设计遵循节能、节地、节水、节材的原则。2005 年 7 月 1 日起，新建民用建筑（指居住建筑和公共建筑）全面执行民用建筑节能设计标准，实现节能 50% 的设计标准。自 2012 年起，居住建筑实施节能 65% 的设计标准。自 2014 年起，公共建筑实施节能 65% 的设计标准。政府投资的公益性建筑及超过 2 万平方米的单体公共建筑实施绿色建筑设计标准。自 2016 年起，全面实施绿色建筑标准。山阴县住建局成立节能股以后，至2016年，共办理《建筑节能设计认定书》355份，完成既有建筑节能改造工程3项，共134440.32平方米。

第二节 房地产业

房地产管理

山阴县房屋管理所从1986—2014年由闫加胜任所长。2014—2016年由徐华峰任所长。编制14人，职责就是住房改革、公房管理、房屋产权登记发证。

20世纪90年代末，全县通过建房—售房—再建房—再售房，缓解县城住房供需矛盾，加快住房建设资金周转，减轻财政负担。

2001—2005年，山阴县公有住房出售和租金改革力度加大，住房分配货币化启动；房地产开发业队伍逐步发展壮大；“十五”期间，是全县房地产业发展最快的时期，居民住宅面积增加223.22万平方米，城镇居民人均住房建筑面积由“九五”末的20.7平方米提高到28.5平方米，农村人均住房建筑面积由“九五”末的19.5平方米提高到23.3平方米；个人购房占商品住房销售面积和销售额的比重分别为89.9%和86.9%。

2007—2010年，山阴县完善住房用地供应政策，保证住房用地供应，调整住房供应结构。年度土地供应优先保证中低价位、中小套型普通商品住房、经济适用住房和廉租住房建设，年度供应量不低于居住用地供应总量的70%。新审批、新开工的各类住房，套型建筑面积90平方米以下的住房（含商品住房、政策性住房）面积所占比重，达到开发建设总面积的70%以上。依据节约、集约利用土地的原则在符合规划控制原则和相关规范要求的，提高住房建设的容积率水平。经济适用住房户型建筑面积及户型比：建筑面积80平方米及其以下的不低于70%；建筑面积80~100平方米的不高于20%；建筑面积100~140平方米的不高于10%。城市工矿企业棚户区改造新建住宅户型建筑面积60~70平方米的比例达到总户数的70%以上，户型建筑面积71~80平方米的不超过总户数的10%，最大户型不超过80平方米。限制建设低密度、大套型住房，停止建设别墅等豪华住宅。

2016年，山阴县在房地产去库存方面，深化住房制度改革，对房屋征收实行货币化安置，发展房产租赁市场，对土地投放和开发项目建设进度实行有序控制，打通商品房、保障房、安置房转换通道扩大需求。同年，全县去库存1463套，面积185519.98平方米。其中，盛世锦珠去库存183套，20091.44平方米；时代华庭去库存493套，54531平方米；浦东小区去库存520套，70759.14平方米；闫巷紫郡去库存259套，38900平方米；天力中央城去库存8套，1238.4平方米。

20世纪90年代，山阴县正式进行房屋登记发证工作。至2010年，全县房产总登记12000件，登记面积135万平方米，确权发证12000件，面积135万平方米，私产登记10300件，发证面积10107平方米，他项权登记发证1180件，发证面积18.75万平方米，涉及贷款金额在农村集体土地房屋产权登记发证工作中共申请办证160户，审核符合办证条件的460户，城区总登记11800件，登记面积112.1万平方米，确权发放证书12000件，发证面积135万平方米，私产登记11810件，发证面积106.29万平方米。2016年，房屋登记发证工作具体程序为申请登记、产籍来源调查、产权审查、绘制权证、收费发证、档案整理。房屋产权证按建设部、省建设厅的有关规定制证绘证。全年房屋产权登记2210宗。

开发公司

1998—2016年，山阴县主要房产开发公司有8家。（1）山西宇晨房地产开发有限公司。注册日期：2013年11月08日；法人代表：杨时忠；资质等级：四级；开发项目名称：闫巷紫郡。（2）山西鑫泽房地产开发有限公司注册日期：2013 年 06 月 03 日；法人代表：张宝举；资质等级：四级；开发项目名称：兴隆小区。（3）山阴县山依房地产开发有限公司。注册日期：2014 年 02 月 28 日；法人代表：郑晓斌；资质等级：四级；开发项目名称：经济适用房。（4）山西雁龙房地产开发有限公司。注册日期：2014 年 04 月 22 日；法人代表：何玉良；资质等级：四级；开发项目名称：时代华庭。（5）山阴县钰琳房地产开发有限责任公司。注册日期：2014 年 05 月 12 日；法人代表：刘应国；资质等级：四级；开发项目名称：浦东小区。（6）朔州市天力房地产开发有限公司。注册日期：2014 年 07 月 01 日；法人代表：郭栋；资质等级：四级；开发项目名称：天力中央城。（7）山阴县广厦房地产开发有限公司。注册日期：2016 年 04 月 20 日；法人代表：马全清；资质等级：四级暂定；开发项目名称：棣阁文楹。（8）山阴县嘉和房地产开发有限公司。注册日期：2016 年 11 月 05 日；法人代表：梅志兵；资质等级：四级暂定；开发项目名称：嘉和小区。

兰园万佳名城

铁东民福

住宅小区

小区是按开发商品房基地为依托而自然形成的居民住宅小区。1998—2016 年，全县主要住宅小区有 40 家。

2016 年山阴县主要住宅小区一览表

表 13-16　　　　单位：平方米

序号	小区名称	建设单位	建设位置	占地面积	批准建筑面积	年度
1	新建干部（华都）小区住宅楼	朔州华丽房地产开发公司	原九三部队院内	18219	33800	2007
2	新建艺水苑住宅小区	朔州鑫宇房地产开发公司	原自来水院内	7206	12600	2007
3	旧城城中村改造闫家巷住宅小区	朔州辉煌房地产开发公司	青年街南、北	56640	55560	2007
4	山阴县锦绣佳苑	山阴鑫泽房地产开发公司	原康醛厂院内	45845	91063	2008
5	新建粮园小区	朔州鑫宇房地产开发公司	粮食局院内	9420	14862	2008
6	山阴县危房改造工程	山西中泰房地产开发公司	商品街南	5127	11300	2009
7	廉租房一期	山阴县建设局	铁东区	109613	16100	2009
8	俊秀龙园小区	朔州中仁房地产开发公司	原玻璃厂院内	40595	79632	2010
9	廉租房二期	山阴县建设局	铁东区	原址	15600	2010
10	同太商居中心	山西中泰房地产开发有限公司	同太路西	4168	33042	2011

续 表

序号	小区名称	建设单位	建设位置	占地面积	批准建筑面积	年度
11	玉鑫家园	山西宇鑫房地产开发有限公司	同太路东侧	4118	20590	2011
12	廉租房三期	山阴县投资开发有限公司	铁东区	原址	51600	2012
13	经适房二期	山阴县建设局	铁东区	37950	69990	2012
14	经适配套工程	山阴县投资开发有限公司	铁东区	原址	27004	2012
15	玉井国有工矿棚户区	玉井煤矿	青年街南侧	36344	112703	2012
16	佳联大酒店改造住宅小区	山阴县佳联农业发展有限公司	同太路西	4142	9764	2012
17	农牧场国营林场危房改造项目	山阴县农牧场	府东街延长线南侧	27224	72171	2012
18	吉祥小区	山西华城伟业房地产开发有限公司	南环路南	16983	28803	2012
19	闫家巷棚户区改造	朔州市辉煌房地产开发有限公司	青年东路两侧	21979	134874	2012
20	山阴县金玉花园小区	山西正功房地产开发有限公司	青年东街南侧	28151	143233	2013
21	兴隆小区	山西鑫泽房地产开发有限公司	大运路西侧	4949	24480	2013
22	山阴县裕花苑小区	朔州市华丽房地产开发有限公司	应山路北	1834	4284	2013
23	山阴县矿山救护小区	山西中泰房地产开发有限公司	虎山线南侧	4451	8875	2013
24	山阴县振兴商居中心	山西俊晋房地产开发有限公司	站前街南侧	3739	8469	2013
25	天力中央城一期	朔州天力房地产开发有限公司	同太路东侧	18746	66399	2013
26	翰府国际（和阳人家）	朔州市天力房地产开发有限公司	青年东街南侧	42056	105551	2013
27	中煤金海洋公租房	中煤集团山西金海洋能源有限公司	桑干河新区	15000	17543	2014
28	盛世锦珠小区	山西中泰房地产开发有限公司	站前街南侧	89545	89546	2014
29	府东街棚户区改造	山阴县住建局	原大修厂院内	51607	83865	2014
30	浦东小区一期	山阴县钰琳房地产开发有限公司	世纪大道北侧，河阳大道东侧	36028	124631	2014
31	熙宝家园一期	朔州市鑫宇房地产开发有限公司	世纪大道南侧	3686	22520	2014
32	中煤华昱职工住宅楼	山西华昱房地产开发有限公司	桑干河新区	104728	97397	2014
33	时代华庭住宅楼	山西雁龙房地产开发有限公司	青年街北侧	16603	82029	2014
34	玉马小区	山依房地产开发有限公司	桑干河新区	200760	23128	2014

续　表

序号	小区名称	建设单位	建设位置	占地面积	批准建筑面积	年度
35	华源万和城商住小区	朔州宣源房地产开发有限公司	王家涧路南侧	200139	318200	2014
36	天力城二期	朔州市天力房地产开发有限公司	同太路东侧	4949	18359	2016
37	棣阁文盈一期	朔州广厦房地产开发有限公司	青年街南侧	53400	159768	2016
38	鑫源小区	山西亚博房地产开发有限公司	西环路西侧，虎山线南侧	16266	90279	2016

第三节　地标性建筑

山阴县政府大楼　位于岱岳镇府西街华圣酒店对面，办公楼建筑面积15546平方米，共9层，配备电梯4部，2008年竣工投入使用，可容纳单位30多个，900多人同时办公。主体楼后设三层会议室，副楼建筑面积5659平方米。同年新楼正前方旧办公楼拆除。

山阴县医疗集团　位于世纪大道与西环路交叉处东北部，原山阴县人民医院入住。建筑面积40345.61平方米，是集医疗、教学、预防、保健、康复、应急救治、社会公益等多项服务任务的综合性医院。医院有卒中中心、胸痛中心、创伤救治中心等，并建起了救援直升机停机坪。与山西省多家三甲医院签订了医联体合作协议。与山西省儿童医院、同煤集团总院建立了帮扶合作医院。与山西医科大学第二医院建立急诊医学联盟。被中国卒中协会授予“卒中中心”称号。

虹桥商贸城　位于县城南部，同太南路西侧临街。建筑面积32893.11平方米，是一座规模大、经营品类全、既批发零售又高中低档兼顾的大型商贸城。

同泰商居中心　位于山阴县文卫路同太北路相交处，西南侧临街。建筑面积38313.44平方米，共29层。地下两层为设备用房和停车场，地上1~5层为商场、写字楼；6~29层为住宅，共两个单元，总户数96户。

天力中央城　位于同太路东侧，原药材公司院内。建筑面积116787平方米。小区通过水、石、绿化的融合创造意境，仿佛空中花园。小区占地面积25052.76平方米，总户数714户。设有全天电子巡更、地下停车场人车分离管理、门禁管理系统、电梯紧急对讲系统等，全天24小时有专人值班服务，确保安全。

华圣大酒店　山阴华圣大酒店位于山阴县岱岳镇府西街，与山阴县政府临街相对。酒店由2008年8月8日开业，楼高8层，附楼高5层，客房总数170间（套）。酒店距离山阴县客运站1.1公里，步行15分钟；距离岱岳火车站1.9公里，乘坐出租车5~10分钟；距离大同东王庄机场106公里，乘坐出租车1.5~2小时。

酒店拥有舒适典雅的各式客房，环境宽敞舒适、私密的住宿空间，每间客房均配有一流的客房设备及便利设施，中餐厅位于1~3层，可容纳1000多人同时用餐，可为宾客提供精致讲究的粤菜及其他地方小吃，自助餐可提供中式及亚洲风味菜肴，种类多样，又可提供点菜服务，是光临山阴的宾客的理想选择。SPA、桑拿按摩、室内游泳池、台球、卡拉OK厅、棋牌麻将等服务一应俱全。

第五章 城管环卫

第一节 城市管理

1998 年，县城新旧城区占地面积 12 平方公里，主要公路两旁种植杨、柳、松、槐、火炬、丁香、藤条等植物，草坪逾 3000 平方米。2003 年，全县开展打击不法排污专项行动，先后立案 24 起，7 个违法企业取缔和关闭，13 个企业限期整改，在全县实施燃煤锅炉整顿改造，完成 16 台燃煤锅炉整改工作，5 家实施合格验收。

2006 年，动员和组织协调主干道两侧沿街单位、商户实施楼体亮化，共有 21 家沿街单位安装霓虹灯，111 家安装轮廓灯，实现了亮化立体化、动感化。并对旧灯及牌匾进行大面积清洗。2007 年，规范户外门头广告牌匾，着重对政府路、青年路两侧沿街商铺的广告牌匾进行改造。统一色调、统一规格，取缔一店多牌，县城的容貌观瞻度显著提高。对同太路沿街单位、商铺实施“门前三包”责任制。明确规定沿街单位、商铺及居民住户必须做到“包环境卫生、包绿化、包公共秩序”，既要求各单位管好自己的事，也要求各单位承担起监督他人破坏行为的责任。初步形成执法管理部门与社会各界共同参与的城市管理网络，强化了管理力度。

2012 年，规范同太路户外门头广告牌匾；统一改造青年东街临街商铺橱窗，并对该街两侧建筑以砖灰色为主色调进行粉刷，城市形象和城市品位有了较大提升。2014 年，推进城乡清洁工程，加大县城主、次干道清扫力度和保洁力度，西环路经省建设厅、市住建局验收合格，被评定为省级保洁示范街道。加大对规划区域内无建设施工许可证、改扩建等违法行为的查处力度。以“监管为主、查防结合、严格问责”为宗旨，建立健全有效巡查、监督执法新机制，实现对新生违法建筑“零容忍、严打击、停增长”，坚决遏制违法建设行为的发生。2014 年，下达停工通知书 35 份。2015 年，下达停工通知书 49 份。共扣押施工设备 20 台，查处未取得建设施工许可违法建设 8 家，净化建筑市场、规范建设行为。同年，由住建局牵头对县城路段 38 公里污水管网进行清淤，确保排污管网正常运行。对虎山线县城入口路段进行硬化、绿化、美化，共硬化道路面积 6400 平方米，栽种云松 190 株，粉刷墙体 4658.71 平方米。青年东街经省建设厅、市住建局验收合格，被评定为省级保洁示范街道。2016 年，开展严管道路扬尘污染、垃圾焚烧，严整露天烧烤油烟污染等工作，县城环境、空气质量明显改善。以“改善城市人居环境”为重点，进一步细化、量化保洁要求，提升道路机械化作业率，青年西街经省建设厅、市住建局验收合格，被评定为省级保洁示范街道。

第二节 环境卫生

1985 年 3 月成立山阴县县城环境卫生队成立。1998 年，在职员工 120 人。增加 3 辆四轮车和 2 辆农用车（此前无环卫车辆），保洁面积 88 万平方米，日清理垃圾 65 立方米。

1998 年，全县多次出动环卫宣传车，在县城大街小巷进行宣传，倡导广大居民早、晚定时定点倾倒垃圾，做到垃圾不乱扔、不乱倒、不落地。同时加大县城出入口、城中村、背街小巷的环境整治，清理卫生死角和陈年垃圾，“脏乱差”现象得到有效治理，环境卫生状况明显改善。

2000年，在职员工160人，增加2辆摇臂车，保洁面积88万平方米，日清理垃圾98立方米。2008年，员工190人，增加1辆大装载机，保洁面积88万平方米，日清理垃圾310立方米。2012年，增加1辆小装载机、2辆压缩车、1辆扫路车、1辆洗扫车、2辆清洗车、2辆餐厨车、2辆洒水车，保洁面积106万平方米，日清理垃圾400立方米。

2016年，在职员工438人，其中正式工28人。负责县城29条主次干道的日常保洁，清洁面积198万平方米，日清运垃圾450立方米。环卫队有机械作业车辆37辆。实行按量分配，其中压缩车、拉运车负责县城的垃圾清运其他车辆各负其责，定人定岗定职责的管理方式。环卫设备设施存放场所设立在市容市貌管理中心院内，由专人负责保管和出库管理。

第六章 管理机构

第一节 住建管理机构

1998年，住房保障和城乡建设管理局名称为山阴县城乡建设环境保护局，序列为县人民政府工作部门，包括办公室，路灯管理所，下属单位有设计室、供热站、环保所、监察大队、客运办、自来水公司、房产管理所、规划办、市政公司、水电暖安装公司；工程质量监督站、环卫队、行政编制10人，其中局长1人，副局长3人，正科级建制。

2002年撤销“山阴城乡建设环境保护局”，成立“山阴建设局”。原环境保护职能划归新成立的“山阴环境保护局”。

2013年，“山阴建设局更名为山阴县住房保障和城乡建设管理局”。内设机构有直管四个法人单位：规划办、质检站、房管所和设计室。

2013年山阴县住房保障和城乡建设管理局直管四个法人单位职责详情表

表13-17

单 位	职 责
规划办	具体组织实施，县城规划区内总体规划、详细规划、专业规划的编制、评审、报批、审批，建设工程的“一书两证”的发放管理工作
质检站	根据有关法律法规和工程建设强制性标准，对工程实体质量和工程建设、勘察、设计、施工、监理、质量检测等各方面质量责任主体的质量行为实施监督
房管所	住房改革、公房管理、房屋产权证登记发放
设计室	负责城乡建筑的设计

局内设以下九个股室

2013年山阴县住房保障和城乡建设管理局内设九个股室职责详情表

表13-18

单 位	职 责
办 公 室	负责局日常工作的安排、调度。办结上级和各单位转发的文件资料直接对局长负责

续 表

单 位	职 责
法制股	负责本单位的法律法规的学习宣传及执行、相关法律法规的咨询与答复
住房保障与房地产市场管理股	负责保障性住房的建设和房地产市场的监督与管理
建筑与勘察市场监管股	负责建筑与勘察设计市场的运营与监管
城市建设管理股	负责城市建筑与管理
村镇建设管理股	负责乡镇、村的建设规划与管理
科技建筑节能股	负责本县新建民用建筑、公共建筑设施的节能、节地、节水、节材的绿色建筑标准的执行
建筑安装工程招投标股	负责本县内房屋建筑和市政基础设施工程的招投标工作
建筑工程安全监督站	负责受理全县建筑项目安全监督备案和等级，并根据相关法律法规依法对本县行政区域内受监工程的施工安全进行监督

2016年，内设机构有办公室、政策法规股、住房保障与房地产市场监管股、建筑与勘察设计市场监管股、城市建设管理股、村镇建设股、建筑安全监督站、科技建筑节能股、建筑安装工程招投标股。

直属事业单位有山阴县城乡建设规划管理办公室、山阴县建筑设计室、山阴县建筑工程质量监督站、山阴县建设执法监察大队、山阴县房产管理所、山阴县污水处理厂、山阴县垃圾处理厂、山阴县第二污水厂。历任城建局长麻月斗、解录昌、黄建国、王泽邦。

第二节 市政管理机构

城管综合执法大队前身是山阴县城建监察大队，1992年成立，隶属于山阴县建设局。2005年更名为山阴县城管综合执法大队，隶属于山阴县城市公共事业管理局。

城市公共事业管理局成立于2005年3月，全额事业单位。负责县城供热、供水、供气和县城道路维护。2016年，内设机构为办公室、城管监察股、技术设计室。下属股级单位为热力公司、自来水公司、市政工程公司。职工17人，其中退休2人。历任局长有李胤龙、赵兴东、任永吉。

山阴县市容市貌管理中心成立于2013年5月2日，正科级建制，财政拨款事业单位，编制8人，科级领导职数1正1副。中心下设股级单位4个，分别是城市建设管理执法大队、县城环境卫生队、县城路灯管理所、园林队。历任主任有田向文、李兴唐。

第三节 建筑管理机构

山阴县建筑工程质量监督站位于山阴县同太南路2号（住建局五楼），于1985年5月成立。主管部门为山阴县住建局，机构性质为事业单位。1998年实有人数15人，在职人数12人。2016年在职人数15人，中级职称人数2人，初级职称人数7人，大专学历人数4人，中专学历人数2人。历任主任有崔玉成、樊卫东、任保德、何广金。

第十四编

环境保护

环境保护

1998—2002 年，山阴县城乡建设环境保护局下属单位县环保所负责全县环保工作。2002 年 3 月，县环保所改为县环境保护局，承担全县环境保护和监督管理工作。着眼全县经济建设和社会发展大局，严格环境执法，强化环境管理，不断改善全县环境质量。“九五”时期，山阴县环境保护“一控双达标”成效明显,98% 工业企业实现排污达标。“十五”时期，完成京津风沙源治理 71 万亩。2006 年，编制《山阴县“十一五”环境保护规划》；全面启动山阴县蓝天碧水工程，制定《山阴县蓝天碧水实施方案》及《山阴县蓝天碧水工程任务分解规划》。2009 年，制定《山阴县环境综合整治实施方案》，开展环境综合整治。2014 年，配置有毒有害气体分析、多功能水质监测、流速流量测试、预警报警等环境应急处置设施，有效预控和处置环境突发事件。2016 年，健全环境保护工作机制，成立环境保护工作委员会，出台《关于进一步落实环境保护工作责任的通知》，明确 32 个县直单位和 13 个乡镇、2 个管委会的环境保护工作职责。

第一章 污 染

第一节 水污染

山阴县污水主要分为工业废水和生活污水。生活污水除了卫生间的污水之外，还有医疗废水、餐厨废水等。工业外排废水主要为两个乳品企业外排废水，所排废水主要是设备清洗水、车间洗地水。2003年，蒙牛乳业（集团）山西乳业有限公司废水日排放量130吨。山西古城乳业集团有限公司废水日排放量130吨。乳制品种类繁多，生产工艺不尽相同，其废水也来自于不同方面，一般情况下，乳制品废水水量的一半以上来自于生产过程中可循环使用的冷凝和冷却用水，其他则来自于加工容器、管道、地面清洗水以及员工生活污水，其中清洗废水污染程度较重。乳制品废水为典型的工业废水，通常呈乳黄色，COD（化学需氧量）高达0.8~25克/升，BOD5（水五日生化需氧量）高达0.6~1.5克/升，虽然二者维持在一个较高的水平，但BOD5/COD通常大于0.5，可生化性较好。另外，由于每天上下班时工人需对设备、加工地面等进行清洗，导致废水水质水量在一天之内波动较大，废水中通常含有蛋白质、乳糖、乳脂肪、洗涤剂等成分，乳制品废水作为高浓度有机废水，如果处置不合理，排入水体后导致水体中的溶解氧大量消耗，严重影响水生动植物的生长，废水中有机氮在缺氧条件下分解产生氨氮，可使水体发臭，严重情况下导致水生生物死亡。

2008年，按照县政府《关于加强山阴县饮用水水源保护区管理的通知》，县环保局开展水源地污染调查工作，成立水源地专项调查组，共调查村庄3个，走访住户55家，设立界桩标志，水质达标率100%。2016年，第三方对山阴县水源地地下水23项指标进行监测分析，结果表明水质达到《地下水环境质量》Ⅲ类水质标准。

第二节 大气污染

山阴县采矿业发达、冬季燃煤取暖锅炉、居民生活小煤炉数量多，烟尘污染较为严重。近年来，露天烧烤风靡全县，大街小巷随处可见露天的烧烤摊和各类烧烤聚会。但烧烤所产生的微颗粒、碳氧化物、硫氧化物、氮氧化物等都具有较强的污染性，对周边群众健康产生危害，并进一步污染大气环境。1998—2016年，全县环境空气污染仍属以颗粒物和二氧化硫为主要污染物的煤烟型污染。主要污染物污染负荷最大的为可吸入颗粒物，占62.7%，其次为二氧化硫，占37.3%。

第三节 噪声污染

山阴县环境监测站从2009年开始进行城市区域环境噪声和城市交通噪声监测。其中，2009年、2010年各进行两次噪声监测，上半年和下半年各一次。2011年、2012年、2014年各进行一次噪声监测，分为昼间监测和夜间监测。根据监测数据显示，全县区域环境噪声基本稳定，满足生活功能区噪声标准，交通噪声基本稳定。

区域环境噪声

山阴县区域环境噪声监测点位采用 240 米 ×240 米的正方形网格进行布设，全县共布设 188 个点位，其中，有效监测点位 162 个，无效点位 26 个。道路交通噪声监测点位布设在县城建成区 10 条主要交通干线的 24 条路段上，测点选在每条路段的两路口之间，道路边沿外 20 厘米，距路口距离大于 50 米处，路长小于 100 米的路段，测点选在路段中间。全县共布设监测点位 36 个，监测路段总长 16.38 千米。监测结果显示，县城区域环境噪声昼间平均值为 52.7 分贝，夜间平均值为 44.5 分贝，噪声质量评价等级为较好。

2009 年山阴县东大滩噪声监测结果报告表

表 14-1

编号	监测仪器及编号	功能区类别	主要声源	监测结果［dB（A）］				
				Leq	L10	L50	L90	SD
163	HS6288E/6	II 类	生活	53.2	53.6	49.9	44.7	3.9
164	HS6288E/6	II 类	生活	50.5	50.7	45.2	41.3	4.3
165	HS6288E/6	II 类	生活	53.0	54.8	50.4	47.4	3.3
166	HS6288E/6	II 类	生活	54.1	55.0	52.0	50.3	2.3
167	HS6288E/6	II 类	生活	57.2	55.1	51.4	49.1	2.4
168	HS6288E/6	II 类	生活	55.1	55.9	51.8	48.4	3.6
169	HS6288E/6	II 类	生活	54.2	56.6	52.0	48.7	3.2
170	HS6288E/6	II 类	生活	54.5	56.6	52.8	50.0	2.8
171	HS6288E/5	II 类	生活	59.5	57.4	45.5	40.5	6.9
172	HS6288E/5	II 类	生活	57.1	55.8	50.7	47.0	3.7
173	HS6288E/5	II 类	生活	50.2	53.0	48.3	44.3	3.6
174	HS6288E/5	II 类	生活	50.9	53.0	50.0	47.2	2.5
175	HS6288E/6	II 类	生活	55.1	57.6	51.5	48.8	3.7
176	HS6288E/6	II 类	生活	52.8	56.1	50.3	48.3	3.0
177	HS6288E/6	II 类	生活	54.4	56.6	53.5	50.7	2.4
178	HS6288E/6	II 类	生活	51.8	54.0	54.4	48.0	2.5
179	HS6288E/6	II 类	生活	50.2	53.0	48.3	44.3	3.6
180	HS6288E/6	II 类	生活	50.9	53.0	50.0	47.2	2.5

功能区噪声

依据《山阴县县城总体规划（2013—2030 年）》有关县城用地规划，山阴县确定声环境功能区划范围为山阴县城市区域，包括现有建成区和近期建设区域，面积 22.05 平方公里。区划范围北至虎山线以北的建成区—翠微南街以北—经七路—府东街，东至河阳大道—青年街—虎山线—洪涛街—经八路—南外环街—文殊路，南至顺通街，西至西外环路—南外环街—经四路。县城内设置 2 个功能区噪声监测点。2011 年昼间平均值为 63.2 分贝，比 2010 年下降 1.1 分贝；夜间平均值为 41.6 分贝，比 2010 年下降 1.4 分贝。

道路交通噪声

县城内设置 37 个道路交通噪声测点。2011 年昼间平均值为 64.3 分贝、夜间平均值为 54.1 分贝。县城无重度、中度污染路段，其他路段交通噪声均未超标。

2011 年山阴县部分路段交通噪声监测结果报告表

表 14-2

编号	路段名称	仪器校准［dB（A）］		车流量（辆/时）	监测结果［dB（A）］				
		监测前	监测后		Leq	L10	L50	L90	SD
1	大运路	93.9	93.9	289	68.4	71.1	60.4	55.6	6.1
2	大运路	93.9	93.9	301	66.2	65.2	62.2	57.4	4.2
3	大运路	93.9	93.9	275	67.9	68.6	58.2	47.0	8.3
4	大运路	93.9	93.9	263	67.8	71.2	64.4	54.4	6.4
5	大运路	93.9	93.9	258	66.0	62.9	58.4	55.5	4.0
6	同太路	93.9	93.9	362	61.4	63.3	59.3	56.7	2.9
7	同太路	93.9	93.9	410	62.4	62.2	58.0	55.1	3.0
8	同太路	93.9	93.9	358	65.3	64.4	65.1	56.5	4.3
9	同太路	93.9	93.9	440	60.0	63.6	55.1	47.0	6.0
10	同太路	93.9	93.9	398	60.3	64.0	57.4	45.7	6.4
11	西环路	93.9	93.9	212	59.1	62.6	55.8	45.8	6.0
12	西环路	93.9	93.9	241	60.3	63.7	58.5	49.4	5.4
13	西环路	93.9	93.9	198	61.5	65.4	58.7	48.7	6.1
14	西环路	93.9	93.9	236	62.7	66.2	60.7	48.7	6.4
15	西环路	93.9	93.9	279	63.3	66.3	57.7	46.3	7.1
16	南环街	93.9	93.9	142	62.6	66.0	58.7	49.1	6.3
17	南环街	93.9	93.9	122	72.3	69.6	56.1	52.1	7.7
18	青年街	93.9	93.9	189	62.2	64.5	59.5	50.3	5.7
19	青年街	93.9	93.9	210	68.7	72.1	63.4	53.3	7.3
20	青年街	93.9	93.9	178	66.3	69.7	61.7	52.9	6.5
21	青年街	93.9	93.9	203	62.1	64.7	55.1	45.0	7.0
22	青年街	93.9	93.9	197	60.4	62.8	55.2	45.0	6.1
23	政府街	93.9	93.9	284	56.7	60.6	52.8	45.0	5.9
24	政府街	93.9	93.9	255	57.5	59.2	54.3	45.0	5.37
25	北环街	93.9	93.9	125	62.3	64.3	59.1	55.8	4.0
26	北环街	93.9	93.9	146	67.5	71.1	63.3	51.4	7.5
27	北环街	93.9	93.9	126	67.4	70.6	61.4	50.2	7.6

续 表

编号	路段名称	仪器校准［dB（A）］		车流量（辆／时）	监测结果［dB（A）］				
		监测前	监测后		Leq	L10	L50	L90	SD
28	洪涛街	93.9	93.9	201	65.9	69.5	61.5	52.6	6.3
29	洪涛街	93.9	93.9	198	65.1	63.7	59.5	56.2	3.1
30	翠微街	93.9	93.9	198	67.2	70.3	57.4	48.0	8.4
31	翠微街	93.9	93.9	236	67.7	70.8	61.5	50.2	7.7
32	翠微街	93.9	93.9	246	70.3	73.2	66.0	57.3	6.1
33	忠州街	93.9	93.9	391	67.8	70.4	63.3	54.4	6.2
34	车站路	93.9	93.9	302	63.9	66.2	58.9	48.5	6.5
35	山水街	93.9	93.9	289	63.3	65.3	54.4	45.0	8.1
36	政府街南	93.9	93.9	318	66.5	68.4	58.5	45.0	8.8
37	铁 路	93.9	93.9	8	62.6	64.8	59.5	55.6	3.8

第四节 固体废物

工业固废

山阴县工业固体废物构成中，主要是粉煤灰、炉渣和煤矸石。其中粉煤灰是从煤燃烧后的烟气中收捕下来的细灰，是燃煤电厂排出的主要固体废物。火电厂粉煤灰的主要氧化物组成为二氧化硅、三氧二化铝、氧化亚铁、三氧化二铁、一氧化钙、二氧化钛等。大量的粉煤灰不加处理，就会产生扬尘，污染大气；若排入水系会造成河流淤塞，其中的有毒化学物质还会对人体和生物造成危害。煤矸石是采煤过程和洗煤过程中排放的固体废物，是一种在成煤过程中与煤层伴生的一种含碳量较低、比煤坚硬的黑灰色岩石。包括巷道掘进过程中的掘进矸石、采掘过程中从顶板、底板及夹层里采出的矸石以及洗煤过程中挑出的洗矸石。其主要成分是三氧化二铝、二氧化硅，另外还含有数量不等的三氧化二铁、氧化钙、氧化镁、氧化钠、氧化钾、五氧化二磷、三氧化硫和微量稀有元素（镓、钒、钛、钴）。煤矸石一旦弃置不用，会占用大片土地。煤矸石中的硫化物或浸出会污染大气、农田和水体。矸石山会自燃发生火灾，或在雨季崩塌，淤塞河流造成灾害。

煤库检查

农业面源污染

2000年后，土地污染不仅仅是重金属污染，农作物病虫害增多，除草剂的普遍应用，还有生活垃圾，工矿企业的生产垃圾、地膜、化肥、农药对土壤的污染。山阴县2008年开始对农业污染源进行普查。2012—2015年山阴县开展了农产品产地土壤重金属污染防治普查及数据的审核和录入工作，区域内耕地面积 9030 亩，四年共布点 669 个，其中：工矿点 325 个，污灌点 60 个，一般农区 244 个，国控点 40 个。按照省、市安排山阴县农委进行重金属污染调查，并把调查情况上报省农业厅。2015 年全县使用农药 97.63 吨、化肥 46849.34 吨、农用塑料薄膜 1200.54 吨（其中地膜 1127.59 吨），2016 年使用农业 89.87 吨、化肥 46459.32 吨、农用塑料薄膜 1270.9 吨（其中地膜 1182.25 吨）。

第二章 治 理

第一节 废水治理

工业废水及生活污水治理

水污染治理是山阴县环境保护的重要领域，主要包括污水治理和水环境改善。1998 年后，全县开始着手污水处理。2005 年，金源化肥有限责任公司投资 600 万元建设污水处理厂。2006 年 8 月，山西古城乳业集团有限公司开工建设污水处理站，2007 年 5 月建成投入运行，设计处理废水量 720 立方米 / 天，采用“气浮 + 水解 + 循环式活性污泥系统 + 机械过滤”工艺，主要设备有机械格栅、污水提升泵、罗茨鼓风机、板框压滤机、回流污泥泵、回用水泵、COD 在线检测仪、氨氮在线检测仪、数采仪、三相分离器；集水井、浮渣池、调节池、气浮池、好氧池、砂滤池、控制室。污水处理后出水水质均达到 GB8978—1996《污水综合排放标准》二级标准限值。

2007 年 4 月，蒙牛乳业（集团）山西乳业有限公司开工建设生产及生活废水处理站。2007 年 7 月，处理站竣工，占地面积 860 平方米，建筑面积 350 平方米。主要设备有机械格栅、污水提升泵、罗茨鼓风机、板框压滤机、回流污泥泵、回用水泵、COD 在线检测仪、氨氮在线检测仪、数采仪、三相分离器；集水井、调节池、UASB 厌氧反应器、SASS 反应池、斜管沉淀池、清水回用池、测流槽；采用“厌氧 + 好氧”处理工艺。

2008 年，开展海河流域—桑干河沿线企业排查整治专项行动。对桑干河沿线两侧的金源化肥有限公司、鑫华煤气化有限公司、明新瓷业有限公司、海东明胶有限公司 4 个企业进行集中整治。金源化肥有限公司污水处理站建成投运；鑫华煤气化有限公司治理投资 204 万元，实现焦油废水循环利用不外排；海东明胶有限公司共计投资 310 万元，建成废水处理站并投入使用，废水全部闭路循环不外排。经治理，桑干河出境断面水质达到地表水四类指标。同年，开展大运高速公路沿线环境整治专项行动。督促全县境内大运高速公路 3 个收费站和 1 个服务区对生活废水进行治理，均采用生化处理和净化处理。通过集中清理整顿，推进大运高速公路“绿色通道”建设。7 月，山阴县建成污水处理厂。设计污水处理能力 1 万立方米 / 天，执行《城镇污水处理厂污染物排放标准》一级 B 类标准。2009 年，对海河流域—桑干河沿线 4 家企业进行排查整治。按照排查结果，对全县企业 153 个排污口进行分类，其中 63 家企业 133 个排污口通过达标验收，同时加强现场监管，严防污染物超标排放或偷产偷排；对未通过达标验收的 20 个排污口，根据不同情况，因地制宜，分类指导，确保整治规范，规范整治率达 100%。

2010 年，按照《朔州市重点流域规划实施方案》，蒙牛乳业（集团）山西乳业有限公司、山西古城乳业集团有限公司、朔州伊利乳业有限责任公司 3 家涉水企业安装在线监测装置，对工业废水处理设施运转情况实行 24 小时监控，确保流域环境安全。经县环保局环境监测站监测，出境断面水质达到 IV 标准。2014 年，实施再生水深度处理工程，5 月工程投入运行后，出水指标达到一级 A 类排放标准，同时达到回用水质标准，一部分回用于电厂，其余排入桑干河湿地公园。2016 年，针对矿井水污染问题，要求所有煤矿外排矿井水全部提标升级，达到地表水环境质量 III 类标准，严禁外排影响周边环境。桑干河、黄水河 2 条河流水质均达到《地表水环境质量标准》中 IV 类标准。

山阴县污水处理厂厂区占地面积 40000 平方米，设计能力为日处理污水 1.5 万吨，实际建成日处理污水 1.0 万吨，采用三沟氧化沟处理工艺。该工程属 21 世纪首都水资源可持续利用项目，于 2001 年 10 月由省发改委批准立项；2004 年 4 月初由国家发改委审查，9 月下达投资批复；2005 年 5 月开始建设，2007 年 10 月竣工验收并进行单机调试。2008 年 5 月进水联合调试并对生产人员进行技术培训，6 月经监测各项出水指标均已达标，10 月通过市环保局的项目环境竣工验收和全面达标验收。具备日处理污水 1.0 万吨的能力。排水执行 GB18918—2002《城镇污水处理厂污染物排放标准》中一级 B 类。2012 年，组织各相关单位对该建设项目进行竣工验收，由省发改委核发建设项目竣工验收核定证书。

2010 年 6 月，山西国际能源集团正式接管山阴县污水处理厂，委托山西昱光发电有限公司负责运营，托管期限 30 年。昱光发电公司接管后，注册成立山阴昱阳中水净化有限责任公司。2011 年，在污水厂厂区内，新建再生水深度处理一期工程。该工程工艺采用 MBR（膜生物池反应器），日处理 0.8 万吨，预留 0.4 万吨（土建完工），至昱光电厂回用水管网 18 公里。2014 年 12 月，县环保局对该工程项目进行环境保护验收。出水指标达到 GB18918—2002《城镇污水处理厂污染物排放标准》中一级 A 类要求。

集中式饮用水源地建设与治理

2001—2005 年，山阴县实施雁门关生态畜牧经济区发展战略，大搞农田水利基本建设和农业综合开发，实施首都水资源可持续利用、京津风沙源治理等项目，立草为业，大力养畜，不断调整农业结构，促进农业产业化经营向纵深发展。全县水利建设投资 7485 万元，完成治理面积 131.6 平方公里。2008 年 5 月，山阴县水峪口水源地开始启用。为加强饮用水源地保护，科学规划饮用水源地，委托朔州市环境科学研究所在勘测摸底基础上，编制完成《山阴县水峪口饮用水水源保护区划分技术报告》，并通过省环境保护局技术审查。制定《山阴县饮用水水源地保护规划和实施办法》，落实影响饮用水安全的改造总体规划和措施。开展水源保护区环境集中整治专项行动，对水峪口水源保护区范围内的选砂厂进行清理，确保饮用水水质安全。南山水峪口水源地饮水工程投资近 8000 万元，建成后日供水 1.2 万吨，服务年限 50 年，可满足县城供水需求并彻底解决山阴县城饮用水安全和吃水难问题。

2009 年，完成《山阴县乡镇集中式饮用水水源地基础环境调查及评估报告》编制工作并通过专家组评审。全县集中供水的 3 个乡镇（合盛堡乡、马营庄乡、后所乡）各设有一处集中式饮用水源地，设计取水量 2400 立方米 / 天，共服务 5 个乡镇 69 个行政村。2013 年，出台《关于进一步加强主要河流和集中式饮用水源地保护的通知》，对桑干河、黄水河和县城饮用水源地及 3 个乡镇集中式饮用水源地保护范围作明确规定，对主要河流沿岸和水源保护地范围进行排查整治，出动检查人员 50 余人次，检查各类涉水企业 16 家，排查养殖企业 90 余家。同时，对地下水质量标准中的 39 个项目监测 2 次，对 20 个常规项目监测 4 次，重点对重金属、有机污染物进行分析检测，随时掌握水质状况，确保水质安全。2016 年，加强饮用水源地保护工作，制定饮用水源污染事故处理应急预案，对一级保护区内实行封闭，设立警示牌，确定专人监管。确保水源地无污染，无排放口；坚持“一月一监测，一月一排查”制度，定期对饮用水进行监测，建立完整的饮用水水质监测数据库。饮用水源地水质达标率 100%。

第二节 废气治理

消烟除尘

1998 年，全县开始进行对烟尘污染源进行调查。2005 年，全县企业污染治理共投入 1000 余万元，其中，石星化工有限责任公司投资 140 万元治理烟尘、粉尘污染；晋能山阴冶金公司投资 200 万元治理烟尘、粉尘污染；超强建材公司投资 20 万元治理水泥粉尘污染；三关水泥有限责任公司投资 30 万元治理水泥粉尘污染；古城乳业集团公司投资 30 万元治理烟尘污染。县城空气质量明显改善，环境空气质量综合污染指数下降幅度高于全省平均水平。

2010 年，全县化学需氧量排放总量控制在 1514.5 吨，二氧化硫排放总量控制在 4116.4 吨，均提前一年完成“十一五”主要污染物减排任务。8 月，朔州市政府要求增加新的减排量，其中化学需氧量净削减 225 吨，二氧化硫净削减 137 吨。年内，山阴县化学需氧量减排总量为 307.43 吨，完成年度任务的 136%，其中县污水处理厂减排 235.53 吨，古城乳业污水处理站减排 71.9 吨。三城天然气山阴分公司 2×40 吨、1×20 吨锅炉的双碱法脱硫除尘设施建成并投运，脱硫效率达 80%，年内累计削减二氧化硫 370 吨，完成年度任务的 270%。

2011 年，县城空气质量二级以上天数达到 351 天，超指标要求 51 天；综合污染指数明显下降，由 2010 年的 1.9 下降为 1.4。县域六项主要污染物减排任务全部超额完成，被山西省政府表彰为“十一五”实施“蓝天碧水工程”先进县。2013 年，二级以上天数达到 287 天，综合污染指数大幅下降，空气中 PM_{10} 平均浓度比 2012 年同期降低 7.4%，二氧化硫平均浓度比 2012 年同期降低 29.3%。

2014 年，全县二级以上天数达 327 天，其中一级天数 166 天，一级天数较 2013 年同期增加 10 天。综合污染指数为 1.64，比 2013 年同期下降 0.13；PM_{10} 平均浓度 0.075，二氧化硫平均浓度 0.067，分别比 2013 年同期降低 0.016 和 0.018，各项指标均达到《环境空气质量标准》二级标准。主要污染物减排任务顺利推进。化学需氧量削减 275 吨，氨氮削减 5.6 吨，二氧化硫削减 57 吨，氮氧化物削减 9.35 吨，烟尘削减 119.2 吨，工业粉尘削减 2.85 吨。2015 年，对扬尘点源进行治理。5 家石料开采加工企业完成扬尘点源治理，投资 200 多万元，建设防风抑尘网，安装自动喷淋装置，对厂区及运输道路进行硬化。开展纪念抗战胜利 70 周年环境空气质量保障工作，对全县 70 家企业采取临时性减排措施，严格限制建筑工地扬尘、道路扬尘、机动车污染、露天烧烤、垃圾焚烧，各项污染物排放量在年度大气污染防治行动计划的基础上减少 30%。全年二级以上天数达 353 天，各项指标达到《环境空气质量标准》二级标准。化学需氧量削减 501.3 吨，氨氮削减 60 吨，二氧化硫削减 1714.79 吨，氮氧化物削减 231.92 吨，烟尘应削减 1557.91 吨，工业粉尘削减 16.55 吨。2016 年，开展扬尘污染专项整治。13 家重点企业建设防风抑尘网，对产尘环节进行集尘封闭，对厂区和出入道路进行硬化，有效控制粉尘、扬尘无组织排放。针对防治雾霾问题，采取“燃煤企业上设施、餐饮单位净油烟、老旧黄标全淘汰、道路工地控扬尘”等措施，确保不出现大范围雾霾天气。森泰 50 万吨民用洁净型煤项目建成投产，成为治理雾霾的新型环保产业。

锅炉改造

2005 年，取缔、炸毁私挖乱采小煤窑 30 余座，保护地下资源，减少环境污染。2010 年，通过取缔燃煤锅炉、10 吨以上锅炉安装双碱法脱硫设施等措施，继续巩固烟控区建设。

2011 年，推进县城热电联产集中供热项目建设，扩大集中供热面积，取缔和停运一部分区域供热锅炉和居民分散锅炉，对未进入集中供热的区域，新安装一部分环保锅炉，在一些单位和酒店、商场推广使用清洁能源，对个别条件有限的单位冬季取暖锅炉，采用限时燃烧办法，限制排污。

2013 年，根据《环境空气质量整治规划》，制定《2013 年度燃煤锅炉整治方案》，坚持“治理为主、拆除为辅、应拆尽拆、非拆即改”的工作思路，对燃煤锅炉源进行分类处置，取缔县域内单位、企业、学校燃煤锅炉 56 台，新上环保节能锅炉 60 余台，在分布较为分散的宾馆、旅店、洗浴、商饮服务业中改装环保锅炉和清洁能源炉灶 40 余台，从根本上解决燃煤烟尘污染环境的问题。

2014 年，对县城建成区淘汰燃煤锅炉 12 家 16 蒸吨，县域内新上节能环保型锅炉 9 台。推进燃煤工业锅炉提标升级改造，五家沟煤业、华夏煤业、马营煤业、元宝湾煤业、台东山煤业、兰花口前煤业、伊利乳业、蒙牛乳业、古城乳业 9 家企业全力实施，总投资达到 1100 余万元，年底全部完成。改造后锅炉达到烟尘排放 30 毫克 / 标立米、二氧化硫排放 200 毫克 / 标立米的新标准，一年向空气中减少烟尘排放 101.16 吨、二氧化硫排放 11.258 吨。同年，始于 2011 年的山阴县烟控区范围扩大到 7.3 平方公里，其间严格整治区域范围内冬季采暖锅炉和餐饮宾馆热水锅炉，取缔 2 吨以上冬季燃煤取暖锅炉 65 台，改造更新环保锅炉 35 台。

2016 年，开展“铁腕治污”专项行动，改造升级工业燃煤锅炉 13 台，取缔燃煤小锅炉 5 台，淘汰老旧车、黄标车 363 辆。依法打击私挖滥采，遏制过去屡禁不止大肆盗抢矿产资源的非法行为。

工业废气治理

1998 年后，县环保局对已办理环评的 38 家企业查现状、查进度、查执行情况。对列入市级验收的 32 家企业进行全面审核。明星瓷业、永恒陶瓷等 10 家企业不达标，被责令限期治理。朔州伊利，康喜奶业超标排放严重，给予每家 1 万元罚款，并限期整改。2007 年，完成全县工业污染源普查第一阶段工作，建立起 102 家工业污染源普查档案。2008 年，以奥运空气质量保障为契机，推进重点企业污染治理。坚持“早部署、早预防、早监管、早处置”原则，落实奥运期间停产治理、限产限排、新建或更换环保设施等措施。在对全县各类企业加强监管的基础上，着重对列入《第 29 届奥运会空气质量保障措施——山西省实施方案》的石星化工有限责任公司、超强建材有限责任公司、三关建材有限责任公司 3 家重点企业进行全面监管，督促并指导 3 家企业进行环境集中整治。三关建材有限责任公司投入 160 万元进行水泥粉尘污染治理，安装机立窑大布袋除尘器，对原有各工段配套的除尘设备全部检修；超强建材有限责任公司投资 212 万元进行水泥粉尘污染治理，完成原料库建设，对原有各工段配套的除尘设备全部进行检修；石星化工有限责任公司投资 232 万元进行烟、粉尘污染治理，淘汰 6300 千伏安石灰氮生产线。通过集中整治，县城空气质量明显改善，全年二级以上天数达到 301 天，比 2007 年增加 81 天；环境空气质量综合污染指数为 2.55，比 2007 年下降 42.8%。

2009 年，执行国家消耗臭氧层物质淘汰政策法规，全面完成辖区内消耗臭氧层物质生产和使用的调查工作，建立消耗臭氧层物质生产和使用的数据库和申报登记制度。2010 年，执行国家消耗臭氧层物质 ODS 淘汰政策法规，控制新、改、扩建 ODS 生产项目，规范 ODS 回收管理制度和程序，打击非法使用行为。组织开展对相关企业和市场的执法检查 3 次，检查企业或市场 3 家，在“世界环境日”和“全球保护臭氧层日”活动中，开展多种形式的宣传活动。2016 年，重点开展“铁腕治污”专项行动，对 53 个环境违法企业或项目进行立案查处，对其中 3 个小企业实施断电措施；对 8 个违法违规项目实施处罚，共处罚 55 万元；对 10 个久试不验项目列入限期完成名单，已完成 8 家。全年环境空气质量二级天数达 286 天。

服务业废气治理

2012 年 9 月 27 日，国务院批复《重点区域大气污染防治“十二五”规划》，大气污染防治工作逐步由污染物总量控制为目标向以改善环境质量为目标转变，由主要防治一次污染向既防治一次污染又注重二次污染转变。2013 年，山阴县开展油气污染整治，对全县 11 家加油站油气排放控制系统进行改造，要求建成区内加油站必须满足储油、加油油气排放控制要求，安装油气排放处理装置。对建成区内年销售汽油量大于 8000 吨的加油站安装在线检测设备，接入省环保厅油气污染在线监控系统。

2014 年，在 2013 年 11 家加油站油气排放控制系统改造基础上，对 19 家正常营业运行的加油站油气进行回收治理。至 2015 年，全县 32 家加油站全部完成治理任务，每年减少挥发性有机物（VOC）排放 128 吨。2016 年，开展油烟污染治理，县城主要路段 20 多家餐饮饭店安装油烟净化装置。

第三节　噪声治理

2008 年，山阴县对城市区域环境噪声和交通噪声进行网格布点，布设区域环境噪声监测点 205 个，交通噪声监测点 47 个。

交通噪声

城市交通干线噪声平均值是指城市建成区范围内经认证的交通干线各路段监测结果，按其路段长度加权的等效声级的平均值。山阴县按照城市交通干线噪声测点布设的技术要求和方法，结合建成区主、次交通干线道路图，对交通干线噪声测点布设在 14 条路上，监测点为 47 个。

2009—2014 年交通干线噪声监测结果统计表

表 14-3

时　间	均值 dB（A）	标准 dB（A）
2009 年春季	67.3	70
2009 年秋季	61.1	70
2010 年春季	61.7	70
2010 年秋季	66.3	70
2011 年昼间	64.3	70
2011 年夜间	54.1	55
2012 年昼间	65.2	70
2012 年夜间	56.0	55
2014 年昼间	61.1	70
2014 年夜间	55.1	55

功能区噪声

区域环境噪声平均值是衡量城市环境综合整治质量的一项重要指标，其高低直接影响人民群众的工作、学习、休息，甚至人体健康。山阴县按照区域噪声网格监测认证的技术要求，根据县城建成区区域地图和监测站的实际测量，划分出建成区区域噪声的网格分布图，监测点 205 个。

2009—2014 年区域环境噪声监测结果统计表

表 14-4

时　间	均值 dB（A）	标准 dB（A）
2009 年春季	49.9	60
2009 年秋季	47.1	60

续 表

时 间	均值 dB（A）	标准 dB（A）
2010 年春季	52.2	60
2010 年秋季	51.9	60
2011 年昼间	52.7	60
2011 年夜间	44.5	50
2012 年昼间	50.2	60
2012 年夜间	44.6	50
2014 年昼间	50.4	60
2014 年夜间	46.1	50

第四节 固体废物治理

工业固废

1998 年后，全县工业废物综合利用率达 100%，实现工业固体废物的资源化、无害化和减量化。其中，煤矸石一部分用于矸石电厂作为燃料使用，一部分和粉煤灰、炉渣制作成建筑材料。

2005 年后，垃圾污染严重困扰山阴县城发展。

2007 年，推行循环经济和清洁生产。在坚持产业结构调整和优化的基础上，本着节约资源、降低能源、再生利用原则，引导企业大力发展循环经济和清洁生产。金海洋工业园区初步形成煤—电—冶金、煤矸石—粉煤灰—新型建材、粉煤灰—聚合氯化铝—氧化铝循环经济发展模式；同时对冶金、化工、建材等重污染行业均强制推行清洁生产。有 2 家企业（超强建材有限公司、三关建材有限公司）完成清洁生产审核验收，3 家企业（春城、伊利、晋能公司）开展环境行为评价。

2015 年，山阴县对煤矸石和危险废物进行治理。有自备矸石场的企业，严格按照环评要求进行整改，对现存矸石重新覆土压实填埋；没有自备矸石场的企业，由县里指定一处集中填埋场，运用第三方治理办法进行处理。2016 年，在危险废物治理方面，全县 28 家企业全部按照工业危险废物规范化管理 30 项指标要求，建设完成危废库，制定规章制度，设置标志牌，责成专人负责管理危废工作。

生活固废

2010 年 6 月，在岱岳乡郭家窑村西南 560 米处，建设日处理生活垃圾 140 吨、库容 112 万立方米、设计填埋年限 17 年的生活垃圾处理设施，占地面积 95434.47 平方米，总投资 4176 万元。工程于 2011 年 12 月竣工验收，2012 年 7 月正式生产运营。垃圾处理采用改良型厌氧卫生填埋工艺，对进场垃圾进行检查、计量、定点倾倒、摊铺、压实、覆土，分层分单元作业，每日坚持用黏土覆盖 10~20 厘米，单元垃圾高度控制在 3 米以内。按照 1∶4 的坡度实施斜坡作业，最大限度控制垃圾暴露面积。夏季根据气温变化随时对填埋作业区进行灭蝇杀菌消毒除臭，喷洒药物次数为 2~3 次 / 日，有效控制苍蝇及垃圾产生的臭气。

垃圾渗液

2014 年 11 月，山阴县开工建设 1 座日处理 40 吨的垃圾渗滤液处理站，项目总投资 514.5 万元。2015 年底土建工程完成，2016 年 6 月设备正式调试投入运营。渗滤液经过垃圾填埋场垃圾处理流程处理出水，水质达到一级A排放标准，送县城污水管网进入污水处理厂统一处理。根据气候条件及渗滤液的产生量，设备从2016年6月运行至10月共处理渗滤液2772吨。

农业面源污染治理

2015年，山阴县初步探索建立适合实际的农业面源污染综合防治技术和管理模式，农业面源污染防治取得明显成效。随着测土配方施肥的推广，化肥的用量、品种都发生了良性变化，施用量实现了逐年减少的目标。山阴县坚持“预防为主、综合防治”的方针，按照“防治时机专业化、科学用药专业化、施药器械专业化、操作技术专业化”的要求，推进农药面源污染防治。全面禁止使用甲胺磷、对硫磷、甲基对硫磷、久效磷、磷铵等五种高毒农药和禁限用农药。2016年，山阴县以农技服务中心为主，加快绿色防控技术推广，免费为农民提供物理灭虫器材等1000多套，引进大型虫情测报灯20多套，同时推广间作套种等模式，节约农药，实现粮食绿色高产。山阴县是奶牛养殖大县，全县每年产生的有机肥75万吨，有机肥的使用能为农作物提供全面营养，肥效长，可增加和更新土壤有机质，促进微生物繁殖，改善土壤的理化性质和生物活性，是绿色食品产生的主要养分来源，减少了化肥对土壤的污染。

大气污染治理

2016年，山阴县扎实抓好全县玉米秸秆综合利用和禁烧工作，以防为主，“疏”“堵”结合，取得了显著的成绩。县农委专门成立了秸秆综合利用和禁烧工作领导小组，出台了《农作物秸秆禁烧实施方案》。充分利用广播、电视、报刊、宣传车、标语、板报等形式，宣传《农作物秸秆禁烧实施方案》和秸秆综合利用技术。山阴县电视台专题报道全县禁烧工作开展情况，禁烧观念家喻户晓。

第三章　环境建设

第一节　农村环境保护

综合整治

2005年10月8日，中国共产党十六届五中全会通过《十一五规划纲要建议》，全县按照“生产发展、生活宽裕、乡风文明、村容整洁、管理民主”的要求，推进社会主义新农村建设。2010年，按照省政府办公厅《关于转发环境保护厅等部门“关于实行‘以奖促治’‘以奖代补’，加快解决农村突出环境问题的实施意见”的通知》，山阴县设立农村环保专项资金，推进农村环境综合整治，解决农村突出环境问题。拨付专项资金16万元支持北王庄村等村镇的环境整治。编制完成《生态功能区划》和《生态经济区划》，作为全县新建项目及重大工程、工农业生产发展、生态环境保护和环境影响评价的科学依据。开展生态示范创建活动，年内申报生态示范创建单位1家（帐头铺村）并通过验收。

2013年，实施农村环境连片整治示范工程，在全县5个乡镇14个村庄建设完成畜禽养殖堆粪场和垃圾中转站。通过建设垃圾中转站，实现农村生活垃圾“村收集、乡运转、县处理”。2014年，完成农村生活污水收集管网项目建设。按照农村生活污水处理就近、便利原则，选择岱岳镇夏家窑村、上岱岳村、王家涧村、关岱岳村、梁山村5个城中村、城边村作为项目试点，进行前期规划。规划建设污水主管网，工程于2015年完工。2016年，农村生活污水治理工程涉及马营乡等2个乡镇7个村。

畜禽废物处理

2007年，结合新农村建设，改善农村环境卫生状况。加强农村畜禽废物污染治理，推广使用沼气，全县共建成沼气池 548 个。扶持奶牛养殖园区建设，逐步实施人畜分离。全县新建奶牛养殖园区 6 个，建成 28 个养殖园区。通过多种渠道推进畜禽废物再利用和无害化处理，其中，佳联农牧有限公司进行试点并通过验收，山西天鹏集团公司年出栏 6 万头生猪养殖园区被确定为规范化畜禽养殖示范点。2011 年，制定执法检查工作实施方案，对全县畜禽养殖户进行摸底调查和归类建档，掌握畜禽养殖户选址、规模以及环保治理设施等情况，规范畜禽养殖业的环境管理。2013 年，把全县畜禽养殖企业作为防污减排主要对象，重点选择 12 家规模化养殖场，按照雨污分流、粪尿干湿分离以及畜禽废渣“防渗漏、防流失、防雨淋”要求，全部建设干清池、粪污发酵场、顶棚雨水渠、污水收集池。有条件企业建设污水处理站和有机肥加工生产线等，实现畜禽粪污转化、循环利用，促进农业源污染物减排，通过建设畜禽养殖堆粪场，实现农村分散养殖户畜禽粪便集中式管理，达到“无乱堆乱放、无渗漏污染”。通过示范带动，全县农村环境得到改善。

2014 年，根据《畜禽规模养殖污染防治条例》，确定 32 家畜禽养殖企业进行畜禽粪便综合治理，市、县两级投资 800 余万元，按照“雨污分流、粪污贮存、厌氧消化堆沤、污水处理”标准，建设贮粪池、雨污分流收集系统和废弃物储存设施，实现畜禽粪便及污水综合利用，一年可减少排放化学需氧量 735.98 吨，氨氮 21.8 吨。2015 年，朔州市政府下达山阴县畜禽养殖治理任务 74 家，全县完成治理任务 55 家。2016 年，102 家畜禽养殖园全部建设贮粪池、雨污分流收集系统和废弃物储存设施，实现畜禽粪便及污水综合利用。

第二节 绿化改造

1998 年后，全县重点企业环保治理基本达标，资源得到有效保护和开发。经济发展与人口、资源、环境的关系趋向协调。2001—2005 年，完成京津风沙源治理 71 万亩，其中退耕还林 20.8 万亩，道路绿化 300 多公里。2005 年，重点建设西山森林公园、广武旅游区、京津风沙源治理工程及大运高速通道两侧 100 米防护林带。2006 年，全县生态建设完成大片造林 30 万亩，其中退耕还林 12.5 万亩。通道绿化 369 公里，新建完善农田林网 9.6 万亩，草地建设 8 万多亩。同年，主要整治桑干河南干渠、民生渠防渗防漏和绿化工程。

2006 年，按照山西省环保局要求，委托省气象科研所编制山阴县环境容量规划并进行环境容量基础数据调查工作。2007 年，造林规模、成活率均创历史新高。与各乡镇签订乡镇环保目标责任书，把农村环境保护任务交给乡镇，交给农民群众。全县完成成片造林 13.65 万亩，零星植树 260 万株，农田林网 4 万亩，通道绿化 242 公里，总投资 2200 万元。其中，通道植树 150 万株，面积 1.9 万亩；县城外围

华夏煤业矿山治理前

华夏煤业矿山治理后

高标准完成西山百里防风林带建设工程，林带全长53.3公里，共栽植各类树木140多万株；西山黄羊坡荒山造林2万亩，共栽植针叶树50万株，并配套林网建设，栽植新疆杨10万株；广武生态景观林1万亩，栽植各类树木50万株；矿山实行“一矿包一山”的治理模式，40座煤矿绿化40座山，共完成矿山绿化2万亩，栽植各类树木220万株；乡村道路绿化400公里，植树32万株；绿化村庄80个，植树40万株；完成农田林网4万亩，植树180万株；飞播造林3万亩；退耕还林补植补栽2万亩。大运高速公路及朔州支线在山阴县境内全长51.45公里，两侧各绿化100米；改造县城主要街道10条，植树20多万株；县城连接线长9.2公里，两侧各绿化50米，总面积1.65万亩。2008年，山阴县荣获山西省造林绿化先进县称号。2009年，投资5500万元，造林2.8万亩。西山环城生态景观区成为省政府批准建立的56处县级（城郊）森林公园之一。西山、广武两处生态工程被指定为全国京津风沙源治理现场会观摩点。2011年，实施“两山一河六通道”生态治理工程，完成投资5亿元，造林10万亩，植树500多万株，实现三年生态造林任务一年完成。

2008—2010年，在下喇叭乡织女泉村建成义务植树基地、西山下沙河段共栽植各种树木161876株，2944亩。2011年，在西山贺家窑段、下沙河段和马营庄村西共栽植油松、枸杞共7672亩，238665株。其中：在下沙河段栽植80厘米以上油松3856亩，15400株；在贺家窑段栽植80公分以上油松3576亩，196680株；在马营庄乡马营庄村西栽植枸杞经济林240亩，26585株。2011—2013年，全县经济形势良好，进入大绿化时期，利用有利条件，完成各项造林任务。2012年，在后所乡苏庄村、马营庄乡马营庄村、马营庄乡荆家庄村、安荣乡安荣村、张家庄乡西堡村、张家庄乡水河铺、古城镇羊圈头村、合盛堡乡东双山村、岱岳镇贾家窑村共栽植杏树经济林2866亩157578株。其中：在古城镇羊圈头村栽植枸杞经济林387亩128871株；在208国道北周庄段、208国道安荣段栽植高度5米以上油松169亩9300株；在后所乡苏庄村栽植高度80厘米以上油松260亩13000株。

2014年，全县党政机关、事业单位、社会团体干部职工开展“自费购树、亲手栽树”活动，共筹集资金93万元。同年4月，完成桑干河湿地生态公园文魁塔景观绿化工程。共栽植油松、金叶榆、桃树、紫叶李、香花槐、紫穗槐、漳河柳、新疆杨、侧柏、云杉、樟子松、卫矛、丁香等29个树种33461株。并建成义务植树基地，树石牌命名为“公仆林”。同年，继续实施“两山一河”生态治理工程，全年植树造林4.89万亩，植树445万株，全县造林绿化面积达到92万亩。重点实施水保生态建设工程一、二期京津风沙源治理工程水利水保项目、国家水土保持重点建设工程榆树洼小流域治理和第二批国家水土保持重点建设工程。

河阳广场

维护生态

2009年，开展为期一年的环境综合整治，成立环境综合领导组，以县长为组长、分管副县长为常务副组长、相关部门主要负责人为成员，对全县企业和城市基础设施单位进行全面排查摸底，共排查各类企业7类75家，城市基础设施单位4家。制定《山阴县环境综合整治实施方案》，各乡镇、各部门、各企业按照各自工作任务认真开展环境综合整治。年内，节能减排取得新进展，化学需氧量、二氧化硫削减量分别完成年度计划的141%和205%，提前一年实现“十一五”目标；二级以上天数达340天，同比增39天；名列全省环保“四合一”考核前茅，跃居全省32个蓝天碧水工程县（市、区）第六名。2010年，开展清洁生产审核。山阴县芍药花煤业有限责任公司积极开展清洁生产，成立以总经理为组长的清洁生产审核小组，几年来累计投入资金共3000余万元。2012年，以桑干河湿地生态修复为核心的生态新区已拉开框架，形成城乡统筹发展新格局。2013年，开展煤矿生态整治。按照“谁开采、谁恢复”的原则，实施“矿山生态环境恢复治理保证金”制度，对受损矿山生态环境进行全面修复。全县21座煤矿有17家通过《生态恢复治理规划》评审。华夏煤业、辛安煤业、芍药花煤业、五家沟煤业等企业，先后建成矿井水处理站、生活污水处理站、事故应急池、雨水收集池、密闭储煤场和矸石堆场，并在下半年又完成工业场地硬化、矿井水处理扩容、筒仓机械排风及瓦斯监控等工作，做到“煤堆不露天、烟囱不冒烟、废水零排放、固废再利用”，矿山生态环境得到明显改善。

华夏洁净煤园区

华夏矿井斜井

2016年，实施矿山生态恢复治理。全县21家煤炭开采企业编制完成《矿山生态恢复治理规划》，16家非煤矿山企业编制《环境保护与生态恢复治理方案》，明确恢复范围、面积、资金投入及责任义务等重点内容，按计划对封库部位逐步进行生态恢复。

净化美化环境

2001—2005年，山阴县高标准建设万亩生态示范园、西山森林公园、西山百里林带、广武生态旅游景观区、大运高速公路百米林带、千米林网等。2002年，重点实施京津风沙源治理、首都水资源可持续利用、退耕还林还草、世行水保（世界银行贷款水土保持项目）、大运高速公路绿化带建设等工程，5年完成成片林25.35万亩，新建完善农田林网15.97万亩，零星植树389.21万株，通道绿化268.32公里，退耕还林4.34万亩，种草3.5万亩。全面启动广武旅游区开发，完成汉墓公园及长城景观区6000亩退耕还林工程，并规划建设旧广武移民新村。2003年，全县完成退耕还林28905亩，荒山造林27255亩；京津风沙源项目14.9万亩；首都水资源项目完成投资551万元，栽植乔灌木2.9万亩；完成世行项目投资300万元，造林3000亩；完成广武生态旅游区6000亩生态绿化工程；建设西山森林公园1784亩生态林，栽植经济林25万株；完成大运高速公路百米林带绿化、千米林网预整地工程。2004年，全县高标准完成广武生态旅游景观区绿色屏障工程、万亩生态畜牧科技示范园区、大运高速公路百米林带、千米林网补栽工程、西山森林公园等项目建设。

2007年，启动生态功能区划和生态经济区划两项编制工作。聘请山西省环境保护科学研究院有关专家负责“两区”规划编制。2个乡镇（后所乡、张家庄乡）申报省级环境优美乡镇，3个村（后所乡西沙堆村、岱岳乡北王庄村、张家庄乡新广武村）申报省级生态文明村，并全部通过验收。2008年，城乡面貌明显改观。城市建设完成南山引水县城管网配套、两座供热站扩容、双回路供电、西出口道路、13条背街小巷硬化、主要街道亮化、污水处理一期工程、土牛沟治理一期工程、闫家巷改造主体工程、同太北路北沙沟段改造，在主要街道新建五座公共卫生间和生态移动厕所等。实施广武旅游区绿化、通道绿化、环城绿化等七大生态工程，村庄绿化10万平方米，清理垃圾1400多吨，整修残墙断壁5000多米，新修农村公路 70 多公里。2009 年，积极申报生态创建单位。年内申报岱岳乡移民新村、薛圐圙乡河曲堡村、北周庄镇郑庄村、玉井镇东庄村 4 个省级生态文明村；申报塞北畜牧发展有限公司、古城乳业农牧有限公司等 2 个省级畜禽养殖示范点。并把安华扒罗山煤矿确立为省级生态示范矿井申报单位，把玉井镇确立为省级环境优美乡镇申报单位，均通过省环保局专家组验收。

2011—2015 年，持续推进造林绿化，累计投入造林绿化资金 10 多亿元，重点推进“两山一河”治理和通道绿化工程。西山百里林带全部贯通，造林 30 万亩，总面积达到 40 万亩，成为西部山坡区的绿色生态屏障；南山治沙工程完成绿化总面积 20 万亩；桑干河湿地生态修复绿化总面积达 1.6 万亩，其中建成生态植物园 7500 亩；实施大运高速引线、208 国道、林荫路等通道绿化工程，共新栽补植各类大树及灌木 85 万株，形成四通八达绿色路网体系。全县林木绿化率达 13.73%，比“十一五”末增长 3.62 个百分点，荣获全省“两网”绿化先进县。实施水系水网工程，完成桑干河湿地治理 20 公里；完成南山引水工程，在湿地新区建成九大系列湖，形成水面 3500 多亩，总蓄水量 500 多万立方米。2011 年，生态建设工程大规模推进，全县林木覆盖面积占到全县国土面积的三分之一以上。2014 年，坚持建设以桑干河生态新区为核心的大县城示范区，县城规划面积达到 24 平方公里。在形成大县城框架基础上，加强基础设施建设，提升城市配套功能。投资近 3 亿元专项用于民生事业重大基础设施建设项目。实施引黄泥河供水工程，完善县城供水工程，并筹备建设第二污水厂，启动建设垃圾渗滤液处理站。“五路一桥”建设工程全面展开。2016 年，全年完成京津风沙源治理人工造林 3000 亩，巩固退耕还林干果经济林 4300 亩。

第三节 环保设施投入

改进生产设施

20 世纪 90 年代后，山阴县把推广型煤摆到重要位置，陆续开发一系列型煤锅炉及专用型煤，成为减少燃煤污染的一个重要措施。2007 年，第一供热站进行扩容，安装 1 台 20 吨锅炉，新增供热面积 16 万平方米；第二供热站进行管网配套建设，新增供热面积 64.7 万平方米。取缔采暖锅炉 25 台 59 蒸吨，减少烟尘排放 450 吨、二氧化硫 180 吨。县城污水处理厂完成投资 3720 万元，日处理污水能力 1 万吨。

2008 年，对具备进入集中供热管网条件的小区或单位采暖燃煤锅炉一律入网，共新入网 20 个小区或单位，新增供热面积 143487.68 平方米，其中，第一供热站新增 7 个小区或单位 40028 平方米，第二供热站新增 13 个小区或单位 103459.68 平方米。对不在集中供热管网服务范围内的采暖燃煤锅炉，一律要求更换为环保节能锅炉或安装高效脱硫除尘设施，共更换锅炉 4 台 10 蒸吨。对餐饮、洗浴和沿街饮食摊点 33 台燃煤炉灶进行集中整治，按照要求更换环保型锅炉或改造除尘设施，共更换环保型锅炉 25 台，除尘改造 3 台，更换调试 3 台，停业转产 2 台，改善县城非采暖期低空污染。

2014 年，针对群众反映小区住宅附近餐厨油烟影响生活问题，组织专门人员对居民区内餐饮业进行集中整治，饭店、宾馆炉灶全部安装高效油烟收集净化处理设施，建设废水隔油池、残渣过滤池等。完成 21 家宾馆、饭店整治，占到县城餐饮企业总数的 40%。2015 年，全县重点工业燃煤锅炉共有 53 台 547 蒸吨，完成升级改造 36 台 328 蒸吨，占到应改造任务总数的三分之二。通过升级改造，年减少烟尘排放 210 吨。炫昂建材有限公司、永皓发电有限公司、昱光发电有限公司 2×300 兆瓦项目先后完成脱硝脱硫工程。2016 年，对 6 家工业企业 13 台燃煤锅炉实施脱硫除尘提标升级改造，并完成验收。

增加环保设施

1998 年后，山阴县提高环境保护投入比重，建成一批设施完善、技术先进重点治污工程，促进主要污染物减排。2007 年，工业企业用于污染治理投资 6600 余万元，其中，石星化工有限责任公司投资 232 万元进行烟、粉尘污染治理；晋能集团山阴冶金公司投资 608 万元，安装布袋除尘设备，建成冷却水闭路循环系统；超强建材有限公司、三关水泥有限责任公司分别投资 212 万元、110 万元，进行水泥粉尘污染治理；山西春城乳业有限公司投资 35 万元，安装脱硫除尘设备，建成废水处理设施；朔州伊利乳业有限责任公司投资 109 万元，安装喷淋式高效脱硫除尘设施，建成废水处理站；蒙牛（集团）山西乳业有限公司投资 237 万元，安装高效脱硫除尘设施，建成废水处理站；金源化肥有限责任公司投资 2016 万元，建成污水处理站，治理生产锅炉废气，完善两水闭路循环，改造碳化工艺及脱硫工段；古城乳业集团公司投资 930 万元，安装 5 套麻石除尘器，建成污水处理站，配套管网，建成车间 CAT 清洗系统；金海洋能源集团公司投资 310 万元，建成煤场防风抑尘网，其分公司赤钰冶金公司投资 606 万元治理废气；北周庄洗煤厂投资 270 万元，建成煤场防风抑尘网；山西观音堂煤炭运销公司投资 490 万元，建设煤场防风抑尘网；中煤顺通煤业有限公司投资 260 万元，建成煤场防风抑尘网。

2009 年，争取并到位上级环保专项资金 621 万元，其中，省级 541 万元，市级 80 万元，分别补助到县污水处理厂 400 万元，康喜乳业 81 万元，雁春河 60 万元，紫龙 80 万元。为海东明胶、宏盛活性炭 2 家企业申报以奖代补环保补助资金。2010 年，通过多种渠道为企业争取环保专项资金，共为 4 家企业争取环保专项资金 621 万元。2013 年，根据国家环保标准要求，依法对全县 20 多家石料厂开展集中整治，全部建设防风抑尘网，封闭破碎、筛分、输送系统，硬化厂区及道路，控制粉尘、扬尘排放。制定实施《关于开展扬尘污染治理的通知》《关于加强建筑施工扬尘排污费核定征收工作的通知》等文件，在采取县城主要街道洒水抑尘措施的同时，重点抓好建筑施工和道路扬尘污染治理，要求所有建筑施工工地全部采用防风抑尘、出入口硬化、现场定时洒水等措施施工，易产生扬尘的物料堆放场地采用遮盖、围挡等措施。

2014 年，配置有毒有害气体分析、多功能水质监测、流速流量测试、预警报警等环境应急处置设施，为有效预控和处置环境突发事件提供保障。20 家石料开采加工企业投入 800 万元，建设防风抑尘网 2 万余平方米，对破碎、筛分、输送系统全部进行集尘封闭，对厂区和运输道路进行硬化、绿化。林鑫、柏坡、洪涛山等石料开采加工企业，投资 40 多万元，安装抑尘剂喷洒装置和运输车辆清洗设备，做到生产、装卸、物料堆放各个环节全过程喷洒抑尘，有效解决石料开采、加工、销售运输过程中产生的扬尘污染。永皓电厂、炫昂建材 2 家企业，分别投资 620 万元和 1500 万元，安装 90 多套除尘器和 SNCR 烟气脱硝装置，烟气脱硝效率提高到 60% 以上，一年可向大气减少排放氮氧化物 600 多吨。

2016 年，山阴县环境监测站购置外置泵、自动稳零组件、CO 检测器、无线五参数气象站、内置泵等设备，共计 120935 元。

第四章　环境管理

第一节　制度建设

环境影响评价制度

2003 年 9 月 1 日起，中国全面施行《环境影响评价法》。2005 年，山阴县执行环评 34 家，审批 30 家，未审批 4 家。对金海洋微碳锰铁生产项目和天鹏农牧公司养殖项目进行环评审验，对鑫华煤气公司等 23 家排污不达标的企业和飞宇花炮等 4 家未办理环评手续的企业进行限期治理。2007 年，办理环评手续单位20家，其中，属单独保留或资源整合煤矿14家，如山西山阴顺风煤业有限公司、山阴县东湾沟煤矿等，其他工业企业6家，如山西雁门生态科技有限公司、朔州市新科技术有限公司等。2008年，依据县政府《关于开展整治制砖企业无证或证照不全非法经营专项检查的通知》精神，为山阴县2007年保留的14家实心黏土砖生产企业办理环评审批手续；依据《建设项目环境保护管理条例》规定，对县政府2004年决定建设的11家洗煤企业改、扩建项目分别督促履行环境影响审批手续；对山西省经贸委核发煤炭经营许可证的5家集煤厂，分别督促履行环评审批手续。本着“关小上大”原则，取缔土小白灰窑，扶持大型环保型石灰生产企业。同年，投资8000万元的山西建强36万吨/年、投资3000万元的山西玉竹12万吨/年、投资1400万元的山西国丰12万吨/年、投资1000万元的朔州新云盛18万吨/年、投资1000万元的朔州集贤30万吨/年、投资3000万元的山阴国飞30万吨/年6个活性石灰项目在境内开工。对金海洋能源有限公司、金源化肥有限公司、晋能冶金有限公司、古城乳业有限公司、石星化工有限责任公司5家企业推行清洁生产审核。

2009年，全县审批环评报告书、报告表的新建、扩建、改建、技改项目29个，其中，国家级1个，省级4个，市级14个，县级10个。为125个畜禽养殖建设项目办理环境影响登记表。在项目审批中，执行国家环境准入政策，严禁高污染、高能耗、高排放、低效益产业项目，从源头上控制新污染的产生。先后对符合产业政策、选址合理、污染治理设施有保障的昱光二期2×350兆瓦发电供热、华能一期2×1000兆瓦超超临界发电、右玉—翠微220千伏线路路径3个工程项目，先予出具环保初步意见，让项目先立项办理相关手续。2010年，在建设项目酝酿阶段就着手介入，注重前期审批，把总量削减指标作为建设项目审批前置条件，新建项目有主要污染物新增量的，其总量指标获得批文后才能审批。在此基础上，把好环评审批关，对不符合环保法律法规和产业政策项目，对选址和布局不合理项目，对饮用水源保护区等环境敏感区可能造成重大不利影响项目，对群众反映强烈的影响环境项目，一律不予审批。全年共审批环评报告书、报告表28家，其中，省级审批1家，市级审批16家，县级审批11家，为5家企业办理项目竣工环保验收，竣工验收率达100%。

2011年，全县申报环境影响评价项目108个，通过环境影响评价审批105个，占到项目申请总数的98%，其中，省级3个，市级22个，县级80个，概算投资269959.36万元。拒批、限批不符合环保要求项目3个。通过环保补助资金支持扶助企业12家，其中，为企业争取省级环保补助资金3家，共计520万元，市级环保补助资金3家，共计85万元，县级环保补助资金6家，共计230万元。对未按环评要求建设污染防治设施的8家企业进行立案查处，对2家企业责令限期整改；对2家停产企业提出环境管理意见，取缔2家土小企业。2016年，贯彻《环境保护法》《大气污染防治法》，加强建设项目环境管理，整治违法违规建设项目行为。全年排查120多家企业，完成建设项目环评审批41项，其中环境影响报告书4项，环境影响报告表37项。

“三同时”管理制度

2005年，山阴县“三同时”（同时设计、同时施工、同时投产）应执行34家，正在建设8家，正式投产26家。2007年8月，对全县2006年及以前所有新、改、扩建项目执行“环评”和“三同时”制度情况进行全面检查，对违反“三同时”规定的山西锡锦源煤业有限公司、山阴县永恒陶瓷有限责任公司等16家企业分别进行经济处罚。2008年，开展整治违法排污企业，保障群众健康环保专项行动，重点检查冶金、化工、建材、危险化学品及辐射源企业“环评”执行情况、“三同时”制度执行情况和全面达标验收情况以及污染防治设施运转情况。2009年，为符合国家产业政策、厂址选择合理、排放达标的金源化肥6万吨甲醇、石星化工13万吨石灰氮等2个项目补办环评手续。全县新上的新、改、扩建项目全部办理环评审批手续，建设项目环评执行率达到100%。为新科公司10万吨盐碱地专用肥生产线、鑫华煤气化公司年产煤气 4000 万立方米、煤焦油 1200 吨、机兰炭 4 万吨等 12 家企业 14 个项目进行“三同时”竣工验收。

2010 年，实行建设项目试生产核查制度，全面提高“三同时”执行率。在生产、建设环节强化预防，加强后期环境管理，控制污染物产生。对不符合国家产业政策，高能耗、高污染、对生态和环境安全产生重大影响项目坚持“一票否决”。

2013 年，凡不符合国家产业政策、不符合环境功能区划、不符合环境质量目标及质量控制要求的所有新、改、扩建项目，一律不予审批。加大高耗能、高污染、资源浪费型企业淘汰力度，建立规划环评与项目环评联动机制，从严打压“两高一资”、产能过剩项目，为经济发展腾出更多环境容量。全县申报和审批环境影响评价项目 88 个，概算投资 500 多亿元，拒批、限批不符合环保要求项目 3 个。2016 年，按照省政府办公厅转发省环保厅《关于加快推进环保违法违规建设项目清理整改工作方案的通知》要求，对县域内 4 家未批先建企业进行清理整顿。山阴县晓江沙厂关停，山西朔州山阴金海洋马营煤业有限公司、山阴县兴盛旺煤炭销售有限公司、山西山阴宝山腰寨煤业有限公司（现改名为山阴伟业煤业有限公司）处罚并补办环评手续。久试不验的 10 家企业，报停 1 家，取缔 1 家，其余 8 家验收。

排污许可证制度

2012 年，根据省委、省政府办公厅《关于开展扩权强县试点工作的意见》和山西省环境保护厅《关于扩权强县环境保护试点工作的实施意见》的要求，山阴县全面开展对重点污染源排污许可证的核发及管理工作。全县 2012 年核发排污许可证 21 家，2013 年核发排污许可证 28 家，2014 年核发排污许可证 11 家，2015 年核发排污许可证 62 家，2016 年核发排污许可证 16 家。

“一控双达标”

“一控双达标”是 1996 年《国务院关于环境保护若干问题的决定》中确定的 2000 年要实现的环保目标。“一控”指污染物总量控制，要求到 2000 年底，各省、自治区、直辖市要使本辖区主要污染物的排放量控制在国家规定的排放总量指标内。总量控制并非对所有的污染物都控制，而是对二氧化硫、工业粉尘、化学耗氧量、汞、镉等 12 种主要工业污染物进行控制。“双达标”指工业污染源要达到国家或地方规定的污染物排放标准；空气和地面水按功能区达到国家规定的环境质量标准。

1996—2000 年“九五”时期，山阴县环境保护“一控双达标”成效明显，98% 的工业企业实现排污达标。2008 年，以实现企业全面达标为目标，推进企业限期治理。全县共用于污染治理投资达到 6001.71 万元，其中，五家沟、扒罗山、宝峰等 11 家煤矿共计投资 2561.91 万元，建成防风抑尘网 100367 平方米，更换环保型锅炉 9 台，新上脱硫除尘装置锅炉 5 台；锡锦源、升华、紫龙等 10 家洗煤厂共计投资 1357.6 万元，建成防风抑尘网 39804 平方米，更换环保型锅炉 14 台，建成雨水收集及应急水池 16 个 7868 立方米；有 14 家地面企业污染治理共计投资 2082.2 万元，其中，金海洋洁净煤公司投资 830 万元，建成 21000 平方米防风抑尘网；晋源明胶有限公司共计投资 189.8 万元，建成污水处理厂，锅炉安装脱硫除尘设施；古城乳业集团公司投资 60 万元，检修并完善污水管网，增加粗格栅、搅拌机等。全县 2008 年需完成达标任务企业 43 家，通过达标验收企业 34 家，未通过达标验收企业 9 家，其中，淘汰企业 1 家（陶艺玻璃），搬迁企业 1 家（天龙玻璃），停产治理企业 7 家（天鹏农牧、精制玻璃、滕宇化工、永恒陶瓷、明星瓷业、辈辈龙公司、佳美达瓷业）。

2016 年，全县 108 家工业企业通过安装或更新脱硫、除尘、脱硝等装置以及污水处理设施等，确保各项污染物的达标排放。全年 98% 以上的企业烟尘、二氧化硫、氮氧化物达标排放，生产废水处理后循环利用，实现“一控双达标”的目标。

排污费征收制度

1998 年后，山阴县根据企业污染物排放情况，加强排污费征收力度。2005 年，全县征收排污费 300 万元。2007 年，根据《排污费征收使用管理条例》，按照企业污染物排放量对排污费进行核定，建立台帐，完善和规范排污费征收机制。至 11 月底，共依法征收排污费 400 万元，创历史最高水平。2008 年，对全县所有企业进行排污申报登记，排污申报率达 95%以上，并依据企业排污申报的污染物排放量对排污费进行核定。至 12 月 31 日，共依法征收排污费 1755.135 万元，其中追缴 2003—2007 年期间排污费 1274.58 万元。2009 年，全县依法征收排污费 200 多万元。2011 年，排污费征收 800 万元。2016 年，排污费征收 619.99 万元。

环境保护目标责任制

1998 年，山阴县坚持可持续发展战略，严格贯彻环保法，完成当年环保目标任务。2005 年，制定《山阴县环境保护处置突发事件应急预案》，将责任层层落实。2006 年，落实国务院《全面推行依法行政实施纲要》精神，编制《环保局全面推进行政执法责任汇编》；编制《山阴县“十一五”环境保护规划》讨论稿；贯彻山西省政府蓝天碧水工程实施计划，制定《山阴县蓝天碧水实施方案》及《山阴县蓝天碧水工程任务分解规划》。2007 年，召开全县推进“蓝天碧水工程”暨环保专项行动动员大会，将各单位、各乡镇环保目标、任务和责任进行层层分解、落实到人，签订环保目标责任书。按照省政府《领导干部环境保护工作实绩考核暂行办法》，建立各级领导干部环境保护工作实绩考核档案，年底对各乡镇、各相关部门领导班子和领导干部的环保工作实绩进行严格考核，把环保“一票否决制”真正落到实处。

2011 年 9 月，推行“全覆盖、无缝隙、规范化”环境监管模式。“全覆盖”，即将全县各类企业划分为四个监管区域，设立 4 个环境监察中队，一个中队负责一个区域，定人、定岗、定责，解决企业点多、线长、面广，监管看不着、管不到问题。同时将餐饮、洗浴、宾馆、娱乐、美容美发、洗车及采暖锅炉、建筑施工等行业全部纳入到管理范围，做到在管理中无遗漏、无空档、无盲区。“无缝隙”，即在管理过程中坚持做到“四个必查”，即节假日必查、双休日必查、夜间必查、对有违反环境法律法规行为的企业必须回头查，根治企业心存侥幸、打心理战、时间差，偷排乱排行为。“规范化”，即严格执行环保六条禁令，规范行政执法管理和行为。监察人员对企业进行检查时，必须持单位介绍信、统一着装、亮证执法，三人以上共同执法；实行行政处罚查处分离，实施行政处罚调查的业务股室与做出行政处罚决定的业务股室相对独立，保障行政处罚的公正实施；建立环境行政执法后督察制度，全面规范执法行为，严厉查处逾期不执行行政处罚决定的环境违法企业。2016 年，共受理环境影响评价 38 个，竣工环境保护验收申请 17 个，全部按程序办结，审批率 100%，验收率 100%。全县 10 家重点企业全部按照工业危险废物规范化管理的 27 项指标要求，规范建设完成危废暂存间，制定规章制度，设置标志牌，完善危废台账，责成专人负责管理危废工作。出台《露天烧烤专项整治行动工作方案》，开展烧烤专项整治行动，取缔露天烧烤占道经营，规范店内经营。具备经营条件的沿街门店一律要求进店经营，安装专门的抽油烟设备。

第二节 环保执法与宣传

排污整改

1998 年后，山阴县列入市重点工业污染源限期治理名录单位数量较多，其中包括金海洋、晋能、古城乳业等 21 家地面工业企业，以及县芍药花、安平等 11 家煤矿。2005 年 7 月，成立由副县长任领导组长，环保、监委、工商等部门为成员的环保专项行动领导组，出台《山阴县人民政府关于 2005 年整治违法排污企业保障群众健康环保专项行动实施方案》。对未办理“环评”手续和不申请竣工验收的晋能山阴冶金分公司、金海洋洁净煤有限公司，分别罚款 10 万元；对闲置治理污染设施的金源化肥有限公司、伊利乳业有限公司，分别罚款 3000 元和 1 万元；对不按规定进行污染物排放登记的腾宇化工有限公司罚款 5000 元。

2006 年，陶艺玻璃有限责任公司因擅自改变工艺，违反国家产业政策被淘汰，鑫邦燕麦企业有限公司、古城有限责任公司、永恒陶瓷有限公司、明星瓷业有限公司等 10 家排污不达标，被责令限期治理。朔州伊利乳业有限公司、康喜奶业有限责任公司超标排放严重，违反《中华人民共和国污染防治法》第 13 条规定，各被罚款 1 万元并限期整改。2007 年，全县列入省、市、县重点工业污染源限期治理企业共 43 家。被强制淘汰企业 1 家，通过达标验收企业 18 家，治理任务完成且处于调试、监测阶段企业 12 家，为达标工作做前提准备企业 6 家。

2008 年，开展环境安全隐患排查整治专项行动，排查出 20 多处环境安全隐患，并全部整治。2009 年，引导工业企业加大环保投入，加快污染防治设施建设步伐，加大污染治理力度。全县工业企业用于污染治理投资 3415.1 万元。其中，金海洋集团公司投资 1700 万元，建成日处理 1000 吨污水处理站，投资 470 万元，对洗煤厂循环水池进行改造；三关建材公司投资 60 万元、超强建材公司投资 56 万元，分别更换布袋除尘器；鑫华煤气公司投资 204 万元，安装防风抑尘网和厂区防尘墙；滕宇化工公司投资 47.3 万元，安装 5 套湿式除尘器，投资 158 万元，完成酸回收利用工程；晋源明胶公司投资 189.8 万元，建成污水处理厂，锅炉进行脱硫除尘改造；永恒瓷业公司投资 180 万元，安装煤气发生炉，建成废水循环池；石星化工公司投资 230 万元，用于粉尘治理。全县化学需氧量排放总量净削减 875.7 吨，完成年度任务的 141%，其中古城乳业集团公司净削减 71.9 吨，污水处理厂净削减 803.8 吨。二氧化硫排放总量净削减 307 吨，完成年度任务的 205%，其中第二供热站净削减 307 吨。县城烟尘控制区面积达到 7.3 平方公里，烟控区覆盖率达到 71.01%；工业固废处置利用率达到 100%；全县工业企业废水排放稳定达标率、烟尘排放稳定达标率、粉尘排放稳定达标率、二氧化硫排放稳定达标率均达到 95% 以上。

2010 年，着重对污水处理厂、乳品、冶金、化工、建材、煤炭采选等企业进行监督检查，对生产过程的产污环节实行全面污染控制，规范技术，规范管理。2011 年，二氧化硫减排 127.34 吨，氮氧物减排 39.58 吨，烟尘减排 290.6 吨，工业粉尘减排 220 吨，化学需氧量减排 558.53 吨，氨氮减排 9.64 吨。2013 年，全县污染减排进程加快，二氧化硫削减 160.7 吨，完成 139.4 吨，削减率 86.75%；化学需氧量削减 403.9 吨，完成 327.95 吨，削减率 81.2%；氨氮削减 21.06 吨，完成 18.11 吨，削减率 83.84%；氮氧化物削减 31.48 吨，完成 24.9 吨，削减率 78.3%；烟尘削减 5.68 吨，完成 4.72 吨，削减率 83.1%；工业粉尘削减 5.85 吨，完成 4.82 吨，削减率 82.4%。

关闭污染源

1998 年 8 月 14 日，山西省人民政府下达《山西省重点污染源限期达标规划》的通知，要求对停产、取缔、关停和淘汰的小造纸、小电镀、小炼焦、土烧结、小冶炼、小水泥等污染严重的、不符合国家产业政策或布局原则的工业污染源，坚决予以取缔、关停、淘汰、搬迁；对限期治理的要通过转变落后的和污染严重的生产方式、生产工艺，实施清洁生产，提高污染防治设施能力，实现达标排放。2005 年，山阴县强行关闭列入省政府末位淘汰的 12 家白灰窑。2007 年，结合全省打击“黑砖窑”专项整治行动，对全县境内 29 家砖窑进行全面清查，采取强制措施关闭 15 家不达标砖窑。4 月，对陶艺玻璃有限责任公司耐火砖生产线依法进行强制淘汰。5 月 26—31 日，对全县 4 个乡（镇）11 个村 53 家 137 座土小白灰窑进行炸毁。此项行动共出动 1000 余人次，动用大型机械 16 台班，出动车辆 500 台次，使用雷管 2600 枚，炸药 4 吨。9 月 15—19 日，铲毁 3 个乡镇 14 家 30 座倒烟窑，此项行动共出动 200 余人次，各种机械30台班，车辆20多辆。与有关乡镇签订严防死灰复燃责任书，责成乡镇主要负责人作为环境保护第一责任人负责日常监管。2008年，对进入供热管网的燃煤锅炉进行取缔，取缔锅炉20台25蒸吨。对2007年取缔后的土小白灰窑、倒烟窑进行严密监控，杜绝死灰复燃，防止污染反弹。铲除隐藏于山阴县、平鲁区交界处的土小白灰窑6座；铲除北周庄镇个别村庄擅自建设的5座倒烟窑；责令下砂河土小白灰窑停止生产。2013年8月，完成超强建材公司、三关建材公司机立窑生产线淘汰和鑫华煤气化公司内热式直立焦化炉取缔工作。2016年，巩固烟尘控制区成果，启动清洁能源改造。划定县城烟控区，对烟控区内10吨以下燃煤锅炉全部禁批，在用燃煤锅炉全部淘汰。岱岳镇完成680户清洁能源替代任务。

污染纠纷调处

1998年后，随着环境保护的宣传，山阴县人民环保意识逐渐增强。2005年，处理群众反映难点热点2件、上访污染事件3件，结案率达100%。2007年，对群众举报的环境污染案件，执法人员做到及时深入现场调查，取证进行处理。全年共接受群众投诉污染纠纷8起；受理人大代表、政协委员提案、议案2件，全部进行立案调查处理，结案率达100%。2008年6月，开通“12369”投诉电话，实行24小时专人值班，按照“有诉必接，有接必查，有查必果，有果必复”原则，全年共受理查办群众举报案件和上级转办群众环境上访案件15起，结案率100%。

2009年，及时出击查办群众举报案件和上级转办的群众上访案件3起，结案率达100%。2014年，强化“12369”环境热线管理，建立24小时领导带班、值班制度，及时处理群众举报的环境问题。通过“12369”投诉举报环境问题7件，通过上级转办4件，全部办结，办结率、回访率达100%。西沟村民反映西山石料厂运输道路扬尘污染问题，通过实地调研，协调建强、玉竹、国飞等企业投资600余万元，对出入厂区的运输道路进行硬化，解决扬尘污染问题。在电子政务平台上设立山阴环保网站，适时公开环评审批、竣工验收、排污许可证审批事项、上级文件精神、环保重要活动、违法排污行为查处等。在昱光电厂、永皓电厂、污水处理厂等7个国控重点企业建立排污信息显示屏和其他公示阵地，让群众能够及时了解环境政策、动态以及企业排污情况，便于群众监督。2016年，坚持以人为本，把解决群众关注的环境问题作为工作出发点和落脚点，为群众排忧解难，维护社会稳定和谐。全年受理群众投诉5件，处结率100%，群众回访率95%，群众满意率95%。通过收听省、市“行风热线”上线节目、“政府企业服务日”活动等形式，以及通过开通投诉电话、信访“投诉箱”等渠道，受理投诉信访案件，为群众排忧解难。加大对环境信访案件调处力度。

执法检查

1998年后，山阴县加强污染企业治理，环保质量逐渐改善。2001年，全县投入892万元，企业主要污染物达标率达到93%。2005年，多次组织环保执法活动，打击各种环境违法行为，特别是对北周庄镇煤炭洗选工业园区9家企业进行验收。2006年，按照省、市环保局要求，对山阴县7家环境违法建设项目进行现场检查并提出整改意见。2007年，对全县68家企业进行专项检查，分别建立执法管理台账，健全企业执法监管信息。

2008年，投资12万元专门购置3部环境监察专用车辆，提高环境监察能力和应对突发环境事件能力，提升环境监察执法水平。专门成立县城环境综合整治专项工作领导组，出台整改措施，在电视、报刊等新闻媒体进行广泛政策宣传，对存在环境安全隐患、违法排污的企业进行严厉查处。共处罚违法排污企业20余家，罚款11.4万元。2009年，结合整治违法排污企业、保障群众健康专项行动，不断开展后督察，打击土小企业死灰复燃。责令永恒陶瓷有限公司停产治理，增设污染防治设施，经验收合格后方可投产。在“迎国庆60周年北京护城河”专项行动中，对危险化学品、危险废物生产、贮存企业环境监督管理，实行严格报送登记制度，与危险化学品、危险废物生产、贮存企业签订责任书，要求生产、贮存危化品企业如实填报危化品数量、去向登记表，制定环境突发事件应急预案和应急值班制度，确定专人负责，严防环境突发事件发生；规范放射源管理，加大对辐射源日常管理，建立核与辐射安全应急体系，制定全县核与辐射安全应急预案，坚决消除污染隐患。

2010 年，在“整治违法排污企业保障群众身体健康环保专项行动”“建设项目清理整顿”“流域环境综合整治”“铅酸蓄电池专项整治”“沿河化工企业环保专项整治”“煤矿环境违法行为专项整治”“地沟油和餐厨废弃物专项整治”“畜禽养殖业环保专项整治”等环保专项行动中，共出动检查人员 500 余人次，检查企业 90 家，查处环境违法企业 10 家，累计罚款 11.6 万元，环境违法违纪案件查处率和执行率均达到 100%。通过对各类企业循环式不间断环境监察，有效促进全县工业企业废水、废气全面达标，确保全县环境质量明显提升。2011 年，根据国家省、市环保部门的要求，组织开展一系列针对性较强的环境专项执法检查。重点检查煤矿整合后环评手续办理情况、建设情况、竣工验收情况、排污许可证申领情况。重点检查洗煤企业环保审批手续执行情况、“三同时”执行情况、污染防治设施运行情况、排污总量指标和排污许可证执行情况、排污申报和排污费缴纳情况、固废处置和生态保护情况。并责令 6 家选铁厂限期将堆放尾砂进行集中填埋处理。同时开展流域环境综合整治，保障桑干河流域环境安全。在煤炭发运站专项整治中，共检查煤站 8 家，累计出动环境监察人员 30 余人次，重点监督检查各煤炭发运站环评审批情况、试生产批复情况、竣工验收情况以及历年来排污费缴纳情况等，督促企业建立起环境保护管理台帐和日常监管制度，促进各项污染防治措施有效到位，确保煤炭发运站台周边及铁路沿线大气环境质量得到有序可控和全面改善。共征收煤炭发运站排污费 565.3 万元，占已征排污费总额的 81.1%。11 月，取缔薛圐圙乡西寺院村 1 家土法烧制木炭企业。

2012 年，对违法试生产和未进行竣工验收的 3 家企业进行立案查处。对全县煤矿、白灰窑、石料厂、选砂厂开展一个月的执法检查，重点检查企业环保手续是否完善、治污设施是否健全、运行是否正常，对 3 家环保手续不全的煤炭开采企业进行规范整顿。对辖区内影响河流水质和威胁集中饮用水源地安全的企业、资源开发利用项目、物料和固体废物、危险化学品贮存场所，进行全面执法检查，发现一家，取缔一家，保证县域内河流和集中饮用水源地污染物零排放。对县城产生医疗废物的 5 家重点医院进行专项检查，建立医疗废物、医疗废水防治管理制度，开展医疗垃圾收运集中处置工作。完成 20 家核技术利用单位和 5 家电磁辐射设备使用单位的申报登记和规范整顿，落实安全防护措施，确保辐射环境安全。2013 年，在六项重点整治上强化执法检查。根据《环境空气质量整治规划》，制定《2013 年度燃煤锅炉整治方案》，对燃煤锅炉源进行分类处置，取缔县域内单位、企业、学校燃煤锅炉 56 台，新上环保节能锅炉 60 余台，新上清洁能源炉灶 40 余台，有效解决了燃煤烟尘污染环境的问题。依法对全县 10 多家石料厂等非煤矿山开展集中整治，对全县 32 家加油站卸油油气排放控制系统进行升级改造。对桑干河、黄水河和县城饮用水源地及 3 个乡镇集中式饮用水源地的保护范围作了明确规定，对主要河流沿岸和水源保护地范围进行排查整治。要求所有建筑施工工地全部采用防风抑尘、出入口硬化、现场定时洒水等措施施工，易产生扬尘的物料堆放场地采用遮盖、围挡。同时，在全县选定 5 个乡镇 14 个村庄作为农村环境连片整治的示范村。通过建设畜禽养殖堆粪场，实现农村分散养殖户畜禽粪便集中式管理，达到“无乱堆乱放、无渗漏污染”；通过建设垃圾简易填埋场、垃圾中转站，实现农村生活垃圾“村收集、乡运转、县处理”；通过建设农村饮用水源地保护设施，让农村居民喝上干净的水，确保农村居民饮水安全。

2014 年，坚持日常监管和专项行动相结合，扎实有效地开展环境执法。全年集中力量开展三次专项行动。在打击环境污染违法犯罪百日会战专项行动中，按照“打击惩处一批，查处整顿一批，教育震慑一批”的总要求，采用“白天与黑夜相结合，工作日与星期天相结合，晴天与雨天相结合”的办法进行实地检查，责令 27 家不符合环保要求企业限期整改，5 个改扩建项目停止建设，立案查处 9 家企业，罚款 36 万元。从 10 月 28 日至 11 月 11 日，全县采取限产、停产措施企业 84 家，90% 乡村实现“不点一把火，不冒一股烟”，有效保证 APEC 会议期间空气质量。从 10 月中旬开始，在全县范围内开展环境保护大检查活动。检查范围集中在化工、煤炭、火电、水泥、涉危险废物、污水处理厂、垃圾处理厂、规模化畜禽养殖场等 8 个行业。2015 年，对全县 70 多家工业企业开展大检查，对超总量排放、超标排放和未批先建违法企业和项目进行查处。责令 23 家不符合环保要求企业进行限期整改，对 12 个环境违法企业或项目进行立案查处，罚款 60 万元。2016 年，以全省开展的环境保护大检查为契机，重点解决 9 个方面问题。锅炉脱硫除尘改造、工业扬尘治理、区域空气质量、断面水质、司法衔接、私挖滥采破坏生态、华昱选煤厂煤矸石污染、晋能集团山阴冶金公司设备封闭等 8 个方面问题得到解决，对 10 个环境违法企业或项目进行立案查处，罚款 174.6862 万元。

环保宣传

1998 年后，山阴县每年 6 月 5 日“世界环境日”均开展环保宣传。2005 年，利用元宵节、“4・22”地球日、“6・5”世界环境日等重大节日，宣传贯彻国家环保法律法规，通过出动宣传车、散发宣传资料、张贴标语、设立咨询台、搞文艺演出等一系列活动，全民树立国策观念，增强环保意识。培养出一个绿色幼儿园（机关幼儿园）、一所绿色小学（七小）、一所绿色中学（四中），其中机关幼儿园获得省级文明单位称号。2007 年，在县文化广场举行活动纪念第 36 个世界环境日，县四大班子领导亲自参加踩街活动，散发宣传资料，回答群众咨询。举办大型文艺演出，宣传环保法律法规及相关知识。县四大班子领导及相关单位、企业共订阅《中国环境报》500 多份，各级各部门、企业环保意识明显增强。山阴电视台、山阴报纸等新闻媒体定期播放环保公益广告。至 11 月 15 日，共刊出《环保工作简报》37 期，其中被市、县两级报刊杂志采用 12 期。

山阴县环保宣传

2008 年，在县文化广场举办环境法制宣传活动——纪念第 37 个世界环境日，出动宣传车 6 辆，发放宣传资料 2 万余份，悬挂横幅标语 50 多条，传发手机短信 2 万多条，现场解答群众咨询 200 多人次，组织文艺演出，发表电视讲话。马营庄乡申报省级“环境优美乡镇”，安荣乡东鄯河村申报省级“生态文明村”，后所乡西沙堆村申报“环境综合治理村庄”，星火公司、福鑫养殖公司、塞北畜牧公司、古城农牧公司 4 家养殖企业申报《规范化畜禽养殖场污染防治项目》，八一煤矿申报生态示范矿井等，通过在全县范围内开展多种形式创建活动，带动和辐射全社会参与环保的热情。同时，不间断通过广播、电视、报刊等新闻媒体烘托宣传气氛。《山西经济日报》《山西商报》《朔州日报》等刊登山阴县环保工作报道；山阴电视台播放环保专题片 3 次；《山阴报》对环保各项工作均进行详细报道。全县《中国环境报》订阅量全市排名第二。《山阴环保简报》共刊出 36 期，全市排名第一。

2009 年，“6・5”世界环境日期间，共发放宣传资料 2 万余份，出动宣传车辆 8 台次，播放宣传声响 10 小时，直接受教育群众达 4 万余人。以创建绿色学校、绿色企业、生态文明村、优美乡镇为载体，发挥创建单位各自职能作用，宣传“保护环境光荣，破坏环境可耻”“创建绿色家园，你我共同参与”“资源节约促发展，环境友好构和谐”等主题，带动和辐射社会，达到全民环保效果。6 月，参加“全省蓝天碧水工程成就展”，获得山西省第二名。全年刊出《山阴环保简报》30 期。

2010 年，共制作宣传板报 30 多块，设立环保咨询台 5 个，发放宣传品 5000 多份册。《山阴报》专门刊发一期环保专刊，宣传环保法律法规、以低碳减排知识为主的环保文化、近年来环保工作成就等内容。配合朔州市人大“朔州环保行”活动，开展环保知识进乡镇、进厂矿、进学校、进社区等“四进”宣传活动。2012 年，组织专题培训 6 次，企业参与人数累计 1200 余人次；开展环保知识进学校、进社区活动，投资 10 余万元，为全县 20 余所中小学赠送《环境教育读本》15000 册，实现中小学环保教育常态化、长效化；编印环保宣传手册 2 万本、宣传画 1 万余份，送发到社区 1 万多户居民手中。2013 年，组织专题培训 5 次，企业参与人数累计 900 余人次；开展环保知识进学校、进社区活动，投资 10 多万元，为全县 15 所中小学赠送《环境教育宣传手册》15000 册，实现中小学环保教育常态化、长效化；举办“太行村镇银行杯环保书画大赛”，500 余幅中小学生环保书画参展，增强中小学生保护环境的意识。2014 年，以新《环保法》《大气污染防治法》和《畜禽规模养殖污染防治条例》为重点，组织企业管理人员培训 3 次，培训人数 300 余人。开展环保法律法规进企业活动，为全县 90 余家企业赠送《两高司法解释读本》300 多册，印发《新环保法辅导资料》1 万余份。举办“绿色环保行”文艺宣传活动，组织以宣传环保法律法规、鞭策环境违法行为的文艺节目，深入到全县 20 多个重点企业进行巡回演出。

2015 年，为全县 90 余家企业赠送《两高司法解释读本》和《新环保法辅导读本》5000 余册。举办“保护环境 · 爱我家园”书画展。2016 年，对山阴县环保局信息网页进行全面改版，对政务大厅环保触摸屏进行升级，及时发布环保工作动态以及公开环保项目审批程序，定期公布城区环境空气质量周报。全年共向省、市、县各类媒体供稿 2 篇，发送简报 10 篇。成立“山阴县环境教育领导小组”，健全中小学环境教育进学校进课堂机制；开发利用社会环境教育资源，开展创建“环境教育基地”“绿色社区”活动。6 月 5 日，开展以“保护环境就是珍惜生命”为主题的环境保护宣传活动，其间共发放宣传材料 3000 余份。

第三节 管理机构

1986 年 8 月，山阴县环境保护所成立，隶属山阴县城建局，股级独立法人单位，由所长、副所长 7 人组成。1988 年，环保所与城建局联合建设办公楼，次年入住启用。

1998—2002 年，山阴县城建设环境保护局下属环保所负责全县环保工作，王式龙任所长。

2002 年 3 月，山阴县环保所改为山阴县环境保护局（简称县环保局），属政府序列职能局之一，承担全县环境保护和监督管理工作。现有行政核定编制 7 人，共有 73 人，其中局长、副局长、支部书记各 1 人，在职干部职工共 58 人，退休 15 人。本科学历 13 人，大专学历 29 人，中专 1 人，中技学历 4 人。高中级工、工程师 35 人，分别从事办公、法规科技、环境影响评价、污染防治、综合监督、生态科技与农村环境保护、监测、监察等工作。内设股室 6 个，分别为办公室、法规科技股、环境影响评价股、污染防治股、综合监督股、生态股；下设事业单位 3 个，分别为山阴县环境监察大队、山阴县环境监测站、山阴县环境监控中心；各设 1 名股室（站队）长，均为股级建制。

2016 年，县环保局内设机构为办公室、法规科技股、环境影响评价股、污染防治股、综合监督股、生态股。行政编制 7 人，其中局长、副局长、支部书记各 1 人，在职干部职工 58 人，退休 15 人。下设事业单位为山阴县环境监察大队、山阴县环境监测站、山阴县环境监控中心；各设 1 名股室（站队）长，均为股级建制。同年，成立山阴县环境保护工作委员会，主任由县委副书记、政府县长担任，副主任由政府各位副县长担任，成员由各乡镇（管委会）和县直有关单位负责人组成，山阴县环境保护工作委员会办公室设在县环保局，办公室主任由县环保局局长兼任。历任局长有麻月斗、解录昌、马礼恒、王秀兰、李胤龙、陶占有。

第十五编

交通

1998 年后，山阴县经济建设步伐加快，国家和地方各级政府加大交通设施建设投资，全县道路交通运输事业得到长足发展。1998 年 7 月，山阴长途汽车站投入使用。2004 年 4—5 月，北周庄煤站、东榆林煤站分别开通万吨列车。2010 年后，坚持“实施一批、运作一批、梯次推进、滚动发展”，以中央支持山西进一步深化改革促进资源型经济转型发展为契机，做好运管工作，有效促进全县的经济发展。2012 年，全县 13 个乡（镇）的 257 个行政村全部实现街巷硬化全覆盖，共完成投资 29173.81 万元，完成里程 1691.996 公里。2014 年，全县有客运班线 16 条、农村班线 9 条。全县乡（镇）通客车率 100%，257 个行政村全部通客车，通车率 100%。至 2016 年，全县共有道路运输经营业户 2239 户，其中客车经营业户 3 户，货运经营业户 2191 户、客运站 6 个、物流企业 5 家、机动车维修业户 30 家，驾培业户 4 户，道路运输从业人员 10266 人。

第一章 道 路

第一节 公 路

高速公路

大同运城高速（G55）山阴段 由北向南纵贯山阴县全境。从应县界驶入，途经山阴互通、元营互通、新广武互通3个出入口。境内全长52公里。

荣成乌海高速（G18）山阴段 由东向西横贯山阴县全境。从应县界驶入，横跨大运高速公路与北同蒲铁路，途经合盛堡乡、北周庄镇、岱岳镇、下喇叭乡、吴马营乡。境内全长35公里。

荣成乌海高速

国（省）道

国道208线山阴段 从怀仁养护交界王家堡村驶入，途经北周庄镇、岱岳镇，安荣乡、薛圐圙乡、后所乡、张家庄乡、广武村至代县养护交界结束，境内全长54.18公里。

省道洗朔线（S303）山阴段 从东辛庄村驶入，途经薛圐圙乡，从西寺院出，境内全长26公里。

省道董元线（S241）山阴段 从右玉养护交界驶入，途经玉井镇、史家屯村、米庄窝、董庄窝、千井、吴马营乡，从郭家窑出，境内全长25公里。

省道大忻线（S206）山阴段 从怀仁养护苑家辛庄驶入，途经北周庄镇、李家窑、七里沟、贺家窑、西沟、小羊村，境内全长31公里。

省道虎山线（S211）山阴段 从右玉养护教场坪驶入，途经王坪沟、玉井、窝棚沟、织女泉、口梁、罗庄、甘庄、七里沟、麻疃，至岱岳镇结束，境内全长54.1公里。

收费站

山阴收费站 2002年10月成立，位于山阴县城岱岳东南10公里处，是大运高速路与山阴县的接通出入口，建有收费亭4座，车道为二进三出，占地面积3253平方米。2016年9月实施改建工程，项目占地15000平方米，共设四进六出十条车道。收费站下设办公室、监控室、票证室及收费班组四个。有职工42人。2007获评省交通厅“文明和谐示范窗口”；2010年获评山西省“青年文明号”；2016年获评2014—2015年度朔州市“文明单位”称号。

山阴收费站

元营收费站　位于朔州支线（G1801）高速公路K2+900米处，隶属朔州高速公路有限责任公司，与国道208线相连，地处三县一市交汇处。2002年12月1日正式开通，设有两进两出四个车道。有职工38人。2007年，被省交通厅评为“文明和谐示范窗口”；2015年4月，共青团山西省委、省交通运输厅授予“青年文明号”称号。

山阴北收费站　2014年7月成立，位于山阴县七里沟村北，主要担负着荣乌高速朔州境内山平段车辆的收费管理任务。下设办公室、票证室、监控室三室及四个收费班组，共设四进六出十个车道。有员工37人。2015年，收费站被授予“朔州市青年文明号”“省级行业青年文明号”称号。

县乡公路

1999年，建成合盛堡—山阴县线，里程19.716公里，其中一级公路2.747公里，二级公路0.292公里，三级公路16.677公里，沥青混凝土路面16.361公里，水泥混凝土路面2.816公里，简易铺装路面0.539公里。2003年，以“实施城市战略，提高城市品位”为主要目标，山阴县全年共投资300多万元，改造县城北环路和文卫路段柏油路。其中北环路全长1700米，投资150万元，文卫路全长805米，投资50万元。建成口子梁—吴儿城线，四级公路，里程13.766公里，水泥混凝土路面8.159公里。同年完成王家屏墓—雁门关林场线，里程23.564公里，二级公路3.543公里，三级公路13.398公里，四级公路3.116公里，沥青混凝土路面7.168公里，水泥混凝土路面12.889公里。2004年，建成马营—苑家辛庄线，里程17.911公里，三级公路，水泥混凝土路面17.911公里；同年建成杨庄—偏岭连接线工程，全长13公里，为二级公路。全线43道桥涵。

合盛堡乡公路

2006年，完成山阴县经合盛堡至北周庄村20.03公里三级水泥路国债项目工程；古马线9.5公里油路、应汴线5.2公里水泥路、古老线6.9公里油路、后南线5.1公里水泥路、岱安线6公里水泥路；32.7公里开发贷款农村县乡公路改造项目工程，以及国道208线至羊十二庄等28条86公里通达通畅工程。2007年，新增公路通车里程55.85公里；新增高级、次高级路面里程240公里。完成县乡公路改造项目16公里，通达通畅70余公里。2008年，完成偏玉线、岱东线、集白线、古马线、下冻线、广梵线、元水线、快古线、冻吴线、安泥线、玉王线、陆水线、北甘线、上岱线、永燕线、泥羊线222公里县乡公路改造，完成通达通畅工程259公里。2009年，完成中央扩大内需公路13条36公里、县乡道路改造3条36公里、通达通畅道路11条64.5公里。2012年，建成四级公路怀仁界—北白线，里程12.896公里。沥青混凝土路面虎山线改建工程、大运高速山阴出口改扩建工程、市生态观光旅游公路山阴段改造工程、古老线古城—后皇台段公路改造工程、西山生态公路、滨河观光路、荣乌高速山阴连接线7项重点工程均按既定目标如期完成。累计完成里程108公里，完成投资28538万元。

应汴线

2013年，建成快乐村—古城奶业园区线，里程33.681公里，三级公路10.248公里，四级公路

23.433 公里，沥青混凝土路面 7.031 公里，水泥混凝土路面 23.379 公里，简易铺装路面 3.271 公里。同年建成岱岳—吴儿城线，里程 15.803 公里，属于四级公路，水泥混凝土路面；建成偏岭—玉井线，里程 33.129 公里，三级公路 16.47 公里，四级公路 16.659 公里，沥青混凝土路面 16.47 公里，水泥混凝土路面 16.659 公里；建成应县—汴子疃线，里程 28.421 公里，二级公路 0.919 公里，三级公路 27.502 公里，沥青混凝土路面 24.505 公里，简易铺装路面 3.916 公里，方便了张家庄乡、后所乡人民去朔州；完成全长 34.06 公里的虎山线改造工程、偏玉线玉井—马营段 8.7 公里改造工程顺利竣工通车、全长 10 公里的古马线改造工程等多项重点工程建设。其中，偏玉线玉井—马营段、古马线两项工程实现了当年开工建设、当年竣工通车的既定目标。此外，部分完成河阳大道南北延伸工程、广武旅游公路、荣乌高速公路山阴连接线等工程建设。

古老线

2014 年，投资 3799 万元完成河阳大道南延工程；投资 8856 万元完成河阳大道北延工程。2015 年，完成古老线（后皇台—208 国道）11.093 公里、帐头铺—辛立庄—寺庙道路工程 4.2 公里、口子梁—吴儿城道路改造工程 3.211 公里，累计完成投资 1858.91 万元。2016 年，推进村通水、泥（油）路完善提质工程，完成农村公路完善提质 37 公里，完成农村公路安全生命防护 55 公里，推进县乡道路改造 97 公里，完成黄水河黑圪塔桥危桥改造。

乡村公路

1998 年，山阴县完成同太路至马营庄，口子梁至下喇叭，马营庄至应县界和林荫公路（山阴段）的铺油工程，完成 44 个村的通公路工程和 4 个村的通油路工程。2006 年，完成 80 公里村联村网络工程、60 公里街道硬化工程。2007 年，完成省下达的农村公路通畅工程计划任务 70 公里，新增通水泥（油）路村 8 个。农村公路改造工程（开行贷款项目）完成古老线至四分水 10 公里。并完成黄水河桥 1 座危桥改造工程。全年共筹资、引资近 5000 万元，新改建农村公路 240 余公里，其中完成村联村公路 153.5 公里。

2009 年筹资引资 11899.7 万元，完成新建改建农村公路 327.5 公里，实现农村公路全覆盖。其中北周庄镇共完成公路 20.387 公里，总投资 882.192 万元，基本实现户户通。2011—2012 年，在全市第一家使用 C25 商品混凝土对全县 13 个乡镇的 257 个建制村实现街巷硬化全覆盖，共完成投资 29173.81 万元，完成里程 1691.996 公里，其中街道 1255.38 公里，巷道 436.611 公里。2015 年，完成 16 公里的农村公路完善提质工程，总投资 2120 万元；并实施农村公路安全生命防护工程两项，古老线、古马线整治隐患 4 公里，总投资 85 万元。

马营庄乡公路

汽车站

山阴客运汽车站 建于 1997 年，位于山阴县同太北路与北环街十字交叉处，隶属山阴县道路运输管理所，共投资 98 万元，其中省交通厅投入 60 万元、自筹 38 万元。占地面积约 6700 平方米，为三级

山阴客运汽车站

山阴县津鑫城乡公交有限公司

客运汽车站，有管理人员 23 人，主要发往大同、太原、朔州等地。属于国有企业。

马营公交客运站　建于 2006 年 8 月，位于山阴县马营乡西南，占地面积 13200 平方米，建筑面积 1500 平方米。

玉井公交站　建于 2006 年 12 月，位于玉井镇东，和通往右玉的元元路相接，占地面积 1500 平方米，建筑面积 800 平方米。

山阴县津鑫城乡公交有限公司总站　建于 2007 年 8 月，占地面积 20800 平方米，建筑面积 2800 平方米，投资 1300 万元，是集候车、维修、办公、食宿为一体的综合性服务站。

后所乡客运站　建于 2008 年 8 月，位于山阴县后所乡政府对面，占地面积 8580 平方米，建筑面积 1200 平方米，投资 180 万元，是集候车、办公、食宿、停车为一体的综合性服务站。

山阴县顺发汽车运输有限公司山阴汽车站客运站　建于 2012 年，位于山阴县岱岳镇世纪大道南侧，为二级汽车客运站。经营汽车客运，道路运输业，其他城市公共交通运输，其他道路运输辅助活动，交通运输、仓储和邮政业。

第二节　铁　路

铁路干（专）线

北同蒲铁路山阴段　民国 25 年（1936）通车，单线运行。民国 35 年（1946）因战争拆毁，1950 年修复，1951 年 2 月正式运营。该路段自棋道地进入山阴境内，在县域内由东北向西南穿过，为电气化双线，是晋煤外运干线，承担大秦运煤铁路专线任务，1993 年投入运营。境内全长 28 公里，穿越北周庄、岱岳、安荣 3 个乡（镇），设有北周庄、岱岳、东榆林 3 个车站，均为客、货两用四等中间站。

韩原铁路山阴段　2014 年 2 月，韩原铁路开通运营，属太原铁路局大同车务段管辖，2014 年 7 月正式开通客运业务。从应县驶入，途经山阴站、雁门隧道。境内全长 36.85 公里。

煤炭专用线路　1993 年国家投资兴建。与北同蒲线北周庄站接轨，全长 7.4 公里。年设计发运量 480 万吨，1993 年 8 月 31 日正式开通营运。为大秦铁路装煤站之一。

北周庄站中煤华昱专用线　是原北周庄集运站配套工程，1984 年 4 月由煤炭部、铁道部申请，1984 年 10 月国家计委批准，1987 年 11 月开工，1992 年竣工，1993 年投入运营。专用线全长 72 公里。

岱岳站装煤线　1983 年 6 月开始建设，1984 年 1 月投入运营。全长 1550.6 米。

观音堂专用线　2005 年 10 月 12 日立项，同年 12 月 7 日审批、建设，2006 年 6 月 30 日开通运营。

专用线全长 7398 米。

中煤顺通专用线 项目于 2005 年 9 月 15 日审批，开通时间 2006 年 3 月 18 日。专用线设计长度 7.5 公里。接轨地点为北周庄站 30 # 道岔，专用线内设三股道，编号为专用线行车室，依次为中 1、中 2、中 3 道，其中中 1、中 3 道为装车线，有效长均为 1700 米，中 2 道为机车走行线，尽头处设有有效长为 100 米的机车回转线一条。占地 251366.7 平方米。

岩伟峰专用线 2005 年 9 月中旬开工建设，2006 年 4 月竣工并通过验收正式开通，专用线年设计发送能力约 600 万吨。线路全长 6600.6 米。建有 35 米宽、长 1800 米的货位 120 个，可同时装载双万吨列车的站台两座。

境内车站

岱岳火车站 建于民国 28 年（1939），位于山阴县城建成中心铁东区车站路与南大道相交处西侧，隶属大秦铁路股份有限公司朔州车务段管辖。按技术性质为客运三等站中间站，业务性质为客货运营业站。站中心里程位于北同蒲线自大同站起 89 公里 93 米处，离大同站 85 公里，离太原站 270 公里。1986 年重建候车室，2015 年改造售票厅，实现售候分离。客运站房占地约 800 平方米，候车室约 605 平方米，有座椅 109 个，能容纳旅客 315 人；售票室面积约 200 平方米。

岱岳火车站

北周庄火车站 建于民国 28 年（1939），位于山阴县北周庄镇北周庄村境内，离大同站 76 公里，离太原站 279 公里，隶属太原铁路局管辖，按技术性质为货运二等站中间站，业务性质为货运营业站，采用交大微联的 JD—1A 型计算机联锁设备。车站有正线 2 条，到发线 2 条，到发线兼装卸线 4 条，接轨的专用线有 5 条，分别是中煤华昱专用线、装煤线、中煤顺通专用线、岩伟峰专用线、观音堂专用线。站中心位于北同蒲线自大同站起 76 公里 416 米处，上行方向为金沙滩站，下行方向为岱岳站，均采用双线自动闭塞设备。

东榆林火车站 原名榆林村站，建于民国 28 年（1939）。站址在山阴县泥河乡泥河村，离大同站 95 公里，离太原站 260 公里，隶属太原铁路局大同铁路分局管辖，为四等站。

山阴火车站 建于 2014 年，是韩原铁路上的火车客运站。位于山阴县古城镇马梁村，为中间站，车站设 2 站台 6 股道，其中包含正线 2 条，车站西安端（从西安方向）有朔山双线联络线引入。2014 年正式通车。属太原铁路局大同车务段管辖，现为三等站。车站上行距离韩家岭站 69 公里，下行距原平站 88 公里。距离山阴县城岱岳镇约 15 公里。

山阴火车站

第三节 桥 涵

桥 梁

安荣桥 清咸丰十年（1860）建成，原系木便桥。民国8年（1919）改为木桥，民国26年（1937）被日军烧毁。1958—1961年建成木架桥，1967年改为钢筋混凝土大桥。位于同太公路71公里＋450米处，跨桑干河，桥型为石拱。桥长193米，宽8.5米，孔径15米，共13孔，载重标准13吨。

消凌沟桥 位于阳集线上，山阴县与代县交界处。民国5年（1916）建5孔5米石拱桥，抗日战争中被破坏，1970年改建为钢筋混凝土桥。

元营桥 民国5年（1916）曾建木桥，抗日战争中被毁坏，1952年重建，1970年建成，位于同太公路108公里＋100米处，跨黄水河，桥型为双曲拱，桥长125米，宽8.5米，孔径15米，共10孔，载重标准13吨。

玉井桥 位于县道偏玉线玉井村西北部，长38米，桥面宽7米，始建于1970年，2015年进行改建。

芦岭桥 1975年建成，位于朔蔚公路57公里＋700米处，跨桑干河，桥型为双曲拱，桥长255米，宽8.5米，孔径15米，共1孔，载重标准13吨。

黄水河桥 1976年建成，位于薛马公路17公里＋110米处，跨黄水河，桥型为双曲拱，桥长110米，宽8.5米，孔径15米，共12孔，载重标准13吨。

八里庄桥 位于县道古马线八里庄村北，桥长20米，桥面宽7.7米，始建于1985年，于2013年7月新建、旧桥废弃。

黑圪塔桥 位于古老线黑圪塔村西，桥长20米，桥面宽8.4米，始建于1989年，2016年省厅下达改建计划。

黄水河一号桥 位于乡道南辛寨—后皇台线后皇台村南，桥长50米，桥面宽4.4米，始建于1996年。于2016年11月经检测评定为危桥。

紫光湖大桥 位于连接铁东区与桑干河新区的城市主干道—河阳大道A段北端，横跨紫光湖，桥长89.8米，桥宽51米。2013年7月开工，2014年7月竣工，总投资3207万元。

紫光湖大桥

铁路桥梁 北同蒲线在境内较大的桥梁有北周庄南钢筋混凝土板桥，3孔，跨径20米；北沙沟钢筋混凝土板桥，3孔20米，系立交桥；岱岳车站北瓜园钢筋混凝土桥，1孔20米，系立交桥；岱岳车站北钢筋混凝土板桥，1孔40米，系立交桥；岱岳车站南有钢筋混凝土板桥3座，跨径均在20米以上，系立交桥。

涵 洞

公路涵洞 全县共有大小公路涵洞498个，其中干线公路有涵洞199个。岱马路张家沟隧道始建于1977年，1986年竣工，长440米，高6.6米，宽7.5米。

雁门关隧道 是大运高速（二广高速G55）的重点控制工程，2001年9月开工，于2003年9月28日竣工通车，双向四车道分离式高速公路，隧道左洞长5.135公里，右洞长5.23公里，净宽10.5米，高

5 米，最大埋深 600 米，2005 年获中国建筑工程最高质量奖——“鲁班奖”。

鸳鸯会隧道 是荣乌高速 G18 山（阴）平（鲁）高速重点控制性工程。2010 年 10 月开工，2012 年 12 月 20 日全线贯通。左线 2.63 公里，右线 2.631 公里，最大埋深 317 米。

鸳鸯会隧道

铁路涵洞 北同蒲铁路在山阴县境内有涵洞 21 个。其中郑庄 76 公里处有涵洞 1 处 3 孔 20 米，钢筋混凝土结构；77 公里处有 1 处 3 孔 20 米，钢筋混凝土结构。另 19 处均为过水涵洞，系钢筋混凝土结构，跨径 4 米左右。北同蒲铁路（韩原线）取直线雁门关隧道，2007 年 2 月开工，2013 年 4 月 30 日竣工，经 5 年 5 个月，全长 14.085 公里，北起山阴县庙家窑村西，南止于代县太和岭村北。为全线重点控制性工程，按 160km/h 设计、预留提速 200km/h，设计为单洞双线隧道，最大埋深约 820 米。

第二章 运 输

第一节 客 运

公路客运

山阴县客运分城乡公交和长途客运两种。公共汽车站 1999 年 4 月开始运营。2006 年，开始城乡公交运营，推进“城乡客运一体化建设”。随着交通基础设施的完善和客运市场秩序的规范整顿，城市公交和农村客运班线覆盖全县 13 个乡镇、240 个行政村。太原线路的客车为依维柯，其他线路客车均为 19 座以下（大部分 17 座）宇通，共有客车 28 辆。2011 年后，随着人们交通出行方式的多样化，客运量、客运周转量呈下降趋势。2015 年，开始利用新建的 TPS 监控平台对公交车辆进行全程、全天监督管理。全县共有公交运营线路 5 条，运营里程 54 公里，运营车辆 22 辆。

2009—2016 年，汽车站共有进站营运车辆 57 辆，其中省际班车 2 辆、省内跨市班车 55 辆；市内班车 30 辆，其中高级客车 18 辆，占总运力的 30%。日平均发班次 55 次，日均客流量 405 人次，日均营业收入 1.3 万元。

1998—2016 年度山阴县公路客运情况表

表 15-1

年 度	客运量（万人次）	客运周转量（万人公里）
1998	125	6387
1999	129	6591
2000	134	6847
2001	149	7614
2002	170	8687

续 表

年 度	客运量（万人次）	客运周转量（万人公里）
2003	210	10731
2004	235	12008
2005	248	12672
2006	265	13541
2007	285	14563
2008	278	13466
2009	246	13101
2010	291	13721
2011	292	13618
2012	272	13031
2013	261	12731
2014	256	12477
2015	218	12010
2016	202	11917

铁路客运

1998 年后，铁路运输以安全、正点、票价便宜等优点，成为山阴县外出人员首选的交通工具。乘客以民工、学生为主，民工流主要集中在玉井镇、下喇叭乡两个产煤区，主要乘车时间为春运期间。学生流以朔城区、怀仁县为主，主要乘车时间为双休日，一月一次，外地学生集中时间为寒暑假，主要乘车方向以太原方向较多，北京方向较少；本地在外上学的学生较多，双休日的客流主要以短途客流为主。北周庄、东榆林两站售票方式相对灵活，一段时间要求乘客在车站购票，一段时间要求乘客上车购票。岱岳站共有客运列车对数 7 列，通过列车 1.5 对。2012 年，发送乘客 344229 人。此后，发送乘客流逐年下降。2016 年，发送旅客 189452 人。

第二节 货 运

公路货运

1998 年前，全县有第一运输公司、第二运输公司、矿业公司岱岳运销站三个汽运公司，各有东风 140 型货车 70 台、65 台和 40 台。1998 年后，煤矿自行成立车队，主要是东风陆霸三桥自卸车，后又发展为四桥自卸车。2016 年，长途货运为个人自主经营，车型以重型拖挂为主。

1998—2016 年度山阴县公路货运情况表

表 15-2

年 度	货运量（万吨）	货运周转量（万吨公里）
1998	512	18534

续　表

年　度	货运量（万吨）	货运周转量（万吨公里）
1999	539	19511
2000	587	21249
2001	608	22009
2002	631	22842
2003	650	23530
2004	671	24290
2005	693	25086
2006	698	25267
2007	719	26057
2008	541	21763
2009	497	27826
2010	513	29161
2011	539	30927
2012	595	37139
2013	628	40175
2014	673	45139
2015	743	50103
2016	783	61137

铁路货运

1998 年后，随着北周庄低碳循环经济工业园区的成立，山阴县铁路事业迅速发展。2005 年，北周庄站新建中煤顺通专用线、岩伟峰专用线、观音堂专用线。至 2016 年，铁路货运量持续增加。

1998—2016 年北周庄站货运情况表

表 15-3

年　份	货物发送量（吨）	装车数（列）
1998	971334	16045
1999	375402	5875
2000	627599	10313
2001	646908	10597
2002	1003237	16452
2003	1586296	25996
2004	4491926	68192

续 表

年 份	货物发送量（吨）	装车数（列）
2005	6556540	88725
2006	11879106	152857
2007	18734388	236446
2008	14684850	185406
2009	5146492	65762
2010	8266920	105079
2011	15380032	194750
2012	14149894	178380
2013	11504945	159403
2014	16019056	201170
2015	15024382	191105
2016	15906766	196533

第三章 管 理

第一节 机 构

交通运输局

1998 年 5 月，县交通局内设机构为办公室、道路股、财务股。行政编制 11 人，其中局长 1 人，副局长 2 人。

山阴县交通运输局

2002 年，根据《中共山阴县委、山阴县人民政府关于印发〈山阴县人民政府机构改革方案〉的通知》，设立交通运输局，正科级建制，为县人民政府工作部门。2016 年，内设办公室、工会、监管科、规划科、运安科、海事办、战备办、建管科、监察室 9 个股室；下设省道 303 线古城镇公路超限检测站、马苑线苑家辛庄公路超限检测站。编制 8 人，在岗 42 人。历任局长王清贵、卢满、郭文忠、王浩宇、赵凯。

山阴县道路运输管理所

1977 年，山阴县道路运输管理站成立。1988 年底，山阴县交通运输管理站更名为山阴县交通运输管理所；2011 年 10 月山阴县交通运输管理所更名为山阴县道路运输管理所。

2016 年，机构编制人员 78 人，其中所长 1 人、书记 1 人、副所长 7 人、副书记 1 人、主任 1 人、职工 67 人。内设 12 个科室：办公室、财务统计室、行政审批办、客运管理办、货运管理办、驾管办、维修办、安全办、法制办、稽查队、源头治超办、源头巡查队。历任所长有赵正义、刘九文。

公路管理段

2016 年，山阴县公路管理段共 139 人，其中正式工 37 人、协议工 102 人，具有大专以上学历 28 人，中、高级工职称者 28 人，中、高级技术职称者 11 人。历任段长有高玉才、刘军、焦全明、苏荣、邢泽山。

第二节 农村公路养护

2010 年，根据省人民政府办公厅《关于农村公路管理养护体制改革的实施意见》和《朔州市农村公路养护管理实施方案》，山阴县设置农村公路建养中心，负责全县农村公路日常养护；乡镇设置农村公路养护管理站，由乡镇书记兼任指导员，乡镇长兼任站长，交通局派出 1 名专业技术人员任队长，选拔 1 名村干部任副队长，实行定员定岗分段协作，责任到人。

2001—2006 年度山阴县交通局农村公路养护情况调查表

表 15-4

单位：公里

项目 年度	需养护道路			实际养护道路		
	县	乡	村	县	乡	村
2001	131.06	247	—	131.06	247	—
2002	131.06	333	30.10	131.06	333	30.10
2003	131.06	373.50	169.74	131.06	373.50	169.74
2004	131.06	385.20	228.92	131.06	385.20	228.92
2005	131.48	368.87	262.03	131.06	368.87	262.03
2006	160.74	357.19	361.79	357.19	357.19	361.79

2007 年，全年投资 360 万元，对农村公路和危桥进行全面养护和维修，年均好路率达 73%，年末好路率达 75%，养护综合值年均达 66%，年末达 69%。2009 年，坚持建养并重、协调发展，对全县 1188 公里农村公路进行摸底排查，对水毁路段和危险桥段进行检修和加固，好路率达 73% 以上。同年，境内公路总里程为 1171.12 公里，养护里程达到 100%。县、村道全部在养护范围内。绿化里程占 27.08%。2010 年，投入农村公路养护经费 250 万元，增加公路标志，处理部分危桥、险段，全县农村好路率达 82% 以上。2011 年，对古马线、岱合路进行全面养护，全县县乡公路养护好路率达 85% 以上。2016 年，投入 330 万元用于农村公路日常养护及经费支出。

第三节 超限超载治理

机 构

山阴县治理非法超限超载车辆工作办公室 2011 年 12 月成立，正科级建制，全额拨款事业单位，编制 6 人，核定领导职数一正一副。主要负责治超工作的组织协调，指导相关部门的治超工作，代表县政府对各机关职能部门的治超职责落实情况进行监督检查和考核。机构成立前，山阴县成立治理超限超载工作领导组办公室负责开展治超工作。领导组组长由政府县长担任，办公室人员从有关单位借调。主任赵秉国。

山阴县马苑线公路超限检测站 2006 年 5 月开始运行，主要担负马苑线公路向大忻线方向行驶车辆的治超工作。2016 年，站点占地 9000 平方米，有职工 31 人，其中正式职工 28 人、勤杂人员 3 人。同年古城治超点同时启动运行。

治理措施、成果

1998 年后，山阴县通过对政府公示的货运源头企业进行常态化、制度化管理，加强路面流动巡查工作，强化全县境内的公路超限检测站的规范化建设和运行管理，完善检测功能，超限超载现象得到有效治理。全县没有出现一例因非法超限超载导致人员伤亡的现象或者损桥毁路的情况。同时，借助新闻媒体，进行治超工作舆论宣传，不断增强人民群众治超的理念。2006 年，建成岱马路、古城两个治超点并启动运营。2007 年，针对全县境内施工项目多，运输石料车辆绕行县乡公路多，组成 3 个组，采取源头堵、路面卡、源尾查的措施，及时刹住短途超限超载势头，保护路产路权。同年，古城镇公路超限检测站被评为“全国优秀站点”称号，同时被省总工会授予“工人先锋号”称号。

2009 年，实行“源头严治、路面严查、站点严堵、队伍严管、责任严究、车托严卡、车匪严打”的办法，推行全天候、全方位治超，治超率达 100%。当年获省治超先进县称号。2010 年，采取措施打击短途超限超载车辆，在全省治超检查考核中获得第一名，获奖励 1000 万元。2011 年 11 月，在玉井煤矿会议室召开冬季供煤协调会，监督运煤车辆装载情况。全年超限检测站共检测车辆 383479 辆。2012 年，在全县合法货运企业开展“政府为我搭平台、我为山阴添光彩”等活动。全年共检测车辆 258130 辆。

2013 年，全县两个治超检测点实现不停车检查，货运源头企业安装治理超限超载车辆信息管理系统。4—5 月，开展治超“春季攻势”专项行动。其间，超限检测站检测车辆 58472 辆，路面巡查出动执法人员 4000 余人次，运管所对信息登记不完整 1 家企业进行约谈，交警队、运管所查处拉运易遗洒物品且未加盖苫布车辆 382 辆，罚款 7.6 万元。超限检测站查处闯卡车辆 120 辆，罚款 4 万多元。11 月 1 日至 12 月 31 日，组织开展冬季治超严打整治专项行动。全年超限检测站共检测车辆 296159 辆。

2014 年 3 月 20 日至 5 月 31 日，开展春季治超百日专项行动。全年共检测车辆 389221 辆。2015 年 4 月 1 日至 7 月 10 日，开展春季治超百日专项行动。全年共检测车辆 1324752 辆。

2016 年，交警队开展道路交通安全“冬季行动”

交警队开展道路交通安全“打非治违”专项行动

2016 年，在境内的主要干线公路上，安装 3 条无人值守治超检测系统，实现县级治超信息平台与市级治超信息平台的联网运行。9 月 21 日，举行治理货车超限超载和非法改装专项行动启动仪式，向过往驾驶人员发放治超新规宣传材料 1000 余份，并在现场设立治超新规解读台，接受驾驶人员的咨询。全年治超工作开展联合专项整治行动 3 次，共检测车辆 415521 辆；全县超限检测站共检测车辆 987495 辆。

第十六编

邮政　电信

邮政　电信

1998年后，山阴邮政、电信贯彻“用户至上、用心服务”理念，为客户做好储蓄、报刊发行、函件、汇兑、集邮、速递、分销等服务，让每个家庭、所有单位都能参与信息沟通，享受信息服务，提高专业队伍能力水平，更新和采用最新技术、设备，开发新产品，拓展新业务，满足人们不断增长的邮政和电信业务需求。2001年，邮政开办电子汇兑业务和同城特快送款业务。2008年，山阴移动分公司在89个村实现“三网合一”接入提升农村信息化需求。2009年，电信分公司拥有固话用户数达6000多户，宽带用户数达4000户，在线路覆盖区域内市场份额达70%。2010年，全县开始建设3G网络。2014年，山阴邮政原有6个乡镇邮政站所开始正常营业，同时新建6个乡镇邮政站所。新建市内特快专投路段5条，总里程达205公里。2016年，山阴移动分公司无线综合覆盖率99.26%。

第一章 邮 政

第一节 邮 路

1998 年后，全县不断开通邮路段，至 2013 年末，有邮路段 19 条。其中，乡邮路段 13 条，总里程为 1240 公里；市内普邮路段 6 条。2014 年，新建特快专递路段 5 条，总里程为 205 公里。2016 年，共有邮路段 24 条。

第二节 邮政业务

1998—2016 年，邮政主营业务为储蓄、报刊发行、函件、汇兑、集邮、速递、分销等，代办业务主要为保险、电话费、移动话费等。

储 蓄

1998—2016 年，邮政储蓄业务主要为存取款、基金、理财、国债、绿卡、绿卡通、手机银行、商易通等，代办业务主要有保险、代收付等。邮政储蓄业务是山阴邮政主要收入来源。

2008 年，储蓄业务收入完成 809.47 万元。2009 年，储蓄业务收入完成 807.23 万元，2010 年，储蓄业务收入完成 636.15 万元，2011 年，其中储蓄业务收入完成 822.55 万元。

2012 年，绿卡业务量累计完成 6195 张，手机银行业务量累计完成 7119 户，代收付业务量累计完成 686.52 万元，绿卡通业务量累计完成 979 张。2013 年，绿卡业务量累计完成 6836 张，手机银行业务量累计完成 63 户，代收付业务量累计完成 1349.01 万元，POS+ 商易通业务量累计完成 39 户，绿卡通业务量累计完成 1020 张。2014 年，绿卡业务量累计完成 5442 张，手机银行业务量累计完成 152 户，代收付业务量累计完成 1533.75 万元，POS+ 商易通业务量累计完成 2 户，绿卡通业务量累计完成 930 张。2015 年，绿卡业务量累计完成 4725 张，手机银行业务量累计完成 313 户，代收付业务量累计完成 450.3 万元，POS+ 商易通业务量累计完成 18 户，绿卡通业务量累计完成 4568 张。2016 年，绿卡业务量累计完成 4071 张，手机银行业务量累计完成 423 户，代收付业务量累计完成 547.41 万元，POS+ 商易通业务量累计完成 12 户，绿卡通业务量累计完成 3818 张。

报刊发行

山阴县邮政局承担着党报党刊在山阴县的发行工作，同时在山阴县发行和销售全国各地都市生活类、教辅类、行业类报刊。1998 年山阴县报纸期发 1.1 万份，杂志期发 1.1 万份。2003 年报纸期发 1.3 万份，杂志期发 1.6 万份。2007 年一次性收订完成 176 万元，完成年计划 160 万元的 110%。2008 年，报刊发行业务收入完成 60.86 万元；2009 年，报刊发行业务收入完成 60.31 万元；2010 年，报刊发行业务收入完成 65.9 万元；2011 年，报刊发行业务收入完成 74.66 万元；2012 年，报刊发行业务收入完成 133.61 万元；2013 年，报刊发行业务收入完成 78.57 万元；2014 年，报刊发行业务收入完成 93.43 万元；2015 年，报刊发行业务收入完成 84.63 万元；2016 年，报刊发行业务收入完成 96.88 万元。

函件包裹速递

1993年4月，海协会和海基会签署《两岸挂号函件查询、补偿事宜协议》，山阴邮局开始收寄两岸挂号函件。1998年后，函件业务受先进通讯手段的冲击，传统民间通信业务量不断减少，1998年出口函件30.18万件，比上年减少5.74万件。之后县邮局积极寻找新的函件增长点，在广告信函和邮资封、卡片上寻找突破，促进函件业务的平稳发展，陆续新增回音卡、邮送广告、企业拜年卡、定制性贺卡（有奖）明信片等新业务，2000年邮件上升到34.49万件。2005年起办理法院专递业务。2006年办理单证类业务快递业务。2006年，函件累计收入实现15万元，较上年增幅214.54%。完成年计划的12.58%，较去年增幅673.86%。2008年，函件业务收入完成28.36万元。2009年，函件收入完成30.82元。2010年，函件业务收入完成19.42万元，2011年，函件业务收入完成57.92万元。2012年，函件业务收入完成38.45万元。2013年，函件业务收入完成27.01万元。2014年，函件业务收入完成27.42万元。2015年，函件业务收入完成38.67万元。2016年，函件业务收入完成28.5万元。

1990年，开办特快专递邮政业务，从收寄到投递的全过程由专人负责，专车服务，按规定时间赶班速发。2008年，普包业务收入完成1.11万元。快包业务收入完成8.25万元；2009年，普包业务收入完成0.98万元，快包业务收入完成8.18万元；2010年，代理快包业务收入完成1.08万元；2011年，代理快包业务收入完成2.67万元，普包业务收入完成1.04万元，代理速递物流业务收入完成6.1万元；2012年，普包业务收入完成1.44万元，代理快包业务收入完成2.29万元，代理速递物流业务收入完成8.39万元；2013年，普包业务收入完成1.24万元，代理快包业务收入完成13.58万元，代理速递物流业务收入完成29.35万元，代理速递物流业务收入完成25万元；2014年，普包业务收入完成0.99万元，代理快包业务收入完成10.64万元；2015年，普包业务收入完成1.33万元，代理快包业务收入完成4.06万元，代理速递物流业务收入完成42.04万元；2016年，普包业务收入完成1.33万元，代理快包业务收入完成4.06万元，代理速递物流业务收入完成31.69万元。

汇　兑

2001年开办电子汇兑业务和同城特快送款业务，2002年开通省内2小时特快汇款业务，提高汇款速度。同年联入中国邮政汇款网。2005年实现储蓄、汇兑两网互通，全国联网，大大提高了速度和效率。2008年，汇兑业务收入完成41.77万元。2009年，函件业务收入完成30.82万元。2010年，汇兑业务收入完成30.75万元，2011年，汇兑业务收入完成43.85万元，2012年，汇兑业务收入完成45.85万元。2013年，汇兑业务收入完成38.73万元。2014年，汇兑业务收入完成22.6万元。2015年，汇兑业务收入完成9.3万元。2016年，汇兑业务收入完成4.56万元。

集　邮

1998年，山阴县邮政局积极采取有效措施开拓集邮市场，上门调查研究，摸清集邮爱好者的人数和所需，上门征订纪念邮票；利用板报、专栏及“五一”“十一”旅游黄金周举办邮展加大宣传力度，多方寻找市场切入点。1998年，集邮业务收入32.67万元。2003年集邮业务收入40.82万元。2006年集邮业务收入61.29万元，完成年计划的122.58%，较上年增幅673.86%；2008年集邮业务收入93.46万元；2009年，集邮业务收入完成107.99万元；2011年，集邮业务收入完成106.08万元；2012年，集邮业务收入完成12.76万元；2013年，集邮业务收入完成55.08万元；2014年，集邮业务收入完成102.62万元；2015年，集邮业务收入完成111.58万元；2016年，集邮业务收入完成14.35万元。

保　险

2008年，山阴县邮政局开通保险业务，当年保险业务收入完成30.11万元。2009，保险业务收入完成31.84万元，2010年，保险业务收入完成157.5万元。2011年，保险业务收入完成255.6万元。2012

年，保险业务收入完成 86.28 万元。2013 年，保险业务收入完成 26.73 万元。2014 年，保险业务收入完成 37.66 万元。2015 年，保险业务收入完成 66.66 万元。2016 年，保险业务收入完成 26.94 万元。

电子商务

2008 年，山阴县邮政局开通电子商务业务，当年收入完成 26.87 万元。2010 年，电子商务业务收入完成 44.58 万元。2011 年，电子商务业务收入完成 28.14 万元。2012 年，电子商务业务收入完成 41.68 万元。2013 年，电子商务业务收入完成 43.16 万元。2014 年，电子商务业务收入完成 54.5 万元。2015 年，电子商务业务收入完成 57.26 万元。2016 年，电子商务业务收入完成 70.39 万元。

第三节　管理机构

邮政局

1998 年 10 月，山阴县邮电局更名为山阴县邮政局，属社会公用性企业。2015 年 4 月 22 日，山阴县邮政局更名为中国邮政集团山阴县分公司。分公司位于岱岳镇府南街 2 号，总占地面积 1400 平方米，办公楼面积 1005 平方米。主营业务有邮政基础业务、邮政增值业务，附属业务有国家邮政局批准开办的其他邮政业务。承担全县 1651 平方公里内 23 万名群众的普遍服务义务，担负全县邮政通信的生产、建设和服务任务。内设 6 个部门、2 个营业所、1 个支局。其中 6 个部门为综合办公室、市场部、金融部、综合营销部、投递部、揽投部；2 个营业所为府南街营业所、车站路营业所；1 个支局为玉井支局，下辖玉井支局、北周庄所、后所所、薛圐圙所。2016 年有职工 110 人。历任局长（经理）有马焕彪、谷有元、伊培国、李景龙、刘立峰、李建国。

邮政站所

1998 年前，山阴邮政有乡镇邮政站所 6 个，分别为后所乡邮政所、古城镇邮政所、北周庄镇邮政所、薛圐圙乡邮政所，玉井镇邮政所、车站路邮政所。2014 年新建乡镇邮政站所 6 个。2015 年，合并原车站路邮政所为车站路营业所，玉井邮政所改为玉井支局。2016 年乡镇邮政站所调整为 11 个，分别为：北周庄镇邮政所、合盛堡乡邮政所、马营乡邮政所、下喇叭乡邮政所、吴马营乡邮政所、后所乡邮政所、薛圐圙乡邮政所、张家庄乡邮政所、马营庄乡邮政所、古城镇邮政所、安荣乡邮政所。11 个乡镇邮政站所全部正常营业，主要提供收寄、投递、订阅等邮政普遍服务和代收电费、电话费、移动话费等便民服务。

第二章　电　信

第一节　电信设施

1998 年后，山阴县加强电话交换网、本地传输网、移动通信网建设。2006 年，山阴电信分公司新增市话电缆 51.14 皮长公里，新增出局电缆 2400 对，新增配线区 30 个，调整配线区 6 个，形成近 6200 号线的放号能力，把市话有效地延伸到县城周边的 6 个行政村。完成 48 伏、24 伏电源设备部分的改造工程。全县电话普及率 73%，天线接入网实占率 68.7%。2008 年，山阴移动分公司响应国家“三网合一”信息化建设要求，在山阴 89 个村实现“三网合一”（电信网、计算机网和有线电视网三大网络的物理合一）接入，提升农村信息化需求。2010 年，实施山阴畜牧网工程，为 150 多家畜牧企业接入视频监控，实现奶源的全流程监控。2016 年，山阴联通分公司电话用户容量 6325 线，移网用户 3.1 万线，宽带容量 1.2 万线。

第二节 电信业务

1998—2016 年，山阴电信业务主要包括固定电话、无线电话、数据通信、互联网接入服务和基于移动通信业务的各类增值业务，除提供基本语音业务外，还提供无线上网、宽带接入、综合办公、彩铃、彩信、手机支付、手机阅读等多种业务。

山阴电信分公司

固定电话

1998 年后，山阴县程控电话并入全国网运营，长途区号为 0349。2005 年后，随着移动电话的普及，农村家庭固定电话逐渐减少。

无线电话

20 世纪 90 年代后，智能手机逐渐普及，是人们生活和工作的主要通信工具。山阴县拥有“全球通”“神州行”“动感地带”等无线电话客户品牌。2010—2016 年，“华为”“小米”“三星”“苹果”等品牌手机遍及城乡。

对讲机

1998 年后，县公安局交警大队使用对讲机，用于指挥、疏通车辆。21 世纪初，城建市容管理、环卫管理、建筑工地和宾馆、酒店等服务行业均使用对讲机。2010 年后，随着智能手机的兴盛，对讲机逐渐淘汰。

电 报

21 世纪初，随着电话、手机、传真、网络等通信方式的多样化，电报业务日渐萎缩。至 2007 年，电报业务基本停止。

无线寻呼

20 世纪 90 年代，山阴县无线寻呼业务开始兴起。2000 年后，随着通信技术的发展，无线寻呼业务逐渐衰退。

互联网

1998 年后，山阴县行政事业单位普遍配置电脑，用以打印资料、储存文件、制作表格等，逐渐实现办公自动化。21 世纪初，互联网逐渐普及，行政事业单位和百姓家庭均使用上互联网，给工作和生活带来便利。2010 年，全县开始建设 3G 网络。2014 年，推进 4G 网络建设覆盖。2016 年，无线综合覆盖率 99.26%，综合下载速率为 38.22Mbps，VOLTE 全程呼叫成功率为 100%，呼叫建立时延为 3.08 秒。

第三节 机 构

山阴电信分公司

2000 年，山阴电信分公司成立，机构设置有综合支撑、业务支撑、城南网格、城北网格、马营支局、马营庄支局、政企部、渠道部、自有厅、线路维护中心、建维、通服。2016 年，山阴电信分公司共有员工 31 人，其中合同制员工 27 人、劳务派遣制 4 人。分公司经理 1 人，经理助理 1 人，客户经理 1 人。历任经理有马福升、杨勇、兰恒昌。

山阴移动分公司

1999 年 9 月，山阴移动营业部成立，工作人员 10 人。2006 年 9 月，山阴营业部更名为中国移动通信集团山西有限公司山阴分公司。2016 年，山阴分公司在职员工 50 人，分公司经理 1 人、副经理 2 人。下设 5 个职能中心：综合中心部、市场中心、网络中心、集客中心、渠道中心。渠道下设 2 个自办厅、26 个社会渠道。历任经理有陈继胜、李权、郑之忠、刘建龙、高旭、李福平。

山阴移动分公司

2016 年移动营业网点一览表

表 16-1

组织名称	集团体系三级分类	目前位置（农村 / 县市）	是否处于商圈内	核心商圈名称
vivo 本地零散卖场	社会手机卖场	县市	是	06031A02 山阴县政府
合盛堡本地零散卖场	社会手机卖场	农村	否	
瑞联本地零散卖场	社会手机卖场	县市	是	06031A02 山阴县政府
利达本地零散卖场	社会手机卖场	县市	否	
红宇本地零散卖场	社会手机卖场	县市	是	06031A02 山阴县政府
鑫达本地零散卖场	社会手机卖场	县市	是	06031A02 山阴县政府
科王本地零散卖场	社会手机卖场	县市	是	06031A02 山阴县政府
薛圐圙手机专卖店	手机专卖店	农村	否	
古城手机专卖店	手机专卖店	农村	否	
康平路手机专卖店	手机专卖店	县市	否	
中商街手机专卖店	手机专卖店	县市	否	
元营手机专卖店	手机专卖店	农村	否	
马营手机专卖店	手机专卖店	农村	否	
后所手机专卖店	手机专卖店	农村	否	
同太南路手机专卖店	手机专卖店	县市	否	
青年路手机专卖店	手机专卖店	县市	是	06031A02 山阴县政府
北周庄手机专卖店	手机专卖店	农村	否	
安荣手机专卖店	手机专卖店	农村	否	
马营庄手机专卖店	手机专卖店	农村	否	

续　表

组织名称	集团体系三级分类	目前位置（农村 / 县市）	是否处于商圈内	核心商圈名称
永静城手机专卖店	手机专卖店	农村	否	
张家庄手机专卖店	手机专卖店	农村	否	
夏家窑手机专卖店	手机专卖店	县市	否	
玉井手机专卖店	手机专卖店	农村	否	
铁通社区服务站	手机专卖店	县市	否	
旧城手机专卖店	手机专卖店	县市	否	
北环路进驻其他授权代理店引商入厅类	授权代理店	县市	否	
郭翠枝城市授权代理店	授权代理店	县市	是	06031A02 山阴县政府
西察罕铺村王飞农村授权代理店	授权代理店	农村	否	
华迅城市授权代理店	授权代理店	县市	否	
张家庄武建胜农村授权代理店	授权代理店	农村	否	
天亿佬武建志农村授权代理店	授权代理店	农村	否	
南盐池村刘元农村授权代理店	授权代理店	农村	否	
后皇台秦和刚农村授权代理店	授权代理店	农村	否	
胡疃村郭秀权农村授权代理店	授权代理店	农村	否	
二铺村张鹏飞农村授权代理店	授权代理店	农村	否	
罗庄村徐清平农村授权代理店	授权代理店	农村	否	
下神泉李杰农村授权代理店	授权代理店	农村	否	
安荣村郭丽霞农村授权代理店	授权代理店	农村	否	
荆家庄何广宪农村授权代理店	授权代理店	农村	否	
八里庄曹宏农村授权代理店	授权代理店	农村	否	
丁宇城市便利授权代理店	授权代理店	县市	否	
后张堡赵小平农村授权代理店	授权代理店	县市	否	
李桂荣城市授权代理店	授权代理店	县市	是	06031A02 山阴县政府
康跃雄农村便利授权代理店	授权代理店	农村	否	
下喇叭张硕国农村授权代理店	授权代理店	农村	否	
李琪城市授权代理店	授权代理店	县市	是	06031A02 山阴县政府
东大滩王治中农村授权代理店	授权代理店	农村	否	
吴马营村王兴农村授权代理店	授权代理店	农村	否	
新广武史明德农村授权代理店	授权代理店	农村	否	
南大道李建东农村授权代理店	授权代理店	县市	否	

续　表

组织名称	集团体系三级分类	目前位置（农村 / 县市）	是否处于商圈内	核心商圈名称
姚占权城市农村授权代理店	授权代理店	县市	否	
李先城市便利授权代理店	授权代理店	县市	是	06031A02 山阴县政府
唐峰城市便利授权代理店	授权代理店	县市	是	06031A02 山阴县政府
北周庄李月兰农村授权代理店	授权代理店	农村	否	
辛庄李红海农村授权代理店	授权代理店	农村	否	
董德宽农村授权代理店	授权代理店	农村	否	
安乐庄王志环农村授权代理店	授权代理店	农村	否	
王庄村马尚升农村授权代理店	授权代理店	农村	否	
赵继刚城市授权代理店	授权代理店	县市	是	06031A02 山阴县政府
织女泉王日富农村授权代理店	授权代理店	农村	否	
上神泉程清兰农村授权代理店	授权代理店	农村	否	
铁通其他授权代理店铁通类	授权代理店	县市	否	
贺庄村樊向芬农村授权代理店	授权代理店	农村	否	
王老沟农卢俊农村授权代理店	授权代理店	农村	否	
米庄窝宋立新农村授权代理店	授权代理店	农村	否	
郑庄村曹树伟农村授权代理店	授权代理店	农村	否	
大营村安平农村授权代理店	授权代理店	农村	否	
岱马路农村授权代理店	授权代理店	农村	否	
永静城智秀果农村授权代理店	授权代理店	农村	否	
柏坡村王宁农村授权代理店	授权代理店	农村	否	
刘家窑李跃伟农村授权代理店	授权代理店	农村	否	
东小河温玉平农村授权代理店	授权代理店	农村	否	
马梁村马维珍农村授权代理店	授权代理店	农村	否	
北周庄李瑾农村授权代理店	授权代理店	农村	否	
白殿沟刘智权农村授权代理店	授权代理店	农村	否	
山阴庄赵金悦农村授权代理店	授权代理店	农村	否	
张庄村井增堡农村授权代理店	授权代理店	农村	否	
东庄村郭玉荣农村授权代理店	授权代理店	农村	否	
程佳慧城市便利授权代理店	授权代理店	县市	是	06031A02 山阴县政府
唐秀枝城市授权代理店	授权代理店	县市	否	
韩建虎城市授权代理店	授权代理店	县市	是	06031A02 山阴县政府

续　表

组织名称	集团体系三级分类	目前位置（农村 / 县市）	是否处于商圈内	核心商圈名称
西沙堆温喜莲农村授权代理店	授权代理店	农村	否	
芍药沟毕峰农村授权代理店	授权代理店	农村	否	
樊月怀城市便利授权代理店	授权代理店	县市	否	
李国春城市便利授权代理店	授权代理店	县市	是	06031A02 山阴县政府
周继弼城市便利授权代理店	授权代理店	县市	否	
李秀英农村便利授权代理店	授权代理店	农村	否	
黑圪塔寇树平农村授权代理店	授权代理店	农村	否	
中小河杨玉春农村授权代理店	授权代理店	农村	否	
农牧场王丽芳农村授权代理店	授权代理店	农村	否	
庄窝村宋占权农村授权代理店	授权代理店	农村	否	
燕庄村李彦农村授权代理店	授权代理店	农村	否	
新岱岳村农村授权代理店	授权代理店	农村	否	
芦岭村解有义农村授权代理店	授权代理店	农村	否	
辛立庄村白兵农村授权代理店	授权代理店	农村	否	
帐头铺冯国华农村授权代理店	授权代理店	农村	否	
安岸庄王召清农村授权代理店	授权代理店	农村	否	
温建明城市农村授权代理店	授权代理店	县市	否	
其他授权代理店随销类	授权代理店	县市	否	
北环路直营店	直营店	县市	否	
西环路直营店	直营店	县市	是	06031A02 山阴县政府

山阴联通分公司

2006 年 3 月，山阴网通公司成立。2008 年 10 月，山阴网通更名为山阴联通分公司。2016 年，内设机构有综合部、市场部、运维部。工作人员 86 人，经理 1 人，副经理 3 人。1 个建维中心，5 个乡镇网点，分别是古城镇、后所乡、玉井镇、薛圐圙乡和北周庄镇。历任经理有杨港、孙耀庭、王红东、郭志祥、才玉勋、赵全家。

第十七编

经济综述

经济综述

1998年后，山阴县以煤电、乳品、冶化三大优势产业和农副产品加工、旅游两大潜力产业的“3＋2”产业格局为框架，实施结构调整和开放引进战略，推动全县经济的快速健康发展。2000年后，继续进行经济体制改革，逐步完善财政、金融、流通等经济管理体制。2009年，受到国际金融危机冲击和自身产业结构畸形的影响，山阴县经济遇到巨大的下行压力。通过推进结构调整、转变发展方式，设法挖潜增收，全县经济在经历严重困难后出现稳定回升态势。2016年，主动适应经济发展新常态，积极推进稳增长、调结构、促改革各项工作，加快转型升级步伐。生产总值完成143亿元，一般公共预算收入完成5.7亿元，社会消费品零售总额完成37.4亿元，城镇常住居民人均可支配收入30470元，农村常住居民人均可支配收入14199元。

第一章　经济体制改革

第一节　财政体制

1998 年，山阴县政府机构改革及其他各项改革顺利推进，县乡两级政府机关工作人员向国家公务员过渡培训、考试等前期工作圆满完成。实现国家宏观体制财税改革的平稳过渡。

2002—2006 年，上级财政收入占财政总收入的比重逐年增大，山阴县在不违背税收法律法规的基础上，改进对国税、地税的考核办法，把总收入和一般预算收入两项内容合并考核，增加县级可用财力。按照流转税考核地税部门教育费附加、城维税和价格调控基金的组织征收工作。

2006 年，山阴县落实工资改革预增资 1278 万元，新增教师增加支出 118 万元，军人优待金 60 万元，落实企业退休人员提高养老金补助 121 万元。根据财政改革的要求，建立了预算编制、执行、监督相互分离、相互制约、相互促进的工作机制，凡承办资金收支的股室都实行了票款分离，有效地解决了业务衔接不紧密、缺乏有效制约的问题；涉及资金拨付，对外要由两个以上股审核把关，内部要由三个以上岗位签字完成，大大减少了个人倾向性和随意性，制约和促进作用得到充分发挥。

2009 年，山阴县结合可用财力，科学合理确定部门预算定额标准，预算的合理性、科学性增强。加强项目资金的编审和管理，按照“有保有压”原则，根据综合财力情况，实施按轻重缓急合理排序，优先安排县委、县政府确定的重大项目以及部门事业发展迫切需要切实可行的项目。统一账簿设置、统一科目设置、统一报表制度、统一软件管理、统一票据管理、统一档案管理，举办乡镇财政所人员家电下乡业务培训班，建立例会制度、考核制度、监督制度。

2016 年，山阴县深化预算管理体制改革，规范资金拨付和跟踪问效监管流程，继续加大政府信息公开力度，财政预决算和“三公”经费实现了全公开、全覆盖，有效提高了资金使用的安全性、公开透明性和科学性。完善了绩效评价体系建设，防范债务风险，有效化解存量债务，建立预算绩效管理机制，提高财政资金使用效益；继续扩大政府购买服务规模和范围，提高公共服务供给的质量；推行了政府和社会资本合作模式，鼓励社会资本参与社会各项事业。

第二节　金融体制

1998 年，中国人民银行按照国务院批转的《人民银行省级机构改革实施方案》，撤销省级分行，在九个中心城市设立分行。中国人民银行山阴县支行按行政区域划分，隶属于天津分行管辖，对辖区内金融机构的业务活动进行监督管理，积极引导辖区内金融机构执行中央制定的稳健的货币政策。

2003 年，中国人民银行山阴县支行积极引导辖内金融机构继续执行中央制定的稳健的货币政策。第十届全国人大常委会第一次会议通过《关于国务院机构改革方案的决定》，将中国人民银行对银行、资产管理公司、信托投资公司及其他存款类金融机构的监管职能分离出来成立中国银行业监督管理委员会，朔州银监分局山阴办事处随即成立。2004 年，中国人民银行山阴县支行积极引导辖区内金融机构执行中央制定的稳健的货币政策。当年 9 月，中国建设银行进行股份制改革，由国有独资商业银行改制为国家控股的股份制商业银行，更名为中国建设银行股份有限公司，中国建设银行股份有限公司山阴县支行随即挂牌。2005年，中国人民银行山阴县支行积极引导辖区内金融机构执行中央制定的稳健的货币政策。当年12月，中国建设银行股份有限公司公开发行上市，是中国首家上市的国有商业银行。2006年，按照总行、分行内部职能调整方案，在上级行指导下，有计划有步骤地实行发行库业务“零库存”，10月正式停办人民币发行业务。同年，中国工商银行股改上市，11月中国工商银行山阴县支行更名中国工商银行股份有限公司山阴县支行。

2008年，中国邮政集团公司按照国家对邮政政企分开的改革要求，在改革原有邮政储蓄管理体制的基础上组建国有商业银行，成立中国邮政储蓄银行有限责任公司，5月中国邮政储蓄银行有限责任公司朔州市山阴县支行挂牌。同年，中国银行股改上市，更名为中国银行股份有限公司，中国银行股份有限公司山阴县支行随即挂牌。11月，山阴县农村信用合作社实行统一法人制治理结构，更名为山阴县农村信用合作联社。2009年，中国人民银行山阴县支行积极引导辖区内金融机构执行中央制定的适度宽松的货币政策。中国农业银行山阴县支行按照总行股改上市要求进行不良资产剥离，稳步推进股改上市进程。2010年，中国农业银行股改上市，更名为中国农业银行股份有限公司，中国农业银行股份有限公司山阴县支行随即挂牌。同年，为适应业务发展需要，在北周庄工业园区设立中国建设银行股份有限公司朔州北周庄分理处，隶属于中国建设银行股份有限公司朔州市分行管理。2012年3月，中国邮政储蓄银行有限责任公司股改上市，更名为中国邮政储蓄银行股份有限公司，中国邮政储蓄银行股份有限公司山阴县支行随即挂牌。同年12月，由晋城银行股份有限公司发起成立的山阴县太行村镇银行股份有限公司挂牌成立。

2014年，中国人民银行山阴县支行积极引导辖区内金融机构执行中央制定的稳健的货币政策。当年，晋商银行股份有限公司为适应业务发展需求，进驻山阴县，成立晋商银行股份有限公司山阴县支行。2015年11月，山阴县政府主导，吸收中煤华昱等6家法人机构资本，完成对山阴县农村信用合作联社股份制改革，实行一级法人治理机构，更名为山西山阴农村商业银行股份有限公司。2016年，中国建设银行股份有限公司朔州北周庄分理处更名为中国建设银行股份有限公司朔州北周庄支行。

第三节　流通体制

国有商业

20世纪90年代初，山阴县国营商业企业进行第二轮承包，实行上缴利润递增包干、包死基数与超收分成、定额包干等形式，实行工资总额与经济效益挂钩。1998—2016年，国有商业企业全面推行产权制度改革，实行承包和租赁经营的国有商业企业先后以股份制形式买断产权，组建有限责任公司，实现企业民营化。

粮食流通

1998年，中共中央、国务院发出《关于进一步深化粮食流通体制改革的决定》，明确按保护价敞开收购农民出售的余粮，除国有粮食部门外，任何单位和个人不得收购粮食。1999年，城镇粮食定量供给终止。2002年后，粮食全面进入购销市场化经营。2016年，山阴县完成粮食应急供应网点建设任务，确保县乡全覆盖，稳定全县粮食市场价格。

供销社

1998年后，山阴县供销系统逐步推行股份合作制。2001年，全县供销企业以民营化取向为目标，通过联营、兼并、买断等方式实现股权向企业法人代表或少数人转移，逐步向现代企业制度过渡。2016

年，县供销社搞服务、拓经营，提升便民连锁商店服务功能。

第四节 农村经济体制

经营体制

1998—2016年，全县开展第二轮土地承包工作，普遍实行农村土地承包期30年不变和“增人不增地，减人不减地”政策，签订土地承包合同，颁发土地承包经营证书，调动和保护农民的生产积极性。

合作经济组织

20世纪90年代，山阴县农民专业合作组织逐步发展。2007年，中华人民共和国《农民专业合作社法》颁布实施，合作社步入依法加快规范发展轨道。2016年，山阴县合作社成为农村最重要的经营服务组织，推动农业向产业化、商品化、专业化、现代化发展。农民专业合作组织1216户。

农村税费改革

2000年，中共中央、国务院下发《关于进行农村税费改革试点工作的通知》。2003年，山西省政府制定《农村税费改革试点工作方案》，调整农业税政策。全县开始农村税费改革试点工作，取消乡统筹费、农村教育集资、屠宰税、农业特产税。2004年，全县农村税费改革13个乡镇总人口21.9万人，其中农业人口16.3万人，农民15.9万人。改革前全县负担农业税总额为1233.4万元，人均负担762元，经过改革全县负担总额744万元，人均46元。2006年，落实省委、省政府“在全省范围内免征农业税”政策，全县减免农业税及附加税。至此，农民不再交粮纳税。

第五节 工业企业体制

国企改制

20世纪90年代，山阴县确定国有企业利润、成本等指标，纳入厂长经理目标责任制考核。国有工商、二轻、粮食、物资企业开始进行产权制度改革。1998年，全县改制企业120家，占到企业总数的83.9%。通过改革，企业活力大增，原玻璃厂、石料厂等企业起死回生。

2000年，企业实行民营化改革，实行企业民营化企业管理，按市场要求，自筹资金、自主经营、自负盈亏、自担风险，各个企业均建立有自身独特灵活的经营管理制度。全年完成一、二水泥厂，化工机械厂，6座县营煤矿共9家企业的改制工作。2002年，按照国有资本退出、职工身份转换、股份适度集中的改制要求，因企制宜，分类改制，采取改组、兼并、出售、破产、租赁和股份制、股份合作制等多种有效形式进行改制。2003年，金海洋洁净煤公司与北周庄煤炭集运站联营改组，创新经营机制。完成了麦片厂的股份改制。

2009年，山阴县90%的企业完成改制，有条件的企业都进行公司制改组，成为混合所有制企业，初步建立产权清晰、权责明确、政企分开、管理科学的现代企业制度。按照“总量适度、优化布局、改善结构、提升水平”和“关小上大、产能置换、有序建设”的原则，通过收购、兼并、联营、参股等形式，加快推进煤炭资源整合和企业兼并重组。全县煤矿数量由39座整合为21座，平均单井生产规模由年产32万吨提高到126万吨，产能由1245万吨提到2640万吨。

至2016年，山阴县所有国有企业改制完成，建立产权清晰、权责明确的现代企业制度。国企通过生产工艺升级，新产品开发，品牌培育，管理创新等方式，推进企业技术，品牌等领域的创新，提高产品档次和附加值，促进产品和产业优化升级。

民企改制

20世纪90年代，山阴县乡镇企业为乡镇（包括所辖村）农村集体经济组织或者农民投资为主的各类企业，包括乡镇办企业、村办企业、农民联营的合作企业、其他形式的合作企业和个体企业5类，主要分布在工业、建筑业、运输业、批发零售、饮食业和服务业等六大门类。乡镇企业实行内部改革，由股份合作制转为公司制，产权更加明晰。1998年，全县乡镇企业改革继续向纵深推进，农村股份合作制向多领域发展。2002年，县乡镇企业局更名为县民营经济发展局，负责对全县民营经济发展进行统一指导与管理，改善企业服务环境。2005年，山阴县在中小企业中筛选出符合产业政策、科技含量高、发展潜力大、市场前景好、辐射能力强的成长型企业，从政策、资金等方面给予支持，带动境内民营经济发展。2007年，民营经济龙头企业作用日益显现，实施龙头企业特色县战略。同年，民营经济发展局更名为中小企业发展局，管辖范围延伸至全县所有中小企业。2010年后，民营企业适应经济结构调整和经济增长方式转变要求，开展节能减排，技术创新，质量和效益明显提高。2016年，山阴县中小企业950家以上，中小企业、民营经济总收入约300亿元，上缴税金约11亿元。

第二章　经济发展

第一节　农工商业

1998年，山阴县社会消费品零售总额完成3.8亿元。2003年，山阴县煤炭、乳品、冶金化工三大支柱产业效益明显，分别实现税收5701万元、1500万元、1398万元。工业经济保持良好的发展势头。规模以上工业企业实现增加值2.25亿元，实现利税6257万元，同比分别增长28.9%和23.2%。在大面积退耕还林还草的情况下，粮食总产仍达到0.975亿公斤，大牲畜、羊的饲养量同比分别增长11.9%和5.9%，其中奶牛净增7387头，鲜奶总产18.6万吨，比上年增长5.2%。2008年，山阴县工业总产值增速、服务业增加值增速两项指标位居全市第一。工业增加值32.6亿元，增长22.9%；粮食总产1.545亿公斤，增长2.9%。

2009年，全年实现生产总值99.4亿元，一、二、三产业分别增长2.1%、24.7%和5.9%。规模以上工业增加值达41.36亿元，增长27.2%，高于全市9.2个百分点。全年实现社会消费品零售总额16.7亿元，增长20%。2012年，全县工业增加值80.8亿元，同比增长17.1%。社会消费品零售总额27.1亿元，同比增长16.3%。2014年，工业增加值完成54.4亿元，同比下降5.2%。社会消费品零售总额完成31.7亿元，同比增长12.7%。2016年，全县粮食产量2.65亿公斤，设施蔬菜种植扩量提质，种植面积增加到3.8万亩。规模以上工业增加值完成31.8亿元，同比增长4.2%。社会消费品零售总额完成37.4亿元，同比增长7.5%。

第二节　主要经济指标

国内生产总值

“九五”末的2000年，全县国内生产总值完成11.51亿元，按可比价比上年10.75亿元增长7.4%，比“八五”期末增长88.7%。“九五”期间，全县国内生产总值年均增长13.55%。“九五”期末，一、二、三产业增加值占国内生产总值的比例为34∶31.8∶34.2。

“十五”期间，全县国内生产总值分别完成 11.69 亿元、13.33 亿元、15.14 亿元、18.08 亿元、25 亿元。“十五”期末，一、二、三产业增加值占国内生产总值的比例为 18.44∶45.35∶36.21。

“十一五”期间，2006 年全县国内生产总值完成 37.5 亿元，比“十五”期末增长 20.8%，增速为历史最好水平。其中，第一产业完成 5.9 亿元，比上年增长 8.8%；第二产业完成 20.38 亿元，比上年增长 30.3%；第三产业完成 11.26 亿元，比上年增长 15.9%。2007 年，全县国内生产总值完成 57.2 亿元，比上年增长 19.1%。其中第一产业完成 8.28 亿元，第二产业完成 30.37 亿元，第三产业完成 18.55 亿元，一、二、三产业分别比上年增长 14.7%、21.4% 和 17.4%。三产构成由 2006 年的 15.7∶54.3∶30 调整为 14.5∶53.1∶32.4。2008 年，全县国内生产总值完成 73.07 亿元，比上年增长 13.97%。其中一、二、三产业分别完成 8.3 亿元、39.12 亿元和 25.64 亿元，比上年分别增长 1.1%、16.12% 和 16.9%，三次产业构成比例为 11.37∶53.54∶35.09。2009 年，国内生产总值完成 99.4 亿元，比上年增长 15.3%。一、二、三产业分别比上年增长 2.1%、24.7% 和 5.9%。“十一五”末，全县国内生产总值完成 116.43 亿元，比上年增长 17.1%。一、二、三产业分别完成 9.82 亿元、56.84 亿元、49.77 亿元，比上年分别增长 15.9%、-14.6% 和 18%，三产增加值占国内生产总值的比例为 8.43∶48.82∶42.75。“十一五”期间，全县国内生产总值年均增长 31.3%。

“十二五”期间，克服经济下行压力增大、发展不平衡等不利因素，全县国内生产总值由“十一五”期末的 116.4 亿元提升到“十二五”末的 139.4 亿元，年均增长 3.67%，三产结构调整为 8.8∶36.7∶54.5。

2016 年，全县国内生产总值完成 143 亿元，比上年增长 4.7%。经济增速降幅逐季收窄，止跌回稳。一季度、二季度、三季度、全年增速分别增长 -4%、-1.3%、4.8% 和 4.7%。

财政收入

“九五”期末，山阴县抢抓煤炭业恢复性增长契机，培植乳品、冶化、建材等财源，主体税源足额入库，全县完成财政总收入 7378 万元，超年度预算 0.96 个百分点，比上年增长 8.6%；一般预算收入完成 4264 万元，超年度预算 0.95 个百分点，比上年增长 9.7%。

“十五”期间，2002 年全县财政收入突破亿元大关。“十五”期末，全县财政收入突破 5 亿元大关，达到 5.2 亿元，总量居全市第二，增幅全市第一；一般预算收入 1.66 亿元，增长 138.3%。

“十一五”期末，全县财政总收入由“十五”末的 5.21 亿元增长到 20.13 亿元，增长 2.9 倍，年均增长 31%，提前 3 年实现“十一五”规划目标，连续四年总量保持全市第一；一般预算收入由“十五”末的 1.66 亿元增长到 10.05 亿元，增长 5.1 倍，年均增长 43.4%，提前两年实现“十一五”规划目标，连续五年保持全市第一。

“十二五”期间，前期受煤炭“黄金十年”的惯性拉动，财政总收入于 2013 年冲高；后期受经济下行、煤炭市场疲软及体制因素影响，2014 年、2015 年持续走低。2011—2015 年，全县一般公共预算收入累计完成 47.28 亿元，是“十一五”时期的 1.5 倍，为经济社会事业发展提供财力支撑。

2016 年，全县一般公共预算收入完成 5.7 亿元，比上年下降 11.4%，降幅比上半年收窄 27 个百分点。

1998—2016 年度山阴县财政总收入、一般预算收入一览表

表 17-1

年　度	财政总收入（万元）	比上年增长（±%）	一般预算收入（万元）	比上年增长（±%）
1998	7972	3.63	4621	-3.74
1999	6792	-14.8	3882	-16
2000	7378	8.6	4264	9.7

续　表

年　度	财政总收入（万元）	比上年增长（±%）	一般预算收入（万元）	比上年增长（±%）
2001	8267	12.05	4899	14.89
2002	11045	23.2	4419	30.7
2003	13622	23.3	5514	28.4
2004	25008	84	6961	26
2005	52132	108.5	16600	138.3
2006	100220	92.2	35500	113.9
2007	135958	35.66	47595	39.6
2008	180986	33.1	55414	16.4
2009	181801	0.45	78836	42.3
2010	201300	10.7	100546	27.5
2011	241589	20.1	86731	−13.74
2012	300159	24.24	106135	22.37
2013	283286	−5.6	125915	18.6
2014	175312	−38.11	89326	−29.1
2015	166363	−5.1	64710	−27.5
2016	159649	−4	57359	−11.4

消费价格指数

1998年，全县市场物价低位运行，全年物价指数101.3%，比上年降低0.1个百分点。1999年，全县物价指数96%，比上年降低5.3个百分点。“九五”末，全县物价指数98.1%，低于计划1.9个百分点。

“十五”期间，全县消费品市场价格逐步回升，高位运行，居民消费品价格指数由2001年的97.79%上升到2004年的104.2%，4年上升6.41个百分点。“十五”期末回落1.69个百分点。

2006年，居民消费品价格指数102.58%。2010年，居民消费品价格指数102.8%。2016年，居民消费品价格指数108%。

第三章　经济结构

第一节　所有制结构

1998年后，山阴县市场主体由内资企业、私营企业、个体工商户和农民专业合作社组成。2009年，山阴县有内资企业238户、私营企业314户。

2013年，山阴县共有市场主体8340户，其中内资企业258户，私营企业698户，个体工商户6582

户、农民专业合作社 802 户。内资企业包括国有企业 40 户，集体企业 72 户，有限公司 146 户。私营企业包括独资企业 128 户，合伙企业 2 户，有限责任公司 568 户。从登记户数上看，个体工商户占绝大多数，占全部主体 78.92%，农民专业社登记户数排名第二，私营企业登记户数排名第三位，内资企业排名第四位、但从注册资本的比重来看，私营企业占全部市场主体总量的 43.42%，内资企业占比 27.25%，占有较大比重。

2016 年，山阴县共有市场主体 11103 户，其中内资企业 250 户，私营企业 1378 户，个体工商户 8259 户、农民专业合作社 1216 户。内资企业包括国有企业 30 户，集体企业 46 户，有限公司 174 户。私营企业包括独资企业 151 户，合伙企业 2 户，有限责任公司 954 户，股份有限公司 23 户。从登记户数上看，个体工商户占绝大多数，占全部主体 74.39%，私营企业登记户数排名第二位，农民专业社登记户数排名第三，内资企业排名第四位；从注册资本的比重来看，私营企业占全部市场主体总量的 48.12%，内资企业占比 35.14%，占有较大比重。

第二节　产业结构

1998 年后，山阴县发挥主导产业优势，引资金、引项目，壮大煤炭、乳品、化工三大优势产业，培育陶瓷、旅游两大潜力产业，形成“3+2”工业主导型的县域经济发展格局。2003 年，发展煤炭深加工，金海洋“双 500 万”洗精煤项目一期工程建成投产；给予古城乳业集团扶持，引进并引导伊利、蒙牛发展壮大，形成古城、伊利、蒙牛三大龙头企业齐头并进的乳品业发展新格局；化工产品向石灰氮、硅锰合金等多元化方向发展；扶持建成佳美达、巍山两个年产千万件日用陶瓷的企业；启动广武旅游区的开发工程。

2007 年，全县地区生产总值完成 57.2 亿元，其中第一产业完成 8.28 亿元，增长 14.7%；第二产业完成 30.37 亿元，增长 21.4%；第三产业完成 18.55 亿元，增长 17.4%。县域经济发展协调性增强，综合实力大幅提升。三次产业构成由 2006 年的 15.7∶54.3∶30 调整为 14.5∶53.1∶32.4。工农业生产持续高速增长，统筹发展协调能力不断增强。主导产业发展势头迅猛。煤炭产业集中度进一步提高，累计生产原煤 1210.6 万吨，增长 8.4%；煤炭外销 2273.9 万吨，增长 29.6%。乳品业稳步发展，系列乳制品产量达 38.11 万吨，增长 97.72%。冶化业效益提升，生产甲醇 8340 吨、铁合金 4.7 万吨、电石 3.48 万吨、石灰氮 18.1 万吨。农副产品加工业快速发展，全县肉、蛋、奶、菜、杂粮、饲草饲料等八大农副产品加工体系日趋完善。旅游产业发展前景广阔。第一产业农业结构趋于优化。种植业建成了高产玉米示范基地、特色杂粮基地、无公害蔬菜基地、饲草饲料基地；以奶牛养殖为主的畜牧养殖业规模化、集约化、高效化水平提升。第二产业工业经济结构继续推进。煤电、乳品、冶化、农副产品加工等主导产业发展势头良好。第三产业服务业发展加快。服务业增加值完成 18.55 亿元，增长 17.4%，占 GDP 比重达 32.4%。其中：交通运输和仓储邮政业占 23.5%，批发零售业占 18.7%，住宿和餐饮业占 7.3%，金融业占 5%，房地产业占 10.5%，其他服务业占 35%。项目建设进展顺利。金海洋 600 万吨洗煤厂扩建、2×50 兆瓦矸石发电、金龙输煤专线、五家沟和芍药花 120 万吨现代化综采、新科盐碱地专用肥、康喜 10 万吨液态奶扩建、春城 5 万吨功能性液态奶续建、天鹏肉制品加工、广武旅游区汉墓公园及长城景观区两万亩绿色屏障工程等项目建设，为经济又好又快发展注入新的活力。

2009 年，全县地区生产总值完成 99.44 亿元。其中，第一产业完成 7.33 亿元，增长 2.1%；第二产业完成 47.38 亿元，增长 24.7%；第三产业完成 44.73 亿元，增长 5.9%。地区生产总值三次产业比重由 2008 年的 8.16∶46.02∶45.82 调整为 7.38∶47.65∶44.97。经济发展方式转型进程加快，结构调整迈出新步伐。

坚持优化存量与培植增量并举，以煤炭资源整合重组为重点的产业结构调整迈出新步伐。煤炭产业规模化、集约化、机械化、信息化水平显著提高。全县煤矿由39座整合为21座，煤炭产能由1245万吨提高到2640万吨。煤炭生产—洗选—煤矸石发电—煤矸石烧结砖—硅锰合金生产为链条的金海洋循环经济不断壮大，形成了生产、洗选、输煤、发运的良性循环生产格局。结构调整扎实推进，7.38∶47.65∶44.97的一、二、三次产业比重更趋合理。第一产业以设施农业为抓手，建设示范性温室大棚450座，实施玉米丰产方、旱作农业等四个万亩方工程，大力推进规模健康养殖，加强鲜奶质量监管和标准化奶站建设，农业结构得到进一步优化。第二产业煤电、乳品、冶化、农副产品加工等主导产业持续健康发展，工业经济结构继续推进。第三产业服务业增速加快。服务业增加值完成44.73亿元，增长5.9%，占GDP比重达44.97%，高于国家、省、市平均水平。经济发展方式转型成效明显，转型进程进一步加快。

2010年，煤炭资源整合和煤矿兼并重组取得重大成果。电力工业迅速崛起，煤电产业不断延伸。服务业加速发展，特别是广武边塞文化旅游区已见端倪。三次产业比重由“十五”期末的18.44∶45.35∶36.21调整到2010年的8.43∶48.82∶42.75，第三产业比重提高6.54个百分点，荣获全省结构调整先进县。乳品产业历经“问题奶粉”事件的洗礼，得到健康发展，新建奶牛标准化养殖小区81个，建成“健康奶业”远程监控系统，在全省率先实现了奶源监管自动化、信息化，位居全国牛奶生产强县第14位。生态建设大规模开展，荣获全省造林绿化先进县。“三色经济”循环发展初具规模，形成了特色鲜明多元循环发展的山阴模式。

2013年，全县地区生产总值完成171亿元。其中，第一产业13.7亿元，增长4.5%；第二产业84.3亿元，增长12.8%；第三产业（服务业增加值）73亿元，增长6.3%；三次产业比重为8∶49.3∶42.7。在总体经济增长速度明显放缓的形势下，全县经济保持平稳较快发展的态势。

2014年，全县地区生产总值完成150.9亿元。其中，第一产业14.2亿元，增长4.5%；第二产业68.4亿元，下降4.3%；第三产业（服务业增加值）68.3亿元，增长1.8%；三次产业比重为9.41∶45.33∶45.26。

2016年，山阴县主动适应经济发展新常态，加强稳增长、调结构、促改革各项工作。推进煤炭供给侧结构性改革，提升矿井现代化水平，全县原煤产量1529万吨，同比下降32.3%。紧抓国家粮改饲试点机遇，推进以养带种的种植结构调整，重点推进青贮玉米、小杂粮、苜蓿三大基地建设。

第三节 投资结构

“九五”期间，全县累计完成基础设施投资11770万元，比“八五”期间增长93%。五年间，省市县三级投资公路建设资金6800万元，全民义务修路投资2000万元，完成二级公路铺油72公里，三级油路56公里，拓宽三级变二级91公里，全县13个乡镇全部通油路，村村实现通公路，电话装机容量达1.7万部，比“八五”末增加1.2万部。

“十五”期间，全县基础设施建设累计投资24亿元，其中城市建设投入4亿元，进行县城扩建改造、道路改造、基础设施完善配套和美化亮化工程、县城污水处理厂开工建设，提升城市化水平。交通道路建设投资20亿元（含大运高速公路山阴段），新增公路里程410公里，全县公路通车里程达到968.6公里（含村村通工程）。

“十一五”期末，全县固定资产投资由“十五”期末的12.94亿元增长到47.06亿元，增长2.69倍，年均增长29.5%。“十一五”期间，全县重点完成南山引水、县城自来水分户供水管网配套改造、天然气供气主管网铺设、热电联供主管网铺设、道路延伸改造、县城污水处理一期工程等。农村“五个全覆盖”

基本完成。全县新增公路里程 334 公里，全县公路通车里程达 1444 公里（含村村通工程），公路密度接近 87.5 公里 / 百平方公里，万人拥有公路里程 65.5 公里，村通水泥（油）路率超过 99%。

“十二五”期间，全县固定资产投资由“十一五”末的 46.1 亿元增长到“十二五”末的 157 亿元，年均增长 27.77%。“十二五”期间，全县累计投入造林绿化 10 多亿元，完成了西山造林 30 万亩、南山治沙绿化 20 万亩、桑干河湿地生态修复绿化 1.6 万亩等。“十二五”期间，城市建设拓展了桑干河湿地新区 12 平方公里，县城规划面积达到 24 平方公里；旧城改造高标准完成了同太路改造等，完成了自来水管网改造和水表出户工程，全省首家县城实现热电联产联供，回购接管了第二供热站，全县集中供热面积达到 220 万平方米，完成生活垃圾处理场建设，建成了紫源广场，开通了城市免费公交等。教育累计投资 7.8 亿元，完成了 9 所县城中小学校、33 所农村薄弱学校、2 所县级机关幼儿园、16 所农村幼儿园的新改扩建。全县 C、D 级校舍危房全部消除，特别是新的山阴一中建成使用，功能设施全省县级高中领先。实施城乡电网工程，解决近 2 万户居民的低电压问题。解决了 6.25 万口人农村饮水安全问题，特别是投资 8000 多万元在山区打井灌溉，解决了山区人畜饮水困难。实施保障性安居工程，建成各类保障性住房 8960 套，建筑面积 79.7 万平方米。全面完成了农村第二轮“五个全覆盖”，建成了 4 所乡镇中心敬老院，10 所农村老年日间照料中心，完成了农村危房改造 9715 户、抗震加固 3304 户等。

2016 年，抓住省、市重点项目及新材料、新能源、节能环保等产业投资，加大民营投资，确保全县固定资产投资稳步增长。全年完成固定资产投资 145 亿元。省、市重点项目 35 项，总投资 233.77 亿元，年内完成投资 23.42 亿元。其中省重点项目 5 项，总投资 212.5 亿元，年内完成投资 20.2 亿元；市重点项目 30 项，总投资 21.27 亿元，年内完成投资 3.22 亿元。

第四章　人民生活

第一节　居民收入

全县农村居民收入

1998 年，全县农业遭受虫灾、秋旱等自然灾害，大灾之年调结构、稳粮油、兴畜牧、促加工、重科技、增效益、夺丰收，农民人均纯收入 2205 元，比上年增加 402 元，年内实现基本达到小康目标。1999 年抗灾夺丰收，全县农民人均纯收入 2235 元，比上年增加 30 元。“九五”期末，全县农民人均收入 2296 元，比上年增加 61 元，比“八五”期末增加 1219 元。粮食总产 1.255 亿公斤，创历史最高纪录。“九五”期间，全县农民人均纯收入年均增长 16.35%。

2001 年，全县遭受历史上罕见的持续干旱，种植业大幅减产，玉米减产 75.4%，蔬菜减产 41.57%，油料减产 91.02%，粮食共计减产 75.4%，致使全县农民人均纯收入回落至 1817 元，比“九五”期末下降 20.86%。2002 年，全县农业生产再创历史新高，粮食总产 9151 万公斤，粮油菜总产分别比上年增长 196.1%、367.9% 和 25%，全县农民人均纯收入达 2491 元，比上年增长 674 元。2003 年实施粮经饲三元种植结构调整，奶牛规模化、园区化步伐加快，农民增收渠道进一步拓宽，全县农民人均纯收入 2733 元，比上年增加 242 元，增长 9.7%。2004 年，全县农民人均纯收入持续增长，比上年增长 11.9%。“十五”期末，稳步推进雁门关生态畜牧经济区建设，农业农村经济持续发展，全县农民人均纯收入达到 3388 元，比上年增长 10.8%。

“十一五”期末，全县农民人均纯收入由“十五”末的3388元增长到7532元，增长1.2倍，年均增长17.3%，成为全市农民增收最快的县区，居全省前列，获全省增加农民收入先进县称号。

“十一五”期间山阴县农民人均纯收入一览表

表17-2

年 度	农民人均纯收入（元）	比上年增长（±%）	比上年增加额（元）
2006	4068	20	680
2007	5005.7	23.5	937.7
2008	5996	19.8	990.3
2009	6503.4	8.5	507.4
2010	7532	15.82	1028.6

“十二五”期间，全县农村常住居民人均可支配收入由“十一五”末的7532元提高到“十二五”末的13395元，年均增长12.54%，蝉联全省“增加农民收入先进”县称号。

“十二五”期间山阴县农民人均纯收入一览表

表17-3

年 度	农民人均纯收入（元）	比上年增长（±%）	比上年增加额（元）
2011	8905	18.2	1373
2012	10110	13.5	1205
2013	11374	12.5	1264
2014	12565	9.9	1191
2015	13395	6	830

2016年，全县农村常住居民人均可支配收入14199元，比上年增长6%。

城镇居民收入

“九五”期末，全县城镇居民人均可支配收入达到3416元。“九五”期间年均增长16.35%。

“十五”期间，全县城镇居民人均可支配收入稳步增长。“十五”期末达到7020元，比“九五”末增长104.7%，完成“十五”预期目标的146.2%。

“十五”期间山阴县城镇居民人均可支配收入一览表

表17-4

年 度	城镇居民人均可支配收入（元）	比上年增长（±%）	比上年增加额（元）
2001	3587	5.01	171
2002	3961	10.4	374
2003	4602	16.2	641
2004	5110	11.0	508
2005	7020	37.4	1910

“十一五”期末，全县城镇居民人均可支配收入由“十五”末的7020元增至17374元，增长1.5倍，年均增长19.9%。

“十一五”期间山阴县城镇居民人均可支配收入一览表

表17-5

年　度	城镇居民人均可支配收入（元）	比上年增长（±%）	比上年增加额（元）
2006	9003	28.2	1983
2007	11588	28.7	2585
2008	13889.4	19.9	2301.4
2009	15500	11.6	1610.6
2010	17374	12.1	1874

“十二五”期末，全县城镇常住居民人均可支配收入由2010年的17374元提高到28964元，年均增长10.78%。

“十二五”期间山阴县城镇常住居民人均可支配收入一览表

表17-6

年　度	城镇居民人均可支配收入（元）	比上年增长（±%）	比上年增加额（元）
2011	20091.6	15.6	2717.6
2012	22800	13.5	2708.4
2013	25046	9.8	2246
2014	27069	8.1	2023
2015	28964	7	1895

2016年，全县城镇居民人均可支配收入30470元，比“十二五”末增长5.2%。

第二节　居民消费

20世纪90年代，山阴县居民在外用餐增多，成为节庆、聚会、休闲的主要形式，文化消费出现听音乐、上网、旅游等。每百户家庭拥有洗衣机55台，电冰箱43台，空调35台，家用汽车24辆，固定电话89部，彩色电视机67台，家用计算机35台。教育文化娱乐服务费支出1560元，建房与购房支出3200元。居住设施大为改善，单元或单栋配套住宅基本普及，居民住房消费成为带动消费增长的重要组成部分。2014年，城镇住户消费性支出，食品4461元，衣着1513元，居住3121元，医疗保健824元，交通通信1196元，教育文化娱乐2437元。农村住户消费性支出，食品1945元，衣着511元，居住732元，医疗保健219元，交通通信568元，教育文化娱乐1432元。2016年，每百户家庭拥有洗衣机85台，电冰箱76台，空调65台，家用汽车45辆，固定电话86部，彩色电视机95台，家用计算机56台。教育文化娱乐服务费支出2700元，建房与购房支出4500元。居住设施大为改善，单元或单栋配套住宅基本普及，居民住房消费成为带动消费增长的重要组成部分。

第三节 居民储蓄

1998年，山阴县城乡居民储蓄存款余额7.2亿元。2009年，城乡居民储蓄存款余额80.06亿元。2016年，随着经济不断发展，城乡居民储蓄存款大幅度增加，存款余额119.7亿元。

1998—2016年山阴县城乡居民储蓄存款总额表

表17-7 单位：万元

年 度	总 额	年 度	总 额
1998	72290	2008	650689
1999	51521	2009	800637
2000	87364	2010	804789
2001	98051	2011	864825
2002	106855	2012	941110
2003	125926	2013	1011570
2004	175499	2014	1063677
2005	252782	2015	1116759
2006	343949	2016	1197014
2007	462405		

第四节 居住条件

1998年前，山阴县居民喜欢住北房，房屋多为土木平房和土、石碹窑，一堂两居、火炕朝阳。旧时桑干河以南和下湿盐碱区以土房为主，山区贫苦人多住靠崖掏窑，有钱者住石碹窑。川、坡区窑浅，山区窑深，有时深二丈（6.67米）多。地面多为土质，少数人家铺砖；屋顶多数抹胶泥，有瓦者极少。家庭富有者盖四合院。四合院为四面盖房，多以北房为上，祖宗神位置其中，作为客厅。东西房为厨房、寝室，哥东弟西，由上而下，南房放置杂物，少数住人。大门多为东南走向，西南角为厕所，门内砌照壁，或写朱子治家格言，或画猛虎，或写一大“福”字。室内一般挂中堂和大字匾。20世纪90年代后，单门独院增多，一连二间、三间、五间不等。大窗面、高屋脊、双扣瓦、工艺考究的砖木结构平房，以及砖混结构楼房迅速发展，客厅、卧室、厨房俱全。款式新颖的立柜、梳妆台、组合柜、沙发、矮柜、写字台、折叠椅及各种电器等逐渐普及，室内挂现代装饰画。新建门楼宽而平，一般可容小四轮拖拉机进入。

2016年，城镇人均居住面积25平方米。居住条件改善，使用暖气的住户有3万余户。农村家庭大都在宅基地修建独院。多数农村居民家庭住房有卫生、取暖、饮用安全卫生水设备，部分富裕农民住房和内部装饰城市化，室内装潢考究，设施齐全，美观舒适。

第十八编

农业

山阴县围绕种植玉米、马铃薯、蔬菜三大战略，以农业增产、农民增收为目标，以提高农民科技素质为目的，依法实施科教兴农，狠抓各项农业重点工程。1998年，全县粮食达0.975亿公斤。2004年，全县耕地面积61.9万亩，人均3.9亩。2008年，全县农村劳动力60490人。全县实施国家农业综合开发后所片土地治理项目，2010年完成改造中低产田0.73万亩，项目总投资665万元。全县实施国家立项四分水中低产田改造（盐碱地改造）项目，2013年，治理面积0.3万亩，总投资320万元。“十二五”期间，全县推进农业技术推广、加快完善农业服务、农民合作科技支撑“三大体系”，确保粮食产量每年递增7%以上。2016年，全县围绕玉米、马铃薯、莜麦、向日葵等作物，开展粮油高产创建活动。提高设施农业技术标准，推广无滴膜、植物生长灯、自动温控系统，提高设施农业效益，实现平均单产提高5%以上。全年粮食产量达到2.65亿公斤。

第一章　生产力

第一节　耕　地

1998 年，全县耕地面积 80.6 万亩，人均 4.9 亩。粮食作物以玉米、谷子、黍子、豆类、莜麦、马铃薯为主，是优质小杂粮生产县。经济作物以胡麻、向日葵、甜菜、蔬菜、瓜类为主，经济林以杏、李、枣、梨、葡萄为主。

2004 年，全县耕地面积 61.9 万亩，人均 3.9 亩。2008 年，全县实施盐碱地玉米丰产方建设工程，涉及岱岳乡刘家岭村、北王庄村、解庄村三个村，面积 9000 亩。农业生产以种植粮食作物为主，品种主要有玉米、马铃薯、莜麦、豆类等；油料作物种类有胡麻、向日葵等；经济作物以瓜类为主。是年，粮食总产量 1.545 亿公斤。

2010 年，全县共有耕地面积 73.7 万亩，占县域总面积的 32.6%；水浇地 19 万亩，占总耕地面积的 23.6%。农作物平川区以玉米、高粱、谷子为主，山区则以莜麦、马铃薯为主。2016 年，全县粮食作物 76.96 万亩，其中玉米 51.93 万亩、豆类 3.8 万亩、谷子 2.4 万亩、其他杂粮 7.37 万亩、薯类 2.5 万亩；经济作物 8.92 万亩，其中油料 4.42 万亩、瓜果蔬菜 3.8 万亩、中药材 0.5 万亩、糖类 0.22 万亩。

第二节　劳动力

劳动力总数

2002 年，全县劳动力 52937 人。通过“基地 + 农户”的形式，带动 8 个乡镇、120 个村、8000 多户从事无公害蔬菜种植，消化农村剩余劳动力 800 多人。2006 年，全县总人口 21.9 万人，农业人口 16.3 万人，种地农户 40082 户。2008 年，全县农村劳动力 60490 人。2016 年，全县总人口 24.1 万人，农业人口 17.5 万人，种地农户 6.7 万户，劳动力 8.15 万人。

劳动力培训

20 世纪 90 年代，全县加强农技体系建设，强化各级培训力度。成立由分管农业副县长牵头，农技中心、财政局、广电公司、扶贫办、中小企业局、科技局、科协、农业局、农机局、林业局、畜牧局及各乡镇负责人为成员的农业科技培训工作领导组，确立科技副乡长和乡农技员，村级科技副主任和农民技术骨干的三级培训网。1998—2007 年，全县累计授课 1000 余场次，实地区域性指导 880 余场次，发放科技培训资料、图书 12 万余份，开展电视讲座 160 场次，聘请农业专家 13 人次，选派 36 名核心示范户参加市农业局专题培训和省外科技兴农模式观摩。通过与市劳动技校合作办学，完成劳动力引导性培训 8000 人的任务，重点讲授机电维修、家政服务以及驾驶技术等；通过培训及与用人单位牵线，完成 5000 人的劳动力转移任务。

2009 年，全县启动退耕还林项目科技培训及劳动力转移培训，共培训人员 350 人，其中劳动力转移培训 200 人。委托新杰电脑、锦绣职业培训学校开展“阳光工程”劳动力转移培训，参训的新型农民每人掌握 1~2 项新技术。至 11 月，培训新型农民 2000 人，劳动力转移培训 1000 人，结合全县设施农业建设工作，筹备设施农业技术培训，培训 4200 人。

2015 年，全县进行新型职业农民培训，任务共 650 人，具体为：山阴县农技中心培育生产经营型人才 300 人；山阴县百旺农业专业合作社培育生产经营型人才 50 人，专业技能型人才 120 人；山阴县军世奶牛养殖专业合作社培育专业技能型人才 180 人。2016 年，在山阴县故驿高标准农田建设项目中，技术培训农民 800 人次。

第三节 农机具

机械功率

1998 年后，山阴县主要农机具有拖拉机、耕整机、播种机、水泵、收割机、脱粒机等。2011 年，全县农业机械总动力为 403347 千瓦，其中柴油发动机动力 335131 千瓦。2012 年，拖拉机 6285 台，总动力 117870 千瓦；联合收割机 150 台，总动力 10512 千瓦。2014 年，拖拉机 6647 台，总动力 129635 千瓦；联合收割机 360 台，总动力 26140 千瓦。2016 年，全县农业机械总动力为 307943 千瓦，其中柴油发动机动力 233614 千瓦。

机械打包

拖拉机

山阴从实行机械化开始，拖拉机型号发展如下。

一拖 SK404、一拖 MF604、一拖 ME550 等共 22 种类型；潍坊百利悍沃—404B、悍沃—554A 共 7 种类型，天拖 TNE1304—17，TN954 等共 7 种类型；雷沃（福田）HT404、M1000—DA、M454—B 等共 24 种类型；时风（山东）SF1204、SF300、SF404C 等共 31 种类型，潍坊泰鸣 TY454、TY404 等共 6 种类型，泰安泰山—404，泰山—550 等共 5 种类型；山拖 604D、山拖 454A 等共 5 种类型；山东双力 SL1304D、SL1404D 等共 8 种类型；潍坊华夏 454、华夏 404 等共 5 种类型；约翰迪尔 JD954、JD904 等共 5 种类型；山东瑞泽 RZ1504—F，瑞得 RD500 等共 8 种类型；久保田 KUBOTA—M954KQ1 种类型；常州东风 DF1204、DF1004 等共 6 种类型；道依茨法尔 SH1104、SH1004 等共 11 种类型；河南向阳红—450、350 共 2 种类型；洛阳博马—1100、博马—1000 共 2 种类型。

收获机械

青贮机（青饲收获机）：石家庄五业 4QZ—3010、河北双天 4Q—185，悬挂甩刀式青饲料收获机 4Q220，石家庄美迪 9QZ—2900B，9QZ—2900A 等共 2 种；中机美诺 9265，9800 共 2 种类型，中联重机 4QZ—3000A、德州宝鼎 4QZ—2800 等 9 个品牌 13 种机械。

自走式玉米收获机：雷沃 4YZ—4B5，4Y—4B 共 2 种；石家庄天人 4YZ—4A、襄垣仁达 4YZX—2C、河南豪丰 4YZX—3、4YZ—2 等共 3 种；勇猛 4YZ—4L、4YZ—4W 共 5 种；中联重机 4YZ—4CM2、4YZ—4CM2 共 2 种；山东巨明 4YZP—4C、4YZP—2C 等共 5 种；河北故泽悬挂式青铜料收获机 4QB—10、山东牧神 4YZB—4、河北双箭王 4Y2B—4 等 16 个品牌 34 种机械。

自走式谷物收获机：中联重机 4LZ—7B1 等共 4 种；福田雷沃 4LZ—6F 等共 2 种，久保田 4LZ—4，江苏沃德 4LZ—5.0L 等 4 个品牌 8 种机械。

石家庄五业 4QZ-3010 青贮机

仁达 4YZX-2C 自走式玉米收割机

耕整地机械

旋耕机：河南豪丰 IGQN—180A 等 3 种；雷沃 IGKN—250 等 3 种；河北圣和 IGQN—250 等 5 种；河北双天 IGKN—200A1 等 6 种；山西河东雄风、一拖、连云港、山东华远、河北农哈哈、江苏银华春翔等 11 个品牌 38 种机械。

深松机：河北双天 1S—200，山西河东雄风 1S—200A 等 5 个品牌 6 种机械。

秸秆粉碎还田机：河北双天 LJH—200、山西河东雄风 LJH—180 等 5 个品牌 7 种机械。

联合式整地机：河南豪丰 1SZL—230、山东华远 1SZL—230 等 4 个品牌 5 种机械。

种植机械

土豆播种机：青岛洪珠 ZCM—1/2。

土豆收获机：青岛洪珠 4U—83 等 3 种。

穴播机：山西新绛 2BJS—4、河北神木 2BYF—4 等 3 个品牌 6 种机械。

其他机械

喷杆式喷雾机：浙江三农 SN—500—8、SN—350—8。

粮食烘干机：开源金鑫 5HCJ100；铁岭天成 HG—200T、HG100T。

2015 年山阴县农机化综合示范区规划情况表

表 18-1

示范乡镇	示范村	耕地面积（亩）	涉及农户（户）	种植制度及主要作物
古城镇	快乐村	16220	412	一年一作玉米
	上河西村	15513	513	一年一作玉米
	西盐池村	6800	240	一年一作玉米
	前皇台村	3080	110	一年一作玉米
	后皇台村	11300	348	一年一作玉米
薛圐圙乡	薛圐圙村	11000	445	一年一作玉米
	白坊村	7400	260	一年一作玉米
	沙岭村	7600	240	一年一作玉米
	庞家堡村	4300	83	一年一作玉米

续 表

示范乡镇	示范村	耕地面积（亩）	涉及农户（户）	种植制度及主要作物
薛圐圙乡	黑圪塔村	9400	438	一年一作玉米
马营庄乡	故驿村	16522	413	一年一作玉米
	东沙堆村	13320	249	一年一作玉米
	西沙堆村	8520	518	一年一作玉米
	南辛寨村	7560	274	一年一作玉米
	南辛庄村	7050	560	一年一作玉米
合 计	15	145585	5103	

2016 年，全县农机总动力达到 50.1 万千瓦，主要粮食作物耕种收综合机械化水平达到 82.1%。

第四节 畜 力

1998 年，全县从事农事劳动的大牲畜包括牛、马、驴、骡。2003 年，全县存栏牲畜 83141 头，从事劳动的有 21668 头。2005 年，全县存栏牲畜 88068 头，从事劳动的牲畜有 17885 头。2008 年，全县存栏牲畜 83850 头，从事劳动的牲畜有 7975 头。2016 年，全县存栏牲畜 81230 头，从事劳动的牲畜有 1563 头。

第五节 农业、农机管理

农业管理机构

1998 年 2 月，农业委员会撤销，成立农村工作领导小组办公室（挂县委农村工作委员会和县政府农业委员会牌子），归口县委，行政职能划归农村工作领导小组办公室。2009 年，设立山阴县农业委员会，正科级建制行政单位，县人民政府工作部门。主要职能是贯彻执行农村政策法规，制定全县农村经济发展政策、发展战略、中长期发展规划并指导实施，参与涉农的财税、价格、金融保险、进出口等政策制定，组织起草农业和农村经济的规范性文件，推进农业依法行政。

2016 年，县农委内设机构为办公室、综合股、种植业股、科技教育股、农业产业化经营与市场信息股、农村经济体制与经营管理股和农村工作股。历任（主任）局长是康生霖、杨时功、郭金业。

农机管理机构

1998 年，县农业局仍为 1992 年转变的经济服务实体，不列入政府序列。全称为山阴县农机服务中心，下设办公室、监理站、推广站、管理站、拖拉机站、质量投诉站、工作人员 75 人。1998 年改为山阴县农机发展局，2009 年，改为现名山阴县农机局。历任（主任）局长是李宏贵、兰录山、李杰、吴玉梅。

第二章　种植业

第一节　粮食作物

全县粮食作物以玉米、谷子、黍子、豆类、莜麦、马铃薯为主，是优质小杂粮生产县。1998 年，全县粮食达 0.925 亿公斤。1998—2007 年引进示范推广新品种晋谷 21 号、晋谷 23 号、东方亮，沁州黄、黑谷子、京谷 2401、773—2、汾选 6 号、太选 6 号等，杂交谷子有：张杂 2 号、张杂 3 号等。谷子亩产增长到 300~400 公斤，地膜覆盖技术应用亩产达到 500 公斤以上，最高亩产达到 600 公斤。

1998 年前每年种植黍 5 万亩，一般亩产 100~150 公斤；引进推广新品种晋黍 4 号、晋黍 5 号、晋黍 6 号、晋黍 7 号。，亩产达到 200~250 公斤，刷新黍子亩产的新纪录；1998—2007 年逐年增加玉米种植，全县种植达到 45 万亩。

莜麦（燕麦）

晋谷 21 号

1998 年前，全县种植马铃薯约 9.24 万亩，平均亩产 1270 公斤，总产 12012 万公斤。1998—2007 年引进推广新品种扎花白、晋薯 7 号，鲁引 1 号，津引 8 号，克新系列、紫花白中晚熟系列，平均亩产 1380 公斤，水地马铃薯达到 2000~3000 公斤生产水平。

2008 年，全县按照山西省 2000 万亩综合生产能力建设工程要求，结合全县实际情况，建设玉米丰产方 9000 亩，其中岱岳乡刘家岭、解庄两个村 5000 亩，岱岳乡北王庄村、合盛堡乡高山疃村 4000 亩。为确保玉米丰产方建设项目的完成，成立省市农业部门领导、专家组成的专家组，另外特选中级农艺师、农民技术员各 25 人为指导员。专家组成员每人包 1 个乡 2 个村，指导员每人包 20 户，实行指导员包户责任制，明确示范户的工作职责。在优质品种的选择上，根据全县实际，确定主推选择品种，推荐品种为：晋玉 811、强盛 16、强盛 28、强盛 49、大丰 5 号、忻黄单 84 等 15 个品种。

全县推进农业技术推广、加快完善农业服务、农民合作科技支撑“三大体系”，确保粮食产量每年递增 7% 以上。2011—2015 年，全县粮食总产每年递增 7.2%，到 2015 年粮食增产达 2.5 亿公斤。按照区成化布局、标准化生产、产业化开发的思路，培育玉米、杂粮、瓜菜、设施农业四大基地。川区高蛋白玉米面积稳定在 45 万亩，山坡区特色小杂粮种植面积稳定在 20 万亩，瓜菜种植面积稳定在 10 万亩。“十二五”期间，每年盐碱地开发 1 万亩，中低产田改造 1 万亩，测土配方施肥 2 万亩，玉米丰产方建设 10 万亩，粮食高产创建 20 万亩。

2016 年，全县粮食产量达到 2.65 亿公斤，设施蔬菜种植扩量提质，种植面积增加到 3.8 万亩。推进青贮玉米、小杂粮、苜蓿三大基地建设，集中连片种植优质全株青贮玉米 13.5 万亩，推广种植旱地谷子 2 万亩。开展玉米高产创建活动，总计 1 万亩，总投资 16 万元，地点在山阴县薛圐圙乡罗庄村、国营原种场。全县在 7 个乡（镇）、52 个村和 2 个农民专业合作社推广种植渗水地膜旱地谷子 2 万亩。技术上采取渗水地膜全覆盖，机械精密穴播，免间苗技术，使得谷子产量得以提升。

旱作农业渗水地膜谷子

第二节 蔬 菜

全县蔬菜作物主要有西葫芦、蘑菇、茄子、番茄、南瓜、大葱、辣椒、萝卜。1998—2000 年，全县蔬菜种植 3 万 ~4 万亩。2001—2007 年全县种植达到 5 万亩。

胡萝卜

1998—2007 年，全县引进推广黄瓜新品种津春 4 号、中农 8 号等，一般亩产 1750 公斤，日光温室大棚一般亩产 2500~3000 公斤；引进茄子新品种绿宝盖、大民茄、二民茄、北京七叶茄等，亩产稳定在 3500 公斤，日光温室大棚一般亩产 5000~6000 公斤；引进番茄新品种中菜 5 号（红）、太黄 156（黄）、812、佳红、344、543、中杂 4 号、津春 1 和 2 号、中熟 5 号等，亩产稳定在 5000 公斤；葱头种植达到 1 万亩，亩产 4000~5000 公斤；1998—2007 年引进萝卜新品种有五寸人参、超级五寸人参、改良新黑田五寸人参。多利三红等，亩产 4000~5000 公斤；引进大葱新品种五杆齐大葱、章丘大葱等，一般亩产 4000~6000 公斤。全县蘑菇大棚在 2006—2007 年期间发展达到 30 座，北王庄村宋永平栽培平菇，每棚纯收入 3 万元。

2011—2015 年，全县充分发挥"十一五"期间后所、张家庄、马营庄沿线经济开发线两侧设施蔬菜园区的辐射带动作用，向北到安荣、北周庄、岱岳等蔬菜高产区延伸，鼓励有条件的地方推广蔬菜大棚。到 2015 年，全县设施蔬菜大棚达到 5 万亩。2016 年，全县蔬菜种植扩量提质，种植各类蔬菜 3.8 万亩，多数销往北京新发地市场。

第三节 特色作物

山阴燕麦是山阴特色农作物，燕麦作为一种历史悠久的粮食作物，生长在海拔 1000~2700 米的高寒地区，具有高蛋白低碳水化合物的特点；同时燕麦中富含可溶性纤维和不溶性纤维，能大量吸收人体内的胆固醇并排出体外，这正符合现代所倡导的“食不厌粗”的饮食观。而且燕麦含有高粘稠度的可溶性纤维，能延缓胃的排空，增加饱腹感，控制食欲。山阴有着地理优势，近几年人们追求健康生活，食品方面也是越来越讲究。燕麦是理想的健康食品。

山阴胡麻含油量高达48%，油质亚油酸含量高，干燥性能强，具有广泛的轻工用，食用气味芬芳，久存不坏，生食不腻，炸食烟雾小，染色快，是食品工业的理想油品。

山阴荞麦面粉白洁滑脱，数日保鲜不坏。

苜蓿草

第四节　其他作物

1998年，全县引进推广大豆新品种相文—88、晋豆15和16、晋遗21、同豆4和5号，太空2004大豆、一串铃大豆、汾豆74号、长豆008平均亩产138公斤；黄芩、黄芪、红花、薏米仁，面积100亩；2000年，全县种植新品种晋豌1号、草原224豌豆等达到5万亩。

2006年，全县在山区扶贫种植黄芩、黄芪800亩。2007年，全县大豆种植达到2.5万亩；向日葵星火花葵、杂交种红葵4号、RC101、SY—288等，亩产一般为100~150公斤，种植5至6万亩；2007年，胡麻新品种有晋亚4、5、6、7、8号种植达到8万亩；引进推广新品种有晋蓖1号等，一般亩产75~100公斤，全县种植达到6000亩；花生为旅花1号、晋花2号、海花1号，全县种植达到4000亩，新技术推广亩产90~150公斤；菊苣、串叶松香草、籽粒苋种植3万亩。

2010年，全县除粮食、蔬菜以外的其他作物包括有大豆、豌豆、胡麻、向日葵、蓖麻、花生、甜菜、苜蓿、草木樨、柠条、沙打旺、中药材等。2016年，全县中药材种植起步良好，向上级部门争取资金，扶持后所乡、马营庄乡、下喇叭乡、北周庄镇等乡镇发展中药材，中药材种植面积达到5000亩。

第五节　种植企业

朔州市骏宝宸农业科技有限公司　前身是创办于1998年的山阴县青玉园林高新开发示范园区，公司位于山阴县县城东北。

青玉园区成立之初，土地均为盐碱荒地，土壤高盐分抑制作物生长，一般作物很难捉苗，只能种植荆棘，盐碱危害严重制约着园区发展，也考验着致力于盐碱地改良的园区农技人员。从1998年开始，园区通过施用有机肥、硫酸亚铁、脱硫石膏，后期采用优化作物布局种植耐盐碱苜蓿、机械深翻深松、秸秆还田、逐年增施有机肥、绿肥种植、脱硫石膏及土壤调理剂应用。2003年，青玉园区牵头成立山阴县万亩生态畜牧科技园，历时20年，将园区盐碱危害造成的中低产田变为中高产田，使耕层土壤pH值降低2~2.5；碱化度降低40%以上，盐分减少0.5~0.8个百分点，保苗率提高80%，种植玉米亩产可达900公斤以上。

为了更有利于发展，企业创办人在园区的基础上，于2013年成立骏宝宸公司，注册资本2000万元，员工30余人。经过5年的跨越发展，公司发展成为山西农科院技术推广协作单位，山西农大科技创新、大学生实践教学和大学生就业基地，山西省农业种子总站挂牌的良种展示基地，朔州市、山阴县农委的良种试验示范基地及展示田示范基地，山阴县农技中心试验基地。公司经营以农业种植和社会化服务为主，自营种植面积8600多亩，参股百川、喜丰、双赢、玉林、翠美、桂香、宏晟高科等合作社，领办后榆林扶贫、羽博扶贫造林等9个专业合作社，服务山阴县9个乡镇30多个农业合作社3000多农户和贫困户，领导托管2.3万亩土地。

公司拥有克拉斯、奥库、迪尔、雷沃、美迪等耕作收获机械、悬挂、自走式及无人植保机等大中小型农机具80多台套，为托管合作社和农户提供农业新品种推广示范、测土配肥、农业机械服务、病虫害防治、飞防植保、节水灌溉、农业设施建设、农业废弃物综合利用、农业技术咨询等服务。

山阴县绿丰农业科技有限公司　创建于2008年，由高山煤矿与县原种场按照县委、县政府“由黑变绿”、以工哺农、实现转型发展的思路合作组建。以现代生态农业观光建设项目（农业种植、科技示范、花卉栽培、苗木培育、农副产品加工）为主的高新技术示范企业，公司注册资金1000万元，总占地400万平方米，项目技术依托中国农业大学先进技术，设计总投资2亿多元，分期分批建成集无公害农产品生产、加工、农业高新技术引进开发、农业观光、旅游休闲为一体的现代农业科技示范园区。建成占地6666.7平方米的现代化智能温室大棚一座。

公司前身为山阴县农作物原种场，成立于1975年。职能为承担全县大田作物优良品种的培育、推广、科学选种、种植技术的宣传和应用，为全县做大量工作，取得一定成绩，但由于体制经营等方面的因素，不能适应发展要求，长期积累的矛盾暴露，多年拖欠退休人员的退休金不能支付，养老、医疗等都未纳入社会统筹，职工生活补助费不能兑现、职工子弟及多年的临时工劳动关系不能确定，社会保险统筹不能解决，在职职工自2000年以来财政拨付的差额工资不能兑付，相应的养老、医疗保险未纳入社会统筹。全场108户，262口人生活困难，一度出现大量的上访事件。鉴于这种状况，县政府动员高山煤矿矿长郝进仁与该场合作，承包该场4500亩土地。按照国家规定与该场合作。

绿丰公司作为一家现代农业企业，是一个劳动密集型企业，涉及土建、给排水、供电、供热、采光、通风等20多种行业。企业在自动控制仪表测量等高科技术岗位上重金聘请20名有专业知识高校毕业生，每人每月平均工资3000元。将一些体力活留给全县下岗人员，该企业安置社会闲置人员60多人，全部是企业下岗人员，工资全部按照劳动部门标准执行。

公司承担省农业厅种植的燕麦治理盐碱地试验。种植的白燕9号亩产达130~150公斤，经测验，盐碱地得以改良。公司先后聘请北京农业大学专家前来培训5次；利用县农业部门劳动力转移培训机会，培训职工5次。同时要求聘请的20多名大学生时刻都要对就业的农民工在岗位上手把手实地教理论、教实践。经培训，种植场大棚内、锅炉房、计算器自动控制室内，每位职工都能熟练地掌握岗位的工作。

山阴县惠民农业专业合作社　成立于2012年7月，注册资金600万元，地址在北周庄镇李家窑村东。董事长张志荣，合作社主要从事小杂粮种植和加工项目，种植具有当地特色的优质小杂粮1500亩，豆类300亩，油料农作物200多亩。2014年，合作社正式建成占地3000平方米的小杂粮加工厂，建成400平方米的办公区。加工厂全部采用现代化机械加工设备，主要加工小米、莜面、豆面、荞面、黄米面、各种豆类、胡麻油等十余种特色农产品，畅销全国各地。注册商标

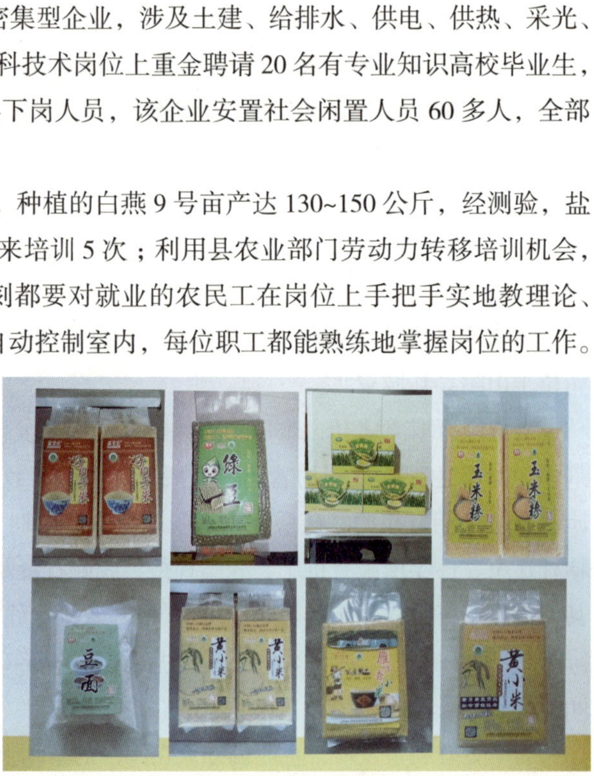

惠民合作社部分产品展示

"农食美"品牌获"中国'3·15'诚信品牌、质量放心、国家标准合格产品"等称号。

2015年，合作社利用旱地渗水地膜穴播技术，种植晋谷21号谷子1500亩，亩产335公斤。2016年，合作社依托改良晋谷21号，旱地渗水地膜穴播技术种植谷子2700亩，亩产440公斤。以当地优势种植"晋谷21号"为原料，注册"晋北雁门香"商标。利用成熟的"公司+合作社"的合作模式，加工厂日生产能力提升到1.5万余公斤，带动周边村民1000多农户、5000多人致富。加大种、加、养、产销一条龙服务，带动农户多增收2000多万元。

惠民合作社产品加工车间

山西鑫霏农业开发有限公司 2015年2月正式挂牌成立。属于免税企业。总公司位于朔州市山阴县岱岳镇府南路2号。公司占地面积为2600平方米，分设为6个部门，行政部、客服部、销售部、物流部、财务部和网站运营部，吸纳大学生20多人，解决部分大学生就业问题。是朔州市唯一一家涉农电子商务公司，公司采取"互联网+"的形式开展名优特色小杂粮经营活动。公司旗下拥有线上"百汇农珍特产商城"、线下体验店、"百汇农珍同城外卖""万亩精品小杂粮试验基地""百汇农珍品牌小杂粮加工厂"。总投资达到2000万元。

2015年12月百汇农珍特产商城第一家线下体验店开业，驱动型、特色型、特色品牌营销型多元化的营销，开启和丰富了区域农产品电子商务服务模式。并与中国邮政、中铁货运、中远海运等"国"字号流通企业签订了长期战略合作协议。公司采用"线上互联网+当地优质小杂粮和线下体验的020现代互联网"新的经营模式。

经过两年的发展，"百汇农珍"的品牌店经营的小杂粮已经达到数百个品种，自己研发的晋北优质小杂粮品种达到了10个种类，15个品种，其中"百汇农珍黄小米"通过了中国香港和英国的质量检验标准，并出口海外。绿色安全无公害的小杂粮受到了越来越多的消费者青睐。2016年5月，公司带动1万农民致富的"万亩种植基地+小杂粮深加工"项目正式启动，并获市政府授予的"龙头企业"称号。

2016年，鑫霏农业通过"百汇农珍"涉农电商平台及其他合作平台共计网上销售713万元。百汇农珍0.8公斤小米销售将近2万袋。百汇农珍杂粮面礼盒、百汇农珍小杂粮礼盒各销售2万多盒。莜麦、黑豆、绿豆共计原粮销售40吨120万元，玉米原粮销售1.02万吨2448万元，小米原粮销售4500吨2250万元，共计全年完成销售5563.33万元。

山阴县7个乡镇52个村共计种植"旱地渗水地膜谷子"2.5万亩，亩产500公斤，总产量750万公斤。公司通过"订单农业"合同以保底价2.2~2.3元之间和农户预定谷子组建"小杂粮种植基地"，扶贫带动山阴县岱岳镇、下喇叭乡、北周庄镇、薛圐圙乡四个乡镇，周边吴儿城、甘庄、兰家窑、七里沟、北王庄、北周庄、薛圐圙等12个村农户共计217户谷子种植4200亩，其中贫困户19户，种植面积99.2亩，按照亩产500公斤计算，户均增收1万元，让贫困户脱贫致富，更解决了农民"余粮变现"的问题。

山西宇昊蘑菇种植有限公司 成立于2012年，创立者吴凤鸣，注册资金1.06亿元。公司位于山阴县薛圐圙乡白坊村南半道地，占地1000亩，总资产5.5亿元，职工500多人，日产双孢菇30吨，产品已销往全国各大城市，正积极开拓日本、韩国、香港等国际市场。2015年，被授予"省级龙头企业"荣誉称号。

山西宇昊蘑菇种植有限公司

山西宇昊现代化食用菌基地

2013 年，实现了工厂化种植。吴凤鸣被授予朔州企业家投资在朔州转型发展标兵、五一劳动奖状。2014 年，公司聘请荷兰专家设计新的生产，先后投资 1 亿多元，建起了大型泡料隧道 4 条，一次发酵隧道 11 条，二次发酵隧道 9 条，购买了世界领先的大型抛料机、分体投料机，发酵隧道循环式温控设备。

公司分三期建设，设计能力是日产双孢菇 90 吨，年利用农作物秸、鸡粪 20 万吨，安排当地就业 1000 多人。2016 年已完成一期、二期建设工程；大型浸料车间一间、蒸汽车间、包装车间、罐头厂、冷库等，完成菇房建设 9 栋 14 间，正在完善菇房 5 栋 80 间，开始建设三次发酵隧道 21 间。菇房制冷温控和大型机械设备全部从荷兰进口，实现了立体式种植，工厂化生产，一年四季都能产菇的目标。

蘑菇种植车间

公司积极打造“山西宇昊循环农业产业园区”。以资源循环利用思想为指导，与山西省农科院现代农业研究中心、食用菌研究所共建创新平台，以农业废弃物循环多级利用为突破，在盐碱地上培植园艺产业，发展养殖（鸡、猪、牛羊）、菌（双孢菇）、能源（沼气）、种植（瓜菜、草莓、玉米）循环农业产业链。

山西鑫邦燕麦食业有限责任公司 是由原山阴县国营麦片厂改制建设而成立。是一家有三十多年历史，以燕麦为主的小杂粮加工企业，企业拥有一条从瑞士进口的世界最先进的全自动化、全封闭的一条龙流水作业燕麦片生产线，是山西省唯一生产燕麦片的大型企业。是集生产、收购、加工、销售物流、研发为一体的省级农业产业化“龙头企业”注册资金 120 万元。总资产 5600 万元，厂区占地面积 10000 平方米，其中标准立体式生产车间 2400 平方米，总工程师 3 名，经济师 1 名，化验员 3 名。

第三章 开发服务

第一节 建设规划

1998—2005 年，全县通过印发资料、现场指导、典型示范等，推广农业新技术，农业科技含量以农田水利建设为重点的基础建设得到加强。山阴县京津风沙源水利建设工程在2006年完成小流域治理9000亩，水源工程打井55眼。

2008年，全县共有各类水利工程747处，有效灌溉面积约30万亩。工程类型主要有提水工程、蓄水工程、引水工程三大类。高灌：共有机电灌站16处，装机容量1488千瓦，设计灌溉面积4.43万亩，有效灌溉面积4.03万亩，受益范围为薛圐圙、安荣、北周庄、合盛堡、古城等有关乡镇。大部分因年久失修，不能正常运行。机井：共有机井715眼，配套井715眼，防渗渠道1957公里，井灌面积12万亩。喷灌、管灌：共有节水灌溉面积15.09万亩，其中喷灌节水面积3.05万亩，管灌节水面积1.59万亩，防渗渠道面积10.45万亩。木瓜河水库，设计灌溉面积2.48万亩，有效灌溉面积1.63万亩，实际灌溉面积1.2万亩。

2012年，全县改善农业基础设施，以农田灌溉末级渠系配套工程建设水利。2016年，全县根据水资源条件的异同性，水利措施、方向的一致性，自然条件与农作物的相似性，全县水资源开发利用不需分区。根据全县水资办统计数据及《全国水资源综合规划》成果，确定水资源总量及可利用量。

2016年山阴县水资源总量及可利用量汇总表

表18-2　　单位：万立方米

水平年	当地水资源量				水资源可利用量				
	地表水	地下水	重复计算量	水资源总量	地表水	地下水	重复计算量	客水	水资源可利用总量
多年平均	3457	12351	0	15808	2283	7132	982	780	9213
平水年	2696	10760	0	13456	2238	6419	864	686	8479
偏枯年	2247	8145	0	10392	2055	5706	619	491	7633
枯水年	1901	6793	0	8694	1826	4992	422	335	6731

山阴县供水能力及供水量预测表

表18-3　　单位：万立方米

水平年	现状年	2010年			2015年			2020年		
保证率		50%	75%	90%	50%	75%	90%	50%	75%	90%
地下水	2726.6	3198	2878.2	2558.4	4236	3812.4	3388.8	5570	5013	4456
合　计	4964.6	5436	4933.2	4384.4	6474	5867.4	5214.8	7808	7068	6282

2010—2020年山阴县土地资源可利用量与潜力预测表

表18-4　　单位：万亩

土地类别	现状年	2010年	2015年	2020年
耕地	73.7	73.7	73.7	73.7
林地	26.7	32.11	36.91	41.54
牧草地	2.93	3.77	5.65	7.58
园地	0.57	1.32	2.58	3.79
水域及水利设施用地	5.49	7.64	8.13	9.48
其他	78.08	88.3	90.33	92.09
小计	187.47	206.84	217.3	228.18

2010 年山阴县水土资源利用现状表

表 18-5

用水现状（万立方米）						用地现状（万亩）					
合计	生活	工业	农业		生态与环境	合计	农业用地		林业用地	牧业用地	其他用地
			灌溉	其他			基本农田	一般农田			
4964.6	489.6	82	4351.2	26.8	15.0	206.84	73.7	0	32.11	3.77	97.26

2010—2020 年山阴县各水平年用地需求预测表

表 18-6　　单位：万亩

水平年	合计	基本农田	林业用地	牧业用地	其他用地
2010 年	206.84	73.7	32.11	3.77	97.26
2015 年	217.3	73.7	36.91	5.65	101.04
2020 年	228.18	73.7	41.54	7.58	105.36

第二节　农田建设

1998 年，全县共完成低产田改造 1.72 万亩，新增水地 3600 亩。2003 年，农业综合开发完成投资 198 万元，改造中低产田 6900 亩，新打机井 12 眼。2005—2010 年，全县通过 2000 万亩盐碱地综合治理、农业综合开发、土地整理开发、玉米丰产方建设、测土配方施肥工程建设、巩固退耕还林口粮田建设、旱作农业节水工程建设、桑干河流域 4 万亩盐碱地开发治理工程、农村沼气建设生态富民工程等。2010 年建成高产稳产良田 30 万亩，较 2005 年增加 10 万亩。

国家立项吴家铺高标准农田建设项目 2014 年完成高标准农田建设 3500 亩；建设“二增三改”技术示范田 300 亩；完成省级土地农业综合开发大红道建设高标准农田 1800 亩。完成新打机电井 5 眼，配套水泵 5 套，建筑物 402 处，安装 80 千伏安变压器 1 台，埋设低压电缆线 3.7 公里，埋设低压输水管道 13.41 公里；改良土壤 1554 亩（施用农家肥 5439 吨）；以农田路边排水沟植树为主的林网防护建设，新植树 0.9 万株，与原有树 900 株共计 9900 株，达到亩均 5.5 株水平；农田主干道沙石硬化 7.25 公里。

2016 年，国家农业综合开发故驿高标准农田建设项目，项目计划治理面积 7100 亩，涉及马营庄乡故驿村、八里庄村和古城镇的四里庄村、上河西村。计划新修防渗渠 30.24 公里，挖退水渠 8.88 公里，渠系建筑物 319 处；农业土壤改良 2550 亩，其中玉米秸秆还田 2250 亩，增施有机肥 300 亩；干道 13.2 公里，支路 9.2 公里；新建农田防护林面积 100 亩；技术培训农民 800 人次，玉米二增三改高产栽培技术示范 400 亩。

第三节　项目开发

1998 年，农业综合开发办投资 12 万元在永静城及南大道村推广玉米、蔬菜、甜菜优种 2000 亩；投资 118 万元兴建荣达养殖场，年出栏肉牛 250 头，出栏猪 200 头。2002 年，实施马营庄项目区改造中低产田 9000 亩，总投资 296 万元，其中中央投资 120 万元、地方投资 116 万元，经过中低产田改造，共计新增粮食 192 万公斤、油料 2.3 万公斤、糖料 124 万公斤，增加农业总产值 417 万元。

全县实施北王庄项目区土地治理项目，涉及岱岳镇北王庄村、梁山村、刘家岭村、北周庄镇新岱岳村，合盛堡乡高山疃村，2005 年，改造中低产田 1.3 万亩，总投资 572 万元，其中自筹资金 182 万元。粮食、蔬菜等作物单产大幅度提高，粮食单产增加 50% 以上，蔬菜单产增加 40%。粮食总产增加 239.86 万公斤，蔬菜总产增加 82.75 万公斤，农业总产值比立项前增加 256.71 万元。新增农田林网防护面积覆盖 1.3 万亩，新增灌溉面积 5300 亩，改善灌溉面积 7700 亩。山阴福鑫养殖场扩建 200 头奶牛养殖项目，投资 411 万元，自筹资金 201 万元，财政投资 150 万元，银行贷款 60 万元。每年可向周边农民提供优质良种犊牛 140 头，养殖场一年为农户创造经济效益 28 万元。

全县实施国家农业综合开发后所片土地治理项目，2010 年完成改造中低产田 7300 万亩。项目总投资 665 万元，其中中央财政投资 350 万元、省财政配套投资 157.5 万元、市财政配套投资 10.5 万元、县财政配套投资 7 万元、农民筹资投劳 140 万元。粮食总产增加 171.78 万公斤，新增种植业总产值 358.1 万元，项目区农民纯收入增加总额 404.36 万元。国家农业综合开发增量资金土地治理罗庄片中低产田改造项目，改造面积 4200 亩。项目总投资 380 万元，其中：中央财政投资 200 万元、省财政配套投资 90 万元、市财政配套投资 6 万元。山西辈辈龙蔬菜食品饮料有限公司的国家立项“朔州市山阴县新增 500 吨蔬菜果、1 万吨果蔬汁饮料扩建项目”，项目总投资 1513.3 万元，其中财政资金 150 万元，自筹资金 1363.3 万元。山西天鹏农牧有限公司的国家立项“农副产品加工流动资金贷款项目”，中央财政贴息 161 万元。

全县实施国家立项四分水中低产田改造（盐碱地改造）项目，2013 年，治理面积 3000 亩，总投资 320 万元，其中财政资金 300 万元，自筹 20 万元。新增 100 头高产奶牛养殖基地扩建项目总投资 160 万元，其中财政投资 45 万元，自筹 115 万元。新增 50 头高产奶牛养殖基地扩建项目总投资 101.73 万元，其中财政投资 30 万元，自筹 71.73 万元。山西古城乳业集团有限公司的国家立项“朔州市山阴县收购鲜奶流动资金贷款贴息项目”，贴息额 236 万元。山西古城乳业集团有限公司的国家立项龙头企业带动产业发展试点项目“万头奶牛产业化基地扩建项目”，总投资 3530.07 万元，申请财政资金 1500 万元（其中中央 1000 万元，省级 450 万元，市级 30 万元，县级 20 万元），项目单位山西古城乳业集团有限公司自筹解决 2030.07 万元。

2016 年，全县实施故驿片高标准农田建设项目，总投资 949.89 万元，其中财政资金 945 万元、农民筹资 4.89 万元，项目区新增农民纯收入总额 225.92 万元；民裕奶牛专业合作社新增存栏 190 头优质奶牛养殖基地扩建项目，总投资 150.35 万元，其中财政资金 75 万元、单位自筹 75.35 万元；玉英养殖专业合作社新增存栏 120 头优质奶牛养殖基地扩建项目，总投资 135.55 万元，其中财政资金 55.5 万元、自筹资金 80.05 万元；彦福联合种植专业合作社新增出栏 1200 只优质肉羊养殖基地扩建项目，总投资 118.33 万元，其中财政资金 51 万元、企业自筹资金 67.33 万元。

第四节 市场监管

1998 年，全县工商、质检、公安等部门与农业部门密切配合，在全县范围内集中展开农资打假行动，对经营户查证照、查进货、查标签，并对所经营的种子进行取样封存，净化农资市场，保护农民合法权益。2007 年，山阴县成立农业执法大队，副科级建制，队长刘世全。贯彻执行农业、种子、农药、肥料法律法规及政策。负责农业投入品及农产品质量的检验检测，法律宣传培训、质量监督，品种展示试验。对违法行为行使行政处罚权。2007 年，全县共查获假劣种子 1500 多公斤，处理无证无照经营户 12 户。2009 年，全县共查获假劣种子 1700 多公斤，处理无证无照经营户 12 户。全县各乡村、各农药经销门店张贴由农业部统一印制的《农民购买放心农药简明挂图》，确定专人对县城内六家大型农药经销门店实行监控，全县农药百日安全大检查活动，实现打假护农、保粮增收目的。

2016 年，山阴县农业综合执法大队与公安等部门配合，执行种子法、《农药管理条例》《化肥管理办法》等法律法规，在全县范围内开展农资打假行动，对农资经营户查证照、查进货、查标签，对所经营的种子进行取样封存，净化农资市场，保护农民合法权益。同时，将农产品质量安全与市场检查结合起来。年底，没有接到一起农资质量投诉事件。全县进行农产品质量安全综合检验检测站改扩建项目，项目总投资 300 万元，其中中央投资 200 万元、省级配套 50 万元、县级配套 50 万元；建设地点山阴县岱岳镇同太南路，建设内容为改扩建各类检验检测室占地面积 308 平方米；为提高农产品质量安全水平，在古城乳业、鑫邦燕麦、玉龙土特产等一批名牌产品监管基础上，申报鑫霏农业现代商务为绿色食品基地，注册“雁门香”小米商标。按照山阴县《农产品质量安全应急预案》规定，农产品生产基地规模养殖场农业标准化示范区（场）使用违禁农药兽药和饲料添加剂问题基本解决，进度完成 98%（畜牧局完成 98%，农委完成 98%）；在杜绝违规生产、销售和使用甲胺磷、对硫磷、甲基对硫磷、久效磷、磷胺 5 种高毒农药工作中，进度完成 98%。检查大农药经销户 9 户，未发现有以上高毒农药残留。

第五节 管 理

1990 年，山阴县农业综合开发办公室成立，办公室主任由山阴县水利局局长兼任，办公地址在山阴县水利局大楼。2003 年，农业开发办从山阴县水利局分离，成为县政府序列正科级建制专设机构。农业综合开发办公室内设综合股、土地治理项目股、产业化经营股、财务股、农业综合开发项目部、工程质量监督股 6 个股室。2016 年，人员编制 26 人，在职职工 23 人，退休 3 人。历任开发办主任：冯守忠、马兴平、何培龙、苑曙、尹护帮。

第四章 农技农艺

第一节 耕作技艺

耕 作

1998 年，全县在典型的旱坡小杂粮区——甘庄村应用旱作农业综合配套技术，大面积种植地膜覆盖玉米 1600 亩获得成功。在旱灾侵扰下，平均亩产仍达 425 公斤，比同等地力的黍谷田（平均亩产 150 公斤）亩均增产粮食 275 公斤。2001 年，全县在山坡区等高寒冷凉地区重点示范粮草轮作技术 2 万亩，免耕保墒技术 1.5 万亩。全县在马营乡和下喇叭乡建立优质“品 16”莜麦示范区 2000 亩。

2005 年，山区小日期玉米示范种植 500 亩，草原 224 豌豆示范种植 500 亩。完成北周庄镇、古城镇两个万亩优质玉米科技示范园区的技术指导，青贮玉米技术指导 4 万亩。2009 年，全县利用泰宏科技示范园区的基地和农技中心的工厂化育苗新技术，培育大棚早春移栽西葫芦苗 100 亩、西瓜 350 亩；大棚秋延茬牛椒 400 亩、芹菜 50 亩。全程技术指导服务温室大棚园区 8 处，培养蔬菜栽培的技术能手，发展设施农业。10 月，实施玉米深耕项目，共涉及 6 个乡镇、18 个村、5 个农场 6.6 万亩地，土地封冻前，完成 6.2 万亩。

全县与省农科院农副产品研究所、高寒研究所合作，实施莜麦、豌豆、苦荞、黍子、谷子和杂交谷子、马铃薯，新品种示范和协作研究课题。2012 年，与山西省高寒研究所合作在南辛庄、前帐堡、沙家寺、帐头铺村示范晋谷 45 号 130 亩、晋谷 33 号 40 亩、大同 35 号 30 亩，帐头铺村南瓜新品种对比试验 1 亩。2016 年，全县围绕玉米、马铃薯、莜麦、向日葵等作物，开展粮油高产创建活动。提高设施农业技术标准，推广无滴膜、植物生长灯、自动卷帘、自动温控系统，依靠科技强化种植管理，反季节上市，周年生产，提高设施农业效益，实现平均单产提高 5% 以上。

种植技术

1998 年，全县农技中心技术骨干执笔制定 160 多套农作物栽培模式。实施永静城村、七里沟村两个重点“明珠工程”示范村，共同点是模式化区域种植，其中永静城村 4300 亩模式化区域种植，统一优种一项，每亩增收 247 元，采用模式化栽培比同等地力同一品种的对照田每亩增产 60 公斤。是年，全县完成 19.37 万亩地膜覆盖玉米和甜菜的技术指导，3 万亩立体种植技术指导，8000 亩蔬菜保护地栽培技术指导，1.3 万亩微肥应用技术指导，4.3 万亩蔬菜基地建设技术指导。

2006 年，全县 46 个村示范推广 5000 亩优质高产大豆新技术。重点在马营乡、吴马营乡、马营庄乡、薛圐圙乡各安排种植 500 亩大豆示范观摩区，示范推广的大豆新品种 12 个：晋豆 15、16、19、20、23、25、27 号，晋遗 21、30 号，大粒 1 号，同豆 4、5 号。由于少雨温低，大豆产量受到一定影响，但与传统豆类作物相比，做到增产增收。2009 年，县内高级农艺师董有国把多年来农技推广的工作经验，撰写编著包括设施蔬菜栽培技术、种植业栽培技术内容 58 种作物 168 种栽培模式 93 万字的《高寒地区日光温室蔬菜栽培技术》《北方地区种植业栽培技术》上下两册姊妹篇，由山西出版集团出版发行，该书被列入朔州市农委“农民科技培训工程”专用指定教材。2013 年，全县做好玉米、甜菜、大豆、马铃薯、莜麦、豌豆、苦荞、杂交谷子、黍子试验示范田的产前、产中、产后技术服务，推广杂交谷子 1000 亩。

2016 年，全县投资 700 多万元，购置农业化验设备 150 多套，植保设备 123 台套，植保检验大楼面积 1000 多平方米；新建病虫害观察场一处面积 10 亩；新建应急药品药械库 12 间；新建标准化改良型大棚一个 800 平方米；新购大型植保设备 8 台价值 90 多万元，其中新购无人植保飞机一架，填补全省植保飞机县级农技部门空白。利用中央和省级农技体系补助项目，推广玉米“一增四改”高产技术、谷子精量穴播渗水地膜覆盖技术、盐碱地美葵膜下滴灌技术等 20 多项新技术，引进实验示范玉米、马铃薯、谷子等新品种 60 多个，面积 5 万多亩。

滴 灌

种植试验

1998 年，全县加大试验、示范力度，对粮、油、糖、菜四大类农作物进行多点试验、示范，共引进 47 个新品种，布多项试验、示范点 9 处，布单项试验、示范点 12 处，通过各种农艺性状况和测产比较，筛选出适应全县推广的玉米品种。2004 年，全县生物菌肥试验布点 1000 亩（亩均增产 5% ~10%）；相文—88 大豆布点 56 处，计 600 亩；无公害生产蔬菜技术规程 5000 亩的指导；下喇叭乡推广品 16 莜麦科技示范区建设 1000 亩；500 亩糯玉米示范区建设技术指导工作。

2008 年，全县与省农科院农副产品研究所、综合资源考察所合作，在老羊寨京津风沙源项目区实施 20 亩草田轮作、旱作肥料、覆膜多因素第三期玉米、向日葵综合试验；在北周庄二铺村、古城镇安居坊村安排旱盐碱地甜高粱试验 30 亩；南口前村大豆示范种植 100 亩；古城镇胡疃村示范种植南瓜 100 亩；

与中粮集团应县糖厂合作，指导全县甜菜种植2.5万亩，其中甜菜纸筒育苗5000亩；与省农科院旱作农业研究中心南建福研究员合作示范种植秸秆营养钵育苗2处，上岱岳、沙岭各1处。

2012年，省农业厅种子站与山阴县协作建立山阴县泽民种植专业合作社，预试玉米参试新品种54个，区试黍子、糜子新品种7个，大豆新品种7个；山阴县青玉农业专业合作社区试玉米48个。与北京金色农华科技有限公司协作新品种品比试验234个。强化新品种示范推广力度：温室大棚尖椒、青椒、芹菜、白菜、西瓜、黄瓜、苦瓜、油桃的新品种示范推广36个。2016年，全县在骏宝宸农业专业合作社种植玉米良种试验田300亩。从种子经销商门市筛选主打品种56个，常规试验100亩，青贮玉米试验100亩，区试100亩。试验区玉米长势好，各类品种特性全部显现。

肥料施用

1998年，全县推广化肥深施技术1万亩，实施平衡施肥技术35万亩，其中生物活性促钾3万亩，土壤补钾1000亩。1999年，施肥技术创新，利用土壤快速测定法，掌握土壤肥力动态变化，实施平衡施肥35万亩，推广化肥深施5万亩，生物补钾2万亩，叶面喷施锌肥500亩。

2001—2003年，山阴县成为山西省耕地地力调查与质量评价13个试点县之一，全县工作成果由省农业厅专家组评定验收合格，项目的实施摸清自1982年第二次土壤普查后20年全县土地耕地养分变化过程，并制定全县分区域配方施肥的指导性意见。20年土壤养分变化全县平均值，有机质从0.7%升到1%，速效磷4毫克/公斤上升到8毫克/公斤，速效钾135~150毫克/公斤下降为80~120毫克/公斤，配方施肥指导原则由“缺磷、少氮、钾有余”变为“稳氮、稳磷、补钾、施锌”的宏观施肥指导原则。全县耕地土壤有机质上升0.3%，是全省唯一土壤有机质上升的县份，表明畜牧业优质有机肥的大量施用，改善土壤养分和结构。1998—2007年，农用化肥使用量5万~6万吨。

2010年，全县布置“晋马”牌复混肥科学平衡施肥示范点10乡镇50个点，为科学平衡施肥水平掌握第一手推广资料。2013年，全县布置新品种、新材料、新农药、新肥料试验示范25处，100个品种。土壤抽样化验200个，为全县提供宏观的配方施肥方案。2016年，全县搞好配方施肥技术指导服务工作，推广施肥技术。

农药施用

1998年以后，每年秋季是全县提高农产品质量、降低农产品农药残留量的关键时期。无农药残留农产品生产技术是秋季工作的重要内容，将病虫防治工作与无农药残留农产品的生产结合起来，加大环保型农药和生物农药的推广力度。2000年，全县农药使用量65吨。

全县农作物在生长期间经常受到不同病虫的危害，在作物苗期和中后期，土蝗和红蜘蛛的危害尤为严重。2007年，全县预防为主，乡农技站在病虫害发生初期，发放防治资料2万余份，补贴性发放普通高压喷雾器100台、农药500余公斤，预防各类病虫害的发生。

2009年，全县为防止燕麦黑穗病的发生，在播种前对所有种子用20%的拌种灵，按用种量的0.3%进行拌种，各地块均未发现黑穗病发生。2016年，全县针对农业生产中水肥农药利用率低，残留超标，效益低下的实际，每年部署20个监测点，新建10个新型经营主体示范点，推广测土配方施肥和生物病虫害防治技术，增施农家肥，减少土壤板结，减少农药残留，实现绿色增产。

温室大棚

20世纪90年代末，全县推出《冬暖型日光节能温室大棚设计建造技术》，改良型温室大棚第一次在雁门关北解决大棚蔬菜的越冬问题，实现反季节蔬菜种植。配套研究出几种大棚棚型：反、延季节混合型大棚，延季节拱形固定大棚，移动式拱形大棚。2005年，合盛堡乡高山疃村和薛圐圙乡西寺院村指导建设2处改良式寿光日光节能温室大棚试验示范科技园区，共计大棚47个，达到预期生产指标和投资目标。全县被山西省农科院蔬菜研究所挂牌为“设施蔬菜科技培训中心”和冬暖型日光高效节能温室科研协作县。2010 年，日光温室、温室大棚建设总计示范园区 35 处，总面积 4.35 平方公里，大棚总数 3320 座。2012 年，日光温室示范园区新增和扩建到 52 处，总面积 10.5 平方公里，温室大棚建设完工总数 4950 座。

2013 年，全县完成绿丰、天鹏连栋智能温室花卉基地 2 栋，金海洋智能温室 4 栋的建设和完善；绿源、泰宏、温馨连栋温室育苗基地 4 栋的建设和完善；大学生创业园占地面积 40 万平方米的建设，新县城开发区现代农业观光采摘园 1000 亩的建设和完善，金海洋现代农业园 1870 亩规划日光温室 200 座、大棚 200 座的建设和完善；山西宇昊年产 2 万吨双孢菇现代化食用菌基地的建设和完善。2016 年，全县实施绿色农牧工程，建成日光温室大棚 300 座、智能温室 1.6 万平方米，打造“农—林—牧—药—工业旅游”生态产业链。

技术培训和宣传

1998 年，全县创办《山阴农情农技》简报，共印发 2000 份。为各级领导决策提供依据，《山阴信息》和《山政信息》共转发 8 次，山阴电视台播发 2 次，朔州电视台播发一次，朔州报转载 2 次，《朔州农情》转发 2 次。印发各种专题性技术资料 2400 份，开展专题讲座和技术培训 42 期，培训农民技术骨干 5000 人，通过多渠道、多层次、多形式使 5 万余人受训。

全县围绕农业结构调整布局，按照年度目标，进行农技培训和农村剩余劳动力的培训工作。2004 年，利用电视讲座、《山阴快讯》等形式，共办 87 个培训班，培训 6000 人。针对市场经济对农产品的要求，在农技推广培训工作的同时，印发 1.5 万份资料。无公害农产品化肥、农药使用标准；科学施肥，施药技术；印发土蝗的防治、二代草地螟的防治措施。2008 年，全县共举办培训班 60 场次，培养青年农民科技带头人 6000 人次。采取县里集中培训、各乡镇专题培训等形式，举办培训班 260 场次，现场会 8 次。印发培训材料、VCD 影视资料 2 万余份。农业产业结构调整、温室大棚、食用菌等专题培训省电视台播报 3 次、市县电视台播报 20 余次。

2013 年，全县安排农业科技培训 100 期，培训人数达到 1 万人次；组织反季节蔬菜现场观摩、移动大棚建造现场会三次，外地蔬菜生产考察二次。2016 年，全县围绕玉米、奶牛、蔬菜、小杂粮四大主导产业，调整玉米结构，扩大饲草玉米面积，推广适合山阴种植的新品种、新技术、新材料、新模式，如水肥一体化、膜下滴灌、测土配方、病虫害生物防治等，每年农业科技培训 700 人次，带动 1 万农民科学种养增加收入。

第二节　作物保护

虫害防治

全县从农业生态系统的总体观念出发，针对病虫害和农田生态环境的相互关系，对土蝗、红蜘蛛、草地螟等暴发性害虫及时作出预报和防治技术要点，对地下害虫、蔬菜虫情等及时指导和培训防治，引起群众早重视，未造成大的经济损失。1998—2007 年，累计发放宣传材料，预报、简报和防治资料达 10 万余份，防治面积达 170 余万亩次，使损失降到最低。

2009 年，全县以农业生态系统的总体观念出发，针对病虫害和农田生态环境的相互关系，每年对土蝗、红蜘蛛、草地螟暴发性害虫及时作出预报和防治技术要点，对地下害虫，蔬菜虫情等及时指导和培训防治。发放宣传材料，预报、简报和防治资料达 5000 余份，防治面积达 70 余万亩次，使损失降到最低限度。玉米拔穗期间，大面积发生红蜘蛛虫害。全县 4.2 万亩玉米不同程度发生虫害，全县调运 5 吨多农药发放到北周庄镇、合盛堡乡、岱岳镇、安荣乡4个乡镇。

2014年，全县特大病虫害应急预警标准Ⅰ级：病虫害发生面积占作物种植面积的50%以上。Ⅱ级：病虫害发生面积占作物种植面积的35%~50%。Ⅲ级：病虫害发生面积占作物种植面积的15%~35%。Ⅳ级：病虫害发生面积占作物种植面积的15%以下。2016年，全县针对农业生产中水肥农药利用率低，残留超标，效益低下的实际，每年部署20个监测点，新建10个新型经营主体示范点，推广测土配方施肥和生物病虫害防治技术，增施农家肥，提高有机质，减少土壤板结，减少农药残留。

农民在使用飞行器防虫

冻旱灾防治

1998—2005年，全县农业抗御自然灾害能力差，连续干旱、冷冻袭造成重大损失。

2009年，全县遇到严重的旱灾，从燕麦出苗到抽穗阶段（4月下旬至6月上旬），由于没有雨水，严重影响燕麦生长发育。全县采取补救措施，购买和喷施“金浓雨”抗旱剂。千亩盐碱地燕麦经喷施抗旱剂后，长势好于山区没有喷施抗旱剂的燕麦。从2008年10月25日到2009年7月8日256天降雨量为36毫米，导致20万亩没有播种。针对旱情，全县利用喷施抗旱等农艺措施和农民打井项目配套等工程措施，共配套浅水井泵80套，使用抗旱保水剂60吨。6月16日普降小到中雨后，全县组织车辆、人力从市局紧急调用农作物种子荞麦15万公斤、黍子2.5万公斤、苜蓿0.25万公斤，按照乡镇及种植大户所报未播面积将种子分发到农民手中，动员群众自行购买小日期种子，突击抢种，至7月中旬全县因旱情未播种的全部下种。

2014年，全县重大冻害应急预警标准Ⅰ级：受灾面积（指因灾害造成的田间农作物产量损失一成以上的面积）占全县耕地面积的20%以上。Ⅱ级：受灾面积占全县耕地面积的15%~20%。Ⅲ级：受灾面积占全县耕地面积的10%~15%。Ⅳ级：受灾面积占全县耕地面积的10%以下。2016年，全县无重大冻旱灾。

第三节 机 构

1987—1992年，农技中心是农业局下设的二级局，全称为山阴县农业技术推广中心。内设农业技术推广站、蔬菜站、植保、植检站、土肥站、环保站、果树站、农科所。1992年，山阴县农业技术推广中心改为山阴县政府下设的单列职能局，全称为山阴县农业技术推广服务中心。1998年，干部职工总人数42人，其中高级职称者3人，中级职称者11人，初级职称者24人，管理人员4人。机构下设农业技术推广站、蔬菜站、植保、植检站、土肥站、环保站、农科所（技术员13人）。同时下设20个乡镇技术推广站（人员33人）。2007年，干部职工总人数35人，其中高级职称者1人，中级职称者7人，初级职称者24人，管理人员3人。2012年，干部职工总人数47人，其中正高级职称者1人，中级职称者17人，初级职称者26人，管理人员3人。机构下设农业技术推广站、蔬菜站、植保、植检站、土肥站、环保站、农科所。同时下设20个乡镇技术推广站（人员42人）。至2016年未变。历任农技中心主任有李荫厚、董有国、张凯。

第十九编

林业 畜牧

进入21世纪后，山阴县开始发展生态畜牧业，建设现代畜牧业的牧草供应基地。并从2000年开始实施京津风沙源治理工程。同年开始试点退耕还林。由此拉开全县绿化造林的序幕。2004年，山阴县鼓励和支持农民退耕，实施规模种草，当年全县牧草种植10万亩。“十二五”期间，山阴县在发展红枣、核桃等传统经济林的同时，坚持“小灌木大产业”的思路，积极发展沙棘、连翘等特色经济林。其间投资900万元建设6万亩牧草基地和20个牧草种植示范村。2011年，投资近10亿元开始实施桑干河湿地生态修复工程。截至2016年，山阴县京津风沙源治理林业工程60.15万亩，退耕还林23.34万亩。工程合格率达到90%以上。森林覆盖率从2000年的13.4%上升到2016年的16.89%，风沙天气数由2000年的17天减少为2016年的11天。

第一章　林地建设

第一节　林地概况

1998年，山阴县林地总面积81万亩，其中，有林地59927.55亩，疏林地13770亩，灌木林地58605亩，无立木林地127697.4亩，宜林地543812.55亩。活立木蓄积量162109.29立方米，森林覆盖率4.12%。

2006年，山阴县林地总面积912111亩，其中，有林地94927.5亩，疏林地16110亩，灌木林地66000亩，无立木林地7477.5亩，宜林地249682.5亩。活立木蓄积量256780.9立方米，森林覆盖率6.52%。

2009年，山阴县林地总面积888518.4亩，其中，有林地114027.6亩，疏林地25421.55亩，灌木林地118815.9亩，无立木林地10394.25亩，宜林地271796.55亩。活立木蓄积量308447.08立方米，森林覆盖率9.42%。

2016年，山阴县林地总面积718126亩，其中有林地249762.6亩，疏林地35845.65亩，灌木林地167465.25亩，无立木林地40097.55亩，宜林地153678.9亩。活立木蓄积量675613.13立方米，森林覆盖率16.89%。

第二节　林　场

山阴县国营苗圃　建于1958年3月，为县林业局直属差额事业单位，其注册资金为23万元。位于岱岳镇与安荣乡交界处，西邻县国营化肥厂，北同蒲铁路1公里，南邻安荣乡四铺村，东与岱岳镇化家岭村的土地相接，经营面积251亩，可育面积180亩，土壤为轻砂壤土。苗圃地势平坦，交通方便，水源充足，主要以杨、柳、榆树苗等阔叶树苗为主，树种比较单一，生产效益一般。2000年后，主要经营经济树种和绿化树种，品种有新疆杨、油松、樟子松、丁香等树种，生产能力为20万株。2016年，苗圃在职职工25人，退休职工7人，全部为工勤人员（技师6人，高级工6人，中级工4人，初级工9人），大专文化程度4人，高中以下人员21人，党员18人。机井2眼，变压器1台，厂房18间。总资产61.6万元，固定资产43.9万元，负债38.8万元。

山阴县林果开发中心第二苗圃　成立于1981年，为县林业局直属差额事业单位，负责苗木的培育、管护，保证苗木的健壮生长，无病虫害发生，合理利用圃地，提高土地的利用率，协助主管单位林业局为绿化山阴提供优质苗木。苗圃坐落于山阴县岱岳镇北王庄村北，经营面积2000多亩，育有樟子松、油松、沙棘、侧柏等。2016年，有职工34人，其中在职工人20人、退休工人14人。

山阴县国营苗圃针叶树分圃　建于1982年，位于岱岳镇同太路西侧，东邻北周庄镇新岱岳村，南邻山阴县农科所，北邻北周庄镇李家窑村两公里处。主要有油松、槐柏、新疆杨、柳树、侧柏等乔木树种。2016年，苗圃经营面积320亩，其中林业用地面积280亩、非林业用地面积40亩。

山阴县国营林场　1980年，山阴县国营林场成立。场址坐落于下喇叭乡下喇叭村东，占地面积15万平方米。2016年，内设机构为办公室、营林股，正科级建制。编制40人，领导1正2副。依据《中华人民共和国森林法》《中华人民共和国森林法实施条例》等相关法律法规，以保护森林资源为核心，保护好林区内林木、林地。对林区内偷砍盗伐、毁林开荒、乱占林地等破坏国有森林资源的行为，及时制止并报上级主管部门和相关部门依法制裁；在县护林防火指挥部的指导下，做好本场林区内森林防火及扑救工作，确保国有森林资源不受损失；在上级主管部门的指导帮助下，做好本场林区内森林资源培育，林业有害生物的监测、防治等工作，并研究制定林场长期发展规划；在场圃内精心培育适应市场的各种优质苗木。历任场长有王世民、郭连兵、祁生利。

第二章 造林绿化

第一节 植树造林

退耕还林和绿化造林工程

山阴县退耕还林工程从2000年开始试点，2002年全面铺开，2006年第一轮退耕还林工程结束，全县共实施退耕还林地造林13.84万亩，栽植各种树木2352.8万株，涉及全县13个乡（镇）156个村10348户。其中，玉井镇18960.2亩，吴马营乡10267.8亩，马营乡10764.6亩，下喇叭乡19455.6亩，岱岳镇24162.5亩，北周庄镇22564.3亩，安荣乡6825.7亩，合盛堡乡2195.6亩，薛圐圙乡5315.1亩，后所乡4733.3亩，张家庄乡9210.7亩，古城镇2522.3亩，马营庄乡1422.3亩。2008年，实施西山森林公园续建工程，治理任务6690亩，主要是七里沟北的退耕地造林和沙河梁的补植补种及林中空地增绿；实施长梁重点治理工程，治理任务6240亩，主要是甘庄西南原造林地的补植补种和荒山荒地造林以及虎山线道路两侧100米宽的护路林带建设；实施黄羊坡治理工程，治理任务11430亩，主要是黄羊坡四周的退耕地造林、荒山荒地造林和道路绿化。2009年，完成新建长梁生态景区治理面积13730亩。全年累计投资1.5亿元，完成成片造林17.8万亩，四旁植树250万株，通道绿化285公里，环城绿化8000亩。2010年，在西山下沙河段共栽植各种树木2944亩，161876株。2011年，在西山贺家窑段、下沙河段和马营庄村西共栽植油松、枸杞4105亩，238665株。2012年，在后所乡苏庄村、马营庄乡马营庄村、马营庄乡荆家庄村、安荣乡安荣村、张家庄乡西堡村、张家庄乡水河铺、古城镇羊圈头村、合盛堡乡东双山村、岱岳镇贾家窑村共栽植杏树经济林2866亩，157578株；在古城镇羊圈头村栽植枸杞经济林387亩，128871株；在国道208线北周庄段、安荣段栽植高度5米以上油松169亩，9300株；在后所乡苏庄村栽植高度80厘米以上油松260亩，13000株。2014年，完成桑干河湿地生态公园文魁塔景观绿化工程，

植树造林

绿 化

共栽植油松、金叶榆、桃树、紫叶李、香花槐、紫穗槐、漳河柳、新疆杨、侧柏、云杉、樟子松、卫矛、丁香等 29 个树种 33461 株。

广武生态景观区工程

2002—2007 年，山阴县完成广武生态景观区工程，工程位于广梵线以北，208 国道以西，汉墓公园以南，旧广武城西路以东，总治理面积 1876 亩，栽植树木 8.2 万株，其中油松 4.2 万株、云杉 2 万株、樟子松 6.8 万株、桧柏 1.2 万株、灌木 2.4 万株。

西山黄羊坡工程

西山黄羊坡工程是山阴县 2007 年造林重点工程，也是西山百里环城林带的延续项目，工程涉及 2 乡 9 村，总治理面积 9 万亩，实施荒山造林 2 万亩，配套进行林网建设。共栽植针叶树 50 万株，农田林网栽植新疆杨 5 万株。修林道 6.2 公里，栽植树木 33 万株，其中新疆杨 35000 株，山杏 25000 株，油松 27 万株。动土 13 万立方米，人工 2600 个，机械 150 台。秋季共补植 46000 株，主要用于山坡和空闲地段。2009 年春季，西山黄羊坡工程在完成 600 亩葡萄、500 亩大接杏的基础上，新发展 900 亩葡萄，形成 2000 亩的经济林基地。形成县城西部东西宽 4 公里，南北长 20 公里，治理面积 10 万亩的生态景观区。

桑干河湿地生态修复工程

2011 年，山阴县投资近 10 亿元开始实施桑干河湿地生态修复工程，在长 20 公里、面积 25 平方公里的区域内，依河开建 10 大系列湖，新增水面 3000 亩，总蓄水量 500 万立方米。栽植乔灌木 600 多个品种、200 万株，绿化面积 2.6 万亩。规划建设“五大系统”（即原生湿地系统、人工湿地系统、地形植被系统、空中步道系统、边界缓冲系统）和“六大绿化结构层”（即水体、河滩、草甸、灌丛、林地、耕地）。

“6+2+10”生态治理工程

2012 年，山阴县把生态绿化作为推进生态文明、建设美好家园的重大举措，围绕“两山一河十通道”，投资 10.5 亿元，重点实施“6+2+10”生态治理工程，即西山和南山 6 万亩生态扩容提质成片林、2 万亩经济干果林和 10 条主干通道绿化，种植各类树木共 1200 万株。其中，国道 208 线、大忻线、大忻线西移段、大运高速公路县城引线等 10 条通道，共栽植大树 50 多万株；西山缓坡区生态治理工程拓展绿化面积 4 万亩，植树 280 万株，新修绿色防火通道 25 公里。西山及 10 条通道的绿化，实现山阴生态绿化南连城区、北接怀仁的全面贯通，形成县城的绿色屏障。

1999—2016 年山阴县植树造林统计表

表 19-1

年度	植树造林当年完成面积（亩）									四旁植树（万株）
	总面积	京津风沙源治理			退耕还林		巩固退耕还林干果经济林	交通沿线荒山造林工程	桑干河综合治理工程林业项目	
		人工	飞播	封山	退耕地	四配荒山				
1999	49995	0	0	0	0	0	0	0	0	1500
2000	9000	499.5	0	0	8400	0	0	0	0	679.5
2001	64995	31590	7000.5	4000.5	0	0	0	0	0	1170
2002	122505	0	25000.5	25000.5	34999.5	34999.5	0	0	0	708
2003	82566	0	18000	0	30000	30000	0	0	0	964.5
2004	55005	0	0	15000	19999.5	19999.5	0	0	0	900

续 表

年度	植树造林当年完成面积（亩）									四旁植树（万株）
	总面积	京津风沙源治理			退耕还林		巩固退耕还林干果经济林	交通沿线荒山造林工程	桑干河综合治理工程林业项目	
		人工	飞播	封山	退耕地	匹配荒山				
2005	73290	0	25000.5	12000	19999.5	10000.5	0	0	0	600
2006	79995	0	0	55000.5	25000.5	0	0	0	0	900
2007	39000	0	37999.5	0	0	0	0	1000.5	0	1650
2008	54000	0	31999.5	19999.5	0	0	0	6499.5	0	2175
2009	27690	0	0	10000.5	0	0	0	13995	0	1200
2010	43920	0	4999.5	0	0	0	0	2500.5	0	1050
2011	41505	4999.5	15000	0	0	0	0	3000	0	900
2012	53400	4999.5	0	0	0	0	2400	1995	0	900
2013	34500	4000.5	0	0	0	0	1995	1995	15000	900
2014	38895	4995	0	3000	0	0	1995	1995	17805	900
2015	13305	3000	0	0	0	0	4005	3000	0	900
2016	7290	3000	0	0	0	0	4290	0	0	900

第二节 京津风沙源治理

山阴县京津风沙源治理工程从2000年开始实施，通过连续多年的治理，全县大部分荒山荒坡均已郁郁葱葱，区域水源涵养能力提高，绿色生态屏障得到巩固。2004年，京津风沙源治理工程完成治理面积14.9万亩，占计划21.5万亩的78%。2005年，完成京津风沙源治理水利工程投资410万元，治理小流域6200亩。2015年，实施京津风沙源治理二期重点建设工程。2016年，全县风沙源治理林业工程60.15万亩，退耕还林23.34万亩。工程合格率90%以上。森林覆盖率从2000年的13.4%上升到2016年的16.89%，风沙天气数由2000年的17天减少为2016年的11天。随着工程的逐步实施，宜林地施工条件相对较好，大面积连片地块基本规划实施完成，剩余部分为干旱阳坡和煤矿采空区等困难地。

第三章 林业管理

第一节 机 构

山阴县林业局

1992年12月，县林业局转变为经济服务实体，不列入政府序列。

2009年，根据《中共山阴县委、山阴县人民政府关于印发〈山阴县人民政府机构改革方案〉的通知》设立，正科级建制，为县人民政府工作部门。内设办公室、林业站、森林资源股、农村林业改革发展股、政策法规宣传股5个机构。行政编制为10人，其中局长1人，副局长2人，行政技术领导1人。历任局长有刘德义、李宏贵、王与元、赵学崇、郭世和、郭连兵、刘文斌。

2016年，所属事业单位有山阴县公安局森林派出所、山阴县林业技术推广中心、山阴县森林植物检疫站、山阴县林政站、山阴县植树造林站、山阴县森林防火站、山阴县野生动植物保护站、山阴县国营苗圃、山阴县国营苗圃针叶树分圃、山阴县林果开发中心第二苗圃、山阴县森林消防专业队。

绿化委员会 1982年3月，绿化委员会成立。工作人员6人，设常务副主任1人（正科级）、副主任1人（副科级）、工作人员4人。1992年，县级机构改革，绿化委员会保留牌子，挂靠在农业委员会。2013年8月，国家取消绿化委员会专项收费职能。历任主任有柳义、张珍、王世民、王国和。

第二节 林 改

林权林地改革

2003年，中共中央、国务院作出《关于加快林业发展的决定》，明确新的历史条件下林业的地位、基本方针、发展方向和战略目标，制定加快林业发展的主要政策和举措。2004年起，中央4个1号文件中均明确提到加快林改的总体要求，把它列为深化农村改革的重要内容和建设社会主义新农村的重要举措。2008年6月8日，中共中央、国务院颁布《中共中央国务院关于全面推进集体林权制度改革的意见》。2009年12月30日，中共山西省委、山西省人民政府下发《关于贯彻〈实施生态兴省战略加快推进林业改革发展的意见〉的实施意见》，对全省集体林权制度改革进行全面安排部署。2010年3月30日，山阴县召开林改培训会议，下发《山阴县集体林权制度改革2010年实施方案（草案）》，按照“乡镇组织，村组具体操作，部门搞好服务”的工作机制，对集体林权制度改革的总体目标、主要任务、改革范围、基本原则、方法步骤等方面进行详细的阐述和部署，把集体林权制度改革工作作为山阴县的年度目标任务考核。并拟定县长为组长的山阴县集体林权制度改革领导小组。县林改工作于2015年初步完成，集体林地面积为519283.05亩，确权地为480941.7亩。

林地保护与利用

2010年，山阴县制定《山阴县林地保护与利用规划（2010—2020年）》，指明未来十年林业发展方向，完善和加强县林地保护，转化和优化林地利用方式，确保全县林地森林面积目标的实现。2012年，贯彻《国务院关于全国林地保护利用规划纲要（2010—2020）的批复》和《国家林业局关于编制省级县级林地保护利用规划的通知》，成立专门的领导小组，制定工作方案。

2013年6月14日，山阴县召开林地保护与利用规划评审会，通过县级验收。同年8月11日，山西省林业厅组织有关专家7人，在朔州市对《山阴县林地保护与利用规划》进行省级评审，并于2013年10月12日通过审查。2013年10月17日，山阴县人民政府批准《山阴县林地保护与利用规划（2010—2020年）》的组织实施。

2014—2015年，山阴县划分管理区域，建立健全各项责任制度，县与乡、乡与村逐级签订责任书，落实重点公益林管护和效益补偿的任务，对划定的重点部位，加强管护。组织各乡镇村利用广播、电视等新闻媒体及宣传牌、宣传车、标语等载体，宣传保护公益林对生态建设的重要意义，宣传公益林管理和补偿基金发放的相关政策，增强全民保护公益林的意识。制定《山阴县公益林护林员管理办法》和《公益林护林员管护责任人考核办法》，加强对护林员的管理。建立护林员学习制度、巡护日志和读书笔记调阅制度，对护林员学习实行规范化管理。不定期地对354名护林员开展林业法律法规、护林防火知识培训，提高管护水平。加强护林员年度考核，对优秀的予以表彰，不合格的予以辞退。

2016 年，结合封山育林政策，按照《山西省公益林管理办法》及实施森林禁伐的相关规定，实施禁止、限制采伐保护措施，保护好森林资源。在公益林重点区域修建管护站 3 处，在国家级公益林区域设立公益林标志牌 480 个、公益林宣传牌 640 个，增强全民保护公益林的意识。县森林公安派出所加大林业执法巡查力度，打击毁林开荒、非法占用林地、乱砍滥伐及盗伐林木等破坏森林资源的违法分子。按程序选聘护林员 354 人，聘用 64 名建档立卡贫困人口护林员。

第三节　护林防火

1998 年后，山阴县落实“预防为主、积极消灭”的方针，加大对林场各营林区周边的群众防火宣传教育力度，强化林场各营林区护林员对本营林区的巡护。对森林公园景观区内所有林地全部耕隔离带，对不能耕的地方全部人工打药人工除草，消除火灾隐患。2006 年，山阴县严格护林防火制度，推行行政首长负责制。2009 年，成立森林防火站加强护林防火工作。2015 年，分别对私人墓地及西山森林公园、国有林场等草木集中、火情易发的地方，喷洒灭火药，修筑防火隔离带 30 多万平方米，修剪长势过繁的树木、野草 4000 多亩。2016 年，与各乡镇、林场签订森林防火责任书，将任务落实到山头地块，责任落实到人，发放大量铁锹、铁扫帚、灭火弹等灭火用具。驻西山、高速沿线、广武以及省道、公路两边的护林队加强巡逻，严格执行 24 小时领导带班值班制和火情报告制度。3 月 12 日植树节期间，深入全县各个乡镇组织森林消防宣传，提高群众的消防安全意识与森林火灾的应急处置能力，发放 7000 个防火宣传围裙与 1 万册防火宣传手册。

第四节　病虫害防治

1998 年，全县有效控制红脂大小蠹危害。2004 年，所有林业工程用苗实现“两证一签”（即苗木生产许可证、林木种苗经营许可证、品种产地标签）。国营林场建立省级病虫害测报点。2006 年，对光肩星天牛、中华鼢鼠的防治和虫情监测工作覆盖率达 90% 以上，全县林木病虫害发生率被控制在 8% 以下。2011 年，对生产、经营林业种苗的单位和个人严格实行“两证一签”制度，加强对新植苗木的跟踪检疫检查。2016 年上半年，全县林业有害生物发生面积 0.13 万亩。主要有杨树蛀干害虫青杨天牛，林业鼠兔害等。监测青杨天牛和光肩星天牛 16.2 万亩，林业鼠兔害 15 万亩，悬挂美国白蛾监测器 30 个、松褐天牛监测器 20 个。检疫各类苗木面积 300 亩，造林工程苗木 200 万株。同年夏季，国营林场发现织女泉林区内落叶松、油松上有毛虫，受灾面积 9000 亩，林场组织人力物力采取人工打药的方法进行防治，有效地防止虫害的蔓延。

第四章　牧草饲料

第一节　牧　草

牧草种植

1998 年后，山阴县发展生态畜牧业，建设现代畜牧业的牧草供应基地，走低碳畜牧业发展之路。

2003年，全县种草养殖为主的十大牧园区成为生态建设的亮点，农民增收的平台。2004年，鼓励和支持农民退耕，实施规模种草，全县牧草种植10万亩，有种植50亩以上的农户576户、100亩以上的农户155户、500亩以上的农户44户、1000亩以上的农户15户、1万亩优质牧草的农户1户。至2006年，完成草地建设5.9万亩、草地草种基地300亩、基地草场5000亩。“十一五”期间，整合利用京津风沙源治理项目资金，累计完成草地、天然牧坡18万亩，草地1.3万亩，人工种草5万亩。2010年，全县承担牧草试验种植任务，广泛宣传、动员、鼓励农民充分利用田间空地，实施草田间作，大面积种植苜蓿、多穗玉米等良种饲草料。“十二五”期间，投资900万元建设6万亩牧草基地和“20个牧草种植示范村”，围绕奶牛养殖优势区域，改变农民种植为粮、秸秆喂畜的传统习惯，鼓励农民耕地种草，推广饲用玉米、紫花苜蓿等优质牧草种植，确保饲养1头奶牛配套种植1.5亩青贮玉米，加大牧草的科学加工利用力度。牧草种植形成集中连片之势，发展大批的牧草专业户、专业村。2015年，农牧场一、二、四、五分场集中连片种植3400亩紫花苜蓿。2015年，全县年产饲草10.5亿公斤，青贮量达到5亿公斤，秸秆科学加工利用率提高到60%以上。草业从种植业中分离出来，逐步实现牧草生产的专业化和养殖饲喂的科学高效化。2016年，落实京津风沙源治理项目，推广草地生态建设和保护技术，加强牧草育种栽培、草畜平衡管理、鼠虫害防治等技术推广工作。全县种植青贮玉米13万亩、优质苜蓿2万亩。

玉米青贮压草

牧草选介

燕麦草属禾本科。株高1~1.5米，为多年生地面芽草本，可生活5~7年，但生长年限仅3~4年。喜欢温润气候，耐热耐寒。

青贮玉米属禾本科。株高1~4米，为喜温作物，全生长期要求较高温度。生长期间最适宜降水量410~640毫米，干旱会影响其产量和品质。夏季降水低于150毫米的地区不适宜种植，而降水过多，影响光照，会增加病害、倒伏和杂草危害。

紫花苜蓿属豆科。株高30~100厘米。适应性广，喜欢温暖、半湿润气候，对土壤要求不严，除太粘重的土壤、极瘠薄的沙土及过酸或过碱的土壤外都能生长，最适宜在土层深厚疏松且富含钙的土壤中生长。

柠条属豆科。株高40~70厘米，最高可达2米。为深根性树种，主根明显，侧根根系向四周水平方向延伸，固沙能力强。耐寒、耐旱、耐高温，是干旱草原、荒漠草原地带的旱生灌丛。在黄土丘陵地区、山坡、沟岔也能生长。

紫花苜蓿

第二节 饲 料

20 世纪 90 年代末，青饲料为全县主要饲料。2002 年，全县青饲料种植 45548 亩。2004 年，全县青饲料种植 30336 亩。2009 年，全县推进饲草革命，建成标准青贮窖 300 座 9 万立方米。2010 年，全县推广、普及青贮饲料，发展配合饲料和专用饲料，粪尿治理利用率 60% 以上，配合饲料使用率 80% 以上，低碳节能型畜牧业得到长足发展。与中国农业大学签署“肉牛遗传改良和中高端牛肉生产技术合作协议书”，聘请中国农大营养学专家研究开发奶牛、奶牛公犊牛育肥牛专用饲料，满足全县养牛需要。2015 年，牛用饲料生产量达 20 万吨。山阴县被农业部列入粮改饲试点县。2016 年，随着粮改饲试点项目的实施推广，种植业由“粮食—经济作物”二元结构向“粮食—饲料—经济作物”三元结构调整。全县完成全株青贮玉米种植 13.5 万亩，收贮全株玉米 40.5 万立方米，就地转化玉米 0.75 亿公斤。全县人工牧草种植面积 1.3 万亩。

第三节 饲料加工

全混合日粮配方

随着奶牛养殖园区转型牧场化管理，山阴县奶牛饲喂方式由传统的玉米秸秆 + 麻饼改变为全混合日粮喂养。全混合日粮是根据奶牛在不同生长发育和泌乳阶段的营养需要，按营养学家设计的日粮配方，用特制的搅拌机对日粮各组合进行搅拌、切割、混合和饲喂的一种先进饲养工艺。与传统饲喂方式相比，全混合日粮可提高奶牛产奶量、增加奶牛干物质的采食量、提高牛奶质量、降低奶牛疾病发生率、提高奶牛繁殖率、节省饲料成本和节约劳动力等优点。至 2016 年，饲草料加工贸易的公司能否做到将试验报告、引种试验、品种介绍、饲料加工及饲料营养等方面满足标准条件，成为奶农选择的首要考虑。

日产奶量为 25 公斤的配方：精饲料 11.6 公斤，鲜啤酒渣 10 公斤，全株青贮玉米秸秆 18 公斤，干羊草 3.2 公斤或干苜蓿 2.5 公斤，杂野草青草 8 公斤，甜菜泊 3 公斤。

日产奶量为 35 公斤的配方：精饲料 13 公斤，全株青贮玉米秸秆 14 公斤，干羊草 3 公斤或干苜蓿 2.5 公斤，杂野草青草 3 公斤，甜菜泊 4.5 公斤。

饲料生产企业选介

山西雁之牧饲料有限公司 位于山阴县古城镇古城村，是一家专注于反刍动物饲料的研发、加工、销售为一体的饲料企业。公司筹建于 2014 年 3 月，正式成立于 2015 年 11 月，注册资本 5000 万元，资金来源全部为自筹资金。建筑占地 6100 平方米，拥有独立生产车间、原料库、成品库、检验中心、研发中心、办公楼、备用库房、员工宿舍等设施。公司设计产能颗粒料 9 万吨 / 年、粉料 15 万吨 / 年，拥有全自动化 508 牛料生产线和生产控制系统，是一家自动化程度较高的饲料加工生产基地。公司具有 40 余人的团队，其中硕士 3 人、本科 1 人、大专 5 人，占总人数的 22%；专业技术人员 6 人，占总人数的 15%。2016 年 2 月，山西雁之牧饲料有限公司获得山西省农业厅颁发的饲料生产许可证。公司牛饲料加工厂通过规模化生产、减少中间环节降低基地奶农的养殖成本，从源头上解决广大奶农养殖收益不高的问题。项目效益主要体现在对山西省奶源基地的示范、带动和服务等方面，带动农民增收，促进县域经济发展。

山阴六福农业科技有限公司 位于古城镇林荫道北，成立于 2011 年 1 月 20 日，在职人员 22 人，主要经营反刍动物浓缩饲料和配合饲料，经营区域为山西省境内。山阴六福农业科技有限公司和古城乳业集团进行战略合作，公司由 2011 年销量 2000 吨、销售额 400 万元增长到 2012—2015 年年均销量 1.4 万吨、年均销售额 2800 万元。2016 年，古城乳业集团自建饲料厂投入生产运营，山阴六福农业科技有限公司从产品结构和主营方向上作调整，由原来的奶牛饲料为主调整为羊饲料为主，联系山西农业大学联合研发新功能性羊饲料，依托政府对养羊发展业的规划支持，开拓羊饲料市场，公司步入下一个发展轨道。

山西博瑞饲料有限公司　位于薛圐圙乡薛圐圙村南，成立于 2016 年 2 月 28 日，有员工 81 人，技术服务人员 35 人。通过牧场走访、详细调研粗饲料结构和养殖管理中存在的问题，与牧场主共同研究出具精准营养实施方案。现场技术人员根据方案，实施监督全混合日粮制作过程，检测奶牛消化状况，及时分析奶量、单产、公斤奶成本、乳指标变化趋势。实施精准营养方案的 35 个试点牧场，奶量、奶脂有提升与改变，牧场效益显著提升，单产提高 3~5 公斤，公斤奶成本降低 0.2~0.5 元。公司投入 100 余万元对设备进行升级改造，提高配料精度，生产效率提升 30%。2016 年，公司总销量 1.9 万吨，销售额 6180 万元，上缴利税 196 万元。

第五章　畜禽饲养

第一节　家　畜

奶　牛

山阴县的奶牛养殖历史悠久。2000 年，全县奶牛存栏数 45049 头，比 1990 年净增 30249 头，年均递增 20%。奶牛养殖场数量较少，以分户散养、奶站集中挤奶为主。2003 年，内蒙古伊利、蒙牛乳业集团进驻山阴县后，生鲜乳收购价格骤增，奶牛养殖效益明显提升，刺激全县奶牛业的发展。2006 年，全县奶牛（中国黑白花）存栏数 60108 头，产奶 196486 吨，奶牛平均单产 15 公斤 / 天。2008 年，发生“三鹿奶粉事件”，全县奶业受到前所未有的打击，奶农养殖积极性严重受挫，出现卖牛现象，山阴县为改变困境，推进奶牛园区化养殖，构建人畜分离的健康养殖模式。全县奶牛存栏 72166 头，产奶 227355 吨，奶牛平均单产为 18 公斤 / 天。此后，奶牛存栏量逐年增加，2009 年为 73182 头，2010 年奶牛为 75406 头，2011 年突破 8 万头（为 83193 头）。2012 年，奶牛平均单产达到 20 公斤 / 天，总产奶 240434.2 吨。

2014 年，全县建成可存栏奶牛 300 头以上的奶牛养殖园区 123 座，共养殖奶牛 86780 头，奶牛平均单产 25 公斤 / 天。涌现出山西古城农牧有限公司、山阴县驿泽奶牛专业合作社等多家全省一流、全国领先的奶牛标准化养殖示范园区，奶牛养殖由园区养殖转向牧场化管理。2016 年，全县 108 个奶牛养殖园区转型牧场化管理的有 75 个，改扩建现代化自由采食棚 22.5 万平方米，改造电子计量自动脱杯挤奶机现代化奶站 18 座。全县奶牛存栏数 85120 头，产奶量 280870 吨，奶牛平均单产提高到 27 公斤 / 天。实现资源整合后的牧场采用科学化的饲喂和现代化的管理，减少奶牛疾病的发生率，降低养殖成本，增加养殖收益，增强企业的市场竞争力和抗风险能力。

生　猪

1998 年前，全县生猪养殖主要分布在各乡村农家庭院，以棚圈散养为主。2000 年后猪肉价格受市场影响，频繁起落，全县逐渐组成农民养殖专业合作社，以应对市场冲击。以小型养殖场、集中棚圈养殖为多，主要养殖品种为美系长白、大白、杜洛克猪，以及二元、三元和部分山西黑猪。

21 世纪初，全县涌现出山西天鹏集团有限公司、山阴县星火养殖有限公司、山阴县强化牧业有限公司等民营生猪养殖企业。其中山西天鹏集团有限公司的生猪养殖基地位于山阴县城东工业园区，占地 1200

猪 场

亩，总资产2.1亿元，是一家集种（智能温室、育苗、育花、苜蓿）、养（猪）、繁（优质杜洛克、长白、大白种猪）、宰（生猪屠宰）、加工（饲料、熟肉制品、有机肥）于一体，系低碳、环保、循环式生产的现代化民营企业。天鹏猪场是一座现代化猪场，建筑面积5.8万平方米，场区露地绿化面积达70%，年出栏量6万头，主要饲养美系长白、美系大白、美系杜洛克为主，全场实行三点式饲养（种猪饲养、分娩饲养、育成育肥饲养），专业的防疫团队，拥有自己的饲料基地，每年可向社会提供优质纯种猪9000头，优质二元母猪1.5万头，商品猪3.5万头。

2016年，全县养殖数量在500头以上的规模生猪养殖场（园区）共10家，其中岱岳镇5家、北周庄镇4家、马营庄乡1家。共养殖生猪22880头，其中能繁母猪3436头。位于岱岳镇北沙沟的山阴县星火养殖有限公司养殖数量最大，为6600头，位于北周庄镇苑家辛庄的山阴县勇昌绿色养殖专业合作社养殖数量次之，为4000头。

2002—2016年度山阴县生猪出栏、存栏情况表

表19-2　　单位：头

年 份	年内出栏	年末生猪存栏	年末母猪存栏
2002	43323	47423	3165
2003	43376	45898	3068
2004	51290	48679	3270
2005	61206	46800	3736
2006	52625	42947	2756
2007	57935	46056	3039
2008	63728	56640	5129
2009	68869	58122	5481
2010	94705	68767	6515
2011	90063	60698	6132
2012	83899	66560	6983
2013	122700	8200	7500
2014	126800	81660	7566
2015	131080	82080	7522
2016	131820	82030	7533

其他家畜

1998年后，山阴县鼓励养殖大户、养殖大村，建设肉牛、鸡、羊规模养殖园区，实现由千家万户的

庭院养殖向千园万场的规模养殖改变。畜禽养殖数量、养殖规模、畜产品产量大幅度增加。2004年，羊存栏9万只，肉羊出栏70921只。全县养殖50只以上养羊户495户，100只以上养羊场30座。2016年，全县肉牛养殖以养殖场、农牧有限公司和农户散养为主，品种有利木赞、西门塔尔、荷斯坦牛和本地黄牛，养殖量5000头。养殖场分散在后所乡（1家）、薛圐圙乡（2家）、张家庄乡（2家）、马营庄乡（2家）和玉井镇（2家）。其中养殖数量超过100头的有6家，位于张家庄乡山阴庄村的齐达养殖专业合作社养殖数量最大，为560头（荷斯坦牛），位于薛圐圙乡辛兴铺村东的永泰中强农牧专业合作社养殖数量次之，为360头（利木赞、荷斯坦牛）。

2006—2016年山阴县羊存栏、出栏情况表

表19-3　　单位：只

年　份	品　种	存栏量	出栏量
2006	大多系杂交改良羊	72120	36634
2007	大多系杂交改良羊	73072	43035
2008	大多系杂交改良羊	122348	47338
2009	大多系杂交改良羊	107075	71898
2010	大多系杂交改良羊	132528	72611
2011	大多系杂交改良羊	111979	68284
2012	大多系杂交改良羊	158901	66775
2013	大多系杂交改良羊	150170	90700
2014	大多系杂交改良羊	246800	164370
2015	大多系杂交改良羊	180910	111030
2016	大多系杂交改良羊	178822	111812

2006—2016年山阴县肉牛生产情况表

表19-4　　单位：头

年　份	品　种	存栏量	出栏量	养殖规模
2006	西门塔尔牛 夏洛莱牛	2039	4030	年出栏50头以上规模养殖场2个
2007	西门塔尔牛 夏洛莱牛	1973	3276	年出栏50头以上规模养殖场2个
2008	西门塔尔牛 夏洛莱牛	2059	3580	年出栏50头以上规模养殖场3个
2009	西门塔尔牛 夏洛莱牛	2707	7985	年出栏50头以上规模养殖场3个
2010	西门塔尔牛 夏洛莱牛	2602	6726	年出栏50头以上规模养殖场3个
2011	西门塔尔牛 夏洛莱牛	284	20316	年出栏50头以上规模养殖场4个
2012	西门塔尔牛 夏洛莱牛	1133	5506	年出栏50头以上规模养殖场5个

续 表

年 份	品 种	存栏量	出栏量	养殖规模
2013	西门塔尔牛 夏洛莱牛	4500	3419	年出栏 50 头以上规模养殖场 4 个
2014	西门塔尔牛 夏洛莱牛	4300	3576	年出栏 50 头以上规模养殖场 5 个
2015	西门塔尔牛 夏洛莱牛	4180	3912	年出栏 50 头以上规模养殖场 6 个
2016	西门塔尔牛 夏洛莱牛	4535	4025	年出栏 50 头以上规模养殖场 8 个

第二节 家 禽

1998 年，山阴县禽类养殖主要以蛋鸡养殖为主，蛋鸡养殖量 80 万只。2005 年，位于北王庄村东的朔州市昀鑫禽业有限公司新建蛋鸡现代化养殖车间 1 栋，可养殖蛋鸡 8 万只，全部实现自动化饲养，鸡粪通过流水线直接流到有机肥料加工车间。2010 年，其他禽类养殖场（园区）以养殖暖棚较多，主要养殖品种为海蓝褐蛋鸡为主。2016 年，全县规模养鸡场均分布在岱岳镇，共 13 家，有 5 家养殖 2 万只，5 家养殖 3 万 ~ 4 万只，3 家养殖超过 4.5 万只，其中昀鑫禽业有限公司养殖 12 万只，位于东大滩村的继宏养鸡场养殖 6 万只。

2006—2016 年山阴县红羽鸡存栏出栏情况表

表 19-5　　单位：只

年 份	品 种	存栏量	出栏量
2006	红羽鸡	579257	394400
2007	红羽鸡	694281	313600
2008	红羽鸡	853794	448000
2009	红羽鸡	728287	432300
2010	红羽鸡	715700	462100
2011	红羽鸡	587102	239928
2012	红羽鸡	557493	273519
2013	红羽鸡	803200	552480
2014	红羽鸡	808650	553360
2015	红羽鸡	819930	570123
2016	红羽鸡	853520	580330

第三节 特种养殖

1998 年，全县有梅花鹿、肉驴、芦花鸡和鹌鹑等特种养殖。2003 年 6 月，欧阳力在马营庄乡经济开发区开办以养鹿为主导的农牧开发公司。2004 年，天力农牧公司饲养梅花鹿 600 只，绿源公司养殖肉

山阴县天力农牧梅花鹿养殖基地

山阴县强大合作社鹌鹑养殖

驴 1000 头。山西省投资集团有限公司旗下的山西康源牧歌农牧有限公司在薛圐圙乡农牧场南新建年出栏 2000 头肉驴养殖基地一处。2010 年，山阴县恒兴农牧专业合作社在薛圐圙乡老羊寨村东北发展林下生态养殖。2016 年，山阴县农贸升达有限责任公司在古城镇成立，养殖鹌鹑 15 万只。同年，山阴县恒兴农牧专业合作社养殖芦花鸡 1.3 万只。

第四节　畜禽加工贸易

1998 年后，山阴县挖掘和提升农产品价值，在饲料及饲用植物蛋白、畜禽养殖及屠宰加工产业上进行产业链经营，畜禽深加工贸易迅速发展，奶业逐渐成为支柱产业。2006—2016 年，随着城镇化建设的推进和居民人均收入的提高，推动鸡肉和猪肉的消费升级，消费者更加注重追求食品的质量和安全，对鸡肉和猪肉的营养价值和口感味道等提出更高的要求，山阴县重点加大畜禽产品的开发。

2006—2016 年山阴县肉蛋奶产量情况表

表 19-6　　单位：吨

年 份	肉	蛋	奶
2006	6950	5895	196486
2007	7212	6248	220064
2008	8320	6818	227355
2009	9183.4	8710.6	281078
2010	9422.43	8710.55	223394
2011	11959	8478	229070
2012	12978.79	6893.6	240434
2013	12513	10251	267158
2014	13996	10300	280620
2015	13758	10930	278520
2016	108520	9852	280870

山西天鹏农牧有限公司 成立于2002年9月，占地1200亩，总资产1.65亿元，员工303人，位于山阴县城东工业园区，占地737亩，注册资本5000万元，有三个种猪繁育场、一个苜蓿草场、一个饲料加工厂、一个沼气发电站和一个肉制品加工厂，是个集繁育、养殖、屠宰、熟食品加工、污水处理、沼气发电、有机肥生产、花卉种栽、商业流通为一体的集约化经营公司，是白条猪、西式火腿、酱卤产品等产品专业生产加工的公司，拥有完整、科学的质量管理体系。

公司投资6400万元建有生猪屠宰、分割车间及熟肉车间、深加工设备以及冷库等配套设施。年屠宰生猪可达54万头，生产冷却肉3000吨；白条肉6500吨；分割肉500吨；年产4万吨系列熟肉制品（西式3万吨、中式1万吨）。熟肉制品有中高档西式香肠火腿类、休闲酱卤肉食品、冻品、调理肉制品，日产可达60吨。“凯鹏”牌系列火腿荣获中国（山西）特色农产品交易博览会金奖。

公司先后被国家及省、市有关部门评为中央生猪活体储备基地、全国养猪百强企业、山西省农产品加工“513”工程重点龙头企业、全省十佳龙头企业、山西农大“农科教三结合基地”、山西省科普示范基地、朔州市农业产业化龙头企业、朔州市市场价格调节生猪养殖基地、朔州市科普示范基地，并已通过ISO 9001质量管理体系及ISO 22000食品安全管理体系认证。

第五节 畜禽交易

山阴县动物交易活动历史悠久。每逢农历六月二十四日，全县的动物交易活动也随之开始，俗称“骡马大会”。这时候主要以农民家中役用的大家畜交易为主。20世纪90年代，随着农田耕作方式的转变，役用家畜逐步退出历史的舞台，“骡马大会”不再举办。2000年后，全县以奶牛、肉羊、生猪和蛋鸡为主的养殖业不断壮大，成为名副其实的养殖大县，随之而来的畜禽调入调出活动日渐频繁。2015年，为控制动物疫病的传入和输出，规范交易秩序，县畜牧兽医局筹建全市第一家牛羊交易市场——山阴县升达牛羊交易中心，在古城镇杨村建成并投入运行。2016年，交易中心奶（肉）牛年交易量达到8300多头，集动物交易、检疫、运输、信息咨询为一体，服务全县动物流通交易行业。

第六节 屠 宰

1978年前，全县群众畜禽养殖以自宰自食为主，市场生鲜肉供应很少。20世纪80年代后，市场逐渐放开，生鲜肉进入县城市场，催生一批集收购、屠宰、销售为一体的屠户。2000年后，为规范市场秩序，保障肉品安全，商务部出台《生猪屠宰管理条例》等一批法律法规，规定畜禽屠宰实行定点集中制，由商务部门监督管理，畜牧部门派驻检疫人员实施检疫。全县畜禽定点屠宰在2005年前由县食品公司屠宰场负责定点屠宰。2006年，山西天鹏农牧公司下属的屠宰场承担全县生猪定点屠宰任务。2012年，山阴县畜禽屠宰行业的监督管理职能由县商务局转为由县畜牧兽医局承担。2016年，全县共有2家动物屠宰场，分别是山阴县凯鹏食品有限公司和山阴县鑫达肉业有限公司，分别承担全县生猪和肉羊的定点屠宰任务，年屠宰能力分别达到3万头和10万只。

第六章　畜牧管理

第一节　管理机构

山阴县畜牧局自1980年独立设局以后，畜牧管理服务机构逐步健全。1993年，山阴县畜牧局转制为山阴县畜牧服务中心。2002年，经兽医体制改革，山阴县畜牧服务中心变更为山阴县畜牧兽医局；正科级建制，行使山阴县行政区域内的畜牧兽医管理职能。局内设办公室、计财室、综合股，下设动物卫生监督所、畜牧综合执法大队、动物疫病预防控制中心、动物繁育改良站、牧草饲料站、生鲜乳管理股、畜禽屠宰管理办公室、畜产品质量安全监管站和畜禽实验示范场，另设古城畜牧兽医中心站、后所畜牧兽医中心站、马营庄畜牧兽医中心站、岱岳畜牧兽医中心站、北周庄畜牧兽医中心站、玉井畜牧兽医中心站和薛圐圙畜牧兽医中心站。

2016年，全局共有事业编制145人，机关在职职工46人，基层中心站在职职工57人，乡级防疫员114人，村级防疫员257人。历任局长有杨凤龙、康有义、王国忠、张守富、赵生富。

第二节　兽药管理

1998年后，随着全县畜牧养殖量的增加，一些假冒伪劣兽药产品时有出现，损害养殖户的利益。“十一五”期间，山阴县对兽药监管重点实行准入制，推行GMP制度，每年组织300人次对兽药、畜禽疫苗、饲料及添加剂等畜禽生产资料市场进行监督检查工作，规范畜禽生产资料市场。2010年，为规范市场，维护用户的合法权益，山阴县按照农业部《兽药经营质量管理规范》（GSP）的要求，对全县兽药经营门市（摊点）进行拉网式摸底整顿，凡达不到兽药经营质量管理规范要求的，一律关停。对达到要求的，发给兽药经营许可证，准许营业。实行定期检查与不定期抽查，对经营过程中的不规范行为进行全方位的监督。通过这一举措，全县共有10家门市通过审核取得兽药经营许可证。“十二五”期间，建设山阴县兽药兽医中心。利用畜牧养殖大县的兽医技术力量，建成以全县13个乡镇为中心，辐射忻州、大同、右玉等周边地区的兽药集散地和技术服务中心。2016年，巡查7家兽药门市3次，没收过期药品36盒。

第三节　疾病防治

1998年，山阴县实施动物疫病强制免疫的病种有牲畜口蹄疫、高致病性猪蓝耳病、猪瘟、高致病性禽流感、鸡新城疫。当年对所有猪实施高致病性猪蓝耳病强制免疫，高致病性猪蓝耳病达到非免疫无疫标准。从2005年起，山阴县实施禽流感强制免疫。2006年，进行畜禽免疫抗体检测工作。2007年，全县动物免疫标识开始采用二维码，实现从牲畜出生到屠宰全过程的数据网上记录，达到对动物及动物产品准确溯源的控制。

“十一五”期间，全县扶持培植山阴县科学养猪协会，发展会员100户，生产鲜活畜产品——肉、奶、蛋为主的城郊畜牧业得到迅速发展；畜禽疫病的监测与防治措施，保障畜牧业生产环境安全。5 年累计使用牛羊亚 I—O 型口蹄疫双价疫苗 190 万毫升，分别免疫奶牛 63 万头份、肉牛 1.08 万头份、肉羊 83.3 万只份；使用猪 O 型口蹄疫疫苗 39.5 万毫升、猪瘟疫苗 32.5 万头份、猪蓝耳病疫苗 72.5 万毫升，免疫生猪 41.5 万头份；使用禽流感 H5N1Re—1+4 双价疫苗 330 万毫升、新城疫疫苗 280 万毫升，免疫禽类 608.4 万只，免疫密度均达到 100%，耳标佩戴率 100%，共发放动物免疫户口簿 1.8 万份。

2013 年，H7N9 禽流感病毒爆发。全县成立专门的春季动物防疫领导小组，确定专人负责动物防疫工作。宣传《动物防疫法》和《申报检疫条例》，做好群众宣传工作，正确教育引导群众，提高群众防疫的意识。

“十二五”期间，全县每年召开专门会议进行安排春秋两季强制免疫工作。牛免疫两种（O 型—亚洲 I 型口蹄疫和 A 型口蹄疫）、猪免疫三种（猪瘟、O 型口蹄疫、猪蓝耳病）、羊免疫一种（O 型—亚洲 I 型口蹄疫）、鸡免疫两种（高致病性禽流感、鸡新城疫），免疫应免率达 100%，耳标佩戴率 100%，免疫建档率 100%。加强重大动物疫病防控，建设全县配备冷链系统，形成县、乡、村防疫人员三级冷链体系，确保重大动物疫病强制免疫的顺利进行。县级实验室达到国家生物安全 1 级实验室标准，能够从事国家规定的动物疫病检测和疫情监测等工作，为全县及周边地区提供权威性的技术检测结论。至 2015 年，全县多年未出现重大疫情。

2016 年，全县共使用牛 O 型—亚洲 I 型口蹄疫疫苗 161064 毫升、牛 A 型口蹄疫疫苗 155454 毫升，免疫应免率均达 100%，耳标佩戴率 100%，免疫档案建立 100%。共使用猪瘟疫苗 271252 头份、猪 O 型口蹄疫疫苗 135688 毫升、猪蓝耳病疫苗 67656 头份，免疫应免率均达 100%，耳标佩戴率 100%，免疫档案建立 100%。共使用羊 O 型—亚洲 I 型口蹄疫疫苗 420257 毫升、小反刍兽疫疫苗 190862 头份，免疫应免率均达 100%，耳标佩戴率 100%，免疫档案建立 100%。共使用禽流感疫苗 388161 毫升、鸡新城疫疫苗 766235 只份，免疫应免率均达 100%，免疫档案建立 100%。

第四节　畜牧科技

1998 年后，全县加强对基础设施建设和科技工程的投入，改善畜牧业生产条件。2007—2009 年，新建存栏 500 头以上的奶牛小区 53 个，1000 只以上的肉羊小区 1 个。人工科技种草面积 5 万亩，建设青贮窖 2028 个，解决 3 万头奶牛的青贮饲喂，42% 以上的奶牛吃上青贮草。“十二五”期间，为实现产业增效、农民增收，实施规模养殖、良种繁育、防疫检疫和饲草开发四大工程，提升畜牧业科技含量，转变生产方式，推动产业规模化、科学化，全县 35% 奶牛实现入园入区饲养。

2015 年，全县奶牛存栏 13 万头；肉羊存栏 15 万只，年出栏肉羊 18 万只；生猪存栏量 10 万头，年出栏 18 万头；集约化蛋鸡 100 万只。肉、蛋、奶产量分别为 2 万吨、1.8 万吨和 50 万吨。科技对畜牧业增长的贡献率提高到 60% 以上。规模养殖比 2009 年增加 50%，占到养殖总量的 90%。畜牧业生产方式显著转变，建成一批饲养科学、管理规范、产品安全的奶牛、肉羊、蛋鸡规模养殖场（小区）。全县建立起重大动物疫病防控、畜禽良种、饲料生产、畜产品质量安全监测、市场信息和技术推广的现代畜牧业体系。

2016 年，“全省奶牛粗饲料加工调制”培训班在山阴县召开，培训内容涵盖高产优质牧草种植与加工、全混合日粮精准饲喂工艺、益生菌在奶牛饲养中的应用、奶牛营养调控技术、欧洲犊牛饲喂技术新进展和牧场粪污综合利用。全省共有 96 家奶牛养殖专业合作社参加培训。

水
利

第二十编

山阴境内36公里的桑干河上，以朔城区东榆林村为起点，先后建有泥河大坝、民生渠、南高灌、东榆林水库四座水利枢纽工程。桑干河总干渠、一干渠、民生渠，南高灌渠覆盖山阴县7个乡镇100多个村庄，奠定了山阴县强劲的农业基础。东榆林水库始建于1970年，1978年竣工，是缓洪蓄清，以供灌溉为主的四季调节平原型水库，总库容6500万立方米。当时朔城区、山阴县、应县举三县之力完成建设。

1998年，全县共有水库7座，均属小型水库，分别为白家堡水库、王家堡水库以及木瓜河上建有的5座小水库。1998—2005年，完成农村饮水安全、水土流失治理，以及以节水为中心的灌溉设施建设任务，完成计划投资12076万元。2009年，农田水利有效灌溉面积32.3万亩，节水面积15.48万亩，占有效灌溉面积的46.6%，节水面积中高效节水4.64万亩。2012年，实施京津风沙源治理水利水保配套工程，小流域治理投资100万元，工程内容为：治理面积7500亩，其中栽植柠条5460亩、保土耕作2040亩。2016年，全县共有规模以上机电井1542眼，规模以下机电井14235眼，人力井4681眼，年地下水开采量3734万立方米。

第一章　水利建设

第一节　水利规划

1998—2005 年期间

1998—2005 年期间，山阴县计划完成农村饮水安全、水土流失治理以及以节水为中心的灌溉设施建设任务，完成计划投资 12076 万元。建成 110 处供水工程，解决 11.19 万人的饮水安全问题。在山区打深井建成水头、马营两处集中供水工程，辐射解决周边村庄的饮水困难，带动当地农村经济的发展。重点完成马营庄、后所、张家庄、古城、薛圐圙、岱岳、合盛堡 7 个乡镇、83 个村庄和单位 5.2 万人的砷氟改水工程，完成国家投资 1495 万元、缓解砷中毒、氟斑牙、氟骨症患者的病情，保障群众的身心健康。开展黄土高原水土保持二期世界银行贷款项目。在 1999—2003 年期间完成计划投资 2338.34 万元，其中世界银行申请贷款 1421.62 万元、国内各级配套 916.72 万元。项目区涉及马营、玉井、吴马营 3 个乡镇 54 个村庄，总土地面积 315 平方公里。总计划治理面积 3647.5 平方公顷，其中水平梯田 1276.5 平方公顷、坝地 6 平方公顷、乔木林 1100 平方公顷、灌木林 165 平方公顷、人工种草 400 平方公顷、封禁治理 700 平方公顷，新建中心苗圃一处 10 平方公顷，淤地坝 1 座，截流闸 7 处，饲养奶牛 220 头。实施完成 21 世纪首都水资源水土流失综合治理项目工程。总治理任务 150 平方公里，总投资 2887 万元。主要建设内容：乔木林 1073.02 平方公顷，灌木林 3937.83 平方公顷，经济林 53.19 平方公顷，封禁治理 9868.2 平方公顷，垫滩造地 67.7 平方公顷，护地坝 10423 米，拦沙截流坝 4 座，道路建设 48.89 公里，道路绿化 15.1 公里，苗圃建设 14 平方公顷，标志碑 5 座。项目的实施，使全县南山区域水土治理度达到 75.5%，林草面积达 8531.54 平方公顷，林草覆盖率由原来的 13.24% 增加到 32.45%。林草植被以及其他措施的建设，有效地改善当地的生态环境，对涵养水源、保护水土起到积极的作用。在平川区，重点实施京津风沙源水利配套工程和灌区节水改造措施。

“十一五”期间

“十一五”期间，山阴县遵循社会主义市场规律，结合水利实际，贯彻水资源可持续发展战略，遵循“开发、利用、治理、配置、节约、保护和管理”的原则，为全县经济社会的健康平稳发展，提供有力的支撑与保证。

“十一五”期间，山阴县水利投资计划完成 9881.7 万元，主要包括以下项目工程。农业节水灌溉持续发展。五年计划完成投资 5415 万元，新增节水灌溉面积 5.1 万亩，全县农业节水灌溉在渠系节水取得较大进展，有条件的地方从传统的节水方式开始转向以管灌、喷微灌为主的现代农业节水增效园区建设，节水灌溉在农业生产和抗旱减灾中发挥重大作用。农村饮水工作取得突破性进展。五年计划完成投资 3275.7 万元，共建成饮水工程 124 处，共解决 8.1 万人的饮水问题。完成木瓜河水库除险加固工程。完成主坝培厚及坝基防渗；主坝护坡及坝顶工程；副坝培厚及延长；大坝泄洪闸修复；大坝放水管新建；金属结构及启闭机安装。完成计划投资 358 万元。水土保持综合治理力度进一步加大。五年计划投资 833 万元，治理水土流失面积 21.44 万亩。针对全县水土保持重点项目不断增多、工程投资不断加大、工程建管形式不断创新等新特点，推行专业队治理、大户治理和报账制管理，加快小流域治理和生态环境建设步伐。全县以承包治理、购买治理、大户治理、专业队治理、封禁治理为主的组织机制不断完善，重点工程招投标制、项目法人制、项目监理制等建设程序不断规范。水利法制建设力度加大，水利管理体制改革取得重大进展。以强化水资源统一管理和推进水务体制改革为重点，全面加大水行政执法力度，对水资源费征收、水资源保护等进行严格的执法检查和治理整顿。

“十二五”期间

“十二五”期间，山阴县围绕加快建设新型能源和生态畜牧两大基地、建设全省循环经济示范区的目标，针对当前供需水矛盾突出、地下水超采和采煤漏水、水资源量递减、水环境恶化、生态脆弱和水利基础设施薄弱的实际，以科学发展观为指导，确立水利发展总体思路为：“围绕一条水系、建设二座水库、整治三条河流、实施四项工程、实现五大目标”，计划用五年时间，发展民生水利、现代水利、可持续水利，以良好的生态环境保障全县经济的可持续发展。

围绕一条水系 以山阴“南水北调”（即广武口、水峪口到桑干河主河段的引水工程）工程为主线，通过加强新水源工程建设，引用地表水，解决县城居民生活用水难题。围绕这条主线，加强周边水利工程建设，构成覆盖全县的水利网络体系。

建设二座水库 针对山阴县水资源匮乏和县城吃水日益紧张的趋势，结合全市新水源工程规划和山阴县湿地公园建设规划，计划新建小Ⅰ型水库2座，即白草口水库和水峪口水库，解决县城居民生活用水难题，兼顾防洪和周边农业灌溉。

整治三条河流 加大对桑干河、黄水河和木瓜河的集中整治，通过堤防加固和河道清淤等工作，使河道的行洪标准由50年一遇提高到100年一遇。

合盛堡乡桑干河堤坝加固工程现场

实施四项工程 即安全饮水工程、农业灌溉工程、水保生态工程和防洪保安工程。安全饮水工程。立足饮水安全的目标，以提高水质、增加供水量、提高保证率为主攻方向，把乡村的水资源开发、利用、节约、保护放在水利工作的首位，集中投资，解决98个村庄和单位、7.6万人的饮水不安全问题。农业灌溉工程。通过小水重点县、大中型灌区末级渠系改造和木瓜河灌区节水改造等工程建设，使全县节水灌溉面积新增15万亩，减少干旱死角，确保粮食生产安全，实现农业人口人均1.6亩水浇地目标。发展高标准节水面积10万亩，井灌区固定渠道达到亩均8米，渠系水利用系数达到0.9，河灌区固定渠道达到亩均6米，渠系水利用系数达到0.7。水保生态工程。加快水土保持治理步伐，以小流域为单元，通过各类工程措施与非工程措施，完成9条小流域生态综合治理，新增水土流失治理面积60.64万亩，治理度达到70%以上，生态环境明显改善。防洪保安工程。加大防洪抗旱减灾力度，在集中进行河道整治和病险水库建设的同时，加大抗旱应急水源建设力度，提高极端干旱天气下的供水保障能力，加强山洪灾害防治工作和县城防洪排水工作，建立雨水情遥测系统和山洪灾害预警预报体系，提高山洪灾害防御能力，加强防汛抗旱队伍建设和防汛抗旱应急能力建设。

实现五大目标

山阴县水利建设总体目标是实现节约开采地下水、充分利用地表水、合理使用过境水、科学采用处理水、高效引用黄河水。以提高供水保障能力、水生态修复为重点，以节水为前提，构建较为完善的城乡水资源供给保障体系，保障城乡用水安全。

节约开采地下水 严格控制地下水开采，确立用水控制红线，通过加强水污染防治和节约用水制度，使重要水源地得到充分保护，地下水超采和污染得到有效控制。

充分利用地表水 充分开发利用雨水、洪水资源，新建和改造水窖、旱井，作为缺水地区饮水和灌溉的应急水源；充分利用现有的小泉小水资源，新建新水源工程，拦蓄地表水，发展人畜饮水和灌溉工程。

合理利用过境水 对于过境水流，要结合山阴实际，合理规划使用，避免过度开采。

科学采用处理水 科学利用工业、城市生活污水、矿坑排水进行污水处理，实现中水回用，矿水还田。

高效引用黄河水 提高工矿企业对引黄水的利用率，建立取用水总量控制指标体系，大力推进节约用水，提高用水效率。

建设项目

根据全县实际，“十二五”期间主要建设项目分为 4 大项 38 个小项，项目规划总投资 261021 万元。

农村饮水安全工程 以提高农村供水质量、改善农村饮用水条件、保障农村饮水安全为目标，发展农村乡镇供水。山阴县农村饮水不安全人口 7.63 万人（农村人口 7.1 万人，国营农林场 0.53 万人），规划在 2015 年末全部予以解决。需要新建集中式供水工程 91 处，解决 98 个村庄和单位饮水安全，计划投资 4937 万元。

农业灌溉工程 具体分为小型水利重点县建设、木瓜河灌区节水改造工程、南山小泉小水工程、节水灌溉工程和大中型灌区末级渠系改造 5 个小项工程。

小型水利重点县建设计划新建塘坝 19 处、改造塘坝 7 处，有效库容 21.6 万立方米，新建灌溉泵站 1 处，改造 10 处，装机 842 千瓦，新建机井 50 眼，改造机井 187 眼，装机 4266 千瓦；修建衬砌渠道长 479 公里，修建配套建筑物 2393 处，灌溉面积 11.9 万亩，管灌工程输水管道长度 165 公里，灌溉面积 2.06 万亩，喷灌工程控制灌溉面积 1.33 万亩，计划投资 6500 万元。

木瓜河灌区节水改造工程规划节水改造面积 1.63 万亩，计划投资 8100 万元。

南山小泉小水工程计划新修浆砌石防渗渠道 40 公里，各类渠系建筑物 450 处，改造节水灌溉面积 2.3 万亩，计划投资 1100 万元。

节水灌溉工程和末级渠系配套工程计划改善灌溉面积 7.2 万亩，总投资 12680 万元。

水保生态工程 主要包括易灾地区小流域治理、红色小流域治理、坡改梯项目、退耕还林水利项目、坝滩联治项目、各项水保治理和生态修复项目 7 个小项，计划水土流失治理面积 54.6 万亩，生态修复面积 50 万亩，其中：新修水平梯田 13877.4 亩，营造乔木林 12 万亩，灌木林 18 万亩，人工种草 7.5 万亩，封禁治理 17.44 万亩；新建拦沙坝 17 座，护地坝 8540 米，土谷坊 485 座（10135 米），沟头防护工程 32 公里，简易道路 62 公里，总投资 25235 万元。

京津风沙源治理工程 山阴县京津风沙源治理工程包括小流域治理、地面水利用、水源工程、节水工程四大项。规划小流域治理面积 5.7 万亩。规划地面水利用修建蓄水池 70 处，购置拉水车 10 辆。规划水源工程 275 处。规划节水工程 250 处。该项目计划投资 9587 万元。

防洪保安工程

分为新建水库、病险水库治理、河道治理工程 3 个小项。

新建水库 全县规划新建小Ⅰ型水库 2 座，为白草口水库和水峪口水库。白草口水库库址在张家庄乡新广武村北，是海河流域永定河水系桑干河支流黄水河支流白草口沟上的一座小Ⅰ型水库。控制流域面积45.6平方公里。设计总库容296万立方米。设计灌溉面积1.2万亩，防洪保护村庄6个，耕地3.1万亩。

坝型拟采用碾压土石坝，主要建设滚水坝2座、拦沙坝7座、截潜流工程1座、进水闸2座、引水渠道4106米、引水管道4745米、碾压土石坝1669米、泄水闸1座，计划投资11840万元。水峪口水库库址在山阴县后所乡水峪口村，是海河流域永定河水系桑干河支流黄水河支流水峪口沟上的一座控制性工程。坝址以上控制流域面积78平方公里。设计总库容578万立方米。水库大坝位于高山峡谷中，坝基及两岸均为坚硬完整的花岗片麻岩，选定坝型为混凝土防渗心墙浆砌石重力坝，并采用坝顶溢流方式。坝顶长141米，最大坝高50米，坝顶宽6米，选用深水式泄洪洞和表面式的溢流堰两种形式。排沙洞布置于谷底右岸，溢流堰宽度为16米，计划投资23120万元。

病险水库治理 木瓜河二水库因大坝坝顶宽度不够、泄洪闸以及翼墙出现裂缝变形、涵卧管式放水工程涵墙砌石老化等原因存在安全隐患，规划在“十二五”期间予以除险加固，进行副坝延长、坝顶加高、渗漏处理、泄洪闸修复、启闭机机房改造、改造放水涵洞等工程建设，计划投资415万元。

河道治理工程 山阴县部分河道回旋曲折，杂草丛生，淤积严重，行洪断面与年俱减，洪水来时泛滥成灾，既造成农作物受灾，又损害生态环境。桑干河治理：通过桑干河湿地生态公园建设，对桑干河进行集中整治。桑干河湿地生态公园建设在河段的上游，县城的南部，东起虎山线麻疃大桥，西至安荣乡的河阳堡村（王阁老墓景区），全长16公里，规划治理面积15000亩。规划建设内容为：“六大区域”和“六类生态结构层”。“六大区域”分别是：城市名片区、城市文化区、植物园区、湿地涵养区、边塞文化区、王阁老墓风景区。“六类绿化结构层”即水体、河滩、草甸、灌丛、林地、农田。计划投资10亿元使项目区基本形成一个集科技研发、历史文化、现代农业、旅游度假、休闲娱乐、采摘赏花与一体的幸福乐园。通过河阳大道和县城路网融为一体，为县城拓展提供广阔的空间；通过南水北调工程建设，解决县城居民生活用水及周边农田灌溉用水难题。黄水河治理：工程建设内容为河道整治、清淤12公里，旧堤防、护岸加固2.2公里，新建穿堤建筑物8座，新建堤防、护岸6公里，其他桥涵4座。木瓜河治理：工程建设内容为河道整治、清淤3.9公里，旧堤防、护岸加固1.11公里，新建穿堤建筑物4座，新建堤防、护岸4.5公里，其他桥涵3座。以上内容计划投资为10.68亿元。

安荣乡桑干河河头段清理工作

山阴县农田水利规划（2016—2020）

根据《山阴县农田水利规划（2016—2020）》，农田水利设施主要规划如下：

水源工程：在后所乡新建水库1座，总库容594万立方米。灌溉泵站改造7处，装机172千瓦，主要分布在合盛堡乡、安荣乡、薛圐圙乡。新建机井50眼，改造机井392眼，装机6630千瓦，主要分布在北周庄镇、合盛堡乡、岱岳镇、安荣乡、薛圐圙乡、张家庄乡、后所乡和马营庄乡。

灌溉工程：灌溉工程有渠灌、管灌、膜下滴灌三种灌溉形式。渠灌工程以灌区末级渠系改造和井灌区渠道建设为主，水源主要为桑干河水库、新建及改造塘坝以及现有机井，修建衬砌渠道长655公里，修建配套建筑物3276处，灌溉面积10.92万亩，主要分布在合盛堡乡、薛圐圙乡、古城镇和马营庄乡。管灌工程输水管道长度183公里，发展灌溉面积2.2万亩，主要分布在北周庄镇、合盛堡乡、岱岳镇、安荣乡、薛圐圙乡、后所乡和马营庄乡。膜下滴灌工程：发展灌溉面积4.06万亩，主要分布在北周庄镇、合盛堡乡、岱岳镇、安荣乡、薛圐圙乡、后所乡、古城镇和马营庄乡。

排水工程：在北周庄、合盛堡乡、岱岳镇、安荣乡、薛圐圙乡、后所乡、古城镇、张家庄乡和马营庄乡新建排水沟渠 279 公里。工程管理改革目标和任务是：逐步建立明晰的工程产权、管理体制与良性运行机制，实现充分发挥工程效益。

制度建设：为适应新农村建设的需要，各级政府针对水利工程的特点、性质和用途相应制定出一系列规章制度，包括用水管理制度、水工程管护、维修制度等，保障农田水利工程健康有序的发展。

水利工程管理单位改革：为保障农田水利工程健康有序的发展，使水利工程最大限度地发挥效益，逐步将部分小型农田水利工程推向市场，如工程承包或租赁经营等。

根据水利在建工程的实施情况，资金筹措按国家资金占总投资的 90%，计 40283.82 万元；省、市、县财政配套资金占总投资的 10%，计 4475.98 万元。2016—2020 年工程规划总投资 44759.8 万元，其中水源工程为 18832 万元，灌排工程为 25927.82 万元，分 5 年实施。

工程实施后，2016—2020 年规划时段将新增灌溉面积 5.16 万亩，恢复和改善灌溉面积 12.02 万亩，年均节约灌溉用水量 1374.4 万立方米，新增供水能力 1240.4 万立方米，年均粮食增产量 859 万公斤，年均经济作物增产值 1202.6 万元，年节约工日 34.36 万个，年节约能源 17.18 万千瓦。

第二节　农田水利

凿井工程

2000 年，山阴县农业灌溉水井 1341 眼，配套机井 1177 眼，供水能力 3209 万立方米，有效灌溉面积 13.43 万亩，供水量达到 2674 万立方米。

2011 年，全县水井达 1379 眼，其中农业灌溉井 1294 眼、工业用井 28 眼、城市生活用井 10 眼、农村生活用井 46 眼，未利用井 1 眼。

2016 年，全县共有规模以上机电井 1542 眼，规模以下机电井 14235 眼，人力井 4681 眼，年地下水开采量 3734 万立方米。

2011 年第一次全国水利普查山阴县各区域水井数和取水量数据表

表 20-1

行政区划	地下水取水井		规模以上机电井		规模以下机电井		人力井	
	井数（眼）	2011 年取水量（万立方米）	井数（眼）	2011 年取水量（万立方米）	井数（眼）	2011 年取水量（万立方米）	井数（眼）	2011 年取水量（万立方米）
东城管理委员会	3	8.06	3	8.06	—	—	—	—
西城管理委员会	3	5.05	3	5.05	—	—	—	—
玉井镇	343	34.99	12	26.22	4	1.64	327	7.12
北周庄镇	3662	579.07	195	519.3	3467	59.78		
岱岳镇	2287	270.75	131	215.66	1485	46.80	671	8.28
古城镇	2362	92.17	126	66.56	920	14.94	1316	10.67
吴马营乡	25	5.85	2	3.21	1	0.60	22	2.03
马营乡	65	17.59	3	12.32	12	1.79	50	3.48

续 表

行政区划	地下水取水井		规模以上机电井		规模以下机电井		人力井	
	井数（眼）	2011 年取水量（万立方米）	井数（眼）	2011 年取水量（万立方米）	井数（眼）	2011 年取水量（万立方米）	井数（眼）	2011 年取水量（万立方米）
下喇叭乡	44	5.87	1	0.18	4	1.44	39	4.24
合盛堡乡	709	99.84	58	96.51	501	2.73	150	0.59
安荣乡	2026	183.93	107	176.33	1724	7.27	195	0.34
薛圐圙乡	2544	79.20	73	63.46	1403	12	1068	3.74
后所乡	2496	746.18	371	727.81	1947	17.16	178	1.21
张家庄乡	1089	217.02	95	203.49	885	9.93	109	3.6
马营庄乡	2628	454.58	199	401.56	1873	49.62	556	3.4
合 计	20295	2800.65	1379	2525.73	14235	226.19	4681	48.73

灌溉渠系

1998—2016 年，山阴县境内的农田水利工程包括自流灌区、纯井灌区和小型水利工程等类型。

自流灌区

山阴县万亩以上的自流灌区共五处，即桑干河灌区、民生渠灌区、木瓜河灌区、南高灌区、水峪口灌区，总有效灌溉面积 23.73 万亩，占全县有效灌溉面积的 59.7%。五处自流灌区分别由东榆林水库、木瓜河水库和水峪口沟内常年泉流供水。灌区内有机井 153 眼，灌溉面积 0.92 万亩。有干渠 190.5 公里，支渠 381.2 公里，防渗渠 188 公里。五处自流灌区共同点：一是水源不足，不能满足灌溉需要。2006 年后，五处自流灌区的实灌面积为 15.26 万亩，灌溉亩次 15.26 万亩次，每亩实灌面积亩次仅 1。二是设备老化失修。五处灌区建于 20 世纪中期，经过几十年的运行，渠道及渠系建筑物均已失修，水量跑漏现象严重，渠系水利用系数不足 0.6。从 2011 年开始实施的病险水库改造和末级渠系配套工程，由于建设力度较小，对提高整个灌区地面水的渠系水利用系数效果不明显。

桑干河灌区系跨县级的大型灌区。灌区有总干 1 条、干渠 4 条，支渠 11 条，斗渠 232 条，农渠 840 条，共有固定渠道 1088 条，全长 1053.9 公里，各种桥梁、涵洞、进泄分水闸、护河、护村、护地坝、跌水、消力池、渡槽等建筑物 1384 座。受益范围为应县、山阴 2 个县、9 个乡镇、91 个村庄和 1 个国营单位。其中，山阴县受益范围为薛圐圙、安荣、马营庄、古城 4 个乡镇 37 个村庄，27447 人。原设计灌溉面积山阴为 18 万亩，保证面积 10 余万亩。桑干河年正常流量为 3.14 亿立方米。上游东榆林水库库容设计为 6500 万立方米，兴利库容 5500 万立方米，2016 年蓄水 3500 万立方米。

民生渠灌区是山阴县万亩以上的第二大型灌区。水源为桑干河，系无坝引水。渠系及建筑物有干、支、斗三级渠道 51 条，全长 135.54 公里，退水渠 2 条，长 6.5 公里。配套建筑物 129 座，包括节制闸、分水闸、泄水闸、渡槽、涵洞、公路桥、大车桥等。灌区渠道按清、洪两用复式设计。受益范围自 1973 年干渠进行接长、扩大到应县，为 5 个乡镇，43 个村和 1 个国营林场。其中：山阴为 3 个乡 20 个村和 1 个国营林场，有 14554 人，劳力 4214 个，大牲畜 2541 头。有效灌溉面积 3.22 万亩。

木瓜河灌区，建有 2 座水库，以缓清蓄洪，调节水量，扩大灌溉面积。渠系及建筑物有干渠 6 条，长 39.59 公里，支渠 27 条，长 30.5 公里，斗渠 55 条，长 50.2 公里，农渠 29 条，长 30.8 公里，共有固定渠道 127 条，全长 154.09 公里。有退水渠 1 条，长 265 米，建筑物有分水节制闸、跌水、桥梁、渡槽、涵洞、溢洪闸、拦河坝等建筑物共 153 座。受益范围为北周庄、合盛堡 2 个乡镇 13 个村 10064 人。设计灌溉面积 1.63 万亩，有效面积 1.2 万亩。

南高灌站是山阴县西部一个高灌自流相结合的大灌区。站址布置在引水渠首，桑干河岸边，基础平台顶高程 1034 米，当库水位低于 1033.3 米时，通过引水渠、输水涵洞送入下游渠道。当库水位高于 1033.3 米时，将抽水设备拆除，形成自流灌溉。渠系及建筑物有干渠 1 条，支渠 7 条，斗渠 100 条，共有固定渠道 108 条，全长 178.7 公里。干支两级渠道建筑物 112 座，渠道全部防渗。

水峪口灌区，1950 年兴建，1952 年竣工。3 条干渠长 10 公里，范围为后所、帐头铺、南洲庄、苏庄、水峪口、庙家窑、盘道窑、安乐庄，面积 1 万余亩。

机电灌站

山阴县拥有万亩以上机电灌站 2 处，即罗庄机电灌站和安荣机电灌站，有效灌溉面积 0.45 万亩，安装机组 8 台，装机容量 364 千瓦。另有西寺院机电灌站、东鄯河机电灌站、西鄯河村机电灌站，岳庄机电灌站等小型机电灌站 16 处，安装提水机组 74 台，装机容量 1488 千瓦，灌溉面积 2.45 万亩。共有固定渠道 160 公里，实有防渗渠道 43 公里。

罗庄机电灌站位于薛圐圙罗庄村，水源为桑干河，安装水泵 2 台，出水量 770 公升 / 秒，配套动力电机 2 台，装机容量 115 千瓦，进水管 30.48 厘米胶管 1 根，50.8 厘米钢管 1 根，总长 15 米，有固定渠道 11 公里，其中干渠 3 公里、支渠 8 公里，实灌面积 2300 亩。

安荣机电灌站位于安荣村东南，水源为桑干河，安装水泵 5 台，出水量 700 公升 / 秒，配套动力 6 台，装机容量 249 千瓦；变压器 1 台，容量 75 千瓦。胶管 15.24 厘米、20.32 厘米、25.4 厘米各 2 根，总长 48 米，有固定渠道 6 公里，其中干渠长 3.7 公里、支渠 2.3 公里。设计灌溉面积 2400 亩，实灌面积 2200 亩。

西寺院机电灌站位于薛圐圙乡西寺院村西，水源为桑干河，安装水泵 1 台，出水量 307 公升 / 秒，配套动力电机 5 台，装机容量 275 千瓦；变压器 1 台，容量 180 千瓦，有固定渠道 2 公里，实灌面积 2000 亩。

东鄯河机电灌站位于安荣乡东鄯河村北，水源为桑干河，安装水泵 3 台，出水量 195 公升 / 秒，配套动力电机 3 台，装机容量 117 千瓦；变压器 1 台，容量 100 千瓦，进水管为 20.32 厘米胶管 3 根，总长 24 米，有固定渠道 5.6 公里，其中干渠 3.5 公里，支渠 2.1 公里，实灌面积 1600 亩。

西鄯河村机电灌站位于安荣村西鄯河村，水源为桑干河，安装水泵 3 台，出水量 370 公升 / 秒。配套动力电机 3 台，装机容量 132 千瓦；变压器 3 台，容量 250 千瓦，胶管为 30.48 厘米、25.4 厘米、20.32 厘米各 1 根，总长 20 米，实灌面积 1500 亩。

河曲堡高灌站位于薛圐圙乡河曲堡村，水源为桑干河，安装水泵 1 台，出水量 120 公升 / 秒，配套动力电机 1 台，装机容量 75 千瓦，有固定渠道 1.5 公里，实灌面积 1000 亩。

岳庄机电灌站位于安荣乡岳庄村北，水源为桑干河，安装水泵 9 台，出水量 2070 公升 / 秒。配套动力电机 9 台，装机容量 626 千瓦；变压器 6 台，容量 1060 千瓦，有固定渠道 9.55 公里，其中干渠 2.85 公里，实灌面积 3525 亩。

20 世纪 90 年代以后，桑干河处于断流状态，机电灌区水源保证程度低于自流灌区，国家对机电灌站建设的资金投入较少，设备完好率在 60%，尽管如此，机电灌站仍是受益区农业灌溉不可缺失的重要条件。

纯井灌区

2001 年，山阴县纯井灌区有效灌溉面积 12.74 万亩，灌溉机电井 1351 眼，装机容量 12443 千瓦，实际提水能力 2345 万立方米，有固定渠道 1012 公里，已防渗 866.2 公里，机电井及设备完好率 73% 左右。

2009 年，山阴县纯井灌区有效灌溉面积 12.99 万亩，灌溉机电井 761 眼，装机容量 9640 千瓦，实际提水能力 2276 万立方米，有固定渠道 880 公里，已防渗 629 公里，机电井及设备完好率 85% 左右。

2016 年，山阴县纯井灌区有效灌溉面积达到 16.5 万亩，规模以上灌溉机电井 1571 眼，已配套 1542 眼，装机容量 23052 千瓦，有固定渠道 918 公里，已防渗 789 公里，机电井及设备完好率达 90% 左右。

节水工程

1998 年以后，山阴县加强节水工程建设，有效提高农田灌溉面积。

2009 年，山阴县农田水利有效灌溉面积 32.3 万亩，节水面积 15.48 万亩，占有效灌溉面积的 46.6%，节水面积中高效节水 4.64 万亩。

山阴县 2010—2012 年开展小型农田水利重点县建设项目。分年度完成工程建设任务为：

2010 年完成涉及安荣乡（东鄯河）、薛圐圙乡（薛圐圙、白坊）、后所乡（后所、帐头铺、南辛庄、西沙堆）和张家庄乡（水河铺、西察罕铺、旧广武、新广武）4 乡 11 个村庄，耕地面积 6.2 万亩，建设完成 2.92 万亩节水灌溉面积，其中低压管灌 1.94 万亩，桑干河灌区一干一支末级渠道防渗工程 0.98 万亩，改造小型灌溉泵站 3 处，恢复灌溉面积 0.15 万亩。建设内容为：建设首部枢纽 107 座，渗水井 214 座，出水池 3743 座；新打机井 50 眼，更新水泵 107 台，埋设 PVC 输水管 126.1 公里，D80U 型防渗渠 29.5 公里，设田间桥 141 座，分水口 561 座。更新混流式水泵 3 套，更新变压器 5 台。完成投资 1915.08 万元，其中中央财政投资 800 万元、省补资金 400 万元、县财政配套 480 万元、自筹资金 235.08 万元。

2011 年小型农田水利重点县建设项目区，涉及古城镇、马营庄乡、薛圐圙乡（河曲堡、农牧场）3 个乡镇 10 个村庄，总耕地面积 5.18 万亩，完成建设节水灌溉工程 4.16 万亩，其中低压管灌工程 2.94 万亩，桑干河灌区总干渠王庄、前射躲末级渠道防渗工程 1.14 万亩，改造小型泵站 2 处。项目区有效灌溉面积 5 万亩，节水灌溉面积 4.76 万亩。建设首部枢纽 85 处，渗水井 170 座，给水栓出水口 1470 处，新打井 42 眼，配套水泵 85 台，埋设∮（无缝钢管公称直径）110PVCU 输水管道 73.5 公里，∮ 90PVCU 配水管道 1.76 公里，建设 D80U 型渠 36 条 30 公里，M7.5 浆砌石防渗渠 2 条 1.7 公里，配套田间桥 154 座，分水口 600 座，节制分水闸 1 座，更新水泵 2 台，埋设低压地埋电缆 21 公里，高压线路 7 公里，更新 80 千伏安变压器 14 台。完成投资 2400 万元，其中中央财政投资 800 万元、省补资金 800 万元、县财政配套 480 万元、自筹资金 320 万元。

2012 年小型农田水利重点县项目区，涉及岱岳镇、北周庄镇、合盛堡乡、薛圐圙乡、张家庄乡 5 个乡镇 14 个村庄，1.69 万人，耕地面积 6.94 万亩，新增或恢复灌溉面积 2.52 万亩，改善灌溉面积 1.28 万亩。节水灌溉面积 5.83 万亩。新修防渗渠 28.5 公里，渠系配套建筑物 677 处，新修机井 44 眼，配套水泵 89 台，变压器 17 台，架设输变电线路 13.8 公里，兴建首部井房工程 83 处，并铺设 PVC 管道 158.2 公里，安装给水栓及保护装置 3164 套。完成投资 2333.04 万元，其中中央财政投资 800 万元、省补资金 800 万元、县财政配套 480 万元，自筹资金 253.04 万元。

2010—2012 年小型农田水利重点县建设项目区工程建成后，千米输水损失由节水项目建设前的 6.2 立方米/小时降低到 1.5 立方米/小时，降低近 4 倍多，管灌亩次节水 12 立方米，玉米、蔬菜平均灌水 4 ~ 5 次。低压管道加软水带灌溉水利用系数达到 85%。在节水的同时轮灌周期大为缩短，作物浇灌更适时更充分，玉米亩增产 100 公斤，蔬菜亩均增值 640 元。实施节水灌溉工程的五大片工程，解决渠系水利用系数低、水量小、浇地费时费钱的现象，区内种植结构有重大调整，经济作物种植比例大为上升，群众浇地用水量少，节约地下水资源，减轻农民负担。

2015 年实施中央财政农田水利设施建设补助专项资金项目，工程建设地点为古城、北周庄、安荣、合盛堡 4 个乡镇 39 个村庄，完成新打机井 72 眼，更新水泵 84 套，地埋低压线路 19.9 公里，修筑浆砌石渠道 1.95 公里，D80 砼 U 型渠 78 公里，D60 砼 U 型渠 37.7 公里，D40 砼 U 型渠 14.1 公里，D30 砼 U 型渠 20.3 公里，地埋输水管道 29.2 公里。完成工程总投资 3300 万元。

2016 年实施中央财政农田水利设施建设补助专项资金项目，工程建设地点为张家庄、后所、马营庄、薛圐圙 4 个乡镇 25 个村庄，完成新打机井 56 眼，埋设 ∮ 110PVC 管道 38.38 公里，修筑浆砌石渠道 2.87 公里，D80 砼 U 型渠 31.82 公里，D60 砼 U 型渠 12.60 公里，D40 砼 U 型渠 14.77 公里，D30 砼 U 型渠 23.21 公里。工程实施后，新增灌溉面积 1.18 万亩，其中管灌面积 0.41 万亩、渠灌面积 0.77 万亩。完成工程总投资 1862 万元。年末，山阴县有效灌溉面积 41 万亩，节水灌溉面积 24.33 万亩，占到有效灌溉面积的 59.3%。防渗渠道面积 11.52 万亩，低压管灌面积 10.17 万亩，膜下滴灌 0.69 万亩。

第三节　水库及引水

1998 年，山阴县共有水库 7 座，均属小型水库，分别为白家堡水库、王家堡水库以及木瓜河上建有的 5 座小水库。木瓜河上 5 座小水库按竣工时间排序，命名为木瓜河一库、二库、三库、四库、五库。木瓜河一库为小（2）型水库〔总库容在十万立方米以上、百万立方米以下为小（2）型水库〕，于 1958 年 9 月建成。该库主坝为均质土坝，设计坝高 8.8 米，坝长 980 米，总库容 40 万立方米，控制流域面积 108 平方公里，水库无溢洪道及放水洞。木瓜河二库为小（1）型水库〔总库容在千万立方米以下、百万立方米以上为小（1）型水库〕，始建于 1958 年 5 月，1958 年 9 月大坝竣工，原设计标准为 10 年一遇洪水，无洪水校核标准。该库主坝为均质土坝，设计坝高 8.9 米，坝长 980 米，总库容 123 万立方米，控制流域面积 93 平方公里，水库无溢洪道，仅设有 0.6 米 ×0.6 米的卧管式放水洞，最大放水流量 1.2 立方米 / 秒，实际防洪标准为 10 年一遇设计。木瓜河三库为小（1）型水库，始建于 1960 年 4 月，1960 年 8 月开始拦洪蓄水，1961 年 5 月大坝竣工。原设计标准为 20 年一遇洪水设计，洪水校核标准 20 年一遇。该库主坝为均质土坝，设计坝高 8.9 米，坝长 1040 米，总库容 262 万立方米，控制流域面积 162 平方公里，设有溢洪道及 1.5 米 ×1.8 米木质闸门 4 孔，最大溢流量为 37 立方米 / 秒，有 0.6 米 ×0.6 米的卧管式放水洞 1 个，最大放水流量 1.2 立方米 / 秒，实际防洪标准为 10 年一遇设计。木瓜河四库、五库均为小（2）型水库，分别于 1964 年、1973 年建成。

2009 年，木瓜河三水库进行除险加固，建设内容：主坝加固（主坝坝基 0+272—0+470 段采用明挖后填筑截水槽防渗，坝顶采用泥结实路面，上游坝坡采用干砌石护坡形式，下游坝坡进行整修）、左右副坝延长及坝顶、坝坡整修（左右副坝按设计高程 1024.2 米延长，左副坝延长 192 米，右副坝延长 364 米；修复防浪墙的损坏部分及增设坝顶泥结石路面）、封堵原南北分洪闸和 4 孔溢洪闸，修复 6 孔溢洪闸工程（采用 M7.5 浆砌石封堵原南北分洪闸和 4 孔溢洪闸，修复原 6 孔泄洪闸，拆除重建现泄洪闸的消力池、陡坡及海漫，新建启闭机房及配套启闭设备）、拆除重建放水卧管和输水涵洞等四大项内容。工程 2009 年 5 月 10 日正式开工，同年 11 月 8 日工程完工。水库除险加固后，防洪标准达到现行部颁标准（设计标准为 10 年一遇洪水，校核标准为 50 年一遇洪水），可有效保障汛期安全，改变有水不敢蓄的局面，提高水资源调控能力。

木瓜河三水库

木瓜河二水库老化失修，安全隐患突出。2012年对木瓜河二水库进行除险加固。完成的工程建设内容：主副坝上下游坝坡整修，迎水坡新建干砌石护坡，背水坡采用草皮护坡，坝顶新建浆砌石防浪墙、路缘石，涵卧管拆除重修，新建消力井，加固泄洪闸室，更换泄洪闸门及启闭设施，新建泄洪闸上游铺盖、下游消力池、陡坡、海漫等，完成主要工程量：土方开挖0.82万立方米，土方回填0.27万立方米，干砌石0.58万立方米，砼0.09万立方米，完成总投资415万元。经过除险加固，水库的防洪标准大幅提高，安全运行状况明显改善。

木瓜河二水库

水峪口南山引水工程是山阴县2012年确定的百项重点建设工程之一，工程水源利用新建北同蒲应县——原平铁路取直段雁门关隧道漏水，用直径800毫米PE管道送水到河阳湖满足湿地公园用水的一项兴利除害工程。工程包括水源枢纽工程和输水工程两大部分，2012年6月1日南山水峪口引水工程正式开工。2013年5月31日工程结束。工程实施分两期，一期工程为输水工程，二期工程为水源枢纽工程。工程管线全长25.6公里，途经后所、张家庄、古城、薛圐圙、安荣5个乡镇的12个村庄。沿途管线布设控制井4座，排水井6座，积水井1座，排气井14座，管线末端布设减压阀室1座。一期工程估算总投资8326.55万元，二期工程估算总投资2150.86万元。二期工程水源枢纽工程按引水3万立方米/天设计，沉砂池总容积30万立方米，位于后所乡苏庄村西，铁路以东。

2016年，木瓜河一库、四库、五库以及白家堡、王家堡水库5个水库，由于淤积完全不能运行。

第四节 水土保持

20世纪90年代后，山阴县水土保持工作坚持“防治并重、治管结合、因地制宜、全面规划、综合治理、除害兴利”的方针，并实行“谁开发、谁保护、谁造成水土流失、谁治理”的原则，有效地防止新的水土流失的发生。已发生水土流失的地方，重点开展小流域治理。在流域治理中利用国家对生态环境治理重点投资的有利契机，重点开展黄土高原水土保持二期世界银行贷款项目、21世纪首都水资源水土流失治理工程和京津风沙源小流域治理工程，对水土流失地区进行大规模、集约化治理。通过兴修梯田、营造乔木林、灌木林、经济林，封育治理，沟底建谷坊、打淤地坝，垫滩造地，修建截流坝，配套建设道路林带等各项措施，因地制宜，科学规划，合理配置，发挥各项措施的单项作用和整体效益。

1999—2004年，山阴县开展黄土高原水土保持二期世界银行贷款项目。项目区涉及马营、玉井、吴马营3个乡镇，54个村庄，总人口2.92万人，其中农业人口2.65万人，农村劳动力0.68万个，总土地面积315平方公里，水土流失面积270.9平方公里，占总土地面积的86%。治理期内累计完成综合面积50030.1亩，其中水平梯田19391.1亩，坝地90亩，乔木林14433亩，灌木林5616亩，封育治理10500亩，饲养奶牛563头，骨干坝1座，苗圃1处，截流闸7处，完成总投资2038.22万元，其中世行贷款1512.93万元、国内配套525.29万元。

2002—2004年，实施首都水资源水土流失综合治理项目一期工程。工程涉及马营庄、后所、张家庄3个乡，总治理任务150平方公里，工程总投资2887万元。主要完成乔木林16095.3亩，灌木林59067.45亩，经济林797.85亩，封禁治理148023亩，垫滩造地1015.5亩，护地坝10423米，拦沙截流坝 4 座，道路建设 48.89 公里，道路绿化 15.1 公里，苗圃建设 210 亩。

至 2008 年末，山阴县共完成水土流失治理面积 53.6 万亩，水土流失治理度 43.2%。做到流域内洪水归沟、径流归渠、水不乱流、能蓄能排，生态环境明显改善，初步实现人与自然和谐相处。

2010 年，实施京津风沙源水利水保配套项目工程，小流域治理 120 万元，完成治理面积 9000 亩，工程内容为：栽植柠条 3740 亩，栽植北京桧 2472 株，保土耕作 5260 亩，沟道建土谷坊 125 座，修建道路 12 公里。

2011 年，实施京津风沙源水利水保配套项目工程，小流域治理 200 万元，工程内容为：栽植柠条 1500 亩，栽植新疆杨 2130 亩，封禁 3840 亩。

2012 年，实施京津风沙源治理水利水保配套工程，小流域治理投资 100 万元，工程内容为：治理面积 7500 亩，其中栽植柠条 5460 亩、保土耕作 2040 亩。

2013 年，国家水土保持重点建设工程中央财政专项资金涉及两批，其中第一批为山阴县榆树洼小流域综合治理项目，榆树洼小流域综合治理项目区位于下喇叭乡西部，范围为下喇叭、岱岳 2 个乡（镇），涉及北罗庄、口子梁、下喇叭、鸳鸯会 4 个行政村。工程建设内容主要包括新修梯田 33 公顷，营造水保林 45.45 公顷，经济林 82 公顷，谷坊 12 座。工程总投资 427 万元，其中：中央资金 300 万元，地方配套资金 127 万元。第二批为山阴县榆树洼小流域前山沟片水土保持综合治理项目。榆树洼小流域前山沟片水土保持综合治理工程项目区位于下喇叭乡东部，范围为下喇叭乡，涉及榆树洼、面瓮山两个行政村。工程建设内容主要包括新修梯田 32 公顷，营造水保林 150 公顷，经济林 20 公顷，谷坊 6 座。工程总投资 286 万元，其中中央资金 200 万元、地方配套资金 86 万元。

2014 年，实施榆树洼小流域南高山片水土保持综合治理工程。项目位于下喇叭乡东南部，涉及柳沟、吴儿城 2 个村，项目区总面积 14.682 平方公里。工程建设内容为：兴建浆砌石谷坊 6 座，栽植油松 296 公顷，其中小油松 276 公顷、大油松 20 公顷。工程总投资 429 万元，其中中央投资 300 万元、地方配套 129 万元。

2015 年，实施五指沟小流域车道沟片水土保持综合治理工程。项目位于山阴县西北部，涉及玉井镇水头村、王老沟村、吴马营乡阎家窑村，项目区总面积 23.812 平方公里。工程建设内容为：栽植 2+2 年生营养钵油松 7034.7 亩；栽植 1.0 米高油松（带土球）17.5 公顷。工程总投资 571 万元，其中中央投资 400 万元、地方配套 171 万元。

2016 年末，山阴县水土流失综合治理面积 704550 亩，其中小流域综合治理面积 375150 亩，按措施分：基本农田 134250 亩，水土保持林 295650 亩，经济林 10800 亩，种草 29400 亩，封山育林 231600 亩，其他措施 2850 亩。封禁治理保有面积 262500 亩。

第二章　人畜饮水

第一节　工程建设

山阴县是一个水资源相对紧缺的县份之一，属于南北高、中间低的槽形盆地，平川区和峪口区地上水和地下水较为丰富，山区和丘陵区地下水埋藏深，水源缺乏，黄水河两岸地势低缓，形成大面积的盐碱化，水质有污染，形成高砷水和高氟水，特有的地形地貌和水资源分布情况导致农村饮水现状主要存在两方面问题：水质性缺水，即饮用高氟水、高砷水和污染水；水源性缺水，即严重缺饮用水。

2000—2005年，山阴县实施农村饮水解困工程，其间共兴建饮水解困工程111处，共解决202个村庄、10.83万人的饮水困难，完成总投资3465.6万元。其中：建设集中供水工程7处，解决10个乡镇、103个村庄、6.64万人的饮水困难问题；建设单村供水工程104处，解决104个村庄4.19万人的饮水困难问题。

2006—2008年，山阴县完成农村饮水安全工程75处，解决75个村庄4.95万人（其中：砷氟超标人口3.12万人）的饮水不安全问题，自来水受益人数3.22万人，占受益总人口的65%。完成总投资1874.9万元，其中：国补（含省补）资金1028万元，市、县及地方配套846.9万元。

2009年，解决39个村庄、1.8万人、0.41万头大畜的饮水安全问题。总投资861万元，其中中央预算内资金457万元、省级资金138万元、市级配套及其他融资266万元。2010年，解决8个乡镇、21个村、0.85万人、0.25万头大畜的饮水安全问题。总投资427.82万元，其中国补投资257万元、省级配套51万元、市级配套及融资119.82万元。社会融资382.42万元。

2011年，解决9个乡镇、28个村、13532人、2879头大畜的饮水安全问题。总投资663.42万元，其中中央国债121万元、省级配套144万元、市级配套16万元。2012年，解决7个乡镇、20个村庄、16000人、6392头大畜和1所学校1000名学生的饮水不安全问题。完成工程总投资841万元，其中中央国债资金505万元、省级配套168万元。

2013年，解决11个乡镇、29个村庄、1.5万人、10023头大畜和2所中学2000名师生的饮水安全问题，完成工程投资673万元。2014年，解决20个村庄13617人、9223头大畜的饮水安全问题。中央预算内资金200万元，解决11个村庄、2所中学5000人、606头大畜和2000名师生的饮水安全问题。市县投资解决9个村、8617人、5464头大畜的饮水安全问题，工程总投资620万元，其中市级投资170万元、县级配套及其他融资450万元。

2015年，解决2个村4400人（水头村、农牧场）和1所中学1000名师生（合盛堡中学）的饮水问题，完成工程投资253万元。至2015年末，全县共建设供水工程4200处，解决257个自然村的16.86万人、8.64万头大畜和17所农村学校1.1万名师生的饮水安全问题。其中建设联村集中供水工程4处，解决75个自然村的4.66万人、4.15万头大畜和10所农村学校0.55万名师生的饮水安全问题；建设单村集中式供水工程18处，解决18个自然村的2万人、0.89万头大畜和3所农村学校0.19万名师生的饮水安全问题；建设分散供水工程4178处，解决164个自然村的10.2万人、3.6万头大畜和5所农村学校0.36万名师生的饮水安全问题。

2016年，解决下喇叭、吴马营、马营、岱岳、安荣5个乡镇、16个村庄、8706人的饮水安全巩固提升工程，涉及12个贫困村，552户贫困户，贫困人口1351人。完成工程投资200万元。

第二节 山区饮水

饮水困境

山阴县山区农村受到农民居住分散、山大沟深等多种因素制约，饮水安全具有供水规模较小、点多面广、饮水施工难度大、条件差等多种问题。

2000年，全县饮水不安全村庄168个，15.78万人饮水不安全，山区缺水村庄67个，缺水人口近2万人。

2004年，全县饮水不安全村庄131个，7.1万人饮水不安全，其中有3.47万人饮用高氟水，山区缺水村庄41个，缺水人口近1.5万人。

2008 年，全县饮水不安全村庄 92 个，4.7 万人饮水不安全，一些村庄饮用水源不稳定，出现季节性缺水，解决饮水不安全的村庄出现反弹，山区缺水村庄仍有 27 个，缺水人口 1.2 万人。

2009 年，山区采煤漏水影响 20 个村，11946 人饮水不安全，水源因采煤枯竭，13 个村庄需远距离拉水，7 个村庄水量锐减。

2013 年末，全县饮水不安全村庄 34 个，1.55 万人饮水不安全，28 个村庄靠拉水解决饮水问题。

2016 年末，全县山区仍有 7 个村庄 2840 口人存在饮水不安全问题。这些村庄无饮用水源，管网引水受地理条件制约，住户只能从附近拉水到院内旱井解决。3 个村庄蓄水设施缺失，水量不能满足人畜饮水需求。山区部分集中供水村庄供水点布设较少，仍有部分住户取水困难，取水往返时间超过 20 分钟，共涉及 4 个村庄 1939 人。

工程建设及投资

2013 年，山阴县对山区 4 个乡镇农村饮水情况进行详细调查，投资 5538 万元解决 34 个村庄的饮水不安全问题。

中心村深井

2013 年，根据山区乡镇村庄的地形和水文地质条件，设计在中心村打深井 10 眼，通过铺设地埋管道辐射解决周边 21 个村庄的饮水不安全问题，在下喇叭乡的口子梁，玉井镇的玉井、西石人坡、马家洼，吴马营乡的马家河、西短川、屯港，马营乡的偏岭、庄窝、观音堂新打深井 10 眼，共解决 21 个村的饮水困难。涉及总人口 10008 人，常住人口 6035 人，大畜 524 头。安装 100 千伏安变压器 10 台，新建 100 立方米蓄水池 10 座，50 立方米蓄水池 28 座，输水管道 42.7 公里，总投资 3981 万元。

2013 年山阴县山区 4 个乡镇新打深井地点及解决村庄表

表 20-2

乡　镇	深井地点	解决村庄	总人口（人）	常住人口（人）	大畜（头）
合　计	10	21	10008	6035	524
下喇叭乡	1	3	585	148	61
	口子梁	口子梁	107	33	23
		榆　坪	183	50	23
		蓿麻沟	295	65	15
玉井镇	3	9	4004	2747	173
	玉井	窝棚沟	249	90	7
		口　前	797	1060	50
	西石人坡（北祖矿）	西石人坡	408	138	3
		东石人坡	561	150	14
		王坪沟	578	563	33
		吴家坪	455	121	22
		杨家岭	170	34	4
	马家洼（晋太煤业）	马家洼	410	230	22
		范家屯	376	361	18

续 表

乡 镇	深井地点	解决村庄	总人口（人）	常住人口（人）	大畜（头）
吴马营乡	3	6	3666	1240	241
	马家河	马家河	647	248	61
		前榆林	642	70	65
		后榆林	481	72	55
	西短川	西短川	1184	500	—
		郭家窑	312	150	30
	屯港（吴马营）	屯 港	400	200	30
马营乡	3	3	1753	1900	49
	梁家店	偏岭	560	1000	23
	庄窝	张家沟	306	200	5
	观音堂	观音堂	887	700	21

企业机井

2013 年，利用二轻矿深井引水解决马营乡南河村的饮水不安全问题，涉及总人口 865 人，常住人口 700 人，大畜 5 头。埋设管道 4 公里，新建 100 立方米蓄水池 2 座，总投资 340 万元。

小泉小水

2013 年，利用村庄周边的小泉小水新建截潜流、蓄水池，解决下喇叭乡吴庄、黑龙池、上喇叭村；吴马营乡黄草梁村；马营乡张家堡村的饮水不安全问题，涉及总人口 1606 人，常住人口 484 人，大畜 176 头。埋设管道 13 公里，新建 50 立方米蓄水池 4 座，总投资 520 万元。

2013 年山阴县山区 3 个乡利用小泉小水解决村庄表

表 20-3

乡	泉水地点	解决村庄	总人口（人）	常住人口（人）	大畜（头）
吴马营乡	黄草梁村南沟道	黄草梁	349	54	29
下喇叭乡	小庄窝村沟道	黑龙池	405	130	35
	刘家窑村沟道	吴庄	73	20	7
	上喇叭村沟道	上喇叭	333	80	34
马营乡	张家堡村沟道	张家堡	446	200	71

旱 井

2013 年，利用新建、维修原有旱井解决吴马营乡东短川、大坪、南屯、包家岭；下喇叭乡榆树洼、柳沟、吴儿城的饮水不安全问题，涉及总人口 3035 人，常住人口 640 人，大畜 413 头。新建旱井 620 眼，总投资 697 万元。

2013年山阴县山区2个乡利用新建旱井解决村庄表

表20-4

乡	解决村庄	总人口（人）	常住人口（人）	大畜（头）	旱井眼数（眼）
合　计	7	3035	640	413	620
吴马营乡	4	1892	380	201	300
	东短川	425	90	49	80
	大　坪	395	60	50	50
	南　屯	564	160	55	60
	包家岭	508	70	47	110
下喇叭乡	3	1143	260	212	320
	榆树洼	628	125	107	100
	柳　沟	88	25	5	70
	吴儿城	427	110	100	150

第三节　川坡区供水

饮水状况

2000年，山阴县川坡区饮水不安全村庄101个，饮水不安全人口13.68万人。

2004年，川坡区饮水不安全村庄90个，饮水不安全村庄4.6万人，其中有3.47万人饮用高氟水。

2008年，川坡区饮水不安全村庄65个，不安全人口3.5万人。

2013年末，坡区、平川区9个乡镇共有177个自然村，总人口13.52万人，大畜7.2万头。饮水不安全村庄30个，总人口2.49万人，大畜1.11万头；饮水安全村庄147个，总人口11.03万人，大畜6.08万头。

2016年，由于高庄和苏庄集中供水使用年限较长，管道老化，漏水跑水现象严重，部分村庄群众饮水受到影响。随着村民用水安全意识增强，用水人口较设计初期增加30%以上，原管线不能满足现有饮水需求，需更换154公里输水管线才能满足供水需求，共涉及18个村庄11693口人。

工程建设

2000—2005年，山阴县实施农村饮水解困工程，共解决202个村庄、10.83万人的饮水困难，完成总投资3465.6万元。农村饮水解困任务的完成，结束很多地方吃不上水的历史，把青壮劳力从繁重的拉水、驮水中解放出来，有更多的时间和精力发展生产。

“十一五”期间，开始实现农村供水工作从“饮水解困”到“饮水安全”的转变，“十一五”期间完成总投资3465.6万元，解决和改善110个行政村11.19万人的饮水安全问题。重点实施涉及马营庄、后所、薛圐圙、古城镇、合盛堡、岱岳等乡镇的除砷降氟改水工程。2002年8月建设砷病改水工程，2003年10月竣工全部投入运行。工程涉及马营庄、后所、古城、薛圐圙、张家庄5个乡镇的73个受益村庄和农牧场及其分厂8个受益单位，工程设计为高庄、苏庄两个独立片，采用外区远距离引水集中供水形式。高庄片涉及马营庄、古城两个乡镇35个村庄22306人，16301头大畜，该片水源地选择在马营庄乡高庄村，新打机井2眼，兴建1000立方米钢筋砼调节池的供水厂一处，从供水站到各村庄共埋设干、支管道92.97公里，村内管网52.28公里。苏庄片涉及张家庄、后所、薛圐圙三个乡镇30个村庄，8个受益单位22681口人，9058头大畜，该片水源地选择在后所乡苏庄村，新打机井2眼，兴建500立方米钢筋砼调节池的供水厂一处，从供水站到各村庄共埋设干、支管道64.26公里，村内管网54.2公里。完成投资1495万元，其中中央国债资金895万元、市级配套90万元、县级配套180万元、乡村自筹330万元。2005年4月实施氟病改水工程，涉及合盛堡和岱岳两个乡镇16个村庄，同年10月，工程竣工全部投入运行。工程完成主要建设内容为：铺设各类干、支管线31.289公里，村内管线95.44公里，建管理站1处308平方米，村口分水闸管理房10间120平方米，大小阀门井64眼。工程共动土石7.6立方米，投工2.3万个。工程完成总投资423.2万元，其中中央国债资金200万元、市配套20万元、县级配套40万元、群众自筹163.2万元。工程全部为自来水入户，受益人口为1.15万人，大畜为0.7万头。

除砷改水碑文

“十二五”期间，山阴县提高农村供水质量、改善农村饮用水条件和保障农村饮水安全。改革和完善管理体制和运行机制，制定合理的水价政策。

2016年，实施农村饮水安全巩固提升工程，扩大集中连片供水范围，改造升级已建工程标准，健全完善维修养护机制，建立从“源头到龙头”的农村饮水安全工程与运行管护体系。

第三章 水利管理

第一节 水资源及河道管理

水资源管理

水资源观测 1998年后，山阴县加强水资源远程监控和信息化管理。山西省水利厅为全面掌握山阴县地下水位变化情况，于2010年在北周庄、苗圃一号井、苗圃二号井（安岸庄村境内）、安岸庄、新岱岳、合盛堡、七里沟、夏家窑、兰家窑、贺家窑、大洋村、小洋村、苏庄、张家庄、林桥、高庄等地安装16套地下水位远程自动监控系统，每2小时向山西省地下水位监测信息接收系统传输一次数据。2006—2016年，山阴县安装远程监控点40个，其中工业用水点21个、生活用水点19个。通过系统平台建设，实现与省、市实时数据传送和远程监控，基本实现水资源管理网络化、信息化，水资源管理征费方便快捷。

用水调查和计划 1998年后，山阴县落实取用水总量控制和效率控制措施，水资源管理从最初的用水大户到现在的所有用户，均纳入计划管理，计划用水管理覆盖到各行各业。2005 年，要求各单位制定可行的节水措施，严格执行计划指标。2010—2012 年，山阴县进行大规模用水调查，调查主要内容共“6+2”项，包括河流湖泊基本情况、水利工程基本情况、经济社会用水情况、河流湖泊治理和保护情况、水土保持情况、水利行业能力建设情况以及灌区专项、地下水取水井专项普查。2011 年，全县经济社会年度用水量 2754.6 万立方米，其中居民生活用水 0.49 万立方米、农业用水 2383.2 万立方米、工业用水 211.1 万立方米、建筑业用水 17.3 万立方米、第三产业用水 25.7 万立方米、生态环境用水 69 万立方米，规模化畜禽养殖场用水量 47.8 万立方米。2016 年，对各取用水单位计划用水、节约用水管理的各项规定落实情况，均纳入考核内容，对存在用水效率低下、退水处理不规范等问题的单位，限期整改，直至整改到位，对超计划取水单位，按累进加价制度征收水资源费。

取水许可登记　山阴县贯彻取水许可制度，执行取水许可审批程序，特别是在深井开凿的审批方面，严格按照水资源规划和优化配置要求审批。1998—2008 年，共发放取水许可证 102 套，2009—2016 年，共发放取水许可证 116 套。取水许可证全部实现网上录入登记管理，做到计划科学，合理用水。

河道管理

桑干河在山西省境内河道分两段管理，从泥河至吉家庄为桑干河朔州管理段，由朔州市桑干河水利管理局管理；吉家庄下游至河道出省境口为桑干河大同管理段，由大同市册田水库管理局管理。桑干河山阴段由朔州市桑干河管理局进行日常管理。

木瓜河属于县管河道，河道上有二、三水库，设有木瓜河灌区，共有灌渠 3 条，总长 14.638 公里，支渠 12 条，总长 28.02 公里，共有渠首、渡槽等各类建筑物 143 件，该灌区在 1990 年经过整体规划，进行全面的节水改造，改造后渠系水利用系数为 0.7。河道和水库均由木瓜河灌溉管理站进行日常管理。

岱岳镇麻疃村河道管理

黄水河是市管河道，在山阴和应县，由于多年无水，成为一条退水河，行洪能力不足 20 立方米／秒，遇有洪水极易成灾。2016 年，山阴县完成黄水河元营——黑圪塔村段河道治理工程，涉及元营、北万庄、后帐堡、双寨、双寨铺、黑圪塔、老羊寨铺、西李庄 8 个村庄，河道总治理长度 11.75 公里，工程总投资 2855 万元。完成主要建设内容：堤防工程 24.4 公里，堤脚防护工程 4 处 0.8 公里；支流入河口堤防工程 9 处 2.08 公里；排水涵洞工程 5 座；主槽疏浚工程 11.75 公里；抢险道路 11.8 公里。工程的建成将黄水河山阴县段防洪能力提高到 10 年一遇标准，既可以保护两岸的村庄 1.1 万人和 4 万亩耕地安全，又可以稳定主槽流路，减少河槽摆动幅度，减轻对两岸滩地的冲刷。

第二节　水利执法

法律实施

1998—2016 年，山阴县贯彻执行《中华人民共和国水法》《山西省河道管理条例》《山西省水资源管理条例》等法律法规以及部门规章，对违规开采砂石和取水，不按规定编制水土保持方案并造成水土流失，拒不缴纳水资源费、河道采砂管理费、水土保持设施补偿费等，人为对水资源的浪费、破坏和污染，河道内乱弃、堆放阻碍行洪的物体或种植影响行洪的作物等活动进行严格执法，对开发、利用和保护好县域内水资源，保护和充分发挥好水利工程的效益，为全县经济和社会发展提供水资源安全和防洪安全保证。

水事纠纷处理

山阴县水利部门在水行政执法过程中，做到严肃查处水事违法案件，妥善处理水事纠纷。1998—2008 年共查处水事违法行为 14 起，调解水事纠纷 9 起；2009—2016 年共查处水事违法行为 15 起，调解水事纠纷 12 起，较好地维护全县的水事活动秩序。

第三节 机 构

山阴县水利局履行水资源管理、工农业生产用水和农村饮水、防汛抗旱、水土保持生态建设等重要职责。1998 年，局内设职能股室 5 个，即办公室、农业综合开发股、农田灌溉股、农村饮水股、财务股。2003 年 12 月，县水利局和农业综合开发办分家，将农业综合开发股划出，内设职能股室设为 6 个，即：办公室、水保股、农水股、水管股、治沙股、财务股。2010 年 3 月，根据山阴县编办方案，内设职能股室为 5 个，即办公室、财务股、水利管理股、水土保持股、农田水利股。人员编制为：行政编制 9 人，其中局长 1 人、副局长 2 人、总工程师 1 人。2011 年 12 月，内设职能股室经县编办批复，调整为 7 个，即办公室、规划稽查股、财务股、农田水利股、水库河道建设管理股、农村安全饮水股、水土保持生态建设股。2016 年 5 月，增设节约用水办公室。至 2016 年，县水利局连同所属事业单位共有编制 119 人，其中行政编制 9 人、事业编制 110 人，实有在职职工 101 人，离退休人员 82 人。历任局长有冯守忠、马兴平、杨时育。

山阴水利局

第二十一编

工业

工业

山阴是全国重点产煤县，也是典型的资源型经济县，煤炭比重占到全县80%以上，煤炭兴、经济兴，煤炭衰、经济衰。从20世纪90年代开始，山阴县围绕煤炭这一优势，以煤为基，延伸发展，推进煤炭经济资源整合、煤矿兼并重组以及标准化矿井建设，在煤炭产运洗销环节注重清洁化，建成技术和规模亚洲第一的15.5公里全封闭皮带式输煤隧道。昱光2×300兆瓦矸石电厂的间接空冷塔高165米、直径160米，堪称亚洲最高、最大，其“两机一塔”和烟塔、脱硫塔“三塔合一”技术世界领先。在做好煤炭产—运—洗—销产业链的基础上，全面推进产业链升级改造，推进资源综合利用、企业循环生产、产业循环发展，形成煤—电—冶—建以及粉煤灰、废弃水、电厂余热综合利用的集群延伸工业循环链，建成以煤为基、多元发展的工业体系。1998年，山阴县引进金海洋洁净煤、连顺输煤隧道、晋电化工三大项目。2000年，实施机立窑改造，山阴县超强建材公司生产能力达到10万吨；三关建材公司生产能力达到7万吨。2004年，山阴冶金二期工程竣工投产，全年产销硅锰合金2.67万吨，实现销售收入1.17亿元。2007年，新上鑫邦万吨燕麦生产线扩建项目、金海洋6万吨玉米淀粉生产项目。2015年，因为环境污染问题，责令山阴炫昂建材有限公司从2015年12月15日停产，并对生产设备的主要部位加封条。2016年，推进煤炭供给侧结构性改革，在去产能的同时提升矿井现代化水平，全县原煤产量1529万吨，同比下降32.3%。同年6月，中电投二期光伏发电并网发电，全县电力装机容量达90万千瓦。

第一章 电力 冶金 化工

第一节 电 力

发展概况

山阴电网位于山西电网的西北端，是山西电网的重要组成部分。20 世纪 90 年代末，山阴全县 261 个行政村均完成线路架设，农村电网初具规模；所建电厂均停产或撤销，全县用电均来自朔县电厂。

1999 年，县城电网改造完成 2 条主干线 8.52 公里的改造任务；农村电网改造完成 4 条 10 千伏线路 117.8 公里，完成河阳堡等 8 个村的低压改造，解决桑干河灌区南片乡镇农忙时节拉闸限电的难题。

2002 年，完成农村电网改造投资 2592.92 万元，共改造 237 个村 48689 户；完成城网改造投资 830.15 万元，共改造 47 个台区 11323 户。全县累计完成供电量 6.85 亿千瓦时，实现城乡同网同价。

2005 年，完成芍药沟 35 千伏变电站主变增容改造，完成玉井变电站主变增容工作。同年，新架设 10 千伏线路 58.26 公里。在全面规范县城改造工作中，完成 10 千伏线路移位 6 公里，铺设高、低压电缆 9.9 公里。投资 110 万元对后所乡 32 公里的瓶颈线路进行彻底改造。

2007 年，完成 35 千伏工程 1 项，重点解决农村供电中的主变过负荷、线路卡脖子以及 4 座电网高危客户双电源和安全供电的问题。上半年，中煤金海洋永皓 2×50 兆瓦矸石电厂投产发电。

2009 年，围绕国家产业政策，发展煤矸石发电、风力发电和热电联供，延伸煤炭产业链条，坚持煤电一体化发展战略，促进能源结构实现升级。山西国际能源集团有限公司和中煤集团金海洋公司合作投资 31.1 亿元建设的中煤金海洋昱光一期 2×300 兆瓦发电项目，完成投资 6 亿元。总投资 31 亿元的 2×350 兆瓦煤矸石综合利用发电供热项目二期工程，列入省“十二五”规划；华能 2×100 万千瓦超超临界电厂项目完成初可研；太重兴业投资公司织女泉 20 万千瓦风力发电项目完成风力测试工作。

2011 年，推进华能 2×100 万千瓦超超临界发电。同年中煤金海洋昱光 2×30 万千瓦矸石电厂主体工程竣工。开工建设太重、联成两个 50 兆瓦风电项目。

2012 年，中低压农网升级改造项目共五项，年底完成四项。并完成采集终端安装 1226 套，集抄集中器 427 套，全部录入系统，抄通率为 88.24%。全年智能电表改造完成 35126 户，归档 35005 户，上线率 99.6%。

2013 年，推进总投资 47.5 亿元的华能 2×66 万千瓦低热值煤发电、总投资 35 亿元的昱光 2×35 万千瓦煤矸石发电。电力能源多元化有突破性进展，煤电、风电装机容量达到 75 万千瓦。

2014 年，推进煤电一体化，建成标准化矿井 14 座；推进中煤华昱昱光二期、三期和华能三个大型发电项目。开工建设同煤风电、中电投光伏发电等一大批新能源产业项目。全年累计发电 31.2 亿千瓦时，实现利润 0.93 亿元。

2015 年，昱光低热值煤发电厂一期 2×30 万千瓦项目建成投产。新能源产业迅速发展，同煤织女泉风电、联成偏岭风电、中电投光伏发电等项目并网发电。全县电力总装机容量达到 180 万千瓦。

2016 年，中电投合盛堡二期 5 万千瓦光伏发电、联成偏岭 1.2 兆瓦分散式风力发电项目竣工投产；昱光二期 2×35 万千瓦低热值煤发电项目主体工程竣工。全县电力装机容量达 90 万千瓦。山阴县域内有变电所站 11 座，其中 222 千伏变电站 2 座，110 千伏变电站 3 座，35 千伏变电站 6 座，2 座发电厂，总发电量 500 兆瓦。

电网改造

1998—2010 年，山阴县进行一、二期电网建设与改造。建设及改造 110 千伏变电站 1 座、新增及更换主变 3 台 /12 兆伏安，新建及改造 110 千伏线路 5.32 公里；35 千伏变电站 6 座、新增和更换主变 12 台 /56.7 兆伏安，新建和改造 35 千伏线路 92.39 公里；更换高耗能变压器 356 台 /34.81 兆伏安；改造 10 千伏线路 880.14 公里、低压线路 789.77 公里；累计改造行政村 248 个、农户 48997 万户，覆盖面达 96.9% 以上。县城电网安装箱变 5 台 2500 千伏安，新增台变 8 台 3015 千伏安；新架和改造 10 千伏线路 11.23 公里，铺设电缆线路 5 公里。实施“户户通电”工程，完成投资 56.99 万元（其中省发改委安排 50%），解决 1 个村、624 户的用电问题。推进新农村路灯亮化工程，投资 304.49 万元为 69 个新农村建设重点推进村安装路灯。

2015 年，山阴电网改造实施 6 项工程，新建及改造 10 千伏线路 44.02 公里，更换老旧变压器 30 台，改造 0.4 千伏低压配电线路 89.9 公里。完成新建及改造 10 千伏线 38.2 公里，改造 0.4 千伏低压线路 73.5 公里，更换 10 千伏老旧配电变压器 22 台。

2016 年，国网山阴县供电公司改造 91 个村、街低压配电台区，新建及更换老旧变压器 100 台，改造 10 千伏线路 4 条 16 公里。年末，全县拥有 35 千伏变电站 6 座，主变 12 台，总容量 105.2 兆伏安；拥有 10 千伏开闭所 1 座；维护者 35 千伏线路 49 条，总长 529.88 公里；其中公用线路 16 条，177.49 公里，用户专线 33 条，352.39 公里；维护者 10 千伏线路 77 条，总长 1439.09 公里，其中公用线路 51 条，1286.96 公里，用户专线 30 条，212.509 公里。运行配电变压器共计 1700 台，总容量 330.87 兆伏安，其中公用配电变压器 551 台，113.41 兆伏安，用户专变 1240 台，245.36 兆伏安。

供电用电

2010 年，山阴县全年用电总量累计 40805.38 万千瓦时。2013 年，山阴县全年用电总量累计 52131.87 万千瓦时。2016 年，山阴县全年用电总量累计 48431.86 万千瓦时，城市供电可靠率完成 99.89%。

2010—2016 年山阴县用电量一览表

表 21-1　　单位：万千瓦时

年份	大工业	一般工商业				农业生产	居民生活	合计
		非普工业	非居民照明	商业服务业	合计			
2010	25614.84	3397.06	1736.18	1809.66	6942.9	3523.46	4724.18	40805.38
2011	39923.45	4393.22	2152.42	1987.78	8533.42	4006.75	4862.95	57326.57
2012	39899.49	4013.87	2335.31	1957.47	8306.65	3466.99	5904.50	57577.63
2013	33714.73	3980.82	2401.47	2230.94	8613.22	2920.64	6883.28	52131.87
2014	35521.36	3175.18	2450.59	2537.98	8163.75	3390.06	7405.13	54480.3
2015	30154.76	2710.03	2454.58	2687.17	7851.78	4186.39	7782.70	49975.63
2016	28589.09	3109.41	2329.74	2974.03	8413.18	3534.86	7894.74	48431.86

企业选介

山西昱光发电有限责任公司　位于山阴县北周庄工业园内，由山西国际能源集团有限公司和中煤集团山西华昱能源有限公司共同投资建设。电厂规划装机容量 2×300 兆瓦 +2×350 兆瓦，采用一次规划、分期建设的方式。

一期工程建设 2×300 兆瓦亚临界循环流化发电机组，于 2007 年 8 月立项，2010 年 4 月获得国家发改委核准，2010 年 5 月开工，项目总投资为 27.8 亿元。二期建设规模为 2×350 兆瓦国产超临界循环流化床、间接空冷机组，同步上脱硫、脱销装置，实行超低排放。工程于 2015 年 5 月 21 日开工建设。

工程在国内 300 兆瓦机组中首次采用“两机一塔、三塔合一”布置技术。两台机的空冷塔、烟囱和脱硫塔三塔合一，最大限度的节约土地占用。空冷塔排放的烟气由于热空气的抬升作用远高于烟囱，更有利于污染物的扩散。工程采用匈牙利 EGI 公司生产的海勒式间接空冷技术，采用直接接触喷射式冷却方式，具有更低的背压和更高的效率。在循环水回水管上还设计有水轮机，循环水回水带动水轮机与电机共同驱动循环泵，降低循环泵电机的功率。在国内电厂中辅机冷却水首家采用干式机械通风冷却系统，减少冷却塔蒸发损失、风吹损失和排污损失，每年可节约用水量 25 万吨。

项目煤源为中煤华昱集团下属的年入洗能力为 2200 万吨的洗煤厂。从煤矿到洗煤厂再到电厂，燃料全程采用皮带封闭运输。昱光电厂在国内北方电厂中首次采用筒仓储煤方式，不设储煤场。一、二期工程各建设 3 个 3 万吨级筒仓，作为混煤和储煤设施，变横向占地为纵向占地，节约大量占地，避免煤尘飞扬及粉尘污染环境。

电业机构

国网山阴县供电公司　由原雁同电力公司分拆而成，成立于 1989 年 5 月 23 日，同年 12 月 25 日挂牌办公。1993 年 1 月 1 日正式独立建制。2002 年 12 月 29 日，经国务院同意，在电力体制改革的基础上，成为经国家授权投资的机构和国家控股企业。是隶属于国网山西省电力公司的大型供电企业。公司供电营业范围覆盖整个山阴县行政区，肩负着全县人民的生活和煤矿、部分北同蒲电气化铁路等工农业生产用电及电力基本建设任务。

按照省公司三集五大机构改革的要求，公司机构整合为五个管理部门和三个业务支撑机构，即：综合管理部、发展建设部、安全质量监察部、乡镇供电所管理部、电力调控分中心和营销部、运维检修部、环宇电力山阴分公司。至 2016 年，公司共有在职职工 114 人，女 36 人，男 78 人。有离退休职工 50 人，集体制职工 10 人，用电协议工 3 人，农电专职电工 104 人，签合同的临时工 45 人。公司未发生电力生产人身轻伤及以上事故、未发生一般电网事故和一般设备事故、未发生火灾事故及人员恶性误操作事故、未发生交通事故，安全生产累计实现长周期运行 9234 天。历任电业局局长（公司经理）有牛新广、冀久和、冯永福、强宝仁、贺志文、任赟、温日旭。

第二节　冶　金

发展概况

1998 年之前，山阴县冶金工业基础薄弱。2000 年，山西晋能集团山阴冶金有限公司（以下简称为山阴冶金）成立。“十五”期间，山阴县冶化业规模不断扩大，新增硅锰合金 5 万吨。2003 年，山阴冶金投资兴建两条 1.65 万千伏安矿热炉生产线，建成投产一期工程 165 千伏安矿热炉项目。2004 年，山阴冶金二期工程竣工投产，全年产销硅锰合金 2.67 万吨，实现销售收入 1.17 亿元。

2005 年，山阴赤钰冶金有限公司（以下简称山阴赤钰）成立。同年 3 月，投资 800 万元建成一座

2×1.65 万千伏安硅锰合金厂。2006 年 11 月，山阴冶金入选国家发改委公布的“符合《铁合金行业准入条件》的企业名单（第二批）”，通过国家发改委的铁合金行业准入条件。2007 年 4 月 6 日，山阴赤钰通过竣工环境保护验收。同年 6 月，山阴冶金通过竣工环境保护验收。2008 年，山阴赤钰由微碳锰铁转产硅锰合金。2010 年，山阴冶金生产硅锰合金 43637 吨，实现工业总产值 31569 万元，实现销售收入 29050 万元，上缴税金 366.37 万元。2011 年，山阴冶金生产硅锰合金 50307 吨，实现工业总产值 40313 万元，实现销售收入 32548 万元，上缴税金 115.04 万元。2012 年，山阴冶金生产硅锰合金 56849 吨，实现工业总产值 37920 万元，实现销售收入 32875 万元，上缴税金 209.86 万元。2013 年，山阴冶金生产硅锰合金 56697 吨，实现工业总产值 41058 万元，实现销售收入 36111 万元，上缴税金 772.44 万元。2014 年，山阴冶金生产硅锰合金 52608 吨，实现工业总产值 30832 万元，实现销售收入 34786 万元，上缴税金 860.68 万元。2016 年，山阴冶金生产硅锰合金 273760 吨，实现工业总产值 4.03 亿元，实现销售收入 3.42 亿元，上缴税金 0.065 亿元。

企业选介

山西晋能集团山阴冶金有限公司是山西晋能集团有限公司下属的专业公司，位于朔州市山阴县岱岳工业园区，占地面积为15.33万平方米。公司始建于2000年10月，2016年有员工300人，公司设置为六部、两炉、三车间，总资产 22640 万元。公司在环保方面累计投资 2000 万元，两条矿热炉生产线全部配套脉冲布袋除尘器，同时配置在线监测装置；两套除尘器采用国内先进、成熟和具有良好安全性能的设计理念，自动化程度高，运行参数的自动检测、自动控制及报警，有效保证除尘器的安全、达标运行，实现绿色清洁生产。公司在节能方面累计投入 1000 多万元，先后进行电力需求侧节能改造，余热利用改造等，项目完成后，年节约能源 1100 吨标准煤，减排二氧化硫 140 吨。

山阴赤钰冶金有限公司位于山阴县北周庄镇（大运路西）。成立于 2005 年 3 月 29 日，注册资金 4051 万元。隶属于中煤集团山西华昱能源有限公司。公司“三废”治理工程与主体工程同时设计，同时投入运行。生产工艺用水循环利用率 95%，生产过程产生的炉渣作为水泥生产掺和剂使用；环保采用三级除尘的方式，除尘效率达 98% 以上，烟尘排放低于国标。

第三节 化 工

煤化工

1998 年，山阴县引进金海洋洁净煤、连顺输煤隧道、晋电化工三大项目。新上浩德炭黑厂、宏盛活性炭厂等新企业。2000 年，全县煤炭工业加强总量控制，扶优扶强，关井压产，关闭非法和布局不合理矿井 27 座，压减产量 132 万吨，关井压产工作通过国家验收组验收。3 个煤矿新上筛选工程，提高煤炭产量。受市场影响，生产原煤 259.84 万吨，比上年减 38.9%；外销原煤 124.3 万吨，比上年下降 41.24%，其中铁路外销 54.9 万吨（含矿业），公路外销 69.4 万吨，分别比上年下降 59.66% 和 7.92%。

2003 年，全县累计关闭非法和布局不合理矿井 31 座，集运站 50 万吨洗煤项目建成投产，新上金海洋双“500 万”工程、连顺 100 万吨煤基合成油工程、东升煤矿 100 万吨改造等项目。2006—2010 年，全县煤炭资源整合和煤矿兼并重组取得重大成果，39 座煤矿整合为 21 座，产能由 1200 万吨提高到 2600 万吨。电力工业迅速崛起，煤电产业延伸。

2011—2015 年，全县累计投资 70 多亿元，建成安全质量标准化矿井 14 座，煤炭产能由“十一五”期末的 1295 万吨提高到 2970 万吨。全县煤炭安全生产条件逐步改善，新上洗选项目。煤矿累计投入安全改造资金 3 亿元，生产能力、洗选能力均达到 1000 多万吨，百万吨死亡率控制在 1 人以下，煤炭资源回采率达到40%。

2016年，全县对接阳煤集团40亿立方米合成天然气和60万吨烯烃、晋煤集团200万吨煤制清洁燃料、潞安集团100万吨精细化学品等项目，实现煤炭向精细化工转化。成立晋北现代煤化工基地管理委员会筹备委员会，总投资37亿元的阳煤200万吨低阶煤清洁利用多联产、总投资5亿元的普大100万吨洁净型煤和总投资160亿元的松蓝80万吨丙烯酸及酯类三大项目落地。山阴县晋北现代煤化工基地被列为国家规划的七大现代煤化工基地之一。

电石　甲醇　石灰氮　合成氨　糠醛

20世纪90年代末，山阴县化工行业开发出石灰氮、糠醇等系列新产品，其中石灰氮产量在全国同行业中名列前茅。1998年，石星化工公司新上第三条石灰氮生产线和5000千伏安电石炉生产线。“十五”期间，山阴县新增电石生产能力3万吨、石灰氮3万吨、合成氨1.5万吨、甲醇1万吨。

2003年，全县甲醇、硅锰合金、炭黑、活性炭等产品成为新型化工原料和动力能源。石星化工电石、石灰氮生产能力达到5万吨和3万吨，建设5万吨石灰氮项目，企业生产规模在全国同行业居于领先地位。金源化肥合成氮生产能力由1万吨提高到3万吨。

2004年，山阴县石星化工有限责任公司年产5万吨石灰氮生产线项目在安荣乡安良铺村西建成投入使用。总投资3000万元。一期工程投资1500万元，建筑面积1670平方米。

2016年，石星化工有限责任公司总产量37767吨，总产值3777万元，实现销售收入4320万元。

化　肥

2008年，山西朔州新科工程技术有限公司与上海市诚明弘晖资产管理有限公司共同建设30万吨盐碱地专用肥生产线改建扩建项目，总投资7500万元，引资3000万。2010年，山西瑞丰化工有限公司年产45万吨优质磷肥项目，完成投资1.15亿元。2016年，金源化肥产量44813吨，工业总产值4481万元，实现销售收入3699万元。

公司选介

山阴县地方国营化工机械厂　始建于1958年，20世纪70年代初为适应当时国内小化肥的蓬勃发展，由省计委、省化工厅批准，为山西省定点的小化肥一、二类压力容器和备品配件专业配套生产厂家，属国有预算内企业。企业曾有辉煌的历史，但由于设备陈旧，工艺落后，加上包袱重，经营体制、管理和市场变化等多方面因素，进入20世纪90年代后企业亏损严重，到1997年企业基本停产，职工放假，工人为生计进行群体性上访，成为全县的老大难企业。

1999年，山阴县政府根据企业资产存量少、资不抵债的现实状况，对企业实施以切块租赁方式进行改制，将生产线等主要资产进行剥离，由社会自然人张富租赁经营，并设立化工机械分厂。改制后，企业出现转机，分厂设立之初对企业产品进行改造，成功试制出全县乃至全市第一台农用三轮车，试图闯出一条新路。但很快由于设备老化（企业设备基本上是20世纪五六十年代建厂购置），资金缺乏，企业又重新陷入亏损困境，经常性停产，到2006年分厂也基本停产，职工全部外出自谋生计。2011年6月，县政府出资收回企业闲置土地，用于城市建设，工人全部解除劳动关系，自谋职业。

山西金源化肥有限公司　是1998年改制的股份制企业，前身为山阴地方国营化肥厂（组建于1972年），拥有4万吨合成氨联产2万吨甲醇生产能力。年可生产液氨4万吨，碳酸氢铵（或长效碳铵、颗粒碳铵）16万吨，副产甲醇2万吨。公司固定资产11290万元，员工260人，其中工程技术人员68人。年销售收入1亿元以上，是山西北部大同、朔州、忻州三地市最大的农用碳酸氢铵生产企业，也是晋北唯一一家液氨生产企业。公司占地面积12.2万平方米，其中建筑面积2.2万平方米。位于山阴县城西南1.5公里处，西依北同蒲铁路、208国道、大运公路，东邻大运高速公路，交通条件便利。公司地处大同煤田与平朔露天煤矿之间，煤炭资源丰富，电力供应充足，35 千伏专线直达厂区，公司变电站总容量为 1.56 万千伏安。2005 年 3 月，山西金源化肥有限公司通过 ISO9001 质量管理体系认证。获得山西省“守合同重信誉企业”“消费者信得过单位”“山西省百家信用示范企业”“劳动竞赛集体一等功”“节能优秀企业”；朔州市“文明单位”“科技工作先进单位”“节能降耗先进企业”；山阴县“先进集体”“经贸十佳”“十佳节能单位”“环保工作先进单位”等称号。“济海”商标被山西省工商行政管理局命名为“山西省著名商标”。2016 年，金源化肥产量 44813 吨，工业总产值 4481 万元，实现销售收入 3699 万元。

山阴县滕宇化工有限责任公司 前身为山阴县糠醛厂，于 1975 年筹建，1977 年投产。主要产品为糠醛，它是以当地农副产品玉米芯为主要原料，在高温高压下经水解加工而制取。设计年生产糠醛能力为 1000 吨，投资 86 万元，年产值 300 万元，利税 100 万元，职工百人。企业定名为山阴县地方国营有机化工厂。1980 年后，经过几年的技改扩建，年生产糠醛能力由原来的 1000 吨扩大到 2000 吨。糠醛产品被评为山西省优质产品、化工部优质产品称号。1989 年，开发以糠醛为主要原料深加工糠醇的项目，糠醇产品质量达到省优质产品。糠醇投产后利用糠醇深加工为呋喃树脂项目和利用糠醛废渣生产活性炭项目。年产值达到 2000 万元，固定资产 1000 多万元。企业的产品由过去单一糠醛，发展到糠醛、糠醇、呋喃树脂、醋酸钠、活性炭五个品种，主要产品远销日本、美国、澳大利亚和西欧等国。企业被评定为省级先进企业。1994 年企业实行股份制改造，以全员入股买断国有净资产的方式组建成立康立化工有限责任公司，企业一度是全县的利税大户。2001 年，因环保问题和地处县城中心位置等诸多因素无法正常生产。2004 年，公司进行股份重组。2005 年，企业搬迁至远离县城的沙岭村西进行生产，并更名为山阴县滕宇化工有限责任公司。2008 年企业停产。

山阴县石星化工有限责任公司 前身是山阴县机械厂一个电石车间，1975 年分离出来，成立山阴县地方国营化工厂，当时仅有一台 400 千伏安电石炉和一台 1800 千伏安电石炉。1989 年，引进江苏省江阴市石灰氮厂家的技术，开始有第一个石灰氮车间，1992 年投产，年产量仅 5000 吨。1993 年恢复二分厂的生产，启动 3600 千伏安电石炉，安装起第二个石灰氮车间。1996 年，投资建立第三个石灰氮车间。1997 年投资建成第四个石灰氮车间。在“十五”期间，经营规模有较大突破，进入快速发展阶段。按照国家抓大放小的产业政策，着手建成三分厂，先后自筹资金建成 1.3 万千伏安、1.65 万千伏安电石炉各一座，石灰氮车间沉降炉 32 台和 2 台转炉生产线。2006 年，公司有职工 300 余人。固定资产 9500 余万元。年设计生产电石 8 万吨、石灰氮 13 万吨、双氰胺 1 万吨。石灰氮销量居全国首位。2007 年，公司通过三个管理体系认证。公司连续被评为县、市的红旗单位、先进集体；是山西省委、省政府的“模范企业”“优秀中小企业”。2010 年，公司生产的“友叙”牌石灰氮被评为山西省著名商标。山阴县石星化工有限责任公司是一家以生产电石、石灰氮、双氰胺、纳米级碳酸钡联产二氧化硫脲、氨基胍、多菌灵等为主导产品的化工中型企业。为发展循环经济，延伸产业链条，发展壮大公司经济规模，公司依托现有产能优势，基本完成 1 万吨 / 年双氰胺项目，建设 5000 吨 / 年单氰胺、3 万吨 / 年纳米级碳酸钡联产 1 万吨 / 年二氧化硫脲，计划新上 1 万吨 / 年氨基胍、1 万吨 / 年多菌灵，建成后公司年销售收入达 10 亿元，实现利税 2 亿元，解决剩余劳动力 1000 余人。2016 年，石星化工总产量 37767 吨，总产值 3777 万元，实现销售收入 4320 万元。

山西元泰钙业有限公司 位于山阴县贺家窑村北，距县城 10 公里。公司于 2012 年以人民币 1000 万元资本金注册登记，项目总投资 3.6 亿元，年销售收入 6 亿元，安排就业人员 300 余人。该企业是国内同行业中较大的一家民营股份制企业，宗旨是年产 30 万吨轻质碳酸钙。2014 年 3 月，该企业耗资 2.6 亿元打造的石灰石加工车间、氧化钙煅烧车间，煤气造气车间全部建成投产。轻钙车间主体工程设计完成，进入安装。2016 年 10 月，轻钙生产线正式投入运行。

第二章 建材 陶瓷 玻璃 食品

第一节 建 材

发展概况

1998 年，山阴县水泥厂生产能力达到 10 万吨。1999 年 5 月 7 日，在原岱岳乡上岱岳村西成立山阴县三关水泥有限责任公司，注册资本为 81 万元。2000 年，山阴县实施机立窑改造，山阴县超强建材公司生产能力达到 10 万吨，三关建材公司生产能力达到 7 万吨。2003 年，全县建筑建材业实现税收 1015 万元，同比增长 36.8%。2007 年，山阴县启动金海洋干法水泥、废渣生产空心砖等新型建材项目，完善金海洋循环经济园区。2009 年，全县新建金海洋煤矸石烧结砖、新型干法水泥、山西宇通高档路面材料生产线、三关建材水泥生产线改扩建工程、华美建材 1 亿块煤矸石烧结砖 5 个项目，完成投资 2 亿多元。

2010 年，山阴国飞物资有限公司年产 40 万吨碳酸钙项目，完成投资 1.5 亿元；山阴县建强石灰制造有限公司 12 万吨碳酸钙项目，完成投资 0.56 亿元；山阴县玉竹活性石灰有限公司 12 万吨活性石灰项目，完成投资 0.48 亿元。2011 年，建材行业工业总产值完成 2.7 亿元，同比增长 40.64%，销售产值完成 2.4 亿元，同比增长 45.5%；销售收入 1.7 亿元，同比增长 73.81%；实现利税 113 万元。2012 年，完成中煤金海洋炫昂水泥厂 130 万吨干法水泥项目、山西国飞建材公司 30 万吨活性石灰项目、山西玉竹活性石灰制造有限公司 30 万吨活性石灰项目、山阴县三关建材有限公司空气蒸压砖项目。关闭三关水泥厂、超强水泥厂 20 万吨生产线，淘汰产能 40 万吨。全县建材行业工业总产值完成 4.41 亿元，同比增长 61.75%，销售产值完成 4.09 亿元，同比增长 69.32%；销售收入 3.35 亿元，同比增长 93.8%；实现利税 2676 万元。

2015 年，因环保问题，责令山阴炫昂建材有限公司从 2015 年 12 月 15 日停产，并对生产设备的主要部位加封条。“十二五”期间，按照市场规律，全县实心黏土砖企业基本关闭或转产，建材企业的落后产能得到实质性淘汰。2016 年 12 月，全县对重点水泥行业实施提标升级改造，达到新的排放标准。同年，在亚洲处于领先地位的炫昂新型干法水泥生产线建成投产。

企业简介

山西建强活性石灰制造有限公司 位于山阴县安荣乡西沟村北 3 公里处，于 2007 年 6 月立项，2007 年 9 月正式建设，2009 年 2 月试生产，是国家推广的“环保节能型石灰窑”生产项目，拥有先进的生产设备，现代化的检测仪器，采用健全的管理体系。公司在市、县、乡的支持下，审批兴盛、建强两座石料厂矿产地界的开采权，自产自用，生产资源有保障。共建设成 18 座石灰立窑，年生产能力设计为 36 万吨，总投资 1.6 亿元，为山西石灰窑建设投资最具竞争力的现代化石灰制造企业。公司拥有产 300 吨的球磨机一台和时装石灰粉 100~120 吨的散装机一台，确保石灰粉的按时、按量、按质供给。生产的石灰块、石灰粉以含钙高、含镁低著称。其产品为全国四大品牌之一，远销陕西府谷、内蒙古薛家湾、清水河、丰镇等地，在电石生产中可减少炉的大修次数，并且每吨可节电 300~500 千瓦时。2010 年 11 月 22 日，公司办理安全生产许可证。2011 年 8 月 29 日，排放污染许可证获得批准。2014 年，完成产量 16.78 万吨，销售收入 5935.61 万元。2016 年，完成产量 41468 吨，工业总产值 4147 万元，销售收入 5139 万元，上缴税金 422 万元。

山西玉竹活性石灰制造有限公司　于 2010 年 10 月建成投产，是一家集石灰石开采、煅烧和活性石灰生产销售为一体的资源型节能型新型企业。公司位于山阴县西沟村的山阴县钙工业高新技术开发区。公司拥有全资控股的山阴县玉竹石料厂和玉竹物流公司。公司拥有长江以北最好的石灰石资源，储量达 5000 万吨以上，平均含钙量高达 54.5%。公司生产的主要产品活性石灰有效钙达到 92% 以上，活性度大于 360，被指定为活性石灰专用厂家。产品同时受到内蒙古电石厂、中电投山西铝业公司、阳煤集团电石化工有限公司、同煤电厂等大型国企的青睐，产品产销率连续保持在 96% 以上。公司控股的玉竹石料厂拥有 5000 万吨优质石灰石资源，拥有 4 条颚式破碎机生产线和与之配套的挖掘机、装载机、潜孔钻、空压机、自卸车等 30 余台大型设备。公司 2014 年资产总额 12489 万元。年产高钙活性石灰 27 万吨，石灰石 120 万吨，重钙粉 15 万吨，活性生石灰粉 20 万吨，煤焦油 3000 吨，建材石料 18 万立方米。至 2016 年，公司拥有 4 座全自动化钢结构竖窑活性石灰生产线及除尘系统，1 条重钙粉生产线，1 条活性生石灰粉生产线，1 条建材石料生产线。其主要产品活性石灰生产线全部装备技术建立在电子控制、计算机和信息通讯、视频等先进技术的基础上，具有大型化、连续化、自动化的特点，可年产活性石灰 27 万吨。2016 年，完成产量 134851 吨，工业总产值 13485 万元，销售收入 13237 万元，上缴税金 3241 万元。

第二节　陶瓷　玻璃

陶　瓷

1998 年前，山阴县停止陶瓷生产。2000 年后上马的陶瓷企业多从事生产普白生活瓷和骨瓷。2000 年 6 月，山阴永恒陶瓷有限责任公司成立，总投资 170 万元。2004 年，山阴县扶持佳美达瓷业有限责任公司、巍山瓷业有限公司两个年产千万件日用陶瓷的企业，规划开发陶瓷优势资源。其中，巍山瓷业有限公司年产千万件民用高白瓷项目总投资 700 万元，当年完成并投产一条生产线。佳美达瓷业年产千万件日用瓷项目总投资 1200 万元，当年完成投资 800 万元。同年，全县日用陶瓷年生产能力达到 4000 万件。2016 年，山阴县明新瓷业有限公司（原巍山瓷业）陶瓷生产线扩建项目完成投资 4980 万元；山阴县佳美达瓷业有限责任公司扩建瓷业生产线项目完成投资 3600 万元。

玻　璃

1996 年，山西天龙玻璃制品有限公司与太原天龙啤酒饮料集团合资成立山西天龙玻璃制品有限公司。1999 年，全县玻璃企业完成产值 1695.84 万元，实现利税 92.62 万元，成为新的经济增长点。2003 年，山阴县陶艺玻璃有限责任公司成立。2010 年，山西天龙玻璃制品有限公司 8300 万只玻璃瓶生产项目完成投资 0.22 亿元。2014 年 3 月 11 日，山阴县陶艺玻璃有限公司试产，总投资 700 万元。

公司选介

山阴县明新瓷业有限公司　前身为山阴县巍山瓷业有限公司，是专业生产日用高白瓷产品生产企业之一。始建于 2003 年 3 月，位于山阴县安荣村南，占地面积为 12 万平方米，厂房建筑面积为 5700 平方米，办公宿舍 680 平方米；固定资产 1800 万元。2015 年，投资 1000 余万元进行项目技术改造，由原来的燃煤烧成、手工制作改为燃气节能环保烧成、半机械化制作，年可生产日用高白瓷三个系列 19 个品种 3000 万件。2016 年，公司在职高管 4 人，中层管理人员 10 人，大专以上文化占 57%；安置就业人员 200 余人。

山阴县佳美达瓷业有限责任公司　位于北周庄镇新岱岳新村南，于 2004 年 3 月注册成立，注册资本为 500 万元。2015 年 7 月进行技术改造，由燃煤隧道窑技改为 84 米燃气隧道窑，并对原料设备、成型设备、烧成设备进行改造。年产日用白瓷系列产品 1000 万件。2016 年，公司占地面积 40666.7 平方米，从业人员 68 人。

山西天龙玻璃制品有限公司　前身为山西省山阴县地方国营玻璃厂，始建于 1976 年。公司注册资本 530 万元。公司原址在山阴县县城文卫东路，为居民密集的市区中心地带。2008 年迁址到县城东大滩工业园区。2016 年，公司在职职工 160 人，其中具有专业技术职称的 16 人，具有熟练操作技术的 88 人。

山阴县陶艺玻璃有限责任公司　位于岱岳镇东大滩工业园区，于 2003 年 8 月注册成立，注册资本为 80 万元，主要经营销售日用玻璃制品、玻璃工艺品、陶瓷、陶瓷原料、高岭土、白泥、建筑材料。2016 年，在职员工 60 人。

第三节　食　品

发展概况

1998 年，山阴县以食品加工为主的乡镇企业得到快速发展，全县乡镇企业完成增加值 2.06 亿元，实现总收入 74802 万元，比上年增长 19%。2004 年，天鹏农牧公司万吨肉制品加工厂动工修建。2007 年，全县推动肉加工，拉动农副产品生产能力，建设天鹏 4 万吨生、熟肉加工项目和雁门公司 10 万头肉牛加工项目。推动粮食加工企业项目扩规模，包括鑫邦万吨燕麦生产线扩建项目和金海洋 6 万吨玉米淀粉生产项目。

2009 年，新建天鹏肉制品公司 2000 吨熟肉制品加工项目。山西天鹏肉制品加工厂是全省规模最大的熟肉制品加工企业，公司 5 万吨 / 年系列熟肉制品项目在 2010 年完成投资 0.64 亿元。2011 年，完成城北农产品加工园区控制性规划，配套公共基础设施，天鹏 4 万吨熟肉制品加工项目达产达效，玉龙土特产、鑫邦燕麦入园开工建设。2014 年，农副产品加工累计完成工业总产值 2.95 亿元，同比下降 19.25%；实现销售收入 2.8 亿元，同比下降 22.12%；实现利税 676 万元，同比下降 77.19%；实现利润 675 万元，同比下降 73.53%。2016 年，全县发展农副产品循环产业链。

食品包装

公司选介

玉龙土特产公司　是粮食深加工企业，位于北周庄镇李家窑村南。2006 年，引进上海投资，总投资 1540 万元，引资 1155 万元，到位 1500 万元，建设 8000 吨杂粮新食面生产线，生产各种杂粮丝面和熟豆面糊、麦片等产品。2008 年，公司投入生产。2016 年，完成产量 15684 吨，工业总产值 1568 万元，销售收入 1354 万元，上缴税金 59 万元。

山西鑫邦燕麦食业有限责任公司　是由原山阴县国营麦片厂改制而成，1989 年成立，位于岱岳镇南大道 29 号。企业拥有一条从瑞士进口的世界最先进的全自动化、全封闭的一条龙流水作业燕麦片生产线，是山西省唯一生产燕麦片的大型企业，也是全国燕麦企业中规模最大的企业，集生产、收购、加工、销售、物流、研发为一体的省级农业产业化“龙头企业”，注册资金 120 万元。总资产 5600 万元。2016 年，厂区占地面积 1 万平方米，其中标准立体式生产车间 2400 平方米，总工程师 3 人，经济师 1 人，化验员 3 人。

辈辈龙蔬菜食品公司　位于安荣乡西沟村东。2000 年开工建设，2001 年投资 2500 万元，建设蔬菜软糖、沙棘饮料等新型蔬菜食品生产线。

山西泰新农贸有限责任公司 位于合盛堡乡高山疃村。2005 年投资 560 万元，以温室蔬菜种植为主。

第三章 北周庄低碳循环经济工业园区

第一节 园区规划与机构

园区规划

山阴县北周庄低碳循环经济工业园区成立于 2001 年，前身为中煤金海洋循环经济工业园，总面积 5.8 万亩。园内生产企业 18 家，在建项目 9 个，规划入园项目 10 个，总投资 723.3 亿元。

2015 年 11 月，经朔州市人民政府批准，工业园区总体规划面积为 67.75 平方公里。其中西区位于北周庄镇，规划面积 46.94 平方公里，范围为东至大忻线，南至规划纬十路，西至规划经一路，北至规划纬一路，涉及永静城、下神泉、苑家辛庄 3 个村庄 1338 户 4486 人；东区位于合盛堡乡，占地面积 20.81 平方公里，范围为北至杨庄，东至西双山村，南距荣乌高速 500 米，西至南北主干线，涉及合盛堡、大虫堡、杨庄、来远、西双山、东双山 6 个村庄 1814 户 5486 口人。

机 构

朔州市山阴北周庄低碳循环经济工业园区管理委员会于 2012 年 7 月经朔州市机构编制委员会批准成立，为山阴县人民政府直属事业单位，正科级建制；2013 年 7 月经山西省机构编制委员会批准，调整为副县级建制，为朔州市人民政府直属事业单位，委托山阴县代管。下设办公室、党群工作部、规划发展部、公共事业管理部、山阴县北周庄低碳循环经济工业园区机关党支部、山西锡锦源煤业有限责任公司党支部、山西鑫福鼎工贸有限公司党支部、山阴五福煤业有限公司党支部、山阴晋兴煤业有限公司党支部、北片企业联合党支部、南片企业联合党支部 11 个机构。主要负责贯彻执行党和国家及省、市、县关于工业园区各项工作的方针、政策，依法制定北周庄低碳循环经济工业园区有关行政管理规章、办法、细则并组织实施；负责组织制定并实施园区发展规划和开发建设计划，负责园区内基础设施和公共设施的规划、建设与管理，负责园区财政收支预决算及组织管理工作，负责管理和经营园区国有资产，确保其保值增值，负责管委会的财务管理和投融资工作，负责入园项目的把关，项目投资合同的签订，园区内项目合同履约及建设的管理。2016 年，机构设置未变。主任为李可进。

第二节 设施与投资

基础设施

2011 年，新建道路两条，东西段 2130 米，南北段 3577 米，总计 5707 米。东区完成入园主干道河阳大道北延线建设，完成占地 200 多亩的蓄水人工湖建设。2013 年，园区“七通一平”工作全面完成，道路框架基本形成，热电联供、污水处理投入运营，中煤金海洋集团宾馆、职工公寓、培训中心均投入使用。2014 年，完成投资 1.03 亿元，累计完成投资 2.63 亿元，建成 29 座示范大棚。“十二五”期间，共完成园区基础设施建设项目投资 15 亿元。2016 年，建设园区道路和对园区进行绿化、亮化。

企业投资

2005 年 3 月，中煤集团山西华昱能源有限公司下属企业山阴赤钰冶金有限公司投资 800 万元建成一座 2×16500 千伏安硅锰合金厂。项目于 2006 年 7 月正式投产运行。项目采用国内先进的环保设施和生产工艺技术，每年可生产硅锰合金 5 万多吨。

2008 年 3 月，中煤集团下属企业山西金海洋新型墙体材料有限公司开工建设 2 亿块煤矸石烧结砖生产线项目，总投资 1.2 亿元。项目采用隧道窑先进工艺技术进行烧结，年产能力 2 亿块标砖，每年消化利用煤矸石 57 万吨。6 月，中煤集团下属企业山阴炫昂建材有限公司开工建设日产熟料 2500 吨环保型干法水泥厂，项目总投资 3.8 亿元。项目于 2010 年 8 月竣工投产，每年可生产干法水泥 130 万吨，全年可有效利用电厂产生的粉煤灰及灰渣、硅锰合金厂产生的各类矿渣达 60 多万吨。

2015 年，开工建设省级重点工程国际能源山西奕光发电有限公司山阴低热值煤二期 2×35 万千伏安电厂项目，总投资 31 亿元，完成投资 15.73 亿元。引进北京神雾环境能源科技集团年产 80 万吨聚乙烯、31 万吨液化天然气、240 万吨硅酸钙等多联产化工项目，总占地面积 400 万平方米，总投资约 311.46 亿元。

“十二五”期间，中煤集团山西金海洋能源有限公司投资 150 亿元完成金属镁项目主要改造；投资 20 亿元实施粉煤灰综合利用试验基地项目；投资 0.1 亿元实施粉煤灰磨细分选项目；投资 9.5 亿元实施粉煤灰提取超细纤维项目；投资 0.41 亿元实施年产 50 万立方米粉煤灰加气混凝土砌块项目；投资 0.2 亿元实施年产 1.2 亿块粉煤灰蒸压砖生产线建设项目；投资 0.43 亿元实施年产 1 亿块煤矸石烧结砖二期建设项目。此外，纵横汽车轮毂公司投资 1.1 亿元实施 100 万只汽车轮毂制造项目。

2016 年，中煤集团山西金海洋能源有限公司投资 17.3 亿元实施低阶煤分质转化综合开发利用项目；投资约 180 亿元实施年产 2×60 万吨煤制乙二醇项目。

第三节　生产经营

山阴县北周庄低碳循环经济工业园区成立之初，主要以煤炭的洗选和发运为主。2003 年后，园区坚持以煤为基、多元发展的战略，按照县委、县政府确立的“园区化承载、大项目支撑、板块式发展、集群化推进”的发展思路，引导入园企业延伸产业链条，实现资源综合利用、企业循环生产、产业循环发展，逐步在园内形成煤炭产—运—洗—销、矸石发电—冶金生产—新型建材和粉煤灰、废弃水、电厂余热综合利用三条工业循环链，园区内各个项目的产品、废物得到综合循环利用，实现资源利用的最大化、企业生产的清洁化、废弃物的再生化。

2010 年，北周庄低碳循环经济工业园区被列入山西省首批“十大循环经济试点园区”。园区形成年生产煤炭 1000 万吨、输送煤炭 1000 万吨、洗选煤炭 1000 万吨、发运煤炭 1000 万吨的能力及水泥 130 万吨、煤矸石烧结砖 2 亿块、硅锰合金 5 万吨、发电 6 亿千瓦时的生产能力。入驻企业有中煤金海洋、山阴炫昂建材有限公司等，其中，园区骨干企业中煤集团山西金海洋能源有限公司，是隶属于中国中煤能源集团有限公司的大型股份制新型能源企业，拥有煤炭产运销、矸石发电、镁材料加工、冶金化工、新型建材五大业务板块，构建起煤电能源产业链、冶金新材料产业链和新型建材产业链。园区实现销售收入 40 亿元，利润 6 亿元。

“十二五”末，园区形成煤炭生产 2500 万吨、煤炭洗选 2000 万吨、电力装机 472 万千瓦、发电 236 亿千瓦时、镁锭及镁合金产品 100 万吨、超细纤维 72 万吨、硅铝铁合金 100 万吨、粉煤灰砌块 50 万平方米、粉煤灰蒸压砖 1.2 亿块、煤矸石制砖 2 亿块、硅钙合金 2 万吨的生产能力。并建成全球首个百万吨级金属镁材料加工制造产业基地、国内粉煤灰高附加值利用循环经济示范基地和全国最大规模的硅钙合金生产基地。园区资产总额达到740亿元，实现销售收入500亿元，利税120亿元。

2016年9月15—16日，由省商务厅牵头，省发改委、省经信委、省住建厅、省国土资源厅、省环保局、省安全厅等部门联合组成的考察组对园区进行考察验收，验收后考察组认定拟升级北周庄低碳循环经济工业园区为省级经济开发区。

第四节 循环经济

2001年以后，园区围绕“创新、协调、绿色、开发、共享”的发展理念，实现园区资源综合利用，打造产业循环、多元发展、运转高效、资源节约、优势突出、环境优美的全省循环经济示范园区。园区煤炭企业坚持煤矿综采技改、煤电镁规模化、资源综合利用、精细经营管理的循环经济发展路径，优化煤炭生产布局，开展煤电联营，推进煤矸石和粉煤灰利用，并引进推广炼镁先进技术和硅钙合金产品冶炼技术，构筑煤—电—镁—资源综合利用产业链，实现产业循环。其中中煤集团山西华昱能源有限公司经过多年发展，形成年消化利用煤矸石240万吨（包括昱光电厂），发电40亿千瓦时，硅锰合金产能5万吨、年产2亿块煤矸石烧结砖的循环发展体系，建成利用电厂余热为县城供热180万平方米的热电联供一期工程。2009年实现营业收入128305.2万元，煤炭销售量321.56万吨，上缴税收47518.06万元。2010年实现营业收入286847.75万元，煤炭销售量560.67万吨，上缴税收92715.56万元。2011年实现营业收入544186.44万元，煤炭销售量974.19万吨，上缴税收175662.1万元。2012年实现营业收入562814.18万元，煤炭销售量1217.46万吨，上缴税收128425万元。2013年实现营业收入539715.2万元，煤炭销售量1377万吨，上缴税收74735.8万元。2014年实现营业收入590509.17万元，煤炭销售量1621.42万吨，上缴税收73634.4万元。2015年实现营业收入511831.88万元，煤炭销售量1855.07万吨，上缴税收71721.94万元。2016年实现营业收入579785.7万元，煤炭销售量1852.41万吨，上缴税收116082.8万元。

第五节 重点企业简介

中煤集团山西华昱能源有限公司 2001年成立，总资产达3800万元。公司通过整合原北周庄集运站，上马第一个项目——500万吨/年入洗能力的洗煤厂（配套铁路专线）。之后通过并购煤矿、资源整合，2008年发展成煤矿11座，电力、冶金、建材、房地产多元并举、循环发展的大型能源集团。2009年8月28日，公司通过增资扩股的方式实现重组，形成由中国中煤能源集团有限公司控股，山西金海洋能

北周庄镇工业园区鸟瞰图

源集团和山西煤炭进出口集团参股经营的大型国有控股企业，注册资本 20 亿元。其中，中煤集团持有公司 60% 的股份，北京沃德融金投资控股有限公司持有公司 38.68% 的股份，山煤投资管理有限公司持有公司 1.32% 的股份。2013 年，中煤集团山西金海洋能源有限公司改名为中煤集团山西华昱能源有限公司。公司先后被授予“第二届山西省十佳煤炭加工利用企业”“2010 年度纳税功勋企业”“2010 年度山西省功勋企业”“2011 年度山西省 100 强企业”“2012 年度十佳企业”“山西省节能先进集体”“2014 年度十佳企业”“2015 年度山西省功勋企业”“2016 年度山西省 100 强企业”等称号。旗下各企业介绍如下：

五家沟煤业　隶属于中煤集团华昱能源有限公司，2009 年山西省煤矿企业兼并重组整合矿井。井田面积 9370 平方米，批准生产能力为 300 万吨 / 年，服务年限为 19.2 年。

五家沟煤业盘区变电所

山西朔州山阴金海洋南阳坡煤业有限公司　成立于 2009 年 9 月，隶属于中煤集团山西华昱能源有限公司，由原地方国营南阳坡煤矿兼并重组后单独保留矿井，注册资本 1 亿元。井田位于山阴县马营乡山峡村北，交通便利，是中煤华昱公司旗下主力矿井之一。井田面积 3970 平方米，批准开采为 3#、4#、6#、9# 煤层，矿井保有资源量 1.3 亿吨，服务年限为 54 年。2011 年 2 月 11 日，山西省煤炭厅批复开工建设，在建设工期内完成矿井基建项目。2012 年 7 月，依法及时办理企业营业执照和税务登记等相关证件。2013 年 11 月，通过省厅竣工验收。2014 年 2 月，取得安全生产许可证等相关证照，正式由建设矿井转为生产矿井。

山西朔州山阴金海洋元宝湾煤业有限公司　隶属于中煤集团山西华昱能源有限公司，位于山阴县马营乡庄窝村东，距山阴县城直线距离 35 公里，行政区划属马营乡管辖。根据《关于朔州市山阴县煤矿企业兼并重组整合方案（部分）的批复》，批准由原山西山阴元宝湾煤业有限公司和山阴县上漫沟煤矿重组整合为山西朔州山阴金海洋元宝湾煤业有限公司。矿井设计可采储量 42.36 万吨，设计生产能力 90 万吨 / 年。矿井服务年限为 33.6 年。2012 年 11 月 6 日，换发新的采矿许可证，批准矿区面积 5.16 平方公里，批准开采 3—1—11# 煤层，批准生产规模 90 万吨 / 年。根据《关于山西朔州山阴金海洋元宝湾煤业有限公司兼并重组整合矿井开工建设的批复》，矿井于 2011 年 6 月 12 日开工建设。根据《关于山西朔州山阴金海洋元宝湾煤业有限公司复工的通知》，矿井于 2013 年 3 月 19 日复工建设。

山阴炫昂建材有限公司　位于山阴北周庄村西，成立于 2008 年 12 月，隶属于中煤集团山西华昱能源有限公司，是该公司旗下的一个建材企业，其 2500 吨 / 天熟料新型干法水泥生产线项目，既是中煤华昱公司推进循环发展的优势项目，也是省市县各级政府加快转型跨越的重点项目。项目总投资 5.8 亿元，由中国中材国际工程股份有限公司设计、天津仕敏工程建设监理技术咨询有限公司监理、河北省第四建筑工程公司总承包施工建设。整条生产线引进国内外先进的生产工艺和自动化控制技术，采用新型干法水泥生产线窑外分解新工艺生产水泥。项目 2011 年 5 月正式开工建设，2013 年 3 月进入投料试生产。所生产的复合硅酸盐水泥 32.5、普通硅酸盐水泥 42.5、硅酸盐水泥 52.5，产品质量指标高于国家标准。

煤炭洗运中心　是中煤集团山西华昱能源有限公司旗下的一个骨干企业，其主营业务为煤炭运输、洗选加工、装车发运、矸石综合利用等相关业务。原煤输送系统实现封闭网络化连续运输，原煤输送主要包括金龙输煤专线及其延伸线，起点为元宝湾煤业，途经南阳坡煤业、五家沟煤业、五家沟煤业煤场，终点为园区选煤厂槽仓，形成网络化运输系统。专线盘踞在洪涛山脉，穿越金龙隧道，蜿蜒起伏，共有21条皮带，全长26.5公里，其中单线皮带最长8491米，上下山落差521米，年输煤能力1800万吨。整个系统为全封闭结构，有效减少沿线污染，提高运输效率。

山西永皓煤矸石发电有限公司　隶属于中煤集团山西华昱能源有限公司，位于中煤集团山西华昱能源有限公司工业园区的西北部，始建于2005年4月，2007年12月双机投产发电。工程总投资6.2亿元，年发电6亿千瓦时，可创造利税6000多万元。公司设有2×50兆瓦直接空冷凝汽式发电机组，机组配备两台220蒸吨循环流化床锅炉，炉内掺烧石灰石粉脱硫，脱硫效率在80%以上；安装布袋除尘，除尘效率达99.92%；实行煤与矸石配比燃烧；采用先进的空冷设施，可比同类机组节约用水150多万吨/年；年产灰渣40万吨，全部供给中煤华昱公司水泥厂综合利用；安装烟气在线监测装置。2005年1月，公司取得环保部《关于永皓煤矸石发电有限公司2×50兆瓦机组环境影响报告书审查意见和复函》。2010年8月，国家环境监测总站对公司两台机组进行监测对比。2011年2月10日，环保部给予批复验收。按照环保法及行业规定，2014年进行脱硫脱硝技术改造，年底投入运行。

金海洋金龙输煤线

山西宏钰杰新型研洁原料有限公司　成立于2006年4月，地处山阴县北周庄低碳循环经济工业园区，总投资3600多万元，拥有年产1万吨超微细煅烧高岭土系列产品及1万吨陶瓷及高岭土原矿粉生产线各一条，生产线采用先进的环保型立式煅烧炉，节能型干法生产工艺，成本费用低。原料主要采用本地煤炭开采产出的废弃煤矸石。公司地处山阴县丰富的矿产资源区，外销交通便利，生产所采用的煤矸石储量大，质量优，供应长期稳定。产品远销海内外。

第四章　中小企业

第一节　业　务

民营经济运行监测分析

1998年后，全县中小企业和民营经济呈现出健康、协调、强劲发展势头。2007年，民营经济增加值完成50.57亿元，占全县地区生产总值57.2亿元的比重达88.4%；完成税收9.66亿元，占全县11.458亿元税收总额的84.36%，占全县财政收入13.6亿元的71.05%。2008年4月，山阴县被推荐为全国乡镇企业信息统计直报点（为朔州市唯一一家）。6月、12月，先后两次组织人员深入企业开展经济运行分析工作，监测五大产业运行情况，重点进行服务业运行分析。

2009年，全县民营经济增加值完成73.95亿元，占全县国民生产总值85%；民营企业上缴税金实现12.42亿元，占全县入库税金90%，占全县财政收入68.32%。2016年，针对全县中小企业、民营企业发展变化情况，坚持以乡镇企管站每月统计为基础进行每季经济监测为补充的基本工作格局，结合14家全省直报企业汇总情况和36家500万元以上工业企业建档情况，准确掌握各类企业运行状况。全年主要经济指标部分数据略高于2015年末数，有部分数据略有下降，处于合理运行区间。

企业服务体系建设

1998 年以后，山阴县贯彻落实朔州市民营经济推进会各项工作任务，全面创新中小企业服务体系建设工作。2006 年，建立山阴县中小企业网。2007 年，组织宣传《山西省实施〈中华人民共和国中小企业促进法〉办法》，同时制定下发《关于推动全民创业兴办乡村企业的实施意见》，成立全民创业领导组。8 月 1 日，组织新农村建设全民创业培训会，特邀原农业部乡镇企业家培训中心副主任、全国著名创业辅导师授课，全县 40 个试点村的支书、主任、各乡镇副职、企管员参加培训。12 月 19 日，山阴县中小企业协会成立，选出名誉会长、会长、副会长、秘书长和常务理事 68 人，并举办“蓝色证书”新农村建设全民创业辅导统计、财税和日光节能温室等方面培训 10 期，受训人员达 2000 余人。同年，中小企业局选派 2 名副局长、1 名办公室主任、1 名股长作为指导员，进驻联系点永静城村实施驻村指导，带领村干部参加山西企业家讲坛会。

2008 年，山阴县拓宽完善服务领域，巩固人才培育体系建设。5 月 23 日，举办全县中小企业管理人员培训会,200 多人参训。10 月 26 日，组织全县农村创业人员培训班，参训人数 156 人。12 月 7—8 日，开展“素质管理和团队建设”大培训。2009 年初，组织 200 多人参加“应对金融危机专题讲座”，组织 180 多人参加“蓝色证书”培训。2016 年，组织企业参加省、市主管部门系统主办的各类高规格业务培训 3 次，参训人员 10 多人，其中 3 人参加在清华大学举办的 2016 年度全省 100 名优秀中小企业经营管理领军人才高级研修班。同年，山区片小微企业服务站正式投入运行。

助保贷融资

1998 年后，中小企业局坚持组织银企座谈会，协调各大专业银行与企业进行项目对接，主动与市中小企业担保中心联系，为银行及担保部门提供企业经营情况，为解决企业融资难问题创造条件。2007 年，先后为春城、华利农牧有限公司、绿环生物降解食品包装公司申报财政贴息项目，帮助鲜通蔬菜公司与深圳嘉获投资发展公司签订投资合作意向书，引资 4000 万元上马真空速冻干燥蔬菜加工。

2008 年，将全县重点中小企业、民营企业全部加入项目库，完善规范企业相关资料，为上级部门提供可靠项目情况，在网上发布企业招商引资信息，并组织部分企业参加各类招商引资洽谈会。年内为天力农牧有限公司、山西绿环生物降解包装制品有限公司、鑫华煤气化公司、金海洋集团矸石砖厂 4 家企业争取到省级中小企业贴息资金和资本注入金 100 多万元，占全市总项目资金的 40%。同时，上报 8 家企业 2009 年项目资料。2009 年，上半年为天力农牧公司、绿环生物降解公司、鑫华煤气化公司和金海洋矸石砖项目争取到省级中小企业贴息资金和资本注入资金 120 万元；下半年为宏钰杰化工有限公司申报 70 万元国家级中小企业发展资金项目。9 月，为天鹏农牧有限公司、鑫源乳业公司、天银高岭土有限公司 3 家企业申报省级中小企业发展资金。

2016 年，结合建设银行业务变更，采取在政府风险金注入的同时，由企业提供一定数量抵押品新模式，全年为 19 家企业解决贷款 5829 万元。2013 年 8 月至 2016 年，共为全县 56 家中小微企业办理助保贷业务贷款 17454 万元。

第二节　机　构

1974 年 9 月至 1976 年 3 月，设立山阴县社队企业办公室。1976 年 4 月至 1982 年，根据《关于县革委社队工业管理局改称为社队企业管理局的通知》文件，经县革委会研究决定，将社队企业办公室、社队工业局改称为社队企业管理局。1983 年，山阴县社队企业管理局改称为山阴县乡镇企业管理局。1992 年，山阴县乡镇企业管理局改称为山阴县乡镇企业总公司。2003 年，山阴县乡镇企业总公司更名为山阴县乡镇企业服务中心，同时增设山阴县民营经济发展局。2005 年，山阴县乡镇企业服务中心更名为山阴县中小企业局。内设办公室、科技教育股、规划发展股、融资财务股、经济监测股、政策法规股、产业指导股，从业人员 56 人。办公地点位于山阴县公共事业服务大楼。2016 年，内设机构为办公室、发展规划股、经济监测股、产业指导股、科教质量股、融资财务股、政策法规股、体系建设股。历任局长有赵秉忠、郭宏智。

第五章 管理机构

第一节 综合工业管理机构

1998 年 5 月，县经济委员会内设机构有办公室、经济运行科、企业管理科、能源交通管理科、行政秘书科，行政编制 15 人，其中主任 1 人，副主任 2 人。

2015 年 3 月，山阴县经济和信息化局（简称县经信局）设立，挂山阴县商务粮食局牌子，正科级建制，为县人民政府工作部门。内设机构有：综合方面：党政综合办公室、党务工作管理股、安全生产管理办公室、财务资产管理股、人事劳资管理股；经信方面：办公一室、经济运行和企业管理股、资源节约与综合利用股、政策法规和企业治乱减负股、投资规划和技术创新股、能源电力交通股、信息化推进股、节能监察和综合利用股、安全生产监督管理股；商务方面：办公二室、商贸服务管理股、再生资源回收管理及二手车市场交易管理股、园区建设及市场管理股、整顿和规范市场经济秩序领导组办公室、酒类流通管理办公室、商贸企业安全监管股、商务行政执法大队、商务运行股及外贸股、电子商务股、汽车流通服务股；粮食、国资、扶贫方面：办公三室、仓储基建股、调控业务统计股、市场管理股、农村扶贫工作队、国有资产监管和国有企业改革股；下设单位 1 个：薛圐圙粮站。历任局长有樊志明、魏志翰、丰贵宝、陈计珍。

第二节 工业企业管理机构

1998 年，工业总公司成立，正科级建制，财政拨款事业编制 24 人。主要职能是依据国家相关产业政策，对所属企业发展实施宏观指导，促进企业产业结构调整，推动企业产品升级换代，对系统内各企业职工合法权益保障情况实施监督，负责全系统党建、工会、共青团、妇联等工作。2016 年，总公司有在职干部职工 14 人。历任局长有郝玉枝、李官、张建斌。

煤炭工业

第二十二编

山阴是全国重点产煤县，煤炭是山阴的主导产业。山阴县煤田面积355平方公里，总储量114.5亿吨，可采储量78亿吨，主要是优质动力煤。1998年县煤炭工业管理局与煤炭运销公司实行分口管理，同时撤销煤炭公司。煤炭工业管理局属政府序列行政机构，将原工业局、乡镇局、经委多头管理煤炭行业和技术人员、仪器设备等统一集中化管理。2004年，煤矿实行安全许可制度，设备由少增多，从简陋到精细，煤矿随着提升、运输、机电、通风设备的改造，机械化程度大幅提高。2008年，煤矿实现瓦斯监控系统、产量监控系统、人员定位系统、视频监控系统全部安装运行并升级改造，基本形成全方位、全过程、全无俟的安全生产监控网络。

2009年7月30日，山阴县成立山西煤炭运销集团朔州山阴有限公司，对山阴煤炭公路销售实行统一管理。实现交易大厅统一交易，对全县7%的煤炭进行有效管理。截至“十二五”末，山阴煤炭工业发展的集中度和机械化水平走在全省前列，完成煤矿兼并重组整合，累计投资70多亿元，建成安全质量标准化矿井14座，煤炭产能由“十一五”期末的1295万吨提高到2970万吨，为山阴县的国民经济发展做出重大贡献。

第一章　生　产

第一节　矿井建设

1998 年以前，山阴县大部分煤矿规模很小，办公条件很差，矿区“黑、脏、乱、差”。2001 年后，随着煤炭市场的逐步好转，各煤矿扭亏为盈，资本有所积累，部分煤矿开始改善地面办公条件，同时把办公区、生活区和生产区进行隔离。2004 年，煤矿经济呈现出繁荣景象，公积金、公益金有所积累，各煤矿开始向标准化管理迈进。

2005 年 5 月，山阴县煤矿质量标准化建设现场会在县营东升煤矿召开，各煤矿矿长和设备管理人员参加会议，与会人员现场观摩设备管理，各煤矿全面推行机电设备挂牌管理，实行设备包机责任制，建立设备台账，专人管理，执行设备定期检修制度，每一台设备，每一段机电线路均要标明设备型号、规格和责任管理人员。随着煤炭机械化开采程度的提高，煤矿开始从各大矿务局引进 180 名专业技术管理人员。

台东山煤业园区

2007 年 7 月，在芍药花煤业有限公司再次召开山阴县煤矿质量标准化建设现场会。会议期间，各煤矿矿长和技术工程人员现场参观矿区井下机械化掘进机和综合机械化采煤机，井下采煤设备由原来只有耙煤机增加到有割煤机、掘进机。配套设施增加移动变电站、乳化液泵站等。该矿采煤工程技术人员整体从徐州矿务局引进，据统计，当时引进采煤工程技术人员共有 780 多人。2008 年，山阴县煤矿按计划更换淘汰磁力开关、油变等。并在煤场周围设置防风抑尘网。

2011 年，在煤矿企业兼并重组整合期间，上级主管部门提出：要充分利用大集团的资金、技术、人才、管理等优势，高标准、高质量建设一批“两型六化”（本质安全型、安全高效型；基础管理精细化、技术装备现代化、培训教育制度化、监测监控信息化、生产建设规范化、地面建设园区化）标准化矿井。2014 年，山阴县有 12 座煤矿（芍药花、华夏、台东山、五家沟、辛安、南阳坡、马营、北祖、腰寨、元宝湾、口前、玉井）完成生态化矿井建设，共绿化矿区面积 0.1323 平方公里。

2016 年，通过“三化六有”（矿区实现绿化、美化、净化；有办公室、调度室、职工宿舍、食堂、澡堂和文化活动场所）建设，各煤矿的生态环境、办公场所、居住条件和职工文化、体育娱乐设施等得到改善。

第二节　设备设施

设备管理

1998 年前，煤矿机械化程度低，设备简陋。地面较大型设备有主变压器、主风机、主绞车等；井下设备有局扇、开关、干变、煤电钻、矿车、调度绞车等。供电、通风、提升运输等系统比较简单，煤矿设备管理专业人员较为缺乏。

2001 年经过乡镇煤矿整顿工作后，煤矿设备管理得到加强，尤其在设备选型上严格把关，执行机电设备入井检验制度，禁止非矿用、非防爆产品下井，下井设备均使用取得防爆合格证、产品合格证的产品。提升绞车配备后备保护装置。井下机电开关、煤电钻等设备配置三大保护装置（过流保护器、短路保护器、漏电保护器）。局扇配备风电闭锁装置，确保设备正常安全运行。

五家沟煤业永久避难硐室

煤炭综采

2004 年，煤矿实行安全许可制度，设备由少增多，从简陋到精细，随着提升、运输、机电、通风设备的改造，煤矿机械化程度大幅提高，提升运输设备增加皮带保护装置，机电方面增设井下变电所，增加高压电缆、高压开关等设备。2005—2016 年，煤矿从设备简陋的粗放型管理逐步向设备机械化的专业化、精细化管理过渡。

质量管理

1998 年前，多数煤矿的掘进和回采均采用承包的方式进行管理，但承包方一般只注重生产效益，采掘巷道超宽、超高观象比较普遍，采掘失调经常发生，巷道成形率很低，当时人称“大礼堂”开采。这种采煤方式的安全隐患很大，特别是片帮、顶板脱落等事故时有发生。这种现象引起主管部门的高度重视，于 2003 年设置专门的机构对采掘工程质量进行定期验收，各煤矿设置工程监督管理人员进行日常监管，形成一套比较完整的工程质量考核验收制度和办法，对煤矿的采掘工程起到很好的引导和约束作用，多数煤矿的采掘工程达到既平衡又衔接有序的效果。

2005 年，多数煤矿进行巷道整修，按照“挂腰线，订中点”的巷掘标准要求进行开拓布置，为煤矿机械化、正规化布置开采创造必备的条件。2006 年，部分煤矿开始使用机械化掘进，巷道工程质量有质的提高，比如，芍药沟、千井、扒罗山等煤矿率先采用机掘工艺，同时从各大矿务局引进采掘、机电工程技术人员以适应采煤方法改革的需要。在采用机械化采掘的同时，一些煤矿逐步改变管理模式，由原来的以包代管发展成为矿方自主统一管理。各煤矿成立巷掘工程队，对井下巷道布置统一规划，统一管理。有的煤矿还成立通风队，对井下日常通风工程（封闭贯眼、盲巷、采空区；架设风桥、安设风门等）具体负责，专项管理。

2007 年后，各煤矿逐步向综合机械化采煤方向过渡，实行综采的矿井整体从各大矿务局招聘技术管理人员。芍药花、五家沟煤业有限公司从徐州矿务局引进全套技术管理人员，加强设备管理和质量管理力度，提高生产效率。2008 年，各煤矿造林绿化面积 1618 亩；改造棚户区，建设职工宿舍 3.46 万平方米，建设高标准的办公楼和职工食堂、澡堂。芍药花煤业有限公司率先推行人性化管理，以充分体现“以人为本”的理念，建立现代企业管理制度，在职工中开展各种形式的安全文化建设活动，提高煤矿自身的安全品位。

2016 年，全县所有生产矿井基本上实现机械化、电气化、科学化、现代化煤炭开采，为煤炭工业稳定和可持续发展奠定坚实的基础。

第三节 技术改造

采煤方法改造

20 世纪 80 年代初，县营煤矿由地、县财政专项投资，采用长壁采煤方法，井下采区用上刮板输送机。其他煤矿一直到 1998 年，均采用峒室炮采，多数煤矿只扩帮不放顶。井下运输采用畜力或矿车拉运，工作面采用耙煤机，资源回收率 15%。到 2001 年，采煤方法仍用硐室炮采，但矿井改进通风系统，采煤工作面采用回采、扩帮、压顶等工艺，井下以三轮车代替畜力拉运，资源回收率提高到 25%。

2003 年，煤矿采煤方法由峒室发展为刀柱式炮采，采煤工作面有运输、回风顺槽巷，有两个安全出口，采煤工作面既扩帮，又压顶，安全基本条件和工人的作业环境得到改善，矿井回采率提高到 40%，特别是一些技改矿井（朱和咀、南改、吴家坪等）采用耙煤机耙煤，回采率稳中有升。2004 年，煤矿实行安全许可制度后，采煤工艺由刀柱式发展到短壁式炮采，采煤工作面采用独立的通风系统，形成全负压通风；运输顺槽巷安设刮板运输机，回采工作面安装悬移交接顶梁支架，矿井回采率达 60%。

2006 年，煤矿由短壁式改试长壁式综合机械化放顶煤开采，率先由八一煤矿试行。2007 年，芍药花煤矿综采试采取得成功，顺槽走向长度为 1200~1500 米之间，工作面长度在 80~120 米之间，割煤机一次割 3 米，二次循环后放顶煤，采全高（一般为 8~9 米）。2008 年 1 月，中国南方遭受罕见的雨雪冰冻自然灾害，为保证南方电煤供应，山西省煤炭局于 2008 年 2 月 4 日对山阴县芍药花煤矿（15~120 万吨 / 年）、五家沟煤矿（30~120 万吨 / 年）两座煤矿机械化采煤升级改造项目批准联合试运转，对综合机械化放顶煤开采可行性技术进行认可，由此取得山阴县采煤方法改革工作的突破性进展。至 2016 年，各生产矿全部实现综合机械化开采。

提升运输系统改造

1998 年，山阴县保留矿井 56 座（58 井），其中斜井 49 座，除张家沟、扒罗山、观音堂、安荣 4 座煤矿采用箕斗提升，其余均采用串车提升；平峒 9 座，采用畜力运输，井下运输为矿车和畜力运输。2001 年，井下运输由三轮车替代畜力拉运。2002 年，部分煤矿开始改造矿井主提升，由串车改变为皮带提升，隧道口、东湾沟等煤矿率先由串车改为皮带提升，部分井下采用防爆三轮车运输。2004 年，有条件的斜井多数改为皮带提升，井下运输也出现皮带和刮板运输机运输。2005—2016 年，煤矿井下主要运输巷全部采用皮带集中运输，采区、顺槽采用刮板机运输，提升采用皮带提升，提升运输系统机械化改造基本完成。

通风系统改造

1998 年，山阴县所有煤矿均实现机械通风。进入 21 世纪后，通过安全专项整治、安全评估、采煤方法改革、质量标准化建设等各种措施和检验监测体系的健全和完善，煤矿通风已经成为安全生产的硬件工程，通风系统是否完善，风量是否满足生产需要已确立为煤炭安全生产的硬性指标。2001 年，煤矿逐步理顺通风网络，封闭贯眼，架设风桥，安置风门。采区（盘区）形成独立通风；作业面为扩散通风；各工作面为串联通风。在乡镇煤矿整顿期间，6 万吨 / 年以上矿井实行地面双风机通风，增加备用主扇，通风安全保障能力提高。2003 年，煤矿进行扩砌通风巷道，改造通风系统行人安全出口，增大通风断面，保证有效风量供给；通风能力不足的矿井（如东湾沟、元宝湾、腰寨、观音堂、北祖等煤矿）新开配风井，优化通风网络。同时各煤矿进行通风能力核定，根据井下风量需求，多数煤矿更换大功率主扇（如元宝湾、玉井、观音堂、昌平、东湾沟、千井、芍药沟等煤矿），以满足矿井通风能力。2005 年，煤矿采用壁式开采，采区（盘区）采用分区通风，采掘工作面实行独立通风，彻底消除工作面无风，微风作业。2007—2016 年，推行专用回风井，特别是煤矿资源整合兼并重组后，各煤矿新增专用回风井，满足产能扩大以后的安全生产需要。

供电系统改造

2001 年 9 月，全县乡镇煤矿实行停产整顿。经过整顿各煤矿引进大量外来资金，在矿井供电上配置双电源、双回路供电，同时全部矿井配备备用发电机。2003 年，6 万吨 / 年以上矿井全部实行双回路供电系统，矿井供电得到保障。2004 年，随着提升运输和通风能力的改造，设备用电增加，煤矿供电不足，多数煤矿开始增加供电容量，增容量达 2000 千伏安，部分煤矿开始采用 10 千伏高压下井，井下新建变电所，满足机械化开采的需求。2006 年后，各煤矿根据自身实际，开始建设高压变电站，满足井下机械化综采设备电力供应。至 2016 年，主要设备供电得到安全保障。

排水系统改造

1998 年前，采用土法采煤，常被井内之水淹没停闭，尤其东部（偏岭、马营乡）坑水较盛，为煤炭生产带来不便。2001 年，煤矿开始增设排水系统，主排水系统形成。井下有积水的矿配备小型潜水泵和管道。2004 年，煤矿实行安全许可制度，所有煤矿主排水系统增设双排水管路和设施，配备工作泵、备用泵和检修泵，并配套采区、工作面排水管路。2006 年后，煤矿按照“有掘必探、先探后采”的指导方针，所有煤矿成立探放水队伍，配备探放水钻设备。

2010 年，根据国家安全监管总局制定的《煤矿防治水规定》，山阴县印发《关于进一步加强煤矿防治水管理的特别规定》，开展防治水害专项行动，在这次行动中，集中培训防治水人员 48 人，发放《煤矿防治水规定》读本 350 册，新增探水设备 23 件。2011 年，各煤矿在配齐探放水机构、专业队伍和技术人员的基础上，全面展开对矿界内采空积水、积气的详细调查，形成比较完整可靠的调查报告，同时采取“物探先行、化探跟进、钻探验证”的综合探测手段，确保探放水工作落到实处，从根本上遏制透水灾害事故的发生。2012 年，在煤矿探放水工作中实行“五专”，即专业队伍、专业设备、专项资金、专门管理、专门验收。同时，各煤矿购置比较先进的履带式长探钻机，一次钻进能力可达 30 米以上，使用方便，功效较高。

2013 年，各煤矿执行“有掘必探、有采必探、先探后掘、先探后采”的防治水规定，一些煤矿（华夏煤业、芍药花煤业、北祖煤业等）相继探出采空积水、积气和煤岩层裂隙水。2015 年，各煤矿贯彻落实全国煤矿水害防治现场会议精神，推进防治水工作“五个转变”，即由过程治理向源头预防转变，由局部治理向区域治理转变，由井下治理向井上下结合转变，由措施防范向工程治理转变，由治水为主向治保结合转变；推进观念先进、基础扎实、勘探清楚、科技攻关、综合治理、效果评价和应急救援“七位一体”体系建设。2016 年，因地制宜、积极探索新理念、新方法，推动水害防治工作的深入开展。

给水、防尘、防灭火系统改造

山阴县煤矿在 1978 年前均无给水设施设备，场上用水一般为井水。中共十一届三中全会以后，随着各类煤矿的增多，煤矿的规模和产量不断扩大，国家对煤矿安全生产的管理措施不断加强，为了减少煤尘对煤矿工人的侵害，各煤矿逐步建立给水系统，煤矿给水分地面和井下两个系统。井下消防、洒水灭尘给水水源为井下排水，井下水排至地面经处理后再返回井下，地面给水系统为打深井取地下水，由泵抽入蓄水池，再由加压泵提升到高山水池，静压供至煤矿地面生产、生活各用水点。地面消防采用临时高压制，由设在泵房内的消防泵来满足消防时所需的水量及水压需求。

2001年，按照乡镇煤矿整顿标准，所有煤矿安装静压洒水系统，地面建有容量不小于200立方米的静压水池，井下铺设洒水管路和洒水设施（喷头、阀门等）。2004年，按照安全许可标准，各煤矿安装防尘隔爆设施（隔爆水袋），部分煤矿实行综合防尘措施，于井下转载点、皮带巷道安装喷雾洒水装置，在大巷安装有水幕。2006—2016年，煤矿新增防灭火系统，项目验收中必须有黄泥灌浆系统和一氧化碳束管监测装置等安全设施。煤矿企业兼并重组后，各公司根据本矿的核定产能，配置适合本企业的给水、防尘、消防设施设备。

通信系统改造

2001年前，各煤矿产量较少，井下作业场所不大，大部分煤矿井上下联络以摇铃为主，只有部分产量较大的煤矿有井上下电话，如玉井、圪洞窑等煤矿对外有固定电话联系。2001年下半年开始，煤炭销售逐渐回暖，各煤矿的产量不断加大，井下巷道越来越远，工作面越来越大，以前那种原始的联络方式不能满足生产的需求，因此，各煤矿均实行井上下电话通讯，并加强对外联络通信。2004—2016年，煤矿实行程控网络通信，部分煤矿地面办公室相互通电话，所有煤矿井下主要作业场所和采掘工作面相互通电话。

新增系统

2004年，所有煤矿安装瓦斯监控系统。2005年，各煤矿瓦斯监控系统实现省、市、县、矿四级联网运行。2006年，所有煤矿安装产量监控系统和入井人员定位系统，部分煤矿开始安装视频系统。2007年，30万吨/年以上矿井安装远程视频监控系统。2008—2016年，各煤矿安装压风系统，建立完善三条“生命线”（防尘供水、通信、压风系统），陆续开始对瓦斯监控系统进行升级改造。

第四节 开 采

山阴之煤，储量大，赋存浅，易开采，煤质优，运输方便。1998年前，由于煤矿的增多，原煤产量大增，市场上出现供大于求的现象，原煤库存积压严重，每年存煤自燃、水冲，给煤矿企业造成较大的损失。由于煤炭销路不畅，煤价下跌，效益大幅度滑坡。部分煤矿时开时停，事故增多，个别煤矿由于不适应市场经济规律和经营不善，举步维艰、濒临倒闭。2000年，国家采取限制总量、以销定产、关井限产和深化企业体制改革等重大举措。2001年，国家、省、市、县互相配合，开展对各类煤矿的安全生产专项整治工作。有的煤矿进行技术改造和改扩建，如观音堂农牧场联营煤矿、安平煤矿、昌平煤矿、二轻煤矿等均改箕斗运输为皮带运输，有些乡（镇）、村办煤矿改畜力拉运为箕斗提升，井下也用上耙煤机和刮板输送机等较先进的设施设备。2002年，山阴县指导煤炭生产企业进行三项重要的整改工作：有条件的骨干矿井上筛分选设备，以提高煤炭质量，增加煤炭品种，增强市场竞争力；深化企业体制改革，促使各类煤矿从民间筹集闲散资金，以股份制或委托经营的方式维持煤矿的继续健康发展；严格执行关井限产政策，对32座不具备基本安全生产条件的煤矿进行关闭。保留煤矿总数为56座，均以股份制或托管的方式经营。成立矿山救护中队和煤炭安全纠察队，为煤矿的安全生产和维护煤炭生产经营秩序提供有力的支持和保障。

2002年后，原煤走俏，供不应求，各种煤炭价格直线飞涨，从90年代中后期的每吨20元，发展到2004年160元。煤炭价格的大幅度上升，县级财政收入连年翻番，推动县城经济的快速发展。同时，煤矿滥采乱挖，屡禁不止，有些地方出现毁坏矿井的掠夺性开采，带来生态系统的严重破坏。

2005年8月，山阴县在玉井镇召开采煤方法改革和安全质量标准化现场促进会。会上听取国营东升煤矿、金海洋集团八一煤矿、北祖煤矿二号井3座煤矿关于改革采煤方法、建设安全质量标准化现代文明矿井的经验介绍，并对各煤矿采煤方法改革的进度和时间提出具体要求。出台《关于开展山阴县煤矿安全质量标准化矿井建设工作的实施意见》。该实施意见提出按照“抓两头，带中间（抓 30 万吨 / 年以上和 9 万吨 / 年以下的煤矿带动 15 万吨 / 年和 21 万吨 / 年的煤矿采煤方法改革），分步实施”的采煤方法改革思路，到年底，有 2 座煤矿即下喇叭煤矿和安荣乡煤矿的采煤方法改革通过省煤炭局验收，并上报质量标准化矿井 8 座。

2006 年 3 月，经山西省煤炭资源和有偿使用工作领导组核准，山阴县保留 40 座煤矿（41 井），整合后各矿井生产能力均扩大到 30 万吨 / 年以上。经省煤炭工业局验收通过质量标准化建设达标的矿井有 4 座：芍药沟、昌平、东升、安荣。

2007 年 7 月，在芍药花煤业有限公司召开山阴县采煤方法改革和安全质量标准化矿井建设现场促进会，明确采改目标和任务。2008 年，实现综合机械化开采的矿井达到 6 座（芍药花、五家沟、南峰、东湾沟、安荣、昌平）；安装综采设备的矿井 12 座（高山、西宜、玉井、千井、安华、弓长、腰寨、扒罗山、口前、宝峰、北祖、朱和咀）。用于这一轮采改的投资累计达 12.14 亿元。通过采煤方法改革，各煤矿正规化开采技术和机械化程度有了质的提高。从各大矿务局引进采煤、机电等工程技术人员 780 多人，适应煤炭工业发展的新形势、新技术和新要求。兼并重组整合后，山阴县保留煤矿 21 座，产能由原来的 1245 万吨增加到 2640 万吨，井田面积由原来的最大年产 126.96 平方公里，扩大到 171.98 平方公里。单井面积由原来的最大年产 120 万吨、最小年产 15 万吨提高到最大年产 300 万吨、最小年产 90 万吨。2011 年，山阴县煤矿全部实现综采、综掘机械化采煤工艺。矿容矿貌一改过去黑、乱、脏、差的小煤窑面貌。2013—2016 年，推动煤炭工业向“七高一文明”（高标准、高科技、高管理、高端化、高要求、高质量、高效益、现代文明）发展，提出“以点带面，典型示范，整体推进”的标准化矿井建设总体思路。

第五节 洗 选

2001 年后，煤炭形势逐年好转，煤炭深加工为煤炭工业的发展带来广阔的前景。山阴洗煤厂的洗煤方法有两种，一种是中煤集团山西华昱能源有限公司（原金海洋洁净煤有限公司）所采用的国内最先进的重介洗煤法，另一种是其他洗煤企业采用的跳汰洗煤法。

中煤华昱集团办公楼

跳汰洗煤法主要生产工艺流程为：原煤准备：储煤场原煤经受煤坑用皮带输送机送至筛分破碎车间，筛分后，筛下物和破碎后的煤块经皮带输送机一起送入洗煤机。跳汰洗煤：跳汰洗煤机利用精煤、中煤、碎石的比重差异，以鼓入空气的水为介质将原煤进行重力洗选，中煤、碎石在洗煤机底部排除，精煤随水进入捞坑后，由斗式提升机捞出，经一次精煤脱水筛脱水后送入精煤场。捞坑溢流和一次精煤脱水筛下的物质，经二次精煤脱水筛脱水经精煤皮带送至精煤场。煤泥处理：浮选尾煤水经过浓缩机固液分离后，溢流直接进入循环水池，经泵加压后作为跳汰洗煤用水。底流通过煤泥泵打入煤泥压滤机，压滤机分离出煤泥和水，煤泥压制成煤泥饼，压滤水流入循环水池循环使用。

2005 年，山阴县只有中煤华昱洗煤厂采用重介洗煤工艺，公司有洗煤一厂和洗煤二厂，分别采用不同的工艺。

洗煤一厂：利用重介旋流洗选。具体方法是将原煤输入重介旋流器进行主选，将块精煤和末精煤分离出来，其粗煤泥和矸石进入精煤泥螺旋分选机分选，将矸石和煤泥分离出来，加压回收后供砖厂和电厂使用。

洗煤二厂：采用重介浅槽进行洗选。具体方法是将原煤输入重介浅槽设备中进行分选，把末精煤和块精煤分离出来；其余煤泥经螺旋分选机分选，再经过加压过滤机回收。

原煤经过洗选工艺处理后，品种增多，煤质提高，利润可观。从2007年起，各类洗煤厂、选煤厂纷纷上马，逐年增多，至2016年，山阴县共有煤矿一体化洗煤厂、独立洗煤厂、储售煤场35家，总储煤能力5800万吨，洗选能力达3000万吨。

2016年山阴县洗选煤厂（场）一览表

表22-1

序号	企业名称	地址	投产时间	经营规模（万吨）
1	山西朔州山阴中煤顺通北祖煤业有限公司	玉井镇北祖村西	1992年	300
2	山西山阴芍药花煤业有限公司	马营乡芍药沟村	2000年	180
3	中煤集团山西华昱能源有限公司	北周庄镇大运路西	2001年	2200
4	山西朔州山阴兰花口前煤业有限公司	玉井镇口前村	2001年	90
5	山阴县金城煤业有限公司	永静城村西	2004年	120
6	山阴县金鼎博煤业有限公司	北周庄岱马路	2004年	60
7	山西锡锦源煤业有限责任公司	苑家辛庄村西	2004年	60
8	山阴县晋源洗煤有限公司	苑家辛庄村西	2004年	120
9	山阴县紫龙洗煤有限公司	苑家辛庄村南	2005年	120
10	山阴县升华环保能源洗煤有限责任公司	北周庄镇煤炭工业园区	2005年	60
11	山阴县得胜煤炭有限责任公司	苑家辛庄村西	2005年	60
12	山阴县神马洗煤有限公司	永静城村西	2006年	60
13	山阴县周泰煤业有限公司	北周庄镇辛庄村	2006年	120
14	朔州市巨琛煤炭洗选有限责任公司	永静城村西	2007年	60
15	山阴县五福煤业有限公司	苑家辛庄村东	2007年	60
16	山阴县兴成洗煤有限公司	苑家辛庄村南	2008年	120
17	山西鑫福鼎工贸有限公司	苑家辛庄村	2009年	280
18	山阴县红杉洗煤有限公司	永静城村西	2009年	120
19	山阴县鑫洋煤业有限公司	苑家辛庄村西	2010年	120
20	山阴县海之源洗煤责任有限公司	苑家辛庄村北	2011年	180
21	山西朔州山阴中煤顺通辛安煤业有限公司	马营乡戈道村	2011年	300
22	山阴鑫海洗煤有限责任公司	苑家辛庄村西	2014年	60
23	山阴宝山腰寨煤业有限公司	马营乡腰寨村	2014年	120

续 表

序 号	企业名称	地 址	投产时间	经营规模（万吨）
24	山西捷茂通煤炭销售有限公司	苑家辛庄村	2014 年	80
25	朔州市志胜煤炭销售有限公司	北周庄镇柏坡村	2014 年	30
26	朔州市金利煤炭销售有限公司	北周庄镇白家堡村	2014 年	30
27	朔州市瑞峰煤炭销售有限公司	北周庄镇农场	2014 年	30
28	山西茂福鑫煤炭运销有限公司	苑家辛庄村	2014 年	30
29	山阴县保利能源再生利用有限责任公司	马营乡戈道村	2015 年	180
30	朔州市金三商贸有限公司	玉井镇南祖村	2015 年	30
31	山西兴盛旺煤炭销售有限公司	苑家辛庄村	2015 年	60
32	山阴县森泰新型科技型煤有限公司	永静城村西	2016 年	50
33	山阴县华腾煤业有限公司	北周庄镇辛留庄	2016 年	60
34	朔州市东榆林煤炭销售有限公司	苑家辛庄村南	2016 年	60
35	朔州市恒利通煤炭销售有限公司	北周庄镇下神泉村	2016 年	60

第六节 产量产值

20 世纪 90 年代末，煤炭市场急剧下滑，地方煤炭工业进入经营惨淡时期。1998 年，全县原煤产量 425.2 万吨。2000 年，原煤产量 204.6 万吨。2001 年后，经过关井压产、资源整合等措施，煤矿矿点布局科学合理，煤矿数量逐年减少，矿井建设规模越来越大。2004 年，原煤产量 809.76 万吨。2007 年，原煤产量 1210.6 万吨。2010 年，原煤产量达 1414 万吨。2013 年，各生产矿井全部实现机械化开采，原煤产量达到 2129.73 万吨，产值 662699.04 万元。2016 年，原煤产量 1530.3 万吨，产值 308803.85 万元。

2011—2016 年山阴县原煤产量、产值一览表

表 22-2

年 份	原煤产量（万吨）	产值（万元）
2011	1688	626070.2
2012	2002	721578.19
2013	2129.73	662699.04
2014	2097.69	511023.51
2015	2257.9	460452.22
2016	1530.3	308803.85

第七节 煤炭资源整合

1998 年，由于煤炭市场疲软，销售不畅，山阴县所有煤矿负债经营，工人工资长期得不到结算，出现煤矿职工上班工资日清日结现象，大部分煤矿不能维持简单再生产。1999 年，因布局不合理和资金短缺造成 25 座煤矿未换发各类证件被政策性关闭。同年 6 月，山阴县有 7 座地方国有煤矿进行企业股份制改造，分别是宝峰煤矿、芍药沟煤矿、昌平煤矿、高山煤矿（东山煤矿并入高山煤矿）、安平煤矿、南阳坡煤矿和腰寨煤矿。

2001 年，山阴县有 5 座乡镇煤矿因各种无法解决的问题而放弃整顿验收被关闭。2002 年 10 月，多数乡镇煤矿开始实行股份制改革。2005 年，政策性关闭 9 万吨 / 年以下煤矿 9 座，进行煤炭资源整合前期准备工作。

2009 年 6 月，山阴县人民政府根据《山西省人民政府关于加快推进煤矿兼并重组的实施意见》《山西省人民政府关于进一步加快推进煤矿企业兼并重组整合有关问题的通知》《朔州市人民政府关于全市煤矿企业兼并重组的实施意见》文件要求，结合山阴县煤炭企业区域分布情况、开采和建设情况，注重实际，科学规划，推进山阴县煤矿企业兼并重组整合，经过反复研究，确定在目前 39 座煤矿中，关闭 18 座，保留 21 座。这次兼并重组参与的国有大企业 4 家，所属矿井 5 个；地方煤炭集团 3 家；地方骨干矿井 3 家，所属矿井 3 个。

2012 年，通过兼并重组，各煤矿扩大规模，增加产能，实现机械化综合开采。产能由原来的 1245 万吨增加到 2640 万吨，井田面积由原来的最大年产 126.96 平方公里扩大到 171.98 平方公里，单井生产规模由原来的最大年产 120 万吨、最小年产 15 万吨提高到最大 300 万吨，最小 90 万吨。矿容矿貌发生巨大变化，一改过去那种黑、乱、脏、差的小煤窑面貌。2016 年，山阴县所保留的 21 座煤矿基本稳定，没有再变更。

第二章　运　销

第一节　运　输

公路运输

1998 年后，随着煤炭产销两旺的市场形势，公路运煤车辆大增，大部分是重载卡车，造成堵车现象严重。2006 年，改建岱马公路 32 公里，新建台东山隧道 1175 米，改建辛庄至偏岭公路，岱岳至玉井公路进行拓宽改造，形成上下行运煤公路网络管理系统，促进矿山公路现代化水平和运输能力的提升。

2007—2016 年，煤炭资源整合兼并重组后，山阴县原煤产量大幅增长。为了缓解公路运煤压力，金海洋集团公司建设五家沟至北周庄集运站的皮带输煤线；华夏煤业有限公司建设从该矿到海之源洗煤公司的皮带输煤线，这两条全自动输煤线的运行，减轻公路运煤的压力和公路运煤对环境造成的污染。

铁路运输

1998—2000 年，一度出现煤炭市场疲软，煤炭生产过剩，外销阻滞，煤炭经济下滑，各煤炭企业均处于惨淡经营状态。煤炭铁路外销更是处境艰难。为了保证北周庄集运站生存，上级决定北周庄、东榆林两个煤站暂停运营，矿业公司岱岳运销站也处于半停半开状态。

2002 年后，由于全国性煤炭市场火爆，出现煤炭供不应求的局面，地方煤炭工业迎来一次高速发展机遇。仅 3 年时间，山阴县的原煤产量由 2001 年的 203 万吨猛增到 2005 年的 986 万吨。煤炭外销外运能力也大幅度提升，呈现产销两旺、高速增长的新局面。

随着煤炭市场的好转，煤炭外销的铁路外运能力不断扩张，各铁路发运站不断扩建改造，至 2005 年，北周庄、东榆林、矿业岱岳运销站三个地方煤站的外运能力达到700万吨，各站均开通万吨重载单元列车。随着北同蒲铁路扩能改造工程的实施，煤站发运能力有了更大的提升空间。北周庄集运站经金海洋公司投资，开通双万吨重载单元列车，年发运能力扩大到1000万吨。

2015年，原煤产量2257.9万吨。2016年，各发煤站根据自身的实际情况不断扩建和完善，全县共有铁路运销公司（站）9家，总吞吐量达4000多万吨。

铁路装车

第二节 销 售

1998年，全国煤炭市场需求低迷，煤炭企业销售收入欠佳。2004年后，原煤走俏，供不应求，煤炭企业销售收入逐年增加。2009年，山阴县完成煤炭销售量70.7万吨，实现营业收入2149.99万元，上缴税收373.79万元。2012年，完成煤炭销售量1304.23万吨，实现营业收入275289.68万元，上缴税收2485.77万元。2015年，完成煤炭销售量145.2万吨，实现营业收入17184.33万元，上缴税收186.86万元。2016年，完成煤炭销售量137.3万吨，实现营业收入24576.55万元，上缴税收264.84万元。2009—2016年，山阴县完成煤炭总销售量8041.33万吨，实现营业总收入1119171.28万元，上缴总税收10629.19万元。

第三节 运销管理

山西煤炭运销集团朔州山阴有限公司（以下简称山阴煤运公司），成立于1983年10月，与山阴县煤炭工业管理局实行一块牌子、两套人马，合署办公。担负着对山阴县煤矿进行安全监管和地方煤炭销售任务，下属铁路发煤站2个（北周庄煤站和东榆林煤站），煤炭运输公司2个（煤炭运输一公司、煤炭运输二公司），两个运输公司是从事公路煤炭运输的物流公司。1992年7月，根据《关于全省煤炭运销系统管理体制的通知》精神，全省所有地方发煤站和公路结算点的煤炭运销业务，统一纳入煤炭运销系统管理，征收能源基金，山阴公司隶属山西省煤炭运销总公司朔州分公司。1994年6月，正式在工商部门登记注册，注册企业名称为山西省煤炭运销总公司朔州分公司山阴县公司，注册资金63万元。1996—1997年，山阴煤运公司在山阴县主要输煤干线成立长梁煤焦销售营业站和北周庄煤焦销售营业站，负责对山阴县出省、出县煤进行有效管理。征收能源基金，实现铁路、公路“两条腿”走路。由于煤炭市场疲软，加上煤站关小上大的影响，从1997年到1999年，两个煤站停运，两个运输公司也于1997年底相继倒闭。

2002年6月，山阴煤运公司学习借鉴乡宁等地煤炭经销成功经验，按照《关于山阴县煤炭统一经销的实施方案》要求，率先在全市启动公路煤炭统一经销工作，对山阴县上站煤、出县煤、工业用煤和民用煤等全部实行“五统一”管理，发挥山阴煤运公司煤炭经销管理的主体地位和作用。通过统一管理，对山阴县生产的煤炭经销管理量达到86%，提高政府对煤炭销售的宏观调控力度，促进地方煤炭统一销售。2005年3月，煤运系统铁路业务划转同煤集团，北周庄煤站和东榆林煤站铁路运销业务划转同煤集团山阴公司管理，业务划转后，山阴煤运公司由铁路公路“两条腿”走路变为单一的公路运销。2007年1月，省政府第94次常务会议决定，山西煤炭运销总公司改革重组。7月，山西煤炭运销集团正式挂牌。2009年7月，山阴煤运公司由原山西煤炭运销总公司朔州分公司山阴县公司变更为山西煤炭运销集团朔州山阴有限公司，注册资本 500 万元。12 月，根据《关于理顺全系统管理体制的通知》文件精神，原市公司直属山阴煤焦销售营业站业务和人员全部划归山阴煤运公司。

2010 年 4 月，按照《关于进一步加强公路煤炭销售管理的实施意见》和《关于进一步加强山阴县公路煤炭销售管理的实施意见》精神，山阴煤运公司发挥公路煤炭统一销售管理职能，实现交易大厅统一交易，源头驻矿统一开票，站点统一查验的格局，对县域内煤炭进行有效管理。通过煤炭统一销售，对全县 70% 的煤炭进行有效管理，堵塞地方煤炭管理漏洞，规范地方煤炭秩序。2012 年，山阴煤运公司筹建的和鹏逸市场项目完成主体建设（鹏逸市场在拆除的原公司旧办公地址上新建）。2014 年 12 月，按照《山西省煤炭焦炭公路运销体制改革方案》，收费职能取消，撤销北周庄煤焦销售营业站、长梁销售营业站和山阴煤焦销售营业站，公路运销业务人员划转国新能源。2016 年，山阴煤运公司在编正式人员 127 人，退休人员 28 人。历任公司经理有史利章、毕聪、樊君、叶正宝、乔志龙、安敬奇。

第三章　安全管理

第一节　机构与管理

机　构

1998 年，县煤炭工业管理局与县煤炭运销公司实行分口管理，同时撤销煤炭公司。煤炭工业管理局属政府系列行政机构。内设机构为办公室、财务股、安监股、生产股、通风股、财务监督股、劳资股、林业股和煤炭职工培训中心。主要职能除煤炭销售运输协调工作不属煤炭局管理外，其余职能未变。同年，煤炭职工培训中心更名为山阴县煤炭职工培训中心，为股级建制，主要负责对山阴县各类煤矿特殊工种人员的培训工作。2002 年，在原煤炭工业管理局的基础上组建山阴县安全生产监督管理局，挂煤炭工业局的牌子，为一套人马、两块牌子，机关行政编制 11 人，其中局长 1 人、副局长 4 人，核定工勤人员全额事业编制 2 人，内设机构调整为：办公室、财务股、安全监察管理一股、安全监察管理二股、安全监察管理三股、煤炭行业管理股（关井压产办公室）共 6 个股室。其主要职能：负责山阴县煤矿、非煤矿山、地面企业的安全生产工作；山阴县危险化学品、烟花爆竹、民用爆炸器材生产、经营的安全管理工作；矿山企业的生产技术指导和服务工作；企业有关证件的申领工作；协调交通运输安全工作；公众聚集场所的安全协调指导工作。

2010 年，面向社会公开招聘涉煤大专以上学历专业人员 18 名。2 月 5 日，组建煤矿“五人小组”，为财政全额拨款事业编制。全县共设立四个“五人小组”，由县煤炭工业局统一管理，对山阴县煤矿履行日常安全监管职能。2011 年初，为了和省、市做到上下对应，需设立综合安全监管股，局里决定由政策法规股承接综合安全监管工作，同时由该股室履行职业卫生健康管理职能。2013 年 3 月，经山阴县委组织部批准，安监局党组织机构由党总支变为党委。下设局机关第一党支部、第二党支部，山阴县矿山救护中队党支部，山阴县煤炭纠察队党支部，山西山阴宝山腰寨煤业有限公司党支部，山西山阴芍药花煤业有限公司党支部，共 6 个党支部。

2014 年 2 月，成立煤场管理中心，承接原来由县经委承担的煤炭经营方面的管理职能。3 月，由煤矿安全监管“五人小组”组建山阴县安全生产监督管理局煤炭技术服务中心。根据《山阴县人民政府办公室关于印发山阴县安全生产监督管理局主要职责、内设机构和人员编制规定的通知》精神，山阴县安全生产监督管理局（挂县煤炭工业局牌子）成立，正科级建制，为县人民政府工作部门。

2016 年，内设机构有办公室、财务股、安监一股、安监二股、安监三股、行业股、应急救援办公室、培训教育股、经济运行（调度）股、规划发展股、环境保护管理股、政策法规股 12 个股室。机关行政编制为 11 人，其中局长 1 人、副局长 2 人、总工程师 1 人。历任局长有张永盛、王与茂、张效良、郭东申、王志文。

山阴县安监局主要是承担山阴县煤矿企业、非煤矿山企业和危险化学品、烟花爆竹等高危行业的安全监管工作，并协同政府安委会对其他行业和部门的安全工作进行协调、指导和监督。山阴县煤炭职工培训中心成立于 1991 年，为安监局的保留事业单位。其主要职责：负责对山阴县煤炭行业职业教育培训工作进行组织协调和业务指导；煤矿“六长”、安全生产管理人员安全资格证及煤矿特种作业人员资格的初审、上报及上岗准入管理；年初对山阴县煤矿的所有从业人员进行全员培训考核。同时承担地面企业安全生产培训教育任务。培训中心为股级建制，核定自收自支事业编制 8 人。

1999 年 9 月，经人事部门考核择优录用 14 名队员，成立山西省煤炭安全纠察队山阴县分队，属条管事业单位，一切费用由上一级主管部门拨付。2005 年，纠察队管理权限下放，所需开支费用由安全专项费用支出。2006 年 6 月，全省煤矿安全专项费用全部用于煤矿，取消省、市、县集中费用，纠察队经费无来源，由县煤炭局解决。纠察队为安监局的保留事业单位，其主要职责：按照国家有关法律、法规、规章和省政府的有关规定，受安监局委托行使行政处罚职能；承担安监、煤炭行业管辖范围内群众举报受理的具体工作；参加全省及所属安监、煤炭管理部门组织的各类现场监督检查及暗查、暗访、突击检查工作，重点打击各类非法违法和违规行为，并负责对有关部门检查移交的、需要实行行政处罚的各类案件的受理工作。同时承担地面企业的安全生产执法行政处罚任务。纠察队为副科级建制，核定副科级领导职数 1 人，核定自收自支事业编制 13 人。

2016 年，根据山阴县编制委员会《关于山阴县安全生产监督管理局所属事业单位清理规范意见的通知》，将山阴县安全生产监督管理局煤炭技术服务中心更名为山阴县煤炭技术服务中心（挂山阴县五人安全监管小组牌子）。

管　理

全县煤矿从 2004 年实行安全许可制度以来，投入安全专项资金 5 亿多元，安全状况明显改善，百万吨死亡率一直控制在 1 人以下，2007 年实现煤矿零死亡事故，创造历史最好水平。

2008 年，在山阴县安监局的管理监督下，煤矿实现瓦斯监控系统、产量监控系统、人员定位系统、视频监控系统全部安装运行并升级改造，基本形成全方位、全过程、全天候的安全生产监控网络。

2009 年，印发《山阴县煤矿复工复产验收实施方案》，提出严格的验收标准和要求。在验收中，对照验收标准 38 条否决条件和 15 大项 48 小项严格要求，层层把关，确保做到安全第一。全年经市、县验收复工和开工的矿井 2 座，经县复工初验的矿井 2 座，兼并重组后批准开工建设前做准备工作的矿井 9 座。

2016 年，安监局先后开展“安全生产月”“安全 110”等大型安全活动，对提升煤炭企业安全管控水平起到较好的促进作用。

第二节　矿山救护

机　构

山阴县矿山救护中队于 1999 年成立，统归朔州市救护大队领导管理，包括人员编制、一切费用开支，统一由上级部门调配，原名为朔州市军事化矿山救护大队山阴中队。2005 年，管理权限下放归山阴县管理，全部费用由安全专项费用支出。2006 年 6 月，全省煤矿安全专项费用全部用于煤矿，取消省、市、县集中费用，矿山救护队经费无资金来源，由县安监局（煤炭局）解决。

2016 年，根据山阴县编制委员会《关于山阴县安全生产监督管理局所属事业单位清理规范意见的通知》精神：清理规范后山阴县安全生产监督管理局共保留事业单位 4 个，山阴县矿山救护中队就是其中之一。主要职责任务是：承担山阴县煤矿企业生产安全事故的抢险救援工作，指导服务煤矿安全生产灾害应急处理工作；按规定做好战备值班工作，随时做好应急准备工作，服从上级命令，听从指挥，确保完成各项抢险救援任务；定期对煤矿企业开展预防性安全灾害排查，对发现的问题，提出合理化整改建议。该中队为副科级建制，核定副科级领导职数 2 人（正职中含政委 1 人），核定自收自支事业编制 44 人。

技术装备

2016 年，山阴县应急救援队伍所属单位是山阴县矿山救护中队，位于山阴县广益小区 1 号。

2016 年山阴县矿山应急救援队伍基本装备情况统计表

表 22-3

类 别	装备名称	装备功能	购买日期	数 量
车 辆	帕萨特 71313	运送人员	2010.4	1
	猎豹 67208	运送伤员	2012.3	1
	依维柯	运送队员	2009.4	1
	依维柯	运送队员	2009.4	1
通讯器材	移动电话	通 讯	—	—
	录音电话	通讯核查	2010.2	1
	对讲机	通 讯	2008.6	6
灭火装备	高 泡	400 型	2008.3	2
	快速密闭	喷涂、充气、轻型组合	2008.3	2
排水设备	高扬程水泵	—	2008.12	4
	污水泵	BQW50-20/II 型	2008.5	2
检测仪器	热成像仪	7RH600 型	2010.3	1
	寻人仪	SN1172T 型	2010.3	1
	CO_2 测试仪	TES-1370 型	2010.3	1
装备工具	担 架	运送伤员	2010.5	8
	采气样工具	—	2010.5	5
	铜钉斧	—	2010.5	6
个人防护	矿 灯	搜救照明	2010.5	30
	苏生器	救 援	2010.5	5
	紧急呼救器	救 援	2010.5	3

第三节 重大事故选介

国营昌平煤矿大面积塌陷

2002 年 10 月 12 日凌晨 4 时 30 分，山阴国营昌平煤矿井下采空区发生了大面积落顶，造成了井上的马营村后坡区村民住宅严重破坏，截至 10 月 29 日晚 12 点，大约 3000 平方米地段建筑物严重裂缝地面塌陷，地表最宽裂缝 20 厘米。有的高压电杆周围也有裂缝和塌陷。据统计，塌陷共造成 200 余间石窑、房屋遭破坏，72 户村民，264 人无家可归；27 头大牲畜和 250 只猪羊无圈寄养。直接经济损失 154 万元。过度采矿造成采空严重是这次事故发生的直接原因。山阴县各煤矿认真吸取事故教训，合理开采煤矿，对采空区加大了保护，避免类似事故的再次发生。

马营乡南河煤矿“4·6”重大瓦斯（窒息）事故

2005 年 4 月 6 日 9 时 30 分，山阴县马营乡南河煤矿井下发生一起重大瓦斯（窒息）事故，死亡 3 人。

未经批准，煤矿安全管理人员指挥工人违章拆开井下煤层密闭，并从拆口进入，遇有害气体，导致 3 人窒息死亡，是这次事故发生的直接原因。

该矿安全管理混乱，机构不健全，层层转包，安全管理存在严重漏洞是这次事故发生的主要原因。

山阴县各煤矿认真吸取事故教训，理顺安全管理体制，健全安全管理机构，严禁以包代管，建立和完善安全生产规章制度和各项安全规程，认真贯彻执行。加大安全教育培训力度，增强职工安全意识和自保互保能力。

千井煤矿“9·3”顶板事故

2005 年 9 月 3 日 7 时 30 分，山阴县千井煤矿（有限公司）井下 9105 回采工作面第三切眼发生一起顶板事故，造成 2 人死亡，1 人受伤。

该矿井 9105 回采工作面顶板破碎，第三切眼处无支护，空顶面积大，巷道左帮有一伞檐，当班生产组长、保安员在处理伞檐过程中措施不当，被突然垮落的煤块埋压致死，是这次事故的直接原因。

该矿重生产轻安全，对顶板支护不足的隐患不予重视，安全管理不到位，是这次事故的重要原因。

山阴县各煤矿认真吸取“9·3”顶板事故教训，加大安全教育培训力度，提高职工的安全意识和自保互保能力。对井下各系统、各工作面认真进行隐患排查，制定方案和有效措施加以解决。理顺管理体制，杜绝以包代管。按要求配足特种作业人员，并做到持证上岗。

辛庄煤业有限公司“12·5”重大透水事故

2008 年 12 月 5 日，山西省山阴县辛庄煤业有限公司矿井下 9# 煤层正南巷煤区 910 巷发生一起透水事故，造成 35 名矿工被困井下，其中 23 名矿工通过自救、互救安全升井，未升井的 12 名矿工全部遇难，直接经济损失 1040 万元。

直接原因：该矿在未采取任何探放水措施的情况下，越界采掘作业造成与邻近的青阳岭煤矿采空积水区煤柱变薄，整体性被破坏，抗压强度降低，导致事故的发生。间接原因：该矿安全管理混乱，层层转包，以包代管，长期非法越界开采，违法组织生产，拒不执行有关部门要求停产整顿、停止生产的指令。

朔州市山阴县人民政府和有关部门要深刻吸取教训，举一反三，强化监管，深入贯彻落实“安全生产、预防为主、综合治理”的安全生产方针，落实煤矿的安全监管责任。认真落实隐患排查治理制度，做到令行禁止，严厉打击非法、违法组织生产行为，杜绝越层越界开采。各有关部门要加强对煤矿的日常监管工作，及时发现排除重大安全隐患，确保煤矿依法生产、安全生产。

第二十三编

乳　业

乳业

山阴县土地资源丰富，气候温润，在饲草料种植和奶牛养殖方面有得天独厚的优势，造就山阴县多家优良乳制企业，20 世纪 80 年代初山阴县被国务院命名为“全国奶牛养殖基地县”，被国家科委誉为“北方农区第一奶都”。山阴县主要乳业生产企业有山西古城乳业集团公司、山西溶溶乳业有限公司、山阴县康喜奶业有限责任公司、山西春城乳业有限公司、朔州伊利乳业有限责任公司、内蒙古蒙牛乳业（集团）山西乳业有限公司等。2004 年，古城乳业集团公司建成“良种奶牛繁育基地”。2009 年，古城乳业集团公司完成股权结构的优化调整，实现古城乳品的优化升级。2014 年，全县奶牛存栏 8.5 万头，鲜奶产量 28 万吨，全省排名第 1 位，全国排名第 14 位，奶牛养殖超过 500 头的村有 65 个，超过 1000 头的村 11 个。全县建成规模健康养殖园区 123 座，建成古城乳业集团农牧公司和驿泽奶牛专业合作社 2 个千头奶牛养殖园区。2016 年，乳品产量从 1998 年的 1.1 万吨飞跃至 20 万吨，销售收入从 8884 万元到 7.41 亿元，实现奶业全面振兴。

第一章 奶 源

第一节 奶牛养殖

散 养

山阴县奶牛养殖最早可以追溯到民国 9 年（1920）。1951 年，山阴县开始饲喂荷兰牛和本地牛杂交后产下的犊牛。山阴县奶牛养殖自 1959 年开始，1974 年后，山阴奶牛养殖进入发展时期。20 世纪 90 年代末，全县奶牛养殖场较少，绝大多数奶牛以分户散养、奶站集中挤奶为主。1998 年，全县奶牛 3.95 万头。2002 年，奶牛养殖发展到 5.1 万头，饲草种植从无到有，规模逐步扩大，年均种草 3.5 万亩，基本满足奶牛快速增长的饲草饲料需求。2006 年，奶牛养殖场较少，绝大多数奶牛还是分户散养。2008 年，绝大多数转为规模养殖，还有个别农产散养，但数量很少。

规模养殖

1998 年后，山阴县奶业生产实施提质增效、转型升级工程，建设优质奶源基地，做强做大乳品加工业。2003 年，全县建设改造奶牛规模厂区，打破传统庭院式、简易棚养殖的落后饲养方式。2004 年，全县新建古城镇快乐村、上河西村、马营庄乡马营庄村、合盛堡乡河头村、薛圐圙乡薛圐圙村五处高标准现代化的 500 头奶牛示范养殖区，全县奶牛存栏达到 68500 头。以“四季春”“黑白花”两个饲料加工企业为主的饲料加工园区，为奶牛提供饲料 20 万吨。2006 年，山阴县奶牛存栏数 7.2 万头，日产鲜奶 500 多吨。全县有 500 头以上规模奶牛场 1 座，300 头以上规模奶牛场 3 座，200 头以上规模园区 6 处，100 头以上园区 21 处，50 头以上园区 150 处，10 头以上农户有 731 户。全县养牛户占全县农户的 35%，奶牛养殖收入占农民人均收入的 50%，奶业总产值占全县工农业总产值的 22%。2008 年，建成奶牛养殖小区 23 座，新建青贮窖 18 万立方米。2009 年，全县奶牛饲养达到 1 万头以上的乡镇 2 个，3000 头以上的乡镇 3 个，10 头以上的户（场）达到 348 户。

2009—2013 年，养殖技术主要以统一管理、统一挤奶、统一销售、统一防疫、统一饲料、分户喂养为主。2014 年，全县采用牧场化管理，有园区 123 处，存栏奶牛 8.5 万头。2016 年，养殖方式以牧场化管理为主，养殖技术为全混合日粮饲养、分群管理、自由采食、奶牛卧床、自动饮水、良种繁育为主。山阴县天喜牧业有限公司、山阴县驿泽奶牛专业合作社等 75 个奶牛养殖园区成功转型升级为全国领先、全省一流的标准化奶牛养殖牧场。

2006—2016 年山阴县奶牛养殖一览表

表 23-1　　　　单位：个

年 份	园区数量	养殖技术	运营模式
2006	10	奶牛养殖场较少，绝大多数奶牛还是分户散养、奶站集中挤奶	养殖场经营
2007	13	奶牛养殖场较少，绝大多数奶牛还是分户散养、奶站集中挤奶	养殖场经营
2008	35	统一管理、统一挤奶、统一销售、统一防疫、统一饲料、分户喂养	合作社经营
2009	53	统一管理、统一挤奶、统一销售、统一防疫、统一饲料、分户喂养	园区化管理

续 表

年 份	园区数量	养殖技术	运营模式
2010	80	统一管理、统一挤奶、统一销售、统一防疫、统一饲料、分户喂养	园区化管理
2011	100	统一管理、统一挤奶、统一销售、统一防疫、统一饲料、分户喂养	园区化管理
2012	120	统一管理、统一挤奶、统一销售、统一防疫、统一饲料、分户喂养	园区化管理
2013	120	统一管理、统一挤奶、统一销售、统一防疫、统一饲料、分户喂养	园区化管理
2014	123	全混合日粮饲养、分群管理、自由采食、奶牛卧床、自动饮水、良种繁育	牧场化管理
2015	121	全混合日粮饲养、分群管理、自由采食、奶牛卧床、自动饮水、良种繁育	牧场化管理
2016	108	全混合日粮饲养、分群管理、自由采食、奶牛卧床、自动饮水、良种繁育	牧场化管理

第二节 政策扶持

1998 年后，山阴县制定实施一系列优惠政策发展农业产业化，鼓励建设奶源基地，调整乳制品结构。规定“凡乳制品加工企业自建奶牛养殖园区（奶牛养殖规模在 500 头以上）和为奶农提供担保贷款数额每年在 5000 万元以上的，除政策上给予优惠外，政府可授予功勋企业称号并给予年终奖。”在鼓励企业开发新产品和纳税方面，规定“凡新上新产品项目，当年实现税收留县部分全部奖励企业；凡企业年纳税额在 500 万元以上的，留县部分给予 10% 的奖励；凡企业年纳税额在 2000 万 ~ 5000 万元的，留县部分给予 15% 的奖励；凡企业年纳税额在 5000 万 ~ 1 亿元的，留县部分给予 30% 的奖励”。鼓励农民养牛、干部下海、民营办场，为全县生态畜牧业崛起铺路搭桥。允许农民在自己承包地里建牛场；优先安排畜牧养殖用地，费用给予优惠，鼓励引导民营企业从事牧草开发、草畜产品经营和兴建养殖场；对于发展畜牧业，建畜牧场的“四荒地”，拍卖从优，使用权不变；对于从事畜禽产品流通的经纪人，工商部门免费统一发给经营许可证；鼓励行政事业单位干部职工自愿创办、领办、帮办畜牧养殖场。兴荣养殖奶业有限责任公司从一个原来只有 10 余头牛的小型养殖场，迅速壮大为存栏优种奶牛 300 头的中型机械化奶牛场。

2002 年，山阴县引导“公司 + 农户”的利益共同体形成，拉动山阴大部分地区以及周边县区奶牛养殖业，伊利集团、蒙牛集团与全县乳品企业合作，解决乳品销售市场疲软问题。2007 年，县委、县政府为帮助奶业销售名牌化，组织扶贫基金会和奶业协会对奶农进行培训，实现品种量化、基地规模化、管理标准化、经营产业化、饲养生态化，推出奶牛良种补贴、优质后备奶牛饲养补贴。2009 年，奶牛乳品协调领导组成立，乳品产业管理办公室、奶牛基金会、奶牛协会、乳品研究会等机构组织先后成立，在配种、防疫、检疫、建档、科技咨询和市场信息方面为农民养奶牛提供低价或无偿服务。出台《关于进一步推动山阴奶业持续快速健康发展的实施方案》，加强市场管理，整顿优化鲜奶收购秩序。

2011 年，山阴伊利公司出台购一头奶牛可贷款 5000 元的优惠政策。2014 年，山阴县组织 12 家奶牛养殖合作社，成立全县第一个乡镇奶牛养殖协会——合盛堡乡奶牛养殖协会，协会围绕奶牛生产及广大会员户需要，特别在鲜奶销售方面，开展产、供、销系列化服务。2016 年，县委、县政府派人先后深入合盛堡乡奶牛养殖协会、驿泽奶牛专业合作社等十余家奶牛养殖单位和境内古城、蒙牛两家乳业加工企业，对奶牛饲养、经营管理、奶质奶价、生鲜乳购销及乳制品加工等环节做出系统调查研究，结合国内乳业形势，梳理“卖奶难”问题，同时制定倾斜政策，采取贴息贷款、提高奶价、让利于农等保护措施，保护奶农的生产利益，促进乳品业的健康发展。

第二章　企业与产品

第一节　企　业

山西溶溶乳业有限公司

山西溶溶乳业有限公司位于山阴县城同太北路 3 号，始建于 1983 年，占地 5.6 万平方米，总资产 9700 余万元。2003 年，拥有液态奶生产线 5 条、奶粉生产线 2 条。2003 年与蒙牛乳业集团合作。2009 年，公司有液体奶生产线 4 条，日处理鲜奶 120 吨，年产液态奶 4000 多吨，奶粉生产线 2 条，年设计生产奶粉 3000 多吨。两项合计年产值 2.5 亿元。公司被山西省定为农业产业化百龙企业之一，并通过 1S0　8001:2000 国际质量管理体系认证和食品质量安全 QS 认证。为增强企业产品科技含量和市场竞争力，企业在原基础上扩建 16 条液态奶、酸奶、花色奶生产线。年产 20 万吨。

2009 年，公司日处理鲜奶 120 吨，年产液态奶 4000 吨，年实现销售收入 1.7 亿元，在全省建立 300 多个现代化收奶站，带动当地近万户农民饲养 20000 多头奶牛致富增收，安排社会就业 500 多人。2015 年后，企业停止生产，只收购鲜奶。

山阴县康喜奶业有限责任公司

山阴县康喜奶业有限责任公司成立于 1995 年，位于山阴县应山路康喜奶业工业园，注册资金 461 万元，从一家小型奶粉加工厂，逐步发展成为集饲草种植、奶牛养殖、乳制品加工的综合性农业产业化龙头企业。2000 年，公司通过了 ISO　9001:2000 国际质量管理体系认证；2001 年，被中国绿色食品发展中心认定，允许使用绿色食品标识；列入全省“1311”工程农业产业化百家龙头企业之一；2002 年，被省农业产业化领导组授予“带动贫困地区基地建设重点龙头金业”；2003 年，被中国农业银行评定为 AAA 级信用单位，被省委、省政府授子管理先进乡镇企业；2003 年 1 月 20 日，公司与伊利乳业集团签约合作，主要经营淀粉糖、营养糖、乳制品加工，团队人数 150 人。解决下岗职工和大中专毕业生 200 多人的就业。公司与养牛户签订长期的鲜奶购销合同，奶农在享受当地最低保护价的同时，随着市场奶价的提高，可享受当地最高收购价。公司在奶牛饲养集中的乡镇成立奶牛协会，为奶农提供奶牛疫病防治服务，进行饲养技术指导，无偿为奶农提供贮奶配套设施对规模养牛户给予银行信贷担保。公司共为 800 户养奶牛户担保了 480 万元的贷款，并在奶牛养殖比较集中的乡村，新建了 55 个现代化挤奶站，有效地保证了鲜奶质量，彻底解决“企业乱扣杂质水分，奶农掺假掺水”的问题，理顺了龙头企业与奶农的关系。2005 年，被国家农业部授予“全国乡镇重点企业创名牌重点企业”称号；2007 年，公司乳制品产量 4 万吨，产值 16000 万元，销售收入 18325 万元，实现利税 843 万元。

康喜奶业

2009 年，公司有两大系列十几个品种，产品以其可靠的质量、独特的风味和丰富的营养，受消费者的好评，远销全国各大中城市、产销率达到 100%，成为山西省畜牧业和乳品加工业的重要生产基地。在第三届中国食品博览会上，产品荣获金质奖；康喜公司总资产 12726 万元，其中固定资产 5735 万元，流动资产 3280 万元：乳制品加工年设计能力 7.5 万吨，日处理鲜奶 210 吨。公司有奶粉生产线 1 条、液态奶生产线 8 条、奶牛养殖场 2 个、奶牛 300 多头、1800 亩的饲草种植基地 1 个（山阴县塞北畜牧发展有限公司）、饲料加工厂 1 个、现代化挤奶站 55 个，拥有职工 380 人（其中：大中专学历 153 人，初高级技术人员 45 人），2015 年后，企业停止生产，只收购鲜奶。

山西春城乳业有限公司

山西春城乳业有限公司是一家新兴的高科技民营股份制企业，在中国乳业协会的策划下，公司组建于 1999 年 8 月，于 2001 年 6 月投产。公司占地面积 860 亩，注册资金 650 万元，引进国际一流的瑞士、美国、意大利乳品加工设备，拥有年产 2 万吨液态奶的加工能力，主要经营乳制品制作、含乳饮料等，主导产品为春城牌功能性酸奶（女士酸奶、醒酒玉露、酸奶、无糖酸牛奶），位于山阴县后所经济开发区南万庄园。距 208 国道和大运高速元营出口 2 千米。是全国著名的“北方农区第一奶”“全国乳产品加工示范基地”，公司长期与国家乳品工程技术中心、中国食品发酵研究院、中国农业大学食品学院合作，开展科研攻关，开发新潮产品，将科技成果进行市场细分，产品提前进入无竞争领域。

2009 年，公司在北京、山东、甘肃、宁夏、陕西等地建立直销办事处。“春城牌”乳酸菌饮料系列产品通过了 1SO　9001：2000 国际质量管理体系认证和食品质量安全 QS 认证。春城乳液先后获得 20 多项省级以上荣管：中国国际农业博览会“名牌产品”、中国特色食品、山西名牌产品、山西著名商标、香港第二届中华专利技术博览金奖、北京用户满意产品、山西民营科技产品等。被朔州市命名为“农业产业化龙头企业”。投产以来，实现销售收入 8000 多万元，实现利税 800 多万元，先后安排就业人员 400 余人。

2015 年，春城乳业经营范围变更，从种植业、牲畜饲养业、家禽饲养业制造销售乳制品、含乳饮料变更为销售预包装产品。

朔州伊利乳业有限责任公司

朔州伊利乳业有限责任公司成立于 2003 年 2 月，是内蒙古伊利实业集团股份有限公司和山西省山阴县康喜奶业有限责任公司共同兴建的股份制企业，为伊利集团公司的控股子公司，隶属于集团公司五大事业部之首——液态奶事业部。公司位于山阴县岱岳镇应山路北。公司 300 余人，内设人事行政部、财务部、技术部、储运部、供应组、设备部、生产部、奶源部 8 个部门。拥有十条灌装生产线，年设计生产能力 4.5 万～4.9 万吨，实际生产能力 4.5 万吨。日加工鲜奶 150 多吨。2016 年，朔州伊利乳业有限公司共加工乳制品 33289 吨，实现税收 409 万元。

内蒙古蒙牛乳业（集团）山西乳业有限公司

内蒙古蒙牛乳业（集团）山西乳业有限公司于 2003 年 7 月在朔州市工商行政管理局注册成立，注册资本为 1000 万元。主要经营乳制品的生产、加工、销售，员工 300 人，位于山阴县同太北路 3 号。2016 年，蒙牛乳业集团山西事业部收购的大部分原料奶因运回内蒙总部加工，在山阴共加工乳制品 6889 吨，实现税收 341.7 万元。

第二节　产品产量

产　品

奶粉　古城乳业集团的前身山阴城奶粉厂以全脂加糖乳粉生产为主。公司立足省级企业中心的技术、资源优势，不断引进、消化吸收新工艺、新配方，以加糖乳粉为主的乳粉产品结构逐渐改变。1998 年，古城乳业集团的奶粉销量比 1997 年 1.08 万吨有所增长。1999 年，古城乳业集团开工建设 5000 吨系列奶粉项目。到 2004 年，企业乳粉产量 6000 吨，其中，全脂乳粉 20.7%，加糖乳粉 13.6%，脱脂乳粉 3%，婴幼儿乳粉 37.5%，其他乳粉（包括中老年乳粉、孕产妇乳粉、降糖乳粉、各种强化乳粉等）25.2%。公司乳粉类产品的结构发生很大变化，全脂加糖乳粉为主的现象得到改变，适合不同人群营养需要的配方乳粉超过总产量的 60%。2012 年，古城乳业集团推出 360 优质配方奶粉。2015 年，推出新品全脂加糖奶粉，2016 年，重点培育配方奶粉和功能性奶粉。公司奶粉生产能力达到 2 万吨 / 年，其中一分厂（中荷合资）1 万吨 / 年，二分厂（原明星乳业）0.5 万吨 / 年，三分厂（原山阴城奶粉厂）0.5 万吨 / 年。产品主要有以全脂加糖奶粉为拳头产品的大众系列奶粉、全脂奶粉、脱脂奶粉、强化奶粉、高钙硒低脂肪奶粉、加锌碘硒奶粉、中小学生奶粉、儿童高钙奶粉、孕产哺妇奶粉、中老年奶粉、男士奶粉、女士奶粉、婴幼儿配方奶粉（Ⅰ、Ⅱ、Ⅲ），产品包装形式有复合塑料袋包装、独立方便包装、听装等，产品规格有 320 克 / 袋、350 克 / 袋、370 克 / 袋、400 克 / 袋、900 克 / 听、25 千克 / 袋。同年，公司共生产系列奶粉 4623 吨，其中全脂加糖奶粉 2246 吨。

山阴另一企业康喜奶业生产的奶粉分为 3 种，无糖全脂奶粉、AD 钙全脂甜奶粉、铁锌钙全脂甜奶粉。都为 400 克铝箔袋。2015 年，企业停止生产。

冰淇淋　90 年代末，山阴县开始利用牛奶生产冰淇淋。产品主要分奶油冰淇淋和酸奶冰淇淋两种。因为产量小，多在本地销售，一直未形成自己的品牌。2003 年后，随着伊利集团、蒙牛集团的入驻，本地产的冰淇淋因成本和品牌劣势受到巨大冲击，慢慢消亡。2005 年，完全停止生产。

液态牛奶

女士酸牛奶　由山西春城乳业有限公司经国家乳品工程技术开发中心开发研制，根据女士的生理特点及营养需求专为女士设计。该产品是低脂肪、高蛋白、营养成分平卖的高档乳饮品。能控制脂防摄人、提高人体免疫功能。对减肥，保持身体苗条，增加皮肤弹性、保健、美容有一定的作用。

醒酒玉露　山西春城乳业有限公司斥巨资委托中国农大食品学院研制开发的具有解酒功效的乳饮料。该产品为国家专利产品，安全无任何毒副作用，填补国内空白。2001 年 7 月 29 日，在北京人民大会堂和山西省科技厅通过了专家鉴定，属国内科技领先水平。

无糖酸牛奶　是山西春城乳业有限公司采用最新科研成果开发的新产品，低热量、低脂肪、高纤维、优质蛋白。为糖尿病、额齿病、肥胖症患者等必须限制摄入糖类的人群带来健康选择。

古城乳业系列液态奶　学生奶、鲜奶、酸奶、功能奶等。

产　量

1998 年后，随着奶牛品种的优化改良，规模化、集约化健康养殖的推进，以及全混合日粮等技术的推广，山阴县奶牛年平均单产奶量逐年提高。2002 年，产奶量 177002 吨。2009 年，产奶量高达 281078 吨。2016 年，泌乳牛年单产 6 吨，年总产奶量为 233700 吨。

1998—2016 年山阴县奶牛产奶量生产情况表

表 23-2

年　份	品　种	奶牛存栏（头）	产奶量（吨）	奶牛单产（公斤 / 天）	养殖方式（规模）
1998	中国黑白花奶牛	39507	1240011	—	农户散养
1999	中国黑白花奶牛	42579	129100	—	农户散养

续 表

年 份	品 种	奶牛存栏（头）	产奶量（吨）	奶牛单产（公斤/天）	养殖方式（规模）
2000	中国黑白花奶牛	45049	150017	—	农户散养
2002	中国黑白花奶牛	51000	177002	—	农户散养
2004	中国黑白花奶牛	64172	201085	—	农户散养
2006	中国黑白花奶牛	60108	196486	15	奶牛养殖场较少，分户散养、奶站集中挤奶
2007	中国黑白花奶牛	68090	220064	15	奶牛养殖场较少，分户散养、奶站集中挤奶
2008	中国黑白花奶牛	72166	227355	18	合作社经营
2009	中国黑白花奶牛	73182	281078	18	标准化园区化养殖
2010	中国黑白花奶牛	75406	223394	19	标准化园区化养殖
2011	中国黑白花奶牛	83193	250071	19	标准化园区化养殖
2012	中国黑白花奶牛	80514	240434	20	标准化园区化养殖
2013	中国黑白花奶牛	83580	233391	22	标准化园区化养殖
2014	中国黑白花奶牛	86826	276997	25	牧场化管理
2015	中国黑白花奶牛	80012	253636	25	牧场化管理
2016	中国黑白花奶牛	70131	233700	27	牧场化管理

第三节 品 牌

1998—2016 年，山阴县先后注册过 8 个乳品商标，其中“红卫牌”“明星牌”“桑干牌”等商标，因企业改制等原因注销。其余的 5 个商标分别为“春城牌”“古城牌”“康喜牌”“溶溶牌”“鑫源牌”，其中“古城牌”奶粉、液体奶获中国名牌产品，“春城牌”“康喜牌”“溶溶牌”等获省市名牌。

“古城牌”是古城乳业集团有限公司的注册商标，为山西省著名商标。“古城牌”系列产品品种齐全。其中，灭菌奶系列、酸奶、乳酸菌饮料系列为“国家质量免检产品”。2002 年，“古城牌”系列乳制品被评为中国名牌产品。2005 年，“古城牌”系列奶粉、液态奶两个产品被评为中国名牌产品。2011 年，“古城纯牛奶”获“山西省特色农产品十大名牌”称号。系列产品包括鲜牛奶、酸牛奶、酸果乳、中老年奶等。

“康喜牌”是康喜奶业有限责任公司的注册商标。“康喜牌”系列产品是山西省优质产品和名牌产品。产品包括无糖全脂奶粉、AD 钙全脂甜奶粉、铁锌钙全脂甜奶粉。

“春城牌”是山西春城乳业有限公司的注册商标。主要生产“春城牌”靓酸乳。开发的“醒酒玉露”“女士酸牛奶”先后获得中国农业博览会“名牌产品”等荣誉。其中，2001 年 7 月 29 日，“醒酒玉露”在人民大会堂和山西科技厅通过专家鉴定，评为国家专利产品。

第三章 生产加工

第一节 生产工艺

山阴县乳产品采用的主要生产工艺有奶粉类产品生产工艺、液态奶超高温灭菌无菌灌装工艺、巴氏杀菌超洁净灌装工艺三大类。系列奶粉生产采用湿法工艺。湿法工艺比较复杂，需要的设备较多，但产品均一性好，理化指标稳定。工艺流程主要是原料奶验收、原料奶净化、储存、标准化配料、均质、巴氏杀菌、浓缩、喷雾干燥、包装、检验等。

灭菌奶也叫超高温奶。采用瞬间超高温灭菌法，在一条生产线上，将被包装物料的杀菌、包装盒成型及包装一次完成，即从包装成形至产品充填过程，均在密封无菌区域内进行。含有5~7层保护膜的康美包、利乐包、百利包保鲜纸盒能保护牛奶中的维生素不受阳光照射。灭菌保鲜奶为“长效奶”，贮存期长，可以使消费者降低购买的频率。产品本身无需冷藏，常温下保质期一般为6个月。工艺流程主要是原料奶验收、冷却储存、净乳、标准化、冷却储存、预热、均质、UHT灭菌（137℃，2~4秒）、冷却、无菌输送、无菌灌装、贴管、自动装箱、检验、入库，全线配套CIP自动清洗。

具有世界一流水平的GEA超高温灭菌车间

巴氏奶也叫低温保鲜奶。工艺流程是原料乳的验收、净乳、过滤、标准化、均质、巴氏杀菌（75℃，持续15~20秒）、冷却、洁净灌装、包装、冷藏。酸奶分凝固型酸奶和搅拌型酸奶两类。

凝固型酸奶的生产工艺流程：原料奶验收、净乳、标准化、均质、杀菌、冷却、接入菌种、搅拌、灌装封口、发酵、冷却、后熟。搅拌型酸奶的生产工艺流程：原料奶验收、净乳、标准化、均质、杀菌、冷却、接入菌种、发酵、搅拌、灌装封口、冷藏后熟、加入果料、香精。

第二节 设备设施

山阴县核心乳制品企业主要生产奶粉的设备设施有储奶设备、净乳设备、高压均质机、制冷设备、配料设备、浓缩设备、杀菌设备、高压泵、立式喷雾干燥设备、密闭输粉设备、包装设备、全自动CIP清洗设备、空气净化设备等，其中包括安装在原料预处理车间外面的6个上海乳制品厂生产的室外储奶罐，安装在原料预处理车间的1台德国韦斯伐里亚生产的净乳分离机、1台德国基伊埃公司生产的均质机，安装在制冷车间的2套大连冷冻机厂生产的螺杆式氨压缩机，安装在浓缩车间的安达轻工机械厂生产的2套双效降膜蒸发器、2台杀菌机，安装在喷粉车间的2台上海东华高压均质机厂生产的高压泵、1套黑龙江乳品机械厂生产的压力喷雾干燥塔，安装在喷粉车间粉仓室的1套浙江沈泰特种设备有限公司生产的密闭输粉系统，安装在清洗车间的1套黑龙江乳品机械厂生产的CIP清洗系统，安装在空调机房的1

套烟台顿汉布什工业有限公司生产的中央空气处理机组等。

液态乳生产主要设备设施有储奶设备、净乳设备、制冷设备、均质设备、超高温杀菌设备、无菌灌装设备、外包装设备、全自动 CIP 清洗设备、空气净化设备等，其中包括安装在原料预处理车间外面的 6 个上海乳制品厂生产的室外储奶罐，安装在原料预处理车间的 1 台德国韦斯伐里亚生产的净乳分离机、1 台德国基伊埃公司生产的均质机，安装在杀菌车间的 2 套德国基伊埃公司生产的 UHT 灭菌机、无菌罐，安装在灌装车间的 1 台德国康美包公司生产的灌装机（盒装）、2 台法国百利包公司生产的灌装机（袋装），安装在外包车间的 7 台（美国）伊时得公司生产的纸箱封箱机、1 台（德国）A + F 有限公司生产的自动装箱机，安装在清洗中心的 2 台上海乳品机械厂生产的 CIP 清洗系统，安装在制冷车间的 1 台大连冰山冷冻机厂生产的空气净化机组。

检验设备设施主要分原料乳理化检测设备、成品理化检测设备、微生物检测设备、三聚氰胺检测设备，其中原料乳理化检测设备包括丹麦 FOSS 公司生产的 2 台 FOSS120、1 台 FOSS4000、1 台牛奶细菌总数分析仪 FOSS50，1 台韩国牛博士中国生物科技有限公司生产的体细胞仪，1 台美国 Waters 生产的液相色谱仪等；成品理化检测设备包括福斯赛诺分析仪器苏州有限公司生产的 1 台消化炉、1 台凯氏定氮仪，日本岛津公司生产的 1 台原子吸收分光光度计、1 台紫外线可见分光光度计、1 台分子荧光分光光度计、2 台气相色谱仪，1 台丹麦福斯赛诺分析仪器苏州有限公司生产的膳食纤维测定仪，2 台美国 Waters 公司生产的液相色谱仪，1 台美国奥豪斯公司生产的水分快速测定仪等；微生物检测设备包括 1 台美国梅里埃诊断产品有限公司生产的血培养仪，1 台天津奥特塞恩斯仪器有限公司生产的拍击式均质器等；三聚氰胺检测设备包括 1 台日本岛津公司生产的气质联用仪、1 台海门市其林贝尔仪器制造有限公司生产的旋窝混合仪、1 台美国 Waters 生产的液相色谱仪。

第三节 技术改造

1998 年后，山阴县在节能降耗减排的统一要求下，强化乳品生产企业规范化管理，各乳品生产企业均按照国家质检总局发布的企业生产乳制品许可条件进行改造升级，更新设备、改进工艺，通过生产技术创新保持发展态势，对“三废”（废气、废水、废渣）进行治理。作为山阴县最早最大的乳制品企业，古城乳业集团按要求进行技改，根据实际情况对“三废”进行彻底治理。1998 年，古城乳业集团投资 2200 万元对最早的奶粉车间进行改造升级，引进黑龙江轻工机械厂制造的三效膜浓缩、500 型压力喷粉塔、增设卵磷脂喷涂工艺和流化床二次复聚工艺。2000 年，古城乳业集团万吨系列乳制品扩建工程完

古城乳业液态奶生产车间

古城乳业挤奶车间

成投资 3000 多万元；康喜奶业公司 2000 吨奶粉生产线全面竣工。2002 年，古城乳业集团开始扩建年产 16 万吨液态奶生产车间（五分厂）。

2003 年，古城乳业集团引进瑞典利拉伐挤奶设备，新上 16 万吨液态奶项目，一期工程建成 7 条液态奶生产线，日处理鲜奶能力达 500 吨。伊利集团、蒙牛集团分别新上 7 条和 4 条液态奶生产线，日处理鲜奶能力 150 吨和 120 吨。2004 年，古城乳业集团引进德国基伊埃超高温灭菌设备，建成牛舍和现代化挤奶厅 2 万平方米。2005 年，古城乳业集团投资 60 余万元更换锅炉湿式除尘器。2006 年，古城乳业集团投资 660 万元建设废水处理厂，2007 年投资 140 万元改造厂区管网，投资 110 余万元在奶粉加工车间、液态奶加工车间安装 CIP 清洗系统，同时投资 30 万元安装在线监控系统。同年 12 月，古城乳业集团废水处理厂通过达标验收，同月 16 日经朔州市环境监测站监测为烟尘全部排放达标。2007 年，康喜 10 万吨液态奶扩建和春城 5 万吨功能性液态奶续建项目建成并投入使用。2010 年，佳联公司投资 300 万元建成 600 立方米的发酵罐和 300 立方米的储气柜各一座。2011 年，古城乳业集团承担省经信委批复的自动化控制技术在牛奶加工过程中的节能应用技术改造项目，项目由公司技术总工谭曲波主持，通过对牛奶生产线上变频元件的自动控制实现了科学管控，年可节约标煤 328 吨，被省经信委授予“技术创新进步奖”。

2005—2016 年，古城乳业集团累计投入环保资金超过 3000 万元，全部生产性污水处理均达到国家综合排放一级标准，并在示范牧场建设中，引入循环经济理念，通过建设沼气供户项目，有效地解决了奶牛养殖中大量排泄物对环境的污染。公司先后通过 ISO 9002 质量管理体系认证、HACCP 认证、GMP 认证、ISO 14001 环境管理体系认证、食品安全管理体系认证、职业健康安全管理体系认证。

2016 年，山阴县实施奶业生产提质增效、转型升级工程，建设优质奶源基地，推进 20 个奶牛养殖园区向牧场化养殖转变。古城乳业集团与全球最大的乳制品出口商——新西兰恒天然集团进行生产品牌合作，启动 20 万吨饲料加工厂生产项目，并投产 15 万吨液态奶生产线。

第四章 营销宣传

第一节 销 售

1998 年，古城乳业集团在行业竞争日趋激烈的情况下，把营销摆在第一位，通过采取有奖销售，强化古城品牌，扩大市场占有率，乳品销售量和销售额收入分别比上年增长 12.59% 和 9.1%。2003 年，全县乳品产业实现税收 1500 万元。2004 年，全县产销系列乳制品 17.9 万吨，实现销售收入 6.9 亿元。2007 年，生产系列乳制品 38.11 万吨，实现销售收入 9 亿元，上缴税金 2743 万元，比 2006 年增长 5.7%。2011 年，乳品行业销售产值完成 9.5 亿元，同比增长 41.92%；销售收入完成 11.1 亿元，同比增长 52.08%；实现利税完成 2102 万元，同比增长 63.79%；实现利润 1377.1 万元。2012 年，全县乳品行业工业总产值完成 10.87 亿元，同比增长 8.11%；销售产值完成 10.14 亿元，同比增长 8.46%；销售收入完成 10.51 亿元，同比下降 6.43%；实现利税 5358 万元，同比增长 170.36%；实现利润 3999.7 万元。2013 年，古城乳业集团销售收入突破 10 亿元，利税达到 6368 万元。2015 年，全县完成乳品行业销售收入 69565.21 万元，同比下降 6.9%；实现利润 4203.12 万元，同比下降 15.68%；上缴税金 3346.25 万元，同比增长 113.12%。2016 年，古城、蒙牛、伊利三家乳品加工企业共加工乳制品 14.854 万吨，实现税收 2127.7 万元。

第二节 宣 传

20 世纪 90 年代末，山阴县以宣传“绿色”乳制品为特色，提高全县乳制品质量，增加企业品牌知名度。2008 年，全县编印发放各种教材及宣传手册 2.6 万册，免费发放到奶农手中，稳定规范奶业市场。2012 年 8 月，奶牛节系列活动之一奶牛选美大赛决赛在山阴县古城镇胡疃村举行。活动结束后牛奶收购价每斤提高 0.1 元，单头奶牛增值 1500 余元。9 月 8 日，首届中国山阴边塞文化周暨奶牛节开幕，主打宣传“边塞文化牌”，并通过一系列的活动展示全县在乳业经济领域取得的显著成绩。

2013 年 8 月 1—5 日，第二届中国山阴边塞文化周暨奶牛节期间，开展“优质奶牛”选拔赛。2013—2016 年，古城乳业集团实施品牌战略，先后与北京极创唯一、山西智诚传播、上海铭泰铭观咨询策划等机构合作，以山西市场为主阵地，通过打亲情牌、诚信牌、印象牌、品质牌、感恩牌，以多种渠道进行品牌形象宣传。公司每年投入 600 万元在中央电视台农经频道、山西卫视、山西经济频道、山西科教频道、山西影视频道以及省内各地市电视台投放广告片，宣传古城乳业洁净的水源、清新的空气，从放心奶源这个角度提升古城品牌知名度。同时在山西交通广播、山西音乐广播，以及地市广播电台插播形象广告，在节日期间通过送祝福的方式拉近与消费者的距离。

第五章 古城乳业

第一节 规模荣誉

规 模

古城乳业集团公司的前身为山阴县山阴城奶牛场，始建于 1976 年。1983 年建立山阴县山阴城奶粉厂。1994 年改制成职工股份制，企业名称变更为山西古城乳品业有限公司。1995 年与荷兰依美口有限公司组建山西古城依美口乳品有限公司。1997 年 10 月，山西古城乳品业有限公司、山西古城依美口乳品有限公司、山西明星乳品有限公司等三家企业组建集团公司，即山西古城乳业集团有限公司。2000 年改制成民营企业。2007 年，公司总资产 4.5 亿元，下设 9 个分厂，其中奶牛养殖示范园 2 个、系列奶粉厂 3 个、系列液态奶生产厂 4 个，产品占山西市场 70%、全国市场 5.2%，当年完成销售收入 5.6 亿元，上缴税金 2182 万元，实现利润 2397 万元，经济效益居朔州市非煤企业第一，山西省乳制品同行第一，全国十大乳制品集团公司第七。公司拥有 3 条奶粉生产线，先后从法国、英国、德国等国家和地区引进 33 条系列液态奶超高温灭菌无菌包装线，日加工鲜奶能力 1000 吨，年设计系列乳制品生产能力 30 万吨，其中系列奶粉 2 万吨，系列液态奶 28 万吨。生产的主导产品有系列酸奶、系列超高温灭菌奶、酸牛奶、乳饮料等五大系列 130 多个品种，其中“古城牌”奶粉系列获“中国名牌”，灭菌奶系列、酸奶、乳酸菌饮料系列为国家质量免检产品。2016 年，公司拥有总资产近 5 亿元，职工 1200 余人，乳制品年生产能力达 32 万吨，拥有系列主导产品生产线 36 条，生产 40 多个高品质乳制品。

荣 誉

2000 年公司被农业部等八部委联合认定为首批农业产业化国家级重点龙头企业；2001 年被中华全国总工会授予“全国五一劳动奖状”；2002 年被认定为“国家学生饮用奶定点生产企业”；2004 年后连

续被山西省人民政府授予“模范单位”“结构调整突出贡献企业”“功勋企业”“山西省百强中小企业”等称号。

第二节　生产经营

1985 年，公司投资 130 万元进行技改、扩建。奶粉生产由盘管进化为双效降膜，喷粉卧式改为塔式。全脂甜奶粉年生产能力由 500 吨提高到 3000 吨，古城甜牛奶粉 1985 年被评为省优质产品，1986 年被评为部优质新产品。1993 年，投资 1300 万元进行第二次技改扩建，建起 3000 平方米的现代化系列乳制品生产车间。年全脂奶粉生产能力提高到 1 万吨，品种由全脂甜奶粉增加为脱脂奶粉、婴幼儿配方奶粉等 5 个新品种，公司成为山西省乳制品同行业第一。1996 年，投资 115.8 万美元进行第三次技改扩建，成为国内第一个引进英国、德国生产线，第一个生产超高温灭菌无菌纸盒包装鲜牛奶、纯牛奶的乳制品企业。1997 年、1998 年连续引进德国康美包、法国百利包生产线。液态奶年产量由 1 万余吨扩大到 5 万吨。

2003 年，新上的 16 万吨液态奶项目被列为国家乳品加工专项项目，总投资 1.88 亿元。新建 2 万平方米的科技化、系列化、标准化的全钢架、彩钢液态奶车间，先后引进德国基伊埃、康美包、法国百利包等 22 条生产线。公司成为国内 10 大液态奶生产企业之一。2004 年，投资 5000 万元建起国内第一流水平的万头现代化奶牛养殖园区，牛舍为全钢架，挤奶设备引进瑞典利拉伐设备。同时引进新西兰、澳大利亚优质高产奶牛 930 头。投资 5000 万元引进德国基伊埃超高温灭菌设备，在榆次市经济技术开发区新建 10 万吨巴氏奶生产项目。公司成为国内最大的巴氏奶生产厂。2009 年，古城乳业集团完成股权结构的优化调整，注入新资本，实现古城乳品的优化升级。

2011 年后，古城乳业集团拓展延伸市场渠道。2015 年，销售收入达到 30 亿元、利税超过 2 亿元。至 2016 年，公司在山阴、忻州、晋中三大生产基地的周边发展合作规模园区 30 余家，自建、合作奶站共计 300 多个，带动奶农达 5 万户，存栏奶牛 10 万头，累计收购鲜奶 300 万吨，累计为奶农发放奶款超过 50 亿元，累计缴纳税款超过 2 亿元，成为农区奶都发展产业化经营、辐射带动周边农户数量最多的国家级农业产业化重点龙头企业。全年共加工乳制品 108369 吨，实现税收 1377 万元。

第三节　奶源基地建设

1976 年，山西农业大学教授冀一伦及其研究生武治国博士以山阴城镇小农场（古城乳业集团的前身）为实验实践基地进行黄牛改良、糖蜜尿素饲喂项目试验，山阴城镇小农场成为“山阴城镇奶牛示范场”。

古城乳业集团公司养牛场

古城乳业 5000 亩牧草种植师范基地一角

公司开始在以山阴城镇为中心的山阴、应县周边乡村引导农民发展庭院式奶牛养殖。同期山阴城奶粉厂开始在各村设点定点定时收奶。从1998年开始，古城乳业集团推行“分散饲养、集中挤奶”，分两批在古城、马营庄、薛圐圙、北周庄、合盛堡、安荣、张家庄、后所八个乡镇的奶牛养殖集中的村庄建起35座机械化挤奶站，奶农在自己家里饲喂奶牛、在规定时间内每天两到三次到奶站挤奶。2001年，公司投资5000万元在忻定农牧场的康元乳品公司原址上合作成立山西古城乳业集团有限公司第四分厂，以第四分厂为辐射，带动忻府区、定襄县、阳曲县等奶牛养殖业发展。2004年，全县建设高标准现代化挤奶站105座，其中古城乳业奶站55座，伊利乳业奶站25座，蒙牛乳业奶站25座。2006年，在晋中经济开发区建成并投产古城乳业集团八分厂，带动榆次、祁县、太谷等地奶牛养殖。

2008年“三聚氰胺事件”以后，以山西古城乳业集团农牧有限公司奶牛养殖场为示范窗口，山西省引导鼓励发展标准化养殖园区建设，引导扶持养殖大户建设标准化奶牛养殖小区为主要模式，由家庭散养发展过渡到集中饲养的托牛所模式制定推行“六统一”管理标准，从奶牛的生活条件、饮食标准、日常护理、疫病防控等方面着手规范奶牛的饲养管理，提升业主的科学化饲管水平，加强鲜奶质量监管和标准化奶站建设，全县奶站由278座整合为178座。

2016年，古城乳业集团通过建设奶源基地、牧草种植基地直接间接带动朔州、忻州、晋中三市11个县区31个乡镇的193个自然村的30836户农户发展养殖业，年为基地农户兑现奶款、玉米款、牧草款等4亿多元，基地农户通过牧草种植、玉米转化、短途运输等多种方式脱贫增收。

第四节 古城乳业产品产量

产 品

公司坚持“科技领先、持续改进、质量第一、顾客满意”的质量方针，立足奶源优势，在科技创新方面加大投入，突出产品差异化特色，提升古城品牌的地域亲和力。1994年之前，公司仅生产一种全脂甜牛奶粉。1994年后，公司加快开发新产品、新品种。1995年陆续开发脱脂奶粉、婴幼儿奶粉、冷冻饮品等，1996年开发系列液态奶、鲜牛奶、酸牛奶等。“古城牌”系列奶粉入选“中国十大乳品上榜品牌”。2000年，“古城牌”系列奶粉、超高温灭菌奶、中国学生奶、酸牛奶饮品、冷冻饮品被中国食品工业协会评为“国家质量达标食品”。2002年，古城牌奶粉被中国名牌战略推进委员会评为“中国名牌产品”，实现山西省中国名牌的零突破。2003年，系列奶粉被评为中国品牌产品。2005年，“古城牌”奶粉、婴幼儿配方奶粉、灭菌奶被国家质量监督检验检疫总局评为“国家质量免检产品”；系列奶粉、液态奶两个产品被评为中国名牌产品，公司成为山西省唯一连续两届、两个产品获得中国名牌产品的企业。至2007年，共开发奶粉、液态奶、酸牛奶、系列饮料等130多个品种。系列奶粉有全脂甜奶粉、婴幼儿配方奶粉1~4段、中小学生奶粉、中老年奶粉；液态奶有纯牛奶、鲜牛奶、早餐奶、晚餐奶、学生奶等；系列饮料有酸牛奶、草莓酸奶、原味酸奶、红莓酸奶、蓝莓酸奶等。奶粉罐装、液态奶无菌纸盒包装等达到国际先进水平。2009年，推出高附加值产品“黑元素”牛奶和“金牌”纯牛奶。奶粉、UHT灭菌奶、巴氏消毒奶、酸奶、含乳饮料等80多个品种的古城牌系列乳制品被市场

古城乳业产品宣传画

誉为“养育两代山西人的好乳品”，主导产品古城牌液态奶被评为“中国名牌产品”“山西省标志性名牌产品”。古城系列乳制品是山西省第十三届省运会唯一指定乳制品。2011 年 10 月 20 日，在第二届中国（山西）特色农博会上，古城纯牛奶获“山西省特色农产品十大名牌”称号。2012 年，公司推出养元素谷物牛奶。

山西古城乳业集团有限公司成立以来，注重自身品牌建设。2001 年，聘请北京一线视觉策划公司进行企业 VI 系统设计、升级，并以此为基础完善企业品牌保护、关联商标注册。至 2016 年，公司共有包括古城图形商标、古城文字商标、卡通牛、古城变体字、古城乳业集团 LOGO、优方、优棒、优平方、益生菌、古城养元素、古城 24+、360 优方、纤活、优平方、优棒等 17 件注册商标，涉及第 5 类婴儿配方食品、第 29 类牛奶制品及第 30 类以燕麦、谷物为主的小食品三大类。其中古城图形商标、古城文字商标连续六次被评为“山西省著名商标”。

产 量

随着古城乳业集团率先引进英国 APV 超高温灭菌生产线配套德国 PKL 康美包公司的无菌灌装生产线生产液态奶，山西省内乳品消费开始发生巨大的变化，方便、时尚的液态奶逐渐被城市居民认可，成为广大城市居民早餐必不可少的营养品。1998 年，古城乳业集团系列奶粉、系列液态奶产量持平，总产量突破 13000 吨。2001 年，古城乳业集团自主研发生产麦香早餐奶，日产量突破 20 吨。全县全年鲜奶产量达 1.7 亿公斤。2016 年，公司系列奶粉产量 4623 吨，系列液态奶产量 82114 吨，奶粉产销与液态奶产销接近 1∶20 的比例。

1998—2016 年古城乳业集团主要经济指标

表 23-3

年 份	销售收入（万元）	产量（吨）				利润（万元）	税金（万元）
		总产量	其中：奶粉	其中：液态奶	其中：乳饮料		
1998	8884	13025	8926	4099	—	1012	1423
1999	12892	20136	9125	7839	3172	747	1730
2000	12358	23106	9362	10216	3528	792	1246
2001	13660	24512	9156	11215	4141	1492	1694
2002	14663	25012	9315	12486	3211	841	1482
2003	17901	30875	9011	16429	5435	912	1933
2004	30225	43012	9636	24698	8678	1510	2452
2005	43291	50639	9213	31628	9798	2913	2385
2006	44871	52389	9245	33219	9925	1702	2533
2007	41157	50126	8036	33521	8569	−152	2799
2008	36569	49621	7125	32632	9864	−6031	0
2009	31954	43125	6215	30968	5942	−1916	1102
2010	40884	52143	5321	40125	6697	−5323	455
2011	50608	58725	5412	46856	6457	−502	523
2012	64391	70923	4683	56928	9312	4322	1075

续　表

年份	销售收入（万元）	产量（吨）				利润（万元）	税金（万元）
		总产量	其中：奶粉	其中：液态奶	其中：乳饮料		
2013	69065	78542	4869	59156	14517	4315	2617
2014	68877	77639	4803	59259	13577	5036	2457
2015	73720	81190	4732	61256	15202	3240	2312
2016	74123	86737	4369	68215	14153	4129	2268

第六章　乳业管理

第一节　管理机构

2004年，山阴县乳品产业办公室成立，建制为科级，人员从财政供养中选配。2005年，山阴县乳品产业办公室更名为山阴县乳品产业管理办公室，为正科级建制，全额拨款事业单位，归口农业系统，隶属县政府，定编7人，其中主任1人，副主任1人，工作人员5人从财政供养人员中调配。2011年7月，成为正科级建制全额预算事业单位，编制11人，定科级领导职数1正1副，内设1个股即办公室，核定股级领导职数1人。其中实有在职人员7人。下设3个股室，即综合股、计财股、奶业市场稽查大队。主要负责掌握分析全县鲜奶生产销售情况，奶站设置审批，行业管理；对奶牛饲料加工、销售企业进行行业管理。至2016年，机构设置未变。历任主任有张凯、赵永胜、李子杰。

第二节　生鲜乳监管

2008年，山阴县按照农业部下发的生鲜乳收购站标准化管理21项标准和生鲜乳运输车辆5项标准，对生鲜乳收购站点及运输车辆进行执法检查，并审查生鲜乳收购站和生鲜乳运输车资质条件，对合格的生鲜乳收购站和生鲜乳运输车发放生鲜乳收购许可证和准运证明。对生鲜乳进行抽样检查，监测对象是生鲜乳收购环节和运输环节。监测项目是三聚氰胺、皮革水解物、重金属、硫氰酸钠、碱类等非法添加物。2010年，山阴县为了维护全县奶源市场秩序，保障生鲜乳质量安全，先后投资400余万元，在全县108座奶站安装远程监控系统、在35辆生鲜乳运输车上安装GPS定位跟踪仪，安装摄像头394个，运用现代网络技术对生鲜乳收购站的挤奶、贮存环节和生鲜乳运输车辆奶罐注入口进行全过程24小时不间断实时监控，全面掌握生鲜乳收购情况和运输情况，真正实现生鲜乳从生产、收购、贮存、运输和销售环节质量安全监管的无缝对接，彻底消除生鲜乳质量安全监管盲区。县畜牧兽医局监控中心配备2名工作人员，实行24小时值班制度。2016年，全县共换发生鲜乳收购许可证104个，发放生鲜乳准运证明36个。

第三节　乳制品质量监管

90年代初，山阴县乳品企业为保证鲜奶质量，出资为农民购买测试设备。1999年，古城乳业集团创立省级技术中心，投资100余万美元引进丹麦、芬兰的鲜牛奶、乳品分析检验仪器。2002年，古城乳业集团投资20万元为农民购置鲜奶测试分析仪，建设奶源收购标准化体系。

随着乳制品加工企业规模的扩展，液态奶生产线的增多，以及省外知名乳制品加工企业的涌入，山阴县奶源市场出现一些哄抬奶价、无序竞争、掺杂使假等问题。2003年，山阴县按照朔州市委、市政府《关于加快奶源基地建设的意见》精神，出台《关于建设奶源基地和整顿规范奶源市场秩序的意见》，在全县展开整治行动。统一规划制定"申请建奶站申请表"，为奶牛养殖村、园区提供优惠政策，鼓励乳制品加工企业建立现代化挤奶站，并尝试性地开展奶农和乳制品加工企业之间的订单奶业，保护奶农的正常生产。同时，针对各种违规违法问题，以抽查和监测的方式规范境内原奶加工市场。市场秩序恢复正常。

2008年"三聚氰胺事件"发生后，出台《山阴县集中整治奶站的实施方案》，采取"三员一账，人盯人一条龙监督"的奶站监管措施，即由乳品企业派质监员、乡村派监督员、畜牧局派巡查员进驻奶站，对奶站的挤奶、奶罐铅封、运输到销售实施全程监控；并建立《山阴县奶站鲜奶收购登记表》；由乳品企业购置三聚氰胺检测设备"酶标仪"，对奶站送来的生鲜奶进行检验；县质监局、县经贸局负责对企业从原料进厂到生产、包装全过程实施24小时不间断监控。同时责令6家乳品加工企业停止全部奶粉生产线，通知各销售网点召回问题奶粉1682袋。同年10月5日，在质监、工商、环保等部门的现场监督下，对古城乳业集团的1.4264吨问题奶粉集中销毁。10月16日，政府副县长、县处置问题奶粉领导组副组长安秀清组织质监、工商、食药、环保等部门有关人员对朔州伊利乳业公司、蒙牛乳业山西公司召回的部分不合格液体奶产品集中统一销毁。两家企业被销毁的产品均为2008年9月12日生产的利乐枕纯牛奶，共计1854件、11.06吨。其中：蒙牛1822件〔规格：485毫升（500克）×12包/件〕，10.932吨；伊利32件〔规格：242毫升（250克）×16包/件〕，0.128吨。山阴县生鲜乳和乳制品质量安全水平明显提高，生鲜乳中"三聚氰胺"检测合格率连续6年保持100%。

2012年，山西省乳及乳制品质量检验中心在山阴县古城乳业集团成立。中心新建2100多平方米的食品检验室，投资820余万元购置检验检测设备50多台（套）。

2014年，检出古城乳业集团的三批次样品黄曲霉毒素M1超标。2015年5月，吊销古城乳业集团有限公司婴幼儿乳粉生产许可证。

至2016年，古城乳业集团技术中心累计投资数千万元，先后从美国、丹麦、德国引进乳品检测专用仪器，包括FT120、FT430乳成分检测仪，FC50细菌数分析仪，FT90体细胞检测仪及气相色谱仪，液相色谱仪，气质联用仪等先进设备，建成万级微生物洁净室、二级生物安全实验室。

第四节　"三聚氰胺"事件

乳业整顿

2008年，三鹿奶粉事件后，山阴县重点监查乳业，召回问题奶粉1682袋，其中2008年1月13日生产的婴儿成长奶粉623袋，2008年8月1日生产的婴幼儿成长奶粉464袋，2008年2月1日优方新生婴儿奶粉27袋；2008年7月13日生产的新生婴儿成长奶粉568袋。

同年9月16日，山阴县成立由县长任组长，两个常委、三个副县长为副组长，工商、质监、药监、卫生、畜牧等单位负责人和九个乡镇的书记、六家乳品企业负责人为成员的处置古城部分批次婴幼儿奶粉检出三聚氰胺问题领导组，领导组设在县质监局，具体分成六个专项小组，即产品检验组、奶源稽查组、市场保障组、事件调查组、医疗卫生组、新闻宣传组，监控奶源和乳制品质量。要求6家乳品加工企业加强内部质量监管，令古城集团停止全部奶粉生产线，做到原料不检验，不加工；产品不检验，不出厂。通知各销售网点立即召回问题奶粉。9月17日下午，领导组共出动执法人员447人次，检查经营户399户次，共下架问题奶粉338.3公斤，其中农村223公斤；查获违法销售案件5起，案值2.77万元；受理投诉案件5起，退还奶粉6.2公斤。同年10月5日，共出动执法人员1800多人次，检查经营户6730余户次。10月4日，县内下架，就地封存奶粉2150.26公斤、液态奶9763.93公斤，其中问题奶粉408.8公斤（全部为三鹿奶粉）；退回奶粉377.5公斤，液态奶489.161公斤。

境内乳制品企业全面停产，乳制品全部下架封存、召回。9月19日，全县境内的古城集团、山西蒙牛、朔州伊利、康喜、溶溶、春城六家乳品企业全部停产，对所有投放市场的奶产品，有无问题全部召回，未出库的产品全部封存，停止一切销售活动。10月4日，全县乳制品加工企业共下架、召回奶粉1107.79吨，其中古城集团1090.92吨（包括问题奶粉1.42吨），下架、召回液态奶和酸奶饮品1387.88吨，其中古城集团1361.72吨。

山阴县质监局为保障乳制品安全生产，在全县六家乳品企业在境设立奶站260多家，分布在9个乡镇180多个村庄。为确保奶源质量，对奶站进行“四保险”，第一道保险是乳品加工企业对自己所属奶站专门派驻监督人员，控制标准。第二道保险是调动乡村两级干部和群众的积极性，实行乡领导包村，村干部包站办法，吸收1~2村名代表对奶站的收奶过程和送奶进行跟踪监督，详细记录每个奶站收奶户数、产奶牛数和产奶量，乡政府汇总上报县奶业办，与所交售乳品企业进行核对，以数量控质量，弥补技术手段不足，第三道保险是县畜牧局成立五个奶源督查小组，分别由五名副职带队，抽调18名业务骨干，分片包村，对6个中心奶站、3个善医站进行驻站检测。第四道保险是县整顿鲜奶市场领导组抽调有关部门人员组成的稽查分队进行不定期的巡查监督，发现问题立即严肃查处。为震慑犯罪，维护人民的生命安全，成立案件调查组，组长由政法委书记贺志功担任，公安局长张乐祥亲自出马，质监、工商、药监、畜牧、卫生等部门密切配合，抽调精干人员，深入乡村、奶站和农户，全面清查，不仅尽快查清导致问题奶粉产生的原因还要查清三聚氰胺的来源，广泛收集犯罪线索，实行有奖举报，打击不法奶贩，在短期内取得突破，县政府决定在市财政给予资助的情况下，拿出一定的资金配备最先进的质量检测设备。

企业有限复产后，山阴县设“三员一账，人盯人一条龙监管”制度。“三员”就是每个奶站都有由乳制品企业派驻的质监员、乡村派驻监管员、畜牧局派驻巡查员进驻奶站，对奶站的挤奶、奶罐铅封、运输到交售实施全程监控。“一账”是建立《山阴县奶站鲜奶收购登记表》，一式四联，奶站一联、乡村一联、乳品企业一联、县奶站管理办公室一联。质监员、监管员、巡查员和奶站负责人共同签字确认。没有“四联单”，企业不予收奶。

2008年10月9日，山阴县政府下达文件，对奶牛饲料加大监管力度，按照《饲料和饲料添加剂管理条例》有关规定，对“黑白花”饲料等饲料公司进行核查整顿，并对农民手中现有的10月1日前生产的浓缩饲料全部召回，特别是在鲜奶中检出三聚氰胺的奶品所覆盖的养殖户。

筛查救治和补助

10月4日山阴县免费筛查儿童1884名，确诊9例，转院治疗3名，就地治疗6名。山阴县为应对三鹿婴幼儿奶粉事故风波，保护奶农利益，确保全县奶牛业稳定发展，从2008年9月19日起，每头产奶牛每天补助奶农14元，每头产奶牛每天补助奶站1元。其中市补助6元，县补助9元。从9月19日开始三天结算一次，乡镇组织发放。山阴县针对奶牛散户卖奶难问题，鼓励大户平价收购散户奶牛，从10月22日起，对购买30头以上奶牛给予贷款30万元，政府贴息1年；对购买50头以上奶牛给予贷款50万元，政府贴息2年；对购买80头以上奶牛给予贷款80万元，政府贴息2年；对购买100头以上奶牛给予贷款100万元，政府贴息2年。

第二十四编

商贸服务业

1998年后，山阴县营造“重商、亲商、安商、富商”的良好氛围，先后建成山阴虹桥商贸城、山阴县鸿光商贸有限公司、山阴华联商厦等龙头商贸企业。2002年，全县各粮食企业按市场化进行营销，各粮站本着“购得进、销得出、有利润”的原则经营。2003年，限额以上餐饮收入1768万元。2009年开始，建设农村新型合作经济组织，围绕奶牛乳品、农副产品加工主导产业，组建农民经纪人协会和各种不同类型专业合作社。2011年，全县将便民店建设与网络改造相结合，“新网工程”建设呈现低成本、高效率、高效益发展局面。2014年，全县有限额以上批发和零售企业29个。2016年，全县共设农业生产资料销售网点15个；改造基层供销社1个，规范发展农民专业合作社2个，创建农村综合服务社2个；社会消费品零售总额从1998年3.8亿元增长到2016年的37.4亿元。全县商贸业蓬勃发展，满足人们日益增长的生活需求。

第一章 交易场所

第一节 市场建设

20世纪90年代，全县坚持商业（贸）流通活县战略，商贸企业深化改革，转换经营机制。1999年，商业劝业场、副食营销楼正式营运，实现商者有其柜，商家有其铺。2002—2005年，盛源商厦、银海商厦、万人商厦、长虹家具大卖场先后建成开业，丰富了商品流通的渠道。2007年，建成四大物流市场，即汽贸汽配城、仓储中心、农副产品经销市场、蔬菜市场（后所、马营庄），服务城乡经济。2012年，完善和提升城市功能，引进商业巨头华联集团和美特好集团投资1.5亿元新建6万平方米全国县级最大的虹桥商贸综合体，美特好集团投资1.2亿元新建近3万平方米的鹏逸商贸城，商贸流通服务业实现突破性发展。

虹桥商贸信誉商厦

2016年，山阴县提出加快实施“以信息化带动工业化，以工业化促进信息化”发展战略，鼓励有条件的企业通过电子商务平台拓展产品销售渠道。加大宣传培训，提高企业转变经营发展方式的意识，发挥政策引导，鼓励更多有条件的企业参与电子商务信息化项目开发，并对应用电子商务平台实现产品销售的企业给予支持和奖励。同时积极参与各种农业展销会，为全县农产品走出去搭建良好的信息平台。

第二节 新网工程

“新网工程”（新农村现代流通服务网络工程）

“新网工程”是全国供销合作总社及省、市供销部门构建农村现代流通网络、提高为农服务水平和参与新农村建设的重要战略。自2006年实施以来，全县上下协同合作，完成各项建设任务，通过山西省、朔州市验收。

2012年，全县13个乡镇101个行政村投资1000多万元，改建便民超市（店）101个，新建配送中心2个，创办和领办专业合作社35个，组建农民经纪人协会1个，建设农副产品交易中心1个，建设再生资源交易中心1个，发展农资连锁店50个、电子商务信息平台13个。在101个新农村便民超市（店）中，100平方米以上的有90个，40~100平方米的有11个，分别占超市（店）总数的89.1%和10.9%，有80%以上便民超市除保留原有经营品种外，增加农资供应、移动收费、图书租赁等服务项目。

2016年，全县“新网工程”着重解决一些偏远或欠发达地区生产方式落后、农民增收滞缓问题，解决农民普遍关注的市场信息不畅、流通方式落后、生产和流通脱节问题。打造农资、农产品、日用工业品、再生资源和烟花爆竹、医药等购销平台，探索连锁配送经营，构筑农民放心消费体系，推进全县社会主义新农村建设。

新农村便民超市

1998—2005年，对13个乡镇262个行政村从人口、经济收入、种植结构等方面进行全方位调查，与10个试点村和30个推进村两委班子进行接触，制定可行方案，在试点村和推进村改建便民店。

2007年，在13个乡镇40个行政村投资280多万元，改建便民超市（店）40个，其中100平方米以上的有16个，40~100平方米的24个，分别占超市（店）总数的40%和60%，80%以上的便民超市（店）在保留原有经营品种的基础上增加农资供应、移动收费等服务项目，实现便民、利民、惠民。系统资产总值由原来1800万元增加为2000万元，净增200万元。商品销售额逐步扩大，以泥河便民超市为例，改造前年商品销售额只有60余万元，改造后年商品销售额完成75万元，同比增长25%。

2011年，全县将便民店建设与网络改造相结合，"新网工程"建设呈现低成本、高效率、高效益发展局面。便民超市（店）"两年全覆盖"工程实施，解决农民购物不方便、不安全、不经济问题。实施"小超市、大连锁、小网点、大网络"战略，对基层网络终端进行改造、整合、提升、优化，重点发展农村便民连锁店。全县共投资372万元，改建农村便民连锁店93个，涉及13个乡镇93个行政村，10月底通过市级验收。2016年，全县对农村便民连锁商店进行规范提升，除保留原有的经营品种外，增加农资供应、移动收费、电子商务、邮政代办、瓜果蔬菜、农副产品兑换等服务项目。统一门头标识，进行室内装修，对店内商品分类摆放，制作价格标签。对店长、店员进行培训，提高职业道德和业务技能。

物流配送中心

1998—2005年，全县把创建日用品物流配送中心列为新农村建设重点。2008年5月，县政府与县信义商贸有限公司共同组建日用品配送中心，建成1000平方米仓储面积和300平方米直营超市2个，经营8大类1万余种商品，配备8辆送货车，主要面向各便民超市（店）进行统一配送服务，实行统一管理。2011年，全县为确保农资市场需求，加快农资配送中心创建和完善，改建农资配送中心1个。同年11月16日，山西雁门关农贸物流有限公司注册成立，以"推动农业发展、服务农民朋友、流通农副产品"为宗旨，重点打造占地1500余亩、投资2.6亿元的雁门关农贸物流园区，位于山阴县元营村，二广/大运高速、朔州支线/绕城高速、208国道、荣乌高速环绕四周，交通非常便利，可快速直达全国主要果蔬生产基地和消费市场。周边已形成优质小杂粮、优质肥羔羊、20万头生猪的生产基地。

雁门关农贸冷链物流园区

2014年，全县建立订单处理中心，综合受理电话订单、网络订单和现实客户订单，通过"订单处理系统"进行分类并下达给仓管和配送工作人员，实现配送管理信息化，减少配送失误率，提高配送效率。2016年，山阴县建立健全并落实质量管理体系，建立收验货标准，按商品不同季节进行调整，做到客观准确。通过对当日配送商品做日期标记，便于超市找出商品质量责任，确保配送商品质量安全。

农村新型合作经济组织

1998年，全县在新农村建设中，采取企业主导、社会参与、市场运作模式，发展各类涉农市场。2005年后，全县实现一家一户农民小生产与大市场对接，帮助农民增收。2009年，全县建设农村新型合作经济组织，围绕奶牛乳品、农副产品加工主导产业，组建成立农民经纪人协会和各种不同类型专业合作社。农民经纪人协会发展会员150多人、7个专业合作社。东大滩工业园区创办的集奶牛饲养、种牛培植为一体的山阴县富厚奶牛专业合作社，拥有固定资产350万元，年产鲜奶140万公斤，专业社存栏奶牛180头。黄花梁组建蔬菜专业合作社，入股农户200户，入股金额50万元，运营以来，日交易量25万公斤，南北客商云集，业务辐射广州、上海、厦门等地，土豆、萝卜、青椒等多种蔬菜发往日本、韩国等国家，以及中国香港、台湾地区，拉动当地相关产业发展，农村富余劳动力转移，农民增收渠道拓宽，解决农民“卖难”问题。

2010年，全县发展种植、养殖、加工类农民专业合作社35个，专业协会2个，农民入社率达40%，带动农户7500户，发展商品生产基地2.5万亩。加强农民专业合作社规范化管理，形成农民专业合作社为基础的县、乡、村“三位一体”农民专业合作社组织体系。与中国移动、中国电信合作，依托农民专业合作社、龙头企业、配送中心和农村便民超市（店），组建农民合作经济信息服务网络，在县供销社组建信息服务中心，在各乡镇建立信息服务站，在村级便民超市（店）建立信息服务点和IP话吧，初步形成信息传递、信息发布、合作社宣传、政务公开为一体的信息服务网络传输系统，打通合作经济发展信息通道。发布各类农产品产销和农作物新技术、新品种信息2000余条，为农民生产经营提供有益的参考和咨询。

2012年，全县采取领办、合办、参办等多种形式，发展、规范、完善各类农民专业合作社35个，举办培训班5期，培训配送中心、便民店业务人员及农民经纪人2500人次。2016年，县供销社改造基层供销社1个，规范发展农民专业合作社2个，创建农村综合服务社2个。改造后的基层供销社除保留原有经营品种外，又增加经营项目，新创建农村综合服务社运营良好，规范发展的农民专业合作社以一流服务、一流信誉为“三农”服务。

第二章　商品购销

第一节　零售商品销售

20世纪80年代，全县商品批发零售企业经营纺织品、服装、日用百货、五金、交电、化工等产品，自行车、手表、电视机、录音机、洗衣机、电风扇等高档耐用消费品也逐渐增加。90年代初，全县农村集贸市场、个体商业户开始经营百货。2000年后，连锁店、超市、综合商厦等商贸业蓬勃发展，县城区域内新建、扩建商厦4个。2002年，全县批发、零售商品销售总额51619万元，其中，批发业13816万元，零售业37803万元。

2010年，全县限额以上批发和零售业法人企业有16个，其中批发企业6个，零售企业10个。批发业经营商品主要是矿产品、建材、化工产品、煤炭及制品。零售业经营商品主要是食品、饮料、烟草、文化体育用品、汽车、摩托车、燃料、家用电器等。全年批发业商品销售额16.7亿元，零售业商品销售额1.537亿元，其中，百货店734.6万元，专业店1.46亿元。2014年，限额以上批发和零售业法人企业有29个，其中批发企业7个，零售企业22个。零售业有超市1个、百货店4个，专业店16个，购物中心1个。批发业商品销售额16亿元，零售业商品销售额5.23亿元，其中，超市商品销售额1841.9万元，百货店8824.5万元，专业店40958.5万元，购物中心624万元。

第二节 粮 油

1998年后，粮食购销市场化改革为粮食企业提供更加广泛的发展空间，改变过去“坐等收购”的老做法，粮食企业派职工主动收购农民的余粮。2002年，山西省玉米退出保护价，各粮食企业可以按市场化进行营销。山阴县各粮站本着“购得进、销得出、有利润”的原则经营。2005年，粮食全面进入购销市场化经营，全县粮油经销网点10个。2006年后，国营粮站的粮食购销所占市场份额越来越小，仍以销定收，但随购随销。

2007年，全县粮食企业筹集资金3000余万元，收购农民余粮3500余万公斤。转变观念，拓宽市场，与浙江、广西、广东三省的粮油批发市场建立合作关系，签订销售意向和销售合同，建立粮食信息网，逐步进入市场化轨道。全县共有粮食系统购销企业14家，经营性企业8家，职工738人。2011年，拍卖大部分粮站，仅保留薛圐圙粮站牵头的3所粮站，人员全部分流。剩余粮站重新组织人员，实行企业化运行，承担国家粮食储备任务和县乡收购销售任务。2016年，加大对重要节假日期间粮油销售市场宏观监督管理，确保全县粮油市场物资供应充足，价格稳定。全县有粮油经销网点14个，县粮食局系统粮油经营量5万吨。

第三节 农业生产资料

全县主要农业生产资料包括化肥、地膜、农机和农药。1998年，全县为满足农资市场需求，由设置消费网点等农民上门购买，发展到上门送货服务。2007年，全县共设销售网点85个，上门服务300余车次。2012年，全县共设销售网点50个，上门服务350余车次。2016年，全县共设销售网点15个，上门服务150余车次。

化肥 1998年后全县加大化肥供应。2007年，销售各种化肥1万吨。2010年，销售各种化肥1万余吨。2012年，销售各种化肥2.5万吨。2016年，销售化肥8500余吨。

地膜 1998年全县加大地膜供应。2007年，销售地膜200吨。2010年，销售地膜200吨。2012年，销售地膜250吨。2016年，销售地膜120吨。

农机 1998年全县加大农机供应。2007年，销售中小农具4000件。2010年，销售中小农具4000件。2012年，销售中小农具5000件。2015年，销售中小农具4000件。

农药 1998年全县加大农药供应。2007年，销售农药1900公斤。2010年，销售农药1900公斤。2012年，销售农药2500公斤。2016年，销售农药1350公斤。

第四节 专营商品

食 盐

机构 山阴县盐业供应站是2002年由县盐业公司（1997年成立）更名而来，位于山阴县岱岳镇新大滩村北50米处，隶属县供销合作联合社。同年，经山阴县供销合作社联合社领导会议决定，成立山阴县盐政管理站，一套班子，两块牌子，合署办公，经费自收自支。2016年，县盐业供应站、县盐政管理站内设机构为财务室、盐政室、业务室。

管理 1998年后，县盐业公司开展食盐集中专项整治活动。2002年，积极宣传国家盐业管理政策，共散发宣传资料 2500 余份，张贴通告 500 余份，在人群密集地方设立咨询台 1 个，出动宣传车 1 辆，利用山阴电视台播报县人民政府通告 10 次，增强群众自我保护意识。对全县食用盐情况开展检查。首先对县城中小学食堂、食品加工业、畜牧业、批零门店、厂矿食堂、施工单位进行检查，其次对各乡镇自然村中小学食堂如古城镇中学、黑圪塔、后皇台、玉井、北周庄等凡是有食堂的地方进行全面检查，同时对沿路饭店、养殖场和乡村小卖部进行检查，并对农户进行抽样检查。检查发现 90% 的食用盐合格，统一使用 500 克朔州盐业公司包装小袋盐，有 5% 使用 50 公斤精盐，有 5% 使用无碘盐。对使用无碘盐的饭店、学校，讲政策，谈危害，并没收无碘盐，对当事人给予经济处罚。全年共下乡检查 35 次，出动人员 350 余人，没收无碘盐 1.5 吨，维护国家食盐专营政策，保障人民群众健康。

2009 年，县盐业供应站开展为期一周食盐集中专项整治活动，确保食盐市场安全稳定。2012 年，由县供销合作社联合社牵头，会同县盐政管理站有关人员，在全县开展食盐集中专项整治活动，共散发宣传资料 2500 余份，张贴通告 320 份，设立咨询台 2 个，出动宣传车 3 辆，没收无碘盐 2.5 吨。2016 年，盐业供应站强化宣传，突出重点，全面整顿食盐市场。

烟　草

山阴县烟草专卖局（公司）组建于 1983 年 7 月，同年 9 月起执行《烟草专卖条例》赋予的烟草专卖行政管理职权，具体承担本行政区内卷烟购销任务，1991 年 6 月起执行《烟草专卖法及实施条例》赋予的烟草专卖行政执法权。2003 年，县烟草专卖公司模拟取消法人资格，2005 年撤销县烟草专卖公司，成立卷烟营销部，彻底取消法人资格，不具体承担卷烟经营业务，职能实现全面转变，县烟草专卖局（营销部）职能转变为市场监管、卷烟营销、客户服务和品牌培育。下设三股一室：专卖监督管理股、客户服务股、综合办公室、内部专卖管理监督股。2014 年，县烟草专卖局（营销部）销售卷烟 9883 箱，2015 年销售卷烟 9588 箱，2016 年销售卷烟 9165 箱。

石　油

机构　1998 年，中国石油山阴县分公司（简称山阴石油）隶属于朔州市石油公司，财务独立核算，下设 3 座加油站（同太南路、玉井路口、安荣），职工 50 人，经理、副经理、书记各 1 人。2000 年开始重组上市，山阴石油上划中国石油化工有限公司，隶属于山西石油分公司朔州公司管辖。下设办公室、业务股、财务股，有 5 座加油站，经理 1 人，副经理 1 人。30 多名老员工买断工龄、分流下岗，协议解除劳动合同。2001—2014 年，山阴石油隶属关系不变，财务上划，账务实行报账制。下设办公室、业务股、财务股，有 15 座加油站，经理、副经理、书记各 1 人，职工 80 人。年销量 2.5 万吨。2015 一 2016 年，山阴石油隶属关系不变，撤销办公室、业务股、财务股，只设委派会计、手续传递员。有 16 座加油站，其中城区站 12 座、高速路 4 座（荣乌高速 2 座、大运高速 2 座）。

销售　1998 年，山阴县 3 座加油站销量共 5000 吨。2001—2010 年，全县 15 座加油站年均销售石油 2.5 万吨。2013 年 4 月，以"油非互促"（指石油公司在提供加油业务时，在加油站内打造易捷便利店，客户可在加油站享受加油、购物等一条龙服务。为回馈客户，对进站加油的客户赠送指定非油商品，实现油品与非油品共同发展）为基础，印发宣传单 2 万份，宣传标识牌 30 块，并在鑫源加油站建起洗浴区和休息区，为过往司机提供免费洗澡和临时休息服务。同时，在薛圐圙、鑫源、古城、山阴城、北周庄 5 座加油站配备中石化山阴公司春耕油配送车，为附近村庄、沙场及不能上路的机械送油。4 月 25 日，日销量首次突破 100 吨大关。年底成立排查小组，对所辖 13 座加油站进行地毯式排查。对排查出来的隐患，进行整改、消除，对 19 个停用储油罐的卸油口、计量口现场用盲板封堵，确保不发生任何安全事故。全年石油零售指标总销量 22148.55 吨，其中汽油完成 8607.27 吨，柴油完成 13541.28 吨。非油品累计完成 403 万元。IC 卡累计完成 905 张，沉淀资金 114.5 万元。完成计划任务的 89.94%。

2016年，面对社会加油站采取“低价让利”赠送礼物等竞争挤压手段争夺市场的现状，通过“点对点”（指针对社会加油站低价倾销，扰乱在正常营业秩序的情况，石油公司在社会加油站较多的区域，精选加油站点，跟随降价，促使社会加油站主动推价，按照国家指导价格销售，维护当地正常的经营秩序，防止恶性竞争，维护市场）“油非互动”“微信营销”等多元化手段，缩小与计划任务的差距。截至11月底，零售累计完成19228.5吨（含大虫堡停车区），完成全年计划任务的81.13%。

第三章 服务业

第一节 餐饮业

发展概况

1998年后，全县继续发展餐饮业，不断满足居民需求。2003年，限额以上餐饮收入1768万元。2007年，餐饮业零售额完成1.65亿元，增长85%。2015年，有规模以上餐饮企业8家，营业收入达2.01亿元。2016年，餐饮业代表商家有山阴洪涛度假山庄有限公司、华圣大酒店、嘉燕饭店、澳门豆捞、晋面天下等。山阴洪涛度假山庄有限公司于2010年5月18日成立，位于山阴县西山森林公园西北角。经营范围是：餐饮服务；公共浴室、音乐厅、游泳场（馆）；零售预包装食品兼散装食品、乳制品（不含婴幼儿配方奶粉）、卷烟、雪茄烟。

晋面天下

特产小吃

历史上，山阴饮食以杂粮为主，饮食多随农事季节而变化。川坡区以小米、黍子、白面为主食，副食主要是马铃薯（山药蛋）、豆角、白菜、窝瓜、葫芦、圆白菜等。山区副食以莜面、豆面、山药蛋为主，每日三餐。1949年引进玉米。岁时节日，饮食具有传统习俗。如招待亲朋好友就包饺子或捏包子，其馅因季节而异，夏季以韭菜为主，冬季则以萝卜为主，和以猪肉或羊肉。婚丧嫁娶寿诞摆酒席，有六六席、八八席、十冷十热（指菜肴数），制作别具风格。

塞上冻兔肉 味鲜肉嫩，营养丰富，消化率高达80~90%，颇受消费者青睐。兔肉所含蛋白质很高，比猪肉、羊肉多一倍，比鸡肉多1/3，甚至比蛋白质丰富的牛肉也高出1/6；脂肪含量又低，仅为猪肉的1/16，羊肉的1/7，牛肉的1/5。随着生活水平的提高，兔肉的营养价值越来越被人们所认识。兔肉，成为国际市场高级肉食品，在日本被称为“美容肉”。

福禄肉 是由猪肉、豆腐两种原料加工而成。为了根除猪肉对人体的血压、血糖、血脂造成不良影响，山阴人民在红烧肉配方的基础上，按照营养学，内加梅、菌、菇、枸杞等食材，制成一道长寿“福禄肉”名菜，肥而不腻、老幼兼宜。

油炸糕 是山阴县人民非常喜爱的传统食品。逢年过节、招待客人，以油炸糕为上等食品。这里的油炸糕面软、油香，炸出来的油糕皮脆里嫩，绵软可口，并且配以精致的豆馅、土豆馅、糖、韭菜等等，更有风味。不包馅的叫饼子，油糕是把黄糕进一步加工而成。

油果子 有滚糖、罩蜜、夹心、包馅、擦酥、渗糖等品种多样，美味可口，益气胃，享誉四邻，早在清代就是走俏的外销特产之一。

莜面窝窝 莜面的营养价值很高，含钙、磷、铁、核黄素都相当多。做法是：将莜面加一倍开水或冷水和制，用手掌在光滑的板面上推一个，食指卷一个，做成如“猫耳朵”似的筒状形，长寸许、薄如叶、色淡黄。做好后，并排在蒸笼内酷似蜂窝。熟时即香味扑鼻，吃时再配以羊肉或蘑菇汤调和，使人闻之垂涎欲滴，胃口顿开，食之香醇异常，回味无穷。

莜面拿糕 俗名“紧急集合”，做法是：先浇开水，再改小火，一只手抓莜面，让莜面从指缝里匀匀下落，另一只手用筷子顺时针快速搅动，直至成团时，再加少许淀粉搅动，然后加水用小火焖制片刻，即可出锅，蘸菜汤食用。刚出锅的拿糕挟一筷子软糯筋道，再蘸上菜汤醇香四溢。

莜面囤囤 俗名“讨吃行李”，做法是：开水和莜面成面团，然后放在案板上揉成长条状再压扁，用擀面杖擀开，擀到平常吃面条的厚度；把事先切好的山药丝（土豆丝）平铺均匀，再把面皮的一边卷起来，卷好后切成宽度 5 厘米的段儿，全部切好后，立于蒸笼内，上锅蒸 10 分钟出锅。食用时，在夏天常蘸黄瓜丝、水萝卜的菜汤，冬天蘸羊肉汤。

焖山药 取山阴特产山药（即土豆）去皮，切成滚刀块备用；用猪肉五花肉或鸡肉切块，入锅翻炒，肉色微黄，加入山药块再翻炒片刻，然后加水，文火炖煮至烂熟，出锅时加葱花、食醋、盐，即可食用。因本地山药，口感沙软细腻，再与肉味相互融合，回味无穷，久吃不厌。

水晶饺子 也称玻璃饺子。做法是：取山阴所产山药洗净煮熟去皮，压成山药泥，取莜面、淀粉加适量开水揉成面团；再分成鸡蛋黄大小的剂子，用擀面杖擀成饺子皮儿，包入将事先准备好的饺子馅；然后放入蒸笼，水开后大火蒸制 20 分钟，出笼时饺子晶莹剔透，故称水晶饺子，可以直接食用，也可蘸料汁食用。

熬肉、熬排骨、熬杂碎 原料可以是鸡肉、猪肉、羊肉及排骨，杂碎做法是：先将原料洗净，切块。锅中加水，将原料焯水（一起放入冷水中进行加热）。锅开后加少许鲜姜，半小时后捞出，用温水洗净，捞出加水控干，再在净锅内加适量胡油，加热到八成，加适量酱油、醋、料酒、烹调。放入肉，煸炒到肉皮发干，放入适量蒜，辣椒，直至炒出香味，加适量水进行炖煮，一小时后，搅拌出锅，装盘即可食用。

鸡肉和猪肉（排骨）添加配料相同，为葱末、蒜末、鲜姜、大料、花椒、醋、味精，羊肉（排）：葱末、蒜末、鲜姜、小茴香、醋、味精。黄糕可以蘸各种肉汤吃。

黄糕、黍子糕 黍子去皮后磨成面就是糕面（黄米面），不去皮磨成面做成的糕子就是黍子糕。做法是先擦糕秧，将面加适量温水拌成团，擦成小块块撒入蒸笼蒸 15 分钟后，倒入盆中趁热揉成团（手上沾水），表面抹油防干皮，俗称搋糕。然后挟块放碗中，蘸肉汤（烩菜、炒鸡蛋）吃。

稠粥 小米若干，芸豆、绿豆、豇豆、高粱米、小麦、红枣、葡萄干适量。用小米制成纯米稠粥。即将小米散入煮沸的锅内，温水熬制。待小米熟时，用金属勺子在锅内反复搋揉，至稠粥表面光滑成圆球体出锅盛盆。有时加入土豆与小米一起熬煮叫山药稠粥。也可以配以其他辅料熬制成八宝稠粥。即先将各类豆子浸煮至七八成熟，再连同小米一起下锅熬煮至熟，也用金属勺子搋揉出锅盛盆。稠粥米香扑鼻，纯米稠粥色泽金黄，八宝稠粥色泽赤红。可蘸凉菜、热菜食用，早晚均可，老少皆宜。

大烩菜 分荤素两种，荤的用料：猪肉、土豆、粉条、白菜、豆角、蒜苔等各类青菜；木耳、黄花菜等各类干菜；豆腐、腐竹。配料为食盐、味精、酱油、醋、花椒、鲜姜、大料（八角）、葱蒜。做法是：猪肉适量切片，温火煸炒至肉干，放入葱蒜，辣椒，大料，煸出香味，倒入少许醋烹调，将所选食材切相应的块或条倒入，煸炒，可以全选也可以选部分，一分钟后倒入酱油，加入适量水，适量食盐，炖煮

20分钟，将葱切末，再放入少许味精，食盐，花椒面，用醋调和，倒入菜中，搅匀出锅，豆腐在水滚后切块放入，粉条在快熟的时候放入煮1~2分钟即可出锅食用。素的大烩菜，食材做法基本一样，只是用油代替了猪肉。家庭中常食用的还有凉粉、滴溜，烂腌菜，腌圪塔子、调苦菜，油炝辣椒、麻麻花，家做酱醋、腌（沤）苦菜，玉米面凉粉、糕片片，大杂烩、烩粉片子、烩豆腐等等。

面 馆

街区各类面馆是山阴群众日常生活喜爱的地点，特别是早上，各种面馆人头攒动，打卤面、抿豆面、刀削面、擀豆面、压河捞、素面、荞面圪塔子、山药抿股子、撅面片、兰州拉面等等，面食调制各类臊子，肉多、素的、山药（土豆）的、豆腐的、鸡蛋西红柿等，深受人们喜爱。

第二节 住宿业

1998年后，随着经济的快速发展，全县陆续投资建设酒店，主要酒店品牌有如家、格林豪泰、汉庭、铂涛（7天）、锦江之星等，方便商旅人士。2003年，全县星级客房收入为712万元。2008年，全县星级酒店客房收入323万元。2014年，华圣大酒店装修开业。2016年，全县共有旅馆、酒店等55家，代表性酒店有华圣大酒店、千寻主题酒店。虹桥宾馆、三晋商务宾馆等等，快捷宾馆更是如雨后春笋发展很快。

千寻主题酒店 位于山阴县儿童公园南50米，2015年开业，拥有31间客房。酒店客房干净整洁，内设独立卫浴、24小时热水，为宾客提供舒适的旅途暂住地。

明悦宾馆 1998年前开业，位于同太路，近华兴文化广场；周边餐厅，超市，银行等生活配套设施完善，出行交通便利。

山阴乡镇旅馆 位于山阴县同太路与府东街交叉口，1998年前开业，店内环境优雅，设施齐全，卫生干净。

山化宾馆 位于同太路，1998年前开业，近华兴文化广场，15间客房，公共区域提供Wi-Fi，24小时热水，提供洗衣服务。

山阴龙泉休闲会馆 位于府西街爱民路，2000年开业，2015年最后一次装修，客房30间，该店客房整洁，宽敞明亮，环境卫生，部分房间提供Wi-Fi，设有会议室，中式餐厅，商务中心，方便大型会议。

大平快捷宾馆 位于岱岳火车站附近，交通便利，地理位置优越，2012年开业，10间客房，提供免费停车位。

山阴虹桥宾馆 位于山阴县华联商厦南100米，2015年开业，14间客房，该店紧邻公交总站，华联超市，生活小区，唐朝KTV，房间内卫生干净。

三晋商务宾馆 位于青年西路，近山阴县招商局和财政局；周边餐厅、银行、超市等生活设施完善，出行交通便利，客房20间，酒店各处均有Wi-Fi，24小时热水，宽带上网，空调一应俱全，还提供洗衣服务。

第三节 其他服务

1998年后，随着经济社会的发展和人民生活水平的提高，山阴县服务业日益发达，除理发美容、照相摄影、婚庆礼仪、租赁和家教服务业外，全县还有娱乐服务、旅行社、快递、法律事务、代办业务、搬家、健身、婚介、打字、复印、计算机服务、擦鞋、修理、清洗、美甲、代驾等服务业。

理发美容业

1998 年，全县建设有高中低档配套经营的美容厅、美容美发店。进入 21 世纪，理发美容业得到快速发展，服务项目各式各样。大型的美容美发店设有男女贵宾室，提供美发、美容等服务。2016 年，全县美容美发店 31 家，主要有法资专业美容美发护肤中心、永永美容美发中心、名作美容美发美体、伊丽亚中医美容美发等。

照相摄影业

1998 年，全县有照相馆 19 个，大型照相馆均购入高档的玛米亚相机、闪光伞与同步闪光灯。一般中小型照相馆用上日本产理光相机、闪光灯和强光泡。感光片多用美国柯达胶卷和日本富士胶卷。21 世纪初，全县出现一批婚纱影楼，年轻人结婚化妆照相一般去影楼。随着生活水平的提高，出现许多专业摄影爱好者。特别是数码技术的发展，手机照相、摄影功能普及，照相进入一个全新的时代。至 2016 年，全县有巴黎浓情婚纱摄影、台北之恋摄影城堡、今生有缘婚纱摄影、钟爱一生婚纱摄影等较大规模的专业影楼。

礼仪服务（婚庆服务）

20 世纪 90 年代末，全县由下岗职工组成的锣鼓队有百余人，12 人编为一队，自备车辆，上门服务。21 世纪初，一般人家婚丧嫁娶、老人过寿、小孩圆锁，企业店面开张、庆典宣传，甚至召开会议都需要礼仪服务。至 2016 年，钻石情缘婚庆礼仪、东园婚庆礼仪、明星礼仪演出、艺术人生礼仪承接各类开业典礼仪式，为全县居民带来便利。

租赁业

1998 年后，全县租赁服务项目增多，如医院出租氧气瓶，运输公司出租汽车，照相馆出租婚礼服装、照相机、古装衣服，花店出租鲜花，旅社出租自行车，企业出租房屋。21 世纪初，出现大中型运输机械、建筑机械、汽车等租赁业务。至 2016 年，全县小汽车、房屋、鲜花等租赁服务最为普遍。

家教服务

20 世纪 90 年代，全县聘请家庭教师的家庭逐步增多，常见的以特长辅导为主，诸如辅导钢琴、小提琴、琵琶、唱歌、书法、绘画、象棋、围棋、武术、乒乓球、体操、舞蹈，以及数学、语文、外语、计算机等。家教一般分教师在自己家施教和上门施教两种，施教时间和待遇由双方商定，一般是按小时计费。21 世纪初，聘请家教之风盛行，特别是艺考、中考、高考学生，上一节课从几十元到几百元。至 2016 年，全县网上教育课程开始普及，许多家庭教师在线上为孩子辅导功课。

第四章　管理机构

第一节　商贸机构

1992 年 12 月，县商业局转变为经济服务实体，称商业总公司不列入政府序列。设局长 2 人，副局长 3 人。1998 年，山阴县依据《山阴县人民政府职能转变和机构改革方案》，将县商务局（事业机构）的行政职能划入县经济和信息化局（简称县经信局），县商务局（事业机构）和县招商引资办公室（县招商局）整合为县招商引资服务中心。下设商业总公司，由县招商引资服务中心管理。

原县商务局干部职工由县招商引资服务中心接收。经信局所需工作人员，在全县财政供养人员范围内调配，县人事局、县编办、县经信局制定选调方案，上报政府常务会议研究解决。原县商务局所有档案资料分类整理归档，并分别移交县经信局和招商引资服务中心。原县商务局印鉴交县政府办公室进行管理封存，原则上不再启用，如遇特殊情况需启用，由分管副县长审批后使用。原县商务局办公场所和财务资料移交县招商引资服务中心，商务行政综合执法大厅移交县经信局。

2001 年，商业系统进行“双退出双置换”二次改制，大部分国有商业企业转为民营企业，国有商业基本退出，个体私营商业迅速发展。2005 年，又重新组建县商务局。

2015 年，根据《中共山阴县委、县政府关于印发〈山阴县人民政府职能转变和机构改革方案〉的通知》，县商业局撤消，挂山阴县商务粮食局牌子，正科级建制，为县人民政府工作部门。将原县粮食局的职责、县商务局的行政职能划入县经济和信息化局。

历任局长有李志清、胡建华。

第二节　粮　食

998 年，山阴县粮油总公司与县粮食局两个牌子、一套人马，总经理 1 人，副经理 3 人，工作人员 68 人。设置办公室、财务股、业务股、仓储股。下设直属一库（岱岳镇旧街站前街）、直属二库（北周庄镇内）、吴马营粮站、玉井粮站、下喇叭粮站、甘庄粮站、北周庄粮站（北周庄火车站旁）、马营粮站、泥河粮站、薛圐圙粮站、陆庄粮站、荆家庄粮站、山阴城粮站和城关粮站（岱岳镇同太南路）14 个粮站。2016 年，机构设办公室、业务股、仓储股、财务股，行政编制 7 人，事业编制 4 人，局长 1 人，副局长 3 人，纪检组组长 1 人，工会主席 1 人，书记 1 人。保留一家粮食购销企业——薛圐圙粮站，分设直属一库、直属二库。负责粮油收购、销售、调拨、储存、加工计划的编制和统计工作；按规定管理粮油购销价格；指导全县粮食流通监督检查工作；审核全县粮食收购资质，把好全县粮食收购市场准入关；对县级储备粮购销、轮换计划和技术规范执行情况中违规行为进行监督检查，并依照有关规定进行处罚等。历任局长（经理）有贺世钦、王守礼、姚华、李建文。

第三节　供销机构

山阴县供销合作社联合社组建于 1949 年，1992 年 12 月，县供销社转变为经济实体，称山阴县供销集团总公司，正科级事业单位。履行管理、组织、指导、协调、监督、服务职能。1998 年，山阴县供销集团总公司经理为李永胜。2016 年，机关设办公室、党办、人事教育股、财务统计股、审计监察股、经济发展股、资产管理股、合作指导股、安全保卫股。编制 25 人，其中主任 1 人。历任主任（经理）有李永胜、李悦芳、王良、马兴宏。

基层供销社

建国初期，山阴县成立五个区级供镇社，在乡村开展组建村级供销社，由社员入股的形式产生（冻牛坡、元营等），并在县城改造旧社（推进社）基础上成立岱岳供销社，设主任 1 人。1951 年，原有的 8 个村级社改为村联社，并新建村社。1956 年，山阴县合并重建 12 个基层供销社。1983 年后，乡镇设立基层供销社。2002 年注销，改成综合服务社。2016 年，全部改成便民服务超市。

第二十五编

财税

1998年后，山阴县财政预算延续以前年度的预算管理制度，在年初核定预算时，根据县经济工作会议确定的目标和朔州市财政局提出的基本要求，坚持“保工资、保重点、保平衡”，控制人员编制、控制追加预算的“三保两控”原则，编制年度收支预算。从2002年起，调整市对县（区）的财政管理制度，将一般预算收入划分为市（县区）固定收入，中央、省、市（县区）共享收入，省与市（县区）共享收入。当年，全县财政收入首次突破亿元大关。2006年，加强征管软件的应用管理，运用CTAIS软件生成征管质量电子报表，实行征管质量指标“网上考核”。2013年，启动营业税改征增值税改革，简称营改增，国税局和地税局开始深层次业务合作。在现行增值税17%标准税率和13%低税率基础上，新增11%和6%两档低税率。2015年，第一次“营改增”，将营业税中的交通运输业及现代服务业两个税目划归增值税。2016年，将营业税剩余税目全部划转增值税。

第一章 财 政

第一节 财政体制

1995—1997年，朔州市对山阴县执行的是“核定收支，包死基数，三年不变，增收全留，超支不补，自求平衡”的财政管理体制，对上解区县的收入上解，仍实行收入上解额递增办法，递增率为7%。市核定山阴县收入基数2909.8万元，支出基数2909.8万元，核定1994年上解基数为772.5万元，年递增率7%，调整后1995年的上解数为826.5万元。

为增加县（区）财力，缓减县级财政困难，经市委、市政府研究同意，对山阴县“原体制上解递增比例7%”调整为5%，从2000年起以此比例递增上解。从2002年起，取消按老体制递增上解办法，改为以2001年应上解额定额上解，即每年为1194万元。同年，调整市对县（区）的财政管理制度，将一般预算收入划分为市（县区）固定收入，中央、省、市（县区）共享收入，省与市（县区）共享收入。

山阴县财政大楼

市（县区）固定收入：国有企业计划亏损补贴、国有资产经营收益、固定资产投资方向调节税、城市维护建设税、房产税、印花税、土地增值税、车船使用税、屠宰税、农业税、农业特产税、耕地占用税、契税、专项收入、行政性收费收入、罚没收入、其他收入。

中央、省、市（县区）共享收入：增值税，按75%、8.75%、16.25%分享；个人所得税和企业所得税按50%、17.5%、32.5%分享〔2003年所得税收入中央分享60%，省级分享14%，市（县区）分享26%，2004年及以后年度的分享比例另定〕。省与市（县区）共享收入：营业税、资源税、城镇土地使用税等3个税种，省分享比例为35%，市（县区）分享比例为65%。对中央财政按1∶0.3系数返还的“两税”增量，按市或县区上划中央“两税”收入增长率的0.195返还市或县区，省集中0.105，由省财政对困难县进行转移支付。所得税收入分享改革基数返还额2002年为1333万元，2003年由于分享比例变化，变为1438万元，2007—2016年为每年1806万元。

2005年在全省范围内全部免征农业税，随农业税一起征收的农业税附加也一并免征。免征农业税及其附加后，除中央财政补助外，影响地方财力部分，2005年贫困县全部由省级财政负担，其他县由省、市、县三级按6∶2∶2比例共同负担，确定税费改革转移支付869万元。2007年1月1日起，根据《山西省人民政府关于调整规范省市县财政体制和在35个国家重点扶贫开发县实行“省直管县”财政改革试点的通知》，此次改革市级首次参与分享，共享收入的分享比例确定为：增值税：中央75%、省7.5%、市2.5%、县15%。个人所得税：中央60%、省12%、市4%、县24%。企业所得税：中央60%、省12%、市4%、县24%。营业税：省30%、市10%、县60%。资源税：省30%、市10%、县60%。城镇土地使用税下划地方，列入县级固定收入范围，不再参与分享。2015年11月资源税由从量计征变为从价计征，资源税分享比例变为：省 65%、市 13%、县 22%。2016 年 5 月 1 日实行营业税改征增值税，建筑业、房地产业、金融业和生活服务 4 大行业纳入试点范围。增值税分享比例变为：中央 50%、省 15%、市 7%、县 28%。

第二节 财政收入

1998 年，山阴县财政总收入完成 8002 万元，地方财政收入 4650 万元。2000 年，财政总收入完成 7378 万元，比“八五”末增长 28.9%，年均增长 5.21%；一般预算收入达到 4264 万元，比“八五”末增长 19.94%，年均增长 3.7%。2004 年，山阴县财政收入 25008 万元，其中，一般预算收入完成 6961 万元。2008 年，财政总收入 18.1 亿元，同比增长 33.1%；一般预算收入 5.5 亿元，同比增长 11.47%。2012 年，财政总收入 30.02 亿元，同比增长 24.2%；一般预算收入 10.61 亿元，同比增长 22.4%。2016 年，一般公共预算收入完成 5.7 亿元，同比下降 11.3%。

1999—2006 年山阴县财政一般预算收入情况表

表 25-1 单位：万元

项目 / 年份	一般预算收入						财政总收入
	工商税收类	农业税收类	企业收入类	专项收入类	其他收入类	合计	
1999	3068	240	−37	149	462	3882	6792
2000	3323	260	−5	166	520	4264	7378
2001	4024	161	16	172	526	4899	8267
2002	3139	472	49	222	537	4419	11045
2003	3406	704	131	240	1033	5514	13622
2004	4951	397	82	555	976	6961	25008
2005	12520	50	204	1081	2731	16586	52132
2006	21164	90	82	1568	12578	35482	100220

2007—2016 年山阴县财政一般预算收入情况表

表 25-2 单位：万元

项目 / 年份	一般预算收入								财政总收入
	税收收入	专项收入	行政事业性收费收入	罚没收入	国有资本经营收入	国有资源（资产）有偿使用收入	其他收入	合计	
2007	26273	3337	1204	2954	465	73	13289	47595	135958
2008	38444	4691	1132	2407	3	76	8661	55414	180986
2009	35043	31328	8479	594	—	391	3001	78836	181801
2010	35406	42042	2734	1582	—	569	18213	100546	201300
2011	50382	17110	1299	2799	—	8446	6695	86731	241589
2012	68021	30079	1245	1927	—	253	4610	106135	300159
2013	76712	31880	3015	2877	—	181	11250	125915	283286

续表

项目 / 年份	一般预算收入								财政总收入
	税收收入	专项收入	行政事业性收费收入	罚没收入	国有资本经营收入	国有资源（资产）有偿使用收入	其他收入	合计	
2014	54383	17506	11442	3836	—	614	1545	89326	175312
2015	36626	7376	16658	2136	—	1835	42	64673	166363
2016	43724	4950	4590	2083	—	1765	247	57359	159649

1999—2016 年山阴县财政基金预算收入情况表

表 25-3　　单位：万元

年份 / 项目	煤炭可持续发展基金收入	残疾人就业保障金收入	国有土地使用权出让金收入	城市公用事业附加	国有土地收益基金	农业土地开发资金收入	水土保持补偿	地方教育附加	土地有偿使用收入	地方财政税费附加收入	城市基础设施配套	其他部门基金收入	合计
1999	—	—	—	—	—	—	—	—	—	3	—	—	3
2000	—	—	—	—	—	—	—	—	10	16	—	—	26
2001	—	—	—	—	—	—	—	—	12	11	—	—	23
2002	—	—	—	—	—	—	—	—	4	20	—	—	24
2003	—	—	—	—	—	—	—	—	—	98	—	—	98
2004	—	—	—	—	—	—	—	—	72	—	—	—	72
2005	—	—	—	—	—	—	—	—	40	—	—	141	181
2006	—	—	—	—	—	—	—	—	952	—	—	428	1380
2007	7394	180	5332	—	595	24	—	—	—	—	—	614	14139
2008	12356	281	3200	—	383	247	—	—	—	—	—	985	17452
2009	3210	395	8201	—	754	—	—	—	—	—	—	473	13033
2010	3986	180	9420	—	830	72	—	—	—	—	—	669	15157
2011	8898	430	14342	19	1484	216	—	2175	—	—	—	853	28417
2012	8221	200	36757	—	4389	427	—	1383	—	—	379	1041	52797
2013	7574	130	31970	—	3761	230	—	1616	—	—	996	1048	47325
2014	5546	235	26923	64	3210	281	—	1228	—	—	442	622	38551
2015	—	—	14686	—	1702	145	59	—	—	—	100	174	16866
2016	—	—	431	—	39	52	—	—	—	—	48	1	571

第三节　财政支出

1999 年，山阴县财政一般预算支出 5957 万元。2001 年，财政一般预算支出 10256 万元。2006 年，财政一般预算支出 52620 万元。2010 年，财政一般预算支出 142880 万元。2006—2010 年，山阴县财政支出平均增幅高达 34.63%，较“十五”期间平均增幅 0.76%，财政支出结构极大地优化，城乡社区事务、交通运输、资源勘探、国土资源等基础设施建设投入增幅都在 60% 以上；民生支出保障有力，医疗卫生、社会保障和就业增幅都在 30% 以上，均高于经常性财政收入的增长幅度；2009 年，教育支出占全县支出的 20.44%，高于全省平均水平；有力地支持了科技、文化传媒等各项事业的发展。“十一五”期间，财政支出由赤字财政逐步向结余型财政转变；由“吃饭”型财政逐步向公共财政转变。县城和农村中小学校危房改造全部完成上级下达任务，农村中小学寄宿学生生活补助、营养餐、农村义务教育经费全部达到国家规定标准，全面完成乡镇卫生院和村卫生室的改造，基本上解决了群众看病难的问题。2013 年，财政一般预算支出 204079 万元。2016 年，财政一般预算支出 182647 万元。

1999—2006 年山阴县财政一般预算支出情况表

表 25-4　　单位：万元

年份/项目	经济建设类	教科文类	社会保障类	财政价格补贴类	专项支出类	其他财政支出类	合计
1999	496	1914	327	99	66	3055	5957
2000	384	2298	421	246	85	3563	6997
2001	928	3649	728	192	57	4702	10256
2002	617	4131	979	194	103	5340	11364
2003	372	4689	1239	208	86	7673	14267
2004	454	5872	1602	154	189	12511	20782
2005	936	9242	1954	126	1185	16646	30089
2006	10033	11959	3213	597	2385	24433	52620

第四节　财政管理

机　构

山阴县财政局是政府管理全县财政收支，主管全县财税政策，实施财政监督，参与对国民经济进行宏观调控的职能部门。1998 年 5 月，县财政局内设机构为办公室、预算股、预算外股、行财股、工交企业股、商粮股、农财股、国资股、监察股、乡财政股、控办基建股。行政编制 17 人，其中局长 1 人，副局长 4 人。

1998 年，县财政局为县人民政府工作部门，正科建制。贯彻执行国家财政、财务、会计管理的法律、法规及各项方针政策；贯彻执行国家财政、税收、宏观经济各项方针、政策；拟定和执行全县财政、税收的发展战略、方针政策及其他有关政策，参与制定全县各项宏观经济政策。2016 年，县财政局有在职职工 88 人，其中局机关 54 人，事业单位 34 人。内设机构为办公室、预算股、行政事业股、会计股、农财股、乡财股、综合股、国库股、企业股、基建股、监察股、社保股，事业单位为山阴县会计核算中心、山阴县政府采购中心、山阴县投资建设开发有限公司、山阴县中小企业担保中心、山阴县会计函授站。历任财政局长有马海文、冯守忠、郭自更、毕财、史俊龙。

山阴县会计函授站成立于 1984 年，属全额预算事业单位，股级建制。2016 年，核定领导职数 2 人，财政拨款事业编制 18 人，在职职工 10 人。

2007—2016 年山阴县财政一般预算支出情况表

表 25-5　　　　单位：万元

项目 \ 年份	一般公共服务	公共安全	教育	科学技术	文化体育与传媒	社会保障和就业	医疗卫生	环境保护	城乡社区事务	农林水事务	交通运输	资源勘探电力信息等事务	商业服务业等事务	地震灾后恢复重建	援助其他地区	国土资源气象等事务	住房保障	采掘电力信息等事务	粮油物资储备管理等事务	金融监管	工业商业金融等事务	国债还本付息	其他	合计
2007	12268	5011	15332	151	1082	5029	3511	2970	8385	10895	3740	—	—	—	—	—	—	—	—	—	3553	—	1532	73459
2008	15056	6459	21713	825	1418	6579	6234	2964	6769	14518	1681	—	—	—	—	—	—	—	—	—	5587	—	1668	91471
2009	31400	6244	23074	981	1288	10746	5626	1631	8577	12244	909	—	—	—	—	—	—	3122	1629	75	—	—	5355	112901
2010	15361	7027	23309	1174	1521	11066	8162	8097	7762	15557	2899	4542	1035	788	—	29224	623	—	604	477	—	5	3647	142880
2011	19285	7621	26973	1567	1972	12723	9860	4069	6835	18061	6079	4622	1482	—	—	41512	6146	—	490	599	—	79	2158	172133
2012	20722	8813	37412	1253	2862	13494	12908	3435	7717	23457	3458	2515	1600	—	—	37993	3418	—	650	30	—	215	528	182480
2013	19758	8959	30973	1772	2100	17437	13628	7315	13268	26296	8996	3928	807	—	132	40176	4692	—	952	123	—	213	2554	204079
2014	12430	8291	24259	767	1763	14904	15261	7478	9848	22285	9592	4272	3333	—	143	18736	10077	—	873	11	—	165	246	164734
2015	11825	6171	35524	179	1815	17693	16445	4011	9970	30079	6933	3409	578	—	—	16977	5801	—	785	—	—	480	250	168925
2016	12887	7881	33111	166	2034	22742	18334	5742	26514	33863	2603	3088	548	—	—	1176	3197	—	903	—	—	4213	3645	182647

1999—2016年山阴县财政基金预算支出情况表

表25-6 单位：万元

项目＼年份	煤炭可持续发展基金	电源基金建设基金	中央对外贸易发展基金	地方教育附加	大中型水库移民后期扶持	小型水库移民扶助	残疾人保障金	政府住房基金	育林基金	森林植被恢复	中央水利建设	地方水利建设基金	其他车辆通行费	新型墙体材料专项	国有土地使用权出让金	国有土地收益	城市公共事业附加	城市基础设施配套	农业土地开发资金	新增建设用地	旅游发展基金	彩票事务	工业交通部门基金	商贸部门基金	农业部门基金	土地有偿使用	地方财政税费附加	其他部门基金	合计
1999	—	—	—	—	—	—	—	—	—	—	—	—	—	—	—	—	—	—	—	—	—	—	—	—	11	—	26	—	37
2000	—	—	—	—	—	—	—	—	—	—	—	—	—	—	—	—	—	—	—	—	—	—	—	—	—	1	26	—	27
2001	—	—	—	—	—	—	—	—	—	—	—	—	—	—	—	—	—	—	—	—	—	—	—	—	—	—	21	—	21
2002	—	—	—	—	—	—	—	—	—	—	—	—	—	—	—	—	—	—	—	—	—	—	—	—	—	—	27	—	27
2003	—	—	—	—	—	—	—	—	—	—	—	—	—	—	—	—	—	—	—	—	—	—	200	—	—	—	69	—	269
2004	—	—	—	—	—	—	—	—	—	—	—	—	—	—	—	—	—	—	—	—	—	—	65	1	—	50	33	—	149
2005	—	—	—	—	—	—	—	—	—	—	—	—	—	—	—	—	—	—	—	—	—	—	284	21	46	120	58	5	534
2006	—	—	—	—	—	—	—	—	—	—	—	—	—	—	—	—	—	—	—	—	—	—	219	—	—	90	22	138	469
2007	4216	326	8	—	—	—	180	—	—	—	—	—	—	—	2185	200	—	—	—	—	—	—	—	—	—	—	—	451	7566
2008	2805	466	12	—	—	—	281	—	35	19	—	—	—	—	5752	—	—	—	195	978	—	—	—	—	—	—	—	2128	12671
2009	4035	400	1	—	—	—	395	—	—	41	—	—	—	—	8343	1144	—	—	186	965	—	77	—	—	—	—	—	386	15973
2010	7368	558	—	—	—	—	180	—	34	81	—	24	77	—	10855	977	—	—	180	1500	—	376	—	—	—	—	—	751	22961
2011	10191	75	—	1585	—	10	430	—	25	174	—	57	—	—	11131	849	—	—	264	—	—	104	—	—	—	—	—	489	25384
2012	12356	—	—	2054	—	44	203	—	—	58	50	430	90	—	38716	4850	299	364	1320	6055	—	246	—	—	—	—	—	794	67929
2013	7569	—	—	310	1	62	132	583	—	12	105	90	—	—	26869	2592	—	769	86	885	100	175	—	—	—	—	—	2900	43240
2014	8558	—	—	1723	—	40	50	489	—	2	70	4	—	100	30846	4266	—	335	62	1044	—	224	—	—	—	—	—	2016	49829
2015	—	—	—	—	1	85	—	—	—	—	—	—	—	—	13732	2164	—	442	773	2185	—	372	—	—	—	—	—	2234	21988
2016	—	—	—	—	1	44	—	—	—	—	—	—	—	—	1272	—	60	19	353	1703	—	287	—	—	—	—	—	375	4114

山阴县政府采购中心成立于2002年12月，属全额预算事业单位，隶属于县财政局管理，股级建制，领导职数3人，编制30人，职能是代表县政府履行利用财政性资金采购国家采购目录以内或采购限额标准以上的货物、工程和服务。

山阴县投资建设开发有限公司是全县唯一的政府融资平台，隶属县财政局管理，成立于2009年4月，成立时注册资金3000万元，2010年6月30日公司注册资金增加到1.4亿元。公司多方筹资为山阴的城镇建设和民生事业发展增添活力。

山阴县中小企业信用担保中心成立于2009年6月23日，是政府投资成立的专业性担保机构，注册资本金1000万元，2009年10月12日，由县事业登记管理局注册登记，主管单位山阴县财政局。2011年3月底，事业单位注册资本金2298万元，到2012年末，注册资本增加至2823万元，2012年5月由省金融办颁发融资性担保机构经营许可证。公司经营各类贷款担保及其他融资性担保业务，受托管理政府小额贷款担保基金，开展小额贷款担保工作。

财政预算编制管理

1999年，山阴县财政预算延续以前年度的预算管理制度，在年初核定预算时，根据县经济工作会确定的目标和市财政局提出的基本要求，坚持“保工资、保重点、保平衡”，控制人员编制、控制追加预算的“三保两控”原则，编制年度收支预算。由单位上报预算计划，县财政局审核、汇总后，报局领导和县政府分管领导审核，经县政府常务会议通过，县人大常委会批准后正式下达。各年度预算期限和内容项目有所变化，但编制程序基本相同。2003年，全县预算安排遵循以下原则：财政收入增幅略高于经济发展速度；财政支出坚持“一要吃饭、二要建设”的原则，确保国家工资政策落实；提高专项支出拨付率，确保农、科、教重点支出的需要；积极支持社会保障体系建设；坚持“两个务必”，厉行节约，压缩一般公用经费。当年全县财政总收入安排12482万元，比上年增长13.9%；一般预算收入安排4716万元，比上年增长9.9%；一般预算支出安排10780万元，比上年增长14.2%。2004年，按照县委“三年高速发展、五年实现翻番、建设经济强县”的要求，深入贯彻落实全县经济工作会议精神，以促进国民经济持续快速健康发展和社会全面进步为目标，坚持科学发展观，坚持“五个统筹”，坚持依法理财，深化财税改革，创新财政机制，调整支出结构，保障重点支出，加强财政监管，拓展理财职能，提升理财境界，努力增收节支。当年全县财政总收入安排18888万元，比上年增长51.3%；一般预算收入安排6659万元，比上年增长41.2%；一般预算支出安排13187万元，比上年增长22.3%。2005年，以邓小平理论和“三个代表”重要思想为指导，贯彻中共十六大和十六届三中、四中全会精神，以科学发展观统领财政工作，发展为纲，稳定为本，打造“双一”工程（总收入增加一个亿、一般预算收入突破一个亿），实现“四个目标”（提高公教人员工资水平，减轻农民负担，确保县、乡、村三级正常运转，支持解决群众关心的热点问题），抓好“三项工作”（税政管理、非税收入收缴管理、规范财经秩序），促进全县国民经济和社会事业协调和谐发展。当年全县财政总收入安排35000万元，比上年增长85.3%；一般预算收入安排10094万元，比上年增长51.6%；一般预算支出安排17236万元，比上年增长30.7%。

2006年，抓住机遇，加快发展，着力支持“五项建设”（新农村建设、循环经济建设、城镇化建设、生态畜牧区建设、教育文卫等社会事业建设），实现三个突破（整合“支农”资金、社会保障、县级重点工程），抓好“四项”财政工作（调整支出结构、深化预算管理体制改革、加强财政监督管理和会计基础工作），推动经济结构调整和增长方式转变，促进经济可持续协调健康发展和社会全面进步。当年全县财政总收入安排90030万元，比上年增长157.2%；一般预算收入安排25310万元，比上年增长150.7%；一般预算支出安排31327万元，比上年增长81.8%。2007年，坚持以科学发展观统领财政工作全局，发挥财政宏观调控作用，调整优化财政收支结构，增强公共财政保障能力，推动经济结构调整和经济增长方式转变，支持和谐社会建设，维护人民群众切身利益，深化财政改革，推进依法理财，严格预算约束，坚持勤俭节约，强化财政监督，规范财经秩序。当年财政总收入安排11亿元，比上年增长22.2%；一般预算收入安排37272万元，比上年增长47.3%；一般预算支出安排44787万元，比上年增长43%，2008年，坚持"增收节支、统筹兼顾、留有余地"的方针，"围绕一条主线、贯彻两项要求、促进三个协调、强化四个倾斜"（围绕一条主线是紧紧围绕公共财政体系建设这条主线全面推进财政改革和发展；贯彻两项要求是要在财政工作中不折不扣地贯彻好市委财政再翻番的要求和建设和谐山阴的要求；促进三个协调是要综合运用各种财政手段，努力促进财政收入与经济发展速度相协调、财政支出结构与社会事业发展相协调、财政支出绩效与财政管理和改革相协调；强化四个倾斜是继续将财政投入更多向教育、城建、社会保障、生态建设倾斜）的指导思想编制预算。当年全县财政总收入安排166660万元，比上年增长51.5%；一般预算收入安排52736万元，比上年增长41.5%；一般预算支出安排68288万元，比上年增长52.5%。2009年，认真落实积极的财政政策，强化财政宏观调控，支持经济结构调整和经济发展方式转变，促进经济平稳较快增长；坚持增收节支，强化征管，确保各项收入应收尽收，厉行节约，严格控制一般性支出；坚持优化财政支出结构，切实保障和改善民生；坚持依法理财，严格预算约束；提高财政管理科学化、精细化水平；坚持深化改革，加快公共财政体系建设步伐，促进山阴县实现转型发展、安全发展、和谐发展、率先发展。当年全县财政总收入安排210500万元，比上年增长26.3%；一般预算收入安排59321万元，比上年增长12.5%；一般预算支出安排73318万元，比上年增长7.4%。2010年，紧紧围绕县委十二届五次全会和县经济工作会议提出的"经济率先发展、短板全面突破"目标，按照县委、县政府总体部署，认真落实积极的财政政策，支持经济结构调整和发展方式转变；调整优化财政支出结构，增强公共财政和重点支出保障能力，着力改善民生和促进社会和谐；推进财政科学化精细化管理，提高财政管理绩效。当年全县财政总收入安排20亿元，比上年下降5%；一般预算收入安排6亿元，比上年增长1.1%；一般预算支出安排101742万元，比上年增长38.8%。

2011年，煤炭资源整合后，煤矿逐步复工复产，其他主要工业品价格水平有所回升，这些因素有利于财政收入增长。同时，由于煤矿升级改造仍需要一定的时间，山阴县财政收入难以平稳均衡入库。支出方面，体现山阴县争做"四化一体东部新区"建设排头兵的理念，一般预算支出和基金预算支出统筹安排、相互补充，基金支出重点安排旅游、自来水城网改造、生态建设等一系列工程支出；体现以人为本，落实公教人员增发补贴政策，提高医疗保障和社会保障标准；支持经济社会事业发展，对北周庄工业园区、设施农业、奶牛规模养殖、农田水利基本建设、教育、医疗卫生、社会保障、公共安全均作出预算安排；重点支出突出，"十件实事"和"五个全覆盖"等均作出预算安排。当年全县财政总收入安排24亿元，比上年增长20%；一般预算收入安排116635万元，比上年增长94.4%；一般预算支出安排162234万元，比上年增长59.5%。2012年，收入预算编制，本着实事求是、积极稳妥、留有余地的原则，既与山阴县经济增长指标相适应，又考虑到实际支出需要，保持适当的增长速度和规模。支出预算编制，坚持既积极而为又量力而行的原则，统筹兼顾、突出重点、有保有压，合理有序安排资金，首先保障基本支出的需要。贯彻落实全市经济工作会议精神，把握保障和改善民生这一根本目的，在支出安排上向"三农"、教育、社会保障、医疗卫生、环境保护、住房安居等民生领域倾斜，加大财政投入力度。积极调整支出结构，坚持集中财力办大事，保证县委、县政府确定的重点支出需求。坚持厉行节约、勤俭办事原则，压缩一般性公用经费支出。当年全县财政总收入安排30亿元，比上年增长25%；一般预算收入安排95715万元，比上年下降17.9%；一般预算支出安排132285万元，比上年下降18.5%。2013年，继续坚持厉行节约、反对铺张浪费，牢固树立过紧日子的思想。支出预算编制，严格执行先工资、后保障、再运转、再项目的安排顺序，首先确保干部职工工资的正常发放。当年全县财政总收入安排342181万元，比上年增长 14.1%；公共财政收入安排 122181 万元，比上年增长 27.7%；公共财政支出安排 159047 万元，比上年增长 20.2%。2014 年，财政预算编制以深入贯彻中共十八届三中全会精神和中央、省、市财政工作会议精神，秉承依法理财理念和“三保一压”原则，紧紧围绕县委、县政府提出的瞄准“三个总目标”“推进三个一体化”，做好“三篇大文章”战略目标，实施积极的财政政策，坚持稳中求进抓收入，严格预算控支出，优化投向调结构，落实政策惠民生，集中财力支持招商引资等重点工程项目建设。为促进全县经济健康发展、社会和谐稳定。同时考虑经济缓慢复苏态势和推进“营改增”扩面，暂免征收小微企业增值税和营业税，免征和取消多项行政事业性收费。当年公共预算收入安排 139766 万元，比上年增长 14.4%；公共预算支出安排 200488 万元，比上年增长 26.1%。2015 年，财政预算编制秉承依法理财理念，紧紧围绕全县战略目标，发挥逆势有为、担当有位保障支撑作用，讲求绩效、紧抓收入、严格预算、调整结构、优化投向，以促进全县经济健康平稳发展、社会和谐稳定为指导思想，坚持保障人员经费、保障部门日常公用经费、保障民生需求和压缩“三公”经费、会议费等一般性支出的“三保一压”原则，安排预算支出。当年公共预算收入安排 9 亿元，比上年下降 35.6%；公共预算支出安排 153667 万元，比上年下降 23.4%。

2016 年，收入预算编制坚持实事求是、积极稳妥、留有余地原则，预算由约束性转向预期性，并与经济社会发展水平相适应，与财政政策相衔接；支出预算编制量入为出、有保有压、统筹兼顾、厉行节约，优化支出结构，严控一般性支出，特别是“三公”经费支出，盘活财政存量资金，消化财政和部门结存，保工资、保运转、保民生、兜底线，清理、整合、规范转移支付和挂钩事项，提高资金使用绩效；统筹安排一般公共预算、政府性基金预算。当年公共预算收入安排 5.7 亿元，比上年下降 36.7%；公共预算支出安排 144910 万元，比上年下降 5.7%。

第二章　国家税务

第一节　国税管理

机　构

山阴县国税局于 1994 年 5 月成立，旧址位于山阴县岱岳镇同太北路，2006 年迁入现址，位于山阴县岱岳镇青年街。2001 年 6 月，根据《山西省国家税务局关于印发〈朔州市国家税务局及所属县（区）国家税务局职能配置和人员编制方案〉的通知》精神，山阴县国税局调整机构，内设机构由原来的 6 个精减到 5 个，分别是办公室、人事股、监察室、税政征管股、计划会计股；直属机构 1 个，为稽查局，包括 3 个正股级内设机构，分别为综合管理股、稽查股、审理执行股；派出机构 6 个，分别为征收分局、玉井中心税务所、马营中心税务所、北周庄中心税务所、薛圐圙中心税务所、山阴城中心税务所；事业机构 2 个，分别是信息中心和票证管理所。人员编制 53 人，其中管理编制 16 人，

山阴县办税服务大楼

征收编制 37 人，事业编制 9 人。2002 年 9 月，根据省、市国税局关于加速税收信息化建设，调整基层征管机构的实施意见，山阴县国税局将原有的征收分局和山阴城、薛圐圙、马营、玉井、北周庄 5 个农村中心税务所合并为城镇、个体、北周庄、薛圐圙 4 个分局，后又更名为第一、第二、北周庄、薛圐圙 4 个分局。2006 年 6 月，按照省国税局关于对山阴县国税系统规范机构设置明确职责分工实施方案的批复，县国税局内设行政机构 7 个，分别是办公室、人事教育股、监察室、综合业务股、税源管理一股、税源管理二股、计划征收股；直属机构 1 个，为稽查局；派出机构 2 个，分别为北周庄税务分局、薛圐圙税务分局；事业单位 1 个，为信息中心。全局人员编制为 61 人，其中，行政编制为 52 人，事业编制为 9 人。

2010 年 12 月，按照《朔州市国家税务局关于印发山阴县国家税务局主要职责机构设置和人员编制规定的通知》精神，县国税局内设机构 9 个，分别为办公室、政策法规股、收入核算股、纳税服务股（办税服务厅）、征收管理股、人事教育股、监察室、税源管理一股、税源管理二股，级别均为正股级；直属机构 1 个，稽查局，级别为副科级，内设机构 5 个，级别均为副股级，分别为综合股（举报中心）、综合选案股、检查股、案件审理股、案件执行股；派出机构 2 个，分别为薛圐圙税务分局、北周庄税务分局，级别均为副科级；事业单位 1 个，信息中心，级别为正股级。全局人员编制为 72 人，其中，行政编制为 67 人，事业编制为 5 人。至 2016 年，机构设置无变化。历任局长有贺玉、刘富民、巩晋阳、薛震。

税源管理

税源管理主要包括对固定税源、个体税源和重点税源的管理。

固定税源控管 大致包括基础性管理和纳税评估两方面工作，具体的管理手段和形式变化可分为 5 个阶段。准确核定，强化基础管理。1998 年，县国税局在之前征收管理的基础上，注重加强与相关部门的配合协作，夯实税源基础。2002 年，县国税局组织人员 3 次与县工商局核对，对新办企业的企业所得税严格进行鉴定，并积极请示市国税局，对所得税征管工作中存在的问题及时解决。通过做好税务登记工作包括税源登记、验证、核定等环节，加大对固定税源的管理力度。对新开业的纳税户，在税务登记环节准确核定其应征税税种、适用税率、定税定额等。探索性地组织开展了对商贸企业增值税一般纳税人的纳税评估工作，进一步完善和规范了税基管理工作。专人管理，责任到人。2004 年，按照省、市国税局强化征管基础建设的意见，逐步将日常征管工作的重点由原来的征收事务型转变为管理事务型，进一步扩大管理队伍规模，加强监管评估力度。根据所划区域内管户数量或税源规模，合理配备税源监管人员数量，对重点税源户和重点纳税人专人管理，责任到人。充分利用征管软件及数据共享，确定税源监管和税收专项检查的工作重点和方向，在信息化支持下，利用纳税人涉税信息对其纳税申报的真实性进行评估，及时纠正纳税人申报资料中的过错，提高纳税申报的准确性，并为税务稽查提供案源，打击和防范偷逃骗税。推行“两表一卡”制度。2006 年，进一步健全同工商、地税部门的信息交换制度，按季度进行管户比对，对比对情况做到有分析、有结果，各税源管理部门开展管户清查，当年共清查出漏管户 35 户，责令补办税务登记。从实际出发，细化行业专业化管理办法，对煤炭行业实行集中管理，提高税收管理员的执法水平。通过开展税企交流，了解纳税人对现行税制的认识情况，从而制定“两表一卡”制度，从源头上有效地堵塞漏洞，提高了县国税局的税源征管效率和水平。

深化纳税评估管理。2008 年，认真贯彻执行修订后的纳税评估管理办法，采取数据分析和深入企业了解生产经营情况相结合，科学合理地开展纳税评估，规范评估程序，总结评估工作经验，抓好优秀评估案例的收集、整理工作，提高评估质量和效率。当年县国税局着重对煤炭生产企业、煤炭运销企业、洗选企业和水泥制品企业进行重点行业评估，通过纳税评估发现日常管理中存在的问题。企业补税 300 多万元。自主研发评估办法。2012 年，县国税局自主研发了乳品行业纳税评估办法，进一步加强对乳品企业管理。在通过重点调查测算四户企业 2008—2011 年的机械工艺耗能情况与投入原奶生产产品的比较状态后，利用成本结构比值、原奶投入产出率方面可以确定大体合理的预警参数，通过以耗定产、以产核销监控企业收入申报，以产控耗、以耗查进加强乳制品行业抵扣监督。新的乳品评估办法在实际应用中收到了良好效果，得到广大乳品企业的肯定，大大提高了纳税评估的效率和质量。2012 年 1—9 月，乳品行业共实现税款收入 1081.02 万元，其中，增值税评估收入 136345.57 元，所得税评估收入 32242.19 元，评估收入占总收入的 1.6%。这一评估模型得到了省国税局的肯定，并在全省范围内进行推广。

税源管理　个体私营业户税收“双定”，个体私营税收的管理，一直是县国税局的工作重点和难点。1998—2002 年，县国税局不断探索、完善个体户管理方式。重点推进个体私营税收“双定”工作（定产、定税），成立由局长亲自挂帅的领导组。2002 年有个体户 753 户，占全局总管户 902 户的 83.48%，全年征收个体户税款 720 万元，完成了年初制订的计划。全面推行“电脑定税”。2004 年，全面推行“电脑定税”办法，科学合理地进行了“双定户”的定额调整工作。严格执行增值税起征点标准，贯彻落实省国税局对不达起征点纳税人的各项管理要求。切实执行下岗再就业和涉农税收优惠政策。在调查研究的基础上，积极与地税、工商等执法部门联合协作，开展专项整治工作，共同研究对集贸市场实行简便、有效的征管办法，依法规范征管程序，简化办税方式，加大控管力度，同时继续深入开展个体建账建制，促进了个体税收的稳步增长。

推进“一条街”样板工程。2009 年，扎实创建个体税收市场“一条街”样板工程，全面加强个体工商户税收管理。以 7 月份召开的个体税收促进会为起点，不断加强征纳双方的沟通，为个体税收的增长奠定坚实基础。实现“三清”“三无”“三全”。2011 年，县国税局全面落实《个体税收管理办法（试行）》，认真推行个体定额核定系统，加大对临近起征点业户的清查力度，实施户籍动态管理，及时掌握其生产、经营变化情况，努力做到“三清”，即税源清、管户清、入库清；“三无”，即无漏征户、无漏管户、无欠税户；“三全”，即申报全、资料全、档案全，最大限度地防止税款流失，堵塞征管漏洞。当年个体工商户为 321 户，占全部纳税人的 47.7%。

重点税源监控　2002—2013 年，县国税局计会部门规范重点税源监控管理工作，充实完善档案资料；扩大重点税源企业的监控管理面，以电算化为核心，运行 SDMS 软件、CTAIS 软件，登记重点税源监控户生产经营及纳税情况。关于对重点税源的监控管理，大致分为以下 4 个发展阶段。

扩大监控面。2002 年，除继续加强对国家税务总局、省国税局、市国税局监控的 8 户重点企业的管理外，对年纳税在 10 万元以上的企业也进行监控。

开展税负分析。2004 年，由于煤炭、乳业、化工等重点企业实现的税收收入占县国税局全部收入的比重在逐年加大，因此加强对这些企业的监控管理具有特别重要的意义。为更准确地掌握税源发展变化趋势，县国税局采取了一系列积极有效的措施，重点监控年纳两税 100 万元以上企业。立足于“稳定数量，提高质量”的原则，建立同行业税负分析管理体系，认真开展同行业税负分析。当时山阴县工业企业的蓬勃发展，涌现出金海洋洁净煤有限公司等几个新增税源，为了准确地预测这些新增税源的税收实现情况，县国税局确定几名业务骨干深入到企业当中，了解企业的生产售销能力和发展前景，从而牢牢地把握组织收入工作的主动权。

推进“四位一体”互动机制。2011 年，县国税局进一步加大对重点税源的监控力度。严格按照省国税局确定的监控标准，将所有符合条件的重点税源企业全部纳入监控范围，分户建立重点税源档案，强化数据的分析与应用。与征收管理和税务稽查部门协作配合，逐步完善《重点税源企业管理办法》，为加强征管提供信息，为稽查选案提供依据，推进了税收经济分析、纳税评估、税源监控和税务稽查“四位一体”互动机制的建立，进一步从制度上规范和保证了重点税源档案资料的报送质量。此外，县国税局还扩大税源监控范围、不断提高数据质量。纳入重点税源监控企业的收入比重提高到 81.3%。

三级监控管理 2013 年为充分发挥职能、信息、政策和管理优势，根据纳税人的规模、行业风险及产业联系，采取“规模 + 行业”的方法，推行“分类、分级、分事、分岗”管理，将纳税人分为省级监控重点税源、市级监控税源和县级监控税源，分别定制针对性的控管方案，合理调配管理力量，达到了“重点抓好、一般抓实、小的抓住”的科学化、规范化、精细化税收管理要求。县局以金三系统数据为依托，结合所辖纳税人上报的《税收分析调查表》，创新性地重新设计了重点税源报表。对年应纳税额超过 20 万元的 92 户纳税人纳入重点税源分析监控对象，提取销售收入、进销项税额、留底税额、应纳税额、入库税额、查补税额、委托代征、产销数量、税负、平均单价等数据，编制成分行业、分月份、分项目的税收收入月报表，能够较为全面准确了解企业的经营状况，平均税负等指标，为规范税收执法，完成收入任务提供可靠的数据支撑。2013 年，县局共有重点税源企业 45 户，其中省级重点企业 20 户，入库税款 84387 万元；市、县级重点税源企业 25 户，入库税款 6385 万元。

信息化管理

国税局税收信息化发展，大致经历 3 个主要阶段。

信息化管理起步 1998 年，税收工作主要依靠手工记账。2002 年，根据省、市国税局的要求，县国税局健全完善了局党组参加的税收信息化领导组，制定本单位的整体规划、实施方案，结合“金税工程”管理要求建立相关考核责任追究制，并严格执行有关网络管理、硬件管理、机房管理、安全管理、应用系统运行管理、技术支持维护管理等税收信息化管理制度，全年没有网络运行不畅通，硬件设备管理混乱，税收数据泄密、丢失或失真，应用系统不能正常工作，技术支持与维护不到位等现象发生。各岗位运行良好，基本上达到软件操作到位，实现“机外无管户、机外无发票、机外无税款”的目标。对使用万元版以上增值税专用发票的一般纳税人，推行防伪税控系统管理。县国税局当时有增值税一般纳税人 98 户，除不上防伪税控系统的 32 户外，推行 22 户。已培训 42 户，发行 8 户，已购设备待发行 9 户。另外县局还积极按照省、市局统一要求推行多元化纳税申报方式。全局增值税一般纳税人有 7 户实行电子申报，其余 83 户实行代理申报，另有 2 户小规模纳税人也实行代理申报，其他小规模纳税人实行自行申报。

CTAIS 软件上线运行 CTAIS 是中国税收征管信息系统，是一套在广域网上运行的高平台税收征管主体软件，几乎涵盖包括增值税管理在内的国税系统全面业务，并兼顾了对地税业务的可扩充性。其主要特点是：存储大量基础资料和数据资料，实现信息共享；税务征收管理监管严密；增强税务征管稽查的法制性、有效性；税务业务处理实现阳光操作，促进税务干部的勤政、廉政建设；提高税务部门的管理水平和管理效率。2006 年，为确保 CTAIS 软件成功上线运行，在进一步加强征管软件的应用管理，做好考核指标的数据采集、测算工作的基础上，创新考核手段，运用 CTAIS 软件生成征管质量电子报表，实行征管质量指标“网上考核”。继续做好防伪税控企业的推行工作，2006 年全县有一般纳税人 128 户，纳入防伪税控系统的有 106 户，不使用增值税专用发票的一般纳税人为 22 户，覆盖比例达到 100%，数据采集率达到 100%。

金税三期工程上线 金税工程是经国务院批准的国家级电子政务工程，是国家电子政务“十二金”工程之一，是税收管理信息系统工程的总称，旨在统一国税、地税核心征管应用系统，构建覆盖所有税种、覆盖税收工作的主要工作环节、覆盖各级国税地税机关，并与有关部门联网的全国税收管理信息化系统。相比已有税收征管系统，金税三期系统具备功能更强大、运行更稳定、办税更顺畅等诸多优势和特点。2013 年，为确保金税三期工程顺利上线，县国税局制定出台《金税三期单轨运行应急预案》，抓好环境搭建、数据清理、发票初始、全真业务操作、应急演练、手工票操作等基础工作，分别落实责任人，重点抓好单轨运行期间涉及的轮流值班、征收管理、税政管理、会统核算、税收法制、税务稽查、决策支持七个方面的工作。针对税务登记、申报，征收开票、网上办税、办费、税收优惠审批（备案）业务等领域可能出现的突发情况，分别落实应急措施，确保第一时间处理突发事件。做好系统初始化工作。根据系统运行要求，对各业务单位的用户角色、权限重新梳理和设置，确保岗责相符。同时对系统运行环境进行全面的检测和维护，保证网络通畅。对征管数据中的登记、申报、入库、发票、票证以及其他涉税信息进行逐户逐笔认真核实和清理，对数据代码、人员信息等严格核查，确保核查准确率100%。

“互联网＋税务”　2015年国家税务总局制订《“互联网＋税务”行动计划》。按照国家推进“互联网＋”行动的战略部署，县国税局紧跟时代新步伐，把握发展新机遇，充分运用互联网思维，引入云计算技术，发挥大数据优势，推进物联网应用，始终重视纳税服务，不断激发管理活力，拓展税收服务新领域，打造便捷办税新品牌，建设电子税务新生态，引领税收工作新变革，更广范围、更深程度、更高层次地依托“互联网＋”力量，为税收改革发展奠定稳固坚实基础，为税收现代化注入恒久动力，为税收服务国家治理提供强劲支撑。2015—2016年，山阴县国税局主要从3方面开展“互联网＋”税务建设。创新“互联网＋指尖税务”方式，实现服务零距离，纳税服务更优质高效。一是抓住移动互联网发展带来的新机遇，把QQ、“e税客”、微博、微信等打造成促进税收宣传、优化纳税服务、涉税事项便捷办理的重要新载体，通过开展全方位、多角度的税收政策解读、涉税提醒、涉税查询、预约服务、发票真伪查询、互动交流等涉税服务，帮助纳税人更加准确、快捷、全面地了解税收政策，掌握办税流程。二是完善“互联网＋智能税务”功能，实现办税零障碍，纳税服务更科学有效。推行网上申报平台，纳税人只需登录“山西国税网上申报平台升级版”进入“山阴要领票”模块，填写“发票申领申请”，系统会在操作完成后告知税务机关工作人员，纳税人只需等待快递送票上门。纳税人可以通过“e税客”、微信平台直接进行预约办税，实时播报大厅人流量，引导纳税人错峰办理业务，缓解办税服务厅的压力，减少纳税人排队等候时间。三是扩大“互联网＋阳光税务”范围，实现公开零死角，纳税服务更透明公正。依托省、市、县国税局的门户网站，设立行政审批专栏，定期向社会公开行政审批目录清单，拟定行政审批事项操作规范，其中包括行政审批目录、行政许可和非行政许可操作规范、审批流程图和表格下载等内容，方便公众查阅使用和监督。推行税收执法权力清单制度，及时向社会公布税务行政处罚权力清单目录和流程图，公开各类税收优惠政策及解读，借助网站“国税公告”“信息公示”等栏目，及时公布涉税信息，为纳税人提供了高效率、低成本的服务。

山阴24小时自助办税服务厅

第二节　国税征管体制

1994年，山阴县国税局在乡镇设立税务所，实行专管员制度，采用“一员进户、各税统管，集征、管、查一条线的征管模式”。2001年，乡镇税务所撤销，税务分局成立，设立征收岗、管理岗、稽查岗。2002年，县国税局按照“申报纳税、集中征收、重点稽查、微机监控”要求，将全县所有纳税人纳入微机监控。2005年，县国税局实行《国家税务总局关于税收管理员制度（试行）通知》，取消税收专管员制度，落实税收管理员制度。2013年，县国税局启动营业税改征增值税改革（简称营改增），和地税局开始业务深层次合作。在现行增值税17%标准税率和13%低税率基础上，新增11%和6%两档低税率。租赁有形动产等适用17%税率，交通运输业、建筑业等适用11%税率，其他部分现代服务业适用6%税率。2013年"营改增"收入达704万元。

2015年，县国税局贯彻《山西省国家税务局关于进一步完善稽查管理体制的实施意见（1.0版）》精神，取消县税收稽查局，建立"市级一级稽查"和"全市稽查一体化"工作体制，市国税局稽查局实行统一选案、集约检查、主体审理、分别执行的业务流程和工作机制。2016年，县国税局将建筑业、房地产业、金融业、生活服务业纳入"营改增"试点范围，现行营业税纳税人全部改征增值税。金融保险业由5%的营业税改为6%的增值税，房地产和建筑业由5%和3%的营业税改为11%和3%的增值税，酒店、餐饮等生活服务业由5%的营业税改为6%和3%的增值税。完成489户"营改增"试点纳税人的数据采集。并在5月1日凌晨零点四秒，开出山阴县第一张"营改增"发票。

第三节　国税收入

税制税种

山阴县税收制度经过中华人民共和国初期开征的以货物税为主的9种工商税、"文化大革命"时期工商统一税、改革开放时期复合型税制以及1994年新税制的四次改革。1994年以前，税务部门负责征收工商税。1994年国税和地税分列后，国家税务局负责征收的税种有维护国家权益和实施宏观调控所必须的中央税，包括消费税、企业所得税等；与经济直接相关且涉及征收面大的税种，包括增值税等；境内外商投资和外国企业的税收；个人所得税、车辆购置税及其他税收。国家开征的主要税种是增值税和企业所得税，征收对象主要是煤炭、电力及其他生产、销售、加工、修理修配，建筑行业纳税人，山阴县税收主要来源是煤炭、电力行业，每年煤炭电力行业上缴税额占到全县税收收入的70%以上。

增值税　是对销售货物或者提供加工、修理修配劳务以及进口货物的单位和个人就其实现的增值额征收的一个税种。中国自1979年开始试行增值税，于1984年、1993年和2012年进行了三次重要改革。现行的增值税制度是以1993年12月13日国务院颁布的国务院令第134号《中华人民共和国增值税暂行条例》为基础的。增值税是以商品（含应税劳务）在流转过程中产生的增值额作为计税依据而征收的一种流转税。从计税原理上说，增值税是对商品生产、流通、劳务服务中多个环节的新增价值或商品的附加值征收的一种流转税。实行价外税，也就是由消费者负担，有增值才征税没增值不征税。增值税是中国最主要的税种之一，增值税的收入占中国全部税收的60%以上，是最大的税种。增值税由国家税务局负责征收，税收收入中75%为中央财政收入，25%为地方收入。进口环节的增值税由海关负责征收，税收收入全部为中央财政收入。增值税征收主要经历以下改革：第一次改革，属于增值税的过渡性阶段。此时的增值税是在产品税的基础上进行的，征税范围较窄，税率档次较多，计算方式复杂，残留产品税的痕迹，属变性增值税。第二次改革，属增值税的规范阶段。参照国际上通常的做法，结合了大陆的实际情况，扩大了征税范围，减并了税率，又规范了计算方法，开始进入国际通行的规范化行列。第三次改革，属营改增的改革阶段。把部分现代服务业由征收营业税改为增值税，扩大了增值税的征税范围。

消费税　是以特定的消费品的流转额为计税依据而征收的一种商品税。它在各国开征亦较为普遍，具有特定的财政意义、经济意义和社会意义。国务院于1993年12月13日发布《中华人民共和国消费税暂行条例》，财政部于同年12月25日制定了《消费税暂行条例实施细则》。这两个法律规范性文件，对消费税法的主要内容作出了明确的规定。主要经历以下改革：1994年，正式建立消费税制度。2006年，调整消费税征税范围。2008年调整乘用车消费税政策，并修改消费税条例。2009年，实施成品油税费改革，调整烟产品消费税政策。

企业所得税 是指对中华人民共和国境内的企业（居民企业及非居民企业）和其他取得收入的组织以其生产经营所得为课税对象所征收的一种所得税。作为企业所得税纳税人，应依照《中华人民共和国企业所得税法》缴纳企业所得税。但个人独资企业及合伙企业除外。1991 年 4 月，第七届全国人民代表大会将《中华人民共和国中外合资经营企业所得税法》与《中华人民共和国外国企业所得税法》合并，制定了《中华人民共和国外商投资企业和外国企业所得税法》，并于同年 7 月 1 日起施行。1993 年 12 月 13 日，国务院将《中华人民共和国国营企业所得税条例（草案）》《国营企业调节税征收办法》《中华人民共和国集体企业所得税暂行条例》和《中华人民共和国私营企业所得税暂行条例》，进行整合制定《中华人民共和国企业所得税暂行条例》，自 1994 年 1 月 1 日起施行。

车辆购置税 是对在境内购置规定车辆的单位和个人征收的一种税，它由车辆购置附加费演变而来。现行车辆购置税法的基本规范，是从 2001 年 1 月 1 日起实施的《中华人民共和国车辆购置税暂行条例》。车辆购置税的纳税人为购置（包括购买、进口、自产、受赠、获奖或以其他方式取得并自用）应税车辆的单位和个人，征税范围为汽车、摩托车、电车、挂车、农用运输车。

税收收入

1998 年后，税收基本呈现逐年增长趋势，个别年份因全国经济状况出现回落，但绝对数并不低。1998 年，山阴县实现国税收入 4574 万元。2003 年，实现国税收入 7829 万元。2008 年，国税收入突破 10 亿元，达到 11.95 亿元。2016 年，国税收入 10.86 亿元。

1998—2016 年山阴县国税税收收入情况表

表 25-7

年 份	各项税收收入（万元）	计划数（万元）	占计划（%）
1998	4574	4572	100.04
1999	4075	4075	100
2000	4555	4200	108.45
2001	5501	4720	116.55
2002	6571	5840	112.52
2003	7829	7670	102.07
2004	19763	12440	158.87
2005	34080	23411	145.57
2006	60918	42090	144.73
2007	78097	68000	114.85
2008	119466	107000	111.65
2009	84265	129300	65.18
2010	76498	120000	63.75
2011	121653	91800	132.52
2012	131046	148800	88.07

续 表

年 份	各项税收收入（万元）	计划数（万元）	占计划（%）
2013	92236	146500	62.96
2014	79063	110000	71.88
2015	84199	83120	101.30
2016	108615	77000	141.06

第三章 地方税务

第一节 地税管理

机 构

山阴县地方税务局成立于1994年6月，位于山阴县岱岳镇同太北路。地税局是伴随着分税制财税体制改革而组建的地方税务机构，单位性质为行政机关。1999年，地税局迁址到知青路地税广场地税大楼。2016年，内设办公室、人事教育股、征收管理股、税政股、计会股、信息股、监察室7个股室；下设直属一分局、直属二分局、稽查局3个分局；派出机构为：第一税务所、第二税务所、北周庄税务所、玉井税务所、马营税务所、古城税务所6个基层税务所。除第二税务所为股级建制外，其余3个分局和5个税务所均为副科级建制。全局共有干部职工98人，其中男职工65人，女职工30人；公务员86人，事业干部5人，工勤人员7人；文化结构为：研究生2人，大学本科52人，大学专科36人，中专5人。历任局长：王儒邦、苏仁章、徐庆春、蒙旺春、张玉成、边伟。

山阴县办税服务大厅

征管模式

1987年前，税收管理实行“一人进厂，各税统管”的模式，从事征收管理一线的税务干部称为“专管员”。1987年后，税务机关设置“稽查”专门机构，税收管理由过去的“征、管、查”于一体转变为征管与检查“两分离”，征收管理实行双人上岗。1998年，推行“以纳税申报和优化服务为基础，以计算机网络为依托，集中征收、重点稽查”的征管模式，侧重于建立纳税人自行申报制度，进行重点稽查和建立健全计算机监控网络体系，由传统的手工操作向现代化管理转变。2000年后，实行税收管理员制度，征收管理实现了“征、管、查”三分离。

从1998年到2008年，推行“科技+管理、信息化+专业化征管”模式，建立依托税务系统计算机网，建立统一规范应用平台，功能覆盖税收业务，行政管理，决策支持，外部信息应用系统。按照依法、精简、统一的原则，科学鉴定和配置征管职能，做好业务重组，合理配置人力资源，健全岗位责任制度，完善征管组织体系，稳步建立信息化支持下的“统一登记、集中征收、属地管理、重点稽查”的征管模式，构建符合税收征管的科学化、精细化管理和服务优化、协调高效、分权制衡的税收征管新格局。

征管制度建设

山阴县地税局组建后，先后制定完善23项税收征管制度：税收票证管理制度，车船税征收管理办法，纳税服务工作制度，管户管理办法，公开办税制度，税收管理员岗位工作制度，办税服务厅办税工作流程，稽查工作规程，纳税服务工作规范，征管基础资料一户式管理办法，日常工作检查制度，征管资料传递交换制度，催报催缴工作制度，办税服务厅“一站式”服务办法，征管工作实施意见，煤炭行业纳税评估实施办法，加强国地税合作、工商沟通、司法配合、政府支持、银行协助的协税护税办法，税源管理办法，征管档案信息化管理系统运行维护及管理办法，煤炭生产企业外包井下生产和煤矿建筑工程征收管理办法，煤炭企业资源整合兼并重组税收管理办法，绩效管理考核办法；国地税征收管理深度合作工作制度。

全市地税系统征管现场会

税务稽查

税务稽查主要职能是打击各类偷、逃、骗、抗税等税收违法行为，同时兼有税务检查的职能。税务稽查严格按照“立案、检查、审理、执行”四个程序实施并实行“四分离”制度。

立案环节自选案源。根据市、县中心工作确立案源线索及市、县政府及市、县地税局的各类专项整顿、专项检查确立的案源等；上级交办、督办案源；举报案源；各类税收执法风险分析数据确立的案源等；其他案源等。在各类选案过程中，主要分析纳税人是否存在偷、逃、骗、抗税等行为及是否存在主观意识达到不缴或少缴税款的目的等，来确立案源是否需要立案。一旦确定该案源需要立案，说明该纳税人已经存在税收违法行为，通过金税三期系统来进行立案。

检查环节 进驻企业或通过调取企业账务，对企业的财务资料及经营状况等进行检查处理，通过检查发现企业是否存在各类税收违法行为，寻找有力的实证资料确定企业的各类税收违法行为，出具税务稽查报告。

审理环节 审理部门审核检查部门的初评资料及根据稽查报告进行审理审核。依据税收法律、法规进行审核后，出具审理报告，然后制作《税务处理决定书》《行政处罚决定书》等各类文书资料，通知当事人并把各类文书下达到当事人。如当事人认为其确定，所作的各类处理决定属实，不需要行政复议，或不需提请人民法院判决，同意执行，进入税务稽查执行环节。

市委书记在地税调研

执行环节 当事人依据税务稽查部门的各类处理、处罚决定缴纳各类税款、罚款及滞纳金等，如当事人对税务稽查决定及处罚决定有异议，可以在60日内进行行政复议或直接向人民法院提起诉讼，然后依照人民法院的判决执行。在未收到判决前，当事人必须先缴纳税款，收到判决后，按判决结果执行。

1998—2016 年山阴县地税收入统计表

表 25-8 单位：万元

年份	合 计	营业税	企业所得税	个人所得税	资源税	投调税	城维税	房产税	印花税	土地使用税	车船使用税	土地增值税	农业税	屠宰税	契税	耕地占用税	增值税
1998	2771.8	503.5	682.2	472.9	206.8	233.1	299.4	61.4	19.7	64.1	4.9	—	221	2.8	—	—	—
1999	2356	367	643	416	118	62	359	102	8	64	3	—	207	7	—	—	—
2000	2586.9	610	606	547	170	8	175	96	19	77	18	—	255.9	5	—	—	—
2001	2873	753	752	435	210	2	235	88	72	46	21	—	257	2	—	—	—
2002	3711	1107	603	491	389	2	304	197	45	90	10	—	471	2	—	—	—
2003	4406	1412	750	498	532	2	253	132	31	83	9	—	704	—	—	—	—
2004	5075	1685	1071	538	727	1	363	134	51	104	4	—	397	—	—	—	—
2005	14055	2650	4893	1854	3261	1	935	154	112	134	6	5	50	—	—	—	—
2006	25096	4138	11200	3845	3503	—	1644	231	226	194	25	—	—	—	90	—	—
2007	37515	5381	20906	4576	3671	—	2239	130	335	109	8	10	—	—	110	40	—
2008	45815	7994	13427	12025	7074	—	3265	230	645	797	153	5	—	—	33	167	—
2009	54000	11396	15507	19632	2035	—	2141	457	1232	1107	150	—	—	—	318	25	—
2010	60000	11624	27771	12058	3126	—	2660	268	882	879	144	64	—	—	322	202	—
2011	83688	13130	28869	30542	3222	—	4819	422	1022	824	292	226	—	—	210	110	—
2012	130999	22310	69342	24478	6780	—	4262	353	1548	1062	458	103	—	—	200	103	—
2013	142446	36726	55976	25485	9713	—	4381	885	1627	1735	1452	401	—	—	2725	1340	—
2014	63091	16284	10296	4858	10498	—	2925	884	1441	1539	583	95	—	—	2778	10910	—
2015	56074	10552	11376	4714	21349	—	2130	1017	909	1258	505	41	—	—	1338	885	—
2016	38830	6975	3089	3532	18707	—	3484	1036	1165	1474	554	101	—	—	238	−1563	38

第二节　税收制度

税种设置

1994年山阴县地税局组建后，设置的税种有：营业税、个人所得税、企业所得税、城市维护建设税、车船税、房产税、屠宰税、资源税、土地使用税、印花税、固定资产投资方向调节税、农业四税（农业税、农林特产税、耕地占用税、契税）共计15个税种。

基金、规费设置

1998—2016年，由地税部门代征的基金、规费有：水资源补偿费、文化事业建设费、河道工程维护管理费、价格调控基金、残疾人就业保障金、教育费附加、工会经费、民兵预备役基金、煤炭可持续发展基金、地方教育费附加、林业建设基金、煤炭城市附加、社会保险基金共计13项。经过历次变革，代征的基金、规费有：采矿排水资源费、残疾人就业保障金、工会经费、教育费附加、地方教育费附加共计5个费种。

税种变革

1995年，新增土地增值税；1996年，取消土地增值税；2003年，取消屠宰税；2005年，新增土地增值税；2006年，取消土地增值税、农业税、农林特产税；2007年，新增土地增值税；2015年10月，第一次“营改增”，将营业税中的交通运输业及现代服务业二个税目划归增值税；2016年5月，将营业税剩余税目全部划转增值税，至此，“营改增”全面完成。

第三节　地税收入

1998年，山阴县地税收入2771.8万元。2004年，地税收入5075万元。2010年，地税收入6亿元。2016年，地税收入38830万元。

1998—2016年山阴县地税税收完成情况表

表25-9

年　份	地方各税入库数（万元）	计划完成情况	
		计划数（万元）	完成率（%）
1998	2772	—	—
1999	2356	—	—
2000	2587	2120	122.03
2001	2873	2615	109.87
2002	3711	3037	122.19
2003	4406	3540	124.46
2004	5075	4300	118.02
2005	14055	6800	206.69
2006	25096	16100	155.88

续 表

年 份	地方各税入库数（万元）	计划完成情况	
		计划数（万元）	完成率（%）
2007	37515	33224	112.92
2008	45815	39970	114.62
2009	54000	52793	102.29
2010	60000	60000	100
2011	83688	73000	114.64
2012	130999	95000	137.89
2013	142446	148500	95.92
2014	63091	96000	65.72
2015	56074	43500	128.91
2016	38830	34600	112.23

2011—2016 年山阴特色税种入库情况表

表 25-10 单位：万元

入库年度	行业名称		备注
	煤炭开采和洗选业（包括煤矿）	酒、饮料和精制茶制造业（包含乳品制造）	
2011	46262	149	仅地税
2012	87094	345	仅地税
2013	80900	410	仅地税
2014	78125	453	国地税合计
2015	90830	1800	国地税合计
2016	95697	681	国地税合计

第二十六编

银行业　保险业

1998年，中国人民银行山西省分行山阴县支行归属天津分行管理。全县设有银行机构6家，分别是中国农业发展银行山阴县支行、中国工商银行山阴县支行、中国农业银行山阴县支行、中国银行山阴县支行、中国建设银行山阴县支行和山阴县农村信用社联合社。中国人寿保险股份有限公司山阴县支公司业务范围包括人寿保险、健康保险、意外伤害保险等各类人身保险业务、人身保险的再保险业务等。中国人民财产保险股份有限公司山阴支公司业务范围包括车辆保险、三农保险、巨灾保险、大病保险、责任保险等。2009年，设有银行机构7家，银行从业人员491人，设立基层分支机构网点37家。2016年，依据《中国人民银行法》，山阴县支行履行中央银行职责，执行中央国务院制定的货币政策，对辖区内金融机构行使金融监管职能，维护区域金融稳定。当年金融机构10家，银行从业人员709人，设立基层分支机构网点43家。全县银行机构存款余额合计1471056万元，贷款合计850763万元。

第一章　银行业

第一节　银行机构

中国人民银行山阴县支行

中国人民银行山阴县支行成立于民国34年（1945），前身是西北农业银行山阴分行，先后办理过农村、城市金融等业务。1986年8月人民银行、工商银行两行分设后，中国人民银行山阴县支行开始独立行使中央银行职能，行政归属人民银行雁北地区二级分行管辖。1989年7月雁同地区合并，山阴县支行按行政区域划归中国人民银行朔州市分行管辖，隶属于中国人民银行山西省分行。1998年，人民银行深化管理体制改革，在全国设立大区行，山阴县支行由中国人民银行天津分行管理。山阴县辖区内设有银行机构6家。其中：国家政策性银行1家：中国农业发展银行山阴县支行；国有商业银行4家：中国工商银行山阴县支行、中国农业银行山阴县支行、中国银行山阴县支行、中国建设银行山阴县支行；农村合作银行1家，山阴县农村信用社联合社。全县银行从业人员449人，设立基层分支机构网点57家。

2003年，中国人民银行与银行业监管机构分设后，山阴县支行归属中国人民银行朔州市中心支行管理，继续履行中央银行职责。2003—2006年，山阴县辖区内设有银行机构6家。其中：国家政策性银行1家：中国农业发展银行山阴县支行；国有商业银行4家：中国工商银行山阴县支行，中国农业银行山阴县支行，中国银行山阴县支行，中国建设银行山阴县支行；农村合作银行机构1家，山阴县农村信用社联合社。2003年，全县银行从业人员459人，设立基层分支机构网点45家。2006年，全县银行从业人员443人，设立基层分支机构网点41家。

2016年，中国人民银行山阴县支行是总行派驻山阴县行使央行职能的分支机构，在中国人民银行天津分行的领导下，依据《中国人民银行法》，严格履行中央银行职责，贯彻执行国务院制定的货币政策，对辖区内机构行使金融监管职能，维护区域金融稳定。山阴县辖内设有金融机构10家。其中：国家政策性银行1家：中国农业发展银行山阴县支行；国有商业银行6家：中国工商银行股份有限公司山阴县支行、中国农业银行股份有限公司山阴县支行、中国银行股份有限公司山阴县支行、中国建设银行股份有限公司山阴县支行、中国建设银行股份有限公司朔州北周庄支行、中国邮政储蓄银行有限责任公司朔州市山阴县支行；股份制商业银行1家，晋商银行股份有限公司山阴县支行；农村商业银行1家，山西山阴农村商业银行股份有限公司；新型农村金融机构1家，山阴县太行村镇银行股份有限公司。全县银行从业人员709人，设立基层分支机构网点43家。历任行长赫太、石志权、康仁、樊吉、兰志亮。

中国工商银行股份有限公司山阴支行

商业银行

中国工商银行股份有限公司山阴支行　成立于1986年5月23日，属于大型国有控股商业银行下属分公司。位于岱岳镇府东街2号，支行下设两个营业网点：山阴支行营业部、山阴青年路支行。内设

4 个部室：综合管理部、支行营业部、信贷管理部、个金部。2016 年，内设 4 个部门：办公室、营业部、青年路支行、零售部。在职 40 人，3 人内退，设行长 1 人、副行长 3 人、纪检监察 1 人，合规经理 1 人。历任行长有付作梅、王玉成、田国平、吕树增、李贵林、马海林、吉继福、倪育国、梁昌生。

中国建设银行股份有限公司山阴支行 成立于 1982 年 10 月，原称中国人民建设银行山阴县支行。1996 年 5 月，随着银行商业化改革的步伐，更名为中国建设银行山西省山阴县支行。2004 年 9 月 21 日，更名为中国建设银行股份有限公司山阴支行。2016 年，中国建设银行股份有限公司山阴支行位于山阴县岱岳镇西环路，设北环路、同太南路两个自助银行，内设综合保卫部、个贷小企业部、营业部、个金部 4 个部门，员工 33 人。历任行长有任世旭、尹勇、王刚、郭永清、郭祥、李汉兵。

中国建设银行股份有限公司山阴支行

中国银行股份有限公司山阴县支行 前身为中国银行山阴同太北路分理处，于 1988 年 5 月 28 日挂牌成立，1991 年 7 月升格为中国银行山阴支行，位于青年路 58 号。2006 年中国银行上市，中国银行山阴支行更名为中国银行股份有限公司山阴支行。2016 年，支行职工为 45 人。历任行长宁日新、邓东升、王尤、李平、姚新民、寇旺、雷向月。

中国银行股份有限公司山阴县支行

中国农业银行股份有限公司山阴县支行 原名中国农业银行山阴县支行成立于 1979 年 2 月，2009 年 7 月 15 日，随着银行商业化改革的步伐，中国农业银行以 A+H 方式上市。中国农业银行山阴县支行更名为中国农业银行股份有限公司山阴县支行。2016 年，中国农业银行股份有限公司山阴县支行位于山阴县岱岳镇同太北路，设同太北路分理处、岱岳分理处、营业室、古城分理处 4 个网点。内设综合管理部、运营财会部、客户部等 3 个部门，员工 64 人。历任行长有崔成、张志远、张秉材、高友、苏跃新、于振江。

中国农业发展银行山阴县支行 成立于 1996 年 12 月 26 日，位于岱岳镇府东街。2016 年，支行正式职工 18 人。建行以来，中国农业发展银行山阴县支行为保障国家粮食安全、保护农民利益、维护农产品市场稳定、促进城乡一体化做出重要贡献。历任行长有闫胜、郝瑞。

中国农业发展银行山阴县支行

山阴县太行村镇银行股份有限公司 2011 年 12 月 19 日，由晋城银行发起成立，经中国银行业监督管理委员会批准，是为山阴县当地“三农”及小微型企业提供金融服务的股份制商业银行。公司注册资本 3300 万元，实行现代企业管理制度，内设营业部、客户部、品牌营销部、综合办公室、风险管理部、运营管理部。2016年，共有4家支行，员工110余人。行长常鹏举。

中国邮政储蓄银行有限责任公司朔州市山阴县支行　2008年5月挂牌成立。2016年，支行内设综合管理部、公司业务部、“三农”金融事业部、营业部4个部门，辖区内二级支行同太南路支行1个。机构网点2个：中国邮政储蓄银行山阴县支行营业部，位于府东街县支行一层办公区，占地200多平方米，共开设3个台席，2个个人金融业务台席，1个对公业务台席，柜员共有11人；中国邮政储蓄银行山阴县同太南路支行，位于县城同太南路幸福小区临街三层门面，占地400多平方米，同太南路支行共开设2个台席，均为个人金融业务台席，柜员共有8人。机构网点人员由经理（二级支行长）、理财经理兼大堂经理、公司柜员、综合柜员和普通柜员组成，均为本科以上文化程度。历任行长有马伯平、马兴东、李荣平、张强、张科。

中国邮政储蓄银行有限责任公司朔州市山阴县支行

山西山阴农村商业银行股份有限公司（简称“山阴农商银行”）的前身是山阴县农村信用合作联社，1950年，山阴县农村信用社成立。1951年，创建第一个农村信用社——岱岳农村信用社。1955年，全县的所有乡（镇）均建立农村信用合作组织。1984年，山阴县农村信用合作社联合社（简称山阴联社）成立，隶属山阴县农业银行，专司对全县农村信用社的指导、协调和服务，地处山阴县府东街3号农行大楼（现已拆除）。1987年5月26日被列为全省18个股份制经济实体县信用社联社改革试点之一，1996年8月，山阴联社与山阴县农业银行脱离隶属关系，在市、县人民银行的监管下行使对全县农村信用社的监督、管理职能。1999年，山阴联社按照人民银行天津分行安排，进行改革整顿规范工作，逐步走上为全县“三农”服务的规范化发展道路。2002年，山阴联社下设19个农村信用社、2个信用分社、4个储蓄所、1个营业部，255个信用服务站，担负着全县13个乡镇、262个行政自然村、57084户农户的金融服务重任，共有在职员工193名。2003年5月末，山阴联社各项存款余额46512万元，占全县金融机构存款量的34.7%，其中储蓄存款余额39659万元，对公存款6853万元。各项贷款余额36920万元，占全县金融机构贷款量的37.3%，其中农业贷款余额26995万元，占全县金融机构农业贷款余额的80%。股本金总额958万元。

山西山阴农村商业银行股份有限公司

2007年11月改称为山阴县农村信用合作联社，迁入山阴县府南路5号。2015年5月，山阴联社发起创立山西山阴农村商业银行股份有限公司，于2015年11月27日正式挂牌开业，成为一家现代股份制金融机构。2016年，山西山阴农村商业银行股份有限公司下辖1个营业部、15个支行、7个分理处，员工305人。历任董（理）事长：倪育新、刘珍荣、刘志平。

2016 年山阴农村商业银行下辖单位情况表

表 26-1

序号	机构名称	单位地址	序号	机构名称	单位地址
1	总行营业部	山阴县府南路 5 号	13	马营庄支行	山阴县马营庄乡马营庄村
2	玉井支行	山阴县玉井镇玉井村	14	城关支行	山阴县同太北路（人民银行南侧）
3	马营支行	山西省山阴县马营乡马营村	15	北城支行	山阴县同太北路长虹小区 15 号
4	华昱支行	中煤集团山西华昱能源有限公司院内	16	岱岳支行	山阴县新建路西出口
5	北周庄支行	山阴县北周庄镇北周庄村	17	旧城分理处	山阴县山水街 10 号
6	合盛堡支行	山阴县合盛堡乡合盛堡村	18	新城分理处	山阴县商品街路北
7	薛圐圙支行	山阴县薛圐圙乡薛圐圙村	19	东城分理处	山阴县青年东街（闫家巷紫郡南区）
8	后所支行	山阴县后所乡后所村	20	西城分理处	山阴县岱岳镇北环路 88 号
9	张家庄支行	山阴县张家庄乡张家庄村	21	新建分理处	山阴县岱岳镇同太南路 59 号
10	古城支行	山阴县古城镇古城村	22	中商街分理处	山阴县岱岳镇忠州南路 28 号
11	安荣支行	山阴县安荣乡安荣村	23	吴马营分理处	山阴县吴马营乡吴马营村
12	农牧场支行	山阴县农牧场（总部院内）			

第二节　银行业务

2016 年，全县金融机构存款余额合计 1471056 万元，贷款合计 850763 万元。

中国建设银行股份有限公司山阴支行

中国建设银行股份有限公司山阴支行（简称建行山阴支行）主要业务有：人民币存款、贷款、结算业务；票据贴现；代理发行金融债券；代理发行、兑付、销售政府债券；买卖政府债券；代理收付款项及代理保险业务；总行在中国人民银行批准的业务范围授权的业务，经中国人民银行批准的其他业务。

建设银行山阴支行从成立初至 1990 年 11 月，采用手工方式记账结算。1990 年 12 月开始使用电脑记账、打印票据，单机版运行。1998 年实现中国建设银行股份有限公司山西省分行（简称山西建行）内部联网，2000 年山西建行内部实现通存通兑。2005 年 4 月使用 DCC 业务系统，实现全国范围内联网，业务通存通兑。2013 年上线使用更为先进的 COS—T 业务系统，为广大客户提供更为快捷安全的金融服务。

建行山阴支行秉持“服务大众、服务地方经济建设”的宗旨，各项业务取得长足的发展。2012 年以来，累计发放中小企业“助保贷”贷款 1 亿余元，为中小企业解决燃眉之急。帮助有住房需求的优质客户实现住房梦，累计为全县 5000 余名个人客户发放住房贷款 1.2 亿元。2016 年末，一般性存款余额 110383 万元，各项贷款余额 18240 万元。支行成立 35 年来，累计发放基本建设贷款 4 亿余元，支持建成山阴县人民医院、北周庄煤炭集运站煤运专线等一批县域重点项目；发放煤矿企业技术改造资金贷款 2.4 亿元，为山阴煤炭企业转型发展提供资金支持；累计发放工业企业流动资金贷款 40 余亿元，为中煤集团山西华昱能源公司的生产经营提供资金支持。

1998—2016年中国建设银行股份有限公司山阴支行存款余额情况表

表 26-2　　单位：万元

年　份	企业存款	储蓄存款	合　计
1998	1367	11630	12997
1999	1403	11854	13257
2000	1522	7387	8909
2001	1633	11904	13537
2002	1856	12007	13863
2003	1943	12142	14085
2004	2186	18119	20305
2005	3257	27134	30391
2006	3872	36043	39915
2007	3998	35658	39656
2008	5104	66289	71393
2009	37202	89400	126602
2010	16266	95287	111553
2011	25248	80627	105875
2012	29532	66729	96261
2013	28261	80829	109090
2014	14593	89673	104266
2015	11714	96811	108525
2016	9618	100765	110383

1998—2016年中国建设银行股份有限公司山阴支行贷款余额情况表

表 26-3　　单位：万元

年　份	工商业贷款	个人贷款	合　计
1998	7027	—	7027
1999	7025	—	7025
2000	7066	—	7066
2001	7211	—	7211
2002	7375	—	7375
2003	6612	—	6612
2004	9905	397	10302
2005	10030	271	10301
2006	9954	196	10150
2007	9891	154	10045

续　表

年　份	工商业贷款	个人贷款	合　计
2008	17777	124	17901
2009	36004	365	36369
2010	78150	1512	79662
2011	82446	1867	84313
2012	7240	2660	9900
2013	8820	4847	13667
2014	8483	6883	15366
2015	14747	8567	23314
2016	7754	10486	18240

1998—2016 年中国建设银行股份有限公司山阴支行贷款净投放（回收）情况表

表 26-4　　　　单位：万元

年　份	贷款净发放	贷款净回收	累计占比 %
1998	—	12	0.17
1999	—	2	0.03
2000	41	—	0.58
2001	145	—	2.01
2002	164	—	2.22
2003	—	763	11.54
2004	3690	—	35.82
2005	—	1	0.01
2006	—	151	1.49
2007	—	105	1.05
2008	7856	—	43.89
2009	18468	—	50.78
2010	43293	—	54.35
2011	4651	—	5.52
2012	—	74413	751.65
2013	3767	—	27.56
2014	1699	—	11.06
2015	6264	—	26.87
2016	—	5074	27.82

中国银行股份有限公司山阴支行

中国银行股份有限公司山阴支行业务范围：办理人民币存款、贷款、结算业务，办理票据贴现；代理发行金融债券；代理发行、兑付、销售政府债券、买卖政府债券、代理收付款项及代理保险业务；外汇存款、外汇贷款、外汇汇款、外币兑换、贸易、非贸易结算；资信调查、咨询、见证业务，及总行在中国银行业监督管理委员会批准的业务范围内授权的业务，经中国银行业监督管理委员会批准的其他业务。

1998—2016 年中国银行股份有限公司山阴支行存贷款情况表

表 26-5　　单位：万元

年 份	存 款	贷 款
1998	14812	8260
1999	16021	9570
2000	16576	8945
2001	18001	9825
2002	19218	9521
2003	26807	2103
2004	28298	1817
2005	44329	1800
2006	63239	1800
2007	78232	1708
2008	132666	6
2009	133824	18
2010	147112	1800
2011	175213	39100
2012	209084	40600
2013	179690	34936
2014	191013	24473
2015	203624	9500
2016	197932	92690

中国农业银行股份有限公司山阴支行

中国农业银行股份有限公司山阴支行（简称农行山阴支行）办理的主要业务有：人民币存款、贷款、结算业务；票据贴现；代理发行金融债券；代理发行、兑付、销售政府债券；买卖政府债券；代理收付款项及代理保险业务；以及总行在中国人民银行批准的业务范围授权的业务，经中国人民银行批准的其他业务。

成立 39 年来，累计发放“三农”贷款 12.8 亿余元，支持中煤集团山西华昱能源集团有限公司、山西古城乳品集团有限公司等一批县域重点项目；发放煤矿企业技术改造资金贷款 3.86 亿元，为山阴煤炭企业转型发展提供资金支持；为中煤集团山西华昱能源公司的生产经营提供资金支持。农行山阴支行从成立初至 1990 年 11 月，采用手工方式记账结算。1990 年 12 月开始使用电脑记账、打印票据，单机版运行。

1998年实现中国农业银行山西省分行（简称农行山西分行）内部联网，2000年农行山西分行内部实现通存通兑。2005年4月，实现全国范围内联网，业务通存通兑，方便广大人民群众。2012年以来累计发放小微企业贷款3000余万元，为小微企业解决燃眉之急；帮助有住房需求的优质客户实现住房梦，累计为全县230余名个人客户发放住房贷款6000余万元。2012年以来累计发放小微企业贷款3000余万元，为小微企业解决燃眉之急。帮助有住房需求的优质客户实现住房梦，累计为全县230余名个人客户发放住房贷款6000余万元。2014年上线使用更为先进的单位结算卡业务系统，为广大客户提供更为快捷安全的金融服务。2016年末，一般性存款余额达155757万元，各项贷款余额152806万元。

1998—2016年中国农业银行股份有限公司山阴支行存款余额情况表

表26-6 单位：万元

年 份	企业存款	储蓄存款	合 计
1998	2236	10958	13194
1999	2158	11790	13948
2000	2513	11713	14226
2001	1633	11904	13537
2002	1856	12007	13863
2003	1943	12142	14085
2004	2186	18119	20305
2005	3257	27134	30391
2006	3872	36043	39915
2007	3998	35658	39656
2008	5104	66289	71393
2009	37202	89400	126602
2010	16266	95287	111553
2011	25248	80627	105875
2012	50719	83556	134275
2013	45282	86556	131838
2014	31036	96852	127889
2015	35999	110876	146875
2016	28496	127259	155755

1998—2016年中国农业银行股份有限公司山阴支行贷款余额情况表

表26-7 单位：万元

年 份	农业、工商业贷款	个人贷款	各项贷款合计
1998	20910	—	20910
1999	22271	—	22271
2000	25123	—	25123

续　表

年　份	农业、工商业贷款	个人贷款	各项贷款合计
2001	24112	—	24112
2002	21650	—	21650
2003	22115	—	22115
2004	25928	397	26325
2005	26711	271	26982
2006	27354	196	27550
2007	17170	154	17324
2008	3081	124	3205
2009	188	98	286
2010	3270	98	3368
2011	3514	101	3615
2012	23000	103	23102
2013	43961	142	44103
2014	32700	325	33025
2015	122171	676	122847
2016	128422	1447	152806

1998—2016 年中国农业银行股份有限公司山阴支行贷款净投放（回收）情况表

表 26-8

年　份	贷款净发放（万元）	贷款净回收（万元）	累计占比（%）
1998	—	328	0.17
1999	—	1361	0.06
2000	2852	—	0.58
2001	—	1011	2.01
2002	—	2462	2.22
2003	465	—	11.54
2004	4210	—	35.82
2005	657	—	0.01
2006	568	—	1.49
2007	—	10226	1.05
2008	—	14119	43.89
2009	—	2919	50.78
2010	3082	—	54.35

续 表

年 份	贷款净发放（万元）	贷款净回收（万元）	累计占比（%）
2011	247	—	5.52
2012	19487	—	0.03
2013	21001	—	27.56
2014	—	11078	11.06
2015	89822	—	26.87
2016	29959	—	27.82

中国农业发展银行山阴支行

中国农业发展银行山阴支行支持地方新农村建设发展，2009 年，投放 2.56 亿元贷款支持山阴县农村道路全覆盖项目；2014 年，投放 15069 万元支持山阴县合盛堡乡工业园区农村土地收储整治项目；2015 年，投放农发重点基金 10650 万元，支持山阴县采煤沉陷区搬迁安置工程项目。

2005—2016 年中国农业发展银行山阴支行贷款情况表

表 26-9 单位：万元

年份	粮食贷款		商业性贷款		农村道路全覆盖贷款		采煤沉陷区基金		农村土地整治贷款	
	累放	累收	累放	累收	累放	累收	累放	累收	累放	累收
2005	10040	2531	—	—	—	—	—	—	—	—
2006	25077	21727	—	—	—	—	—	—	—	—
2007	9372	5979	2007	—	—	—	—	—	—	—
2008	6247	4567	1700	300	—	—	—	—	—	—
2009	14358	16442	2797	—	25600	—	—	—	—	—
2010	—	7763	6450	2000	—	500	—	—	—	—
2011	—	—	7657	7060	—	2700	—	—	—	—
2012	—	—	14780	14243	—	2000	—	—	—	—
2013	—	—	10170	10119	—	2500	—	—	—	—
2014	—	—	6800	7800	—	4250	—	—	10610	—
2015	—	—	4350	3881	—	1650	10065	—	2752	—
2016	—	—	750	352	—	800	—	—	1707	5000

山阴县太行村镇银行

山阴县太行村镇银行以“服务三农、服务小微”为市场定位，支持当地经济建设。在支持“三农”发展上，先后开办“小额农贷”“园区贷”“奶农贷”“农机贷”等多项惠农业务品种。2012—2016 年，累计发放涉农贷款 178379.71 万元，惠及户数 11577 户，支持当地农业和乳业的发展。在 4 个乡镇设立服务网点，51 个行政村布设自助宝便民服务终端，44 个行政村安装助农 POS 机，有效解决农户金融服务难题，实现向贫困村、空白村延伸金融服务，打通农村金融“最后一公里”。

中国邮政储蓄银行山阴支行

中国邮政储蓄银行山阴支行（简称邮储银行）成立初，确立服务社区、服务中小企业、服务“三农”的市场定位。在发展理念上，邮储银行始终坚持服务小微企业与“三农”的中长期发展战略，持续强化服务小微企业、“三农”的政策引导，完善激励措施。从人力、财务等方面给予配套支撑政策，并加大资源投入。邮储银行搭建有自上而下的小微企业和“三农”金融业务管理架构。中国邮政储蓄银行山阴县支行拥有营业网点2个、ATM自助服务系统4台，提供电话银行、网上银行、手机银行等电子服务渠道，服务遍及城乡。2008年至2016年，邮储银行山阴县支行累计贷款5.07亿元，其中小额贷款累计发放4.3亿元；个人商务贷款累计发放6700万元；消费贷款累计发放1000万元；帮助大量农户、商户解决资金短缺困难。截至2016年，储蓄存款总余额2.88亿元。受益于审慎的风险政策和有效的管理措施，邮储银行在业务飞速发展的同时，始终保持优异的资产质量，截至2016年12月，邮储银行不良贷款率为5%。

中国工商银行股份有限公司山阴支行

2016年，中国工商银行股份有限公司山阴支行各项存款余额291883万元，其中，储蓄存款余额218677万元，对公存款余额83507万元；各项贷款余额38091万元，其中，个人贷款余额3830万元；私人银行客户达到40户。同年，中国工商银行股份有限公司山阴支行累计销售重点基金9212.99万元，工银安盛保险1664万元、安邦保险3680万元，销售品牌贵金属93.4万元。新增代发工资单位7户，代发人数新增581人。成功营销工银二维码商户506户，销售大吉年红包324套。实现净利润2010.16万元，中间业务收入1276.86万元。加强对山西山阴宝山腰寨煤业不良贷款的催收力度，保全信贷资产安全，通过多次实地调研、沟通交流，催收回贷款本息累计达520万元。

1998—2016山西山阴农村商业银行股份有限公司存贷款情况表

表26-10 单位：万元

年 份	各项存款	各项贷款
1998	36399	15667
1999	35926	16289
2000	29531	18660
2001	33497	19909
2002	40350	27167
2003	51971	39067
2004	77212	50834
2005	104796	63375
2006	147153	100478
2007	212603	136876
2008	280455	171878
2009	324136	188092
2010	398986	226502
2011	429125	279688
2012	514252	332733

续 表

年 份	各项存款	各项贷款
2013	516002	344616
2014	498750	330355
2015	519743	378057
2016	520217	385115

第二章 保险业

第一节 保险机构

中国人民保险股份有限公司山阴支公司成立于 1985 年。1996 年 4 月，更名中国人寿保险公司山阴支公司并分家，分为中保财产保险有限公司山阴支公司、中保人寿保险有限公司山阴支公司。中保人寿保险有限公司山阴支公司有员工 5 人，业务为寿险直销。1997 年 4 月，公司成立营销服务部，有营销员 23 人，业务范围有所扩大，主要营销寿险、直销寿险。随着业务的逐渐扩大，于 2001 年成立第二个营销服务部，2 个营销服务部的营销人员为 50 余人。2003 年，公司更名为中国人寿保险股份有限公司山阴县支公司。随着业务范围越来越广，队伍建设逐年加强，2006 年设置个险部、银保部、团险部、综合部、客服部五大部门。历任经理有闫天山、王拥政、杜厚、刘培智、郭秀峰、马培旺、赵宏亮、郭俊娥。中国人民财产保险股份有限公司山阴支公司历任经理有张科祺、马强、曹英、叶成林。

中国人民财产保险股份有限公司山阴支公司服务大厅

第二节 保险业务

中国人民财产保险股份有限公司山阴支公司

中国人民财产保险股份有限公司山阴支公司业务范围包括车辆保险、三农保险、巨灾保险、大病保险、责任保险等。1998—2016 年，公司保费收入逐年增加。1998 年保费收入 313 万元，2004 年保费收入 1036.5 万元，2011 年保费收入 2009.9 万元，2016 年保费收入 2516.82 万元。

中国人寿保险股份有限公司山阴支公司

中国人寿保险股份有限公司山阴支公司业务范围包括人寿保险、健康保险、意外伤害保险等各类人身保险业务、人身保险的再保险业务；各类人身保险业务咨询和代理服务，国家保险监督管理部门批准的其他业务。2009 年总保费收入 4958 万元，2010 年收入 5144 万元，2011 年收入 5648 万元。2012 年后，由于公司业务发展转型，逐步缩减规模业务，向价值型业务发展，造成 2012 年的保费有所下滑，此后又步入上升趋势。2012 年保费收入 2726 万元，2014 年收入 2684 万元，2016 年收入 3108 万元。

第二十七编

经济管理

经济管理

山阴县积极做好计划管理、工商行政管理、质量技术监督、统计管理、审计监督、国土资源管理等各项工作，各部门发挥职能作用，量化、细化工作任务，为全县经济社会稳定有序发展做出贡献。1998 年后，重视计划编制，指导经济与社会的发展建设。2004 年，地区生产总值完成 18 亿元，财政总收入完成 25008 万元，一般预算收入完成 6961 万元。2007 年，设立 15 个消费者协会基层分会和 137 个“12315”消费者投诉站及消费者申诉举报站，营造维权氛围，拓宽自主维权渠道。2009 年，山阴县开展第二次经济普查工作，全面完成 266 个普查区、1255 家法人单位、1491 家产业活动单位、21350 户个体经营户的单位清查、入户登记、资料审核、地图绘制数据处理以及上报等项工作。2013 年，山阴县盘活土地存量，供应土地 35 宗、面积 1839.88 亩，收取土地出让金 3.86 亿元，收取新增建设用地有偿使用费 2720 万元。2014 年，县工商行政管理局和县质量技术监督局整合组建成县工商和质量监督管理局。1996—2016 年，共审计 383 个部门、单位，共查出违规违纪金额 28364.31 万元，应上缴财政 299.17 万元，已上缴 299.17 万元，归还原资金渠道 8860 万元。

第一章 计 划

第一节 计划编制与执行

计划编制

1998年后，山阴县重视计划编制，科学指导经济与社会的发展建设。2007年，根据编制完成的规划内容，对发展目标和任务进行分解落实，研究提出2007年度全县国民经济和社会发展的思路和目标，编制2007年度国民经济和社会发展计划，向县政府提出2007年经济和社会发展的目标及任务。编制完成山阴县城市转型、煤炭企业转产建设项目规划，以工代赈规划和“十一五”期间人口与计划生育指导站利用国债项目建设规划等，在分析中研究，在比较中借鉴，积极当好参谋。2009年，科学制订度经济社会发展计划。关注宏观经济对山阴县国民经济和社会发展的影响，在广泛调研和深入分析的基础上，及时调整国民经济发展目标，科学安排山阴县经济社会发展计划，编制下达2009年度国民经济和社会发展计划、年度投资计划、年度重点项目建设计划。

2011年，科学编制“十二五”规划，为使山阴县“十二五”规划站位更高、视眼更宽、科学性更强，聘请山西财经大学教授组成专家组，编制完成具有前瞻性、创新性、实践性的高质量规划，为山阴县在“十二五”期间和新一轮经济社会进步中实现转型跨越发展提供有力保障。2014年，科学制订度经济社会发展计划。把握经济社会发展稳中趋缓、下行压力增大、发展不平衡等不利因素对山阴县经济社会发展的影响，及时调整国民经济发展目标，科学安排经济社会发展计划，编制下达2014年度国民经济和社会发展计划、年度重点项目建设计划。2016年，围绕晋北现代煤化工基地总体目标，全面编制“十三五”经济社会发展规划。突出煤制乙二醇、煤制烯烃、煤制清洁燃料以及新能源、钙化工、现代特色农业、新型农副产品加工业、广武旅游业等产业集群，规划引进阳煤、晋煤、潞安、神雾等国内外优势企业，发展现代煤化工产业和循环经济，确保“十三五”期间GDP年均增长7.2%，城乡居民人均可支配收入增长7.25%以上，到2020年山阴县与全国、全省、全市一道建成小康社会。

计划执行

1998年，全县国内生产总值完成10.46亿元，比上年增长6%；农村经济总收入达到1.59亿元，比上年增长16.7%；农民人均纯收入达到2205元，比上年增收402元；全县财政总收入完成8002.2万元，比上年增长36%，其中地方财政收入完成4650.4万元，比上年减少3.74%；社会消费品零售总额完成3.8亿元，比上年增长19.88%，各项主要指标均完成年初计划，比上年有较大幅度增长。2004年，全县地区生产总值完成18亿元，比上年增长15.9%；财政总收入完成25008万元，比上年增长84%；一般预算收入完成6961万元，比上年增长26%；社会消费品零售总额完成6.5亿元，比上年增长22%。城镇居民人均可支配收入5110元，比上年增长11%。

2007年，全县地区生产总值完成57.2亿元，占计划的114.4%，增长19.1%；财政总收入完成13.6亿元，占计划的123.6%，增长35.66%；一般预算收入完成4.76亿元，占计划的127.7%，增长39.6%；规模以上工业增加值完成22.38亿元，占计划的139.89%，增长58.82%；实现利税6.7亿元，占计划的111.86%，增长51.51%；城镇居民人均可支配收入达11588元，占计划的110.36%，增长28.71%；农民人均纯收入 5005.7 元，占计划的 108.8%，增长 23.5%；粮食总产量 15.01 万吨，占计划的 100.11%，增长 15.46%。

2010 年，全县地区生产总值完成 116.4 亿元，占计划的 102.1%，增长 14.3%，超“十一五”规划目标 36.4 亿元，年均增长 31.3%；财政总收入完成 20.13 亿元，占计划的 100.7%，增长 10.7%，“十一五”期间年均增长 31%，提前三年实现“十一五”规划目标；一般预算收入 10.05 亿元，增长 27.5%，“十一五”期间年均增长 43.4%，提前两年实现“十一五”规划目标；规模以上工业增加值 52.2 亿元，占计划的 105.5%，增长 6.8%，是“十五”期末的 6.2 倍，年均增长 44%；城镇居民人均可支配收入 17374 元，占计划的 100.1%，增长 12.1%，“十一五”期间年均增长 19.9%；农民人均纯收入 7532 元，占计划的 104.3%，增长 15.8%，年均增长 17.3%。粮食总产量 18.3 万吨，增长 24.1%。县域经济综合实力位居全国中部百强县第 49 位，经济社会发展水平和发展指数位居全省第 14 位和第 17 位，被评为全省“十一五”时期经济社会发展先进县，呈现出创先争优、率先发展的新态势。

2014 年，在复杂严峻的经济形势下，主动适应经济发展新常态，积极应对经济下行压力，全县经济社会发展总体平稳，人民生活水平稳步提升。地区生产总值完成 150.9 亿元，下降 1.5%。其中，第一产业 14.2 亿元，增长 4.5%；第二产业 68.4 亿元，下降 4.3%；第三产业（服务业增加值）68.3 亿元，增长 1.8%；三次产业比重为 9.41∶45.33∶45.26。公共财政收入完成 8.9 亿元，下降 29.1%；工业增加值 54.4 亿元，下降 5.2%；社会消费品零售总额完成 31.7 亿元，增长 12.7%；全社会固定资产投资完成 83.4 亿元，下降 31.2%；城镇常住居民人均可支配收入 27069 元，同比增长 8.1%；农村常住居民人均可支配收入 12565 元，同比增长 9.9%；粮食总产量 2.8 亿公斤，增长 9.5%。

2016 年，全县地区生产总值完成 143 亿元，同比增长 4.7%；规模以上工业增加值完成 31.8 亿元，同比增长 4.2%；一般公共预算收入完成 5.7 亿元，同比下降 11.3%；社会消费品零售总额完成 37.4 亿元，同比增长 7.5%；城镇常住居民人均可支配收入 30470 元，同比增长 5.2%；农村常住居民人均可支配收入 14199 元，同比增长 6%。

第二节　重点项目

1998 年，山阴县新上文化地税大楼、劝业场等 24 项建设项目，其中完成主体工程的 4 项，陆续开工的 6 项，汽车客运站投入使用。2001 年，金海洋洁净煤“双 500”工程启动，连顺输煤项目进入设备安装阶段，晋电化工 4 万吨电石项目基本建成，春城乳业万吨液态奶、康喜奶业 6000 吨乳饮料、北周庄陶瓷厂百万件民用陶瓷、浩德炭黑厂 3000 吨炭黑、宏盛活性炭厂 2000 吨活性炭项目投产。2004 年，晋能集团山阴冶金公司二期工程竣工投产，全年产销硅锰合金 2.67 万吨。石星化工公司 2.5 万吨石灰氮生产线建成投产，电石、石灰氮生产能力分别达到 5 万吨和 5.5 万吨，全年产销电石 4.12 万吨，石灰氮 2.93 万吨。2007 年，山阴县加强重点工程建设的协调、监管和考核，加强土地、资金、电力、水、运输等基本要素的供需衔接，保障重点项目的建设用地，搞好资金筹措和平衡工作，鼓励更多民间资本和外资参与重点项目建设。审批、核准、备案及上报项目 55 项，总投资 50.4 亿元，其中，农业项目 29 项，投资 46.89 亿元；工业项目 4 项，投资 7500 万元；基建项目 13 项，投资 2.26 亿元；其他项目 9 项，投资 5000 万元。

2010 年，山阴县围绕扩大内需新增中央投资和省、市重点建设项目，精心谋划，落实责任，把加快项目建设进程作为推进工作的着力点，拉动经济发展。全县列入新增中央投资项目 9 类 34 个，其中，第一批项目为 5 类 15 个，第二批项目为 3 类 14 个，第三批项目为 3 类 3 个，第四批项目为 2 类 2 个。

新增中央投资项目开工建设 34 个，开工率为 100%；完工 27 个，完工率 79.4%。京津风沙源治理、马营庄中学、古城农牧有限公司沼气站、众鑫现代农业专业合作社沼气站、天鹏农牧有限公司沼气站、朝阳农牧有限责任公司沼气站和乡村沼气服务网点等 7 个项目建设基本完成。省、市重点建设项目 30 个，其中省级重点项目 5 个，累计完成投资 95739 万元，完成年度计划投资的 118.7%；市级重点项目 25 个，累计完成投资 263553 万元，完成年度计划投资的 70.9%。2012 年，山阴县省市重点工程 19 项，总投资 719 亿元，年度计划完成投资 86.15 亿元，全年完成投资 96.13 亿元，完成率 111.6%。其中，省级重点工程 8 项，年度计划完成投资 67.65 亿元，完成投资 75.78 亿元，完成率 112%；市级重点工程 11 项，年度计划完成投资 18.5 亿元，完成投资 20.35 亿元，完成率 110%。重点工程年度落实金额完成 127.45 亿元，完成年度目标任务的 114.8%。

2014 年，山阴县开展“项目见效年”活动，强化项目储备、签约、落地、开工、建设和投产“六位一体”工作统筹推进机制。重点项目“六位一体”工作项目储备 1610.4 亿元，完成年度任务的 117.03%；项目签约 274 亿元，完成年度任务的 141.97%；项目落地 162.38 亿元，完成年度任务的 110.46%；项目开工 268.52 亿元，完成年度任务的 110.96%；项目投产 93.18 亿元，完成年度任务的 101.06%；省、市两级重点工程完成投资 92.61 亿元，完成年度计划投资的 105.84%，其中，省级重点工程 47.52 亿元，完成年度任务的 111.81%，市级重点工程 45.09 亿元，完成年度任务的 100.2%。2016 年，抓住省、市重点项目及新材料、新能源、节能环保等产业投资，加大民营投资力度，确保全县固定资产投资稳步增长。全县完成固定资产投资 139.3 亿元，比上年同期增长 10.8%，占全年目标任务 179 亿元的 77.8%。省、市重点项目 35 项，规划总投资 233.77 亿元，年内完成投资 23.42 亿元。其中，省重点项目 5 项，规划总投资 212.5 亿元，年内完成投资 20.2 亿元；市重点项目 30 项，规划总投资 21.27 亿元，年内完成投资 3.22 亿元。

第三节 管理机构

山阴县计划委员会是县政府宏观管理全县国民经济和社会发展的综合职能部门。1998 年 5 月，县计划委员会内设机构有办公室、综合科、经济科、社会科，行政编制 15 人，其中主任 1 人、副主任 3 人。

2002 年，山阴县计划委员会更名为山阴县发展和计划局。2004 年，山阴县发展和计划局更名为山阴县发展和改革局（简称县发改局）。2016 年，县发改局内设机构有办公室、综合股、经济股、基建股和社会股，编制 16 人，其中局长 1 人，副局长 3 人。主要职能是贯彻实施有关法律、法规及规章，执行国家价格政策；组织实施地方性价格法规、规章和政策措施；拟定并组织实施国民经济和社会发展战略中长期规划和年度计划；提出国民经济发展和优化重大经济结构的目标和政策。历任主任（局长）有李忠祥、李志斌、康生霖、卢满、马维华。

第二章 价格管理

第一节 价格督查

1998 年，山阴县建立健全主要农产品价格调控体制和加强农村价格监督管理，改革农用水价、电价，农网改造收费；加强旅游收费管理；整顿规范市场秩序和涉农收费；治理教育、医疗收费，加强法制建设。2001 年 9 月，山阴县转发省物价局《全面整顿住房建设收费，取消部分收费项目的通知》。2003 年，停止征收煤炭生产补贴款和煤炭专项维简费。转发国家发改委《非常时期落实价格措施和紧急措施暂行办法》。5 月，转发国家发改委《价格监测规定》。6 月，转发《全国主要商品和服务价格监测报告制度》，成立价格监测中心，对重要商品价格实行监测。7 月，按照《山西省整顿和规范价格秩序工作实施办法》，开展专项检查、纠正调整越权定价（费）行为，整治涉农价格和收费，加强价格信用建设，规范市场价格和收费行为，加强价格法制建设。同年，非典型肺炎疫情爆发，严格控制医疗及相关的交通等收费和药品及相关商品价格。2004 年 6 月，山阴县贯彻省物价局《关于加强市场价格监管的若干意见》，对市场价格进行必要调控、适度干预，对依法管理作出引导，加强社会诚信价格监管体系建设。8 月，贯彻省物价局《价格异常波动监测预警制度》，针对突发性事件、因素、市场出现异常波动征兆或已发生异常波动，可能对本地区经济正常运行和社会稳定带来的影响或危害，价格主管部门进行正常运行跟踪监测，并实施预警报告。12 月，确定家家利超市、客都超市等 10 家单位为价格监测定点单位。

2006 年 1 月，调整天风育英中学收费项目和收费标准。2 月，核定山阴县天鹏农牧有限责任公司肉制品加工、生猪屠宰检验和检疫收费。6 月，核定山阴县新杰中学和平泽苑学校收费项目和标准。2007 年 8 月，开展主要食品价格及相关收费专项检查。2008 年 1 月，转发《山西省物价局关于对部分重要商品及服务实行临时价格干预措施的实施办法》。9 月，成立处置古城婴幼儿奶粉事件工作领导组，物价部门协助工作组对事件相关责任人做了处置。2009 年 5 月，出台《山阴县原料奶价格协调管理实施办法》，发挥宏观调控手段，建立管理机制，保护奶业各方利益。2010 年，发布《山阴县人民政府关于稳定消费品价格总水平，保障人民群众基本生活的紧急通知》。建立市场价格调控联席会议制度；建立社会援助和保障标准与物价上涨挂钩联动机制；加强市场价格监测，强化预警机制；加强市场价格监管，维护市场价格秩序。

2011 年 3 月，整顿食盐市场，查处 3 起乘机抬高食盐价格的违法行为。4 月，转发国家发改委《商品房销售明码标价规定有关问题的通知》，整顿房地产市场价格秩序，实行“一房一价”制度。7 月，全面清理不合理收费，废止 15 项收费，与 16 个执收单位签订《制止乱收费责任书》。9 月，接受山西省管理通胀预期监管检查组的验收。10 月，开展医疗价格检查。12 月，接受朔州市管理通胀预期监管检查组督查。2012 年 1 月，山阴县在客都超市、家家利超市、天鹏农牧有限公司、昀鑫养鸡场、佳利农业合作社设立价格监测点。3 月，落实国务院《关于开展涉农价格与收费专项检查的通知》，开展涉农价格与收费专项检查。10 月，出台《关于推进县级公立医院价格改革的指导意见》《关于对山阴县人民医院有关原改基数及补偿方法的审查报告》《关于山阴县人民医院医疗服务价格调整方案》。11 月，按照国家发改委《关于降低国内成品油价格通知》，下调成品油价格。成品油每升最高零售价格为 90 号汽油 6.96 元，93 号汽油 7.44 元，97 号汽油 8.03 元，0 号柴油 7.39 元，10 号柴油 7.83 元。

2013—2015 年，山阴县围绕“三区一县建设”，稳定物价总水平。落实农产品运输“绿色通道”政策，降低农副产品流通费用。加强对市场位费和超市进入收费的检查，减少中间费用，降低流通成本。开展涉农价格与收费专项检查，加强对化肥生产企业用电用气优惠政策落实情况检查，确保企业正常运行，稳定农资价格。完善房地产价格监管，推行商品房明码标价制度，实行一套一标价。推进县级公立医院改革，落实药品“零差率”。开展服务行业用水、电、气、热价格检查。2016 年，提出价格总水平控制目标及价格调控措施，建立和完善价格管理制度。

第二节　管理机构

山阴县物价局主要职能是负责贯彻国家物价政策和上级规定的物价方案、物价收费标准等，对全县的物价进行监督、管理和综合平衡，并指导县辖各乡（镇）物价工作的运行。1998 年 5 月，县物价局内设机构为办公室、检查所、价格事务所、收费管理所、房地产价格管理股、煤炭稽查队、成本调查队。行政编制 11 人，其中局长 1 人，副局长 3 人。

2002 年 6 月，县物价局并入县发展和计划局，挂物价局牌子。2004 年，设立山阴县发展和改革局，挂山阴县物价局牌子。2015 年 3 月，县物价局并入县发展和改革局。2016 年，县发展和改革局内设价格管理股、物价检查所、价格监测中心负责物价工作。历任局长有李成元、王世仪、吕迎祉。

第三章　工商行政管理

第一节　企业登记管理

1998 年，山阴县登记企业 677 户。2003 年，登记企业 521 户，公司 66 户。2007 年，山阴县共有各类企业 584 户。其中，国有企业 77 户，注册资金 11973 万元；集体企业 87 户，注册资金 3635 万元；股份合作制企业 14 户，注册资金 32 万元；有限责任公司 161 户，注册资金 43926 万元；私营企业 245 户，从业人员 3515 人，注册资金 23071 万元。2009 年，全县共有企业 891 户，其中，私营企业 314 户，内资企业 238 户，农民专业合作社 339 户。2014 年，全县有个体工商户 7164 户，企业 1101 户，农民专业合作社 956 户。2016 年，全县市场有主体 11103 户，其中，企业 1628 户（私营企业 1378 户），农民专业合作社 1216 户，个体工商户 8259 户。

第二节　商标与广告管理

1998 年后，山阴县实施商标战略，普及商标意识，争创著名商标，全县形成以“古城”“健康”“辈辈龙”等品牌为代表的著名商标群体，实现企业品牌张力与市场拓展的双面结合。开展“重合同、守信用”单位的评定申报工作，增强企业的资信度。

2003 年，全县有效注册商标 27 件，其中 7 件被评为山西省著名商标，10 件被评为朔州市知名商标。2007 年，全县有各类注册商标 51 件，其中著名商标 6 件，知名商标 9 件。古城乳业集团被评为国家级“重合同守信用”单位，金源化肥公司被评为省级“重合同守信用”单位，健康燕麦公司和天鹏牧业公司被评为市级“重合同守信用”单位。

2009 年，山阴县开展商标维权行动，打击傍名牌、假冒商品的违法行为，全年查处商标案件 46 起，罚没款 6900 元。2010 年，新认定全省著名商标 3 件，每户受到县政府 10 万元奖励。全县有效注册商标 76 件，著名商标总数 11 件。2016 年，全县共有注册商标 313 件。

第三节 市场监督

规范经营行为

2003 年，全县共出动检查人员 7400 余人次，出动检查车辆 620 余台次，检查各类经营主体 8900 余户次，查处各类制售假冒商品案件 172 起，涉案金额 22.7 万元，查获假冒伪劣商品案值 11.3 万元，收缴罚没款 2.01 万元。2007 年，山阴县在食品安全专项整治行动中，成立专项督察组，建立“局长—分管局长—工商所长—辖区专管员—食品经营户”五级责任追究机制，形成工商所重点整治、督察组跟踪推进的有效监管态势。在食品经营户中，规范进销货台账 767 份，与食品经营者签订诚信经营承诺书 767 份。在打击非法用工、治理整顿“黑砖窑”专项行动中，排查各类经营主体 4670 余户次，对全县 19 家不具备生产经营条件的砖瓦生产企业及时予以依法查封。

2010 年，通过与经营户签订责任书，完善农资监管，查处农资案件 7 起，收缴罚没款 17600 元。召开农资市场整顿治理座谈会，现场讲授农资市场主体准入须知，把国家规定和部门要求以及违反法则的后果适时告知经营主体，促使广大经营户规范经营。

农资市场检查

2011 年，开展“查无照，促办照，抓亮照”行动，规范办照 213 户，依法取缔不规范经营 24 户。落实优惠政策，为 21 户残疾人、农民工等特殊创业者提供帮助，减免登记费。2016 年，整治民办幼儿园周边无照无证经营、小食杂店销售变质不合格食品、经销假冒伪劣商品等违法经营行为。同时，对民办幼儿园的特种设备使用情况进行摸排。

消费者权益保护

1998 年，山阴县消费者协会（简称县消协）围绕“为了农村消费者”年主题，深入农村送法送技上门，开展农技推广和红盾护农打假行动，宣传识别假冒伪劣农资商品知识，遏制假冒伪劣农资对农民造成的损害。2005 年，县消协围绕“健康维权”年主题，发起“尊重生命，从自身做起”的倡议，倡导全社会关注消费者的生命安全、身体健康（包括心理健康），如有侵害行为，用法律法规赋予的权力积极维护，决不容忍。2007 年，全县设立 15 个消费者协会基层分会和 137 个“12315”消费者投诉站及消费者申诉举报站，营造维权氛围，拓宽自主维权渠道，让人民群众更方便快捷地运用法律武器维护自身的合法权益，做到宣传、受理、调解“三到位”。全年共受理消费者投诉 78 起，调解解决 69 起，为消费者挽回经济损失 7.58 万元。2009 年，强化“12315”受理、转办、反馈、综合分析和消费引导功能。通过网上受理和现场受理，共计受理消费者申诉 87 起、举报 13 起，解决 86 起，解决率 99%，为消费者挽回经济损失 12 万元，解答消费者咨询 976 人次，发布消费警示 14 条。

2010 年，强化“12315”行政执法体系建设，发挥县消协和“12315”消费者投诉站作用，受理消费投诉，化解消费纠纷，维护广大消费者合法权益。2016 年，推动“12315”行政执法体系“四个平台”（工商部门与广大消费者和人民群众信息互动平台、工商部门畅通民意平台、工商部门接受社会监督和听取群众意见平台、工商部门解决人民群众最关心、最直接、最现实利益问题平台）建设，推进“一会两站”（“一会”是消费者协会分会，“两站”是消费者投诉站和 12315 联络站）建设和“五进”（消费维权服务

3·15 消费者权益宣传

打击传销

站进商场、进超市、进市场、进企业、进景区）工程，健全覆盖城乡的消费维权网络，方便消费者就近投诉、就近解决消费纠纷。在“3·15”消费者权益日，开展多种形式的新《中华人民共和国消费者权益保护法》的宣传，开展消费教育与消费引导工作，强化流通领域商品质量监管和服务领域消费维权。全年接待群众咨询 46 人次，受理消费申诉举报 11 起，办结率 95%，为群众挽回经济损失 12 万元。

宣传教育

2007 年，在打击传销专项行动中，建立“县工商局—工商所—监管员—社区”四位一体的分级监管责任机制，签订“打击传销责任状”146 份，发放宣传材料 1.4 万余份，全县营造出“部门协作、全员参与、共同整治、打防结合”的良好打击传销氛围。利用电视、报刊等多种媒体，通过发布公告、散发宣传资料、开辟宣传专栏等形式，宣传有关政策法律法规，营造良好的舆论氛围。2009 年，在山阴电视台进行为期两周的打击传销警示教育，发放打击传销资料 5000 份，公开信 800 份，聘请 15 名打击传销联络员，县工商局与各基层所分别签订打击传销责任状，通过和社区、学校、村委会等组织签订责任书 300 份，控制辖区的传销活动。在打击传销行动中，先后 5 次驱散社区有传销倾向的群众，深夜在煤炭大酒店驱散 5 名涉嫌人员。

2010 年，在山阴电视台发布打击传销警示 6 条，发放宣传资料 1360 份，签订责任状 480 余份，为“无传销社区、学校”创建营造良好的氛围。2016 年，做好“七五”普法启动工作，以“3·15”消费者权益日、“4·26”知识产权日为重点时段，开展各类宣传活动，发放宣传资料 6000 份，营造良好的法治宣传氛围。

第四节　管理机构

山阴县工商行政管理局是市场监督管理和行政执法的职能部门。1992 年 12 月工商局与物价局合并，更名为山阴县工商物价局。1995 年 4 月撤销工商物价局，成立山阴县工商行政管理局。1998 年 5 月，实行省以下垂直管理，更名为山西省山阴县工商行政管理局，内设机构为办公室、市场股、法制股、经济检查大队、企业股、商标广告股、合同管理股、个体私营经济管理股。行政编制 20 人，其中局长 1 人，副局长 3 人。

1999—2013 年，县工商行政管理局下设办公室、财务股、注册股、市管股、经检股、监察室、法制股 7 个股室和西城工商所、东城工商所、薛圐圙工商所、马营工商所、北周庄工商所 5 个工商所。2014 年取消垂直管理，12 月进行机构改革，由山阴县人民政府管理。2015 年 3 月，与县质量技术监督局合并，整合组建成山阴县工商和质量监督管理局。内设办公室、人教统计股、财务股、法制监察室、企业注册监督管理股、商标合同股、市场广告股、消费者权益保护股、经济检查股、信息中心、非公经济组织工作委员会办公室、业务管理股、监督股 13 个职能股室。有 6 个下属事业机构，其中县质量技术监督检验测试所为副科级建制，原有 5 个基层工商所。2016 年，有在职干部职工 104 人。历任局长有白明堂、薛建平、郭补栓、任君。

第四章　质量技术监督

第一节　计量器检定监管

1998 年，全县各行业、社会团体推行法定计量单位。1999 年，全县对在用计量器具进行全面普查、登记和建档，填报《朔州市社会在用计量器具登记表》，普查率达 95%。设立专业队伍加强管理，做到人员到位、宣传到位、监管到位，保证计量器具检定率 100%。开展加油站、集贸市场、商场等计量检定工作。对加油站 6 台加油机进行检定，对 2 个集贸市场、商场、企业等 190 台在用的计量器具进行检定，保证量值传递的准确，维护社会公平。

2001 年，开展加油站、集贸市场、商场等计量检定工作。对加油站 6 台加油机进行检定，对 2 个集贸市场、商场、企业等 238 台在用的计量器具进行检定。2003 年，对全县 18 家企业的标准执行情况开展监督检查，保证产品的科学性、有效性和实用性；对 19 座加油站使用的 69 台加油机进行周期检定；对集贸市场、超市、餐饮店等单位用于贸易结算的 806 台计量器具以及煤炭类企业使用的 48 台汽车衡进行检定。在全县范围内开展集贸市场、加油机、汽车衡计量专项执法检查，严厉打击缺斤短两违法行为，保证计量器具的量值准确。抽取汽油样品 50 个、柴油样品 90 个进行质量监督检验。2005 年，对全县在用计量器具进行全面普查、登记和建档，填报《朔州市社会在用计量器具登记表》，普查率达 95%。加强矿用计量器具管理，建立瓦斯计检测标准，建立光干涉甲烷测定器标准装置，强化对瓦斯计的检定，确保检定率达到 100%。

2008 年，对 3 个集贸市场在用的 250 多件（台、案）电子秤及全县 27 座加油站的 96 台加油机进行专项整治，查获利用计量器具欺诈消费者违法案件 19 起，确保计量准确、公平。2011 年，对 3 个集贸市场的 256 台在用计量器具和 48 座加油站的 143 台加油机进行专项执法检查。2014 年，对 26 座加油站的 150 台加油机进行检定，对集贸市场、超市、餐饮店等单位用于贸易结算的 432 台计量器具进行检定，保证计量器具的量值准确。2016 年，对 15 家企业的标准执行情况开展监督检查，对 31 座加油站的 130 台加油机进行 2 次检定，对集贸市场、超市、餐饮店等单位用于贸易结算的 1605 台计量器具，以及煤炭类企业使用的 96 台汽车衡进行检定。抽取汽油样品 113 个、柴油样品 107 个进行质量监督检验，为消费者营造一个公平、公正、放心的环境。

第二节　质量监督

产品质量检查

山阴县工商局按照《中华人民共和国产品质量法》和食品安全法对全县区域食品、产（商）品进行日常监督抽查检验。1998 年后，县质量技术监督局建立和完善食品质量监管机制，确保食品质量安全。通过对全县城镇、乡村、山区的食品生产、经销单位分队划片包干的方式，建立食品打假日常监督机制和方案，同时设立乡、村两级质量协管员，加强对食品小作坊的监督管理，严把食品质量安全关。2004年，采取经常性的监督检查和突击检查方式，深入食品生产、经销企业和门店加大对劣质食品的整治力度。在春节前后及国庆、中秋期间，对全县生产、销售的酒类、饮料、月饼等进行专门检查，查获劣质沙棘饮料800多件，价值0.72万元，并在“3·15”消费者权益日活动中进行展示和销毁。

2006年，加强对获证企业及食品小作坊监管，从食品添加剂备案管理入手，对食品生产过程进行控制。加大对食品质量的监督抽查检验和不合格食品处理力度。全年共抽检白酒46批次、乳制品13批次、啤酒32批次、饮料53批次、面粉9批次、蛋糕21批次、食用油9批次等，对检验不合格的食品依法进行处理。加大对儿童食品的监督检查力度，保障儿童饮食安全健康成长。2008年，开展食品企业、小作坊、前店后厂等的普查、巡查、回访工作。先后共检查各类食品企业136家，与营业执照、卫生许可证两证齐全的食品企业、小作坊签订食品安全承诺书（食品企业签订13家，小作坊签订45家）；更新山西省食品安全电子监管系统；对不符合食品安全生产要求的企业、作坊，责令尽快整改，并进行定期督促检查；对未进行整改或者整改不到位的，下达停产通知；对两证全无或只有一证的，向县有关部门通报。开展元旦、春节期间食品安全专项整顿工作，先后抽检乳制品16批次、饮料23批次、白酒16批次、面粉9批次、啤酒7批次、糕点26批次，依法处理不合格食品，端掉5个无证生产劣质沙棘饮料黑窝点。

2011年，以建筑用钢材、水泥及其制品、电线电缆、涂料、人造板等产品为重点，开展建材市场专项整治，严格市场准入，严厉查处生产、销售不符合国家强制性标准的产品的违法行为，依法严查使用不符合标准要求的原辅材料、溶剂、胶粘剂和添加剂等组织生产的行为，严厉查处销售不合格产品的违法行为，打击“地条钢”（指以废钢铁为原料、经过感应炉等熔化、不能有效地进行成分和质量控制生产的钢及以其为原料轧制的钢材）反弹势头，逐步建立对可能危害人体健康和生命安全的不合格建材产品的追溯和召回制度。对2家水泥生产企业、1家人造板企业开展专项执法检查，3家企业的产品经抽检全部合格。2013年，落实网格化监管责任制，先后对全县15家食品企业按计划实施分类、分级、分等网格化监管，及时上传监管数据。强化乳制品及含乳饮料每周三聚氰胺专项抽检以及每月乳制品风险监测工作。全年累计抽样482批次，其中送市专项检测三聚氰胺含量乳制品及含乳饮料样品380批次，监督检验样品63批次，送省乳制品风险监测样品39批次，做到专检定检无遗漏。2014年7月，食品管理划归食品药品监督管理局。2015年，检查金源化肥和石星化工两家危化品生产企业，发现企业安全生产许可证均超过有效期，将2家企业的工业产品生产许可证暂行保管，责令企业严格遵守相关法律法规组织生产。2016年加大各种检查监督力度对不符合规格的“三无”产品坚决处理，给消费者创造了良好的环境。

特种设备监督

1999年，山阴县设立特种设备安全监管组，专门负责特种设备的安全监督管理。执行《特种设备安全监察条例》，建立相关制度，明确职责，落实到人。严格工作程序，加强培训和学习，建立健全特种设备监察网络。配合市质量技术监督局锅检所开展锅炉、压力容器等检验工作，其中检验锅炉7台。安排重大危险源排查、登记、落实人员，制定有关措施和应急预案；开展两次特种设备安全大检查，对发现的安全隐患及时发出整改通知，加强对整改工作的监督；依法取缔土锅炉2台。2001年，配合市质量技术监督局锅检所开展锅炉、压力容器等检验工作，其中检验锅炉9台。2003年，全县有特种设备使用单位35家，设备总数88台，其中锅炉56台、压力容器14台、电梯3台、起重设备10台、厂机5台，共有液化气钢瓶9000余只。县质量技术监督以人员密集场所、人们广泛使用的高风险特种设备为重点，开展电梯、锅炉、压力容器、起重机械、场内机动车辆、气瓶等设备的监督检查和专项治理。2006年，配合市质量技术监督局锅检所开展锅炉、压力容器检验，共检验气瓶2400只，检验率达到90%。制定相关措施和应急预案，对存在的安全隐患责令有关单位立即整改，依法取缔土锅炉6台。

2008年，开展两次大规模"拉网式"的锅炉、起重机械、压力容器等特种设备安全大排查行动，在全县范围内对学校、幼儿园及公众聚集场所和人口稠密地区的锅炉、电梯、气瓶等特种设备的安全生产运行进行大排查，拆除土锅炉2台。2011年，督促45家企业落实安全主体责任，使其做到"三落实、两有证、一检验、一预案"。即落实管理机构、责任人和规章制度；设备要有使用证，作业人员要有上岗证；企业必须对设备依法申报检验；制定特种设备应急预案。2014年，在全县范围开展为期3个月的特种设备安全大检查活动，出动执法人员589人次、161车次，共排查特种设备使用单位92家，检查特种设备980台，共排查出隐患59条，消除隐患49条。2016年，对全县特种设备安全工作进行专题安排和部署，与26个单位签订《2016年度特种设备安全工作目标任务书》。全年共检查特种设备使用单位108家，检查锅炉102台、电梯210台、容器230台，下达《特种设备安全监察指令书》26份，提出整改意见38条。

第三节 行政执法

1998年，山阴县质量技术监督局做好年度山西省企业质量信誉等级申报工作，更新企业质量档案。配合市质量技术监督局对AA级质量信誉企业评审，做好A级企业的评审和考核工作。开展打假联合行动，"查农资，保春耕""查食品，保安全""查建材，保建设""查设备，保安全"，整顿和规范市场经济秩序。通过开展"农资打假下乡""农资打假回头看"等农资专项打假活动，整顿13个农资经销单位、摊点。2001年，开展声势浩大而讲求实效的打假联合行动，整顿和规范市场经济秩序。在检查中做到追根溯源，不留死角，不留隐患，保障人民群众生命财产安全。通过开展"农资打假下乡""农资打假回头看"等活动，整顿16个农资经销单位、摊点。2003年，以复混肥、磷肥、钾肥、农药等产品为整顿重点，查处有效含量不足、虚假标识、无证生产等违法行为，查办农资质量违法案件，保障农业生产、农民利益。深入化肥生产企业和9个农资经销单位进行监督检查，抽取化肥样品30余批次。

2006年，开展"百日春雷农资打假专项行动"和"农资打假回头看行动"，打击假冒伪劣农资产品，维护农民群众的利益，保障农业生产的持续、健康发展。召开全县煤炭整顿工作会议，开展打击煤炭掺杂使假等违法行为专项行动。2011年，开展打击侵犯知识产权和制售假冒伪劣商品专项行动，出动执法人员120余人次，出动执法车辆26台次，检查生产单位（企业）34家，发放宣传资料6000余份，在地税广场制作宣传版面2个。2014年，开展"进千村、入千户、抽千样"活动，出动执法人员85人次，对山西金源化肥有限公司、山西瑞丰化工有限公司、朔州市新科工程技术有限责任公司、朔州茂田生物有机肥有限公司4家化肥生产企业和山阴县慧丰农业生产资料服务中心、山阴县玉宏生产资料销售中心等7家农资经销单位进行监督检查，抽取化肥样品15个，送至朔州市质量技术监督检验测试所进行质量检验。深入古城镇、岱岳镇、玉井镇等8个乡镇农村，开展咨询服务活动8次，深入农户40余户，向农民宣传法律法规和质监部门农资打假工作，接受咨询360余人次，发放宣传资料5500余份，增强农民识假辨假能力，提高农民维权意识。

2016年，出动执法人员对重点农村消费品加强执法打假，坚持以小家电、日用化工、五金电料等产品为重点，突出春耕、夏云、秋收等农时时段，加强生产源头治理整顿，取缔无证生产，查处制售假冒伪劣产品违法行为。

第四节 管理机构

1992年12月，成立技术监督局，行政职能划归经贸委，不列入政府序列。1998年2月，改为技术监督中心，挂技术监督局牌子，为县政府直属事业单位。同年省级以下垂直管理。1999年，山阴县技术监督局更名为县质量技术监督局，内设办公室、业务股、监督管理股，下辖检验测试所和稽查队。2005年，新建质量技术监督检验测试业务综合大楼，办公地址在山阴县南环路碧霄小区。2015年3月机构改革中与工商行政管理局合并，更名为山阴县工商和质量监督管理局。2016年，质量技术监督工作人员49人，其中公务员12人、工勤1人、事业人员36人。历任局长有崔裕瑞、林茂武。

第五章 统 计

第一节 统计业务

专业统计

1998—2004年，山阴县统计局抓好年报培训环节，完善报表制度。2005年，组织有关专业人员对固定资产投资项目、新上规模以上企业进行实地调研。2008年，加强和完善能源及服务业统计，成立服务业统计领导组，完成2007年地区经济社会发展考核评价工作和畜牧业抽样调查工作。在全省考评中，山阴县受到山西省政府表彰，名列全省县（市）第十三位。同时，组织进行畜牧业抽样调查工作，对全县59个生产经营单位和17个规模养殖户抽样调查。2009年，根据国家、省、市城乡划分工作有关要求，按照《统计上划分城乡工作手册》和《统计用区划代码和城乡划分管理系统用户操作手册》规范操作，完成城乡区域划分清查工作。

2010年，开展城乡区域划分清查、R&D资源清查、妇女儿童监测、循环经济统计调查、社区调查、七大产业调整统计监测、能源消耗统计监测等多项专项调查及监测工作。在朔州市统计局组织的2009年年报及2010年定期报表评比中，县统计局有九个专业及专项调查获得奖励。2012年，开展企业“一套表”（指统一规范、方便填报的企业一套表制度）督查工作，宣传统计“四大工程”（基本单位名录库、企业一套表制度、数据采集处理软件系统、联网直报系统）的意义。3月，对“三上”企业和房地产开发经营企业“一套表”联网直报情况进行自查，对发现的问题，责令企业及时整改。同时开展基本单位名录库整理工作。2016年，实施“企业一套表”联网直报制度，推进基本单位名录库建设，确保将符合条件企业及时列入联网直报范围。

统计调查

1998年后，山阴县委、县政府重视普查和专项调查工作，不断加强业务人员培训。2005年，按照第一次全国经济普查的要求，成立山阴县专门普查机构，按要求完成抽样框编制和小区地图绘制、入户登记、报表审核录入等工作，以2004年12月31日为结点，调查完成2004年度的资料。2008年，按照朔州市经济普查办公室工作要求和质量标准，各级普查机构共动用普查指导员、普查员1130多人，对全县13个乡镇2个管委会、256个行政村10个居委会及农牧场的2.5万多家单位（法人单位，产业活动单位，个体经营户）进行清查登记，并对全县13个乡镇、2个管委会266个村（居）委会社区完成调查。

同年，对“十五”期间全县妇女儿童基本情况进行统计监测，共涉及 27 个单位、100 多个指标，包括经济人口、卫生保障、教育、就业与社会保障、妇女参政议政、法律保护、社会生活环境 7 个方面。2009 年，完成 266 个普查区、1255 家法人单位、1491 家产业活动单位、21350 户个体经营户的单位清查、入户登记、资料审核、地图绘制数据处理以及上报等工作。完成社区调查，涉及 13 个乡镇、2 个管委会、266 个村（居）委会。

2010 年，全国进行第六次人口普查工作，山阴县围绕“高质量完成人口普查，搞准人口数据”，成立以分管县长为组长，政府办、宣传部、财政局、计生局、公安局、统计局等部门主要领导为成员的领导小组，16 个乡级单位和 274 个村（居）委会成立人口普查小组。1500 名普查人员完成区域划分、宣传培训、清查摸底、入户登记、登录汇总、专项编码、登记表审核等阶段性工作，并通过光电录入。

2014 年，按照第三次全国经济普查工作总体安排部署，全县 16 个乡级普查机构（包括农牧场）、368 名普查工作者参与普查工作，完成单位清查摸底、业务培训、普查表填报、普查表审核和数据录入、处理、上报等一系列工作。

2016 年，县政府印发《山阴县人民政府关于做好第三次全国农业普查工作的通知》，山阴县第三次全国农业普查领导小组成立，组建领导小组办公室，成立乡镇农业普查机构。开展月度劳动力调查等工作。县统计局与北周庄镇、东城管委会、西城管委会协商沟通，落实人员并选配参加省市统计局业务培训。完成电子商务调查和“四众”（众创、众筹、众扶、众包）企业创新调查，人才资源调查接近尾声，全面铺开并审核劳动工资统计改革工作，完成劳动力资源调查前期准备工作。

第二节 统计执法

1998 年后，山阴县统计局实施目标责任管理，实行定岗、定责、定任务、定目标、逐日考勤、逐日考绩，落实到人，层层签订工作目标责任状。2004 年，城调工作对城市住户调查进行样本轮换，企调工作对所抽中调查单位建立“基层单位企调员档案”，督促企事业单位依法设立统计机构，配备统计人员，持证上岗，规范基础工作。2005 年 10 月，配合朔州市统计局执法队重点抽查 10 个报表单位，对屡次迟报单位移动、联通公司经济处罚 3500 元并帮助整改，确保统计工作开展和统计源头数据质量。加强对统计数据特别是基层统计数据的审核和评估，要求各乡镇成立统计数据评估领导小组。

2007 年，根据各统计调查专业工作特点，结合日常统计调查工作，开展经常性数据质量检查和核实，强化基层单位统计基础工作检查和上报数据质量审核把关，制止弄虚作假、虚报瞒报统计数据等违法行为。2010 年，出台《关于 2010 年重点工作任务目标责任分解情况的通知》，为统计工作定好基调、方向，为数据质量提供制度保证。结合人口普查和统计执法大检查，在山阴电视台全文播发《中华人民共和国统计法》《统计违法违纪行为处分规定》《全国人口普查条例》，发放宣传单 2 万份。年内查处两起统计违法案件。

2012 年，县统计局重点对涉及“企业一套表”制度和联网直报企业进行检查，对发现问题和统计违法行为，要求限期整改或进入法律程序处理。2015 年，开展面向领导干部、统计人员、部门和乡镇统计员及广大统计调查对象的统计法制宣传教育活动，发放统计法制宣传手册 500 本。同时依法开展统计巡查和统计执法检查，依法检查单位 30 个，发现违规违法案件 1 例并进行查处。2016 年，按照国家、省、市统计部门要求，对基层统计基础工作完成全覆盖检查，推进统计工作规范化建设。对工业企业数据质量进行核查，看统计数据是否匹配协调、是否数出有据；对数据真实性进行核查，看是否存在企业提供虚假统计数据行为；对联网直报企业真实性进行核查，看是否存在统计机构、人员代填代报行为；对基层统计基础工作进行核查，察看企业统计台账等基础资料是否齐全。

第三节 统计服务

信息咨询

1998—2002年，全县开展以“稳定队伍、完善网络、健全制度、提高水平”为内容的乡镇统计工作站整顿工作，13个乡镇全部配备专职统计人员，做到有机构、有阵地、有人员、有台账、有历史资料。2003年，县统计局协调山阴报社发布《2003年山阴县统计公报》，定期编发《山阴统计信息》。2004年，围绕全县战略部署、经济结构调整、农村达小康、生态畜牧建设等经济生活中的热点难点问题，组织开展调查研究并撰写分析报告。2005年，发布《山阴县2004年国民经济和社会发展统计公报》；为县委、县政府按需提供统计资料，按季、按月及时提供各类统计数据，按季编印经济信息小册子，并召开经济情况通报会。

2010年，编印出版《2002—2008年山阴统计资料汇编》《2009年山阴统计年鉴》。2014年，围绕全县经济社会发展大局，收集上报各项反映经济社会发展动态和趋势的统计数据资料，把脉经济社会运行态势，加强经济发展趋势预警工作。加大统计分析调研力度，打造数据翔实、分析深刻、观点鲜明、有对策建议的统计精品，为县委、县政府领导了解情况、采取措施提供参考。

2016年，抓好统计信息服务，编印《2014年统计年鉴》《月度经济形势分析》《县域经济发展调研报告》等统计产品，运用简便快捷方式，将统计成果变为服务决策、服务“三大目标”的信息资源；通过编制《山阴县统计专报》等形式，对外发布统计信息资料，加强统计社会化服务工作。加强对农业、工业、投资、消费、房地产、建筑业、服务业等主要经济指标数据的监测、分析，每月开展一次全县经济运行分析，为县委、县政府决策提供参考。拓宽统计服务领域，参加政府调研活动，参与《政府工作报告》数据提供和审核工作，参与县委、县政府、县人大各种经济工作调研活动，报送相关材料，对存在问题进行研究，提出有针对性的对策建议。

经济运行统计

1998年，全县地区生产总值10.5亿元，比上年增长6%；财政总收入完成3002.2万元，比上年增长3.6%；全县粮食总产量0.925亿公斤，农民人均纯收入2205元；国有企业和销售收入500万元以上的非国有企业完成工业总产值29472万元。2002年，全县地区生产总值13.3亿元，人均达6152元。其中第一产业总值为4.034亿元，第二产业总值为5.079亿元，第三产业生产总值为4.219亿元。规模以上工业企业利润总额2600万元。

2004年，全县地区生产总值18亿元，比上年增长15.9%，分别高出全国、全省、全市6.9%、2.4%和0.4%；财政总收入25008万元，比2003年增长84%。一般预算收入完成6961万元，比2003年增长26%；规模以上工业企业完成总产值13.7亿元、增加值5.5亿元，销售收入12.8亿元，实现利税1.2亿元，分别比2003年增长91%、89%、88%和51%；全县社会消费品零售总额完成6.5亿元，比2003年增长22%。城镇居民人均可支配收入5110元，比2003年增长11%。

2016年，全县地区生产总值完成143亿元，同比增长4.7%；规模以上工业增加值完成31.8亿元，同比增长4.2%；一般公共预算收入完成5.7亿元，同比下降11.3%；社会消费品零售总额完成37.4亿元，同比增长7.5%；城镇常住居民人均可支配收入30470元，同比增长5.2%；农村常住居民人均可支配收入14199元，同比增长6%。山阴县被省政府评为县域经济发展争先进位县。

第四节 管理机构

1992 年，山阴县计划与统计分设，恢复山阴县统计委员会。1998 年 2 月，山阴县统计委员会更名为山阴县统计局。5 月，县统计局内设机构为办公室、业务科、农村社会经济调查队。行政编制 10 人，其中局长 1 人，副局长 2 人。2010 年，县统计局内设办公室、政策法规股、国民经济综合核算股、综合统计股。下设事业单位农调队、城调队和乡镇统计总站。2016 年，全局编制 13 人，其中局长 1 人，副局长 2 人。历任主任（局长）有安万庆、王嘉平、毕财、杨志清。

第六章 审 计

第一节 国家审计

财政审计

1995 年《中华人民共和国审计法》实施后，山阴县财政预算审计工作得到规范和完善。1996 年起，县审计局开展同级财政预算审计工作，并向县政府提交审计结果报告，代表县政府向县人大常委会作审计工作报告，接受审议。1996 年至 2016 年底，对县财政局、县地方税务局、县国库预算执行单位等多个部门的财政预算执行情况和其他财政收支情况审计，发现存在应纳入预算管理的非税收入未纳入管理，截留、坐支应缴财政预算和财政专户资金，部分单位滞留挤占专项资金、乱收费、大额支现和固定资产未入账登记等问题。

2008 年，山阴县建立公共财政体制。采取财政预算审计和专项资金审计相结合，审计单位 54 个，除财政、地税部门外，延伸乡财政 10 个、预算执行单位 6 个、企业 36 个。揭露偷漏税费、截留挤占和财政管理方面问题等三大类 14 个，查处违规违纪单位 38 个。2009 年，以财政资金为“主线”，将财政审计和专项审计相结合，开展 13 项财政审计。共揭露违规违纪问题三项 19 类，并向县十四届人大常委会第十七次会议作专题报告，推进公共财政体制的不断建立和完善。2009 年，开展财政管理检查。1998—2016 年，共审计 383 个部门、单位，共查出违规违纪金额 28364.31 万元，应上缴财政 299.17 万元，已上缴 299.17 万元，归还原资金渠道 8860 万元。

1998—2010 年山阴县本级财政预算执行审计汇总表

表 27-1

年 份	审计（调查）单位（个）	查出的主要问题（万元）		应上缴财政金额（万元）	已上缴财政金额（万元）	归还原渠道金额（万元）
		违规金额	不规范金额			
1998	12	—	189.63	—	—	189.63
1999	27	—	113.95	—	—	113.95
2000	17	1003.74	704.26	6.67	6.67	226.66
2001	23	99	1010	2.5	2.5	182.89
2002	18	183.09	507.79	48.26	48.26	—

续 表

年 份	审计（调查）单位（个）	查出的主要问题（万元）		应上缴财政金额（万元）	已上缴财政金额（万元）	归还原渠道金额（万元）
		违规金额	不规范金额			
2003	27	698	147	51	51	580
2004	22	148	231	6	6	119
2005	28	289.32	697.33	8.36	8.36	687.42
2006	19	268	1107	8	8	1026
2007	21	675	2658	29	29	647
2008	43	29	1563	54	54	526
2009	36	993.31	9405.1	37.24	37.24	3605.96
2010	42	1132.01	4175.66	29.02	29.02	638.49

金融审计

1989—1999 年，根据省审计厅安排，山阴县先后对中国银行、中国建设银行、中国工商银行、中国农业银行四行开展专项审计调查和资产负债权益审计，审计（调查）单位 40 个（含延伸贷款企业），查出违规金额和不规范金额 1062.68 万元，应上缴财政资金 8.23 万元，已上缴财政资金 8.23 万元。发现主要问题是部分行存在逾期贷款占用比重大、信贷资产质量低、以贷收息、少提利息、筹资成本高、乱挤成本和收支不合理等。1998 年、2002—2008 年，先后对县信用联社及其所属基层信用社年度资产、负债、损益情况进行就地审计。通过审计，查明信用社账面各项贷款余额及自有资金贷款金额等情况，发现信用社存在质押贷款质押存单不核押、非规定用途发放支农贷款、跨区域贷款、一保多贷、超存贷比例和使用银行特种转账借方记账凭证列支费用等问题。共完成审计单位 39 个（次），查出违规金额和不规范金额 4383.26 万元，应缴、已缴财政资金各 14.63 万元。

2007 年，完成对山阴县东榆林煤站资产、负债及损益审计和山阴县大金洋宾馆有限责任公司股权认定审计；完成山阴县安平煤矿截至 2006 年 12 月 20 日、山阴县芍药花煤业有限公司截至 2006 年底资产负债权益审计；完成山阴县综合开发办土地治理项目和农业产业化经营项目专项审计。2008 年 7 月下旬开始，对合盛堡、北城等 5 个基层信用社 2006 年、2007 年资产负债权益进行审计。揭露信贷方面的问题 9 个，涉及金额 2035.10 万元；少提少交各项税金等问题 4 个，涉及金额 7.64 万元；核算方面的问题 9 个，涉及金额 257.02 万元。并针对存在问题，提出审计建议 5 条。2009 年，完成被集并的玉井、北周庄和山阴城等 11 个粮站和县政府接收山阴县第一小学前资产负债权益核实审计，以及县药材公司资产负债核实审计、山阴县招商引资项目审计调查。在被集并粮站资产核实审计中，发现被集并保留的 3 个粮站粮食未入账，仍由原粮站销售，售粮款未存入发行专户，防止国有资产流失。

基本建设审计

从 1990 年开始，山阴县对固定资产投资进行审计。审计以监督建设资金用途为主，开展开工前审计、基本建设资金使用情况审计。1993 年，县审计局成立财政金融基建审计股，明确基本建设审计监督职责。1995 年，根据《山阴县人民政府关于加强对基本建设项目竣工决算审计监督的通知》精神，县审计局基本建设审计股从财政金融基建审计股分离出来，单独设立基建审计职责具体化，基建审计业务由单纯基建项目资金监督转向项目资金和决算造价审计相结合。

1998年后，随着县域经济快速发展，城市建设规模不断壮大，财政投资项目逐渐增多，基本建设审计任务越来越重。山阴县将事前、事中和事后监督有机结合起来，对重点建设项目，审计监督工作贯穿于立项、招投标、施工图设计、概算、施工、监理、竣工决算等建设全过程。同时，加大竣工决算审计力度。1990年至2010年9月，共完成建设项目审计151个，其中：监督建设资金项目4个、工程预算审计项目3个、工程切量审计项目5个、竣工决算审计项目139个，涉及单位81个，送审金额4.24亿元；核减施工单位高估冒算金额3153.61万元，核减率7.43%，其中2002年核减率高达22.38%。

2002年，县审计局基本建设审计股更名为固定资产投资审计股。在工程审计人员短缺情况下，山阴县采取聘请工程专业技术人员现场指导、边审边培养方法，逐步拓宽固定资产投资审计范围，完善审计程序，培养工程审计队伍，固定资产投资审计转向工程预算、切量、竣工决算审计。2007年，先后完成对2006年度扶贫专项资金、2006年度污染治理专项资金、2005年至2006年山阴县农村公路建设专项资金、2006年山阴县农村饮水专项资金、2006年度山阴县科学技术和研究专项资金等审计调查；对山阴县中小学危房改造资金投资情况、县城道路改造工程和城市供水工程竣工决算审计；对马营庄乡维修工程、下喇叭乡办公楼工程和马营村新农村建设工程竣工决算审计；对县公安局看守所和县公安局与企业联合消防队房屋建筑物资产核实审计。

2008年，对县城道路改造工程、农业培训大楼和地质灾害治理搬迁工程等11项建筑工程进行竣工决算审计和工程切量审计，报审投资总额10418.42万元，核减施工企业高估冒算资金909.27万元。2009年，下发《山阴县人民政府批转山阴县审计局关于进一步加强政府投资建设项目审计监督意见的通知》，强化固定资产投资监督。完成对山阴县2008年新农村建设11项工程竣工决算审计，送审金额1860.33万元，审计核减147.99万元，核减率7.96%；完成山阴县第四中学公寓楼、餐厅及院内附属工程和教学楼维修项目竣工决算审计，送审金额1591.54万元，审计核减485.8万元，核减率30.54%。

工商企业审计

1998年，以促进工业、煤炭企业改制为重点，对企业开展资产负债损益审计，深化企业体制改革。2002年，审计单位4个，查出违规金额129.17万元。2009年，审计单位12个，查出违规金额94.65万元。

行政事业审计

1995年，《审计法》实施后，随着本级财政预算执行审计的开展，山阴县在对行政事业单位预算执行情况延伸审计基础上，把行政事业单位审计重点逐渐转向有关行政机关、事业单位和社会团体征收、管理的经费、社会保障资金、社会捐赠资金等专项审计和行业审计。先后开展公检法司交警、城建系统、教育系统、交通系统等财政财务收支审计，开展养老保险基金和失业保险基金征集和管理情况、县残疾联合会残疾人就业保险金、社会救灾资金和城乡低保资金、社会捐赠资金、教育经费和计生经费等专项审计和审计调查。发现征集手段不够有力以及公安交警、城建系统、教育系统等行政性收费征收和管理不规范、挤占专项资金、专项资金到位不及时等问题。

2007年，完成2006年度计生专项资金、2006年社会保障资金、2006年度林业专项资金、2006年度义务教育阶段“两免一补”资金和农村中小学现代远程教育工程资金管理使用情况以及2006年度山阴县矿业权收入、矿补费和国土专项资金审计。2008年，突出重点，扩大专项资金审计覆盖面。按照省、市审计工作安排，开展2007年度排污费征收、管理和使用审计，2007年度社会保险基金审计，汶川地震捐赠资金和特殊党费收缴情况审计。从11月18日开始，开展全县农村义务教育“普九”债务审计。同年，开展农村义务教育“普九”债务核实审计，核定债务927.71万元，其中“普九”债务535.15万元，其他义务教育债务392.56万元。1998—2010年，审计涉及单位654个，查出违规违纪金额1719.04万元。

1998—2010 年山阴县行政事业单位事业审计和专项审计（调查）汇总表

表 27-2

年 份	审计（调查）单位（个）	查出的主要问题（万元）		应上缴财政金额（万元）	已上缴财政金额（万元）	归还原渠道金额（万元）
		违规金额	不规范金额			
1998	24	10.88	25.53	—	—	18.18
1999	10	—	—	—	—	—
2000	15	9.24	20.68	9.91	9.91	—
2001	44	27.22	47	1	1	11
2002	6	5.8	32.2	2	2	—
2003	47	25.11	64.14	5.44	5.44	46.49
2004	20	—	10	—	—	—
2005	2	—	—	—	—	—
2006	5	14.98	72.88	—	—	—
2007	63	113.83	1782.88	—	—	—
2008	10	6.37	1717.85	—	—	—
2009	94	1281.47	1470.14	8.96	8.96	46.99
2010	9	—	397.5	—	—	—

经济责任审计

1998 年，全县尝试行政事业单位领导人离任经济责任审计，将企业厂矿长（经理）离任经济责任审计与行政事业单位领导人离任经济责任审计相结合，以企业厂矿长（经理）离任经济责任审计为主。2000 年，山阴县经济责任审计工作领导组成立，经济责任审计得到规范和完善，经济责任审计转向以行政事业单位领导人离任经济责任审计为主体。

2003 年后，开展任中经济责任审计，当年完成对局长、乡长 2 位党政领导人任中经济责任审计。2007 年，完成对马营庄乡原任党委书记、4 个事业单位主要负责人和县人大常委会主任、县公安局局长等 5 个单位主要领导任期内经济责任审计；完成对县卫生局、县安全生产监督管理局、县建设局 3 位局长和县交警队队长，以及合盛堡乡、原岱岳乡、下喇叭乡 3 位乡长任中经济责任审计；对县文物管理所所长离任审计。

2008 年，先后完成团县委书记离任经济责任审计和县人事局、县统计局等 4 位局长任期经济责任审计。在对账面财务收支监督的同时，突出对领导政绩评价和责任划分，提高了领导干部依法理财、科学决策的自觉性和责任感，促进了被审计单位和领导干部廉洁自律行为，为干部考核和任用奠定了基础。2009 年，按照县委组织部门通知，完成县信访局原任局长毕财和安荣乡原任乡长王尚龙任期经济责任审计。1998—2010 年，共审计单位 159 个，查处违规资金 806.77 万元。

1998—2010 年山阴县经济责任审计汇总表

表 27-3

年份	审计单位（个）	调查单位（个）	查出的主要问题			
			违规金额（万元）		不规范金额（万元）	
			直接责任	非直接责任	直接责任	非直接责任
1998	3	—	—	10.14	—	441.16
1999	1	—	—	5.24	—	89.38
2000	1	—	—	—	—	127.38
2001	2	6	—	—	—	5.94
2002	34	22	—	1	—	—
2003	3	6	—	13.6	—	11.45
2004	9	2	79	33	415	—
2005	8	—	—	—	—	—
2006	34	36	130.62	73.11	189.53	1809.4
2007	17	22	—	291.61	—	273.53
2008	5	—	—	—	55.24	3.29
2009	10	12	—	73.23	26.53	155.24
2010	2	—	—	71.71	—	181.12

第二节　内部审计

1989 年 3 月，山阴县审计局根据全县经济发展需要，向县政府提交建立内部审计机构、配备内部审计人员的请示报告。经县政府批准成立内部审计机构，配备内部审计人员 16 人，其中专职内部审计人员 8 人。1998 年后，随着政府机构改革及企业改制工作的不断推进，内部审计人员转岗，多数单位内部审计工作由兼职人员负责。至 2010 年 10 月，山阴县有内部审计机构 8 个，内部审计人员 16 人，均为兼职人员。

第三节　社会审计

1989 年 3 月，县审计事务所下设办公室和 3 个业务部，人员 21 人，其中，注册会计师 7 人，助理人员 14 人。1990 年，县审计事务所对外经营。截至 1999 年，共开展企业年检验资和鉴证 1065 次、基本建设工程项目开工审计和竣工决算审计 30 多项次、乡镇企业咨询服务 68 次等。2000 年 10 月，县审计事务所被省注册会计师协会注销。2001 年后，全县社会审计业务由社会中介机构完成，归省注册会计师协会管理。

第四节　管理机构

1983 年 9 月，山阴县审计局成立，干部 4 人，审计业务管理划归原雁北行署审计局。1989 年，随朔州建市，县审计局审计业务管理划归朔州市审计局，人员增至 17 人。1991 年 2 月，县审计局内设 3 股 1 室，即办公室、企业审计股、行政事业审计股和体系指导股。1993 年 3 月，县审计局增设农村财务审计股，财政金融审计股变为财政金融基建审计股，内设股室变为 4 股 1 室。1995 年，县审计局内设机构变为 5 股 1 室，即办公室、工商企业审计股、财政金融审计股、行政事业审计股、农业财务审计股和基本建设审计股。

山阴县审计局主要职能是根据《中华人民共和国审计法》的规定，对全县各部门和各乡（镇）人民政府财政收支、财政金融机构和各企事业单位的财务收支进行审计与监督。1998 年 5 月，县审计局内设机构为办公室、财政金融审计股、工商企业审计股、农村财务审计股、行政事业审计股、基本建设审计股、综合档案室。行政编制 15 人，其中局长 1 人，副局长 3 人。2002 年，县审计局行政编制 10 人，其中局长 1 人，副局长 2 人，纪检组长 1 人，工勤编制 2 人。内设机构为办公室、财政金融审计股、行政事业社会保障审计股、固定资产投资审计股、农企环外审计股和经济责任审计股等 6 个股室。2010 年，县审计局行政编制 10 人，其中局长 1 人，副局长 2 人，总审计师 1 人，未确定工勤编制。2012 年，内设机构调整为 1 室 8 股，即办公室、财政金融审计股、行政事业审计股、固定资产投资审计股、农企外审计股、资源环保审计股、社会保障审计股、经济责任审计股和法规股。2016 年，县审计局内设机构为办公室、财政金融审计股、农企外审计股、固定资产投资审计股、行政事业审计股、经济责任审计股、社会保障审计股、资源环保审计股、法规股、监测股和计算机中心，有干部职工 43 人，其中在职 26 人，退休人员 17 人。局长 1 人，副局长 3 人，纪检组长 1 人。历任局长有赵弟恭、赵守忠、王守礼、张志新。

第七章　国土资源管理

第一节　土地调查审批

土地调查

1998 年前，山阴县完成第一次土地调查。2006 年，山阴县建立土地登记公开查询制度，并提供公开查询服务。农村集体土地所有权发证率达到 80.15%，城镇地籍调查任务完成 4 平方千米，并建立数据库。2007 年 5 月至 2009 年 12 月 31 日，山阴县完成第二次土地调查，纠正部分乡（镇）村“四荒”土地、机动地等集体土地发包程序不规范及土地经营权擅自流转的违法违规现象。2009 年，分别规定 50 亩以下、50 亩以上非家庭承包土地合同流转程序。同年，组织实施帐头铺片土地治理、现代农业玉米丰产方、盐碱地玉米丰产方、旱作节水农业“四个万亩”工程项目，原种场 5000 亩盐碱地改良项目，兰家窑等五个土地开发整理项目整理土地 7200 多亩。2014 年，按照《土地调查条例》《土地变更调查工作规则》规定，完成以二次土地调查结果为基数的年度土地变更调查和遥感监测工作。2016 年，成立不动产登记局和不动产登记中心，9 月颁发了第一本不动产登记证。全县完成农村集体土地所有权确权工作，完成集体建设用地使用权、宅基地使用权外业调查工作。

土地行政审批

1998—2006 年，山阴县国土资源局报批北周庄洗煤厂万吨铁路专项项目（用地面积 291.9 亩）；国飞物资有限公司 3 万吨胡萝卜饮料生产线项目（用地面积 259.5 亩）；山西瑞丰磷肥复合生产线项目（用地面积 216.12 亩）；赤钰冶金有限公司微碳锰铁生产线项目（用地面积 189.45 亩，皆为耕地）；朔州通达开发有限公司鸳鸯会收费站项目（用地面积 6.9 亩，皆为耕地）；张家庄乡移民新村项目（用地面积 278.4 亩，皆为耕地）；完善大运高速公路山阴连线用地项目的准批手续（用地面积 457.9 亩，其中耕地 189.3 亩）；2006 年，以第一批次统征回引黄工程山阴指挥部西侧土地 100.31 亩，其中耕地 99.3 亩；完善批准金海洋洗煤厂用地手续（用地面积 243 亩，其中耕地 220.5 亩）；完善批准大运高速公路广武互通收费站用地手续（用地面积 393.98 亩，其中耕地 344.25 亩）；挂牌出让政府街西出口 11.56 亩土地，收缴出让金 560 万元；挂牌出让原雁山饭店 16.56 亩土地，收缴出让金 800 万元。2013 年，审批供应土地 35 宗，面积 1839.88 亩，收取土地出让金 3.86 亿元，收取新增建设用地有偿使用费 2720 万元。2014 年，审批供应土地 20 宗，面积 1402.52 亩，收取土地出让金 2.78 亿元。2016 年，审批供应土地 11 宗，面积 3094.38 亩，收取土地出让金 0.26 亿元。

第二节　建设用地管理

建设用地征收

1998 年，大运高速公路（大新段）动工修建，在山阴县新广武到康庄征地总长度 50 公里，面积 4800 亩，需砍伐树木 5000 多株，迁坟 500 多座。2001 年，办完征地相关工作。2001—2007 年，山西省国土资源厅经省人民政府批准以晋国土资函〔2001〕562 号，省政府以晋政地字〔2005〕166 号文分别批准山阴县人民政府征收原岱岳乡王家涧、上岱岳村土地 163.17 亩，王家涧村旱地 36.75 亩，建设用地 3.66 亩，计 40.35 亩；上岱岳村水地 117.92 亩，林地 4.9 亩，计 122.82 亩。

2014 年，山阴县人民政府申报的第二批次建设用地项目总计用地 112.95 亩，其中集体土地 112.95 亩，内含农用地 50.54 亩，含耕地 44.15 亩，涉及岱岳镇安祥寺村和王家涧村。第五批次建设用地项目总计用地 152.39 亩，集体土地 150.74 亩，其中农用地 37.73 亩，包含耕地 36.41 亩，涉及合盛堡乡大虫堡村和合盛堡村。山阴县华昱现代农业示范园区项目占用北周庄村土地总面积 12.76 亩，全部为耕地。2016 年，山阴县颁发建设用地登记证 7400 宗。共预审建设项目用地 1 宗 19.65 亩。按照省市县重点项目建设的需要，供地 13 宗 3069.99 亩，其中，划拨 5 宗 3010.84 亩，出让 4 宗 59.15 亩，收取土地出让金 1202 万元。

征地补偿安置

1998—2007 年，全县在征地补偿工作中，按规定予以足额补偿。2008—2013 年，被征收土地所涉及的农业人口安置办法以货币方式予以安置。安置补助费支付给失地农民。土地已确权确地到户的，土地补偿费以不低于 80% 的比例支付给被征地农户，其余 20% 留给村集体经济组织。未确权确地到户的，其土地补偿费和安置补助费以不低于 80% 的比例平均支付给被征地农户。2014 年，按照《山阴县人民政府关于做好全县被征地农民就业培训和社会保障工作的实施办法》的有关规定，山阴县第二批次建设用地项目集体土地被征地农民共需缴纳保障资金 46.03 万元。第五批次建设用地项目集体土地被征地农民共需缴纳保障资金 34.37 万元。2016 年，全县征地补偿费 5954.21 万元。

第三节　耕地保护开发

1998 年，全县耕地面积为 96 万亩。1998 年后，贯彻落实《基本农田保护条例》，加大对耕地特别是基本农田的保持力度，落实耕地“占补平衡”工作，实施土地复垦，通过土地整理，增加有效耕地面积，并完善田间基础设施配套，优化土地利用和布局。2003—2006 年，西盐池土地开发三年，由北京国土土地整理规划设计院设计施工，朔州市佳联农牧有限公司中标，太原贞明生态工程公司监理，土地开发整理公司具体实施。项目总投资 1360 万元，整理开展规模 11625 亩，完工后新增耕地 8486.25 亩。2005—2006 年，西双山村土地开发整理项目规模 1726.5 亩。由永和生态实业基地中标，工期为一年，山本明源建设咨询监理有限公司担任项目监理，项目完成后新增土地 1503.75 亩。2006 年，为实施城镇化发展战略，加快城市基础设施建设步伐，根据《山西省国土资源厅关于新一轮土地利用总体规划实施管理有关事项的通知》，编制北周庄镇等 5 个乡镇土地利用总体规划（2006—2020 年）实施评估报告及修改方案。截至 2006 年底，全县耕地保有量 915568.3 亩，2006 年耕地减少 28147.4 亩。耕地减少的原因，主要是退耕还林 26818.7 亩，各类建设占用耕地 1328.7 亩（主要集中在北周庄和原岱岳乡）。2012 年，出台《山阴县耕地地力保护制度》。县、乡、村逐级签订耕地和基本农田保护目标责任书，将耕地和基本农田保护纳入年度考核指标进行严格考核。并建立耕地和基本农田台账，确保耕地保护任务全面完成。全县基本农田划定为 80 万亩。同年结合第二次土地调查，核实划定永久性基本农田面积和地块，完成划定量 60%。2014 年，除整理和复垦大量土地外，开发补充耕地 1 万多亩。

2016 年，全县耕地保有量不低于 89.51 万亩，基本农田保护面积不低于 79.7 万亩这一红线。全年实施补充耕地项目 4 个，总规模 1407 亩，新增耕地 658 亩，总投资 300 万元。委托吴马营乡政府实施两个耕地补充项目，建设规模 1567 亩，新增耕地 975 亩，总投资 994 万元。实施 2015 年度省级高标准基本农田整理项目 3 个，总规模 17130 亩，总投资 2297 万元。

第四节　土地矿产监察

1998 年，山阴县下发《关于开展查处土地违法违规案件专项行动的通知》。2005 年 1 月至 2006 年 10 月，共排查出各类违法用地 88 宗，涉及面积 2376.92 亩，其中耕地 1242.16 亩，4 宗违法土地案件，没收原煤 271.1 吨。2006 年下达停工通知书 47 份，下达行政处罚告知书 25 份；下达行政处罚决定书 25 份。47 宗违法用地主要是宅基地 26 宗，19.09 亩；工业用地 11 宗，278.95 亩；商业用地 6 宗，124.6 亩；公益事业用地 4 宗，334.68 亩。收缴罚款 23.668 万元。

2007 年，山阴县国土资源局责令位于重要风景区、重点文物保护区、地质遗迹保护区、重要泉域水出露带、重点建设工程地带以及其他法律、法规规定的禁采区域的非煤矿山企业在 2008 年 6 月 30 日之前关闭，并规定其资源不得参与整合。2008 年，开展打击非法开采煤炭专项行动。各煤矿全部停产进行自查自纠。整治重点是实施关闭的“十类”煤矿和立即停产整顿的“十类”煤矿。2012 年，集中开展安全生产领域“打非治违”专项行动，部署开展多次清理整治行动，保持矿产资源开发等安全生产秩序的基本稳定。2013 年，将发生的违法用地、违法勘查开采矿产资源行为纳入 2014 年土地矿产卫片执法监督检查数据统计。2014 年，组建 20 人的队伍，成立 4 个巡查组，与县公安局会合，对私挖滥采不法分子进行合围。并实行举报奖励，凡举报国家公职人员参与私挖滥采的，一经查实，给予举报人经济奖励。举报副科级干部的，给予举报人 50 万元奖励；举报正科级干部的，给予举报人 100 万元奖励；举报副处级干部的，给予举报人 200 万元奖励；举报正处级以上干部的，给予举报人 500 万元奖励。

2016 年，全县将 2015 年度新增建设用地图斑 385 个，分割、合并为 360 个。合法图斑 157 个，面积 712.8 亩，其中耕地 266.59 亩；违法图斑 88 个，总面积 305.3 亩，其中耕地 103.22 亩；其他图斑 114 个，面积 1860.4 亩，其中耕地 353.61 亩；立案查结图斑 85 个，非立案图斑 3 个，拆除违法建筑物面积 7.16 万平方米，没收违法建筑物面积 1.28 万平方米，罚款 157.07 万元。对马营乡、玉井镇、吴马营乡矿区附近的煤场进行集中清理整顿，取缔 16 家，清理拆除 4 个非法窝点临时建筑物 1000 余平方米，扣押非法窝点堆煤 6253 吨。同年组织大型机械对马营乡后石门私挖滥采点进行生态恢复治理，7 个坑全部回填完毕，上面覆盖 50 厘米黄土，达到耕种条件，新增耕地 71.7 亩。

第五节 地质灾害防治

1998 年后，山阴县编制《地质灾害防灾方案》和《突发性地质灾害应急预案》，完善地质灾害监测、巡查和预警预报制度，发放明白卡，设立地质灾害患点警示标志，避免人员伤亡。同时建立汛期地质灾害值班、险情巡查，灾情速报制度，建立县、乡、村、企业四级监督网络。2010 年，加强地质灾害气象预警预报工作，通过宣传地质灾害防治知识提高隐患区域老百姓的防范意识。同时，还通过手机短信及时通知各乡镇相关人员根据当地地质灾害隐患点的实际情况采取防灾避灾措施，避免或减轻地质灾害造成的损失。2013 年，综合分析全县矿业活动规模与特点，确定地质灾害的重点防范区、崩塌、滑坡、泥石流地质灾害易发区以及公路重点防范路段。

2015 年，山阴县突发地质灾害应急指挥部成立，总指挥由县长担任。下设办公室，办公室主任由县政府办公室分管副主任担任，副主任由县国土资源局局长担任。统一指挥和协调大型、特大型地质灾害应急救灾与处置工作；部署和组织有关部门和有关地区对受灾地区进行紧急援救；协调县武装部迅速组织指挥部队参加抢险救灾；负责地质灾害信息的对外发布。指导乡级突发地质灾害应急指挥部做好地质灾害的应急救灾与处置工作。指挥部办公室职责：贯彻县突发地质灾害应急指挥部的指示和部署，协调指挥部成员单位之间的应急工作；汇集和上报险情、灾情、应急处置及救灾进展情况；组织有关部门和专家分析灾害发展趋势，组织应急救灾与处置工作的新闻发布；承担县政府突发地质灾害应急指挥部交办的其他工作。同年处理右玉县教场坪集团玉岭煤业越界山阴县界开采引发玉井镇西石人坡村、东石人坡村土地大面积塌陷地质灾害，并完成 4 处重要地质灾害隐患点的治理、监测、勘查工作。

2015 年后，山阴县在地质灾害防治移民搬迁工作中，逐年加大资金投入，为采煤沉陷区的史家屯村、老庄窝村、沈庄窝村、一堵墙村、腰寨村、后石门村，建设移民搬迁新村。2015 年规划搬迁马营乡南河村和玉井镇王坪沟村。2016 年，出台《山阴县采煤沉陷区治理规划》，规划搬迁玉井镇西石人坡村、东石人坡村和马营乡龙泉寺村。

第六节 管理机构

1990 年 1 月，山阴县土地管理局成立。2002 年，县土地管理局与县矿产资源管理局合并为县国土资源局。2010 年，县国土资源局成立办公室、建设用地管理股、矿产资源管理股、地勘地环股、测绘地籍股、规划耕保股、监察股、纪检监察室 8 个内设机构。行政编制 15 人，其中局长 1 人，副局长 3 人，总工程师 1 人。2016 年，设办公室、建设用地管理股、规划耕保股、地勘地环股、监察股、测绘地籍股、矿产资源管理股、纪检监察室、执法监察大队、交易中心、土地开发整理中心、规划测绘队、地质环境监测站、土地登记事务中心、征地事务中心、国土资源信息中心、土地收购储备中心 17 个内设机构。历任矿产资源管理局局长有解录昌、马礼恒、王俊杰。历任国土资源管理局（土地管理局）局长有张志富、郭自更、赵学崇、王跃文、李胤龙。

教育科技

第二十八编

教育科技

山阴县是传统的教育先进县，教育工作在群众中有着深厚的基础。1998年后，全县推进中小学校工程建设，不断改善办学条件。协调发展幼儿教育、义务教育、普通高中教育、职业教育，合理配置公共教育资源，促进义务教育均衡发展，体现教育的公益性和普惠性，共享改革发展成果。2002年，山阴县教育委员会改为山阴县教育局。2009年，投资2.6亿元在县城东南部文昌之地兴建山阴一中。2016年末，全县有民办学校6所，其中高中1所（新杰中学）、初中1所（先进中学），九年一贯制学校1所（平泽苑学校），小学3所（浦泽学校、新洋学校、宏宇学校）。

1998—2016年，每年4月的“世界知识产权日”和5月的“科技活动周”期间，全县举行大规模的宣传活动，利用地税广场和古城镇、玉井镇、北周庄镇、岱岳镇四大乡镇，张贴标语、悬挂科技展板、印刷活页宣传资料和科技知识书册。建成企业技术中心、高新技术企业、中小微科技企业孵化基地、大众创业培训基地，发明专利拥有量增加，深化科技管理体制改革，提高科技项目和资金使用实效性，增加科技发展活力。

第一章　基础教育

第一节　学前教育

发展历程

山阴县正规学前教育最早只有在县城为工作人员解决小孩日托保育问题所办的机关幼儿园，后建起山阴县第一幼儿园和山阴县第二幼儿园两个公办幼儿园。其他私人托儿所、幼儿园在20世纪90年代开始在城乡遍布起来，在农村，大多数小学里也附设了幼儿班。据统计，在1999年末，全县民办幼儿园共34所，其中县城幼儿园27所、乡村7所，共有幼儿教师及保育员57人。基本符合办学条件的有17所（县城14所、乡村3所），占50%。条件较差的有17所（其中县城13所、农村4所），占50%，教师及保育员具备资格的有47人，占82.46%，不具备资格的有10人，占17.54%，办理了申报手续的有15所（县城13所、农村2所）。

2011年山阴县贯彻落实2010年国务院关于学前教育“三年行动计划（2011—2013）”要求，建设玉井、下喇叭、薛圐圙中心幼儿园和改建古城中心幼儿园，分别在原玉井、下喇叭、薛圐圙小学和古城中学旧址建设。秋季开学时，山阴全县共有幼儿园66所。按办园性质分，公办幼儿园1所、民办幼儿园65所。按区域分，县城民办幼儿园45所，有办学许可证的12所；农村民办幼儿园20所。全县共有幼儿6965人。按实际情况看，优质幼儿园数量明显不足，农村小学附设的幼儿班条件差，民办幼儿园师资质量差、教学水平低、安全隐患大。办园不规范严重影响学前教育质量。按照当年山西省教育厅、省财政厅联合印发的《关于做好当前财政支持学前教育发展有关重点工作的紧急通知》要求，山阴县教育局、山阴县财政局于2011年10月联合发文《关于农村闲置校舍改建项目建设规划的报告》，向县政府提出具体实施办法，按照“政府主办、科学规划、分步实施、严格标准”的原则，规划山阴县学前教育扩大工程，从2011年到2015年总投资1282万元，在全县城乡稳步推进标准化幼儿园建设，保障适龄儿童接受教育的权益，提高幼儿教育普及程度。2011年，农村闲置校舍改造7所：泥河小学、元营小学、甘庄小学、八里庄小学、康庄小学、苑家辛庄小学、岱岳第四小学；改造面积3758平方米，投资295万元；农村小学增设幼儿园5所：岱岳第五小学、上河西小学、西沙堆小学、吴马营小学、下喇叭小学。2012年，农村闲置校舍改造6所：安祥寺小学、西小河小学、常辛村小学、永静城小学、偏岭小学、新广武小学；改造面积4244平方米，投资303万元；农村小学增设幼儿园5所：王老沟小学、庄窝小学、新大滩小学、西沟小学、故驿小学。2013年，农村闲置校舍改造8所：冻牛坡小学、苏庄小学、胡疃小学、西短川小学、新岱岳小学、米庄窝小学、水头小学、东双山小学；改造面积4100平方米，投资325万元；农村小学增设幼儿园5所：山阴庄小学、帐头铺小学、千井小学、七里沟小学、北王庄小学。

2012年山阴县要求各幼儿园组织教师学习教育部《关于规范幼儿园保育教育工作，防止和纠正“小学化”现象的通知》精神，认识幼儿园教育“小学化”“成人化”的危害性，严禁各幼儿园提前教授小学教育内容，严禁各幼儿园以举办兴趣班、特长班和实验班为名进行各种提前学习和强化训练活动，严禁各幼儿园组织任何带有商业色彩的活动；要求各幼儿园严格控制班额，不得违反国家相关规定超额编班，坚决纠正大班现象。教育局幼教股依照《幼儿管理条例》《幼儿园工作规程》《幼儿园教育指导纲要

（试行）》及《3—6岁儿童学习与发展指南》等相关文件要求，对全县公办、民办幼儿园进行专项检查，规范幼儿园办园行为，坚决防止和纠正幼儿“小学化”倾向。并在春季开学初对于存在“小学化”现象的幼儿园和举办招生考试的小学进行专项检查，限期整改。

2014年，山阴县实施学前教育推进工程，新建、改扩建2所公办标准化幼儿园——山阴县城的第一幼儿园、第二幼儿园；加大农村幼儿园建设力度，对民办幼儿园进行排查整顿。学前三年毛入园率达到83%以上。2015年，省市给山阴县下达3所农村幼儿园和2所标准化幼儿园建设任务。根据学校生源状况和发展方向，山阴县落实四小、北王庄、后皇台为农村幼儿园建设项目，落实北周庄、旧广武标准化幼儿园建设项目。5所幼儿园主体建设完成，十月中旬投入使用。研究制定普惠性民办园认定及扶持实施办法，分类治理无证幼儿园。学前三年毛入园率达到85%以上。2016年，山阴县投资262.61万元，改扩建苑家辛庄幼儿园、南辛庄幼儿园2所幼儿园。全县共有幼儿园64所，入园幼儿6785人。其中公办的山阴县第一幼儿园、第二幼儿园、乡镇中心幼儿园及一些小学附设幼儿园18所，在园幼儿2737人；以康蕾幼教集团、小龙人幼儿园、育杰琳幼儿园、哈佛国际幼儿园等办园单位为代表的民办幼儿园46所，在园幼儿4048人。从事幼教的教职员工710人。

2010—2016年山阴县学前教育基本情况表（公办）

表28-1

年　份	幼儿园总数（个）	幼儿总数（个）	教职工数（人）
2010	1	1870	55
2011	8	4020	131
2012	8	5265	131
2013	8	5123	213
2014	8	5144	237
2015	9	5155	273
2016	13	5210	313

注：数据来自山阴县统计局

幼儿园选介

山阴县第一幼儿园　山阴县机关幼儿园成立于1982年11月，地址在县城岱岳街冯门巷原文教部院内，即今县城东城广场东口北侧处。主要招收机关职工的幼儿，开设有语言、计算、常识、音乐、体育、美术6门课程，班级有小、中、大班。1988年，机关幼儿园搬迁到西城区府西街与西环路交叉路口西南角处山阴县教育计生大楼的一楼，原幼儿园地仍在原处改叫机关幼儿园二部。1992年，在教育计生大楼东南侧临街，新的幼儿园建成，幼儿园从楼里迁入园里，班级规模有所扩大，开设课程仍然是语言、计算、常识、音乐、体育、美术6门。1993年11月，通过省级验收，成为

山阴第一幼儿园庆祝六一儿童节

山阴县唯一的一所省级示范公办幼儿园。1996 年，在东城广场路机关幼儿园二部独立建园，机关幼儿园更名为山阴县机关第一幼儿园，广场路的幼儿园为山阴县机关第二幼儿园。

山阴县第一幼儿园前身是山阴县机关幼儿园。1998 年，山阴县机关第一幼儿园位于府西街与西环路交叉路口西南角处山阴县教育计生大楼的一楼。2012 年机关第一幼儿园进行改扩建。山阴县机关第一幼儿园全体师生搬迁至新建的山阴县第二幼儿园。2014 年 10 月原府西街与西环路交叉口处的山阴县机关第一幼儿园改扩建完成独立建园，重新组建山阴县第一幼儿园。2015—2016 班级 7 个，托班 2 个，小班 3 个，中班 2 个。学生共 220 人。老师共 24 人。其他各类人员 15 人。开设课程：幼儿园五大领域课程，学校 6 轨 18 班，硬件设施：活动室、盥洗室、多功能厅、监控、电视等电器、多媒体、室内与户外玩教具，建筑规模：占地面积 8143.63m^2，总建筑面积约 5900.89m^2。

山阴县第二幼儿园 山阴县第二幼儿园（简称“山阴二幼”）前身是山阴县机关第一幼儿园。1998 年，学校班级总数 6 个，分小班 1 个、中班 2 个、大班 3 个，学生总数 180 人，教职工 28 人。2004 年，根据政策要求，开设课程调整为语言、科学、社会、艺术、健康五大领域。2007 年，学校班级总数 9 个，分小班 1 个、中班 3 个、大班 5 个，学生总数 460 人，教职工 42 人。2011 年 5 月，投资 1200 万元，在青年路文化广场对面原岱岳乡政府所在地址上建起一所按省级示范园为标准的高质量园所，该地址建设时立项为第二幼儿园，设计规模为大、中、小班六轨制，可容纳幼儿 540 人。于 2012 年秋季正式投入使用，山阴县机关第一幼儿园全体师生搬迁至该园。全园占地面积 7148 平方米、建筑面积 4940 平方米、户外活动场地 2207 平方米，有 18 个幼儿活动室，同时还有专用活动室、音乐室、美术室、感统室和科学探究室。开设的课程有五大领域和区域活动、礼仪、安全和分级阅读。每班都达到两教一保。2016 年，学校班级总数 14 个，分小班 4 个、中班 4 个、大班 6 个，学生总数 354 人，教职工 77 人。

山阴第二幼儿园始终坚持正确的办园方向，以管理促规范，以教研求发展，1998 年 9 月，被中共朔州市委、朔州市人民政府评为“朔州市规范化建设先进学校”；2003 年 3 月 8 日，被朔州市妇女联合会授予“‘三八’红旗集体”称号；2005 年 9 月，获“朔州市‘育人杯’先进集体”称号；2006 年 4 月，被中共山阴县委、县政府评为教育工作先进集体；2008 年 6 月，被朔州市教育局评为朔州市一级一类幼儿园。

第二节 小学教育

发展历程

20 世纪 90 年代末，山阴县个别乡镇小学原有的五年制小学按照国家义务教育“九年一贯”的政策要求，都开始实行六年制。当时，山阴县义务教育阶段的办学体制是遵从“县、乡、村三级办学，县、乡两级管理”的教育管理体制，小学不出村，基本上是村村有小学，许多村落的学校是复式教学，山区偏远村落多是 7 人以下单人校。随着社会对优质教育资源的需求与义务教育均衡发展形势要求对农村薄弱学校的改造，加之市场经济的不断深入发展，农村经济已没有能力再为学校分担，而农村人口不断流向城市，农村学校渐次人去室空。2002 年，实施“地方负责、分级管理”的基础教育办学与管理体制，“地方负责”主要是以县为主，“分级管理”是指县、乡两级政府的管理。这一管理体制的改革，调动各级政府、社会各界和广大人民群众的办学积极性，不断出现各种社会力量办学。

全县小学在 1998 年底有 251 所（公办），1999 年秋季开学有 265 所（其中非公 10 所），2000 年秋季开学有 260 所（其中非公 7 所），2001 年秋季开学有 251 所（其中非公 3 所），2003 年秋季开学有 231 所（其中非公 1 所），2004 年秋季开学有 216 所（其中非公 3 所）。2007 年提出《山阴县中小学布局调整方案》。2008年底，全县有公办小学133所。2009年7月，为切实规范中小学办学行为，全面推进素质教育，全面提高教育教学质量，贯彻执行《中华人民共和国义务教育法》，促进山阴县义务教育整体推进和均衡发展，县教育局制定《山阴县义务教育阶段学校划片招生实施方案》，对教师实行“统筹兼顾、平衡配备、抽签定班”，对学生实行“划片招生、就近入学、控制班额、随机编班”。

2010年，国务院提出学前教育2011—2013年行动计划。结合学前教育的发展需求，许多农村闲置小学校改建为幼儿园。2015年5月，根据省教育厅《关于开展“义务教育阶段学校‘减负万里行’活动”，规范中小学办学行为有关工作的通知》和《山西省教育厅关于严格规范义务教育阶段学校免试就近入学工作的通知》的要求，县教育局制订《2015年山阴县义务教育阶段学校秋季入学新生编班工作的实施办法》，对县城各小学一年级秋季入学新生定额随机编班。2016年，全县有小学37所，其中县直公办小学8所、乡村公办小学27所、非公小学3所。另有九年一贯制学校4所，其中民办1所。

2013—2016年度山阴县小学教育基本情况表

表28-2

年份	在校生数												
	一年级		二年级		三年级		四年级		五年级		六年级		学生总数（人）
	班数（个）	学生数（人）	班数（个）	学生数（人）	班数（个）	学生数（人）	班数（个）	学生数（人）	班数（个）	学生数（人）	班数（个）	学生数（人）	
2013	72	2783	73	2645	74	2566	70	2558	70	2366	68	2181	15099
2014	72	2100	73	2640	74	2615	70	2517	70	2527	68	2356	14755
2015	73	2367	75	2251	73	2492	75	2574	68	2460	72	2502	14646
2016	70	2199	75	2378	77	2230	74	2462	75	2534	68	2482	14285

课程设置

1998—2016年，小学开设课程发展变化情况大致分三个阶段。

第一阶段：1998年1月至2003年7月。各年级开设课程如下：一、二年级：语文、数学、音乐、体育、美术、自然、科学、社会；三、四年级：语文、数学、英语、音乐、体育、美术、自然、科学、社会、信息技术；五、六年级：语文、数学、英语、音乐、体育、美术、自然、科学、社会、信息技术、思想品德。各校根据实际情况不同程度地增设安全、实践等地方性课程。

第二阶段：2003年8月至2016年7月。从2003年8月开始，全县从初始年级更换为新教材，各年级开设课程如下：一、二年级：语文、数学、品德与生活、音乐、体育、美术、地方课程、校本课程；三、四、五、六年级：语文、数学、英语、综合实践、品德与社会、科学、音乐、体育、美术、地方课程、校本课程。

第三阶段：2016年7月后。2016年，语文与品德教材改版，从一年级开始启用新教材。语文教材注重体现核心价值观，将两个“传统（中华优秀传统文化和革命传统教育）”融入教材。部编语文的古诗文篇目增加。小学6个年级12册共选有古诗文132篇，平均每个年级22篇，占课文总数的30%，比原有人教版增加80%。品德教材将原来一年级的《品德与生活》更名为《道德与法治》。各年级开设课程如下。一年级：语文、数学、道德与法治、科学、音乐、体育、美术、地方课程、校本课程；二年级：语文、数学、品德与生活、科学、音乐、体育、美术、地方课程、校本课程；三、四、五、六年级：语文、数学、英语、综合实践、品德与社会、科学、音乐、体育、美术、地方课程、校本课程。

学校选介

岱岳镇第一小学 坐落在山阴县城东城岱岳镇堡子巷4号，创建于民国37年（1948），原名为山阴县北街完全小学校，后更名为岱岳北街校、山阴县岱岳镇第一小学。1998年，有教学班24个，在校学生1128人，专任教师72人，是山阴县规模较大的学校之一，隶属山阴县岱岳镇中心校管辖，杨永峰任校长。2002年3月起，赵丙祥由岱岳镇第三小学（简称“三小”）校长转任岱岳镇第一小学（简称“一小”）校长后，针对一小建校时间久，校舍几经风雨陈旧老化，加之投入有限，校舍危房始终未能改善，安全隐患突出，在县财政紧张的情况下，提出把一小改制为民办公助学校、利用多方资金改造学校。2003年3月27日，经县政府会议研究决定将一小改制为民办公助学校，办学期限50年，当年由举办人根据相关文件，拆除危房2860平方米，新建教学楼、宿舍楼4300平方米，新建厕所200平方米，餐厅360平方米，硬化校园4590平方米，总投资366.66万元，购置配套设施23.18万元。2006年，学校班级总数22个，学生总数1300人，教职工98人。2009年10月，县政府根据省政府文件精神要求，决定终止岱岳镇第一小学“民办公助”办学形式，恢复公办学校性质，校长选任、教师调配、经费拨付等事项均由岱岳中心校和教育局管理，享受和其他公办学校同等待遇。恢复公办学校性质后，学校占地面积11000平方米，建筑面积6900平方米。办学规模设计为小学1~6年级两轨制，容纳学生600人。2013年，政府为配合均衡教育发展，先后向一小投资配置“班班通”多媒体教室1个、实验室2个、图书室1个，音体美配套器材，学生电脑51台，教师专用电脑55台。2016年6月起，刘原平任校长后，提升学校办学质量，抓稳定、促和谐、创特色。投资10余万元对教学楼、功能楼、公寓楼进行外墙粉刷，粉刷面积3650平方米，同时硬化校园内外地面1800平方米；投资6.5万元，设计三块园林造型墙共计500多平方米，植物种类达28种5000余株，安装太阳能路灯12盏、LED射灯5盏，更换教学楼LED灯64盏，更新餐桌80套，更换宿舍床258张，成为山阴县教科局实施“五大工程”示范单位。2016年，学校班级总数13个，学生总数617人，教职工87人。

玉井镇玉井矿小学 位于玉井矿家属区，是一所六年制完全小学。学校最初于1974年建立，成立初期为玉井矿子弟学校，由玉井矿派专人全权管理。1987年在校学生达400多人，专职教师60多人。1998年，学校班级总数5个，学生总数295人，教职工19人。1999年，普及九年制义务教育期间，学校归山阴县财政承担，学校的办学权也归属镇教办管辖。2007年8月迁至原玉井矿办公楼，新学校占地面积6000平方米，建筑面积2820平方米。有教学楼、新竣工的学生食堂、现代化卫生间，有180米跑道的塑胶操场1座，生均面积12.4平方米。档案室资料齐全；图书室1个、阅览室1个、仪器室1个、体育器材室1个、实验室1个、微机室1个、美术室1个、音乐室1个，各类专用教室设备齐全，并广泛运用于教育教学之中。学校设计规模是小学1~6年级单轨制，容纳学生240人。2008年，学校班级总数6个，学生总数132人，教职工17人。从2004年起，学校附设有幼儿班，到2015年，幼儿班撤并到玉井镇中心幼儿园，学校成为完全小学。2016年，学校班级总数6个，学生总数161人，教职工20人。

下喇叭乡下喇叭小学 位于下喇叭乡下喇叭村，始建于1972年。建校初为下喇叭乡中学校，占地面积6000平方米，有3排校舍：北边一排是12间窑洞，用于教室、办公；中间一排是砖木结构的平房，用于教室、办公；南面一排是砖混结构的石头窑，用于教师宿舍。1996年盖起一排校舍，把南面的石头窑卖给私人。学校占地面积变为4832平方米。由于初中生渐渐流动流失，学校校舍闲置，于2000年把同村里办学条件更差的下喇叭小学整体迁入。2005年，在校园西新修建一排学生宿舍，共12间。同年，小学班级总数6个，学生总数91人。2006年，把原来北面的窑洞拆除新修建一栋两层的楼房，用于教学。2008年，初中撤并之后就转轨为下喇叭寄宿制学校，包括小学和幼儿园。同年，小学班级总数6个，学生总数60人，教职工20人。2010年，学校把中间和南面的两排砖木平房拆除，新建一排砖混结构的平房，用于学生餐厅、厨房等。2012 年，学校进行扩建，把原来卖给私人的窑洞买回，拆除后修建一栋两层楼房，为下喇叭乡中心幼儿楼。幼儿楼投入使用后把 2010 建的平房拆除。扩建后校园总占地面积为 5375 平方米，校舍建筑总面积 2304 平方米。设计规模为小学 1~6 年级单轨制，容纳学生 300 人，附设幼儿园。同年秋，修建大理石新旗台。2013 年硬化校园地面。2014 年修建人工草坪操场。2015 年，把西面学生宿舍平房进行拆除，新建学生宿舍公寓平房，加固地基，增加保温层，水泥现浇顶并做防漏工程。学校先后得到驻村单位山阴县微波站及站长赵秉祯、山阴县赵二摩托车门市部经理赵生贵、中国通用技术研究院工程师贾文涛等单位与社会爱心人士的资助。1996 年“普九”检查验收时，学校的教师教案和学生作业评比在农村小学中排名第一；2012 年 12 月，被县委、县政府评为山阴县先进集体，受到《山之鹰》刊物的提名表彰；2016 年教师节前，被县委、县政府授予“山阴县红旗学校”称号。2016 年，学校班级总数 6 个，学生总数 58 人，教职工 34 人。

北周庄镇北周庄小学 位于北周庄镇北周庄村文化广场西街南侧，占地 16000 平方米，建筑面积 3600 平方米，活动场地面积 8300 平方米。设计规模为小学 1~6 年级双轨制，容纳学生 540 人；附设幼儿园，大、中、小班单轨，可容纳幼儿 90 人。1998 年，学校班级总数 15 个，学生总数 721 人，教职工 54 人。经过普及九年制义务教育验收、危房改造，北周庄小学成为一所现代化的标准学校。2006 年，农村远程教育工作开始，学校购置电化教学、音体教学的仪器器材，优化教学资源，加强所有远程教育设备管理。2007 年，对教学楼、公寓楼进行全面改造升级，新建 2 层教学楼、3 层公寓楼，学校改为寄宿制小学。2008 年，学校班级总数 12 个，学生总数 481 人，教职工 35 人。2011 年，建造少年宫 1 座，丰富了学生的课外活动。2015—2016 年，新建一栋综合楼，配备图书室、阅览室、实验室、计算机室，为教师配备了电脑；修建较为规范的操场，强化档案建设，做到应有尽有，改善办学条件，通过国家义务教育基本均衡验收。2016 年，学校班级总数 11 个，学生总数 320 人，教职工 42 人。

岱岳镇北王庄小学 位于岱岳镇北王庄村西北角，距县城 3 公里。学校于 1984 年秋季建成投入使用，初建有 3 排砖木结构平房 30 间，占地面积 15600 平方米，建筑面积 1855 平方米，运动场地 520 平方米。设有学前班、小学 1~5 年级、初中 6~8 年级 9 个教学班，在校生达 300 人，教职工 25 人。1988 年秋季，岱岳乡整合教育资源，集全乡各村之力量，建成岱岳乡二中（后改为山阴三中），北王庄学校初中生全部进入乡二中就读，北王庄学校保留原有学前班与小学各年级，此时有教职工 13 人，在校生 220 人。1998 年，学校班级总数 6 个，学生总数 204 人，教职工 14 人。2005 年，县委、县政府为学校新建教学楼 1 栋，建筑面积 673 平方米，配有锅炉、暖气等，从此结束了冬季取暖烧煤炉的历史。2008 年，学校班级总数 6 个，学生总数 101 人，教职工 13 人。2010 年，学校共筹资 256 万元先后建成教学楼、高标准公寓楼、高标准餐厅，配备学生床、衣柜、餐桌凳、文体器材、图书等，于 2011 年春季改制为全封闭寄宿制学校，设计规模为小学 1—6 年级单轨，幼儿大、中、小三个班，住宿学生总容量 200 人。2012 年秋季，北王庄学校通过朔州市标准化学校验收。2014 年春季，学校投资 20 余万元实施操场硬化和美化，教育局为学校建设 3000 平方米的标准化塑胶操场，配有各种健身器材和大型幼儿器材。2016 年，县政府投资 370 余万元为学校建起一幢综合教学楼，配套软硬件教学设施，校园绿化面积达 1000 多平方米，通过国家义务教育基本均衡验收。当年，学校班级总数 12 个，学生总数 103 人，教职工 14 人。

古城镇古城学校（小学部） 位于古城镇山阴城村西南角，始建于 2008 年 9 月，投资 960 万元新建一所高标准的寄宿制小学，名叫古城小学。占地面积 20482 平方米，建筑面积 7900 平方米，其中教学楼 3584 平方米，公寓楼 2048 平方米，餐厅 995 平方米，其他建筑面积 1273 平方米，设计规模为小学 1—6 年级三轨制，可容纳学生 1050 人。于 2009 年 8 月建成投入使用，原先村里的小学全部搬迁至此新学校。新校园分为教学区、生活区和运动区，教学区设有微机教室、多媒体教室、图书室、阅览室、科技活动室、音乐教室、美术教室、舞蹈教室、医务室、实验室、图书室与阅览室等，教学装备现代化，生活区域分为学生公寓和餐厅两部分，运动区包括 8000 平方米的运动场地和 9000 平方米的体育场地。2010 年秋，经县教育局批准，将原古城镇中学的古城初级中学整体迁入古城寄宿制小学校园，两校合并改称为古城学校。2012 年，在原古城中学的校址上成立古城中心幼儿园。2016 年，投资 300 万元对古城学校办学条件进行全方位的改善与提升，新建 200 米塑胶跑道标准化操场一座，铺上塑胶篮球场和足球场；配置标准化物理、生化、科学等实验室。新装太阳能路灯 8 个、不锈钢橱窗 6 个、环保不锈钢垃圾箱 6 个；新增笔记本电脑 40 台，达到专任教师一机一柜新标准，装备标准化微机室一个；校园接通中国移动专线专网，校园网络全覆盖，学校教育实现“三通两平台”。学校顺利通过了验收。同年，学校班级总数 6 个，学生总数 263 人，教职工 36 人。

古城镇古城学校（小学部）

薛圐圙乡雁杰学校　位于山阴县薛圐圙乡白坊村口，是一所完全寄宿制小学，附设有幼儿班。学校于 1994 年 10 月，由刘源将军与他一起曾在白坊村插队的北京知青们共同捐资而建。校名由刘少奇夫人王光美亲笔题写，寓意“雁北大地出俊杰”。1998 年，学校班级总数 6 个，学生总数 105 人，教职工 27 人。2008 年，雁杰学校再次改扩建，办学条件得到提升和完善，成为一所师资力量强、管理质量优、教学质量高的现代化一流农村学校。占地面积 22308 平方米，其中操场面积 6824 平方米；建筑面积 8617 平方米，其中教学楼建筑面积 4405 平方米，公寓楼建筑面积 3108 平方米，餐厅建筑面积 1104 平方米。设计规模是小学 1~6 年级两轨制，容纳学生 700 人。2016 年，学校班级总数 13 个，学生总数 521 人，教职工 45 人。

山阴雁杰学校

张家庄乡明德学校（小学部）　位于张家庄乡张家庄村，是一所九年一贯制寄宿学校，附设有一所幼儿园。原张庄小学位于张家庄村中心地，是一所完全小学，内设 1 个幼儿班，有砖木结构房屋 6 幢。1995—2006 年，附近的羊十二庄小学、水河铺小学、东察罕铺小学、西察罕铺小学、泉子沟小学、林桥小学的五、六年级学生全部集中到张庄小学就读，五、六年级为双轨教学。张庄学校是 2005 年申请的明德项目校，由台塑集团和县政府合建，于 2006 年 9 月建成投入使用。校园占地面积 22032 平方米，建筑面积 4300 平方米，绿化面积 2238 平方米。设计规模为小学 1—6 年级两轨制，容纳学生 500 人。同时，经县教育局批准对全乡学校进行布局调整，把张庄小学、羊十二庄小学、东察罕铺小学、西察罕铺小学、水河铺小学、泉子沟小学、林桥小学整合并入明德小学。同年，学校班级总数 10 个，学生总数 606 人，教职工 20 人。2009 年 9 月，张庄中学整体搬迁入明德小学，中学与小学两校合并为一所九年一贯制学校，学校改名为明德学校。2012 年，明德学校（小学部）班级总数 10 个，学生总数 416 人，教职工 20 人。2016 年，明德学校（小学部）班级总数 6 个，学生总数 63 人，教职工 20 人。

第三节　初中教育

发展历程

1998 年，山阴县有初中学校 39 所，其中非公 12 所。到 2003 年秋季，有初中 28 所，其中县办 4 所，乡办 16 所，民办 8 所。2005 年撤并乡镇后，农村初中也随之发生较大调整，数量也在减少，到 2006 年秋，全县有初中 23 所，其中非公 6 所。2007 年，山阴县教育局提出《山阴县中小学布局调整方案》，对全县中小学布局进行重新规划调整。到 2008 年秋，全县有初中 17 所，其中非公 3 所。2009 年 7 月，《山阴县义务教育阶段学校划片招生实施方案》出台，对教师实行"统筹兼顾、平衡配备、抽签定班"，对学生实行"划片招生、就近入学、控制班额、随机编班"。2015 年 5 月，根据省教育厅《关于开展"义务教育阶段学校'减负万里行'活动"，进一步规范中小学办学行为有关工作的通知》和《山西省教育厅关于严格规范义务教育阶段学校免试就近入学工作的通知》的要求，制定出台《2015 年山阴县义务教育阶段学校秋季入学新生编班工作的实施办法》，对象是县城各小学一年级、初中一年级秋季入学新生。2016 年 11 月，接受国家义务教育基本均衡验收时，全县有初中 11 所，其中公办县直初中 5 所，分别是山阴县第二中学、山阴县第三中学、山阴县第四中学、山阴县第五中学、山阴县第六中学（九年一贯制），乡镇公办初中 4 所，分别是玉井中学、马营中学、古城学校（九年一贯制）、张家庄中学（在明德小学校内），非公 2 所，分别是先进中学、平泽苑学校（九年一贯制）。

1998—2016 年山阴县初中教育基本情况表

表 28-3

年　份	学校数量（所）	在校生数（人）			
		初一学生数	初二学生数	初三学生数	学生总数
1998	39	3774	4151	3734	11659
1999	37	3558	3774	4151	11483
2000	37	3950	3558	3774	11282
2001	37	4188	3950	3558	11696
2002	36	5121	4188	3950	13259
2003	28	5508	4604	3550	13662
2004	25	4938	4617	4026	13581
2005	24	4882	4682	3899	13463
2006	23	4856	4317	4382	13555
2007	22	4350	4698	4369	13417
2008	17	4013	4504	4030	12547
2009	16	3467	4361	4594	12422
2010	14	3331	3836	4143	11310
2011	13	2877	3460	3851	10188
2012	13	2954	3291	3584	9829

续　表

年　份	学校数量	在校生数			
		初一学生数	初二学生数	初三学生数	学生总数
2013	12	2788	2752	3135	8675
2014	12	2288	2674	2843	7805
2015	11	2237	2357	2696	7290
2016	11	2174	2145	2363	6682

注：数据来自山阴县教科局

1998—2016 年度山阴县初中教育普及情况表

表 28-4　　单位：人

年　份	初一年级			初二年级			初三年级		
	小学毕业人数	升入初一人数	录取率 %	上学年学生数	本学年在校生数	巩固率 %	上学年学生数	本学年在校生数	巩固率 %
1998	3774	3774	100	4151	4151	100	3734	3734	100
1999	3558	3558	100	3774	3774	100	4151	4151	100
2000	3950	3950	100	3558	3558	100	3774	3774	100
2001	4188	4188	100	3950	3950	100	3558	3558	100
2002	5121	5121	100	4188	4188	100	3950	3950	100
2003	5508	5508	100	5121	4604	98.5	4188	3550	99.3
2004	4938	4938	100	5508	4617	98.6	4604	4026	98.5
2005	4882	4882	100	4938	4682	99.5	4617	3899	98.3
2006	4856	4856	100	4882	4317	98.8	4682	4382	97.5
2007	4350	4350	100	4856	4698	98.3	4317	4369	100
2008	4013	4013	100	4350	4504	98.6	4689	4030	96.6
2009	3467	3467	100	4013	4361	98.9	4504	4594	100
2010	3331	3331	100	3467	3836	97.9	4361	4143	98.3
2011	2877	2877	100	3331	3460	100	3836	3851	100
2012	2954	2954	100	2877	3291	98.4	3460	3584	100
2013	2788	2788	100	2954	2752	97.8	3291	3135	99.6
2014	2288	2288	100	2788	2674	99.6	2752	2843	100
2015	2237	2237	100	2288	2357	99.9	2674	2696	100
2016	2174	2174	100	2237	2145	99.8	2357	2363	100

注：数据来自山阴县教科局

学校选介

山阴县第二中学 山阴县第二中学（简称“山阴二中”）位于山阴县城中心文卫路西端，是一所全日制公办初级中学。占地面积43215平方米，建筑面积31938平方米，有教学楼一栋、实验楼一栋、学生食堂一栋、学生公寓楼两栋、标准操场一处。多媒体教室远程教育设备齐全，实现教学信息化、管理信息化、办公信息化，并配有设施齐全的音乐、体育、美术等专用教室。设计规模为初中三个年级16轨制，容纳学生2400人。山阴二中创办于1974年，当时校址在山阴县城岱岳火车站西北临公路边，即今山阴县第三小学校所在位置。1974年，招收三个初中班；1975年，又开办二年制高中；1979年，停办高中，学校成为一所完全初中。2007年秋季开学，学校整体搬迁至文卫路原山阴县第三中学校址。2011年8月，在教学领域和学生管理方面开始全面改革，扭转颓势，学生人数逐年增加，山阴二中进入一个新的发展时期。学校实行全封闭的管理模式，确立“融情优教，厚德育人”的校训，坚持“学生阳光成长、学校和谐发展”的办学理念，全面推进素质教育，打造“严谨、求实、文明、创新”的校风，“勤奋、活泼、全面、成才”的学风，争创“一流的管理、一流的教学、一流的质量”的学校。学校先后获“朔州市文明学校”“山西省示范初中”“朔州市四星级学校”“朔州市平安学校”等荣誉称号；连年中考成绩都在全县名列前茅。2016年，学生班级按12轨运行，有教职工136人，教师学历达标率100%，中青年教师占90%以上，市级以上优秀教师35人。

山阴县第五中学 山阴县第五中学（简称“山阴五中”）位于县城东城区青年东路南，隔路北斜对面与山阴一中为邻，是一所功能齐全的标准化寄宿制初级中学。2011年5月开工新建，占地67115平方米，建筑面积36127平方米，投资5890万元。学校主体工程于2013年秋季建成，主要建设项目有教学楼9624平方米，阶梯教室330平方米，实验楼5626平方米，图书行政楼5559平方米，公寓楼9280平方米，伙房、餐厅4705平方米。设计标准为初中三个年级16轨制，容纳学生1800人。2013年9月1日，山阴五中正式开学，招收初一年级学生500余人，分为12个班。学校对学生实行小班教学管理，每班不超45人，平行分班。在教学中坚持让学生全面发展，语文、数学、英语、历史、地理、生物、政治七门功课齐头并进，不分主、副。教师管理实行全额绩效考核，以月考单科平均成绩、优秀生率和差生转化率为依据，对任课教师进行全额绩效考核，按月发放绩效考核兑现奖。2016年，校务委员会下设教学规划与发展处、政事监察室、商务合作联络处、行政办公室。学生总数1615人，教职工110人。

山阴县第六中学 2009年8月，原薛圐圙乡中学和原山阴农牧场学校合并为山阴县第六中学（简称“山阴六中”），位于山阴县薛圐圙乡薛圐圙村，是在原山阴农牧场学校的旧址上兴建的一所九年一贯寄宿制学校。学校总占地面积63118平方米，建筑面积14095平方米，其中教学楼（两栋）4120平方米、宿舍楼（三栋）6342平方米、餐厅1541平方米、教师公寓楼1028平方米，全部完工后总投资2000万元。设计规模为初中三个年级6轨制，容纳学生1500人。2012年，学校学生总数1050人，教职工80人。2016年，学校学生总数674人，教职工78人。

古城镇古城学校（初中部） 位于村东南角，占地面积162000平方米，建筑面积4236平方米，是一所教学设施齐全的全日制寄宿制初级中学，于1980年兴建，起初只办高中。1985年，高中撤并到山阴县一、三中后，县教育局决定把在薛圐圙乡河曲堡村外的桑干河中学（初级中学）撤到原山阴城高中的校址，命名为山阴县县直初级中学，简称县中，县中生源大部分来自山阴城镇和马营庄乡。1998年，镇政府投资翻新重建镇中学教学楼、住宿楼、餐厅等，并投入使用。同年，学校学生总数556人，教职工28人。2005年，山阴城镇改名古城镇，山阴城镇中亦随之改名为古城镇中。2007年，学校学生总数359人，教职工28人。2010年秋，经县教育局批准，将原古城镇中学的古城初级中学迁入古城寄宿制小学校园，两校合并改称为古城学校。2016年，学校学生总数112人，教职工20人。

张家庄乡明德学校（初中部） 是原张庄中学于2009年9月整体迁入的。张庄中学始建于1983年秋，校址位于张家庄村西乡政府旁。学生来源于张家庄乡的12个自然村，是一所公办寄宿制初级中学。1983年秋至1991年上半年，学校有砖木结构房屋6幢，单轨教学。由于外来生源逐年增加，教室不足，学校于1991年建起二层教学楼。从1991年秋季起，学校双轨教学。1991—1995年，学校先后获得“省德育示范校”“国防教育先进单位”“朔州市特色学校”等荣誉。1999年，张庄中学改制为“民办公助”学校。2006年9月，经县教育局批准对全乡学校进行布局调整，把新广武中学整合并入张庄中学。2009年9月，张庄中学整体迁入明德小学校，改为明德学校初中部。同年，明德学校（初中部）学生总数80人，教职工18人。2016年，明德学校（初中部）学生总数43人，教职工15人。

第四节 高中教育

发展历程

1998年，全县有公办普通高级中学2所，分别是：山阴第一中学、山阴第三中学，学制三年。1999年，全县兴起社会办学，天风育英学校为小学到高中十二年一贯制学校，开办两个初中班。同年7月，山阴民办“新杰学校”高中成立，校址在七小西侧二级路边一座楼房内，招收高一班一个。2000年，民办天风育英学校，开办四轨制高中。同年，原山阴第三中学的13位教师，租用山阴县城文卫路东端的朔州市劳技校校舍创办高中实验部，首届招收两个高一、两个理科补习班。2004年，在县城西南、世纪大道西北角征地300亩新建一所公办民助的24轨制高中新华中学。2006年8月，设计规模为24轨制的新华中学主体工程完工，一、三中合并到“新华中学”，学校名称改为山阴中学。2007—2008年，山阴中学考生1300余人，每年本科达线人数30余人。2010年，山阴县投资2.6亿元在县城东部青年路北侧建设新山阴县第一中学（简称“山阴一中”）。2011年8月，设计规模为32轨制可容纳学生4800人的新山阴一中主体工程建成交付使用，“山阴中学”师生全部搬迁回山阴一中。2011—2016年，山阴县的高中学校有2所，1所是公办的山阴一中，1所是民办的新杰中学。

学校选介

山阴县第一中学 坐落于山阴县城东青年路北。山阴县第一中学前身是归属察哈尔省的一所省立初级中学，地址在山阴县城东南岱岳镇山水巷东端。此后，学校发展从初级中学到完全中学再到高级中学，校址两度变迁，校名也从山阴中学到山阴一中、岱岳一中到办公民助的山阴中学再到山阴一中数次变化。学校从建校时起，即是省级重点中学。1980—1985年，山阴一中的高考达线率在雁北地区高居榜首。2006年5月，新华中学第一期工程主体工程完工。8月，一、三中合并搬入山阴新华中学，更名为山阴中学。2010年4月12日，选址于青年路东的山阴一中举行开工典礼仪式。新山阴一中于2011年8月交付使用，山阴中学全体师生搬迁到新学校。学校名仍叫山阴县第一中学校。山阴一中是当时全省县级中学面积最大、投资最多、功能最全的学校。设计规模为32轨制，可容纳学生4800人。总投资3亿元，总占地面积29.7万平方米，其中建设用地面积23.2万平方米，绿地率35%，总建筑面积10.1万平方米。地上建筑面积9.7万平方米，地下建筑面积3964平方米（含人

山阴第一中学

防面积 2000 平方米），教学楼及实验楼 26.8 万平方米，图书馆 9120 平方米，行政楼 5415 平方米，艺术楼 4792 平方米，三层餐厅总面积 1.5 万平方米（地上面积 1.1 万平方米，地下面积 3964 平方米），可同时容纳 2400 人就餐，学生宿舍 2.6 万平方米，体育馆 8940 平方米，浴室及锅炉房 1500 平方米，综合楼 3750 平方米。有物、化实验室各 6 个，生物准备室和生物观察室各 3 个，物、化准备室各 4 个，物、化、生探究室各 1 个；语音室 4 个，计算机室 7 个，电子备课室 3 个，阶梯教室 3 个，每间教室配有现代化教学设备，实现多媒体教学。

2011 年秋季开学，学校有教学班 86 个，学生 4400 多人，其中住校生 4000 多人；教师 334 人，其中专任教师 316 人，研究生 25 人，本科 281 人；具有中学高级职称的教师 68 人，中学一级教师 98 人，中学二级教师 150 人。省、市级优秀教师和学科带头人 165 人，骨干教师以 30~45 岁的黄金年龄段为主。

2014 年高考，山阴一中达二本线 B 类以上 546 人。2015 年高考，达二本线 B 类以上 613 人。2016 年高考，达二本线 B 类以上 619 人。

1998-2016 年山阴县第一中学校在校学生统计表

表 28-5　　单位：人

年　份	学生总数	高一年级学生数	高二年级学生数	高三年级学生数
1998	1020	300	360	360
1999	980	320	300	360
2000	1020	400	320	300
2001	1120	400	400	320
2002	1250	450	400	400
2003	1410	560	450	400
2004	1330	320	560	450
2005	1430	550	320	560
2006	2900	1000	830	1070
2007	3000	1000	1000	1000
2008	3000	1000	1000	1000
2009	3200	1200	1000	1000
2010	3400	1200	1200	1000
2011	3900	1500	1200	1200
2012	4200	1500	1500	1200
2013	4500	1500	1500	1500
2014	4450	1450	1500	1500
2015	4400	1450	1450	1500
2016	4150	1250	1450	1450

注：年份均指当年秋季开学时。2006 年 8 月，山阴一中、山阴三中合并。下同

1998-2016 年山阴县第一中学校二本以上毕业学生统计表

表 28-6　　单位：人

年　份	参加高考总数	录取人数	录取率（%）	录取艺术类数	录取艺术类占比（%）
1998	360	42	12	0	0
1999	360	40	12	0	0
2000	360	37	12	0	0
2001	300	40	13	0	0
2002	320	50	15	0	0
2003	400	55	14	0	0
2004	400	44	11	0	0
2005	450	40	9	0	0
2006	560	32	6	0	0
2007	1070	29	2.7	0	0
2008	1000	40	4	0	0
2009	1000	58	5.8	0	0
2010	1000	101	10.1	15	15
2011	1000	214	21	35	16.3
2012	1200	312	26	78	25
2013	1200	422	28	101	24
2014	1500	537	36	150	28
2015	1500	613	41	178	29
2016	1500	619	43	190	31

1998-2016 年山阴县教师学历情况统计表

表 28-7　　单位：人

年　份	教师总数	研究生学历数	研究生学历数占总教师数比（%）	本科学历数	本科学历数占总教师数比（%）	专科以下学历数	专科以下学历数占总教师数比（%）	师生比
1998	74	0		69	93	5	7	1:13.78
1999	80	0		75	94	5	6	1:12.25
2000	83	0		78	94	5	6	1:12.29
2001	90	0		85	94	5	6	1:12.44
2002	92	0		87	95	5	5	1:13.59
2003	95	2		88	93	7	7	1:14.84
2004	101	7		94	93	7	7	1:13.17
2005	105	10	10	98	93	7	7	1:13.62
2006	256	10	4	234	91	12	9	1:11.33

续　表

年　份	教师总数	研究生学历数	研究生学历数占总教师数比（%）	本科学历数	本科学历数占总教师数比（%）	专科以下学历数	专科以下学历数占总教师数比（%）	师生比
2007	272	20	7	240	88	12	12	1∶11.03
2008	280	20	7	248	89	12	11	1∶10.71
2009	293	22	8	259	88	12	12	1∶10.92
2010	311	22	7	277	89	12	11	1∶10.93
2011	334	25	7	297	88	12	12	1∶11.68
2012	334	41	12	281	84	12	16	1∶12.57
2013	348	41	12	295	85	12	15	1∶12.93
2014	365	44	12	309	85	12	15	1∶12.19
2015	378	44	12	322	85	12	15	1∶11.64
2016	378	44	12	322	85	12	15	1∶10.98

第二章　职业教育

第一节　发展概况

20世纪90年代，山阴县有3所正规职业教育学校，1所是山阴县综合职业中学（简称山阴职中），2所是初级职业中学，分别是位于合盛堡乡的东双山职业学校和位于山阴城镇的奶粉厂职业学校。2000年后，山阴县逐步在全县各乡镇中学试办“3+1”班和实行初二后分流教育，增加中小学职业技术教育含量，进而建起县、乡农职教中心，扩大职业技术教育层面，为县域经济发展培养各种实用型人才。2003年秋季，山阴县因不允许县城二中、四中、岱岳乡二中三所初中学校办补习班，山阴职中招收310名学生，分4个教学班，名为职高学生，实则为初三补习班。学校有任课教师12人。2004年秋季，招收320多名初三复读生。

2006年，山阴县成立山阴县职业教育中心，并与江苏省淮阴市淮阴区高级职业技术学校联合办学，挂牌为“江苏省淮阴市淮阴区高级职业技术学校山阴分校山阴县职业教育中心校”。秋季开学时，第一届招生人数700多人。2009年秋，山阴县把江苏省淮阴市淮阴区高级职业技术学校山阴分校山阴县职业教育中心校更名为山阴县职业教育中心校，开设计算机、机电、汽修、电子电工等专业。2012—2016年，山阴职中以举办职高班为主，培养以机电技术、电子网络技术为核心内容的实用型技术人才。

第二节　职业技术教育

山阴县综合职业学校

1998年，山阴县综合职业学校位于县城文卫路原山阴三中操场南侧一个小院落里，校园占地面积

7000平方米，建筑面积420平方米。2010年，山阴县综合职业学校迁入旧山阴一中校址，与山阴县职业教育中心校同在一个校园。占地43333平方米，以主办职业高中教育为主，拥有教学楼和学生公寓楼各一幢，总面积为9000平方米。有学生餐厅、机电实训室、网络技术实训室、远程教学设备等。直至2012年，均以办初中补习班为主。2012—2016年，始以举办职高班为主，以“校企合作，工学并举”为导向，以向社会和企业提供优质技术工人为目的，重点培养以机电技术、电子网络技术为核心内容的实用型技术人才，学制三年，其中两年在校研读基础课程，掌握基本技能，课程设置有语文、数学、物理、机电技术、电子网络技术等，第三年联系北京、天津、青岛、江苏等地的企业顶岗实习。毕业后，一部分学生通过参加对口高考进入高等院校深造，一部分学生或在实习当地或回本地就业创业。

山阴县职业教育中心

2006年，山阴县出台《山阴县人民政府关于进一步加强发展职业教育的意见》，成立山阴县职业教育中心，并与江苏省淮阴市淮阴区高级职业技术学校联合办学，把山阴一、三中合并后腾出的原一中校址挂牌为“江苏省淮阴市淮阴区高级职业技术学校山阴分校山阴县职业教育中心校”。办学形式采取由山阴县出资，提供学校场地、教育教学设施、教师，由江苏方管理。山阴县教育局成立职教科，由陈进全任科长，负责双方的合作协调。当年秋季开学时，第一届招生学生人数达700余人。当时的合作模式为第一年学生在山阴县职中上理论课，第二年去江苏淮安上实践课，第三年去工厂顶岗实习。由于职高学生的特殊性，学校在后期的管理和服务没有做到位，在江苏的大多数学生在工作、学习、生活上不适应，导致大多数学生流失或自动离岗，给学校的声誉造成不良影响。2007年招生数降至300余人，2008年招生人数96人，各专业只有电子、电工、电焊、汽修能开齐。至2009年暑期，江苏方撤走后，学校工作几乎处于瘫痪状态。2009年秋，山阴县把江苏省淮阴市淮阴区高级职业技术学校山阴分校山阴县职业教育中心校更名为山阴县职业教育中心校，任命陈进全为校长，四处抽调招聘教师，再次组织队伍成立机构，开设计算机、机电、汽修、电子电工等专业。到2016年，累计送出毕业生491人，其中安排就业的298人，就业率达100%；参加对口高考的193人，高考升学率达100%，本科升学率达53%。承办山阴县“阳光工程”“雨露计划”，累计为山阴县培训农民工达3000余人，农民工再就业率达96.8%。

第三章　教　师

第一节　教师队伍

1998—2000年间，山阴县通过考试择优录用200余名1986年前参加工作的民办代课教师转为正式教师。2003年，教师退休56人，在职死亡4人，累计自然减员60人。依据县委、县政府《关于加强教育工作的决定》中第14条“根据教育需要、教师缺编和自然减员的情况，县政府每年招聘一批师范院校本专科毕业生充实中小学教师队伍。鼓励并优先安排师范类本科生、研究生到县高中学校任教”的规定及现实需要，2004年2月26日，县教育局向县委、县政府报告请示：一，为山阴一中、三中2002—2003年招聘的23名本专科毕业生办理录用、转正；二，请政府出面协助一、三中到临汾师院等地再招聘35名本科生、研究生。山阴一中2004年各科拟招聘教师数、山阴三中2004年各科拟招聘教师数。2006年招考录用补充师资200人。

2007年，对于20世纪遗留下来的160余名月收入100余元的“代课教师”，县教育局依据政策规定并制定细则，明确各学校校长是第一责任人，查档案、审资料、搞调查，张榜公示，最后确定57名一直在岗的代课教师，教育局提出方案，县政府常务会议批准按照不低于国家最低工资标准来增加这些人的待遇。2011年，在山西师范大学招考择优录用100余名应届本科、硕士毕业生充实到高中学校。1998—2016年全县共分配、招考录用1400余名大中专毕业生充实到教师队伍。2016年，全县在编教职工2643人，其中高中教师386人、初中教师803人（包括进修校、职教中心、职中）、小学教师1454人（包括幼儿园）。教师学历结构：研究生56人，本科1572人，专科852人，中专及以下163人。高中、初中、小学教师学历合格率分别达97.7%、98.8%、99.6%。职称结构：中学高级教师146人，中级教师899人，初级教师1598人。年龄结构：30周岁以下356人，占总数的13.46%；31~35周岁以下547人，占总数的20.7%；36~40周岁393人，占总数的14.90%；41~45周岁373人，占总数的14.11%；46~50周岁363人，占总数的13.73%；51~55周岁395人，占总数的14.95%；56周岁以上216人，占总数的8.17%。

1998—2016年山阴县公办中小学校教师学历情况统计表

表28-8

年份	教师总数（人）	女教师数（人）	小学教师				初中教师				高中教师			
			教师数（人）	女教师数（人）	中师、高中以上学历数（人）	占教师总数比（%）	教师数（人）	女教师数（人）	大专以上学历数（人）	占教师总数比（%）	教师数（人）	女教师数（人）	本科以上学历数（人）	占教师总数比（%）
1998	2110	857	1193	538	1128	94.55	707	249	581	82.18	210	70	78	37.14
1999	2269	917	1284	579	1203	93.69	749	256	618	82.51	236	82	99	41.95
2000	2213	891	1262	565	1184	93.82	716	233	633	88.41	235	93	132	56.17
2001	2483	1012	1535	691	1445	94.14	720	229	649	90.14	228	92	148	64.91
2002	2438	998	1476	670	1395	94.51	731	238	686	93.84	231	90	169	73.16
2003	2485	1069	1516	733	1446	95.38	733	241	701	95.63	236	95	179	75.85
2004	2553	1157	1608	779	1537	95.58	721	282	693	96.13	224	96	173	77.23
2005	2539	1300	1572	896	1516	96.44	725	301	698	96.28	242	103	189	78.10
2006	2662	1445	1612	966	1541	95.60	781	349	744	95.26	269	130	214	79.55
2007	2642	1435	1605	986	1526	95.08	771	320	736	95.46	266	129	223	83.83
2008	2593	1426	1565	968	1490	95.21	749	317	716	95.59	279	141	238	85.30
2009	2546	1433	1513	967	1465	96.83	738	313	706	95.66	295	153	256	86.78
2010	2524	1458	1451	923	1439	99.17	735	354	702	95.51	338	181	297	87.87
2011	2710	1602	1604	1055	1591	99.19	764	359	741	96.99	342	188	308	90.06
2012	2639	1534	1488	958	1479	99.40	774	364	752	97.16	377	212	342	90.72
2013	2788	1724	1626	1107	1618	99.51	797	409	779	97.74	365	208	346	94.79
2014	2703	1687	1584	1069	1576	99.49	757	402	746	98.55	362	216	351	96.96
2015	2690	1682	1553	1047	1544	99.42	769	412	758	98.57	368	223	359	97.55
2016	2702	1658	1521	997	1515	99.61	807	437	796	98.64	374	224	365	97.59

注：小学教师数中含幼儿园教师，高中教师数中含职业高中教师

第二节 教师进修

机 构

教师进修学校1998年延续1978年由恢复后的山阴县函授师范分校而改名为山阴县教师进校学校的建制。2008年，县教师进修学校教室、办公室拆除改建，改建后为岱岳镇第六小学（简称“六小”）所用，2010年春，县教师进修学校迁入六小院东三楼办公。至2016年，县教师进修学校有教职员工42人，其中工人1人。

函 授

教师进修学校承担组织高师函授任务，下达自学计划，转发自学材料；假期组织学员到大专院校面授，经考试合格，由省教师进修学院发给毕业证书。1999年，教师进修学校与太原师范学院合作开办了太原师院山阴函授教学点，招生范围覆盖应县、右玉县，连续三年共招录了教育管理专业、汉语言文学专业、小学教育专业函授生63人，其中，山阴县在编小学教师参加函授学历提升人数29人。2007年县教师进修学校向山西大同大学申请开办大同大学山阴函授教学点，到2010年共招录汉语言文学、语文教育专业函授学历提升学员172人，其中专科学历提升65人，本科函授学历提升107人。从2011年开始，函授学历提升需求明显下降，特别是师范类专业招生形势严峻，加上主办院校对教学点、函授站的考核标准提升，教师进修学校函授学历提升培训告停。

继续教育

随着师范教育的不断发展，教师培训需求发生根本性的转变，教师进修学校的培训主要任务也由原来的以函授师范学历培养、学历提升达标培训为主转变成教师在职继续教育、新聘教师岗前培训、教学技能提升、岗位任职资格培训为主。1998—2010年，教师进修学校承担着全县中小学、幼儿园教师的继续教育培训、考试组织实施，全县中小学、幼儿园教师继续教育的学习、考试分山区片、（桑干）河北片、河南片、县城片四个片区分别组织，专职教师分四组利用周末的休息时间深入四个片区督促学习，每年的11月底集中组织考试。从2011年开始，全省实施中小学幼儿园教师远程网络培训，县教师进修学校每年在暑假期间选派专人参加省级培训后承担县级培训管理员、工作坊坊主等任务，由工作坊坊主负责督促参训教师按规定时间完成远程培训学习任务，2014年县教师进修学校被认定为山西省中小学教师信息技术应用能力县级培训基地。教师按规定完成年度继续教育培训任务是教师晋升职称、评优晋级的必备条件之一，历年来山阴县中小学、幼儿园教师继续教育的参训率、合格率均在96%以上，位居全市前列。

“十二五”期间，教育部、财政部组织实施“国培计划”——中西部农村骨干教师培训、名师访名校活动，县教师进修学校承担全县中小学农村骨干教师的“国培”学习任务，2011年全县第一批国培学员共743名农村骨干教师参加北京大学网络教育学院组织的“中小学教师教育技术应用能力提升培训（初级）”远程网络学习，通过三个月时间的网上学习、线下交流互动、成果提交，全部取得北京大学继续教育学院颁发的合格证书、省教育厅颁发的“中小学教师教育技术应用能力（初级）”证书。2013年，从取得“中小学教师教育技术应用能力（初级）”证书的骨干教师中，按省、市教育行政主管部门的选拔比例，选派346名农村中小学骨干教师参加北京大学网络教育学院组织的“中小学教师教育技术应用能力提升培训（中级）”远程网络学习，通过72学时的远程网络学习、20小时的线下交流活动，山阴县参训的346名教师全部合格。2016年，山阴县被列为“中小学幼儿园教师课堂教学信息技术应用能力提升县”，全县54名幼儿教师、864名小学教师、786名初中教师参加由全国教师继续教育网络平台提供的远程培训，通过5个月时间的远程网络学习、线下交流、校本研修、专家调研、示范校走访等活动，全体参训教师完成全部培训任务，提交全部成果，通过专家组的验收。

技能培训

1998 年后，县教师进修学校采取多种方式组织新聘教师岗前培训、在职教师教学技能提升培训、校长培训、班主任培训、学科教师课堂教学技能培训交流活动。2004、2005 年暑假期间对全县农村学校英、音、体、美代课教师 236 人进行为期两周的集中培训。2009 年暑假期间，县教师进修学校聘请山西省教育教学科学研究院的 16 名专家、省级名师团队对全县 423 名中小学骨干教师、班主任开展为期四周的“三新一德”（即教育新理念、新课程、新技术和师德教育）专题培训。2012 年、2013 年，县教师进修学校分两次组织全县中小学校长、后备干部共计 98 人分赴北师大、北大进行为期 3 周的集中培训。2016 年 7 月 10 日至 8 月 8 日，县教师进修学校与县教科局教研室围绕教育均衡发展和提升教育质量，聘请省教科院专家、省名特教师、名校长、“国培计划”朔州专家团队等，采取分学科分层次的方法对全县 852 名小学教师、540 名初中教师、117 名干部按培训人员类别、学校分 6 期、31 个班级进行集中培训。

第三节　职称评定

山阴县教师职称评定由县教育科技局职称改革办公室专管。贯彻执行上级有关职称工作的政策和规定，负责初、中、高级职称评审材料的审核推荐。1998—2006 年，山阴县没有开评中级职称。2006 年秋季开学后，山阴县教育局对照省、市规定的条件，摸清教师实际情况的底数，于 2007 年上报市局审批，一次评聘 458 名教师的中级职称、60 余名教师的高级职称。此后，教师评聘职称纳入常规工作，每年均要进行。2009 年，山阴县教师进修学校的教师职称和山阴县职业中心校、职教中心的教师职称归入中专系列。2015 年，全县评审通过高级讲师 1 人、讲师 2 人、高级教师 34 人。

2016 年，朔州市人力资源和社会保障局、朔州市教育局联合发文《关于印发〈朔州市深化中小学教师职称制度改革工作实施方案〉的通知》，涉及职称改革内容包括：建立统一的中小学教师职称制度体系；制定和执行新的职称评价基本标准；改革和创新中小学教师评价监督机制；实现与中小学教师岗位聘用制度的有效衔接；中小学教师专业技术职务评聘的基本程序。并且制定改革的方法、步骤及时间安排，对改革工作提出几点要求。依照其职称过渡具体办法和相关要求，山阴县共有 2395 人参加职称过渡。同年，全县教师共有高级职称者 94 人、中级职称 867 人，分别占全县教师总数的 5%和 36%。

第四章　社会力量办学

第一节　发展历程

山阴县社会力量办学最早是在农村自发兴起的，多为小学阶段；在县城，最早的社会力量办学以幼儿园为主。随着市场经济的发展以及教育体制改革的深化，人们对教育也呈现出不同层次的需求，到 20 世纪 90 年代末，在山阴县开始出现正规的私人办学。1999 年秋季开学，全县范围内共有社会力量办学 57 所，其中：高中 1 所、初中 12 所、小学 10 所、幼儿园 34 所。在校生共 2436 人，其中：高中 57 人、初中 967 人、小学 421 人、幼儿 991 人，分别占公办学校学生数的 3.05%、8.31%、1.46%、20.19%，学生总数占公办学校学生数的 5.15%。在社会力量所办学校中共有教师 154 人，其中高中 9 人、初中 68 人，合格的31人。小学教师20人有3人合格，幼儿教师57人中47人合格。34所民办幼儿园中，县城幼儿园27所，乡村7所，共有幼儿教师及保育员57人。17所（县城14所，乡村3所）基本符合办学条件，占50%。条件较差的有17所（其中县城13所，农村4所），占50%。教师及保育员具备资格的有47人，占82.46%，不具备资格的有10人，占17.54%，有15所（县城13所，农村2所）办理申报手续。10所民办小学中，其中2所具备基本办学条件，占20%，不具备条件的有8所，占80%。共有教师20人，基本具备教师资格的有3人，占15%，不具备教师资格的17人，占85%。12所民办初中里，5所基本符合社会力量办学条件且办理了审批手续，占41.67%，7所不符合办学条件，占58.33%。12校共有教师68人，具备教师资格的有31人，占46%，不具备教师资格37人，占54%。1所民办高中，新杰学校，只有高一年级一个班，办理申报审批手续。共有教师9人，全部具备教师资格。县教委于1999年11月组织人力调查摸底，对不符合办学条件的17所幼儿园、8所小学、7所初中下发了整改通知书，并提出了改进完善的意见和建议。同时决定：首先，建立申报审批制度、规范审批程序，逐步达到合格一所、审批一所。其次，规范收费限额和行为。第三，对教师进行普法教育、专业知识、技术培训教育，提高教师整体素质。第四，按国家规定开全课程、开足课时，实施推进素质教育。第五，强调安全教育，增强办学者、师生安全意识。第六，加强督导评估，提高教育教学质量。

县教育主管部门按照“积极鼓励，大力支持，正确引导，加强管理”的十六字方针，积极引导社会力量投资教育。到2000年底，全县共有民办或公有民办、民办公助等学校55所，其中幼儿园44所、小学1所、中学10所。天风育英学校在1999年上半年已办理从小学到高中十二年一贯制的办学手续，当年只开办初中两个班。2000年，又投资400多万元，建起一栋学生公寓楼，还有一栋餐厅、一栋教师单身宿舍楼，在秋季扩展初一4个班、初二4个班、初三2个班，且开始办高中，招收了高一新生4个班，以初中、高中各四轨制申报市教育局备案。新杰中学又以年8万元租金，租下34亩校园场地，并投资120多万元，用于改建新楼舍，还配备了30台电脑、6台彩电及必备的图书、仪器、文体器材等。张庄乡、黑圪塔乡2所初级中学，改为由县财政负责部分教师工资，其余学校自负；岱岳乡先进村为使该乡铁路以东的小学毕业生就近升入初中，由村民委员会集资40万元，建1所标准较高的二轨制初中，有偿租给私人办学；后所乡中学校长以合同形式承包了乡中学；后皇台、永静城、白坊等学校均加大投资力度。2001年秋季开学，全县非公有制学校共10所，其中小学3所，在校学生244人，教职工18人；初中5所，在校学生468人，教职工31人；完全中学2所在校初中学生807人，高中学生839人，教职工127人。2003年春季，全县有民办学校7所，其中完全中学2所，初中4所，小学1所。同年秋，全县有民办学校6所，在校学生3674人；教职工203人。其中天风学校和新杰中学有高中教学班20个，在校生1222人，教职工63人；初中4所，有教学班26个，在校生1815人，教职工95人；民办小学1所，是被吊销了办学许可证的浦泽学校，有教学班12个，在校学生637人，教职工45人。2004年秋季，全县共有民办学校9所，其中高中2所，初中4所，小学3所，在校生共4713人，其中高中生1439人，初中生941人，小学生1155人，民办学校教职工176人。天风学校因经营不善初中、高中相继停办。

为了加强对全县民办学校的管理与监督，促进民办学校的健康发展，规范民办学校的办学行为，提高民办学校的办学质量，全面贯彻“积极鼓励，大力扶持，正确领导，依法管理”的方针，依据《中华人民共和国民办教育促进法》和省、市有关文件精神，经县教育局局务会议研究决定，从2006年6月起，县教育局对各民办学校派驻联络员：赵学著、马银派驻山阴县天风育英学校，薛有山、邱士发派驻山阴县平泽苑学校，梅江派驻山阴县先进中学校（兼山阴五小校长），刘琦派驻山阴县浦泽学校，刘占美派驻山阴县马营第二小学校，李关派驻山阴县新杰学校。新洋学校建立后，县教育局于2008年3月派赵第琪为驻校联络员。2011 年 10 月，全县整顿教师队伍，教育局局务会研究决定取消原教育局派驻各民办学校的联络员。至 2016 年，全县有民办学校 6 所，其中高中 1 所（新杰中学），初中 1 所（先进中学），九年一贯制学校 1 所（平泽苑学校），小学 3 所（浦泽学校、新洋学校、宏宇学校）。其他非学历民办培训机构有康继文于 2010 年 8 月创办的山阴县国学沙龙斯文书院，王占清于 2013 年 2 月创办的山阴县黄鹂鸟艺术学校，还有大同县人殷娇于 2008 年 8 月创办的艺蕾舞蹈学校等等。

1998—2016 年山阴县民办学校情况表

表 28-9

学校名称	办学时间	办学层次	举办者	总投资（万元）	面积（平方米）	初办学生数	初办教职工数	所在地域	备 注
天凤学校	1999.8	小学初中高中	丁启厚	1000	54666.7	初一两个班	11	县城西北七里沟边	2013 年 7 月停办
新杰中学	2000.8	高 中	赵和斌	220	30666.7	1400	86	县城西环路	详见学校介绍
先进中学	2000.8	初 中	李建山	400	6000	880	42	县城五小院东	
浦泽学校	2001.8	小 学	倪育潮	900	54000	790	58	县城东环路	
宏宇学校	2004.8	小 学	赵宏权	446	10000	310	24	马营乡马营村	
义山中学	2005.8	初 中	赵义山	400	30000	2600	180	薛圐圙乡黑圪塔村	2015 年 7 月停办
平泽苑学校	2006.8	小学初中九年一贯制	李永平	2400	55333.3	560	76	县城南	详见学校介绍
新洋学校	2006.8	小 学	杨保军	1000	20666.7	592	50	县城北	

第二节 办学机构选介

民办学前教育机构——山阴县康蕾幼教集团

山阴县康蕾幼教集团是王利峰开办，由山阴县教育科技局批准，专门致力打造中高端幼儿学前教育的连锁教育机构。取名“康蕾”寓意是孩子们在这里身心健康地成长，是祖国含苞待放的花蕾。康蕾幼教集团是山阴县规模较大的一家民营学前教育机构，实施 3~6 岁的幼儿教育和家长的培训及相关服务，办有 3 家幼儿园和一家家长培训机构，在园幼儿 500 多人，教职员工 60 多人。康蕾幼教集团采用统一的集团管理模式，科学育儿，细致做事，以“标准化，流程化”打造团队凝聚力。集团拥有一支富有爱心、责任心的专业教师团队，以团结为力量，以提升教师技能为目标，以现代化科学教育和传统文化教育为每个幼儿量身定做三年成长目标。根据《幼儿园教育指导纲要》和《3~6 岁儿童学习与发展指南》，结合本园特色，专门研发了自己的园本教材《幼小衔接数学教育》和《幼小衔接拼音教育》。让孩子们在玩中学、乐中学。通过多媒体教学和幼儿动手操作，逐步养成了孩子们生活的良好习惯。在县教育科技局和社会各界人士的大力支持下，得到了家长和社会的高度认可，有着良好的社会声誉。

1998 年，班级总数 3 个，分小班、中班、大班，幼儿总数 43 人，教职工 6 人。2006 年，班级总数 8 个，分小班 2 个、中班 2 个、大班 4 个，幼儿总数 180 人，教职工 12 人。2009 年 9 月，与北京家园共育中心合作，获得“国学经典才艺与表演实验园”称号。2010年7月，成为太原幼儿师范学校实习实训基地。同年，班级总数13个，分小班2个、中班4个、大班7个，幼儿总数300人，教职工23人。2011年11月，参加朔州市首届幼儿教师讲故事大赛，教师贺仁义获得一等奖。2012年7月，参加北京中德智慧教育科技公司同朔地区“逻辑狗思维训练大赛”，幼儿孙戎获得中班组第一名，幼儿贺春宇获得小班组第一名。2014年7月，成为“朔州师范高等专科学校实习实训基地”。2015年1月，被朔州市教育局授予“平安校园”。8月，成为“北大英语基地园”。2016年5月，参加朔州市珠算协会组织的“朔州市第二届珠心算争霸赛”，幼儿康祺获得第一阶全市第一名。同年，班级总数27个，幼儿总数530人，教职工50人。

康蕾幼教集团幼儿课程主要有健康、语言、社会、科学、艺术五大领域，有数学、手工、舞蹈、口才等。有自己研发的园本教材，和许多大公司建立合作，其中有蒙氏数学（2005年7月和亿童公司合作）、金思维训练（2007年4月加盟北京神墨教育）、逻辑狗思维训练（2011年3月和北京中德智慧教育科技公司合作）、“CCTV蓝话筒”口才课程（2015年8月和山阴艺蕾舞蹈学校合作）等。旗下有三家幼儿园。

康蕾幼儿园 于1997年4月由李彬等创办，地址在县城同太路北与应山路交叉口西北角山阴县煤管局家属楼上。开园之初是幼儿园和聋儿语训学校同时办学，成功地语训出7个有听力障碍的孩子，其中有4个孩子听力达到120分贝以上。

阳光苗苗幼儿园 始建于2003年7月，是由李华玉在北环路所建，2006年整体搬迁至文卫路县人民医院对面府东街北口处，2008年转让给郭海军，2010年8月转让给王利峰。幼儿园占地面积526平方米，建筑面积1024平方米。经过2015年重新装修，配备了活动区、阅读区、科学区、表演区、建构区。办有大、中、小8个教学班，在园幼儿160多人；教职员工16人，其中本科2人、专科4人。

康蕾幼教中心 是王利峰于2015年7月在山阴县城东城旧十字街东南角南大道与山水巷交叉口处租住民房投资创办的一所幼儿园，建筑面积1030平方米，有活动室9个、幼儿寝室3个、现代化厨房1个、幼儿专业卫生间3个，大型活动室1个，面积达260多平方米。在园幼儿210多人，教职工21人。

民办小学、初中——山阴县平泽苑学校

山阴县平泽苑学校是李永平独立投资创办的一所九年一贯寄宿制学校。地处县城西南世纪大道南端，东邻208国道，西毗大运路。学校始建于2006年，投资1400多万元，设计规模是九年一贯制四轨，班容量30人，全校可容纳学生1080人。一期工程于当年秋竣工并正式投入使用，所有教室全部配有现代化多媒体教学设施，设有视听语音室、网络教室、大型多媒体教室，高标准理、化、生实验室，专用音乐、美术教室，以及舞蹈厅、琴房，多功能演播大厅及8万余册图书的阅览室。2008年，启动二期工程，投入800万元，建后勤服务中心、现代化塑胶操场。2016年5月，启动三期工程，投资2000多万元，新

山阴平泽苑学校电子琴室

山阴平泽苑学校视听语音室

建一幢集信息化、网络化、数字化于一体的高标准新型多功能教学大楼，教室里多媒体和录播室、演播室以及各种专用教室全部装有国内最先进的设备，学校占地面积由初期的 2.7 万平方米扩大到 5.53 万平方米。学校规模由四轨扩展为六轨，可容纳学生 2200 人。

2007 年 2 月，聘用李彬担任校长。学校教学质量稳步提升，中小考成绩连年稳居全县同级学校榜首。学校常年开设音乐、美术、舞蹈、器乐、播音主持、手工制作等特长班，发挥学校教师的专业特长和作用，进行“由低到高”的“一条龙”衔接培养，重视学生的爱好特长和创造精神的培养，形成了鲜明开放的办学特色。兴趣特长班的创设为各大学校输送了大量专业特长优秀的人才。学校从 2006 年建校初的 15 个教学班 450 名学生、98 名教职工，发展到 2016 年的 39 个教学班 1553 名学生、200 多名教职工，初中毕业升学率由 2007 年的 65% 提高到 2016 年的 96.02%。

民办高中——山阴县新杰中学校

新杰中学校前身是由民间人士贾德权于 1999 年 7 月投资创立的 1 所完全中学，聘用原山阴县教育局局长崔满章为校长，当年招起 1 个高一班 57 名学生，校址在七小西侧原二级路边一栋二层楼内租住。2000 年，学校搬迁至西环路原“九三部队”院内，占地 60 亩，招收初一、高一各 4 个班；2001 年，校本部招收 4 个初一班、3 个高一班；2002 年，招收 2 个高一班。（2000 年，原山阴三中教师赵和斌、倪有富、郭玺等 13 人，租住山阴县城文卫路朔州市劳技校校舍创办高中实验部，首届招收高中生共 4 个班，2 个高一、2 个理科补习班。2001 年 7 月，招收 2 个高一、3 个理科补习班；2002、2003 年，招收 2 个高一、3 个理科补习班）。

2003 年 7 月，新杰中学由创办朔州技校高中实验部的赵和斌等 15 位董事接管。接管后，学校专办高中，班级为六轨制。学校经营管理实行股份制，校董事会机构逐步完善，由赵和斌任董事长兼校长，学校教师以十五位董事为基底，同时外聘经验丰富、教学独特的教师以及从山西师大等高校精挑细选优秀毕业生，形成老、中、青结合的优秀教师团队。学校坚持“以质量求生存，以特色求发展”。

2012 年，新杰中学尝试与山阴县职业中心校合作，形成以普通高中为主、职业高中并举的办学模式，多渠道、多途径为山阴高考输送优秀毕业生。2015 年，冯大明接任校董事长兼校长一职。学校领导践行“注重基础、加快转型、追求品质、挖掘潜能、恪守底线、化零为整、确守初心、和谐发展”的新型办学理念。在突出抓教学管理的同时还创办校刊，举行家长座谈会，举办队列队形暨会操表演、篮球、拔河等体育比赛，举办诗歌朗诵会和歌舞晚会，开展学习雷锋活动，评选优秀三好生、优秀班干部、优秀共青团员，发放助学金等，寓教于乐、以乐促教、扶贫济困，丰富了广大师生的物质和精神文化生活。2016 年，新杰中学共有教职员工 70 人，学生 1280 人。

第五章　教育管理

第一节　管理机构

1998 年，山阴县教育委员会为县政府的组成部门，是县政府的教育行政管理和行政执法部门。县教委设置 5 个职能股室：办公室、人事师资股、计划财务股、普通教育股和成人、职业技术教育股。2002 年 1 月，山阴县教育委员会改为山阴县教育局。2003 年 3 月 10 日，成立山阴县教育督导室、山阴县语言文字委员会办公室、山阴县教育教学研究室、山阴县电教仪器站、山阴县招生考试中心、山阴县中小学教师职称改革办公室6个股级事业机构。2006年1月，县教育局出台《山阴县教育局推行行政执法责任制实施方案》，成立行政执法责任制领导组。县教育局办事机构有办公室、普教股、成人职业教育股、人事室、计财股、语委办、招生办。

2015年10月，山阴县机构改革，山阴县科技局合并到山阴县教育局，更名为山阴县教育科技局。山阴县教育科技局行政编制13人，事业编制97人。教科局内设机构有办公室、党委办公室、人事股、计财股、普教股、幼教股、成人教育与职业教育股、教研室、督导室、监察室、招生办公室、电化教育办公室、仪器站、语言文字工作委员会办公室、学校安全工作办公室、危房改造办公室、思政股、工会办、妇儿办、少先队工作委员会、文体办、学生资助管理中心、信息中心、档案室、科技办。历任主任（局长）有张志刚、樊建华、刘华、郭连兵。

第二节　教育督导

督导制度

山阴县人民政府教育督导室建立于1989年9月，办公室设在教育局。山阴县人民政府教育督导室自成立后，严格按照上级有关部门对督导工作的要求和本县教育教学工作的实际，从如下11个方面明确机构职能：制定教育督导工作计划；监督、检查教育部门及学校贯彻国家有关教育方针、政策、法规及教育教学和教育管理等情况；评估下级教育行政部门和学校的教育管理、办学水平和教育质量；总结推广教育工作经验；向本级人民政府和教育行政部门提出意见和建议，提供决策信息；开展教育督导实践和理论研究；督导机构完成督导任务后，向本级政府、教育行政部门报告督导结果，提出意见和建议，并向社会公布；督学必须熟悉国家有关教育的方针、政策、法规，有较高的政策水平；具有大学专科以上学历或同等学历，有十年以上从事教育工作的经历，熟悉教育教学工作业务；正式任命的督学应颁发督学证，督学必须持证上岗；在实施综合督导、专项督导前15日向被督导单位下达督导通知书；每次督导后，向被督导单位下发督导通报，肯定成绩，指出不足，提出整改建议，限定整改时间；完成政府和教育行政部门委托、交办的其他工作。

2012年，山阴县印发《山阴县人民政府办公室关于印发〈山阴县人民政府教育督导室关于建立和实施督学责任区制度的工作方案〉的通知》，明确督学责任区工作的指导思想，在全县划分四个督学责任区，对责任区督学的聘任和管理、责任区督学的职责、督学工作机制、相关要求作出详细的规定，形成一整套成体系、科学规范、行之有效的督导工作制度和山阴县教育督导“1236”工作机制（“1”是围绕一个主题——加大教育督导执法力度，促进县域教育持续、健康、协调发展，努力办好人民满意的教育；“2”是突出两个重点——推进县域教育均衡发展，全面推进素质教育的实施；“3”是把握三个抓手——一抓督政即落实乡镇、县直单位教育工作职责，促进全县教育协调发展，二抓督学即进一步规范办学行为，提升学校文化品位，促进学校内涵发展、教师专业发展、学生全面发展，三抓监测即为政府教育经常性督导与随机性督导相结合、突出重点与面上覆盖相结合、督查指导与调查研究相结合；“6”是严把“六项制度”——做到督前通知制度、学校（单位）自查自评制度、督前介入制度、督中反馈制度、督后通报制度和跟踪回访、整改落实制度，为有章可循、深入稳步推进督导工作，发挥督导作用奠定坚实的基础）。

督导工作

1995—1999年，对“两基”检查、复查评估验收督导。山阴县督导室对全县各乡镇的“基本普及九年义务教育、基本扫除青壮年文盲”工作进行过程督导和县级验收。在此基础上通过省人民政府验收。开展对全县各乡镇的“基本普及九年义务教育、基本扫除青壮年文盲”巩固工作进行过程督导并提出保学控辍整改方案。通过省人民政府复查验收。2014—2016年，对义务教育均衡发展检查、复查评估督导。按照国家、省、市要求，山阴县要在2016年实现义务教育均衡发展的目标，督导室发挥机构职能，对工作进展情况进行督导检查，及时反馈意见、建议并进行检查、复查评估工作。对校园环境育人督导评估坚持以校园“五化”（指绿化、硬化、美化、净化、文化）建设为导向，立足校情，以少花钱多办事、少硬化多绿化和开展教室文化、楼道文化、草地文化、寝室文化、餐厅文化等校园“五化”建设。对全县中小学开展校园环境育人督导评估工作。2016年山阴县义务教育均衡发展工作顺利通过省政府验收。同年10月通过国家义务教育发展基本均衡验收。每年的6—12月份，对普通中小学常规督导评估。督导室对全县中小学的督导评估工作坚持定期督导和随机督导相结合、综合督导和专项督导相结合，对各学校学期工作进行全面综合督导。遵循教育教学规律，按照预先制定的督导工作计划分阶段、有步骤地对全县各级各类学校的办学情况、办学水平、素质教育开展情况、学校常规管理情况进行督导评估。同时对社会比较关注的如师德师风问题、影响教育和学校发展的投入问题等进行经常性督导。每年都对教育目标管理责任书的实施进行检查、评估、验收，按照省、市政府和上级教育行政部门的工作总体部署，实行教育工作目标管理责任制。督导评估各乡（镇）政府教育工作。督导室坚持从严要求，力求收到实效，始终抓好：签订《教育工作目标管理责任书》；建立乡镇政府自查自评制度；定期进行督导检查，加强过程管理；运用督导机制、表彰奖励，强化导向和激励工作，促进教育工作的发展。年初制定并和各乡镇签订《教育工作目标管理责任书》，在年终进行全面认真的考核评估。

全国义务教育均衡发展基本均衡县督导检查验收组在听取中共山阴县委、县政府陈述答辩

春、秋季学期开学综合督查工作。每年的3月份、8月份，均对全县中小学开展综合督查工作，主要内容：教师到岗、学生到校及保学控辍情况；教科书、教辅资料和作业本发放情况；总课表、班级课表、教师课表、作息时间表上墙及执行情况；学校、各处室及教师计划制定情况；中小学食堂管理情况；教育项目实施建设情况；学校安全制度建设、各项安全措施和安全责任制的落实及开展安全教育情况；规章制度、工作计划及教学常规执行等常规管理情况；义务教育学校教育收费及执行高中“三限”收费政策情况；校园环境卫生、校园文化建设、食堂管理及食品卫生安全、宿舍管理等情况。教育督导调研工作。自督导室成立后，一直把调研工作作为全部工作的重要组成部分，做到有计划、有目的、有组织、有安排、有落实、有结果。每次调研都通过查阅资料、访谈师生、召开家长和社会各界座谈会等多种形式，力求过程严谨、情况客观真实，结果具有指导意义。从大的方面先后多次对制约山阴县基础教育教学质量提高的因素、全县中小学布局调整及寄宿制学校情况、师资队伍建设情况、素质教育开展情况、制约全县义务教育均衡发展的因素等进行调查研究。另外，随时对全县教育工作中出现的一些新情况、暴露出的一些新问题、新倾向进行调查研究。并形成多个调研报告，为教育决策提供参考和帮助。

第三节 教育经费

教育经费“三个增长”

1998年后，山阴县在安排财政资金时，全面落实教育经费的“三个增长”（财政对教育的逐年投入增长、生均教育事业费逐年增长、生均公用经费逐年增长）和“两个提高”（指教育经费支出占国民生产总值的比例随国民经济的发展和财政收入的增长逐步提高、教育经费支出占财政支出总额的比例随国民经济的发展逐步提高），在经费投入上优先向义务教育倾斜，在地方财政经常性收入逐年递减的情况下，义务教育预算内经费拨款实现逐年递增。2007 年，义务教育预算内经费拨款 994.7 万元。2010 年，义务教育预算内经费拨款 1989.7 万元。2016 年，义务教育预算内经费拨款 2018.4 万元。

“两免一补”情况

根据省教育厅、财政厅制定的《关于对全省农村义务教育阶段家庭经济困难学生实行“两免一补”政策的实施方案》，山阴县于 2007 年全面实施“两免一补”政策。资助对象是经民政部门确认的农民人均纯收入在 900 元以下的农村低保或农村特困救助范围的家庭子女、农村优抚家庭子女以及农村因受灾、疾病等原因不能维持基本生活的家庭子女、烈士子女、残疾学生，父母一方死亡、离异的单亲贫困家庭子女等当地政府确定的其他需要教育救助的家庭子女。“两免一补”其中的免除教科书费是指免除国家规定必设科目教科书的书费，按照国家规定标准，免教科书标准小学每生每年 70 元，初中每生每年 140 元，特教学生每生每年 70 元；按照“一费制”具体标准，免杂费（不含信息技术教育费）标准小学每生每年 82 元，初中每生每年 116 元，特教学生每生每年 98 元；补助寄宿生生活费的标准由各市、县确定。

山西省农村义务教育阶段家庭困难学生生活补助标准，小学生每天补助 2 元，初中生每天补助 3 元。每年在校天数按 250 天计算。中央、省按在校寄宿生的 23% 预算，资金分担比例为中央和地方按 5:5 负担，地方负担部分省市县三级按 5:2:3 分担。朔州市将寄宿生生活补助扩大到农村义务教育阶段的全部寄宿制学校寄宿生。扩大寄宿生生活补助范围后，资金缺口由市县按非贫困县 3:7、贫困县 7:3 比例分担。“两免一补”实行后，免除的书费、学杂费，改为上级对学校公用经费弥补。随着生产的发展，公用经费也逐年递升，由最初的小学生每年 300 元、初中生每年 500 元，发展为 2011 年小学生每年 500 元、初中生每年 700 元；2013 年小学生每年 560 元、初中生每年 760 元；2014 年小学生每年 600 元、初中生每年 800 元。为了弥补学校经费补助，2003 年实行税费改革，对学校进行转移支付，标准为小学生 100 元 / 年，初中生 142 元 / 年。从 2003 年减免农业税后，上级进行教育税费改革，中央转移支付每年 336.56 万元。2016 年，下拨农村义务教育公用经费 1853.6 万元，发放寄宿生生活补助费 1050 万元，为全县中小学生投入营养餐 923 万元，落实营养餐奖补资金 508.38 万元。

教师工资

1998 年后，随着工资改革，教师工资逐年上涨。每年根据职位的空缺情况，评定不同级别的职称，进行相应的工资挂靠。薪级工资每年自然晋级。国家对农村尤其是边远山区教师十分关注，山区教师补助 60 元 / 月；对农村教师补助 100 元 / 月；国务院对农村基层教师补贴 260~400 元 / 月。2011 年，全县教师工资发放总额 17647.4 万元。2013 年，发放工资总额 21257 万元。2016 年，发放工资总额 25844.12 万元。

第四节　教育设施

“一无两有三配套”及“普及实验教学”（1998—2002 年）

山阴教育在实现“两基”过程中基本实现“一无两有三配套”（校校无危房、班班有教室、人人有木制课桌凳、教学仪器、文体器材、图书资料配套），接着，实现“普实”目标，并站在现代教育的制高点，发展电化教育和信息技术教育。1998 年，在“普实”方面专项投资 120 万元，新增实验教学仪器 94 套、实验台（柜）895 个。全县共建成中小学实验室或各类专用教室 303 个，总使用面积达 11832 平方米，实验教学仪器装备 282 套，拥有实验台、柜 3587 个，图书 50.9 万册，文体器材 6.3 万余件，县城13所中小学及部分条件较好的乡村学校基本实现“班班投影仪进教室”，27所中学全部装备“三机”（录音机、电视机、放像机），有4所中学、2所小学分别装备微机教室，县一中、二中的语音室亦开通使用，各中小学的实验教学得到大面积开展，电化教学手段日趋先进。全县小学、初中的演示与分组实验开出率分别达到90%和85%以上，高中的演示与分组实验开出率分别达95%和90%以上。“普实”的硬件条件基本具备，全县的教育技术装备工作实现历史性飞跃。

2000年，县教委采取统筹统管统用电教教材费的办法，共筹措资金288.5万元，为全县学校配置现代化教学手段必需的设备设施：投资26万元购置投影仪520台，使县城中小学、乡镇初中、中心小学班班具备投影仪。投资150万元建起微机教室13个，配置微机366台，县城小学三年级起均开设计算机课，并建立山阴远程教育网，有4所学校的21个年级用上互联网。投资33.5万元建起语音室4个，共228座（位）。投资30万元购置电视机50台，录放像机40台，VCD20台，录音机500台，全县初高中、中心小学达到班班有录音机、校校有电视机。投资29万元为全县中、小学配置投影教材50多套。投资17万元为学校配备教学录像带、VCD教材2000余件，共6000余小时。投资3万元为各中学配备电子琴，功放音响设备等。2002年，全县共有学校268所，其中：乡镇中学23所，完全小学93所，复式小学145所，寄宿制学校7所。继续巩固“一无两有三配套”状况，解决全县学校教室及危房共1308间，面积203354.14平方米；配备课桌凳45986套，价值2029103元；按一类标准配备教学仪器学校6所（其中：中学2所，小学4所），按二类标准配备教学仪器学校44所（其中：中学15所，小学29所），按三类标准配备教学仪器学校151所（其中：中学4所，小学147所），按简易类配备学校45所（其中：小学45所）；文体器材配备情况为：体育器材54870件，音乐器材4267件，美术器材2824件；图书资料配备情况为：中学239474册，小学315830册，生均中学达15.3册，小学达9.8册。

山阴县职业教育中心校

农村中小学现代远程教育工程（2006—2010年）

全县落实《国务院关于进一步加强农村教育工作的决定》，加强农村中小学信息化建设，实现基础教育均衡发展，根据省教育厅、省发改委、省财政厅制定的《2006年度山西省农村中小学现代远程教育工程实施方案》和《朔州市农村中小学现代远程教育工程实施方案》，山阴县制定《山阴县农村中小学现代远程教育工程实施方案》。由县领导牵头，县教育局实施。山阴县农村中小学现代远程教育工程，按照国家要求的三种模式，基本覆盖全县13个乡镇的所有小学，项目校有152所，其中模式三16所初中，模式二128所小学，模式一8所教学点。山阴县农村中小学现代远程教育工程建设任务总投资为745.55万元，其中县财政解决资金196.59万元，配套资金96.6万元。具体配备设施有模式一（农村小学教学点8所）：DVD播放机、电视机、电视机柜、小学教学光盘；模式二（农村小学128所）：卫星教学收视系统、卫星接收系统、教学光盘播放、相关设备；模式三（农村初中16所，含2所九年一贯制学校）：卫星接收系统、教学光盘播放、计算机网络教室、多媒体教室、相关设备。

学校标准化建设（2010—2014年）

按照国家《中长期教育改革和发展规划纲要（2010—2020年）》及《国务院关于深入推进义务教育均衡发展的意见》和山西省有关精神，山阴县实施义务教育学校标准化建设，推进义务教育均衡发展，全面提升义务教育质量。“高标准定位，高质量实施”，是标准化学校建设工作的前提，山阴县增加学校设施投入，增添教学仪器，中央分配资金与县配套资金合计 3236.34 万元，其中用于县城学校扩容改造和农村寄宿制学校建设配套资金 1216.18 万元，用于仪器设备、图书、多媒体远程教学设备配套资金 2020.16 万元。2013 年农村义务教育薄弱学校改造计划项目投入，其中：中学 11 所，小学 34 所，仪器类器材发放有数学、物理、化学、生物、地理、卫生、信息技术资金投入 2138433.69 万元；音体美类器材发放有音乐、美术、体育，资金投入 4020683.31 万元；图书资金投入 8188194 万元。通过完善硬件、软件建设，学校实现班班通多媒体，教师人手一机，有标准的多功能教室、微机室、综合活动室、音乐教室、美术教室、物理、化学、生物、科学实验室、图书室等。

“均衡”与“改薄”（2014—2016 年）

按照《山西省人民政府办公厅关于印发山西省全面改善贫困地区义务教育薄弱学校基本办学条件项目规划（2014—2018 年）的通知》，山阴县薄弱学校改扩建、改造维修学校 41 所，完成建筑面积 9496 平方米、建设改造运动场 73065 平方米，占规划总数的 100%。设备采购类项目中，共完成采购项目 9 项，采购金额 3144.48 万元，采购设备 253710 件（台、套），占规划总数的 100%。山阴县出台《山阴县人民政府关于推进义务教育均衡发展实施方案》，并成立由县长任组长，教育、财政、发改、监察等部门组成的“全面改薄”领导小组，强化组织领导。2014—2015 年期间，新建校舍（改扩建）建筑面积 8550 平方米（教学及辅助用房 3880 平方米、学生宿舍、食堂、厕所、锅炉房、浴室等生活用房 4530 平方米，其他用房 140 平方米），建设运动场地（建设改造运动场 45720 平方米）及学校大门、围墙、道路、护坡护坎、挡土墙等附属设施。

2014—2015 年，中央资金项目学校 41 所，计划投资 7245 万元，共安排中央资金 5531 万元，中央资金占计划投资的 76.4%。其中，校舍建设类项目投资总额 4227 万元，安排中央资金 3308 万元。2014—2015 年，竣工项目学校 41 所，竣工校舍建筑面积 9496 平方米，建设改造运动场 73065 平方米，竣工比例 100%。设备采购类项目 9 项，采购设备包括计算机、多媒体远程教学资源、实验实习设备、音体美器材、其他配套设施、学生用床、食堂设备、图书、课桌椅。规划采购总金额 3018 万元，安排中央资金 2223 万元。2015、2016 年完成采购项目 9 项，采购金额 3144.48 万元，采购完成比例 100%。2016 年秋季开学，全县有中小学 49 所，其中：公办学校 43 所（高中 1 所，职业高中 2 所，初中 8 所，九年一贯制学校 1 所，小学 31 所）；民办学校 6 所（高中 1 所，初中 1 所，九年一贯制学校 1 所，小学 3 所）。有义务教育阶段在校学生 21920 人，小学六年巩固率 98.1%，初中三年巩固率 97.6%，2016 年学生毕业合格率达到了 100%。全县共有幼儿园 65 所，其中县城公办幼儿园 2 所，乡镇公办幼儿园 18 所，县城民办幼儿园 45 所。共有幼儿 7396 人。通过全面改薄，全县参加验收的 40 所公办义务教育阶段学校中，有 31 所小学、8 所初中、1 所九年一贯制学校达到合格学校标准，占全县小学总数的 100%、初中总数的 100%。

第六章　科技普及与服务

第一节　科普宣传

20 世纪 90 年代末至 21 世纪初，山阴县每年举行开展“三下乡”活动，广大农民群众的传统观念有所更新，由要钱、要粮、要救济转变为要科技、要项目、求发展，唤起劳动者学科学用科学的积极性。2006 年，全县发送书籍、宣传单 5000 余份（册）。2007 年，全县宣传“科技是第一生产力”的思想，60% 的农户户均基本掌握 1~2 门农村实用技术，出现一批会经营、善管理、懂技术的能工巧匠，为实施“科教兴县”战略提供坚强的技术力量。山阴县建立科技信息网络共享平台，涉及全县 13 个乡镇，在每个乡政府所在地建立一个信息分台，在县建立一个信息总台，通过网络宣传科普工作，为广大农民群众提供更多的科技信息。2008 年，聘请专业技术人员设计山阴科技网，围绕贯彻《中华人民共和国科技进步法》的实施，结合“送科技下乡”“科技活动周”等科技活动，加大科技和科普知识宣传，汇总编制科技法律法规宣传手册 500 册。

2011 年，在县政府广场举办以“携手建设创新型山阴——实现转型跨越发展”为主题的科技周宣传活动。全县参与科技活动周的科技人员有 245 人次，发放各类科技宣传资料 8500 份，提供咨询服务 5200 人次，全县 79%以上干部和群众程度不同地接受科普知识宣传教育。2012 年，山阴县科协主席白建仁与省科学导报编辑到山阴三小开展“快乐科普校园行”活动，为三小的师生作科普知识宣传。2016 年，全县对《中华人民共和国专利法》《专利法实施细则》等有关知识产权方面的法律法规进行广泛宣传，增强人们的知识产权意识。5 月，全县发放科普挂图、科普书籍、科普宣传资料 3000 余份。

第二节　推广应用

1998—2006 年，全县有科普示范基地 17 个，其中：省科普基地 3 个、市级科普基地 3 个、县级科普基地 8 个。朔州市奶牛医院、天鹏农牧公司、青玉园区被列为省级科普示范基地。山林江铃畜牧养殖园、泰新农业科贸有限责任公司、西沟村福鑫养殖场被列入市级科普示范基地。青玉园区的新品种实验成功进行推广应用。2008 年，山西古城乳业农牧有限公司实施“奶牛养殖场智能管理系统的应用项目”、山阴县欣昌砖厂“环保型立地砖窑”、山阴县农业技术推广中心“万亩优质高产大豆科技示范建设”“日光温室大棚设计建造和大棚蔬菜培训计划”等项目计划。

2011 年，山阴县山西金海洋有限责任公司被评定为省科技创新企业，山阴县泰宏农业观光科技示范园、山西古城农牧有限公司被评定为市现代农业科技示范基地。2012 年，全县扶持一批重点项目，支持全县农业三项建设指挥部的枸杞育苗项目、山阴县万亩大型现代化养殖园区项目部的苜蓿种植及湿地用水项目。规划建设中煤金海洋经济循环高新技术园区、山西古城乳业奶牛自动化养殖园区和山阴泰宏农业科技观光园区三家科技创新园区，促进高新技术产业的集聚发展。支持和帮助中煤金海洋集团和山西古城乳业集团加强研发中心建设，实现产学研的有机结合，加快科技成果的推广应用。2013 年，重点扶持在 LED 无土无公害喷雾植物培植项目。

2016 年，山阴县跟踪科研动向，推广应用“煤石化”高端项目，引领经济转型升级。出台《山阴县全面推进科技创新的实施意见》，推进科技创新，提高科技成果转化能力。组织申报省级农村技术承包科技项目 2 项，一项是朔州市职业技术学院和山阴县泰宏农业科技发展有限公司联合承担的“农作物栽培病虫害绿色防治技术推广”，一项是山阴县农技推广中心承担的“工厂化穴盘蔬菜育苗技术开发应用”。

第三节　科技服务

1998—2006 年，全县把“科普惠农”作为科协服务新农村建设的切入点，实施“科普惠农行动计划”“百村万户”科技培训工程，开辟信息通道，让科普网络覆盖乡村。响应省科协“百万农民电脑科普培训”工程，省科协派15名大学生，县科协出动工作队60人次，利用暑假对全县13个乡镇、256个行政村的9253名农民进行为期一个月的培训。邀请省科协“科技大篷车”到乡村巡回演讲，省农函大教授赵子俊送技术、送服务。利用冬闲时间组织科普服务队下乡入队，进行冬季培训，为农民送去猪、牛、羊、鸡科学养殖和科学种田发展的新技术，培训农民达2000人次。

2014年，全县支持和配合“三区科技人员专项”计划，选配2名科技人员到山大培训和14名专家学者进行对接。推动科技人员队伍的建设，为山阴县经济发展提供强有力的科技人才支持和智力服务。2015年，特邀山西农科院蔬菜研究所技术推广室主任、研究员、博士焦彦生和省农科院畜牧所研究员杨效民举办山阴县科技下乡蔬菜种植培训会和山阴县科技下乡奶牛养殖培训会。2016年，山西省科技厅派驻山阴县开展人才支持计划的科技人员共28人，全方位为合作社和周边农民的生产经营活动提供产前产中产后系列化技术和信息服务。组织10家企业参加“山西高创·2016年创业在春季行动”，科技活动周组织企业展示企业技术创新成果，宣传科技创新创业。

第七章　科技测报

第一节　气象测报

机　构

山阴县气象局1998年建制是延续1981年机构改革后的建制。气象部门改为部门和地方双重管理的领导体制，由部门领导为主，即垂直管理，这种管理体制一直延续至2016年。在编职工6人，退休人员6人。其中本科学历2人，大学学历1人，大专学历3人；中级专业技术人员2人，初级专业技术人员4人；40~49周岁1人，30~39周岁1人，30周岁以下4人。1998—2016年，气象局局长一直是赵锦霞。

主要工作

1998—2010年，针对气象灾害高发的态势，做好各类气象灾害预警信号的发布和解除，制定预警信号发布登记表和服务材料递送登记表，灾情收集汇总表，责任到人，奖惩分明，从根本上杜绝推诿拖曳，信息发布不及时的状况。不断提高公众和专业气象服务能力，扩大气象信息的覆盖面。在全县13个乡镇投入使用的自动气象站，实时自动采集各种气象要素，为党政领导和有关部门指挥防灾减灾提供了科学的决策依据。在全县257个行政村配齐气象信息员，及时搜集上报各种气象灾情。

2015年，重视公众气象预报的发布，每天通过电视发布气象信息，全年共发布了长、中、短期、农业专题预报1200余份。在第一时间将气象信息传递给广大人民群众，为农业增产、农民增收作出贡献。2016年，准确及时地做好大风、寒潮等灾害性天气预报，做好关键性、转折性和灾害性天气的观测、预报和警报服务工作。遇有强降温、寒潮、大风、沙尘暴、大雪等重要天气时及时将预报情况向当地政府和有关部门报告。利用电视天气预报等媒体，及时发布，最大限度地减轻气象灾害可能造成的损失。加强森林防火气象服务工作，准确发布森林火险气象等级预报，及时为煤炭、城建、电力、交通、运输等部门提供气象服务。做好春播期墒情服务工作，进行5次全县范围的墒情普测。

第二节　地震测报

机　构

2007 年 3 月 21 日，山阴县地震局成立，正科级建制，全额财政预算事业单位，领导职数一正二副，内设两个机构，分别为办公室、业务股。2016 年，共有在编人员 7 人，正科领导 1 人，管理岗位 4 人，工程师 2 人。局长王常厚。

主要工作

2007 年，购置电磁波监测设备，在县城南环路人武部东侧设立观测站。设立以水井、动物等为主体的五个观察点（玉井、北周庄、马营庄、后所、张家庄）。加强“三网一员”（地震宏观测报网、地震灾情速报网、地震知识宣传网、防震减灾助理员）管理工作，发挥群测群防作用，对全县各乡镇及管委会设立一名防震减灾助理员，建立档案数据库，严格执行地震微宏观异常“零报告制度”。2011 年，对全县各乡村农居、社会、经济、地质等进行数据收集，汇总上报，完成国家地震社会服务工程震害防御信息服务系统数据采集工作。2013 年，配合住建局完成全县农村住房抗震加固 3000 户危房改造工作。2016 年，开展防震减灾“六进”（进机关、进企业、进学校、进社区、进农村、进家庭）活动，利用“5・12”“7・28”两个宣传周设立咨询台，发放宣传资料，利用电视、报刊多种形式开展防震减灾科普宣传。

地震记载

地震局成立后，山阴县发生 M3.0 级以上地震共 2 次，分别是 2011 年 4 月 26 日，山阴县纬度 39°35′、经度 113°02′处发生 3.1 级地震，震源深度 8 公里。区域内震感明显，无房屋损坏和人员伤亡情况。第一时间报送县委、县政府；同年 12 月 24 日，山阴县纬度 39°47′、经度 112°78′处发生 3.3 级地震，震源深度 6 公里。区域内震感明显，无房屋损坏和人员伤亡情况。第一时间报送县委、县政府。

山阴位于汾渭地震带北段的大同盆地。有史料记载以来，山阴区域内共发生里氏 4.7 级地震 45 次，其中 7~7.9 级地震 4 次，6~6.9 级地震 9 次。1970 年以来记录到里氏 3.0 级以上，影响到山阴的地震 563 次，其中 6~6.9 级地震 3 次，5~5.9 级地震 13 次，最大地震是 1976 年内蒙古和林格尔里氏 6.2 级地震；山阴范围内记录到里氏 3.0 级以上地震 5 次，最大地震是 1994 年山阴县解庄里氏 3.8 级地震。

1970—2016 年山阴为震中 3 级以上地震情况表

表 28-10

序号	年	月日	时	分	纬度	经度	震级	震中距山阴县城距离（公里）	震中参考地点
1	1980	4 月 19 日	21	6	39°37′	112°42′	3.1	15	山阴县织女泉
2	1989	9 月 29 日	7	18	39°19′	112°42′	3.0	24	山阴县安岸庄
3	1994	11 月 1 日	8	5	39°31′	112°52′	3.8	5	山阴县解庄
4	2008	9 月 2 日	15	6	39°30′	112°58′	3.8	14	山阴县河头村
5	2009	3 月 2 日	—	36	39°25′	112°43′	3.5	15	山阴县泥河

地震构造

山阴县在区域一级新构造分区的基础上依据新构造运动程度、地貌类型、地层分布和地震活动的特征，将山阴划分为如下新构造单元。

（1）洪涛山隆起区

位于山阴西部，属吕梁山断块隆起区的次级构造单元，该区新生代以来一直处于隆起状态，由于口泉断裂强烈于隆起状态，由于口泉断裂强烈的垂直差异运动，使山阴西北部强烈抬升，地形高，海拔高度一般 1400~1600 米，最高峰位于洪涛山，海拔高度 1840 米，出露基岩地层为太古界变质岩和下古生界沉积岩，区内活动断裂不发育，地震活动也弱，有历史记载以来该隆起区仅发生过一次 3.0 级地震，洪涛山断块隆起属较稳定的构造单元。

（2）大同断陷盆地区

大同盆地位于汾渭断陷带北部，全长 225 公里，宽约 60 公里，东、西两侧分别受恒山北麓断裂、六棱山北麓断裂和口泉断裂控制，形成一较宽阔且对称的地堑，内部又被同方向的活动断裂解体成马营庄凹陷、怀仁凹陷、阳原凹陷、阳高凹陷及其间的黄花梁凸起、丰稔山凸起和砂板梁凸起共 7 个次级构造单元。山阴涉及马营庄凹陷、怀仁凹陷、黄花梁凸起 3 个次级构造单元。

（3）黄花梁凸起

黄花梁凸起位于山阴县中东部，走向近东西，凸起北、南边缘由黄花梁北侧、南侧断裂控制，该凸起长度约 20 公里，宽度约 7 公里，相对高度 150 米左右，最高海拔 1153 米，凸起的基底地层为太古代桑干河片麻岩，顶部多为中新世的小火山锥和大片玄武若覆盖，火山锥高几十米到一百多米，锥体平缓，熔岩流层向锥体外侧方向倾斜，倾角 5~20°。该凸起自中新世以来就一直突起在盆地平原上，就在早、中更新世发育湖泊时期，湖水也没有淹没黄花梁凸起，由于黄花梁北侧、南侧断裂中新世至第四纪早、中更新世活动强烈，使得黄花梁凸起在大同盆地整体沉降的背最下，在第四纪早中期抬升较强烈。第四纪晚期黄花梁北侧、南侧断裂活动趋于停止，该凸起遭受剥蚀，形成了现今的地貌特征。

（4）马营庄凹陷

马营庄凹陷位于山阴县东南部，该凹陷位于盆地南部，走向 NE，上新世以来的最大沉积厚度 3500 米、第四纪 900 米，历史上该凹陷末发生里氏 4.75 以上级地震，最大地震是 1995 年 4.5 级地震。根据新构造运动特征，马营庄凹陷可分为以下三个次级构造单元，由东向西依次为浑源凹陷、山阴—应县深凹陷和朔州浅凹陷。

第八章　科技管理

第一节　管理机构

山阴县科学技术委员会 1998 年延用 1992 年 6 月成立时建制，科学技术委员会内设办公室、科技业务股。行政编制 8 人，其中主任 1 人，副主任 3 人。2002 年 1 月，山阴县科学技术委员会更名为山阴县科学技术局。2015 年 10 月，山阴县科技局撤并到山阴县教育局，山阴县教育局改称山阴县教育科技局。县教育科技局设 15 个职能股（室）：办公室、人事股、计财股、成人教育股、职业教育股、普教股、思想政治教育股、县人民政府教育督导室、监察室、档案管理室、学校安全工作办公室、幼儿教育股、文体办公室、学生资助管理中心、科技股。2016 年，山阴县教育科技局核定行政编制 13 人，其中局长 1 人，副局长 3 人。历任主任有丰焕章、王耀华、贾尚勇、尹护帮、郭连兵。

第二节 项目专利申报

项目 2007—2016年，山阴县科技局大力扶植境内大型项目的申报，为项目的实施申请到了大量资金和省市乃至全国性的帮助。2007年，山阴县新建金海洋集团公司研发中心1个、上报省级环境建设项目2个（金海洋洁净煤有限公司的600万吨/a选煤厂建设开发和金龙有限公司的1000万吨/a输煤隧道）、申报省级社会主义新农村示范乡镇1个（北周庄镇）。2008年，成功申报山西古城乳业农牧有限公司“奶牛养殖场智能管理系统的应用项目”、山阴县欣昌砖厂“环保型立地砖窑”、山阴县农业技术推广中心“万亩优质高产大豆科技示范建设”“日光温室大棚设计建造和大棚蔬菜培训计划”，同时抓好项目库的建设。2009年，申报省级项目1个，山阴县泰宏农业观光科技示范园区“无公害设施蔬菜科技示范园建设”。申报市级项目7个，即朔州市天力农牧开发公司“鹿产品深加工技术”、朔州市三兴惠农农牧有限责任公司“法国小香葱示范种植推广”、山阴县佳联农业发展有限公司“优质牧草种植试验示范”、山阴县泰宏农业观光科技示范园区“无公害设施蔬菜科技示范园建设”、山阴县新星奶牛专业合作社“奶牛高产高效生产技术研究”、山西古城乳业农牧有限公司“奶牛养殖场智能管理系统的应用项目”、朔州市中和农牧有限公司“一百头机械化奶牛养殖小区示范”，共争取到省、市科技引导资金105万元。

2010年，山阴县科技局成功申报了市级项目十六个，山阴县佳联农业发展有限公司《盐碱地改良剂产业技术转化》，山阴县新华农业专业合作社、山阴县荣强林业合作社、山阴县春旺养殖专业合作社、山阴县欣昌奶牛专业合作社、山阴县朝阳农牧有限公司、山阴县康平养殖有限公司《奶牛高产高效生产技术推广》、山西春城乳业有限公司《系列功能性液态奶生产线建设》、山阴县粟黍农业专业合作社《宜朔优良黍子、谷子新品种试验与繁育》、山阴县化工厂《后拖式道路刮雪机》等十六项项目，共争取到上级科技部门引导资金共161万元。2011年，成功申报了市级项目25个，共争取到上级科技部门引导资金共314万元。2014年，山阴县科技局帮助山西宇昊蘑菇种植有限公司申报2014年度山西省煤基重点科技攻关项目，争取省级科研经费500万元。山西宇昊蘑菇种植有限公司通过山西省高新企业认定管理办公室专家评审，报科技部备案。申报两家省级民营科技企业，分别是山西天鹏农牧有限公司和朔州昀鑫禽业有限公司。

2015年，帮助山西宇昊蘑菇种植有限公司申报山西省煤基重点科技攻关项目，争取省级科研经费500万元，协助企业解决科研经费短缺的困难。同时，协助山西玉竹活性碳制造有限公司申报山西省高新技术企业，评审通过，报科技部备案。申报两家省级民营科技企业，分别是山西天鹏农牧有限公司和朔州昀鑫禽业有限公司，山阴县共有5家省级民营企业。2016年，山阴县组织申报省级农村技术承包科技项目2项，一项是朔州市职业技术学院和山阴县泰宏农业科技发展有限公司联合承担的“农作物栽培病虫害绿色防治技术推广”，一项是山阴县农技推广中心承担的“工厂化穴盘蔬菜育苗技术开发应用”。

专利 20世纪90年代末，全县开展科技兴农、兴企活动。鼓励申报专利，给予科技带头示范人一定的经济帮助。2007年，山阴县申报专利2项。2008年，全县申报专利5项，成功申报山西古城乳业农牧有限公司“奶牛养殖场智能管理系统的应用项目”、山阴县欣昌砖厂“环保型立地砖窑”、山阴县农业技术推广中心“万亩优质高产大豆科技示范建设”“日光温室大棚设计建造和大棚蔬菜培训计划”，同时抓好项目库的建设。2009年成功申报专利5项，2010年成功申报7项，2011年成功申报专利18项，2012年成功申报专利93项。2013年成功申报专利146项，完成考核目标责任。2014年，成功申报专利247项，完成考核目标责任。2016年，山阴县新增发明专利3项。

文

化

第二十九编

文化

为满足人民群众日益增长的精神文化需求，山阴县开展丰富多彩的群众文化活动。全县加强各级文化设施建设，主要文化设施有山阴县文化活动中心、山阴县人民文化馆和各乡镇综合文化站。文艺刊物有《山阴文艺》《春蕾》《洪涛》，优秀文学作品成果迭出。非物质文化遗产是当地传统文化世代传承的瑰宝，全县省级非物质文化遗产保护名录有《广武传说》《晋北鼓吹》。2006 年，“晋剧皇后”王爱爱和国家一级演员刘汉银、詹俊芬、栗桂莲、王小平到山阴县演出。2011 年，电视台以新闻立台、栏目强台为宗旨，对节目进行全面改版，《山阴新闻》开设新闻导读、新闻链接、本台评论等子栏目，成为山阴电视台品牌栏目。2016 年，全县完善文化共享工程网络建设，利用图书馆集群管理系统的书目检索、读者服务、资源链接、查找资料、数字图书馆等模块为广大群众服务。

第一部《山阴县志》于 1999 年正式出版。全书 24 编 100 万字，详细记述山阴的历史状况和现实风貌。山阴县档案馆为国家综合档案馆，是集中保管山阴县机关、团体、企事业单位档案资料的基地，同时担负着为国家积累档案文化资源，传承历史文明的重任。至 2016 年，馆藏档案全宗 65 个，馆藏档案、资料 57000 余卷（册）。

第一章 群众文化

第一节 管理机构

1998 年 5 月，文化体育委员会内设办公室、文化股、体育股。行政编制 12 人，其中主任 1 人、副主任 3 人。2002 年，文化体育委员会更名为文化体育局。2012 年，文化体制改革，纳入广电行政职能，文化体育局更名为文化广电体育局。2015 年，文化广电体育局更名为文化局。2011 年成立山阴县文化市场行政综合执法队，设办公室、执法一股、执法二股、法制宣传股、举报中心 5 个内设机构，均为正股级。全额拨款事业单位，核定副科级领导职数 1 人，人员编制 10 人，其中管理人员编制 5 人，专业技术人员编制 4 人，其他人员编制 1 人，为文化广电体育局直属事业单位，人员参照公务员管理。

2016 年，文化局设办公室、文化股、体育股、广电股、乡镇文化站综合办公室、文化市场管理股、文物管理股、新闻出版股 8 个职能股（室）。编制 9 人，其中，局长 1 人，副局长 3 人，行政技术职务 1 人，纪检组长按有关纪检监察派驻体制管理规定执行。主要职责：贯彻执行国家、省、市、县关于文化、文物、广播电视、新闻出版、体育工作的法律、法规和方针政策；会同有关部门研究制定当地文化、广播电视、新闻出版、体育工作的政策，并组织实施；研究制定全县文化、文物、广播电视、新闻出版、体育事业发展战略；研究指导文化、文物、广播电视、新闻出版、体育事业管理工作，制定和实施人才培养，推进内部各项制度改革。历任局长（主任）有高焕荣、任兴凯、王跃文、吉谦、李志文。

第二节 文化设施

山阴县文化活动中心

山阴县文化活动中心，原名山阴县影剧院，坐落于同太路与商品街的十字交叉处东南角，面向西临同太路开放。1995 年开工建设，1997 年 1 月交付使用，总投资 800 余万元。影剧院建筑面积 3500 平方米，座席 1206 个。舞台呈开放型、全自动升降幕、大功率进口扩音设备，台口宽 15 米、深 15 米、高 8 米，舞台有两排侧光灯、木质舞台地板、舞台后有两个防火大门，连接化妆室。后台有 4 个单间女化妆室，两个大化妆室，共 150 平方米，有一个 60 平方米的接待室。2006 年 9 月投资 393 万元进行装修，次年 8 月移交使用。2011 年 7 月，山阴县实施文化体制改革，建立山阴县文化活动中心，撤销事业单位的山阴县电影发行放映公司，将其改制为企业。主要职责服务全县大型会议、会展、公益性宣传演出等。

山阴县文化活动中心

山阴县人民文化馆

山阴县人民文化馆始建于1949年，初称“群众教育馆”。馆址设在岱岳镇中商街92号。馆舍面积60平方米；1950年，更名“山阴县人民文化馆”。馆址迁到中商街4号。馆舍面积共计460平方米；2002年，山阴县人民文化馆迁至山阴县文化大楼二楼。馆舍面积300平方米，内设综合文化活动室、信息网络传输和数字化服务室、少儿活动室、业务培训班、书画培训班、音舞戏曲培训班、排练室和老年活动室；2015年，山阴县人民文化馆迁至山阴县东城区体育馆一楼。文化馆文化活动综合占用面积为2530平方米，内设多功能活动厅、综合排练室、文艺创作室、健身房、“非遗”展览室、书法美术辅导、中老年活动室、特殊人群活动室、电子阅览室、图书档案室、设备储藏室、创作室和文化长廊。在第四次全国文化馆评估定级后，山阴县人民文化馆获评“一级馆”。

乡镇综合文化站

1979年4月，全县开始着手乡镇文化站的建立。针对全县21个乡镇的不同情况，作分批建立文化站的计划。选择比较成熟和较大的岱岳乡、北周庄镇、玉井镇3个乡镇建立文化站。山阴县乡镇综合文化站建设项目（经撤乡并镇，山阴县共设13个乡镇：岱岳镇、古城镇、安荣乡、下喇叭乡、玉井镇、合盛堡乡、张家庄乡、马营乡、马营庄乡、薛圐圙乡、吴马营乡、后所乡和北周庄镇）于2009年开始实施，至2011年全部完成，实现乡镇综合文化站全覆盖。乡镇综合文化站建设按照国家统一标准，每站面积均达300平方米，设有管理室、图书室、电子阅览室、培训室和多功能活动室等。朔州市文化局、县政府和县文化局相继为综合文化站配备设施和设备。2014年，在全国第一次乡镇综合文化站评估定级中，山阴县古城镇综合文化站获评“一级文化站”。2016年，各个乡镇综合文化站均有图书阅览室2间，电脑教学室3间，文体活动室3间，办公室2间，展览室4间，活动场地1块。

村级文化活动场所及农家书屋

2012年，村级文化活动场所及农家书屋覆盖全县257个行政村。省财政为每个行政村配送价值5000元的文化活动器。2016年，每个村庄文化活动场所基本配置房屋3间，60平方米，1块体育场地300~500平方米，图书2400册。

文化信息资源共享工程

2003年，省文化厅将山阴县确定为全国文化信息资源共享工程试点县。2012年，山阴县、乡、村三级文化信息资源共享工程体系基本建成，全县13个乡镇建立基层服务站，257个行政村建立拓展型村级基层服务点，为群众提供各种科技信息知识，采用建立卫星接收终端、互联网、传统光盘“三位一体”的运行模式。2013—2016年，县图书馆每年安排专项经费50万元用于共享工程建设，保障设备正常运行。

文化信息资源共享工程

社区文化阵地

2016年以前，社区文化阵地以居民居住区为主。2016年后，全县共建成广益社区、集贤社区、幸福社区等8个“文化活动基地”，开展书画、美术、音乐、舞蹈、健身等各种文艺活动。

第三节　艺术演出

90 年代末，全县文艺会演包括话剧、魔术、歌舞、演唱会等。2001 年，县文体局举办首届农民卡拉 OK 大奖赛，8 月，基层群众文化汇报演出在县文化广场举行。2006 年 10 月，国家一级演员王爱爱和国家一级演员刘汉银、詹俊芬、栗桂莲、王小平到山阴县演出。11 月，举办民间民乐（八音会）演奏会。

2010 年，山阴县组织的街头文艺表演队、彩车和八音会三个文艺表演队，参加朔州市举办的元宵节文艺会演，共获得 3 项金奖、1 项银奖。山阴县青年歌手代表——龙凤组合（史凤英、史占国），通过第十四届 CCTV 全国青年歌手大奖赛各级组委会的层层选拔，以优异的成绩获得参加全国大赛总决赛的资格，并在决赛中获得原生态唱法第 23 名的好成绩。建党 90 周年之际，以传统节日元宵节为载体，举办为期 5 天 18 场传统戏曲演出；举办庆祝建党 90 周年系列活动，包括“红色歌曲大家唱歌”咏赛、“红色电影月”等。

山阴县基层群众文化汇报演出

2013 年，国标舞培训班首届学员在全国“超美杯”国际标准舞比赛上荣获冠军。2015 年暑假期间，全县组织开展大学生技能展演、少儿舞蹈展演、企业文化展演、群众性健身舞蹈展演和全民 K 歌比赛、村镇银行杯广场舞比赛。9 月 18 日，启航群众文化艺术团合唱队代表县委、县政府参加朔州市群众合唱展演，获得金奖；9 月，选派人员参加省市两级广场舞培训和社会指导员培训。2016 年，参加朔州市第六届群众合唱比赛，夺得金奖。组织山阴县第二季全民 K 歌大赛，进行“强健体魄 · 阳光生活”全民健身广场舞会演。

元宵歌舞

第四节　非物质文化遗产

省级项目

广武传说　广武民间传说是山阴民间文化的重要组成部分，内容丰富，流传广泛，现已收集、整理出具有代表意义的故事和传说 26 篇，大致分为人物、城池、军事、神话 4 类，是研究山阴军事、经济、

文化和历史渊源的重要史料，也是研究山阴县民间文学、创作文化产品的基本素材。主要传承人有马继儒（清·光绪举人）、马武（清·宣统秀才）、马硕（民国）、张培富、张小山、郝昌。

晋北鼓吹　晋北鼓吹一般分祭祀、婚嫁、殡葬、庆典、庙会等几种场合。曲谱共分五大类六大套，共计60多个曲目。主要有唢呐、管子、海笛、咔、口琴、笙、笛子、锣、乳锣锣、小锣、鼓、板鼓、手板、钗、木鱼、不失闲、铛子、梆胡、底胡、二胡等。其音质粗犷豪放，雄浑铿锵，明快动听，具有鲜明的地方特色。

主要曲目有《打狮狮》《龙灯》《船灯》《秧歌舞》《踢鼓秧歌》《将军令》，以及民间小调、晋剧、耍孩儿、道情、秧歌、红白事曲牌等，在民间很受欢迎，誉满三晋大地。

市级项目

化悲寺传说　化悲岩寺的神奇传说、民间故事、史实传承内容丰富，流传广泛，以山阴县城及朔州市周边地区为中心，传至内蒙、河北等地。其内容大致可以分为以下几个种类：佛的传说、景观传奇、历史故事、人物典故。今人根据明崇祯《山阴县志》记载的“香山滴翠”“悲岩晚照”地理景观和化悲岩寺的传说，共收集整理出地理景观传奇6个、历史人物典故6个、其他故事17个。

崔增瑞传说　崔增瑞（1843—1899），字翰臣，号吉庵，山阴县高山疃村人。咸丰十年（1860），应童子试，中秀才。同治十二年（1873），考取拔贡，仍在生员之列。光绪八年（1882），中第36名举人，按惯例拜主考官张之洞门下。光绪九年（1883），赴京会试，获第165名进士；同年，分发广东。光绪十四年（1888），徙新会县知事；次年，广东乡试，成为梁启超房师，在新会七八年间，师生交往密切。光绪二十五年（1899）病逝于新会任所，享年56岁。崔增瑞为官期间清正廉洁、勤于政务，深受百姓爱戴。有关崔增瑞的史料记载并不多，但与判官相交甚好及相助断案的传说却在民间广泛流传，为山阴县百姓群众津津乐道。

八宝魔方　八宝魔方俗称“八吊”，由9个部件合成，利用的是“孔明锁”原理和中国木工榫卯结构。各部件互相制约、互相扶持，形成一个整体。八宝魔方制作的出发点是手工纺线工具，所以，易于手中掌握，大小适中，玲珑别致。同时，开发智力、愉悦身心；借物托意，体现团结互助、相依相存。

木枕头制作工艺　“木枕头”是用一块长方体小薄木板，使用“三分法”原理制成一件可开可合的木枕。其创作思想源于“鲁班枕”的故事。2016年，入选第二批市级非物质文化遗产名录。

雁门地毯制作技艺　雁门地毯制作是一项传统手工技艺，具有悠久的历史。主要采用优质纯羊毛为原料，通过图案设计、染纱、倒纱、织毯、平毯、洗毯、成修、剪花八道程序，才能够完成。有90道、130道等不同制品。雁门地毯因毛长细密、质地柔弹、平滑耐磨、抗寒保暖，使用寿命较长等为广大人民群众所喜爱，更以其织工精良、色彩雅致、图案丰美等艺术欣赏特征为广大艺术家所追捧，素有“软黄金”美誉。

精神病治疗传承　精神病古称“癫狂”。山阴县李氏传统中医药经四代人100多年的实践，形成一套完整、有效的精神病诊疗技术，享誉国内。自制丸、散、膏、丹有“癫狂立醒丸”“七星丸”“温胆丸”“逍遥礞半丸”“朱香散”“朱黄丸”等36种，协定处方1—67号。其专著有《中医精神病学》《中医精神病护理与治疗》《浅论中医诊疗精神病》《用唯物辩证法指导治疗精神病》四部。填补中医中药诊治护理精神疾病的空白。

城隍出府　城隍出府是当地保留稀有的一种民俗祭祀活动，仅存于山阴县古城镇。“城”原指挖土筑的高墙，“隍”原指没有水的护城壕。“城”“隍”在防御敌人、保护一城百姓上功莫大焉，“功施于民则祀之，能御灾捍患则祀之”（《五礼通考》），于是，“城”“隍”被神化，由物成神，赋予其掌管阴间事务的职能，成为百姓精神归属之所。城隍一年出府三次，第一次出府在清明节，第二次在农历七月十五，第三次在农历十月一日。城隍三次出府的主要任务分别是收魂、巡察和放魂，但仪式基本相同。

一是上香、敬表，遮大黄伞，用八人轿把城隍抬出大殿，经过城内主要街道，停在城外东北方向的孤魂圪塔；二是周边善男信女供拜、祈福；三是傍晚时分再有同样的方法抬回去。晚斋后，在主殿堂设坛场，讲经、诵经、诵三皈依，夜十二点法事结束。

面塑 面塑，俗称“面人”。是用面粉、糯米粉为主要原料制作的，加上色彩、石蜡、蜂蜜等，经过防裂、防霉变等处理，再经手工捏、搓、揉、掀等工序而成。是山阴民间传统手工艺品的一种。

黄花阵 黄花阵又称“九九连环八卦阵”。是根据易理，以365根杆为点而连成乾、坤、坎、离、震、兑、艮、巽八宫，八宫之外又设中宫，构成八卦九宫图。此阵只有一个入口，一个出口，俗称阵门，从入口走至出口，约三里路。布阵因地制宜、就地取材。场地要选在空旷处，面积不少于1.5亩；灯杆高1.5米。灯阵内立365根杆，纵19根、横19根，横竖交叉形成361个点，每个点设一盏灯，再加上3盏门灯和1盏天灯，共365盏，与天上365星宿相对，也代表人间一年365天。灯与灯之间用两道彩绳拦截，横进竖出。点亮365盏灯，则象征日日光明。元宵节灯阵亮灯四夜，正月十三为亮灯夜。

跑秧歌 古城镇洪济屯跑秧歌源于桑干河一带的“踢鼓秧歌”，只舞不歌，别称“跑秧歌”。表演形式有大、中、小三种规模，参演人数少则2人，多则20余人。伴奏以唢呐、锣鼓为主。主要角色有男角儿、女角儿、配角、鞑子、花和尚、老人、烙手等，以及指挥、龙旗手24人到30人。代表作有大型场《大出队》《大十字》《天地排》《九九图》；中型场《八卦全丁》《八门斗》《四门斗》等；小型场《八角楼》《三人场》《二人场》等。

农历六月二十四 山阴县岱岳镇每年农历六月二十四为传统庙会。相传为雷祖的生日，《明史·礼志》称，“雷声普化天尊者，道家以为总司五雷，又以六月二十四日显天尊现示之日，故岁以是日遣官诣显灵宫致祭。”早期庙会是一种隆重的祭祀活动，现已成为集农副产品交易、日常用品交易、文艺演出等综合性文化和经济交流大会。

擀豆面 擀豆面是山阴县农历年正月的传统饭食。主要制作原料为豌豆面。擀豆面一般在腊月里完成，大多是邻里之间相互帮工，三人五人不等，场面非常壮观。主要制作方法：先将豌豆去皮（豆黄），与小麦、炒熟的莜麦按一定比例混合，清洗、粉水，豆黄浸透后，搁置一定时间，用石碾碾成粉，加适量沙蒿籽面，用水和成团，擀成均匀薄片，切成细长条，在滚水锅里翻滚片刻，捞出，配以清汤、麻油、葱花、姜末、香椿、摘麻花和老陈醋等。此面食解荤腥、易消化、清香四溢，是山阴人民群众日常生活中不可或缺的美食。

寓意：农历年时吃，幸福生活长长久久；老人做寿时吃，福寿绵长；给孩子庆生时吃，健康长寿。

山阴县第一批市级非物质文化遗产保护名录表

表29-1

序号	项目级别	项目名称	项目批次	保护单位
1	市级	化悲庙传说	第一批	山阴县文化馆
2	市级	阁老爷传说	第一批	山阴县非物质文化遗产保护中心
3	市级	羊毛传统制作技艺	第一批	山阴县非物质文化遗产保护中心
4	市级	山阴乳制品加工技艺	第一批	山阴县非物质文化遗产保护中心
5	市级	奶牛养殖技术	第一批	山阴县非物质文化遗产保护中心

山阴县第二批市级非物质文化遗产保护名录表

表 29-2

序号	项目级别	项目名称	项目批次	保护单位
1	市级	崔增瑞传说	第二批	山阴县非物质文化遗产保护中心
2	市级	黄花岭传说	第二批	山阴县文化馆
3	市级	千佛寺传说	第二批	山阴县文化馆
4	市级	王家屏传说	第二批	山阴县文化馆
5	市级	八宝魔方	第二批	山阴县古城镇文化站
6	市级	木枕头制作工艺	第二批	山阴县古城镇文化站
7	市级	雁门地毯制作技艺	第二批	山阴县金银花手工艺制品有限责任公司
8	市级	精神病治疗传承	第二批	山阴县精神病院
9	市级	城隍出府	第二批	山阴县古城镇文化站
10	市级	踢鼓秧歌	第二批	山阴县古城镇文化站
11	市级	剪纸	第二批	山阴县岱岳镇文化站
12	市级	面塑	第二批	山阴县薛圐圙乡文化站

非物质文化遗产管理

2006年，山阴县出台《关于加强山阴县非物质文化遗产保护工作的实施意见》。2009年，出台《山阴县文化事业“十一五”规划》，保障非物质文化遗产保护运行经费。2012年，出台《山阴县非物质文化遗产保护发展规划纲要》。截至2016年，山西省省级非物质文化遗产名录共公布五批，包含民间文学、民间音乐、民间舞蹈、戏剧、曲艺等共计非物质文化遗产代表性项目名录754项（含扩展项目名录），其中包括第三批名录中的山阴县民间文学项目广武传说。

第二章　特色文化

第一节　边塞文化

20世纪90年代末，山阴县把广武边塞文化旅游区开发作为全县加快服务业发展重点项目。边塞文化旅游景点包括广武旧城、新广武城、永静城址、故驿城址。故驿城址于2001年11月5日被列入县级文物保护单位。位于马营庄乡故驿村北500米。时代为战国、汉代、南北朝。城址为长方形，南北长706.5米，东西宽688米，分布面积48.6072万平方米。

广武边塞文化旅游区绿化工作从2004年开始实施，工程总控制区域东至恢跃沟，西至朔城区交界、南至明长城、北至张家庄乡万米路。由内长城荒山绿化工程、六郎城造林绿化工程、汉墓群生态景观林建设工程、广武五面坡生态治理组成。广武旧城位于张家庄乡旧广武村，距离雁门关5公里。2006年6月国务院公布为第六批全国重点文物保护单位。2008年6月29日，在广武举行中国·山阴广武边塞文化旅游区开工奠基仪式。按照《广武地区文物保护总体规划》和《广武地区旅游开发总体规划》，朔州市和山阴县两级政府投资新建广武石牌楼、汉文化广场、广场中心汉武大帝雕塑、广场两侧汉朝文武大臣雕塑等。

2012 年，全县将广武旧城城墙、马面、女墙、城门洞进行复原修葺。广武旧城是雁门关外一座城堡式防敌据点。城内有烽火台一座，四街八巷，曾有文庙、火神庙、玄天庙、关帝庙、马王庙等庙宇共 11 座。2016 年，广武旧城存玄天庙、关帝庙、火神庙遗址 3 座。并有乐楼 1 座，坐落有序。内置武备衙门、校场、粮仓，并有商铺、商行、票号等遗存。

第二节　王家屏文化

王家屏，山西山阴县人，是明代著名的政治家和学问家，曾经官至内阁首辅，相当于宰相。他为官清正，留下了极好的名声。即使在告老还乡后，仍然低调做人、做事。著名的“王阁老送女儿”的故事在民间成为佳话和谚语，成为民间文学的一部分。王家屏墓位于安荣乡河阳堡村东南 1 公里，建于明泰昌年间。墓地南北宽 124 米，东西长 82 米，分布面积 1.0168 万平方米。20 世纪，王家屏墓位被山西省人民政府公布为第二批省级文物保护单位。

2011 年 11 月 29 日，山阴县王家屏研究会成立。王家屏纪念园位于桑干河畔九龙湾山阴县河阳堡村西 600 米处。园内建筑按照明代一品大员墓地规划修复，建筑面积 1.8 万平方米。内有高 6.8 米的主墓冢和三座小墓冢，四座用来祭祀和安置石碑的享堂。王家屏塑像由红砂石雕塑而成，其中神道碑、墓表碑及部分石匾均为明代原物。2014 年 6 月，王家屏纪念园文魁塔顺利落成，该塔一经建成即成为山阴县的地标性建筑之一。山阴县王家屏研究会相继出版《王家屏奏疏译注》《王家屏诗词译注》《王家屏尺牍译注》等训诂译著。《王家屏诗文集》包括奏章、诗词、尺牍等三个部分，其中奏章 76 篇、诗词 200 多首、尺牍 400 来篇。至 2016 年，组织专人采编完成《王家屏传说》和《王家屏诗文集》译注。

第三节　红色文化

2016 年始，山阴县委、县政府大力弘扬红色文化，传承红色精神，着力打造红色旅游。重新兴建了下立羊泉烈士陵园（八路军 120 师独立 6 支队卫生队 22 人遇难处）修缮了老洼沟烈士纪念碑，修缮了刘幸烈士纪念亭。山阴县常把他们作为红色革命教育基地，传承红色文化。2016 年始研讨八路军 120 师 358 旅旅部（玉井镇东庄村旅部旧址）的保护与开发。保护修缮民族女英雄李林在山阴生活战斗过的地方。

2011 年，元宵节期间，中共山阴县委宣传部在政府广场举办“红色记忆实物展”，展出期间先后有五万余人参观展出。同年 2 月，省委常委、组织部部长汤涛在山阴县参加全省非公有制经济组织党建工作座谈会期间，参观红色收藏展。同年 6 月，“红色的起点、永远的丰碑”——山阴县纪念中国共产党成立 90 周年红色收藏展在山阴大会堂展示。这些红色展览是由一家民间个人的“红色历史纪念馆”所提供。他是马占有个人创办的收藏馆。马占有是山阴县古城镇马梁村人，1992 年退伍后开始红色收藏，逐渐成馆，馆内所有展品都是珍贵原版原物，其中，红色文件类 350 件，红色报刊类 12000 件，重要报刊类 23000 件，红色书籍类 8000 件，民俗器物类 15000 件。通过实物宣传为载体，集中展现建国以后光辉历程。

红色基地及部分村名来历

下立羊泉抗日烈士陵园　位于下立羊泉村。民国 29 年（1940）5 月 29 日，八路军 120 师独立六支队卫生队 60 多名伤员和卫生员，在廖标华队长的率领下，转战到下立羊泉村。由于汉奸告密，遭受数百名侵华日军深夜偷袭。八路军卫生员和伤员进行英勇反击，终因寡不敌众，19 名战士壮烈牺牲，3 名无辜村民被杀，4 名战士身受重伤，史称“下立羊泉惨案”。2013 年，下喇叭乡为褒扬革命烈士的丰功伟绩，激励教育后代不忘国耻，奋发图强，在山西省民政厅、中共山阴县委、县政府的支持下，将下立羊泉南山向阳坡埋葬的 19 名抗日烈士遗骨和 1958 年 4 月山阴县人民政府所建的墓碑一并迁建。兴建纪念碑、抗日浮雕、烈士墓、纪念广场、散葬烈士墓地等，总占地 6072.1 平方米。

吴儒玢纪念林　位于双井村，占地 50 亩，栽植 3000 株新疆杨。吴儒玢，民国 10 年（1921）出生，陕西省三原县人，16 岁参加革命，历任山西牺盟总会干事、山西临县中心区妇联宣传部部长、山朔县妇联主任、雁北地区武委会组训部长、晋绥妇联副主席、四川省绵阳专区妇联主任、中共绵阳地委妇委书记、绵阳地委委员兼办公室主任、绵阳县委第一书记、绵阳地委常委兼宣传部部长、四川社科院副院长。

下喇叭乡曾是吴儒玢战斗过的地方，她逝世后，依其遗愿，张晓红等五位子女于 2002 年 2 月 24 日修书给山阴县人民政府，信中写道：“六十年前，她在雁北参加艰苦卓绝的抗日战争。几十年来，她一直对这段历史怀有极其深厚的感情。她一直热恋着雁北的山山水水，怀念着雁北的人民。”县长陈晋才被深深感动，在回给张晓红等人的信中写道：“本月初收到你们寄托着一生具有光辉历程，同时又对山阴人民怀有极其浓厚感情、热恋山阴山山水水的滋母的遗愿，慷慨而书《关于出资在山阴造林的意见》，深受感动，深受教育。”并召集相关人员进行认真研究，安排有关部门抓紧实施。下喇叭乡政府紧锣密鼓定方案、找林地、购树种，政府办主任徐万道多次实地指导，在下喇叭乡的双井村，选地 50 亩，栽植新疆杨 3000 株。2009 年 7 月 20 日，吴老前辈的女儿张晓菊、侄女张旋波再次来到双井村探望生长在这里的“儒玢林”。吴儒玢老前辈之所以要在这里植树造林，一个重要原因就是她怀念着她光辉战斗的生涯，深深地关爱着这里的山川和人民，牵挂着这里的生态环境、经济建设、群众生活水平。吴老前辈的伟大精神与这片林木一样，代代相传，永世不衰。

八路军电台遗址　位于吴庄村西南三四里的正钗沟内。民国 27 年（1938）7 月，中共晋绥边特委和牺盟会在西雁北设置秘密电台一部，边委会秘书屈健直接领导。8 月，电台台长李德全，受山西牺盟会派遣，从吉县来到晋西北，电台联系的单位是山西牺盟会总会、决死二纵队、四纵队、八路军 120 师部。民国 29 年（1940）4 月，电台撤销。电台遗址位于一个天然石洞内，在抗战期间，为了保密，屈健规定边委会除他和译报员外，其他人一律不准进入，电台人员入沟只走山间石板小路，不走正沟，不留足印。为了联系方便，在吴庄村留 1 人，作为电台联络点和情报点，并办理一般事务和运送物资。李德全在西雁北工作的一年半时间内，虽然电台移驻过水头、王老沟、织女泉等村，但时间最长的还是在吴庄村。由于安全工作做的十分严密，顺利完成收发报任务，没有发生过任何差错和失误。红色电波为西雁北党政军充当耳目，起到不可替代的作用。

第四节　知青记忆

1968 年 12 月 24 日，响应毛泽东“知识青年到农村去，接受贫下中农再教育，很有必要”的指示，北京四中和北师大附中的 400 多名中学生来到山阴县，开展知青插队。

20 世纪 90 年代末，由在白坊插队的刘源等北京知青们发起，带头出资捐款，向社会筹资 80 多万元，为白坊村盖起一座扶贫学校，邀请王光美（刘源之母）题名为“雁杰学校”。刘源亲笔撰写“雁高飞知归故，鸷远行思反哺”的建校碑文。2002 年，白坊知青们为第二故乡筹资 40 多万元，修一条全长 1351 米的主干街道，并对全村进行绿化美化。2008 年，山西省山阴县北京知青插队四十周年摄影展览开幕，

知青返乡

康庄村《同心井约》碑铭

影展由山阴县委、县政府主办，于2008年12月24日至2009年1月6日在山阴展出。100幅照片展现四十年山阴和知青的变化，代表摄影作品有《永远的记忆》。2011年，白坊的扶贫学校在知青们的帮助下，在原址上进行扩建，总面积由原来的3140平方米变为8617平方米，成为一座标准化寄宿制学校。2002—2016年，白坊知青每年都为父老乡亲捐赠白面等。

1970年5月，在康庄村插队落户的北京知青赵杰兵在全县一次大会上代表康庄发言。1971年，他建议在康庄村打一眼甜水井，可钻了百余米最后无功而返，乡亲们自嘲："八百斤麦子一榨油，打了口井不够饮一头牛"。2011年，后任张家界市委书记、中央企业工委副书记、国家保监会纪委书记的赵杰兵带领其他知青们重返山阴，他们筹资聘请顶尖水利专家和一流打井团队，并得到中机械工业集团有限公司相助，获赠一台价值186万元的车载600型钻机，建成300米深的水井。这口甜水井获名"同心井"。2013年，知青们为乡亲们捐赠棉大衣400件。2016年，康庄村安装了净水设备，让甜水更甜。

山阴县插队的部分北京知青

合盛堡公社知青　1.常辛村大队：王者曦、王晓梅、王雪思、王嘉箐、朱向红、刘勇、刘捷、牟志京、李永乐、杨百朋、吴鼎权、宋建华、张汝田、陈大平、陈婉珠、范泰林、罗文冬、赵颐庚、钟晓平、俞良纯、俞良登、徐今燕、渠川玙、雷英衡、管冰辛、管坚石、魏新民、魏新华；2.大虫堡大队：王斯成、区兆丞、毛祖桓、左小武、冯放、刘群群、闫明珍、吴犇、何晶、张燕生、林书舜、童华南、熊肃花、薛翔；3.合盛堡大队：王玉中、王宝珍、巩嘉鼎、朱铁锴、刘尚谦、许建青、孙丽莉、李仁生、何中平、张瑞明、陈焕伟、武素平、胡薇、徐朝倬、唐鸿寿、黄梅、康天增、韩旭；4.黄巍大队：王卫国、王树芬、叶明、许国成、许国坚、许桂萍、李小峰、李进、张含彬、张建成、张继祥、陈小龙、陈航今、林志冰、郑丹云、郑丹星、赵世祺、饶雅莉、聂小倩、徐明；5.康庄大队：王莉莉、方虹、刘征、刘燕、安红胜、杜长庚、杨剑明、杨颐明、张小彭、张克宏、陈安临、郑晓武、赵归、赵杰兵、南昌伟、姜斯栋、姜斯健、姚文、姚堃、曹小慧、韩军；6.西双山大队：王大维、王枋、白珊、吉振英、朱文、伍贻龄、伍琪、任正吉、刘德旺、许以敬、许健康阮森文、阮森平、阮森立、李兰娜、李勇、沈小川、张帆、张国英、张旗、赵大同、胡志宏、洪毓安、贾冀五、晏群、黄琪、盛红、常向阳、景埃埃、潘葆铸、潘燕临；7.杨庄大队：吕中敏。

山阴城公社知青　1.洪济屯大队：于津海、王莉娟、左林华、龙生、叶少文、冯华坤、权忠鄂、刘明、刘春华、刘景竹、孙元一、孙新欣、李全、李宏伟、何锡凤、何锡英、宋京其、张力达、张文颖、郑斌、袁贺军、顾善政、顾善荣、徐向东、郭栖娜、常卫东、蒋抒；2.东小河大队：叶林宗、李来运、李菡、何代明、何代晟、沙存海、沈大伟、沈大智、宋晓明、宋晓春、张亚力、张垣、陈立枫、林文滢、赵瑞华、赵瑞霖、赵毓青、赵籍丰、胡加立、胡健、盛兴、梁博文、傅同华、戴宗威；3.东辛庄大队：王锌、孙曼丽、沙凝、张克宁、张耀宁、洪军、袁晓军、殷北华、孙平、李建国、吴立文、吴立平、武肖涛、姜禾、王世京、王加强、卢朱祁、任程远、时作民、杨八林、谷林、张慧都；4. 上河西大队：李乐群、万新利、吴海莲、叶维丽、张烨、成燕、荣丽平、李延玲、高小玲、于羚、裴秀群、宫少瑞、刘洪洋、刘晓赫、白建平、张浩云、翟秉怡、刘智、张德明、陈常嘉、范苏苏、唐祎、柏微坪、段存理、吴本中、吴本华、孔令东、付培昭、陈江南、张建国、吴海岗、张小钢、叶维佳；5. 四里庄大队：王少宁、王贵荣、乔孝强、刘小曼、刘世定、刘明光、刘玲、米如松、杨晔、沙振明、张以芳、金德政、周光和、秦广泽、夏强、陶慕宁、薛小和；6. 羊圈铺大队：于震、幺桂森、王人则、王世林、王维迪、乌爱芷、关静菡、许丽玲、李汝明、李汝敏、李家琳、杨李、张田田、张戎、张殿宝、陈绪芬、陈琨、赵爱丽、娄乃怡、崔文渝；7. 羊圈头大队：于志东、于明、王力平、王抗、孔祥琴、卢平、卢明、扬志宏、朱和、许大方、李维明、李颐强、佟淑敏、张延宏、陈小平、徐汝舟、梁雅绵、韩军、雄志勇、楚世来；8. 王庄村大队：马维德、王洪、孔栋、邢远翔、刘立、刘起、刘惠群、许振合、杜石章、李布、李瑞立、吴小珊、何兴、张小仙、张小杭、张寅生、张渤海、周华南、赵成、赵兴、赵和平、胡映安、胡映康、贾朝龙、郭卫平、曾宪法、裴二群、潘小文、潘跃奋；9. 快乐村大队：于芳、于明生、毛仕彤、吴宗文、张海、周广奇、单文恒、赵继明、寇学礼、葛杰俊、熊立勇。

薛圐圙公社知青 1. 白坊大队：丁小兰、马迎红、马和平、王秀敏、王晓军、王晓棣、牛林坚、包全、刘燕成、孙援、孙媛媛、杨卫珍、张卫国、张立和、张兰生、陈华、陈鲁榕、金春明、郑宝生、宗政印、晁明忠、高永迈、黄丽光、崔忠禄、潘晓芳；2. 河曲堡大队：马增千、王炎、王俊安、申安娜、冯一凡、邢国基、刘达伟、刘燕、沙亦强、宋起、初伯力、胡虹、顾平、顾群、魏黎明；3. 罗庄大队：王大千、王贞、王槿方、孙维、孙霈、苏燕燕、李玲、杨百揆、张迎潮、张祖和、郑丽娜、赵南飞、原属富、郭李康、董盈、储立新、舒若平、曾典平、管慰慈；4. 庞家堡大队：王小露、王宁、王珏、王喆、尹肇树、刘新成、刘满成、陈凯旋、陈静、郑明身、郑玲、赵黎明、胡贤杰、徐敦作、潘巨伯、潘运沧、魏庆元；5. 沙岭大队：马月英、王三蔚、王世珍、王征、卞致章、文欣、文道明、申慧兰、申慧香、向守安、刘艳、刘家玉、刘敏星、许庆利、杜绍礼、吴玲、张克红、张富云、张静波、周家麟、高津放、商红果、傅秋元、颜欣。

第三章 文学作品

第一节 文学创作

20 世纪 90 年代末起，全县老中青文学工作者创作热情高涨，文学作品涌现。1999 年中国文联出版社出版杂文集《奇谈怪论》（作者李志斌）；2000—2002 年，县文联编印完成散文、随笔作品集《难忘那段情》《情不自禁》《独来独往》（作者黄冀）；同年王仁官散文集《漫漫人生路》《王仁官诗集》由县文联编印完成；2002 年，吕占国自费编印完成《吕占国诗词集（田乡散曲）》。2003 年，县文联编印完成高耀文作品集《山辉》（上、中、下）；2004 年县文联编印完成长篇小说《穿过岁月的河流》（作者吴昌喜），同年编印完成小说、散文集《拾荒心语集》（作者王永贞）；2005 年，县文联编印完成小说、散文集《潜行集》（作者郝紫珺），同年韩晓春著的杂文集《做人》和《觉悟》付印并内部发行；自费付印的还有王文耀著的长篇小说《钟声》，马穗生著的散文集《拙笔风行》，吕占国著的二十多部《塞外民间历史故事》集等；2006 年县文联编印完成报告文学集《西欧行》（作者苏适平），同年县文联编印完成《青春岁月》(主编郭志平、王志新、侯耀文、黄冀),万子文著的杂文集《民为邦本,民固则国固》付印,吴子麟著《安祥寺村纪实》付印;期间自费付印的还有马汉贵著的《中国历史歌谣》,马兴元著的《海洋放歌》,兰思蓁著的《兰思蓁曲艺作品集》,李清堂著的《劝世集》。2007年,吕占国自费编印所著《广武佳话》《寒山奇变》。2009年,吕占国自费编印所著《广武寺庙群》。2011年,吕占国所著《塞外民间历史故事》由北京大众文艺出版社出版(晋阳文丛第5辑)(中国版本图书馆备案)。2011年,徐德富所著《雁北志集注》由山西古籍出版社出版、《〈水经注·漯水〉研究》由三晋出版社出版。2012年,吕占国所著《丹心谱》由北京大众文艺出版定稿。2015、2016年《岱岳古镇—风貌》《岱岳古镇—风俗》(作者闫正通)由文汇出版社出版。2016年高耀文所著《高耀文作品选》(五集)由山西出版传媒集团北岳文艺出版社出版。

第二节　文艺创作与刊物

1999年,《山阴文艺》改编为《春蕾》共出刊6期,万子文等人创办《炊烟报》。1979年,由崔展翔创编的《巧遇亲》参加雁北地区(现山西省雁门关以北地区)文艺会演获一等奖。马汉贵《不成型的家》、高耀文现代戏《改决定》、王仁官《诗》、王茂盛《诗》、小说、杂文等,先后发表在《春蕾》刊物。王茂盛的小说《赤日炎炎》《嫉妒》被《雁北日报》(现大同晚报)转载。《春蕾》改名为《洪涛》,由县文联创办,共出刊5期。李建勇《头发革命》、高丽春《废墟上的思考》被《中国文化报》转载,高耀文《没有题目的故事》、郭小荣《忏悔》被《北岳》刊物转载。2003年,王守恒自费编印《婚礼总管实用大全》。2008年,杨中桢编印的《影像山阴》由山西人民出版社出版,收集图片2300余幅。2010年,王守恒作的《山阴白事民俗实务》由弘扬工艺美术社出版印刷。2012年奶牛节期间,出版了《桑干河文化论坛》。2013年,《洪涛》停刊,更名为《山阴文艺》。

第四章　民间艺术

第一节　民间舞蹈

踢鼓秧歌　闹元宵最具地方特色的活动是踢鼓秧歌。传说由梁山故事演变而来,男角扮相以杨雄、宋江、武松、李逵等水浒人物为主,动作有“顶门”“打角”“征场”“交手”等,阵式有“备马出征”“杀四门”“安营扎寨”等。演员都是农民艺人,观众是邻里乡亲,这种活动最受群众欢迎。踢鼓秧歌一般是在正月初组班,十三正式活动,十四到十六,上午上门进院表演,一要锣鼓奏乐一路不绝,二要一户不漏。下午和晚上在街头广场表演。进行到尾声配以小说唱节目,所以又叫“大摊秧歌”。此外,正月十六上午还要到新生儿的家里给孩子戴锁,下午在街面上请新女婿。这些传统活动既礼仪又吉庆,颇受欢迎。踢鼓秧歌演出时,有标会(比赛)和串会(闯班或闯台)两种形式。标会不仅是本村各鼓对子比赛,有时还有临村的秧歌班来参加比赛,串会更引人入胜,有时几个村的班社合在一起表演“大摊子”,参加的人数多达六七十人。

踢鼓拉花　踢鼓秧歌中,生角的步伐刚健有力,踢飞脚跌叉、亮式、束袖、金刚扫地、蛟龙出水、凤凰展翅、猛狮抖身等,腿上功夫相当了得,显示男子汉的阳刚之气,所以叫“踢鼓”。旦角配合踢鼓的动作表演，如跌籽、拔陷泥、跑场、蹲转、耍扇等。踢鼓秧歌的音乐以大鼓、戏鼓、镲、锣等打击乐器为主，音乐节奏缓急轻重随着表演的变化而定，铿锵有力、热烈喜庆，有时配以唢呐伴奏，曲牌有《大得胜》《小得胜》《将军令》等。表演生动、活泼、艺术性强。舞蹈分小场、大场。一般小场，在一股一花、一股二花、一股四花及二股二花，大场最多有八对股子、每对股子后随两花，表演分跑圈子、摆阵。角色分“踢鼓”“拉花”。男角儿踩着鼓点以腿功“踢”为主，称“踢鼓”；女角儿一手持扇，一手执彩巾，随“踢鼓”以拨陷舞步围转或蹲转，称“拉花”。踢鼓拉花的脸谱主要以梁山人物为主。衣着打扮为踢鼓子的头戴高筒毡帽，身穿旦装，彩裤、腰系飘带；拉花的身穿彩衣、裙子和彩鞋，手拿彩扇。男角儿的表演动作主要有踢腿、放叉、旋风扫堂、提襟、单山膀、双山膀、顺风旗等；女角儿的动作有跑圆场、翻身等。整个表演既具有粗犷、阳刚之气，又具有稳健、轻柔之美。

踢鼓拉花表演

现代舞 从20世纪50年代开始，主要开展于县内各级各类学校现代舞，在校园、操场、教室门前空地利用课余时间，跳集体舞，如《找朋友》《鄂伦春》《丢手帕》等；在舞台表演性的有《采茶》《扑蝶》《奔马》等。改革开放后，公家、私人修建、设置舞场、舞厅多多，随之跳《华尔兹》《迪斯科》等。1985年县里召开文代会上选胡凤英、黄卫平为舞蹈学会负责人。2000年在原有的广场基础上，扩建、增建文化广场，政府楼前广场、电影院门前广场等。随之开展各种街头舞。

踩高跷 高跷又名“拐子”，最高的6~7尺（约2~2.3米），一般的3尺（约1米）左右，表演者都装扮成戏剧人物，一般都在街头活动。技能高超者可做劈叉、跳跃等特技表演。解放以前多为男性表演，解放后有了女子参加。“文化大革命”时的流行装扮是工农兵形象，后来一些传统的节目登场，《西游记》《白蛇传》里的人物出现在高跷队伍里，孙悟空、猪八戒、唐僧、沙和尚、白娘子、许仙、法海等。年轻人在欢乐的鼓点中扭来扭去，表现出他们的豪放甚至疯狂。欢歌劲舞的高跷队，奔放而粗犷，给人们带来无限的欢乐。踩高跷伴奏的乐队是锣鼓队，乐器由大鼓、大镲、小镲、锣等组成，由大鼓指挥，其他乐器随着鼓点演奏，踩高跷的队伍，踩着鼓点，跟着乐器舞动。

舞狮子 岱岳镇梁山巷在20世纪二三十年代就有舞狮子队。每年正月十五闹红火时，上街表演，多数由青壮年参与，表演一般由3人组成，2人舞狮子，1人打狮子。通常表演的有徒手打狮，三节棍打狮，枪（矛）打狮，单刀打狮，双刀打狮等。其武术套路有“仁贵拳”“陆合枪”“天罡刀”等，整个表演既有舞蹈的艺术魅力，又具有武术的一般特点，颇受群众欢迎。随着欢快的锣鼓点，狮子或摇头摆尾，或俯首回眸，或匍匐挠腮，或跃上窜下。在模拟动作上，有舔毛、搔首、洗身、朝拜、翻滚；在技巧上有上楼台、过天桥、跨三山、出洞、滚球和采青等。

健身舞 为2000年后兴起的一项群众性活动。人数几十上百不等。平时早晚活动于广场和社区，遇重大节日或文艺调演时，均身着统一服装。音乐采用现代曲目或流行歌曲，节奏感强，时代气息浓厚。起到群众娱乐、强身健体的作用。

民间社火 旧时县内群众文化娱乐活动多集中在元宵节期间。每年正月十四至十六，以村、家族为单位组织几十到几百人，由村长或长辈带领，到邻村、邻县拜年，场面热闹、喜庆、观者如潮，欢声雷动。

锣鼓 其曲牌浑厚、雄壮。1949年前除元宵节外，平常很少用。用于节日喜庆，全县多数村庄皆有，节日演出的每班锣鼓设大铙二副、大钹二副、大鼓二面，扮作武术士，并有一、二十人头裹黄巾、高举长条龙凤飞舞、火焰旗助阵。锣鼓套路有行路鼓、五虎爬山、老虎拔牙、风搅雪等。近年全县以税务局、集运站锣鼓最有名，其特点是鼓点紧凑，洒脱利落。

跑旱船　以彩绸、纸花装束成舟船模样，船内一人扮作女郎，两手提船帮，模拟船在风浪中颠簸、或轻盈行驶等动作，一艄翁在船前执桨划船，默契配合，十分协调，全县各村都有。

龙灯　以纱绢和木竹制成多节龙身，夜间龙身内燃灯，由 10 余名年轻力壮的小伙子举起，在广场内模仿龙闪展腾挪、扭摆盘旋的姿态，并配锣鼓、点燃鞭炮，以示降龙，以求祈祷全年风调雨顺、人寿年丰，现则只用以各种节日欢庆。

挠搁　山阴县挠搁流传已久，一直沿续至今。岱岳镇顺城巷每逢元宵期间出玩艺总是挠搁人，顺城巷归先进村所辖。所谓挠搁，就大人们用事先做好的铁架子把自家的小孩或亲戚家的小孩固定好挠起来，孩子们有男有女，但男孩居多，大人基本是清一色的壮男子。一个小孩一个大人是一个组合。孩子们都十分安全，他们穿着彩衣化妆成不同角色（比如西游记里的各个人物、水浒传里的人物等等），随着音乐的鼓点和唢呐的旋律凌空起舞，在比赛评分点或人多的场点孩子们还要在铁架子上不停地翻滚，卖力的表演展示，以博得观众的掌声和评委们的高分。而下边托举铁架子的大人们只穿彩衣不化妆，他们也要跟着锣鼓和唢呐的节奏不停地扭动舞步，走出预先排练好的队列。整个玩艺的特点是：小孩被托举在上面表演，能出人头地尽情地起舞翻滚，可他们并不怎么费劲，因有家长或亲戚在托举着走路行进。而下面托举的大人们躲在下面并不露脸。但他们个个舞得满头大汗，但也无怨无悔，因为一是为了喜庆和艺术，二是他们相信为了让自己的孩子出人头地，而自己心甘情愿地当人梯（这是很久以前的流传，现在只是为了喜庆和艺术）。多少年过去了，顺城巷的传统“挠搁”能得以传承与老百姓望子成龙、盼女成凤的思想也有点关联。

第二节　民间音乐与艺术团

民间鼓乐　县域境内流传范围较广。最早兴起于北周庄村，村民郭永青 13 岁拜师学艺，光绪十年（1884）传艺掌班，后流传全县。1997 年有鼓匠班 8 个。乐器分吹奏乐器、弦乐器、打击乐器。演奏人员一般在 10 余人。吹奏的曲调根据不同场合而定，除传统的《将军令》《苦伶仃》《哭皇天》外，还吹奏地方戏曲的一些牌和唱腔。

唢呐音乐　唢呐主要是乐户吹奏。乐户旧时称吹鼓手，专为红白喜事助兴，以唢呐吹奏和坐班戏为主。1949 年后的名吹手有岱岳满花、马营庄冀右、康庄青春等。吹奏和坐班戏红白喜事各有区分。红事吹奏《将军令》《打金枝》《大得胜》《打老虎》《喜拨子》乐曲。白事吹奏《哭佛堂》《苦伶仃》《佛曲》等。

广益社区健身队　广益社区从 2004 年春季成立健身队伍，刚建队 20 多人，逐年扩大，到 2016 已是上百人的健身队伍。队员来自于离退休老干部、老教师、工人以及一部分家庭妇女和下岗职工，平均年龄 58 岁。健身队文化活动内容丰富多彩、形式多样，多次受到县委领导的赞扬，并且把表演的视频上传省妇联、以及多数视频网站宣传。2004 年五一节、老年节、国庆节表演节目是广场舞《格桑花》、健身操《绣荷包》、扇舞《喜洋洋》，参演人数从第一次的 24 人增加到 36 人，2005 年“七一”、国庆节表演节目是扇舞、健身操《拥军花鼓》，参演人数 36 人。2006 年“七一”、老年节、国庆节表演手绢舞《欢天喜地》、扇舞《共度美好时光》、体操《南泥湾》，表演人员 42 人。2007 年，市领导、县领导观摩山阴文化体育事业娱乐活动。表演节目：手绢舞《欢天喜地》、扇舞《喜洋洋》，参演人数 42 人。2008 年五一节、国庆节、表演的节目是健身操《绣荷包》，参演人数 48 人。2009 年 6 月，门球比赛开幕式上，表演长扇舞《祖国你好》、手绢舞《欢天喜地》，参演人数 48 人。长扇舞《祖国你好》作为开场舞，并获得一等奖。同年8月8日健身节再次表演以上两个舞蹈，获得一等奖。在庆祝建国60周年时，表演长扇舞《祖国你好》。2010年健身节、国庆节社区表演的节目为扇舞《好收成》、绣球舞《爱我中华》，参演人数48人。2012年元宵节，参加中煤金海洋能源集团有限公司的文艺会演，表演节目《祝福祖国》《祖国你好》获得二等奖。

山阴县民间艺术团 山阴县民间艺术团成立于2010年3月16日，是经山阴县民政局批准登记的民间群众文化艺术团体，隶属当时的山阴县文化体育局。其时艺术团各类演职人员95人，灯光200件，音响设备20件，古乐器160件，民间乐器48件，功放机10台，调音台4台，车辆3部，礼炮20门，各类演出服装300余套，固定活动场所2000多平方米，总投资200多万元。2011年，组织策划山阴纪念中国共产党成立90周年红歌会专场晚会和庆祝山阴县"两会"召开专场晚会。2012年以弘扬山阴民间艺术繁荣文化艺术市场为主旨，编创包括《塞外绿洲》《雁门雄风》《大红公鸡毛腿腿》《龙腾虎跃》四部吹打乐曲。2012年，全县民间吹打乐成功申报朔州市非物质文化遗产保护单位。2016年，山阴县民间艺术团内设顾问、团长、副团长、创作、导演、音乐、舞美、灯光音响、财务、后勤等小组。团长为武新山，副团长为李培文、梁宝林。

山阴县民间艺术团

山阴县黄鹂鸟演出策划有限公司 山阴县黄鹂鸟艺术学校成立于2000年8月，由当地政府支持，县教育局、民政局批准开办的一所民办职业高中文化艺术学校。学校占地10亩，共有教室、排练厅100余间。并聘请多位知名艺术家开设戏曲表演、声乐、器乐、舞蹈等科目，学校拥有一支高水平的专业课的师资队伍。从2000年8月到2010年7月累计培养出2000名多艺术人才走向了各大院校及艺术团体。2011年左右由于招生的困难，学校走进困境，经研究决定，山阴县黄鹂鸟艺术学校改为山阴县黄鹂鸟演出策划有限公司，该公司成立于2011年3月，公司现业务范围：文艺创作、艺术指导及培训、地方戏曲表演、歌舞表演、舞美设备租赁等业务。共有演职人员66人，公司开展各项积极向上的文艺演出活动，编排主题节目多次在市、县文艺会演中获奖。2016年，黄鹂鸟演出策划有限公司组织策划了山阴县全民K歌大赛、山阴县全民朗读大赛、山阴县传统庙会大型演出活动、山阴县春节联欢晚会及团拜会演出等，公司开展送文化送戏下乡活动，平均每年送戏下乡演出场次50余场。

第三节 剪纸 面塑 刺绣

剪纸 剪纸是山阴县民间美术的重要形式。婚礼剪有《喜鹊登梅》《龙凤呈祥》《鸳鸯戏水》及洞房拉花、吊花；寿诞剪有《寿星老》，生子有《莲生贵子》。新春佳节剪一些装点居室和贴于彩灯上的图案，人物、虫鸟、花卉等内容时有翻新，形态逼真，流畅传神，至今马营乡一带流传最广。贾玉鸿的作品《农业大丰收》1983年参加雁北地区美展并获奖，张秀英的作品《百花园》《齐心协力》《百年沧桑》《香港回归》《中国龙》等在朔州市妇联会举办的巾帼风采中获一等奖，她

春节花馍馍

在1995年世界妇女大会期间被全国妇联命名为“中华巧女”。

面塑 面塑是将发好的白面团捏成花鸟、娃娃，每当逢年过节和红白喜事，农村妇女都要献艺，如寒食节的十二生肖，七月十五的面鱼，春节的花馍馍，娶亲时的花鱼吉兔，丧葬时的面鸡，生日满月的寿桃馍馍等。

刺绣 刺绣是山阴县妇女的传统手工艺品，从妇女儿童的衣裙鞋帽到日用枕套、床单、门帘、桌布上，都有刺绣的身影，其图案之多，不胜枚举，虎头帽、虎脸鞋、老虎枕头更是普及民间，随着时间变迁，刺绣也在更新换代，电扇套、电视机套、床围、手套、十字绣、壁挂等新颖刺绣品陆续出现。

第四节 戏剧 音乐 舞蹈

戏 剧

山阴县地扼雁门襟喉，南连代县、原平，北接怀仁、大同，自古为民族融合、经济文化交流的重要通道。自宋元以来，民间歌舞艺术在这里滋生、发展、传承，形成一些具有地方特色的诸如耍孩儿、道情、大秧歌、赛赛戏等小剧种。名伶荟萃，班社林立，剧目繁多，人才辈出，有晋北地区戏剧发祥地之称。

道情 民国22年（1933）黑圪塔村安荣忠创建戏班，当时主要演出于邻近乡村，后流传于广武、兰家窑及朔县、右玉等地，故黑圪塔村有“道情之乡”之称。主要剧目有《高芦庄》《打金堂》《八卦》等。道情的唱腔以古词曲为主，兼有少量配合七、十言变文体唱词曲词。最早的伴奏乐器以鱼鼓、简板为主，发展成戏曲后，保留鱼鼓，在文场乐器中增加横笛、大板胡、小板胡、四胡、扬琴等。

耍孩儿 最早流传于冻牛坡村，距今有160余年，后流传于全县乡村。新中国建立后，东庄、故驿等村有民间组织业余剧团演出传唱至今，演出的主要剧目有《送灯》《狮子洞》《金木鱼》等10多个。唱腔有明显的艺术特色，发声使用后嗓子的特殊韵味，善于表现悲凉场景。在第二句唱词前衬字咬腔，起承上启下作用，既为上句补不足，也给下句做铺垫，处理唱词常用褶褡于法，某些语词可重复演唱。

秧歌 早年流传于辛留村。1949年宋和业创建戏班，后流传全县，冻牛坡、北周庄尤为兴盛，建有秧歌业余剧团，在全县巡回演出。主要剧目有《汾河湾》《王宝钏》《九件衣》等。秧歌剧种针砭时弊，很受群众喜爱。其特点是故事简单明了，喜剧色彩浓厚，爱情戏较多。它的音乐唱腔分板腔、联曲两部分。板腔体系有纽子、二扛子、三性、急鸿崖、介板、滚白、导板。联曲体唱腔有训调、红板两大类。文场伴奏乐器以二胡、笛子为主，武场的乐器与中路绑子相似。

二人台 流传于全县各乡村。在表演上生动活泼，音乐地方色彩鲜明，为广大群众喜闻乐见，多是反映劳动人民的生活小戏。其代表性剧目有《走西口》《挂红灯》《五哥放羊》《十对花》等。音乐多一戏一曲，兼用板腔。曲调有百余首，跳荡音程，滑音、颤音很多，显得高亢嘹亮，起伏多变，粗犷奔放。表演载歌载舞，具有欢快明朗之感。

晋剧 流传最为广泛的一个剧种，也是人民群众最为喜爱的一个剧种。唱腔音乐属于板腔体。主要板式有慢板、夹板、二性、垛板、三性、流水、简板、滚白等。唱腔高亢激越，颇能表现塞外人民的豪爽性格。

赛赛 是民间祈祷风调雨顺，驱赶旱魃祭祀时演出的一种地方戏曲，于清末传入山阴，出现于山阴城（现古城镇古城村）侯家戏班，50年代后失传。

弦子腔 曾经流传于本县。因其有时与罗罗腔合班演唱，亦称弦罗腔。据传此剧种清代较为盛行，民国以后衰亡。

戏剧 发展90年代末，全县主创的广播剧《好站长魏文亮》，在山西省广播电视台播放，并获得全省“五个一工程”奖；2002年创作的电视专题片《大地的回报》，为全县获得“禹王杯”作汇报演播；2004年，专辑《人口经纬》电视专题片25辑，获山西省计生委金奖；2006年创作的电视专题片《路长富更长》在全省农村公路养护现场研讨会上，作汇报演播；2009年撰稿的电视专题片《魅力山阴——山阴县改革开放30年纪实》，在山西省、朔州市电视专栏播放。1989—2016年，各行各业创作、撰写电视专题文学脚本达60余部，县部分单位赴省、市调演，创作小品、戏曲30余种，大都获得创作奖。

音　乐

音乐类型　山阴作曲家关跃明音乐作品有《朔州市政协之歌》《使命》《神奇的水》《放歌大塞北》《塞北的雪》《五剧闹春》《大西口》《相约西口》《太阳照在桑干河上》《雁门关外好人家》等。其中《大西口》主题曲，在2010年，获山西“五个一工程”奖。

音乐发展　90年代，全县发展社区、机关、企业、校园和医院等文化生活，成立各种辅导站，组建起一批演出队。2001年，县文体局举办首届农民卡拉OK大奖赛，8月基层群众文化汇报演出在县文化广场举行汇报演出。2010年在朔州市首届合唱艺术节上，山阴选送的节目获得三个一等奖。2011年在朔州市第二届合唱艺术节上，县教委合唱团获得二等奖并参加省举办的调演的活动，2012年11月，全省乡镇综合文化站文化员技能大赛在太原举行，山阴县选送的唢呐《鸿雁》、晋剧《人说山西好风光》《二人台》分别获个人一等奖、二等奖，在朔州市举办的“三小”（小品、小戏、小剧种）调演中专门为山阴举行专场演出。

舞　蹈

1998年以后，山阴县流行跳舞，县城内大小舞厅随处可见，商品街、二轻局三楼、同太路、西环路、以及各大酒店都有舞厅设置，门票10到30元不等，2003年以后，大部分舞厅只收男士门票、女士免费。大型舞厅人员较集中。舞蹈种类主要是交谊舞、三步、平四、快三、点四、踢踏舞，还有探戈等。2006年开始，在全民健身的大背景下，广场舞以积极、健康的态势迅速发展。2010年以来，广场舞规模化发展，青少年中盛行街舞、机器人舞，民族舞蹈、集体舞也比较盛行。2012年后县域内新生了音乐舞蹈培训机构，有很多小学生假期参加培训，以伦巴、恰恰、桑巴牛仔、和斗牛舞、机器人舞、街舞为主，有很多女孩学习芭蕾舞、民族舞、现代舞等。

2013年山阴县体育舞蹈协会成立，会长秦永贞，协会会员有一百多人。邀请三步踩武汉原创人多次培训指导，2013年8月在长治市第五届体育舞蹈锦标赛公开赛上荣获三步踩团体一等奖，个人总决赛金、银、铜牌。2014年12月在武汉荣获中国三步踩大赛伉俪组一等奖，常青A组金、银、铜奖；2016起盛行三步踩、中华情、水兵舞、第五套秧歌舞、走秀等。应用而生舞蹈协会、健身团体团队，像三步踩学会、夕阳红舞蹈队等。2016年7月23日在大同市首届职工体育舞蹈比赛获得团体一等奖，二等奖，个人金、银、铜奖；2016年7月26日在山西忻州第二届体育舞蹈锦标赛暨公开赛上荣获三步踩团体舞一等奖，吉特巴团体舞一等奖，个人单项组金、银、铜奖。

第五节　美术　书法　摄影

美　术

山阴县美术形式多样，常见的有绘画、剪纸、雕刻、刺绣、面塑等。县内绘画以寺庙壁画最为古老，现代知名画匠有南辛庄村王成义等人，曾参与应县木塔、五台山和大同上下华严寺的塑像、彩绘壁画制作，王成义之子王守祥的作品有化悲庙和帐头铺村佛殿庙的彩绘。清末民国初期，较富有之家多有炕画，一般为黑底金边，以历史人物、戏曲故事、花鸟走兽为主，色彩鲜艳，边饰别致，发展到21世纪初得到广大群众的喜爱，较知名的画匠有胡疃村刘正安、元营村丰茂林、山阴城（现古城镇古城村）王三、梁山巷闫广、岱岳镇卢生贵、贾玉文、马占升等。蔡天才的年画《各行各业支农忙》、中国画《工地后勤》《塞外新花》、山水画《古城新貌》、素描《人像》《国画》《东风送暖》参加山西省美术展，作者入选《中国当代美术家大辞典》。

1998年后，山阴县学生多次参加全国性书画展，如“中日韩”（国际）青少年儿童书画交流大赛；“星星河”全国少年儿童美术书画大赛，中国书画艺术“华表奖”大赛，新世纪杯中华青少年美术书法大赛，十五届国际青少年儿童书画大赛；“喜洋洋”杯全国青少年书画大赛，首届“兰亭奖”世界少儿书画大赛，“雏鹰杯”祖国同成长全国青少年儿童书画大赛，“五环杯”中国当代书画作品展，第三、四届“谷城杯”全国中小学生书画大赛，书法报第七、八届全国（北戴河、石家庄）青少年现场书画大赛等。同时县内美术培训班发展起来，县文化馆逐步办起群众美术培训班，由蔡天才任教，到2010年底，共培训青少年1500余人。举办展览80余场次。2010年文化馆书画班被中国青少年研究会授予“组织辅导第十届星星河”全国少年儿童美术书法摄影大赛大型画集《中国少年儿童美术书法摄影作品》集体优秀奖。

2016年，全县带领学生参加全国性书画展，剪纸人物、虫鸟、花卉等内容翻新，形象逼真优美，在各大比赛中取得好成绩。增加原艺文内绘画及作品。

雕　刻

新中国建立前，县内雕刻多数散布古亭和官神府第，木雕常见于殿堂，宅居的护栏、门窗及家具之上，境内至今还散存有形态各异的石雕像，有墓室雕有花草等图案，形象逼真，构思精巧。砖雕较普遍，多用于门楼和照壁，大部毁坏，当代尚有少数屋檐、门窗等有简单的木雕，也有以石碑为主的石雕。

鼠偷葡萄吉祥纹样

书　法

明清以来，山阴县书法作品大多为楷书和隶书。赵、欧、颜、柳各体均见，笔体刚劲有力，挥洒自如。90年代末，山阴县办起书法培训班，招收青少年书法爱好者，促进全县书法活动的开展。如陈禄凡创办“兰亭书画学校”，蔡天才创办书画培训班。

2008年，山阴县陈禄先书法作品获“中华艺术英才奖”全国书画大赛金奖；第二届“华夏情”全国书画大赛金奖；第二届“民族情”全国书画大赛金奖；《中国书画家全集》征稿评选活动金奖；首届“滕王阁杯”文学艺术大赛一等奖；纪念毛泽东诞辰115周年全国书画大赛华冠金奖；第五届“盛世中华杯”中国美术书法大赛金奖；“阳光杯”全国书画摄影诗文大赛特等奖；作品入编《中国书画家全集》《迎奥运中国书画名家精品集》《中国当代名家书画大观》等多部作品集。

陈禄先，男，1959年出生，公务员。现为中国老年书画研究会会员。其作品曾在全国各类书展中获奖、入展。2011年，山阴作品在“隶书杯”中华同体书法创作竞赛中获“隶书百佳提名奖”。2012年，陈禄凡参加朔州市“桑源墨韵”老年书画十五人联合展览，获得朔州市文学艺术联合会颁发的“优秀艺术创作奖”，并在《中国老年画报》中刊登书法作品数幅。陈禄凡，1948年生于山阴，现任山阴县老年书画协会主席。2015年，作品在纪念中国人民抗日战争暨世界反法西斯战争胜利七十周年书画大赛中获得一等奖，被八路军太行纪念馆收藏。出版楷书《千字文》《朱子家训》字帖受到普遍好评。

2016年，王守恒创办山阴县中老年书法协会，开展各种培训、展览和交流活动，受到社会各界赞誉。山阴书法名家介绍：

王守恒，男，1954年生，山阴县人，笔名云水人。作品多次在全国、省、市、县书展活动中获奖。曾获得中国老年诗书画作品邀请赛一等奖。

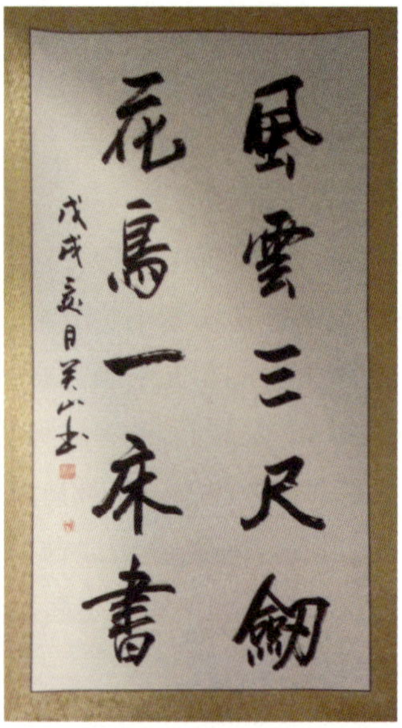

行书／闫关山

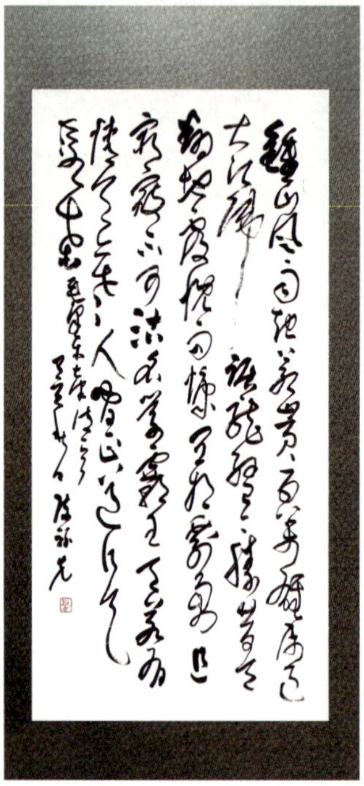

草书／陈禄先

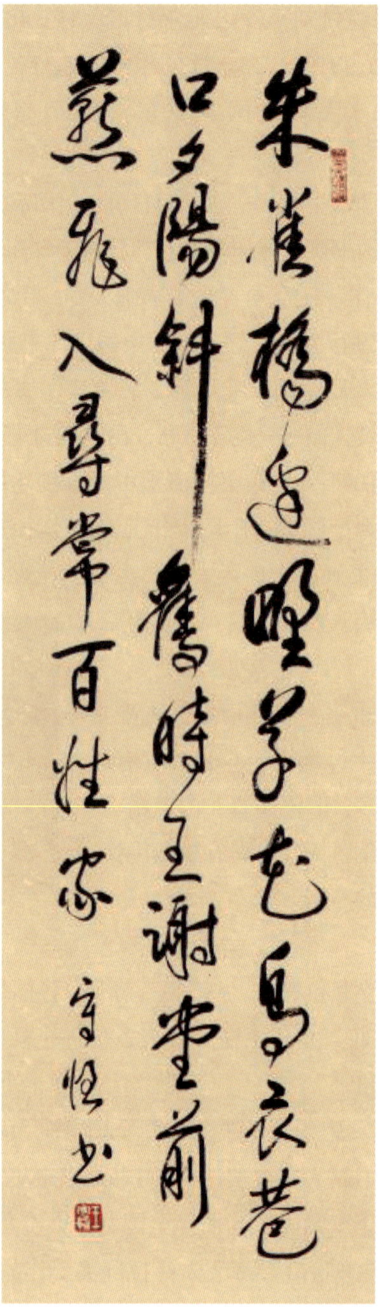

行书／王守恒

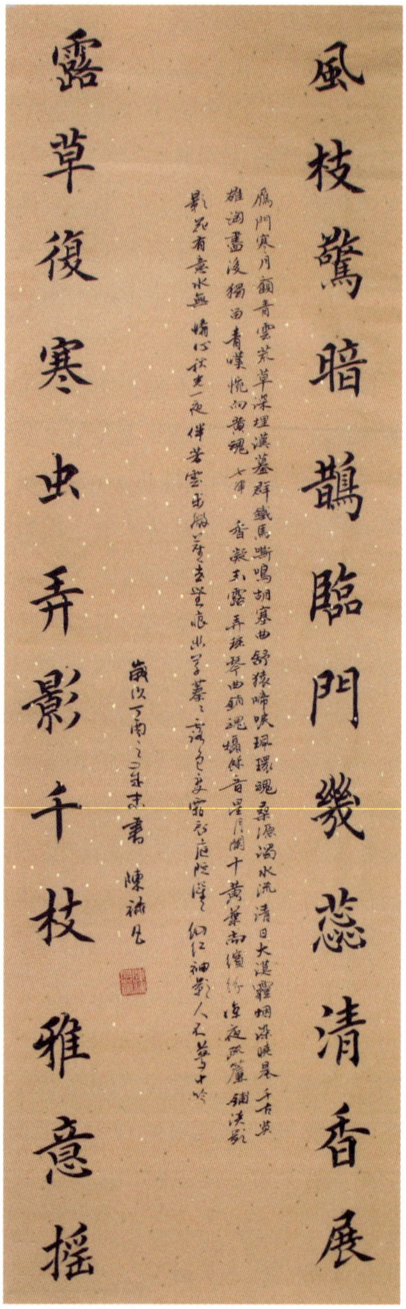

楷书／陈禄凡

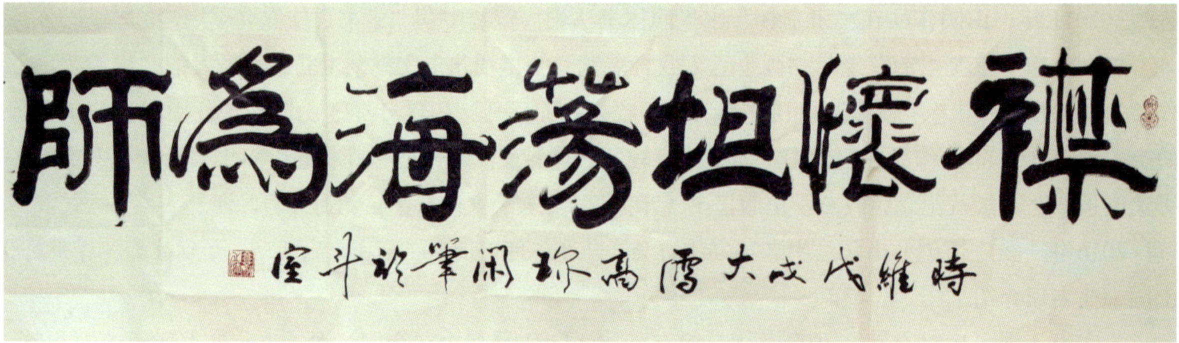

隶书／高珍

夕照广武长城 / 闫祖智

虎 / 翟福春

新闻橱窗 / 郑文

锦绣河山 / 赵秀华

高珍，男，1961年生，现为中国国际书法家协会会员，书法作品多次参加国家级书展。2006年11月，受北京清华大学华文书画院邀请参加全国书画展，作品荣获“金奖”。

闫关山，男，1977年，吴马营乡闫家窑村人。曾获中国教育学会书法专业委员会“三笔字”大赛优胜奖，山西省教育学会书法专业委员会教师大赛一等奖等。

徐德清，男，1945年生，山阴县西小河村人，山西省书协会员，傅山书画院秘书长。曾获纪念抗日战争胜利60周年夕阳红全国老年书画大赛”一等奖。作品入展“第四回”和“第七回”世界书法文化艺术大展。所书《吉祥经》入选纪念五台山申遗成功全国千名书家写经大展。艺术成就被编入“中国人才辞典”第三卷。

摄 影

90年代末，全县摄影橱窗的事迹曾作为专题在《中国摄影报》《人民摄影报》《山西日报》《山西画报》等10家报刊上发表，并在山西电视台、朔州电视台、山西人民广播电台等5个台站播放过多次。2005年9月，杨中桢摄影橱窗参加中国平遥国际摄影大展，获得“中国当代优秀摄影师大奖”。至2006年，山阴县新闻摄影橱窗总计展出1570期。2008年7月，《影像山阴·杨中桢摄影橱窗四十年》出版。该画册是杨中桢从7万余幅照片资料中选择编辑的，共收集照片2300余幅，设立14个篇章共66个部分，全面展示山阴县40年中各个不同历史阶段，人民群众的精神面貌和社会改革发展变化。该画册形象直观、雅俗共赏。2011年，刘培义摄影作品《拉花跌姿》获“我们的精神家园中国非物质文化遗产摄影大展”优秀作品奖。（杨中桢详见第三十篇人物）

2016年山阴县摄影除商业性的影楼、婚纱摄影等以外，随着数码摄影器材的普及，加之手机摄影功能的提高，个人摄影爱好者层出不穷。

闫祖智，男，1971年出生、山阴县岱岳镇人。朔州市摄影家协会副主席。2013年7月在朔州市第二届摄影艺术大赛“魅力边塞”摄影展中，摄影作品《坚守》获得风光类金奖、《蒸花馍》获得纪实类银奖。

郑文，男，1968年4月生，山阴县岱岳镇人。1988年1月参加工作，先后在山阴县人民文化馆、山阴县委通讯组工作。2006年12月任山阴县新闻中心副主任，2012年12月任山阴县对外宣传联络中心主任。自参加工作以来，一直从事新闻摄影工作，走遍了山阴县的大小山川、田间地头、工厂车间、建筑工地，拍摄图片10万多张，展出新闻橱窗3000多期。

第五章 广播影视

第一节 广播 电影

广 播

1998年，对电台节目进行全面改版。全天播音三次，时长5个半小时。改版后的节目除转播中央人民广播电台《新闻和报纸摘要》和山西人民广播电台《全省新闻联播》节目外，自办节目有《山阴新闻》《天气预报》《365四季谈人口》《每周一歌》《广告文艺》《法在你身边》等栏目。同年，电台更换采编播设备，配备300瓦全固态调频发射机一台，音频播出控制桌1个，金方立音频工作站1台，R—7a型磁带式采访机1台，JVC卡座6台，并在县城主要街道安装高保真有线喇叭300余个。2003年，电台拥有

2台硬盘录音机，2台音频工作站，一套硬盘播出系统。2005年，随着县城同太路、府南路、府西街等主干线电杆（全部地埋）等基础设施建设的完善，有线喇叭传输线路无法继续使用，同时由于调频发射机天馈线系统故障，原厂家已不生产同规格的馈线，电台于年底停播。

电 影

放映 1998—2016年，山阴县农村公益电影累计放映达26800余场。1998—2008年，原山阴县影剧院一直服务于全县电影放映宣传工作，累计总放映电影场次达200余场次，观众人数累计达15万多人；山阴县影剧院同时还服务于全县大型会议、会展共计百余场。2009—2016年，山阴县按照要求以“一村一月一场”的标准进行农村公益电影巡回放映活动，在全县农村和农村寄宿制学校每年共计公益性放映3327场，观众人数达10余万人。改制后，山阴县文化活动中心延续此项工作。

机构 1998年山阴县影剧院和山阴县电影发行放映公司是一套人马、两个牌子，属自收自支事业单位。2011年两个机构一并核销，重新组建山阴县文化活动中心为事业建制，山阴县电影发行放映服务中心为企业建制。

第二节 电视传输

设 备

2012年，有SONY—190摄像机8台，SONY—198摄像机2台，SONY—EX330K摄像机2台，7条非线编辑线，4套硬盘播出系统。2016年，记者部配备2台SONY—198高清摄像机。改造升级有线机房和无线机房，共铺设72平米防静电地板。有线机房新增8组光发射、光接收机机柜以及其他配套设施。无线机房配备2套多功能工作台，新增1台32T磁盘阵列，提高节目制作质量和传输效率。

节 目

1998年，山阴电视台节目进行改版，《山阴新闻》改为10分钟，每周一、三、五首播，二、四、六重播，重要新闻实现日播。周日开设《周末盘点》节目。还开办《文艺大看台》《相约》《天气预报》《百姓视线》等节目。2011年，电视台以新闻立台，栏目强台为宗旨，对节目进行全面改版。《山阴新闻》节目时长达到30分钟，并对该栏目片头片尾进行包装。在《山阴新闻》节目中又开设新闻导读、新闻链接、本台评论等子栏目，成为山阴电视台一档品牌栏目。开办《“三下乡”》《电视“三下乡”》《希望的田野》《才艺大舞台》等节目。2016年，在《山阴新闻》节目中开设新栏目，挖掘新内容。开设《向平安致敬》《“两学一做”》《新班子、新作为、新气象》等多个专栏。开办《记住乡愁》《中国文化》《科普大篷车》《文艺范儿》等节目。这些科技类、生活类节目开播后，观众获得更多的法律知识、科技致富、健康指南、时尚动态、生活窍门等信息。

第三节 网络建设

有线电视台

1998年开通加密频道，有线电视节目套数增至14套。2000年9月，完成“村村通”广播电视工程。2003年7月，县城550兆有线电视网络升级改造成750兆有线电视网络，传输55套有线电视节目。上马可寻址收费管理系统一套。2008年1月，数字电视试点工作全面铺开，部分用户可以收看到80余套（不包括付费频道）高清数字电视节目。2012年，共架设各类型号的光缆41公里，电缆16.4公里，设置光接点62个。至2016年，有线电视用户1.3万户，其中数字用户7000户。

前端机房

有线电视机房设在1993年建成的广播电视大楼4层，机房面积25平方米。2016年，播出设备有模拟调制器19台，调制混合一体1台，FSK调制器1台，QAM调解器1台，前端放大器4台。

直播卫星覆盖

2009年后，采用直播卫星覆盖的办法，解决边远山区玉井、马营、吴马营、下喇叭4个乡镇20户以上、49户以下通电自然村村民的看电视难问题。2009—2010年，共安装直播卫星设备775套。2012年，为玉井、马营、吴马营、下喇叭、北周庄、马营庄、后所、岱岳、张家庄共9个乡镇80个行政村安装直播卫星设备1714套。2016年，为玉井、马营、吴马营、下喇叭4个乡镇安装1677户。

电视业经营收入

1998年，对县城新入网用户一次性收取初装费300元。1998—2002年，每户电视用户每月交9元（全年108元）收视维护费。对电视搬迁户一次性收取搬迁费150元。2003—2008年，每户电视用户每月交12元（全年144元）收视维护费。对五保户和特困户实行减免。2003年，县城有线电视网络由550兆升级改造为750兆，新入网用户一次性收取初装费500元。2008年，数字电视开始开通，收看数字电视高清节目的用户每月交23元（全年276元）收视维护费。2016年，电视台广告收入500余万元，有线电视经营创收2000余万元。

第四节 管 理

山阴广播电视台

管理机构 1998—2009年延续1992年机构改革组建的山阴县广播电视服务公司。2009年3月13日，改为山阴县广播电视服务中心。2011年5月9日，山阴县广播电视服务中心改为山阴广播电视台。内设机构：1998—2011年，设电台、电视台、广电网络中心、广告科、办公室、技术室、稽查队。2011—2013年，设记者部、专题部、编辑部、广告部、播出部、技术部、广电网络中心、办公室。2016年，机构无变化。历任台长（主任）有周文新、赵日文。

山阴广播电视台

行业管理 1998年延用1997年山阴广播电视服务公司出台的《山阴县广播电视服务公司编辑记者八要八不准》，规定在新闻采访及新闻报道活动中，严禁从业人员收取被采访单位和被报道单位、个人以及有关方面的报酬或费用的“有偿新闻”行为；严禁新闻从业人员收取礼金、有偿证券，不搞虚假失实报道等。2005年，县广播电视服务公司贯彻中宣部、国家广播电影电视总局、新闻出版总署颁发的《关于新闻采编人员从严管理的规定》《新闻记者管理办法》，制定实施方案，出台《山阴县广播电视服务公司编辑记者播音员主持人岗位职责》，调动新闻从业人员的工作热情。

广告管理 1998—2016年，逐步建立健全《广告承接登记制度》《广告审查验证制度》《广告业务合同制度》《广告档案留存制度》《广告监播管理制度》《广告业务员学习制度》《药品、医疗广告发布台内三审制度》等规章制度。2003年9月15日，国家广播电影电视总局发布《广告播放管理办法》，县广播电视服务公司严格按照《广告法》以及《办法》规定，坚持正确方向，树立良好文化品位，广告播出内容，播出时段都与自办节目相协调。具体操作上，连续广告时间不超 10 分钟，《山阴新闻》中不插播广告。电视剧中，每集（45 分钟）插播广告不超 2 分钟。2008 年，落实国家广电总局《关于做好抵制广播电视低俗之风工作的通报》的通知精神，出台《山阴县广播电视服务公司关于做好抵制广播电视低俗之风的监管方案》，落实科学发展观，贯彻社会主义先进文化、和谐理念，净化荧屏声频、抵制低俗之风，继续加强广播电视节目监管，提高节目质量和品位。

安全播出管理　从建站到电视台成立再到有线电视台成立，按照“突出重点，狠抓落实，消除隐患，抓出实效”的安全播出原则，强化安全传输和播出意识，确保安全播出。1998—2016 年，建立健全《无线机房值机员岗位职责》《有线机房值机员岗位职责》《安全播出应急预案》等一系列规章制度，做到警钟长鸣，常抓不懈。经常性地进行网络巡查，发现隐患立即消除。在重要关键时刻，增加值班，实行安全“零报告”制度、领导带班制度，安全播出工作做到态势平稳。

微波站

机构　山阴微波站 1998 年延续 1981 年始建旧址，位于山阴县岱岳镇以西 22.5 公里，海拔高度 1845 米，曾用名“高山微波站”。曾属于雁北地区管理，一段时间由山阴县广播局代管，1994 年划归山西省广播电视局技术中心管理。2004 年，机构改革时隶属山西广播电视无线管理中心，副处级建制，延续至今。2016 年，在职职工 22 人，具有本科以上学历 14 人，其中高级工程师 1 名、工程师 7 名、助理工程师 9 名，有中共党员 8 名。历任站长有刘伟、赵秉祯。

工作　1998 年前山阴站已经开通太呼微波电路、山西省微波电路、完成太呼微波电路第二期工程。2002 年完成了太呼数字微波电路改造，2005 年完成了省内电路数字化改造，2008 年完成了发射机房建设任务。山阴站是“京一冀一晋一蒙”国家干线微波南线电路山西段的重要中继站，担负着中央和各省卫视及山西卫视、黄河电视台、山西人民广播电台等 200 多套广播电视节目信号的安全传输任务，其中山西卫视、黄河台电视信号传输至大同、朔州地区。山阴站严格以国家广电总局提出的维护管理方针、总局“62 号令”、《京一冀一晋一蒙数字微波电路维护管理规程》和《山西省广播电视微波电路维护管理规程》为指导，实行责任追究制，连续 20 多年站内无事故、零停传，受到上级各类表彰几十余次。

第六章　报刊　图书

第一节　报　刊

1999 年，山阴县办《炊烟报》，共出 5 期，万子文任总编。2001 年 9 月，山阴报社成立，兰思蓁任报社社长兼主编，《山阴报》于 2001 年 10 月正式发行。2005 年，闫文光任《山阴报》主编，继续出版发行《山阴报》。2010 年 7 月，组织部创办部刊《山阴党建》。2011 年 1 月，政协机关刊物《山阴人文》创刊，主编袁林生。旨在展现山阴的社会人文，传承山阴的历史文化，体现山阴的科学发展。2012 年，《山阴党建》出刊 32 期，《山阴报》发行 356 期，《山阴人文》出版 8 期。2013 年 9 月，《山阴党建》更名为《山阴组织工作》。2016 年 1 月，《山阴报》停刊，共发行 413 期。同年末，《山阴组织工作》共出版 39 期。

第二节 图 书

1999 年，山阴图书馆被文化部定为“三级图书馆”，同年，被山西省人事厅、文化厅授予全省文化系统“先进集体”。2002 年，县文化大楼竣工，图书馆迁入新址。新馆面积 1180 平方米，分设基本大库、辅助分库、特藏书库、期刊阅览、微机室、办公区。职工 20 人，其中中级职称 7 人，初级职称 8 人。馆内拥有藏书 6.2 万册，电子计算机 42 台，卫星接收系统一套。区域网基本形成，固定读者 2117 人。同年 11 月，成立山阴县全国文化信息资源共享工程县级支中心山阴县图书馆，并设立电子阅览室，与全国联网，为广大读者开辟一条新的获取信息和知识的渠道。

山阴县图书馆阅览室

2003 年 5 月，经省文化厅牵头，与北京横渡书院合作，成立山阴分院，同年 8 月 1 日，正式启动“城乡全民读书工程”，受到广大读者的欢迎。2004 年 3 月，“共享工程”山阴支中心在县教育局的支持下，添置投影仪一部，微机 30 台，音响设备 1 套，并对县人事局专业人员进行电脑学习和培训。5 月在县城文化广场隆重举行启动仪式。从此，山阴县“文化信息资源共享工程”的发展进入程序化，规模化的运行轨道。2005—2008 年，全县补充和完善“共享工程”基础设施，新建占地 180 平方米的电子阅览室，增置各种设备和设施，总价值达 10 余万元。

2012 年，馆藏文献 6.48 万册，视听资料（光盘）100 万张，建成全国文化资源共享县级支中心 1 个，13 个乡镇级基层服务点配置投影仪和屏幕，覆盖率达 100%，建立由县支中心、乡镇、村基层服务点组成的山阴县文化共享工程三级网络架构。在图书馆服务宣传周中加大文化共享工程宣传，举办文化共享工程社区系列宣传活动。在“三送”（送文化、送科协、送电影）活动中，发挥文化共享工程既是图书馆、又是影剧院、科技馆的优势，定期深入农村发放农业科技光盘，现场解答农民咨询。同时，围绕与人们日常生活息息相关的法律法规、戏曲、文化科技信息等内容，以各种方式传播先进文化。

2016 年，全县为完善文化共享工程网络建设，在做好文化信息资源的下载和整合的基础上，开展课件光盘的制作和发放，并利用图书馆集群管理系统的书目检索、读者服务、资源链接、查找资料、数字图书馆等模块为广大群众服务。对山阴的古长城、广武辽城、汉墓群、奶牛等特色文化资源进行加工，通过网络展示山阴独特的文化底蕴。

山西新华书店集团朔州有限公司山阴分公司

机构 2011 年，山阴县新华书店内设机构有综合办公室、业务室、财务室、储运、图书连锁超市、后勤 6 个科室。2014 年 7 月，山阴县新华书店更名为山西新华书店集团朔州有限公司山阴分公司（简称新华书店山阴分公司），单位性质为企业，从事教材、教辅发行和各类图书销售等业务。2016 年，新华书店山阴分公司内设机构为综合办公室、财务室、业务室、教材、库房、连锁超市（新华书店）。有职工 21 人，其中在册职工 15 人，临时工 6 人。历任经理有郭向少、景彩平。

主要工作 1998 年后，山阴县新华书店深化内部改革，推行经营承包制，不断开展图书发行业务。2000 年，山阴县新华书店有供销社网点 1 处，社会网点 20 处。全年销售图书 490 万元，利润 14.7 万元。2009 年，完成教材、教辅发行 828.65 万元。2013 年，完成教材、教辅发行 1386.17 万元。2016 年，新华书店山阴分公司开展“手拉手、献爱心”活动，为学校和贫困生捐助图书累计3万余册；推进农家书屋建设，为全县257个自然村的农村人口解决“读书难”的问题。8月，与安踏品牌联营的文化体育用品超市开张营业，实现由过去单一品种经营迈向多元化经营，打破一业为主的销售格局。全年共完成销售额1693万元，实现利润135万元，向国家上缴税金28万元，山阴县城乡居民人均购书73.61元。

第三节　新　闻

机　构

山阴县新闻中心成立于2005年3月，正科级建制，全额拨款事业单位。编制10人，领导职数一正二副。主要职能是贯彻、执行党的路线、方针、政策和关于新闻宣传工作指示、决定，把握新闻事业发展的政治方向和正确的舆论导向，为全面推进山阴县政治、经济、社会、文化的发展提供强大的精神动力、舆论支持和思想保证。新闻中心内设机构为办公室、《山阴报》编辑部。2016年1月，《山阴报》停刊，新闻中心主任为闫文光。

主要工作

山阴县新闻中心依托《山阴报》做好新闻宣传报道工作，促进新闻事业发展和繁荣。2010年，走新媒体融合之路，打造新闻宣传多媒体平台，开通《山阴数字报》网络平台。2013年创办了“山阴新闻网”。2014—2016年，每年在朔州日报、朔州新闻网、山阴政府网、新华网等上级媒体发稿70余条，增强山阴县在全省的知名度和美誉度。

第七章　档案　史志

第一节　档案馆藏

山阴县档案馆馆藏档案起于1943年，止于2014年，包括：文书档案、会计档案、人事档案、照片档案、实物档案、房产档案、户籍档案、声像档案、退耕还林档案、敌伪人员档案、肃反档案、土地证等各类档案，以及党报党刊、图书、统计资料、党史资料、调查资料、年鉴、组织史、县志、镇志、村志、族谱等。

文书会计

馆藏文书档案主要来源于县委办、政府办、人大、政协及各党委机关、行政事业单位、群众团体，共32541卷（2001年之后，各单位执行档案整理新规则，以件为单位整理文书档案）；此外，还保存有21个乡镇1958—1983年形成的档案2058卷。2012年岱岳镇（由原岱岳乡、岱岳镇、甘庄部分合并）移交1958—2012年期间的文书、林改、土地承租、婚姻等档案1223件。会计档案来源于县政府总务室，内容包括县委、县政府各机关单位20世纪60年代至80年代工资发放表、账册、凭证、财务报表、财务资料共400余册。

人事影像实物

人事档案来源于县委、组织部、人事局移交的离退休干部档案和死亡干部档案1766卷以及县纪检委移交的干部档案1112卷。照片档案主要来源于县文化馆杨中桢和新闻办（山阴报社）郑文移交的67

册 10500 余张，内容反映 20 世纪 60—80 年代山阴县政治、经济、文化、司法、工农业生产、致富先进以及各种会议等，还有反映广武汉墓群博物馆建设初期的照片。照片资料来源于新闻办（山阴报社）郑文移交的 2004—2009 年山阴县新闻宣传橱窗、缩影本共 9 册 676 期。声像档案包括录音、录像档案和照片档案，其中录音带 31 盘。实物档案共 270 余件，系山阴县委、政府移交的奖牌、奖状、证书、锦旗等。

其他档案

房产档案来源于山阴县房产管理所，系 1994 年之前的岱岳镇居民户房产档案共 673 件。土地证共 288 卷，是解放初期土地改革运动中形成的，由各乡镇移交进馆，内容为 1949—1950 年对各乡镇农民、商户、居民，在土改中所分房屋、土地等权属、界限、数量的确权记录。退耕还林档案来源于县林业局，内容包括山阴县 13 个乡镇 1995—2007 年，以及林业局 2002—2011 年退耕还林工作中形成的退耕还林申请书、协议书、合同书、工程申报单、土地使用证、土地拍卖使用权审批表、花户面积汇集表、粮补花名等林改档案 247 盒 610 件。户籍档案来源于县公安局，内容为岱岳镇 28 条街巷 1957—1963 年居民户籍及公共户口共 2911 户。敌伪档案，来源于县公安局，内容为 20 世纪 50 年代在清查反动、敌特人员运动中形成的敌伪人员档案共 541 卷。肃反档案来源于县公安局，系 20 世纪六七十年代肃反运动中形成的肃反对象、人员人事档案共 123 卷。

资 料

馆藏资料包括马克思、恩格斯、列宁的著作，毛泽东、邓小平等的著作，《人民日报》《山西日报》《察哈尔报》《参考消息》《雁北日报》《山阴报》《前进》《红旗》《求是》《国务院公报》《山西政报》《中共中央通讯》等各个时期的党报党刊；政治、军事、经济、历史、农业、商业等书籍、资料；党史、文史、档案资料；经济年鉴、统计资料、普查资料；人大志、组织史、史志、镇（村）志、族谱、家谱，以及本籍人士撰写、出版的书籍等共 2 万余册。

目录馆库

档案馆共有案卷目录 100 余册，全引（开放）目录 77 本 11088 页，150 余万字，以及档案馆简介、档案馆指南、全宗介绍等参考资料。档案馆馆库面积 80 平方米，馆藏档案装具有密集架 19 列 190 组，1140 节，五节铁皮柜 12 组 60 节。

第二节 档案利用

1998 年后，县档案馆积极开发档案资源，做好提供利用，为社会主义现代化经济建设及其他各项工作服务。档案管理人员不断完善检索工具，编制各类档案目录、开放档案目录；不断熟悉馆藏内容，编写档案全宗介绍、档案馆指南等档案参考资料，简化查阅手续。1999 年共接待查阅者 126 人次，提供利用档案 410 余卷（册）。2006 年共接待查阅档案资料者 200 余人次，提供档案资料 350 余卷（册）。2008 年，为史志馆完成“抗日战争人员伤亡和财产损失”调研课题，提供大量的档案资料。全年共接待提供利用档案 168 人次，242 卷，复印档案 516 页。2009 年，由李日宏、刘德义主编，黄冀主纂的，山阴历史上第一部乡（镇）志——《古城镇志》发行出版。书中大量资料均来源于县档案馆。2009—2011 年，在山阴县人大常委会组织编写《山阴县人大志》的过程中，查阅档案馆馆藏，县委、县政府、县人大先后查阅案卷数量 300 余卷，查阅利用的资料 400 多万字以上，时间跨度为 1949—2011 年。

2010 年，由山阴县档案局与河南三门峡大益文化传媒有限公司合作编写的《山阴县图典（1978—2008）》印刷出版，记述 1978 年到 2008 年间山阴所发生的有重大意义、深刻影响并深得民心的大事、要事、新事。同年，由原山阴党史研究室主任曹居应编著、山阴县史志馆编印的《中国共产党山阴历史大事记述》一书中的建国后部分资料均来源于馆藏档案资料。2012 年，民政部门关于优抚参战老兵政策落实活动中，通过查阅老兵个人档案，确认老兵的参战部队、参战地点、参战战役等各项内容，为参战老兵争得应得的优抚权力。全年接待利用者 300 多人次，提供档案 420 余卷，免费复印提供证明 200 余份。2013 年，由刘德义、马维华主编，黄冀、苏建成主纂的《岱岳镇志》出版发行，记述岱岳镇有史以来的政治、经济、军事、文化等方面情况，很多资料来源于县档案馆。同年 6 月，县人武部、古城镇人民政府，通过查阅县档案馆馆藏党史资料、《山西日报》等档案、资料，为 1967 年在抗洪救灾中英勇牺牲的驻军战士刘幸烈士修建纪念碑和英雄的雕像。

2014 年，县中小企业局樊晋川等，按照省政府文件按精神，为山西省乡镇企业、中小企业发展成果编写图书，收集资料、查阅馆藏、县委、县政府文件 80 余卷，复印 590 页，收集反映山阴县 1974—2012 年近 40 年来乡镇企业、中小企业的发展历程，尤其是改革开放 30 年深刻变化的光辉历程和发展全貌。2015—2016 年，原县人大副主任徐万道，通过查阅馆藏 1958—1985 年县委、县政府各乡镇文书档案以及统计资料等，收集大量资料，编写《人民公社留在山阴的记忆》。2015 年起，县委党校退休副教授闫正通，通过查阅馆藏档案资料，开始编写一套三部《岱岳古镇》丛书。1998—2016 年，县档案馆共接待查阅档案资料者 4000 余人次，提供档案资料 7000 余卷（册），查阅范围涉及到各个方面，为工作查考、领导决策、编史修志，年龄、工龄、工资、身份等的确认，房屋、土地、林地等权属纠纷，人事任免、表彰先进、旧城改造、房屋拆迁、落实待遇等提供大量翔实可靠的档案原始凭证，取得较好的经济效益和社会效益，得到社会各届群众的好评。

第三节　档案管理

档案管理工作

1998 年后，山阴县在全县范围内开展档案目标管理活动，通过召开山阴县档案工作会议，组织业务培训会，派出业务骨干上门指导等方法，促进机关、企事业单位档案的规范化建设和档案室定、升级工作，促进机关档案管理水平。1999 年，山阴县下发《关于进一步加强农业和农村档案工作的通知》，在山阴县涉农部门和乡镇、村级政府、乡镇企业加强档案工作，制定印发了《乡镇机关建档标准》《村级建档标准》《乡镇企业档案标准》，用以指导农业、农村建档工作；并集中人力对岱岳乡、北周庄镇及其部分村，如北王庄、北周庄、堡子巷、七里沟等进行了档案规范化整理，建成一批有一定水平的村级示范档案室，以带动山阴县农村档案管理工作。同年加强改制企业档案整理工作，在企业改制过程中，对水泥厂、特种水泥厂、天龙玻璃厂、腰寨矿、安平矿、古城乳业集团、县砖瓦厂、昌平矿等单位的改制材料进行收集、整理、立卷、归档；加强机关事业单位的定升级指导工作，计生委档案室定级，纪检委、人寿保险公司、地税局晋升为省二级标准，促进机关事业档案标准化、规范化建设。

2001 年，山阴县档案馆加强对撤并乡镇的档案管理工作。为了合理处置乡镇撤并过程中的档案，防止在乡镇机构变动中档案的遗漏、丢失，山阴县下发 2001 年《关于在乡镇机构改革中加强档案管理的通知》，要求各乡镇及有关单位要认真做好乡镇撤并中档案的保护和移交工作，并附发了县档案馆编发的《乡镇机关档案归档范围及资料收集范围》，具体指导各乡镇的收集、整理归档和移交工作。并对山阴县撤并后的 13 个乡镇进行了档案执法专项检查。全年共接收县委、县政府等文书档案 149 卷，干部人事档案 737 册，实物档案 5 件，各种资料 30 册（件）。2002 年 3 月 28 日，县档案馆为搞好档案收集、整理、管理，提高档案管理人员业务素质，印发《关于开展 2002 年档案管理业务培训的通知》，于 4 月

16 日举办了一期档案业务培训会，主要以各乡镇、中小学专兼职档案员为培训对象，内容为《档案法》《档案法实施办法》《乡镇档案移交进馆工作》及《乡镇农村档案的立卷归档工作》。同年，对山阴县消防大队、中国农业发展银行山阴县支行、人大、人行、公路段、煤炭安全管理局等机关单位的档案整理归档和升级工作进行业务指导，其中消防大队、山阴支行档案管理达省三级标准，公路段晋升省二级标准。

2003 年，县档案馆对山阴县药监局、山阴县交通征稽所、山阴农行等立档单位的档案整理归档和定升级工作进行了业务指导。交通征稽所、农行、药监局档案室管理达省二级标准。同年为了确保对国家和社会有保存价值的档案得到有效管理和妥善处置，避免国家档案资源流失，促进档案资源的开发利用，下发《关于开展档案移交工作的通知》，在山阴县范围内开展档案的移交和接收工作。2004 年，县档案馆在山阴县各级各类机关、团体、事业单位中开展档案达标升级活动，对山阴县计生局、项目办、检察院、法院等机关单位的档案整理归档和定升级工作进行了业务指导，其中，检察院的档案管理达省一级标准。同年下半年，根据省、市档案部门安排部署，配合国家档案局的执法检查工作，在山阴县范围内开展了一次档案行政执法大检查，推动档案行政执法的有序开展，提高了档案行政执法水平。

2005 年 5 月 13 日，县档案馆制订《山阴县档案馆档案接收、收集工作计划》，对档案收集、接收工作的指导思想、组织实施，接收收集范围及收集工作要求等做了具体的布置安排，用以指导档案的收集、接收工作，丰富馆藏，改善馆藏结构。同年 9 月，在全县范围内开展档案执法大检查，对山阴县各立档单位，采取实地检查、听取汇报与被检查单位主管领导交换意见等形式进行检查。2006 年 1 月，山阴县档案局在全县范围内进行档案执法大检查，由档案馆牵头，会同政府办、人大、司法局共同组成了检查组。1 月 20 日，《关于印发山阴县档案局推行行政执法责任制实施方案》的通知，规范档案行政执法行为。6 月 20 日，转发《省档案局、发改局、工商联转发国家档案局、国家发改局、全国工商联〈关于促进民营企业档案工作发展的意见〉的通知》的通知，用以指导民营企业的档案工作，为非公有制经济持续健康发展提供有效的服务。发文《进一步加强山阴县农业和农村档案工作的通知》，对山阴县乡镇以及涉农部门的档案进行摸底调查。同年，对财政局的档案整理工作和地税局档案目标管理一级标准重新认定工作进行业务指导，财政局 1948—2005 年近万卷文书、会计、业务档案资料全部整理上架，地税局从 2001 年到 2005 年近 5000 卷档案按照新的分类标准和规范化要求整理归档，并通过省一级认定检查。

2007 年 4 月，档案局会同县委办、政府办组成档案安全检查组，对山阴县 30 个机关、事业单位进行了为期一周的档案安全大检查，成立了以政府副县长张峰为组长的检查组。同年 12 月 8 日，县政府办公室发文，《关于举办山阴县档案业务知识培训班的通知》，在 12 月中旬举办了为期 2 天的培训工作，由各立档单位专兼职档案人员、文秘人员参加，提高档案工作人员的专业知识水平，促进机关档案工作的管理工作。2008 年 8 月 20—27 日，在全县范围内开展执法大检查，加强重点检查，贯彻实施《档案法》《档案法实施办法》的总体情况以及档案安全管理、开发和利用情况。2010 年 11 月，研究制定《山阴县档案事业发展“十二五”规划（草稿）2011—2015》，《规划》对山阴县档案事业发展“十一五”规划作了回顾，分析“十二五”期间发展的有利条件和不利因素，制定“十二五”规划总体目标和主要任务以及主要措施。

2011 年 12 月，县档案局落实《中华人民共和国档案法》《山西省档案管理条例》等档案法律法规，印发《关于开展〈中华人民共和国档案法〉〈山西省档案管理条例〉执法检查的通知》，成立领导组，由人大常委会牵头，会同人大法工委、司法局、法制办组成联合检查组，于 12 月 15—25 日对山阴县各乡镇和县直各单位进行档案执法检查。同年下发《关于做好档案归档工作的通知》，共接收文书档案 526 卷，466 件，实物 18 件，资料 445 册，丰富了馆藏。2012 年，山阴县印发《山阴县档案馆收集档案范围的规定》

《山阴县档案馆收集档案范围实施细则》，用以指导山阴县各立档单位的档案归档移交工作。同年，开展档案业务监督，指导县委办、北周庄镇、林业局、岱岳镇、劳动局等单位进行档案的归档工作。并对山阴县污水处理厂的工程项目整理的档案进行指导，验收达到省企业档案管理 A 级标准。重点指导的山阴县华夏煤业有限公司的兼并重组档案工作于 8 月验收达标。

2013 年，加强企业、科技事业单位档案工作。对山阴县煤矿企业的兼并重组整合项目档案进行了监督、指导并按照《重大建设项目档案验收办法》先后对山阴中煤顺通辛安煤业有限公司、山阴金海洋南坡波煤业有限公司、山西朔州金海洋马营煤业有限公司、山阴县腰寨煤业有限公司、山阴中煤顺通北祖煤业有限公司进行专项验收。对照 10 号令要求，对山阴县煤矿企业档案的归档范围及保管期限进行审批。同年 6 月 9 日，通过开展纪念“国际档案日”活动，围绕“档案就在你身边”的宣传主题，通过电视、橱窗、挂图展板、档案知识答题等各种形式进行宣传。12 月 15—25 日，对县乡镇、机关档案情况进行了执法检查，检查各单位贯彻《中华人民共和国档案法》《山西省档案管理条例》等档案法律法规的情况，以及各立档单位档案移交档案馆的工作情况。全年完成对山阴县 28 家县级机关档案归档范围及保管期限的审批工作，根据 9 号令要求，制定档案收集范围实施细则并上报市局备案。

2014 年，协助指导县政协、水利局的档案归档工作，并接受进馆，共接收文书档案 603 卷，资料 190 册。并先后对山阴县腰寨煤业有限公司、山阴兰花口前煤业有限公司、山阴华夏煤业有限公司、山阴金海洋五家沟煤业有限公司、山阴金海洋元宝湾煤业有限公司等煤矿企业的兼并、重组、整合项目档案进行验收。2015 年 3 月 23 日，山阴县印发《关于印发山阴县档案馆接受与征集档案范围实施细则的通知》。并根据县政府办发《关于印发山阴县农村土地承包经营权确权登记颁证工作方案的通知》文件精神，制定《山阴县农村土地承包经营权确权登记档案管理工作实施意见》，成立领导组，明确档案工作原则和工作职责。2016 年普法期间，全县学习、宣传、贯彻实施档案法及其《实施办法》，充分利用电视讲座、广播专题、报刊专栏以及举办知识竞赛、橱窗、展板等各种形式，宣传档案法律法规和基本知识。同年 6 月 9 日国际档案日，通过组织人员上街发放传单、现场咨询，让全社会认识档案、支持档案工作、参与档案事业发展。

档案馆内部管理

山阴县档案馆作为集中保存、管理山阴县档案的文化事业机构，负责对山阴县范围内各乡镇、机关、团体、企事业单位及其他组织的档案进行接收、征集、整理、保管和提供利用。2006 年，档案馆挂档案局牌子，并启用公章，并经局务会研究成立了办公室、业务指导科、档案管理科、执法科三科一室，经县编办、人事部门审批通过，讨论制定了各科室任务、工作职责、岗位职责、制定完善了各项档案管理规章制度，使档案局（馆）管理组织结构基本建立起来。2007 年，制定完善山阴县档案馆规章制度，《档案保管制度》《档案保密制度》《档案利用制度》《会计档案管理制度》《科技档案管理制度》《档案人员岗位责任制》《综合档案室的基本任务》等。

档案安全管理

1998 年后，档案馆从“八防”管理方面，成立安全检查组和防火领导组，加强防火领导，配置足够数量的灭火器并定期更换，安装了报警装置和监控装置，定期对库房进行检查，严格控制库区电源，清除隐患，并定期投施虫鼠药剂。针对北方冬春季节气候干燥、风沙大，对档案管理人员明确分工、定岗定责，确保做好各自档案库房、框架内的日常清洁工作，采取开窗通风、洒水加温等措施，调节库房温湿度，并做好监测记录。对破损或褪变的档案进行修复整理，采用装盒、包纸等形式，做好档案保护防尘工作，防治结合，确保国家档案资源的完整安全与有效保护。1999 年，山阴县完善档案馆各种基础设施，安装隔离库区的铁栅栏，印刷张贴“严禁烟火”“禁止吸烟”等条幅。2002 年 5 月底，国家档案局、中央档案馆下发关于立即开展档案安全大检查的紧急通知。根据通知的要求和内容，在本馆内以及山阴县范围内开展自查、检查及整改排查工作，调整档案安全防火领导组和保密领导组，整章建制、加强“七防”。县政府办公室发文，向各乡镇、县直各单位、驻县各单位，转发了紧急通知，确保通知精神在山阴县的贯彻落实。档案馆会同县委办、政府办、人大法工委、机要保密室组成山阴县档案安全检查组，对山阴县机关档案进行了为期7天的安全管理大检查。

2004年4月，在全县范围内开展档案安全大检查。成立以常务副县长袁林生为组长的安全检查领导组，采取抽查方式对山阴县各机关、事业单位有代表性的30个单位进行重点检查，检查的重点是各立档单位档案的整理归档情况和档案的安全保管保护及保密情况。2011年，为及时有效地处理和解决档案安全工作中的突发事件，并尽早予以预防，确保国家档案资源安全，山阴县根据《中华人民共和国档案法》《中华人民共和国突发事件应急处置管理办法》及有关法律法规，制定《山阴县档案局（馆）处置档案安全工作突发事件应急预案》。同年，增添设施，加大软硬件投入，配备档案管理软件、扫描仪、防火、防盗报警器、监控设施等。2013—2016年，县档案局对馆藏文书档案、人事档案进行整理装盒。

第四节 档案机构

1998年2月2日，县档案馆挂档案局牌子，为县政府直属事业单位。2005年11月29日，山阴县机构编制委员会发文，决定将山阴县档案馆的名称调整为山阴县档案局，同时挂山阴县档案馆牌子。2006年2月24日，山阴县政府办公室发文启用山阴县档案局印章。2006年3月27日，山阴县机构编制委员办公室批复同意档案局设立一室三科。即办公室、档案管理科、法制科、业务指导科，此时在职职工13人，正科1人，副科1人。

2011年7月21日，山阴县机构编制委员会办公室发文《关于山阴县档案局清理规范意见的通知》：清理规范后保留事业单位1个：山阴县档案局（挂山阴县档案馆牌子）并规定了主要职责任务。正科级建制，核定科级领导职数1正2副。内设4个股，即办公室、指导股、管理股、执法股，核定股级领导职数4人，核定财政拨款事业编制12人，其中管理人员编制6人，专业技术人员编制5人，其他人员编制1人。2016年，在职职工15人，正科1人，副科2人，中级职称3人，男职工4人，女职工11人。历任局（馆）长有柴抗美、李卫东。

第五节 党 史

2007—2009年，山阴县史志馆完成全国抗日战争时期山阴县人口伤亡和财产损失课题调研，上交朔州市委党史办，并将调研成果以内部资料出版发行《历史记忆——抗战时期中国人口伤亡和财产损失课题调研成果》。2009年完成了全国性革命遗址普查山阴县革命遗址普查任务，并将成果上交朔州市委党史办公室。其中有山阴县第一农村党支部建立处——玉井口前村，李林婚礼窑洞即死难地，下立羊泉革命烈士墓址，王老沟烈士墓等。2010年，由原山阴党史研究室主任曹居应编著，山阴县史志馆编印的《中国共产党山阴历史大事记述》真实记录了中国共产党组织从1937年在山阴建党到成长壮大的历史，记录了山阴各阶层抗日进步团体、进步人士和广大人民在中国共产党的领导下，反对日本帝国主义侵略，反对蒋闫反动统治，夺取新民主主义革命胜利的历史，也是见过后中共山阴县委领导组织全县人民开展社会主义革命和进行社会主义建设的历史，具有存史、资育人的价值。

2014 年，县政协决定由山阴县史志馆编纂《山阴县抗日英烈传及名录》，全面记述山阴县抗日战争时期各个方面的历史事实英烈传记及名录，经过对大量档案资料的查阅，历史书集的挖掘，具体事实的考察，当事人的证词证言，各种各样的物证书证，当年顺利完成编纂工作。2015 年，山阴县史志馆完成纪念抗战胜利 70 周年论文征集工作。建立了组织领导机构，成立了编撰组，组织人员深入各乡镇、村采访、搜集资料。2016 年，县史志馆完成了中国共产党山阴县历史讲座的供稿，邀请党史办主任曹居应，就抗战时期和解放战争时期中国共产党在山阴县的成长、建设及其他活动。分两部分四节 160 分钟的讲述，由县广播电视台拍摄制作成纪录片，在县电视台连续播放半个月，在全县引起了很大的反响。

第六节　地方志

编修综述

1998 年，山阴县史志馆与文联开始合力编纂《山阴县志》。全面、系统、真实地展现出山阴的整体面貌。1999 年 9 月，由中国华侨出版社出版。

2005 年，山阴县史志馆依托自身优势，为省人民政府编撰《山西年鉴》编修山阴稿件；配合市三晋文化研究会完成《三晋石刻目录大全》山阴篇目。

2008 年，县史志馆完成山阴县第一部综合年鉴《山阴年鉴（1997—2006）》。以内部资料出版发行。

2010 年，统计局出版发行首部《山阴统计年鉴》。史志馆编纂完成《朔州年鉴》山阴篇目，同年 8 月，完成 2009 年《山西年鉴》的编辑任务。

2012 年，史志馆完成《山西省乡镇志》供稿任务，同时利用成果以内部资料出版印刷了《山阴县乡镇简志》，同时印发国务院地方志工作条例与山西省地方志工作条例进行方志、执法宣传。

2011 年 11 月，县史志馆协助山西省三晋文化研究会完成在全省进行三晋石刻的编纂工作。2013 年 7 月，县史志馆协助省志办完成 2012 年《山西年鉴》的编辑任务。

2014 年 6 月，县史志馆协助省志办完成 2013 年《山西年鉴》的编辑任务。7 月，协助市志办完成 2013 年《朔州年鉴》的编辑任务。2015 年 6 月，协助省志办完成 2014 年《山西年鉴》的编辑任务。7 月，协助市志办完成 2014 年《朔州年鉴》的编辑任务。

2016 年 7 月，县史志馆协助省志办完成 2015 年《山西年鉴》的编辑任务。8 月，协助市志办完成 2015 年《朔州年鉴》的编辑任务。

日常工作

2010 年 9 月 20 日，山阴县史志馆按照县委、县政府的统一部署，开展整顿机关工作作风活动，组织学习《江泽民文选》和有关史志业务规范。同年，将多年来堆放的资料进行整理，编排目录，完成党史、方志、文史等的编纂工作，完成纪念抗美援朝胜利 60 周年山西文献集山阴部分。2013 年 9 月中旬至 11 月 9 日，史志馆完成党支部换届工作。同年，印刷《国务院地方志工作条例》和《山西省地方志工作条例》500 份，进行地方志工作条例的宣传。

2014 年，通过查阅馆藏档案、走访当事人及其亲属、收集报刊杂志文件等多种形式，对县域内党史、地方志资料进行广泛的搜集、挖掘和整理，丰富县域党史、地方志资料库，为开展资政研究打下了坚实基础。并将多年来堆放的资料进行整理，编排目录，共同完成了党史、方志、文史等的编排上架工作。所有书籍、文档全部编写了资料案卷目录并印刷成册同时成有电子文档，文件柜科学编码。2015 年是世界反法西斯战争和中国人民抗日战争胜利 70 周年，史志馆按照省、市党史办的安排，开展纪念论文的征集工作。2016 年 9 月中旬至 11 月 24 日完成党支部换届工作。同年，山阴县做老干部讲党史电视纪录片，史志馆完成中国共产党山阴县历史讲座的供稿。

县志编修

自明崇祯三年（1630）至1998年，山阴县志失修。1981年，山阴县成立县志编委会和史志办公室，至1997年底山阴县写出专志7部，提供专志资料12份。1998年初，中共山阴县委、县政府决定编修新县志。成立山阴县志编纂委员会及其办公室，抽调人员，拨付专款，开展县志编纂工作。同年3月3日，时任县委书记蔚文彩主持召开党政联席会议，专门研究部署县志工作。3月7日，召开山阴县史志工作会议，时任县长马占俊作了重要讲话。期间，编纂人员走访山阴县和在山阴县工作过的老同志200余人，查阅复印各种图书档案资料数千万字；请教省方志界专家制定编目。县志采用大编体，分24编，约100万字，下限至1997年底。7月底，全部初稿完成，逾200万字。

山阴县二轮修志资料收集暨编纂培训会

9月底基本修改完毕。10月份，编纂人员和各单位、各系统主要负责人及部分老同志分编章进行初审，对所有数字进行复核，10月底县级初审结束。1999年4月29日，山西省史志研究院马并生、王会世、祁明等对《山阴县志》送审稿进行了评审，提出许多宝贵的修改意见。同年5月10日朔州市地方志编纂委员会办公室同意《山阴县志》正式出版，随即交付印刷。山阴县志重点记述1949—1997年山阴县人民在中国共产党的领导下，所取得的巨大成就和经历的曲折过程，是一部资政辅治的百科全书。《山阴县志》主编李志斌、黄冀。全书凡24编100万字，详尽记述山阴的历史状况和现实风貌。

2016年，山阴县启动二轮修志工作，聘请省市方志专家一同设置县志编目。召开二轮修志资料收集编纂培训会，对县志各承修单位的资料编辑人员进行业务培训。印发山西省第二轮修志行文规定、资料的收集整理、资料汇编若干要求、县志撰稿基本知识等学习资料。

乡镇村志

《岱岳镇志》 2012年12月20日，中共岱岳镇委员会、岱岳镇人民政府出台《关于编写岱岳镇志的通知》，并成立“岱岳镇志编纂委员会”组织机构。主任为刘德义、马维华，总撰稿为黄冀、苏建成、李丽。《岱岳镇志》从2012年10月收集资料开始到2013年12月完稿，一年多的时间，编纂人员查阅上百山阴县级志书，统计资料，镇级志书，村级志书，专业志书，史志资料，家谱等，收集整理了数百万字的镇志资料，记录了10余万字的笔记，摘录了卡片1000多张，拍摄相片3000多张，而且书中人员涉及范围广泛，使《岱岳镇志》成为记述岱岳镇有史以来政治，经济军事，文化等方面情况的百科全书。

《古城镇志》 古城镇志始修于2007年春，由李日宏、刘德义、黄冀主编，为朔州历史上第一部乡镇志。整个修编过程一直得到古城镇党委、政府领导和社会上的有识之士的鼎力相助。朔州市旅游局局长李志斌亦热忱帮助制定篇目，审核志稿，并提出指导意见。两位主编和古城镇镇长刘德义以及其他领导反复商讨，最终确定四项编纂原则：针对乡镇志的特点制定篇目，

乡镇村志

增加反映乡镇特点的内容；针对志书下限的延长，进一步强化对改革开放的记述深度；针对以往史志界“重经济，轻人文”的偏向，增加人文方面的内容；针对以前片面理解“详近略远，详今略古”，造成对事物前提（指中华人民共和国成立前）和发端内容记述不足的问题，进一步查找资料，调查走访，充实历史资料。古城镇志于2009年夏天定稿付梓。

《北周庄镇志》 2011年，北周庄镇响应中央繁荣文化事业的号召，决定编修有史以来第一部《北周庄镇志》。2012年初，镇党政主要领导组织召开《北周庄镇志》编纂工作动员会。2012年春节之后，编修人员开始搜集资料，在市、县有关部门和各村查阅各类文献、书籍、档案、族谱、报刊数千册（卷），搜集文字资料200余万字，走访数以百计的知情人、老干部，记录口碑资料10万余字，制作文字卡片上千张，下发50多种表格共计1万多张，并向在外的北周庄镇籍志士贤人发函500多封，发送短信两千多条；同时专门设置《北周庄镇志》邮箱，并在北周庄QQ群上发布公告，在各村张贴广告宣传单。2012年10月，《北周庄镇志》第四稿分送有关人员进行评审，并最终于当月底定稿。北周庄镇历史悠久、世事浩繁，《北周庄志》立足于弘扬北周庄镇的历史和文化，为北周庄镇的建设和发展服务，全面介记述了北周庄镇域内自然与社会各方面的历史与现状，按社会分工和时代先后记述了当地重要事物的发展情况，贯古通今，内容全面，是北周庄镇“一方之全书”。主编为王碧邦、史俊龙、黄冀、苏建成。

《杨庄村志》 2005年总编张杰与主编陈武以山阴县县志为主线，写出编写程序和粗略篇目，还编写了原则和界限等。2007年元宵节，初稿脱手，并附了资料征集书和人物姓氏征集样本。2008年清明节，二稿成功，印发了三十多套。2008年中秋节后，在前两稿的基础上，又增补、整理出第三稿，使其更为完善，充实。四易其稿，村志最终于2009年5月正式出版。《杨庄村志》的编写体例充分考虑了实际情况，并没有受到县志体例的约束，灵活而实用地安排了篇目，共设地理、人口、风情、大事记、农业、经济、政权、人物、文景、故土情十篇外加一个附录。不仅描述了村里的山川地理，探讨了杨庄村的起源及历史沿革，收集了杨庄各姓氏的来龙去脉，详细介绍了杨庄村的名胜古迹，风土人情与风俗习惯，准确记录了杨庄村的方言俗语，全面辑录了当代杨庄各方面的人才，还收录了村人的一些回忆文章。内容涵盖广泛，信息量大而且有纵深感，存录了杨庄建村以来多方面丰富的史实资料，并有一些研究性，结论性内容，堪称杨庄的“史料大全”或“百科全书”。

军事志

2004年，中国人民解放军、山阴县人民武装部奉中央军委和上级军事机关指示，开启军事志编纂工作，成立《山阴军事志》编委会。主任为侯元，副主任为县人武部部长张凯瑞、县人武部政委吕俊，总撰稿为人武部副部长冯树田、文联主席黄冀、李丽、刘俭池、董化碧。

《山阴军事志》从2004年收集资料开始到2006年完稿，共历时两年的时间。在编志过中，所有编纂骨干牢牢地把握坚持服从和服务于国防和军队建设，服务于军事斗争准备这个正确方向，把着眼点和落脚点放在全面、系统、科学地反映当地近代和现代丰富军事实践活动上，把国防建设和军队现代化建设所取得的巨大成就写足写够，写真写实、为广大读者奉献了一部深入开展爱国主义教育、革命传统教育、国防教育的可读性很强的历史教材。

《山阴军事志》是《山阴县志》的补充和延续，它的问世，更为广大读者追忆了山阴革命老区人民在中国共产党的领导下，在保卫和平和争取解放的惨烈斗争中，拥军支前、参军参战、保家卫国的光辉历程，再现无数革命先烈为了保卫这片热土不怕流血牺牲、可歌可泣的英雄事迹，歌颂了全县人民、全县官兵和民兵预备役部队在和平建设时期被继承和发扬战争年代光荣传统，同心同德、团结一致、军民共建山阴的大无畏精神。

家 谱

至2016年末，全县出版或有记载的家谱、族谱、宗谱有：山阴县北周庄《郭氏世系谱》（乾隆四年）；山阴县北王庄《樊氏宗谱》；山阴县高山疃《崔氏宗谱》（主编崔凤林）；山阴县安祥寺《黄氏族谱》《吴氏宗谱》（黄冀主编）；刘家岭村李攀桂主编的《李氏宗谱》，之后有兰家窑村《兰氏宗谱》（兰蔼蓁徐德富主编），解庄村《解氏宗谱》（徐德富主编、解鸿藩副主编），安祥寺村《吴氏家谱》（吴昌喜主编），王家涧村《王氏家谱》（王增顺主编），鸳鸯会村《梁氏家谱》（梁培德主编），刘家岭村《李氏族谱》（续编李攀桂主编），兰园村《李氏家谱》，安祥寺村《黄氏族谱》（续编黄新礼、黄施亮主编），甘庄村《赵氏家谱》（赵履端主编），北王庄村《樊氏宗谱》（樊建华主编）及《康氏家谱》，腰寨村《王氏宗谱》（三卷）（主编王茂盛），薛圐圙《董姓族谱》（主编董有国）西盐池《郭氏宗谱》（主编郭顾），杨村《杨氏族谱》（杨远顺主编）等等。

家 谱

山阴县北王庄《樊氏宗谱》于2013年由山阴县北王庄樊田发、樊滨发、樊建华、樊喜贵、面瓮山的樊世雄等樊氏后人编辑出版。樊氏家族是山阴县的一个大家族，在北王庄、新岱岳、刘家岭、面瓮山（现属于甘庄乡）、大羊村、安乐庄、北盐池、岱岳、贺家窑、甘庄等村镇都有樊氏族人。樊氏远祖从滹沱河畔迁入桑干河两岸逾二十二代，繁衍至今已有族人3000多，逾500年历史。新中国建立以后，涌现出樊荣枝、樊田发、樊江波、樊厚等5名地市级和1名退休后享受地市级待遇的干部，以及樊溥发、樊一发、樊世雄等30余名县处级干部，樊碧发（曾是华国锋生前保健医生之一）、樊茂清等42名博士或硕士研究生及275名具有本科学历或初、中级以上职称者，还有党政军群、工农财贸、文教卫生、畜牧兽医、土建工程、经融服务等各级各类专门人才及能工巧匠近百人。

山阴县高山疃《崔氏宗谱》出版于2008年，前后耗时五年。主编为崔凤林，副主编崔正有。据宗谱记载大明嘉靖四年（1526），始祖崔友避元末战乱，率全家人由保定府迁入高山疃定居。始祖友公来高山疃定居后，单传五世至崔景福。五始祖崔景福公字天禄，号高山居士，村名高山疃即源于此。崔氏家族到了景福公时期，发展到鼎盛时期，家资产业居山阴县之首。景福公因献军粮有功，于明正德十三年（1518）受明武宗亲封“临锡寿官”，并于是年在府中接待过武宗一行。景福公长孙彦达就是正德皇帝在催府钦定的国子监生。彦达于国子监学习期满后，赴耀州为官，先任吏目，后任知州。景福公生四子：兴，旺，晟，茂，其后分为几大宗系，分别是中街院宗系；北店宗系；后院宗系；四大贵宗系；北恒盛宗系；前街宗系；后讫巴宗系。

管理机构

1998年延续1992年改革时，县志办公室和党史研究室合并后史志馆的建制，事业单位，不列入政府序列。2016年，史志馆内设机构为办公室、党史股、地方志股。编制16人，其中馆长1人，副馆长1人。历任史志馆馆长有黄冀、韩凤兰、侯志林。

第三十编

卫生 体育

山阴县医疗卫生系统改善服务态度，优化服务流程，不断提升服务水平，促进九项基本公共卫生服务均等化。完善新型农村合作医疗制度，加大对定点医疗机构的监督管理。1998 年后，承担全县孕产妇和 0~6 周岁儿童健康保健，35~60 周岁农村妇女宫颈癌和乳腺癌筛查、孕产妇和 5 周岁以下儿童死亡率监测，医疗器械“五整治”回头看等专项整治等项目工作。对大病患者开通绿色通道服务，提高新农合补偿比例。经过 18 年的发展，全县构建起以县级医疗卫生单位为技术指导中心，乡镇卫生院为枢纽，村卫生室为前哨，民营医院及城镇个体诊所等社会办医机构为补充，覆盖城乡的医疗卫生服务体系。2016 年，全县共有各级各类医疗卫生机构 457 所，其中，县级医疗卫生单位 7 所：县人民医院、中医院、妇幼保健站、疾控中心、卫生监督所、卫生进修学校、新农合中心。县人民医院达到国家“二级甲等医院”标准，乡镇卫生院全部通过等级评审。全县共有各类卫生专业技术人员 1329 人。

山阴县体育类型多样，包含武术、棋牌、踢毽、跳绳、滑冰、拔河、打岗、越野赛。山阴县岱岳镇、古城镇、合盛堡乡、马营乡、岱岳镇先进村先后被评为全国、全省体育先进乡、镇、村。2013 年，全县举办篮球赛，古城镇代表队获冠军。2016 年，山阴参与朔州市主办的“强健体魄·阳光生活”篮球比赛，取得全市第三名的成绩。

第一章　卫　生

第一节　卫生体制改革

队　伍

1998—2005 年，山阴县加强农村卫生技术队伍建设，多渠道、多途径培养适应农村卫生工作实际需要的留得住、实用型人才。继续落实县级医疗单位医务人员晋升专业技术职务前到农村基层服务政策，建立健全城市卫生支援农村的长效机制。2011 年，全县核定乡镇卫生院人员编制，全县编制共 288 人；按照管理、专业技术、工勤技能三种类别，科学合理设置岗位，并进行定岗、定责；实行人事分配制度改革。乡镇卫生院共缺编 113 人。两年内采取面向社会公开、公平、竞争、择优的办法解决。定期对基层医疗卫生机构进行绩效考核，并组织财政、人事等部门对考核结果进行审核，考核结果与经费补助挂钩。建立按岗定酬、按工作业绩取酬的内部分配激励机制。依据公共卫生服务、基本医疗服务和公共卫生管理岗位任务制定内部分配管理办法，定期组织对职工绩效进行考核，考核结果与职工个人收入挂钩。

2013 年，山阴县基本完成公立医院改革任务，人员待遇和经费保障得到落实。招录 44 名大中专医学院校毕业生，充实医技人员队伍。2015 年，医院编制数为 447 人，实有人员 317 人，比例为 71%（未达到 85% 以上指标）；县中医院编制数为 112 人，实有人员 105 人。完成乡镇卫生院业务骨干管理服务培训 13 人；岗位技能培训 13 人；全科医师转岗培训 8 人。2016 年，山阴县实行按需设岗、竞聘上岗、按岗聘用、合同管理，新进人员按政府规定实行公开招聘。制定县级公立医院绩效考核办法，开展绩效考核，未给医务人员设定创收指标，未将医务人员收入与医院的药品、检查、化验等收入挂钩。

医疗保障

1998—2005 年，山阴县提高医疗保障筹资标准、扩大受益面、提高补偿率。2008 年全面实行新型农村合作医疗“三条医疗保障线”，完善新型农村合作医疗制度，逐步缩小城乡医疗保障水平的差距，加大政府对农村医疗保障的投入力度。全县实施新型农村合作医疗制度、城镇职工和城镇居民医疗保险制度。2008 年城镇职工参加医保障数为 1.7 万人，城镇居民基本医疗参保人数为 3.3 万人，均达到或超过上级下达的指标；新农合参加人数 14.8 万人，参合率达 99.3%。城镇职工医保大病住院支付最高限额 40 万元，城镇居民医保大病住院支付最高限额 18 万元，新农合大病住院封顶线为 18 万元。政策范围内住院费用补偿比例：新农合 50%，城镇职工 90% 以上，城镇居民 70% 以上。

2009 年，是全县实施新型农村合作医疗制度的第二年，145335 人参加新农合，参合率达到 93.62%。4.4 万参合农民得到慢性病和住院医疗补偿，补偿金额达 1379 万元，统筹基金使用率达到 99.7%。2011 年，全县按照“核定任务、核定收支、绩效考核补助”的办法，在乡镇卫生院实行医务人员工资全额拨付，根据职工绩效考核情况发放。乡镇卫生院的运转保障经费财政全额预算，逐步建立科学长效的财政投入规划，对公立医院的投入，力争每年有所增长。对承担公共卫生服务的村医，每月补助不低于 400 元，补偿资金从基本公共卫生服务经费中安排。山阴下拨医疗救助资金 505 万元，实际发放大病医疗救助资金 495 万元。

2015 年，向民政部门申请救助的对象达到 934 人，实际救助对象为 693 人。重大疾病补偿病种逐年扩大，由2011年的8种增加到24种。慢性病由2011年的20种扩大到40种。2016年，全县医院均实行按病种、按人头付费等付费方式，覆盖住院患者数逐年提高，探索建立医疗保险经办机构和定点医疗机构之间谈判协商机制和风险分担机制，医保部门对基本医保目录外药品使用率、次均费用等10项指标开展监控。全县参合总人数14.8万人，参合率99.3%，基本实现全民参保目标。人均筹资标准达540元，各级配套基金全部到位。基金总支出3881万元，就诊人数达8万人次。其中：住院1.1万多人次，支出3390万元；门诊6.9万人次，支出491万元。

第二节　卫生执法

机　构

2005年8月，山阴县卫生监督所成立，与疾控中心合署办公，编制4人，基层监督站共46人。2016年，在职职工39人。监督所负责对全县医疗卫生机构、公共场所、生活饮用水、学校卫生、采供血机构等进行监督检查。

主要工作

2005年，山阴县卫生监督所对全县企事业单位进行整顿检查，共审核发放卫生许可证268家，其中食品类195家，公共场所类73家，体检从业人员786人，同时对体检中发现的3名乙肝病人进行调离，采集各种样品231份，包括奶粉4份、鲜奶8份、酸牛奶8份、糕点17份、调味品10份、熟肉制品12份、水质12份、餐具160份，样品合格率95%，取缔无证经营27户，吊销卫生许可证5户，对20户从业单位提出整改意见并按时落实，没收销毁无生产日期和保质期的糕点、糖果1500公斤。对群众举报的省厅督办的卫生防疫站内设泌尿科、风湿科案件，进行查处，由公安执法人员没收泌尿科鹿茸精5盒、全鹿丸6瓶、健肾丸2盒、灭菌注射液60支、地塞米松80支、盐酸利多卡因30支、VB1260支、VD果胶钙90支等药品价值300元，器械盒1个，激光治疗仪1台；没收风湿科锦旗2面，科室牌子1块，中草药5包价值800元。协同教育部门对13个学校食堂及学校周边的饮食摊点进行2次集中检查整顿，取缔无证经营7户。

2006年，全县打击非法行医专项活动，共出动车辆30台次，人员285人次，取缔18家，责令改正5家，罚款24630元，没收药品28个品种，价值1870元。通过整治，医疗机构规范化建设程度得到提高。2007年，全县出动卫生监督执法人员1526人次，执法车辆82车次，取缔无证行医摊点5户，非法行医人员10人，罚款15650元，没收药品、器械2件，价值300元，对59家有证但不规范的门诊进行整顿治理。对840多家食品卫生销售经营单位和公共场所进行监督检查，并对经营者进行卫生许可证和从业人员健康证的发放，共发放卫生许可证680家，从业人员健康体检证2487人。2008年，全县共出动卫生监督执法人员306人次，执法车辆82车次，取缔无证行医摊点26家，非法行医人员10人，罚款2万元，没收药品、器械2件，价值300元，对59家有证但不规范的门诊进行整顿治理。对全县的291个食品、餐饮、食堂等单位进行监督检查，其中学校食堂15个，餐饮业22个，食品经营单位150个，奶站106个，公共场所9个。发证276个，健康体检825人。抽采各种样品19份，合格率为100%。食堂、餐饮单位索证、台账记录率为100%，量化管理为80%。监督发现7个单位不合格，进行整顿，没收并销毁20个品种300公斤不合格食品，罚款3600元。对食品经营单位进行婴幼儿奶粉安全专项执法检查。出动车辆3部，专业执法检查人员210人次。检查食品经营单位85家，所有问题奶粉均已下架，登记封存问题奶粉886.7公斤，全部查清去向和来源。检查验收乳制品生产企业7家，督查奶站68个，发放食品卫生许可证72个，体检从业人员125人并签发健康证。

2009年，全县共检查医疗机构106家，取缔非法行医机构44家，对聘用非卫生技术人员的2家违法行为进行查处。为100个医疗机构制作监督服务挂牌。规范卫生许可档案，审核发放卫生许可证364个，其中副食品232家，餐饮业70家，公共场所62家，对重点副食品、餐饮、学校食堂等单位分别进行专项治理及监督检查，共检查415个单位，其中食品经营238个，餐饮业162个，学校食堂15个。开展预防性健康体检，培训体检从业人员1356人。抽采乳制品、调味品、水等各种样品59份，合格率为100%。严格分级量化制度，食堂、餐饮单位索证、台帐记录率为100%。2010年，综合协调和处理重大食品安全公共卫生事件；完成乡镇卫生监督站的建设任务。2015年，卫生监督巡查1085个单位，覆盖率为98.3%。2016年，开展抽检和不良反应监测工作，为食品药品监管提供技术支撑。对食用农产品进行抽样检验，共抽检240批次，全部完成抽检项目。共开展乳制品质量安全检测98批次，合格率100%。县药品不良反应检测中心在线上报药品不良反应61例，其中新病例14例，严重病例2例，医疗器械不良事件1例。

第三节　妇幼保健

妇女保健

1998年后，山阴县加强妇女保健工作，孕产妇死亡率逐年降低。2005年，孕产妇死亡率由2001年万分之5.36降到零死亡率。2006年，全县住院分娩率达80%，孕产妇死亡率为0。2010年，全县建立健全降消项目的各项规章制度，全面实施以降低孕产妇死亡、新生儿死亡和消灭新生儿破伤风为目的的降消项目；全县农村孕产妇住院分娩率达100%，项目补助率达100%。

2015年，全县住院分娩1803人，住院分娩率达99.39%，孕产妇保健系统管理率为91.18%。孕产妇死亡率为0‰。对农村妇女1651人，城镇妇女312人，给予补服叶酸，项目任务完成率分别为110%、156%，项目知识知晓率达92%，叶酸服用依从率达85%以上。为宫颈癌筛查新增项目，免费为35~64周岁农村妇女筛查宫颈癌，项目任务数为300人，完成任务数为302人，完成率为100.7%，农村妇女的健康水平得到提高。2016年，完成300名农村妇女免费宫颈癌筛查任务。完成增补叶酸预防神经管缺陷项目任务。完成农村孕产妇住院分娩补助项目任务。

古城卫生院义诊

婴幼保健

1998年后，山阴县加强妇婴幼保健工作，婴儿死亡率逐年降低。2005年，全县婴儿死亡率由2001年18.78‰降到9.05‰；5周岁以下儿童死亡率由2001年的19.31‰降到9.65‰。2006年，全县婴儿死亡率为9.5‰，5周岁以下儿童死亡率为12.44‰，出生缺陷率为4.6‰。全县对两种新生儿出生缺陷病进行大量的宣传活动，2007年共发放宣传材料8种2万多份，同时还发放600多份新筛知情同意书，发放率达100%，使全县的新生儿出生缺陷得到有效的控制。

2015年，山阴县以乡镇为单位适龄儿童国家免疫规划疫苗接种率为95.41%；儿童保健系统管理率为85.57%，0~3周岁儿童中医药服务4428人，服务率为66.4%；全年围产儿数1823，出生缺陷儿数8人，其中神经管畸形儿数1人，出生缺陷率4.39‰，神经管缺陷率0.55‰，神经管缺陷率逐年下降。5周岁以下儿童死亡6例，死亡率为3.3‰。共筛查1938例新生儿，确诊苯丙酮尿症患儿一人，共对1834例新生儿进行听力筛查；每个PKU患儿国家补助6万元。2016年，儿童免疫规划疫苗接种率保持在90%以上。

第四节 药品管理

机 构

2002年，朔州市药品监督管理局山阴分局成立。2005年，朔州市药品监督管理局山阴分局更名为朔州市食品药品监督管理局山阴分局。2009年，朔州市食品药品监督管理局山阴分局更名为山阴县食品药品监督管理局。2013年，山阴县食品药品监督管理局进行管理体制改革，重新组建山阴县食品药品监督管理局，正科级建制，为县人民政府工作部门。将原山阴县食品药品监督管理局的全部职责，划入新组建的山阴县食品药品监督管理局。将县卫生局承担的县食品安全协调委员会办公室的职责，划入山阴县食品药品监督管理局。将县质量技术监督局、县工商行政管理局食品安全监管的职责，划入山阴县食品药品监督管理局。2016年，山阴县食品药品监督管理局共83人，其中，公务员10人，全额事业单位73人；具有研究生及以上学历2人，本科学历62人，大中专学历19人。历任局长庞晓辉、叶青。

山阴县食品药品监督管理局内设机构为：办公室、食品生产流通监管股、餐饮监管股、药品医疗器械监管股、保健食品化妆品监管股；山阴县药品不良反应检测中心、山阴县综合检验检测中心；山阴县食品药品稽查队；岱岳镇食品药品监督管理站（岱岳镇）、玉井食品药品监督管理站（玉井镇、吴马营乡）、马营食品药品监督管理站（马营乡、下喇叭乡）、北周庄食品药品监督管理站（北周庄镇、合盛堡乡）、安荣食品药品监督管理站（安荣乡、薛圐圙乡）、古城食品药品监督管理站（古城镇、马营庄乡）、后所食品药品监督管理站（后所乡、张家庄乡）。

药品监督

1998年后，山阴县继续加强药品安全监督。2007年，全县药品经营企业监督覆盖率达100%。共出动执法人员130人次，检查药品经营使用单位78家，未发现有无证经营、出租或转让柜台、挂靠经营、走票以及用食品、保健食品、保健用品冒充药品和医疗器械等违法违规行为。共抽样71个批次，其中化学药品31批次，抗生素8批次，中成药20批次，中药饮片12批次，其中假药6批次，不合格率为8.5%，为药品行政执法监督和拓宽案源提供有效的技术支撑。2008年，全县共出动执法人员79人次，检查药品零售企业55家次，与工商部门联合检查化工企业65家。开展中药饮片和三类高风险植入产品专项整治工作，完成全县医疗机构在用医疗器械的调查摸底、登记造册工作。2009年，全县共出动执法人员623人次，检查药品经营使用单位430家次，留置整改意见43条；查处违法案件8起，全部结案；受理举报投诉案件1起，移交工商部门处理。

全县鼓励群众通过来信、来访、电话等方式，举报食品、药品、医疗器械、保健食品、化妆品等违法生产经营行为或相关线索。落实省市《食品药品安全举报奖励办法》，畅通举报投诉渠道，广泛引导群众参与监督。2015年，山阴县食品药品监督管理局接投诉举报信函、电话20件，调解9件，给予警告责令改正3件。药品抽样50批次。县药品不良反应检测中心在线上报药品不良反应190例，其中新病例42例，严重病例1例，医疗器械不良事件2例。

2016年，全县药品不良反应检测中心在线上报药品不良反应61例，其中新病例14例，严重病例2例，医疗器械不良事件1例。药械、保化环节：以索证索票、进货查验、台账记录标签标识为重点环节，药品经营使用单位集中整治储运条件不达标、药品购销渠道和票据管理不规范、销售使用假冒伪劣和过期药品等违法违规行为；以声称减肥、缓解疲劳、增强免疫力、改善睡眠和辅助降血糖5类功能保健食品为重点品种，保健食品化妆品经营单位集中整治非法添加、假冒伪劣、冒号套号、标签说明书不符合规定、超过有效期等违法违规行为。开展疫苗、中药饮片、含可待因复方口服溶液、体外诊断试剂、避孕套、装饰性彩色平光隐形眼镜、无菌和植入类医疗器械、定制式义齿、保健食品非法添加非法宣传、医疗器械“五整治”回头看等专项整治。留置整改意见67条，立案15起，结案15起。

第五节 管理机构

1998年5月，县卫生局内设机构为办公室、药政股。行政编制8人，其中局长1人，副局长1人。2015年11月，卫生局与人口和计划生育局合并，组建为卫生和计划生育局（简称卫计局）。编制人员19人。内设机构9个：办公室、政策法规宣传教育股、规划信息股、疾控应急股、医政中医股、基层卫生股、计生发展指导股、机关计生与流动人口办公室、计划财务股。直属机构5个：山阴县人民医院、山阴县中医医院、山阴县疾病预防控制中心、山阴县妇幼保健计划生育服务中心、山阴县卫生监督所。历任局长有周玉英、罗玉屏、任君、罗殿林。

第二章 防 疫

第一节 计划免疫

1998年后，山阴县加强计划免疫宣传与服务，提高疾病预防控制能力。2005年，全县开展计划免疫宣传活动，在“4·25”计划免疫宣传日活动期间通过县电视台播放计划免疫知识18小时，播放标语15条次；以乡为单位“四苗”全程接种率92%，乙肝90%。单苗接种率：卡介苗100%、糖丸98%、百白破95%、麻疹96%。地方病防治取得显著成效，碘缺乏病基本得到控制，投资1600万元的氟中毒、砷中毒病区改水工程已全部完成，62个村6.5万名病区人民群众基本饮用上安全清洁的自来水。

2006年，县疾病预控中心按照《疫苗流通和预防接种管理条例》要求，对全县198家预防接种门诊进行验收和确认，对经培训合格的249名预防接种人员发放预防接种资格证书和预防接种上岗证，全面有效落实以免疫接种为主导措施的疾病预防控制工作。开展计免基线调查，合理制定计划免疫标点地图。疫苗领发登记资料完整，疫苗供应安全及时，冷链运转达到上级要求的标准。通过开展上述活动以乡为单位“五苗”接种率达到98.5%，连续23年保持无脊髓灰质炎状态，住院分娩新生儿卡介苗、乙肝疫苗及时接种率100%。县级医疗机构法定传染病网络直报率达100%、县疾病预防控制中心对直报数据审核率达100%。2007年，山阴县上半年开展3次计划免疫门诊，累计时间30天，提供6种疫苗无偿和4种疫苗有偿的免疫服务，共接种1890人次。对基层单位生物制品领发完成全年度计划的34%。据生物制品基础免疫双月接种报告统计，“五苗”十二月龄内，全程接种率达93.82%。2008年，开展8次计划免疫门诊，累计时间60天，提供7种疫苗无偿和4种疫苗有偿的免疫服务，共接种3790人次。据全县生物制品基础免疫双月接种报告统计，卡介苗接种率为108.30%，脊灰为99.65%，麻疹为98.88%，乙肝98.40%，乙脑为81.31%，流脑为81.94%，百白破为98.33%。

2010年，发现AFP病例1例（AFP病例又称为急性弛缓性麻痹（AFP），是指将所有15周岁以下急性发生的肢体（或腹肌、颈肌）肌肉进行性弛缓性麻痹瘫痪病例称为 AFP 病例。常见的 AFP 病例包括以下疾病：脊髓灰质炎；格林巴利综合征（感染性多发性神经根神经炎，GBS）；横贯性脊髓炎、脊髓炎、脑脊髓炎、急性神经根脊髓炎；多神经病（药物性多神经病，有毒物质引起的多神经病、原因不明性多神经病）；神经根炎；外伤性神经炎（包括臀肌药物注射后引发的神经炎）；单神经炎；神经丛炎；周期性麻痹（包括低钾性麻痹、高钾性麻痹、正常钾性麻痹）；肌病（包括全身型重症肌无力、中毒性、原因不明性肌病）；急性多发性肌炎；肉毒中毒；4 肢瘫、截瘫和单瘫（原因不明）；短暂性肢体麻痹），经顺利采样、送样、随访，排除脊髓灰质炎，麻疹报告 16 例。县疾病预控中心协调县医院基本能做到病例样本采集，同时下发各类文件通知 5 次，要求涉及乡镇卫生院对辖区儿童进行麻疹查漏补种工作，并对麻疹防治工作情况向卫生局进行上报。2015 年，国家免疫规划常规接种率报表完成 8 次（每月 1 次），各疫苗接种率均达到 90% 以上。对县人民医院、中医院进行 AFP 及麻疹主动监测共计 68 次（每家医院 34 次）。国家免疫规划常规信息月报表按月共录入 11 次。2016 年，全县预防接种点有 81 个。

第二节 传染病防治

1998 年后，山阴县每年宣传传染病防治，宣传内容以注意个人卫生、食品卫生、环境卫生；身体锻炼，提高免疫能力；按规定接种疫苗、对传染病人早发现、早报告、早治疗、早隔离，防止交叉感染。2003 年，针对严峻的非典疫情，4 月 20 日，县委、县政府召开了防治非典的紧急会议。建立并加强疫情的监测报告系统。领导组、卫生系统坚持 24 小时值班制度，发现疫情苗头，随时上报。对疑似病人必须立即收治并实施监护，不得推诿，拖延。同时抓好公共场所，重点人群的消毒预防。整顿规范医药秩序。搞好正确宣传引导，严格宣传纪律，不给人们造成恐慌心理，警惕谣言散布。山阴县简化手续，坚持急事急办特事特办原则拨出 29 万元及时购买消杀用品防护用品抢救设备，同时储备 50 万元以解燃眉之急。岱岳乡建立疫情零报告制度，设立热线电话 70710080。马营乡针对境内流动人口多特点，发布宣传公告 600 余份，全乡机关干部分成 5 个工作组，分片集中整顿，查封违章医疗门诊店铺等 47 家。

2005 年，全县新涂阳肺结核（指新发现的痰涂片检查呈阳性的肺结核病）病人 79 例，治愈率达到 85% 以上。2008 年，发现各类传染病 328 例。其中对 71 例肺结核病人均进行全程免费督导管理治疗。看守所筛查艾滋病 162 例，自愿咨询检测 114 例，未发现阳性；并对县禁毒委员会反馈的三例艾滋病感染者的家属进行筛查；对管理的 2 名感染者进行 2 次随访和 CD4 细胞（属免疫细胞，艾滋病病毒攻击对象，数量多少反应艾滋病的严重程度）检测。2015 年，全县共发现各类传染病 627 例。为农村寄宿制中小学制作结核病防治流程图 40 份，对马营乡马营村和水泉村共计 1574 人进行抽样调查，共抽样 200 人，随机抽样 195 人，知晓率为 97.5%。2016 年，在诺如病毒的防治工作中主要是叮嘱学生做好个人卫生，勤洗手、不喝生水、生熟食分开，少到人聚集的地方，避免交叉感染。

第三节 地方病防治

1998 年后，山阴县改革地方病管理体制，健全专业队伍。建立地方病监测系统，通过经常性监测，收集、分析、提供地方病动态信息资料，研究地方病的流行规律，作出预报预测及评价防治效果。地方病防治主要工作在于限制环境中过多的元素进入机体，杀灭宿主控制疫情扩散，杀灭媒介昆虫防治生物源性地方病。2005 年，全县部署地方性氟、砷中毒，地方性碘缺乏、高碘，人畜共患性布病（布鲁氏杆菌病）的地方病防治目标和监测任务。2008 年，在砷病区，对 16 个村庄进行水质监测，共采检水样 320 份；

碘盐监测 588 份，其中高碘区盐 300 份；配合畜牧局扑杀布病羊 141 只，控制布病疫情扩散。2015 年，全县对高砷地区的居民进行尿液采集及检测工作，共计 90 份。砷中毒病区病情调查 15000 人，覆盖 44 个砷中毒病区。对黑圪塔、双寨、后皇台病情进行调查。对布病高危人群现场筛查、采血 500 份；防护、防治知识问卷调查 180 份；布病病例管理 5 份；发放宣传摇扇 1 万份，印发宣传栏 24 块。2016 年，全县对高氟地区、高碘地区进行检测，开展疾病预防工作，并发放宣传册，制作宣传栏。

第四节 管理机构

1998 年，防疫站内设防疫科、计划免疫科、性艾科、结防科、地病科、检验科、工业（放射）卫生科、学校卫生科、化妆品卫生科、食品（饮水）卫生科、财务科及办公室。2005 年，全县机构改革撤销防疫站，一分为二组建山阴县疾病预防控制中心和山阴县卫生监督所。疾控中心为全额事业单位，正科级建制。建筑面积 2460 平方米。承担着全县传染病、慢性病、精神疾病、地方病和中毒性疾病的预防、监测、处置、管理、宣传、培训、督导等工作。2016 年，编制 40 人，在职职工 37 人。历任站长（主任）是张凯、缠宏山。

第三章 医 疗

第一节 医疗机构

1998 年后，山阴县医疗卫生机构不断增加，居民卫生保健水平逐步提高。2000 年，全县有各类卫生技术人员 806 人。2006 年，卫生技术人员 825 人。2009 年，全县共有各类医疗卫生机构 337 个。其中，政府举办的非营利性机构 28 个（县综合医院 1 个—为二级乙等医院，中医医院 1 个，疾病控制与卫生监督机构各 1 个，新农合管理中心 1 个，妇幼保健机构 1 个，卫生进修校 1 个，乡镇卫生院 13 个，乡级卫生服务站 8 个）；村卫生室 256 个，民营医院 4 个，个体医疗机构 25 个。2010 年，各级各类医疗卫生人员 1314 人，其中卫生技术人员 1080 人，每千人口拥有卫生技术人员 4.3 人，注册护士 1.25 人。2011 年县级医疗卫生机构设置：县人民医院、中医院、妇幼保健站、疾控中心、卫生监督所、卫生进修校、新农合中心 7 个单位。全县有 13 个乡镇卫生院，其中 4 所中心卫生院，9 所一般卫生院。逐步将乡级卫生分院分别合并于建制乡镇卫生院，2012 年合并 1 个，2013 年合并 2 个，2014 年合并 2 个，2015 年合并 3 个。至 2016 年，全县共有各级各类医疗机构 423 家（医院 5 家，诊所 118 家，乡镇卫生院 20 家，村卫生室 279 家，妇幼保健站 1 家），疾控中心 1 家，单采血浆站 1 家。各级各类医疗卫生计生人员 1698 人，其中卫生技术人员 1329 人，每千人口拥有卫生技术人员 4.55 人，拥有注册护士 1.49 人。

山阴县人民医院医技楼

山阴县人民医院　1984年9月，山阴县人民医院开始建设，1989年8月建成开诊。2004年，县人民医院进行大规模的改扩建，新增多功能综合服务大厅和放射科等医疗用房，是全县的医疗技术中心。全院占地总面积2.18万平方米，建筑面积1.4万平方米，其中医疗用房面积1万平方米。编制床位200张，开放床位300张。县人民医院是集教学、科研、进修、预防、保健、急救、医疗、康复为一起的综合性国家“二级甲等”医院。医院设置各类科室60个，其中，一级临床、医技科室20个，二级科室25个，行政职能科室15个。分门诊楼、住院楼、传染病区及其他附属用房。2016年，有正式职工302人，其中，卫技人员274人，正高职称12人，副高职称41人，中级职称89人，初级职称132人。各级技术职称的人才分布在每个科室。

山阴县中医院　山阴县中医院始建于1993年，占地面积8680平方米，建筑面积5244平方米。2008年，编制病床100张，实际开放150张。县中医院是以中医为主的技术培训基地、学生实习基地，集医疗、教学、预防、保健、康复于一体的“二级乙等”医院。2016年，设有内科、外科、妇产科、急诊科、耳鼻喉科、眼科、皮肤科、针灸科（特色专科）、血净室、治未病科、康复理疗科、彩超室、影像科、胃镜室、心电图室、化验室16个临床医技科室。

山阴县中医院

朔州市中医精神病医院　1963年，岱岳公社卫生院开设精神病科，1971年，在安祥寺村西建岱岳公社精神病医院。1975年升格，属县直管机构，更名为山阴县精神病医院。1990年升格，属市直管机构，更名为朔州市中医精神病医院。2011年，医院改扩建工程启动，总建设面积12500平方米，总投资2500万元，病床增加至220张。医院收治肇事肇祸精神障碍患者，解决精神科和内科杂病急、重、难病例，服务心理卫生。诊疗范围主要有各类精神病以及各型高血压、胃肠消化系统疾病、妇科疾病等内科杂病。2013年，朔州市中医精神病医院占地面积31960平方米，建筑面积5506平方米，其中业务用房面积4606平方米，集临床、医技、职能等15个科室和12个开放病区，2个封闭病区，编制病床100张。服务范围涉及全国31个省、市、自治区以及港、澳等地区。2015年，收治新住院患者1799人次，治愈率为86%。2016年，医院职工129人，专业技术人员73人（其中高级技术职称4人、中级技术职称9人、初级60人），管理及工勤人员56人。

2000—2016年山阴县医技人员统计表

表30-1　　　　单位：人

年　份	主任医师	副主任医师	主治医师	医师	医士	药剂师	药士	主任护士	副主任护士	主管护士	护师	护士	检验师	其他辅助检查医技人员	乡村医生
2000	0	20	104	138	40	25	3	0	0	38	82	61	11	14	270
2006	3	29	99	124	11	28	3	0	0	44	81	36	20	16	331
2008	4	29	145	117	9	27	2	0	0	43	78	37	20	16	348
2010	6	30	208	178	35	26	7	0	1	39	73	74	13	21	370
2012	5	33	195	195	49	21	12	0	2	46	81	98	13	21	391

续 表

年 份	主任医师	副主任医师	主治医师	医师	医士	药剂师	药士	主任护士	副主任护士	主管护士	护师	护士	检验师	其他辅助检查医技人员	乡村医生
2014	11	63	172	215	87	16	12	0	13	42	86	114	26	24	398
2016	17	62	175	244	57	22	9	0	14	43	99	133	27	23	403

第二节 医疗设施

1998 年后，山阴县加强医疗机构基础设施建设，提升全县医疗卫生保障能力。2008 年，投资 794.55 万元实施 12 所乡镇卫生院国债项目建设，新建和改扩建面积达 8157.76 平方米。2009 年，投入 51.42 万元对岱岳乡卫生院进行建设，新建面积 521.86 平方米。投资 195 万元为 13 所乡镇卫生院分别装备 26 件医疗设备，加强科室功能建设。2009 年，投入 169 万元对 41 个空白村卫生室进行建设，配齐乡村医生，并为每个卫生室购置 6000 多元的 23 种基本医疗设备，为消灭农村卫生服务空白提供有力保障。2010 年，山阴县对马营、古城、安荣和薛圐圙 4 个乡镇卫生院进行更新完善，投入 24 万元为 13 个乡镇卫生院购置电脑等医疗器械及办公设备。9 月，投入 44 万元对玉井、北周庄、古城、后所 4 个卫生院配备救护车。投入 107.9 万元为剩余的村卫生室装备 20 多种基本诊疗器材和办公设备，卫生室达到标准化建设。

2012 年，山阴县投入 128 万元对合盛堡乡卫生院进行改扩建，建筑面积 500 平方米，建立污水处理系统；投入 119 万元对北周庄镇卫生院进行改扩建，建筑面积 700 平方米，完成主体工程。6 月，投入 86 万元为 256 个村卫生室配备计算机。9 月，投入 200 万元为乡村医疗机构准备网络监测式尿液分析仪 335 台。2014 年，投入 140 万元对古城镇、玉井镇、马营乡、吴马营乡、下喇叭乡、偏岭、甘庄 7 个卫生院进行升级改造。至 2016 年，全县新建医院项目除 2 号住院楼未动工外，其他楼主体土建全部完工，完成投资 8910 万元。

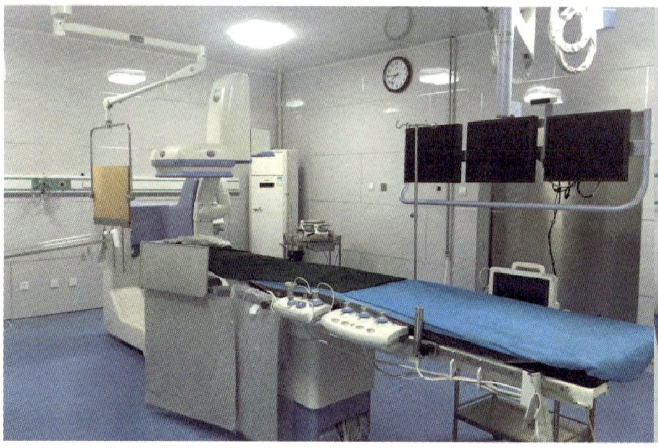

手术台

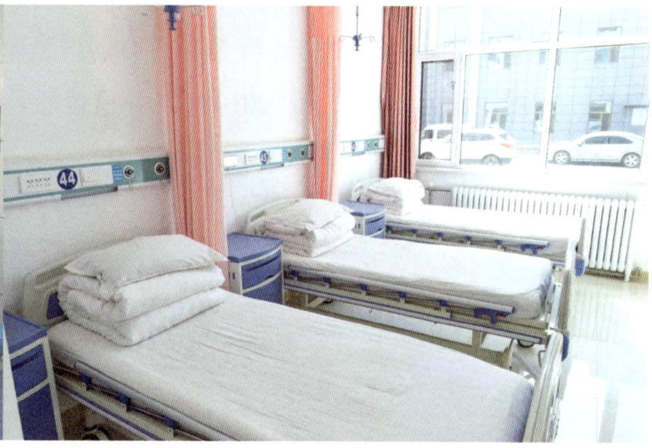

病 房

1998—2016 年山阴县医疗机构主要医疗设备一览表

表 30-2

X 光机	数显胎儿多普勒	磁振热治疗仪
担架车	电离子手术治疗仪	空气波压力循环治疗仪
除颤起搏仪	二氧化氯发生器	空气波压力循环治疗仪

续　表

X 光机	数显胎儿多普勒	磁振热治疗仪
TDP 神灯	焚烧炉	双目显微镜
电动洗胃机	心电图机	血球计数仪
微机控制呼吸机	B 超	全自动生化分析仪
小型洗胃机	多参数监护仪	红外光治疗仪
心电监护仪	监护仪	空气净化消毒器
尿液分析仪	智能康复仪	离心机
半自动生化分析仪	立式压力蒸汽电热灭菌器	全自动电解质分析仪
血球仪	多功能艾灸治疗仪	电动洗胃机
血凝仪	骨质增生治疗仪	1800M 鼻咽喉诊疗台
净化制水器	电动牵引床	彩色多普勒超声诊断仪
心肺复苏机	软组织损伤治疗仪	肛肠治疗仪
消毒锅	微电脑仿生治疗仪	综合手术台
麻醉机	骨质增生药物电泳治疗仪	液压手术台

第三节　医疗技术

1998 年后，山阴县人民医院主要医疗技术有介入手术、气管切开术、心衰竭、急性心梗、休克、关节置换术，引进椎间孔镜、关节镜、显微镜等微创救治技术、房颤射频消融术、心脏永久起搏器植入术、子宫动脉栓塞术、经内镜逆行性胰胆管造影术等 20 多项新技术。山阴县中医院开设有内科、外科、妇科、儿科、五官科、B 超室、检验科、供应室。能够开展阑尾切除术、妇科手术、骨科手术、神经外科手术、白内障手术等。2003 年，设立针灸科，开展针灸治疗技术。2004 年，外科开展腹腔镜手术。2005 年，针灸科开展小针刀治疗技术。2010 年，开展银质针治疗技术。2014 年，设立血净科，开设血液透析治疗技术。

第四章　体　育

第一节　体育设施

1998 年山阴县体育场延用建成于 1991 年的体育场，位于县城商品街，总投资 300 多万元。场地占地面积 23000 平方米，是一座可容纳 3000 多人的综合性体育场地。1998 年，山阴县文化广场建成，位于青年路西街，面积 5000 平方米。2000 年后，全县各个乡镇加大体育场所建设，每个健身场地平均面积 608 平方米，基础设施配有篮球架和乒乓球台。

2006 年，山阴县体育馆建成，位于山阴一中，占地 8940 平方米，投资 3000 多万元，拥有 2000 多个固定座位。该体育馆拥有 44 平米的电子显示屏幕，专业木质地板，可以承办全国性篮球、羽毛球、乒乓球等单项赛事。同年 7 月，建设古城镇快乐村农民体育健身场地，面积 608 平方米，主要设施有篮球架 1 副。2008 年，马营庄乡故驿村农民体育健身场地建成，面积 608 平方米，主要设施有篮球架 1 副，乒乓球台 2 座。2010 年，后所乡后帐堡村农民体育健身场地建成，面积 608 平方米，主要设施有篮球架 1 副，乒乓球台 2 座。2012 年，马营乡腰寨村农民体育健身场地建成，面积 608 平方米，主要设施健身路径（件）6 件。至 2016 年，全县乡镇共建设 256 个健身场地。

第二节　群众体育

传统项目

武术　民间武术历来盛行。北王庄村不少人至今习武练拳，其世代相传的武术有少林拳、长拳、洪拳。梁山、先进、王家涧等村群众有习武传统，每年的阴历六月二十四（庙会）和元宵节，武术爱好者相聚练武，表演助兴。

棋牌　山阴广大农村中简易棋类的活动普遍，每到劳动间隙或闲暇之时，人们随手采集石子、土块、树枝、草棍等物，在田间地头席地而坐，在地上划出棋盘，自娱自乐。棋类一般是二人对弈，也有三人对弈的；有的是以吃子为目的，有的则以占空为目的。主要形式有“成三”“狼吃羊”“摆方”等。在城镇的街头巷尾，中国象棋普及，在温暖季节，下象棋的人群较多。扑克牌也是城乡流行的游艺纸牌，民间称玩扑克牌为“打扑克”，最常见的玩法有“争上游”“打百分”“升级”“拱猪”等。一般为四人打对家，也可以四人各自为一方，有些地方以 6 人 2 副扑克牌玩对家式的“升级”。

麻将牌在山阴民间流传很广。打麻将也叫“搓麻将”。民间还流行“搬砖”“垒长城”等名称。因打麻将的输赢往往和财物有关，打麻将和赌博相联系，遭到社会中不少家庭的抵制。

踢毽子　在山阴许多地方是一项传统的冬季民间体育竞技活动，踢毽子是一种全身运动，在于培养人的灵敏性和协调性，有助于身体全面健康发展。

跳绳　运动亦在山阴各地广泛流行，有短绳和长绳之分。短绳单人或双人跳，技法可单脚跳、双脚并跳、单脚换跳等；长绳则为集体跳，跳法有前甩、后甩、前交叉、后交叉等。

滑冰　山阴民间利用严冬天然的河湖冰面，或泼水制成冰场进行野外体育活动。少年儿童喜欢用木板、铁棍等制成滑冰板、滑冰车，坐或蹲在板上，双手各持一根有尖钉的木棍扎在冰上向后用力使冰车前进。常见两人或多人进行速滑比赛，先到达预定地点者为胜。滑冰板是由两块脚掌大小的木板，下面两根粗铁丝冰刀，再制两根底部带铁钉的木杖，双手持杖用力向后两侧扎冰，向前快速滑行。更多的人在冰上借助快跑惯性双脚一前一后滑行，称为“打擦滑”。

拔河　以人群相等的双方对拉一根粗绳，以比力量的对抗性民间传统体育活动，盛行于全县各地。许多单位在节日或活动中举办拔河比赛，先在地上划两条平行直线为河界，双方两队在河界两侧各执长绳一端；绳中央扎一红布条为标志，垂直于河界中央；听到发号令双方齐心协力拉大绳，把红布标志拉过己方河界为胜。

打岗　山阴民间男童喜爱的竞技游戏之一，玩法大致是 6~8 人分为两组，每人用一块石片或砖头做岗。在相距 3 米的地上划三道线，一条边线为主岗，一条边线为发岗线，同一组的儿童开始单脚跳踩岗，用手掷、脚踢、头顶、正打、背打等动作打岗。同伴中未完成者可由完成者代替一次。集体完成全套动作即为胜。

越野赛　20 世纪 90 年代机构改革后，县文化体育委员会每年组织各学校、机关、厂矿、企事业单位的职工学生进行越野赛。2010年8月，山阴县举办首届“古城杯”环西山自行车越野赛，600多名运动员参加比赛，起点设在甘庄到北周庄乡村路与金海洋运输专线铁立交桥下，终点在西山公园景点，全程16公里，来自全县各乡村、机关的600多名运动员全部安全跑完全程。

农民体育

农民体育活动在全县开展的比较广泛。开展的体育活动项目和民间体育基本相同，没有真正组织起来进行比赛。岱岳公社的农民篮球队，曾在县级篮球比赛中获得过比较好的成绩。队员有李永贵、贺钦文、周建文、吴存章、裴文斌等。岱岳乡、古城镇、合盛堡乡、马营乡、先进村先后被评为全国、全省体育先进乡、镇、村。2012年举办山阴县首届农民象棋赛，合盛堡乡的张宏获第一名，古城镇杨平荣获第二名，北周庄镇郭秀宝获第三名，马营乡倪育伟获第四名，合盛堡乡刘汉友获第五名，吴马营乡王培荣获第六名。2013年全县举办篮球赛，古城镇代表队获冠军。

老年人体育

老年人体育在全县开展的活动次数比较多，先是因地制宜，因人而异，活动项目先是自选，后来参加活动的人越来越多。项目有定点投篮，在规定的时间内谁得的分多谁胜。还有爷孙接力赛等。2012年“重阳节”，县老龄委举办第一届老年门球赛，举办老年象棋赛。2016年，全县老年公寓经常举办老年人体育友谊赛，提高老年生活品质。

第三节 学校体育

体育教学 1998年，山阴县提出学校体育“1632”工作思路，即：1个目标（学校体育各项指标水平达到国家标准）、6个优化（优化开展体育工作必备条件、优化落实育人目标课堂功能、优化学生一日锻炼体育活动、优化体育师资队伍、优化管理机制、优化人人参与的发展氛围），3项工程（体育传统校、窗口校和示范乡镇校建设工程）、2个提高（中小学生身体素质有显著提高和体育特长人才、特长水平有明显提高）。全县经常组织校园运动会，鼓励学生锻炼身体。2010年，实施《国家学生体质健康标准》，开展“全国亿万学生阳光体育活动”，保证学生在校期间每天参加1小时的体育锻炼活动。2012年，在校学生达到《国家学生体质健康标准》基本要求。2016年，全县学校体育场馆实现分时段、分区域向社会开放。学校开展体育活动，每位学生掌握1~2项体育健身项目。各级各类学校定期召开校运动会或体育文化节，每季度、每月、每周定期开展单项体育活动。

山阴二中课间操

体育达标 1998年始，县教育局按照《国家体育锻炼标准》，境内所有中、小学学生进行体质测试并形成制度。1998年，境内中小学生达标率89%，优秀率13.2%。2002年，教育部、国家体育总局联合下发（学生体质健康标准（试行方案），全县开展中、小学学生体质测试工作。2007年，新修改的《国家学生体质健康标准》颁布实施，县教育局按照国家教育部要求，将每年中、小学学生体质测试数据，按规定时间和内容，上报至国家学生体质健康标准数据管理系统，促进学生积极参加体育锻炼，养成锻炼良好习惯，提高体质健康水平。2014年9—10月，全县22566人测试。2016年，初一学生合格率86.8%，优秀率25.7%；初二学生合格率90.6%，优秀率27.2%；初三学生合格率93.1%，优秀率

27.9%；小学六年级学生合格率97.6%，优秀率22.4%。

少年儿童业余体育学校　1998年，县少年儿童业余体育学校少体校（简称少体校）为县文化局下属事业单位，办公地点设在县文化局，采取室外教学方式。每年代表县参加上级比赛，成为境内业余训练和体育人才输送重要平台。开展项目主要以田径为主。2006年，少体校坚持竞训和输送两手抓，确立“选好苗子、打好基础、积极提高”工作方针，激励优化教练员，扩大选拔招生范围，提高业余训练水平。

青少年运动会　2012年，山阴县承办了第一届中学生运动会，2013—2015年间山阴每年都承办中学生田径运动会，每次参加人数都为360人左右。教育局于2014年6月14人组团参加朔州市第二届全民运动会篮球比赛，获得团体第七名的好成绩；于2014年9月，45人组团参加朔州市第二届全民运动会中学生田径比赛，高中组获得了团体第六名初中组获得团体第四名的好成绩。

第四节　竞技体育

参加县级赛事

1998年后，山阴县经常参加各项体育赛事，获得良好成绩。2012年4月25日，举办“电力杯”职工乒乓球赛。2013年7月26日—8月15日，举办边塞文化周系列文体活动，有中国象棋赛和中国·山阴县第二届边塞文化周暨奶牛节篮球、门球、乒乓球、羽毛球赛。2015年6月，举办迎七一全县乒乓球比赛和篮球赛。2016年，举办迎“八一”山阴县“蒙牛杯”乒乓球团体赛。

参加市级及以上赛事

2000年，全省门球比赛在朔州市举办，山阴县派15名队员进行观摩。2002年，山阴县组队参加朔州市第七届中学生田径运动会，获团体第二名。2003年，朔州市举办第一届门球赛，山阴县派队参赛，人员有温宗盛、宋福斗、赵宝山、刘守泉、王德幸等8人。2005年，组队参加朔州市首届全民运动会，获第一名。2006年，朔州市举办第四届门球赛，闫增世带队参赛，取得第五名，秋后代表市农民门球队赴省参赛，取得第五名（全省共16个队参赛）。

山阴县中学生运动会

2007年，参加朔州市第四届“篮协杯”干部职工男子篮球赛，获得全市第三名的好成绩。2008年6月，全县总工会组队参加朔州市第二届职工运动会；10月9—11日，组队参加朔州市第五届“篮协杯”比赛，同时与全县老年体协一同参加山西省中老年武术体育比赛。2010年，朔州市举办第八届门球赛中。山阴县门球队男队员有贾文满、刘宝、黄忠平、王增达、王德幸、王美恒、王运忠，女队员为六小的7名女教师，女队参赛取得第五名成绩（女队共10支队伍参赛）。同年，市体协、门协成立朔州市第一支少儿门球队，主要以山阴县六小四年级的8名学生为队员，代表朔州市参加省参加少儿门球赛，取得第四名（共有6个队参赛）。2011年，组队参加朔州市举办的第六届“篮协杯”职工男子篮球赛。

2013年，朔州市举办第十一届门球赛，参赛队员有樊忠平、贾文满、吴红梅、赵丽蓉、王德幸、王运忠、王增达、樊美恒、李密清、邢贵义等人。6月，朔州市举办第三届“金杆争雄”赛，山阴县派王运忠、贾文满、樊忠平参赛。王运忠、樊忠平取得金杆，贾文满取得银杆（全市共36人参赛，金杆8

人，银杆8人，其余为铜杆）。2015年8月，县乒乓球协会代表队参加全市的单项乒乓球比赛；足球协会代表全县参加全市“2015年我爱足球中国争霸赛”，获得五人制足球赛冠军、十一人制足球赛全市第六（含全市五个俱乐部），六县区排名第三的成绩，并代表朔州市参加全省“2015年我爱足球中国争霸赛”。2016年，参加朔州市2016年“强健体魄·阳光生活”篮球比赛，取得全市第三名的成绩。

承办市级及以上赛事

2012年，山阴县承办全省乒乓球联谊赛，比赛圆满成功。2014年，全县承办朔州市第二届全民运动会门球赛事，组队参加朔州市第二届全民运动会的9个项目，分别是乒乓球、篮球、门球、羽毛球、毽球、足球、健身秧歌、农民健身项目竞赛和中学生田径运动会。2016年，承办“博昌杯”全国乒乓球邀请赛。

2002—2016年山阴县部分参赛获奖情况

表30-3

年份	比赛	获得奖项
2002	朔州市第七届中学生田径运动会	第二名
2005	朔州市首届全民运动会	第一名
2007	朔州市第四届“篮协杯”干部职工男子篮球赛	第三名
2008	朔州市第二届职工运动会	—
2010	举办全县大型自行车环西山越野赛	—
2011	朔州市第六届“篮协杯”干部职工男子篮球赛	—
2014	承办朔州市第二届全民运动会门球赛事	—
2015	朔州市“2015年我爱足球中国争霸赛”	五人制足球赛冠军；十一人制足球赛全市第六
2016	朔州市2016“强健体魄·阳光生活”篮球比赛	第三名

第五节 管理机构

山阴县文化局1998—2001年建制延续1993年进行机构改革后的建制，县体育运动委员会和县文化局合并为山阴县文化体育委员会。2002年，山阴县文化体育委员会更名为山阴县文化体育局。2007年，山阴县全民健身工作委员会成立。2012年，文化体制改革，纳入广电行政职能，山阴县文化体育局更名为山阴县文化广电体育局。2013年10月，山阴县体育总会正式成立。2015年，山阴县文化广电体育局更名为山阴县文化局。2016年，内设机构为办公室、文化股、体育股、广电股、乡镇文化站综合办公室、文化市场管理股、文物管理股、新闻出版股。

第三十一编

文物　旅游

山阴县自然风光雄奇秀丽，人文景观源远流长。“广武汉墓群”是中国最大最集中保存最完整的汉墓群，共有封土堆293座；“旧广武城”为雁门关外一座长方形城堡式防敌据点，与雁门关明长城形成完整的军事防御体系；“明长城”全长40华里，较完整的长1万米，上面有敌楼16座。1998年后，山阴县文化馆安排专人负责文物保护工作，从事县域内的文物保护、收藏和管理工作，全县境内文物得到有效保护。全县重点文物保护单位有北齐长城和明内长城、广武汉墓群、王家屏墓等。2016年，山阴县第一次全国可移动文物普查工作完成，确定山阴县文物管理所馆藏文物178件/套。其中，二级文物7件/套，三级文物29件/套，普通文物142件/套。不可移动文物有白殿沟遗址、化悲庙遗址、安荣遗址等。

2008年，省旅游局把山阴县广武边塞文化旅游区建设项目列入全省旅游业发展的项目库来重点扶持。山阴县提出“观赏雁门关、体验在广武，下笔广武、放眼晋北，充分保护、合理开发，操作可行、重在落地”的旅游规划理念。总体布局思路是：观赏雁门关，体验在广武，攀登古长城、游览汉墓群。2016年，全县加强旅游文化方面的宣传工作，把握旅游消费市场的新需求、文旅融合发展的新趋势和旅游内涵的新变化，统筹历史文物资源、自然生态资源、人文景观资源、地理气候环境，打好边塞文化牌、民俗特色牌、湿地自然景观牌，打造具有区域影响力的旅游集散地。

第一章　馆藏可移动文物

第一节　陶器　瓷器　木器

2016年，山阴县在第一次全国可移动文物普查工作中，清点统计出陶器、瓷器、木器64件/套，其中二级文物2件/套，三级文物4件/套，一般文物58件/套。

汉彩绘陶壶（三级）

陶　器

汉彩绘陶壶　造型为侈口、圆腹、溜肩、假圈足。汉代。三级文物。

汉彩绘铺首衔环陶壶　造型为侈口、圆唇、束颈、圆腹、溜肩、假圈足、腹部两侧置铺首衔环各一。汉代。三级文物。

瓷　器

金黑釉盘口碟　造型为敞口、斜腹、莲花底、黑釉、口沿露胎。金代。二级文物。

金黑釉盘口碟

辽白釉瓷缸　造型为敞口、重沿、鼓腹、平底。辽代。三级文物。

木　器

明“帝鉴忠勤”木匾　造型为四边框，内装板，质地松木。左到右阴刻楷书“帝鉴忠勤”。明代。二级文物。

第二节　钱币　金银器　铜器　武器

2016年，山阴县清点统计出钱币、金银器、铜器、武器77件/套，其中二级文物4件/套，三级文物22件/套，一般文物51件/套。

钱　币

战国“宅阳”方足布币　平首、平肩、平足。战国时代。二级文物。

战国“离石”背“五”圜足布币　圆首、圆肩、圆足，面布身篆书“离石”，背布身篆书“五”。战国时代。二级文物。

汉“五铢”背“廿五”铜钱范　铜质范板可铸八枚铜钱，币值钱文“五铢”，边沿留三角形铸口。汉代。二级文物。

汉“五铢”背“廿五”铜钱范（二级）

汉“五铢”背“十一”铜钱范　铜质范板可铸八枚铜钱，币值钱文“五铢”，边沿留三角形铸口。汉代。二级文物。

战国“安阳”方足布币　平首、耸肩、平足。战国时代。三级文物。

战国方足布币　平首、平肩、平足。战国时代。三级文物。

战国“蔺”方足布币　平首、平肩、平足。战国时代。三级文物。

战国“甘丹”尖足布币 平首、耸肩、尖足、平裆、面纹左侧篆书“甘丹”二字。战国时代。三级文物。

战国方足布币 平首、平肩、方足、平裆。战国时代。三级文物。

战国“宅阳”方足布币 平首、平肩、方足、平裆。战国时代。三级文物。

战国方足布币 平首、平肩、方足、平裆。战国时代。三级文物。

战国“襄垣”方足布币 平首、平肩、方足、平裆。战国时代。三级文物。

战国“平阳”方足布币 平首、平肩、方足、平裆。战国时代。三级文物。

战国“襄垣”方足布币 平首、平肩、方足、平裆。战国时代。三级文物。

战国“安阳”方足布币 平首、平肩、方足、平裆。战国时代。三级文物。

战国明刀币 环首、折背。战国时代。三级文物。

战国“安邑一斩”背“安”桥足布币 平首、圆肩、桥足。战国时代。三级文物。

战国“屯留”方足布币 平首、平肩、平足。战国时代。三级文物。

战国“大阴”尖足布 面首部、布身中间、背首部竖线纹各一道。背布身竖线纹、横线纹各三道。战国时代。三级文物。

辽“乾统元宝”铜钱 圆形方孔，小平、光背。辽代。三级文物。

战国“大阴”尖足布（三级）

战国“安邑一斩”背“安”桥足布币（三级）

金银器

明金簪 呈牡丹状，银柄，顶部彩饰以虫鸟。明代。三级文物。

明金簪 呈牡丹状。明代。三级文物。

明王家屏夫人李氏金耳饰 饰莲花底座，上站双手合一玉女。明代。三级文物。

铜 器

汉博矩纹铜镜 圆形，圆钮，镜区饰禽兽图案，外缘饰绳纹、锯齿纹。汉代。二级文物。

汉博矩纹铜镜（二级）

明王家屏夫人李氏金耳饰

武 器

武器均为一般文物。

第三节 造像 雕塑 织绣

2016年，山阴县清点统计出造像、雕塑、织绣26件/套，其中三级文物1件/套，一般文物25件/套。

造像有金木雕坐像，呈端坐状，头部束发黛冠，身着衣霞帔，胸饰璎珞，双

金木雕坐像（三级）

手合拢，双腿间环珮下垂，金代。三级文物。

雕塑、织绣均为一般文物。

第四节　石刻　石器　砖瓦

2016年，山阴县第一次全国可移动文物普查工作中清点统计出石刻、石器、砖瓦4件/套，其中三级文物1件/套，一般文物3件/套。石刻有辽武从兴买地券，刻于辽乾统八年（1108）。出土杨庄村，为国家三级文物，现藏县文物管理所。碑为青石质，长方形，圭首。碑高55、宽38、厚13厘米。中斜断为两截，部分字迹漫漶不清。竖刻楷书17行，残存340余字，字径3厘米。碑文记述武从兴兄弟三人三家共同买地置坟之事，所立契文镌刻碑掩埋于坟地。买地券从东汉至明清均有出土，内容大同小异，所用银钱、四至、知见人、书契人等均属虚拟。

石器、砖瓦均为一般文物。

第二章　不可移动文物

第一节　古遗址

白殿沟遗址

白殿沟遗址位于北周庄镇白殿沟村北1.5公里处，东西长380米，南北宽160米，分布面积约6万平方米，遗址地处洪涛山脚下的台地上，西高东低，南北为季节河。遗址受雨水冲积形成数道断崖，从断崖上可见到文化层厚约0.4米。从遗址采集到的有属仰韶文化泥质红陶残片、纹饰为线纹、彩绘网纹等，器形为盆、钵等。同时还从地表采集有属新石器早期的细石器、骨器，其中有打制石器的刮削器、雕刻器、石化骨环、磨制石纺轮、石斧。未发掘。从采集陶片判断，应为新石器时代仰韶文化遗存。2011年3月被朔州市政府列为重点文物保护单位。

化悲庙遗址

化悲庙遗址位于后所乡辛立庄村南3公里处。该庙依山而建，分布面积约1200平方米。据遗址遗存石碑记载辛立庄村化悲庙始建于辽，元至正年间（1341—1368）扩建。院内存明代天启二年（1622）重修化悲岩北岳庙记石碑一通，石质为青石，长方形圆首，高1.6米，宽0.7米，厚0.14米，额竖篆刻“重修庙记”，碑右竖刻重修化悲岩北岳庙记，楷书17行，行45字，碑文记述了化悲庙的地理位置以及历史沿革。其余石碑多为布施碑与重修碑记。现存地面建筑均为现代所建。该庙纪年清楚，具有较高的历史价值。2001年11月5日被列入县级文物保护单位。2011年3月被朔州市政府列为重点文物保护单位。

化悲岩寺

帐头铺寺院遗址

帐头铺寺院俗称永静寺，位于后所乡帐头铺村中，东西长25.4米，南北宽41.1米，分布面积1044平方米。寺院遗址上残存有石刻题记。寺内现存古槐树1株，周长3.4米，树高17米，树上寄生灵芝。2003年在原遗址上新建山门、天王殿、正殿、东西耳房、东西配殿。该遗址于2001年被列入县级文物保护单位。

河阳堡址

河阳堡址位于安荣乡河阳堡村南800米处，坐北朝南，东西长180米，南北宽200米，占地面积3.6万平方米。时代为明代。现仅存堡四周围墙以及四角角台，角台突出堡墙长8米、宽6米，夯筑而成。堡墙残高10米，底部宽6米，顶部宽3米；底部夯土层厚度0.13米，顶部0.2米。古堡只设南门，门残宽5米。堡址内遗存石构件1件。2010年被列入县级文物保护单位。

故驿遗址

故驿遗址位于马营庄乡故驿村北500米，东西长988米，南北宽750米，分布面积约74.1万平方米。时代为新石器时代、东周、汉代。遗址地处平坦的地带，遗址大部被汉代故驿古城所覆盖，遗址西部受人为取土形成一处断面并暴露有文化层堆积，厚约1.9米，内含残陶片。遗址地面有新石器时代的篮纹罐、绳纹陶罐，东周时期的陶豆残件，汉代绳纹瓦。未发掘。2010年被列入县级文物保护单位。

白殿沟北遗址

白殿沟北遗址位于北周庄镇白殿沟村北2公里处。东西长690米，南北宽230米，分布面积约15.8万平方米。时代为新石器时代、东周。遗址地处西高东低的近河台地上，受季节河冲刷形成断面并暴露有文化层，堆积厚约0.4米，内含残陶片。遗址内地面采集的陶片有泥质灰陶，纹饰为绳纹，可辨器形有罐、盆等残件，未发掘。遗址位于山前坡地上，北、南为季节河沟。2010年被列入县级文物保护单位。

堡子巷堡址

堡子巷堡址位于岱岳镇堡子巷村，为明末平鲁卫参将宋国宾及子宋伟所建。坐北朝南，东西宽80米，南北长110米，分布面积8800平方米。堡墙由夯土筑成，夯土层底部厚0.12米，顶部厚0.18米。堡墙底部宽5.5米，顶部宽1.3米，残高6米。古堡只设南门，已毁弃。

山阴城城址

山阴城城址位于古城镇古城村。始建于元代末年（1135），明永乐三年（1405）重筑，明正统二年（1437）、正德六年（1511）、嘉靖十六年（1537）多次予以重修并增高。明隆庆四年（1570）增高4丈并对城墙进行包砖。城置三门，分别为东永泰、南宿峰、西靖远，之上各建城门楼。各城门外为瓮城，瓮城外为月城。北城无门，上建真武庙。明洪武八年（1375）在城东南隅建县署衙门，清代在北大街建司公署，清末民国初，县城逐渐衰败，日军入侵后降为行政村。1982年镇政府由旧址迁往城外西街，今为古城村。城址为长方形，东西长600米，南北宽400米，分布面积24万平方米。现城址东墙和北墙部分坍塌，南墙、西墙仅存遗迹。墙基厚10米，残高8米，夯土层厚0.18米。该城址于2001年11月5日被列入县级文物保护单位。

郑庄堡址

郑庄堡址位于北周庄镇郑庄村，时代为明代。东西宽118米，南北长160米，分布面1.89万平方米。古堡平面呈长方形，南北两面各辟门一道，门宽6米，现门洞已坍塌。堡墙由夯土建成，夯土层厚0.18米。堡墙底部宽5.5米，顶部宽1.3米，残高6米。据夯土层判断，应为明清时期。堡内现为郑庄村居民居住。2010年被列入县级文物保护单位。

故驿城址

故驿城址位于马营庄乡故驿村北 500 米。时代为战国、汉代、南北朝。城址为长方形，南北长 706.5 米，东西宽 688 米，分布面积 48.61 万平方米。现各墙体仅存残垣，残高 1.5 米。夯土层厚约 0.08~0.12 米。遗址地表分布有较多的陶器残片与建筑砖构建，可辨器形有罐、盆、壶、豆柄、瓦、砖等。元至正十六年（1356）故驿城被洪水淹没房屋尽毁后该城废弃。现遗址上部为农田。该城址于 2001 年 11 月 5 日被列入县级文物保护单位。

观音堂堡址

观音堂堡址位于马营乡观音堂村南 30 米处，坐北朝南，长、宽均为 74 米，占地面积 5476 平方米。夯土层厚 0.14~0.19 米，时代为明代。现仅存堡四周残缺围墙以及四角角台，角台突出堡墙长 12 米、宽 6 米，夯筑而成。堡墙残高 10 米，底部宽 6 米，顶部宽 2.8 米。古堡只设南门，门残宽 5 米。2010 年被列入县级文物保护单位。

神武县故城

神武县故城民间传称六郎城，位于张家庄乡旧广武村西南 1 公里处的山坡上，时代为北齐、辽。故城呈“凸”字形，依山傍河滩而建，由东向西逐步升起，由大城、小城组成，大城在山坡上，东西长 130 米、南北宽 390 米，小城为方城，边长 140 米，分布面积约 7.03 万平方米。现存残缺西墙约 200 米，马面 8 座，北起第 4 个马面基部突出墙体约 7 米，宽约 5 米，高约 7 米；残缺东墙约 130 米，有 1 豁口，宽 5 米；墙体夯土层约为 0.08~0.1 米。城内遗物较丰富，地面采集有北齐的布纹瓦，辽金的黑釉和白釉瓷片。清光绪《山西通志》载，北齐置神武县，属太平郡，北周因之，隋属马邑郡，唐省入善阳县，辽复置。该城址于 2001 年 11 月 5 日被列入县级文物保护单位。

永静城城址

永静城城址位于北周庄镇永静城村南 1 公里处，时代为汉、北魏。城址平面可辨为长方形，东西长约 295 米，南北宽约 160 米，占地面积约 4.72 万平方米。现地表多有陶片，建筑全无，城垣墙基隐约可辨，城址现为农耕区域，西南角被人为取土挖一大坑，长、宽约 30 米，深约 1.5~3 米，断层暴露有砖、瓦、陶片。据《大同府志》记载：晋穆帝六年（350）所筑小平城，至此魏建都平城称新平城。该城址于 2001 年 11 月 5 日被列入县级文物保护单位。

马家河遗址

马家河遗址位于吴马营乡马家河村南 800 米处。东西长 220 米，南北宽 200 米，分布面积约 4.4 万平方米。时代为汉代。遗址地处洪涛山下的台地上，东临季节河，西为农耕区域，受季节河冲刷损毁严重，暴露出文化层堆积厚约 0.9~1.7 米，内含汉砖、汉瓦、兽骨、木炭、残陶片。遗址内地面采集有汉砖、汉瓦残件、野生动物牙齿以及泥质灰陶，可辨器形有罐、钵等残件，未发掘。2010 年被列入县级文物保护单位。

黑龙池遗址

黑龙池遗址位于下喇叭乡黑龙池村南 1.6 公里处，东西长 240 米，南北宽 200 米，分布面积约 4.8 万平方米。时代为新石器时代、东周。遗址地处洪涛山下的台地上，东、南、西三面临季节河，遗址地处退耕还林区域，受季节河冲刷与植树取土损毁严重，暴露出文化层堆积厚约 0.8 米，内含残陶片。遗址内地面采集的陶片有泥质灰陶，可辨器形有罐、陶器耳等残件，未发掘。2010 年被列入县级文物保护单位。

四户坪遗址

四户坪遗址位于下喇叭乡双井村南 2.2 公里处。南北长 400 米，东西宽 300 米，分布面积约 12 万平方米。时代为新石器时代、东周。遗址地处洪涛山下的台地上，东、北临季节河，遗址地处农耕区域，受农民修筑梯田取土损毁严重，暴露出文化层堆积厚约 0.6~1.2 米，内含残陶片。遗址内地面采集的陶片有泥质灰陶，可辨器形有罐、豆、缸、壶等残件，未发掘。2010 年被列入县级文物保护单位。

辛寨堡址

辛寨堡址位于马营庄乡南辛寨村中，坐北朝南，堡址呈方形，边长 93 米，占地面积约 8649 平方米。该堡只设南门，门残宽 3 米，门额上有明万历四年（1576）石匾一方，上书“辛寨堡”，堡址现仅存堡门以及南北堡墙，北堡墙马面长 5 米、宽 3 米，夯筑而成。堡墙残高 8 米，底部宽 7 米，顶部宽 3 米；底部夯土层厚约 0.22 米。2010 年被列入县级文物保护单位。

洪家堡遗址

洪家堡遗址位于下喇叭乡下喇叭村西 80 米处。东西宽 30 米，南北长 200 米，分布面积约 6000 平方米。时代为北魏、宋代。遗址地处洪涛山下的台地上，四面临季节河，遗址整体处于农耕区域，受季节河冲刷损毁严重，暴露出文化层堆积厚约 0.35~0.6 米，内含北魏陶片、以及大量宋代时期瓷片。遗址内地面采集陶罐片，可辨器形有罐，采集的瓷片可变器形的有白瓷缸、白瓷碗、青瓷盘、缸等，未发掘。2010 年被列入县级文物保护单位。

盘道堡址

盘道堡址位于玉井镇盘道村南 100 米，坐北朝南，古堡呈方形，边长 45 米，占地面积 2025 平方米。据该堡形制与夯土层判断，时代应为明代。现仅存堡四周围墙以及北侧马面，马面突出堡墙长、宽均为 8 米，夯筑而成外为条石砌筑。堡墙残高 6 米，底部宽 5.5 米，顶部宽 1.5 米；夯土层厚度约 0.08~0.18 米。古堡只设南门，门残宽 1.6 米。堡址遗存石构件 1 件。2010 年被列入县级文物保护单位。

包家岭堡址

包家岭堡址位于吴马营乡包家岭村中，坐西朝东，东西长 65 米，南北宽 70 米，占地面积 4550 平方米。据夯土层判断，应为明代建筑。现仅残存堡四周围墙以及四角角台，角台突出堡墙长 8 米、宽 6 米，夯筑而成。堡墙残高 10 米，底部宽 6 米，顶部宽 3 米；底部夯土层厚度 0.15 米，顶部 0.22 米。古堡只设南门，门残宽 5 米。2010 年被列入县级文物保护单位。

第二节 古墓葬

沙彦珣墓

沙彦珣，生卒年月不详，大同河阴（今山西省山阴县）人，本为后唐彰国军节度使，后降辽，官至大辽平军节度使、检校太尉。沙彦珣墓位于马营庄乡沙家寺村东南 1 公里处，坐南向北，南北宽 500 米，东西长 300 米，分布面积 15 万平方米。建于辽代，无封土，背靠虎啸坡，前为台地。地表原有石羊 2 只，各长 0.9 米，宽 0.3 米，明正德六年（1511），山水涨泛，流出墓碣，始知为大辽平军节度使，名彦珣。现封土夷平，石羊无存。该墓于 1986 年 8 月被列入省级文物保护单位。

安荣墓葬

安荣墓葬位于安荣乡安荣村西北 2 公里。墓地现存封土堆 2 座，两墓相距 53 米，东西宽 35 米，南北长 91 米，分布面积约为 3185 平方米。二普时“安荣墓葬”时代不详，该次调查根据封土堆以及周边村民对该墓盗洞内结构描述（砖券多室墓）确定时代为汉代。墓 1 位于北部，底径 20 米，残高 3 米；墓 2 位于西部，底径 18 米，残高 1.8 米，均有盗洞。未发掘。2010 年被列入县级文物保护单位。

王宪武墓

王宪武（王家屏父亲）墓位于北周庄镇北周庄村南 1 公里。墓地东西长 30 米，南北宽 400 米，分布面积 1.2 万平方米。时代为明代。地面现存砖砌仿木结构建筑“纶褒堂”“礼器库”。纶褒堂面宽五间进深三间，顶部为横向拱券，前檐明间辟石质拱形门洞，门两侧各辟石质拱形窗一个，门洞上方石雕匾额一方，上书“纶褒堂”檐下四周砖雕斗栱 54 朵由南向北内树依次一字排列石碑 5 通，分别为明隆庆六年敕命碑、明万历七年敕命碑、明万历十年诰命碑、明万历十四年诰命碑、明泰昌六年赠诰碑。碑文记载王家屏官级从明隆庆六年的七品递升至明泰昌元年的一品，历次升迁后为父母加封爵位之事。碑全为青石质。“礼器库”面宽三间进深两间，顶部为横向拱券，前檐明间辟石质拱形门洞，门两侧各辟石质拱形窗一个，门洞上方石雕匾额一方，上书“礼器库”檐下四周砖雕斗栱 44 朵，室内无遗存物件。墓地原存的封土均已夷平，据历史照片可知墓地曾设石羊、石马、石虎等，现已无存。该墓于 2001 年被列入县级文物保护单位。

郭氏家族墓地

郭氏家族墓地位于古城镇古城村南 1 公里处，东西长 55 米，南北宽 60 米，占地面积 3300 平方米。时代为明代。墓地中封土堆已无存，多数石碑下半已为沙土掩埋，部分石碑残断散落地面，墓地现存石碑 9 通。署名郭石的墓碑 2 通，一通为“皇帝勅命陕西按察司佥事兵部侍郎郭石墓碑”，明万历年间立，青石质，长方形，龙纹碑首，首高 0.8 米，宽 0.75 米，厚 0.25 米。长方形底座。碑边浅刻腾龙云纹。碑身高 1.8 米，宽 0.7 米，厚 0.2 米。其二为“大明奉政大夫山东按察司佥事郭石墓碑”，明万历年间立，青石质，长方形，圆首，长方形底座，通高 2.2 米，宽 0.7 米，厚 0.23 米，四侧边浮刻云龙纹。碑阴刻楷体“大明奉政大夫山东按察司佥事”。碑背阴刻楷书 7 行，行 20 字，碑文记述郭石生卒、年月及生平事迹。其他七通碑均为郭家后人郭阳等墓碑，字迹漫漶不清。

许家洼墓群

许家洼墓群位于马营庄乡许家洼村北 1 公里处，分布面积约为 1.4 万平方米。时代为汉代。墓地现存封土堆三座略呈“品”字形排列，墓 1 位于北部，底径 20 米，残高 3 米，封土东侧有一盗洞；墓 2 距墓 1 约 1 公里，位于中部，底径 30 米，残高 3.7 米，封土东侧有一盗洞；墓 3 距墓 2 约 270 米，位于南部，底径 22 米，残高 3.4 米，封土东侧有一盗洞，地表有盗出的东汉墓砖。未发掘。2010 年被列入县级文物保护单位。

第三节　古建筑

寺　庙

新岱岳关帝庙　位于北周庄镇新岱岳村中，俗称普渡寺。坐西朝东，一进院落布局，东西长 34 米，南北宽 45 米，占地面积为 1530 平方米。据碑文记载，始建于清嘉庆二十五年（1820），清宣统二年（1910）重修，现存为清代建筑。现存乐楼、正殿及东西朵殿。其中乐楼面宽三间，进深两间，后接两椽化妆室，前为卷棚歇山顶，后为硬山顶。乐楼设垂花柱 4 根，南北两侧砖砌八字墙。南北山墙砖雕悬鱼。正殿面宽、进深均为三间，两侧分别建面阔二间的朵殿，均为硬山顶，筒板瓦覆盖。寺内现存记事碑 4 通。2001 年山阴县政府公布为县级文物保护单位。2011 年 3 月被朔州市政府列为重点文物保护单位。

顺城巷佛殿　俗称居士林，位于岱岳镇顺城巷口。一进院落布局，东西长 24.5 米，南北宽 35.5 米，占地面积 869.8 平方米。现存山门（天王殿）、大雄宝殿及东西耳房和东西配殿。其中大雄宝殿为清代遗构，石砌台基，面宽三间，进深六椽，始建年代不详，清光绪二十五年（1866）予以重修，2007 年维修大雄宝殿，现存为清代建筑风格。佛殿坐北朝南，檐硬山顶，筒板瓦覆盖。明间辟六抹隔扇门 6 扇，两次间辟六抹隔扇门 4 扇，重檐之间设窗 4 扇。殿内塑像 3 尊，为近期所塑。东西配殿建筑形式、梁架结构相同，均为面阔四间、进深一间，硬山顶，筒瓦覆盖。殿前存清光绪二十五年（1866）重修碑 1 通。2001 年被山阴县政府公布为县级文物保护单位。

文昌庙 位于合盛堡乡来远村中，坐北朝南。始建年代不详，现仅存大殿 1 座，为清代建筑。大殿建于高 2.5 米的砖砌基座上，平面方形，边长 8.7 米，占地面积 75.7 平方米。台基东西两侧砖砌花栏墙。大殿面宽三间，进深四椽，前出廊，硬山顶，筒板瓦覆盖。殿内梁架通体彩绘，山墙两侧有砖雕悬鱼。2010 年被列入县级文物保护单位。

新广武过街真武庙 位于张家庄乡新广武村中 3 米高的砖石砌过街门洞上。坐北朝南，东西长 4.3 米，南北宽 5 米，建筑面积 21.5 平方米。时代为清代。庙面宽三间，进深两椽，悬山顶，筒板瓦覆盖。该庙建于过街门楼上，建造位置特殊，建筑玲珑小巧。

瑞云寺 位于马营庄乡沙家寺村西南。坐北朝南，东西长 20 米，南北宽 30 米，分布面积 600 平方米。据寺内石碑记载瑞云寺始建于元延祐五年（1318），由正殿、前殿、山门、谦公和尚砖塔组成。现仅存正殿基址和明万历五年（1577）砖塔一座。院内存清代嘉庆十九年（1814）布施石碑一通，石质为青石，高 1.25 米，宽 0.60 米，厚 0.20 米；古松树一棵，高十八米，周长 4.06 米；砖塔一座，建于明万历五年，总高 11 米左右，砌以楼阁式样。瑞云寺为当地寺庙建筑的代表作，纪年清楚。2001 年 11 月 5 日被列入县级文物保护单位。

沙家寺村瑞云寺景

东双山关帝庙 位于合盛堡乡东双山村，坐北朝南，东西长 25.4 米，南北宽 32 米，占地面积为 812 平方米。现存乐楼、大殿及东西朵殿，均为清代遗构。大殿面宽五间，进深两间，前出廊，硬山顶，筒板瓦覆盖，正脊砖雕。乐楼台阶砖砌，面宽三间，进深三椽，后接一椽为化妆室，卷棚顶，楼内梁架彩绘。2010 年被列入县级文物保护单位。

王家堡老爷庙 位于北周庄镇王家堡村中，坐东朝西，一进院落布局，东西长 17 米，南北宽 20 米，占地面积为 340 平方米。现存山门、乐楼、大殿，均为清代遗构。大殿设月台，面宽三间，进深三椽，前出廊，悬山顶，筒板瓦覆盖。廊檐下设柱头科和平身科，斗栱形制五踩。斗栱和阑额彩绘。乐楼台基青砖砌筑，面宽三间，进深三椽，后接一椽为化妆室，卷棚顶，筒板瓦覆盖。2001 年 11 月 5 日山阴县政府将其列为县级文物保护单位。

西小河关帝庙 位于古城镇西小河村中，坐北朝南，东西长 23.4 米，南北宽 8 米，占地面积为 187 平方米。据庙内现存石碑记载，庙始建于清乾隆八年（1743），现仅存正殿及东西朵殿，均为清代遗构。正殿面宽三间，进深四椽，前出廊，硬山顶，筒板瓦覆盖。门窗后人改制。正殿及东西朵殿后檐墙及两山墙均绘有壁画，大部分漫漶不清，绘制时代及内容不详。大殿内存清乾隆八年创建寺庙记事碑 1 通。2010 年被列入县级文物保护单位。

玉皇庙 位于后所乡苏庄村中，坐北朝南，一进院落布局，东西宽 19.6 米，南北长 36.9 米，占地面积为 723.2 平方米。现存乐楼、大殿及东西朵殿。始建年代不详，现存均为清代遗构。大殿面宽五间，进深两间，硬山顶。明间出接抱厦，卷棚悬山顶。东西朵殿均为面宽一间，上下两层，硬山顶。东朵殿后檐墙绘有神仙壁画，画面有残损剥蚀，绘制时代不详。乐楼面宽三间，进深三椽，硬山顶，筒板瓦覆盖。2010年被列入县级文物保护单位。

三官庙 位于下喇叭乡吴儿城村中一处毛石砌筑的台地上，坐西朝东，占地面积243平方米。据庙内现存石碑记载，庙创建于明隆庆六年（1572），明崇祯七年（1634）、清道光二年（1822）和清道光四年先后予以重修。现仅存正殿和乐楼，均为清代遗构。正殿台基条石砌筑，面宽三间，进深四椽，前出廊，硬山顶，筒板瓦覆盖，门窗全无。乐楼台基片石砌筑，面宽、进深均为三间，硬山顶，筒板瓦覆盖。正殿廊墙前置清重修碑1通。2010年被列入县级文物保护单位。

净明寺 位于张家庄乡西察罕铺村东，坐北朝南，一进院落布局，占地面积约900平方米。始建年代不详，清光绪二十九年（1903）予以维修，2009年局部维修，现存均为清代遗构。关帝殿、龙王殿毗邻相建，东配殿为灵官殿，乐楼与龙王殿相对。关帝殿和龙王殿均为面宽三间，进深四椽，前出廊，硬山顶，筒板瓦覆盖。龙王殿两山墙残存壁画约30平方米，绘制时代及内容不详。灵官殿为二层楼阁式建筑，面宽三间，进深二间，悬山顶，筒板瓦覆盖。二层明间辟门，两次间辟窗，底层门窗后人改制。龙王殿前廊下和关帝殿东山墙外存清光绪二十九年重修碑和布施碑各1通。2010年被列入县级文物保护单位。

郭家窑关帝庙 位于岱岳镇郭家窑村中，坐北朝南，东西宽15.5米，南北长29.3米，占地面积约456平方米。现存正殿、东西朵殿和乐楼，均为清代遗构。正殿面宽三间，进深两间，前出廊，单檐硬山顶，筒板瓦覆盖，正脊砖雕。门窗后人改制。殿内东山墙彩绘三国故事画8幅，其中有“鞭打督邮”“三战吕布”“立斩华雄”“北海解围”“夜斩车胄”，构图严谨，画面清晰，色彩鲜亮。西廊廊墙砖雕神龛1个，岔角砖雕花卉。乐楼台基青砖砌筑，条石压面。面宽三间，进深两间，卷棚顶，筒板瓦覆盖。乐楼前台基上设有望柱及石栏板。正殿台阶下有清嘉庆二十四年（1819）布施碑一通。2010年被列入县级文物保护单位。

石 刻

榆树洼摩崖石刻 位于下喇叭乡榆树洼村西南3公里处，坐北朝南，长5.12米，高2.1米，分布面积10.8平方米。开凿年代不详，崖壁上有明嘉靖年间（1522—1566）的石刻题记。现存佛龛55个，其中最大佛龛高0.58米，宽1.1米；最小佛龛高0.3米，宽0.4米。各佛龛内共有数百个姿态各异、大小不同的佛像。村民于石刻前毛石砌筑拱形门洞3个予以保护。石刻西面崖石上明嘉靖年间的题记。摩崖石刻群雕刻在巍峨雄伟、突兀耸立的奇崖绝壁上。2001年11月5日被山阴县政府列为县级文物保护单位。2011年3月被朔州市政府列为重点文物保护单位。

宅 院

北周庄村二区9号宅院 位于北周庄村二区9号，坐北朝南，四合院布局，东西宽19米，南北长20米，占地面积380平方米。该宅院为清代所建，创建人不详，解放后由村民李占春等六户均分。大门为砖券拱形结构，方形砖柱，门额上砖雕“安且吉”。大门宽1.7米，高5米。正房面宽三间，进深四椽，单檐硬山顶，东西两侧各配耳房一间。东西房均面宽三间，进深两椽，单坡硬山顶。北周庄村二区九号宅院为当地传统四合院中的典型代表，保存相对完整，是研究本地普通民居建筑的宝贵实物资料，具有一定的历史艺术价值。

堡子巷19号宅院 位于岱岳镇堡子巷村19号，坐北朝南，一进院落布局，东西宽15.5米，南北长25米，占地面积为387.5平方米。该宅院建于清代，始建人不详，“文革”后分与村民。现存大门、正房、东西房。正房面宽五间，进深三椽，硬山顶，筒板瓦覆盖。明间辟六抹隔扇门4扇，两次间辟窗。东西房均为面宽五间，进深三椽，硬山顶。东房南山墙装饰为影壁，壁顶仿木结构砖雕斗拱、垂莲柱。壁心砖雕“福”字，岔角砖雕花纹。大门内横置青石质抱鼓石 1 对，上雕狮子图案。

沈家宅院 位于玉井镇窝棚沟村，坐东朝西，东西宽 8.3 米，南北长 15.5 米，占地面积 128.7 平方米。该宅院为清代窝棚沟村富户沈氏所建。原建大门、正房，已无存，现仅存东窑 1 座。东窑坐东朝西，台基毛石、青石砌筑，面宽五间，其中四间为原构，南稍间为后人补建，仿木结构砖雕椽飞。正脊砖雕花卉图案。前檐明间辟拱形门，其余辟拱形窗。明间与南次间之间墙面设小神龛 1 个。前檐砖雕垂莲柱 4 枚，各垂莲柱顶部上设一方形砖，砖面上分别书写“天”“下”“太”“平”。

王家宅院 位于岱岳镇王家涧村中。坐北朝南，二进院落布局，东西宽 16.5 米，南北长 18.5 米，占地面积 305 平方米。该宅院为王家涧村王通贤祖上清代所建，现仅存大门及正房。正房面宽五间，进深三椽，硬山顶，筒板瓦覆盖。前檐明间辟六抹隔扇，门 5 扇，两次间辟窗，两稍间辟门窗。房内明间保存木隔断一扇，顶部雕刻吉祥瑞兽和花卉，图案精美，雕刻精致。大门两侧墙面设方心各一个，岔角砖雕。山尖彩绘花卉。

郭家宅院门楼 位于北周庄村中，原宅院内建筑全部塌毁，现仅存门楼。创建年代不详，现存为清代建筑。门楼坐北朝南，宽 2.6 米，深 2.7 米，建筑面积约 7 平方米。门楼为木结构，悬山顶。檐下设斗栱 3 朵。额枋与斗栱上均彩绘花纹，挂落上雕刻明八仙中的五仙，构图合理，人物形象鲜明。正脊有砖雕花卉纹饰。门楼两侧各置抱鼓石 1 个，分别雕刻鹿、鹤等瑞兽图案。郭家宅院门楼木雕精致，保存较完整，具有一定的艺术价值。

堡子巷 24 号门楼 位于岱岳镇堡子村 24 号，东西长 2 米，南北宽 2.6 米，占地面积 5.2 平方米。该门楼为一清代宅院的门楼，具体建造年代不详。院内其他建筑早已塌毁，仅剩门楼一座。坐西朝东，仿木结构，檐下砖雕椽飞及五踩斗栱 3 朵，栱眼壁雕人物花卉。门楼额枋砖雕花卉纹样，南北两侧砖雕垂花柱各 1 枚。该门楼砖雕精美，为本地区民间砖雕仿木结构门楼的佳作。

任家门楼 位于北周庄镇二铺村，为清代二铺村任氏祖上宅院的门楼，院内其他建筑早已不存，仅存门楼一座。门楼坐北朝南，平面方形，边长 2.3 米，占地面积 5.29 平方米，硬山顶，筒板瓦覆盖。檐下设斗栱 5 朵，墀头砖雕花卉。门楼西南有古树 1 棵。

乐 楼

大虫堡乐楼 位于合盛堡乡大虫堡村中。坐南朝北，东西长 8 米，南北宽 10 米，占地面积 80 平方米。始建年代不详，现存为清代建筑。乐楼台基青砖砌筑，条石压面。面宽三间，进深四椽，前出廊，卷棚悬山顶，筒板瓦覆盖。东西山墙砖雕悬鱼精致。乐楼内于后金柱处起木制隔断，将乐楼分为前后两部分。

来远乐楼 位于合盛堡乡来远村中，坐南朝北，东西长 10 米，南北宽 9.3 米，占地面积 93 平方米。始建年代不详，现存为清代建筑。乐楼台基青砖砌筑，条石压面。面宽三间，进深五间，后两间于金柱所在位置设木隔断，将乐楼辟为前后台。乐楼后檐墙辟圆形窗 2 个。乐楼前为卷棚顶，后为硬山顶，筒板瓦覆盖。后檐墙绘壁画，内容为麒麟 1 只，面积约 9 平方米。2010 年被列入县级文物保护单位。

东察罕铺乐楼 位于张家庄乡东察罕铺村西北处，占地面积为 128 平方米。始建年代不详，现存为清代遗构。乐楼坐南朝北，条石砌基，面宽、进深均为三间，前出廊，硬山顶，筒板瓦覆盖。东西两侧建朵殿，面宽一间，进深二椽，卷棚顶。

东石人坡乐楼 位于玉井镇东石人坡村中，坐南朝北，东西宽 8.54 米，南北长 9 米，占地面积 76.9 平方米。始建年代不详，现存为清代遗构。砖砌台基，面宽三间，进深三椽，卷棚顶，筒板瓦覆盖。砖雕墀头精美。墙体片石砌筑，泥皮抹护，两山墙山尖青砖贴面。

米庄窝乐楼 位于玉井镇米庄窝村中，坐北朝南，东西长 12.5 米，南北宽 7.82 米，占地面积 97.8 平方米。始建年代不详，现存为清代遗构。乐楼石砌台阶，面宽五间，进深四间，卷棚顶，筒板瓦覆盖。

前檐两稍间设窗，窗已不存。

双井乐楼　位于下喇叭乡双井村中，坐南朝北，东西长10.5米，南北宽9.3米，占地面积约98平方米。始建年代不详，现存为清代遗构。乐楼台基青砖砌筑，条石压面。两山墙及后檐墙毛石砌筑。乐楼面宽三间，进深三椽，后接一椽为化妆室，卷棚顶，筒板瓦覆盖。台口设栏板，栏板全无，仅剩望柱。后檐墙原明间辟门，两次间辟窗，门窗后人封护。

西安峪乐楼　位于马营庄乡西安峪村中，坐南朝北，东西长8米，南北宽7.9米，占地面积为63.2平方米。始建年代不详，现存建筑为清代遗构，台基毛石砌筑，后檐墙毛石砌筑，2004年村民将梁柱重新彩画，顶部维修。乐楼面宽三间，进深三椽，后接一椽为化妆室，硬山顶，筒板瓦覆盖。

桥　梁

上神泉石拱桥　位于北周庄镇上神泉村北100米处，始建年代不详，现存桥体为清代所建。桥为单孔桥，呈南北走向，东西宽4.1米，南北长15米，占地面积61.5平方米。桥东侧撞券石上雕有水兽。据村中老者讲，清代该桥遭雷电击，村民随即予以维修并改造，采用塌毁的石构件，在桥东面分水金刚墙后部另券小拱洞一个，撞券石正中石雕水兽。桥面青石铺墁，桥面东西两侧条石垒砌栏墙。2010年被列入县级文物保护单位。

普济桥　位于岱岳镇中商街北，桥始建于清雍正八年（1730），沿用至今。桥呈南北走向，跨越大桥沟，长11米，宽10米。现仅残存青石质栏板3块，望柱2根。栏板均为高0.8米，宽1.4米，厚0.14米，上雕刻暗八仙、花卉等图案。望柱方形，高1.2米，望柱柱头原雕有石狮，现残损不存。

第四节　近现代重要史迹及代表性建筑

泥河大坝

泥河大坝位于安荣乡泥河村东南2公里处，始建于民国25年（1936），后因抗日战争爆发被迫停工。1939年，日伪政权组织本地民工在原施工基础上继续完成筑坝工程，总造价75万银圆，2003年予以维修改造。大坝呈西向东走向，钢筋混凝土构造，由拦河滚水坝、南北冲砂闸和工作桥长组成，占地面积约1.452万平方米。其中拦河滚水坝长132米，坝顶宽3米，坝高5米。大坝南北建冲砂闸各1座，每座3孔；南北进水闸各1座，每座5孔。该大坝控制灌溉面积约60万亩。从建成后一直使用，为山阴县农田灌溉发挥了巨大作用。

伦美德商铺

伦美德商铺位于北周庄镇北周庄村中，为民国13年（1924）北周庄富户王全善所建。解放后，村民郭善梅购置。坐北朝南，占地面积52.5平方米。现仅存临街商铺三间，砖混结构，西式建筑风格。明间两柱砖砌，圆形；两次间边柱砖砌，方形。各柱下均设须弥式柱础。前檐明间辟拱形门，两次间辟拱形窗。门窗上方均设扇形装饰框。前檐砖砌女儿墙，明间砖砌匾额一块，上书“伦美德”，“文革”期间被毁；两次间砖雕长方形装饰框，内饰砖雕盆景。

王宅巷22号商铺

王宅巷22号商铺位于岱岳镇中商街北，坐东朝西，东西宽5.1米，南北长21.15米，建筑面积108平方米。居当地老人讲，该商铺为民国26年（1937）由各地商人捐资建造。商铺由二座南北并列的商铺组成，面阔分别为四间和二间，进深均为三间。其中面宽四间的商铺，卷棚硬山顶，筒板瓦覆盖。该商铺最北端顶部建有阁楼一间，卷棚顶，土坯砌筑，外包青砖。阁楼四面均设拱形窗。王宅巷商铺前檐后人虽有改制，但仍保留了部分当时的铺面门板形式，反映了民国时期本地区的商铺形式。该商铺为岱岳成立县治后的一处主要商铺，对促进本地区经济发展与人民生产生活发挥了重要作用。

山阴县青年晋剧团旧址

山阴县青年晋剧团旧址位于岱岳镇堡子巷村10号。1956年，为丰富当地文化生活，南大道、顺城巷、闫家巷联合组建了该剧团，同年8月省文化局批准，成为民间职业性剧团，名为山阴县青年晋剧团。剧团有演员40人，主要演员有国家一级演员王桂兰。剧团先后演出了40多个传统剧目。旧址坐北朝南，东西长28.5米，南北宽23米，建筑面积655.5平方米。现存大门、正房、东厢房2座，西厢房1座。大门内南侧墙体上保留毛泽东语录，大门外两侧置标语栏，水泥底面，分别用黄色油漆书写“领导我们事业的核心力量是中国共产党”，“指导我们思想的理论基础是马克思列宁主义”，具有鲜明的时代特征。

魏青龙旧居

魏青龙旧居位于岱岳镇兰园村4号，坐北朝南，东西长18米，南北宽6米，占地面积108平方米。魏青龙（1877—1955），男，山阴县岱岳镇梁山村人，祖居岱岳，亦农亦商，幼年读过几年小学。民国26年（1937）任日军“维持会长”，次年改任日伪第二任山阴县长，直至1942年。期间利用其特殊身份为抗日根据地做事。1946年岱岳解放，魏青龙主动献出自己财产，后移居内蒙包头市。1955年春病故。魏青龙旧居现仅存正房，房基石砌，高0.8米，面宽六间，进深四椽，单坡硬山顶。前檐辟门窗，后人改造较多。

古城镇供销社旧址

古城镇供销社旧址位于古城镇古城村中的一个十字路口，主体坐南面北，平面呈曲尺形。该供销社为1961年为统筹购销同时也为方便人民日常购物所建，面宽二十二间，进深二间，占地面积337平方米，双坡顶。北立面辟门7个，窗10个，东南转角处房辟门各，窗2个。前檐屋面砌筑女儿墙，上书“为人民服务”“发展经济保障供给”“支援农业促进生产”及“树雄心立壮志，不断进行革命”等口号。北立面正中顶部设水泥质和平鸽和红色五角星装饰图案，具有明显的时代特征。该供销社作为临街商铺一直沿用至今。

轻工业局职工礼堂旧址

轻工业局职工礼堂旧址位于岱岳镇南大道村，建成于1967年。礼堂坐东朝西，南北宽12米，东西长33.5米，占地面积402平方米。砖混结构，平顶，板瓦覆顶。西立面水泥抹面，正中辟门，门上方长方形框内书“山阴县轻工业局职工礼堂”。之上水泥砌“山”字形图案，正中书“为人民服务”。门两侧设方形标语框，上分别书“团结紧张”“严肃活泼”，具有较浓的“文革”时代特征。南北两侧立面柱上分别书“高举毛泽东伟大旗帜”“培养无产阶级革命接班人”。礼堂南北立面正中辟门1道，另辟拱形窗9个。该礼堂是20世纪60年代山阴地区具有代表性的礼堂建筑，具有鲜明的时代性。

陈毅路居

陈毅路居位于张家庄乡新广武村尹士高院，民国37年（1948）2月，华东野战军司令员陈毅一行路经新广武村时在此处居住一宿。该路居东西长21米，南北宽14米，占地面积294平方米。坐北朝南，现存正房五间，东房三间，门一座。其中东房为陈毅路居时所住房屋。

广武惨案遗址

广武惨案遗址位于张家庄乡新广武村南南门外20米处的河槽里。东西长200米，南北宽50米，占地面积1万平方米。1937年9月30—31日，日军入侵略新广武村，进行了残酷的屠杀和焚烧，制造无人区，残杀村民60余人。现遗址只存新广武城南门的一段城墙，其余遭到损坏。

刘幸烈士纪念亭

刘幸烈士纪念亭位于古城镇东辛庄村东南角。1967年8月10日东辛庄村被洪水围困，驻军4647部队战士刘幸为抢救落水群众而英勇献身。刘幸（1945—1967）男，河北省抚宁县（现秦皇岛抚宁区）小山头村人，1965年参加中国人民解放军，牺牲后被追认为中共党员，记一等功。1968年，东辛庄村建纪念亭予以纪念。该亭建于一处青砖砌筑的台基上，占地面积36平方米。纪念亭为六角攒尖式，檐下施斗拱12朵，亭顶置五角星1枚。亭内置石碑1通，碑高1.37米，宽0.65米，厚0.18米，正面镌刻“刘幸烈士永垂不朽”。2001年11月5日山阴县人民政府将其列为县级文物保护单位。

元营惨案遗址

元营惨案遗址位于后所乡元营村中。东西宽270米，南北长390米，分布面积10.53万平方米。1937年10月20日夜，晋绥军赵承绶部将同太公路黄水河木桥烧毁。翌日晨，南下日军30余辆汽车在河边受阻，调头直扑桥西元营村。日军将村中的房屋、寺庙和堆在场上的庄稼一起点燃，村中顿时成为一片火海。随着阵阵枪声和惨叫声，无辜百姓一个个倒在血泊中。至中午，日军残杀村民48人，烧毁民房403间、庙宇两座，上场的庄稼全部化为灰烬。现遗址仅存三处房基，其余房屋均被当地村民重修。

下立羊泉革命烈士墓

下立羊泉革命烈士墓位于下喇叭乡下立羊泉村东南300米。1939年日军对正在该村养伤的八路军伤病员以及医护人员进行追剿杀害。1958年4月5日山阴县人民政府特为在此地死难的烈士而修厅立碑。纪念碑亭坐北朝南，占地面积6.8平方米；碑楼为砖券，内置石碑1通，碑首上书“永垂不朽”，碑身中书“革命烈士之墓”，左侧书“歌颂献身创业”右侧书“纪念革命先烈”，碑高1.5米，宽0.6米，厚0.15米。碑背面为下立羊泉烈士死难的过程简介。该墓于2001年11月5日被列入县级文物保护单位。

下立羊泉革命烈士墓

云水庄惨案遗址

云水庄惨案遗址位于马营庄乡云水庄村中。东西宽62米，南北长240米，分布面积约1.488万平方米。1937年，日军在云水庄村对八路军359旅进行扫荡，扫荡中17名士兵遇难，后日军又进入村中将三位村民杀害，同时烧毁三处房屋，现遗址仅存一处房基，其余房屋均被村民重修。

第三章　文物保护

第一节　机　构

历史上，山阴县没有专职文物保护管理机构和管理人员，文物保护工作处于无序状态。“文化大革命”期间，极“左”思潮曾使县内文物遭到严重损坏。直到二十世纪七十年代，县政府责成文化馆安排专人负责文物保护工作，全县境内文物开始得到有效保护。1998年山阴县文物管理所延用1984年8月成立时的股级建制，隶属山阴县文化局。2008年聘用“非全日制用工”文物保护员10名，2010年增至12名，负责看护全县省级以上重点文物保护单位。2011年7月山阴县机构编制委员会，核定文物管理所领导职数3名，财政拨款事业编制23名，其中管理人员编制13名、专业技术人员编制10名。历任所长有裴广勇、欧阳田。

文物管理所负责县域内的文物保护、收藏和管理工作。依法承担全县文物勘查、发掘、征集、整理、申报等文物保护工作。贯彻落实国家、省、市、县关于文物保护工作的法律、法规及相关规定。杜绝了文物流失，确保文物安全，所征集和移交的文物藏品安全存放于文物库房，文物保护工作得到全面加强。2011年，全国第三次不可移动文物普查，山阴县登录不可移动文物总数为397处。其中，国家重点文物保护单位2处；山西省重点文物保护单位3处；朔州市重点文物保护单位5处。2016年，全国第一次可移动文物普查，山阴县文物管理所登录馆藏可移动文物总数为178件套。其中二级文物7件套，三级文物29件套。

第二节　重点文物保护

保护单位

北齐长城和明内长城　北齐长城位于张家庄乡新广武村南，起于代县雁门关乡后腰铺村北2.2公里山顶，止于新广武村东南3.25公里处，全长约7公里。墙体为片石垒砌，均已坍塌，基宽2~3米、顶宽1~1.7米、残高0.5~1.5米。据《北齐书·文宣帝纪》所载，该段长城应是天保七年（556）之前所筑。明内长城位于雁门关北域，东起马营庄乡苏家场村，西止张家庄乡新广武村西南猴儿岭顶，延绵长约28千米。已登录残存墙体长11205米，关堡2处，敌台69处，烽火台105处。长城由城墙、敌楼、关城、城堡、烽火台等多种防御工事所组成的一个完整的防御工程体系，是历代军事防御的前沿，是农耕民族和游牧民族的交融点，展示着独具特色的古代军事要塞的地域风采。山西省境内历代长城遗址，1986年由山西省人民政府公布为第二批省级重点文物保护单位。

广武长城

广武汉墓群　位于张家庄乡新广武村西北3公里处。墓群东、西长4公里，南、北宽8公里，占地面积32平方公里，地上现存已标桩的封土堆288座，地下尚未探明汉代墓葬无计其数，是中国最大的汉墓群之一。其中封土堆高2~4米的69座、5~9米高的157座、15~20米高的15座。据史载墓葬封土堆原为梯形方体，在两千余载时序的变迁，风雨的刷洗，成了现在的圆丘状。1965年5月公布为山西省重点文物保护单位。1988年1月被国务院公布为第三批全国重点文物保护单位。

王家屏墓　王家屏（1535—1603）山阴县北周庄村人，明隆庆二年（1568）进士，初选翰林院庶吉士，后授偏修，官至吏部侍郎、礼部尚书兼东阁大学士。明万历十二年（1584）至二十年（1592）为内阁辅相，后任首辅。王家屏墓于1986年8月被列入省级文物保护单位，位于安荣乡河阳堡村东南1公

河阳堡村王家屏陵墓

里。墓地南北宽 124 米，东西长 82 米，分布面积 1.02 万平方米。时代为明代。现存石件 2 件、不完整封土 1 座，残高 2 米。神道上原有石羊、石马、石虎、石人、石望柱各一对。封土堆前原立有万历年间石碑五通，现已无存。未发掘。2010 年，朔州市朔风文化有限公司开发复原建设山阴县王家屏纪念园风景旅游区。

广武旧城　位于张家庄乡旧广武村，距离雁门关 5 公里。它与新广武城、汉墓群、明长城浑然一体，依山傍关，素有勾注咽喉之称。据《辽史》记载，该城始建于辽乾亨年间（979—982），原为夯土城墙，明洪武至万历年间（1368—1620）重修并用城砖包面，城砖长 40 厘米、宽 20 厘米、高 9 厘米。古城平面呈长方形，南侧城墙长 332 米，北侧城墙长 337 米，东、西城墙长均为 503 米，占地面积约 1.7 万平方米。城墙高 8.2 米，女儿墙高 1.7 米，城墙底宽 6 米，顶宽 3.5 米。东、西、南城墙上各建马面 4 座，北城墙建马面 5 座。古城辟东、南、西城门，其中西城门宽 3.3 米，东城门宽 3.25 米，南城门宽 2.9 米，原有城楼、瓮城及护城河，现均不存。2006 年 6 月国务院公布为全国重点文物保护单位。

文物修复

1998 年后，山阴县加强非物质文化遗产的挖掘、整理、保护和传承工作，推进文物保护维修工程建设。2009 年，由省文物局投资 15 万元的县级重点文物保护单位合盛堡乡西双山恒山庙正殿、山门顶部修复工程顺利完工。2015 年，投资 38 万元，对新岱岳乐楼整体拆卸，按原貌进行修复。2016 年，重点做好旧广武城修缮、广武汉墓群安保及洪堤修缮项目、广武明长城保护修缮项目。

第四章　旅游事业

第一节　资　源

自然景观

佛宿山　又名复宿山、勾注山、夏屋山、草垛山、翠微山，系恒山支脉。位于县境东南，为山阴与代县之界山。金王拱碑云：文殊大师尝宿于此，故名佛宿山。山势呈西南—东北走向，境内段长 32 公里。

佛宿山景色

宝峰山烟霞洞

走进此山可见到连绵的奇山异峰，郁郁葱葱的秀树丽林、曲折蜿蜒的潺潺流水、妙趣横生的幽洞奇境，令人费解的奇岩异石，伴以时而出现的轻烟漫雾，似入仙境一般，使人流连忘返。

烟霞洞 位于山阴县北周庄镇燕庄村北宝峰山上。始建年代不详，据碑文记载：嘉靖二十年（1541）、乾隆二年（1737）、道光二十九年（1849），每有修葺。碑载：宝峰山烟霞洞，尤诸神凭依之处，亦怀邑胜境之区也，山之峻极奇形巍巍乎，一如太行之突兀；洞之寥空异想渊渊乎，直拟盘谷之幽深。而且朝晖夕阴，气象万千，游其景者，有不心旷神怡其喜洋洋乎。烟霞洞风景宝地，陡峭险峻直插云天，恰像置身于烟雾氤氲的云端。抬头瞻仰，洞景奇秀雄伟，陡险森严，令人敬而生畏，头晕目眩；惊心动魄，感慨万千。俯看四周，奇花芳草遍山布，杂树怪石满山间；山鸟呢喃，苍鹰盘旋，使人清醒爽快，广开眼间，顿感心旷神怡，犹如身临仙境一般。

人文景观

恒山庙 位于山阴县西双山村中。始建于明崇祯六年（1633），宣统元年（1909）重修，现存为清代建筑。东西长26米，南北宽41米，占地面积1066平方米。坐北朝南，二进院落布局。主要建筑有：正殿面宽七间，进深两间，单檐硬山顶，内有壁画76平方米；配殿东西各二间，进深一间，单檐硬山顶；乐楼面宽三间，进深二间，单檐硬山顶，有阑额画，雕刻十分精细，分别是《拜寿图》《鞭打芦花》等；钟楼呈方型，单檐悬山顶。该庙是县境内保存最完整的一座庙院。恒山庙其结构为砖木，建筑中使用的砖、木、石雕刻题材丰富，雅俗共赏。壁画题材广泛，人物形象十分细腻，具有鲜明的时代特征。创造一种风格别具的明清时期古建筑。殿内后檐墙及两山墙满绘彩色连环画，山尖绘水墨山水画，壁画面积68平方米。2001年11月5日被山阴县政府列为县级文物保护单位。2011年3月被朔州市政府列为重点文物保护单位。

化悲岩寺 名曰碧岩禅寺，又名化悲庙，俗名羊驮寺。位于山阴县后所乡辛立庄村西南3公里处，距县城35公里。始建于北魏时期，几经沧桑，几度重修，漫漫的历史给这片神奇的土地沉淀深厚的文化底蕴。凡民间庙像，这里几乎应有尽有，正如民间传说“人无全人人，化悲庙有全神神”。化悲岩寺，坐落在翠微山东麓西侧山腰，大自然以其卓越的天赋，煞费心机地安排这一处胜境，寺院依山傍水，寺内石洞别致相连。“孤松独石”“听响滴脆”“两山夹一楼”“百里鸣钟”“二泉映月”“朱砂洞”“碑岩晚照”“佛灯长明”这八大景观更使人流连忘返，触发思绪，其宏伟、壮丽之势，较浑源悬空寺略胜一筹，故有北岳“恒山庙”之称。

千佛寺 位于山阴县下喇叭乡榆树洼村西南3公里处。有佛龛55个，佛龛里有数百个姿态各异、大小不同的佛像，故名千佛寺。创建年代大约在北魏，崖壁上有明嘉靖年间的石刻，题为：耸岌高峰极翠峦，白云洞里最堪观。千佛崖下西方境，别是人间一洞天。千佛寺有深奥莫测的古洞和妆雅朴素的摩崖石刻群，它背靠巍峨雄伟、突兀耸立的奇崖绝壁。山梁上，山花烂漫，草木葱茏，香气四溢；幽谷中，怪石林立，泉水涓涓；青松翠柏盘根错节，云雾缭绕，景似仙境。

民俗景观

窑房 傍崖掏窑——山区居多数，把崖裁齐，掏一堂两屋，堂进屋的门洞较长，一般有八尺多，旧社会穷人多住这种窑，冬暖夏凉。

土碹窑——用黏土和麦秸所脱的土坯碹的窑洞，三间或五间一幢，多在坡区，这种窑冬暖夏凉，没钱人修这种窑省钱。

石碹窑——用片石碹的窑洞，有的表面用锤凿成石砌，有的不用成石，窑顶前沿用大而齐的片石出檐，其特点冬暖夏凉，结实耐久。

砖窑——这种窑有两种形式，一种同土窑和石窑，窑内上为圆弧，另一种窑内为漫弯形接近平顶，顶与墙衔接处为钝角。

牛槽窑——这种窑看面儿不是三孔或五孔，而是横着长筒形的，窑壁上开小门窗，屋内光亮较差，但较暖和，两孔或是一孔小耳窑，东西两面各三孔或四、五孔，南面大门东侧一孔，大门两侧三孔，西南角为厕所。

连环窑——一排10间20间都可，石碹20间都通着，两间之间的顶部都是十字，每间都有后窗户，隔间有前门和后炕，有前后炕的。

八海窑——有两种形式，一种和连环窑差不多，看面儿前后各三孔，东西两侧各一孔。一种是从四面看都是两孔，八孔都相通，一般在院中或正窑中间突出。

平　房　茅扉房——这是最简易的房，用茅草、树枝和泥土做成的独间小房，座在墙角的为穷人居住，座在田间地头、谷场等地方的为看护房。

一出水房——俗称“撅屁股房”，这种房的优点是房顶阳光直射面积大，冬天家暖，缺点是坡度小，下雨时容易漏，后墙高，前檐底，有的两边砖封山墙。

鞍架房——中檩高，前后底，两出水，前后出檐，三檩三椽，后檐加一排短椽（娃娃椽），中、前檩加衬檩（俗称替）。

卷棚房——四檩三椽两出水，中檩两道都加衬檩，高低一样，中贯五尺长椽，前后檐低，出檐加“飞”，砖封山墙，砖马头，房顶加瓦（小板瓦扣筒瓦，前后檐猫头滴水），顶为圆弧。

起脊房——脊上为砖雕脊花，两头为砖雕兽头，板筒瓦砌房顶，前后檐猫头滴水，山墙上部砖雕沿边，马头亦为砖雕。

走廊抱厦——抱厦即正厅堂屋前的月台突出到院中的一间房，不安门窗不垒墙，光有露明柱，椽檩飞檐再起脊，即威严又可乘凉，是中国民居中高档次的房院。

混凝土房——这种房省钱耐用，但缺点是不能移动。如果屋顶处理不好的话，房子冬冷夏热，并易漏雨水。

睡炕、锅灶——在室内设施上，过去最基本的就是火炕、锅灶。以北正房为例，火炕一般盘在东、西卧室的南面，高度一般为2尺。火炕的长度是整个房间的东西长度，宽度不定，以能横躺休息为准则。

公益文化设施

舞台（戏台）　这种纯粹的文化娱乐设施，有的是从建村之日就兴建的，以后随人口增多又变换地址和规模。在保存比较好的村庄，可以见到不同时代的戏台，它们早的建于明清时期，晚的建于文革后期或改革开放初期。舞台规模从早期的一间房大小到现代近百平方米的大型舞台。舞台的筹建资金基本由个人捐献。近几年建设新农村又建起不少，因此，古今许多舞台都会附有刻记捐建者姓名和捐献钱物数量的石碑。

小庙　全县各地对小庙的修建和供奉，并不是单纯出于宗教信仰，而往往体现一种精神寄托，如供奉观音者，并不全是佛教徒，而仅是为祈求观音驱邪保安。正因为如此，人们对小庙的修建也五花八门，有观音庙、龙王庙、娘娘庙、奶奶庙、三官庙、老爷庙等。小庙的规模有大有小，有的就是“三块砖一个庙”。虽此，小庙建筑却是整个村落文化的重要组成部分，所处的位置一般都比较重要，或当路口或临大道，供人们在初一、十五等时间烧香叩拜。庙事又是反映农民愿望和心态的重要途径之一：久旱不雨，人们去龙王庙求雨，反映对雨水强烈的祈盼愿望；久病不愈，人们去求观音菩萨，则反映人们摆脱疾病，强身健体的良好期盼。

牌坊（主要是历史上的贞节牌坊和功德牌坊）、纪念物（被公众认可的、有重要意义的），均对特定区域人群具有教育感化作用。就连原来最普遍的四合院布局，也包含有“天人合一”的深刻思想内涵。

在现代农村，这种教育功能建筑也同样存在，如各地的各类英模人物纪念牌、纪念馆等。

第二节 景区建设

中国·山阴广武边塞文化旅游区石牌楼 2008年6月开工建设，为广武边塞文化旅游区标志性建筑。建设跨度为32米，高19米，中门宽16米，两侧门分别为8米，主体为框架结构外挂石材的四柱三门石牌楼，雕刻中国传统的吉祥动物（龙、虎、凤、龟）。项目总投资150万元，由县政府投资。

中国·山阴广武边塞文化旅游区广场 2008年6月开工建设，是依托闻名全国的国家级文物保护单位“广武汉墓群”而兴建的以汉文化为主题的景点之一。广场占地面积3.867万平方米，铺设青石板路面砖。广场中心雕塑为高19.8米、宽12米的汉高祖塑像，广场两侧为高5米、厚2米汉朝文武大臣雕塑20尊，塑像为花岗岩石材。项目总投资1865万元（其中：广场980万元，中心雕塑585万元，文武大臣雕塑300万元），由县政府投资。

中国·山阴广武边塞文化旅游区博物馆 2008年6月开工建设，高13.6米，占地面积8730平方米，建筑面积2840平方米，仿古框架结构上下两层，右侧以边塞文化典型建筑——烽火台为造型，体现边塞文化特色。该项目是了解山阴县风土人情、历史文化、广武边塞文化的最佳场所和展示山阴县精神文明的重要窗口，担负山阴县文物保护、征集、管理、收藏、展览以及科学研究等任务。项目总投资446万元，由县政府投资。

中国·山阴广武边塞文化旅游区游客接待中心 2008年11月开工建设，接待中心占地面积3.067万平方米，建筑面积4370平方米，仿汉代主楼四层框架结构，附楼二层砖混结构，13000平方米的混凝土停车场。项目总投资520万元，由县政府投资。该中心建成后既能为游客提供满意、舒适、便利、安全、快捷的旅游服务，满足中外游客在广武边塞文化旅游区域内的“食、住、行、游、购、娱”等方面的需求，又能带动地方经济发展，增加当地农民收入。

广武汉墓群 “十一五”大遗址保护项目——保护围栏、阙门、管理房2008年11月开工建设，在“广武汉墓群”四边建保护围栏5731米，在“广武汉墓群”南围栏建78平方米阙门、109平方米管理用房。工程总投资592万元（其中：国家投资345万元，县政府配套247万元）。该项目建成后，有利于提高当地民众的文物保护意识，加强和改善对广武汉墓群的保护和管理，对地方经济社会发展将发挥作用。广武旅游区游客接待中心装饰及附属项目续建工程组织开工建设，2012年8月中旬完工，月底完善内部及庭院配套设施建设，于9月8日首届中国·山阴边塞文化周暨奶牛节期间投入使用，并成功接待参加长城、汉墓文化研讨会国家、省、市领导及嘉宾。

广武汉墓群

旧广武城墙及城楼保护修复工程一期城墙修复工程组织开工建设，主要修复城墙1701米，总投资876万元，完成投资600万元，城墙修复全部完成，城墙内部夯土墙修复由于城内外所涉及当地村民的土地、树木、房屋、院落的拆迁问题未能完成。完成广武明长城景点车行道三门四柱风门牌坊建设，项目总投资48万元。完成广武长城维修工程（基础设施），总投资620万元，修建长900米，宽2.5米的游步道（路沿为花岗岩石材，铺设面包砖，台阶为花岗岩板材）、木栈道、木栈桥（木材采用俄罗斯樟子松，木栈道长110米、木栈桥长90米）、厕所及排水沟等。完成旧广武城道路改造工程，总投资407万元，城内建设东西道路303米，南北道路480米，路面宽6米（花岗石路沿，路面铺设当地的河卵石）。广武明长城景点停车场建设工程，总投资91.1万元，占地面积3200平方米。

第三节 市场开发

旅游服务

20世纪90年代末，全县改造提升传统服务业，做大做强现代服务业。2006—2009年，发展与广武旅游区建设相配套的高档次餐饮、住宿、娱乐服务业等。2010年，建成包括旅游产品展示、旅游咨询服务、游客接待等功能和服务项目的广武旅游咨询中心和集散中心。2011—2015年，建设五星级宾馆1座，三星级以上宾馆3座，提高旅游业餐饮住宿服务水平。2016年，完善旅游公共文化服务设施，提升文化服务功能，便于游客在观赏旅游的过程中体验更加方便舒适的旅游环境。

旅游宣传

90年代末，全县旅游产业按照“科学规划、市场运作、多元投入、打造品牌”的方针，全力配合朔州市做规划，抓广武旅游区前期生态移民、生态绿化工程和引资宣传工作，启动广武旅游区建设，构筑特色鲜明的广武旅游区。2006年，通过各种媒体宣传广武景区，利用省、市、县电视台进行宣传拍摄，印刷宣传资料1万多份。在“五一”“十一”黄金周期间，在广武各景区插上宣传旗600多面，对各广告宣传牌、简介牌进行重新制作，在国宝级单位“广武汉墓群”建大型门牌楼一座，利用交通便利条件，让过路的社会各界人士了解广武、宣传广武，提升广武旅游景区的知名度。2006—2010年，全县为打造广武古军事旅游文化，不断完善广播电视综合传输网络，传播文化形象，吸引旅客观光。

全县围绕旅游与文化的深度融合，建设旅游景区，2014年重点推进雁门关大广武旅游区项目，建设集文物保护开发、边塞风情体验、影视制作于一体的文化旅游景区，年内启动实施广武莲花山项目；发展广播电视事业，加强对互联网的引导和管理，宣传山阴正能量。2011—2015年，全县培育壮大以广武边塞文化旅游区为核心的旅游文化产业，加快广武边塞文化旅游区开发，完成广武旅游公路19公里，启动实施博物馆前后文化广场、广武明长城修复、汉墓群观光砂石路、旧广武城村中改造、博物馆陈列布展等重点项目；启动馒头山旅游开发，新修古马线—沙家寺—杨莫岭旅游公路18公里。加强旅游宣传与促销，举办首届中国·山阴广武边塞文化国际旅游节，搞好边塞文化、古军事文化、佛教文化、民族交融文化、生态文化的创意包装，促进旅游与文化的深度融合，形成文化产业业态。

2016年，全县加强旅游文化宣传工作，把握旅游消费市场的新需求、文旅融合发展的新趋势和旅游内涵的新变化，统筹历史文物资源、自然生态资源、人文景观资源、地理气候环境，打好边塞文化牌、民俗特色牌、优质杂粮功能性农业牌、健康养生牌、湿地自然景观牌以及春光、夏凉、秋爽季节牌，打造具有区域影响力的旅游集散地。

旅游效益

90年代末，山阴县广武旅游开发不断升温，完成文物规划和旅游开发规划，高标准建设汉墓群周边生态景观。成功的旅游开发项目在前，大批外地客商考察在后。经过投资方查考，在看到大延昭寺这一项目开始投资开发，带动相关产业的经济发展。2006—2010 年，旅游业坚持政府主导，市场开发，建成旧广武城、新广武城、六郎城（靶场）、汉墓博物馆、长城三北防护林、观光苗圃、中心服务区等旅游景观区，整合翠微山自然风景区。全县旅游业基本形成产业规模，实现旅游收入较大增长。

2011—2015 年，实施广武边塞文化旅游区开发，开工建设旧广武辽城和广武明长城两大旅游景点，完成广武牌楼——汉墓群景点区域内的绿化、美化。启动王家屏纪念馆及王家屏墓保护管理服务设施建设，完成王家屏纪念园风景旅游区旅游公路 8 公里，发展循环经济。2016 年，保护开发桑干河湿地资源，加强湿地资源生态建设，推进生态修复与保护工程，在河流两侧做好水土保持林建设，维护湿地水系。挖掘湿地公园这笔“财富”的内在潜力，利用桑干河湿地新区环境空气质量好、高铁设站交通便利等得天独厚的基础条件，吸引各方客商投资兴业。

山阴广武边塞文化旅游区开工奠基仪式

第四节　旅游管理

管理机构

山阴县文物旅游局成立于2005年10月，全额财政拨款事业单位，内设综合办公室、旅游项目开发室、旅游安全稽查队 3 个股室，下设山阴县游客接待中心、山阴县博物馆 2 个全额事业单位，在职职工 17 人。主要职能是科学合理地规划开发旅游业，发展旅游产业，规划、检查旅游市场。2016 年，在职职工 35 人（其中局办 14 人、文物管理所 21 人），承担的主要职能是全县的文物保护、收集、整理、保管、看护、申报等工作，并在文物保护的基础上科学合理地规划开发旅游业，发展旅游产业，规划、检查旅游市场。局长张恒福。

行业管理

1998 年后，山阴县在旅游高峰期到来之际，对各景点、星级饭店进行旅游安全大检查。2007 年，山阴县对检查时出现的安全事故隐患现场进行指导，特别是对非法经营的旅行社进行查封，责令其尽快补办手续。2009 年，在“春节”“五一”“十一”旅游黄金周期间进行专项检查，确保全县旅游安全无事故。帮助煤炭大酒店申报四星级大酒店，设立三家市级旅行社营业部，组织各旅游企业参加各类宣传活动，并向省旅游局及有关部门申报旅游投资项目。2016 年，继续加强旅游市场监管力度，促进旅游环境和谐发展。

第三十二编

民俗　宗教

民俗 宗教

山阴县古来多民族杂居，自然环境艰苦，人民养成吃苦耐劳、崇尚节俭、真诚勇敢、自力更生的优良秉性。他（她）们有的见义勇为、心怀故里，有的无私奉献、助人为乐。山阴县在衣食住行、交往称谓、寿诞、婚嫁、丧葬、节日等方面，形成独特而丰富的生活习俗。随着物质产品的逐渐丰富和思想观念的日益开放，追求个性和时尚成为新风尚，传统不合时宜的风俗基本消失。

山阴县有两大宗教团体，分别是山阴县基督教三自爱国运动委员会、山阴县基督教协会。至 2016 年，登记的佛教活动场所 10 处，备案的比丘、比丘尼共 14 人，皈依弟子 1200 多人。

第一章　民性民风

第一节　民　性

山阴县地处雁门关外，古时也称塞外，是历代兵家必争之地，历史上除了自然灾害外，战祸相当频繁，当地老百姓深受其害。战乱之际，人们为了生存往往相互关照，团结互助一致对敌，久而久之，形成仁义直爽、乐于助人的传统美德。同时，由于地域偏远，自然环境艰苦，人们逐渐养成吃苦耐劳、崇尚节俭、自力更生的优良秉性。《隋书·地理志》记载“人性多敦厚，务在农桑，尚好儒学，而伤于迟重”“其民敬老慈幼，节用恭俭，勤于耕耘，务于牧养”。人们日出而作，日落而息，寒冬腊月积肥、放牧、捡柴等，终年不休。作为多民族杂居之地，孕育的人民既有汉族传统文化影响，又承袭兄弟民族的良风。现代山阴县，人们住楼房，买小车，培养孩子上大学，考名校，吃穿有讲究。逢年过节外出旅游，搞聚会，讲究排场，摆阔气。婚丧嫁娶，圆锁庆典，中高考考试庆典，大操大办一度成风。十八大后大操大办基本消停，但是人们追求时尚的理念此消彼长，吃穿讲究绿色环保，出行讲究舒适安全，大街小巷老人锻炼身体渐成时尚，中青年人手机不离手，热衷网购。

第二节　良风美德

见义勇为

2009 年 9 月 26 日，水泉村党支部书记李占英在青杨沟村看见有人骑摩托车抢羊，李占英与四名同事立即上了汽车、飞速追击三名劫匪，并成功把他们抓获扭送到派出所。李占英等人临危不惧、见义勇为，保护了人民群众安全，朔州市公安局奖励他们现金 5000 元。

心怀故里

2011 年 8 月 25 日，李清堂在山阴县后所乡北万庄村自费办“乡土情”书屋。李清堂曾任山阴县公路段、朔城区公路段段长。退休后，不顾家人反对搬回老家北万庄居住。为丰富退休后生活，李清堂拿出 3 万余元，利用一个月时间整修 5 间房，建立老年书屋，并配备书屋所需要的桌椅、板凳、音响等设备。同时，拿出自己收藏的 3000 多册图书，县文体局提供的科技图书，办起“乡土情”书屋。李清堂在书屋中既当老师又当管理员。

无私奉献

山阴县百姓具无私奉献传统美德，2011 年 2 月 9 日，山阴县下起大雪，积雪大约有 5 厘米，为防积雪太厚影响人们出行，老乡梁满祥凌晨四点多出门，开自己研制的扫雪车义务清理道路积雪，网友小王将此事邮发到山西新闻网朔州频道。经记者了解，梁满祥是山阴司法系统一名干部，从 2007 年研制出扫雪车，一直为山阴义务扫雪。

拾金不昧

拾金不昧是山阴县百姓一直具备的良好品德，2016 年 5 月 10 日，岱岳—广武公交线驾驶员樊贵军驾驶车辆行驶到农牧场，一位乘客下车时将钱包丢在车上，乘客发觉后告知站务员，站务员向樊贵军打电话询问钱包事情，樊贵军挂断电话后立即寻找，找到钱包后，交还给失主。2016年5月13日，黑圪塔小学温老师在接送学生乘车中不慎将手机丢在樊贵军车上，樊贵军拾到后及时归还失主。

助人为乐

岱岳镇移民新村郭喜林善良纯朴，乐于助人。移民新村21排5号的85岁吕二女老人，一个人独居，其儿女在外面。郭喜林常给老人担水，出外拾柴火。村里王清发老汉70多岁，脾气不好，喝酒骂人，人人避而远之。一天傍晚，王老汉喝醉躺在小卖部墙根下。郭喜林看到后，把王老汉背起来，被不省事的王老汉吐一身。郭喜林帮王老太太把老汉清洗完毕才离开，并在第二天拿着自家种的韭菜来看望老汉。王老汉知道事情经过，非常惭愧。郭喜林诚恳地劝诫王老汉不要再喝酒，从此，王老汉把酒给戒掉。郭喜林是个感恩的人，上级照顾她，她无以为报，就义务三年到村委会、学校打扫卫生。她默默无闻地做着烦琐的工作，村里唱戏时，她帮着做饭，文艺演出时，她收拾衣服。在她的带动下，做“好媳妇”、当“好村民”蔚然成风。至2012年，村里涌现115个“好媳妇”，85家“五好家庭”。

绿色使者

山阴人李生军，生于1967年。1999年，李生军创办山阴绿源林木科技有限公司，承包县城北部的北周庄镇小农场，平整土地1950亩，建设1900亩苗木示范区，品种有桧柏、云杉、大叶速生杨、直柳、国槐等30余个品种。2001年，他购买15万亩荒山使用权，请来省、市、县林业部门30余名技术人员当工程技术指导，共同编制完成《山西省山阴县科技治沙造林工程总体规划设计及可行性研究》。经过多年的精心培育，2004年出苗1600万株，收入1500万元。防沙、治沙工程以及森林公园增加县财政收入，促进花卉业、旅游业的发展。李生军在绿色事业上取得非凡成就，被全国绿化委员会、人事部、国家林业局评为全国防沙治沙先进个人、全国农村青年创业致富带头人。

敬业奉献

1997年，贾义平再次当选贾家窑村支部书记。贾家窑村原先的进村路，是从甘庄村或郭家窑村绕行几里的乡间小路。贾义平想修建一条新路，他到城乡奔波，制定方案，寻求资助，市政府给村里拨款3万元修路资金。最终修建第一条直通村里的公路，全长900米，并在公路两旁种植杨柳。村民们把这条公路命名为永顺路（取其永远顺当，方便之意）。2002年，贾义平带领村民打第一眼井，井浅，不能满足全村人的饮水。2010年，贾义平找市国土局专业人员进行勘测，选定在村民集中居住区打井。12月，水井打到240米时出水，贾义平累倒，最终确诊为肺癌晚期。2012年4月19日，贾义平累倒病逝。贾义平一生清正廉洁，勤俭节约，被中共山阴县委评为优秀共产党员。

捐资为民

山西老区建设公司董事长张杰，山阴杨庄村人，1983年创建公司。张杰出资为村里修建公路，为张世清妻子安装假肢，为李瑞荣妻子救治腰颈椎弯曲病等，共捐扶资金30万元。2009年，张杰出资8万元编修《杨庄村志》。2014年，张杰出资30万元，县水利局支持20万元，启动一项村民自来水进户用水工程，埋设主管道1900米，分户管道5200米，并于当年交付使用，用水受益全覆盖213户。由于设计不完善及施工不良，又增加补款6万元。张杰承诺：在他有生之年每年资助用水费用6000元。为表彰和弘扬张杰这种热爱家乡的高尚品格，经杨庄村党支部和村委会提议，村民自发捐资筹款，于2015年10月竖立功德碑一通，以作纪念。

大爱无疆

赵国文和他的妻子李秀英，都是山阴县供销社的职工，2000年他们均在体制改革中下岗。下岗几年后，两个子女先后考上大学，全家的生活和孩子的学习费用全由他们打临工维持。在这种境况下，短短八年中共收养九名残疾婴儿。随着收养弃婴的逐渐增多，赵国文夫妇生活更加困难，他们的感人事迹很快传播，并得到来自社会各界的同情和帮助。县委、县政府和有关部门的领导，多次登门拜访慰问，送款、送物、送温暖，并对他们的善举给予鼓励和支持。

开拓创新

从“蘑菇大王”“甜菜大王”到山西省五一劳动奖章获得者，再到山西省柠条机械化、饲料化加工第一人，陈永和不断转换着角色。1984—2004年，他担任东双山村支部书记，他给村里通了自来水，设置了一套奖励制度，大大提高了村里的教育质量。还为村民垫付农业税和公粮，赢得了村民的拥护。1986年，陈永和被授予“优秀共产党员”；东双山村于1989年被命名为省级文明村。

2012年，陈永和成立了山阴县泰和农机专业合作社，立足山阴县22万亩柠条资源，将柠条综合开发作为突破口，开始了一个农机人的供给侧结构性改革的探索。从2013年开始就聘请山西省农科院饲草专家许庆方教授及其团队现场进行指导，同时还聘请中科院机械收割专家董世平为顾问。他做给农民看，带着农民干，领着农民走，帮着农民富。他所在的黄花梁及邻近村子不断有人加入进来，产业越做越大，农业经济彻底翻身，贫困户纷纷脱贫，昂首阔步走在小康的道路上。

第二章　生活习俗

第一节　衣食住行

服　装

20世纪70年代，由于整体经济发展水平不高，商品供应匮乏，人们买衣服需要凭票据，且数量有限，色彩和样式朴素单调。人们的衣着基本是粗布、卡布，蓝色解放军装等。穿手工粗布鞋，盖粗布被子。80年代，随着物质的丰富和思想的解放，服装的花色、款式开始变得多样化，面料质地也发生很大变化。进入21世纪，人们穿着讲究款式色彩，追求个性和时尚。人们盖的多是特质棉太空被、羽绒被、蚕丝被。

饮　食

历史上，山阴饮食以杂粮为主，饮食变化多随农事季节。川坡区以小米、黍子、白面为主食。副食主要是马铃薯（山药蛋）、豆角、白菜、窝瓜、葫芦、圆白菜，常年腌菜（以胡萝卜为主）不断。山区以莜面、豆面、土豆为主，一日三餐。蔬菜除各种时令菜外，秋季家家用萝卜、蔓菁、白菜等腌制咸菜，大葱一般生食。农村很多地方都有一些季节性的饮食，春天吃绿豆芽春饼，喝绿豆稀饭，夏至吃面条，冬天喝油茶、莜面、玉米面糊糊、粉汤杂碎。玉米长到毛穗刚发干而叶子葱绿，籽粒刚灌浆时，掰回家连皮煮熟，色泽微黄，食之甘甜鲜美。其中以白玉米为好，皮薄味甜。过去也是缺粮人家青黄不接时的应急食品。20世纪80年代后，农业连年丰收，农民大多食细粮，而且油料丰盛，蔬菜品种增多。除以往品种外，新增青菜、菠菜、蒜苔、蘑菇、莴笋、葱头等。饭菜摆脱长期以来的食不果腹现象，讲究营养和风味。随农村经济增长，蛋、肉也进入农家餐桌。如大兴土木，或逢年过节，或招待亲戚朋友，火锅、水饺、大米、糖果、香茶、白酒和各类饮料摆满餐桌。90年代，人们天天都能吃到大米白面，各类肉蛋和蔬菜较为丰富。进入21世纪，现代的饮食特别丰富，数不胜数，同时人们讲究健康饮食，如粗细搭配、素食主义等。

一、小麦系列

（一）饺子——中国人的高级食品，迎宾，待客等喜庆场合才吃，旧社会穷人每年除夕夜能吃上一顿，有的连一顿也吃不上。一般是羊肉萝卜、猪肉白菜两种馅。现在有各种馅的饺子，品种繁多。

（二）花馍——一般是过年、小孩过生日、婚嫁、少数老人庆寿等用，面塑类型，酵母发面，有寿桃花馍、长盘头儿花馍、双卷头儿花馍、抄手花馍、夺盅儿花馍、蝴蝶花馍、铮子花馍，巧手妇女捏得样式很多。

（三）馒头——一般为集体食堂、家庭、摊点等食用，酵母发面。佐以马铃薯片儿烩豆腐菜，炒肉菜、粉条儿等。

（四）面条儿——包括拉面、刀削面、饸饹、挂面、面片儿、擀圪哒。以肉或豆腐、鸡蛋、海带、黄花儿、土豆块儿等为浇酱。

（五）烙饼——包括油饼、馅儿饼、白皮饼、千层饼、一窝蜂、油旋儿、葱花饼、干炉饼、月饼、点心等，都加糖油。

（六）炸油条——包括油饼、糖条、油果子、炸油饼、油食子、炸盘条、散子、炸麻叶等。

（七）蛋糕——白面发酵加鸡蛋蒸烤，包括面包。

（八）其他——如面鱼、面兔、面娃、寒燕儿等面塑。

二、莜麦系列

（一）烤栳栳——山阴称“莜面窝窝”

（二）搓鱼儿——山阴人对莜面爱吃巧制，有的妇女双手在面板上搓八根鱼儿。

（三）饸饹——用饸饹床压下，蒸熟。块状，再焖熟。

（四）莜面囤囤——莜面擀开卷土豆丝儿，蒸熟。

莜面囤囤

（五）蒸块垒——莜面加凉开水，搅拌成颗粒，蒸熟。有时拌熟土豆。

（六）锅搅块垒——将莜面倒入盛开水的锅里，煮一阵后搅拌成颗粒状或块状，再焖熟。有时和土豆搅在一起。

（七）焖鱼鱼——把和好的莜面搓成菱形的小蚂蟥状鱼儿，和土豆片一起放入锅里焖熟。

（八）莜面疙瘩——土豆磨成糊状，加莜面和成块状，再擀薄，切成疙瘩，开水锅煮熟。

（九）抿股股——土豆磨成糊状，拌上莜面，用抿面床抿入开水锅里，捞出浇酱。

（十）搅拿糕——锅里土豆盖上莜面或光莜面，焖一阵后搅成稠糊状，再焖熟成年糕。

（十一）捏角角——把和好的莜面捏成小窝儿，包上土豆丝儿，再捏成牛角形蒸熟。

（十二）炸糕饼——莜面和上熟土豆，捏成圆饼，油炸熟。山区人家多吃。

（十三）糊糊——分有米糊糊、无米糊糊。有米糊糊先将小米放入开水中，米快烂时，撒入莜面。无米糊糊水开后，直接撒入莜面。

（十四）合和饭——俗称打勾饭，当锅里的小米、土豆条儿、菜丝儿、豆腐条儿等半熟时，再加入莜面煮沸。

三、谷子系列

（一）小米稀粥——谷子去皮为小米，锅里水沸后加小米熬成稀粥。还可以加黄豆、红豆、绿豆熬成豆儿稀粥。小米稀粥为利尿、驱火、解渴的最佳食品，是山阴人早晚餐的主要食品。

（二）小米稠粥——小米下到沸水锅里，光米或加土豆焖成糕状，吃起来很可口。有时加高粱米、红豆、黑豆、红枣、大米等煮成红粥（八宝粥），过腊八时，早晨吃这种粥。

（三）小米粉——小米磨面，在锅里搅成糕状焖熟，再摊在盆里或桌案上，割成宽粉条，浇调料汤即可。

（四）米窝窝——糙米或净米磨面，加水成糊状，发酵后作成饼形或包上豆馅儿作成饼形蒸熟即可。有的不发酵，捏成空圆锥形蒸熟（俗称圪八儿窝窝）。

（五）炒米汤——小米炒了熬汤。暑夏炎热饮用，可口凉爽败火。

四、糜黍系列

糜和黍属大秋作物，颗粒形状很难分，质硬为糜，糜去皮叫糜米；质软为黍，黍去皮为黄米，其食品也很多。

（一）黍子糕——黍子连皮磨面，加水和起蒸熟，揉成一块即可。

（二）素黄糕——黍子去皮磨面，加水和起蒸熟，揉成一块即可。

（三）油炸糕——即素黄糕卵形小块，捏壳包豆馅儿或糖、或土豆丝儿，油炸即可。

油炸糕

（四）凉糕——黄米煮半熟加红枣和糖，笼甑蒸熟，代替江米（糯米）。

（五）糜子窝窝——糜子磨面和水成块，分小块捏成空心圆锥形（圪八儿窝窝）即可。或发酵成稠糊状，包豆馅儿蒸熟。

（六）黄儿——糜子去面磨面，取四分之一在锅里搅拿糕，加上其余四分之三，发酵成糊状，在黄儿鏊或火盖上烙成圆饼，叠成半饼即可。

（七）糜米面碗托——把糜米用适量温水泡透，用细擦子将浸泡的糜米擦成糊状，用锅搅成拿糕，盛在碗制成碗托儿，在凉水中浸片刻，切成条片，加佐料即可。

（八）糊糊——有米或没米，有时煮土豆，即把糜子面加凉水制成浆状倒进沸腾锅里搅拌糊状即可。

五、玉米系列

（一）起窝窝——同糜子窝窝。

（二）糊糊——同糜子面糊糊。

（三）烙黄儿——同糜子面黄儿。

（四）爆米花儿——街上小炉匠把玉米装进封闭的铁盒里用火烤，使盒里的玉米颗粒内冲满热气，边烤边摇，到一定程度，突然将盒打开，用冷热空气的压力，使热气突然从颗粒内猛出，使颗粒爆裂。有时加糖糊制成块状，一般为小孩食品。

此外，还有疙瘩、钢丝饸饹等。

六、大豆系列

大豆俗称黄豆，学名菽，含有丰富的蛋白质、脂肪等，为植物里的最佳营养食品，其吃法多种多样。

（一）磨豆腐——将黄豆去皮加水磨生糊状，煮沸去渣，点酸浆，使之成为清浆块形汤，倒入槽内过滤、挤压，滤去浆水成为砖形方块。营养价值很高。

（二）豆腐脑儿——将黄豆去皮加水磨糊煮沸，加调料即可。

（三）豆芽——将黄豆泡湿，使之发芽，长到 1~2 厘米即可吃（长得过长就营养少了）。

（四）煮豆——将黄豆泡开煮熟加等以佐酒。

（五）豆浆——黄豆去皮，磨成浆煮沸即可。

（六）炒豆——将黄豆炒着吃。

黑豆的吃法类似黄豆。

七、土豆系列

土豆即马铃薯，俗称山药或山药蛋，既归蔬菜类型，又可当饭吃，其吃法很多。

（一）蒸、煮、烤。

（二）切片儿和豆腐、白菜等作成烩菜。

（三）擦丝儿，既可凉拌，又可包在莜面等主食内。

（四）磨成糊状，拌莜面擀圪哒。

（五）焖熟拌莜面搅成块垒或拿糕。

（六）磨糊、去渣，制成山药粉面，再制成粉条，或擀成粉圪哒，还可制成粉皮、粉丝儿、粉拿糕等。

（七）粉面饺——俗称烫面饺一家家，即将粉面和好捏壳，包上土豆丝儿，佐以烩土豆片儿，所以称一家家。

八、豌豆系列

（一）擀豆面——豆面和一点蒿籽面儿，擀成长豆面条，煮熟浇酱即可。有时擀成圪哒。

（二）豆面拿糕——同糜子面、玉米面拿糕。

（三）拌汤——将豆面加少量水拌成小颗粒，加入煮有土豆条或鸡蛋或清水的沸水中即可。

（四）抿股股——将豆面加水搅成糊状，在抿面床上压入沸水锅里，捞出浇酱即可。

（五）饸饹——将和好的豆面，用饸饹床压入沸水锅里捞出浇酱即可。

（六）拨股子——将豆面加水搅成稠糊状，用铁匙和筷子拨入沸水锅里。

（七）圪坨儿——将和好的豆面，用拇指和另一手心成瓦状形蚌螺，放入锅里煮即可。

九、家常肉蛋系列

（一）红烧猪肉、鱼香肉丝、过油肉、肉丁，肉炒各种蔬菜、酥肉、腊肉、焦肉、红烧排骨、猪肝猪肘猪蹄、猪耳朵皮炖儿、猪肉馅儿等。

（二）红烧羊肉、清炖羊肉、盐煎羊肉、小炒羊肉、羊杂割、涮羊肉、醋熘丸子、羊肉馅儿等。

（三）红烧鸡、黄焖鸡、鸡片儿、烧鸡、清炖鸡、凤爪等。

（四）红烧牛肉、盐煮牛肉、糖牛肉、清炖牛肉等。

（五）红烧鱼、醋熘鱼、清炖鱼、家常鱼熘鱼片儿等。

（六）煮鸡蛋、滴鸡蛋、炒鸡蛋、蛋炒成各种蔬菜、蛋汤、蛋饼、蛋卷儿等。

十、独特系列

（一）粉浆——这是山阴尤其是县城特有的名饮，即扁豆、绿豆磨浆，提取上等好粉面后，剩下的浆发酵，煮沸即成。人常说：想喝粉浆到朔州，想吃辣椒到代州。

（二）杂割——主要是猪、羊的肠肚、肝、肺、头、蹄、心、血、肾等，洗净煮熟后，再加粉条，有时加豆腐、土豆条等等。

（三）干炉饼——又叫“糖干炉儿”，白面包红糖，用特制的瓢葫芦形木具揉成边厚、芯鼓、深沟形的圆饼，烤熟后中空，吃起来脆、香、甜。

（四）晒干菜——把白萝卜、芯儿美、苤蓝等切成丝儿或棒棒，拌以酱油或不拌，晒干存放，吃时凉水泡开。

（五）八宝菜——即小菜，把大蒜、辣椒、洋山药或地铃儿、白萝卜、苤蓝、红萝卜等切成花样快条，加醋、酱油、花椒、盐、糖、酒等拌制而成。

（七）糕蘸豆面——这是山阴部分乡村习俗，即把毛糕（黍糕或黄糕）蘸着一碗擀豆面或抿股股吃。

（八）羊油烩菜系列——羊油烩酸菜，羊油烩丝丝，羊油烩毛猴儿菜，风味独特。

（九）馅饼系列——馅饼有各种馅料，肉的、糖的、肉菜的等。

（十）沤酸菜——把红、黄萝卜儿擦丝儿，蔓菁叶、萝卜叶等煮半熟，一齐按入瓷缸内即可。

（十一）烂腌菜——用料：圆白菜若干、胡萝卜若干，芹菜、芥菜、鲜辣椒适量，食盐粒适量。一般在秋末腌制。做法是：将圆白菜洗净切丝，将胡萝卜洗净擦丝，将芹菜洗净切段，将芥菜洗净切段擦丝，将鲜辣椒洗净切碎。将以上各种菜拌匀在大盆内加凉水浸泡，用漏勺捞出控水入缸，放一层菜撒一层盐粒，并用擀杖夯实，最后在上面压几块大的河光石。腌制一周后将其夹入盘中，炝上胡油葱花香菜，调匀后便可食用。烂腌菜色泽鲜美、清凉利口，有降压、降脂、降糖的作用。在山阴吃饭时以佐餐用，饭后喝开水腌菜，俗称喝涮锅水。

（十二）胡萝卜缨子腌菜（俗称“毛猴菜”）——用料：绿的胡萝卜缨子若干，胡萝卜适量，食盐粒适量。一般宜于秋末制作，做法是：将胡萝卜缨子拣去枯黄叶及杂质，洗净切成碎末。将胡萝卜洗净擦丝。将缨子和丝子拌匀入缸，放一层菜微一层少许的食盐粒，用擀面杖夯实，一直到腌制完毕。将煮沸的开水倒入缸内，将菜全部腌没，再压上压菜石头，一周后即可食用。毛猴菜清爽可口、增进食欲，有降压、降脂、降糖之作用。营养极其丰富。

十一、野菜系列

（一）调鲜野菜——分三种，一种是苦菜（苦苣菜），一种是甜苣菜，一种是蒲公英，将菜洗净，焯水，沥干，切小段。放入生葱、蒜末（有的用胡油炸，有的不用），另再加食盐、醋、味精适当调味。

（二）鲜苦菜——用料：新鲜苦菜若干，葱花、香菜、蒜末、食盐、食醋、味精、辣椒面、生胡油适量。做法是：将苦菜拣净，在大盆内反复洗净，后入开水锅中大火将其炸熟。后捞出，控净水，切成碎末。将其装盘，加入葱花、香菜、蒜末、食盐、食醋、味精、辣椒面、生胡油、少许水，调匀即食。鲜苦菜清爽可口，别具风味，具有降压、降脂、降糖、清热、解毒、通便、减肥、美容之功效。

（三）腌苦菜——用料：苦菜若干、圆白菜少许、食盐粒适量。做法是：将圆白菜洗净切成细丝。将苦菜拣净、洗净、炸熟、控水、切碎。将切碎之苦菜和圆菜丝拌匀。将拌匀之菜入缸，放一层菜撒少许食盐粒。最后倒入煮沸的开水，将菜浸没，一周即可食用。沤苦菜色泽灰白、味道奇特。营养作用同鲜苦菜。

（四）沤苦菜：五月份头茬苦菜，将苦菜稍微开水中焯水，然后放入缸中，将焯苦菜水另加开水冷却后把苦菜淹没，封闭后十天可食用，捞出再进行调制（像调凉菜一样）即可食用，沤菜汤可饮用，特别下火。现在人基本很少这样做。一来有冷冻存储，二来以鲜菜为主。

（五）胡油炝摘麻花：做面条时先往锅内放少量胡油，等油烧至高温（烧到冒油烟）时放入摘麻花炝出香味，之后马上放入其他蔬菜或者水，炝摘麻花时讲究时机，时间短了呛不出香味，时间长了会炝至焦糊，还有一种做法是拌凉菜吃，把葱花和摘麻花放到凉菜上面，把油烧至冒烟泼到上面再拌，凉菜就会有摘麻花的香味。

住　房

房屋多为土木平房和土、石碹窑，一堂两居，火炕朝阳。旧时桑干河以南和下湿盐碱区以土房为主，山区贫苦人多住靠崖掏土窑，有钱者住石碹窑。川坡区窑浅，山区窑深，有时深约二丈多。地面多为土质，少数人家铺砖；屋顶多数抹胶泥，有瓦者极少。家庭富有者盖四合院。四合院为四面盖房，多以北房为上，祖宗神位置其中，作为客厅。东西房为厨房、寝室，哥东弟西，由上而下，南房放置杂物，少数住人。大门多为东南走向，西南角为厕所，门内砌照壁，或写朱子治家格言，或画猛虎，或写一大“福”字。20世纪八九十年代，单门独院增多，一连二间、三间、五间不等。大窗面、高屋脊、双扣瓦，工艺考究的砖木结构平房，以及砖混结构楼房迅速发展，客厅、卧室、厨房俱全。大人孩子开始分居。款式新颖的立柜、梳妆台、组合柜、沙发、矮柜、写字台、折叠椅及各种电器开始普及，室内挂现代装饰画。新建门楼宽而平，一般可容小四轮拖拉机进入。门额书写“凌云志”“腾飞”“朝晖”者居多，均为瓷砖贴面。进入21世纪，人均住房面积增大，室内装修和环境有明显改善，彩电、冰箱、空调、洗衣机等各种家电设备基本齐全，多数人住上宽敞的楼房。

岱岳堡子巷某院落福字照壁

室内陈设 20世纪六七十年代，城镇和农村使用人造板做的新式立柜、酒柜、高低柜、写字台等。80年代，祖祖辈辈住土屋、睡土炕的现象彻底改变，新式家具普及，组合家具流行，沙发、茶几、圆桌、折叠椅、双人床、席梦思床等进入普通百姓家。一些集镇和其他工副业较发达的村庄，不少户室内摆放洗衣机、电风扇，甚至电冰箱。90年代后，许多家庭中堂画改为布轴画，墙壁上布置带框的玻璃画，少数人家墙上镶嵌瓷砖壁画，不少家庭或养花或摆设工艺品。

照明 民国前，农村多用胡麻油灯照明，灯头如豆，灯光昏暗，少数富户用蜡烛照明。民国时，随着“美孚牌煤油”的传入，少数富户或工商业者开始用煤油灯（分罩子灯、保险灯、马灯等）。演戏或集会用汽灯。20世纪六七十年代，农村通电。80年代，电灯照明基本普及。90年代后，不少家庭重视灯饰，有的装灯池，有的安壁灯、顶灯、台灯。

神位 受封建传统文化影响，农民的敬神求吉思想十分严重，不少家庭通过一定形式供奉各路“神仙”。土地神，供在一进家大门的影壁墙上，没有影壁墙的就供在门左侧内墙上。天地神，供在上方堂屋门左侧外墙中部（盖房时预留神龛或直接在此贴纸像）。全神（集各路仙道的名、像于一龛）、观音，供奉于堂屋东北角处。财神，因受传统的金银不露白思想影响，一般放在里屋的东北角等处。关公神，供奉在堂屋东北角一人高的后山墙上的神龛里，或专门制作的架板上。灶神，贴在灶台正上方的山墙上。门神，过年时贴在堂屋的门扇正面。信奉神道的人家，在过年过节或平时的初一、十五等时间，以中老年妇女为主，要焚香敬拜。

院　落

不规则院——多在山区傍崖掏窑处，随地形留院，左右前面多为深沟，背靠山丘，有的地方也不正。过去穷人住这种院。

宅圃合一院——这是坡川区的一种特大院，正面五间房或窑，东西厢房各三间，再往南侧为菜园或有果树，一般有井水，南北长有60多米，最南面为大门和草棚。

三平院——即北为主或东、西为主的主房三间、厢房各三间，或一面无房光有院落，对面院墙，如果是北为主，就是西南厕所，东南大门，即坎向正房，震向或兑向厢房，离向无房，坤向厕所，巽向大门。过去中等人家多为这种院。

四合院——这是标准中国民宅，即正房（北房）三大间，两侧两间耳房，东、西、南配房各三间，必须低于正房，西南厕所，东南大门，过去富裕人家住这种院。

二进过厅院——后院的正房和东西厢房与四合院相同，过厅在前后院之间，一般为五间，中间一间窗户为前后六扇槅扇，是前后的通道，即是后院的南房，又是前院的正房，前院东西厢房各三间，南房五间，中间一间为大门，西南为厕所，有的东西宽度为七间。过去有钱人住在这种院。二进过厅院的前院多为雇工住，二进过厅院的后院多为院主人住。

三进过厅院——一般东西宽度为七间，南北三进院二过厅。过去有钱人住在这种院。三进过厅院的前院多为雇工住，三进过厅院的中院多为院主人住，三进过厅院的后院有的是二妻、三妻、保姆、丫环住，如果是花园菜圃，则为看管人住。

出　行

20 世纪 70 年代，全县只有少量的自行车，步行是普遍的出行方式，农村还有马车代步的。80 年代，交通条件虽然有改善，但交通资源有限，公交路线少，车厢较拥挤，人们出行多为公交车，自行车。90 年代后，交通条件有很大改善，最方便的交通工具是摩托车，在县城出租车招手即停，富裕的家庭拥有私家车。21 世纪初，随着铁路、公路、高速公路的大量建设和基础设施的完善，形成四通八达的交通网络。私家车越来越普及，公交线路遍布城乡，人们可以自由选择工具，出行既方便又快捷。2016 年，人们可用拼车、网约车出行。

第二节　交往称谓

家庭称谓　父亲，20 世纪 70 年代前，普遍叫“大大”，也有称“爹”的，现在普遍叫“爸爸”。对母亲，普遍叫“妈”。现在的小孩称“妈妈”。对祖父、祖母叫“爷爷”“奶奶”。对伯父、伯母、叔父、婶子叫“大爷、大妈”（排行老大），“几大爷、几大妈”（父亲的亲兄长，比自己父亲排行大，排行老几称几，例如排行老三就叫三大爷、三妈）“几叔”“几妈”（指父亲的亲弟弟、排行老几称几叔、几妈），子辈对父亲兄弟的称呼在山阴境内不同区域有所区别。夫妻之间相互称呼，过去丈夫叫妻子“孩他妈”，对外称老婆、家里的、掌柜的、那口子、太太等，妻子叫丈夫“孩他大”，对外称老汉、当家的、掌柜的、那口子等。现在一般叫名字，也有叫老公、媳妇（爱人），年青的互称小名、爱称、或姓前加“小”，如小王等。媳妇对公婆有叫“他爷爷、他奶奶”现在叫“爸爸、妈”居多。哥哥土话叫“高高”，姑母、姑父叫“姑姑、姑父、姑夫”（爸爸的姐妹及丈夫）。外祖父、外祖母叫“姥爷 、姥姥”。舅父、舅母叫“舅舅、妗子”。岳父母叫“外父、外母娘”，有叫“他老爷、他姥姥”，现在大多叫“爸爸、妈妈”。母亲的姐妹及丈夫叫姨姨、几姨，姨夫、几姨夫。妻子的兄弟称“内兄、内弟”，叫“大兄哥 、小舅子”现在大多称“哥哥、弟弟”。姐夫、妹夫都叫“姐夫、妹夫”（排行老几冠以几）。祖父倍称孩子一般称乳名（孩子刚出生的名字），父母辈称孩子，20 世纪 70 年代前一般称乳名，幼小时称“亲亲、毛毛、狗狗、毛蛋、亲圪蛋等等”，少儿时称学名（上学后的名字）或者去姓直唤其名，现在的称谓更是亲密，比过去有过之而无不及，有的已经成人，称谓时还象儿时。更有亲密称谓“心肝、宝宝、宝贝、打心锤锤等等”，成人后直呼其名的也为数不少或去姓直呼其名。

山阴县山区人民对父亲的亲兄弟、叔伯兄弟及妻称几爹几妈，也有称几大、几妈的（排行老几，爹、妈前冠以几）。同一个亲爷爷的不同父亲的兄弟叫“叔伯兄弟”山阴也叫“亲叔伯兄弟”（父辈是亲兄弟），“叔伯兄弟”的下一代的兄弟叫“堂兄弟”山阴也叫“从叔伯兄弟”。山区与川区子辈对父辈称呼是不一致的，山区对父辈的亲兄弟与叔伯兄弟的称谓是一致的，称几爹、几妈，对父辈的堂兄弟的称谓是称叔、婶（排行老几，叔、婶前冠以几）。川区对父辈的亲兄弟、叔伯兄弟都称大爷、叔、妈（排行老几，大爷、叔、妈前冠以几，大爷排行老大的直接叫大爷不叫大大爷），堂兄弟及其妻称叔、婶。无论川区或山区父辈再远的兄弟及其妻通称叔、婶。

亲戚称谓　分父母亲的祖辈、父母亲的父辈、父母亲的同辈亲戚、自己的同辈亲戚、叔伯弟兄姊妹、堂伯兄弟姊妹。

父亲的伯父（叔父）、伯母（几妈、婶婶），称（几）爷爷、（几）奶奶。父亲的姑姑、姑夫称姑奶奶、姑爷爷。父亲的舅舅、舅妈（妗子）称舅爷爷、舅奶奶。父亲的姨姨、姨夫称姨奶奶、姨爷爷。父亲的祖辈基本都惯以“老”字，比如老爷爷，老奶奶。有的时候通称老老（姥姥），男女通用。也有的跟随父亲在爷爷姥姥前冠以姑舅姨等，例如老舅爷爷，老姨奶奶等。父亲的表兄（表哥）、姨兄（姨哥）及其配偶，称表大爷、姨大爷、表大娘、姨大娘，父亲的表弟、姨弟及其配偶，称表叔、姨叔、表婶、姨婶（排行老几冠以几，例如三表叔等）。父亲的表姊妹、姨姊妹及其配偶，称表姑、姨姑、表姑夫、姨姑夫（排行老几冠以几，例如二表姑、大姨姑夫）。母亲的姊妹及丈夫称（几）姨姨、（几）姨夫。母亲的上辈，母亲的伯父（叔父）辈，伯母（婶婶、几妈）称（几）姥爷，（几）姥姥（姥娘），母亲的舅父，舅母称舅姥爷舅姥姥。母亲的姨姨、姨夫称姨姥姥（姨姥娘）、姨姥爷。母亲的再上辈通加老字，例老姥爷、老姥姥、老舅姥爷，老姨姥姥等。现代人很多男女通称老姥姥。母亲的表兄弟、姨兄弟及其配偶，称表舅、姨舅、表妗子、姨妗子（排行老几冠以几，例如二表舅、四姨妗子）。母亲的表姊妹、姨姊妹及其配偶，称表姨、姨姨、表姨夫、姨夫（排行老几冠以几）。

本人的兄弟姐妹及其配偶称谓在我国北方基本相同，哥哥、嫂嫂，姐姐、姐夫，妹妹、妹夫，连襟、妯娌。本人与姑姑、舅舅的孩子是姑表亲，同辈、比自己大的称表兄、表姐，比自己小的称表弟、表妹，对其配偶称表嫂，表姐夫，表弟妹（表弟媳妇，方言称表弟家）、表妹夫，表兄弟间的妻子互称妯娌，表姊妹的丈夫互称表连襟，现在大多妯娌间称姐妹或嫂子，连襟互称姐夫、妹夫或直呼其名。本人姨姨的子嗣同辈称姨哥、姨弟、姨姐、姨妹，配偶互称姨妯娌、姨连襟，对称姨哥、姨弟、姨姐、姨妹、姨姐夫、姨妹夫，一般年龄大的称呼小的直呼其名或去姓叫名。

称谓名称 一、父系 1. 高祖父——曾祖父——祖父——父亲。2. 高祖母——曾祖母——祖母——父亲。母系 1. 高外祖父——曾外祖父——外祖父——母亲。2. 高外祖母——曾外祖母——外祖母——母亲。儿子：夫妻间男性的第一代。女儿：夫妻间女性的第一代。孙：夫妻间的第二代，依性别又分孙子、孙女。有时孙子是一种不分性别的称呼。曾孙：夫妻间的第三代。元孙、玄孙、膀孙以此类推。

二、父系：1. 伯：父亲的兄长，也称伯父、伯伯、大爷。2. 伯母：伯父的妻子。3. 叔：父亲的弟，也称叔父、叔叔。4. 婶：叔叔的妻子称婶婶。5. 姑：父亲的姊妹，也称姑姑、姑母、姑妈。6. 姑父：姑姑的丈夫，也称姑夫。母系：1. 舅：母亲的兄弟，也称舅舅。2. 舅母：舅舅的妻子，也称舅妈、妗母、妗子、妗妗。3. 姨：母亲的姐妹，称姨姨。4. 姨父：姨的丈夫也称姨夫。

三、晚辈：1. 侄儿：兄弟的儿子。2. 侄女：兄弟的女儿。3. 外甥：男性（女性）称姊妹的儿子。4. 外甥女：男性（女性）称姊妹的女儿。

四、夫妻的父母：1. 公公：丈夫的父亲，有时直称爸爸。2. 婆婆：丈夫的母亲，有时直称妈妈。3. 岳父：妻子的父亲，也直称爸爸，丈人，岳父、外父。4. 岳母：妻子的母亲，称丈母娘，也直称妈妈，外母娘。5. 儿媳：对儿子的妻子的称呼，又称媳妇。6. 女婿：对女儿的丈夫的称呼。7. 嫂：对兄长妻子的称呼，嫂嫂、嫂子。8. 弟妹、弟媳、弟妇：对弟弟妻子的称呼。9. 姐夫：对姐姐丈夫的称呼。10. 妹夫：对妹妹丈夫的称呼。11. 妯娌：兄弟的妻子间相互的称呼或合称 12. 连襟：姐妹的丈夫间互相间的称呼或合称。13. 大伯子：对丈夫的哥哥的称呼，又称“大伯”14. 小叔子：对丈夫的弟弟的称呼。15. 大姑子：对丈夫的姐姐的称呼。16. 小姑子：对丈夫妹妹的称呼。17. 大舅子：对妻子哥哥的称呼或哥哥。18. 小舅子：对妻子弟弟的称呼或弟弟。19. 大姨子：对妻子姐姐的称呼。20. 小姨子：对妻子妹妹的称呼。21. 继父母、继子女。农村所说的“五服”（从自己向前或向后五代人），指的是九族：高祖、曾祖、祖父、父亲、自己、儿子、孙子、曾孙、玄孙。这九代人，关系较近；这九代人以外的本家族的人，是“出五服”的人，关系较远。农村习俗，居丧跪棚、出殡的时候，先找死者的五服之内的晚辈子孙，五服之内凑不齐时，才找五服之外的死者的晚辈族人。

社会称谓　清末民国初，对县长叫“大老爷”，科局人员称“先生”，对当兵的叫“老总”或“长官”，对有钱人称“老财”，对买卖人称“掌柜”。对陌生人，称“师傅”“老板”“先生”。对老师、医生和有声望的人都称呼为先生。新中国成立后逐渐称姓名、职务或同志。教员称为老师，对医生称医生或大夫。对年老者，则冠以老字，如老李、李老。对素不相识的老年人，称大爷、大娘、大婶等。年龄相仿的称老兄、老弟、大嫂、大姐等。90 年代后，对年轻女孩子一段时髦称“小姐”，后来称“姑娘”，现在称谓较多，根据年龄大小相互熟识程度不同称谓也不同，姓加小姐、靓姐、姓加姐、靓妹、小妞等。对个体户主称“老板”。

上下级称谓、下级对上级，姓 + 官儿、姓 + 领导，现在流行的是姓 + 职务（官衔），如李局长等。上级对下级过去称名字，解放初名字 + 同志，或者年龄大者，老 + 姓，小 + 姓，不是很熟的称姓名，有时也用姓 + 职务，正式场合常这样称，例“杨县长说：李局长你来我办公室有事。”十八大后党内互称同志。

同事、战友、同学互称仁兄、贤弟、老兄、贤弟，直呼姓名，一度时期流行抬高对方示尊重，虚加官名或老板、老总、师傅等，而现时年轻人又流行师哥、师兄、师弟等，女子间互称姐妹，妇女一度时期也加官名、某公主、某小姐、某大小姐、某贵妇、某太太等等，现时年轻一族流行妞、靓妹、学姐、师妹等等。师徒称谓，对师称师傅、先生、老师，对徒一般直呼其姓名，有时称乳名，或小 + 名，或直接呼名示亲切。初次见面对陌生人的称呼，对老者称老伯，老夫，大爷、大伯，对中年人称叔叔、伯伯、大爷，对年轻人称小伙，再小的称孩子、娃娃。老者女同志称大娘，中年称阿姨，再小称大姐，更小的称姑娘。现在对女同志的尊称喜往小叫，不太老的就称姨，较年轻的就称姐，再年轻的称小姐姐，对儿童当然称小妹妹、小姑娘。问路时一般尊称老师傅、小师傅，如比较拿得准年龄与自己的差别时就称大爷、叔叔、老兄、老弟等。对女同志一般是姨姨、大姐、姑娘、小妹妹等。经商店员对客一般都用敬称师傅您、大姐您、姑娘、小伙子等等，通常也是根据对年龄的判断用比较合适的称呼。

第三章　风俗礼仪

第一节　寿诞习俗

在山阴，添丁进口，是家庭兴旺发达的重要标志。妇女怀孕，人们叫“有喜”，婴儿出生叫“添喜”。过去由于重男轻女的习俗，生下男孩称为“大喜”，得了女孩叫“小喜”，现在人们接受了新观念，男女都一样，也很少这样区别对待了。如果婚后久不怀孕，还有去“娘娘庙”求子的习俗，认为生儿育女是出于神灵的恩赐，所以在民间很崇拜“送子娘娘”和观音菩萨。怀孕后，都很重视胎教，就是要求孕妇的思想、视听、举止要合乎礼仪。也就是要求孕妇思想保持纯洁、精神保持愉快、举止保持端庄等。这些习俗和现代科学大有相同之处。民间对孕妇的饮食有一些讲究和禁忌，像“酸儿辣女”的说法。因此，想要男孩的人便忌讳孕妇吃辛辣食物。兔子肉也不让吃，因为兔子嘴豁，怕生下孩子也是豁嘴。尽管都是些荒诞无稽的讲究和禁忌，但从古到今，一代又一代，都是从“不怕一万，就怕万一”的心态出发，宁可信其有，不可信其无。

婴儿诞生后，女婿要去岳父家“报喜”，而娘家便要馈送各种食物。除送小米外，还有送炒熟后用盐拌和的芝麻，供女儿喝米汤时就着吃。本地把生小孩称作“坐月子”，指的是产妇分娩后调养身体，哺育新生儿的最初一个月。在这一个月里，不让产妇出房间走动，日常生活要有专人侍候。一般侍候女儿坐月子的是母亲的义务。坐月子期间，产妇在饮食上还有讲究，要喝一个月“清的照人影”的稀米汤。这一个月里，还有“忌门”的习俗。说是怕生人冲克，还怕产房的血气给来人带来不利，所以便在门上系一红布以示来人。而孕妇不能回娘家生孩子更是人人皆知的风俗，一直沿袭至今。

婴儿出生的第三天，有一个礼仪，叫“洗三”，就是给婴儿洗浴，并设宴款待亲友。民间认为“洗三”能给婴儿去“风”，并驱恶辟邪。由于它具有清洁卫生的作用，所以至今依然流行。第十二天还有一个活动“过十二日”。这天，家长要邀请同族长辈和婴儿的外祖家来吃油炸糕和面条，一般女亲亲居多，取其谐音“高”和寓意“长”，祝孩子步步登高，快快成长。婴儿出生满一个月，就要为孩子办满月酒，称“过满月”。满月过后，婴儿就可以随母亲一起回姥姥家了，这个时期一般一个月左右。坐月子加上这一个月，产妇体质就可以完全的恢复过来，开始正常的生活和工作。在婴儿出生一百天，本地叫做“百岁岁”，其本身就包含有祝愿孩子长命百岁的意思。

孩子一周岁时，父母除了请客祝贺外，过去还得举行“抓周”仪式。就是把笔、书、算盘、刀剑、丝线、胭脂、玩具等小物品摆放在孩子面前，让小儿随意抓取，借此占卜预测孩子未来的志趣爱好。为了把孩子抚养成人，人们竭尽心思，想出了许多好办法，这些办法经过代代的耳口相传，逐渐演变成非常虔诚的习俗。像小时候戴的长命锁，就有根基永固，吉祥长命之意。每个人小时候都戴过“围嘴嘴”，就是一个环形的垫子，套在脖子上，口水打湿一片，就转动一下，使下巴接触部位保持干燥。“围嘴嘴”的形状也很多，有老虎形，青蛙形，还有莲花形的，既实用又美观。还有一个有趣的习俗，就是一些家人为了防止男孩特别是独子夭折，每次理发的时候都要特意在脑袋后脖颈中间留一撮头发，俗称“揪揪毛”。慢慢会越长越长，干脆就梳成一条小辫子，直到十二岁时才剪掉。

本地，每个人都有两个名字，第一个叫“小名”，也叫“乳名”。入学时的正式名字叫“学名”，也叫“官名”。但乳名往往被长辈和一同长大的人沿用，有的甚至到老都叫。每个人在 13 岁生日的时候，还要举行一个较为重要的活动，这就是“圆锁”。开锁，是本地民间流传的习俗。其目的，是要给那些年至 12 岁的孩子打开智慧的锁链，让这个年龄段的孩子从幼年的蒙昧中解脱出来，踏入少年的里程，向着聪明才智的方向发展，向着成人成才的方向发展，让 12 岁孩子感到自己已经脱离童年，产生加入大人行列的信念，自立起来，摆脱依赖心理。

新中国成立以前，开锁先要在家里的祖宗牌位前摆设一定的祭供物品，像各种糕点，果品，菜肴，穷人家摆些馒头，米饭也可，供桌上，点燃香炉里的香。全家老少聚集在牌位前，燃香磕头自不必说，长辈要在开锁的孩子前训示，然后开锁人向祖宗祷告，被开锁人要在牌位前跪拜。之后开锁人用钥匙打开事先挂在被开锁人脖子上的锁（锁上有十二层红布围裹的标记，一年一层），这样，开锁仪式宣告结束，然后全家人聚集一起摆设一顿家宴，以示庆祝。这一习俗现在愈演愈烈，由欢宴家人亲友扩大到孩子的同学，父母的同事、同学等，人数和婚礼不相上下。注重孩子超过给老人过寿，以孝为先已经改变为以后代为主，体现了时代的特征和观念的变迁。

民间旧的礼仪主要是表达人们希望孩子平安无恙，健康成长的美好愿望，同时也是对孩子美好未来的祝福。现在有些已不太讲究，像产妇生孩子，一般都是到医院妇产科，“忌门”的习俗自然而然地消失了。还有婴儿的健康成长，人们早已经不在乞灵于各种各样的“锁”，而是及时到卫生防疫部门去注射疫苗。“逢九”在本地比较讲究，有“明九”“暗九”之分。虚岁逢到有“九”的年龄是明，逢到九的倍数的年龄是暗，一般“暗九”比“明九”重要。“逢九”这年，分外要谨言慎行，一般不出远门，不参加丧事活动，穿红色衣袜，至少要穿红色内衣裤，系红裤袋，衬红鞋垫，用以辟邪。

寿诞生日一般多吃长面，油糕，取年寿登高之意。祝寿有送面桃的习惯，也叫做“长寿逃灾”。不吃包子、稀饭、拌汤等，据说是怕窝囊、糊涂和凄惶。

第二节　婚嫁习俗

男大当婚，女大当嫁。孩子成人后，儿子娶个好媳妇，女儿找个好女婿，是头等大事。无论父母、子女都不可掉以轻心。婚嫁在山阴县形成了一定的礼仪，主要分四个阶段：议婚、求婚、定婚、结婚。各阶段都有具体的要求、做法，已经约定俗成，流传至今。当今虽自由恋爱，但很多礼仪并未取消。

议婚

男女双方选妻择婿，商议婚事，一般坚持以下四个原则：

择“当人”。民间流传着这样一句话：“会找的找当人，不会找的找光景”。在选择对象时有两种态度：一种是看“当人”文化程度，个人素质如何，有没有发展前途，如果这些条件好，其他方面不作为重点考虑。而另外一种是找家庭。

择“门当户对”。门当，是指各自的门第高低差不多；户对，是指各自的职业、家庭状况差不多。婚姻绝不是纯粹的个人行为，家庭是婚姻的基地和保障，必然要影响后代的行为方式，发展方向，不同阶层的人形成了不同的人生观和价值观。常言道：“人以群分，物以类聚”。总之，“攀高”不可取，“落低”不踏实。“门当户对”结成的姻缘，双方才会有共同的语言，志同道合，各自与对方家庭中的其他成员也容易建立起良好的关系，促使爱情健康发展。即使出现了问题，也比较容易解决。

择年龄。找对象时，对双方的年龄很看重。一般是男方要比女方大三岁左右。同龄人择偶会有许多说法：如双方生日不出百天不能婚配。有时也有妻子比丈夫大，一般不得超过三岁。民间还流传着这样的话：“妻大一岁，好活一辈；妻大二岁，儿女全；妻大三岁，抱金砖。”要求男比女大，因女人比男人快老，女比男大会对丈夫更加关心体贴。

择环境。找对象时，男女双方要千方百计地打听和策问对方的身体状况、家庭状况、名声好坏、父母的德性、为人处世的情况，要做到知根知底。如果遇到对方是“女当家”，就有顾虑，民间传言：“女人当家，坏了人家。”双方经过周密的考察后才会作出决断（选择）。尤其是女方，因面临出嫁女一人到男方家里生活，除对男方父母进行调查外，对男方的兄弟、姐妹、妯娌等人也要做一番了解，发现有刁诈之人，也不敢结亲。因此，民间有“娶媳妇难，聘闺女更难”的说法。

议婚是婚嫁礼仪的第一个步骤，如果双方对“当人”“门户”“年龄”“环境”都没意见，就进入下一个程序。

求婚

即旧礼中的“纳采”。当男女双方都认可时，男方选择一名适当的人选，带上一定的礼物到女方家中求婚。并互换《求亲帖》和《允亲帖》，以后需要做的事是：

1. 问名。男方请媒人持帖去问女方的姓名及其生辰八字，以柬帖为据。老百姓虽不像官宦人家“三媒六证”，也有“无媒不娶，无媒不嫁”的习俗。问名一般由媒人陪同男方父亲或家族中一位有威望的长辈到女方家中举行。去时带一定的礼品和庚帖，也叫“纳采”。女家收到男方庚帖后，将女方情况以帖式回敬，并备酒席招待对方，送给女婿一些礼物，叫做答采。问名后三日内若不出现意外情况，这门亲事就定了，否则就吹啦!

2. 纳吉。双方知道对方年庚后，通过各种方法进行考察，这些活动称“合婚”，也叫“批八字”。请先生推出各自“四柱”，确定婚姻是否有问题。批八字涉及双方属相，相合的有：“红马黄羊寿命长，黑鼠黄牛两兴旺，青牛黑蛇喜洋洋，龙鸡更久长，蛇盘兔必定富。”属相不相合的有：“从来白马怕金牛，羊鼠不到头，蛇虎如刀割，龙虎一旦休，金鸡怕玉犬，猪见烟猴泪长流。”批八字不涉及阴阳五行，还需掐算相互有无妨克，若是相生，便无问题，这门婚事就可成就。

订婚

求婚完成之后，紧接着就是订婚。分两步进行：第一步叫“纳征”，也叫“过礼”“过定”，也可称“下彩礼”。男方家将双方议定好的一笔采礼由家族中的主事人陪同媒人送于女方家中，女方若将礼物收下，标志着婚姻正式成立。第二步为举行订婚仪式。婚姻确定之后，由男方举行订婚仪式，邀请女方家人前往参加，当然也少不了媒人同往，一段时期订婚也很隆重。一旦举行此仪式，婚约便不得反悔。现如今订婚虽在严禁大操大办中有所收敛，但还有唯数不少的人，男方订完，女方订，宴请宾朋。而且现在自由恋爱，不受婚约之束缚。

结婚

山阴县也叫“娶媳妇”，程序相当繁杂，也有许多讲究和说法，简述如下：

1. 看日子。先由男方确定娶亲日子，找一位先生，根据媳妇的生辰八字，选择“黄道吉日”，这一日要避开一切妨克，日子确定后告知女方。女方接到男方的通知后，同样找先生对所择吉日一一进行核实，确认无任何妨克的情况下予以认定，并告知男方，吉日良辰正式确定。

2. 吃“喜头饭”。订婚后，双方的亲朋好友要各自请新郎、新娘吃一顿贺喜饭，即“喜头饭”。如何吃法，由双方父母作出周密安排。轮流顺序事先排定，一旦吃开，中途不能间断。除了在外面吃，晚上父母还要给子女在自家吃“翻身饼”，意味着对子女已作了交待，成家后自己要起身立业。做饼要选择“全人人”（上有父母，下有子女，有丈夫的妇女），翻饼选择有权有钱邻居家的方向翻，其意让子女成家后像有权有钱的方向发展。迎亲日早饭不在家里吃，要在近亲（叔伯、兄弟）家中吃，这叫“吃圆饭”，意为家族团结，夫妻和睦，一生团圆。

3. 迎亲。在双方商定好的吉日举行完婚仪式，男方“娶媳妇”，女方“聘女儿”。迎亲前男女双方都要确定一男一女两名新亲，男方的称“娶亲”，女方的称“送亲”，这叫单娶单送，也有双娶双送的。新亲人选确定时很慎重，既看个人品质，又看属相，新娘属相后的第一、五、九个属相的人不能当新亲，民间还流传着“姑不娶，姨不送，姐姐送了妹妹的命，妗子送了个尽打尽。”没有当过娶亲的人不能够送亲。

4. 接喜。娶媳妇前一日叫“接喜日”。男女双方要将老爷娘舅等亲友都接来，男方还定一班鼓匠，这天也叫安鼓日。鼓匠按时辰和更次吹奏，开宴席时吹叫“吹席”，娶亲时要跟到娘家吹三次，这叫“养女赚三判儿”。乐曲多为揭盖头、双鸳鸯、天仙配等。膳食中午多为黄糕大烩菜和凉拌山药丝、豆芽菜，晚上为面食。

5. 娶亲。正日也就是娶媳妇的当天。传统的习惯男方应准备以下衣、具、物类。其一，娶亲的运载工具，很早以前是花轿，解放后是马车或自行车，八十年代以后变成了小汽车，尤其是现在，家庭条件好的，娶亲车队长不见尾。其二是盒子，包括给新娘装衣服用的，给女娶亲、送亲人放衣服用的，还有娘家的食品盒三种。尤其是食品盒要放以下物品：

（1）花鱼吉兔。用白面发酵精心制作，用各种颜色彩点，由“全人人”装盘，用红头绳挂好，用红布盖住。

（2）离娘肉。多为猪肉，也有用羊肉的，要肋骨必须是三至五根，用红纸包扎。

（3）包米、包面。叫离娘米、面，原来用红纸把大米、白面各包一包，现改为各拿一袋。另外，还需准备梳头匣子一个，内装化妆品等物，供新娘使用。宝壶一只内装白酒，糕饼盖嘴，中间插大葱，壶颈扎红头绳；花炮、红布、红纸等物品，迎亲路上若遇白事用红布遮盖，遇庙宇、水井等用红纸遮掩。一切准备就绪后吃早饭，不论吃多少，人人必须都吃，不许空肚子参加婚礼。早饭要早做早吃，做油炸糕的人半夜就开始。目的有二：一是“抢油烟”，传说娶亲日办婚事的多，那家炸糕早，今后的光景就会好；二是用量大，除了自家食用还要给邻居、亲友们送“喜糕”。早饭后，按所选择的时辰，娶亲人员带上准备好的物品，鸣炮出发，鼓匠们随着迎亲队伍，吹吹打打到娘家迎亲。

6. 接亲。婆家迎新娘和送亲举行的仪式，程序繁多，也特别讲究。

（1）接旺气。迎亲一班人一进村，边吹吹打打边鸣炮，通知家人和村里人，听到炮声，首先是发旺火，新郎的爷爷用葫油、白酒做成的旺气浆浇于旺火上，火势更旺，意在祝子孙后代兴旺，光景红红火火。若爷爷去世，由父亲完成。

（2）驱邪。新娘下轿前，用红布捆扎两小捆谷秸秆，内装鞭炮放在大门旮旯处，新娘进门后立即点燃，火助炮威，十分威严，以驱邪逐鬼，确保婚礼平安。

（3）添颜粉（缘份）。新娘下轿前，婆家选一名和新娘属相不相克的“全人人”妇女，给轿内新娘脸上抹粉，其用意是让新郎与新娘、媳妇与婆婆增加“缘份”，能够和睦相处。

（4）辟邪。新娘下轿时在场人员的属相若和新娘相克，需在下轿的一刻避开，否则，会给本人带来灾难。为避免不测，新郎家事先用红纸写明贴在醒目的地方或者口头通知给大家，引起注意。

（5）引亲。即迎接新娘和送亲者。由三支人马组成，第一支将踩堂红布从轿前铺到拜天地香案前，或倒换红毯让新娘前行，此刻更讲究新娘不能踩地，这叫做“踩堂”。第二支先分别接男、女新亲，然后再接贺堂人员，引进时也需分清上下首，走对位置。第三支迎接新娘下轿，新郎穿戴整齐，十字披红，亲自迎接，新娘因盖着红头纱，走路不便，由男、女儿童各一名扮成金童玉女，金童在左，玉女在右，搀扶着新娘进门。

（6）散礼。新娘进大门前，一位唱喜歌的走向前，手端盘子，内装糖块、红枣、花生等，一边走一边撒向四方，孩子们互相争抢，非常热闹。这个仪式的用意是：新娘上门，将种子播下，生根、开花、结果，节节登高。

（7）跨鞍。大门门槛正中放一小鞍，鞍上放一花馍，上插鲜花，新娘进门一定要从鞍正中跨过，叫过马鞍桥。一则为了驱邪逐魔，二则取平安之意，祝福小两口成婚后光景步步高。

（8）翻盅。人们在门槛内的踩堂布上放置几个扣着的酒盅，有的还是大盅扣小盅，要求新娘用脚尖或脚跟翻成口朝天后才允许进喜房。通过这个仪式，一来可以观赏出新娘脚的大小，二来了解新娘的应变能力，智商高低。

（9）坐福神。婆母在喜房炕头靠窗子处进行精心布置，将准备好的红枣、花生之类装于被内，盼望儿媳早生（取枣、花生的谐音），安排妥当后，新娘坐于上面，到第二天为止。中途不许灭灯、断香。此仪式，名为新娘坐后可以给本人和全家带来福气、喜气与好运，其实是考验新娘子的毅力和行为规范。

（10）打窗口。新娘进喜房后，前来庆贺的亲友与看热闹的人，便将喜房的窗户打破（旧时多为糊窗花窗户），若无人打时，父母还要找人去打。传说窗子打得越多，媳妇生的儿女就越多，并且窗破奇数，头胎为男孩，偶数为女孩。

（11）开脸。即净手，净面。“拜天地”前为表对上天后土心灵的洁净和虔诚，新娘子要“开脸”，在喜房中进行，婆家选一“全人人”的已婚之妇帮助完成。先由一女子将洗刷用具送于喜房，娘家人还给送水女一个红包。开脸人准备好一切用品及一些小吃。一来新娘空腹开不得脸，二来表示婆家祝愿夫妇姻缘甜蜜和早生贵子。还放些钱，让新娘酬谢开脸人。开脸方法是：新娘净面后，开脸人先以红线双手与口打股，于新娘脸上拔除绒须毛，再用捏子整眉、整鬓等。

7. 拜天地。这是结婚礼仪中的一个主要程序。仪式举行前布置好场地，各种设置都按照周公旦和桃花女的传说故事安排。意为祈神、拜祖，求得夫妻和顺、全家安康。在主持人的指导下，一拜“天地”：

（1）迎神。新郎新娘就位后，由新郎在神位前进香、点烛，复位后夫妻双双三叩首；

（2）参神。由新郎在神位前敬酒、烬黄表纸，复位后，夫妻双双三叩首；

（3）辞神。夫妻双双再三叩首，奠酒，焚黄表纸。二拜高堂：夫妻双双向父母跪拜。三夫妻对拜：夫妻互拜。

8. 挤满坑。新婚之夜闹洞房。本地乡俗，新婚之夜夫妇是禁忌同房的，否则会给全家人招来灾祸。这一夜亲朋好友都来闹洞房，有“三天地没大小”的说法，人多炕上挤的满满的，叫“挤满炕”。人们用各种各样的方式逗新娘，出节目、猜谜语，有时还乘新娘子不注意偷偷拿走她的衣物，非拿礼物换不可；有的还偷偷往新娘子脸上抹黑等，要整整逗闹嬉笑一夜。

9. 和堂、拜人。在婚礼上，亲朋好友祝贺新郎新娘及其父母，称之为“和堂”。由新娘的女亲朋组成送和堂队伍，到新郎家去庆贺。到了新郎家举行拜人（也叫拜礼）仪式。鼓乐齐鸣，使婚礼又一次达到高潮。因为拜人是为了拜礼，由傧相主持，手托圆盘，内放礼单。首先拜娘家人陪嫁之礼，完全是按照娘家带来的礼单，以新娘称呼，照本宣科。夫妇都一一叩头。其次是拜新郎家亲朋的贺礼。分为两种，一种叫做“礼钱”，数额大小根据家庭、亲朋相互之间礼尚往来的情况上礼，但礼单上排列时，后者的礼钱不得多于前者。拜礼时只唱男性亲朋的名字。这部分钱归新郎父母给儿子娶媳妇用。另一种叫“拜礼”，是新郎家长辈女亲朋给新娘的贺礼和送和堂人的礼钱。这部分钱完全归新娘所有，“拜礼”钱数额不限。礼单的排列顺序是有一定规矩的，一般为：师族、老师；世谊族、业师；干、奶族；父母戚族；家族；父亲、母亲。要按此顺序排礼单。

10. 抓喜。拜罢人后，接着举行“抓喜”仪式。傧相手托钱盘站在喜房堂屋门外，新郎新娘回喜房时，先让新郎在盘中抓，剩下的钱由新娘抓。新娘抓多抓少，只能抓一次。主要是考察新娘子的智商和应变能力，想方设法能把盘中的钱全部抓走，既能多得钱，又会受到人们的夸赞。“抓喜”结束后，标志着婚礼基本完成。

11. 设午宴。这是新郎家最丰盛、最讲究的一宴。宴席的安排十分慎重，尤其是前三席：第一席由娘家送亲的男新亲坐首席，新郎外祖父、舅父、姨父、姑夫等人奉陪，要安排车师傅，否则在回娘家的途中会要笑新郎、新娘。第二席是女新亲席，安排新亲、新娘、新郎家的姥姥、舅母们，或新郎的姨姨、姑姑们。有一传统习俗是女新亲负责给新娘“夹满碗”。每上一道菜，先给新娘夹一筷子，放在事先准备好的碗里，最终副食、主食夹上满满一碗，交给婆婆保存，新郎新娘回门住日子吃。第三席为和堂席，给送和堂人安排座位，其他席可自由组合。午宴的安排有“三步曲”：首先是“烧茶”，客人就位后，先上餐具及其他用品，然后上油果、“三刀子”茶水等，可吃也可带走，随便，结束后净桌。其次是“吃脆糕”。先由端盘者再次布好桌子、餐具等，先上糕、莱各两盘，看情况再增添。吃完脆糕后，第二次净桌。第三步正式开宴。布置好餐具就正式开席，可分四个档次：“八八席”“六六席”“二五眼”“烩盘”。“八八席”档次最高，即八个炒菜、八个炖肉制成的菜。主食以大米、馍馍为主，喜酒档次也不同。宴席期间，鼓匠师傅们最辛苦，要精心“吹席”，席不散不得停止。

12. 回亲。即新郎、新娘和娘家来的新亲、送和堂的回娘家。新郎需带些糖块、烟之类的礼物，到娘家门上散礼。新郎上门先认父母，夫妻双双三鞠躬。娘家要大摆宴席，盛情招待。主食必须有饺子，叫做“偿饭饺子”。宴席坐次很有讲究，新郎必须坐正面首席，因为女婿为半子，今后登门再没有机会坐正面。同席的是新娘家有威望的亲朋长辈。这一天的活动围绕考核新郎而展开，饺子中偷偷包进一些调味品要弄新郎，观其言行举止，应变能力，或偷偷给新郎脸上抹黑，或将其衣服、鞋子藏匿，使其尴尬。

新娘及其父母为找下好女婿而兴高采烈。

13. 回门日。婚礼结束，娘家人走时要征求婆家新娘“住日子”的安排。目的在于讲究生理卫生，当地习惯一般为“荞麦棱、四六、三七”，即婆家四娘家六，婆家三娘家七，都由娘家接送。新娘回门的当天下午，第一件事是和新郎双双将打破的窗户糊好，糊窗户时一些亲朋好友在外面用拍子猛扇，要弄新娘，烘托婚礼气氛。然后新郎新娘共同生火，双双取柴、打炭，以体现生活中互帮互勉，创造美好的新生活，欢度一生。

14. 倒宝壶。“宝壶”是用酒壶内装小米外用一尺红布将壶嘴盖着，壶颈用色线扎着，并挽上许多圪塔。倒宝壶是在洞房进行，目的是考核新娘的智商、反应、涵养，是否口齿伶俐，心灵手巧。其中一个重要角色是新郎的姐夫。倒宝壶的第一步是“请姐夫”。姐夫化妆以后藏起来，先让新郎新娘找，边找边口中念念有词，郎：“我给拿着烟，敬邀姐夫到堂前”；媳：“我给拿着糖，敬请姐夫帮个忙。”合：“快请姐夫倒宝壶，倒毕给你喝烧酒。”找到姐夫并赠送礼物后，新郎新娘领路，姐夫骑着扫帚，来到洞房举行倒宝壶仪式。仪式分两个层次：“说令子，解疙瘩”。大家出令子，新郎新娘同时说，姐夫当裁判，合格一个解一个疙瘩，一直到解光为止，令子一般为绕口令，如，女：“家有二亩园，荒了十八年，里边生出梅槐树，外边寸草长了个严。”男：“生铁犁，上上钢，拉着秃牛去开荒，里面铲倒梅槐树，外面寸草忽拉个光。”含义深刻，十分有趣。“倒宝壶”。新郎新娘用衣襟对接，把壶中的米倒来倒去，边倒边说，女：“大襟对大襟，光景越过越有劲。”男：“大襟对大襟，光景越过越厚沉。”然后新娘下地喊婆母“妈”，问米往哪儿倒，婆母答：“外面有个米瓮，瓮里放着个酒盅盅”，新娘必须回答：“当年给你生个亲孙孙。”

15. 入洞房。倒宝壶结束后，夫妻双双进入洞房。这夜亲朋好友中的男男女女都要“听房”，了解新郎、新娘之间的感情和新娘的贤慧程度，免不了开些玩笑，新郎父母对此尤为关注。

16. 住日子。按照原来的约定，新郎、新娘在婆家娘家轮流住日子。新娘第一次在婆家住时不下厨房，一日三餐由婆婆侍候，由新郎或小姑子送入洞房吃，以表示婆家对新媳妇的疼爱。同时起到新娘避生，了解全家人饮食习惯的目的，为今后烹调出合全家人胃口的食品作准备。婆家住日到期后，由娘家派人接女婿、女儿，到期后再送回婆家，从此以后，两家来往再没有任何讲究，新媳妇住娘家走时和从娘家回来后和本族长辈们在门上行磕头礼，以示尊敬。

其他

在婚嫁方面，山阴县还有一些特殊的婚姻。

1. 招亲。寡妇为赡养公婆，抚育子女不忍离去，而招夫上门，招亲不举行婚礼仪式。也有因原夫妇只有一个女孩不愿外嫁而赘婿，入赘男人在女家落户，继承遗产，赡养二老，这种情况要举行婚礼仪式。

2. 再嫁。即改嫁。因封建礼数，男人死后不让妻子再嫁，提倡的是“从一而终”，因各方面情况不得不嫁时，也要在晚上人静时分进行，男方只举行简单的仪式。

3. 童养媳。因为父母家中生活困难，无力抚养，只好将已定亲未及笄的女儿送到婆家做童养妇。有的因男方丑陋、生理不健全或贫寒娶不起媳妇，家里就早早给娶个童养媳，婚礼仪式在成人后举行。

4. 换亲。两家的女儿互换为各自的儿媳妇，一般都是因为自己的儿子因各种原因娶不过媳妇，为传宗接代只好牺牲女儿的幸福，给儿子换媳妇。和一般的婚姻一样举行婚礼仪式。

第三节　丧葬习俗

生前操办

自古道：“人生七十古来稀”，也有“五年、六月、七日、八时”的说法，即人满五十岁以后一年一个样子；六十岁一个月一个样子；满七十，一天一个样子；到八十岁，一个时辰一个样子。还有的说："七九六十三，不死鬼来栓。""人寿过半，修坟造棺。"为此，一些人在自己有生之年就为自己的后事操办，主要工作是做寿衣、造寿材、建墓穴三种事。

做寿衣。凡生前自做或购买亡后穿戴的衣服都叫"寿衣"。衣料需用棉、麻、绸，禁止用缎子（避谐音"断子"之意），还有皮革之类。衣扣布料编成，禁止使用铜、铁制成的金属扣。寿衣分为：内衣（男为白色棉布做成，女为淡蓝色棉布做成），主腰子（用红棉布装棉花做成），袄、裤（面料多为绸、麻，并织印"百寿图"或寿字图案），男选蓝色或淡蓝色，女选颜色较多。无论男女，寿衣禁用皮货和黑色，本地有穿这些衣服会转牲畜的说法；不论男、女裤带都是红色棉线编成，外罩也多为麻绸面料，或样式是男为全身长袍，女为连衣袍。鞋禁用皮革，穿麻、布鞋，鞋底有莲花图案，表示脚登莲花，以成正果。鞋帮料男多为黑、蓝色，女多为蓝、棕色，并要有绣花。除寿衣外，棺内被子是必备的。

割寿材。事先做寿材，选料以松柏为主，柏木能起到杀菌、杀虫作用。当地虽缺此木，但要千方百计找块配在寿材的大头板上。棺内要做"七星"隔板和"俯面"。七星即用板在棺底上再做一层隔板，并仿北斗星钻上七个孔，表示殁者"驾鹤西去，身入西天。"俯面即和棺口一样大的木框，红布覆盖。"合龙口"时（成棺日），举行仪式，敬纸、烧香、鸣炮、设宴庆贺一番，相传棺内不允许空放，事先放一碗生肉片，一个白面馍馍，上插一朵纸花，一块大炭和一把笤帚，大头两框贴上"福似东海水长流，寿比南山不老松"的对联，正中贴"福"字，选择适当的地方放置。当地传说，一旦放置，棺主在未殁之前，再不许移动，否则会造成棺主"拨短寿"。

建墓穴。山阴县从古至今一直为土葬，老百姓以农耕为主，有地则生，无地则死，生命是从泥土中来，死后也要回到泥土中去，是灵魂得到安息的最好办法。符合人们慎终追远的伦理情感，所以土葬为高葬。生前就要选好坟地。土葬墓穴一般在殁者亡后的第三天破土挖建。也有在之前就择地建墓穴的，多用石料，砖块碹砌，拱形状，深九尺左右，长八至九尺，宽七至八尺，高五尺，墓内与活人住处差不多，有炕有灶，石桌、墓门和框用大青石板做成，槛内有一颗石球，可自动闩门，非石匠莫开。

寿终正寝

除以上三件大事外，有的老者死前已将自己棺内枕的"鸡鸣枕"（用白布做成像鸡一样的枕头）、烧纸、羊骨、酒曲等物一一备全待用。山阴县地处塞北，自然条件、医疗条件都较差，能活到七十多岁即为寿终正寝。

殁前事宜

殁前最讲究的是两件事：其一，气绝前所有子女及配偶都守在身旁，一旦绝气，守者为子女和伴偶，不在身旁的和没有一样。所以，凡家中老人病危时，子女不论遇到什么情况，都要想尽办法守在老人身边，这叫"送终"。其二，一旦发现老人呼吸困难，脉跳紊乱，快不行时必须给殁者净身男者将头发剃掉，当地有留发不进棺的讲法，将事先准备好的寿衣穿好，传说人死的那一刻穿什么，到冥国后还穿什么，殁后再穿就毫无意义了；若死时不穿衣服，到冥国就会赤着身子，寸步难行，甚至成为"冻死鬼"。女者死亡时，还要佩戴一些首饰，当作"一盏灯"，执灯好行程。人在咽气前需仰面而卧，枕头不宜过高，以免延长咽气时间，给殁者或其亲人带来痛苦。

现场处理

殁者咽气后和入棺前，一是要对殁者人身进行处理，二是按当地风俗习惯装裹入棺。殁者咽气，及时打破窗户纸一孔，使阴魂速速离去，传说亡魂走时是不能从门中去的。殁者现场处理的具体方法是：

1. 整容。入殁时，身体各器官不是同时死亡，在殁者面部有明显反映。或眼斜嘴歪，或睁眼张嘴等，这些情况都很正常。这就需要给殁者整容。其方法是：手拿钱垛将眼揉闭揉正，将嘴揉合，将面部皱纹揉顺揉平。然后将其身子面朝天放好，胳膊贴身放直，手伸开，腿伸直，脚靠拢，不延误时间，才会收到最佳效果。

2. 装裹。当地也叫“装老”，即给殁者把衣服穿好，抬于准备好入棺的褥子上，二次整容后尸身上盖单（一般为红布），头上盖“善面纸”（白麻纸），一定要盖严实，此后不得让死尸见到阳光，传说见到阳光对死者和全家都不吉利。这种将尸体安放在棺褥子上，叫“小殓”，也称“下榻”。装裹好，放入棺木叫“装殓”。装殓时要求儿孙们要守在旁边，称“旁祖含殓”。装裹入殓时，小字辈要给殁者“挂孝”，穿一定的孝服并披麻。当地叫“披麻戴孝”。

3. 点“照尸灯”。即常明灯，也叫“水灯”。民间传说，阴曹地府一片漆黑，亡灵只能借助灯光去看清道路。做法是：碗中倒上半碗胡麻油，中间十字形放两块木条并在中间钻一小孔，小孔上再放一铜钱，用棉花搓灯芯做成灯，殁者一咽气就点着放于头下，入殓后放在棺材大头的底板上，着的时间长短由加油多少决定，中途不添油，殡葬时放于墓内棺盖上。

4. 杀鸡。殁者事宜安排就绪后，男孝子到自家鸡窝内抓一只鸡，抓住哪只算哪只，不掉换，杀后退毛，鸡嘴中含一葱叶放一器皿中，然后放在棺盖上，鸡头和殁者头方向一致，三天后炖熟，招待亲朋。这叫“倒头鸡”。若殁者亡于外，回家时还需一只“引魂鸡”，一定是公鸡，运尸时捆住鸡腿放在棺上，引亡魂回家，殡葬日在坟中将鸡放归田野。

5. 入殓。又叫“入棺”“入木”“落材”，古称“大殓”。先将寿棺抬于停尸堂屋，放在两个长条凳上，大头向“上首”，开棺后由一孝子将棺内碗打碎，叫“醒棺”。入殓时，在棺内七星板上放七个纸钱，或七个“银圆”，叫“垫背”，取有钱花之意，俗称“铺儿盖女”。两帮垫上谷杆，称为“坐草”，取“落地而生，坐草而归”之意，垫成“V”形状，由四人提着垫褥的四个角，平稳地移放棺中，若两边仍有空隙，再填入谷杆，头部填充棉花、香，达到面正而稳。

6. 盖棺又称合棺。装殓完毕棺盖不许全部盖严，要在大头部位留开缝隙。传说，有的死者因某种原因假死，过了一段时间后会复活，为防万一，保证棺内有新鲜空气才这么做，久而久之就成了当地的习俗。

7. 烧倒头纸。殁者入殓后，在场的孝子们都跪在棺前烧一些纸钱、冥币，叫烧倒头纸，用意是让亡魂西去时在中途路上花用。

8. 灵堂。灵堂的布置也有一番讲究。在棺前摆一灵桌，桌围用白麻纸做成，不许使用浆糊，将纸边用斧头捣在一起，桌上正中有殁者的牌位，一只香炉两盏灯，香、灯一旦点着，出殡前不许熄灭，意在香火延续不断。桌下备一“烧纸盒”，供吊祭者前来烧纸用。烧纸时纸灰定要收于盆内，否则殁者收不到钱，此盆在出殡时的路上，孝子们辞别棺木时摔碎。布灵堂多用白布、黑布两种，并配以遗像和奠联。

9. 供倒头饭。布灵堂时，一女孝子煮一碗小米，七八成熟时，捞于碗中，愈满愈好，供于灵桌上，以慰亡魂，用意是让亡灵在阴间不会成为饿鬼。饭碗中用竹条缠棉球做三个“打狗棍”，插于饭中央。传说亡魂归地府时要经过恶狗村，此棍供其上路打狗。

10. 遗物。殁者遗物处理也是有一定说法的。衣服可以家人留或给人，被褥必须留给儿子们，若子多不好分，就用剪刀剪开分，并将分到的装到自己的被褥中，当地叫“铺福盖福”，会给儿孙增加福禄。实则考验子孙是否孝顺。殁者的枕头要放在棺下地上，并剪开一口子，出殡时在大门前烧掉。

11. 生豆芽。丧事活动中必办的一件事。其用意一是讲究要用自家生的豆芽装满“衣饭钵”，坟茔必生“脉”；二是此时所生豆芽正好给参加出殡的亲朋吃。

12. 散头。孝子们在殁者装裹后要举行散头仪式散头时，孝子们在棺前边哭边进行，儿孙们以白麻缠于帽上，孝女们将头发分出一绺用事先搓制的白麻纸绳捆扎。不哭者称之为“散哑头”，要受到指责，侄儿侄媳各地风俗不同，有的散，有的不散。

自此，现场处理完毕，孝子们要朝朝祭奠，一日三餐供奉，直到出殡为止，所供饭菜在器皿中，出殡时撒于坟堆上。

殁后事宜

1. 报丧。即通知殁者“人主”（男为娘舅及后代，女为娘家兄弟及后代），由长子头缠白麻，即速登门，见面不许说话，双膝跪地连磕三个响头，礼后将殁者的死亡情况告知，让其准备。通知其他亲朋不一定这样严格。其他人可以代为知会。

2. 破孝。人殁后三日内为孝子，吊祭的人做孝服，发孝布叫“破孝”。一直使用白色棉布，侄儿们自备，其余全由殁者家中供给。孝服为帽、上下衣、鞋。破孝也有一定的礼节，给人主、亲家的孝，长子头顶盘子双膝跪下呈上，表示尊卑和请求宽恕，其他人不举行仪式，送上即可。孝服又分头孝、衣服、脚孝。头孝，男孝子戴“孝帽”，女孝子罩“孝巾”，上扎“十字”布条或白麻孝服，款式也有区别，称为“五服”，所有孝服的布料都是白棉布，有的孝服有毛边，有的不留毛边，区别对待。脚孝即在孝子们的鞋上缝上白布，重孝子满脚面缝，其他人可留一定缝隙。

3. 怀殃、告白、落殃、忌三相、择吉时。怀殃，是请阴阳先生将殁者的生辰八字、殁时的年月日时用朱砂写在白麻纸上。传说这是到阴间报到的路条，上有敕令放行的令词。告白者讣告也，请阴阳先生写在白麻纸上，内容是介绍殁者生、死的年月日时，享年几何，殁者儿孙后代的排次，供亲朋、僚友们了解殁者的情况。落殃，是传说人死亡时必须有“殃”落，落在哪里，丧葬期间那个地方就不能动，否则会出事。为防不测，请先生占出落殃地。其实这是有规律的：子丑二时在堂门，寅时落窗上，卯时在门上，辰时在墙上，巳时在洋沟，午未时在中梁，申酉时在碾磨房，戌亥时在灶台。殃于出殡时自行起散，为不留后遗症，也有贴“除殃符”的。忌三相，相即人的属相，移灵、起灵、下葬时殁者会“执三相”，这由殁者的初终时间而定，一般为：正、四、七、十月为虎、猴、蛇、猪；二、五、八、十一月为鼠、马、鸡、兔；三、六、九、十二月为龙、狗、羊、牛。属相若与上述月份对应时，就需回避，否则会对本人不利。择吉时，即在移灵、起灵、下葬时要选择吉时，否则对丧家不利。

4. 守灵柩。死者殁后至出殡期间，灵堂前必须有儿孙昼夜看守，叫“守灵”。这样安排，一是检验儿孙们的孝敬程度，二是表现儿孙们对殁者的哀悼，三是确保香火不断，四是严防猫、狗和防电闪雷鸣时“惊尸”“诈尸”，保证灵柩的绝对安全。

5. 做祭品。也称上祭礼，一般为白面大、小馍。大的称作“祭”，是亲戚们所送，直径一尺左右，一祭十二个，其中有一个鸡头祭馍，供于灵前。祭供后，东家回送六个，必须有半个鸡头祭馍，祭奠者在回家的路上要将鸡头揉碎撒掉，可保殁者平安。

6. 定做纸扎。纸扎种类繁多，当地习俗，引魂幡、送行车、房院由儿子出钱定做，女儿们做不妥，无法使用。其他纸扎谁出钱也行，件数不限。引魂幡在灵堂上放置的位置是固定的，有规矩的，一旦放置，出殡前不许移动。

7. 三日祭奠。殁后第二日没有祭奠活动，第三日就忙了起来，主要操办七项活动。其一，早晨将告白以男左女右的规矩挂在大门柱上。叫夜后摘回，六日早上再挂出，出殡时在坟茔烧掉。其二，裱刷灵棺。为图吉利，不见“生材”，三日起一早就请匠人裱刷灵棺，下午吊慰者来时，或裱糊或油漆已基本就绪，式样有“一顶红”“百寿图”等，区别主要在灵棺小头处，男画玉兔，女画莲花，意为“绿水青山常送月，碧云红树不胜悲”和“慈竹堂前空有形，莲花此日尚留香”。其三，接烧纸。第三日下午开始，亲朋好友前来吊唁言，殁者家中必须长男、长媳披麻戴孝跪于门前接待，分别由男、女孝子引入灵堂一同跪拜，烧“纸钱儿”，然后引入内屋，再接待其他吊唁者。其四，叫夜。这也是安置殁者的一件大事。

其时间在殁后第三或第五天晚饭后进行。全村各家各户都有人前往“送灯”，凡去者手提灯笼，给孝子们照路。从“送灯”人的众寡可以看出殁者生前为人处事的情况及其门第的好坏。叫夜时，丧家要准备各种饭菜和香烟，答谢送灯者，以后要礼尚往来。举行“叫夜”仪式，要准备祭品，用物和用具主要有：叫夜车，用纸扎成的马拉车或汽车，在车倌和司机的背上写上已亡人的名字；香，祭神，钱垛，祭鬼；空位，祭神；白酒，神、鬼共祭；鸡鸣枕；灯笼，引路用；柴禾，烧叫夜车；棺内备殓葬物、殓具；怀殃灰包（殁三日下午长子将怀殃烧灰包好备用）；打鬼蛋（荞面捏成黄豆大圆球，按死者年龄一岁一颗，为殁者的自卫武器）；神曲（中药，放于棺内小头处）；雄黄（中药，撒于棺内，以防虫害）；木炭（用途同神曲，有“火旺”之意）；装土鸡鸣枕（枕头）；棉花（垫身、头用）；白酒（开光用，长子倒酒碗中，用棉花蘸酒给殁者擦面，使其容气焕发，开光后将剩酒喝掉，以示对长辈的孝心，剩余者倒入棺内侧帮）；含钱（衔口用，殁者如果张着嘴，给含入口中）；剪刀（剪殁者衣襟用，取光景中“景”的谐音，不让殁者将子弟们的光景带走）；遮尘布（七尺红布，棺内罩用），盖棺时还需斧头和盘子。叫夜时请鼓匠、和尚道士，曰“起经”。去时不吹、不念、不哭，返回时哀乐齐鸣，乐曲为“苦伶丁”，孝子们大哭而归。具体程序如下：参加人，所有男孝子手拉丧棒，排成队，送灯者随后，女孝子们只在自家大门前哭迎；孝子服装，不戴孝帽，不罩孝中，孝服只穿下身，为殁者好。其五，辞灵。“叫夜”结束后接着进行，顺序如下：

（1）开棺。由儿孙和侄儿们办理，要平稳。开棺后孝子与亲人严把灵棺周围，一为死尸有变不让外人发现，二是防止有意见的人放入棺内忌物。开棺后禁忌孝子们哭泣。

（2）拉盖面纸。由长子将盖面纸拉于殁者胸部，若发现尸变，开光后，盖棺前再拉去。

（3）开光。长子用棉球蘸酒给殁者擦脸。

（4）安身。最需要注意的一点是殁者的头不能垫得太高，不得看到双脚，传说太高家中会有响动，其实是怕棺盖压着头部。

（5）盖棺钉材。人主验棺后，将遮尘盖好后，将棺盖稳稳地盖在棺上，钉口对齐，然后由长子头顶斧盘，人主领头，众人将银锭钉好。

（6）烧纸钱，人一生的盖棺定论以盖棺后烧纸钱结束。全体孝子都要跪在灵前烧纸，并哀痛号泣，烧钱纸结束后辞灵结束，最后辞别送灯者。其六：殁者请客。传说“叫夜”当天夜里殁者要在子时请客，孝子们在灵棺大头下设一餐桌，焚香点灯，备齐餐具饭菜，还要把七个不太熟的饺子用线串珠子一样穿好，挂于棺盖前边一角上。若有人睡觉时咬牙，偷食此饺后就会治好。其七：破土。即坟内动土挖墓穴。先祭后土神（在坟茔墓穴左后角处），焚香、供馍馍、烬空位纸，然后才允许开挖。不论新穴、旧穴，第一锹土先要清于后土神位处，在殁者下葬堆起坟堆后还位于坟头。殁者一般在家中停放七天，若遇特殊原因，需请阴阳先生另择日子。第四天“忌四哭”，孝子们可休息一下，第五天“起经”，孝子们进入紧张状态。

8. 请“礼生”“和尚”“道士”“鼓匠”。

（1）礼生。即“儒学”流派，崇奉上帝、祖先，即“神”“鬼”，“礼生”是这一派的代表人物。有的有固定人员，也有的是临时组成，但其中必须有“秀才”功名及其以上的人，每班六人组成，领头人叫“点主官”。第五天到位，主要任务是按照“三纲五常”的格局“点主”，书写哀词和挽联，拟写展示殁者业绩的祭文和举行唱礼仪式等，“点主”也叫“成主”“题主”。灵堂供桌上殁者的牌位上“xxx——位之神主位”的“主”字，先写成“王”字，由点主官举行仪式，用笔蘸上朱砂在“王”字上点“、”即成。喝礼，是礼生们的主要任务，先布置好场所，准备就绪后由女婿请鼓匠，吹吹打打去请“道士”“和尚”，一路吹打、诵经到灵牌前，时辰一到，“点主官”主持喝礼（或礼生轮喝），孝子们依声而做：开始、开脸、更衣、复帽灵牌开门、奏乐诵经，下跪、叩首、立起，宣读祭文，居内、结束。

（2）和尚。即佛教。主要理论是因果报应、生死轮回，上天堂、入地狱。请和尚诵经，为殁者免去生前作孽之罪，早升“天堂”，早转世。和尚班子由七人组成，带有乐器，其负责人叫“掌轿者”，请来后，先念“倒头经”，参与“叫夜”“出殡”等，并设云坛，灵前诵经，取水，过金银桥、转海眼、游连、迎经、超亡、万花、座焰口、做水陆道场等。诵经多诵“大悲咒”中的咒语。

（3）道士。即道教。主要理论是清心寡欲，修身养性，无为而治。道士与和尚差不多，于殁者五日时到场，有自己的“玄坛”，按自身的戒律轮番与和尚参与同样的活动。

（4）鼓匠。由七到八人组成，旧时多为残疾人员，乐器较全。它的主要任务是奏乐，渲染气氛。绝招是“吹戏”。晋剧、耍孩儿、道情、秧歌等。哀、乐皆可。和其他三班相比，他们的地位最低，待遇最低，而且最辛苦。

丧礼殡仪

出殡之日，也有许多礼仪和讲究。

装“衣饭钵”。饭钵装东西的器皿，丧事使用时叫“衣饭钵”，是每个殁者必备的陪葬品，殁后六日晚夜深人静时由长子夫妇在灵棺前盛装而成。装时还非哭不行，否则后代必有哑巴。所装东西为脱净皮的黑豆芽，若代入黑皮，后代会出盲人；粉条、馍馍；生羊骨（用颈部锁骨；为骨中有孔，有用膝关节骨，有灵治之意）；装时先将锁骨放在钵中间，孔中插进一双新红筷子，再将其他东西混合装入，边装边压实，越实越好，这样会给殁者有充足的饭食，子孙后代越过越富裕。装好后钵口用黄糕饼子穿筷子盖好埋严，上套白面馍馍，用红布包好并藏好，待出殡时在上套一大馍，由长媳怀抱送殡。出殡后将大馍自家食用，这是长妇的“赚头”。辞棺时，取下大馍将“衣饭钵”交给丈夫，丈夫要独自一人放在墓穴内棺材大头的穴洞内。“衣饭钵”只许长子长媳操作，家中其他成员也比较关注，里面的食物变化如何，但不许外人知道。

移灵棺。也叫“开道”。在殁者出殡前一日晚间，按阴阳先生定的时间长子一人面向灵棺站于大头正下道：“××请醒醒，明早即行起程，不孝男望您驾鹤西天，早日魂上九霄。”然后转身背向灵棺双肩紧贴大头棺盖，双手紧握灵棺底平稳地将灵棺移位，因此叫“移灵”。

哭灵。亲人殁去，出殡前儿女们最悲痛，有的大哭，有的边哭边诉说衷肠。传说这样可以为殁者化孽，免罪，并为殁者驾鹤西去鸣锣开道。所以出殡前一日晚上孝子们轮流在灵前哭泣，彻夜不止，叫做“哭灵”。

拉压材糕。古代把最后一出戏叫“压轴戏”。“压材糕”是为殁者在家中供奉的最后一顿饭，主食为头锅油糕，盛于器皿中，由长子一人端上放在灵棺盖上小头处，沿着盖面所画“七星”路线一次性稳缓地拉向棺盖大头处。这意味着将福禄灌注于殁者全身、全棺、全墓茔，子孙后代有福禄，拉用过的油糕自家食之。

出殡。出殡时，同坟中一年内如有两个以上殁者，因当地有“一年不开二墓”的讲究，第二个殁者不能当年入坟，只能“暂寄埋”于坟外边，等到第二年清明节或农历十月一日才能入坟。出殡的具体程序如下：

1. 起棺。当地灵棺人抬，出殡时本家族年轻力壮的弟兄，侄男家孙前来帮忙。因有“不能空腹送殡”的规矩，来者都要主动吃饭。起灵前，所有孝子都跪在灵前烧纸祭奠，和尚、道士、鼓匠一齐行动，诵经、奏乐，做“起灵道场”，起棺时抬大头的人叫“杠大头者”，多为长子，出门时需要一个儿孙爬在门槛上，意为给殁者减罪，过几道门爬几次。出门时最讲究的是灵棺一定要平稳，并注意灵棺不许碰到门框上。传说一碰，家中还会有人亡去。出街后灵棺大头向去坟茔的方向安放在抬架上，也有雇用“大架”的。

2. 起灵。出殡时所有孝子孝服满身，女孝子们戴角帽，即遮羞帽，假哭不被人发现。送殡时男孝子手柱丧棒，女孝子他人搀扶，按顺序列队跪于街头。一切纸扎由参加丧礼的家下人等负责。孝子们要号啕大哭，否则会受人指责。

3. “做道场”。由和尚、道士们轮番诵经、做东，鼓匠奏乐，用意是为殁者赎罪，送他上天堂，这种活动也叫“超荐”“炼度”，这笔费用孝子们谁点谁负责。

4. 清扫。清扫庭院者由村中外姓的鳏夫负责，主要任务是在大街上烧掉殁者生前用过的枕头，将供奉殁者后的饭菜装于桶内，叫“浆水桶”；将未烧的纸钱、五色石、符、瓦、弓箭等装在筐内，收起家中、院中的废纸，然后清扫室内外，尤其是停棺之屋。就绪后担上桶、筐随灵棺送于坟内。

5. 收头。灵棺出村后，孝子们举行的脱孝服、摘孝帽、开发辫的仪式叫收头。男孝子自己脱衣、摘帽，女孝子由搀扶人帮助，男、女孝子脱下的孝服各自用麻辫捆扎好，让不到坟中的家人从自家门前院墙抛入院内，禁忌从大门拿入院内。

6. 散祯祥馍。殁者家中指定专人在门前端一盘揉碎的祭馍馍，供孝子们进门前吃，以得到殁者亡魂的保佑，万事祯祥；供送葬人及父老乡亲食用，为子孙求福寿。传说，此馍给小孩吃会福禄祯祥、长命百岁。殁者愈长寿古稀，此馍愈吃香。

7. 抢大头。女孝子们收头后送殡任务完成。儿媳们还必须回到停棺之屋坐在安放灵棺大头的凳子上进行梳妆，当地有谁能抢坐上首第一位，谁家的光景就会兴旺的说法，所以收头后，有的儿媳不顾一切拼命往家跑，抢占第一座位，所以叫“抢大头”。和睦家庭不会出现这种情况，妯娌之间互相礼让，按长幼依次梳妆，为维护自家门风作出示范。

8. 赛主子。山阴县有儿媳们娘家人前往吊唁的乡俗。既为殁者准备祭品，又为出嫁女准备衣物，并将衣物挂于灵柩大头处，出殡时儿媳们既披麻戴孝，又将娘家送来的衣物搭在身上，搭一块叫“单挂孝”，两块叫“双挂孝”，三块以上叫“多挂孝”，以此炫耀娘家门庭，这就叫“赛主子”。在儿媳父、母亡殁时，女婿也要准备同样的物品前来吊唁，这叫做“倒挂孝”。

9. 焖火堆。殁者出殡时，路径的各家都要在门前焖上一堆火，烟气越大越好，相传这样做是为了辟邪。也有的说鬼魂怕火，这样做可以将其拒之门外，还有的说，借烟为云，让阴魂直上九天，不要在阴间游荡，当地已成了一大习俗。

10. 护送灵棺。出殡礼仪结束后，闲杂人员各回各家，发丧由女婿开道，边走边扔纸钱，直至墓穴前。当地规矩，灵棺一出村直到坟茔，不论路途远近，路况如何，天气好坏，中途绝对不允许把灵棺停放在地上，只能是抬棺人调换歇息，确保灵棺平安抵达墓茔。

11. 下葬。按规定的时辰将棺木送入穴内叫下葬。一般是人工吊放，棺入墓穴最大的讲究是殁者安正方位：立祖者为主位，其下方为神路直达明堂，墓中方位为“男左女右”，特殊情况，另当别论。其次要讲究“向”，殁者与坟茔方向一致，以吸收宇宙灵脉、好脉，后代才可得功名，因此要用罗盘定位向。灵棺放好后，将照尸灯、镇邪瓦（用朱砂画符）放于大头下，将五色镇石（红、黄、蓝、白、黑石用朱砂依次写上东、西、南、北、中）放在棺盖四角和中央，以镇殁者，传说不用此石，殁者会转为专吃人血的“墓魂鬼”。墓内一切安置妥当后，将穴内脚印涂掉，意在阴阳隔绝通路；断路后，用砖、石头砌碹墓穴门，也要涂掉脚印，然后将原土回填。回填中按乡俗把“五谷杂粮”——糜、麻、谷、小麦、高粱三次放入穴中。墓穴快填满时把引魂幡插在小头处，然后边填边由长子倒背双手拔出三次，边拔边喊：“X，请上来升天。”目的是防止幡杆成活。等坟堆拢圆后，将开挖的第一锹土放回坟堆顶上，并由女婿向后土位射三箭，供奉小馍，烬香、烧纸，然后将所有丧棒全部插在引魂幡下，把“浆水桶”内的东西泼在坟堆上，至此，安葬完成。

12. 焚烧纸扎。安葬结束后，在坟堆下方先把房院向阳摆放，并把摇钱树、金银山、童男女等放在院中，在外围地上画一封口线图，然后点燃，传说不画线图会被野鬼抢占。孝男们脱孝服，整个出殡仪式结束。在回家时，参加的人必须手里拿一件工具，不能空手回家，到门前男孝子们把孝服从院墙上扔入院内，都吃祯祥馍，另有专人将所贴的符全部烧掉。出殡这天中午，殁者家里设宴招待所有送殡者。

葬后事宜

殁者安葬后，还要办好以下几件事。

1. 复二。又叫“圆坟”，也称“完坟”，在出殡的第二天上午在坟茔中进行，给殁者举办安家祭奠仪式。男女孝子，全身挂孝，到坟地后，首先将殁者坟堆进行整理，完工后，男前女后按次序列队，每人手拿扫帚，将坟堆扫回，扫时先逆时针方向扫三圈，然后再顺时针方向扫三圈。圆坟结束后，接着是：“垒烧钱纸窑”，以砖和片石成，位于引魂幡下方二尺左右；“安家”，先将供品奉上在引魂幡的下首，挖一坑，放上柴禾，煤块，将砂锅放在柴炭上（砂锅内有水、食物、调味品等），然后埋土复原状“致哀”，安好家后，将事先准备的纸制衣物、炊具、钱纸一起烧掉，孝子们嚎啕大哭，各诉衷肠。复二结束，在回家的路上，每个孝子都要捡些柴禾，回家后插入灶内，使火着的更旺，笼中汽更大，这叫做“圆汽”，意在祈望殁者阴灵保佑后代家业兴旺，福禄祯祥。

2. 作七。相传人死后会转生，每七天为一期。期满后即可再降生，若一期满未得生缘，需再等一期，最多等到第七期必定降生。死者的亲属每隔七天到坟中设奠一次，以求殁者早日平安降生。山阴县只作三七和六七（曰“尽七”），二、四、五、七为家祭。作七后，还要过“百日”“周年”和“三周年”，同样要到坟中举行仪式，祭奠亲人。另外，当地还有孝男、孝女三年祭孝（即“居丧”）的习俗，讲究很多。真是：痛悼斯人难再得，最伤此世不重来。

祭祖习俗

人们生活水平提高了，怀念先人之情更浓。逝者没有赶上今天的好日子，生者过去因生活拮据，未能给先辈生时以物质上丰裕的孝敬，有的先辈生时清苦一生都成了生者的遗憾和惋叹。怎么办？“每逢佳节倍思亲”“家祭无忘敬孝心”。祭祖之风盛行，厚待逝者，逢节必祭，成为山阴一大民俗特色。这种活动，有封建迷信的因素，然而更多的是人们怀念逝者的一种心情，也是人们更加珍惜美好生活、享受美好人生的一种心理。

一年之中，大小的节日不少，祭祖的节日更是家家户户都要进行的。像年三十的请王、清明节、七月十五、十月一，每家每户都要烧香摆供。家住本地的要去坟地祭奠，路途遥远者则在十字路口焚烧纸钱。这些均反映了山阴人不忘本、不忘祖先的文化积习。

一年之中第一个祭祖活动其实在上年的年三十进行，叫“请亡”。“请亡”和其他几个节日不同，是在年三十把去世的祖先请回家来一块欢度团圆年。有上午去的，也有下午去的。去后先到祖坟上烧纸钱、撒供品，之后叫声祖先的称谓，“回家过年吧”。家里则把先人的牌位或像框摆出，配以香炉、供碟，请回后每顿饭都要先供给祖先吃，直至元宵节后的正月十六再送走，谓之“送亡”。

山阴人在清明寒食节的祭祖习俗比较丰富。这天可以扫墓添坟，添坟是从坟盘外取土，添到风刮雨淋受损的坟堆上，但闰月年有不添坟的说法。

清明时，给祖先烧钱垛、金银箔、奠酒、撒供品。有的人家因旧坟埋不下或其他原因要选择新坟，并把祖辈或父辈尸骸迁过来；有的是亲人死于外地或因特殊原因死在当地寄埋的，可迁回旧坟或新坟，与早死的配偶合葬；也有是鳏、寡、孤、独埋葬的，选择异性尸骸冥婚在这天合葬的，但同样在有闰月的年份不能动土迁坟。

七月十五这天，山阴人也有祭祀的习俗，上午男性到祖坟烧纸焚香，夜里女性在街道口或大门一侧烧纸哭泣。

十月一日的祭祖习俗很多，最明显的是送寒衣。这天，家家户户用五色油光纸做成袄、裤、鞋、帽等，与香纸一起上坟烧尽，意在给亡故先辈送衣以防即将来临的寒冬。旧时，十月一日还有个忌前三后四出门的习俗。即十月一日的前三天、后四天，包括当天，前后共八天不出远门、不拆洗衣被、不拆修房墙、不扫舍粉墙、不探望病人、不嫁娶等。

现在的祭祖习俗，讲究越来越少，更注重情感需求的实际，特别是中青年，对于传统的祭祖要求和禁忌知之甚少，或者置之不理，只要利于表达怀思，寄托情感，不拘形式，不受束缚，在条件许可的情况下，一定要到祖坟上看看，视逝者如生者。

第四章　岁时节日

第一节　传统节日

山阴县从古至今有过“时头八节”的说法，也叫“时逢八节”。中国农历将一年分为四季十二个月，又按气候的变化次序分为二十四个节气，每半月一个节气。二十四个节气中，立春、立夏、立秋、立冬分别为春夏秋冬四季的开始，所以称这四个节气为时头；在十二个月中，月首的叫做“节”，月中的叫作“气”，所以一年之中，有十二个“节”，除去四个“时头”剩下的即为“八节”，这就是“时头八节”的来历。民间所过的“时头八节”是“节”与“节日”的泛称，其中既有“节”，如清明、冬至，也有节日。山阴县的传统节日为山阴县历史发展过程中的人文精髓，从中可以看到山阴县人民特定的生活方式和社会结构，看到山阴县最个性化、最具生命力的传统文化。

春节

在山阴县，春节也叫“过大年”，民间过年有成套的庆祝活动，如贴年画、垒旺火、接亡魂、散年灯、接神、吃接气饭、守岁、拜年、迎喜神、出门等。

1. 贴年画。年画是深受老百姓欢迎的一种画，有民族特色，并可除凶辟邪。如门神，人们把秦叔宝、尉迟恭的像贴在大门两侧，驱鬼辟邪。还有取材于四季平安、福寿双全、欢乐吉庆的年画。解放后，年画又具有喜庆气氛，色彩丰富，且具有真实性，深为人民群众喜爱，年画的品种还包括春联、中堂画、门笺、年历画等。题材多为连年有余、五谷丰登、麒麟送子、天女散花、牛郎织女、时代风俗、花开荣盛、竹报平安、五路进财、五子登科、百子图、自然风景等。

2. 贴春联。“春联”是对联的一种，山阴县叫“对子”。每到春节，家家户户都要贴春联，以美化门面，增加喜庆气氛，迎春纳福。春联一般于年三十贴出，门联贴于门板上端中心部位，框联贴于窗户两边框上，横批贴于门窗的横框上，斗方贴于院墙和家具上，“春牌”特别是“福”字，人们更情有独钟，为了驱“穷”，还有把“福”字倒贴的，即“福到”的意思。

王家巷8号院双环和方胜纹窗饰和春联

3. 糊窗花。为了除害辟邪，每年春节前夕，家家户户都在窗户上贴窗花，窗花的内容丰富多彩，有花草虫鱼，也有人物故事，种类繁多，千姿百态，为“过大年”增加了节日气氛。

4. 垒旺火和响鞭炮。传说古代有个独角怪兽叫“年”，每到冬季严寒就闯到村子里祸害百姓和牲畜。为了免除“年”的祸害，每逢“过大年”，家家户户垒旺火响鞭炮，因为年害怕响声和光亮，这样一来，不仅年被吓跑了，而且还为来年带来了好运，还有庆贺丰年之意，也祝愿来年“丰年”，相沿成习。旺火有圆有方，高约三尺左右，垒好后还要罩上用红纸剪的套罩，顶上贴上“旺气冲天”的旺火联，午夜“交子”时点燃，并同时燃放鞭炮，以图吉利。

5. 请亡魂。当地过年，家中一切都安排妥当后，都要往家中请祖宗。时间一般为腊月三十下午，儿孙到自家坟园烬香烬纸后，留四张钱垛带回家中（中途不准到别人家），堂屋设“祖先堂”，同时由家中老者烧香点灯，供奉物品，然后让儿孙们跪拜、许愿，此后每天三顿饭必供，三路香必烬，夜间点灯。敬祖一直到正月十六下午点灯、烬香，供奉后，儿孙带上那四张钱垛和香，纸钱等到自家坟中烬掉，这叫“送亡”。传说这样做可使家业发达，人丁兴旺，其实是后辈儿孙对先人的祭奠，同时给晚辈做孝敬长辈的示范，以求得到好报。

6. 接神。传说每年腊月二十三，各路神仙都上天向玉皇大帝禀报人间情况，玉帝设宴招待。所以这段时间办任何事都不讲究，神不在就无防克。如婚丧嫁娶，拆屋建筑等。直到除夕子夜各路神仙返回人间为止。接神，即接回各路神仙。年三十交子时，家家户户点旺火点年灯、鸣炮，全家人穿新衣服，围在旺火周围，祈求“旺气冲天”，过年气氛到了高峰。这时的天气很重要，传说若无风而又暖和，来年必定风调雨顺；若狂风大作，来年会有天灾，庄稼欠收。点燃旺火，响罢鞭炮后，各家老人端上供品盘子，提上灯笼，带领儿孙们“安神”，到神位前烬香、烧纸、磕头。

7. 吃接旺气饭。安神期间，各家主妇生火做饭，主食是饺子，包一个铜钱，谁吃到全年吉利。馍馍要在旺火上烤，还要把旺火顶上的炭接回灶内，使煮饺锅沸腾，气冒一家，这就叫“接旺气饭”。这个饭必须人人都吃，多少不限。传说年年吃这饭，光景能高升旺长，人人丰衣足食。这时忌讳的一点是不能让水洒在地上，否则会生疮、害眼病，主妇们要特别注意。

8. 拜年。拜年开始，标志着春节活动进入高潮，拜年可分为家拜、族拜、堂拜。（1）家拜。家庭中给长辈磕头祝寿。民间有“大年的头，马虎不得”的说法，小辈边磕头边称呼，如“爷爷，孙子给您拜年啦。”拜年后，要给小辈“压岁钱”。（2）族拜。也称“近拜”，吃过接旺气饭后，儿孙辈先到祖宗牌位前下跪，磕头，然后到不出五服的长辈家拜年，长辈们听到后多数说“免了”，并迎接进家叙谈，走时送给“拜年钱”。（3）堂拜。指本地亲朋好友之间相互拜年。前前后后一直延续到破五。值得一提的是新媳妇拜年，正月初一上午，小姑子引路到五服以内家庭或亲戚家中拜年，一为认门子，二为认亲人。走时送一定的拜年钱，同时约定请新媳妇吃请的日子，初二娘家必须请女婿，新女婿上门拜年，其做法和新媳妇拜年基本相同，若新媳妇已怀孕，双方不进行拜年仪式。

9. 迎喜神。春节后的戊日或癸日，按照天干地支推算出的喜神所在方位，全村男女老少赶上家富，带上敬神用的祭品，去迎喜神，祈求出行平安，相传喜神是商纣王所封，因其恶习难改，若不这样做，会被他加害。出门一般在迎喜神的第二天，男女老少带上空位和香，避开“鹤神”方位，前往邻近村庄“老爷庙”祈拜，年老体弱不便远行者出村即可，凡出门者，一年内外出行走便没有讲究。

10. 破五。即正月初五，叫“送穷神节”，也叫“送穷鬼节”，又称“泼五”，是山阴县的旧俗。这天，禁止妇女们相互往来，在家里剪制彩纸，装饰成女人样子，当日五更时，送到街头，这叫“送穷媳妇出门”；或让儿女放在门外人行道上，叫“送穷”，而拾去的人叫做“得富”，这天的饭食叫做“填五穷”。相传初四晚上，各家要彻底打扫卫生，尤其是炕底的垃圾收在簸箕内，放在水缸旮旯，点灯上香，初五黎明时打扫院子，把垃圾一块送到街上“十字”路口，并举行“烬香、沥酒、响炮、拜街”仪式，意在把一年的贫穷和晦气去掉。破五这天讲究“一破百补”，窗户烂了马上补好，禁忌打破各种东西。妇女们忌针线，孩子们把拣到的对联纸让姐妹们剪成彩人，贴在墙上或相互交换，企盼新的一年里财运亨通。

11. 谷神节。农历正月初八俗称谷神节。相传人们为了爱惜粮食，获取丰收，祭奠谷神，又传正月初八要祭七星，晚上焚香摆供，祈念斗柄回寅，天下太平；另传正月初八这天施主们到寺内烧香、抽签、许愿、施舍钱，在民间形成了节日。初八日还和铁拐李、吕洞宾等八仙的数字吻合，因八仙不畏强权，藐视富贵，深入民间为百姓解危济困，深受劳动人民喜爱，所以有初八祭八神的习俗，叫“八仙节”。从初七到初九，各地起“社火”，风俗不同，内容也不同；有“打社”（刀、枪、棍、棒等武术）、跑旱船、踢鼓拉花、舞狮子、踩高跷、秧歌队、大头娃娃、抬阁、龙灯、摔跤人、唱戏等，晚上街上热闹，白天到各家各户摊礼，所以叫“混八仙”。

12. 石止节。或十籽节，指正月初十。所谓石止，源于古代人们对大山和石头的崇拜，认为万物是有灵的，大山有着巨大的形体与重量，难及的高度，简单的线条，显示着不可抗拒的力量，因而产生了对大山的崇拜，“十”与“石”同音，初十便叫“石止”。这天家家户户用小米面蒸“十籽”面窝窝，捏成面鱼、谷穗、高粱穗等，在它们的背上用手指按十二个洞，蒸熟下笼后观察这十二个洞，其中那几个水多，就判断出那几个月雨多，据此安排当年种植的作物，在蒸“十籽”面窝窝的同时，各家还特意捏一对面耗子，晚上放在家中水瓮旮旯，还要点灯、焚香，说是给“耗子娶媳妇”。相传耗子是商纣王爱妃妲己被姜子牙所封，因她肆孽无度祈望她少点造孽，故而为之，民间还留下了童谣：“一二三四五，青蛙架起鼓，蝎子吹喇叭，老鼠娶媳妇。”深刻表现了一个老鼠娶亲的热闹场面，显示出厚重民族文化的沉积。

元宵节

元宵节这一天，农村老百姓为图喜庆，都要吃油糕庆贺，晚上院里挂彩灯，文娱活动集中于县城，一般为四天，活动有垒旺火，闹玩艺儿，放彩灯，点烟火等。县城大街小巷凡铺面和临街住房，都要挂彩灯，在门前垒旺火，圆、方形状各异，大小不一，傍晚同时发着，一图旺旺盛盛，红红火火，二为玩艺儿照明和观众取暖。玩艺儿

庆元宵

元宵灯

闹元宵

闹元宵

大都在街头旺火前表演，商家和大户人家在表演前放鞭炮，表演后赐予钱物。玩艺儿主要有舞龙灯、踩高跷、打狮子、踢鼓拉花、跑旱船等，五花八门，种类繁多。解放后，国家、集体单位也加入了与民间同乐的行列，现在又增添了彩车、锣鼓队、演唱、灯展等。还要放烟火、礼花供人观赏。

山阴县还有“正月十五游百病”的传说，因此，“元宵节”，三乡五里，甚至偏远山区的老百姓争相出游观赏，遇上“正月十五雪打灯”时，人们不以为烦，反以之为丰年好兆头，人人喜形于色。

清明节

清明节，山阴县有捏“寒燕儿”的习俗。用白面发酵后制作，长不盈寸，小巧玲珑，色彩艳丽，形状象小鸟、燕子、孔雀、青蛙、鲤鱼、爬娃娃等。“寒燕儿”是亲朋好友相互赠送的礼品，更是奶奶送给孙子、姥姥送给外孙的好礼品，饱含了长辈对晚辈的关爱，也蕴含着儿孙尽忠行孝。因为山阴县清明节时，万物刚刚复苏，有“冷清明、热谷雨”的说法，当时也谈不上踏青，但也有放风筝的风俗。

端午节

山阴县过端午节除吃粽子纪念屈原外，还要在门上贴红纸剪的大红公鸡，挂艾蒲，挂“五色纸符”，小孩脖子上佩戴“蟾蜍”“扫灾刷”“公鸡”“香荷包”“寿丝”等物品，内装雄黄、苍术等中药材，意在驱逐病、虫的危害。还有的人手腕上扎五色丝线，佩戴“赤灵符”等，以禳毒气。初五还有喝雄黄酒，传言“喝了雄黄酒，百病远远走”（但雄黄有剧毒必须慎用）。目的都是为了辟五毒，使身体健康。另外，山阴县还有“癞蛤蟆躲端午”的传言，来源于唐朝的一些典故。蛤蟆越躲，人们越要抓它，传说初五抓住蛤蟆后便往它口中塞一墨块，放在避光通风处晾干，有人得了疮疾，研上蛤蟆墨，涂于患处，便可治愈。

七月七

农历七月初七晚上，叫“七夕节”，又叫“合巧节”“少女节”“女节”。七夕节起源于汉朝神话传说，相传牛郎和天上的七仙女织女结为夫妇后，相亲相爱，美满幸福，被玉帝和王母娘娘知道后，把织女抓回天庭，牛郎担着两个孩子去追赶时，王母娘娘用天河把他们隔在两岸，每年只许七月初七见一面。由喜鹊搭桥，叫鹊桥相会。相传每逢这一天，人间的喜鹊就要飞上天去。每逢节日来临，要在庭院中搭彩楼，叫做“七巧楼”，姑娘们聚在楼上看牛郎织女相会，并摆设贡品，其中包七个饺子，用柳叶、桃叶剪上姑娘们做活时常用的针、剪刀、织布梭、纺花车、梳子等七样东西各自包在饺子中，牵牛星、织女星出来的时候对着天河点灯、上香、供饺子、唱“七巧歌”，看牛郎织女相会的场面，然后七个姑娘每人吃一个饺子，饺子里包着什么吃它的姑娘就会做什么，如果能在七个“七夕节”吃到不同的七种东西，这个姑娘一定心灵手巧。

中元节

七月十五日，道教称为中元节，说天地水三官生在这一日，天官主要职责是为人间赐福，地官是为人间赦罪，水官是为人间解厄。佛教将七月十五日演化成了弘扬佛法的“孝亲节”。因这天有上坟祭祖的习俗，山阴也叫“鬼节”。因这天是牛郎织女离散的日子，有“七月十五哭哭喳喳”的传言，所以七月十五也有祭祀祖先亡魂的习俗。此次上坟允许新媳妇们进坟地，叫“先祖认亲”，否则死后鬼魂不能入坟。此外，各家各户都要用白面蒸“爬娃娃”“面鱼”等物，亲朋好友相互赠送，后来带上了政治色彩。金人称“鞑旦”，又叫“达达儿”，对汉人的屠杀、抢掠十分残酷，激起人民反抗，利用七月十五送面鱼的机会在鱼肚内包入传单，秘密发动群众，起义这一年鱼肚内换包“杀鞑子、灭元朝。八月十五，家家户户齐动手”的联络传单，为灭元打下了良好的基础，山阴县留下了“七月十五送面鱼，八月十五杀鞑子”的传言。

中秋节

山阴县过中秋节和全国各地一样是相当讲究的，一为祭月，二为庆祝丰收。八月十五正是山阴县大秋作物收割的季节，也是瓜果收获的时刻，食用品盛于春节，节前亲朋之间相互赠送月饼和鲜果，十五日中午家家都吃新黄米油炸糕，晚上是水饺和月饼，傍晚院中设祭拜月亮的香案，皓月当空，银光遍地时将月饼、西瓜等物品摆上，点灯、烬香、鸣炮、朝拜“月亮爷”，一边拜月，一边赏月，祈求合家美满幸福，远方的亲人平安归来。供月后将团圆饼切成扇形状，每人吃一口，以表示团圆之意。

老人们传言：八月十五若是阴天或多云，来年雨水就多，必有好收成，民间有“八月十五云遮月，正月十五雪打灯”的说法；八月十六日娘家要像正月初二一样请女婿。

重阳节

山阴县称“重阳节”为“九九登高节”，这天多以家羊敬献天地，叫“进平安牲”，亦称“领牲”。九月九日凌晨，盘装供品提一桶冷水，将羊拉到土地庙，烧纸、磕头后，把冷水泼在羊头羊身上，并用手蘸水在羊的腿内侧拍打，使羊受凉后全身大抖甩水，一旦达到目的，随口说道：“领啦！领啦！”之后将羊宰杀。若因祈雨许愿“领牲”后杀的羊，集体煮熟后，各家分给一份。许多人还相互邀请，饮酒作乐，家家蒸枣饼，叫“花糕”。当地有“九月九，花糕就烧酒”的俗话。“九九重阳节”也是个敬老节，山阴县要开展多种多样的敬老、爱老活动。

十月一

农历十月初一，叫“寒衣节”或“鬼节”。山阴县多为土葬，十月一日这天（或前三后四天），各家各户的孝子们带上和过清明节时一样的供品和五色寒衣纸到自家坟地上坟，新丧之家还要带上由儿女们粘好的寒衣烬烧。寒衣做工精细，内充棉花，和真衣服相差无几。无法到坟地上坟的人家，晚上在十字路口焚烧。若有需要坟上添土的，上坟的人也可进行，只有清明和十月一日坟地才许动土。以上做法，意在为先人驱寒，不受冷冻。

冬至

冬至是山阴县的传统节日，所有商行、铺面、学校、煤窑都放假一天。传说这天还是窑神爷的生日，各煤矿为保安全生产，举行“还愿”“祈求”为窑神爷过生日的礼仪，宰猪杀羊，冬至前一天晚上就燃着大旺火，在井口设香案供奉。冬至当天，各窑主以供品为主要食品，放假一天。

当地还有“熬冬”的习俗。冬至前一天晚上，家家户户熬一锅大烩菜，主食是水饺，一家人边吃边聊，叫“熬冬”。这一天，新姑爷们要拜丈人，老女婿们也要被丈人请去“过冬”。村子里还用在各家所起的煤炭，在五道庙前垒起旺火，摆供祭奠神灵。还保留采取多种多样的形式涂画“九九消寒图”的习俗。

腊八节

山阴县“腊八节”时，初七下午男孩们就到河沟山泉凿冰，叫“打腊冰”，拿回家后，有的凿成小块让禽畜啃食，也有的给家里人晚上吃，以净身和消灾灭疾。剩余部分放于水缸融水做“腊八粥”。做粥量要大，必须够全家人三天食用，这叫“红三天”，亲人不在家时还要留一些让他回来吃。原料主要有小米、高粱米、红枣、豆类等。初七晚上“烬豆汤”，初八不见日做好粥当地有“腊八早粥，一年好收”，“腊八不早起，易得红眼病”的传说。还有“素腊八”的说法，忌动荤炒菜，用植物油。人吃后还要喂家禽家畜一些，使其一年内不得口蹄疮。

除夕

山阴县年三十，有自己的地方特色。各家都要把正月所需的馍馍、麻花、肉食、粉条、瓜子等食品做好，相传每年正月初一至初五不吃生米饭，否则会把光景熬穷。三十中午，家家都吃“接年糕”，晚上吃“顺年面”，饭后全家人一块包饺子，到子夜“接神”后，摆上花生、瓜子、糖块等果品，边吃边聊，叫做“熬年”，即“守岁”。因当地相传，年三十夜如赤身睡觉，人的魂魂会脱身而去，叫“失魂”，所以孩子睡觉大人们绝对不让脱衣服，成人瞌睡也只能和衣而卧。

第二节 社会节日

元旦 1月1日为阳历元旦，党政机关、企事业单位插旗庆祝，寄贺年卡、发手机短信庆祝新年。

妇女节 3月8日是国际劳动妇女节，县妇联组织召开纪念大会，表彰各界妇女先进人物，组织妇女开展各种健康有益的文娱活动。

植树节 3月12日是中国植树节，干部和群众自发或有组织的开展植树造林活动。

劳动节 5月1日是国际劳动节，节日放假3天，人们出外旅游或探亲访友。

青年节 5月4日是中国青年节，全县各级团组织召开报告会、演讲会，开展“献爱心”便民服务等活动。

儿童节 6月1日是国际儿童节，全县各小学、幼儿园组织召开联欢会、演唱会等活动，各级党政部门、群众团体向学校赠送纪念品。

建党节 7月1日是中国共产党诞生纪念日，各级党组织召开座谈会、纪念会，请老党员、模范人物作报告，回顾党的历史，进行革命传统教育。县里组织召开党员大会，对先进党组织、优秀共产党员进行表彰。

建军节 8月1日是中国人民解放军建军节。地方党政机关、群众团体组织开展拥军优属活动，部队开展拥政爱民活动。

教师节 9月10日是教师节。每到教师节，山阴各级党政部门领导要慰问教职员工，并召开优秀教师表彰大会。

国庆节 10月1日是中华人民共和国国庆节，党政机关和企事业单位会在节前升国旗，张灯结彩。国庆节休假7天，人们出外旅游或探亲访友。

第三节 外来节日与庙会

外来节日

1998年后随着西方文化渗透，媒体普及推广，外国节日逐渐被人们所熟悉和接受。情人节 每年阳历2月14日是，年轻夫妻、恋人之间赠送玫瑰、礼品，表达浓情厚意。

母情节 每年阳历5月的第二个星期日，儿女感谢母亲的节日，康乃馨被视为献给母亲的花，还有萱草花又叫忘忧草。母亲节当日，母亲会收到儿女们送给自己的礼物，同时会受到儿女们的祝福与慰问。

父亲节 每年阳历6月的第三个星期日，为感恩父亲，当日父亲会收到儿女们送给自己平时喜欢礼物，同时会受到儿女们的祝福与慰问。

圣诞节 每年阳历12月25日，基督教徒和天主教徒欢聚一堂，表演节目。一些商场、酒店布置圣诞树、圣诞老人，人们互致问候，喜气洋洋。

购物狂欢节 每年阳历11月11日又称光棍节，本节日起源于南京大学的校园趣味文化，是男生“卧谈”人生，庆祝自己的单身生活，经逐步推波助澜，称光棍节，后商家利用影响在2009年11月11日举办促销活动，从此每年11月11日成为商店与网络的促销日。

庙 会

岱岳庙会 庙会在当地称作过赛，亦称过晒、过塞、过会。从过去的商品交易会到物资交流会再到如今的消夏文化活动，虽然随着时代的变化而变化，每种叫法有自己的不同含义，庙会的内容随着社会的发展而有所变化，但根都是庙会。山阴县岱岳镇每年农历 6 月 24 传统庙会约定俗成如同法定的日子永远不变。历年庙会的天数也并非一成不变，但至少五天，至多十天，不管几天 24 日是正会，开始的当天下午叫起会，也就是庙会正式开始，结尾那天叫会罢。一般农历 6 月 20、21、22、23 起会，6 月 26、27、28、29 结束。庙会期间百姓欢歌载舞，举行重大的龙祈雨仪式，祈求风调顺、五谷丰登。庄严降重的祭祀仪式和丰富多彩的文化活动每年都会吸引四面八方的群众来朝拜和过庙会。久而久之就形成了今天的过赛和具有民俗特色的“赛”文化。物资交流、吃喝玩乐一直是过赛的重头戏。多种多样的美味小吃，各种风味应有尽有。集市贸易厂内各路商贾、众多小贩从四面八方赶来，推位上遮阳大伞、布篷花花绿绿，构成一道别致的风景。叫卖声此起彼伏，街中涌动着潮水般的人流。五花八门的手艺人在庙会上各显身手，修鞋的、修锁的、镶牙的、裁衣的、卖木制农具、家具、日用器物的，卖被面枕巾的，等等一切能拿到市场的。庙会期间的文娱活动更是让人目不暇接，马戏、戏曲、卖艺要猴、歌舞等等，民俗文化味道浓郁、高雅艺术演出异彩纷呈，庙会上吃、玩、购、逛、赏、娱集聚一方，更太度上满足人们的精神文化需求。

1998 年前会场设在旧街广场一带，以后在商品街、体育场，立交桥至青年街一带，同太南路、世纪大道，世纪大道、西环路，河阳广场、河阳大道。山阴县为丰富群众文化生活、提升庙会文化魅力、传播健康向上的生活风尚，在每年庙会时，采取政府搭台、市场运作、社会参与的方式推动全县文化活动。2012 年 9 月 8 日晚首届中国・山阴边塞文化周暨奶牛节在河阳广场举办。2013 年 9 月 8 日在马营庄乡故驿村举办第二届中国・山阴边塞文化周暨奶牛节优质奶牛大赛。2008 年至 2014 年由于种种原因政府对庙会组织相对弱化。2015 年庙会期间政府组织全民参与，庙会又恢复往日的隆重。2016 年 7 月 21 日开始，由县委宣传部主办、各单位精心组织全民 K 歌大赛，至 2016 年 8 月 2 日，共进行 13 场，共有 300 多人进入决赛。山阴晋剧团晋剧表演、河曲二人台三大文化活动，受到群众欢迎。山阴县举办各种庙会文化活动，成为群众生活一部分，吸引人们走出家门，感受文化带来的欢乐。在服务群众文化活动的同时，商贸物流大会有马戏团、儿童游乐场、特色风味小吃，让群众不出山阴就能吃好玩好，感受传统庙会的乐趣。

乡镇庙会　山阴县还有许多乡镇村庄也有传统庙会，与岱岳相比规模小时间短。玉井镇每年农历 5 月 13 关老爷庙会。马营乡历年农历 5 月 18 物资交流大会。马营庄从 2003 年每年农历 6 月 19 过会，称老爷庙会。古城镇 1998 年前是农历 3 月 18 日过会，2000 年后改为农历 6 月 6 日过会。北周庄镇历年农历 7 月 7 日过会，早时祈雨庙会，如今是物资交流、特别是农用器具，还有文娱活动、美食美味应有尽有。

第五章　宗教信仰

第一节　宗　教

佛　教

佛教于民国 2 年（1913）传入山阴县，2016 年，登记的佛教活动场所 10 处，分别是岱岳镇的明光寺、敬爱寺、应德寺，北周庄的普渡寺，后所乡的永静寺、化悲岩寺，张家庄的大延昭寺，古城镇的地藏殿、显明寺，马营庄的瑞云寺。备案的比丘、比丘尼共 14 人。皈依弟子 1200 多人。

基督教

基督教于民国 9 年（1920）传入山阴县。2016 年，登记的基督教活动场所 8 处，分别是岱岳镇的岱岳教堂、岱岳桥西聚会点、岱岳长虹聚会点，后所乡的安乐庄教堂、元营教堂，张家庄的旧广武教堂、林桥教堂，合盛堡的大虫堡教堂。备案的长老 4 人，信教群众达 3551 多人。

第二节 宗教场所

山阴县沙家寺瑞云寺山阴县瑞云寺坐落在马营庄乡沙家寺村西南，坐北朝南，东西长 45 米，南北宽 40 米。始建于辽大安七年（1091），由正殿、前殿、山门、谦公和尚砖塔组成。院内存清代嘉庆十九年（1814）布施石碑一通，石质为青石，高 1.25 米，宽 0.60 米，厚 0.20 米；古松树一棵，高 18 米，周长 4.06 米；明万历五年（1577）砖塔一座，总高 11 米左右，砌以楼阁式样。该寺院于 2001 年 11 月 5 日被列入县级文物保护单位。

岱岳教堂新址

瑞云寺最初是后唐明宗时期云州节度使沙彦珣的家庙，后扩建为十方大众的共修道场，至今已走过了近千个春秋，曾经成就了谦公老和尚，鼎盛一时，在北方有一定的影响。瑞云寺历经沧桑，兴废屡更。明、清及民国时期多次重修。“文化大革命”时期被毁，大殿坍塌，墙倾屋倒，仅存的一座偏殿和半幅僧寮也岌岌可危。2008 年，释慧照法师入住瑞云寺，开始酝酿重建瑞云寺。重建工程于 2011 年破土动工。在各方人士特别是天津马振得等居士、十方善信以及各界人士的积极关注和参与下，先后建成瑞云寺上下两院，包括大雄宝殿、天王殿、祖师殿、地藏殿、文殊殿、千手观音殿、钟鼓楼、斋堂、僧寮、瑞云法堂和山门等建筑，并于 2014 年农历 6 月 19 日举行大殿落成暨佛像开光大典。

方

言

第三十三编

方言

山阴县地处塞北高原，古时为各民族所必争的战略要地。随着多民族杂居融合，不同民族文化相互影响碰撞，逐渐形成一种独具特色的地方语言。山阴县方言包括当地特有的语音、语法、词类、谚语、土语等。由于前志已有语音、语法内容，记述十分详尽，故现志不再赘述。山阴县常见词类有直接用来叙事的，有作人称代词用的，有用以褒贬人事的，多种多样，表现生动。各种词类使用实例，包括词义与例句两部分内容，详尽介绍山阴县独具特色的语言风貌。谚语包含风土人情、农谚、生活习俗、歇后语等内容，不仅知识丰富，而且趣味浓郁。土语俚俗浅白，包罗万象，人称、人体、房院、时间、动物、自然现象、衣食用物等皆有独特的用语。山阴方言是当地语言文化的重要组成部分，表现生动，内涵深刻，具有重要的使用价值。

第一章 语 言

第一节 常见词类

直接用来叙事的 人们在语言交流中不加形容，也不加修饰。如：不因不预，拍手打脚，摸脱瓜，妨主的，对九方圆，忑拉二松，扭腰玩舌，来半儿，各共讷儿，刻不待会儿，囫挛抱抡，活模儿脱样，鸡眉儿雏眼，悄嘎掩声，胸连布带，正马局儿，朝眉架眼，闪深踏浅，湿潮个纳，日猫燥狗，扎楞揎天，差牌儿，生泼武澜，一朴阵儿，兀里不绌，冤不儿，二八五等。

作人称代词用的 人称代词在方言土语中广泛运用。常见的有："扭"代你（您），"吾啊"代我，"啊儿"代他（她），"吾啊们"代我们，"扭们"代你们（您们），"啊儿们"代他们（她们），"一阁儿"代我，"各人"代你（您）"你勒儿"代你（您），"我勒儿"代我，"他勒儿"代他（她）。

用以褒、贬人或事的 多以"ABB"合成形式出现：（1）同"A"不同"BB"即褒、贬不一，如同样是"白"，若加"生生"为褒义，若加"荼荼"即成为贬义。（2）一个"BB"可起到多个成分为"A"的辅助作用。如白淋淋、水淋淋等。（3）同样一个"BB"，基本成分"A"不一时词性也不一样。如"阴阴"，若加在"蓝"后为褒义，加在"冷"后为贬义。

将国语串讹了的方言土语 将字串讹的有"上"串讹为"实"，"可"串讹为"克"，"别"串讹为"包"这"串讹为"张"，"着"串讹为"丈"，"快"串讹为"喟""之"串讹为"啧"，"大"串讹为"待"，"他"串讹为"特""那"串讹为"囊"，"哩"串讹为"立"等等。将词组讹读的有"这么"读为"拥"，"明明"读为"昧昧"，"那么"读为"耨"，"凑乎"读为"醋乎"，"毛腰"读为"磨腰"等。

专门用来诅咒人或事的 如："妨主货""血头""嘎渣滓""狗乞贼""刀礤子""里码码""没秧秧""爬长货"等。

词语前加一辅助成分"圪"的它们极大地丰富了族人在交际中的用语，同时也表述出了他们的思想境界。如：圪信、圪抓、圪炸、圪腻、圪栏、圪念、圪繁、圪吵、圪挤、圪扭、圪曩、圪狠狠、圪端、圪虎虎、圪张张等。

表示时间和时限的 如：今儿、明儿、外后天、老外后天、认灯时、睡了一没楞、影儿阁窗台、履时杆儿、顷会儿、刻不待会儿等。

某一事物的专用词 如：指奸情的有：串门子、走外道儿、打伙计、住媳妇；指下雨的有：放（大雨）朦生生、滴哒、不淋、箩面雨、雾雾的等。

词尾儿化了的 这些话说起来形象顺口，听起来真实可亲。如：牛牛儿、将将儿、临洒尾儿、该怎些儿、喟还还儿、亥亥儿、一阁儿、不咋咋儿、不得劲儿、不住会儿、来半儿、牛儿、要门儿、邪门儿、一滚攮儿等。

直接道明一个事理的 多以事比事去直接说明个道理，常听到的有：孩儿不哭娘不奶；我就不信拿上猪头就捣不开个庙门；女人活得个俏刷，男人活得个调夺；裤裆放屁两头受气；丑妈养下个红罗汉，遮了丑妈一大扇；手拿花大姐儿，各要各的点儿；山汉进城，视天麻阴；外面拾生铁，家里砸了锅；命里有五神，不用起五更等。

歇后语类 如：童男女掉到河里啦——衣服没了架子还不倒；姐姐穿上妹妹的鞋啦——一般般儿的；七里沟的龙王爷——早就旋住这圪塔麦子啦；二圪蛋压骡子哩——颤也不颤；算破天看莞豆哩——心中各共也知道有几个英英；贾家窑过大年哩——且不明盼不黑（要明早明啦）等。

递进式类的 如颠过倒过；头行二行；前间儿后间儿等。

第二节 使用实例

1. 词义："一令子"：即一阵子；"盘肠"：心中盘算；"呆眉惺眼" 发呆发痴。

例句：特别是自己的病复发的那一令子，往往会情不自禁地想起往事来，每每盘肠之际，总是因内心的愧疚而长时间呆眉惺眼地坐在那里一动不动。

2. 词义："阵彰"：即有气魄；"受咆仗"，累得够呛；"腾出"：挪兑。

例句：为使儿子婚礼办得阵彰一些，他不怕受咆仗之苦，宴请了众多的宾客，还硬腾出钱请了鼓匠凑热闹。

3. 词义："松气"：不硬朗；胎掇（duō）：抚养。

例句：因父母身体松气，又胎掇的子女多，生活等各方面都不富有。

4. 词义："末窝窝"：最小的子女；"尸首"：好把式。

例句：兄弟中，他又是个末窝窝，人虽长大，干农活他不是好尸首。

5. 词义："夹轱辘带跑"：连滚带爬。

例句：我夹轱辘带跑也不能跟上他。

6. 词义："撅趵（bào）落（lào）"：竭尽全力；"挽不过滑子"：秃嘴笨舌；"佹（guǐ）屉"：无论如何。

例句：尽管他撅趵落地割个不停，收工时还少我五垄，回家的路上我感到他舌也挽不过滑子，快到村口时，他佹屉走不动了，累极了。

7. 词义："腿迟脚慢，正赶吃饭"：时间正好。

例句：我们正准备开饭时小三蹒跚而至，一进门便有趣地说："腿迟脚慢，正赶吃饭。"

8. 词义："盯（níng）见"：碰上。

例句：同学们刚出校园就盯见大鹏他爹端着一盘馍馍给先生送去。

9. 词义："般儿是"：大概是；"跌歇"：休息。

例句：老东家见长工陈实刚到，只打了个照面就不见了，般儿是去后院给安排跌歇的地方去了。般儿是到厨房告知厨子给做饭去了。

10. 词义："不哇啊（hē）"：无论什么都行；"随茶便饭"：家常饭。

例句：都是庄稼人，不哇啊吃啥哩，有稠粥黍子糕这些随茶便饭就好了。

11. 词义："眼睫"：眼睛的视力；"觉瑟（sè）"：感觉。

例句：天虽然黑了，我的眼睫还不错，街道两旁的一切都清晰可辨，觉瑟到大街空落落的，活像长时间无人在这里生活的样子。

12. 词义："七花八乱"：杂七杂八；"繻（xū）缕搭挂"（雄连布带）：破破烂烂；"忙慌拾乱"：慌里慌张；"撵段"：催促着。

例句：在灶旁一个穿着七花八乱补钉上衣的中年妇女正忙着做饭，孩子们身上也不知繻（缕搭挂的穿了些什么，见了我们，个个忙慌拾乱地撵段着离开了。

13. 词义："怀抱抱" 幼童；"赤涅涅（niè）"：赤裸裸。

例句：妈妈胸前搂着的怀抱，除上身穿着一件红的腰子外，上下四肢都赤涅涅地暴露着。

14. 词义："甄点"：判断。

例句：在那昏暗的灯光下，你很难甄点出那小孩是男是女。

15. 词义："睖（lèng）瞪"：耽误、延误。

例句：我们只坐下片刻，他妻子就喊他："你还睖瞪啥哩，快招待客人。"

16. 词义："瓮脚阂泐（lè）"：瓮后旮旯。

例句：地上还有一支风箱和两个水瓮，在瓮脚阂泐放着一锅鸡、猪食。

17. 词义："嫫（mō）羞个剌（là）"：羞羞答答。

例句：相亲那天，桂花一看到女婿到来，就嫫羞个剌地向后屋走去。

18. 词义："飨（xiǎng）钵儿光"：干干净净。

例句：就这样，他一口窝窝一口肉，把饭菜吃了个飨钵儿光。

19. 词义："善面纸"：殁者面上的盖纸，比喻遮丑的东西。

例句：别胡扯了，小心吹塌善面纸，还是以老为实的好。

20. 词义："一滚撺（cuān）儿"：接连不断；"泊流泊沿"：满满荡荡；"将傍"：将就；"个咂（zā）"：眨眼。"个拿"：给；"个咱"：自己；"構探"：取不上；

"楦（xuān）夯"：推让；"个占"：随便就坐；"经浏"：催促。

例句：紧接着就一滚撺儿地端上了碗筷，一盆烩窝瓜菜，一盆煮山药蛋和一锅泊流泊沿的糊糊饭。她还说："今晚只好将傍着吃啦。"然后向丈夫个砸了一下眼说："个拿！这是你的。"丈夫说："你们先吃，我个咱吃锅烟。"他怕我们構探不着，把饭、菜楦夯在我们面前，他个占在炕沿上吃起烟来，还经浏着我们个没完。

21. 词义："起根缘发"：前因后果；"本村垱（dāng）院"：同村近邻；"哓（xiāo）一哓"：介绍介绍。

例句：你连起根缘发都不知道，就对着他本村垱院的人给他下结论，这怎能行？我给你从头到尾哓一哓吧。

22. 词义："蹉（cuō）过"：除非是他；"溜个阂勒儿"：瞅个机会或乘机。

例句：当时蹉过陈忠，谁都会溜个阂勒儿拿上贵重之物一走了之。

23. 词义："泛过（起）了秧"：翻身走出困境。

例句：土改分了房、地，他才泛过了秧。

24. 词义："适（kuò）儿"：不偏不歪，正好；"抱不住"：说不定；"生巴巴"：活生生；"屄（bī）贝"：遭到厄运；"姐姐穿上妹妹的鞋——一球般般"：相互之间无多大区别。

例句：陈明妻子被一根断椽砸在头上，当时医生如果会开颅技术抱不住还会保住她的命。眼看着妻子要生巴巴地痛死，陈明也昏了过去。自此，他又屄贝了下来，和隔壁三娃子比起来，那真是姐姐穿上妹妹的鞋。

25. 词义："七里沟的龙王爷，早就旋住那圪挞麦子啦"：比喻早已心中有数；"算破天看莞豆地哩——心中早就知道有几个英英"：比喻知根知底，心里清楚；"握蹭"：把应该别人得到的东西夺过来；"朋锅"：不结婚在一块生活。

例句：村里人把本村寡妇兰英介绍给陈明，问他愿不愿意，陈明当即表示同意，有人开玩笑说："我看你是七里沟的龙王爷，早就旋住那圪挞麦子啦！"然后去问兰英，她一直支支吾吾，顾虑重重。村里人议论兰英，说她是"算破天看莞豆地哩——心中早就知道有几个英英。"不找吧，又怕别的光棍握蹭，在别人的说合下，就在一块儿朋锅生活。

26. 词义："翻肠倒肚"：思来想去。

例句：时过半年，他还是翻肠倒肚地拿不定主意。

27. 词义："各守"：相处；"知顾"：相互照顾。

例句：小两口各守得很好，更懂得相互知顾。

28. 词义："刻量"：考虑；"恁（nèn）磕"：受苦受累；"戳子"：公章；"本儿把"：凭证；"捆摽（biāo）"：紧紧联系在一切。

例句：经再三刻量，她断定嫁给他不会受到恁磕，才到民政局找到拿戳子的同志，领取了正式结婚的本儿把。从此俩人便捆摽在一起。

29. 词义："麻子和豆儿"：指男、女双方的孩子；"一圪钉二疙疤"：双方孩子在一块。

例句：你的，我的，还有伙的，麻子和豆儿，全家一圪钉二疙疤共六个孩子。

30. 词义："管特得哩"：不管三七二十一；"穷立褴立"：无论如何；"立落"：建立。

例句：毛毛结婚后，人们说："管特得哩，穷哩褴，总算立落起个人家（jiè）"。

31. 词义："如素里"：平日；"和泛"：和睦；"护热"：关心别人；"汊（chà）不堰堰"：憨厚老实；"齐牙巧口"：整齐干净；"火喷喷"：热热闹闹。

例句：你家媳妇可好啦，如素里为人和泛且护热，性情汊不堰堰的，人们都说和她好处，家里吗，短短时间内就整理得齐牙巧口的，合家真是火喷喷的喜人。

32. 词义："挨傍"有关系；"八冒老远"：关系较疏远；"正头半月"：正月过节。

例句：我可知道他的为人，只要是和他挨傍着点儿，哪怕是八冒老远的亲戚，遇到正头半月总要招待你。

33. 词义："粘不粘捋（luō）不捋"：无缘无故；"踢飞缭脚"：蹲蹄跺脚；"廓村犸奔子"：满村跑；"旋天架武"：不知天高地厚；"捅炉子"：闯祸；"跪灰圐圙子"：替别人顶罪。

例句：他大爷因患痴呆病，粘不粘捋不捋儿就会踢飞缭脚地哭闹，你一旦招架不住，就会廓村犸奔子，有时还会旋天架武地吓唬路人，这样经常会干出捅炉子的事来，他大妈不得不给人家去跪灰圐圙子。

34. 词义："失张敕（là）它"：掉三拉四。

例句：干活别失张敕它，稳重点。

35. 词义："榾（hú）害"：撒饭菜；"撒掿（huá）"：丢掉了的。

例句：孩子不到两岁，一吃饭就榾害满桌，我妻子将撒掿下的也不浪费。

36. 词义："不强量"：不硬朗；"髧（dàn）觉"：睡觉；"左一流儿右一流儿"：左一样右一样；"拧扎武挺"：强行；"赧（nǎn）溻"：勉强去吃。

例句：眼看着母亲的身体不强量了，不然怎么会整天髧觉呢？近来她儿媳妇把饭菜左一流儿右一流儿摆在她面前也不吃，要不是拧扎武挺地给她赧溻了几口，恐怕早就不在人世了。

37. 词义："脚（jiá）臊（sào）"：脚印。

例句：从地上留下的脚臊看，他肯定是个壮实的人。

38. 词义："眝头磕脑"：当面遇到；"打个照面"：打招呼；"呱答"：交谈；"抽架"：玩弄。

例句：您放心，您儿子和人们眝头磕脑时都要打个照面，有时还呱答上几句，这样懂事，那会去抽架人。

39. 词义："女娘人家（jie）"：指女人家；"抱跌"：指干活；"土眉混眼"：土里土气。

例句：她一个女娘人家一年四季和土呵拉抱跌，那能不是土眉混眼的。

40. 词义："不怨得"：怪不得；"软出欺硬出怕，见了阎王圪蹴下"：欺软怕硬；"不切"：果真。

例句：唉！不怨得人们说软出欺硬出怕，见了闫王圪蹴下，不切他见了当官的，比我还怕哩。

41. 词义："四路八下"：到处或方方面面；"搬门托窗子"：找关系寻门路。

例句：为了贷款，他四路八下托亲找友，搬门托窗子才从信用社贷了三万元。

42. 词义："换换新"：买新衣穿；"拧架"：催促；"泼开"：一个劲地。

例句：快过年了，为了给孩子们换换新，妻子拧架丈夫进了趟城，为了吃上肉，把自家正拨开长的猪也杀了。

43. 词义："断断"：猜一猜；"眼皮子撩也没撩"：眼睛眨也没眨，不理睬。

例句：你们断断永成的态度怎样？我说了他几句，他眼皮子撩也没撩。

44. 词义："迪盹"：认识清楚；"破鼓担了个响名声"：名不符实；"抠掐"：省吃俭用。

例句：我现在才迪盹过来，他家真是破鼓担了个响名声，有几个钱也都是从全家人口里抠掐出来的。

45. 词义："唱咳儿百旦"：嘴里唱个不停。

例句：这个人很乐观，虽然受了严重打击，还经常能听到他唱咳儿百旦的。

46. 词义："趺扒"：吃亏；"讷茬儿"：那坏东西；"恶（na）礤（cǎ）"：心狠手辣。

例句：趺扒你就让着点吧，讷茬儿对谁都很恶礤，乘早离他远点儿吧。

47. 词义："嗨叨"：传开；"荡克（呵）"：好在。

例句：有人传播小道消息，嗨叨下一村子，荡克不是出自咱口，不然就麻烦了。

48. 词义："楞不楞锃（zèng）不锃"：清醒一阵糊涂阵；"等截儿（等兑得）"：找机会；"麻打火篝（gōu）"：不清不楚；"一打儿"：一块；"聚麻吵闹"：吵吵闹闹；"摊帐"：样子。

例句：出车祸后，秉文已经成了楞不楞锃不锃的人了，你要专心照料他。等个截儿和孩子们说说，让他们各家门另起户吧！省得麻打火篝地在一打儿，聚麻吵闹的也不象个摊帐。

49. 词义："卖片儿汤"：说好听话；"一窝一块的"：指家庭；"就埒（lie）儿"：立刻；"欻（chuā）发"：不要了。

例句：存启骂妻子："你少卖片儿汤吧！不是为了窝一块的，我就埒儿把你欻发了。"

50. 词义："个虎虎"：信心十足；"板货"：指女孩。

例句：她二姨婶心中个虎虎要抱孙子，谁知媳妇又给生了个板货。

51. 词义："有啦"：怀孕；"共拢儿"：一共；"说不张来"：说不准；"颠过干恹（yā）倒过吐"：不停地呕吐；"轫（rèn）蹦"：猛的；"硬强"：身体硬朗。

例句：说不张来，桂莲她是有啦，要不中午共拢儿才吃了半碗莱，一会儿就颠过干恹倒过吐的，刚睡下的病婆婆一听儿子这话轫蹦一下就坐了起来，不几日，这老人连药都未吃就硬强起来了。

52. 词义："呀嘎悄声"：不声不响。

例句：你们怎么呀嘎悄声地走了？

53. 词义："卒忸（niǔ）"：多心；"囊样的"：那样。

例句：既来我家你就不要卒忸，你若囊样的我是不会开心的。

54. 词义："咸吃萝卜淡操心"：操闲心，管闲事；"拽拽的"：形容雨大；"下哇地"：不知饥饱；"漂涮白"：干净白亮；"日个（克）拦揽"：多管闲事；"哨眉孤拉眼的"：孤独，冷清。

例句：老人家真是咸吃萝卜淡操心哩，那天媳妇只觉得有点烧，她冒着拽拽的大雨，下哇地把一碗漂涮白的手擀面端到人家面前，这还不算，怕累着媳妇，还把孙子日个（克）拦揽地抱到自己那厢，谁知媳妇怕一人哨眉孤拉眼的，硬把儿子要了回来。

55. 词义："个齑（jī）邋（lā）头"：不新鲜；"碎苒（rǎn）苒"：破破烂烂。

例句：平日里我把那些个齑邋头与碎苒苒的莱都喂了牲口。

56. 词义："个嗦"：吸吮；"难违"：为难；"迎时按候"：按规定时间；"鞑鞑"：爸爸。

例句：孩子刚生下不会个嗦奶头，这也正常，不要难违他，迎时按候地给他喂奶就行啦！他鞑鞑也会关心孩子。

57. 词义："狗日的"：骂人的话；"墩底跌帮"：丢人现眼。

例句：那狗日的不听话，不管严点就会干出墩底跌帮的事来。

58. 词义："拾翻"：乱胡折腾；"笤龊（huò）"：扫帚；"哼督"：批评指责；"不经留"：不管理督促。

例句：他尽瞎拾翻，不看一眼书，我只好一手拿着笤龊一边哼督着才能完成作业，要是你不经留他，就不给你做啦！

59. 词义："去立"：去呢；"看贫小蹙（cù）"：小看人。

例句：你不通知我到时候也要去立，不要老是看贫小蹙。

60. 词义："瞥（piē）"：炫耀一下；"一将两就儿"：一来二去；"搬"：接送。

例句：杏花想去娘家门上瞥瞥自己的孩子，一将两就儿答应了哥嫂，还不搬不去。

61. 词义："烧折"：心急火燎；"辟对面"：门对门。

例句：一有个钱她烧折得不行了，胡花乱用，孩子开学要不是辟对面龙大嫂帮忙，书费、作业本费也成了问题了。

62. 词义："打脚不揽"：碍手碍脚。

例句：你领上孙子不怕打脚不揽吗？

63. 词义："辟当中（辟当间儿）"：正中间。

例句：他拉了把椅子辟当中儿坐了。

64. 词义："吾啊"（两字拼音 wā）娃：俺孩子。

例句：张妈对宝宝说："吾啊娃不怕，快给姨姨背唐诗吧！"

65. 词义："坐蜡"（转把子放白黜 chu 白：摊花儿）：说话不算，前言后改；"保管"：保证。

例句：你确实不应该坐蜡，现在真的不想买我的房子，我保管不会难为你。

66. 词义："呔呔地"：咳咳；"中节"：中间。

例句：在珍珍呔呔（tǎi）地笑的中节，丈夫突然给了她个耳光。

67. 词义："将将儿"：刚才；"掴些"：这样多。

例句：将将儿我买上西红柿，你又给拿来掴些我吃也吃不了。

68. 词义："齐笨笨"：不绕圈子；"秃丢诞舌"：咬字不真，口齿不清；"不够称数"：缺少智商。

例句：建忠不顾及他人一点面子就齐笨笨地说道："这娃已过周岁啦，才能秃丢诞舌地说几句话，我看他是不是不够称数。"

69. 词义："愡督蛋"：糊涂虫；"当不当儿正不正儿"：正面位置，不该在的地方。

例句：你天生就是个愡督蛋，谁让你当不当儿正不正儿的坐在哪里？

70. 词义："吱哇（两字拼音 zuā）哩："干啥；"宽阔儿的"：平坦宽大。

例句：妈！你叫我吱哇哩，这儿宽阔儿的，想怎睡就怎睡，价钱别管啦。

71. 词义："秋个犊哄了个老公鸡"：比喻老人被小孩骗了。

例句：你才几岁就骗了我，真是个秋个犊哄了个老公鸡。

72. 词义："拴箴（zhēn）"：明理会做事；"整宙间"：一般情况；"黄黑不说"；什么也不讲；"砍下"：丢下，放下。

例句：那么拴箴的媳妇他还嫌这嫌那，整宙间她都会忍着，可这回她黄黑不说就砍下两个娃娃走啦。

73. 词义："阴雾"：马马虎虎不准备好。

例句：媳妇快生呀，你还阴雾啥？

74. 词义："一流二阵"：连续不断；"出流"：向下滑；"扑疯疯"：不管三七二十一；"鬼影儿"：影子。

例句：眼看着儿子从山坡上一流二阵地出滑了下来，父亲不管一切就扑疯疯地上前想抱住他，可迟了一阵，连个鬼影儿也未抓住。

75. 词义："㩳心㩳胆"：提心吊胆。

例句：经过反复思考，他想与其这样㩳心㩳胆地活着，不如去投案自首。

76. 词义："不因不预"：无缘无故，不知不觉；"墓勒愁"：孩子还未出生，父亲就死去；"绷住"：疆持，硬坚持。

例句：继堂不因不预地死于车祸，丢下个墓勒愁，他母亲为了赔偿金绷住让媳妇改嫁，太不应该了。

77. 词义："翻翻瓤瓤"：翻过来倒过去；"由尽嚼（白尽嚼）"：信口开河、胡言乱语。

例句：那神汉装神弄鬼，念念有词，谁也听不懂他翻翻瓤瓤地在由尽嚼些什么。

78. 词义："青蓝雾罩"：烟雾腾腾；"蹬蹄跺脚"：用脚跺地；"生泼武澜"：不管轻重；簀（zé）背：后背；"抱住狗头颈"：紧紧抓住；"啧是个"：一直不停；"汗波流水"：浑身是汗；"嚼大棒子蛆"：胡言乱语。

例如：神汉把房间搞得青蓝雾罩，一会儿蹬蹄跺脚，一会儿又生泼武澜地去抓病人的簀背，象抱住狗头颈似的啧是个熏烤病人，直至病人汗泼流水昏死过去，他口中还在不停地嚼大棒子蛆。

79. 词义："囊能"：那能；"黑流欻（chuā）煳（hū）（黑隆欻糊）"：又黑又脏。

例句：那活儿囊能让人家干，黑流欻煳的。

80. 词义："昏头涨脑"：头昏脑涨；"揑搋（chuāi）"：边捏边摸；"浆咳淡漱"：轻轻地咳漱。

例句：当时招弟昏头涨脑的什么也没看清，只觉得有人在揑搋她的下身，还听到有浆咳淡漱的声音。

81. 词义："鎡（cī）顽"：较吝啬；"磅出"：拿。

例句：那么鎡顽的人也磅出了钱。

82. 词义："不怕翻舌怕偻（lǔ）话儿"：传播小道消息。

例句：凡事不怕翻舌怕偻话儿，他的丑事很快就传遍了全村。

83. 词义："白说遛道"：说假话骗人。

例句：做人要诚实，不能白说遛道。

84. 词义："策闹（倒腾）"：想办法筹措；"履拔序儿"：分期分批。

例句：借钱要还，自己手头紧，也应边策闹，边履拨序儿还才对。

85. 词义："人眉庶眼"：象个人；"爬长"：走歪路，没出息。

例句：他看上去还人眉庶眼的，可什么活也不想干，不爬长才怪哩。

86. 词义："搬住炕沿不放"：死求一气。

例句：人做事要灵活，千万不要搬住炕沿不放。

87. 词义："葬气"：丧气；"冲磕"：麻烦。

例句：葬气的事自己解决，不要去冲磕周围的人。

88. 词义："点划"：算计，指点，谋划；"参（wàn）"：加入。

例句：人家是有意在点划你，参进去肯定没有好处。

89. 词义："铛啷啧上"：干正事有响声；"土汤窝"：比喻扔在土里无声息。

例句：过日子要紧打细算，钱要花在铛啷啧上决不能丢在土汤窝里。

90. 词义："拉脓出带"：一把鼻泣一把泪。

例句：她很伤心，哭得拉脓出带的。

91. 词义："三回九转"：反来复去考虑好；"彀（gǔ）捋（luò）了"：耽误了。

例句：遇事要三回九转，如果情况紧急，千万不要彀捋了时间。

92. 词义："抬裹"：收藏；"脚（jiá）靽（bàn）"：小孩脚上戴的银首饰。

例句：孙子降生了，奶奶才把抬裹了多年的脚靽拿了出来。

93. 词义："鼟（tēng）架"：指责，为难；"舒眉展眼"：眉开眼笑。

例句：夫妻之间要相互忍让，不要随意鼟架对方，否则，日子就不会过得舒眉展眼。

94. 词义："筼（yūn）肩"：身架不周正；"易显不易显"：看上去不十分明显。

例句：人不得全，你不要因为人家有点儿筼肩，易显不易显的疤，就断了这门亲事。

95. 词义："呆瓜"：傻子；"喝差（cā）水啦"：犯糊涂了。

例句：永春骂焕枝是呆瓜，这回他可喝差水啦，焕枝给了他一耳光。

96. 词义："正码局儿"：正经场合；"凉扈（hū）子"：外行；"热扈子"：懂业务的内行。

例句：到了正码局儿，凉扈子是办不了事的，只要你认真干，慢慢就会成为热扈子。

97. 词义："掏空儿"：抽时间。

例句：女儿掏空儿来我家住几天。

98. 词义："尖啧喇喇"：刺耳的尖叫声。

例句：他尖啧喇喇的嚎叫，惊动了四邻。

99. 词义："不码眯"：不注意，没看清。

例句：民警问大爷，你看没看到一个年轻人跑过去？大爷说："不码眯。"

100. 词义："贼色"：调皮捣蛋；"套佰（bǎi）喽儿"：专门绑架小孩子的坏人。

例句：小时候，奶奶知道我很贼色，怕我一个人上街玩不安全，总说有套佰喽儿的来吓唬我。

101. 词义："黑黑瞒瞒"：不光明正大。

例句：千万不要干那些黑黑瞒瞒的事。

102. 词义："跳在干岸上"：推卸责任。

例句：男子汉要敢作敢当，不要一有事就跳在干岸上。

103. 词义："个驼儿事"：错误的事情；"一麻茬"：同龄人。

例句：不要干那些个驼儿事，要多向一麻茬那些骄骄者学习。

104. 词义："毸（sāi）搳（huā）"：胡花乱用；"抹下"：省吃俭用积攒下。

例句：不到二年就把家产毸搳完了，现在只靠他母亲抹下的那儿个钱维持生活。

105. 词义："给你估得，不用幠（须改为简体 hu）得，不给你估得，幠也是苦得"：不争不抢，顺其自然，不做不该做的事情。

例句：向东和父母因房产之案败诉，还出了不少诉讼费，人都说他："给你幠得不用幠得，不给你估得，幠也是苦得。"

106. 词义："个晃"：摇晃；"两达间儿"：中间。

例句：他身子一个晃，一个跟头栽到瓜地和麻地两达间儿的田埂上。

107. 词义："过余" 过分；"困髧（dàn）；因过分劳累而睡着了。

例句：宁宁因过余疲惫，一倒下身子就困髧着了。

108. 词义："勤经"：勤劳；"省下的就是挣下的"：省下和挣下同等重要。

例句：他老两口的勤经是出了名的，而且十分节俭，嘴里常说的一句话是："省下的就是挣下的"。

109. 词义：迷勒耷（dā）糊"：迷迷糊糊。

例句：张永在迷勒耷糊中听到声音后，没有磨蹭就跑出了屋外。

110. 词义："雾麻杵（chū）帱（dào）"：马虎不清晰，不干净。

例句：他家的窗玻璃老是雾麻杵帱的。

111. 词义："妙堂堂"：周眉正眼；"镰刀片"：不成器的东西。

例句：她长得妙堂堂的，不会是个镰刀片。

112. 词义："按火"：生火；"立地"：马上；"糊黩（dú）儿"：焦糊而稠。

例句：她按火做饭，把米下在了锅里。闻到煳味立地去看，米饭已成了糊黩儿粥了。

113. 词义："个祥祥"：非常仔细；"端相"：观看。

例句：母亲个祥祥地端相了女儿。

114. 词义："澜刮（疯刮）"：乱跑不干正事。

例句：父亲教育儿子，不要澜刮了。

115. 词义："列夺"：猜测；"背住了穷筋"：钻牛角尖想不通；"软声淡气"：低声下气。

例句：老汉已列夺出不知那句话使老伴背住了穷筋，当下便又软声淡气改口道："那就随你的便吧！"

116. 词义："一溜串儿"：一连串儿。

例句：他一溜串儿说个没完没了。

117. 词义："招安"：招呼、培养；"混涛"：干出。

例句：孩子小的时候要好好招安他，长大后才能混涛出个人样来。

118. 词义："放雾"：不正当的言行；"吃皮垮"：宽厚，善良。

例句：儿子经常"放雾"，好在媳妇吃皮垮，才保住了这个家。

119. 词义："少迟无早"：不能按时作息；"张风冷喝"：不冷静，不管深浅。

例句：妻子工作忙，免不了少迟无早回家，丈夫不理解，张风冷喝地骂她。

120. 词义："跟耨（nǒu）"：那样做；"跟搁儿"：这样干；"拿哪"：拿来。

例句：师傅教徒弟说："你跟耨儿不对，跟搁儿才行，把改锥拿哪。

121. 词义："说合"：调解；"和媒"：和好；"屙砣"：不好收拾。

例句：经人说合，兄弟俩很快和媒了，弟弟保证再不做那屙砣的事了，还要经常检点自己，哥哥点头称是。

122. 词义："服脚"：合脚。

例句：妈妈做鞋让儿子试穿，问服脚吗？

123. 词义："扒羁扒拉"：碍手碍脚。

例句：哥哥不愿和弟弟一块玩，总嫌他扒羁扒拉的。

124. 词义："十邋二严得"：丢三落四，不严密；"笨脚落（là）手"：笨手笨脚。

例句：他不仅办事十邋二严得，干活也笨脚落手。

125. 词义："小家罕食"：小家子气；黩（dú）挼（ruō）"：暗中给。

例句：姨妈并非小家罕食，常常把一些好吃的东西黩挼给我。

126. 词义："鬼画画"：鬼鬼祟祟；"倒插"：口袋。

例句：小偷乘人不注意，鬼画画地把大明的手机装到自己倒插里。

127. 词义：“紧等儿”：急不可耐；“澜信”：丧气，失去信心。

例句：狗娃紧等要吃馒头呀，可是揭开笼一看只有窝窝头，他澜信死了。

128. 词义：“臭（chòu）囫（hú）峒（tòng）”：臭美，自夸，自以为是。

例句：冬冬喜欢自吹自擂，别人都说是个“臭囫峒”。

129. 词义：“轧（gá）鎏（líu）”：勾引。

例句：自己教子无方，还怨别人轧鎏坏了儿子。

130. 词义：“愣眉倒眼”：不聪明灵活；“戚舅子万友子”：远房亲戚；“豁撒”：分发，浪费。

例句：舅爷爷外甥的外甥又从我家拿走不少东西，爷爷知道后对奶奶说：“看你愣眉倒眼的，像这样戚舅子万友子的亲戚多的很，象这样下去，这个家很快就让你给豁撒完了。”

131. 词义：“瞎烙滔”：胡混瞎闹；“个泯”：小口喝；“忽骚”：跳来跳去；“嚎声哇嗓”：胡喊乱叫；“欻（chuā）拐”：闯祸。

例句：老师告诉家长：“你儿子逃学，正和几个同伙瞎烙滔呢，嘴里还个泯着酒，在地上不停地忽骚，嚎声哇嗓地唱着淫词滥调，再不管就欻拐呀。”

132. 词义：“藏碾”：推碾子加工粮食。

例句：现在人们都吃现成米面，解放前不藏碾就吃不上饭。

133. 词义：“点灰皮”：拿别人的错误打小报告。

例句：我因为被人点灰皮，吃了不少苦头。

134. 词义：“乱岔岔”：乱浑浑；“倒（dáo）搭（dā）”：弄明白。

例句：婚礼这天来了不少亲友，乱岔岔的，我一直没搭清他们的关系。

135. 词义：“得棱棱”：身强体壮；“打整”：打扫清除；“屎尿”：屎尿。

例句：原本身子得棱棱的张三，脑出血成了植物人，现在得有专人给他打整屎尿。

136. 词义：“拶（zā）棱着”：歪邪着；“朝（chào）眉架眼”：左顾右盼。

例句：失去亲人后，她整天灰头土脸，拶棱着身子，朝眉架眼的不理睬人。

137. 词义：“阴麻忽黩（dú）”：阴阴沉沉。

例句：天阴麻忽黩，象个下雨的样子。

138. 词义：“眉周眼正（周眉正眼）”：五官端正；“嘴巴遛舌”：巧嘴会说话；“蹿（cuán）遛遛”：走路轻快；“棱锃（zèng）锃、花柳柳”：整齐干净，美观鲜艳。

例句：孩子生的眉周眼正，刚过周岁就嘴巴遛舌的会说话了，而且走得蹿遛遛得了，妈妈给他穿上棱锃锃、花柳柳的衣服，怎能不让人喜爱。

139. 词义：“一至根儿”：一天比一天。

例句：天一至根儿凉了，要添加衣服。

140. 词义：“挺明别”：明白、清楚；“挲（sā）蛋蛋”：幸福、富裕；“个缭马爬”：歪歪斜斜，不走正路；“点毛碎尾（yì）”：很小。

例句：老汉临终前对儿子说：“今天这挲蛋蛋的光景来之不易，要懂得珍惜，做事不要个缭马爬的，千万不要留下点毛碎尾的骂名。”

141. 词义：“白萝卜上扎刀子哩——不是个出血鬼”：比喻十分吝啬；“个芨（jí）个能”：得过且过；“爽前恸（tóng）后”：推不前攮不后；“看眉看眼”：看眼色行事。

例句：大家知道，她是白萝卜上扎刀子哩——不是个出血鬼，儿媳妇又是“个芨个能”的性格，遇事爽前恸（tóng）后，看眉看眼，因此，没有人愿意和他们遇事。

142. 词义："白皮虱（sā）子"：不知羞耻。

例句：他不懂自爱，人们都说他是个白皮虱子。

143. 词义："愣球嘎子"：傻子；"吞儿哇食"：狼吞虎咽。

例句：妻子骂丈夫："你真是个愣球嘎子，只知道回家吞儿哇食地吃饭。"

144. 词义："赫棱棱"：结结实实；"见眼的"：很明显；"按屋寝堂"：安安静静；"悠眉打盹"：似睡非睡。

例句：他原来赫棱棱的身子，有了病后见眼的削瘦下来，晚上不能按屋寝堂地睡觉，白天也是悠眉打盹，无精打采。

145 词义："二阑匠"：半截手；"狗乞滥蛋"：不务正业；"狗打淫干"：无所事事；"不待干"：不愿干；"要是张来"：象这个样子。

例句：儿子干农活是个二阑匠，成天和那些狗乞滥蛋的人在一起，狗打淫干，什么活儿也不待干，要是张来干脆滚蛋。

146. 词义："瞎忽阑"：无理阻拦。

例句：他不学无术，就好"瞎忽阑"。

147. 词义："擦滑蹈渡"：路滑易摔跤；"大天白日"：大白天；"认灯时分"：傍晚。

例句：下雨了，路上擦滑蹈渡很难走，大天白还好些，到了认灯时分非摔跤不可。

148. 词义："以心托气地"：真心实意；"汉手汉脚（jiā）、乭（wā）儿个能"：干自己生疏的事。

例句：夫妻俩以心托气地过日子，妻子从来不让丈夫汉手汉脚、乭儿个能地去做饭。

149. 词义："牢仿是"：确确实实。

例句：对方的条件太苛刻，牢仿是不能按他的要求去做。

150. 词义："从头尾（yǐ）儿"：新的开始；"慢丢个嗒（tā）"：冷丢慢待。

例句：不知为啥，她从头尾儿对我慢丢个嗒开了。

151. 词义："稳排大坐"：稳稳当当；"列武"：斜着眼瞅；"捎帘布带"：东拉西扯；"窝羁个囊"：窝窝囊囊。

例句：新媳妇不懂事，每当吃饭时，她就稳排大坐地坐在正面，一不顺心就列武人，有时还捎帘布带地骂人，丈夫又窝羁个囊的，对她一点儿办法也没有。

152. 词义："割嘴"：说法多。

例句：你这人真割嘴，啥事也有个说的。

153. 词义："个匝（za）匝"：摇摇晃晃不稳当。

例句：老太太走起路来个匝匝的。

154. 词义："家巴雀儿"：麻雀；"鸬（lóu）鸬"：鸽子；"凿树虫儿"：啄木鸟；"老哇"：乌鸦；"鹇（xián）瞧瞧"：喜鹊；"搊捞龇（zi）"：老鹰；"秃尸怪"：猫头鹰。

例句：本县地处雁门关外，生存的鸟儿也不少常见到的有：家巴雀儿、鸬鸬、凿树虫儿、老哇、鹇瞧瞧、搊捞龇和秃尸怪等。

155. 词义："哭屙人儿"：以哭协迫人；"豆腐渣（拿糕）擦屁股—没完没了"：比喻长时间不停止。

例句：一不顺她的心，就拿哭屙人儿，简直是"豆腐渣（拿糕）擦屁股—没完没了"。

156. 词义："小猫吃驴肾—又吃又害怕"：比喻六神无主；鬼眉浏眼（贼眉浏眼）"：不敢用正眼看；"假眉五道"：假装正经；"装佯算"：装样子。

例句：几个孩子想偷杏子吃，都操着小猫吃驴肾——又吃又害怕的心理，鬼眉浏眼地到园子里摘杏子，被园主发现后，有的假眉三道拔野莱，也有的走来走去装佯算。

157. 词义："脚板子烤火哩—太不象手了"：比喻干了不该干的事；"秏子舔猫屁股哩—没事找事"：

比喻无事生非；“跑在老虎头上抓蚤子去啦—自讨苦吃”：比喻自找没趣。

例句：做人要守本份，不要做哪些“脚板子烤火哩—太不象手了”的事情，也不要耗子舔猫屁股哩——没事找事地去多管闲事，更不要跑到老虎头上去抓蚤子—自讨苦吃。

158. 词义：“那门儿也是个那门儿啦”：舍出去了；“明堂”：结果。

例句：小王常欺负小李，这一天小李恼了，他说：“那门儿也是个那门儿啦，今天非和你闹出个明堂不可。”

159. 词义：“归不了庙门”：回不了家；“一绷（péng）又一绷儿”：一拨又一拨；“勾投不勾投”：划算不划算。

例句：小王见事不妙，怕自己归不了庙门，就请人一绷儿又一绷儿找小李道谦，最后才息事宁人，你看这勾投不勾投。

160. 词义：“酿”：躺；“辏（còu）”：指甲；“眼扎毛”：眼睫毛；“胰子”：肥皂；“算盘珠珠”：脊锥骨；“连肉杆子”：腿股骨。

例句：老汉酿在行李上睡了一会，下地辏上鞋出堂乾门，看到儿子左手拇指甲不知去向，眼扎毛随肉脱去一半，他给用胰子水洗了半天仍流血不止，儿子嘴里还不断地喊着算盘珠珠和右腿连肉杆子疼痛，只好招呼左邻右居帮忙，把儿子送到医院治疗。

161. 词义：“窗脚底”：窗户下面；“假装佯没偻（lóu）儿”：装着没事一样；“宿（xiù）宿”：星星。

例句：孩子逃学，站在别人家的窗脚底，问他怎么啦？他还假装佯没偻儿，不理不睬，宿宿满天才回家。

162. 词义：“年省”：去年；“外后天”后天的明天；“老外后天”：后天的后天。

例句：儿子已经八岁了还不愿去上学，妈妈说：“你年省就到了上学年龄了，明天开学，快去上学吧。”儿子却说：“我外后天或老外后天才去呢？”

163. 词义：“扑列之风”：逆向风；“霍乱之风”：忽顺忽逆的风；外甥日妗子——想起了一阵子”：比喻做事无计划。

例句：小李找小赵办事，小李开玩笑说：“是那阵风把你吹来的，是扑列之风，还是霍乱之风？”小赵回答道：“我这是外甥日妗子—想起了一阵子。”

164. 词义：“屎巴牛哭他妈哩——两眼墨黑”：歇后语，指不了解情况；“沍（hù）数哩”：哄谁呢；“正正业儿业儿”：正正样样；“佯不理赠（zēng）”：爱理不理。

例句：小赵刚当村干部，一进村好象屎巴牛哭他妈哩—两眼墨黑，他向村干部了解情况，人家说：“沍数哩，只要你正正业儿业儿工作，就能把村子搞好。”也有的人对他不了解，说上去佯不理赠的，小赵深深感到：村干部不好当。

165. 词义：“胳肘子往里曲啊”：向着自己人；“过余”：过分。

例句：常言道：“胳肘子往里曲啊”，可他过余不讲理，大家没法替他说话。

166. 词义：“尜（gá）尜儿”：满满足足；“吃尜”：吃好吃饱；“尜牛儿”：舒服了。

例句：他肚子大，每天都要尜尜儿一升粮，否则很难吃尜，只要吃饱，他就说尜牛儿。

167. 词义：“整戳”：祸害，惩治；“括（kuò）盐没水”：用光用尽；“潮闹”：寻找。

例句：一场冰雹把庄稼整戳光了，家里的存粮括盐没水地吃也用不了几天，只好想办法到处潮闹。

168. 词义：“二难挨”：左右为难；“飨盈”：便宜；“切了头的蝎虻（méng）去乱碰头”：比喻碰碰运气。

例句：姐姐为了圆弟弟的大学梦，向父母提出到外面打工，这给了二老个二难挨；女儿劝说道，我出去既不打算占人“飨盈”，也不是切了头的蝎虻去乱碰头，是靠自己的辛苦劳动挣钱，您们就放心吧。

169. 词义："如宓（mì）闲下"：平日平时；"一磨蒂蒂"：上下左右前后。

例句：大娘如宓闲下也坐不住，总要把屋子磨蒂蒂收拾的干干净净。

170. 词义："制气"：耍脾气；"折火"：生火。

例句：婆婆和媳妇制气，三天没有折火。

171. 词义："蹋（tāng）得这惚（hū）拢儿不想挪到那惚拢儿"：躺在原地不想动；"球毛打绳子哩—不格股"：歇后语，指相互不对劲，合不来；"球毛鬼态"：鬼碎吝啬。

例句：他累极了，蹋得这惚拢儿不想挪到那惚拢儿。他们弟兄几个球毛打绳子哩—不格股。相互埋怨对方球毛鬼态，不能相处。

172. 词义："挨肩肩"：紧挨着；"耍手艺"：搞手工艺；"死憋蛋"：死求一气，不灵活；"原铆榻（tà）套"：原原本本。

例句：兄弟俩个挨肩肩，哥哥耍手艺挣钱不少，弟弟是个死憋蛋，啥也不会干，哥哥心痛弟弟，只好把分家时的财产原铆榻套给了弟弟。

173. 词义："日粗霸闹（日粗霸道、日粗倒大）"：吹嘘，说大话。

例句：他这个人不虚心、不老实，遇事总是日粗霸闹，不知天高地厚。

174. 词义："马高蹬短"：紧要关头。

例句：平时学下真本事，到了马高蹬短时才会。

175. 词义："履时杆儿"：边走边看。

例句：谁也说不准十年以后社会又是个什么样子，履时杆儿看吧！

176. 词义："阳婆"：太阳；"红杠杠"：红彤彤；"背着炕板子"：睡在炕上；"早趴夜明"：起早贪黑。

例句：儿子太懒，阳婆已经红杠杠的了，还背着炕板子不起，哪像他父亲早趴夜明就出地干活了。

177. 词义："手拿花大姐儿，各耍各的点儿"：各自使用各自的本领。

例句：改革开放以来，党的政策活了，只要你肯干，手拿花大姐儿，各耍各的点儿，就不愁吃穿。

178. 词义："说塌了"：说明白了；"摽（biāo）穷筋"：比高低；"烟熏气"：乌烟瘴气，比喻讲排场。

例句：说塌了，现在社会上攀比之风盛行相互摽穷筋，无论干啥，一家比一家烟熏气。

179. 词义："栽了个跟头"：翻了一翻。

例句：今天的肉价和昨天比栽了个跟头。

180. 词义："十拉二严"：说话不清晰，做事不认真；"含水"：唾液；"顽涎（xián）"：痰；"厥（jűe）了"：后继无人。

例句：世秀被压在车下，那十拉二严的嘴里喊着："妈！"，含水、顽诞吐了一滩，不一会就没气了，他这根独苗一死，这门人就厥了。

181. 词义："不跟脚"：结结巴巴；"楞球排"：傻子，不清楚。

例句：小孙说话不跟脚，别人把他当楞球排对待。

182. 词义："虎侠侠"：虎头虎脑；"堆兀兀"：堆堆架架。

例句：同样一个娃娃，父母夸他虎侠侠的顺眼，外人说他堆兀兀地难看。

183. 同义："孩儿不哭，娘不奶"：比喻有话要说。

例句：有啥要求要提出来，不然领导怎么知道？常言道："孩儿不哭，娘不奶"。

184. 词义："慝（tè）流似侉（kuǎ）"：这长那短，吹毛求疵；"护短"：遮护缺点；"猩猢儿"：好玩、好看。

例句：孙子慝流似侉骂人，父母还要护短，奶奶爷爷看猩猢儿。

185. 词义："开怀"：怀孕生产；"半头二个截"：无头无尾；"心强命不强，养下个吊儿娘"：命运不济，儿子不争气。

例句：她四十多岁才开怀，孩子三岁说话还半头二个截，人们说她："心强命不强，养下个吊儿娘。"

186. 词义："羊群里边寔（shí）出骆驼来啦…"：比喻不合群。

例句：她十二岁才上一年级，人们议论：是羊群里边寔出骆驼来啦。

187. 词义："命里有五升，不用起五更，命里二合（gě）半，受死也扯球蛋"：命运决定一切，干也白干。

例句：自己不努力，别人劝他，他还强词夺理，说什么命里有五升，不用起五更，命里二合半，受死也扯球蛋。

188. 词义："十分伶俐使七分，留下三分给儿孙"：话不要说尽，事不要做绝。

例句：无论干什么都要留有余地，人常说："十分伶俐使七分，留下三分给儿孙"。

189. 词义："汗泥潭中度日"：生活十分困难。

例句：他家上有老，下有小，收入不多，正在汗泥潭里度日。

190. 词义："不随意故"：不知不觉；"大面当儿"：大场面；"端搭"：拿出。

例句：孩子不随意故长大了，虽不是一表人才大面当儿是能端搭出去的。

191. 词义："抖身散发"：不稳重；"推不前攮不后"：爽前退后，不肯往前；"打生茬儿"：初次接触；"褦（nài）叽个菜"：没话找话；"没棱没瓣"：不知深浅；"少皮没脸（少皮菜脸、少皮没瓣）"：不知羞耻；"砍七楞八（生生瓣瓣）"：很生分；"球胡麻茬"：无理取闹。

例句：你媳妇不是个抖身散发的人，也不是推不前攮不后的，打生茬儿也不会有人瞧不起，反倒是你，经常褦叽个菜，没棱没瓣的瞎说，有时还少皮没脸，砍七楞八地和人吵架，甚至干出球胡麻茬的事来。

192. 词义："叮呛"：冲撞；"橈球"：干啥；"切道板儿"：一点儿也没出所料。

例句：儿子酒后骑摩托车，妈妈叮嘱他："路上慢点"，儿子却烦了，叮呛道："与其慢点，骑摩托橈球呢，切道板儿不出妈妈所料，儿子撞在树上，出了车祸。

193. 词义："山汉进城，视天麻阴"：山里人进了城不知是晴还是阴；什么也不懂；"背信"：小看人。

例句：人们常常背信山里人，山汉进城，视天麻阴。

194. 词义："精说白道（白说溜道）"：强词夺理，胡说八道。

例句：他这个人就会精说白道。

195. 词义："垒摞"：堆放；"收揽"：收拾；"洗涮"：洗衣服洗澡。

例句：老俩口养下了孝顺子女，今天这个来探亲，明天那个来伺候，仅包装盒就垒摞了满满一床，儿子来给收揽家，女儿给洗涮衣物和身子，邻居们羡慕极了。

196. 词义："齐刷刷（齐茫茫）"：整整齐齐。

例句：学大寨期间，钟声一响，社员们都齐刷刷地站在大街上准备上工。

197. 词义："听说"：听话。

例句：小时听说，长大不一定有出息。

198. 词义："人家偷牛你去拔撅（juē）"：替别人顶罪。

例句：做事要有自己的主见，不该做的不做，更不要干那些别人偷牛你去拔撅的事。

199. 词义："连利（连撒）"：不拖泥带水。

例句：无论干什么都要连利。

200. 词义："稀化化"：稀的像水。

例句：常言道："酒吃面皮"，而一些年轻人却认为那东西"稀化化"的，没啥可怕，所以常见醉汉发酒疯。

201. 词义：“粘傍”：依靠别人。

例句：他粘傍着当舅舅的县长，得到不少实惠。

202. 词义：“拾脚后跟”：做收尾工作。

例句：办事要利落，别让别人去给你拾脚后跟。

203. 词义：“个常的”：遗憾的。

例句：姑妈病时，我没时间去看她，她死后我好长时间个常的睡不着觉。

204. 词义：“冷饕（tao）食哇”：吃不热的东西。

例句：孩子要听话，饭快要熟了，不要冷饕食哇地去吃早上的剩饭。

205. 词义：“啦答”：交谈。

例句：他每天都和父母啦答一会儿。

206. 词义：“房漏灶火烟，炕上躺了个病毂（gǔ）挛（lǔan）”：比喻不幸中的不幸。

例句：母亲病在床上，天又阴雨不断，真是房漏灶火烟，炕上躺了个病毂挛。

207. 词义：“喝策（吸流）上”：喝稀饭。

例句：他老婆懒得做饭，只好自己喝策上几口剩饭就出地去了。

208. 词义：“不重（chóng）壮”：不够；“偏凭”：全靠。

例句：家里粮食不多，饭不重壮，偏凭挖野菜度日子。

209. 词义：“搓箩绣蛋”：个子矮没力气。

例句：他那搓箩绣蛋的样子，哪能千重活。

210. 词义：“一卯儿”：一齐；“割杀”：吃光。

例句：饭不多了，你一卯儿割杀了吧。

211. 词义：“南洼村的牛—认不得麻生：不知好歹。

例句：给他桂圆他都不吃，真是南洼村的牛—认不得麻生。

212. 词义：“干牙克晾”：喉咙干痒。

例句：多喝点水，要么干牙克晾会生病。

213. 词义：“个折得”：耍心事。

例句：人年纪越大，个折得越厉害。

214. 词义：“上早”：前几天；“偏偏儿”：碰巧；“溜眼儿”：一眨眼；“个溜”：溜掉；“没捉没扼”：毫无办法。

例句：上早，张三赶集，看到他离家出走的弟媳，想去拉她回家，偏偏这时刮起狂风，让人家乘机一溜眼儿个溜走了，他只好没捉没扼地回家。

215. 词义：“说戚哇”：按理说吧；“水米没打牙”：没有吃东西。

例句：说戚哇，一个人两天水米没打牙是能抗住的，但也有特殊情况。

216. 词义：“呆猛实罕”：偶然罕见；“无影转”：没有影子的事。

例句：他呆猛实罕才回家看望父母一次，却仍夸孝顺，真是个无影转。

217. 词义：“不失闲儿”：不停不休息。

例句：因为家庭人口多，李四一年四季不失闲儿地干，也维持不了全家人的生活。

218. 词义：“迎时按候”：不耽误时机；“齐棱板拶（zàn）”：整整齐齐有棱有角；“光楚楚”：干净整洁。

例句：东东妈是个贤内助，每天迎时按候做好饭，被子叠得齐棱板拶的，大人、娃娃的衣服都穿得光楚楚的。

219. 词义："丁心目乱"：心烦意乱。

例句：她丁心目乱地不好好过日子。

220. 词义："眉封和眼"：锁着眉头闭着眼睛。

例句：为儿子找工作全家人急疯了，而他却眉封和眼地没事一样。

221. 词义："一阁儿"：自己一个人；"隔三差五"：过三五天；"分不清四六颠倒"：分辨不清楚东南西北，上下好坏；"个丢半嗒（tā）"：前言不达后语。

例句：我的朋友一阁儿要水淹死后，我隔三差五去看他的家人，他母亲神经啦，已分不清四六颠倒，说话也个丢半嗒的，够惨的啦。

222. 词义："常硐（dòng）底"：经常惹事。

例句："秃尸怪子报喜——丑名在外"：比喻名声不好。

223. 词义："叨（tāo）哇"：叽笑；"人精鼓怪"：机灵聪明；"细羞"：含羞不敢往前；"个怍怍的"：害怕拘束；"不然意"：不爱好；"咬咬喃喃"：絮絮叨叨。

例句：几个孩子互相叨哇，一个说另一个，看你人精鼓怪的，有时却很细羞，见了个生人个怍怍的，另个说，那我不然意理他，谁象你咬咬喃喃的。

224. 词义："亲家上门不值半文"：亲家一般不上亲家门；"翻个个儿"：站在对方的立场上；"有一招儿没一招儿"：有一下子没一下子 "担待"：原谅、遮护。

例句：小两口吵架却惊动了亲家，男方亲家不顾亲家上门不值半文的说法，找女方亲家商量，女方亲家很明理，说遇事要翻个个儿想一想，一只手拍不响两只手都有过错那女儿也是有一招儿没一招儿的，您老要多担待点。

225. 词义："韫（yùn）唿（hū）"：舒服；"染"：支应；"等当"：应付；"决仄头儿"：拉指头，形容无钱可取。

例句：人家活得真韫唿，可我每月那点钱怎么也染不来，衣食住行都不好等当，别处再花钱，只有决仄头儿啦。

226. 词义："冷丢慢答"：招待不热情；"圪钉强块"：高低不平；"拨弹"：挑毛病；"盖物"：被子；"黑缌缌（sī）、红萘（nái）萘、黑衲（nà）衲、兰哇哇、白菜菜（白寡寡、白化化）、灰歪歪"：以上都是形容颜色的贬义词；"七斜八个缭"：七斜八歪；

例句：姨婶去行礼，嫌冷丢慢答了她，处处挑剔；走在路上嫌圪钉强块，进了门又拨弹上没完，说盖物黑缌缌的，被单红萘萘的，褥子黄衲衲的，被单兰哇哇的，门帘白菜菜的，窗帘灰歪歪的，行李上的针节也七斜八个缭的，这些话引起了大家的不满，把她赶了出去。

第二章 谚语 土语

第一节 谚 语

风土人情

新广武萝卜旧广武蒜，白草口的女儿不用看。

想喝粉浆到朔州。想吃辣椒到代州。

五花营羊肉野场瓜，古城萝卜嫩又大。

有奈出自无奈，赤脚跑到五寨。

烧圪针、吃咸葱，到了晚上不点灯。

头枕半头砖，身铺烂毛毡，冻得疙团团。

有钱的下关南做买卖，无钱的讨吃溜口外。

一出黄花梁，先想老子后哭娘。

三十年光棍富光棍，娶了老婆尽打尽。

一年一场风，从春刮到冬。

三十亩地一头牛，炕上坐着大盘头（新媳妇）。

红裤带一根，海昌蓝一身，就登记结婚。

活着干，死了算。

懒驴上磨屎尿多。

羊群里跑出个骆驼。

针尖上削铁。

给三分颜色就开个染坊。

瓜地里挑瓜，挑的眼花。

不揣油篓，不沾油手。

不吃油糕，不沾油手。

溜沟溜到胯子上。

买羊花了个牛价钱。

狗肉上不了台秤。

亲不过姑舅，香不过猪肉。

农 谚

头九不算九；三九四九，牙（开）门叫狗；五九六九，消井口；七九河开地不开，八九雁来准定来；九九又一九，犁牛遍地走。

春风不刮地不开，秋风不刮籽不来。

风吹十六灯（指正月十六），雨洒清明节。

打罢春，消背阴。

冷清明，热谷雨。

三月寒食（清明）没一根，二月寒食遍地青。

三月四月不泥房，五月六月骂龙王（五、六月正是雨季）。

小满前，一铜钱，小满后，一尺厚（指用泥抹土窑，小满前后效果不同）。

立夏不起尘，起尘活埋人。

三月三，红缨凉帽单布衫；四月八皮袄皮裤不敢脱。

不怕一亩打半升，只要种上一万顷。

头伏荞麦末伏菜。

小豆长成罐，一亩打一石。

一出勤，两送饭，坚持两个六点半。

有钱难买五月旱，六月连雨吃饱饭。

天旱一大片，蛋（雹）打一条线。

东绛（彩虹）晴，西绛雨，南绛过来发大水。

云朝东，一场空，云朝西，稀泥没疙膝；云朝南，水推船；云朝北，打倒麻子带倒谷（从云行方向看雨兆、雹兆）。

黑云接日头，不等安枕头（雨兆）。

烟扑地，水瓮津，蚂蚁垒窝蛤蟆鸣（雨兆）。

蛤蟆叫唤水瓮湮，若要不信拔艾根（下雨征兆）。

天旱雨淋山，雨涝山不干。

早霞雨，晚霞晴。

早雾晴，晚雾阴。

春霜疙梁秋霜洼。

山怕白露川怕社（山、川霜来节令；社，秋分前后）。

寒露百草枯。

立冬不使牛，还有十天“犟剥头”（将要封地，抓紧秋耕）。

过了大寒不如冰。

过了冬长一针；过了腊八，长一大拃；过了年长一门限（冬至后，白昼渐长）。

八月十五云遮月，正月十五雪打灯（丰年兆）。

二八月乱穿衣。

伏天不热，五谷不结。

九月雷声十月雾，爷儿父子不想顾（年景不好）。

二月里河重冻，米面憋破瓮。

母壮儿肥，籽壮苗肥。

九月没风，伏里没雨。

早霞有雨晚霞晴，圈住月亮刮大风。

伏天起了勾勾云，黑猪过河雨淋淋。

黄云雨多，黑云吓死挑菜老婆。

早雾毒日头，晒破刚剃的头。

锄杆发潮担水沉，不过三天响雷声。

雷声雨三后响，小心冰雹打牛羊。

羊愁不过下大雨，鸡愁不过刮大风。

鸡不进窝遮盖好，羊不进圈怕地摇。

黑里起风天明住，天明不住刮倒树。

久晴大雾必阴，久雨大雾必晴。

久晴西风雨，久雨西风晴。

雷声绕圈转，有雨不用算（雨兆）。
五月南风淋塌山，六月南风海底干。
烟扑地，下大雨（雨兆）。
蛋打一条线，打五不打六，打了七月遭荒年，打了八月泪刮脸。
大暑小暑，灌死老鼠，大寒小寒，冻死老汉。
耕三耙四锄八遍，八米二糠粮满院。
头伏耕地末伏翻，三九压地地不干。
秋耕深，春耕浅，雨后千万莫种田（防盐碱）。
秋天不翻，来年草滩。
头伏荞麦末伏菜，立秋赶紧种白菜。
山药要窖，胡麻要撩（指种的浅）。
种地没粪，塞如胡混，若要不信，粪盘指正。
翻过茬子留涩地。
头锄好，二锄深，三锄培土，四锄刮草（指荞、谷的锄法）。
豆锄三遍圆溜溜，麦锄三遍不见沟。
头水要早，二水要好，三水要巧，四水流跑。
锄头自带三分雨。
立了夏，媳妇歇晌不挨骂；立了秋，媳妇歇晌不知羞。
秋在犁上，收在锄上。
水葫芦，旱西瓜（葫芦喜欢水，西瓜耐旱）。
黄田隔夜变（庄稼快成熟时，一天一样）。
山药重茬没圪蛋，胡麻重茬死一半。
（立）春打六九头一天，趁空快把粪推翻。
春打六九头，赶紧快喂牛。
垫地一寸，塞如上粪。
土倒土，打石五（调土垫地）。
粪搁三年成土，土搁三年成粪。
春雪大，不收夏。
锄头有雨又有火。
七十二行，庄稼人难当。
三年学个手艺人，一辈子学不会庄稼人。
小满种胡麻，返青又开花。
糜锄两耳谷锄针，山药锄个狗踢蹲。
谷锄三遍八米二糠。
人哄地皮，地哄肚皮。
干草切成细瓣，牲口吃成肉蛋。
太阳出宫，冻死秋楞（指不看时节穿衣者）。
太阳跌山，皮袄翻穿。
一立秋，不圪蹴（指农忙）。
白露前后放大田。
寒露百草枯，霜降快淹菜。
夜晴没好天。
天河调角儿，穷汉要袄儿。
小雪卧羊，大雪杀猪，冬至宰鸡。
冬至后十天，阳历过大年。
小寒大寒，一年快完。
母子下母子。三年一股子（畜牧）。

生活习俗

饭前先喝汤，赛过配药方。
谨谨让让吃不了，刁刁强强不够吃。
夏天拿冬天的衣服，一天拿三天的干粮。
天阴误懒汉，勤谨吃好饭。
是匠不是匠，还得个好作杖（工具）。
不气不愁，活到白头。
病人不忌嘴，医生跑断腿。
男怕一声“嗨”（唉），女怕乍苦腮（下定决心，无事不成）。
男人泼烦唱大戏，女人泼烦漾大气。
大蒜是宝，常吃身体好。
小孩不能惯，给个馒头要瓣蒜。
紧惯慢惯，惯成个龇牙判官。
受人指教武艺高，不听劝告熬不高。
身怕不动，心怕不用。
成了是杨六郎（英雄），不成去卖麻糖。
三年荒个秀才（常温习功课）。
松不过眼，毒不过手（只要干，就能干完）。
让人一步自己宽。
怎的个会说的，不如个会听的。
山水刮坏平地，背后破坏君子。
锣鼓长了没好戏。
头回上当，二回心亮。
媒人的嘴，轿夫的腿。
骗子手说的良心话。
原汤化原食。
为俏不穿棉，冻死不可怜。

一顿吃伤，十顿喝汤。
打鼓听声，说话听音。
计划赶不上变化，变化赶不上电话。
掐八字算卦，一肚子瞎话。
养儿多像舅，养女搭家姑。
一推六二五（六二五，是算盘“斤称口诀”）。
皮裤套棉裤必定有缘故。
抓鳖不在水深浅，只要碰在手跟前。
狼怕圪搜，狗怕圪蹴。
稀粥沾蔓菁，越看你越阑兴。
傍道三年盖不起房（七嘴八舌，无所适从）。
儿多女多，受的罪多。
不笑旧，不笑破，就笑日子不会过（勤俭）。
出门不弯腰，就怕没柴烧。
龙多斯靠龙多旱，媳妇多了不做饭。
好秀才不在蓝衫，好女儿不在衣冠。
远亲不如近邻，近邻不如对门。
抬头老汉低头汉，尖头辣椒紫皮蒜（厉害）。
三十年前看父敬子，三十年后看子敬父。
小时偷针，大了偷金。
人不亲土亲，山不亲水亲。
人怕起绰号，地怕踩斜道。
人怕伤心，树怕伤根。
万丈黄河有底子，人心没底子。
男儿无刚，不如一把粗糠。
老年人福口，越吃越有。
挨上好邻家，吃酒又喝茶；挨上赖邻家，挨打又戴枷。
八米二糠，精打细算。
白酒红人面，黄金黑人心。
百闻不如一见，百见不如一干。
兵不离营盘马不离站，长工不离掌柜院。
拔草寻针，开笼放鸟。
不会烧香得罪神，不会说话得罪人。
炒出豆子众人吃，砸了铁锅一人赔。
此地无朱砂，红土也为贵。
出门寻好伴，住家找好邻。
打人不打脸，骂人不揭短。
单丝不成线，单马不上阵，孤树不成林。
肚里说话聒死人。
儿女好比手指头，咬着一指十指痛。
肥吃大喝一时香，细水长流备灾荒。
发病的不吃，犯法的不做。
跟上好人学好人，跟上巫婆跳大神。
好事不出门，赖事转周城。
汗从病人身上出。
和气生财，气郁生灾。
禾怕秋后虫，人怕老来穷。
花官钱，吃冷饭，终久是后患。
娇养孩儿无义气；惜孩儿，害孩儿。
路隔三五里，各处一乡风。
孟良访焦赞，骨碌瓷访料炭。
拿了人的手短，吃了人的嘴短，做了没的理短。
勤谨勤谨，衣饭随身。
若要公道，打过颠倒。
人心比自心，何必问旁人。
人老一年，马老一月。
人心没足蛇吞象。
三十里莜面四十里糕，十里豆面（小米）饿断腰。
说大话，使小钱，说人道人不如人。
眼不见，掉一面；耳不听，心不烦。
要想光景好，三百六十个早。
走不尽的路说不完的话。
白面馍馍冷吃也好，抓髻夫妻恼了也好。
天上下雨地上流，小俩口打架不记仇。
酒肉朋友不到头，露水夫妻不长久。
人前教子，背后劝妻。
宁吃鲜桃一口，不吃烂杏一斗。
每天出身汗，有病不用看。
磨刀不误砍柴工，紧走不如牢拴绊。
见人不施礼，多走十五里。
树不捅是个笸子，人不念书是个瞎子。
人活脸面树活皮，墙头靠把圪渣泥，蚧蛤蟆活得个白肚皮。
人老惜子，猫老吃子。
有钱没钱，剃头过年。
母壮儿肥，儿多母瘦。
说在纸上说不在纸下。

理剥千层不走样。

老虎不吃人，素日也有名。

隔行不取利。

为争一口气，卖了二亩地。

买卖不成仁义在。

买卖不成，中间没人。

话好充不了饥，墙上画马不能骑。

磨刀没法，按住死擦。

杀人要见血，救人要救彻。

不怕慢，只怕站。

活到老学到老，八十岁学个巧。

歇后语

背上媳妇游五台——费力不讨好。

寇五子背鼓——空的（寇五子：旧时一破落子弟，以好吃懒做出名）。

骆驼撒欢——四大没样。

戏子的胡子——假的。

戴上草帽亲嘴——差远了。

瞎子戴眼镜——多加一层灰皮。

麻杆子打狼——两头都怕。

耗子舔猫嘴——没事寻事。

当院立杆杖——四面没靠。

土木川的狼——善眉善眼吃人哩。

曹家堡的狗——村里也误了，城里也误了。

吹塌善面纸——露出鬼相来。

哑巴梦见他妈——干着急说不出来。

瞎子捉奸——喊的玄。

讨吃子当兵——喊得凶。

一斤面使了二斤碱——拿死啦。

馅饼抹油——白稍。

六指指挠痒痒——多这一道道。

门神丢盹——放鬼进来。

木匠的斧子——面砍。

戴上手铐搽粉——死要面子活受罪。

抱住香炉打喷嚏——扑了一脸灰。

豆腐掉在灰堆里——吹不能吹，打不能打。

剃头濛脊背——差了一大截。

窝窝头泡在醋里头——又酸又虚。

白萝卜扎刀子——不是出血的东西。

王不留榨油——不是好籽。

鸡爪子烩白菜——寡汤淡水。

讨吃子丢了棍——尽受狗的气。

裹脚布做孝帽子——一下登高了。

喝上洋烟上吊——该死又该死。

哈巴狗斗狼——凭跑哩还是凭咬哩?

松木檩子做杆杖——大材小用。

家巴雀陪着夜蝙蝠飞——白熬夜。

对上窗户吹喇叭——名声在外。

蚂蚁戴了个糠壳子——假充大头鳖。

脊背上别裂子——有身缝（身份）了。

赤脚板段（追）朝廷——忠心报国。

闪电娘娘丢了鞋——不知道云里还是雾里。

雷公爷爷打豆腐——专捡软的欺。

猪毛搓绳绳——不隔股。

大黄风刮跑孝帽子——扔了喜欢，拾上烦恼。

叉叉裤踢飞脚——显出你了。

屎巴牛划拳哩——尽露你的黑爪爪。

瓦磁磁包糕——净隔（割）嘴。

鹞子叫雀——越叫越远。

蚧蛤蟆跳青盘——尽显你的花点点。

毛鬼神坐轿——起轻不压重。

炕沿上打滚——直往里翻，不往外翻。

屎巴牛哭它妈——两眼墨黑。

石头喂猪——不吃香。

判官吃黑豆——鬼嚼牙叉骨。

石鸡子爬坡——咯咕咯（各顾各）。

讨吃子喝醋——穷酸哩。

豆腐渣擦屁股——没完。

坟园里扔石头——溜鬼哩。

乱圪庄送亲——就这一遭。

拨拉掉料炭——寻灰哩。

炉坑里要鞭子——赶灰哩。

王八娉女儿——龟命正的哩。

蚧蛤蟆跳门槛——又蹲底子又伤脸。

公鸡哈铰子——抖起冠冠了。

南街拆了西瓜摊——在哪卖瓜（寡）了?

脚板划拳——来五去五。

盲人骑瞎马——乱闯。

死人嘴上贴封条——无话可说。
石匠打铁——不会看火色。
元子河唱戏——照安庄。
计庄的龙王——死吃死做。
进城绕盘道梁——舍近求远。
王阁爷送闺女——就这一遭。
里林庄的牛——绕昏了。
陈庄放大炮——人齐了。
照什八庄秧歌——赶着上。
背锅（驼背）骑驴——后撤。
驮棺材压死驴——双败兴。
二股叉打老婆—— 一下顶二下。
新媳妇放屁——零蹦。
骆驼的屁股——高眼。
白登奎唱打堂——使了个鼻子，落了个不然（喻费力不讨好）。
二圪蛋压骡子——颤也不颤（喻不怕）。
二个卷说书——序（二个卷是应县说书艺人）。
二没手儿吃大豆——不待剥掐（不待候）。
杨二疤子逃反——做了个啥（杨二疤子是应县城内人，逃避战乱时，没有引老婆，出了城才想起来，连说："这做了个啥。"喻无效劳动）。
粉房豆腐房——各管另一行。
脚板烤火——不像手（不像话）。
锅盖没梁——拍子（骗子）。
桑干河下豆面——汤宽。
俱乐部贴狗皮——不像画（话）。
南马庄请祖宗——各有分项。
八里坡迎喜神——由牛走。（表示随便）
羊群的狗——混着吃干粮。
八十年的老鸹——全拿嘴呲。
板瓦喝稀粥——两头忙。
半夜梦见五道爷——胡说八道。
抱上元宝跳井哩——舍命不舍财。
货郎鼓掖在腰节骨里啦——货净了。
鼻梁凹下钥匙——开眼。
鼻梁凹下打梯子——上脸。
鼻梁凹栽海纳——眼前花。
草帽赶驴——夹煽带拍。
吃山黄柏长大哩——苦人儿。
城墙上扎刀子——谁心疼半头砖。
城墙上放火——炙专（砖）哩。
大豆面烙饼——突干白炝。
地皮菜得了濛生生雨——大展了。
东葫芦拉在西蔓上——扯长摸细。
肚皮上捏碱面——启心泛事。
烂布袋粜枣——魂（红）不着地。
反贴门神——不对脸。
圪柳棍打平地——着一下，不着一下。
锅沿上的糠壳子——熬出来了。
耗子拉秤砣——堵了自家窝。
黑地里掐谷穗——有两岁（穗）了。
揭墓贼看见引魂幡——见财（材）起意。
贾家窑过年——要明早明了。
十字街上跌马爬——四处处扒拉。
大年黑夜啃羊蹄蹄——嘣嚼（说嚼）鬼。
姐姐穿上妹妹的鞋——般样。
经堂里吃卷子——混饭吃。
久病床上搽胭脂——强打精神。
腊八片子——就这（粥）。
腊八卖镰把——知秋不知夏。
狼吃玉蔓菁——寡出水来了。
马连英英——双棒棒。
明国秤砣——掺铜。
娘儿俩卖大柜——心一了。
皮条（蛇）打能能（立起来）——腰中无力。
七胡子娉女——干忙没做的。
荞麦皮打浆糊——不沾。
骑上扫帚没蹦子——后咋。
切草刀割莜麦——揽得宽。
山黄柏刻圣像——苦人儿。
涩地撵旋风——灰哩。
死羊皮画灶神——不能敬。
掏雀儿掏出猫杏虎（猫头鹰）——不象。
秃斯怪叫明——丑名在外。
王冒窑锄田——没饭。
王不留榨油——没油水。
一天三刮连鬓胡——你不叫我露脸，我不让你出头。

电线杆上挂温壶——高水平。

下巴底下响炮——嘴当紧。

山阴庄的牛——认不得麻糁。

屁股圪夹个死耗子——假装打牲的。

拿糕擦屁股——没完。

背上鼓寻槌——找打。

赤脚板碰铡刀——踢红啦。

秃子头上的毛——它也不长，我也不想。

没眼的狼——瞎嚎。

吃上刀子屙斧子——各有各的灰肚子。

吃上棉花屙线哩——灰得倒细法。

第二节 土 语

人称类

大大：父亲。

当家人：父母亲。

大爹、大爷：伯父。

二爹：二叔。

收收（shou）：叔父。

老点子：老头子。

男人、当家的、老汉、老头子：丈夫。

老婆、老伴、老娘娘、老人吧、老板、女人：妻子。

大兄哥：妻兄。

大兄嫂：妻嫂。

后生：小伙子。

活人妻：离婚的女人。

带犊儿：前夫所生的子女。

你老儿、您儿、阁人：对长辈的尊称。

庄户人：农民。

老娘婆：接生的。

讨吃子：乞丐。

鞭杆子：讨吃人的头目。

结颏子：口吃的人。

圪泡、野圪泡：私生子。

白花：以赌博为业的人。

疤子：麻子脸。

灰茬、灰货：指不走正道，作恶的人。

烂罐子：作风不正派的女人。

人体类

崩颅：前额。

后巴子：后脑勺。

后燕儿窝：后窝脖。

眼眨毛：眼睫毛。

腩子：胸腩。

咯吱窝：胳老肢窝。

胳肢老窝：腋窝。

圪膝：膝盖。

脓带：鼻涕。

眼滋：眼屎。

胡柴：胡子。

圪犊：拳头。

含水：涎水。

背锅：驼背。

罗框腿：罗圈腿。

跌节子：拐腿子。

撇脚：八字脚。

时间类

年省、年省个：去年。

今个儿：今天。

明个儿：明天。

夜个儿：昨天。

前日个：前天。

间前日个、先前日个：前三天。

早起、打早：早晨。

半前晌：上午的中间时间。

半后晌：下午的中间时间。

夜儿后晌：昨天下午。

起晌了：下午三、四点钟。

黑了、黑将、黑张：傍晚。

头前、将将儿：刚才。

明张了、明将了、五明头：天麻麻亮。

单五：端午。

破五：正月初五。

房院类

堂前：正房的中间一间。

茅字、茅次、后橹：厕所。

风门：门外又一层挡风的门。

门限：门槛。

圪台、门台：屋檐下的台阶。

仰尘：屋顶顶棚。

围墙子：炕围子。

窑堵：烟囱。

锅头：锅台。

灶火：做饭和烧炕的火灶。

前檐、后檐：屋顶的前面和后面。

动物类

儿狗：公狗。

郎猫儿：公猫。

咪猫儿：母猫。

草鸡：母鸡。

个丁：公绵羊。

骚胡：公山羊。

寻驹、起骒：母驴、母马发情。

走敲：母猪发情乱跑。

寻食、游食：母狗发情发出难听的叫声。

叫磨：牛羊反刍。

皮条：蛇。

月蝙蝠儿：蝙蝠。

猫杏虎：猫头鹰。

圪蛉：松鼠。

黄鹞：黄鼠狼。

老哇：乌鸦。

鲜雀雀、鹇瞧瞧：喜鹊。

家巴雀儿：麻雀。

田家子、青鸡子：青蛙。

疥蛤蟆：癞蛤蟆。

圪蚪儿、圪旦儿：蝌蚪。

拉蛄：蝼蛄。

龙王蛛蛛、龙马蛛蛛、郎马蛛蛛：蜘蛛。

马王：马蜂。

花大姐儿：蝴蝶。

牛牛儿：泛指小虫。

瞎猛蝇：牛虻。

自然现象

日头：太阳。

宿宿：星星。

放绛：出彩虹。

冷蛋、蛋子：冰雹。

冰凌：冰。

毛毛片：大雪片。

霍乱子风：风向不定的风。

罗面雨：蒙蒙细雨。

蒙生生雨：小雨。

贱星：流星。

山水：洪水。

凉哨：凉快。

地摇、地动：地震。

圪八：坑。

恶涩：垃圾。

煤炭：煤核儿。

骨碌瓷：煤炭燃烧后形成的碴状物。

黑煤子：烟洞里或锅底受烟熏积存的黑煤面儿。

衣食用物

大豆：蚕豆。

粉面：淀粉，有山药粉面，豆制粉面。

疙渣：锅巴。

莲花豆：油炸的蚕豆。

腌菜：咸菜。

主腰子：夹棉背心。

倒插子：衣兜。

盖物、盖窝：被子。

条出、笤除：笤帚。

扫出：扫帚。

沾手、沾布：抹布。

笼出、笼床、笼浸：笼屉。

黄糕：用黄米面蒸的糕。

糕饼子：捏好而未炸的油糕。

糕秧子：和好而未蒸的糕面。

拿糕：用玉茭面、莜面等直接下水而搅制的稠软食物。
稠粥：用小米焖制的稠软食物。
块垒、块粒：一种用莜面、玉茭面或加土豆蒸制或炒制的块粒状食物。
酸饭：把面糊发酵后熬的稀饭。
烂腌菜：一种用胡萝卜丝、白菜丝或其他菜丝搅在一起腌制的咸菜。
圪塔子：把整胡萝卜放在盐水中腌制的咸菜。
长窝儿菜：把小白菜用开水略煮后腌制的酸菜。
毛猴儿菜：用胡萝卜缨子腌制的咸菜。

言 行

拍着啦：伤风、感冒。猫腻：捉弄，嘲讽挖苦。
破出去：豁出去。
不产：不单是。
意得过：不做也行。
意不过：不做不行。
呆猛：偶然。
然对：尽力、凑合。
嚼垛：说话多，重复而无用。
抛躁：热的难受。
不将意顾：没有注意。
舒脱：舒服。
蹲底：露馅儿。
牙碜：饭里有沙子吃起来硌牙；比喻说话难听。
认、不认：吃药见效、不见效。
不好过哩、难活哩、不精神哩：病了。
觉意、觉瞧、觉色：感知。
瞎打冒撞：盲目行动。
憋得慌了：吃得太多，撑着了。
晒暖暖；晒太阳。
背斗子的：为不正当男女关系牵线的人。
铜锤、铜钵子、铜圪蛋：带愣气的人。
膀：肿。
梆子亮：嗓门大。
发引：出殡。
个碍儿：有了意见隔阂。
圪蹴：蹲下。
刹车：把车上装的东西用绳紧勒在车上。
打帮：调停、劝说。
督楦：从旁悄悄地煽动。
打平伙：几个人合伙出钱或出物凑在一起吃喝。
挨傍的哩：有一定的关系。
字一字、摇一摇：称份量。
站栏柜的：售货员。
旋儿：风筝。
断笑话儿：猜谜语。
玩艺儿：民间文艺活动。
捣古记：讲故事。
闲拉搭：聊天。
搁记：挂念。
黑眼：讨厌。
老色：东瞅瞅西瞧瞧（找东西的样子）。
督及：跳。
克撩：翘。
出溜：往下滑。
则愣：倾斜；不满意，挑衅。
歇心：放心。
不听说：顽皮（多指小孩）。
拾掇、整戳：收拾东西；整治人。
圪捣：从中作梗、活动。
圪谄：撒娇。
圪背：憋住气；事情弄僵了。
圪吱：勉强支撑；多言，勉强争辩。
圪头儿：面食的一种；布料等碎头儿。
圪搅：故意打搅；搅拌。
剥掐：创析研究；理会。
朝理：理会、接待、打交道。
慌慌儿的、欢欢儿的、欢落些：赶快点（催促语气）。
圪触：轻轻的摸。
圪乍：轻狂；儿童刚学走路。
兴哄：高兴、兴奋样子；感到欣慰。
黑紫：故意指责。
拉圪旦：闯大祸。
过上了：指男女间关系不正当。
圪塌、圪啖：初步议论。
抽架：摆布，用计谋算计人。
猜扭、撑扭：比试，争高低。

撩逗、格货：戏弄，开玩笑。
呛噗：顶撞，语气不客气。
扑坎：行动盲目不切实际。
格厌：闹意见，多用于儿童或夫妇之间。
骨擦：故意拖延。
音记：挂记、惦记、防止忘记。
信虎：对峙。
格杀：一并处理。
凌扯：不注意保养，造成身体有病。
没廉耻、没连扯：没完没了让人讨厌。
睇盹：思谋。
丢盹：一瞬间的睡觉。
朦盹：一时想不起来，辨别不清楚。
迷盹：疑惑，弄不清楚。
嚎哨：乱说；故意宣扬中伤人。
糊能：办事得过且过，不作长期稳妥打算。
操决：呵斥。
瞅欠：仔细打算，辨别。
段：追赶。
圪儿、圪利：搔腋窝等处，使人发笑。
约摸：估计。
失措：不经意，造成过失。
辨盹：思索，分辨。
葳炼、煨练：做事不认真，随意凑乎
日能：灵巧，有本事，有能力。
圪出八带：不舒展，绉折太多。
圪随随：老态龙钟的样子。
仄楞旋天：不通情理，粗暴野蛮。
求胡麻茬：马马虎虎，做事不认真。
平不溜丢：形容像没发生事情一样。
拴整：做事灵巧，待人得当。
客戏：好，带有赞叹的感情色彩。
害害儿、可可儿：刚好，正巧。
捉中：表示肯定语气。
来半儿、来不来：平白无故。
阴雾：拖拖拉拉，费时间。
二七佯憨：不在意，无所谓。
咬喃：说话办事不机明，不紧凑。
爬长货：没出息的人。
忽拉盖：奸滑，骗子。
不正色：品行不端正，心术不正。
嘎渣子：不走正道，干坏事的人。
精巴：干净卫生，做事精明利索。
拉乎：平易近人，待人热情；粗心大意。
没音货：做事说话没准的人。
杨雾八气：指做事一塌糊涂的人。
窝叽圪囊：不爽快，没出息。
死筋顽肉：指软磨硬抗，不易化解的人。
没折气、没折势：没气质，没本领。
灰鬼：不务正业的人。
赖皮：不做好事的人。
凉扈子：不会干事的人、外行。
仔细：节俭。
疲善、疲的：性情温和和心地善良。
小脸：开玩笑翻脸。
吃念货：不稳重。
圪鬼：暗地活动，搞鬼。
谝子：说话不老实、哄骗的人。
没脸货：不怕人嫌，不知羞耻的人。
日粗：吹牛。
妨主：做事不合伦理。
损阴葬德：做缺德的事。
黑眼的：使人讨厌。
扎眼的：叫人看着不舒服，不喜欢。
草鸡：比喻懦弱退缩。
不进眼：惹人讨厌。
溜舔：巴结。
滑要：动作灵活。
圪低打隐：心里不踏实，担忧。
各共：从来，一直；合计。
抢会儿：好不容易，终于。
笼共：合计，总的。
猴猴：最小的、碎的。
憋躁：沉闷、烦躁。
受瘾：舒泰、舒服。
长短、长圆：无论如何。
哈长尽短：对事物笼统概括的表述口气。
棱猛：突然。

寡汤淡水：说话办事空洞无意义。

就溜儿：顺便、捎办。

忽辣马爬：说话办事不可靠。

一特落：一套一套的叙说。

打冷圪襂：受冷或极度紧张突然打颤。

耍货儿：玩具。

齐楚：整齐。

还哇哩：就是。

可老马儿：少的可怜；好不容易弄到手。

贵贱：无论如何。

款款的：慢慢的、轻轻的；不注意，把事情忘了；正好。

人物

第三十四编

人物

山阴县历来人才辈出，业绩斐然。人物传记主要记述为山阴县的解放与发展做出突出过重大贡献的朱籍和客籍人士、执政者和革命烈士。人物简介记述在山阴活动的各行各业的杰出人才，主籍和客人士。人物名录记述山阴籍副厅（师）级以上党政军干部，山阴籍各界副高职称以上人员，山阴籍博士学位的获得者。

人物传记的纂写本着生不立传的原则，文中出现断限外的人物传记属前志，该立传而未立传的人物。人物简介记述本着至客籍人士断限内在山阴县境内做出有影响有意义事迹的人物。人物名录本着山阴籍人物在各行业取得的行政级别、军衔、职称、学位在断限内的人物。

第一章　人物传

苑君璋　生卒年不详。山阴苑家辛庄人。生卒年无法考究。隋唐之际，从马邑刘武周，多有奇谋。武周称帝，君璋为丞相。武周移兵南下晋阳，君璋再三谏阻，主张北连突厥，南与唐和。武周不从，自将大军南下，使君璋孤镇朔州，未几，武周败亡。武周死后，突厥即以君璋为大行台，统武周部曲，遂与将高满政袭代州不克，满政劝君璋降唐不从，满政夜胁君璋，亡奔突厥。满政即以城归唐，拜朔州总管，封荣国公。君璋复出突厥，攻陷马邑，杀满政，退保恒安镇，即今大同。但其部众皆汉人，多叛离。君璋力穷，遂自请降唐。君璋降唐后，仍与突厥暗中勾结，复引突厥寇马邑犯太原，迨后突厥政乱，君璋始率众诚心降唐。拜为安州都督，封芮国公。君璋不知书，然天资习事，谋略过人，历职有惠称，贞观中卒。

宋伟　生卒年不详。明代山阴县岱岳镇堡子巷人，世代为军户出身，其父宋国宾曾任明代“平虏卫”参将。宋伟先任山阴千户所千户，骁勇善战，不久升任陕西榆林镇总兵。崇祯元年（1628）九月，新任山海总兵赵率教（陕西人）于崇祯二年（1629）年十一月四日在今河北遵化县战殁之后，宋伟即被由榆林镇调任山海关总兵。崇祯四年（1631）八月，清军围明军于大凌河之新城（今辽宁锦县东四十里处），明军急向崇祯帝求救，崇祯帝即命太仆少卿张春监军，辽东总兵吴襄、山海关总兵宋伟等率兵驰救。张春军于九月二十四日渡小凌河（今辽宁大凌河之西），越三日次长山（今辽宁锦县东南），距大凌河城仅十五里，大清军突以二万骑来逆战，张春营首被清军冲散，辽东总兵吴襄先败走，宋伟力战得脱，但监军张春等三十多名降军被俘，宋伟败回，其山海关总兵一职又由龙世威（陕西榆林人）继任。迨至崇祯十七年（1644），李自成起义军陷山阴之后，宋伟即饮鸩自杀。大清立国赐谥“节愍”。

李毓栋　（1880—1952），梁山村人。他出身石匠世家，七八岁时跟祖父李培代、父亲李庆春学石匠，经过十年寒暑苦练，掌握锤、凿、刻等手艺。他一生干过 50 多年石匠活，为群众的生产、生活提供极大的便利。光绪年间，他负责重建被大水冲毁的岱岳北街大桥，桥梁坚实而美观，桥顶的“普济”二字出自其手。1946 年，修建北同蒲铁路，李毓栋参加北沙沟三孔石桥的建造，至今基石完好。他亲手为丰玉玺（晋军第六集团军总司令）刻造碑文，颇见功底，为人赞叹。1952 年，李毓栋病逝。

朱登龙　（1898—1970），出生于夏家窑村。自幼养成吃苦耐劳和不甘现状的坚强性格。民国 27 年（1938），朱登龙认识一位朋友，把他留在自己家里。这位朋友叫王尚义，真实身份是中共晋北山朔地区党的负责人。当时，八路军已在夏家窑村背后的洪涛山地区建立革命根据地，急需在傍坡的夏家窑村发展自己的力量，以疏通山上与山下的联系。王尚义以朱登龙家长工的名义，白天与朱登龙一同在地里干活，晚上睡在一起谈心。晋北党的组织把朱登龙从一个普通农民培养成为山阴县西坡第一位立场坚定的中共党员。因为在紧靠山阴西山的沙河和水头一带有八路军的联络点，所以朱登龙根据上线的安排，经常赶着驴驮把根据地急需的盐布药等物资和重要情报送上山。朱登龙非常清楚担任交通员有被杀头的危险，然而他从未因此发生过丝毫的动摇和退缩。民国 35 年（1946），山阴县获得解放，朱登龙成为夏家窑村的第一任党支部书记。为了改变家乡贫困生活状况，朱登龙根据党的农村政策，带领村民实施一系列的变革措施，从土改到互助组，再到合作社，搞得风生水起。1951 年 1 月 9 日《察哈尔日报》刊登山阴县省劳模朱登龙组织领导群众大搞农副业生产，推广、提高生产技术，使群众致富的先进事迹。1954 年，他带领群众在干旱的黄土坡上栽果树，为山阴的林果业发展开拓一条新路。1970 年，朱登龙因病去世。

郭岐 （1905—1993），口前村人。郭岐七岁开始在本村小学读书，又升到本村高小，后考入右玉七中。民国 12 年（1923）毕业考入绥远省的实业专科学校。1925 年经朱耀武的推荐，到广州黄埔军校，为第四期学生，在政治科第三队学习。其间，他参加讨伐陈炯明的战斗和北伐战争。1928 年，郭岐回山西，在陆军 34 师政治处宣传科任科员。1929 年在晋绥军军官教导团学习，后到南京任营长。1937 年日军侵入南京，郭岐随逃难人员到四川内江。1939 年被调到西安任中央军校第七分校 17 总队队长，后驻军在甘肃武威。1943 年任晋州新二军 45 师师长，驻防新疆地区，这时改名为郭金山。1945 年日军投降后，郭岐留新疆仍任师长，后在解放新疆战斗中被人民解放军俘获（因新疆是和平解放），经教育后释放。在南京解放时赴台湾。1993 年 1 月 17 日去世。

张副元 （1905—1952），字实甫，出生于新马营村。曾就读于大同第三师范。民国 14 年（1925）考入太原军校，四年后毕业分配到山西炮兵司令部实习，半年后提升为排长。1931 年被保送南京中央陆军大学，学习参谋专业五年，1936 年毕业，任傅作义部 35 军中校参谋，参加绥东抗战，收复百灵庙等失地，“七七事变”后，奉命回山西保卫太原，又转战河套。1939 年，他主持制定的作战方案，使入侵河套的日军机械化部队被歼，取得绥西大捷，时任第八战区少将参谋长。1943 年调任 35 军 101 师副师长。1947 年任少将师长。“九一九”起义后，改编为人民解放军 108 师，仍任师长，于 1952 年病故。

李师宁 （1914—1979），出生于苑家辛庄村。民国 24 年（1935）在北京镜湖中学学习，曾参加一二・九运动。七七事变后任太谷游击大队副队长、大队长、连队指导员。1942 年调任榆社县县长兼武委会主任，1945 年后调任左权县民运部部长，榆次解放后，调任晋中专署秘书。1950 年调任山西省委党校政治经济学教研室主任。1979 年后调回中央，在国家农委工作。同年，不幸在孝义视察工作中遭车祸以身殉职。

贺朝福 （1916—1939），山阴县千井村人。他八岁入小学读书，十六岁考入右玉县高小。后来他又考入内蒙古包头市中学。民国 26 年（1937），爆发卢沟桥事变，贺朝福毅然放弃学业，回到故乡千井村，参加村里组织的抗日救亡宣传活动。1937 年 10 月，八路军一二〇师雁北支队（即宋时轮支队）奉命挺进到平鲁、右玉、山阴交界的洪涛山区，开辟洪涛山抗日根据地。部队同志向群众广泛宣传党的《抗日救国十大纲领》，积极组织抗日游击队，建立抗日民主政权。贺朝福在宋时轮支队宣传的熏陶和影响下，很快接受民族统一政策，毅然走出家庭，积极参加洪涛山根据地的建设和右玉县的抗日救亡工作。他带领部队爬山越岭，走村串户，深入到根据地的每个村庄，以召开会议，书写标语，教唱歌曲等形式，宣传共产党、八路军的抗日主张，动员群众行动起来，坚持抗战。在他的影响下，广大群众踊跃为部队捐款捐粮，不少青壮年走上抗日前线。1938 年 10 月，贺朝福光荣加入中国共产党。1939 年 3 月，贺朝福受牺盟晋绥边委的派遣，到陕西宜川秋林镇参加阎锡山召开的“秋林会议”。会上他和民族女英雄李林及山西新派一起，针对顽固旧派掀起的反共浪潮进行有理有利有节的斗争。他用自己亲身经历和所见所闻的大量事实，有力地驳斥顽固分子诬蔑八路军“游而不击”的恶毒传言。从秋林回来之后，他担任牺盟右、山、怀中心县分会特派员，积极活动在右玉、山阴、怀仁三县交界处的广大山区，为组建发展牺盟组织勤恳工作。1939 年 10 月下旬，贺朝福从平鲁的莺房沟出发，准备回晋绥边委驻地。当走到海井沟村时，遇上“扫荡”的敌人，被日军击中，壮烈牺牲。

闫成林 （1916—1940），又名闫景隆、赵凯，出生于山西省五台县。他幼年好学，品学兼优，七七事变前已经是五台县一名优秀的小学教员。民国 27 年（1938），日军南下，侵占太原，强占五台县城。在这民族存亡之际，他在共产党的感召下，毅然投笔从戎，参加中国共产党领导下的新政权工作，成为一名共产党员。1940 年，闫成林被党组织分配到代县，任六区政委，后又调到山阴县任四区区委书记。

他艰苦奋斗，恪尽职守，始终把人民的利益放在第一位。见过他的老百姓都说："闫成林那才真是共产党的好干部。"当时后所一带，条件艰苦，环境恶劣。敌人建立许多据点和日伪政权：有广武警察署、水峪口警察署、辛立庄警察署，还有后所、元营等伪大村公所。闫成林依靠党的组织，联合贫苦农民，白天化装成商人，夜晚走访群众，积极宣传抗日救国政策，动员群众拒绝给敌人缴款纳粮，不断发展党的组织，建立新政权，从而在敌占区组建一股新的抗日力量。1940 年的一天，闫成林同区长李跃山在前帐堡村活动，遭遇水峪口据点敌人，二人来不及躲避，被敌人俘获。日本鬼子把他们二人带到水峪口据点，扔到一个老乡的羊圈里。深夜，两人决定破屋逃跑。但在逃跑就要成功的瞬间被敌人发现，李跃山因是本地人，地理熟悉安全脱险。闫成林在二次被捕之后，被敌人百般折磨后绑在树上用刺刀残忍杀害。

李林 （1917—1941），福建龙溪（今属龙海）人，归国华侨。七七事变后，她抛弃生活条件优越的家庭，毅然走上爱国抗日道路，参加中国共产党，主动要求来到抗战第一线，活跃在山阴县玉井和平鲁、右玉山区一带。后在玉井镇沈庄窝村与爱人屈健举行了婚礼。她热爱人民，痛恨日军，以优良的工作成绩受到广大人民群众的爱戴。民国 26 年（1937）11 月，任雁北抗日游击队第 8 支队支队长兼政治主任，率部与日伪军展开斗争，开辟抗战新区。1938 年春，李林改任整编后的独立支队骑兵营教导员，率部驰骋雁北、绥南与日伪军作战，奇袭"长流水"据点，扫荡洪涛山区，突破岱岳镇。同年秋，任中共晋绥边区特别委员会宣传部长，兼管边区地方武装。1939 年 3 月参加阎锡山在陕西宜川秋林镇召开的晋绥军政民高级干部会议，同国民党顽固派进行了针锋相对的斗争，以铁的事实和亲身经历，讲述八路军和山西新军深入敌后，出生入死，打击日伪军的英勇壮举。阎锡山曾亲自派人向她施以威逼和利诱，李林不为所动，坚持事实，引起舆论强力关注，粉碎了国民党的反共阴谋。1940 年 1 月任晋绥边区第 11 行政专员公署秘书主任，并当选为边区行政公署行政委员会委员。1941 年 4 月下旬，日军纠集平鲁、右玉、朔县和岱岳的 4000 多名敌人，向洪涛山抗日根据地进行第九次"大扫荡"八路军采取化整为零的作战方针，在崇山峻岭中和敌人周旋。一天下午四时许，李林等人被敌人包围在吴马营乡郭家窑村西的阴凉山武家坡。李林身先士卒，率众与敌人展开战斗，冲出敌人的包围圈。但她想到有的同志还在敌人的包围圈里，便不顾个人安危，再次冲进包围圈里，与敌人继续战斗，利用地埂掩护，打死四五个敌人。最后因寡不敌众，她把最后一颗子弹打进自已的喉咙，壮烈殉国。后来，郭家窑村民把李林尸体装殓入棺，李林爱人和亲友们将棺材安葬。

仇殿元 （？—1945），河北省完县人，中国共产党党员，民国 33 年（1944）任山阴的安荣、薛圐圙一带的五区区委书记。五区距县城很近，敌人出没频繁，仇殿元经常给当地干部讲解抗日形势，讲解党的方针政策，使当地一批青年干部很快成长起来。一天，他带领区小队 20 多人，突然闯进卢岭村，将伪军的一个家属抓起，并对其说："今天我区要在你们村召开群众大会，由你负责召集群众，你如果向伪军报信，我们立即采取报复行动"。在仇殿元的震慑下，这位伪军家属乖乖地通知伪甲长。让伪甲长把全村人都召集起来，开一次成功的大会。会上还把日伪发放的门牌和"身份证明书"全部收回，当众焚毁。这次群众大会对五区群众震动很大。尤其是顽伪家属，整日提心吊胆，再也不敢轻易向伪军通风报信。1945 年 8 月 15 日，日寇宣布无条件投降。国民党抢占胜利果实，窃据岱岳。不久，国民党撕毁国共两党会谈的协定，打响内战。仇殿元按照区委的指示，一面与阎匪军展开斗争，一面开展群众性的反霸清算斗争。经过短短两个月，清算日伪人员 15 人，清算银圆 5600 元，粮食 18000 公斤，极大提高群众思想觉悟和斗争信心。他妥善进行建党、建政工作。全区发展新党员 11 人，大部分行政村都通过民主选举村长。他还帮助各村组建农会、自卫队等组织。1945 年秋，仇殿元组建区小队（也称游击队）经常活动在全区各村同国民党反动派进行斗争。10 月的一天，仇殿元和区干部在白坊村开完会议之后，正准备吃午饭，突然遭到袭击，他和区干部边打边撤。当撤到村外后，仇殿元让大部人马先走，自己留下来作掩护。他和警卫躲在庄稼地里狙击敌人，不料大部分敌人已经冲过来。仇殿元弹尽后，在敌人接近时，拉响最后一颗手榴弹英勇献身。

童文让 （1922—2000）1922 年 11 月 13 日出生在应县双钱树乡井沟村。民国 31 年（1942）夏参加革命工作并加入中国共产党。1978 年 12 月任山阴县委书记，1982 年 5 月任雁北行署计划委员会副主任。2000 年 4 月 22 日去世，葬于应县井沟村。童文让任山阴县委书记后，着力纠正“文化大革命”遗留问题，推行家庭联产承包责任制，与此同时，大力发展奶牛业，鼓励农户养奶牛，到 1982 年，山阴奶牛存栏 4287 头，比 1978 年的 1321 头增长了三倍多。鲜奶产量由 1978 年的 1666 吨增长到 1982 年的 4952 吨。在发展奶牛业的同时发展乳品加工，1980 年扶持山阴农牧场乳品加工厂扩建，1981 年投产，当年产量达到 496.36 吨，比 1978 年的增长了 130%，实现了翻番。1982 年扶持山阴城镇筹建乳品加工厂，5 月调任雁北行署计划委员会副主任后，继续扶持山阴城镇筹建乳品加工厂，解决项目资金 50 万元，占总投资的 80%，奠定现在古城乳业集团的基础。童文让筹建了北周庄、泥河、岱岳三个煤炭发运站，从此山阴经济形势大幅好转，县财政收入和人均收入增加，农民个人存款余额由 1978 年的 220.4 万元增长到 1982 年的 877.9 万元。童文让在山阴任上，一直把教育抓在手上，至少每月汇报一次工作。1982 年至 1984 年，山阴县高考达线人数连续三年在雁北 13 县夺冠。

贺郁 （1924—1972），生于一堵墙村，民国 27 年（1938）参加八路军，任绥蒙军区工程师，电台报务主任、台长、电台队长、军区串台处长。参加过抗美援朝战争。1957 年在北京后勤学院学习，三年后任军区盾勘部车管处处长。1966 年转业到雁北汽车运输公司任党委书记，后调任大同市业务组任办公室主任。1972 年 11 月 26 日病逝。

李满田 （1939—2015）1939 年生在浑源沙岭铺村。1956 年加入中国共产党。1983 年 9 月调来山阴任县委书记，到 1989 年初在山阴工作了整整五年时间，适应改革形势，在山阴完善了农村生产责任制，改革了一系列的经济体制，开办了一些新的企业和厂矿，发展了奶牛事业，新建了岱岳铁西区和同太路上的大街及铁路立交桥直通闫家巷的街道工程等。1988 年为建山阴麦片厂，以顾问身份到“瑞士”访问考察 20 余天。他在任职期间山阴的面貌有一定的改变。

马占俊 （1954—2003），怀仁县人，1976年8月毕业于山西大学政治系，先后在中共怀仁县委组织部、政府办工作。1983 年 3 月任怀仁城关乡党委副书记，同年 10 月任鹅毛口镇党委书记，1984 年 11 月任怀仁县人民政府副县长，1993 年 4 月任怀仁县委副书记，1996 年 7 月调任中共山阴县委副书记、山阴县人民政府县长，2001 年 8 月任中共山阴县委书记。马占俊任山阴县县长、书记期间，提出“主体税源”的战略，重点扶持一批利税大户。他主持制定县政府《关于加强个体税收管理的实施意见》等重要文件，保证全县财政税收的稳定增长。在加快农业产业化进程中，他提出“大调整、大服务、大培训”的战略，推进“种、养、加”多条产业链的形成。特别是在生态畜牧经济区建设中，他作出山阴要“扛大旗、迈大步”的决策，大搞养殖和退耕还林还草，使全县的生态畜牧经济区建设取得较大突破。提出城市化起步、工业化强县、产业化富民的战略，提出“一年一变样，三年大变样，职工增收、农民增收、干部增收”的目标。全县实施 21 个调产项目，新办十三届明星工程，调动干部群众兴县富民的积极性。他全力践行“三个代表”重要思想，忠实维护群众利益。面对吴马营乡 14 个村长期停电的情况，他组织施工电力工程，为山区人民送来光明。吴马营村村民魏清善，贫病交加，马占俊在探望时，把自己身上带的 500 元工资递到魏清善手中。2003 年 7 月 4 日，马占俊病故。

彭云 （1960—2011），1985 年 5 月加入中国共产党，1989 年开始任下喇叭乡口子梁村党支部书记。口子梁村地处雁门关外，自然条件艰苦，经济相对落后。彭云上任后把解决人畜吃水问题作为任期内的头等大事，四处为村民找水。1992 年，他带领全村女老少，早出晚归，打出一口 200 米深的水井，并用管道把水抽到村里的贮水池，使村民吃上自来水。1997年水井枯竭后，他用自家积蓄买来一辆四轮农用车，义务承担为村民拉水的任务，每年所贴补的油钱、人工费接近2万元。2011年，他发动村民在自家院里修建蓄水旱井，农闲时攒水，以备农忙时使用。同时，为了能让村民早一点过上好日子，彭云外出学习旱地农作物种植新技术，先在自家地里做试验，成功后再推广全村，带领村民种黄芪，养牛羊，引进土豆、豌豆、莜麦、油菜等农作物新品种，村民收入年年见长。彭云先后13次被县委、县政府授予模范个人、优秀共产党员、先进工作者等荣誉称号，口子梁村被评为县级文明村。2011年12月5日，彭云因高血压加上工作劳累导致脑出血去世，年仅51岁。同年12月15日，山阴县委作出《关于向彭云同志学习的决定》。

贺太兴　（1972—1994），山阴县贺家堡村人，1990年3月1日入伍，1992年2月20日入党，1993年任坦克旅汽车连副班长，坦克旅司令部管理科小车司机，他吃苦耐劳，严于律己，经常做好人好事。1994年8月7日在营区附近为抢救落水女青年光荣牺牲，中国人民解放军总政治部批准贺太兴为革命烈士，坦克旅追记其二等功。

赵验军　（1980—2008），山阴县白家堡村人，2001年湖北黄冈警校毕业后，在山阴县公安局上班，历任户籍内勤、外勤、治安民警，2007年任治安大队副队长。他在公安系统工作8年，勤勤恳恳。努力上进，是大家一致公认的业务骨干，模范民警。8年中参与侦破大案要案30起，抓获犯罪嫌疑人89人。2005年，荣获“全县政法工作十大标兵”荣誉称号。2008年6月3日，在一次雷管爆炸中为救同事刘志军不幸牺牲，2009年朔州市人民政府发文追认其为革命烈士。

第二章　人物简介

徐德富　1930年出生于山阴县高山疃村。中共党员。经济师、律师。。1949年9月参加革命工作。历任山阴县税务局、房管所主任、建设局副局长、副书记调研员。山阴房改第一人，在任期间编写了“三产”管理业务讲稿，用五个方面系统说明了建立“三产”档案的必要性和重要性。使山阴的“三产”管理比国家在南京召开的“三产”管理工作部署早了3年，成为全国各地建委、房管部门学习的榜样。退休后专注文史，发表了许多篇有价值的史学论文，著作有《雁北集注》(山西古籍出版社出版)《〈水经注·㶟水〉研究》(三晋出版社出版)。

冯瑞章　1931年生，大虫堡人，曾任山阴县县委办公室副主任，山阴县水利局长，山阴县政协主席等。1971年他从阳高调回山阴，先任文化局局长，后调任水利局局长。在任水利局长期间，他率先决定在永静城打井，解决了永静城缺水困境，大大提高了粮食产量。1974年，他走遍全县，在山上寻找水源，解决人畜吃水困难。在平川发展打井，在桑干河南后所一带发起了排盐改碱，治理盐碱下湿地高潮，大挖排水沟，采取横排、竖排并举方针，取得了很好成绩。

王直厚　1933年3月出生于山阴县南州庄村，中共党员。1951年在山阴银行参加工作；1955年调县委统战部工作，先后任干事、秘书、副部长。1963年调任县教育局局长；1975年调任县文教部部长；1983年调任县科协主席。1953年山西省人民政府授予金融一等模范，1993年中国科学技术协会授予科普先进工作者。他在任山阴县教育局局长期间，改变了山阴教育落后的局面，创造了八十年代山阴高考“五连冠”。

高耀文　笔名九天、韩(憨)牛，1935年5月21日生于马营观音堂村，祖籍右玉，高耀文于1956年入党，1958年参加工作，曾为天镇中学语文教员和中学教导主任，1963年调回本县。从1953年开始文艺创作，在1959年被晋北地委和行署授予“文艺创作突击手”。在20世纪六七十年代就被誉为雁（北）（大）同地区“四大笔杆之一”。高耀文于八十年代初便成为山西省民间文艺家协会会员。在1985年山西省文代会上分别被推选为山西省故事学会理事和山西省三语（谚语、谜语、歇后语）学会理事；同年加入山西省作家协会；并被聘为中国县镇丛书特约编辑；翌年又被聘为北京燕图联文化发展部特约作家和编委。高耀文比较有影响的作品电视文学剧本《牵牛花》，被国家青年电影制片厂录制，中央电视台播放，并获得中央电视台文艺部单本奖和雁北地委和行署创作奖；报告文学《脚窝之歌》《正气雄风》被国家人事出版社出版的《共和国的骄傲》一书选入，并海内外发行；还有报告文学《玉井煤矿漫笔》《擎旗的人们》《崛起的山脊》，均选入中国人民出版社出版的《走在社会主义的大道中》一书；再有报告文学《山辉》《不尽的力》《奠基，再从他手中开始》《相子精神》——刊登于山西省作家协会办的《作家与企业家纪实》杂志。尤其是《相子精神》，编者加了按语，号召全省作家学习此文。

任玉堂 1939年10月8日生，中共党员，助理经济师，1956年参加山阴农牧场工作，历任分场副场长、场长、书记。1978年出席山西省革命委员会召开的先进集体、个人代表大会，1979年荣获国家农垦部先进工作者奖，1980年出席山西省人民政府农业劳动模范代表会，并荣获劳动模范称号。

梁昌靖 1939年5月6日生于顺城巷一个农民家庭，中共党员。1949—1952年先后在岱岳南街校和北完小读书。1952—1955年在山阴一中读初中。1955—1958年在山西省浑源中学读高中。1958—1964年在北京清华大学工程物理系读大学本科。梁昌靖是山阴一中1952年建校后，首届初中毕业生中第一位考入清华大学的山阴学子。1964年大学毕业后，被分配到中国人民解放军某部工作；1967年在执行任务时身负重伤。1969年底，因身体及国家政策原因转业，在工厂期间多次被评为先进生产者。1984年考入卫生部中日友好医院，历任生物医学工程室主任、高级工程师，日本樱花精机株式会社设备维修站长，1994年起任医学工程处处长。曾多次应邀赴日本进行研修和访问。

杨中桢 1940年6月15日生，山西省清徐县人，中共党员。1962年8月毕业于山西艺术学院美术系，1963年10月开始在山西省山阴县文化馆从事群众美术工作。1968年开始摄影，1995年任山西省摄影家协会理事，1997年加入中国摄影家协会。1976年2月，创办山阴县新闻摄影橱窗，至2006年总计展出1570期，深受广大群众欢迎，为两个文明建设做出贡献，取得显著的社会效益。1984年6月出席了文化部和中国摄影家协会联合召开的全国基层摄影工作经验交流会，并作为十五个先进典型之一，在大会中作了题为“论摄影橱窗的社会效益”的发言。其事迹被大会誉为“南有上高，北有山阴”的全国之冠的先进典型。1992年，摄影橱窗获山西省社会主义劳动竞赛三等功。2006年又获中共中央宣传部、中华人民共和国教育部、国家国防教育办公室全国国防教育先进个人表彰。2005年9月，杨中桢摄影橱窗参加中国平遥国际摄影大展，并获得“中国当代优秀摄影师大奖”。

丰宝山 1942年10月生，中共党员，大专学历，中级职称。1967年参加工作，1971年任山阴晋剧团编剧，1973年当选为山西省戏剧协会会员。1976年创作的小戏《迎参观》《关键时刻》分别获省会演一、二等奖，1977年创作的新编历史剧《书诗冤》收录于《中国戏曲年鉴》，同年，新编连戏台《王花买父》12集，由县晋剧团排演。1983年调山阴县史志办任编辑，1992年参与《中共山阴县党史资料》编撰，并任副主编。1994年任山阴县史志馆副馆长。1966年主编的广播剧《好站长魏文亮》获山西省“五个一工程”奖，1984年编排电视专题《山阴奶牛》开创山阴电视的先河，2000年编排的电视专题集《人口经纬》获省计生委金奖。

于万明 1947年生，甘庄村人。初中毕业回村劳动。参加村里的文艺宣传队，晚上和队友一起吹、拉、弹、唱，给枯燥的生活增添乐趣。为了生计，自学绘画，给村里人画画炕围等。1971年，在宣传队与他人合编一个小戏剧。改革开放后，在绘画书写水平提高的基础上，开始走向社会，奔走于乡镇各机关、矿区，书写、绘制各种规章制度和图表，编写晋剧古装戏《鸳鸯衫》和《王阁爷送女》，以及现代戏《秀秀的大学梦》。是山阴县三晋文化研究会会员、王家屏研究会理事。

冯德　1949年6月生，七里沟村人，中共党员。1971年1月任七里沟村村委会计，1980年1月任七里沟村大队长，1983年12月任七里沟村党支部书记。在书记岗位上30多年，使七里沟村发生巨大变化。1987年村民用上自来水。1991年11月，山西省委副书记卢功勋带领全省各地市委领导在七里沟村参观社会主义教育运动情况。七里沟村在1995年被山西省委省政府评为千万元村，1996年被山西省委、省政府评为抗灾救灾先进集体，1997年被山西省政府评为模范村委会，2010年被朔州市委评为先进基层党组织。1994年，冯德被朔州市委、市政府评为先进工作者，1998年被朔州市委评为优秀党员，2011年被山阴县委、县政府评为先进个人，2012年被评为全国安全生产系统优秀个人。

樊滨发　1949年8月生，北王庄村人，原北王庄村党支部书记。1998年被市委评为红旗党员，1999年被省委评为红旗党员，2001年出席山西省第八次党代会，2003被省政府授予山西省抗击非典二等功，2005年被省政府授予“优秀公民”称号。

董有国　1957年12月出生于薛圐圙村，中国共产党党员，农技推广研究员（朔州市第一位）。1977年恢复高考考入山西农业大学农学专业，1981年12月毕业。1982年2月参加工作任安荣公社团委书记；1987年先后任黑圪塔乡乡长、畜牧服务中心书记；1987年在畜牧局工作期间，因出车祸一年住院2次，导致留下主动脉关闭不全、狭窄严重的心脏病。1998年3月调任农业技术推广服务中心工作，到2013年5月离岗在任16年，离任后专心致力于山阴县蔬菜产业协会、科技推广工作至今。为山阴县农业可持续发展、农民科学种田技能素质的提高，设施农业产业化奠定了基础。

黄冀　1961年1月18日生，安祥寺村人。1976年起先后在雁北地区林科所、怀仁县委政研室、山阴县人大办公室、山阴县委办公室、山阴县文联、山阴县史志馆工作，曾任山阴县史志馆馆长，曾任山阴县文联主席，山西省作家协会会员。著有《独来独往》《情不自禁》《难忘那段情》等散文、随笔作品集，与李志斌编修有《山阴县志》，被山西省劳动竞赛委员会荣记二等功。与郝建平校注有明代《山阴县志》。编写和参与编写的作品有《青春岁月》《印象朔州》《朔州导游词》《山阴军事志》《山阴老区志》《山阴交通志》《岱岳镇志》《古城镇志》《北周庄镇志》等。

刘宽胜　1965年生，上沙河村人。中共党员，大学毕业后分配到原化学工业部科学技术局工作。曾任北京斯伯乐科学技术研究院院长，北京山鹰环境工程技术有限公司总经理。教授级高级工程师，荣获北京市科技创新卓越领导者，中关村国家自主创新高端领军人才。刘宽胜和他的团队，为了赶超世界一流水平，更好地适应我国乙烯工业发展要求，先后研发出乙烯装置裂解炉结焦抑制剂、压缩机阻聚剂、黄油抑制剂等10项原创性成果产品，突破我国石化三剂国产化瓶颈，使我国乙烯装置工艺关键助剂向自主化迈出了第一步，打破了我国大型石化企业长期依赖进口的被动局面。

第三章　人物名录

第一节　党政军副厅级以上人员名录

李亮书，1929年12月出生于山阴县双寨铺村。中共党员，总政治部服务处副师职。

王成义，1930年9月出生于山阴县黑圪塔村。中国人民解放军一军三师副师长。

赵瑞广，1933 年 2 月出生于山阴县甘庄村。商洛行署副师级干部。

管少藩，1935 年出生于山西怀仁。1989 年任朔州市委副书记，1991 年任朔州市人大常委会主任。

贺兴文，1936 年 1 月出生于山阴县岱岳镇。1978 年调任石家庄陆军学院战术教研室，1988 年授大校军衔。

靖夺魁，1936 年 7 月出生于山西浑源县塔村。1982—1989 年在山阴先后担任县委副书记、县长、县委书记。1991 年任朔州市人大副主任。

曹翠英，女，1936 年 10 月出生于山阴县郑庄村。1993 年任朔州市政协副主席。

霍文章，1938 年 12 月出生于山阴县庙家窑村。朔州市人大常委会副主任、代主任（正厅级）。

郭凡庆，1939 年 11 月出生于山阴县北周庄村。1995 年调任雁北师范学院副院长（副师级）。

韩修继，1941 年出生于山阴县西李庄村。原任河北省军区政治部主任，副军职，少将军衔。已退休。

李培权，1941 年出生于山阴县南李庄村。1986 年调任山西省煤炭工业厅直属机关党委副书记，享受副厅级待遇。

徐德新，1942 年出生于山阴县西小河村。高级经济师。山西省人民检察院副检察长。

田畛，1942 年出生于山阴县水泉村。高级经济师。省政协常委。

郝崇，1943 年出生于山阴县岱岳镇。中共党员，大学文化，研究员职称。1960 年毕业后留校中国人民解放军农牧大学，分配到学校的军事兽医研究所病毒研究室工作。正师级。军衔大校。

王玉玺，1944 年出生于山阴县黑圪塔村。1996 年 5 月调任大同市重工业局局长兼党委书记，离任后享受副地级待遇。

史占彪，1944 年 9 月出生于山阴县关岱岳村。大学文化，工程师。朔州市政协副主席。

梅金山，1944 年 12 月出生于山阴县元营村。朔州市委常委、常务副市长。

王威，1945 年 3 月出生于山阴县岱岳镇。包头市副市长。

祁义忠，1945 年 8 月出生于山阴县安荣村。1993 年调任大同市纪委、办公室主任、常委、纪委副书记（副厅级）。

毕文成，1945 年 11 月出生于山阴县偏岭村。朔州市经济技术开发区管理委员会主任（副厅级）。

刘汉增，1946 年 7 月出生于山阴县下神泉村。后任 24 集团军纪委办公室主任。

解廷香，女，1946 年 11 月出生于山阴县解庄村。1996 年调任大同市副市长、党组成员。

张科宝，1946 年 11 月出生于山阴县西安峪村。2003 年当选伊宁市第十三届政协主席。

冀昌斌，1946 年 12 月出生于山阴县岱岳镇。1996 年调任朔州市人大副主任、党组成员。

曹端，1946 年 12 月出生于山阴县荆家庄村。大校军衔，师级。北京西城区武装部部长。

温树凯，1947 年 7 月出生于山阴县前张堡村。1993 年授大校军衔，1995 年调任 24 集团军后勤部部长。

闫登山，1948 年 10 月出生于山阴县新岱岳村。1997 年调任中共山西省直属工委副书记。

兰在蓁，1949 年 3 月出生于山阴县兰家窑村。1995 年由军委主席江泽民签署命令授予大校军衔。

周文毅，1950 年 2 月出生于山阴县东双山村。内蒙古农牧业厅副厅长。

樊田发，1950 年 6 月出生于山阴县北王庄村。1999 年当选朔州市政协副主席。

石清礼，1950 年 7 月出生于山阴县北周庄村。中共山西省办公厅任副厅职。

李发，1950 年 8 月出生于山阴县苑家辛庄村。朔州市副市长。

李裕，1951 年 1 月出生于山阴县口前村。武警交通指挥后勤部部长（正师）。

申守文，1951 年 2 月出生于山阴县东庄村。2004 年 6 月当选为朔州市政协副主席。

霍文裕，1951 年 3 月出生于山阴县庙家窑村。1996 年调任大同市人民武装部政委。1996 年授上校军衔。

高彦斌，1952 年 4 月出生，山阴县大营村人。中共山西省委政法委员会副书记（正厅级）。

吕兴世，1953 年 2 月出生于山阴县刘家岭村。总工程师、研究员、正处级、副厅级待遇。

白俊禄，1953 年 5 月出生于山阴县泥河村。1993 年调任中共朔州市纪委副书记。

贾文斌，1953 年 6 月出生于山阴县云水庄村。2002 年升任后勤工程学院门诊部技术六级副主任药师，正师级。

麻全士，1953 年 10 月出生于山阴县大羊村。1999 年调任石家庄军械工程学院弹药应用工程教研室。2003 年晋升技术六级，正师级。

李惠同，1953 年出生于山阴县，曾任朔州和大同地级行行长，省分行副行长，总行派宁夏分行总监，宁夏政府参事。副厅级。

高玉明，1954 年 2 月出生于山阴县高庄村。1998 年调总后勤部基建房部房地产管理局任高级工程师（师级）。

刘震，1956 年 6 月出生于山阴县安荣村。2002 年调任水利部水土保持司司长。

张瑞恒，1957 年 10 月出生于山阴县，祖籍天镇县。2000 年调任北京军医学院副院长，2003 年晋升为大校军衔。

申守义，1960 年 2 月出生于山阴县岱岳镇，祖籍山西原平。2003 年晋升 95377 部队领航主任，大校军衔。

马桂兰，女，1963 年 8 月出生于山阴县快乐村。1991 年任太原卫星发射基地五一七医院内科副主任医师。副师级职务。

李建中，1963 年 10 月出生于山阴县王老沟村。1986 年毕业后，分配到国防科工委 32 基地工作，2001 年晋升为技术副师级。

李葆，1965 年 3 月出生于山阴县口前村。现任兰州军区联勤部司令副参谋长，大校军衔。

韩煜，1969 年 2 月出生于山西大同。山阴县薛圐圙乡西李庄村人。现任山西省武警总队政治部副主任，大校军衔（副师级）。

韩林，1972 年 5 月出生于河北怀安县。山阴县薛圐圙乡西李庄村人。现任中央军委联合参谋部战略战役训练局副局长。2019 年 3 月，任中央军委联合参谋部战略战役训练局局长，副军级。

第二节 副高职称以上人员名录

王三一，1922 年 1 月出生于山阴县岱岳镇。从山西大学工学院到太原理工大学，一生从教，由助教到教授。

刘建洲，1930 年 1 月出生于山阴县麻疃村。1950 年调任四川省劳动改造总队总队长。高级经济师。

解浚昌，1931 年 2 月出生于山阴县解庄村。1987 年聘为华东石油学院兼教授，曾任山东胜利油田钻井工艺研究院总工程师。高级工程师。

白德仁，1931 年 11 月出生于山阴县泥河村。1998 年评为高级农艺师。

闫嘉祺，1931 年 11 月出生于山阴县岱岳镇。1958 年调西安矿业学校任教，1981 年晋升为教授。

时日寅，1931 年出生于山阴县岱岳镇。1961 年毕业，先后在公安部、二机部、中国科技学院化学研究所作科研。高级工程师。

刘建府，1932 年 3 月出生于山阴县麻疃村。1961 年曾任大同市特种兵体验外科主检医师，1983 年晋升主治医师。

王琏，1932 年 8 月出生于山阴县大羊村。中共党员、大专文化，1963 年调至包头市十七中学任教，

1988 年评为中高级教师。

叶培明，1932 年 9 月出生于山阴县安荣村。1958 年分配山西省医学院附属医院工作，1991 年晋升教授。

朱耀明，1932 年 10 月出生于山阴县米庄窝村。1954 年考入中南矿冶学院冶金系学习。高级工程师。

卫志刚，1932 年出生于山阴县史家屯村。1963 年转业到山阴县县委组织部，先后任山阴县人民医院副院长、院长、卫生局副局长爱卫办主任。1989 年被评为副主任医师。

李得春，1933 年 2 月出生于山阴县刘家岭村。1961 年调国防科委第十研究所。教授。

弓玉宝，1933 年 3 月 12 日生于闫家巷，1981 年调任江西建筑机械厂总经济师。

郭文富，1933 年 7 月出生于山阴县北周庄村。1978 年任供销社财务股长，1990 年评为高级会计师。

任世民，1933 年 9 月出生于山阴县安荣村。1985 年武汉市公安干部学院学院，晋升为教授。

王玉珑，1933 年 12 月出生于山阴县东察罕铺村。1956 年进入山西师范学院学习，毕业后，先后在大同八中、后所中学、山阴城中学任教师、教导主任。中学高级教师。

王中邦，1933 年出生于山阴县云水庄村。1982 年调山阴中学任教，1988 年被评为中学高级教师。

时国英，1934 年 7 月出生于山阴县岱岳镇。1980 年调任雁北地区建设银行负责审查基本建设工程，1988 年评为高级审计师。

郝毓茂，1934 年 12 月出生于山阴县大羊村。1978 年调任神头电厂电建二公司子弟学校校长。中学高级教师。

朱耀儒，1934 年出生于山阴县米庄窝村。1985 年担任新疆自治区石油管理局、地质调查处教育培训中心教务处长，高级工程师。

贺立人，1934 年出生于山阴县观音堂村。1962 年调宁夏医学院任外科助教、讲师、副主任医师、教授。

郭兰梅，女，1935 年 3 月出生于，山阴县后所。中国民盟盟员，大学文化。1961 年 10 月由昭乌达盟组织部调到赤峰水泵厂做技术工作。高级工程师。

闫增世，1935 年 5 月出生于山阴县上岱岳村。1959 年先后在进修校、二中、三中任教，1988 年评为中学高级教师。

魏淑贞，女，1935 年 7 月出生于山阴县岱岳镇。1988 年调国家建设部标准定额司，晋升高级工程师。

赵生瑞，1935 年 11 月出生于山阴县岱岳镇。1972 年调到山阴一中。中学高级教师。

杨德高，1935 年 11 月出生于四川自贡。1958 年调山阴县工业供销社任科长，1989 年评为高级经济师。

康文信，1935 年 11 月出生于山西应县。1981 年任山阴城中学校长兼党支部书记，1988 年评为中学高级教师。

史培甫，1936 年 3 月出生于山阴县东沙堆村。1978 年调到天津市冶金局钢铁研究所任热能研究室高级工程师。

李文友，1936 年 8 月出生于山阴县刘家岭村。1956 年分配到山阴中学任教，1988 年评为中学高级教师。

王发，1936 年 8 月出生于山西朔州。1961 年调至山阴水利局。高级工程师。

黄万年，1936 年 9 月出生于山阴县安祥寺村。1975 年山阴一中任教，中学高级教师。

赵富愚，1936 年 9 月出生于山阴县安荣村。1964 年分配到二机部大西北某地一个大企业里，1981 年晋升高级工程师。

马汉贵，1936 年 10 月出生于山西省阳高县。1990 年调任山阴一中党支部书记。中学高级教师。

王秉哲，1936 年 12 月出生于河北省宣化市。山阴县人民医院外科工作，主任医师。

段文智，1936 年 12 月出生于山阴县岱岳镇。1963 年分配到大同三医院工作，1979 年评为主治医师。

李高才，1937 年 2 月出生于山阴县常辛村。1973 年调煤管局动力处，1988 年晋升高级机械工程师。

郭凤芝，女，1937年3月出生于山阴县后所村。1987年调任太原线路段工程师。高级工程师。

李逢彦，1937年5月出生于山阴县黑圪塔村。中学高级教师。

麻俊，1937年5月出生于太原，祖籍山阴县岱岳镇。1982年至1984年到美国普度大学电气工程系进修两年，留学回国后在陕西机械学院任副教授、教授。高级工程师。

吕国刚，1937年7月出生于山阴县安荣村。1963年分配到核工业部苏州医学院，1982年评为教授。

侯福谦，1937年8月出生于山西平遥。1963年参加工作先后在泥河公社、农业局农技推广站工作，被评为高级农艺师。

任克明，1937年12月出生于山西五寨。1970年调山阴农业局，历任畜牧局局长、科委副主任，高级畜牧师。

兰玉壁，1938年1月出生于山阴县水河铺村。1990年调任怀仁县林业局副局长兼苗圃主任。高级农艺师。

王德幸，1938年2月出生于山西霍州。1981年调山阴三中任教导主任，1988年评为中学高级教师。

贺如松，1938年2月出生于山阴县永静城村。1995年调任大同矿务局生产处主任工程师，教授级高级工程师。

樊兴泰，1938年7月出生于山阴县甘庄村。1974年在核工业第五研究设计院工作。高级工程师。

李清福，1938年7月出生，山阴县高庄村人。岱岳公社医院精神病院院长、主治医师。

郭凤来，1938年8月出生于山阴县后所村。1988年调任山西省职工医学院、中医学院副书记、副院长、院长等职。教授。

许建基，1938年8月出生于山阴。曾任电石厂副厂长、厂长、技术咨询副主任，1988年评为高级工程师。

赵尔昌，1938年9月出生于山阴县八里庄村。1963年参加工作，先后在山阴城小学、中学、山阴三中任教，1998年评为中学高级教师。

倪福廷，1938年10月出生于山阴县安良铺村。任职工业总公司，1989年评为高级经济师。

籍仰强，1938年12月出生于山西临猗。1981年调山阴县工业局，1989年评为高级工程师。

王振兴，1939年出生于山阴县后所村。1969调回山阴，先后在南街学校、后所中学任教，1988年评为中学高级教师。

赵生祥，1939年出生于岱岳镇。1986年5月担任中西医结合所研究会雁北分会理事。被评为副主任医师、主任医师。

刘培基，1939年出生于山阴县山阴城村。1985年调任大同县农机公司经理，1988年评为高级工程师。

王成玺，1939年出生于山阴县云水庄村。2004年考取全国注册高级动力工程师。

李存儒，1939年出生于山阴县常辛村。1980年任职太原理工大学化工学院实验室，2004年晋升教授级高工。

何汉祚，1939年出生于山阴县何庄村。在山阴县林业系统工作，1994年获山西省科学技术进步三等奖。高级农艺师。

白瑞兴，1939年出生于山阴县泥河村。1968年毕业后，分配到抚顺农药厂工作。总工程师。

郭升章，1939年出生于山阴县岱岳镇。1981年农技推广中心副主任。高级农艺师。

贺淑人，女，1940年出生于山阴县观音堂村。1963年分配到兰州化学工业公司合成橡胶厂工作，1988年评为高级经济师。

刘俭，1940年出生于山阴县前皇台村。山阴县肛肠病医院工作，任院长、主任医师。

王凤全，1940年出生于山阴县后所村。1984年调北京联合大学航天工程学院任教，高级工程师、教授。

赵模，1940年出生于山阴县白坊村。1986年调任山阴三中副校长。中学高级教师。

解延藩，1940年出生于山阴县解庄村。1987年担任中国文物保护技术协会石窟寺保护技术专业委员会委员，1998年评为高级工程师。

贾炳权，1940年出生于山阴县西沟村。1965年分配呼和浩特市郊医院、防疫站工作，1981任讲师、教授。

杨生凯，1940年出生于怀仁县兴旺庄村。1983年调任山阴县财政局局长。高级会计师。

赵和兴，1940年出生于山阴县山阴城村。2002年任咸阳师院校长兼书记。教授。

梁育民，1940年出生于山阴县古城镇。1981年调三中任教，1988年评为中学高级教师。

王元，1941年出生于山阴县庙家窑村。1988年调入山西省国际贸易促进委员会，任财务部部长、总会计师。

吉守愧，1941年出生于山阴县岱岳镇。1958年分配到潞安煤矿筹建处，1979年提为总工程师。

丰善，1941年出生于山阴县康庄村。1989年晋升高级工程师。1991年在瞬态光学技术国家重点实验室工作。

李香兰，女，1941年出生于山西大同。1984年任山阴县人民医院内科主任。2000年获省工会劳动模范表彰。

裴三辰，1941年出生于山西原平。在山阴县农牧场工作。高级农艺师。

张永盛，1941年出生于山西浑源。1984年在县委工作期间，获省级劳动模范称号。

李荫厚，1941年出生于山阴县马梁村。1985年调任计委副主任，1989年评为高级农艺师。

马清举，1942年出生于山阴县故驿村。1981年调山西省煤管局，任工程师，1988年评为高级工程师。

王与世，1942年出生于山阴县河阳堡村。1996年调任呼市铁路局中级人民法院院长兼党委书记。高级政工师、高级法官。

石清芳，1942年出生于山阴县杨庄村。天津井田集团公司搪瓷厂公司副总裁、厂长。高级政工师。

李德明，1942年出生于山阴县刘家岭村。1984年调任荣昌益民机械厂厂长，1988年评为高级工程师。

黄甲山，1942年出生于山阴县岱岳镇。任教山阴三中，1999年评为中学高级教师。

冯天福，1942年出生于山阴县高山疃村。任教山阴三中，1998年评为中学高级教师。

郭凤岐，1943年出生于天津，山阴县后所村人。1974年调入武汉建材学院（现在的武汉理工大学）从事大学物理教学。教授。

麻禄斗，1943年出生于山阴县大羊村。全国煤炭系统优秀企业家、山西省劳动模范。高级经济师。

王文科，1943年出生于山阴县织女泉村。北京化工学院任教，1988年评为教授。

李维华，1943年出生于山阴县高山疃村。1981年调山阴一中任教，1988年评为中学高级教师。

吉武元，1944年出生于山西阳高县尉家小堡村。1993年调任山阴县地矿局总工程师。高级工程师。

兰建华，1944年3月出生于山阴县甘庄村。1959年大同煤峪口技工学校毕业。高级工程师。

何永龙，1944年出生于山阴县下疃村，山阴三中校长、山阴教育系统工委书记。1999年评为中学高级教师。

郭礼凡，1944年出生于山阴县安荣村。1973年调入包头钢铁公司工作。高级工程师。

王富民，1944年出生于山阴县王家堡村。1968年在山阴县偏岭中学任教，2002年评为中学高级教师。

王文润，1944年出生于山阴县大羊村。山阴三中任教，1999年评为中学高级教师。

黄嵩山，1944年出生于山阴县大坪村。1992年调任朔州市供销社副书记。高级政工师。

李秀峰，1944年出生于山阴县七里沟村。大同市作家协会主席。

梁巨英，1944 年出生于山阴县帐头铺村。1988 年山阴二中任教，2002 年评为中学高级教师。

解宏佳，1944 年出生于山阴县解庄村。1983 年调山阴县教育局，2002 中学高级教师。

丁裕，1945 年出生于山阴县水河铺村。1982 年调任张家庄乡。中学高级教师。

闫祖禹，1945 年出生于山阴县岱岳镇。任教山阴二中。1999 年评为中学高级教师。

朱玉兰，女，1945 年出生于山阴县夏家窑村。1983 年调太原市三十八中工作。中学高级教师。

关禹，1946 年出生在山阴县关岱岳村。1975 年山阴二中任教。中学高级教师。

穆钧雷，1946 年出生于山阴县，祖籍河北省交河县人。1995 年调任山阴县教委副主任。2002 年评为中学高级教师。

丰汉成，1946 年出生于山阴县小疙瘩村。任教山阴三中，1999 年评为中学高级教师。

冯晋章，1946 年出生于山阴县大虫堡村。1973 年调至山阴一中，1999 年评为中学高级教师。

李广元，1946 年出生于山阴县刘家岭村。1994 年 5 月调任大同煤炭集团公司机电管理处总工程师。高级工程师。

崔元宪，1946 年出生于山阴县高山疃村。1991 年任朔州市粮油公司副经理。高级经济师。

杨乃芬，1947 年出生于山阴县杨村。1998 年调至山阴三中。2000 年评为中学高级教师。

陈官荣，1947 年出生于山阴县岱岳镇。1992 年任二中副校长。中学高级教师。

杨金峰，1947 年出生于山阴县杨村。山阴职中任教。2002 年评为中学高级教师。

吴堂，1947 年出生于山阴县吴家铺村。岱岳乡任教。1999 年评为中学高级教师。

苗建国，1947 年出生于山阴县甘庄村。1987 调任甘庄乡中学教师。中学高级教师。

郭海，1947 年出生于山阴县后所村。1983 年调任张庄乡教办副主任，后又调安荣乡教办专职副主任。中学高级教师。

郭秉忠，1947 年出生于山阴县安荣村，1981 年调至山阴一中，2000 年评为中学高级教师。

吉虎祉，1947 年出生于山阴县大羊村。1978 年调任山阴一中任教。中学高级教师。

丰武会，1947 年出生于山阴县云水庄村。1998 年山西省委、省政府授予“山西劳动模范”的称号。

闫正通，1947 年出生于山阴县岱岳镇。山阴党校高级讲师。

苏谦枝，1947 年出生于山阴县苏庄村。1999 年调任张家庄中学任教。中学高级教师。

马智林，1947 年出生于山阴县北周庄镇安岸庄村。1986 年调任山阴县职中教师。中学高级教师。

李郡，1947 年出生于山阴县常辛村。1983 年调到山阴一中任教。中学高级教师。

郭文秀，1948 年出生于山阴县北周庄村。北周庄联校任教。中学高级教师。

张应焕，1948 年出生于山阴县安乐庄村。中学高级教师。

朱有才，1948 年出生于山阴县西盐池村。1998 年调任山阴城镇教办副主任。中学高级教师。

吴凤山，1948 年出生于山阴县岱岳镇。1991 年调任冶金建设协会副秘书长。高级工程师。

张祥，1948 年出生于山阴县岱岳镇。1976 年调至山阴二中。2002 年评为中学高级教师。

曹掌斌，1949 年出生于山阴县郑庄村。山阴一中任教。1998 年评为中学高级教师。

刘凤高，1949 年出生于山阴县下神泉村。1985 年调山阴教育局工作。2002 年评为中学高级教师。

崔化英，女，1949 年出生于山阴县高山疃村。1996 年调任朔州市一中任教。中学高级教师。

赵玉喜，1949 年出生于山阴后皇台村。山阴三中任教。1999 年评为中学高级教师。

戈子厚，1949 年出生于山阴县故驿村。山阴三中任教。2000 年中学高级教师。

马穗生，1949 年出生于山阴县安岸庄村。1997 年 8 月调任山阴四中中学校长。中学高级教师。

刘杰，1950 年出生于山阴县双井村。1980 年调回山阴县冻牛坡中学任教。中学高级教师。

李昌进，1950年出生于山阴县北周庄村。1987年调北周庄镇初中任教。中学高级教师。

吉卯祉，1951年出生于山阴县大羊村。1981年在北京中医药大学基础学部工作，2001被评为教授，研究生导师。

吉继甄，1951年出生于山阴县大羊村。1988年调任太原重型机械设计院高级工程师。

田玉春，1951年出生于山阴县合盛堡村。1988年调岱岳乡二中。1998年评为中学高级教师。

张宝山，1952年出生于山阴县沙家寺村。1989年荣获山西省政府授予的“劳动模范”称号。

张富，1952年出生于山阴县东短川村。1987年调任小峪煤矿机关党委书记。高级政工师。

陈义和，1952年出生于山阴县东双山村。2003年调任东双山学校教师。中学高级教师。

闫玉枝，女，1952年出生于山阴县岱岳镇。副教授。山西省财贸学校任教，兼教学设备科科长。

王国龙，1952年出生于山阴县甘庄村，山阴一中、三中任教。1999年评为中学高级教师。

戈润厚，1952年出生在山阴县故驿村。1982年调山阴二中任教。中学高级教师。

施国元，1952年出生于山阴县安良铺村。1997年调任四中校长，同年调教育局工作。中学高级教师。

李延玉，1952年出生于山阴县岱岳镇。北周庄中学、山阴三中任教。2001年评为中学高级教师。

高香兰，女，1953年出生于山阴县安荣村。1978年调任安荣乡中学任教。中学高级教师。

李占义，1953年出生于山阴县上喇叭村。2005年调任冻牛坡中学副校长兼教导主任。中学高级教师。

高会山，1953年出生于山阴县东兴庄村。2000年晋升大校技术六级审计办公室主任。

贾文斌，1953年出生于山阴县云水庄村。2002年升任后勤工程学院门诊部技术六级副主任药师，正师级。

王仲虎，1953年出生于山阴县下喇叭村。1994年10月调任大同矿务局机电管理处处长。教授级高工。

郭世关，1953年出生于山阴县。1980年调山西省建设银行工作，任科长。高级经济师。

刘日强，1953年出生于山阴县后张堡村。2001年调任山西大唐国际神头发电有限责任公司副总经理，神头二电厂副厂长。高级工程师。

李惠，1954年出生于山阴县豆庄村。1995年荣获山西省劳动模范称号。

王文秀，1954年出生于山阴县胡峪口村。山阴三中任教。1999年评为中学高级教师。

王乐，1954年11月出生于山阴县元营村。1977年工作于山阴一中。2001年评为中学高级教师。

李海平，1954年12月出生于山阴县梁家店村。中学高级教师。1978年到马营乡学校任教。

王凌云，1955年出生于山阴县岱岳镇。1986年太原市建筑设计院，任工程师，现为高级工程师。高级工程师。

黄世龙，1955年11月出生于山阴县四里庄村。1987年到北京煤炭干部学院学习，1991年调任四老沟矿副矿长。高级工程师。

吴旺元，1955年8月出生于山阴县南辛庄村。1993年调任山阴三中教师。中学高级教师。

冯大洪，1956年6月出生于山阴县大虫堡村。1985年调任大同市矿区地税局办事员。高级会计师。

边晓智，1956年7月出生于山阴县白坊村。山阴一中。1999年评为中学高级教师。

任光毅，1956年9月出生于山阴县贾家窑村。主任医师。

刘琦，1956年11月出生于山阴县北盐池村。1978年工作于山阴城中学。2002年评为中学高级教师。

薛文君，1956年12月26日出生于山阴县薛圐圙村。山阴一中任教。2001年评为中学高级教师。

李桂萍，女，1956年12月出生于山西灵丘。1984年调山阴县防疫站工作，1987年评为主治医师。

崔海林，1957年4月13日出生于山阴县高山疃村。2000年被铁道部工业总公司评为中学高级教师。

白生岗，1957年8月出生于山阴县南大道村。中学高级教师。

郝利平，女，1957 年 9 月出生，祖籍山阴县上神泉村。山西农业大学食品科学与工程学院任教，1998 年任教授。

白英，1957 年 9 月出生于山阴县偏岭村。1997 年任阳泉煤业集团总会计师。高级会计师。

赵仲华，1957 年 9 月出生于山阴县后所村。山阴二中任教。中学高级教师。

郭悦，1957 年 10 月 18 日出生于山阴县郭家窑村。1998 年调任劳动部劳动科学研究所工作，任教授。

兰润林，1957 年 10 月 22 日出生于内蒙古包头市，山阴县兰家窑村人。1995 年调任包头昆仑职业中专培训中心主任。中学高级教师。

祝建华，女，1957 年 10 月出生于山阴县永静城村。1979 年毕业后，分配到大同市商业医院工作，在内儿科，任主治医师。

李继金，1957 年 12 月出生于山阴县双寨铺村。1993 年调山阴三中任教。中学高级教师。

温平，1958 年 3 月 17 日出生于山阴县陆庄村。2002 年调任山阴四中校长兼党支部书记。中学高级教师。

闫淑萍，女，1958 年 5 月出生于山阴县八步堰村。2001 年毕业后仍回大同市会计学校任教，担任教研室主任，评为副教授。

周继福，1958 年 6 月 16 日出生于山阴县南辛庄村。2000 年调任后所中学校长。中学高级教师。

赵通，1958 年 11 月出生于山阴县后张堡村。1985 年调雁北行署计委综合科、劳资科，先后任副科长、科长。经济师。

曹建国，1959 年 1 月 1 日出生于山阴县白坊村。2002 年调任合盛堡乡教办副主任。中学高级教师。

兰明山，1959 年 2 月出生于内蒙古五原，山阴县兰家窑村人。五原县三中任教。中学高级教师。

马宝生，1959 年 3 月 3 日出生于山阴县安岸庄村。2002 年调任大同十一中校长兼职大同市教育学会理事。中高级教师。

朱玉，1959 年 10 月 20 日出生于山阴县蓿麻沟村。2002 年 12 月改任山西平朔煤矸石发电有限责任公司总经理。高级工程师。

兰蕴霞，女，1959 年 10 月出生于山西大同，山阴县兰家窑村人。1998 年调大同市园林处儿童公园搞政工工作。高级园艺师。

张世满，1959 年 10 月出生于山阴县杨庄村。1982 年毕业在山西大学历史系任教。副教授。

邵宏业，1959 年 11 月出生于山阴县。1989 年进北京 301 医院耳鼻咽喉科进修一年。教授。

郭明勇，1959 年 12 月出生于山阴县北周庄村。1989 年毕业后到北京军区后勤部任主治医师、所长，1995 年评为副主任医师。

刘继忠，1959 年 12 月出生于山阴县岱岳镇。山阴一中工作。1999 年评为中学高级教师。

胡建业，1960 年 1 月出生于山阴县榆树洼村。1993 年调大同人事局任职。2000 年调任大同市交通局副局长。

李良柱，1960 年 6 月出生于山阴县七里沟村。中学高级教师。1981 年在山阴二中任教。

徐建国，1960 年 8 月出生于山阴县岱岳镇闫家巷。2001 年任中共山西省委党校省直分校副教授。

郝秀文，1960 年 9 月 3 日出生于山阴县甘庄村。1991 年调晋中高等师范专科学校中文系任教。副教授。

韩建华，1959 年 9 月 20 日出生于山阴县岱岳镇。1984 年调到三中任教。中学高级教师。

徐占军，1960 年 9 月出生于山阴县农牧场。2000 年调到山西省化工设计院。高级工程师。

胡凤英，女，1960 年 11 月出生于山阴县岱岳镇。2003 年调入山阴县教育局工作。中学高级教师。

郝德岗，1961 年 4 月出生于山阴县上神泉村。2003 年调到上海宝钢国际经济贸易有限公司。高级工程师。

安保国，1961 年 8 月 8 日出生于山阴县曹庄村。2001 年调到山阴三中，评为中学高级教师。

李栋，1961 年 10 月出生于山阴县来远村。山阴一中任教。中学高级教师。

王凌生，1961 年 11 月出生于山阴县岱岳镇。北京畜牧局工作。高级畜牧师。

李建成，1961 年 11 月出生于山阴县薛圐圙村。1996 年任薛圐圙中学任教。中学高级教师。

任兴强，1962 年 2 月出生于山阴县东鄯河村。2003 年被山西省人民政府评为“全省五一劳动奖章获得者”；2007 年被山西省委、省政府评为全省劳动模范。

温玉生，1962 年 2 月出生于山阴县西沙堆村。山阴一中任教。中学高级教师。

王永贵，1962 年 6 月 1 日出生于山阴县甘庄村。1988 年调山阴一中。中学高级教师。

丰尚奇，1962 年 6 月出生于山阴县西小河村。中国管理科学研究院学术委员会特约研究员。高级工程师。

闫世龙，1962 年 7 月出生于山阴县岱岳镇闫家巷。山西省地质工程勘察院。高级工程师。

樊碧发，1962 年 8 月出生于山阴县北王庄村。1992 年、1997 年，先后在日本旭川医科大学学习二年。任中日友好医院疼痛中心主任，教授。

郭立平，1962 年 8 月出生于山阴县岱岳镇。1983 年分配到神头电厂子弟中学任教。中学高级教师。

王永莲，女，1962 年 9 月出生于山阴县南洲庄村。1986 调山阴三中。中学高级教师。

赵玉平，1962 年 10 月出生于山阴县北王庄村。1983 年调山阴二中任教。中学高级教师。

牛世宝，1962 年 10 月出生于山阴县古城镇前射垛村。2000 年调任四中校长兼党委支部书记。中学高级教师。

郭中阳，1962 年 10 月出生于山阴县岱岳镇。1990 年到哈尔滨工业大学汽车学院教研室，任讲师、副主任、副教授。

杨增梅，女，1962 年 10 月 30 日出生于山阴县高山疃村。2003 年兼任省交通厅公路管理处正处级调研员，高级工程师。

王志陆，1962 年 12 月出生于山阴县云水庄村。1997 年调任山阴四中语文老师。中学高级教师。

康志文，1962 年 12 月出生于山阴县林桥村。1996 年调任省农业厅农垦种子公司经理。高级农经师。

周汉良，1962 年 12 月出生于山阴县高山疃村。2000 年到 2004 年任中外合资万国房地产开发有限公司，苏州市房地产商会常务理事及苏州大学文正学院客座教授。工程师。

高文艺，1963 年 1 月 21 日出生于山阴县水峪口村。1982 年分配山阴三中。中学高级教师。

闫凤茹，女，1963 年 1 月 8 日出生于山阴县上岱岳村。2001 年调任山西财大经济信息学院科研处副教授。

贺义才，1963 年 2 月出生于山阴县东双山村。山西省林业科学研究院从事林业科研工作。高级工程师。

冯成刚，1963 年 5 月 5 日出生于山阴县大虫堡村。2002 年 6 月调任太原市煤气公司外埠工程副处长。高级经济师。

刘月香，女，1963 年 7 月出生于山阴县岱岳镇。1987 年调任铁十七局中心医院主治医师。

缠岱平，1963 年 7 月出生于山阴县岱岳镇。2001 年调到青藏县担任高级工程师。

王国纪，1963 年 9 月 27 日出生于山阴县南洲庄村。1992 年在大同市第三人民医院评为主治医师。

郭增军，1963 年 9 月 28 日出生于山阴县北周庄村。1992 年山阴县第三中学任教。中学高级教师。

李福忠，1963 年 9 月出生于山阴县岱岳镇。石家庄泵业集团公司。高级工程师。

尉哲明，女，1963 年 11 月出生于山阴县。山西财经大学任教。副教授。

丰生江，1963 年 12 月 10 日出生于山阴县西沟村。1987 年分配到山阴一中任教。中学高级教师。

剧通达，1963年12月出生于山阴县白家堡村。1999年调任同煤集团挖金湾矿副矿长，兼安监站站长。高级工程师。

白金梅，女，1964年3月出生于山阴县岱岳镇。山西省财政税务专科学校。副教授。

白高峰，1964年出生于山阴县泥河村。平朔露天煤矿中学任副校长。中学高级教师。

李宝堂，1964年10月出生于山阴县马营庄村。1982年考入山西农业大学，毕业后分配山西省林业调查院工作。高级工程师。

赵志刚，1964年11月出生于山阴县后所村。汕头大学医学院工作。副教授。

郭海，1965年1月出生于山阴县康庄村。1996年升任马脊梁矿副矿长。高级工程师。

安杰，1965年2月出生于山阴县后石门村。1995年受聘到美国EDS公司北京办事处工作。高级工程师。

兰春莲，女，1965年3月出生于山阴县甘庄村。朔州市一中英语教师。中学高级教师。

贺拥军，1965年5月出生于山阴县薛圐圙村。1988年调山西省财税专科学校财政系任教。副教授。

杨兴香，女，1965年7月出生于山阴县岱岳镇。1986年分配到雁北师院政教部工作，1998年被学校聘为副教授。

王一平，女，1965年9月出生于山阴县南洲庄。复旦大学国际文化交流学院任教。副教授。

梁日忠，1965年9月出生于山阴县面瓮山村。华北工学院化学工程系任教，1998年晋升为副教授。

金利彪，1965年10月出生于山阴县岱岳镇。山阴二中任校长。中学高级教师。

刘占忠，1965年12月出生于山阴县马营乡张家堡村。1990年7月调山阴三中任教。中学高级教师。

李银花，女，1966年1月出生于山阴县燕庄村。山阴中学任教。2006年被评为中学英语高级教师。

成国日，1966年7月出生于山阴县西沙堆村。山西省化工设计院工作。高级工程师。

崔金钟，1966年9月3日出生于山阴县常辛村。成都电子科技大学任教，2000年晋升副教授。

徐州全，1966年10月出生于山阴县合盛堡村。1989年分配到山西财政税务专科学校任教。副教授。

麻国斌，1966年10月出生于山阴县大羊村。1996年调到太原煤气公司工作。高级会计师。

秦永新，1967年1月出生于山阴县帐头铺村。1989年分配到北京军区52924部队。高级工程师。

郭军，1967年2月出生于山阴县西盐池村。太原市煤炭气化公司工作。高级工程师。

闫宏斌，1967年5月出生于山阴县岱岳镇。1995年调任朔州市资源管理局勘测大队大队长。高级工程师。

闫日武，1967年6月出生于山阴县东鄯河村。2000年10月调任同煤集团四矿副主任。高级工程师。

潘东红，女，1967年6月出生于应县大营村。1992年调到山阴二中任教。中学高级教师。

刘丽萍，女，1967年9月出生于山阴县北周庄村。山西大学法律系任教。副教授。

康玉天，1967年10月出生于山阴县马营庄村。1992年毕业后，分配到山西省晋中经纬中学任教，评为中学高级教师。

彭祝祥，1967年11月出生于山阴县安荣村。大同矿务局马脊梁矿工作。高级工程师。

赵荣，1967年11月出生于山阴县农牧场。1989年分配到中国第一拖拉机厂第二装配厂工作。高级工程师。

王晓明，1967年12月出生于山阴县甘庄村。1984年调大同矿务局马脊梁矿，2001年调任该矿。高级工程师。

王国瑞，1968年1月出生于山阴县梁家店村。2004年调任朔州路桥建设有限公司常务副总经理、董事、党委委员。高级工程师。

李曙光，1968年2月出生于山阴县南李庄村。2006年转到德国DB厂矿用机械公司北京办事处。高级工程师。

丁近厚，1968年2月出生于山阴县后皇台村。1990年分配到太原市中国原子辐射防护院工作。高级工程师。

郝秀荣，女，1968年3月出生于山阴县上神泉村。2003年调大同铁路一中任教。中学高级教师。

黄安，1968年6月出生于山阴县岱岳镇。山西中医学院针推教研室副教授。

兰军，1968年9月出生于内蒙古包头市，山阴县甘庄村人。1999年2月调至中央电视台卫视公司。高级工程师。

李海，1968年9月出生于山阴县东寨村。高级工程师。1997年调任同煤集团机电管理技术科，任高级工程师。

赵平花，女，1968年11月出生于山阴县后张堡村。太原理工大学任副教授。

李建斌，1969年7月出生于山阴县王老沟村。1997年就业于陕西省公路局。高级工程师。

崔建宇，女，1969年7月出生于山阴县。1991年分配山西省青年管理干部学院任教。副教授。

郑生斌，1969年11月出生于山阴县安荣村。2001年11月改任大同热电有限责任公司总工程师。

刘日宏，1969年11月出生于山阴县下神泉村。2005年6月调任山西远昌集团公司总经理。高级工程师。

段培贤，1969年11月出生于山阴县辛立庄村。中国船舶工业总公司船舶系统工程部工作。2002年评为高级工程师。

王志云，1970年10月出生于山阴县云水庄村。内蒙古华电公司高级工程师。

李桃，女，1970年12月出生于山阴县屯港村。1996年调到山阴三中任教。中学高级教师。

王志福，1971年1月出生于山阴县安乐庄村。2002年调任上海14冶宝钢宽厚板项目经理部钢分公司总工程师。高级工程师。

白旭显，1972年7月出生于山阴县泥河村。1996年调任大同市公安局警卫处副处长。高级职称。

苏志霄，1973年1月出生于山阴县安详寺村。2002年任国电电力建设研究所高级工程师。高级工程师。

武秀军，1974年4月出生于山阴县黄巍村。2001年回北京矿冶研究总院工作。高级工程师。

赵文峰，1975年9月出生于山阴县八里庄村。美国宾夕法尼亚洲立大学计算机系硕士研究生毕业。美国纽约蓬勃公司从事软件开发工作，职称是高级软件工程师。

第三节 博士人员名录

陈新权，1954年8月出生于山阴县。1987年考取北京大学哲学系博士研究生。

康宏令，1956年出生于山阴县岱岳镇。1990年获美国伟恩州立大学博士学位。

康宏斌，1957年出生于山阴县岱岳镇。1988年获得美国伟恩州立大学博士学位。

黄大卫，1957年4月出生于山阴县安详寺村。1985年在中国科学院动物研究所获理学硕士学位。1989年获博士学位。昆虫学专家。

苏明，1957年12月出生于山阴县北周庄村。1996年开始在财政部财政科研所在职攻读博士学位。

李俊清，1958年8月出生于山阴县。中国人民大学国际关系学院获博士学位。

武秀忠，1961年3月出生于山阴县黄巍村。1996年到日本九州大学攻读博士学位。

梁日杰，1961年8月出生于山阴县西鄯河村。1987年中国社会科学院世界经济与政治系博士研究生。

戈平厚，1962年出生于山阴县故驿村。1995年获哈尔滨工业大学博士学位。

贺建文，1962年4月出生于山阴县永静城村。2003年在日本九州大学医学部读博士研究生。

倪晋仁，1962年9月出生于山阴县安荣村。1985年在清华大学攻读博士学位。1989年获博士学位。中国科学院院士，环境水利科学家。

贾顺平，1963年出生于山阴县岱岳镇。1987年获得北京交通大学交通运输学院博士学位。交通运输规划专家。

丰广魁，1963年出生于山阴县山阴城村。上海中医大学博士研究生。

郝玉光，1963年2月出生于山阴县上神泉村。2003年在北京林业大学水土保持学院读博士，博士研究生。

康卫泽，1963年10月出生于山阴县岱岳镇。清华大学研究院仪器系机械学专业免试直升攻读博士学位的研究生。

冯志君，1964年10月1日出生于山阴县沙岭村。2005年在中北大学读研，博士研究生。

高华林，1965年出生于山阴县辛留村。1991年获得北京科技大学采矿系博士学位。

雷秀峰，女，1965年出生于山阴县岱岳镇。1994年获得北京科技大学采矿系博士学位。

缠洪武，1965年3月出生于山阴县岱岳镇。1996年赴澳大利亚墨尔本大学读生物博士，博士学位。

王立贤，1965年3月出生于山阴县王家涧村。1993年于中国农业大学动物科技学院动物遗传育种专业毕业，获博士学位。养猪专家。

王栋民，1965年生于山阴县小羊村，2002年获中国建筑材料科学研究总院非金属材料专业博士学位，建筑材料专家。

杨立，女，1965年8月出生于山阴县杨庄村。1995年赴美国留学在亚利桑那大学，取得博士学位。

安虎仁，1965年9月出生于山阴县西沙堆村。1989年考入清华大学环境系攻读博士研究生。

马小江，1965年11月出生于山阴县旧广武村。1997年在美国华盛顿大学读振动工程方向博士，博士学位。

李文，1966年出生于山阴县黄巍村。1990年考入大连理工大学有机化工专业攻读博士学位。

闫利，1966年10月出生于山阴县岱岳镇。武汉测绘科技大学摄影测量与遥感专业攻读博士学位。

王新，文，1967年出生于山阴县岱岳镇。1996年获南京东南大学无线电工程系博士学位。

郭存悦，1967年3月出生于山阴县安祥寺村。2000年考入中国科学院化学研究所读博士研究生，2003年取得博士学位。

闫东鹏，1967年12月出生于山阴县上岱岳村。2000年考入清华大学经济管理学院读博士。

郭中，女，1968年6月生于平鲁，祖籍山阴县北周庄村。解放军信息工程大学“优秀研究生”博士。

霍保世，1968年10月出生于山阴县岱岳镇。1996年考入北方交通大学研究生院，1992年分配到中央铁道部工作，工作期间又考取博士学位。

闫丽萍，女，山阴县上岱岳村人。1996年考入上海医药大学读医学博士。1999年到南京中医大学读博士后。

杨永岗，1969年12月出生于山阴县冻牛坡村。1993年取得硕士学位后考入南京农业大学攻读博士研究生，1996年取得博士学位。

陈步东，1970年6月出生于山阴县东双山村。2003年考入首都大学在职读博士研究生。

安文锋，1970年7月生于山阴县高山疃村。密歇根大学2003年6月博士毕业。

丁胜厚，1970年8月出生于山阴县后皇台村。1998年考上德国柏林大学，攻读博士学位。

马正伟，女，1972年出生于山阴县马梁村。第三军医大学2001年取得博士学位。

李进伟，1972年9月出生于山阴县刘家岭村。2000年9月考入江南大学食品学院学习，取得硕士、博士学位。

贺荟忠，女，1972 年 9 月出生于山阴县永静城。2000 年考入上海师范大学教育科学院攻读博士。

丁世英，女，1972 年 10 月生于山阴县农牧场。1997 年进入北京协和医科大学药物研究所，攻读硕士、博士。

张翠珍，女，1974 年 2 月出生于山阴县岱岳镇。北京中医药学院取得硕士学位，接着在该校攻读博士学位。

冯雅琴，女，1974 年 10 月出生于山阴县双寨村。2004 年 3 月考入中国科学院遗传专业攻读博士学位。

席建忠，1974 年生于山阴县农牧场，2004 年在加州大学洛杉矶分校获得生物医学工程专业博士学位并任职研究员。生物新材料专家。

李志全，1976 年 6 月出生于山阴县南李庄村。2005 年考入西京医院骨科在职博士研究生。

樊大伟，1977 年 4 月出生于山阴县岱岳镇。2002 年赴南洋理工大学攻读博士。

樊茂勇，1977 年 6 月出生于山阴县北王庄村。2003 年 8 月考入加州伯克利大学攻读博士学位。

徐永明，1978 年 9 月出生于山阴县东小河村。哈尔滨理工大学电机电气及自动化专业，2001 年提前读博士研究生，取得工程学硕士学委会。博士学位。

黄煜，1979 年 9 月出生于山阴县大坪村。考入中科院长春光机学院物理系硕士研究生班，学业完成后，开始攻读博士研究生。

班丽丽，女，1980 年 7 月出生于山阴县岱岳镇。1999 年考入昆明理工大学，2003 年考取昆明理工大学硕士研究生，2008 年博士毕业。

李贵生，1981 年 6 月 12 日出生于山阴县西李庄村。2004 年从北京大学毕业后被保送到中国科学院生物物理研究所直博研究生班学习。

梁华，女，1981 年 7 月出生于山阴县岱岳镇。2005 年 9 月就读南京理工大学博士。

林福宏，1981 年 11 月出生于山阴县范家屯村。2006 年北京交通大学保送为直博研究生。

第四节 历任领导与劳模名录表

1938—2015 年中共山阴县委书记名录表

表 34-1

县委名称	姓 名	籍 贯	任职时间
山朔怀右县委	鲁 平	陕西延川县	1938 年 3 月至 1938 年 7 月
右山怀中心县委	龙 鸣	四川宜汉县	1938 年 8 月至 1939 年 4 月
右山怀中心县委	李登瀛	陕西神木市	1939 年 5 月至 1939 年 11 月
右山怀中心县委	凤城（王海之）	辽宁凤城市	1939 年 12 月至 1940 年 1 月
右山怀中心县委	麻胡（苏恒）	东 北	1940 年 2 月至 1940 年 9 月
山朔县委	麻胡（苏恒）	东 北	1940 年 11 月至 1941 年 11 月
山朔县委	李易山	山西平鲁区	1941 年 12 月至 1942 年 3 月
山朔县委	王尚志（代理）	山西平鲁区	1942 年 3 月至 1946 年 4 月
山怀县委	王尚志	山西平鲁区	1946 年 5 月至 1946 年 7 月

续 表

县委名称	姓 名	籍 贯	任职时间
应山联合县委	杨汝德	四 川	1938 年 7 月至 1938 年 12 月
应山联合县委	张 荔	陕西临潼区	1939 年 1 月至 1940 年 1 月
应山联合县委	石 林	山东泰安市	1940 年 2 月至 1940 年 12 月
山阴县委	刘 模	山西原平市	1941 年 1 月至 1944 年 12 月
山阴县委	徐志远	山西定襄县	1945 年 1 月至 1945 年 12 月
山阴县委	杨志民	山西定襄县	1946 年 1 月至 1946 年 12 月
山阴县委	郜志远	河北平山县	1947 年 1 月至 1947 年 7 月
山阴县委	苗逢澍	山西襄垣县	1947 年 8 月至 1948 年 7 月
山阴县委	郄晋书	河北阜平县	1948 年 7 月至 1949 年 2 月
山阴县委	王进之	河北阜平县	1949 年 3 月至 1949 年 8 月
山阴县委	张 静	山西静乐县	1949 年 9 月至 1950 年 8 月
山阴县委	李俊杰	山西灵丘县	1950 年 9 月至 1951 年 7 月
山阴县委	刘更生	山西广灵县	1951 年 8 月至 1952 年 2 月
山阴县委	贺广文	河北威县	1952 年 2 月至 1952 年 4 月
山阴县委	王亦文	山西平鲁区	1952 年 4 月至 1954 年 5 月
山阴县委	杨克林	山西神池县	1954 年 5 月至 1955 年 5 月
山阴县委	刘 起	山西灵丘县	1955 年 6 月至 1956 年 4 月
山阴县委	庞汉杰	山西沁源县	1956 年 5 月至 1957 年 6 月
山阴县委	刘 起	山西灵丘县	1957 年 8 月至 1963 年 3 月
山阴县委	杨芬皋	山西繁峙县	1963 年 3 月至 1967 年 3 月
山阴县委	孙焕庭（代理）	山西繁峙县	1964 年 11 月至 1965 年 4 月
山阴县委	段九龄（代理）	山西静乐县	1965 年 5 月至 1966 年 3 月
中共山阴县核心小组	刘贵良（组长）	山西襄垣县	1967 年 4 月至 1967 年 8 月
中共山阴县核心小组	付贵仑（组长）	山西灵丘县	1967 年 8 月至 1970 年 8 月
山阴县委	耿凤珍	河北安次区	1971 年 3 月至 1973 年 12 月
山阴县委	管少凡	山西怀仁县	1974 年 1 月至 1979 年 3 月
山阴县委	童文让	山西应县	1979 年 4 月至 1982 年 3 月
山阴县委	张秉法	山西怀仁县	1982 年 3 月至 1983 年 9 月
山阴县委	李满田	山西浑源县	1983 年 10 月至 1988 年 12 月
山阴县委	靖夺魁	山西浑源县	1989 年 1 月至 1991 年 7 月
山阴县委	杨 礼	山西大同市	1991 年 7 月至 1996 年 6 月
山阴县委	蔚文彩	山西朔州市	1996 年 6 月至 2001 年 8 月
山阴县委	马占俊	山西怀仁县	2001 年 8 月至 2003 年 7 月

续 表

县委名称	姓 名	籍 贯	任职时间
山阴县委	陈晋才	山西忻州市	2003 年 7 月至 2009 年 9 月
山阴县委	侯 元	山西右玉县	2011 年 5 月至 2015 年 5 月
山阴县委	李旭清	山西静乐县	2015 年 5 月—

1938—2019 年山阴县人民政府县长名录表

表 34-2

政府名称	姓 名	籍 贯	任职时间
应山联合县抗日民主政府	杜（向光）惠	山西代县	1938 年 7 月至 1938 年 12 月
应山联合县抗日民主政府	郝继忠	山西平遥	1939 年 2 月至 1939 年 4 月
应山联合县抗日民主政府	任达之	山西阳高县	1939 年 8 月至 1939 年 10 月
应山联合县抗日民主政府	石 林	山东泰安市	1939 年 10 月至 1940 年 9 月
右山怀中心县抗日民主政府	王焕光	山西汾阳市	1940 年 2 月至 1940 年 10 月
山朔县抗日民主政府	王焕光	山西汾阳市	1940 年 10 月至 1941 年 1 月
山朔县抗日民主政府	戎存仁	山西平鲁区	1941 年 2 月至 1941 年 9 月
山朔县抗日民主政府	时芒（王庆林）	山西原平市	1941 年 9 月至 1941 年 10 月
山朔县抗日民主政府	高 明	山西右玉县	1941 年 10 月至 1942 年 9 月
山阴县抗日民主政府	景（祥甫）延祯	山西洪洞县	1941 年 5 月至 1942 年 3 月
山阴县抗日民主政府	郝廷干	山西代县	1942 年 3 月至 1944 年 10 月
山阴县抗日民主政府	张 竞	山西原平市	1944 年 10 月至 1945 年 8 月
山阴县抗日民主政府	王越毅	江苏沛县	1945 年 8 月至 1945 年 9 月
山阴县抗日民主政府	郭维真	甘肃平凉市	1945 年 9 月至 1945 年 11 月
山阴县抗日民主政府	孙桂林	河北平山县	1945 年 11 月至 1946 年 7 月
山朔县人民民主政府	周永柏	湖南澧县	1945 年 8 月至 1945 年 9 月
山朔县人民民主政府	张鹏举	山西朔州市	1945 年 9 月至 1946 年 3 月
山怀县人民民主政府	李滋润	山西平鲁区	1946 年 3 月至 1946 年 7 月
山阴县人民政府	孙桂林	河北平山县	1946 年 7 月至 1947 年 5 月
山阴县人民政府	李志恒	山西应县	1947 年 5 月至 1949 年 1 月
山阴县人民政府	杨培茂	山西繁峙县	1949 年 1 月至 1949 年 7 月
山阴县人民政府	高 呈	山西代县	1949 年 8 月至 1950 年 10 月
山阴县人民政府	安平章	河北安次区	1950 年 11 月至 1951 年 1 月
山阴县人民政府	王 戎	河北唐县	1951 年 1 月至 1951 年 11 月
山阴县人民政府	牛佐魁	山西繁峙县	1952 年 7 月至 1955 年 1 月
山阴县人民委员会	金若（女）	山西大同市	1955 年 1 月至 1956 年 10 月
山阴县人民委员会	李文仁	山西灵丘县	1956 年 9 月至 1956 年 12 月

续 表

政府名称	姓 名	籍 贯	任职时间
山阴县人民委员会	高 呈	山西代县	1956 年 12 月至 1963 年 12 月
山阴县人民委员会	段九龄（注）	山西静乐县	1963 年 12 月至 1965 年 3 月
山阴县人民委员会	王海明	山西灵丘县	1965 年 12 月至 1967 年 3 月
山阴县革命委员会	张之靖	山西五台县	1967 年 4 月至 1969 年 10 月
山阴县革命委员会	刘元化	山西灵丘县	1969 年 10 月至 1971 年 3 月
山阴县革命委员会	耿凤珍	河北安次区	1971 年 4 月至 1972 年 11 月
山阴县革命委员会	沈鸿猷	山西浑源县	1972 年 11 月至 1975 年 10 月
山阴县革命委员会	蔺全璧	山西灵丘县	1976 年 1 月至 1978 年 1 月
山阴县革命委员会	杨润森	山西广灵县	1978 年 1 月至 1980 年 8 月
山阴县人民政府	杨润森	山西广灵县	1980 年 8 月至 1981 年 6 月
山阴县人民政府	霍文章	山西山阴县	1981 年 10 月至 1983 年 9 月
山阴县人民政府	靖夺魁	山西浑源县	1983 年 9 月至 1988 年 12 月
山阴县人民政府	杨 礼	山西大同市	1989 年 3 月至 1992 年 3 月
山阴县人民政府	蔚文彩	山西朔州市	1992 年 3 月至 1996 年 6 月
山阴县人民政府	马占俊	山西怀仁县	1996 年 7 月至 2001 年 9 月
山阴县人民政府	陈晋才	山西忻州市	2001 年 9 月至 2003 年 8 月（去世）
山阴县人民政府	左中伟	山西怀仁县	2003 年 8 月至 2008 年 4 月
山阴县人民政府	侯 元	山西右玉县	2008 年 4 月至 2011 年 6 月
山阴县人民政府	南志中（注）	山西平鲁区	2011 年 6 月至 2018 年 11 月
山阴县人民政府	苏 坡	山西大同市	2019 年 1 月—

注：段九龄 1966 年 5 月到外县参加“四清”运动

注：南志中 2018 年 11 月 8 日被免职

1981—2014 年山阴县人大常委会主任名录表

表 34-3

姓 名	籍 贯	任职时间
李胜基	山阴县	1981 年 6 月至 1987 年 6 月
王秉和	阳高县	1987 年 6 月至 1993 年 6 月
麻乐土	山阴县	1993 年 6 月至 1996 年 6 月
徐清发	怀仁县	1996 年 6 月至 1998 年 6 月
王守生	山阴县	1998 年 6 月至 2001 年 8 月
贾忠权	山阴县	2001 年 8 月至 2007 年 5 月
李国胜	大同县（现云州区）	2007 年 5 月至 2011 年 5 月
郭自更	阳高县	2011 年 6 月至 2013 年 4 月

续 表

姓 名	籍 贯	任职时间
程育胜	应 县	2013 年 4 月（2013 年 4 月去世）
相 成	山阴县	2014 年 4 月—

1984—2015 年山阴县政协主席名录表

表 34-4

姓 名	籍 贯	任职时间
王秉和	阳高县	1984 年 7 月至 1987 年 6 月
冯瑞章	山阴县	1987 年 6 月至 1990 年 6 月
刘振国	山阴县	1990 年 6 月至 1998 年 5 月
王 双	怀仁县	1998 年 5 月至 2007 年 5 月
袁林生	洪洞县	2007 年 5 月至 2015 年 5 月
段国强	山阴县	2015 年 5 月—

198—2011 年山阴县全国劳模名录表

表 34-5

姓 名	性 别	出生年月	授予单位	荣誉称号	获奖时间	单 位	政治面貌
李生军	男	1966.8	国务院	全国劳模	2005	吴马营东榆林村	群众
朱来有	男	1953.8	农业部	全国种粮大户	2011	古城镇西盐池村	党员

1984—2014 年山阴县省劳动模范名录表

表 34-6

姓 名	性 别	出生年月	授予单位	荣誉称号	获奖时间	单 位	政治面貌	文化程度
李尚智	男	1955.3	省委、省政府	省劳模	1998	马营乡	党员	本科
王应贤	男	1952.6	省委、省政府	省劳模	1998	石星化工	党员	中专
崔建国	男	1957.1	省委、省政府	省劳模	2001	康喜乳业	群众	大专
樊世雄	男	1958.12	省委、省政府	省劳模	2004	佳联大酒店	党员	大专
李生军	男	1966.8	省委、省政府	省劳模	2004	吴马营东榆林村	党员	高中
蒋月斌	男	1964.2	省委、省政府	省劳模	2007	天鹏牧业	党员	大专
陈岗义	男	1953.5	省委、省政府	省劳模	2007	奶牛医院	党员	大专
董有国	男	1957.12	省委、省政府	省劳模	2010	农技中心	党员	大学
申 雄	男	1972.10	省委、省政府	省劳模	2010	山阴第三中学	群众	本科
李宝发	男	1966.9	省委、省政府	省劳模	2014	马营庄故驿村	党员	高中
付文刚	男	1970.12	省委、省政府	省劳模	2014	中煤金海洋	党员	本科

艺文

第三十五编

山阴县文脉绵长，人杰地灵，诗词、散文名家辈出，活跃在文艺园地里，创作出许多形式丰富、内容真切的优秀作品。1998—2016年，山阴的文艺事业发展较快，广大的专业、业余文艺工作者在“百花齐放，百家争鸣”的文艺方针指导下，深入生活，辛勤创作，积累大量的文艺作品。旅居县外的山阴籍作家、画家、摄影师等颇有建树，创作很多小说、诗歌、戏曲、散文、绘画、摄影作品，其中部分作品获得各种奖励，受到专家学者和读者观众的肯定与好评。他（她）们的作品有的发表在全国各地著名的报刊杂志，有的由出版社编印成册，有的发表在《山阴文艺》里。石刻是证史、补失和纠舛的重要佐证，是借鉴历史经验、弘扬民族文化的珍贵实物资料。山阴石刻发掘整理近200通（件），未出土和毁坏的，不计其数。石刻名称均为全称，没有碑名的依内容定名。除少数残损或仅留残块，无法断句的石刻外，均进行断句标点。

第一章　诗词　散文

第一节　诗词　歌赋

山之阴

吕兴光

山之阴，有人家，
不种桑蚕不种麻。
一年四季一场风，
从冬刮到夏。
五千年，长歌烈，
奔驰着金戈铁马。
站在长城南北望，
一样的锦绣中华。
今日山阴树挺拔，
处处长着好庄稼。
牛儿肥，马儿壮，
都是好人家。
五千年，岁月稠，
凿下了秦砖汉瓦。
捧一把热土心口放，
世世代代不忘咱的家。

鹧鸪天·故乡情

申守业

洪涛山里梦回萦，
桑干两岸神牵魂。
几度探亲憾匆促，
未审县城细容貌。
游子意，故乡情，
割舍不断挂在心。
但愿《山鹰》常飞越，
山阴消息莫断闻。

给你（三首，择其两首）

王立世

一、月
小时候，
让妈妈挂风筝的线，
给我挂月。
妈妈漫不经心地说，
长大了，
自己会挂的。
现在，
挂风筝的线丢了，
月，
比我童年，
还遥远。
二、爱情号码
这个号码，
是你我心灵的秘密通道，
全世界只有你我知晓，
这号号码，
贮存着你温柔的的声音。

还有我急促的心跳，
这个号码，
永远不会占线，
更不会死一样睡眠，
没有杂音干扰，
只有琐碎的话语，
在温暖着，
被时间一点一点吞噬的生命，
亲爱的，让我无法控制的是，

你那些纯洁的短信，
经常让那些被我不断删除，
又像野草一样不断长出的，
垃圾短信围困，
甚至是淹没。

我的家乡山之阴

曹居应

青青翠微山，
葱葱黄花梁，
桑干河流过我家门旁。
广武古城墙，
岁月多沧桑。
长城不老人惆怅，
民族心结何时了。
山之阴啊山之阴，
我的家乡不一样。
绵绵洪涛山，
巍巍雁门关，
春燕子飞回了我家乡。
古城飘新雨，
遍地闻奶香，
“玉井”流出个“金海洋”。
塞外明珠又一颗，
春风送暖好时光。
山之阴啊山之阴，
我的家乡就是不一样。

山阴县城“同太路”重修歌

兰思蓁

国道二〇八，蜿蜒到山阴，
千里同太线，此处最繁荣。
改革开放路，山阴步紧跟。
南北主街道，东西店如林。
工农大跃升，三产正勃兴。
店铺盆聚宝，商城斗量金。
千军川流过，万人潮水涌。
路面超负重，遍布深浅坑。
摩托扭摆走，汽车颠簸行。
学生来回跳，老人左右冲。
人车相摩擦，交通事故频。
车多街道窄，堵车常发生。
虎年仲夏月，来了袁纯清。
说咱城建样，落后三十春。
县委、县政府，修路下决心。
务求高标准，昼夜紧施工。
侯元南志中，保持好作风，
经常到工地，质量不放松。
管线埋地下，加厚筑垫层。
油面反复压，全程平整整。
双向六车道，花砖铺人行。
中间绿化带，繁茂植高松。
新式节能灯，夜晚耀眼明。
人车有序行，全天保畅通。
通车剪彩日，鼓号抒豪情。
市府来相贺，致词候新生。
政府解民忧，万众得欢欣。
修通一条街，疏通百姓情。
规划十二五，城市带乡村。
绿是主色调，黑白齐延伸。
描绘新蓝图，再造新山阴。
全县摽起劲，建设幸福城。

山阴诗笺

徐岳峰

六郎城

风动衰草时空倒，烽台无语知多少。
崔鸣断垣杨氏惮，铁马负伤盼采药。
粮足三军唱仲春，深秋千载人不老。
昨夜古城更商埠，至今云端宾客笑。
广武汉墓群，莽野睡千军。
蛮荒梦正酣，汉朝葬事传。
田畴化景观，六郎心生计。
辽兵惊魂散，评书热耳畔，
无恙清韵还。

雁门关
双眸细量无鸟途，
一关势吞自轩昂。
十万苍山不寒暑，
助过灵王助唐王。
东飞紫气勾居庸，
西舞斜阳拉宁武。
莫言白骨古战场，
而今名山放佛光。

璀璨山阴县

徐德清

北出雁门关，
天地豁然宽。
广袤同朔地，
万物一目览。
清泉峪口涌，
苍鹰碧空旋。
远眺洪涛山，
腾龙呈蜿蜒。
问首仰佛宿，
祥光曜山峦。
桑干如玉带，
映日泛银澜。
滋润一方土，
惠泽万倾田。
大运高速路，
矫若巨龙般。
车辆穿梭行，
雄伟极壮观。
沿途景色美，
启开新画卷。
汉墓披新绿，
辽城蕴古颜。
果园花香溢，
温室四方鲜。
村村牛成群，
乡乡设奶站。
乳品销九洲，
质量夺金冠。
昔日野人家，
如今生态园。
桑干河干渠，
驰名米粮川。
玉米产双千，
甜菜亩逾万。
两岸防风林，
挺拔肩并肩。
顶风斗冰霜，
拒沙抗干旱。
家我父兄辈，
勇于担艰险。
山阴县一中，
学子之摇篮。
万千栋梁才，
出自此校园。
企业金海洋，
产煤又发电。
输送新能源，
环境不污染。
车过黄花梁，
古道依稀辨。
西口心酸事，
早已化云烟。
塞外一明珠，
璀璨山阴县。
家乡大巨变，
游子心亦甜。

登广武城墙

魏志旻

雁门山外天苍苍，
桑干河畔野茫茫。
乌金溢彩奶溢香，
青松成片雁成行。

人文古今歌将相，
广武新旧演沧桑。
乱石有情埋忠骨，
夕阳无限照边墙。

蝶恋花·广场花坛

颜明绪

满圃芳菲云锦地。
异彩斑斓，
巧作图纹绘。
芍药紫花争妩媚，
牵牛玫瑰尤清丽。
招得游人长兴会。
色艳花香，
谁不陶恋醉？
草木含情应有意，
万花争报春风惠。

再谒化悲岩寺

杨增武

回首三十七年前，
同窗游玩化悲岩。
孤松独石朱砂洞，
送子观音滴水泉。
文化革命破“四旧”，
塑像被毁庙拆翻。
可笑少年受蛊惑，
山脚搬椽实可怜。

而今渐趋知天命，
亲友相聚再攀缘。
树风树龙树走兽，
石雕石画石飞天。
疾风劲草知神灵，
小溪奇石饱人眼。
一碗圣水心清亮，
悬崖化悲天地间。

七 律

为山阴河阳广场主题雕塑《融合》题

徐恒峰

雁门通衢南北中，
形胜要略兵必争。
汉胡子弟赋采薇，
黄土魂昭将士忠
青锋弯弓垂壁时，
丝竹胡笳共奏鸣。
民族融合铸史诗，
伟业凝聚中华兴。

登故乡广武城

张志刚

古柏结伴蔚辽城，
汉墓苍松慰忠魂。
长城横空腾云雾，
广武飞鸿通雁门。
遍地旌旗催鼓角，
边塞自古出英雄。
翠微山壑深无底，
不及老翁思乡情。

念奴娇

电影《焦裕禄》观后感

薛登科

山河表里，望兰考，极目中州大地。
人民呼唤焦裕禄，长泪如雨倾盆。
忠诚爱党，赤胆报国，百姓心萦系。
栉风沐雨，脚印都是正气！

往年蓦然回首，
乃真公仆，宛清廉如洗。
君浩浩其伟岸兮，高风亮节来去。
人民之子，血浓于水，精神无限意。
学焦裕禄，乾坤更加澄碧！

山鹰颂

为赠阅《山鹰》而奉献

徐德富

山之鹰，山之神，
雄风万里遨长空。
环视沧海无比翼，
大千世界任逍遥。

山之鹰，山之灵，
成吉思汗弯大弓。
只射大雕不射鹰，
独尊神鹰为族魂。

山之鹰，山之秀，
一方水土一方气。
诗词歌赋润墨趣，
盛世华章谱山阴。

鹧鸪天 · 会学友

阳 坡

桑干水流会永定，
京华山阴人物新。
阳春有脚出雁门，
学子归心歌大风。
中国梦，家乡情，
微信群里聊纵横。
六委筹谋兴县计，
三代协力报晖春。

家乡：成长我的天堂

于万泉

一个没有雾霾的地方，
一个不大会堵车的地方，
一个有山有水的地方，
一个低头抬头都有亲人的地方。
家乡——
成长我的天堂，
什么时候都让我感到安全。
家乡——
承载我梦想的地方，
朴实的像父老乡亲一样！

水调歌头

逢 春

乡情几时有？举头向青天。
塞北雁门山阴，离别又一年。
白首长者老区，黄口幼子成人。
或有家训至，
弟妹迎新婿，兄妹喜乔迁。
登长城，览广武，赛江南。
湿地成园，故乡中秋月更圆。
儿女拼搏他乡，牵挂家中高堂，
忠孝盼两全。
但愿人长久，晨暮共寒暄！

沁园春

读《山鹰》有感

米亚英

拜读《山鹰》心潮澎湃，宛若回乡。
览洪涛桑干，历史厚重。
山阴大地，人才济济。
以文联谊，乡音聚友，
此情浓浓诚可贵。
遥相知，有在外儿女，魂牵故里。

才志谱写宏章，置家乡建设为己任。
与《山鹰》齐飞，同心共勉，
乡荣我荣，惠及久远。
继往开来，铸就辉煌，
着力实现兴乡梦。
再回首，读《山鹰》陶醉，更觉欣慰。

临考叮咛歌

丁 杰

（生活篇）

三年如一日，身心好疲倦。
家国负重托，不敢稍怠懈。
考前需调整，犹如临战前。
先调生物钟，勿再搞夜战。
身心要放松，思维才敏捷。
须知考场上，时效最为先。
腹有五车书，空卷也枉然。
考前保温期，重在回头看。
课本是根本，通法是重点。
适度查漏缺，切勿钻牛尖。
考试有战术，时序要探研。
胸中有成竹，临阵不慌乱。
膳食宜清淡，不要设家宴。
考前几日内，不要爬书案。
家里宜清静，亲朋勿来参。
父母多鼓励，压力不敢添。
察言导信息，观色识冷暖。
考生显脆弱，稚心忒敏感。
胜负平常事，成败谈笑间。
家人看时钟，做好后勤官。
检点应试物，备查考证件。
考后护回家，前事莫再谈。
切忌对答案，正误已在卷。
凭添烦恼事，影响后一段。
傍晚闲散步，洗漱早睡眠。
蓄锐养精神，好待来日战。
顺利固可喜，挫折视等闲。
万一不理想，也把心放宽。
花落花自开，蓄芳待来年。
年轻无失败，风物宜放远。

（教学篇）

题目看几遍，信息自凸现。
重视客观题，阵脚才不乱。
中档基础题，本应操胜券。
思路如清晰，步骤要完善。
力求获全胜，不能留遗憾。
排组概率题，表达勿太简。
数形相结合，扬长避其短。
一般与特殊，辩证统一看。
转化需等待，划分好微观。
方程与函数，数学中轴线。
开局做得顺，灵感上笔端。
进入攻坚段，心定神自安。
仔细索信息，深刻解概念。
思维若受阻，变换角度看。
搜索记忆库，是否曾相见。
常见类型题，方法筛一遍。
缩小包围圈，中的有利剑。
难点一突破，美景可预览。
数学讲思想，登高好望远。
方法不拘泥，综合各手段。
做出压轴题，注意有台阶。
入手不念难，前论后条件。
尽量莫空卷，奋力去登攀。
三年一千日，心血铸利剑。
今日显身手，英姿考场见。
主考属选拔，题难本自然。
个题突不破，心态也坦然。
永远不放弃，理想定实现。

古槐·老屋·深井

—兰家窑南沟记忆

兰在蓁

南沟，
瘦得犹如一股麻绳。
太阳，
把这里的石头磨得铮亮透明。
岁月，
不经意间绾了一个结。
堂燕，
照例送来善意的问候。

母亲唤着乳名那熟稔的叫声，
送进那片往年老屋又传出回音。
静默地守候在沟沿的还有一眼深井，
空留下深邃而坚硬的井绳刻痕。

歪脖子槐树像一尊沉默的老者，
见证着沧桑变迁与村史同庚。
沟沿旁恹恹欲睡的半截窑洞，
再难觅昨日年轻的身影。
凄凄楚楚地屹立在历史纵深，
守望着渐行渐远的窑洞主人。
啊，南沟！
古槐！
深井！
啊，故乡！
老屋！
窑洞！

读《康庄往事》

吴昌生

北京知青四百多，
六八插队山阴。
扎根农村有真诚，
耕雾锄露早，
产量年年增。

桑干河畔看康庄，
咸水困扰村民。
为此牵动杰兵心。
奔波数十载，
钻出甜水井。

同心井约

赵杰兵

农历辛卯，中秋月圆。康庄打井，得见甘泉。
井称同心，合力共建。全村分享，生命之源。
一不多采，以泽长远。只供人畜，不浇田园。
二要节约，管理从严。切勿糟蹋，一滴一点。
三交水费，确保循环。阶梯定价，合理安善。
四讲科学，已生康健。爱护水井，风成蔚然。
依法治水，约重如山。凡我村民，遵守勿偏。
教育子孙，世代相传。同心同德，长盛久安。

塞上吟

李志斌

寒风猎猎朔平府，和烟十里没尘土。
马邑道上伏兵甲，汉家冢里藏弓弩。
锦衣执戟行域内，冰雪泥泞阻商贾。
云聚云散未轻许，盈虚凉热尤难睹。
蓦然白日风波起，轻薄狂絮搅天舞。
不省含沙会射人，手捧赤诚与血吐。
吁嗟呼！
丈夫生平须擒虎，会将功业追贤古。
骐骥一跃行千里，困服盐车喷而俯。
燕王重金买骏骨，五侯七贵谁知否？
呜呼！
行人只合雁门苦，李广关前曾杀虏。
杨业困死陈家谷，世代英名留宗谱。
君不见贾谊年少亦多才，沦落长沙雄心腐。
天下熙熙偃烽火，三顾之期难再补。
结庐南山白草口，村野微躯居残堡。
且耕且读且老朽，从来清风傲骨在畎亩！

雁门广武古长城

心 广

雁门广武古长城，
岁年抗战有杀声。
七十周年匆匆过，
爱国精神日日新。

桑干水，洪涛峰，
山山水水有山鹰。
励精图治搞建设，
共同实现中国梦。

思念慈母

徐万道

送走了仙逝的慈母，
留下了心中的思念。
说来我已年过花甲，
竟这样幼儿般脆弱。
眼睛止不住泪，
喉咙抑不住泣。
想为母亲再买点点心，
已找不到送去的地方。
吼开嗓子叫一声娘亲，
却听不到熟悉的应响。
心似秋风，
夜袭悲凉。
目若浑荒，
无垠绝望。

妈在的时候，
不以为然。
甚或背地里有点小埋怨。
如今妈走啦，
妈真的走啦！
用不着我再递一杯水，
用不着我再倒一泡尿。
我似乎清闲了许多，
自在了不少。
其实，
懊悔缠身，
更累！
惭愧压心，
更受不了！
懊悔告诉我，
能替母亲递一杯水，
胜拜五台山。
惭愧告诉我，
能替母亲倒一泡尿，
胜服安心丸！
呜呼！晚矣——
我已错失了
叩拜活佛的机缘，
只能在自责中，
接受无尽的熬煎。
我没有理由开脱自己，
也找不到诊治后悔的药。
唯作无尽的思念，
无尽的思念！

真的很想妈，
不管是白天还是黑夜。
想妈妈儿时举目无亲。
颠沛流离的可怜，
想妈妈非常时期。
拉扯儿女的艰难，
想妈妈寡居41年。
无依无靠的心酸，
想妈妈把那么的爱留给我们，
没有带走一点点！
妈！
儿女真的很想您！
很想您！

登草垛山

闫文艺

山绿草生津，
谷幽花诱蜂。
岩泉弹神话，
千里目山阴。

山阴之歌

孙淑珍

山阴，我的家乡，我的母亲。
我祖祖辈辈生活的地方，
洪涛巍峨，翠微蜿蜒。
日夜流淌的桑干河水，

哺育了山阴勤劳的人民，
吟唱着生生不息的岁月长歌。

这是一片古老的土地，
曾经饱受战火的蹂躏。
秦时的明月，汉时的边关。
辽宋的城堡，明代的长城。

雄关要塞，金戈铁马荡气回肠。
千军战场，号角连鸣旌旗飞扬。
历史的长河中，
谁能相信山阴曾经历 4700 多次的战火洗礼。
广武的汉墓堆，
谁又在叹息冰冷的铠甲里上万个战士的忠魂。
历史终于黯淡了刀光剑影远去了鼓角争鸣，
历史让山阴更加热爱和平仰望安宁。
历史让山阴比任何一个地方更加憧憬海纳百川
懂得宽容，
岁月的沧桑沉淀出山阴独特的边塞风情。

这是一片神奇的土地，
山川秀美，地杰人灵。
古有米信、沙彦珣、王家屏、宋伟、崔增瑞，
他们在历史册页中为山阴增添光辉。
今有乔九崇、彭云，
一个是为了让乡亲们过上富裕的日子，
以七头奶牛起家创办了古城乳业集团；
一个是牢记党旗下朴素的信念，
以实实在在行动为老百姓排忧解难；
他们在生命的最后都在奉献和追求。
他们是山阴大地的优秀儿女，
他们的魂魄化作了黄花梁上挺拔的白杨。

这是一片勇于开拓的土地，
这是一片创新发展的土地。
当时间进入公元 2008 年，
山阴 春潮涌动一场转型的革命如约而至。
振兴山阴教育掀起了这场转型的大幕，
长项做强、短板做长、民生做实。
山阴的发展历经艰辛终于找到了出路，
新一届领导班子高瞻远瞩、统筹规划。
精心描绘出十二五蓝图，
科学发展为统领，转型发展是主线。
两大基地是重点，三色经济是模式。
自然生态构和谐，现代宜居是宗旨。
循环发展第一县，东部新区排头兵。
蓝图催人奋进，号角铿锵有力。
山阴人民看到了实实在在的变化，
山阴的老百姓们说。
新一中大楼盖漂亮了，
外地学生回来了。
高考达线人数增信了，
幼儿园盖成童话王国了。
同太路修平坦了，
黑漆的街区路灯全都亮化了。
村村都通公路了，
大街小巷都硬化了。
联电供暖让老百姓的心头暖和了，
西山造林减小风沙的危害了。
湿地公园改善县城的空气了，
河阳湖的建设赶得上西湖美了。
一场肉牛比赛让山阴奶牛火了，
奶价提了，奶农笑了。
山阴敢自信地称自己是养奶牛最适合的地方了。

首届边塞文化节的举动，
山阴亮相全国名扬天下。
山阴的变化日新月异，
山阴的建设突飞猛进。
让我们一起祝福山阴 祝福母亲，
明天 扬帆远航 更加繁荣 更加富强！

山阴之歌

黄 冀

山阴，我的母亲，我的家乡，
你是我祖祖辈辈生活的地方。
历史悠久啊山川壮美，

你的儿子把你讴歌吟唱。

历史上你是千年古战场，
雁门关下朝朝代代慷慨悲昂。
你辖四镇又九乡，
二十三万人民居住在二百六十余个村庄。

你的东南边缘是翠微屏障，
东北部的黄花岭生长着挺拔的白杨。
中间是东西至西南的槽形盆地，
巍巍洪涛在你的西北方向。

大贝山是境内的珠穆朗玛，
最低处在合盛堡乡的北郭庄，
桑干河水由西流向东，
一千六百平方公里的土地滋润着甘泉佳酿。

你是中华民族发祥地之一，
仰韶文化分布在平川山岗。
1167 年的金代始名“山阴”，
是因为你在馒头山的北方。

登山蜿蜒的广武古城墙，
只见堞楼对峙烽火台相望。
俯瞰脚下里罗棋布的封土堆，
那是千年汉墓群在诉说沧桑。

两千多年前的赵武灵王，
黄花岭下胡服骑射民富国强。
一六三零年诞生了第一部《山阴县志》，
刘以守的名字百年留芳。
地灵人杰的家乡令人神往，
王家屏曾任明代内阁辅相。
还有梁启超的老师崔增瑞，
山海关总兵宋伟的老家在堡子巷。

八年抗战战果辉煌，
宋时轮将军率队顽强把敌抗。
吴马营乡的阴凉山上，
女英雄李林的英名万古扬。

文革期间知识青年上山下乡，
国家主席的儿子插队在白坊。
刘源将军情寄桑干河，
知青文化塞外谱华章。

北同蒲铁路线上汽笛声高昂嘹亮，
大运路，同太路贯穿全县数十个村庄。
更有那密如蛛网的县乡公路，
取代了昔日的小道羊肠。

烽火台上滚滚狼烟飘向远方，
洪涛山下鸡毛信件杳杳茫茫。
便利快捷的通讯设施，
远隔万里的亲人犹在身旁。

戏曲艺术源远流长，
晋剧、耍孩、道情老老少少受哼唱。
民间音乐种类丰富艺术魅力强，
最难忘鼓乐班子的锣声锵锵。

桑干河畔地肥草美花香，
人勤春早推动六畜兴旺。
黑白花漫步山阴四十年，
“山阴·牛”的口号从今天叫响。

“三色经济”围绕优势做文章，
转型发展效益年年有增长。
民营企业因地制宜迈大步，
农民不用离土，步子迈进了工厂。
县城岱岳镇在家乡的中央，
日新月异的建设具备了城市的模样。
全县范围整治村容村貌，
桑干河两岸一改旧模样。

前进的山阴步伐稳健坚强，
改革的家乡一片蒸蒸日上。
百项工程大会战，

谱写了山阴历史新篇章。

回首昨天有过灿烂和兴旺，
展望未来令人欣喜若狂。
山阴，我的家乡，
祝福你前程似锦明天更辉煌。

诗三首

韩耀光

咏桑干湿地公园

绿树红花虹彩铺，银环金斗碧流浮。
鸟鸣雨后夕阳路，近看桑干锦绣图。

咏新建山阴一中

县委政府下决心，融资三亿建一中。
设计新颖构筑精，空中鸟瞰似雄鹰。
楼体能防八级震，全省一流质超群。
民心工程顺民意，去秋首届招新生。
洪涛桑干传笑语，清华园里去报名。

咏广武边塞文化

人说山西好风光，我看最数山阴靓。
刚下雁门高架路，又登广武古城墙。
千年汉墓埋忠骨，宋代杨门守家邦。
明代长城留遗址，旅游胜地沐朝阳。

我爱山阴

韩晓春

塞外看山阴，物华天宝境。
人杰多才子，地灵惠民生。
翠微山之阴，长城汉墓群。
桑干贯东西，帝师王家屏。
佛宿山之阴，灾害罕发生。
人有馒头山，牲畜草垛供。
转型新山阴，风调又雨顺。
盛产黑白绿，生活小康型。

旅游队伍到山里

王文跃

旅游从城到山里，游人个个精神提。
下车不怕精力疲，忙忙到山看稀奇。
到了山根香扑鼻，姹紫嫣红啥东西。
进山体验解了迷，原是百花争美丽。
空气新鲜沁心扉，贪恋深吸把眼眯。
沟中溪水清见底，水边草下藏了鱼。
连片青松穿绿衣，密积挺拔野兽栖。
树上鸟儿狠摇尾，想和游娘比比美。
交响音乐交错起，百鸟抖翅把歌啼。
灌木摇动惊响回，原是狍子戏耍追。
脚下见到白骨堆，食物成链无怨谁。
头顶一团兔毛飞，空中老鹰把兔追。
树上豹子舔血嘴，根下扔骨凉风吹。
怪石形态齐不齐，谁把这样大山堆。
瀑布挂山水花飞，孩子忙问猴那里。
滚滚云团随风移，腾云驾雾似仙飞。
叮当之声惊耳扇，原是隧道抡大锤。
下山路上把头回，流连忘返不舍离。
欢住农家吃美味，互相谈论争口杯。

一个山村大学生的梦

王仁官

你不要老问我将来到那，
小心毁了你的青春年华。
我大学毕业后还要回来，
一辈子不离开这山沟山洼。

你不要老打听城市的生活，
操心走错路把好梦摧垮。
我要把青春献给这片热土，
甘愿作一辈子山里娃。

你老认为城市姑娘漂亮，
要知道鲜花也能在山村开放。

人人都说山村姑娘聪明能干，
要不怎能生出俊鸟和凤凰。

你老问我将来有啥理想，
这句话问在了我的心上。
我热爱山村更热爱山村姑娘，
愿和你一块把山村建成小康。

我之梦想

高耀文

我之梦想非离奇，世人面前不低眉。
炎黄子孙一代代，文明昌盛和谐居。
睦邻相处讲仁义，待人礼貌最客气。
左邻右舍极暴戾，动文动武使利器。
闯入庭园施奴役，竟把爷儿当蝼蚁。
子孙生活在地狱，苦煎苦熬百年历。
幸有“精卫”揭竿起，带领众生齐出击。
赶走强盗得胜利，尸柩上方悬红旗。
世界种族丛林里，中华民族岿然立。
伟大复兴寄希冀，神州莺歌齐燕语。
祖国河山尤美丽，百姓日子更甜蜜。
我之梦想国梦系，拼搏进取献厚礼。
撰写文章出书籍，通过书籍传旨意。
激励仁君速奋起，莫忘奉献出大力。

注：1.“左邻右舍”指东西方侵略者。2.“精卫”引用“精卫填海”的典故来说明。

转应曲

李 桃

广武，广武，游览绝佳去处。
长城汉墓貌原，新村古堡景观。
观景，观景，放眼绿色卧岭。
汉墓，汉墓，沉睡士兵无数。
驱逐胡虏边安，深闺多少梦残。
残梦，残梦，留给后人评定。
汉武，汉武，壮志开疆拓土。
文韬武略称雄，穷兵黩武户空。
空户，空户，多少孤魂汉墓。

藕根与钢筋

王文耀

池塘荷花美丽动人，平地高楼坚固入云。
荷花美丽凭的藕根，楼房坚固凭的钢筋。
藕根深藏污泥之中，它将营养荷花供应。
钢筋埋在水泥深层，而把楼房框架支撑。
藕根钢筋从不露容，身挑重担概不争名。
藕使荷花叶绿花红，钢使楼房高立称雄。
藕处污泥不染自身，钢入水泥永保硬身。
学藕处污白白净净，效钢永挑广用重任。

咏岱岳

闫正通

东临滔滔桑干水，西接绵绵黑茶山。
北枕青青黄花岭，南俯弯弯土牛川。
朔漠大道穿此中，岱岳古镇建其间。
物华天宝丰饶阜，人杰地灵英才篮。

大型文化片《山之阴》

（主题歌）

词：苏全海 王永青 曲：侯青山 演唱：殷秀梅

1=F 4/4 气势恢宏 抒情地

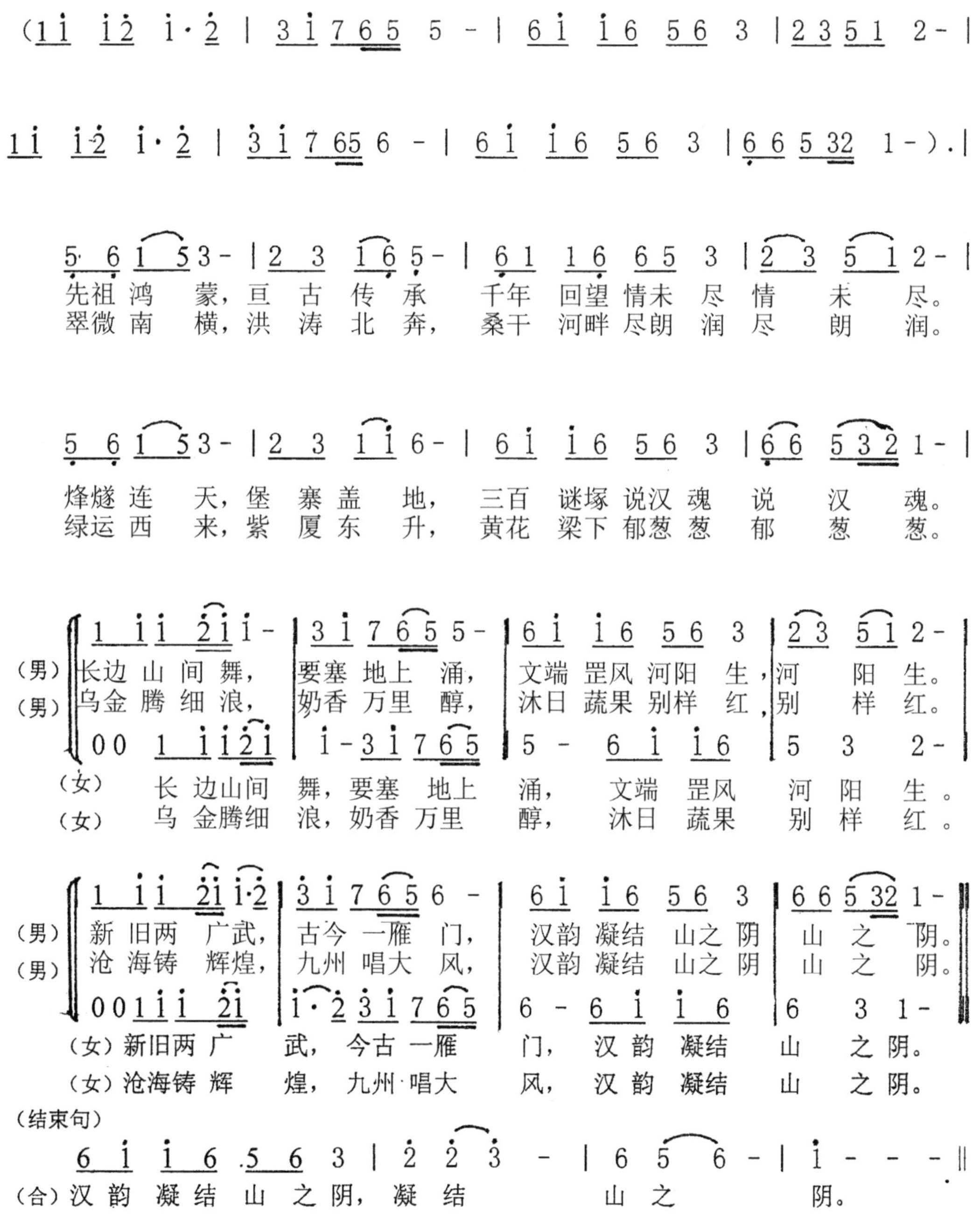

山阴赋

徐岳峰

山阴川三面环山，雁门关一夫当关。关之北，三水起舞，古曰漯水、治水、武州川水，今谓桑乾河，名起玄学，“上玄下黄，以象乾坤也。”水润沃野，道临德邦，关之何雄，引历代骚客，辞赋千古；水之何秀，传洪源七轮，世之奇观。

雁门北望平川长，环空东西重峦茫。东瞻翠屏高仰，雄峰比肩，林茂草盛，峰峦毓秀，王者威仪；西瞩山势骤起，洪涛滚滚，一脉倾泻，逶迤东北，如蛟龙出海，似万马奋蹄；北眺黄花蛇舞，朦朦天际，岭云相淹。

斗转星移沿革异，世代迭更据其地。封邑筑城，绵延千载：禹贡山阴，冀州北域；春秋北狄，悬飘旌幢；战国称赵，文明渊源；秦雁门郡，上苍垂爱；汉置阴馆，斑斓华夏；后魏神武，神名吐香；北齐曰郡，芳踪太平；隋帝心仪，废郡设县；唐马邑郡，商贾云集；五代寰州，天地灵秀；后晋阴馆，易称契丹；金置忠州，志在吞胡；辽设河阴，斯唯盛世；元起山阴，疆界井然；明清贯之，名邑气象。

人文荟萃史悠久，华章溢美天人一。上古三贤，黄帝蹚足，事传虽渺，人居有证；尧治“汪水”，遗“汪陶宫”；夏宿草垛，颂曰夏屋；文殊留宿，亦名佛宿。周邦赵武灵王，句注寨吞妹封地，尽显英雄本色；武帝雄略，汉墓飙华；北魏文帝，黄昏城遗世。列朝争雄，端赖乡地：隋帝杨广，决战雁门；宋将杨业，狼村被擒；萧太后安营村筑堡；李自成赴大同受降途经，山海关总兵宋伟饮鸩长眠……先祖事迹印山河。

天地人和存玄机，人文厚重势煌煌。圣杰辈出，星耀今古：后唐名将沙彦珣，少怀大志，勇谋隐秀；大明王朝，文武瑰异，进士成文，升任御史，辽东平乱，世宗高封；正德进士郭登庸，巡抚浙江，提学湖广，一生好学，手不释卷，遗《自修图》，修身养性，千古遗韵；嘉靖郭石，滕县知县，诗赋佛道事，御碑今尚在，一身禅意，文脉浓情；万历重臣王家屏，气节称道，民尊阁老，其“道不苟容，弃官如履；义不苟免，视死如饴”的《山房文集》哲启后昆；其曾祖王缙，临邑知县，称为青天；其父王宪武，凤目龙须，志趣高洁，操守方严，名冠郡中；其子王浚初，文聪柔翰，官居柳州知府，人谓风雅之士；其南州书院，开启民智，倡导学风，浸透秉性，亦农亦读，蔚成邑风；其祖孙联芳，一门八英，科甲挺秀，人人景仰。赫赫大清，光绪进士崔增瑞，矢志报国，博学闻达，锥刺科试二十载，怀玉高远，内涵厚积，其房师张之洞，其房生梁启超，只身系双士，竟使山河动颜色。

今人恋乡一樽酒，多谢骚客百篇吟。古往今来，硕儒显贵，或任职视事，或过境留踪，或留下名篇，人气济文脉，雄关万卷诗，皇皇文集，气盖四邻：太宗李世民，饮马雁门，帝王思想，山中孤赏；唐人陈子昂，《忠州》一儒冠；贾岛“无端更度桑干水”，眷顾人间第一流；王维《广武途中》，清静无声，汗出沾背；金人元好问，《雁门关》宿云，寻历史遗影……山川灵气，唯道而兴，公元 1948 年 4 月 6 日，关碧峰美，天人合一，天骄毛周，险地摸顶，硝烟虽化，历史永铭！

天精地瑞根祖藏，流金淌银文化扬。故驿发掘，战国头骨；泥河发现，恐龙化石，乃亿载玄冥；下喇叭窖现古钱币，石破天惊；岱岳镇雍正石桥，大小石狮，色泽如玉，形态各异，百样神态。遗迹不胜追踪、似烟如梦，文脉名垂千古、日月共存。

开放岁月抒英姿，科学发展展长卷。川广山阔，形胜万状，吸山河秀气，产业丰饶；吐人文精神，五色交融：金海洋煤品，熠熠生辉，循环经济，政府称道，绿色发展，乡人安康；古城乳品，华夏走俏；红黄萝卜，青脆无比，驰名中外，港人独爱；云水白酒、溶南风北韵，滋味绵长、摄汉魂唐魄；国道高速，四通八达；铁路动车，纵贯南北；各业园区，以区化人。能源强县，畜牧富县，商贸活县，生态绿县，三晋县域，跻身八强。乡亲同骄，乡音同颂，小平理论，大力彰显，科学发展，生机无限。桑梓万众尽欢颜！

赞曰：三晋明珠，贤哲灿星，难尽笔墨；锦绣山川，多少筹划，不胜罄述。二十四万乡灵，感激珍惜，欢天喜地，齐奏凤管鸾箫！壮哉山阴！美矣山阴！

2011 年 4 月于平城

山阴县河阳广场主题雕塑铭文

壬辰年孟秋，县河阳广场落成一尊合身铜像，缘以精多魄强当谓域之神。

塑神有其形而无其言，有其质而无其文，双首同躯，骨肉一体，魂魄为偶：一作南顾，深沉正直，眷恋木棉山泽；一作北眺，昭明威武，含吐大漠风云。

乡人叹神像，阔步雄视，火目流辉，所职者华夷千秋、以明以悔，所表者如雷如风，助天以总众灵，助国以济三农。

身立南兆，为星为辰，斡运阴阳，慕南拱北也。兄弟至于斯，阋墙之争，干戈顷作玉帛乎。

史册典籍，记代北甚威；载五岳视雁门谓灵神甚贵，三水汇神武似祀典三公。安得神像，逢盛世伟业。处河阳洁宿，犹馈县之典魂，康于乡党。域神定彪炳世人，气壮斯地也！

徐恒峰谨识于神武川。

历史的真实——《王家屏讲章解读》跋

康继文

研读王家屏讲章，因其著作权的归属问题还有一场“文墨官司”要争讼如下。

请看该《论语·阳货》“子曰：‘小子何莫学夫诗…’章”之讲章末后一节：“然《诗》之为教，不但学者所当诵习也。《关雎》《麟趾》，为风化之原；《凫鹥》《既醉》，乃太平之福；《天保》以上，所以治内；《采薇》以下，所以治外——王道莫备于斯矣。为人主者，不可以不究心焉！”

有署“南开大学教授罗宗强”的文章《隆庆、万历初当政者的文学观念》（下简称“《隆》文”）中有如下一段：

“万历皇帝登极时年仅十岁，张居正为其安排了严格的学习制度，教材《帝鉴图说》与《四书集注直解》就是他亲自编写的。从《四书集注直解》中我们可以看到他如何借论诗以说朝政。《论语·阳货》：‘子曰：小子何莫学乎诗？诗可以兴，可以观，可以群，可以怨。迩之事父，远之事君，多识于鸟兽草木之名。’朱熹《集注》只是说‘感发意志，考见得失，和而不流，怨而不怒，人伦之道，诗无不备。二者举重而言，其余绪又足以之多识。学诗之法，此章尽之。读是经者，所宜尽心也’，而居正解此，除明字义之外，又着重地讲了为政的问题：‘盖诗之为教，不但学者所当诵习也。《关雎》《麟趾》，为风化之原；《凫鹥》《既醉》，乃太平之福；《天保》以上，所以治内；《采薇》以下，所以治外。王道莫备于斯矣。为人主者，可以不究心焉？’朱熹是从学诗者应该注意什么的角度，来理解孔子这段议论的。而张居正，则把他解释成治国的手段。”（原载：《文学遗产》2005 年第 4 期）

对于《隆》文所说张居正（1525~1582）的“盖诗之为教……可以不究心焉？”这段引文，该文末注（20）曰：“张居正《四书集注直解》卷十二，清八旗经正书院刻本。”其实有所匪知，张居正在万历朝职任首辅，一个常识是侍经讲幄之臣五、六人，各按要求撰写讲章，经内阁班子共同审定后方可呈上给皇帝阅。

据《万历起居注》载：万历四年十二月十七日乙亥，“上以辅臣提调讲读、劳绩尤多，欲首加恩命，遣中官谕旨，居正等疏辞，曰：‘臣等猥以浅薄，俱蒙皇上简任辅弼。辅弼之职，上则培养君德，翼赞庙谟；下则表率群僚，修明庶政。其职最为繁重，最难称塞。若提调讲读，不过职分中之一事，寔与诸臣之专供一职者不同。虽每日轮侍讲筵、改定讲议（义），不过总其大纲、率领诸臣以供事而已！又何功之可言、何劳之可录？夫掠人之美以自为功，谓之窃；无其实而冒其赏，谓之忝——忝与窃，臣等所不敢为也。伏望皇上俯鉴微忱、免廑圣念。所有加恩一节，万不敢承。’上乃止。随降札谕：‘卿等日侍讲读效劳，赐元辅银一百两、綵缎六表里，次辅二各银五十两、綵缎四表里。”按此时辅臣有三人：元辅张居正，次辅吕调阳、张四维。

如上所述，已再明白不过了。“大学士张居正等”“辅臣张居正等”指该时内阁辅臣班子集体，自非就张居正一人而已。而张居正日理万机殚精竭虑鞠躬尽瘁死而后已，署款“大学士张居正等”“辅臣张居正等”的章疏题奏也未必是出自张本人之手，哪可能事事躬亲把所有讲臣的任务全包揽了呢？

就在万历年间，王家屏子王濬初等人裒辑刊刻其遗著《复宿山房集》《王文端公集》等，储之国馆、传之四海；因其为文多是实用、一挥而就不打草稿，故散佚很多。而所谓张居正的文集是在万历后，不知有多少别人的东西被不知就里的人编排在其中，清八旗人自然不学不识真究，莫非以为当朝之圣旨诰命亦皆出自皇帝亲手抑或首辅杜撰乎？岂真不知设内阁、置翰林之有用焉？

无数史籍文稿资料言之凿凿，而何至于信口雌黄“王冠张戴”？真是岂有此理！让众老人家无语啊！

更可叹让人摸不着其心门的是：今人竟有将《金瓶梅》硬要附会在王家屏身上的——岂真不识“金”耶？其真不知王家屏也！若非要把这顶“金”冠扣在王阁爷头上，那也肯定不能确定他老人家人格有畸变，而仅仅且只能表明尔后生小子心术不端正！

窥斑辨豹，见微知著；兹正视听！姑一笑耳！

2014 年 7 月 19 日

（注：此文载入时有删节）

第二节 散 文

山阴县城散记

黄 冀

我的住所在山阴县城岱岳镇的最东端山阴一中，工作单位在县城的西部，相距七华里。这七年里，宽宽的一条大道，是县城最为活跃的一束神经。这些年，寒来暑往，在这条路上天天朝去暮返，愈来愈觉得浪漫和欣慰。

每天凌晨，当晨曦刚刚冲破沉沉夜色，小小的县城就从小憩中朦胧苏醒了。唤醒它的是各家各户一盏盏陡然亮起的灯火；一串串中学生欢闹的自行车铃声；还有那送奶人乡土味极浓的“打奶啦”的吆喝声……于是，上学的、晨练的、卖早点的……从四面八方涌向这条横贯县城东西的街道，街道两旁身影人语渐渐从稀疏到稠密，黎明前清冷的空气仿佛也变得热乎起来，县城开始真正苏醒了。

这个时候，我送下在岱岳五小读书的儿子便驱车西行。尤其是在风和日丽的春秋佳日，骑车的感觉好比驾驭一匹骏马，车轮启动后，仿佛勒缰腾蹄，凌风御虚；或者缓缓地随车徜徉，逍遥自在，悠哉悠哉。环顾两侧朴素而又繁荣的县城风貌，普通但洋溢着热情的买卖，常常会产生一种舒畅坦然的心情。

道路两旁的住户，大都装饰了华丽的门脸，变成了店铺。做服装生意的、卖豪华家具的，时令小吃、温州发廊、江浙裁剪……一张又一张广告牌子，像春天盛开的花园，又似飘扬的万国旗，在向路人昭示：这里是商品世界。街道上常常听到爆竹声，时时有开张。一群上了年纪的老人在向阳外捋须赞叹：这条街道是把花雨伞，过去放着不用，现在撑开了倒蛮有看头。

若在冬日里，迎着朔风西行，两侧满目是碧绿鲜嫩的青菜：粉妆玉琢般的白菜，脆生生的萝卜，水灵灵的芹菜，肥壮得呈墨绿色的葱、韭菜。特别显眼的是西红柿，又大又亮，在满街碧绿的蔬菜群中，形成了“万绿丛中一点红”的有趣画面。

街道不在阔宽，有商则活。客商有很多来自外地，南腔北调，声音一个比一个甜，喊得又响又脆。几个本县的待业小青年，戴着维吾尔小花帽，羊肉串发出一阵阵扑鼻的香味；南国来的香蕉、菠萝……塞北人早已不觉得稀奇。

街头的小食店我是很少光顾的，某天值班，便和几位同事进了一顶洁白的帐篷。主人是两位四十岁左右的夫妻，人很和气，干活也麻利，特别是女店主那张嘘寒问暖的嘴，谁听了都会打心眼里高兴。她卖的是传统的削面，左手托着面团，一边飞快地削着，一边热情地关照：空肚子工作哪能行，身体是本钱嘛。简简单单一句诚实话，让我感到无比的温暖。

这条街上，来来往往着各式各样的人。某条巷子里有一无业游民，整天戴着蛤蟆镜，敞着胸，叼着烟卷，领一帮同类哥们，沿街混游，如《水浒传》里的牛儿，谁也不敢招惹。没想到“打黑除恶”行动一开始就被抓了进去。这条街上，有在麻将摊上大把甩钱的大款，也有为几角钱争红脸的小贩，更有富了自己不忘他人的个体工商户。今年县里搞普及九年义务教育，几个饭店的老板每人捐了一万元，轰动了三乡五里。

引人注目的还有立交桥下一溜排着的几个算卦先生，用几块碎石头压着一张画着八卦的破布，施展喉舌招摇撞骗。明知是骗术，可求卜者竟三三两两光顾。那些能预知别人命运的人，为何不先为自己占卜一下发财致富的门路，好免去日日沙尘扑面、口干舌焦之苦。更为大煞风景的是过去只张贴在阴暗角落里专治性病的广告竟也堂而皇之地贴在了大街上，似乎和五颜六色的宣传标语相媲美。

夜色降临，缓缓驱车在这条街道，左顾右盼，前瞻后瞩，很有现代城市气派。路灯齐放了，加上酒家饭店及各类娱乐场所的霓虹灯、瀑布灯及各色彩灯，使我很难相信这是塞北的小县城。几个大窗口，五光十色，闪烁着汹涌而奔放的热烈；一对对红男绿女，如醉如痴；整条街道象一个没有忧愁的童年，兴奋得整夜失眠。

夜市上，各类摊点一个挨一个，羊肉串、煮玉米、五香兔头、凉粉、羊杂……炭火红红，烟气弥漫，晚归的人们在摊子上边饮边嚼，尽情享受着地方风味。这些食品假若也属于饮食文化的范畴，我想应该是真正的大众饮食文化，远比山珍海味更贴近普通人的生活。

小城之夜，是平和宁静又充满诗意之夜，同时又有一股蒸蒸向上的热气在升腾。带着无尽的欢愉和喜悦，悠闲地踩着自行车，我仿佛觉得古老的家乡，正以其独特的优势和内在的潜力，迎接着自己更加光辉灿烂的黎明。

蓦然回首

黄 冀

每年的农历六月二十四前后十余天，是山阴县的庙会，这个传统的节日由来已久，虽几度沧桑，仍经久不衰。不过，“赶庙会”这个词人们都不习惯叫，多少年来，一代传一代，都称其为“过赛”。

此时正是盛夏时节，我徜徉在过赛的热流中，面对着衣着华丽如潮水般的人流，观赏街道两旁琳琅满目的服装、百货、五金、土产，遥望马戏团冲天的铁架、高大的帆布篷，聆听名伶们委婉动听的演唱，我的思绪倏然膨胀起来，是童年时代那些十分有趣、令人难忘的往事令我缅怀？还是那遥远的一年一度的盛况令我追忆……

我的家乡安祥寺紧傍县城，每年一度的牲畜交流会就在村东的河滩举行。记得孩提时代，一到这些天交流会场就成了我们一群"泥猴"的乐园。那时学校也在这些天的下午提早放学，让我们去过赛。过赛需要钱呀，靠父母当时可怜的工分是没有指望的，正在变成交易品的成群的牛马变成了我们花钱的来源。背上一个小筐子，把父兄闲着不用的镰刀悄悄拿出，庄稼地边、沟渠旁，那里的草又高又密，只要弯腰蹲上一阵子，筐子就会装得满满的。一筐青草卖上几十分硬币，数了一遍又一遍，脸上洋溢着笑，心里像喝了蜜糖水，甜滋滋的，把镰刀筐子往住在附近的同学家里一扔，就挤进了那个闹哄哄的世界。

区区几角钱，当然不敢有大的奢望。先数出二分钱买一杯冷水掺和着糖精和色素兑成的所谓的"汽水"，就算是难得的享受了。想起来真是寒碜，一罐头瓶"汽水"自己舍不得全部喝下，若带着弟妹们出来，还得装成当大的样子，先让他们品尝，自己在一旁贪婪地看着，他们可不懂得客气，"咕咕咕"一口气就喝了个底朝天，还要啧啧嘴，同时目光停留在小摊上，意思还想来一瓶。那时，我只好伸出舌头，舔舔早已干裂的嘴唇。若是和同学们在一起，可就不那么客气了，常常为你多喝一块、我少喝一口而争吵不休。实在不好解决，就一人出一分钱再买上一瓶，一个在喝，一个还在旁边数着喝了几口，不时地叫着"口大了，小点、小点"。

当时对收票的马戏之类的表演，连场子都没有进去过，只能从横街高悬的彩色幕布上瞅瞅，再联想里面的表演。或者驻足侧耳倾听里面传出的锣鼓声、马蹄声、音乐声、时断时续的喝彩声。根本不懂啥叫"空中飞人"呀、"飞车表演"呀。当时最感兴趣的就是听几个比较有钱的同学随他们的父母看完后给我们的复述，尽管他们的演说今日想来是够粗糙的，但当时听起来却是津津有味。然后再转过身去，说给比我还迟听一步的小伙伴，那神色倒好象自己刚从马戏场里出来似的。

一晃二十年过去了，当我偕妻携子重又漫步在故乡的街头，过去的一切早已随着历史的云烟消失了。那种自制的汽水已不多见，小儿喊口渴，新鲜的饮料，冰凉可口的蛋卷、雪糕，遍地的西瓜、水果……随他喝个痛快，吃个满意。儿子嚷着要看马戏，出了这场进那场，精彩的节目令我这个中年人都目不暇接，流连忘返。中间肚子饿了，拣个干净桌子来上两杯……多么惬意。

夜幕降临，华灯初放，归途中和一位远方大伯相逢，他刚把一车西瓜处理掉，像一位腰缠万贯的老掌柜，嘭嘭地拍着钱夹子，兴冲冲地说：这年头的赛才有点赛的味道。你忘了那年啦，毒辣辣的日头下，我摆了十来天小摊子，每天用气力不足的声音吆喝叫卖着，连个问价的都没有，那时的赛，真叫"晒"呀。

有道是少年的记忆难以忘怀。如果说我是怀着酸楚的心情回忆过去，那么，一时间，我豁然觉得这块土地上发生了翻天覆地的变化，人，变得美了，更有精神了；姑娘们漂亮的裙子五颜六色，犹如孔雀开屏；路，变得既宽广又平坦，十字路口早就装上了红绿灯；一座座高楼拔地而起，猛看还有点城市的味道。倘若晚间站在县城西端的娘娘山顶，俯视脚下这片土地，县城已是一片灯火辉煌。近看，有五彩缤纷的欢乐世界；远望，是夜如白昼的人间天堂……

啊，故乡的赛，乘改革的春风，描绘着，变化着，前进着，真真切切，实实在在……哦，生于斯，归于斯，我这美丽、神奇的乡土！我这古老、悠久的赛！

《王家屏诗文集译注》序言

李志斌　黄冀

屈指算来，我们和王永祯先生已有二十余年的交情。从一九九六年县文联复刊《洪涛》杂志，到一九九八年编修《山阴县志》，从二零一零年修复王家屏陵墓，到二零一五年译注《王家屏诗文集》，一路歌声，一路坎坷，但我们始终在一起奋斗。

相处二十余年，对永祯先生有了更多的了解。在教育战线上，他是一位受人尊敬的教师，德高望重，桃李满园；在文学园地里，他是一位作品颇丰的作家，诗词曲赋，各类皆通；在王家屏研究方面，他更是前无古人后未见来者，著作等身，影响深远。尤其是这些年来，永祯先生抱病训诂、译注《王家屏诗文集》，成果得到了明史研究专家的肯定与赞赏。作为永祯先生多年的好友，我们为他感到高兴。

《王家屏诗文集》包括奏章、诗词、尺牍等三个部分，其中奏章七十六篇、诗词二百多首、尺牍约四百来篇。训诂、译注古典作品，这是一项综合性的学科实践活动。王家屏文化的研究对象不仅涵盖了人类社会生活的各个方面，而且还涉及到人与自然的各种关系。司马迁说过，史家应当“究天人之际，通古今之变，成一家之言”，这就要求王家屏文化研究者，不仅需要具备较专业的历史知识和深厚的文学修养，还应当具有广博的自然知识和人文知识，且必须借助于其他学科的认识手段。因而，作为一个合格的王家屏文化研究者，必须具备多学科的知识结构，才能与时俱进，不断提高自己的认识水平和研究能力。永祯先生做到了这些。

永祯先生具有一定的哲学素养。爱因斯坦曾经说过，哲学“可以被视为全部科学研究之母”。王家屏文化研究当然也不例外。毋庸讳言，由于各方面的原因，我们能参与的学术交流有限，致使国内部分史学工作者的哲学思辨能力还不是很高，对国际哲学思潮的发展缺乏了解，甚至对经典作家的哲学著作也很少研读，只是根据某些教科书的简单化归纳进行演绎，思维层次很浅，理性思辨不足，许多成果显得平淡无奇，缺乏哲理。而永祯先生立足山阴，目光远大，勤奋苦学，饱含哲学素养的丰硕成果，体现在洋洋洒洒的《王家屏诗文译注》作品里。

永祯先生具有广泛地搜集和利用史料、严格地鉴别史料的学术素养。他为了训诂、译注《王家屏诗文集》，除了研读原著外，又广辟史料来源，研究了大量明史文献资料，“化腐朽为神奇”，在别人不屑一顾的东西中发现有用的材料。新材料的发现，给王家屏文化研究带来新的局面，尤其是各种史料的发现和利用，对王家屏文化研究产生了一些突破性的进展。

《王家屏诗文集译注》体现了永祯先生具有发现问题、探索问题和解决问题的能力。通览《王家屏诗文集译注》，发现永祯先生在王家屏文化研究中两个方面有创新：一是新的重要史实的发现、梳理；二是对重要问题作出新的、有说服力的解释。这些充分说明了永祯先生做学问具有较强的逻辑思维能力，具有清晰的思路、明确的概念、严谨的表述能力，具有较丰富的联想能力。他善于在无限苍莽辽阔的历史沧海里、关系无比纷繁复杂的历史现象和事物之间，去发现精微玄奥的相似性或相异性，去剖箅它们之间的因果关系，从而产生鉴审事物的灵感，以辩证的历史唯物主义观点和较强的批判精神，去消化吸收历史文化的真谛。永祯先生具有较强的信息搜集和获取的能力。他深知，在学问方面，决没有绝对的权威、绝对的正确，真理永远是相对的。所以，永祯先生在整个训诂、译注的过程中，对已有的结论，在吸收其正确合理的成分的同时，还始终抱着批判的精神，去寻找它们的不足之处。八、九年前，永祯先生是用笔写作。现在，他克服年老多病等诸多不便，学会善于利用各种手段，尤其是现代发达的通讯传媒、电子网络手段，初步具有运用这些新的途径和方法查找资料的能力。这些，都是我们应该学习的。

《王家屏诗文集译注》体现了永祯先生具有良好的学风。其中最重要的，我们认为是以下几点：第一是勤奋。史学研究是一门聪明的学问，需要史学家有非常智慧的头脑；史学研究又是一门“笨”学问，需要史学家有勤谨艰辛、吃苦耐劳的精神，不但要勤于动脑，而且要勤于动腿—到处去查找资料。在很多时候，勤奋比智慧更加重要。第二是坚韧。我们都知道，坐冷板凳，而且一坐就是十年甚至一辈子，这种描述首先是来自史学研究的。坚韧意味着甘于寂寞，有时候也意味着甘于清贫。坚韧对立于轻逸浮躁、急功近利、沽名钓誉。坚韧意味着永祯先生的清高和先生内心世界的充实。第三是严谨。所谓严谨，就是实事求是、诚信踏实、一丝不苟。永祯先生对别人的有关成果充分了解并且承认，决不去埋没掩盖，当然更不会窃为己有。而对自己的成果，永祯先生做到了字字有据——决不说空话、假话、主观臆断的话；据必求全——就是一些史学家提出的“竭泽而渔”，把必需而且能够找到的资料全部找到；据必求真——就是尊重史料，不为了说明自己的观点而使用似是而非的史料，或者经不起推敲的史料。

所有这些，对一个长期患有多种严重慢性病、漂零异地他乡的老弱垂暮者来说，是需要付出多么艰巨的努力和沉重的辛劳，乃至需要付出多么惨痛的牺牲啊！

永祯先生除了患有关节炎、腰椎骨质增生等慢性病以外，尤其不堪忍受的还有严重的肺心病。他从2008年冬漂零到海南至今。现在由于肺大泡、胸膜粘连，已知心肺功能接近衰竭，心律紊乱不调，徘徊在每分钟四十次左右，生活几乎不能自理。多年来，他被病魔“囚禁”在斗室里，足不能出户，身不能挪窝，动辄喘气至于窒息。这样窘迫的困境，他如何在王家屏文化研究的道路上独力摸爬滚战，别人确实是难以想象的。

我们首先拜读《王家屏诗文集译注》，并把这部近二百万字的作品推荐给大家，是因为《王家屏诗文集译注》体现了明代政治家、文学家王家屏和他的第十六代后裔王永祯先生的许多优秀品质。

《王家屏诗文集译注》呈现的风格具备下列四项要点：一启发思想：全套《王家屏诗文集译注》共计五册，依奏章、诗词、尺牍等性质编号排序，均具历史意义的深远性和中国文化的影响性。二通顺易懂：每册书均设有原文、注释、参考译文等单元，其中文句铺排力求流畅通顺，遣词用字力求深入浅出，期使读者能一目了然，契入妙谛。三文简义赅：以专章解析每篇（首）的全貌，并且搜罗重要的章句，介绍该文的精神所在，使读者对每篇（首）都能透彻了解，并且免于以偏概全之谬误。四雅俗共赏：《王家屏诗文集》原文虽是文言文，但经永祯先生训诂、译注后亦兼具通俗文艺与学术价值，达到了雅俗共赏的效果，并从中可以了解明朝末期的一些社会实况，也能够从中吸取一些我国古代的文化滋养。这对批判地继承我国古代文化，繁荣社会主义文化事业，是很有益处的。

《王家屏诗文集译注》是体现中华民族悠久文化的一个载体，是文化宝库中一朵永不褪色的璀璨之花。学习《王家屏诗文集译注》，我们可以了解到距今四百年前山阴县的一些历史、政治、经济、文化以及社会风俗等概况，也可以从中汲取丰富多彩、状物逼真而又美丽生动的文学艺术、语言艺术等方面的营养和写作技巧。

今天的人们认为这些早已过时了，因而不大重视中华民族的优秀传统文化，对祖先留给的经典著作而一知半解，甚至于一无所知，常被外人轻视而显得尴尬。祖国的经典本国人不了解，而外国人却比我们了解，能不汗颜吗！山阴的经典山阴人不了解，而外地人却比我们了解，能不汗颜吗！清代及以前的知识分子，无论是文科的或理科的，无不了解祖先的经典著作。这就难怪外人笑我们“国学”文化知识在倒退而濒临失传！

我们觉得在这么个浮躁的时代，如果能向永祯先生那样，静下心来阅读几本名家的精品，感受他们的人性，体会他们的情感，理解他们思考，可以说是人生的一大幸事。因为一个地区、一个国家，如果没有自己的高雅文化，即使政治、经济再发达，也是欠缺文明而难以长久自立于世界之林的。因为文化衰亡则国运难以真正振起。这点应当引起我们的深思。是为序。

美人如花

李建永

有人说过：第一个把女人比喻成花的人是天才，第二个把女人比喻成花的人是庸才，第三个把女人比喻成花的人是蠢才。其实，愚蠢是一种综合素质。真的愚蠢，想教也教不会，想帮也帮不上，想学也学不来，想改也改不掉。孔夫子评价宁武子时说，“邦有道则智，邦无道则愚，其智也可及，其愚也不可及。”“愚不可及”原本是一个褒义词，世人达不到这层境界，竟然渐渐将它演变成了贬义词。现在，我想追问一下：为什么第一个把女人比喻成花的人是天才呢？

的确，女人如花。如花的女人自然是美人。读旧书读到“如花美眷，似水流年”，你会明白什么叫诗一样的语言。我不知道世界上哪一种美能跟美人相比。翩若惊鸿，婉若蛟龙，那么曼妙，那么生动，那么令人心生爱慕，那么让人忘却前尘后世，那么让人如痴如狂，欲仙欲死。崔护说，“人面桃花相映红”；李白说，“美人如花隔云端”；李易安自况，“人比黄花瘦”，只有花才算得上美人的一个隐喻。千百年来，人们喜欢把江山和美人联系在一起，美人如花，那么江山如什么呢？花儿，明媚鲜艳，绚烂至极，然而转瞬即成明日黄花，无法挽留，无可把捉，凋零，飘落，无可奈何花落去，流水落花春去也！常言道：“花有重开日，人无常少年。”然而，重开的此花，绝不是凋谢的彼花。故又言：“人无千日好，花无百日红。”如花似玉，同时也昭示着美好的东西短暂、易碎，青春如梦。

美人，造物主的恩赐，本来是无可比拟的。好在还有花，做了美人的标本。正因如此，第一个把花的精魂投射到女人身上的人——换言之，亦即第一个把女人比喻成花的人，应该算得上是个天才。

人生的盛宴上，诗不能缺席

王立世

诗，是我守望一生、爱恋一世的情人。她让寒冷的我温暖了许多，灰暗的我明亮了许多，孤独的我充实了许多，孱弱的我坚强了许多，卑微的我崇高了许多……

回首逝去的岁月，一路坎坷，风雨飘摇。我拼搏过、也消沉过，更多的是对自然、人生和诗歌心怀感恩。感谢美好的一切，使我更加眷恋、热爱和珍惜生命；也感谢无情的风雨，使我从雷鸣电闪中看清了一些真相，明白了一些是非，对生活的复杂和艰险有了切肤之痛和崭新的认识。苦难对人生而言是不幸，对艺术来说却是一笔财富。我在假想的《世界末日》中写到：“我只想静下心想想，这个世界上 / 哪些人令我敬仰，哪些人让我唾弃 / 哪些事让我彻骨地寒冷，哪些事令我怀想一生”，这就是我为什么始终对生活心怀感恩的原因。诗歌给了我特立独行的思想，让我毫不犹豫地抛弃了世俗的价值观，也给了我包容一切的胸怀，让我宽恕了这个乱象丛生的世界。年少的时候，我就对身外之物不感兴趣，“人是核酸和蛋白质的存在方式”这句话影响了我一生，我所以能坦然地面对一切，包括个人的进退得失、伤害屈辱，就是源于这种超然于物外的心态。正如我在一首诗中写的：“我身轻如燕，走在回家的路上 / 面对纷扰的世事，心明如镜”。爱与恨，幸福与苦难早已变得不重要了，一切如过眼云烟转瞬即逝，重要的是用文字留住过往，让后人能看到我们匆匆的背影。我得感谢诗歌！在我精神面临塌陷的时候，是诗歌拯救了我，使我保持住昂首挺胸的姿态。我常用里尔克“有谁在谈胜利呢 / 忍耐就是一切”“有何胜利可言 / 挺住意味着一切”这伟大的诗句激励自己。但我依然不能摆脱孤独，主要是缘于对生态环境和人性坠落的忧患，我的《夹缝》就是在这种心境下诞生的。我忧的不仅仅是我个人，而是人类不断遇到的挑战和不容乐观的命运。我始终坚信诗歌会使人变美变善，也会使丑恶的东西心惊胆战。再次审视自己高洁孤傲的灵魂，在现实的夹缝中挣扎、徘徊、迷茫、憧憬的图景，以及为了信仰和尊严所遭遇的种种挫折和磨难。因而我十分在乎普通人的生存状态，渴望人性的太阳从我们历经沧桑的大地上冉冉升起。但我们也不能回避阳光下的阴影，漠视人性中虚伪、自私、阴险、顽劣的一面。诗人是真诚、善良、美好的代名词，是时代和社会最敏锐的神经，是人间最明亮的一面镜子，感性地传输着人类灵魂的幸福和疼痛。更多的时候，诗属于弱者，我很赞同著名诗人李杜对诗的解读：诗是诗人灵魂的诉说，诉说人生的困顿，诉说深陷困顿的诗人是怎样进行着“英雄”的努力。诗的全部意义就在于这种悲剧美。从这个意义上讲，浸透着生命和血泪的诗才是真诗，没有真情实感，就不会写出好诗，连自己都感动不了，怎么会感动别人？怎么能产生艺术感染力？诗歌重在意境和语言的创新，也需要哲学的渗透和烛照。思想像人体的骨头，房间里的灯盏，是诗歌伟大的灵魂。诗无达诂，艺海无涯，需要我们不停地探索，不断地突破和超越。在这个浮躁的时代，物欲横流的时代，人心不古的时代，我想最大限度地拒绝喧嚣、平庸、浮躁和灯红酒绿的诱惑，克服人性的弱点与缺陷，以良心和责任坚守在诗歌这块孤寂的高地，写出更具人性、更富人情、更具哲理、散发着血性血气、能够获得广阔审美空间的力作，“让现代诗厚起来”（苏建斌语）。

隐于繁华中的长城

温秀丽

光在尘上，而尘在羌笛与明月之间。一座站在马背上的关隘与城池，只有俯下身来，贴紧它的心脏，才能感觉到它铿锵有力的心跳，感受到它的体温。如果能与一缕掠过斑驳青苔的阳光一起站在雁门长城上，就会找到远去的烽烟，找到胡笳角声里的残阳，找到一滴酒里的鹧鸪声。雁门长城，是横亘在许多人心头挥之不去的刀光剑影之梦。梦有时轻，有时重。雁门长城蜿蜒在历代诗人的笔下，我们彼此陌生着，彼此依恋着，彼此在某个时刻重逢着。雁门长城用时间测量着世间的温度，测量着一只只箭镞和一杆杆长枪的悲欢。风从雁门长城上吹过，也从几个单薄的字词间吹过。

风想吹就吹吧，不用询问理由。就像我来登雁门长城，也不是为我自己，也不需要理由。

落生旷野。三千年。物是人非事事休。马革裹尸、长歌当哭，谁与谁比肩？谁与谁同行？谁与谁饮下夜光杯里离乡的酒？雁门长城纠缠于文字里的是是非非，必定有着锥心之痛，是一滴滴血泪凝成的城。“角声满天秋色里，塞上燕脂凝夜紫。”李贺诗歌里的“紫塞”逶迤绵延，山岩峭拔，雁门关的豪迈、苍凉和雄浑从金戈铁马、鼓角争鸣的历史里走来。雁门关，这座经历了140多起战争的地方，饱经人间沧桑，凝聚着历史烟尘。汉与匈奴、晋与鲜卑、隋唐与突厥、两宋与契丹，一场场战火，一次次风云，既有烽火里的铁血刚强，也有纷争之外的安详。

勾注山，雁门关。刚与柔，横与纵。狼烟起，豪杰生。三千年，雁过雁门，热血儿郎啊魂断雁门。李牧、霍去病、卫青、杨家将等，哪一个不是忠肝义胆？哪一个不是把日子里的寒冷和锋芒安置在一壶浊酒里？不说聚散，不言眉月里也有想家的情愫。雁门关裹着剑戟风雨，屹立千年。那些梦断雁门的人，在一页页史册上摇旗呐喊或鸣金收兵。狼烟四起的曾经，谁会在古筝里弹奏出一份落寞，一份日落后的苍茫。尘埃落于雁门之上，也落在一个个已经走远了的英雄豪杰的背影之上。一管管羌笛的幽咽度化着来往的鸟兽。“葡萄美酒夜光杯，欲饮琵琶马上催。醉卧沙场君莫笑，古来征战几人回。”面对茫茫沙场和酒筵，他们错失了家的温暖，厚厚的盔甲、长矛箭镞是他们甩不掉的宿命，唯有在一滴滴酒里倾诉着自己的铁血柔肠。一场场别离一场场相逢，一场场情感的微澜起起伏伏。时光纷纷滑落。所有的文字是苍白的，所有的语言是陈旧的。雁门长城摊开的是一个又一个朝代的锦绣，也藏着一个又一个英魂的姓氏与昼夜，悲喜与苦乐，生死和冷暖。一场场战争，一场场追逐。一曲琵琶曲终了，恍然已千年。还原，粉碎，再还原。沧桑中的风雨就像那只口衔芦叶的大雁，再一次斜着身子飞过雁门。雁门在一匹匹马蹄声里，诉说着空旷，诉说着一把把生锈的刀抽刀断水。流水却无痕。“千载琵琶作胡语，分明怨恨曲中论。”诗人眼中的昭君是悲伤的。千里黄尘、万重关山之外，昭君幽怨的琵琶声惊落了南飞雁。策马奔驰、胡笳悲鸣之间，出雁门，一步三回首，故国成天涯。

汉元帝于昭君就是个杳杳无期的梦。“一身归朔漠，数代靖兵戎。若以功名论，几与卫霍同。”青冢墓碑如是记。雁门长城会记得历代战争中的累累白骨，会忆起茫茫大漠上那一缕缕思乡的眼神，会对昭君这个弱女子生起不尽的怜惜和感叹之情。苍茫之间的人间烟火，载着一波又一波歃血为盟的江湖，英雄不倒，而时光易逝。“楼断苍云，似故帅、叱威点阅。分明见、秋高敛籁，峰群肃列。簏地龙蜒犹揣火，锁关虎隘能坚铁？只回雁、叹堞草摇风，声声咽。”（元好问《满江红·雁门关》）。我无法说出诗中岁月的漫长与诗人内心的悲怆。羌笛声里的柔情吹断明月，吹不断豪情。轻抚长城的垛口，遥望层层叠叠的峰峦。雁门长城写着人世苍茫，写着繁华背后的春风，正悄悄度过草木，闪电和霹雳。时间之殇被历史铭记。“琵琶一曲肠堪断，风萧萧兮夜漫漫。”岑参的诗歌再次跃上心头。而两手空空的我，除了一身风尘和几个字词，就只有雁门长城的片段记忆了。我记住了三千年的雁门长城，记住了十八隘口的辉煌与衰落，记住了岁月的刀锋把时光消解的越来越薄。我知道，雁门长城的历史流传得越久越长，我就会越渺小。若一粒尘埃被人间烟火点燃，于苍茫中渐行渐远。

走西口路上的黄花梁

陈 武

走西口，这个跨越不同朝代，长达四、五百年的生存之道，是很大一部分山西人在一个历史时期内外出谋生、弃家养口的重要生活出路，它兴起于明朝中叶，盛行于清朝后期，一直延续至民国年间。山西人的西口有两个，河曲西口和右玉西口。走右玉西口和经由大同出走口外的人们来于两路，去于两路，交汇处是黄花梁。一路是从忻州、原平、代州方向而来，过了雁门关，首踏山阴，再过了桑干河，直奔黄花梁；另一路是从河北省西部自应州方向而来的人，也直奔黄花梁，两路合一，到了黄花梁千年烽火台下一个叫“梁头”的小村，一个行人打尖住店的地方，在这里稍作整顿，一路向西去往杀虎口，一路向东由官道到大同，经过天镇到内蒙。那时，梁头一带风行一种风味小吃叫“花儿夹糕”，路边几家这样的饭铺，大风口下常常站着一个女子，用重复着的吆喝声招呼着过往客人：“快进、快进，姐姐捏的妈炸的，妹妹地下拉匣的，吃来，吃来。”走的又饥又渴的人们，吃着这种离乡别土的烧心饭，不知是酸、是咸，是苦、是辣。（如今，歧道地村仍有两家人家保存着当时炕花儿的那种特制小炊具。）因为过了这道岭，不仅离故土越来越远，而且连象征着中原门户的草垛山再也望不见了。此一去是荣耀而归，还是一去不回，或是客死他乡，谁也无从知道。此时此刻，那种背井离乡，前景渺茫的酸楚心情，有谁能够来分担，又有谁能够理解得了。走西口，人们不仅承受千里跋涉的艰苦行程，而且还要经过三个生死关口：一个是冻死、一个是饿死，再一个就是被劫而死。因为有人为了在开春前赶到目的地找工定位，往往在前一年冬天就起身上路。越往北走，气候越冷，遇有天气恶变，就会冻死在冰天雪地，进入荒漠草原，正是大风季节，遇上沙暴扬尘天气，昏天黑地，迷失了方向，也会饿死。还有草原上诸如黑土崖子等土匪出没的地方，或会被劫身死。如今一些荒无人烟的地段，仍能见到当时抛尸荒野的白骨。正因为有了这样艰难的西口之行，才有了那出唱遍大半个中国的二人台“走西口”，才有了新婚妻子送别丈夫走西口千叮咛、万嘱咐，不厌其烦的送别之语；才有了：“正月里娶过个奴，二月里（你就）走西口，早知道你西口外去，哪如当初咱不成婚”那难分难舍，而又牵肠挂肚的分离之情；才有了“哥哥你要走西口，妹妹我实是难留，止不住心酸的泪，一串一串往下流”那凄凉悲切、催人泪下的悲怆之腔。下梁头不远，便到了歧道地。歧道，歧道，路分两条：一条往北走官道，经大同，再往西便到了归化城（呼市），往东过张家口关口，就到了蒙古北部草原，史称“东路”；一条是往西奔右玉县，过杀虎口，就到了西北草原、包头、临河、五原一带，史称“西路”。走西口中的西口，就是指杀虎口这道长城口上的关隘，战乱时期，这里是驻扎军队和存放大军粮草的地方，战争结束后，又是长城内外的集贸市场和山西人进入西北地区的门户。在歧道地村北的叉路口，人们将一只鞋高高抛起，以此占卜，看鞋子落在哪边，就一步一回头地朝那条不知是否再能返回的路上走去。当时有一首民歌这样唱道：“过了黄花梁，两眼泪汪汪。想了我的老婆又想我的娘。”还有一首民谣这样写道：“上了烽火台，满含两眼泪，男人走西口，女人挖野菜。”就是这种悲惨生活的真实写照，这样的歌谣唱了一年又一年，这样的道路走了一代又一代，父亲走完儿子走，儿子走完孙子走，有的甚至一走就是六、七辈。多少个世纪过去了，有无数的人们在这条漫长的西口路上留下了多少艰难的脚印和辛酸的眼泪。那时期，朔州和山阴的人们也同样有很多人进行了这种悲惨的西口之行，当地人把它叫作出口或走口外，多少年来，有的就定居在当地，有的后来又返回故乡，还有的人至今杳无音信，尸骨无归。民国初年，山阴杨庄就有一个叫陈义的人走西口，走的实在走不动时，解下绑腿带换了半碗饭吃，终因饥饿至极，永远躺在了前不着村后不着店的荒野大漠之中。星移斗转，时过境迁，五、六百年的沧桑岁月，昔日的西口古道，早已尘封湮没，而幸存下来的一些隐隐痕迹，还在默默见证着一个历史时期内山西人不畏艰难，辛酸度日，憧憬美好未来的坚强意志和可贵精神。

第三节 小 说

一夜村长（节选）

李秀峰

那天黄昏立于老坟前的邱葫芦就是这种心态。因为他很清楚，那些坟丘之下安眠着的一个个先人，活着的时候或讨吃要饭、或撵牛放羊、或给地主老财扛长活……他们哪一个不是受尽世道敲骨吸髓的欺凌后黄土埋身的呢？像那位仅把一顶破毡帽埋在坟丘之下的本家二爷，挺好的一个老婆让村里的老财“二黄毛”明铺夜盖地霸走不说，三代人用血糊糊汗点点换来的几亩好地也让“二黄毛”要个圈套弄走了，于是老汉就提一根打狗棍一边讨吃要饭一边跟人家打官司。讨了一辈子吃打了一辈子的官司，最后不知死在哪搭地儿连个骨寸也没。唉，他们都是受别人捏揣揉搓的，哪有也他妈当个一官半职去捏揣揉搓过别人的呢？没，一个也没。可日月糊度到这般时侯，想不到我邱葫芦居然当村委主任了！老天爷，这对邱氏一门可是开天辟地头一回啊！

被去年的枯草和今年的新草严严实实遮盖着的墓地，此刻比疯狂漫卷而来的暮色还要黝黑深沉，艾蒿与“香串串”草那苦涩、辛甜的香味冲得人头晕脑胀。眼前的这色彩、这味道以及几代在拼命厮杀中纷纷倒下而终归有一人于血泊中站起来，并被确定为英雄得以光宗耀祖的悲壮思绪，一下子搞得邱葫芦喉头发哽泪如泉涌，大嘴一咧竟“咚”地于地上呜呜咽咽地号啕起来。

第二章 碑 铭

第一节 纪事类

辽买地券石刻

【刻文】

□□赡□□□□□□□河阴县杨家庄□太原郡武演禀□□□□□□男□持□□□名□□□□□□去大□□□□□□□一□掩□□宗□附葬同□□□□□□□□□□□□故龟筮□从祖地袭宜于□□□□□□□□□□银钱九万九千九百九十九贯□□□□□□□□酒钱□味香□共为信契就于□□□□□□□□□□□置坟茔东西南北方门二十七□□流□□合三□东至青龙，南至朱雀，西至白虎，北至玄武，上至青天，下至黄泉，莫地四至。

分朗即日，钱财分付，尚天地神明，了保人张陆，李定度。

知见人：东王公，西王母。书契人：石功曹，读契人金主薄。

书契人飞上天，读契人入黄泉，如卖地已后或有玉楔。

□□悋直 待燋谷从生，熟炭有烟，假鸡能鸣，乱丝从理，官有明文，已为后验。

乾统八年，岁次戊子，七月一日乙时破地，十三日甲时扣掩讫，特建人太原郡武从兴，妻彭氏，弟从仅，妻穆氏，次弟从谅，妻王氏。

大元国创建新修化悲岩碧严禅寺碑铭（元代）

【碑文】

皇五凤阙（额）

大元国大同路应州山阴县化悲岩创建新修碧严禅寺赟公行业碑铭

慈惠普照大和尚忠铁壁祯撰

五台山大宝积寺住持讲经律 论沙门 扶教立宗 真性大师铁峰□□纂□

粤官雪覆千山，因甚孤峰顶不白，殿堂空虚，岂有圣贤，摽依止枯木，岩前恰似无影之物。古□境□□抱子归，方丈后鸣御花落，碧岩前蚌衔明月，珠生腹，龙拥深云雨洒空，莫向平田口鄱觉满□，知无外物，行住坐卧是谁心，本自无形非出没。若问法，沉轮法界常周匝，得义生身，字字只论心，心法无形无可说，权摽实相只如今。若问禅，恐君着相执文言，拈花起处丧家帝。君须见，前世布施福无边，感得今生登宝殿。若问富，前世曾将财施布，所以今生福禄全。事明功□□建圣像一坛须凭作家手，段千里寻师的，为决明大事。万缘绝虑固宜荷，负工守公，牲全上善处，众而中靖外和志慕真。秉究理而心通法，徧恭手本郡官员，十方坛信谨发祝：“万岁之遐长，勉弘其道，惟一乃心。”铭曰：“灵灵妙妙如不异大虑造，赟公卓锡饭僧千余千。六国清平贺圣年。珠帘高卷月明前；金轮那肯当堂坐，不用丹墀击静鞭。”助缘僧安西省长安县福岁寺僧人 福成千弟□代开山都修造 住持僧疏请武州 东雪山大福禅寺无 意和尚落发 门人月圆

大同路山县典史程□

大同路山阴

进义副尉大同路山阴

从仕郎大同路山阴县尹兼管本诸军

从仕郎大同路山阴县逹鲁花赤兼管大

拾伍年八月廿三日

众善坛那立

石匠代州东杨村刘伯聚弟伯珎刊

塑佛待诏梵普忠桩待

北岳行祠记［正德十五年（1520）］

【碑文】

北岳行祠记（碑额）

化悲岩北岳行祠记

岳，山之尊者也，北则恒山，故五镇之壹，盖自天地开辟以来，而岳山之奠位已定。自神禹刊治之余，而岳山之形胜益尊；自柴望祭告之礼举行，而岳山之名位愈彰也。申甫故岳之所，钟其神灵和气，自古然也。神之感验于人，人之尊奉于神，故幽明感召之自然，未敢渎，亦非敢为諂也。古之望而祭，今则宫居室处被衮而裳，垂旒而王，亦以义起之也。况岳之神在于山，如水之行在于地，无在而无乎不在也，化悲岩固恒山之秀拔处，其岳之灵。贶又不假外求者也，建行祠于此地，其不减于正寝。可知创自弘治癸亥，落成于正德庚午，乃都阃周公纪，及其子守倍公镛，户侯公錤、鏻、鍘、镇，孙男挥使公济，祖父子孙共为之。经画者也，且有羽士张玄清、董文清奔走服役。其工故易成也。庙成今数年矣，远近祭俦者无虚日，诚壹方主镇之胜迹也。且以都阃公而奉岳山之祭，是亦诸侯祭山川，固分所宜然也。夫何諂以岳山之神灵和气而钟萃于都阃公之壹门，亦感召之自然也，竖石碣以纪岁月，且以示子孙知崇奉口意，垂不朽使人知其所自云。

甲子乡进士知利津县事　雁门　庞舜卿撰
癸酉乡进士　雁门　黄云书
正德十五年岁次庚辰夏四月十日立

明隆庆敕命翰林院编修文林郎王公（宪武）碑［隆庆六年（1572）］

敕命翰林院编修文林郎王公（宪武）碑

【碑文】

敕　命（碑额）

奉天承运，皇帝敕曰：士有负环伟之才，不偶于时，而其嗣有兴者，致身休显，以昌融厥绪，兹非理之可诘者哉。尔贡士王宪武，乃翰林院编修家屏之父，力学穷经，饬躬砥行，里人率薰其德，良士多出其门，宾贡方膺，而所怀未试，诒休积庆，卒骏发于嗣人，尔之令闻为不朽已。兹特赠尔为翰林院编修、文林郎，歆此嘉名，永辉潜德。

敕曰：孝子之慕慈母，昊天罔极，固未始壹日忘也。于是有风木之悲，杯棬之感，不有褒卹，何以慰其思而劝之忠哉！尔韩氏，乃翰林院编修王家屏之母，书史夙闻，功容纯备，食贫以相夫之业，不厌茹蔬；诒谷而教子于初，有光画荻。逮兹显茂，尔则遐亡，爰溯芳猷，特申渥典，是用赠尔为孺人，歆服休恩，用纾幽恻。

敕 命

隆庆六年九月二十七日

之 宝

隆庆诰命碑

【碑文】

奉天承运，皇帝敕曰：朕兹嗣服之始，仰惟先帝鸿谟驳烈，嘉与一二儒臣，纂述盛美，以垂于后，系有贤俊，曷称清华！尔翰林院编修王家屏，性资纯悫，学识渊宏，擢英大廷，储英中秘，抡文吏职，佥曰汝贤。紬书而克效编摩，校蓺而人称藻鉴。覃思自近，可后褒嘉。兹特授尔阶文林郎。锡之勅命。夫国家以儒术致治，故抡材禁院，以备钧衡，非徒取稽古之荣已也。尚思厚蓄深植，懋饬官常，以需崇擢。钦哉！

勅曰：世之贤妇，有宜家之德。而降年夙陨，固人情所甚悯者，国家疏爵必及之重始也。尔翰林院编修王家屏妻霍氏，宦门淑质，良士好逑，柔慧幽闲，动由姆训，结缡未久，溘焉早亡，宜锡愍书。以昭芳问。兹特赠尔为孺人。灵其有知，歆承宠渥。

敕曰：凡吾文学侍从之臣，茂着清节，固所自植，然亦赖之乎内德焉。不有宠绥，何以旌淑！尔翰林院编修王家屏继室李氏，毓自右族，嫔于哲人。孝敬弗违，俭勤自励。尔夫服官禁近，振藻词垣，内饬梱仪，尔惟多助。兹特封尔为孺人。祇遹鸿庥，式光象服。

隆庆六年九月二十七日

敕命之宝

万历诰命碑

【碑文】

奉天承运，皇帝敕曰：朕升号慈闱，疏荣百辟，通籍之士，咸与沾恩，矧惟讲幄儒臣，夙以经术行能侍朕左右者乎！尔原任翰林院修撰王家屏，学蕴渊醇，器怀端悫，蜚英秘馆，积望词垣，抡侍旃帷，参陪讲读。乃克陈辞衍义，因事纳箴；懋官启沃之劳，式备咨询之益。暂尔予告，顷特召还。兹授尔阶儒林郎，赐之敕命。夫责难为恭，陈善为敬，朕所望于尔诸臣甚厚也。尔尚益效箴规，务殚忠荩，俾朕克与治同道，则亦永有誉哉。

敕曰：士人之有室家，勤劳则相成，显荣则相逮，此壹体之情也。虽其既殁，岂能忘之。尔翰林院修撰王家屏妻赠孺人霍氏，令仪不忒，婉淑能从，茂迪闺彝，以襄士业。既赖鸡鸣之儆，乃违象服之华，良可悼已。兹用加赠尔为安人，赫矣龙章，贲于泉壤。

敕曰：福祚之兴，始于闺门，故朝有宠命，则家有荣施，所以重风化之原，嘉内襄之德也。尔翰林院修撰王家屏继室封孺人李氏，毓秀华宗，于归吉士，闲家有则，主馈惟勤。尔夫效劳讲幄，夙夜在公，以尔之克相于内也。是用加封尔为安人。尚承洊至之恩，益笃相成之义。

万历七年十壹月初九日

敕命之宝

重修关帝庙碑记［宣统二年（1910年）］

【碑文】

不朽（额）

盖闻祠宇者，百神之所凭依，而实一乡之所瞻仰也，非华彩不足以光庙貌，非广大不足以明……关帝庙创建于嘉庆初年□□，文昌位乎东□□，龙王位乎西，尔时村小皆微因陋就简既庙院之。光绪三十一年秋，禾颇熟，阖村耆老睹乐台之倾圮，画栋之雕敝，奋然有志图新，爰集村人共□一，遂决计以重修。越明年春，诹吉经始，庀材鸠工。然是举也，苟第仍葺旧址，不改前规，犹不免坎宫。今则舍旧基而改建于北方，是昔之面向南方者，今则转而向东矣。旧实无□□土皇圣为七楹矣。而且南北禅房、钟鼓二楼以及山门乐台，次第就理，焕然一新。虽不敢谓制作之精，而更觉壮观矣！方是工之甫兴也，论者以为用广费繁，将有半途残废之举。孰意人心既一，天皆属丰稔之年。故乡民得以屡次加捐，襄盛举又不足，继之以外乡仁人君子以及往来客助成功。奚以能从人愿若此哉，兹当工竣之日，诸君勉余为序，余不级，奚敢当此任，第念夫董语以湮无穷之功劳，不避鄙陋，举其事之始末而详叙之，既以天庙貌告成之不易，而□以彰尔，是为记。

山阴县学优廪生樊蓁薰沐敬撰

山阴县儒学文生樊菁盥手谨书

大清宣统二年岁次庚戌□钟……

水峪口禁山碑

【碑阳文】

□□界水峪口禁山界石

...... 杨 ...... 本 ...... 字 ......

【碑阴文】

钦差镇守山西地方兼提督雁门等关都□监太监刘政、钦差巡抚山西地方监提督雁门关都察院右佥都御史翟宣、钦差分守代州等处地方兼提督三关参将都指挥佥事王升，奏请诣兵部为盗□□禁约事。弘治贰年贰月贰拾玖日本部尚书口口等于奉天门钦举圣旨：（雁）门关以西一带大山、此先林木茂密，蹊径数少、虏寇不能俭易，无从侵犯。近年以来，口外射利□□之徒，往往假以樵采为名，往往入山伐木货卖，日久践成大路，林木盗伐通贼去处，□在有之。以致虏寇因而入境，抢掠人蓄、甚为不便。恁部裹使出榜去，晓谕禁约：今后一应人等，敢有仍前擅自入山□□□□，致通贼路者，军发□□□扬道岔哨守，民发边徼充军，沿山一带隘口也守把官军，务要各照地方埋立界石，巡视遇有擅入之徒，即便擒拿，送官究问。如口容情故纵及通同作弊，事发一体治罪不饶。钦此钦遵。今将 ...... 一体钦遵施行。须至榜者。右榜，晓谕。整饬兵备提调仓粮山西按察司使马，雁门关地方

雁杰学校碑（1994）

【碑阳文】

一九六八年至一九七五年间，北京二十余名中学生远迁桑干河畔白坊村落户。黄金年华，蹉跎岁月，昼背青天面黄土，夜秉油灯奋读书，与我村民结下血肉交融之情谊，于彷徨中悟国魂，辗转思索终受益。如今，诸生仍怀鸿鹄之志，争为栋梁之用，慕青云乎翔四海，搏风雪兮走天涯。然雁高飞，知归故，鹜远行，思反哺，始不忘父老，后生自捐资出力，发起亲朋企业，在市县乡各级领导大力支持下，与我村

共建学校，以还情固念，清本思源，祈愿就学师生以此作英才求索之舟，荡勤奋之桨，成器报国，漫翱天海，顾返旧里追念养育之恩，以故命名：雁杰学校，谨记。

白坊村民立于 1994 年 10 月 1 日

【碑阴文】

共建单位及个人：河南省新乡县七里营刘庄史来贺；朔州市委、市政府；山阴县委、县政府；香港东兴房地产公司黄楚标；香港高太义公司张海仑、兰沪明。

上海溥利物贸发展有限公司韩冈利；河南省北起新乡维修中心张善余；河南省新乡联谊制药集团公司穆来安；河南省信托公司张硕岭；武警水电指挥部大同煤矿大同办事处；大同矿务局；太原钢铁集团公司李成、张建勋；山西运大经济贸易公司张金程；广东新实力经贸开发公司李晓军、刘晓华；北京八十中学；北京白家庄小学；北京《少年科技画报》杂志社；山阴县工程建筑公司吴辰川、康加喜。

工程设计：大同矿务局晋华宫许和。

插队知青

丁小兰　马迎红　包　全　王秀敏　孙　援　孙媛媛　宋京毅　陈　华　金春明　张卫国

张兰生　杨卫珎　黄丽光　潘晓芳　马和平　王晓棣　郑宝生　陈鲁榕　高永迈　宗政印

崔忠禄　张立和　刘　源

改水铭（1998）

【碑文】

水涵万物，亦为百病之源。黄水河畔百姓世代饮用浅层潜水，水虽苦咸，尚可赖以繁衍。八十年代后，浅水枯竭，有人试以唧筒深采，竟获甘洌甜水。邻里欣喜，争相仿效，迅即普及，孰料水中普遍含砷，尤以黑圪塔乡大营六村含量为高。凡饮此水，多致中毒，轻则皮扶变色角化，重则危及生命，胸腹杂斑驳，豆蔻少女似媸妇；砒毒侵膏肓，青壮劳力渐羸弱，夭逝与日增，鳏寡逐年多，饮水无异饮鸩，居民谈砷色变。

民众疾苦萦于各级领导胸臆，彭珮云、任健新、宋健等中央首长批示限期治理；省市领导胡富国、孙文盛、郑社奎、王昕、金银焕、来玉龙、李尧、李洲深切关怀，要求迅速改水；省卫生厅赵震寰、李俊峰、成金山，市卫生局林占成等多次实地考查，现场指导；山阴县将除砷改水列为“一号生命工程”县委、政府蔚文彩、马占俊、刘培平亲临工地参战指挥，县卫生、防疫、水利部门积极参与，乡村干部群众和施工队伍，艰苦奋战，历时一年，九八年十月改水工程全部竣工。计钻深井两眼，建蓄水池、水塔各一座，铺设输水管道近三万米，总投资二百余万,六村人畜受益。工程告捷，甘泉入户，砷毒既肃，万民康健，社会繁荣，惠泽万代，居民以手加额，倍感党恩浩荡。饮水思源，而镌于斯!

黑圪塔乡改水六村村民共立

公元一九九八年十月

吴儒玢纪念林碑（2005）

【碑阳文】

吴儒玢纪念林

吴儒玢同志生平简介

一九二一年五月出生于陕西省三原县，一九三一年到一九三八年先后在三原第三职校、西安女师就读。一九三八年四月加入中国共产党。一九三九年到一九四九年先后在山西牲盟总会、雁北武委会、晋绥分局等地工作。期间的一九四一年，在山阴县双井、黑龙池等地参加了当地的抗日游击战，担任过山朔县妇联主任，与当地的干部、群众结下深厚的友谊。一九五零年南下入川，先后任绵阳地委办公室主任、绵阳县委书记、绵阳地委宣传部长，四川省社科院副院长。2001 年 9 月在成都逝世。

【碑阴文】

"儒玢林"的形成与名称产生

吴儒玢同志的一生，是革命的一生，奉献的一生。生前她一直对战斗和工作过的山阴县有着极其深厚的感情，吴老逝世的次年，即二〇〇二年春，其子女吴晓云、张晓红、张晓菊、张晓原、吴晓葆五位同志根据吴老的遗愿，寄与山阴县政府《关于出资在山阴造林的意见》，对此，县政府领导非常重视，随即安排县政府办公室负责协调下喇叭乡，县林业局下喇叭林场组织了造林工作。这座林地的栽植先后使用了吴晓云五位姐妹兄弟寄来的资金三万元，其资金属吴老逝世后的抚恤金。此举令人肃然起敬，仰慕不已。

为了铭记吴老热恋山阴山山水水，怀念山阴人民的真情实感，也为了表达山阴人民对吴儒玢同志的敬仰之情，故将此林命名为"儒玢林"。

山阴县人民政府办公室

二〇〇五年八月

第二节　墓志类

烈士碑

下立羊泉革命烈士墓碑（1958）

【碑阳文】

永垂不朽（额）

敬念革命先烈

革命烈士之墓

歌颂献身创业

【碑阴文】

查山阴县光荣（额）立羊泉村于一九四零年五月，驻扎八路军一二零师独立第六支队卫生队伤病员六十余名。不幸在当晚约十时许，被日寇袭击，其中有十九名同志为新中国事业慷慨就义，血染青春。已取得胜利，他们对新中国是有功劳的。山阴县为了纪念革命先烈，发扬艰苦斗争的革命精神。特树此碑。

山阴县人民委员会

一九五八年四月五日

刘幸烈士墓碑（1968）

【碑阳文】

为人民立新功

刘幸烈士永垂不朽

【碑阴文】

为人民利益而死
就比泰山还重
军民团结事一人
试看天下谁能敌
人民需要我就来

阳光雨露育青松，毛泽东思想哺英雄，无限忠于毛主席，无限忠于毛泽东思想，无限忠于毛主席革命路线的好战士，刘幸是文化大革命中涌现出来的英雄，他是斗私批修的闯将，是支左爱民的模范。

一九六七年八月十一日，黄水河泛滥成灾，我整个村落淹没在汪洋之中，在千钧一发之际，毛主席派来解放军某部指战员，冒着狂风暴雨，迎着惊涛骇涛与洪水展开激烈的搏斗，刘幸做到了“人民需要我就来”，他舍己救人，奋不顾身，一连救出29名阶级弟兄，他却献出了宝贵的青春。为人民立下新功，谱成一支爱民的凯歌。

英雄生于河北阜宁小山头村。入伍三年连续评为“五好”，多次受到嘉评并记一等功。追认为中国共产党党员。

该村贫下中农刻骨铭心，立誓继承英雄志，彻底为人民，紧跟毛主席，永做革命人。

刘幸大队贫下中农敬立
公元一九六八年八月十一日

墓志铭表

明宗公墓石铭

【碑文】

赐进士第广东道监察御史历山赵继本撰篆盖书丹

向巡中土代州时，历事监生宗民牧，相与八越月，殊过之。既嘉靖甲辰检同事古芮尚登云状云宗周尚文，别号耕庵，山西山阴人。父振，学擅一时，蚤卒。公仅年十二，敏慧端毅，轩昂自立。伯父春，悯公孤苦，令为大同府掾太守闾公纪公，喜公雅赡，精于律数。正德间课中正八，后任陕西行都司其州右卫知事、兼督甘肃等处仓场、兼管屯田水利。忽米儿马黑麻反狱，仍命署断事印。未几，哈密部落入寇，大肆残杀，巡抚东鲁陈公命公昼夜巡闸，及南门大战，纪录功过，咸迪有功。镇守董公、兵备姚公、分巡马公、管粮周公交荐曰有为、曰老成、曰操守愈甚，曰公勤贤能、曰才宏老练，处事得宜，六年考绩，诸公勉留。又先年兵变，劫囚抢库，公招抚收积，平定有功。准考满抵家，见二子懋学，望成居二年，蒙准致仕。教子耕读，足迹不入公门，闾里推重。嘉靖二十三年十月廿八日终，乃已焉矣。公生成化辛卯四月十八日未时，子四：长民表，业农；次民牧，次民仰，俱业儒；次□□□蒙女一，适百户假江。孙男十四，女六。曾孙男二，□三，后且未志。合葬母氏郭于新茔，为铭垂久。铭曰：黄花为襟，桑干为带，水秀山明，天覆地载。父兮母兮，永依无害。

大明嘉靖甲辰冬十一月吉
孝子宗民表等泣血立石　石工韩铎镌

文端公碑铭

【碑文】

明礼部尚书兼东阁大学士、赠少保、谥文端、对南王公，暨配霍淑人、李淑人神道碑铭

赐进士第、光禄大夫、柱国少傅兼太子太傅、吏部尚书、中极殿大学士、知制经筵日讲总裁国史玉牒、四明沈一贯撰

赐进士第、光禄大夫、柱国少保兼太子太保、兵部尚书、前奉敕总督宣、大、山西军务，都察院右副都御史、奉安萧大亨书

赐进士第、光禄大夫兼太子太保、都察院事左都御史侍经筵、三原温纯篆

盖余与同举戊辰进士、侍读中秘书官词林供事今上讲幄中，甲申冬公入政府，而后十年，余亦待罪盖出处略同而志行之相得也，则此心而彼膂矣。公以议册立不合去，然上从造膝来称公端人，早登筵大用。虽去未尝忘，方将起之而不待也。易名文端甚肖，余欲铭公而泛澜太息不忍者久之。吁嗟，余安所发吾微，方公之初奉廷对也，制策以时政机要为问，问出江陵公洎关卷，兴化公顾江陵公机要云何？江陵公曰：机在用人，机在责实。而公对独中綮，兴化公大善之，拟首荐已，以太着置。第二会先帝手拔三卷屋见谕以保爱至意，公同吴歙、太仓三公以册请。四月，复以灾异同疏应天之实，而公复独疏，谓臣来浃岁，尝陈说天下大计，不宜与诸司章疏并寝，又言臣无状，不能导主德于缉熙，保圣躬于元吉，大本未定，隐忧更多。因自劾乞归，上遣使敦谕强起之。已同三公，合群以册请有诏切责。三公皆引疾，公独直请。谕之臣出。出则各具章谢，而歙县太仓章学尚留。公曰此为疏册储语耳。言少待时，曰：圣谕甚明，宜趋二臣出，与首辅拟册立预教之期，伏想圣意欲不烦激聒，而断以从容，不出处廷杂议，而与亲臣决策帷幄耳。上乃下二公章，复物谕册立出阁。十岁后并举，公迟之再请。明日，中宦李浚口宣谕云：册立事，如明年春夏激扰明冬行。否，且俟十五。公喜事成之有机也。而第口宣不可据。乃拟传贴进，幸坚上意，而复语部院科合疏之。上犹持初议，责置对夺俸。明年秋，主事张有德以造办请获罪。时则太仓公已省觐行，而吴公父在告，公惧夫成命之遂渝也，亟与歙公引谕旨诤之，揭具三臣名，上益不怿，责辅臣附和，更迟策三年，歙从此罢归。公言臣与国一体。国今所请即臣所传也，国具揭时臣实怂恿之，则臣误国，自臣传谕以来，部科诸臣踵得罪，谁实宣之，而今若此臣父误诸臣，且圣意已定而复摇，吉期已届而复改，臣误社稷，乞与国俱罢。报闻，是时以亦遂乞身去。公独以一身处父子君臣间，周旋调护，用心良苦，念终不得之于上，固求避位，手携药饵，扶掖入直，公不得已，复视事。因请专使太公还朝。而明年春，科臣李献可等，复以请预教，降罚有差矣。公谓言者连得罪，群猜益多，封还御批，请宽言官罪，不报。更加斥杖而别。旨谓公希名，公慨然自列云：名，非臣所希也。而实非敢弃。臣所希者，期上为尧舜，而臣为尧舜之臣耳。犯颜触讳，抗争被谴，何名之可希？必不希名，将使臣固宠持禄，窥主违而莫救，睨政乱而弗匡，此可谓不希名矣。国家何赖焉？更使臣弃名不顾，逢迎阿谀，虽许敬宗、李林甫可为，是九庙所殛而万世之骂也。又谓科臣豫教之言非谬妄迂阔事也，谴阿一出，远近沓惊，谗构将兴，隐优方大。臣若澳涊苟容，则汲黯所谓阿谀承意，陷主于不义，辱朝廷者安敢疏四上不报！在廷为之震惜，而公益悱恻剀直天下诵其章久之。上度公终不留，乃因廷试，辞读卷，听公去。盖建储上意自定，第重发而疑者自纷藉。故公亹亹为上精言之，冀绝衅萌天下固公之去。不能无揣摩。公尝寓南馆，辑章赋诗，自谓南洲庄人也。而后二年，皇长子出阁讲学，辛丑正位东宫，上未尝不肃公用公言也。公为人温厚和平，喜愠不外见，余尝比之韩魏公，而犹露朔气于英主之前也。事机相激，夫何可定。建储时，余为请存问虑上或不相忘，而忻然见从，且任一子中书舍人。圣主至德，可不谓天远春盎哉。余故谓今天下不三五也。实本于无臣，公尝分梭礼闱，主武闱教习庶吉士，两纂修世穆实录。

士出其门者，有师法，修史据事直书无骫。居政府，持大体。武弁群而噪，大司空或党众不可问。公谓武夫廷辱大臣，不明法何以为国，卒捕治。奴有私乘驿马，挞之不少，家事治。公虽浩然长往，然爱君忧国之念不衰，其表谢存问也。拳拳以罢矿税、起遗逸为劝，所贻余书毋一，非法言不及私，盖余自倾盖至今类若此。为文不属草，腹定，移时举笔，不窜一字。考经据典，端重不华，而文理具备，余甚爱其彬彬。嗟乎！古所称社稷臣极诚勿贰，临大节而不可夺者，真其人哉！而弥天鸿业徒赞一大计，他人之贤者及此为幸，公则未能万分一。含德而藏非，余始望。悲夫。公讳家屏，字忠伯，别号对南，其先太原人，徙居凤翔，还云中，居山阴，遂为山阴人。七世祖显，显生文秀，文秀生得林，得林生翀，翀生缙，知临邑县事，有惠政。缙生黄坡公朝用。黄坡公生石溪公宪武，是为公祖若父，毕赠吏部左侍郎兼阁大学士。祖妣赵。妣韩、梁、景，并淑人。公，韩淑人出也。北边以武健雄资为豪，而王氏独世世长厚，好文学，积源流庆，实生天德。执政三载，当书考而拂衣不顾，故追赠未建临邑。祖父母、妻不益封，未任子。元配霍氏，封兵部主事宗岳女，未庙见，卒，累赠淑人。继李氏，处士松女，累封淑人。李淑人性勤敏，佐公事二人，一切倚办，既贵犹布素，人以杜氏绿舆方之。公不得志，怀归，淑人辄赞决，卒后公毋诵室无菜妇语而泫然也。公生嘉靖乙未，卒万历癸卯，年六十有八。李淑人生后公三年而卒。先十年并葬桑干之阳。丈夫子八，孙八，曾孙二。求余铭者长子孝廉浚初与其弟官生湛初。

赐赠谥，祭葬有加笾司空之属，将伦，复任一子符承恩，始终备矣。铭曰：天生圣人，为万历皇，有赫中兴，爰畀上佐，传之八翼，前，而公遂为二甲第二，则馆阁已大器，选为庶吉士，庚午授编修，《实录》成，擢修撰。乙亥充经筵日讲官，故事日讲，必宗宿老儒。而今上典学勤，江陵公乃起用戊辰，戊辰至是才七年，而修撰真者自公始，编修直者自余始。然余等皆抗节无私谒，终江陵公世虽劳不迁。壬午，江陵公殁，公始为洗马，又为庶子。逾年，为少詹事兼侍读学士掌院事。甲申，领教习，为礼部右侍郎，改吏部。其冬，上手敕，改左侍郎兼东阁大学士，入内阁参机务。太仓公同床而拜，于是去登第。甫十六年，授特知，绾朝寄最早，嘉隆来独吴与公耳。兴化遇化甚奇，然秉犹稍后公也。公既蒙被非常，益慷慨自靖，冀得一当，诸奏对票拟，多所赞助，时同诸僚，奉召对，赐嘉纳焉。已以继母景丧归，廷议补其阙，不许。己丑服阕，行人奉诏以礼部尚书起，盖以虚席以待者三年也。上久辍朝讲，公至三月未得见，而章奏多留中。请预建太子者数，不报。公以为是政无急于此，因万寿节，上疏请见，举三事缕之之。上为感动视朝，而公主待命，不入班，上知其故，御门以见公。明年元日，上开毓德公，拥皇子于膝前，有辅臣人扪焉而升，西清燕间，诵说虞周，可咸可登，在天左右，跣而视地。其直则绳，宗社大计，万啄合鸣，扣阍莫应。公为吏册，伏蒲引义，流涕濡膺，臣谓明主，可以理夺，非间可乘，言而见吐，臣罪靡原，无羞疑丞天子葵之。虽游赤松，翼云飞腾，前耀辉煌，鸾书驿来，慰余股肱。虽不久留，犹身睹之，丹心有凭。圣渥天悠，臣谟日皎，振古无朋，我勒铭词，丽牲之珉，永公之称，寥寥千载，讯荃与宰，将兹焉征。

文端公墓表

【碑文】

明礼部尚书兼东阁大学士、赠少保、益文端、山阴王公墓表

赐进士出身、光禄大夫、太子太保、礼部尚书兼文渊阁大学士、知制诰、经筵日讲、玉牒、总裁古越朱赓撰

赐进士第、资政大夫、协理京营戎政、兵部尚书、前奉敕总督宣、大、山西军务、侍经筵洛州王世扬书

赐进士第、通议大夫、吏部右侍郎、前提督军务、巡抚四川都察院右副都御史、大理寺左少卿、侍

经筵、曲沃李尚思篆

岁癸卯，礼部尚书兼东阁大学士山阴王公，卒于里第。

天子闻而震悼，予祭葬，有加礼，进位少保，特益曰文端。诸子浚初等拜稽首。即襄事，则谓余与公同年相善也，将伐石为丽牲之碑，蒜标表公之行续，以昭示永久。而奉少宗伯李公状以来，余读已为丸然。久之，乃诠次其大者如左，使夫后之人过而式焉。公讳家屏，字忠伯，对南别号也。其望曰太原，已徙凤翔，先世有以材勇充文皇帝宿卫者，扈跸之云中屯，因家山阴。七世祖曰显，三传为朝邑尉翀，翀生临邑令缙，有循良声，语具邑乘中。缙生黄坡公朝用，朝胜生石溪公宪武，公之祖若父也，并以公为吏部左侍郎兼东阁大学士，推恩赠如其官。石溪公配韩淑人，实生公。公生异征，夙达早慧，十三补博士弟子，嘉靖甲子举乡荐，而石溪公殁，公守南馆，丁父忧。服阕，为戊辰，试南宫，遂成上第，选翰林院庶吉士，已受偏修。壬申癸酉间，与修《两朝实录》，直笔无所讳避，尝授中贵人书壹分梭礼闱，所得多名士。今上改元之乙亥，以国史修撰充经筵日讲官。公经义既醇，深顚析辨，甚加以风仪庠序，音吐洪朗，上为改容谛听之。寻请告归里，赐银币，予传还朝，补故官，同修《会典》。已迁司经局洗马兼官如故。已迁右庶子兼侍读。癸未主武闱试，寻迁少詹事兼侍读学士，视院篆。明年教习庶吉子，躬示坊表，所造就多为国器。已迁礼部右侍郎兼官俱如故。无何上手敕，改吏部左侍郎兼东阁大学士，入内阁参与机务。盖公之在讲筵也，上时时注视。壹日谓左右曰：王讲官，举止详而视履正，端人也。至是与娄江王公同日而拜云。明年召对暖阁，偕同官议处章奏，已扈从视寿宫，至太峪山，召对幄次，赞定吉壤。又明年，以风霾，偕同官，条上病民四事，若织作陶型之属，请壹切宽减，上谕暖阁，召对嘉纳之。是岁公继母景淑人卒，讣闻，上赐赙、赠祭葬，特使护行，称备礼。而公之去也，例当以伐者，请有召不允，惟虚位以迟公。自除服，则手诏为礼部尚书兼东阁大学士，遣使者即其家，召起之，既入朝，逾时未见。值万寿节，公乃上疏，以谓朝讲不宜久辍，章奏不宜频留，而其最大者，为建储壹议，亟请临御，早定国本。是时上疏者鳞集，中外想望，无重此举，公以故首发之，而上竟为感动，辄视朝。比朝，觉公不再问而知公以前疏故候命，未即入有旨称公忠爱，令入朝，则为再御门公同阶见上，目属久之，是为己丑八月也。明年元日，御毓德宫，召诸阁臣，上自拥皇长子令谛视，且谕以保爱之旨，四臣咸顿首，请谕教，上为领之。至是而中外洞然，知公所建白天子葵之已。既而请册立，不报。公于是时自顾以起田间，逾岁亡所补救称塞，因上自核，具言今变异叠见，灾眚交丛，外患未休，军饷积缺，边腹并溃，兵农俱困，而间者议论纷纭，罕持大体，簿书洋致祇饰弥文，纲维废弛，名实混淆，臣从三臣后，不能效尺寸。亡所短长，宜罢去。已又再疏，言：圣躬静摄，未能调护，国储未定，群情危疑，喜怒过当，上累天和，抱此三惧，兼遘灾厄，浅才无能干济，征诚莫由成通，内愧尸素，不能自安。疏三入，上遣中官，谕指敦勉，至再始出，无四臣同疏请册立，得旨切责。须后命，于是三公各引疾。独公在阁请谕，令出视事。已疏谢，而王许章留中。公曰此当以册储语故耳，复疏言：少待时日，圣谕甚明，乞令二臣亟出，俟首辅至阁，容臣等合揭恭请，定拟期日。疏中言：皇上圣意，盖不欲烦之以激聒，而欲断之以从容，不欲部臣台省杂议于处廷，而欲与二三阁臣决计于密勿。此语实深中上指，果得请。特谕公，册立出阁，待过十岁，壹并举行。而责公等以辅弼大臣，宜宣明圣心，以释众惑、定群嚣。公即又疏，言：释群疑，莫若大信之早全；解摇乱，莫若圣志之早定。举行，未敢遽必，而待过十岁，则似太迟。即又得旨，令中官李浚，传以明年春夏，诸臣无犊扰者，即以是冬传旨册立，不者更待十五。公乃始大喜，则又上疏，欲传贴壹道，播告中外，其更十五之说。谓宜点示戒约，可且勿宣。既拟贴入而又度不得请，则走阁门吏，亟报礼科，若部趣具疏。俄复出，果传札子不必用。而部科疏已上，于是上不怿，然止夺部科俸。以此知圣策已定，无复言建 储者矣。乃逾年而张有德，又逾年而李献可之事起。有德者户部主事，以大礼在近造办，宜预抗疏请。而是时首揆申公，方休沐，独公与许公在直，念小臣忤上成命，即得罪，谓大计何。因亟具揭，署三臣名，引前谕以请，方急时，不及以告申公。即奏，而上果震怒，罪有德，责辅臣附和，改迟册期者三年。申公恐过激无益，且偾册事，因密揭，前疏不出，臣欲委曲调停其间，而上怒竟不解，许公罢还。公乃上言，臣与许国，始谋同，从小臣后附和同，且国所请，实前岁臣所传也。而今者大计定且复摇，吉期届且复改，是臣以传宣不实误国，误向来言事诸臣，且误宗社，国宜留，臣宜去。收入报闻，而是时申公亦用言者，乞身去，公疏留，不获。自念处父子君臣间，竭心殚力，竟未得遂行其志，欲引疾俱去，而上手敕令，携药饵，掖以入阁。先是娄江公予急省觐，至是公拟敕，请专使趣还朝，而献可者省臣也偕其列上疏，以为册立之期，可缓以俟明年，谕教之典，不可迟以虚今日。疏入，镌铁夺俸有差，公乃封还御批，具为分理，为请矜宥。未报。会有申救者悉获谴。公又疏，言：臣以揭救献可累及诸臣，投荒削藉，甚之梃杖。是臣惜谔谔之壹士，而反累济济之群英，争降罚之轻刑，而反构放逐之重祸也。用是自陈乞罢。未奉处分，询之同官，乃知为臣，具揭奉是，谓臣希名不遂，托故称疾。窃念名非臣之敢希，亦非臣之敢弃。臣所希者，期皇上为尧舜，而臣为尧舜之臣，千载余荣，故足希也。若犯颜触忌，抗争偾事，此何名之可希乎？必不希名。将使臣居尊食厚，主德愆而莫救，刑政乱而罔匡，此可谓不希名之臣矣。而国家将奚赖焉？更使臣弃名不顾，逢迎取容，虽许敬宗、李林甫之奸，无不可为，是九庙神灵所阴殛，天下万世所唾骂也。伏望免臣，以示首事之惩；召还诸臣，以释株连之累。不报。又上章悉陈时政，引咎乞还，辞愈切直。又不报。又遣中官浚捧御札再谕公。予急调整，公自念明主可以理夺，惟有引义决去，冀寻感动遂四上章，求去益力，上不报。久之，廷试，公辞免读卷，而乃始得请。公去久寓南馆，辑自章疏、诗书咸怡。上虽听公去，然心知公忠精。既去之三年，而皇长子出阁讲学。又六年大典告成，公闻之而喜可知也。曰：天道四时，固有节序，臣故蠢乃急欲得之罪矣。因斋沐表贺。

天子赐上尊、肥羜、白镪、文币，遣行人存问，官其仲子湛初为中书舍人，公疏谢，并劝罢矿税，起遗逸。又明年而公病，梦与马文庄应制作献芹献暴诗，觉犹能举其辞，迨病革，呓语皆公家事也。呜呼！公之生平，海内所知，上以两言尽之，曰端人，曰忠爱。即海内之知公，孰有如上之知公者乎！大礼迟速之间，宽以容公之直，听公之去，以遂其高，卒之身退而言用，眷隆礼备，终始无两，即天子之用公，不几能尽公之用者乎！余不佞，辱公臭味，结绶以来，窃相期许，从公讲幄，属有心盟，尔来三十年矣。彼此归田，邮筒不绝于时世，以为尽公之用，而公更若有所尽者，尝寓书云，区区微志，俟子之出也。以瞑，余得书，怳然竟成末命。呜呼！尚未知何时得以公瞑也。然益足以见公忠爱矣。公与人极夷易，至其守成深坚屹不可动。江陵之败籍，其交游书疏，公只字不关其间。蒲州公继秉国，时时规劝，多所脾益于时，惩前政之核也。方务恢绰，而朝士多用诡激为声，公引大义，委曲调剂，卒成和衷之美，迨居镃席，开诚布公，正色侃辞，庶士敛服，终公在位无烦言也。曾文卿者，请汰武弁，衆要其兄司空哄于朝，公出词组谕之，遽散去。大司马惧生变，欲勿问，公不应，竟诘主寘之法，事遂定。公博学多通而雅，不欲以文章自名，手疏经义，多所发覆，寻罢去，其指先于躬寔行笃伦叙而已。痛二亲不逮养，上所赐予，不荐不尝食。奔景淑人之丧，哀感道路，治家严肃，谨瑟礼教，里中化之，无鲜华之饰，至于急病赈饥，宗亲宾客，厚往薄来，不以无为解没之日，无不办丧也。元配霍氏，累赠淑人。继李氏，累封淑人。性贞敏勤，慎事二亲至孝。既贵，被服俭素，姻党或问之曰，人以有胜人，吾以无胜人也。姑适李氏而寡，推囊装嫁。其女待霍氏，有恩礼。公立朝，见被殊遇，而志未达，数怀归，如向所谓引义决去，庶几感动者，淑人辄从臾之，人以方孟德耀云。诸子葬公于桑干河之阳，淑人祔焉。是为岁甲辰之冬。其生卒子姓具志状申

初任翰林院庶吉士

二任翰林院编修

三任翰林院修撰

四任司经局洗马兼翰林院修撰

五任右春坊右赞善兼翰林院侍读

六任詹事府少詹事兼翰林院侍读

七任礼部右侍郎兼翰林院侍读学士

八任吏部右侍郎兼翰林院侍读学士

九任光禄大夫柱国经筵日讲官礼部尚书兼东阁大学士

特进光禄大夫上柱国经筵日讲官起居注知制诰少保礼部尚书兼东阁大学士

特赠光禄大夫　上柱国经筵日讲官　起居注　知制诰　太保　礼部尚书兼东阁大学士

特赠光禄大夫　上柱国经筵日讲官

累赠壹品夫人霍氏

累封壹品夫人李氏

纪念碑

丰玉玺纪念碑（1935）

【碑文】

故陆军独立第三旅旅长丰公纪念碑记

盖闻太傅云：亡羊子，抱西州之痛；中郎长逝，虎贲兴北海之思。古人肝胆相识，诚乎于中。故当夫生离死别，垂念靡已，盖欲旌善述德，冀有所表，见于后也！况夫推心置腹、同甘共苦、勤勉有逾于昆仲，砥砺俨同乎师生，精诚团结，融洽一体，如前陆军独立第三旅旅长丰公之与同人者讵能忘情于怀哉！

公讳玉玺、字宝璋、山右山阴人也，先世累代书香，为本邑望族。

公生而歧嶷，性诚笃，有大志，家贫不克卒读。年弱冠，发奋投袂从戎，精勤耐劳，长官恒器重之。时值逊清末叶，政治日非，毅然以鼓吹革命为事。蒙今太原绥靖主任阎公特达之知，为国宣劳迭着奇勋，由初级军官累擢至军团总指挥，近世云，时势造英雄，其公之谓欤。同人等隶属帲幪先后逾十余载，关于军事教练、与夫统御指挥方法，朝夕随侍，获益良多。而公之于人，亦靡不披肝沥胆，相见以诚，十余年如一日，故至今受其赐者，或筦握兵符保卫疆圻，或泰与枢要运筹帷幄，至其他膺显职而登荣阶者，尚指不胜屈。是则公于部属所以提携者而裁成之者，可谓深且厚矣！然犹不止此也。原夫公之为人，品高志洁，不竞名利，不慕声色，而尤以孝行闻于三晋，远近人士，恒称道之弗衰。其居乡里也，复能谦恭下己，和易近人，恂恂焉有长者风。故每于公余之暇，辄举孝弟礼让兼洁诸大端，与同人相勗勉，其情谊恳挚，虽方诸昆季师生之间，亦蔑以加矣！所谓诚心相孚，推己及人者，其在兹乎？至若戎马鞅掌，战绩彪炳，有功于国家人民者，当付诸史氏，采为传略，非同人等所能赞扬于万一也。公以民国二十四年二月因公积劳成疾，卒于独立第三旅旅长任内，春秋四十有六。蒙阎公以“军人模范”四字，许为毕生定论，吁！不亦哀且荣哉！夫饮水必思其源，食谷不忘其本，同人等低徊往事，景仰曷极，爰述公之生平大节，与其所以赐同人者，勒诸贞珉，永垂纪念，藉表多年追随之忱，以云报德，则吾岂敢。嗟乎！遗风未邈，缅细柳以寄怀；华表空存，望白杨而挥涕。无碑亦念，有碑亦念，而有碑胜无碑，是以树之碑也。

清丁酉科举人知陕西延长县事平定贾秧南撰文

清己酉年拔贡大同地方审判廳书记官猗氏离石承政杜若汀润笔

石匠 李毓楷 张翰庭 李毓藻

中华民国二十四年八月上浣谷旦

崔增瑞纪念碑（1944）

年崔公讳增瑞字翰臣号吉庵，清季山阴县高山疃人也。家世业农。公独潜心于学，性聪孝，读书过目成诵。父师咸器重之。年十八，应童子试，辄冠其曹。然以家寒素，公又不归生产作业。由是读益苦、学益进，而家亦益落。幸赖叔父永丰公，怜公之才，慨然捐助，公因得以成其志，光绪癸酉科拔贡生。越九年，领乡荐。旋赴礼闱，及廷试连捷，赐同进士出身。时光绪九年（岁次癸未）。公年方四十，正古人所谓不惑强仕之始也。朝廷审公清慎，援例以候补知事，分发于广东。当是时，西力东渐，沿海外舶丛集。大府试公之志，因令暂摄洋药釐务。先是任釐者，率多中饱。公莅职伊始，力除积弊。期年课额，倍增于前。僚属或以处膏自润之说动之。公正色曰：“国家设官征税，宁为私人充囊也！”大府闻之益嘉其廉。旋升署儋州。其地跷确，蓝缕盈路。公睹状，恻然悯也。因捐廉购衣，散给穷黎者凡二次，州人德之，迄今引为美谈。逾岁，兼知普宁县事。积三载，更徙新会县正堂。计公在粤，司民牧者十五年，家无余储，案无遗牍，野无萑苻，狱无冤抑。一时歌功颂德之声，不绝于耳。嗟呼！是岂古之所谓循吏欤？

大府闻其贤，方欲重用之，而公竟积劳致疾，终于任所，享年五十有六岁。时适光绪戊戌政变之翌年也。

公生于道光二十三年。微时，娶同邑陈氏女。生五男二女。长男斗章，次汉章，三卓章，四蔚章，五绶章。既莅粤，更纳如夫人吴氏，生二女。长男于公在时早夭，其三五男，虽各有嗣，但享年不永。四男蔚章，生子权临，不幸早夭，遗子镇华亦早逝，所遗稚子北海，时在襁褓。惟次男汉章，生子秀临。秀临生镇屏、镇元等三子，均已成立，恂恂谨厚，有乃祖遗风也。爰为序，并赞。

赞曰：桑乾之北，勾注之阴。毓英钟秀，笃生哲人。
扬名金榜，泽布粤东。处膏毋润，散禄赡穷。
民歌五袴，心懔四知。懿追召父，德比杜诗。
惶惶先烈，悠悠我思。爰勒斯石，庶几永垂。

山阴县王家涧村王兆清先生撰文，高山疃村郭文玉先生书丹，1944年3月勒石。

家族碑

李长美及妻合葬墓碑

【碑文】

皇清例赠国学生李翁讳长美耆寿六十岁，妣谷、梁氏享寿五十有三岁墓志铭。

长美公、李君连忠公之第五子。七世居燕家庄，始祖振川公康熙十九年岁次庚申刻石于南凸后地。长美公昆仲六人：长名长成、次名长荣、三名长茂、四殇亡、五即公也、六名长盛、七名长林、无姊妹。为人有志气有肝胆，世为农人，自公首倡义举身养骆驼，富冠一乡。父连忠、母张氏，祖依仁、妻苗氏，曾祖浩、妣贺氏，高祖向阳、夫共妣氏，乃始祖振川公之元孙也。向阳之父林、妣王氏，行二，兄名广。

向阳之祖辈行自升、自耀、自达、自明、自通、自英、自昌、自祯。向阳之曾祖辈行德、英、才，此三辈失传，不知何派。长美公卒年六十岁。国学生遗骆驼96个，驴、骡、马9头，田地十二顷余，住宅五处，铺产五所，吴家窑四处三家在公，岱岳一处五家在公。元配谷氏生三子侧室梁氏无出。长名映溏配姜、张氏生二子，长聚和配姜氏。次补和生一女幼。次名映斗配黄、吴氏生二子，长玉和次包和，生二女幼。三名映池配王氏生一子，名同和，光绪三十年七月延、怀仁县学、庠生姜俊瑞系聚和妇之伯祖也。瘦地于老牛坡之原祖茔之南，认水立向、迁癸山丁向，坐牛宿四度，向柳宿七度，兼析志铭刊于墓道以垂后昆。

大同府怀仁县学、庠生姜瑞志铭，侄子文童姜文俊书。

铭曰：胆是以壮行巴克巴里坤。荒宿夜处，往返万里而不惧。气足以作良图在归化城。算脚程，凭恃一心，以无疏生。在僻壤，事鲜伦比，非其英特何？如斯！

孝男、映溏、映斗、映池，既孙子：聚和、玉和、补和、同和、包和、奉祀。

光绪三十年岁次甲辰一阳月上旬谷旦刻碑志。

（注：巴克——巴里坤，新疆哈密巴里坤县。归化城，呼和浩特旧城）

李长盛及妻合葬墓碑

【碑文】

德厚堂

皇清待赠乡饮介宾考妣李翁讳长盛曹氏儒人合葬之墓。

盖闻创业垂统，惟望子孙可继，刻石铭功，必欲川流不息。昔予东君浩然君之为人也，天性耿耿，英姿勃勃。效南阳兮，耕田始；终不怠；法牵牛兮，服贾远近有声；孝友治家，兄弟共敦其和睦；义方立教，五子咸赖以成全。至于田产之多、银钱之广、自不足道也。予与浩然君宾东之称也。予与浩然君之子侄师弟之交也。浩然君已没于二十二年四月十九日殁。予与君之子侄共师弟又在二十六年后矣。前后相睽形影不及，身未亲其雅节、耳未聆其德音。所云者不过亲戚之称颂，子侄之始迹耳至没。之后祖茔已满，创立新茔，欲记功能，必须文字。予虽不敏，姑竭肝鬲，以表风规，掇鄙言以志不朽云尔！

孝男李映河、映滨、映芳 映沧、映漳；孝孙李枝厚、枝熙、枝恒、枝胜等。

大清光绪丁末未孟夏月上浣立
李映池及其妻合葬墓碑

【碑文】

垂于后昆

清故先考李翁讳映池春秋二十有一岁，妣王氏春秋二十有三岁墓志铭。

光绪三十年二月初三日，□□□□□（长美公前七）之晨余吊也。言及二十八年疫疾事，映溏、映斗母谷氏□□（亦是）七月二十六日疫疾身亡。映池痛母无欣、于二十八日继殇，其妻见夫幼壮疫□（疾）乃伤，□□□（整日思）主念子、所何以成立也。染疫于八月初四日亦殇亡是疫也。总曰命也，亦慈孝节三者之义也，余姻亲以铭□（也），以□（悲）其□（铭）。

大同府怀仁县学、庠生姜瑞志铭，侄子文童姜之俊书。

铭曰：母慈、子孝天命也，夫义妻节性理□（之）正。死亡株连、哀痛可怜、感时记事、名其上泉。

孝男同和子孙奉祀。大清光绪三十年（1904）年岁次，甲辰黄钟（农历十一）月，上旬谷旦勒石。

附 录

重要文献

山阴县突发公共事件总体应急预案

1. 总则

1.1 编制目的

建立统一领导、分级负责、反应及时、规范有序、科学高效的应急体系，全面提高应对各种突发公共事件的能力，保障人民群众的生命财产安全，维护公共利益和社会秩序，保持本县社会政治稳定，促进经济社会又好又快发展，构建和谐山阴。

1.2 编制依据

根据《中华人民共和国突发事件应对法》《国家突发公共事件总体应急预案》《山西省突发公共事件总体应急预案》《朔州市突发公共事件总体应急预案》及其他有关法律、法规、规章，结合本县应急工作实际，制定本预案。

1.3 分类分级

本预案所称突发公共事件，是指突然发生，造成或者可能造成重大人员伤亡、财产损失、生态环境破坏和严重社会危害，危及公共安全的紧急事件。

根据突发公共事件的性质、演变过程和发生机理，突发公共事件主要分为四类：

（1）自然灾害。主要包括暴雨洪水、河流超标准洪水、水库垮坝洪水和干旱缺水等水旱灾害，雷电、暴雨、冰雹、暴雪、沙尘暴、寒潮、霜冻等气象灾害，地震灾害，山体崩塌、滑坡、泥石流、地面塌陷等地质灾害，森林草原火灾和重大生物灾害等。

（2）事故灾难。主要包括铁路、公路等重大交通运输事故，工矿企业、建设工程、公共场所及机关、企事业单位发生的各类重大安全事故，造成重大影响和损失的供水、供电、供油、供气、供暖、通讯、信息网络、粮食供给、特种设备等安全事故，重大环境污染和生态破坏事件等。

（3）公共卫生事件。主要包括重大传染病（如鼠疫、霍乱、肺炭疽、传染性非典型肺炎等）疫情，群体性不明原因疾病，重大食物中毒和职业危害、食品安全和其他严重影响公众健康和生命安全的事件以及重大动物疫情等。

（4）社会安全事件。主要包括恐怖袭击事件、法轮功等邪教组织事件、民族宗教事件、重大刑事案件、涉外突发事件、经济安全事件（如金融安全、物价异常波动、能源及生活必需品严重短缺）以及规模较大的群体性事件等。

按事件的社会危害程度和影响范围等因素，突发公共事件分为四级：I 级（特别重大）、II 级（重大）、III 级（较大）、IV 级（一般）。

（一）I 级（特别重大突发公共事件）：是指事态非常复杂，对辖区内的政治稳定、社会秩序造成严重危害和威胁，已经或可能造成特别重大人员伤亡、财产损失或环境污染等后果，需要统一组织协调、指挥各方面资源和力量处置的突发公共事件。

(二)Ⅱ级(重大突发公共事件):是指事态复杂,对辖区内一定范围内的社会财产、人身安全、政治稳定和社会秩序造成严重危害和威胁,已经或可能造成重大人员伤亡、财产损失或环境污染等后果,需要调度多个部门、下级政府和相关单位的力量和资源进行联合处置的突发公共事件。

(三)Ⅲ级(较大突发公共事件):是指事态比较复杂,仅对辖区一定范围内的社会财产、人身安全、政治稳定和社会秩序造成严重危害和威胁,已经或可能造成较大人员伤亡、财产损失或环境污染等后果,需要调度个别部门、下级政府的力量和资源进行处置的突发公共事件。

(四)Ⅳ级(一般突发公共事件):是指事态比较简单,仅对辖区较小范围内的社会财产、人身安全、政治稳定和社会秩序造成严重危害和威胁,已经或可能造成人员伤亡或财产损失,只需要调度个别部门或下级政府的力量和资源就能够处置的突发公共事件。

1.4 适用范围

本应急预案适用于在本县行政区域内突然发生或可以预见的各类突发事件的应对工作。

1.5 工作原则

(一)以人为本,预防为主。切实履行政府的社会管理和公共服务职能,把保障公众健康和生命财产安全作为应急工作的出发点和落脚点。把应对突发公共事件的各项工作落实到日常管理之中,坚持事前预防与应急处置相结合,做好应对突发公共事件的思想准备、预案准备、组织准备以及物资准备等工作。

(二)统一领导,分级负责。建立健全分类管理、分级负责、条块结合、属地管理为主的应急管理体制,实行行政领导责任制。在县委、县政府统一领导下,各相关部门相互协作,紧密配合,根据突发公共事件的严重性、可控性、所需动用资源、影响范围等因素,分级设定和启动预案,严防事态进一步扩大。

(三)社会参与,联动处置。加强以属地管理为主的应急处置队伍建设,建立联动协调制度,充分发挥乡镇、城区管委会、社区、企事业单位、社会团体和志愿者队伍的作用,形成统一指挥、反应灵敏、功能齐全、协调有序、运转高效的应急管理机制。

(四)依靠科技,专群结合。采用先进的应急处置技术及设施,按照资源整合和降低成本的要求,实现组织、资源、信息的有机整合。充分发挥专家在突发公共事件的信息研判、决策咨询、专业救援、应急抢险、事件评估等方面的作用,有序组织和动员社会力量参与突发公共事件应急处置工作,提高应对突发公共事件的科技水平和指挥能力,避免发生次生、衍生事件。

(五)依法规范,加强管理。依据有关法律、法规和规章,加强应急管理,维护公众的合法权益,使应对突发公共事件的工作规范化、制度化、法制化。加强宣传和培训教育工作,提高公众自救、互救和应对各类突发公共事件的综合能力。

1.6 应急预案体系

(1)县总体应急预案。总体应急预案是全县预案体系的总纲,是县人民政府应对各类突发公共事件的规范性文件,由县政府制定并公布实施,报朔州市人民政府备案。

(2)县专项应急预案。专项应急预案是县人民政府及其有关部门为应对某一类型或几种类型突发公共事件而制定的涉及数个部门职责的应急预案,由县政府有关部门牵头制定,报县政府批准后实施。

(3)部门应急预案。部门应急预案是县政府有关部门根据县总体应急预案、县专项应急预案,结合部门各自职责,为应对相关突发公共事件而制定的预案,由县政府有关部门制定,报县政府备案。

(4)各乡镇、城区管委会的应急预案。按照分类管理、分级负责的原则,由各乡镇、城区管委会参照县总体预案和相关专项预案的规定,结合各自实际分别制定,并报县政府备案。

（5）企事业单位突发公共事件应急预案。由有关单位根据有关法律、法规制定，并报县应急管理办公室备案。

（6）重大活动安全事项应急预案。较大规模集会、节会、庆典、会展和文化体育等活动的安全应急预案，按照谁主办谁负责的原则，由组织承办单位负责制定，报本级政府备案。随着应急管理体制的健全和实际情况的变化，各类应急预案由制定单位及时修订、补充、完善。

2. 组织机构与职责

2.1 县应急指挥机构和职责

县政府成立县突发公共事件应急指挥中心（以下简称“应急指挥中心”），县长任总指挥，各位副县长、县政府办公室主任任副总指挥，成员由县政府办公室各位副主任以及相关部门的主要负责人组成。

县应急指挥中心是全县突发公共事件应急工作的领导、议事和协调机构，其主要职责是：

（1）研究部署全县突发公共事件应急工作，指导各乡镇、各部门制定和组织实施各类突发公共事件应急预案；

（2）编制和修订《山阴县突发公共事件总体应急预案》；

（3）在本县行政区域内有较大和重大突发公共事件发生或可能发生时，领导、组织和协调应急工作，决定启动和组织实施本预案；

（4）向山西省人民政府和朔州市人民政府报告突发公共事件和应急管理工作的有关情况；

（5）法律法规规定的其他职责。

2.2 日常应急工作机构和职责

县应急指挥中心下设应急管理办公室（以下简称“应急办”），作为县应急指挥中心的日常办事机构，设在县政府办公室，主任由县政府办公室主任兼任，各位副主任兼任应急办副主任，另设一名专职副主任。人员编制根据实际工作需要确定。

县应急办的主要职责是：

（1）承担县政府总值班工作，及时掌握和报告县内重大、较大情况和动态，办理向县人民政府报送的紧急重要事项，保证县政府与市委、市政府、各乡镇人民政府和县政府各部门联络畅通，指导县政府系统值班工作。

（2）办理县政府有关决定事项，督促落实县政府领导的相关批示、指示，承办县政府应急管理的专题会议、活动和文电、信息汇总上报等工作。

（3）负责协调和督促检查各乡镇、县政府各部门及企业、社会应急管理工作。

（4）组织有关方面研究提出县应急管理的规定和规划建议。

（5）负责组织草拟县突发公共事件总体应急预案，审核专项应急预案，协调指导应急预案体系和应急体制、机制建设，指导各乡镇、县政府各部门应急体系、应急信息平台建设等工作。

（6）协助县政府领导处置突发公共事件，协调指导突发公共事件的预防预警、应急演练、应急处置、调查评估、信息发布、应急保障等工作。

（7）组织开展信息调研和宣传培训工作，协调应急管理方面的对外交流与合作。

2.3 专项工作机构

县政府分别设立各专项突发公共事件应急指挥部，具体负责指挥各类单一较大或重大突发公共事件应急工作。政府县长或主管副县长任总指挥，牵头部门主要负责人任副总指挥，成员由各有关部门和单位的主要负责人组成。各专项应急指挥部办公室和指挥场所分别设在相应牵头部门和单位。如果条件不具备，可由专项应急指挥部决定在其他适当地方开设，充分利用现有指挥系统硬件设施，指挥突发公共事件应急工作。

2.4 专家咨询机构和职责

成立县突发公共事件应急专家组，由各专项突发公共事件应急工作组成部门和单位的高级专业技术人员、管理人员组成，主要职责是为应急指挥中心提供决策咨询、工作建议和参与应急指挥。

3. 预测与预警

3.1 监测

突发公共事件应急工作要坚持早发现、早报告、早处置的方针。各乡镇、各部门要根据突发事件的种类和特点建立健全监测网络，划分监测区域，确定监测点，明确监测项目，落实监测人员，配备必要的设备、设施。要经常调查和分析研究本地区、本部门存在的影响稳定的重点问题，特别要关注重点地区、重点领域、重点企业和要害部门，定期分析预测可能出现的紧急重大情况，及时发现和掌握苗头性问题，如有重要情况须采取有效措施进行处置并及时上报。

3.2 预警信息报送

突发公共事件信息要按照分级负责、条块结合、逐级上报的要求报送。各乡镇、各部门认为发生突发公共事件可能性很大的，必须在 2 小时内向上级应急指挥机构报告。

3.3 预警

（一）预警级别的划分按照突发公共事件的潜在危险程度和可能的发展趋势，预警级别分为一般（IV 级）、较大（III 级）、重大（II 级）和特别重大（I 级），依次用蓝色、黄色、橙色和红色表示。

特别重大预警（I 级）：预计将要发生特别重大以上的突发公共事件，事件即将发生，事态正在迅速蔓延。

重大预警（II 级）：预计将要发生重大以上的突发公共事件，事件即将发生，事态正在逐步扩大。较大预警（III 级）：预计将要发生较大以上的突发事件，事件已经临近，事态有扩大的趋势。一般预警（IV 级）：预计将要发生一般以上的突发公共事件，事件即将临近，事态可能会扩大。

（二）预警的发布特别重大预警、重大预警、较大预警分别由省、市发布。

一般预警确定后，除因涉及国家安全等原因需要保密的，县应急指挥中心及时向社会公布；对直接涉及公众利益或需要公众广泛参与应对的突发公共事件的预警信息，由县人民政府通过广播、电视、报刊、通信、信息网络、短信、警报器、宣传车或组织专人逐户通知等方式进行广泛发布，对老幼病残孕等特殊人群及学校等特殊场所和警报盲区应当采取有针对性的方式，做到应知尽知。突发公共事件预警信息发布内容包括：

（1）突发公共事件性质、原因；

（2）突发公共事件发生地及范围；

（3）突发公共事件可能造成的损失估计；

（4）突发公共事件的应对措施和采取的控制办法；

（5）突发公共事件的其他情况。

（三）跟踪监测预警级别信息发布后，县应急指挥中心和专项应急指挥部应当对预警事件采取以下措施，并做好相关信息跟踪监测：

（1）及时向公众发布可能受到突发公共事件危害的警告或者劝告，宣传应急和防止、减轻危害的常识；

（2）转移、撤离或者疏散容易受到突发公共事件危害的人员和重要财产，并进行妥善安置；

（3）要求处置突发公共事件的队伍和人员进入待命状态，并可以动员、招募后备人员；

（4）确保通讯、交通、供水、供电、供气等公共设施正常；

（5）调集所需物资和设备；

（6）法律、行政法规规定的其他措施。

（四）预警的解除一般预警险情完全解除后，由县人民政府通过报纸、电视、电台和网络等公共传媒发布解除警报信息。

4. 应急响应

4.1 信息报告

突发公共事件发生后，事发单位应立即向事发地乡（镇）人民政府和主管部门报告，乡（镇）人民政府和县有关部门接到报告要立即向县委办、县政府办、县委、县政府主要领导和分管领导报告，情况紧急的可先用电话报告，随后以书面形式报送，但最迟不得超过 1 小时，同时向有关地区和部门通报。应急处置过程中，要及时续报有关情况。

突发公共事件信息报告内容应包括：时间、地点、信息来源、事件性质、影响范围、事件发展趋势和已经采取的措施等。

县应急办组织协调各专项工作机构及相关部门构建统一规范的突发公共事件信息网络平台，建立信息采集制度，确保各专项工作机构之间信息畅通，实现资源共享。

4.2 基本响应程序

事发地先行处置。突发公共事件发生后，事件发生单位、事发地的基层组织要进行先期应急处置，拨打报警电话，组织群众自救互救，组织人员疏散，迅速控制危险源，抢救受伤人员，并及时向县应急指挥中心或专项应急指挥部报告有关情况。

县应急指挥中心接到突发公共事件的报告后，必须立即派人赶赴现场。对于比较集中、固定的事发现场，已造成人员伤亡或对公众生命健康直接造成严重威胁的，要立即调集本辖区范围内相关应急救援队伍和救援物资进行现场应急救援。必要时，设立临时现场指挥部，专门负责现场应急指挥工作，并按规定及时向上级应急指挥机构报告现场处置情况。

在应急救援现场，进入现场的救援人员和物资都必须服从现场指挥部或专项应急指挥部的统一调度。现场应急基本措施。现场指挥部或专项应急指挥部应根据现场情况制订现场救援具体方案并组织实施。

（1）划定警戒线，对交通进行管制；

（2）紧急疏散现场人员，紧急抢救受伤人员和被困人员；

（3）迅速控制危险源，对现场进行不间断监测，防止疫病、环境污染等次生、衍生和偶合事件发生；

（4）抢修道路、供电、供水、通讯等设施；

（5）安置灾民，保证基本生活；

（6）实行 24 小时巡逻，切实维护社会治安秩序；

（7）保护现场，由有关部门或机构进行事故原因调查及损失核定；

（8）采取法律、法规、规章和专项应急预案规定的其他措施。

在应急工作中，牵头部门及相关职能部门应各尽其职，相互配合，尽职尽责做好各项应急工作。

在应急工作中，有关部门要同时做好恢复和减灾工作，迅速恢复生产生活正常秩序。

4.3 指挥与协调

（一）特别重大突发公共事件或重大突发公共事件发生后，县应急指挥中心应接受省应急指挥中心的统一指挥，各部门、各单位要服从省专项应急指挥机构的调度。

（二）较大突发公共事件发生后，县应急指挥中心应接受市应急指挥中心的统一指挥，各部门、各单位要服从市专项应急指挥机构的调度。

（三）一般突发公共事件发生后，县应急指挥中心全面负责应急工作。现场指挥部具体负责现场指挥工作，并及时向县应急指挥中心报告情况，请示重大问题的处理指令。各乡镇、各单位要服从县应急指挥中心的统一调度。

4.4 扩大应急

当突发公共事件难以控制或有扩大、发展的趋势时，县应急指挥中心要加大工作力度，组织增援队伍，加大救援物资调拨、供应力度，并及时请求上级应急机构支援。必要时，县应急指挥中心可申请上级应急指挥中心提高突发公共事件应急级别，启动高级别预案。

4.5 特别情况的处理

（一）发生在本县的突发公共事件，其中人员涉及外县（市、区）的，要及时上报省、市人民政府，并与相关县（市、区）应急机构联系。

（二）突发公共事件跨部门的，同时启动相应专项预案，应急工作在县应急指挥中心统一领导下进行。

（三）突发公共事件中有港澳台或外籍人员伤亡、失踪、被困的，或者可能影响到境外的，由县人民政府及时按照国家规定上报省人民政府和相关部门，并作出相应处理。

4.6 新闻报道

（一）新闻报道的原则。新闻报道坚持实事求是、及时准确的原则。县内各级各类媒体，要广泛宣传经有关部门核实后的突发公共事件情况及应急处置情况；广泛宣传县政府组织干部群众积极应对突发公共事件的情况；广泛宣传人民解放军指战员、武警部队官兵、公安民警和广大人民群众在处理突发公共事件中表现的英勇无畏精神和感人事迹；广泛宣传人民群众捐款捐物支援灾区等情况。

（二）实行突发公共事件新闻发布制度。突发公共事件发生后，县应急指挥中心或现场指挥部制订新闻报道方案。除按照有关规定需要保密的信息外，突发公共事件的信息由县应急指挥中心及时通过媒体统一向社会公布。

（三）新闻报道工作在县委宣传部统一组织下进行。各级各类媒体记者赴突发公共事件事发地采访报道，由县委宣传部统一协调进行。

4.7 应急结束

应急处置工作达到相应条件后，按审批程序要求，由县应急指挥中心宣布应急行动结束，并通过媒体向社会发布。

5. 后期处置

5.1 善后处置

（一）突发公共事件发生后，当地政府和有关部门应按照有关规定迅速采取措施，救济救助灾民，尽快恢复正常的社会秩序。

（二）县民政局等有关部门和当地政府应及时调查统计灾害事故影响范围和受灾程度，并按规定向上级报告和向社会公布。

（三）民政部门应迅速设立灾民安置场所和救济物资供应站，继续做好灾民安置和救灾款物接收、发放等工作，确保灾民基本生活，并做好灾民的安抚工作。有关单位、乡镇政府、街道办事处和基层自治组织应当积极支持、配合民政部门妥善安置、安抚灾民。

（四）县卫生局等部门应做好突发公共事件现场的消毒、疫情监控和食品、饮用水的卫生监督等工作。

（五）由当地政府组织人员进行现场清理。若因调查需要暂缓清理的，应组织保护好现场，待批准后再行清理。在清理过程中可能导致危险发生或清理工作有特殊要求的，由专业队伍进行清理。

（六）当地政府和有关部门应制定灾后重建和恢复生产、生活计划，迅速进行灾后重建工作。

（七）做好在突发公共事件中被损害设施等的修复工作，尽快恢复正常的生产、生活秩序。通讯、供电、供水、供气、城市排水设施、城市道路等公用设施被损害尚未恢复的，有关单位应迅速组织力量修复。道路、桥梁、大坝、围堤等被毁坏及河流被堵塞的，当地政府及有关部门应及时组织修复。

（八）按照国家有关规定，当地人民政府做好物资、劳务征用补偿及赔偿工作。

5.2 社会救助

（一）提倡和鼓励企事业单位和个人捐赠资金和物资。

（二）县红十字会、县慈善机构等公益性社会团体和组织应开展经常性的募捐活动。

5.3 保险突发公共事件发生后，各有关保险公司应及时定损理赔。工伤保险经办机构应及时足额支付工伤保险待遇费用。因定损理赔需有关单位和个人提供相关情况的，有关单位和个人应积极配合。

5.4 调查和总结

（一）突发公共事件处置完毕后，有关部门应按照法律、法规、规章及相关规定，及时组织调查，重点查明导致突发公共事件发生的原因，并形成调查报告。

（二）对应急工作进行总结，找出管理上的薄弱环节，总结预防、预测、预警和应急处置环节中的经验和教训，不断提高管理水平和相应能力。

6. 保障措施

6.1 通信与信息保障

（一）县应急指挥中心要在整合各职能部门专业通信网的基础上，建立跨部门、多手段、多路由、有线和无线相结合、微波和卫星相结合的反应快速、灵活机动、稳定可靠的应急通信系统。依托和利用公网，加快应急工作专用通信网建设，加强重要通信设施、线路和装备管护，建立备份和紧急保障措施，确保应急指挥通信顺畅。

（二）现场指挥通信以固定有线通信为主，有条件的要实现救灾现场与指挥部的视频、音频、数据信息的双向传递。如当地不具备固定有线通信条件或长途通信干线中断，改用无线通信，保障应急指挥通信。必要时可紧急调用或征用驻县部队、武警部队和其他部门以及社会通信设施。

（三）各乡镇、各部门要根据实际情况建立突发事件信息报告员制度，设立专职或兼职信息报告员，收集突发事件信息并即时上报。信息报告员收集和上报各类突发事件信息，应当客观、真实、及时，不得谎报、瞒报、缓报和漏报。

（四）制订应急通讯保障方案，指导、协调相关通讯企业配备应急通讯保障设备、设施并进行经常性维护，确保应急通讯畅通。

6.2 现场应急和工程抢险保障

专项应急工作牵头部门负责储备与本专项应急工作需要相适应的现场救援和工程抢险装备，建立现场应急和工程抢险装备信息库，落实应急和工程抢险装备型号、数量、种类、性能和存放位置。按隶属关系由应急和工程抢险装备归属单位进行维护、保养。各应急工程抢险装备归属单位，应统一服从县政府应急工作指挥机构的调用命令。

6.3 交通运输保障

（一）加强应急交通保障，为突发公共事件应急工作提供快速、高效、顺畅的道路设施、设备、运行秩序等交通保障条件。

（二）突发公共事件发生后，交通安全管理部门要及时对事故现场实行道路交通管制，根据需要和可能组织开设应急救援“绿色通道”。道路设施受损时，道路交通部门要迅速组织有关部门和专业队伍进行抢修，尽快恢复通畅状态。加强交通战备建设，确保在应急工作中紧急调集交通工具，输送疏散人员和物资。必要时可紧急动员和征用其他部门及社会交通设施装备。

（三）应急交通保障相关单位必须全力以赴，确保救灾物资、器材和人员的紧急输送，满足应急工作需要。

6.4 医疗卫生保障

（一）突发公共事件发生后，必须快速组织医护人员对伤员进行应急救治，尽最大可能减少伤亡。

（二）根据“分级救治”原则，按照现场抢救、院前急救、专科医护的不同环节和需要组织实施救护。医疗救护队伍要迅速进入救灾现场，对伤员实施包扎、止血、固定等初步急救措施，稳定伤情、运出危险区后，转入各医院抢救和治疗。化学事故、放射性污染事故的伤员应先安排进入有条件的医院救治。要根据灾害事故的特性和需要，严密组织实施疾病控制和做好卫生监督准备工作。

（三）各级卫生部门负责应急工作中救护保障的组织实施，各级医疗急救中心负责院前急救工作，各级医院负责后续救治，红十字会等群众性救援组织和队伍应积极配合专业医疗队伍，开展群众性卫生救护工作。

（四）卫生专业队伍的医疗救护和群众性救护要于第一时间在现场展开。要根据社会发展的需要，逐步提高应急救治能力，加设救护站（点），增配监护型救护车，缩短急救半径和应急救护反应时间。

（五）加强公共卫生体系建设。建立健全公共卫生应急控制系统、信息系统、疾病预防控制系统、医疗救治系统、人才培养系统、科学研究系统、卫生监督系统和社会支持系统，全面提高公共卫生管理和应急处置能力。

（六）县卫生局负责建立包括医疗救治资源分布、救治能力和专业特长等的医疗动态数据库。

（七）县卫生局负责急救中心和有关医院的联系、安排，组织急救车辆、医疗器械和医务人员，提供急救所需药品和器械，抢救事故现场受伤人员，做好事故现场的卫生防疫工作，随时向现场指挥部报告人员伤亡、抢救和防疫等情况，必要时负责向上级或外地医疗机构求助。

6.5 治安保障

（一）突发公共事件发生后，公安机关应迅速对事故现场实行安全警戒和治安管制，加强对重点场所、重点人群的保护，严厉打击各种破坏活动。

（二）突发公共事件发生后，属地公安机关、基层政府和社区要立即在救灾现场周围组织设立警戒区和警戒哨，维持秩序，必要时及时疏散受灾群众。

（三）县公安局负责制定事故状态下维持治安秩序的各种准备方案，包括警力集结、布控方案、值勤方式和行动措施，并在突发公共事件发生后，组织实施。

6.6 物资保障

（一）建立健全突发公共事件应急救援物资储存、调拨和紧急配送系统，积极培育和发展经济动员能力，确保应急救援所需的物资器材和生活用品的应急供应。

（二）在保证一定数量的必需救灾物资储存的基础上，将实物储备转变为生产潜力信息储备，通过建立应急生产启动运行机制，实现救灾物资动态储备。加强储备物资管理，防止储备物资被盗用、挪用、流散和失效，一旦出现上述情况，要及时予以补充和更新。要与外地区建立物资调剂供应渠道，以便需要时迅速从外地区调入救灾物资。必要时依据有关法律规定及时动员和征用社会物资。

（三）县发展和改革局、县经贸局负责组织、协调救灾物资的储存、调拨和紧急供应。县商务局负责生活必需品应急管理，在生活必需品市场出现异常波动时，采取区域调剂、商品储备、组织进口、征购及紧急调运等手段，保障居民日常生活需求。县食品药品监督管理局负责药品和急救医疗器械的应急管理，在急救药品和医疗器械出现短缺时，联合有关部门和单位采取区域调剂、征购及紧急调运等手段保证急救药品和医疗器械的调拨和紧急供应。县粮食局负责粮食的调拨和紧急供应。应急工作中救援物资的调用，由县应急指挥中心或专项应急指挥部组织协调，各相关部门和单位负责实施。

（四）县物价局要加强市场价格监测和监督检查。当重要商品和服务价格显著上涨，或出现可能显著上涨等价格异常状态时，及时采取限定差价率、利润率和规定限价等措施，确保市场价格基本稳定。县工商局、县质量技术监督局、县食品药品监督管理局等部门和单位要协调配合，共同做好市场监管工作，维护正常的市场秩序。

（五）县供电公司、县建设局、县水利局、县城管局负责协调做好事故现场供电、供水工作。

6.7 经费保障

（一）突发公共事件处置工作和物资储备所需的资金，由县发展和改革局制定计划，县财政列入预算予以保障。

（二）县应急指挥中心统筹安排预防和应对各专项公共突发事件所需的工程规划建设、信息系统和通讯系统规划建设、设备购置、人员培训等项目所需的资金。

6.8 紧急避难场所保障由县政府本着因地制宜的原则，就近依托公共基础设施建设，规划和建设临时紧急避难场所。

6.9 技术储备与保障

（一）加大科技含量，建立科学的应急指挥决策支持系统。

（二）应急工作指挥决策系统要在信息综合集成、分析处理、灾害评估的基础上，实现智能化和数据化，确保决策的科学性。

（三）充分发挥专家组的作用，在应急工作各个环节都要重视和听取专家组的意见。

7. 监督管理

7.1 预案演练县政府要结合实际，有计划、有重点地组织有关部门对相关预案进行演练。

7.2 宣传和培训宣传、教育、文化、广电、新闻等有关部门，要通过图书、报刊、音像制品和电子出版物、广播、电视、网络等，广泛宣传应急法律法规和预防、避险、自救、互救、减灾等常识，增强公众的忧患意识、社会责任意识和自救、互救能力。各有关方面要有计划地对应急救援和管理人员进行培训，提高其专业技能。

7.3 责任和奖惩

突发公共事件应急处置工作实行行政领导负责制和责任追究制。

对突发公共事件应急管理工作中作出突出贡献的先进集体和个人要给予表彰和奖励。

对迟报、谎报、瞒报和漏报突发公共事件重要情况或者应急管理工作中有其他失职、渎职行为的，依法对有关责任人给予行政处分；构成犯罪的，依法追究刑事责任。

8. 附则

8.1 预案制定本预案由县人民政府制定，须经县政府常务会议讨论通过后，由县人民政府发布。县人民政府办公室负责解释。县人民政府有关部门和乡镇人民政府按照本预案的规定履行职责，并制定相应的应急预案。县人民政府将根据实际情况的变化，及时修订本预案。

8.2 预案实施时间

本总体应急预案自发布之日起执行。

山阴县人民政府

二〇〇八年十二月二十九日

进一步完善和规范农村土地承包合同管理工作的意见

为切实完善和规范农村土地承包合同管理工作，确实保障农民的长久土地承包使用权，有效维护农村土地承包当事人的合法权益，进一步促进农业增效、农民增收，促进农村经济发展和社会和谐。根据《中华人民共和国农村土地承包法》(以下简称《承包法》)及《山西省实施〈中华人民共和国农村土地承包法〉办法》(以下简称《承包法办法》)的有关规定，结合本县的实际，特提出如下意见：

一、全县农村土地承包和经营权流转合同管理工作现状及存在的问题

1995年以来，全县认真贯彻执行上级有关政策法规，基本上完成了土地承包合同的顺延，为承包土地的多数农户发放了土地承包经营权证，使农民真正得到了长期而有保障的土地承包经营权。但存在的问题也不少，主要表现在：

1.“二轮”家庭承包土地合同没有全部落实到位，“四到户”率较低。据统计，全县至今仍有30%以上的承包土地的农户没有与村集体经济组织或村委会续签“二轮”家庭承包合同。

2.已签订的合同存在不规范、不完善等问题。首先是地块的“四至”定位不准确。其次是文本不规范。部分乡(镇)、村把家庭承包土地合同、“四荒”发包合同和经营权流转合同混为一体，自制自用不规范合同书文本。三是部分乡(镇)村“四荒”土地、机动地等集体土地的发包程序不规范，不符合《承包法》和《承包法办法》的规定，个别还存在“一地多主”现象。四是土地经营权擅自流转现象较为普遍，程序不合法。致使有些土地流转合同改变了主体和农业使用用途。

3.乡(镇)农经管理员流失严重。截至去年十一月份底仅有北周庄、马营、下喇叭三个乡(镇)有专职农经管理员，且在岗从事农经管理工作。其余因人事变动及其他因素不再从事专项工作，导致乡镇农村土地承包合同的鉴证和纠纷处理等管理工作缺乏熟悉业务的专职人员把关，处于混乱状况。

4.全县的农村土地承包合同纠纷仲裁委员会没有配齐配全，重大合同纠纷无法仲裁，因合同纠纷引起的上访、信访问题无法解决。

上述问题的存在和发生，成为干群关系紧张，引发纠纷矛盾，农村上访、信访案件屡见不鲜的重要根源，必须采取切实措施予以解决。

二、进一步完善和规范农村土地承包管理工作的措施和办理程序

(一)根据《承包法》和《承包法办法》规定，全县统一使用农业部制定的合同样本。合同样本由农业局统一印制发放，工本费由用户负担，工作经费列入县财政预算。在这次完善和规范以及今后农村土地承包合同书的使用上，不论哪种形式的土地承包合同书，其主本合同书一律到农业局申领。如遇主本合同内容条文表述不清的复杂合同，乡(镇)村可自行印制与主本合同配套的补充合同文本作为附件上报。

(二)农村土地承包合同及承包经营权证的办理程序

1.家庭土地承包合同的补办及流转

三、进一步完善规范农村土地承包合同管理工作

1.完善农村家庭“二轮”土地承包合同。完善“二轮”土地承包合同指的是农村家庭承包土地的地块、面积、合同书、承包经营权证书四到户。在完善过程中缺什么补什么。补办手续原则上需农户持“一轮”承包合同证件或村委会议记录和土地原始台帐复印件、公示方案及结果，经乡(镇)经管站鉴证，乡(镇)长签字批准后，以乡(镇)上报县农业主管部门办理。

2.规范集体耕地的承包合同。集体耕地承包合同指的是：集体机动地、集体新开发的并经国土部门确认为耕地的土地承包合同。这些合同要按照《承包法办法》第十三条、第四条、第十五条的规定加以完善规范，在此基础上，参照完善“二轮”家庭承包合同的手续办理。

3. 完善集体“四荒”土地的承包合同。集体“四荒”土地的承包合同指的是集体的荒山、荒沟、荒丘、荒滩等集体土地的承包合同，这些合同要按照《承包法》第三章的有关规定，缺什么，补什么。在完善规范经乡（镇）鉴证批准后，持相关手续到县农业主管部门办理证件。

4. 规范农村家庭土地承包经营权流转合同。农村土地承包经营权流转合同是指原承包方因故以互换、转让、转包、出租、代耕等方法转包他人的合同。农村土地承包经营权流转是鼓励土地向种田能手、种粮大户集中，发展适度规模经营，鼓励非农企业向农业投资，推动农业产业化发展的重要措施。只要符合国家政策法规和呈报手续，县农业主管部门即可办理。

5. 规范集体耕地、集体“四荒”土地的流转合同。规范集体耕地、“四荒”地流转合同主要是对土地类别、权属、面积和流转程序、进行核实认定，只要符合政策法规要求、符合统一规划要求和呈报手续，经农业主管部门核实后，即可颁发证书。

6. 农村土地承包经营权证的统一印鉴。根据工作需要，将农用土地承包发证和管理工作，由国土局移交农业局承办。移交后国土局负责出具土地类别证明。启用“山阴县人民政府农用地登记专用章”作为全县农村土地承包经营权证的统一印鉴。由县农业行政主管部门管理使用，印鉴只限用于本县区域内农业用地登记。

7. 完善配齐、配全山阴县农村土地承包合同纠纷仲裁委员会。农村土地承包合同纠纷委员会是有效消化、解决大量合同纠纷引起的信访和民事案件的机构。要尽快配齐配全。根据工作需要，由农业局牵头，抽调法院、监察局、国土资源局等单位有关人员组成新一届农村土地承包合同纠纷仲裁委员会。

①家庭土地承包合同的补办

由乡（镇）农经管理员到农业局申领合同书及备案表→交村集体经济组织或村委会填报审批→国土资源局出具土地类别证明→乡（镇）经管站鉴证、乡（镇）长签字审批报农业局→农业局确定地块坐标并登记备案办理农村土地承包经营证。

②家庭土地承包合同转让和互换的流转合同

由乡（镇）农经管理员到农业局申领合同及备案表→交村集体经济组织或村委会，村集体根据流转双方书面申请填报审批→国土资源局出具土地类别证明→乡（镇）经管站签证、乡（镇）长签字审批报农业局→农业局核定地块坐标并备案，收回作废旧证登记办理新证。

③家庭土地承包合同属于转包、出租、代耕等不需要变更承包经营权证的流转合同

乡（镇）农经管理员到农业局申领合同书及备案表→村集体经济组织或村委会根据流转双方的书面申请填报备案→乡（镇）长签字、乡（镇）经管站存档。

8. 非家庭承包合同的补办及流转

①非家庭承包合同的补办

乡（镇）农经管理员持乡（镇）长审核签字的三分之二村民或村民代表大会表决结果记录及公示方案结果复印件到农业局申领合同书及备案表→村集体经济组织或村委会根据承包方项目申请书和可研报告审批填报→国土资源局出具土地类别证明→持上述手续到乡（镇）经管站鉴证、乡（镇）长签字审批报农业局→农业局依据上述手续确定地块坐标并登记备案，办理农村土地承包经营权证书。

② 50 亩以下非家庭承包合同的流转

乡（镇）农经管理员到农业局申领合同书及备案表→村集体经济组织或村委会根据双方的书面申请和项目申请、可研报告审批填报→国土资源局出具土地类别证明→持上述手续到乡（镇）经管站鉴证乡

（镇）长签字审批报农业局→农业局依据上述手续核定地块坐标并备案登记办理农村土地承包经营权证。

③ 50 亩以上非家庭承包合同流转

乡（镇）农经管理员到农业局申领合同书及备案表→村集体经济组织或村委会根据双方的书面申请和项目申请、可研报告、三分之二村民或村民代表会议通过并公示→国土资源局出具土地类别证明→持上述手续到乡（镇）经管站鉴证、乡（镇）长签字审批报农业局→农业局依据上述手续核定地块坐标并备案登记办理农村地承包经营权证。

四、进一步完善和规范农村土地承包合同管理的组织领导

为将这次完善规范承包合同管理工作抓细、抓实、抓好，经研究，决定成立全县完善和规范农村土地承包合同管理工作领导组，领导组成员如下：

组　长：侯　元（政府县长）

副组长：杨增文（人大副主任）

段国强（政府副县长）

尤跃栋（政协副主席）

成　员：杨志清（政府办公室副主任）

杨时功（农工办主任、农业局局长）

袁林忠（财政局书记）

张　沛（农业局副局长）

张国府（国土资源局副局长）

领导组下设办公室，办公室设在县农业局，办公室主任由杨时功兼任，副主任由张沛同志兼任。

各乡（镇）也要成立相应的由乡（镇）长任组长，分管副职、经管站长任副组长的组织领导机构，统一领导部署实施全乡（镇）完善和规范农村土地承包合同管理工作。

五、进一步完善和规范农村土地承包合同管理工作的要求

1. 加强领导，落实责任。完善和规范农村土地承包合同管理是一项政策性强，涉及面广，十分复杂的工作，事关农村改革、发展、稳定的大局，各乡（镇）各部门必须高度重视，充分认识此项工作的重要性、必要性，要建立相应领导小组，落实责任，集中时间、精力，切实抓实抓好。乡（镇）主要领导要亲自抓，对工作中遇到的问题要及时研究，做出处理。

2. 严格程序，规范操作。此次工作必须严格按照法律法规来开展，做到程序规范，工作有序。

3. 讲究方法，确保质量。完善和规范农村土地承包合同管理，涉及广大农民切身利益，在具体实施中要紧密结合实际，讲究方法，做细工作，特别要注意加强政策宣传做好农民思想工作，确保此项工作的顺利完成。

山阴县人民政府

二〇〇九年四月十八日

山阴县医药卫生一体化综合改革实施方案

为贯彻落实《山西省人民政府关于实施县域医药卫生一体化综合改革的意见》，加快推进本县医药卫生一体化综合改革试点步伐，切实加强城乡医药卫生服务体系和服务能力建设，进一步满足广大城乡居民日益增长的医药卫生服务需求，结合山阴县实际，特制定本实施方案。

一、指导思想

以科学发展观为指导，按照“保基本，强基层，建机制”和推进“五项重点改革”的要求，从本县实际出发，合理规划，优化城乡医药卫生资源配置，以县医院为龙头，乡镇卫生院为骨干，村卫生室为基础，努力构建县乡村一体化的管理体制和运行机制，逐步形成县医院以治疗为主、培训指导基层为辅，乡村以预防和转诊为主、常见病多发病治疗为辅的具有山阴特色的服务模式，确保为全县广大人民群众提供安全、有效、方便、质优、价廉的医疗卫生服务。

二、基本原则

1. 坚持政府主导，强化政府职责，在县委、县政府统一领导下，相关部门各司其职，积极稳妥推进综合改革。

2. 坚持以人为本，把提高健康保障水平、实现人人享有基本医疗卫生服务作为改革的根本出发点和落脚点。

3. 坚持因地制宜，充分利用现有医疗卫生资源，发挥各自功能，实行分工协作。创新机制，县乡村三级联动，中西互补，公立民营统筹协调推进。

4. 坚持整体规划、综合实施，着力从制度、体制、机制上解决县域医药一体化综合改革发展问题，构建保障卫生事业持续稳定发展的长效机制，实现改革成果共享。

三、总体目标

到“十二五”末，建立起完善的医疗和基本公共卫生服务体系，健全的医疗保障体系，规范的药品供应保障体系，科学的医疗卫生机构管理体制和运行机制，实现人人享有基本医疗卫生服务和基本公共卫生服务，为本县争当全市“四化一体”建设排头兵，打造全省多元循环发展第一县，建设自然、生态、现代、宜居的幸福新山阴提供健康保障。

四、主要任务

（一）县域卫生资源一体化配置

完善区域卫生规划，调整布局结构，明确功能定位，实现纵横一体、资源共享、优势互补，初步形成治疗、转诊、预防上下联动、互为一体的医疗卫生服务格局。

1. 县级医疗卫生机构

设置：县人民医院、中医院、妇幼保健站、疾控中心、卫生监督所、卫生进修校、新农合中心七个单位，符合设置标准，满足就医需求。

功能定位：县人民医院为县域医疗中心。从 2011 年起投资 1 亿元新建 3.4 万平米的新医院，床位从 150 张增加到 300 张，并根据需要统筹安排招聘本科以上医学人才。

（1）中医院提供基本中医治疗服务工作。从现在起积极申报新建中医院，床位从 100 张增加到 200 张，根据需要统筹安排招聘本科以上医学人才。

（2）妇幼保健站为全县妇幼保健和管理中心，承担妇女和儿童保健工作，专业技术人员逐步增加到 25 人。

（3）疾控中心负责全县疾病预防控制工作、突发公共卫生事件应急处置、疫情及健康相关因素信息管理、健康危害因素监测和控制、食品监测检验与风险评价、健康教育与健康促进、卫生标准培训与指导，专业技术人员逐步增加到 60 人。

（4）卫生监督所负责医疗机构、传染病防治、职业卫生、放射卫生、公共场所卫生、学校卫生等综合卫生监督执法工作，卫生监督信息管理工作和分片设立的四个乡镇监督站的指导管理。

（5）新农合管理中心负责全县新型农村合作医疗的日常工作，逐步调剂配齐 26 名乡镇合管员。

(6)卫生进修校负责承担全县乡村医生的日常业务和专业知识的培训工作。

2. 乡镇卫生院

设置：按照《山西省乡镇卫生院改革方案》，本县按标准设置13个乡镇卫生院，其中4所中心卫生院，9所一般卫生院。逐步将乡级卫生分院分别合并于建制乡镇卫生院，2012年合并1个，2013年合并2个，2014年合并2个，2015年合并3个。要按照编制核定标准，用三年时间完成113人缺额人员的补录工作。

功能定位：提供预防、康复、保健、健康教育与促进、中医、基本医疗等综合服务，承担辖区内公共卫生管理和突发公共卫生事件的报告与应急处置，负责对村卫生室的技术指导、业务管理和乡村医生培训等工作。

3. 村卫生室

设置：根据《山西省行政村卫生室改革方案》要求，我市257个行政村已全部建立村卫生室，达到全覆盖，能满足农民群众就医需求。按照本县“一城四群百村”规划，逐步整合成100个高标准村卫生室，根据县域总体规划第一步先整合人口在100人以下的村卫生室，第二步整合人口在200人以下的村卫生室，第三步人口在300人以下的村卫生室。

功能定位：承担计划免疫、妇幼保健、健康教育等公共卫生服务，开展常见病、多发病的一般诊治和转诊服务及一般康复等工作，承担传染病疫情报告。

4. 民营医院

“十二五”期间要积极探索吸收社会和民间资金，力争设置3—5所高中档专科品牌医院，走多元化办医的路子，不断满足不同层次不同人群的就医需求。

5. 新建卫生服务综合大楼

开工新建卫生服务综合大楼，实行卫生行政、卫生监督、妇幼保健、新农合管理中心、疾控中心集中办公，整体提升方便城乡居民卫生健康服务功能。

(二)县乡村三级医疗卫生机构一体化管理

县人民医院、中医院对乡镇卫生院实行对口支援，上下联动，提高对口医疗机构的技术水平和管理能力。县人民医院负责对玉井、马营、吴马营、下喇叭、北周庄、合盛堡、岱岳镇七个卫生院实行医师轮岗交流和双向转诊；中医院负责对古城、薛圐圙、安荣、张家庄、后所、马营庄六个卫生院实行医师轮岗交流和双向转诊。

1. 医院改革

以县人民医院为龙头，启动公立医院改革。一要完善院长选拔任用制度。二要改革公立医院管理体制、运行机制和监督机制，成立医院“管委会、院委会和监委会”，建立院长任期目标责任制和科学的评价考核体系。三要实行人事制度改革，年底完成科室主任院内公开竞聘。四要强化医疗服务质量管理。加强医院内涵建设，严格临床诊疗指南和技术操作规范，优化服务流程，提高服务水平；逐渐扩大单病种付费管理规模。五要加强公立医院监管，建立医疗事故问责制度。

逐步将公立医院补偿由服务收费、药品加成收入和财政补助三个渠道改为服务收费和财政补助两个渠道。县医院、县中医医院确定为财政补助的公益性事业单位。推行绩效工资制度改革，按照科学设岗、全员聘用、合同管理的人事分配制度，将现行的工资结构调整为基础工资、绩效工资两部分，建立绩效考核、按劳取酬、兼顾公平的分配激励机制，逐步达到财政全额拨款。同时实行收支两条线，彻底改变以药养医的格局。

2. 基层医疗机构改革

乡镇卫生院：按照《山西省乡镇卫生院机构编制的调整意见》，核定乡镇卫生院人员编制。按照管理、专业技术、工勤技能三种类别，科学合理设置岗位，定岗、定责。乡镇卫生院从2011年起实行全额财政拨款，财政约需增加200万元。对基本建设、设备购置、公共卫生等给予保障。

村卫生室：积极推进乡镇卫生院对村卫生室实行行政、业务、人员、药品、财产“五统一”一体化管理。乡村医生实行县聘、乡管、村用。人员月补助由现在的月400元，从2011年起，每年增加50元，约需财政增加16万元，到“十二五”末，村医补助达到600元。乡镇卫生院对村卫生室开展综合考核，依据考核结果落实乡村医生承担公共卫生等服务补助。

（三）药品供应一体化保障

积极推进国家基本药物制度的贯彻实施，在去年9月13个乡镇卫生院实施统一配送的基础上，2011年县直医院、新农合定点民营医院和村卫生室实施零差率销售，全县实行统一药品目录，统一招标价格配送、统一零差率销售、统一报销比例。县直医院、乡镇卫生院分别按进药量的25%和30%补偿，村卫生室按户籍农业人口人均4元补偿，民营医院不补偿，今年大约需财政预算180万元。并从省和市中标的药品企业中择优选择配送企业，实行同城同药同质同价，进一步降低药价，减轻群众负担。基本药物全部纳入基本医疗保障药品报销目录，报销比例明显高于非基本药物。

（四）城乡居民医疗保障一体化统筹

建立覆盖城乡居民的城镇职工基本医疗保险、城镇居民基本医疗保险、新型农村合作医疗和城乡医疗救助共同组成的基本医疗保障体系。提高各类医保覆盖率，城镇居民基本医保覆盖率达到90%以上。城镇职工医保、城镇居民医保最高支付限额分别调整到上年度职工年平均工资、城镇居民可支配收入的6倍以上。进一步完善城乡医疗救助制度，落实城乡低保和农村“五保”对象以及精神病患者、残疾人等特殊人群的医疗救助政策。城镇居民基本医疗保险和新型农村合作医疗逐步实行统一筹资水平，统一补偿办法，统一即时结报，逐步推行县域内城乡居民就医“一卡通”，促进城乡居民医疗保障逐步均等化。2011年新农合筹资标准将提高到人均230元，参合率达99.9%，新农合政策范围内二级以下医院住院费用支付比例力争达到70%，最高支付额达6万元。

（五）基本公共卫生服务一体化推进

提高公共卫生服务标准，推进城乡基本公共卫生服务逐步均等化，从2011年起公共卫生服务标准从人均15元提高到25元。在疾控、妇幼保健等专业公共卫生机构的指导下，以乡村两级为主，继续实施健康教育、慢性病管理、老年人管理、重症精神病管理、传染病疫情报告、0—36个月儿童保健、孕产妇保健、计划免疫等九类国家基本公共卫生服务项目和农村孕产妇住院分娩补助等重大公共卫生服务项目，提高项目的服务质量，每年为城乡65岁以上老年人体检，经费市县各一半，2.3万人，每人165元，约需380万元，为广大城乡居民提供优质均等化公共卫生服务。加强卫生监督城乡一体化管理，设立四个乡镇卫生监督站，综合执法，覆盖城乡。

（六）县乡村医疗卫生信息平台一体化建设

充分利用全市远程会诊网络平台，建立统一管理，县乡村互通互联的医疗卫生管理信息网络平台，为实行县乡村一体化管理提供技术支撑。分期逐步建立县域内公共卫生服务管理系统（疾病预防控制系统）、医疗卫生服务管理系统、应急救援管理系统、新农合管理系统和药品监督管理系统，积极推进公立医院数字化建设，实行电子病历。今年先建设远程医疗会诊系统和新农合管理系统，共需增加34.4万元。为全县13个乡镇卫生院、县医院、公共卫生机构各招聘2名微机管理员，共需38人。在财政加大资金投入的同时，积极争取上级资金，加快信息化一体化建设。

五、保障措施

（一）提高认识，加强领导。实施县域医药卫生一体化综合改革是惠及千家万户的重大民生工程，是事关省市转型跨越发展，事关推进“健康山西”建设的大事，是完成医改任务的重要举措，必须提高认识，加强领导，成立以常务副县长为组长的山阴县县域医药卫生一体化综合改革领导组，并设立独立工作机构（医改办公室设在发改局），统筹组织实施县域医药卫生一体化综合改革工作，在具体工作中先易后难，逐步推进，确保改革成果惠及全县人民。

（二）集中财力，保障投入。财政要加大投资力度，确保卫生事业投入的增长幅度高于经常性财政支出的增长幅度，对县域医药卫生一体化综合改革资金优先保证，确保各项补助经费及时足额到位。建立健全基层医疗卫生机构财务公开制度，加强监管，确保资金分配使用规范、安全、有效，严禁挤占、截留、挪用。财政每年要拿出300万元设立医疗卫生事业发展基金，重点用于设备更新，人才培养，信息化建设。

（三）明确职责，协同配合。有关部门要认真落实省出台的“一加十”医改系列文件精神，根据职责分工，围绕改革任务，抓紧制定配套文件，明确工作任务，认真履行职责。人社部门要搞好推进基本医疗保障制度和人力资源建设工作；发展和改革部门要做好健全基层医疗卫生服务体系工作；卫生部门要做好促进基本公共卫生服务均等化，推进公立医院改革等工作；编办要核定编制；各有关部门都要从大局出发，密切协作配合，共同推进改革的深入发展。

（四）强化督导，严格考评。领导组要定期检查分析县域医药卫生一体化综合改革情况，每季至少召开一次分析例会，及时解决问题。要将县域医药卫生一体化综合改革的成效作为检验各医疗卫生机构领导班子和领导干部的施政能力，工作水平的重要标准，列入干部考核评价的重要内容并将考核结果作为干部晋职晋级和奖惩的重要依据。加强对医药卫生一体化综合改革各项工作的督促检查，对工作扎实，成效显著的单位给予表彰奖励，对因工作不力，甚至失职、渎职引发影响改革工作重大问题的要严肃追究领导和主要负责人责任。

（五）加大宣传，正确引导。开展县域医药卫生一体化综合改革需要社会各界和广大群众的理解、支持和参与。要坚持正确的舆论导向，广泛宣传改革的重大意义和主要政策措施，使这项惠及广大人民群众的重大改革深入人心，为深化改革营造良好的社会和舆论环境，确保县域医药卫生一体化综合改革的顺利推进。基层医药卫生体制综合改革关系广大基层医务人员的切身利益，关系基层医疗卫生队伍的稳定。必须充分发挥基层党组织的政治核心作用，做好改革动员和深入细致的思想政治工作，处理好改革发展稳定的关系。高度重视改革的宣传工作，采取多种形式深入宣传，讲清政策，统一认识，调动起各方面参与和推进改革的积极性、主动性和创造性，营造良好的改革环境，确保社会和谐稳定。

山阴县人民政府办公室

二〇一一年七月十四日印发

山阴县落实大气污染防治行动计划实施方案

为进一步改善我市环境空气质量，根据《山西省人民政府印发山西省落实大气污染防治行动计划实施方案的通知》（晋政发〔2013〕38号）精神，特制定本实施方案。

一、总体要求

深入贯彻落实科学发展观和党的十八大精神，以转型跨越发展为统领，坚持经济发展与环境保护相结合，总量减排与产业转型相结合，政府调控与市场调节相结合，区域协作与属地管理相结合，重点突破与全面推进相结合，全面防治以 $PM_{2.5}$ 为重点的大气污染问题。让人民群众享有更多的蓝天白云。

二、主要任务

（一）弘扬体育文化，培养体育健身意识，引导健身生活习惯。体育是社会发展和人类进步的重要标志，是综合国力和国家软实力的重要体现。“发展体育运动，增强人民体质”是我国体育工作的根本任务。以广播、电视、互联网、移动信息网络为平台，以举办全民健身赛事活动为抓手，以开展“体育三下乡”“体育进社区”为契入点，把身心健康作为个人全面发展和适应社会的重要能力，大力宣传体育文化，普及科学健身知识，展示科学健身效果，引导树立爱运动、爱健身、勤锻炼、做贡献、乐分享的生活理念，营造健康文明生活的社会氛围。使体育健身活动成为城乡居民的健康文明生活习惯。扶持体育文艺创作，鼓励推出体育影视、体育文学、健身技能展示等精品工程。

（二）建、改、修、整合多措并举，完善公共体育设施。编制县级全民健身场地设施建设规划，重点建设一批便民利民的中小型体育场馆，完善县级体育场、建设全民健身中心、社区多功能运动场等类型的场地设施。结合本地实际，继续推动实施全省全民健身“6565 四级工程”建设。鼓励场地设施公建民营的建设运营方式。鼓励社会资本参与体育场馆建设与运营。支持社会力量建设小型、多样的运动场地设施。积极推进营地、步道、绿道建设、实现县全民健身活动中心覆盖率超过 70%，乡（镇）室外健身设施建设覆盖率超过 80%。积极推进县级大型户外公共体育设施建设。充分利用旧厂房、仓库、老旧商业设施等闲置资源改造建设为健身场地设施，合理做好县城空间的二次利用，推广季节性、可移动、可拆卸的健身设施。进一步盘活存量资源，做好已建成的全民健身场地设施的使用、管理与升级换代。积极推动各级各类公共体育设施免费或低收费开放，探索建立中小型体育场馆免费、低收费开放补助机制。推动符合开放条件的公共体育场地设施和企事业单位全面向社会开放，学校体育场馆实现分时段、分区域向社会开放。人均体育场地面积达到 2.2 平方米以上。全县在“十三五”期间，按照全省全民健身“6565 四级工程”建设要求，完成和完善公共体育设施建设。重点做好山阴县体育场、体育馆的改扩建和十一人制足球场的新建工程，新建县中型全民健身活动中心，做好全县社会体育指导员和各类体育协会的注册登记工作，完善和新建 13 个乡镇、两个管委会的公共体育设施维护和建设。全县 13 个乡镇和两个管委会要依托乡镇文化站，组建好自上而下的健身组织网络，每个乡镇至少有一个全民健身广场，一批晨（晚）练点，一项特色体育项目，组建好一支社会体育指导员队伍。全 257 个村，村村要有健身组织网络，有适合农村（社区）特点的体育场地设施，有一支传授体育技能的社会体育指导员队伍，有一项群众喜闻乐见的体育项目，有一套体育活动和设施管理的长效机制。

到 2020 年，全县全民健身活动达到“七有”，即健身活动“有组织、有网络、有场馆、有设备、有项目、有队伍、有效果”。

（三）改革体育社会组织，创新组织模式，激发社会组织活力。制定《政府购买全民健身公共服务实施细则》，落实全民健身国家战略，普及全民健身运动，促进健康中国建设，加大对基层健身组织和健身赛事活动的购买比重。加快推进体育社会组织政社分开、政企分开、管办分离，引导体育社会组织向自生力强、行业影响力大的民间组织转变，推动其向社会化、法治化、高效化方向发展，提高体育社会组织承接全民健身服务的能力和质量。推动全民健身组织“3+x”模式建设。优化、激活和发挥各级单项体育协会、体育俱乐部的功能，创新体育健身赛事的组织开展模式，创新体育健身赛事的奖励激励机制。县成立国民体质监测中心，乡乡成立全民体质监测站，全县以“一个中心、十三个站”为载体，配置体育监测器材，定期开展体质测试，实施科学健身指导。扶持和引导基层体育社会组织发展，大力培育和扶持基层俱乐部等形式的体育社会组织，鼓励自发性的健身团队和站点依法依规转化为固定的健身组织。各乡镇（街道）建有“综合文化站”或全民健身指导站并有专（兼）职体育工作者，成立乡镇老年人体育协会和广场舞协会。县成立社会体育指导员协会。体育协会达到 30 个以上。各行政村（社区）

普遍有体育健身组织或队伍，并建有全民健身活动站（点）或文体活动点。形成依托现有健身场地开展健身活动的组织发展形态。推进体育社会组织品牌化发展和在社区建设中发挥作用，形成架构清晰、类型多样、服务多元、竞争有序的现代体育社会组织发展新局面。

（四）提升服务能力，提供活动供给，广泛开展全民健身活动。坚持面向城乡、面向基层、保障基本、服务群众，保障基本公共服务，推进城乡基层全民健身公共服务标准化、均等化，使广大人民群众共享发展成果。因时、因地、因需开展群众身边的体育活动，分层分类引导运动项目发展，丰富和完善全民健身活动体系。完善业余体育竞赛体系，规范开展各类赛事活动，创新多元办赛模式。鼓励县、乡举办全民健身运动会，确保活动不断线、不断档。广泛征集民意，尊重群众意愿，倡导全民参与，体现“草根”特点。以“强健体魄·阳光生活·共享青运”为主题，深入开展“常规性、季节性、业余性”全民健身活动。在各行各业开展工前（间）操活动。每人每天不少于20分钟，学校要大力开展体育活动，确保学生在校期间每天至少参加1小时体育锻炼活动，保证每位学生均能掌握1—2项体育健身项目。鼓励机关团体、企事业单位、社会组织等单位广泛举办各类群众性体育活动和比赛。支持社区利用公共服务设施和社会场所组织开展适合老年人的体育健身活动，为老年人健身提供科学指导。采取优惠政策，推动残疾人康复体育和健身体有广泛开展。开展职工、妇女、幼儿体育，推进外来务工人员公共体育服务纳入属地供给体系。加大社会矫正人员等特殊人群的健身服务供给。扩大足球、篮球、排球、羽毛球、乒乓球、武术、跑步、柔力球、体育舞蹈、健身气功等传统优势项目的健身人群。大力发展自行车、网球、冰雪、游泳、击剑、赛车、马术、射箭、电子竞技、台球等具有时尚前沿和消费特征的运动项目，着力加大足球场地供给。开展校园足球，支持开展形式多样的民间足球活动。普及推广冰雪运动。因地制宜，举办群众喜闻乐见的大众冰雪活动和赛事。根据市《全民健身实施计划（2016—2020年）》要求，县全民健身日活动覆盖率达到100%。县每2—4年举办一次综合性运动会，每年举办3—5次有规模的群众体育活动或单项比赛；乡镇（街道）每两年举办1次综合性运动会，每年定期开展2—4次农民健身比赛和活动；行政村（社区）每年举行2—3次单项健身比赛和表演活动；各级各类学校每年要召开一次校运动会或体育文化节，每季度、每月、每周要定期开展单项体育活动。

（五）发挥全民健身多元功能，促进全民健身融合发展。切实发挥县级全民健身工作委员会的统筹协调作用，研究新形势下全民健身新发展的政策措施，推动全民健身与教育、文化、卫生、旅游等多项社会事业的融合发展。充分利用现有城乡公共设施，统筹建设集文化宣传、党员教育、科技普及、普法教育、体育健身等多元功能于一体的基层公共文化服务中心，满足群众多元需求。加强体育运动指导，推广“运动处方”，发挥全民健身在疾病防治以及健康促进等方面的积极作用。鼓励社会资本开办康体、体质测定和运动康复等各类机构。支持金融、地产、建筑、交通、制造、信息、食品药品等企业开发体育领域产品和服务。加强对体育旅游精品景区的规划建设，打造西山森林公园和环河阳湖休闲基地，培育体育旅游精品线路，探索体育旅游融合发展的有效路径。

二、工作目标

到2017年，空气质量明显改善，全县重污染天气较大幅度减少，优良天数逐年提高，山阴县PM2.5浓度在2012年基础上下降20%左右。

三、工作任务

（一）强化污染源头管理与控制

要依据产业政策的准入要求严把新建项目审批关，全县不再审批准焦化（含半焦）、水泥、电石、铁合金、电解铝、钢铁、平板玻璃等新增产能项目，提高“两高一低”行业的环境准入门槛。审批建设项目环评时，二氧化硫、氮氧化物、工业烟粉尘排放量实行不低于1.5倍总量置换。同时要采取严格的污染控制措施，把挥发性有机物污染控制作为建设项目环境影响评价的重要内容。严禁在县城及县城上风向新建扩建集中供热以外的大气污染项目。新建燃煤锅炉必须安装高效除尘、脱硫、脱硝设施，主城区禁止新建燃煤锅炉。

对新建储油库、加油站和新配置的油罐车审批时要求同步配备油气回收装置。

在批准新改扩建煤矿时，要求其同步建设洗选设施，提高煤炭洗选比例。2013 年全县原煤入洗率达 83% 以上，2017 年要达到 91%。禁止进口和省外购买热值低于 3000 大卡、灰份高于 16%、硫份高于 1% 的煤炭。本县区域内限制销售上述指标民用散煤。

（二）加快淘汰落后产能

2014 年底完成国家、省下达本县的“十二五”淘汰落后产能任务，2013 年底淘汰水泥产能 20 万吨。

推进淘汰挥发性有机物行业落后产能工作。2013 年经信委和其他行业管理部门要取缔汽车维修等修理业的露天喷涂作业，淘汰无溶剂回收设施的干洗设备；禁止生产、销售、使用挥发性有机物含量超过 200 克 / 升的室内装修装饰涂料和超过 700 克 / 升的溶剂型木器涂料；淘汰 300 吨 / 年以下的传统油墨生产装置，淘汰所有无收集、回收、净化设施的挥发性有机物涂料、胶黏剂和油墨等生产装置。

2013 年，环保部门要全面清查焦化、电解铝、水泥等重点行业在建、已建项目，公布不符合大气污染物排放标准的违规企业名单，制定限期整改方案。对经整改仍不达标的企业，予以关停。全面清查布局分散、环保设施差的小型工业企业，制定综合整改方案实施分类处置。经信部门要对焦化、电解铝、水泥、铁合金等重点行业在建、已建项目进行清查，公布不符合能源消耗标准的违规企业。

（三）实施清洁能源替代

2013 年要新增风电 5 万千瓦；到 2017 年底，新增风电装机规模达到 50 万千瓦，太阳能发电达到 10 万千瓦。加大城市热力管网与燃气管网建设力度，完成 200 蒸吨燃煤锅炉清洁能源改造、2 家窑炉企业天然气替代工作。

（四）深化面源污染治理

1. 全面推进集中供热，扩大天然气使用面积。加快集中供热管网建设，禁止新建燃煤锅炉，大力淘汰现有建成区中供热和工业燃煤小锅炉，进行集中供热和燃气改造。2013—2017 年集中供热普及率分年度达到 87%、88%、89%、90%、91% 以上。加快既有居住建筑节能改造，逐步推进集中供热热量计价收费，2014 年完善 2011.2012 开工项目 20 万平方米，2017 年底新竣工建筑和节能改造的既有居住建筑实现热量计价收费。继续推进热电联产集中供热，加快淘汰建成区采暖锅炉。环保部门要加大燃煤锅炉的改造力度，2017 前淘汰县区内 10 蒸吨 / 时以下燃煤锅炉。对不能稳定达到 80mg/m3 的锅炉全部进行高效除尘技术改造，安装袋式除尘装置。县城内及县城出入主干道两侧可视范围的企事业单位的燃煤锅炉、茶浴炉一律改为环保清洁型锅炉，并使用型煤。

2. 加快棚户区拆迁改造。要加大棚户区拆迁改造力度，逐步解决棚户区燃煤污染。

3. 加强城市餐饮业油烟污染治理。环保部门要加大城市餐饮业油烟治理。2014 年底建成区内所有餐饮业安装油烟净化装置并正常使用。工商部门在办理申领和年检餐饮业营业执照时要按照国家有关规定执行，推进餐饮业油烟治理工作。

4. 加强农村秸秆禁烧工作。加大农作物秸秆禁烧落实力度，指导和大力支持农作物秸秆气化的清洁利用，消减农村生活用煤，推进生物质发电项目的建设。

（五）深化工业污染治理

1. 加强工业烟粉尘治理力度

要加大工业园区和工业聚集区集中供热和燃气管网建设力度，全面取消分散燃煤锅炉，一个园区只保留一个燃煤热源，电厂附近的园区要实行热电联产，彻底取消燃煤热源。园区内的工业窑炉要使用燃气。

要加大水泥行业粉尘治理力度，采取有效措施控制水泥行业颗粒物无组织排放。所有水泥窑及窑磨一体机除尘设施全部改造为袋式除尘器，破碎机、磨机、包装机、烘干机、烘干磨、煤磨机、冷却机、水泥仓及其他排气设备都要采用高效除尘器，确保颗粒物排放稳定达标。鼓励推广散装水泥生产，限制和减少袋装水泥生产，对原材料、产品要密闭贮存、输送、装卸。

2. 加大氮氧化物污染治理

要大力推进水泥行业氮氧化物减排治理。中煤金海洋炫昂水泥有限公司2014年完成脱硝工程的建设任务。2015年前对限期完不成脱硝治理任务的企业报请县政府关停。

3. 开展有机挥发物治理

挥发性有机物是石化、有机化工、原药制造、涂装和印刷等行业产生的一种挥发性有毒有害物质，排入大气容易和氮氧化物发生光化学烟雾，严重危害人体健康和生态安全。2015年底前，全县所有化工企业完成一轮“泄漏检测与修复”技术改造，完成国家《重点区域大气污染防治“十二五”规划》要求的企业挥发性有机物治理。2016年底前完成全县所有有机化工、医药、表面涂装、塑料制品、包装印刷等行业有机废气综合整治。要推进有机化工等行业挥发性有机物治理和控制。提升有机化工（含有机化学原料、合成材料、涂料、化学溶剂、试剂生产等）、医药化工企业装备水平，要求严格控制跑冒滴漏；各有机化工企业必须对原料、中间产品与成品进行密闭储存；对于实际蒸汽压力大于2.8千帕、容积大于100立方米的有机液体储罐，必须采用高效密封方式的浮顶罐或安装密闭排气系统进行净化处理，排放挥发性有机物的生产工序要在密闭空间或设备中进行，产生的含挥发性有机物废气需进行净化处理，净化效率应不低于90%。

县发改委、经信、住建等部门要推广低挥发性有机涂料的使用。交通运输设备维修和道路标志等表面涂装要全面提高水性、高固份、粉末、紫外光固化涂料等低挥发性有机物含量涂料的使用比例。从2013年起对新建机动车维修涂装项目，要求其水性涂料等低挥发性有机物含量涂料占总涂料使用比例不低于80%，小型乘用车单位涂装面积的挥发性有机物排放量不高于35g/平方米；电子、家具等行业新建涂装项目，水性涂料等低挥发性有机物含量涂料使用占总涂料比例不低于50%，建筑内外墙涂饰应全部使用水性涂料。要求新建包装印刷项目须使用环境标志的油墨。

积极开展加油站、储油库和油罐车油气回收治理，2013年要完成10个加油站的治理任务，2014年底全部完成。

（六）强化机动车污染防治

要严格车用油市场管理，逐步提高燃油标准。2013年底全县车用汽油达“国四”标准，2014年车用柴油达“国四”标准。2017年前车用燃油全部达“国五”标准。交通部门要大力发展城市公共交通，鼓励群众选择绿色出行方式和选用节能环保车型，推广使用天然气汽车和新能源汽车，积极推广电动公交车和出租车，并逐步完善相关基础配套实施。开展城市机动车保有量调控政策研究，促进交通可持续发展。

（七）加强建筑施工和城市道路扬尘控制

住建部门要强化施工场地扬尘监管。按照《建筑工程施工安全管理标准》（DBJ04—253—2007）文明施工要求和《防治城市扬尘污染技术规范》（HJ/T 393—2007）的要求，2014年底，二级以上建筑施工企业的房屋建筑和市政基础设施工程施工“优良”率达80%以上，三级建筑施工企业房屋建筑和市政基础设施工程施工现场“优良”率达50%以上。到2016年底二、三级施工企业房屋建筑和市政基础设施工程施工现场全部达到“优良”。各级住建部门要督促建设单位与施工单位在项目开工前提交扬尘污染防治方案，将施工扬尘防治费用纳入工程预算，把扬尘污染防治纳入工程监理范围。加强对建设工程现场的监管，积极推进建筑工地远程视频监控系统建设，实现建筑工地扬尘污染全天候监控，确保施工现场设置扬尘防治标志牌、施工现场全封闭围墙、土方工程防尘措施、施工过程中易起尘物料密闭、施工场地出入道路硬化、出入车辆清洁措施的落实。

要加强城市道路扬尘污染防治。要推行城市道路机械化清扫工作，提高机械化清扫率，确保县城建成区主要车行道机扫率达到58%以上。增加城市道路冲洗保洁频次，加强重点地区、重点路段施工渣土运输车辆全面监控，杜绝渣土拉运车抛洒现象，切实降低道路积尘负荷，控制道路扬尘污染。打造绿色生态保护屏障，构建防风固沙体系。加强城市绿化建设，提高城市绿化水平，增强环境自净能力。努力争创国家园林城市。

（八）加强工业扬尘污染防治

要加强对工业企业物料、固废贮存场所以及装卸、破碎等作业扬尘污染监督检查，督促其按“环评”要求落实扬尘污染防治措施。并要求所有工业物料运输出入道硬化与交通干线衔接。重点加强电力行业粉煤灰贮存处置利用过程中扬尘污染监管，开展储煤场、粉煤灰利用企业、石料厂的扬尘污染专项检查，进行分类处置，重点加强煤炭、石料采选过程中扬尘污染以及储煤场的扬尘污染监管。对存在扬尘污染的企业依法予以严厉打击。到2015年底前，取缔所有未办理“环评”的非法储煤场、粉煤灰利用企业和石料厂。对未落实“环评”和环评批复要求的防尘措施、未进行环保竣工验收的储运煤企业、粉煤灰利用企业责令其停产、停运。加大对各类废弃矿区的治理，恢复生态植被和景观，抑制扬尘产生。

（九）推进科技创新和技术改造

环保部门要推进工业企业清洁生产审核工作，2017年底前完成水泥、化工、铁合金等行业新一轮清洁生产审核，通过实施高低费方案，80%以上的企业清洁生产评价结果提一个等级，排污强度在2012年的基础上下降30%以上。大力推进煤炭、电力、化工等行业发展循环经济，打造一批科技含量高、经济效益好、资源消耗低、环境污染小的环保典型企业和环保名牌产品。

（十）完善监测预警和应急体系

建立健全监测预警体系。2013年底前，实现P平方米.5实时监测及其监测数据的发布，建立健全应急体系。到2013年底，完成应急预案编制和备案工作。重污染天气应对要纳入各级突发事件应急管理体系，实行政府主要领导负责制，构建区域性重污染天气应急响应机制，实行联防联控。定期开展应急演练。

五、保障措施

（一）加强组织领导

县政府成立由县长任组长、分管副县长、有关部门主要负责人为成员的大气污染防治工作领导组。负责组织指导、协调、检查和督促工作。领导小组办公室设在县环保局，负责日常工作。按照省、市的要求确定空气质量改善目标，制定详细的工作方案。各相关部门要结合本实施方案，提出本部门的具体落实意见。为切实推进本县大气污染防治工作顺利开展，进一步完善大气污染联防联控机制，建立大气污染综合治理工作例会制度及情况通报制度。根据工作需要按月（季）召开例会，各部门按各自职责、任务按月、季交流汇报大气污染综合治理进展情况、存在问题、下阶段工作打算。要实行集中检查和经常性检查相结合的监督检查机制，确保各项任务的顺利完成。

（二）严格监督考核

对大气污染防治工作进行年度综合考核评价。对年度目标任务没有完成、应急处置不力、干预和伪造监测数据的县直有关部门，由监察机关依纪依法追究有关单位和人员的责任，取消评优评先资格。

（三）完善财税补贴激励政策

按《山西省落实〈大气污染防治行动计划〉实施方案》（2013—2017年）的要求，积极推进“合同能源管理”“环境合同管理”和污染防治设施投资建设运行一体化特许经营。落实省定排污费征收政策。实施绿色信贷和绿色证券，对环境违法企业，严格限制企业贷款和上市融资。加大落后产能淘汰、煤改气的财政支持力度，加快水泥等落后产能、燃煤锅炉煤改气、挥发性有机物排放类行业落后工艺的淘汰步伐，对符合奖励条件的项目，积极给予支持。加大大气污染防治技术示范工程资金支持力度。认真落实鼓励秸秆等综合利用的税收优惠政策。推行政府绿色采购，完善强制采购和优先采购制度，逐步提高节能环保产品比重。

（四）强化执法监管和社会监督

强化环境监察执法机构职能，全面实现网格化环境执法管理。加强监测、监管队伍建设，提高执法装备水平。环保、监察、发改、经贸等部门要深入开展环保专项行动，有效整治大气污染违法行为。

与其他县区政府之间开展区域环保合作，建立环保协商合作机制，实行区域联合执法、交叉执法，共同维护区域大气环境质量。积极与相邻地市之间开展区域环保合作，建立环保协商合作机制。

加大对大气污染物排放企业环境违法行为的查处力度，增加监督性监测和现场检查频次。对超标排放、整改措施不落实的，实施限期改正、停产整治和关停，并进行跟踪和督查，依法处理恶意排污的企业负责人和其他直接责任人。

及时发布城市环境空气质量、新建项目环境影响评价、排污收费、企业污染物排放状况、治理设施运行情况、监督执法处罚等环境信息，接受公众监督。市环保局按月公布6个县区市城市环境质量优劣排名。

（五）加强舆论宣传力度

要加大对大气污染防治工作的宣传报道力度，通过媒体广泛宣传，营造良好的舆论氛围。让广大市民及企业负责人充分了解大气污染综合治理的意义、内容和进展情况，督促相关企业及企业负责人积极开展大气污染综合治理工作。

山阴县人民政府办公室

二〇一三年十一月十二日印发

山阴县公共租赁住房和廉租住房并轨运行实施办法

第一章 总 则

第一条 为规范公共租赁住房和廉租住房并轨运行工作，改进保障性住房供应、分配和管理模式，提高房源和资金使用效率，根据《住房城乡建设部、财政部、国家发展改革委关于公共租赁住房和廉租住房并轨运行的通知》（建保〔2013〕178号）和《山西省住房城乡建设厅、财政厅、发展改革委关于公共租赁住房和廉租住房并轨运行的实施意见》（晋建保字〔2014〕71号）等有关政策规定，结合山阴县实际，制定本实施办法。

第二条 从2015年起，本县公共租赁住房和廉租住房并轨运行，统称为公共租赁住房。并轨后实行统筹建设、统筹分配、统筹运营、统筹管理。

第三条 县住房保障和城乡建设管理局负责组织实施本行政区域公共租赁房和廉租住房并轨的具体

工作。县直有关部门和社区居委会应当认真履行工作职责，互相配合，共同做好并轨后公共租赁住房建设、分配和管理等工作。

第二章 建设管理

第四条 从 2015 年起，新建廉租住房（含购改租等方式筹集）计划调整并入公共租赁住房年度建设计划，建设项目统一按照公共租赁住房项目上报建设计划，履行审批程序和手续。2014 年以前开工的在建廉租住房项目可继续建设，建成后统一纳入公共租赁住房管理。

第五条 廉租住房并入公共租赁住房后，根据中央、省有关文件规定，县政府原用于廉租住房建设的配套资金来源渠道，调整用于公共租赁住房（含 2014 年以前在建廉租住房）建设。原用于租赁补贴的资金，继续用于补贴在市场租赁住房的保障对象。

第六条 公共租赁住房规划选址，应在符合城市总体规划的前提下，充分考虑住房困难群体对交通、就学、就医、就业等的需求，建设实行统一选址、统一规划、统一配套、统一建设、统一管理。应优先安排在交通便利，生活方便，市政基础设施和公共服务设施相对完善的区域。确因建成区没有建设条件，要将市政基础设施和公共服务设施与公租房项目同步规划、同步建设、同步使用，为保障对象提供良好的居住条件和公共服务水平。在外来务工人员集中的工业园区和开发区，应当按照集约用地的原则，统筹规划，引导各类投资主体建设公共租赁住房，面向用工单位或园区就业人员出租。

第七条 公共租赁住房套型建筑面积控制在 60 平方米以内，建设标准应为：室内水泥地面，内墙面普通涂料，户内安装木制门，入户安装普通防盗门，符合节能标准的普通窗户，普通卫生洁具，水、电、暖、气四表出户，分户计量。

第八条 公共租赁住房采取多种方式筹集房源，在完成续建项目的基础上，根据实际住房保障需求确定新建任务，新建公共租赁住房，可以通过改建、收购、长期租赁等方式，或通过政府直接投资或实物参股、委托代建等多种形式引进社会资本，企业等社会力量参与公共租赁住房建设。公共租赁住房建设项目按照“有利分配、便于管理”的原则，由房地产开发企业在商品房、限价商品房、经济适用房小区开发建设中按规定比例配建，并以整栋和整体单元在开发项目中建设。

第九条 新建商品住房建设项目、城市和国有工矿棚户区改造项目，应当按照建筑面积配建不低于 5% 的公共租赁住房；经济适用住房建设项目，应当按照建筑面积配建不低于 10% 的公共租赁住房。所配建公共租赁住房应与整个项目同时实施，即同时设计、同时施工、同时竣工交付。

第十条 县国土资源局在为新建商品住房建设项目、经济适用住房建设项目以及城市和国有工矿棚户区改造项目供应建设用地时，应当先征求住房保障部门的意见，将配建公共租赁住房作为前置条件。在供地文件中明确配建比例、建设总面积、套数、套型比例、建设标准和建成后政府收回或者回购等内容；不配建或不宜配建的项目，应当明确按照规定配建面积缴纳公共租赁住房建设资金的内容。

第十一条 回购新建商品住房和棚户区改造项目中配建的公共租赁住房，以成本价作为回购价格；回购经济适用房项目中配建的公共租赁住房，以核定的基准价格作为回购价格。不配建或不宜配建的项目，应按照该项目住房平均销售价格向保障性住房建设主管部门缴纳应配建公共租赁住房面积部分的建设资金，交于财政，专户管理，作为山阴县公共租赁住房建设资金。

第十二条 廉租住房和公共租赁住房并轨后，项目建设继续享受原各项优惠政策。涉及市政公用基础设施配套等行政事业性收费和政府性基金予以免收，经营服务性收费，在征得企业同意后按低限减半收取。

第十三条 县人民政府原用于廉租住房建设的资金来源渠道，包括从基本建设投资、住房公积金增值收益、土地出让收益安排的资金等，整合用于公共租赁住房。

第三章　配租管理

第十四条　山阴县已建成未入住的廉租住房，要优先解决原廉租住房保障对象住房困难户，并按廉租住房规定制定分配方案，租赁费按公租房的标准执行。剩余的房源统一按公共租赁住房制定实施方案，分配给符合规定条件的新就业无房职工、稳定就业的外来务工人员。

第十五条　要加强公共租赁住房和配租管理，规范审核程序，即时受理、随报随审。

第十六条　公共租赁住房保障对象配租轮候顺序应坚持分步实施、梯度保障的原则，优先满足符合规定条件的城镇低收入住房困难家庭的需求。对城镇住房救助对象，即符合规定标准的住房困难的最低生活保障家庭、分散、供养的特困人员，依申请做到应保尽保，剩余房源向符合规定条件的保障对象分配。

第十七条　应将社会投资建设公共租赁住房的分配纳入监管范围，对企业投资建设的公共租赁住房，在优先满足符合条件的本企业住房困难职工需求后，剩余房源由县保障房主管部门统一向符合公共租赁住房规定条件的保障对象配租，租金归投资企业所有。

第十八条　城镇低收入住房困难家庭（含城镇住房救助对象，下同）申请公共租赁住房保障可按规定选择租赁补贴和实物配租两种保障方式。选择实物配租的，在获得实物配租前可享受租赁补贴，在获得实物配租后，配租政府投资建设的公共租赁住房的，停止发放租赁补贴；配租社会投资建设并运营管理的公共租赁住房的，可依申请给予适当补贴。

第十九条　根据年度审（复）核工作情况按季核发城镇低收入住房保障家庭租赁补贴资金，年度最后一次核发租赁补贴资金应在 12 月 25 日前完成。

第二十条　公共租赁住房实物配租前租赁双方应当签订书面租赁合同。合同中应当载明租赁面积、设施设备、租金标准、租赁期限、维修责任、违约处罚、腾退住房以及物业服务、水、电、燃气、供热费用缴纳等事项，明确合同双方的权利、义务。租赁期限一般为 3 年，期满需续租的，承租人要在到期 3 个月前提出申请，经审核符合条件的，可以续租并签订租赁合同。

第二十一条　保障对象确定具体房源后，无正当理由 15 日内未签订租赁合同的，视为自动放弃。需要继续轮候的，需重新提出申请，轮候顺序排在同期其他保障对象之后。

第二十二条　经公共租赁住房所有权人或其委托的运营单位同意，承租人之间可以互换所承租的公租房。

第二十三条　要建立健全公共租赁住房年度复核与退出制度，按照相关规定对配租对象家庭财产、收入、住房等变化情况进行复核，提出复核意见并进行公示。

第二十四条　经年度审核，保障对象仍符合当前保障条件的，继续按当前标准给予保障；保障对象因经济状况、人口状况等因素发生变化，需要调整租金收取标准的，经县保障房主管部门批准，重新签订租赁合同，下月起调整租金收取标准。

不再符合公共租赁住房保障条件的：

（一）享受租赁补贴保障的，停止发放租赁补贴；

（二）配租公共租赁住房的，要在 3 个月内腾退住房；

（三）不能及时腾退住房的，自不再符合条件之日起，按照同地段、同类型房屋的市场租金标准缴纳租金；

（四）拒不腾退的，公共租赁住房的所有权人或者其委托的运营单位可以向人民法院提起诉讼，要求承租人腾退公租房。

第四章　租金管理

第二十五条　要结合当地经济发展水平、财政承受能力、住房市场租金水平、建设与运营成本、保障对象支付能力等综合因素，由物价部门完善租金定价机制。

第二十六条　公共租赁住房租金由县物价局部门会同同级保障房主管部门参照同地段、同品质类似房屋的市场租金合理确定。政府投资建设并运营管理的公租房，实行差别化租金管理的方式，租金一般控制在同时期、同地段、同品质、同类型住房市场租金的 70% 以下；对于城镇低收入住房困难保障对象，租金标准控制在 10% 以下。

第二十七条　社会投资建设并运营管理的公共租赁住房，租金标准控制在同时期、同地段、同品质、同类型住房市场租金的 90% 以下。

第二十八条　政府投资的公共租赁住房的租金收入按照政府非税收入管理的有关规定缴入同级国库，实行收支两条线管理，专项用于偿还公共租赁住房贷款本息及公共租赁住房的维护、管理等。

第五章　附　则

第二十九条　要全面公开公共租赁住房的年度建设计划、完成情况、分配政策、分配对象、分配房源、分配程序、分配过程、分配结果及退出情况等信息，加强对保障房源建设、保障对象审核和相关工作人员的监督管理，设立公共租赁住房使用、管理、服务投诉电话，接受社会监督。

第三十条　要进一步明确职责分工，落实目标责任，理顺体制机制，整合工作机构，充实管理人员，落实工作经费，确保并轨工作顺利实施。

第三十一条　本办法自 2015 年 5 月 1 日起施行。

山阴县人民政府办公室

二〇一五年六月五日印发

山阴县人民政府“十三五”特色产业精准扶贫规划

各乡镇人民政府、县直各有关单位：

按照党中央、国务院“十三五”期间贫困人口全部脱贫的总体要求，认真贯彻落实省委、省政府坚决打赢脱贫攻坚战的战略部署，根据省农业厅等 6 部门联合下发的《关于编制县级“十三五”特色产业精准扶贫规划的通知》（晋农开发发〔2016〕5 号）和省农业厅《关于印发〈山西省农业厅特色农业扶贫工作方案〉的通知》（晋农开发发〔2016〕18 号）文件精神，结合山阴县推进特色产业精准扶贫、精准脱贫工作，特制定本规划。

一、总体思路

（一）指导思想

全面贯彻党的十八大和十八届三中、四中、五中、六中全会精神，深入贯彻习近平总书记系列重要讲话和中央扶贫开发工作会议精神，以创新、协调、绿色、开放、共享的发展理念为引领，切实按照中央脱贫攻坚的战略部署和精准扶贫、精准脱贫的基本方略，紧紧围绕建档立卡贫困人口增收脱贫，发挥新型经营主体和龙头企业带动作用，整合财政涉农资金，加大金融支持力度，加快培育一批能带动贫困户长期稳定增收的优势特色产业。

（二）工作目标

全县“十三五”期间，依托产业精准扶贫，建立起稳定带动贫困人口增收脱贫的特色农业产业体系，培育发展起一些贫困人口参与度高、带动增收能力强的农民专业合作社、龙头企业和市场服务主体，实现贫困人口精准脱贫、稳定脱贫。

（三）基本原则

一是聚力到户，受益精准。始终瞄准建档立卡贫困户，加大政府支持，加强社会动员，调动贫困人口积极性，凝聚合力，加快推动特色产业发展。精准帮扶，明确建档立卡贫困户稳定、长期受益作为产业帮扶。

二是因地制宜，产业精准。综合考虑资源优势、产业基础、市场需求、技术支撑等因素，立足资源环境承载力，选准特色产业，优化产业布局，合理确定产业发展方向、重点和规模，提高产业发展的持续性和有效性。

三是科学设计，项目精准。整合资金、技术等要素资源，着力关键环节，注重贫困户的“造血”功能，兼顾长期效益和短期收益，科学设计项目。批准项目实施与贫团户受益的结合点，构建有效的利益联结机制，确保产业发展、贫困户脱贫同步推进。

二、重点任务

（一）杂粮产业扶贫

1. 发展目标认真落实新形势下国家粮食安全战略的总体部署，在杂粮主产贫困地区以规模化种植、标准化生产、产业化开发为途径，突出主导品种和特色产业，加快杂粮全产业链深度开发，推进全县杂粮产业做大做强。到 2020 年，要重点抓好以谷子、燕麦、糜黍为主的杂粮产业发展，全县 13 个乡镇杂粮面积种植达到 40 万亩，单产提高 25%，达到 150 公斤；加工转化率达到 65%，带动全部贫困户，实现户均增收 1500 元。

2. 实施区域根据全县各乡镇杂粮产业的基础条件和发展潜力，确定各具特色的杂粮产业发展实施区域。一是渗水地膜谷子种植区域，主要种植区域为：岱岳镇七里沟村、甘庄村、李家窑村连片种植区域，北周庄镇郑庄区域，安荣乡贺家窑村、西沟村、八步堰村半坡区村连片种植区域，玉井、吴马营山区村连片种植区域，马营庄、后所、张家庄坡区村连片种植区域，以这些种植区域为示范，辐射带动其他谷子种植区域贫困户。二是优质燕麦种植区域，主要种植区域为山区玉井、吴马营、马营、下喇叭山区四个乡镇。三是糜黍种植区域，主要是北周庄、岱岳、安荣、合盛堡坡区村为主的种植区域和古城、薛圐圙、后所川区村为主的种植区域。

3. 工作措施全县“十三五”期间，杂粮产业扶贫围绕增产增收、提质增效和加工转化三个方面，重点做好以下几项工作：一是建设标准化杂粮生产示范基地。采用渗水地膜谷子穴播种植技术，建设岱岳镇七里沟村 1000 亩，甘庄、兰家窑、李家窑村 2000，北王庄 1000 亩，郑庄村 1000 亩，西沟、八步堰、贺家窑村 3000 亩，张家庄坡区村 1000 亩，西沙堆、帐头铺村 1000 亩，安乐庄、苏庄村 1000 亩等 8 个千亩谷子示范基地；通过绿色增产模式攻关，在北王庄村建设 300 亩优种对比种植示范基地，培育籽粒玉米品种 62 个、青贮玉米品种 23 个、谷子品种 6 个等新品种，并推广运用、示范引导，带动种植贫困户增产增收，稳定脱贫。通过推广“农机+农技+渗水地膜+生物有机肥”的新技术，在下喇叭乡织女泉村建设 2000 亩优质燕麦种植基地。通过标准化杂粮生产示范基地建设，辐射带动全县 95% 以上的贫困户发展杂粮种植。人均增收 600 元以上。二是加大杂粮全产业链的开发力度。以国内外市场需求为导向，在生产环节着力发展无污染、无公害、口感好、色泽鲜的谷子、燕麦等特色农产品，重点培育和支持谷子加工龙头企业和“雁门香”谷子品牌的注册上市；在销售环节着力扶持百汇农珍、玉龙土特产、鑫邦燕麦、朔煤燕麦等企业与贫困种植户的生产销售无缝隙对接，通过订单合同等有效措施切实解决贫困人口“有粮不好卖”和“卖不出好价钱”等后顾之忧。三是建设杂粮物流园区。盘活薛圐圙粮站、朔煤燕麦等杂粮仓储功能，依托后所乡元营农产品物流园区，加快全县以杂粮为主的农产品现代流通网络体系平台建设。

4. 扶贫方式以建档立卡贫困种植户为对象，积极整合资金和技术资源，对贫困人口给予资金和技术扶持。一是从省切块扶贫资金中安排给予杂粮每亩 25 元的扶持补助。二是在以谷子种植为主的杂粮产业扶贫上，重点通过以下几种方式进行补助：

（1）由县农委从项目资金中负责安排地膜购置补助。

（2）建档立卡贫困户由县扶贫办从省切块扶贫资金中安排田间作业补助。

（3）由县农机局从省扶贫办下达到县切块扶贫资金中解决安排，提供 140 台 2MB — 1/4 宽穴覆膜播种机。

（4）渗水地膜谷子穴播种植技术由山西省农科院姚建民研究员担任技术总负责。

（二）蔬菜产业扶贫

1. 发展目标以市场为导向，根据全县的蔬菜产业基础和立地条件，选择适宜的设施蔬菜类型及特色蔬菜产品，通过群众自选、政策引导、龙头带动等方式，确保产业发展红利惠及建档立卡贫困户。全县“十三五”期间，建设标准蔬菜大棚 200 座；发展露地蔬菜 1 万亩；增加食用菌产量 5000 吨。带动贫困人口增收 500 元以上。

2. 实施区域一是在马营庄、后所、张家庄等乡镇发展以种植青尖椒、西葫芦、豆荚、圆白菜等特色露地蔬菜，在现有基础上发展 1 万亩。二是在马营庄、后所、张家庄设施蔬菜发展基础较好的乡镇，发展以种植反季节黄瓜、西红柿、油菜等设施蔬菜的温室大棚 200 座。三是在薛圐圙乡，重点依托宇昊蘑菇，发展食用菌，年均产量达到 1000 吨。

3. 工作措施按照全省优化贫困地区蔬菜产业布局，提高蔬菜生产的科技水平，促进贫困地区蔬菜产业发展，提高贫困人口收入水平的总体思路，山阴县“十三五”期间，在蔬菜产业发展上，重点实施好以下三项工程：一是设施蔬菜提质增效工程。以突出设施蔬菜优势区域和提高设施蔬菜标准化为目标，对本县结构严重不合理和损坏程度较重的 500 座设施蔬菜大棚进行标准化升级改造，推进全县设施蔬菜基地适度规模经营。二是露地特色蔬菜开发工程。按照特色化、规模化、品牌化的开发原则，在马营庄、后所、张家庄等乡镇建设以青尖椒、西葫芦、豆荚、圆白菜等露地蔬菜为主的优质特色露地蔬菜基地，按年度发展计划为：2016 年发展 2.1 万亩；2017 年发展 2.6 万亩；2018 年发展 3.1 万亩；2019 年发展 3.6 万亩；2020 年发展 4 万亩。并计划 2019 年到 2020 年，分别在后所乡元营物流园区、马营庄乡荆家庄村建设集冷藏保鲜、脱水加工、物流配送等功能配套完善的大型蔬菜交易市场，推进规模发展，延长产业链条，着力提升特色蔬菜产品的附加值和市场占有率。三是食用菌培育发展工程。重点向培育食用菌繁育体系方向发展，依托山西宇昊蘑菇食用菌加工企业，引导贫困人口开展标准化食用菌种植，到 2020 年，全县食用菌标准化生产建设初具规模。

4. 扶贫方式对建档立卡贫困户发展设施蔬菜产业，提供宽松的扶持政策，降低设施蔬菜扶持项目的规模标准。通过“企业＋合作社＋农户”的经营模式，以企业的资金、市场、技术带领建档立卡户增收。贫困户采取土地流转获取租金，土地入股获取股金，也可在基地从事蔬菜生产赚取佣金。

（三）中药材产业扶贫

1. 发展目标以发展道地优质中药材为基础，以市场需求为导向，规划引领、因地制宜，积极发展药食同源品种，推动中药材产业向基地化种植、标准化生产、园区化带动、品牌化培育转变，健全完善农户与产业发展的利益联结机制，带动全县贫困户种植中药材。在“十三五”末，中药材产业在本县贫困地区形成规模化生产、产业化发展的良好格局。

2. 实施区域重点在玉井、吴马营、马营、下喇叭山区 4 个乡镇实施“中药材崛起工程”。2016 年发展中药材种植 1000 亩，2017 年发展中药材种植 2000 亩，2018 年发展中药材种植 4000 亩，2019 年发展中药材种植 8000 亩，2020 年发展中药材种植 1 万亩。

3. 工作措施以实施中药材规范化生产基地建设、中药材良种繁育基地建设、退耕还中药材三大工程为目标，努力提高中药材生产技术，促进贫困人口在产业发展中脱贫增收。一是中药材规范化生产基地建设工程。选择种植适合当地的黄芪、黄芩、柴胡、板蓝根、枸杞、甘草等中药材品种，在山区四个乡镇基础产业和立地条件较好的种植区域，建设四个千亩中药材规范化生产基地，并集成推广配方施肥、病虫草害综合防控、节水灌溉等实用技术，引导贫困户因地制宜发展林药间作、粮药间作、果药间作和经药间作等多种种植模式，增加综合效益。二是中药材良种繁育基地建设工程。围绕本县道地或优势中药材品种，在玉井、吴马营、马营、下喇叭分别建设四个百亩中药材良种繁育基地，重点选育适宜的优质高产新品种，开展技术培训，推广实用技术。并优先满足贫困户优质种子、种苗需求。三是退耕还中药材工程。按照全省中药材发展布局，本县优选板蓝根为退耕还药的主推品种，板蓝根种植计划如下：2017 年种植 2000 亩；2018 年种植 4000 亩；2019 年种植 6000 亩；2020 年种植 8000 亩。

4. 扶贫方式中药材种植以农业合作社为主体，优先流转贫困人口土地，吸引贫困人口打工。通过省切块扶贫资金扶持政策，退耕还药每亩补助 200 元，并积极与中药材加工企业签订合同，实现产销衔接，促进贫困人口增收脱贫。

（四）畜牧产业扶贫

1. 发展目标按照畜牧产业发展规划，以建档立卡工作为基础，以贫困户自力更生为主，政策扶持为辅的方式，注重培育和发展特色优势主导产业，着力推进耕地种草，发展粮经饲三元种植结构，扶持贫困户发展养殖业，有效增加收入，加快脱贫致富步伐，确保特色畜牧产业扶贫目标如期实现。

2. 实施区域紧紧抓住国家把我市列为唯一的粮改饲和草牧业发展试验试点市的政策机遇，结合奶牛养殖效益的提升，实施优质牧草种植计划。一是在古城、马营庄、后所实施优质玉米饲草种植。二是在张家庄、后所、薛圐圙等乡种植苜蓿。三是在山区玉井、吴马营和川区合盛堡实施柠条等多年生牧草种植。四是在 13 个乡镇贫困户实施猪鸡家庭养殖工程。

3. 工作措施围绕全省畜牧产业扶贫布局，结合本县畜牧产业发展现状，着力带动贫困户通过发展畜牧业实现脱贫，重点实施粮改饲草牧业发展、猪鸡家庭养殖两大工程。一是粮改饲草牧业发展工程。以农业部进一步调整优化农业结构和“镰刀弯”地区玉米结构调整的有关意见为具体指导，逐步缩减本县籽实玉米种植面积，着力推进粮改饲，推广种植青贮玉米等优质饲草和苜蓿等优质多年生牧草。种植计划如下：2016 年种植青贮玉米 13 万亩、优质苜蓿 2 万亩；2017 年种植青贮玉米 15 万亩、优质苜蓿 3 万亩；2018 年种植青贮玉米 17 万亩、优质苜蓿 3.5 万亩；2019 年种植青贮玉米 19 万亩、优质苜蓿 4 万亩；2020 年种植青贮玉米 20 万亩、优质苜蓿 5 万亩。二是猪鸡家庭养殖工程。以贫困户为重点，通过当地猪场、鸡场等养殖企业，实行养殖企业与贫困户建立紧密型利益联结机制，采取“三固定、五统一”的合作模式，带动贫困户发展养殖脱贫致富。

（五）农产品加工产业扶贫

1. 发展目标以帮助建档立卡贫困户就业增收为工作目标，以建设种养基地、吸纳贫困户就业为工作途径，以国家级农产品出口免检示范区建设为工作动力，支持带动作用明显、吸纳就业效果显著的农产品加工企业率先发展，加快推动本县贫困人口就业增收、脱贫致富。

2. 工作措施为适应食品市场多样化需求，通过政府主导、市场运作、企业经营、农户参与等措施，推进产品创新、品牌创新、机制创新和营销模式创新，延伸产业链、价值链，做深做细小杂粮加工、畜禽加工、干鲜果加工、食用菌加工等农产品加工产业，实现农产品就地转化、就地增值，切实增加贫困户收入。一是杂粮加工。充分利用本县谷子、燕麦、糜黍等杂粮资源优势，依托鑫邦燕麦、朔煤燕麦两个龙头企业和李家窑惠民合作社、玉龙土特产合作社、沈万山合作社及鑫霏商务“百汇农珍”等农产品加工龙头企业，走有机认证、规模种植、精深加工、品牌化发展的路子，带动贫困户杂粮种植，吸纳贫困户就业。2017 年，鑫霏农业有限公司计划投资 3000 万元，在岱岳镇七里沟村建设一座集加工、储藏、包装、销售为一体的农产品加工厂。二是畜禽加工。继续依托全国乳品龙头企业古城乳业公司，推进畜禽加工全产业链建设，吸纳建档立卡贫困人口进厂就业和入企分红，切实增加贫困人口的收入。三是干鲜果加工。立足本县张庄、马营庄、后所等乡镇发展大接杏的产业优势，依托杏脯加工企业，加强采后商品化处理及精深加工，提高市场占有率，促进贫困人口从事大接杏种植，有效增加贫困人口收入。四是食用菌加工。开发食用菌深加工食品，满足市场不同需求，依托宇昊蘑菇，引导贫困人口开展标准化食用菌种植，带动建档立卡贫困人口从事种植和吸纳就业。

三、保障措施

（一）加强组织领导。为切实加强全县特色产业扶贫工作的组织领导，特成立特色产业扶贫工作领导组，组成人员如下：

组　长：李全胜　县委副书记

副组长：郭兆文　县政府副县长

成　员：郭金业　县农委主任

史俊龙　县财政局局长　　李胤龙　县国土局局长

杨时育　县水利局局长　　刘文斌　县林业局局长

赵生富　县畜牧局局长　　赵永胜　县扶贫办主任

郭宏智　县中小企业局局长　　张　凯　县农技服务中心主任

吴玉梅　县农机局局长

领导组下设办公室，办公室设在县农委，办公室主任由郭金业同志兼任。

（二）掌握扶贫政策。认真学习习近平总书记关于脱贫攻坚的系列重要讲话及中央、省、市关于打赢脱贫攻坚战的有关精神，努力掌握中央、省、市有关精准扶贫、精准脱贫的政策，内化于心、外化于行，扎实推进全县特色农业产业扶贫工作。

（三）加大投入力度。整合中央和省、市的扶贫资金及项目资金，“拧成一股绳”“握紧拳头”，形成合力，全面推进全县特色农业产业精准扶贫、精准脱贫。

（四）强化宣传引导。大力宣传中央、省、市关于精准扶贫、精准脱贫的战略部署，大力宣传特色农业产业扶贫“怎么帮”“怎么扶”的典型做法和成功经验，激活贫困人口的内在动力，变“要我脱贫”为“我要脱贫”，实现贫困人口稳定脱贫、全部脱贫的目标。

山阴县人民政府

二〇一六年八月二十日

山阴县全民健身实施计划（2016全民健身实施年）

“十二五”期间，在县委、县政府的正确领导下，各级政府、有关部门和社会各界共同努力，基本形成覆盖城乡、比较健全的全民健身公共服务体系，为本县更加完备的公共文化服务体系建设和经济社会的发展作出积极的贡献。但还存在城乡体育事业发展不平衡、城市场地设施建设短缺、农村场地利用率低、资金保障不足、人才队伍缺乏、品牌特色效应不够等问题。“没有全民健身，就没有全民健康，没有全民健康，就没有全面小康”。“十三五”时期，为更加广泛地开展全民健身活动，进一步提高人民群众的身体素质和健康水平，推动全民健身和全民健康深度融合，使健康政策融入全局、健康服务贯穿全程、健康福祉惠及全民，完成国务院、省、市《全民健身实施计划（2016—2020年）》确定的奋斗目标，进一步推动本县全民健身事业。根据《全民健身条例》、国务院、省、市《全民健身计划（2016—2020年）》的精神制定本实施计划。

一、总体要求

（一）指导思想。全面贯彻党的十八大和十八届三中、四中、五中、六中全会以及习近平总书记系列重要讲话精神，落实全民健身国家战略和贯彻落实创新、协调、绿色、开放、共享的发展理念。把发展体育运动、增强人民体质、提高健康水平作为根本目标，坚持依法治体，深化改革，助推本县经济转型升级。把保障和改善民生、促进人的全面发展作为全民健身的出发点和落脚点，不断提升服务能力和服务水平，满足人民群众日益增长的多元化体育健身需求，丰富人民群众精神文化生活，为建设健康山阴，和全面建成小康社会作出积极贡献。

二、发展目标。完善标准、创新发展，加强场地设施、人才队伍、健身宣传、科学指导、与各部门融合、资金保障、健身活动、协会组织、品牌效应等建设。努力建设不断完善的全民健身公共服务体系，到2020年，山阴县城乡居民的健身意识普遍增强，参加体育锻炼的人数稳步增加，每周参加1次及以上体育锻炼的人数达到16万人，经常参加体育锻炼的人数达到9.1万人，全民健身的教育、经济和社会等功能充分发挥，与各项社会事业相互促进、共同发展的局面基本形成，政府主导、部门协同、全社会共同参与的全民健身事业发展格局更加清晰。

二、保障措施

（一）完善全民健身工作机制。加强全民健身工作的顶层设计，重视科学决策。充分发挥现有各级全民健身工作领导机制的作用，形成各级政府推进实施全民健身实施计划、开展全民健身工作的合力，确保全民健身国家战略的贯彻落实。切实转变政府职能，逐步从领导、管理、行政审批向研究问题、制定政策、市场监管、提供服务保障等方面转变。探索创建城市与城市、政府与民间合作的全民健身推广组织，调动各方力量共同推进全民健身事业的发展。

（二）建立全民健身工作评价机制。将全民健身工作评价指标纳入到各级政府社会发展评价体系中并增加权重。通过完善考评机制，不断强化各级政府提供公共体育服务职能。贯彻、落实、执行我省全民健身公共服务体系建设地方指导标准，提升全民健身基本公共服务标准化、均等化水平。

（三）建立全民健身信息服务机制。努力完成政务、咨询和服务的多平台建设，借助移动信息化优势，基本实现全民健身工作管理和服务方式的根本改变，使全民健身公共服务水平大幅提升。利用“互联网+”技术了解掌握全民健身工程建设、管理、维护、使用等全方位信息，促进全民健身工程升级换代。进一步充实、完善各级全民健身工程“电子档案”，逐步建立专业、完备、全覆盖的全民健身在线服务平台，及时公开发布健身场馆、赛事、活动、健身项目、指导员情况等信息，形成省、市、县、乡镇（街道）四级全民健身信息化工作管理与运行的畅通渠道。完善全民健身统计制度建设，做好体育场地普查以及全民健身活动状况调查数据分析。定期公布全县全民健身工作的开展情况，全民健身事业目标任务完成情况，各项指标数据达标情况，推动各级政府全民健身公共服务职能和服务水平的提高，让群众充分享受信息化给健身带来的便利服务。

（四）创新全民健身激励机制。有效发挥全民健身激励作用，通过政府激励，充分调动基层单位和个人的工作积极性，形成典型示范带动作用。加大资金投入，通过政府购买、消费补贴等方式，实施全民健身宣传、政策研究、体育特色项目挖掘推广、健身科普知识培训、社会体育指导员、城乡基层（乡镇、街道、行政村、社区）体育管理人员工作奖励等。以县为单位，政府主导，体育主管部门协调和组织落实，普及推广《国家体育锻炼标准》，颁发体育锻炼标准证书、证章，有条件的地方可通过试行向特定人群或在特定时段试行发放体育健身消费券等，建立多渠道、市场化的全民健身激励机制，引导更多群众参与体育健身，鼓励增加健身消费。依据国家有关规定，对推动全民健身事业发展作出突出贡献的组织机构和个人进行表彰奖励。

（五）积极创建体育特色城市、乡村。鼓励各地依托当地自然、人文资源、地域特色，促进开展具有当地传统特色的体育项目，做大“一县一品”“一行一品”体育健身赛事活动，打造具有区域特色和可持续性的品牌赛事活动。鼓励各地举办不同层次和类型的全民健身运动会，拓展群众性品牌活动的形式，充实文化、旅游等方面内容，使乡土特色的生态体育、休闲体育成为提升城市综合实力的名片，逐步形成全民健身的社会化、生活化，努力创建体育特色城市、乡村。

（六）建立全民健身人才队伍培训机制。树立新型全民健身人才观，建立完善以全民健身管理者、社会体育指导员、全民健身志愿者、优秀退役运动员、体育社会组织带头人、健身榜样、智库专家、媒体专家等为核心的全民健身人才队伍体系。加大各方面体育人才培训和再培训工作力度，发展壮大社会体育指导员、全民健身志愿者队伍，加大基层、民间健身示范人物、领军人物的挖掘和扶持力度，加大基层管理者和工作人员的榜样人物培育力度。

三、实施保障

（一）依法推进全民健身事业的发展。运用法治思维和法治方式推进全民健身公共服务体系建设，完善全民健身公共服务体系相关配套规章制度，依法保障公民的体育健身权利和社会资本投入者的合法权益。加强全民健身与精神文明、社区服务、公共文化、健康、卫生、养老、旅游、科技等相关制度建设的统筹协调，完善健身消费政策，加快将全民健身产业与消费发展纳入体育产业和其他相关产业政策体系。

（二）强化全民健身工作的组织领导。明确各级政府在全民健身公共服务领域的事权关系，强化县人民政府统筹推进区域内基本公共服务均等化职责，强化县人民政府的执行职责。正确处理好政府、社会、市场在发展全民健身事业中的关系，突出政府的主导职能，加强各部门合作，发挥各部门协同作用，增强健身服务能力。县、乡人民政府要建立和完善实施《全民健身实施计划》的领导协调机制，把全民健身公共服务体系建设摆在重要位置，纳入国民经济和社会发展总体规划以及基本公共服务发展规划，把相关重点工作纳入政府年度民生实事推进和考核。

（三）加强全民健身工作的舆论宣传。利用广播、电视、报刊、新闻网站等媒体大力宣传全民健身，加强引导，营造氛围，通过普及健身知识、宣传健身亮点、展示健身效果，激发广大人民群众参与健身活动的积极性，树立健康生活方式，促进健康关口前移。鼓励各类媒体开设体育健身、娱乐、消费等专题频道、专题版块，教授群众掌握科学健身方法和运动技能，引导群众养成体育健身、消费习惯，让群众乐享体育带来的快乐。

（四）加大全民健身资金投入与管理。县、乡人民政府要将全民健身经费纳入财政预算，鼓励和引导各地加大全民健身的财政经费投入。引导社会力量资助捐赠全民健身事业，提供公益性的群众健身服务。保证体育彩票公益金全部用于发展全民健身和体育事业发展。

（五）实施过程监管和绩效评估。本实施计划在山阴县人民政府领导下，山阴县文化局会同有关部门、群众组织和社会团体共同推动实施。建立全民健身公共服务绩效评估指标体系，定期开展督查、第三方评估和社会满意度调查，对县人民政府的执行力、完成本级实施计划的推进情况和重点任务各项指标数据的达标情况进行专项评估，对推进全民健身工作职责落实情况、财政资金保障和绩效情况、基本公共体育服务达标情况以及全民健身公共服务发展水平等实施效果绩效考评，并将考评结果向本级人民政府报告。在2020年对《全民健身实施计划（2016—2020年）》实施情况进行全面评估，将评估报告报本级人民政府。

名词解释：

“体育三下乡”：是指以体育健身设施下乡、体育健身指导下乡和体育科普知识下乡为主要内容的全民健身服务活动。体育设施下乡主要是以体育彩票公益金捐赠健身器材给农村农民的捐赠仪式活动；体育健身指导下乡主要包括全民健身精品展示、群众喜闻乐见的特色体育活动、健康咨询、体质测试等服务活动；体育科普知识下乡指宣传体育法律法规、科学的健身方法和健身知识等宣传服务活动。

“6565四级工程”：市级“6个一”工程：建有一个综合体育场、一个综合体育馆、一个游泳馆（多元投入）、一个大中型全民健身活动中心、一个全民健身户外活动基地、一个国民体质监测中心；县级“5个一”工程：建有一个标准体育场、一个体育馆、一个中小型全民健身活动中心、一个体育公园（或健身休闲基地）、一个国民体质监测中心；乡级“6个一”工程：建有一个健身组织网络（文体站、体育协会、体育俱乐部）、一个全民健身活动广场（多功能活动室或多功能运动场）、一批晨（晚）练点、一支社会体育指导员队伍、一个特色体育项目、一个国民体质监测站。村级“5个一”工程：建有一个健身组织网络（体育队伍、体育俱乐部）、一个适合农村（社区）特点的体育场地设施、一个传授体育技能的社会体育指导员（组）、一个群众喜闻乐见的体育项目、一套体育活动和设施管理的长效机制。

全民健身组织“3+X”模式：“3”是指全省各设区市、县（市、区）分别建有体育总会、老年人体育协会、社会体育指导员协会，“X”是指单项目体育协会或其他人群协会。

山阴县人民政府办公室

二〇一六年十一月十四日

山阴县招商引资纪事

进入新世纪，本县的对外开放和招商引资呈现出大放异彩的局面。2000年，山西晋能集团来本县创办了冶金分公司，建设2×16500KVA矿热炉，生产硅锰合金。以后又进行了扩建。2001年8月，金海洋能源集团在山阴建立。该公司是由山阴藉人士高靖海先生创办，公司按照产业耦合、资源循环、废物利用、高效发展的循环经济理念，加速崛起煤炭主业，做大做强电力、冶化、建材等相关产业，已经基本形成集煤炭生产、皮带输送、洗选、运销、发电、冶金、新型建材于一体的循环经济格局。该公司最初引进了山西煤炭进出口集团和山西省经济建设投资公司，在山阴建设了山西金海洋能源集团洁净煤公司，引进澳大利亚申克公司重介质洗煤流水线，年产洗精煤能力400万吨；接受了山阴县人民政府托管的原北周庄集运站资产，自备环型铁路专线7.8公里，引进美国设备，改造扩建为具有2万吨大列发运能力的集运装车站。以后逐年建设了硅锰合金厂，安装 2×16500KVA 矿热炉生产线，年产能力 5 万吨；建设了 15.5 千米远程穿山隧道皮带输煤线，年输煤能力 1500 万吨；引进山西省煤炭集团投资，建设了 2×50MW 矸石电厂，年发电量 6 亿度。引进广东增城粤和燃料公司投资，建设了年洗选能力 600 万吨的新的洗煤生产线。2009 年 8 月，金海洋集团与中国煤炭集团公司合资，由中煤集团投入 30 亿元，组建为新的中煤金海洋集团公司，国有企业的中煤集团在其中占 60% 的股，具有控股权；原有的民营资产在新组建公司中占 40%。随后即建设了年产能力 300 万吨的大型现代化综采煤矿；通过收购与改造，共有自备煤矿 11 座。引进山西格盟公司投资建设了 2×300MW 矸石电厂，已投产发电。引进山西省引黄供水公司投资，建成了引黄供水公司。引进广东蓝粤能源集团投资，建成年产 2 亿块矸石烧结砖墙体材料生产线；年产 130 万吨干法水泥生产线。引进 IMM 国际煤机集团郑州四维机电设备制造有限公司，建设年加工总重量 7.8 万吨的大型煤机厂。现在拥有地面企业 10 座，员工总数 5360 名，集团总资产 100 亿元。2014 年更名为中煤华昱能源集团公司。

2001 年 11 月 28 日，中共山阴县委、山阴县人民政府召开了民营经济工作会议，隆重表彰十佳民营企业家：崔建国、温日厚、李泰山、李生军、武日有、丁浩德、武彩平、乔九刚、杨永红、寇富，为每人奖励 1 辆五羊本田摩托车。会上，县委、县政府出台了《关于创造宽松环境，大力发展民营经济的实施意见》。12 月 5 日，县委、县政府又接着召开了引进项目争取资金动员大会，隆重表彰了十位引资功臣：乔九崇、王应贤、李晋山、王良、王与茂、冯守忠、王与元、马海文、白文浩、李忠祥。为每人奖励五羊本田摩托车 1 辆。会议还出台了《关于大力鼓励引进项目争取资金的实施意见》。2 月 9 日，新一届县委、县政府召开了扩大开放、优化环境、强力推进招商引资动员大会，将 2004 年确定为“招商引资年”。县委书记陈晋才作重要讲话。会议对 2003 年在招商引资方面作出贡献的人物给予了表彰奖励：为金海洋公司董事长高靖海奖励帕萨特小轿车 1 辆；为晋能山阴冶金公司引资人白文浩、刘日宏，合奖桑塔纳轿车 1 辆；为古城乳业集团项目引资人李忠祥，奖励桑塔纳轿车 1 辆；为溶溶乳业公司项目引资人许福亮、康喜乳业公司项目引资人崔建国各奖励现金 5 万元；为巍山陶瓷公司引资人魏佐山、陶艺玻璃公司引资人任跃全、辈辈龙公司引资人刘永昌、人民银行支农再贷款争资人康全仁，各奖励现金 2 万元。会议出台了《关于进一步扩大开放加大招商引资力度的决定》。2 月 29 日，县委、县政府决定成立山阴县招商引资促进委员会，并成立专门机构：山阴县招商引资办公室，同时挂山阴县招商引资局牌子。山阴县发展改革局局长康生霖，兼任招商引资局局长。4 月 8 日，中共山阴县委、山阴县人民政府出台《关于招商引资的优惠政策》，以“山发〔2004〕13 号”文件印发。从此，山阴县招商引资进入了波澜壮阔、异彩纷呈的新阶段。2005 年 3 月，原山阴报社社长兰思蓁担任山阴县招商引资局局长，该同志成为第一位专职的招商引资负责人。2006 年 4 月 26 日，县委、县政府召开了全县扩大对外开放促进招商引资动员会。县委书记陈晋才作了题为《开放总揽、思想先导、环境保障、招商突破，举全县之力，推进开放引进“一号工程”》的报告。会议散发了《中共山阴县委、山阴县人民政府，关于进一步扩大对外开放的决定（讨论稿）》，《山阴县人民政府关于进一步改善投资环境，扩大招商引资的实施办法（征求意见稿）》，会后经过广泛征求各方各界的意见，于 2006 年 11 月 1 日，分别以“山发〔2006〕25 号”文件和“山政发〔2006〕72 号”文件印发。2006 年 6 月，山阴县人民政府为适应招商引资工作的需要，专门租赁了山西古城乳业集团县城营业部的小楼，经过装修以后，交招商引资局使用。2007 年，县委进一步加强招商引资领导力量，招商引资局领导在原有一正两副的基础上，又增派两名副局长，一名纪检组长，并选调增加了干部。

招商引资项目

煤炭洗选类

1. 锡锦源洗煤公司，投资、引资及到位1300万元，设计规模60万吨，地址：北周庄镇苑家辛庄村北。法人代表李建宏，于2004年落地建设，安排就业人数50人，2005年投产。

2. 晋源化工公司，投资、引资及到位1100万元，设计规模60万吨，地址：北周庄镇苑家辛庄村北。法人代表吴海斌，于2004年落地建设，安排就业人数45人，2005年投产。

3. 红杉洗煤公司，投资、引资及到位900万元，设计规模60万吨，地址：北周庄镇永静城村西。法人代表李社伟。于2004年落地建设，安排就业人数45人，2005年投产。

4. 巨能洗煤公司，投资、引资及到位1300万元，设计规模70万吨，地址：北周庄镇北周庄村南。法人代表王勇。于2004年落地建设，安排就业人数60人，2005年投产。

5. 金鼎博洗煤公司，投资、引资及到位800万元，设计规模60万吨，地址：北周庄镇苑家辛庄村北。法人代表武芳。于2004年落地建设，安排就业人数40人，2005年投产。

6. 神马洗煤公司，投资、引资及到位700万元，设计规模50万吨，地址：北周庄镇永静城村西。法人代表李子俊。于2004年落地建设，安排就业人数35人，2005年投产。

7. 华泰洗煤公司，投资、引资及到位500万元，设计规模30万吨，地址：北周庄镇永静城村西。法人代表贺景明。于2004年落地建设，安排就业人数28人，2005年投产。

8. 金城洗煤公司，投资、引资及到位850万元，设计规模60万吨，地址：北周庄镇永静城村西。法人代表赵占峰。于2004年落地建设，安排就业人数40人，2005年投产。

9. 鑫海洗煤公司，投资、引资及到位700万元，设计规模50万吨，地址：北周庄镇苑家辛庄村西。法人代表苑九海。于2004年落地建设，安排就业人数45人，2005年投产。

10. 天琛洗煤公司，投资、引资及到位1700万元，设计规模100万吨，。法人代表郭占卿。于2006年开工，安排就业人员40人。2007年投产。

11. 紫龙洗煤公司，投资、引资及到位1500万元，设计规模80万吨，地址：北周庄镇永静城村北。法人代表闫福祥。于2005年落地建设，安排就业人数40人，2006年投产。

12. 高山矿洗煤厂，投资、引资及到位1360万元，设计规模80万吨，地址：马营乡观音堂村南。法人代表郝进仁。于2006年落地建设，安排就业人数60人，2007年投产。

13. 张家沟煤矿洗煤厂，投资、引资及到位960万元，设计规模80万吨，地址：马营乡张家沟村西。法人代表李建宏。于2006年落地建设，安排就业人数52人，2007年投产。

14. 金海洋集团第1座洗煤车间，投资、引资及到位1.16亿元，设计规模400万吨，法人代表高靖海，总经理沈勇。于2001年开工建设，安排就业人数200人，2003年投产。

15. 金海洋集团第2座洗煤车间，此项目是金海洋集团在"港洽会"签约项目，总投资、引资及到位1.08亿元，设计规模600万吨，于2007年开工建设，年底建成投产。

煤炭采改类

1. 金海洋五家沟（八一）煤矿综采综掘技术改造，引进徐州矿务局等大型企业集团的资金和技术，总投资、引资及到位3亿元，设计规模300万吨，于2007年开工建设，2008年建成投产。

2. 芍药花煤业公司综采综掘技术改造，法人代表闫昌利。总投资1.5亿元，引资1亿元，到位1.5亿元。设计规模120万吨，于2007年开工建设，2008年投产。

3. 高山煤业公司综采综掘技术改造，法人代表郝进仁。总投资 1.15 亿元，引资 8000 万元，到位 1.15 亿元。设计规模 60 万吨，于 2007 年开工建设，2008 年投产。

4. 金海洋集团从山西煤炭进出口公司、格盟国际能源集团引进资金，合计总投资、引资及到位 2.8 亿元，对县内吴家坪、昌平、元宝湾、南阳坡、上漫沟、东升、大坪沟、后山、南改、水泉等 10 座煤矿进行控股和收购，逐步实现了井下机械化综采技改，在提升产量的同时，确保安全生产。

5. 其他各矿主要有：致富矿、朱和嘴、北祖、东庄、扒罗山、东湾沟矿，均有吸收浙江蒋云良、宋加义、迟云浪等投资商，还有大同煤运公司、朔州双良汽车公司参股的情况。大致统计总投资 6 亿元，总引资 4 亿元，到位 5.5 亿元。

煤炭运销类

1. 金海洋集团金龙输煤公司，大型远程皮带输煤隧道专线，总投资、引资及到位 2.8 亿元，设计规模 1500 万吨，总长度 15.5 千米，隧道长度 1260 米，2005 年开工建设，2007 年 12 月投入运营。

2. 金海洋 2 万吨大列集运装车站扩能改造项目，总投资、引资及到位 6000 万元，2005 年开工建设，2007 年 7 月开通投入运营。

3. 中煤顺通公司 2 万吨大列集运输煤专线，总投资、引资及到位 1.2 亿元，法人代表陈长清，常驻负责人李文渊。地址：北周庄镇辛留村北。2006 年开工建设，2007 年投入运营。

4. 山阴县岩伟峰煤业公司 2 万吨大列集运输煤专线，总投资、引资及到位 1.06 亿元，法人代表武革平，地址：北周庄镇北周庄村南。2006 年开工建设，2007 年投入运营。

5. 山阴县观音堂煤炭运销公司 2 万吨大列集运输煤专线，总投资、引资及到位 1.175 亿元，法人代表田占武，地址：北周庄镇郑庄村与合盛堡乡杨庄村之间。2006 年开工建设，2007 年投入运营。该集运专线于 2012 年转为宝山煤业公司管理。

6. 东榆林煤站万吨大列扩能改造项目，总投资、引资及到位 7800 万元，法人代表王万福，地址：安荣乡泥河村东榆林火车站。2006 年开工建设，2007 年投入运营。

7. 朔贸同煤运公司万吨大列集运装车专线，总投资 1.2 亿元，引资 6000 万元，到位 8000 万元。法人代表贺新兵，地址：安荣乡泥河村东榆林火车站。2007 年开工建设，2008 年大部建成。

乳品企业和其他农业种养加企业

1. 康喜乳业公司，法人代表崔建国，地址：县城北部鸿雁小区应山路北侧。引进了中国乳品业第一大品牌伊利乳业集团，投资、引资及到位 6000 万元，建成液态奶生产线。于 2003 年投入运营。

2. 溶溶乳业公司，法人代表许福亮，地址：县城北 208 国道之西侧。引进了中国乳品业第二大品牌蒙牛乳业集团，投资、引资及到位 5000 万元，建成了大型液态奶生产线。于 2003 年投入运营。

3. 古城乳业集团，法人代表乔道首，地址：古城镇。引进了德国康美包苏州公司，以及世界银行资金，引进英国、法国设备，投资、引资及到位 3 亿元，建设 10 万吨无抗生物奶生产线、5000 吨婴儿奶粉生产线、大型现代化奶牛优种繁育场。2005 年开工，2006 年全部投产，其中奶牛繁育场现已发展到 2000 头的养殖规模，为全省第一。该公司于 2010 年出售于山西翼城人，经营不佳。山阴县玉井镇米庄窝的煤炭企业家郭俊，于 2012 年注入 1.9 亿元，收回公司并启动生产，与此同时，重新组建经营班子，研发新产品，维持了山阴县奶牛乳品业的存续与发展。

4. 春城乳业公司，法人代表温日厚，地址：后所乡北万庄村。引进太原等地资金，开发新产品醒酒御露、女士酸奶、红枣奶等新产品，并建设了相应的生产线，投资、引资及到位 5900 万元，2006 年开工，2007 年投产。

5. 鑫源乳业公司，法人代表吴成忠，地址：薛圐圙乡境内省农牧场总部院。2006 年，引进资金，收购了原奶粉生产线，建成了新红卫乳业公司，现已投资、引资及到位3000万元，具备了投产条件。

6.玉龙土特产公司，是新组建的粮食深加工企业，法人代表季玉龙，地址：北周庄镇李家窑村东。2006年，引进上海投资，总投资1540万元，引资1155万元，到位1500万元，建设8000吨杂粮新食面生产线，生产各种杂粮丝面和熟豆面糊、麦片等产品，打开了市场，于2006年开工建设，2008年底投产。

7.天鹏农牧公司，法人代表蒋月武，总经理蒋月斌，联系人高林，地址：县城东部东大滩工业园区和岱岳乡安祥寺村东。经过7年多时间的拼搏发展，经过从大同、北京等地和省农发行引资和融资1亿多元，已建成了3座大型猪场，存栏规模达到3万头，有了一条大型屠宰作业流水线，又建成4万吨熟肉制品加工生产线。以上3座猪场（其中2猪场扩建）、1条屠宰流水作业线、3条熟肉加工线，加上1个养猪合作社、1个草场，总投资达1.5亿元，引资1亿元，到位1.5亿元。国家商务部于2007年把该公司确定为活体副食品储备供应基地。

8.佳联农业发展公司，法人代表樊世雄，生产基地在古城镇。在经营餐饮服务业的基础上，招商引资，大量改良盐碱地，开展了规模化养殖和沼气制备，投资、引资及到位8000万元。到2008年底，其养殖奶牛规模已达300多头，沼气开始向周边上千农户供应。2008年引进日本专家和技术，开发盐碱地改良剂等新产品。

9.山阴日顺昌农牧公司，法人代表崔甫功，地址：合盛堡乡大虫堡村。总投资4972万元，建设肉牛养殖加工生产线，引资3480万元，到位2000万元，2007年开工，2007年底建成肉牛屠宰加工流水作业线1条。

10.山西绿草阳光畜牧集团公司，法人代表王作华，项目负责人叶明友、任庆中。地址：古城镇羊圈头与李株庄之间。投资3945万元，建设千头奶牛标准化养殖和繁育、大型沼气工程、"中苜二号"良种苜蓿培育循环型生态农业示范园区。项目从2006年开始建设，完成投资2700万元，经营状况良好。

11.山西泰新农贸有限责任公司，法人代表杨增斌，地址：合盛堡乡高山疃村。总投资、引资及到位560万元。以温室蔬菜种植为主。2005年开工，当年投产。

12.星火养殖公司，法人代表李泰山，地址：岱岳乡小农场（县城北部208国道之东侧）。总投资、引资及到位1600万元。具备猪存栏1万头能力。2000年建设并投产。

13.丰氏养殖公司，法人代表丰和平，地址：岱岳乡小农场（县城北部208国道之东侧）。总投资、引资及到位1200万元。具备猪存栏8000头能力。2000年建设并投产。

14.田野养殖公司，法人代表吴明宝，地址：北周庄镇安岸庄村。总投资、引资及到位1500万元。养殖奶牛300多头，种地1000亩。2000年开工，2001年投产。

15.绿源苗木公司，法人代表李生军，北周庄镇小农场（县城北208国道之东）。总投资、引资及到位1300万元，建成800亩规模的大型苗圃，并承包了山区10多万亩荒山绿化工程。2002年开工，当年投产。

16.来有养殖公司，法人代表朱来有，地址：古城镇西盐池村。总投资、引资及到位880万元，现滚动发展，养殖奶牛400多头，种地3000多亩，是2007年国家农业部表彰的种粮大户。总资产1000多万元。1997年开工并投产，逐年扩展。

17.兴荣奶业公司，法人代表孙荣，地址：马营庄乡小农场（高庄村南）。总投资、引资及到位1300万元，养殖奶牛500多头，种地1600亩。总资产2000万元。2000年开工，2001年投产。

18.田力养鹿公司，法人代表欧阳田，地址：马营庄乡高庄村。总投资、引资及到位1100万元，具备1000头鹿的存栏能力，现养殖成鹿500头，现有总资产1700万元。2003年开工，2003年投产，并逐年扩建。

19. 渊源养殖公司，法人代表高平荣，地址：北周庄镇辛留村。总投资、引资及到位 900 万元，建设高标准奶牛养殖园区。2000 年开工，2001 年投产。

20. 青玉农牧公司，法人代表郭清府，继承人郭玉平，地址：岱岳乡北王庄村东。总投资 650 万元，建设集奶牛养殖、牧草种植和加工、肉羊繁育为一体的农牧园区。2000 年开工，2001 年投产并逐年扩展。

21. 鲜通蔬菜公司，法人代表贺振有，地址：县城北部 208 国道之东侧。投资、引资及到位 2000 万元，建设脱水蔬菜生产线。并正在引资建设真空冷冻干燥蔬菜食品生产线。

22. 辈辈龙蔬菜食品公司，法人代表刘永昌，地址：安荣乡西沟村东。投资、引资及到位 2500 万元，建设蔬菜软糖、沙棘饮料等新型蔬菜食品生产线。2000 年开工，2001 年投产。

23. 康庄瓜子加工厂，法人代表刘健祥，地址：合盛堡乡康庄村。投资、引资及到位 600 万元，建设炒葵花籽系列生产线。2005 年开工，2006 年投产。

冶金化工类

1. 晋能集团山阴冶金公司，经理黄建平，地址：岱岳乡小农场（县城北部 208 国道之东侧）。2000 年进入山阴，建设 2×16500KVA 矿热炉，并于次年投产，生产硅锰合金；以后又于 2004 年、2006 年进行了扩建，现已经有 16500KVA 矿热炉 6 座，总投资及引资到位 1.3 亿元，具备年产 15 万吨的生产能力，安排就业人员 130 人。

2. 山阴石星化工公司，是由老国营企业改制为股份公司的，法人代表王应贤，地址：安荣乡安良铺村北。2005 年以来，引进山东临淄等地资金，总投资 7000 万元，引资 4800 万元，到位 6000 万元，大力技改，提升生产加工能力，使公司的电石生产和石灰氮生产能力，由原来的 4 万吨、3.5 万吨，双双提升到 8 万吨，生产能力上到了全国同行业前列。安排新老就业人员 200 人。

3. 山阴金源化肥公司，由原国营化肥厂改制而来，法人代表李晋山，地址：岱岳乡南大道村南。2005 年以来，引进太原等地投资，总投资 8000 万元，引资 5000 万元，到位 6000 万元，上了年产能力 5 万吨的甲醇生产线，年产能力 4 万吨的液态氨生产线，化肥生产能力也进行了技改扩能，生产合成氨能力由原来的年产 4 万吨提高到年产 8 万吨。安排新老就业人员 260 人。2015 年，李晋山退出，由郑建平接手经营，生产能力维持原有水平。

4. 山西朔州新科工程技术有限公司，项目负责人董建华，地址：岱岳乡兰家窑村北。2006 年底通过招商引资渠道进入山阴，建设年产 10 万吨盐碱地专用肥生产线，投资及引资到位 4300 万元，于 2007 年底建成，2008 年 2 月正式投产。安排就业人员 80 人。2016 年，引进山西国新能源集团公司，对该厂进行了技术改造，扩大了生产能力。

5. 山西圣力化工有限责任公司，法人代表戈雷厚，地址：后所乡。2007 年在山阴县女儿庙风景区，建设年产能力 3 万吨的有机无机复混肥生产线，完全在环保节能的前提下生产。投资及引资到位 2400 万元，安排就业人员 40 人，2008 年 3 月正式生产。

6. 山西瑞丰化工公司，法人代表温富。2006 年在岱岳乡开工建设，总投资 8750 万元，引资到位 8500 万元，年产能力磷肥 10 万吨、复合肥 6 万吨，可吸纳 150 人就业，2008 年全部建成具备投产条件。

7. 宏盛活性炭公司，原法人代表武日有，地址先在县城文卫东路有机化工厂北部，后搬迁到县城北 208 国道之西侧。总投资、引资及到位 650 万元。吸纳劳力 40 人，2000 年开工，2001 年下半年投产。

8. 腾宇化工公司，原法人代表武日有。总投资、引资及到位 1600 万元，将原有机化工厂搬迁至薛圐圙乡白坊村。2003 年开工，2005 年基本具备投产能力，但因环保不达标，环保部门不予验收，长期不能投产。

9. 浩德炭黑公司，法人代表丁浩德，地址：张庄乡陆庄村北。总投资、引资及到位 1360 万元，2000

年开工，2001年底投产，2007年即因环保问题关停。

10. 如意活性炭公司，法人代表李树朝，地址：县城东部东大滩工业园区。引进太原投资商，总投资、引资及到位720万元，2003年开工，2004年投产，2010年进行了节能除尘改造。安排就业40人。

11. 鑫华煤气化公司，法人代表祝占君，地址：安荣乡安良铺村北。总投资、引资及到位780万元，建成煤气化生产线，除就近供应金源化肥生产用煤气外，还外销焦油、兰炭（半焦）。2002年开工，2004年投产。安排就业人员70人。

新型建材类

1. 山阴县鑫华煤气化公司，法人代表祝占君，地址：北周庄镇永静城村西北。总投资1788万元，引进河北石家庄投资商资金1350万元，到位1500万元，建设年产12万吨活性石灰生产线。2006年开工，2007年投产。吸纳当地农村剩余劳动力45人。

2. 山西建强活性石灰制造公司，法人代表王建，地址：安荣乡西沟村西。于2007年通过招商引资渠道进入山阴，建设环保节能型并联机立窑3组18座，年产活性石灰能力30万吨，总投资及引资到位7000万元。安排就业人员100人，2008年底建成并具备投产条件。

3. 山西玉竹化工公司，法人代表闫祖升，地址：安荣乡西沟村西。于2007年通过招商引资渠道进入山阴，投资及引资到位5300万元，建设双窑并联铁包内衬耐火砖机立窑，年产活性石灰能力12万吨，安排就业人员60人，2008年底建成，具备投产条件。

4. 国飞物资贸易公司，法人代表武彩平，地址：安荣乡八步堰村西。于2007年投资引资兴建45万吨活性石灰生产线，建设并联机立窑2组12座，总投资6880万元，引资6192万元，到位6000万元，2008年建成1组6座机立窑，2009年全部建成。可吸纳130人就业。

5. 朔州集贤化工有限公司，法人代表武鹏，地址：岱岳乡下沙河村北。通过招商引资渠道进入山阴，建设套筒斜坡再分解窑活性石灰生产线，年产能力30万吨。总投资6000万元，引资并到位5000万元。2007年开工，2008年基本建成。可吸纳90人就业。

6. 大同国丰化工公司，法人代表陈国平，地址：北周庄镇燕庄村东。通过招商引资进入山阴，建设年产12万吨活性石灰生产线。总投资3500万元，引资及到位2500万元，2008年开工，2009年上半年可建成。可吸纳当地剩余劳动力50人就业。

7. 晋美空心砖厂，法人代表郝进仁，地址：岱岳乡郭家窑村西。总投资600万元，引资400万元，到位600万元，建设年产1000万块空心砖生产线。2006年开工，2007年投产。吸纳当地劳动力40人。

轻工业类

1. 飞达木业公司，法人代表李占飞，地址：县城东部东大滩工业园区。通过引进河北省石家庄市红峰木业投资，建成年产60万张细木工板生产线，总投资及引资到位6000万元，于2005年开工，2006投产。安排就业80人。

2. 金银花毯业公司，法人代表武彩平，地址：县城东部东大滩工业园区。通过招商引资，第一次扩建，建成了大型织毯车间3000多平方米，生产手工地毯和沙发垫、汽车座垫、挂毯、床上饰品等产品；第二次扩建，又建造了钢构机织车间5710平方米，年产机织地毯能力为25万平方米。总投资1700万元，引资及到位1600万元，2008年开工，年底全部建成投产。安排下岗职工和农村劳力160人。

3. 山西绿环生物包装制品公司，法人代表贺振有，地址：县城北部208国道之东侧。引进台湾上将贸易公司投资，建设可降解餐具盒生产线，总投资6000万元，引资4500万元，到位1520万元。2006年底已经建成年产能力生产线1条并投产。安排就业人员100人。

4. 山西华森木业公司，法人代表华渊，地址：安荣乡西沟村之东。引进北京华森木业，建设套装门生产线，总投资、引资及到位1500万元，2007年开工，2008年年初已投产。安排就业岗位70多个。

5. 国祥贸易公司装潢材料生产线，项目负责人马振国，地址：县城东部东大滩工业园区。总投资、引资及到位2000万元，生产木线类装潢材料。2005年开工，2006年投产。就业岗位50个。

6. 山阴金海明胶公司，法人代表曹金海，地址：安荣乡西沟村东。总投资、引资及到位650万元，生产医用明胶等产品。2006年开工，2007年投产，中途因环保问题暂停，经过追加环保设施投入，2008年底复产。就业岗位45个。

7. 山阴天龙玻璃制品有限公司搬迁改扩建项目，法人代表吉继武，地址：县城东部东大滩工业园区。总投资3248万元，引资2436万元，到位2500万元，建设3条合计96平方米马蹄焰熔炉，2008年开工，2009年上半年2条普白料生产线投产，2010年1条高白料生产线投产。安排新老就业人员220人。

8. 山阴天银高岭土公司，法人代表乔福，地址：北周庄镇白农堡村大运二级路西侧。总投资、引资及到位680万元，建设隧道窑高岭土加工生产线。2006年开工，2007年投产。60人就业。

9. 山阴宏钰杰化工公司，法人代表闫宏刚，地址：北周庄镇北周庄村西南。总投资、引资及到位600万元，建设立式炉高岭土加工生产线。2006年开工，2007年投产。55人就业。

10. 明新陶瓷公司扩建工程。法人代表魏佐山，地址：安荣乡安荣村南。总投资、引资及到位3000万元，最初开工于2000年，2003年投产，2004年因产品不适应市场需求而停产，2006年又引进阳泉投资进行改扩建，2008年建成投产。160人就业。

11. 山阴嘉美达陶瓷公司，法人代表闫昌利，地址：岱岳乡小农场东。总投资、引资及到位5000万元，最初于2001年开工，2002年投产，2006年引进山东淄博陶瓷集团，进行改扩建，2007年建成投产。170人就业。

12. 昆鹏酒厂，法人代表王玉生，地址：岱岳乡关岱岳村。总投资、引资及到位1400万元，建设乳槟酒、奶酒生产线。2006年开工，2008年底基本建成，2009年初投产。可吸纳150人就业。

新兴能源工业类

1. 山西太重兴业投资发展有限公司，投资16亿元，分三期建设50MW风力发电项目，公司负责人贾建华。该项目转于大同煤炭集团风力发电公司续建并运营。项目为所在地织女泉村打成深井一眼，彻底解决了该村长期困扰的缺水难问题。

2. 山西联成风能公司，投资16亿元，建设50MW风力发电项目。前期负责人王平。地址山阴县马营乡境内。

道路建设类

1. 朔州太东山道路建设工程公司，法人代表王有运，地址：北周庄镇至马营乡路段，收费站设于北周庄镇杨庄村。2004年进入山阴，建设岱马路及太东山隧道运煤专线，全长33千米，总投资、引资及到位资金1.62亿元，建设（部分整修）了苑家辛庄到马营产煤区的运煤专线。2006年上半年剪彩通车。

2. 山西宇通公路材料有限责任公司，项目负责人马礼恒，地址县城南部同太南路东侧。总投资、引资及到位2800万元，建设$4\times50m^3+2\times30m^3$大型沥青库，2005年开工，2006年投产。

交通物流类

1. 山阴县津鑫城乡公交公司，前期负责人贺忠渊，法人代表何玉良。地址：县城东部东大滩工业园区。投资、引资及到位3800万元。2005年筹建，共购置中巴客车150多部，2007年投入试运行，2008年初正式开通全县城乡公交客运线。在山阴县人民政府的支持下，从2011年开始承担县城5条公交线路的免费公交。

2. 山阴县吉申实业公司，法人代表原晋坪，地址：岱岳乡七里沟村东大运二级路西侧。投资、引资及到位890万元，建设大型汽配城，2005年开工，2006年投产。

教育类

1. 兴华中学，法人代表刘玉山，地址：县城南部世纪大道西侧。总投资、引资及到位1.35亿元。具备30规制高中办学能力。2005年开工，2007年招生。

2. 平泽苑学校，法人代表李永平，地址：县城南部关岱岳村东。总投资、引资及到位1600万元，具备16规制的小学和初中办学能力。2005年开工，2007年招生。

3. 新洋学校，法人代表杨保军，县城北部208国道西侧。总投资、引资及到位1200万元，具备10规制幼儿园和小学办学能力。2005年开工，2006年招生。

4. 鑫顺机动车驾驶人公司（驾校），法人代表赵兴忠。总投资、引资及到位1000万元，在安荣乡河阳堡村西建立训练基地，具有国家二级考核培训专业场地。2005年开工，2006年投入运营。

5. 山西博昌汽车服务集团公司。

卫生类

1. 马营乡综合医院，法人代表彭天祥（成都人），总投资、引资及到位770万元。2006年开工，2007年投入运营。

2. 玉井镇骨伤外科医院，法人代表闫存义（大同人），总投资、引资及到位850万元。2006年开工，2007年投入运营。

3. 山阴天坛生物单采血浆有限公司，法人代表李建华，地址：县城北部208国道西侧。引进北京天坛生物制品股份有限公司，建设计划免疫制品作业线，投资1800万元，引资1100万元，到位1800万元。已经于2008年9月26日投入运营。

4. 山阴县现代医院，法人代表侯润，地址：青年西街微波站院内。投资1400万元。聘请多位专家，购置大量现代化检验设备，设立20多个科室。于2009年投入运营，被县有关部门确定为医保定点医院。

5. 山阴县阳光妇科医院。

第三产业类

1. 山阴县新科广告公司老年公寓项目，法人代表常宝，县城西部森林公园北侧。总投资、引资及到位2500万元，2006年开工，2007年建成老年公寓和洪涛山庄各1座。安排就业岗位150个。

2. 山阴县长虹家具大卖场，法人代表贺全长（太原藉人）。总投资、引资及到位资金1200万元，2005年年初利用原工程公司仁利商城改造，2005年年底装修完工，剪彩开业。安排就业岗位70多个。

3. 山阴县月亮宫休闲娱乐城，法人代表苏建军（福建省福清市人）。总投资、引资及到位资金1400万元，2005年上半年在兰园村服务大楼改建，2006年年初剪彩开业。安排就业人员50名。后于2014年专为宾馆。

4. 山阴县金洋宾馆，法人代表白彩兰。总投资1000万元，引资600万元，到位900万元，2005年在原糖酒公司营业楼改造，2006年初剪彩开业。安排就业人员60名。2013年改名为东海大酒店。

5. 山阴县华圣宾馆。法人代表华中，占县城中心原雁山饭店旧址。引进北京投资商资金，总投资、引资及到位1.1亿元。具备了同时接待1500人就餐，500多人住宿的能力。2007年开工，2008年国庆节剪彩开业。安排就业人员160名。

6. 银海商厦，法人代表刘应国，占县城中心原百货五门市旧址。总投资、引资及到位6600万元，建成4层大型商城。2001年开工，2003年底剪彩开业。安排从业人员230多名。

7. 盛源商厦，法人代表吴月川，占县城中心原副食日杂门市部旧址。总投资、引资及到位3800万元。建成大型商城。2001年开工，2002年剪彩开业。安排从业人员160多名。

8.开源商厦。占县城中心原农具厂旧址。总投资、引资及到位4000万元。2002年开工,2003年底开业。180人就业。

9.万人商厦。占县城中心交通大楼南侧。总投资、引资及到位3500万元,建成大型商城。2002年开工,2004年开业。180人就业。

10.新华林商厦。占县城北中部同太北路原大修厂修理部旧址。总投资、引资及到位5000万元,建成大型商城,2007年开工,2008年底开业。220人就业。

11.万人新时尚商厦。

12.虹桥商贸城。

13.知青新大楼。

14.家家利超市。

15.客都超市,客都二部。

16.太行村镇银行,太行村镇银行普惠超市。

城市建设类

1.旧城改造工程项目,项目总指挥刘培平。总投资3亿元,引资2.5亿元,到位3亿元。2002年开工,2004年全部建成交付使用。

2.三城供热公司(第二供热站)建设项目,法人代表李宏拳,地址:县城中心府西区。总投资、引资及到位8000万元,建设70万平米城市供热系统。2004年开工,2006年投入运营。

3.喜韵商贸公司县城西出口取直改造工程,项目负责人闫加军。总投资、引资及到位15980万元。现已完成府西大街取直拓宽改造、土牛沟整治。建设商住楼16200平米大型餐饮城1座。2005年开工,2008年基本完工。

4.朔州鑫宇房地产公司艺水苑住宅小区,法人代表田国兴,占县城中心原自来水公司院。总投资、引资及到位6300万元,2005年开工,2006年交付使用。

5.幸福住宅小区建设项目,法人代表马德存,占县城中心知青楼西原城建家属住宅区。总投资、引资及到位6000万元。2005年开工,当年交付使用。

6.防疫站住宅小区建设项目,法人代表贾富权。总投资、引资及到位6000万元。2004年开工,2006年交付使用。

此外还有:地毯厂住宅小区、冷库住宅小区、瓜子厂住宅小区、影剧院住宅小区、外贸住宅小区、王家润店住宅小区、水利局后院住宅小区、嘉和住宅小区、部队营盘住宅小区、火车站北片和东片住宅小区、锦绣佳苑住宅楼等12个住宅区建设项目,总投资超过10亿元,引资8亿元,到位10亿元,均为2001年以来开工,到2008年全部竣工交付使用。还有大量不足500万的建设工程,此处不作详列。

旅游类

1.九龙湾女儿庙风景区,法人代表戈雷厚。投资、引资及到位1000万元。地址:后所乡辛立庄村南。2005年开工,2006年完成一期工程,开始迎接游客。

2.大延昭寺,法人代表释觉顺,项目负责人邵加喜。投资1500万元,引资1400万元,到位100万元。地址:张庄乡旧广武村南。设计建设中等规模的佛教建筑群。2005年开工,项目仍在筹资建设中。

外出招商引资

2004年1月,县内组织参加了在北京举行的大型农副产品加工项目招商洽谈会,山阴县派出了由中共山阴县委副书记赵文君、副县长王振声带队，发改局长康生霖，发改局项目科长孙世民，古城镇党委书记段国强，民营企业家李泰山、李生军、蒋月斌等人组成的大型团队，到会参加招商洽谈。2005年4月，县内组织参加了“西安东西部投资贸易洽谈会”，由县长左中伟、副县长韩文让带队，政府办副主任张凯，张庄乡党委书记赵学崇，文物管理所所长裴光勇，鑫邦燕麦食业公司董事长王太邦等人参加。

2006年，参加会展招商活动开始增多。1月，由副县长程育胜、副县长安秀清带队，招商局长兰思蓁，商务局长胡建华、书记任永吉，粮食局长姚华，中小企业局办公室主任杨威等人组团，参加了在上海举行的圣诞经济合作洽谈会，有4个项目签了合资意向，其中天鹏农牧有限责任公司与加拿大TOFU国际投资公司的高效有机肥加工项目，达成合作协议。3月，在迎泽宾馆举行了省煤炭进出口公司与山阴县人民政府签约仪式，双方签订了“十一五”期间，山煤集团向山阴县投资50亿元，开展煤炭产运销加的广泛合作。省市县60位党政领导人和部门负责人，以及相关企业代表参加。4月，山阴县组团参加了在西安举行的东西部投资合作洽谈会，副县长程育胜带队，招商局长兰思蓁，中小企业局长郭宏智，乳品办主任张凯，中小企业局办公室主任杨威，以及晋能山阴冶金公司等企业人员，在会上散发了山阴招商画册，有效地宣传了山阴，招商局还分头参加了会期的各种招商专场，与各地客商广泛接洽，签订合作意向3个。5月，全国青年企业家来大同和朔州考察，山阴县签订合作意向2个、协议1个。6月，在北京举办的跨国公司在华多元化投资合作洽谈会上，山阴县签订意向3个。6月，中小企业局局长郭宏智，办公室主任杨威，参加了在广州举行的全国首届中小企业博览会，签订合作意向5个。由副县长程育胜带队参加上海山西经济合作洽谈会（沪洽会），经贸局长魏志翰，金海洋集团总经理沈勇，春城乳业集团董事长温日厚等人参加，会上签订协议项目1个，合同项目1个，合同项目是金海洋集团与宁波亿达物流有限公司合资建设130万吨干法水泥生产线，总投资2875万美元，引资1580万美元，项目开始实施。6月，由县长左中伟带队，金海洋集团董事长高靖海，康喜乳业董事长崔建国，佳联农业发展公司董事长樊世雄等人参加，在朔州市对广东三市招商联谊考察中，本县达成合资意向3个，实际上也是为香港招商活动作了前期准备。7月，山阴县由县长左中伟带队，副县长程育胜，招商局长兰思蓁，北周庄煤站站长任官署，金银花毯业董事长武彩平，鑫邦燕麦食业董事长王太邦，组团参加了香港山西投资洽谈会（港洽会），会期内，本县达成意向1个，签订合同2个，合同项目之一是金海洋集团洁净煤公司与增城粤和燃料公司合资，建设1000万吨洗选生产线配套1000万吨铁路专线，项目总投资2875万美元，引资1290万美元，该项目已经开始实施；二是雁门生态科技有限责任公司与香港亚洲矿业公司合资，建设10万头肉牛养殖加工基地及10万亩盐碱地改良项目，总投资4000万美元，引资1600万美元。厦门国际贸易投资洽谈会，山阴县1个项目签订了意向。9月，由县长左中伟带队，副县长程育胜，招商局长兰思蓁，鑫源乳业董事长吴成忠等人组团，参加了在长沙举行的中国中部六省经济合作洽谈会（首届中博会），山阴县签订意向3个。10月，金海洋集团与山西国际电力公司在朔州签订协议，建设4×300万KW电厂，总投资60亿元人民币。

2007年，中共山阴县委、县人民政府继续保持着招商引资的强劲势头，开展了卓有成效的工作。

一、参加了“二届中博会”招商活动。由副县长程育胜带队，金海洋集团等企业参加。5个项目上了中博会的签约仪式：1.朔州永和农牧有限公司“万头肉牛养殖及深加工项目”，项目总投资2987.02万美元（2.3亿元人民币，当期美元兑人民币汇率为1∶7.7），投资乙方为英国思瑞沃克农业技术与设备投资有限公司，引资额为2597.4万美元（2亿元人民币）。项目负责人为：陈永和。2.山西金海洋能源集团“年产6万吨精细高岭土项目”，项目总投资为2000万美元（1.54亿元人民币），投资乙方为广东蓝粤集团。引资额为800万美元（6160万元人民币）。项目负责人：李树朝。3.山西金海洋能源集团“300万吨干法水泥生产线项目”，项目总投资7000万美元（5.39亿元人民币），投资乙方为香港昌兴矿业控股有限公司，引资额为4200万美元（3.234亿元人民币）。项目负责人：李树朝。4.山阴县玉龙土特产开发有限责任公司“年加工8000吨优质杂粮精加工（新食面）生产线”，项目总投资200万美元（1540万元人民币），投资乙方为上海晋富经贸发展有限公司，引资额为150万美元（1155万元人民币）。项目负责人：季玉龙。5.山西中泰房地产开发有限公司“山阴县秦晋宾馆（暂定名）建设项目”，项目总投资为980万美元（7546万元人民币），投资乙方为内蒙古自治区苏尼特右旗吉安房地产有限公司，引资额900万美元（6930万元），项目负责人：温永生。上述5个签约合同项目共计总投资：13167.02万美元（10.1386亿元人民币），总引资为8647.4万美元（6.6585亿元人民币）。

二、参加了朔州与佛山的经济合作洽谈活动，由副县长张峰带队，招商局长兰思蓁，山阴嘉美达陶瓷公司董事长闫昌利、山阴晋美空心砖厂厂长郝进仁、山阴强化牧业公司董事长宗显峰，共同赴佛山参会，到佛山参观了当地的大型陶瓷企业和陶瓷市场，参加了项目对接洽谈会，与佛山政府部门和陶瓷集团以及专业媒体进行了交流沟通与联谊，多家陶瓷生产厂家确定本县为原料的采供地。8月16日，山西省与广东省两省政府共同举办的“2007山西珠江三角洲（广州）投资合作洽谈会”在广州举行（珠洽会）。招商局整理出了《山阴县2007年度招商引资项目精编》，内含专供“珠洽会”招商用的22个招商项目的详细资料。本县由县长左中伟、副县长张峰带队，招商局长兰思蓁，经贸局长丰贵宝，以及5个签约项目的双方企业代表参加。洽谈会期间，对佛山、广州、中山市的有关企业进行了参观联谊，与国际狮友会的企业家们进行了合作交流，与珠江三角洲地区的企业家们进行了洽谈沟通。重点是有5个项目在会上签约，分别是：1.山阴县鲜通蔬菜有限公司，与深圳嘉获投资发展有限公司合资建设：年产1100吨真空速冻干燥蔬菜食品项目，总投资650万美元（5005万元人民币），引资520万美元（4004万元人民币），项目负责人：贺振有。2.山西利源综合批发市场有限公司，与浙江客商合作建设：利源综合批发市场，总投资1298.7万美元（1亿元人民币），全部为引资，项目负责人：王崇清。3.山西天鹏农牧有限公司，与加拿大TOFU国际公司中国投资部合资建设：年产5万吨高效生物有机肥项目，总投资208万美元（1601.6万元人民币），引资136万美元（1047.2万元人民币），项目负责人：蒋月武。4.山西晋科泰水上养殖有限公司，与美国普德尔国际投资集团公司合资建设：水上养殖项目（千亩渔塘），总投资2597.4万美元（2亿元人民币），引资2207.8万美元（1.7亿元人民币），项目负责人：张文科。5.山阴林鑫化工有限公司，与北京博大精益生物有限公司合资建设：年产30万吨活性石灰竖直机立窑生产线，总投资377.93万美元（2910万元人民币），引资194.81万美元（1500万元人民币），项目负责人：王永红。上述5个项目合计总投资：4742.43万美元（36516.72万元人民币），引资4357.31万美元（33551.29万元人民币）。

三、参加了“首届煤博会”。

接到省市政府和商务主管部门关于参加9月15—18日的中国山西太原首届煤炭及能源新产业博览会的通知后，县长左中伟、常务副县长杨时育、副县长张峰、国土局长赵学崇、招商局长兰思蓁、煤管局副局长张春山、宣传部副部长赵日文、招商局书记孙世民，以及企业界人士共20多人参加的招商团，赴省城太原参加了首届煤博会。会上，大家通过广泛联谊、商谈接洽，山阴县有7个项目成功签约：（1）朔州新科工程技术有限公司，与英国劳埃德投资公司合资建设：运用甜高粱秸秆和马铃薯加工年产20万吨燃料乙醇项目。总投资：7792.2万美元（6亿人民币），引资：3818.18万美元（2.94亿元人民币），项目负责人：董建华。（2）山西朔贸同煤运有限公司，与秦皇岛佳昌明电力有限公司合资建设：北同蒲铁路东榆林煤炭集运站。总投资：1558.4万美元（12000万元人民币），引 资：779.22万美元（6000万元人民币），项目负责人：贺新兵。（3）山阴县矿业机械制造有限责任公司，与张家口第三煤矿机械制造有限公司合资建设：年产10000台（套）矿业机械生产线。总投资：207.8万美元（1600万元人民币），

引 资：72.73 万美元（560 万元人民币），项目负责人：曹新。（4）山阴县金鼎博洗煤有限公司，与湖南省超牌化工有限公司合资建设：年产 30000 吨超细煅烧高岭土生产线。总投资：1558.45 万美元（1.2 亿元人民币） 引资：649.35 万美元（5000 万元人民币），项目负责人：武芳。（5）山阴县三关建材有限公司与美国威尔逊国际投资公司合资建设：日产 2500 吨燃料，年产 120 万吨水泥生产线项目。总投资：3246.75 万美元（2.5 亿元人民币），引资：2597.4 万美元（2 亿元人民币），项目负责人：吕儒。（6）山阴县马营乡人民政府，与福建东亚发展有限公司山阴县新福兴公司共同建设，马营乡南河村避让搬迁、新农村建设及 500 万吨洗煤生产线项目。总投资：2987 万美元（2.3 亿元人民币），引 资：2987 万美元（2.3 亿元人民币），项目负责人：王碧邦、陈乃俊。（7）山阴县晋源化工有限公司，与内蒙古金虎实业有限公司合资建设，年产 45 万吨活性石灰生产线项目。总投资：415.58 万美元（3200 万元人民币） 引 资：259.74 万美元（2000 万元人民币），项目负责人：吴海斌。上述七个项目，合计总投资 17766.18 万美元（13.68 亿元人民币），引资 11163.62 万美元（8.596 亿元人民币）。

2008 年，山阴县的招商引资工作继续保持良好的工作势头。

一、2008 年 4 月 24—29 日，中国中部第三届投资贸易博览会在武汉市举行。山阴县由副县长张峰带队，招商局长兰思蓁，县政府办科长张龙，马营庄乡党委书记郭兆文，招商局书记孙世民，招商局副局长李凤莲，等单位和十几家企业及投资商参加了三届中博会。签约项目共 6 个：（1）山西金海洋能源集团，与广东省东莞市明盛能源有限公司合资，共同建设年产 3 亿标块煤矸石烧结砖生产线。总投资 14846 万元人民币，引资 5938 万元人民币。项目负责人：冯建平。（2）山阴县国飞物资贸易有限公司，与北京市融和盛达国际商务服务有限公司，共同建设年产 45 万吨活性石灰生产线，总投资 6880 万元人民币，引资 6192 万元人民币。项目负责人：武彩平。（3）山阴县鑫华煤气化有限责任公司，与浙江宁波市奇兴电子有限公司，共同建设山阴县旧城集中供热供气项目，总投资 7000 万元人民币，引资 4900 万元人民币。项目负责人：祝占君。（4）山阴县昌隆汽配有限责任公司，与四川省成都市投资商彭天祥，共同建设山阴县汽修工业园区（汽车城）项目，一期总投资 7500 万元人民币，引资 3000 万元人民币。项目负责人：毛元生。（5）山阴县马营庄乡人民政府，与北京泽宇科技有限公司，共同建设山阴县馒头山生态旅游开发项目，一期总投资 19460 万元人民币，引资 19460 万元人民币。项目负责人：郭兆文。（6）山西朔州新科工程技术有限公司，与上海市诚明弘晖资产管理有限公司，共同建设 30 万吨盐碱地专用肥生产线改扩建项目，总投资 7500 万元人民币，引资 3000 万元人民币。项目负责人：董建华。上述 6 个项目，合计总投资 63186 万元人民币，总引资 42490 万元人民币。5 月，山阴县经贸局长丰贵宝，副局长赵国栓，组织晋源洗煤公司董事长吴海斌、金鼎博洗煤公司董事长武芳等企业家参加了在乌鲁木齐市举行的经济合作交流洽谈会（乌洽会）。

二、2008 年 9 月 15—19 日，县长侯元、常务副县长杨时育、副县长张峰带队，招商局长兰思蓁、国土局长赵学崇、煤管局长王与茂、经贸局丰贵宝、煤管局副局长张春山、招商局书记孙世民、招商局纪检组长丰哲，以及有关大型企业负责人，共计 30 多人组成强大团队，参加了在太原举行的第二届中国（太原）国际煤炭和能源新产业博览会，县委书记陈晋才亲自到会与客商交谈。煤博会期间，通过洽谈商议，成功地签订了 10 个项目：1. 山西金海洋能源集团，与华能能源交通产业控股有限公司合资，共同建设贺庄煤炭物流枢纽中心。总投资 22.3 亿元人民币，引资 11.15 亿元人民币。项目负责人：沈勇。2. 山阴县国飞物资贸易有限公司，与北京市融和盛达国际商务服务有限公司，共同建设年产 5 万吨轻质碳酸钙、重钙，以及沙漠改良剂、农田重茬剂生产线。总投资 6000 万元人民币，引资 4200 万元人民币。项目负责人：武彩平。3. 山西金海洋能源集团，与浙江省长兴天时利耐火材料有限公司，共同建设年产 47 万吨耐火材料和保温材料生产线。总投资 8600 万元人民币，引资 5160 万元人民币。项目负责人：沈勇。

4. 山西中泰房地产开发有限公司，与北京天源宏业水产贸易有限公司，共同建设7万平方米23层大型综合商城项目。总投资11000万元人民币，引资9000万元人民币。项目负责人：温永生。5. 山西玉竹化工有限公司，与河南省众恒控制有限公司，共同建设年产12万吨活性石灰生产线。总投资5300万元人民币，引资4240万元人民币。项目负责人：闫志刚。6. 山西建强活性石灰制造有限公司，与浙江省海宁浩翔环保设备厂，共同建设年产42万吨活性石灰生产线。总投资6600万元人民币，引资3960万元人民币。项目负责人：张志强。7. 山阴县民建预制构件厂，与内蒙古自治区呼和浩特市华瑞建筑有限公司，共同建设2.8万平方米大型建材城。总投资5000万元人民币，引资3500万元人民币。项目负责人：潘建斌。8. 山西观音堂煤炭运销有限公司，与广东省电力总公司，共同建设1000米过山输煤隧道专线。总投资6600万元人民币，引资2970万元人民币。项目负责人：田占武。9. 山西天鹏农牧有限公司，与河北省郝氏塑泡有限公司，共同建设年加工1万吨西餐熟肉制品、3万吨中餐熟肉制品、年出栏6万头育肥猪项目。总投资6700万元人民币，引资4020万元人民币。项目负责人：蒋月武。10. 山西金海洋能源集团，与IMM国际煤机集团郑州四维机电设备制造有限公司，共同建设年加工总重量7.8万吨煤机修造生产线项目。总投资6700万元人民币，引资2680万元人民币。项目负责人：沈勇，联系人：徐晓峰。这10个成功签约的项目，将在本县落地建设，合计总投资28.55亿元人民币，总引资15.123亿元人民币，项目若能全部实施并达产达效后，合计年可新增销售收入约95.95亿元，税金约4. 8亿元人民币。这10个招商引资项目，是在山阴县上报的17个项目中，经省发改委、省建设厅、省国土资源管理厅、省环保局、省商务厅、省经贸委6家主管部门严格会审，筛选通过的。这10个项目的落地建设，不仅有利于山阴县经济结构的进一步调整优化，而且对于扩大就业渠道，带动相关产业繁荣，促进县内经济的科学发展与社会的和谐进步，有着较大的推动作用。

三、2008年年底，山阴县还专门组织了赴江苏省靖江市考察的党政代表团，前往靖江举行靖江市与山阴县结为友好市县的签约仪式，并对靖江经济开发园区进行考察。党政代表团由中共山阴县委书记陈晋才，县委副书记、县长侯元带队，县委副书记赵文君，常务副县长杨时育，县委办主任李尚智，政府办主任王良，发改局长卢满，农业局长杨时功，经贸局长丰贵宝，招商局长兰思蓁，旅游局长张恒福等，共16人组成。靖江市是全国经济百强县之一，全市660万平方千米，66.5万人口，2007年人均GDP达到3万多元，为苏中首富。山阴与靖江结为友好市县，有利于南北携手、取长补短，有利于山阴在招商引资推动下实现新一轮经济腾飞。通过两地在资金、技术、资源等多方面的合作交流，共同推进经济繁荣和社会进步。2012年全县把招商引资作为全县转型跨越的一号工程，大力引进高新项目入驻园区，大力提升园区的示范带动能力和效应。2012年先后参加了省、市组织的大型招商活动五次，组织参加了首届边塞文化周暨招商引资项目推介会和深圳项目推介会等七次对外招商活动，共签约49个项目，引资921.1亿元。已落地项目24个，累计到位资金95.6亿元，完成年度目标任务2.13亿元的116%。2016年，全县招商引进项目26个，签约投资金额538亿元，超额完成2016年全市招商引资项目签约年度目标任务298亿元。完成年度新上3个5亿元以上的产业转型项目已落地建成，分别为中电投50MW（二期）光伏发电项目、昱光二期2×35万千瓦煤矸石电厂项目和10000吨硅酸钙新材料中项目。

山阴县历史纪年

山阴县历史悠久，行政建置与政区名称随政权的更替而不断变化。大约二三百万年以前，人类在地球上还处于孕育时期，大同盆地中南部，大同湖畔两岸，是一片碧波荡漾的内陆湖。湖边的山区是茂密的森林，森林的间隙是绿茵茵的草地。大约到了约十万年前，大同盆地周围的湖水水位猛烈上涨，湖水的沉积物逐渐覆盖了那些生活在这里的生灵，当然，也包括有活动轨迹的人类。今阳高县许家窑附近的“许家窑人”，当为这一时期的代表。到了大约数万年前，大同湖底的下沉已减弱，湖水泄尽，盆地出现了，桑干河从中蜿蜒流过。所形成的阶地和发育良好的第四纪地层，孕育了远古的人类文明。这些人类文明包括朔城区峙峪村北“黑驼山下猎马人”。这被考古学家称为“北京人文化—峙峪人文化”。峙峪文化成了华北地区典型的细石器文化的先导。新石器（包括部分旧石器）时代的遗址，在其附近区域有了大量发现。比较突出的有怀仁鹅毛口文化遗址和边耀新石器文化遗址。经考证，山阴县在旧石器时代已有人类劳动、生息、繁衍在这块土地上。这些聚落的遗址，多数为汉代及汉代以前的遗址。遗址地面采集的标本可辨器形有罐、豆、钵、壶、盆、缸、瓮、砖瓦等残件。其中最具代表性的白殿沟遗址（旧、新石器）于 2011 年被朔州市公布为“市级文物保护单位”。这些遗址多属于仰韶文化遗址。 至 2016 年，山阴县县域内已发现的古代聚落遗址共有 40 多处。

夏朝（约前 2146——前 1675）

明崇祯《山阴县志》载：“山阴县，《禹贡》冀州北域。”夏朝今山阴境内活动的民族主要是“薰鬻”。

商朝（约前 1675—前 1029）

商朝是继夏朝之后的第二个奴隶制国家，是所谓“邦畿千里”的大国。从公元前 17 世纪到公元前 11 世纪，在今山阴境内活动的民族主要为土方。

西周（约前 1029—前 771）

西周初大规模分封诸侯。山西境内的诸侯国主要是晋国，领有汾河中下游地区，后改国号晋。戎狄部落，游牧于山西北部。山阴县就处于这些游牧部落当中，时称“戎狄”。

东周：春秋（前 770—前 476）

各诸侯国相互争霸，晋国逐渐走向衰弱。晋悼公时，实行“魏绛盟诸戎”的策略——北上和戎。在兼并和融合的过程中，促进了中原农耕文化与北方戎狄游牧文化的发展。春秋时期，山阴县地就处于这一交融地带，时称“北狄”。

东周：战国（前 475—前 221）

战国时，赵、韩、魏三家分晋。此时的山阴县地南部为代国，北部为楼烦（国）。赵襄子平代地后南部为赵国，北部为楼烦（国）地。赵武灵王破楼烦（国）后设置雁门郡，属赵国雁门郡。

秦（前 221—前 207）

秦始皇嬴政 26 年（前 221），秦统一中国后，取消分封制，推行郡县制。秦始皇帝二十三年（前 224）置代郡，辖境约为今大同市和朔州市东部和河北省怀安、蔚县一带以及内蒙古沿长城一线部分地区。山阴属雁门郡、代郡。

西汉（前 206—8）

西汉初实行“郡国并行制”，在沿袭秦的郡县制的同时，又在部分地区恢复“封土建国”。今山西境内置河东、上党、太原、雁门郡及代郡一隅。高帝末年，于今山西中北部置同姓王国—代国。汉武帝元封五年（前 106）划分全国为 13 州（刺史部）。其中雁门郡属并州刺史部所辖，山阴县地属于阴馆、马邑、汪陶三县。

新朝（9—23）王莽

王莽新朝以来，区域建置基本沿袭汉制，将一些地名作了更易，并州刺史部的雁门郡改曰“填狄郡”，代郡改曰“厌狄郡”。汪陶仍旧名，阴馆改曰富臧《志》作“富代”。

东汉（25—220）

东汉中叶以后，中原军阀混战，在今山西境内的定襄郡（治善元，今右玉南）、代郡（治高柳，今山西阳高）、雁门郡（治阴馆，今山西朔州东南）的部分为羌人所领，逐渐成为多民族杂居的地区。基本恢复新朝前的地名。这时的山阴县地仍属于阴馆、马邑、汪陶三县。

三国·曹魏（220—265）

三国时期的黄初元年（220）曹丕称帝后，今山西全境均属魏，西南部为司州辖区，中部和北部为并州辖区。这时的山阴县地仍属于阴馆、马邑、汪陶三县。

西晋（265—316）

司马炎建西晋，恢复了分封制。其时，山阴县属汪陶（应县西南）、马邑（朔州）。西晋末年，疆域分裂，永嘉四年（310），晋怀帝封拓跋猗卢为“大单于”和“代公”（代郡地）。猗卢以“封邑去国悬远，民不相接”为由，迫使雁门郡所辖陉岭（句注山或雁门山）以北的楼烦、马邑、阴馆、繁畤、崞等五县居民徙到雁门关以南，雁门关以北之地划归拓跋部。西晋灭亡后，朔州地又被鲜卑慕容氏所建的后燕占据。

北魏（386—534）

公元 386 年拓跋珪复国，改国号魏，史称北魏、后魏、拓跋魏、元魏。由和林格尔迁都平城（大同），正式建立了以大同为都城的强大封建王朝。北魏定都后，于平城设司州，属司隶校尉，统辖京城周围郡县。其时，善无郡，治善无（右玉城），领善无、沃阳（右玉城北）；平齐郡，治平齐（阴馆故城之西），领怀宁（朔城区东北）、归安（朔城区东）；繁畤郡，治繁畤（应县张寨村北，东魏天平二年侨置郡、县于秀容郡界），领繁畤、崞山（浑源西）；神武郡，领尖山、殊颓二县，治尖山（今朔城区神武村）；桑干郡，治桑干。公元 439 年前后，北魏统一黄河流域，于太和十八年（494 年）迁都洛阳，改平城为恒州，原司州所辖郡县，归恒州所辖，今山阴地归恒州所辖。恒州的平齐郡（治平齐），仍领怀宁、归安；桑干郡仍领桑干县。

北齐（550—577）

东魏孝静帝武定八年（550），北齐取代东魏，北齐在今山西置恒、朔等 12 州 24 郡。山阴县地仍属恒州、朔州。改神武郡为太平郡。

北周（577—581）

建德六年（577）北周武帝灭齐，州郡归北周。其中，北朔州，治马邑城，辖广安郡（治招远），领招远（朔州市）、神武（神池东北）、岢岚（岚县北岚城镇北）、蔚汾（兴县西北）4 县；长宁郡（治长宁），领长宁（朔州境）、云中（大同市西）2 县。改太平郡为太平县。

隋朝（581—618）

隋开皇元年（581）杨坚建立隋朝，统一全国，取消郡一级建制，并在州设总管府，以州刺史兼总管，统管邻近数州。其中代州（雁门）、朔州（善阳）都设总管府。隋大业三年（607），实行郡县制。其中，雁门郡，治雁门，领雁门（代县）、灵丘（灵丘）、繁峙（繁峙东北）、崞县（原平崞阳镇）、五台（五台）；马邑郡，治善阳，领鄯阳（朔县城西北）、开阳（神池）、神武（山阴东）、云内（大同西）；定襄郡，治定襄，领大利（怀仁大利故城）。至于应州，《隋书·地理志》与历代地理志、地方志，均不载隋时置有应州。这时的山阴县地属雁门郡的雁门县（代县北）一部分；马邑郡的鄯阳县（朔县城西北）一部分、神武县（山阴东）一部分。

唐朝（618—907）

唐高祖武德元年（618），李渊父子灭隋建立唐朝。唐初的地方行政区划基本上为州（府）、县两级制。贞观元年（627），全国道（监察区），无一定治所，开元二十一年（733）分为十五道，为道、州（府）、县三级行政区制其中，朔州（马邑郡），治鄯阳，领鄯阳（朔县）、马邑（朔县东马邑）。山阴县地属马邑（朔县东、马邑）。

五代十国（907—979）

五代十国时期，山西中北部初为晋唐所据。同光元年（923）后，全境为后唐所领，太原成为北都。山阴地属应州，史称河阴县。天福元年（936），后晋灭后唐，石敬瑭叛唐，向契丹献燕云十六州之地，河阴县更名阴馆。山西北部少数地区归契丹，其余皆归后晋。后晋河东节度使刘知远在太原称帝后，代后晋为后汉，山西境内除增置解州（治运城解州）外，余同后晋。后周太祖广顺元年（951），郭威代汉称周，山西中、北部（内长城以南）为后周同时所建立的北汉所据，山西南部地区则为后周所据。这时的山阴县地大部分为契丹所领。

北宋（960—1127）

北宋地方行政区划为路、府（州、军）、县三级制。山西为河东路，共有3府、14州、8军、82县。其中，宋河东路辖代州，治雁门（代县），领雁门（代县）、繁峙（繁峙）、崞县（原平崞阳镇）、五台（五台）。

辽国（907—1125）

辽与宋时代相参差，辽宋长期对峙。辽代的地方行政区划为道、府（州）、县三级制。山西北部属西京道大同府所领，共3州15县。其中，大同府，治大同，领大同（大同）、怀仁（怀仁）、天成（天镇）、长青（阳高东南）、云中（大同）、奉义（大同市东北）。蔚州，治蔚州（河北蔚县），领灵丘（灵丘）、广陵（广灵）。应州，治金城（应县），领金城（应县）、浑源（浑源）、河阴（山阴城）。朔州，治鄯阳（朔州），领鄯阳（朔州）、宁远（五寨北）、马邑（朔州马邑）、武州—神武（神池东北）。

金（1115—1234）

继辽和北宋而起的金，行政区划承袭辽、宋旧制，大致分为路、州（府）、县三级。金代山西全境分属西京路（山西北部）、河东北路（山西中北部）、河东南路（山西南部）所领。其中，金西京路辖大同府，治大同（大同市），领大同（大同）、天城（天镇）、云中（大同）、奉义（大同市东北）、怀仁（怀仁）、白登（阳高东南）；朔州，治鄯阳（朔州），领鄯阳（朔州）、马邑（朔州马邑）；应州，治金城（应县），领金城（应县）、河阴（山阴城）、浑源（浑源）；蔚州，治灵仙（河北蔚县），领广陵（广灵）、灵丘（灵丘）。金河东北路辖代州，治雁门（代县），领雁门（代县）、五台（五台）、广武（山阴广武）、崞（原平崞阳）、繁峙（繁峙）。金大定七年始称山阴，此后虽一度改为忠州，后并入金城县，但为时较短，后又复置山阴县，至今未变。

元（1206—1368）

13世纪初，成吉思汗统一了蒙古诸部落，又灭了西夏、金、南宋，统一了全国，建立元朝。其行政区划为行省、路、府（州）、县4级制。其中，冀宁路辖代州、代县。大同路辖大同（大同）、白登（白登）、怀仁（怀仁）；浑源州（浑源）；应州（应县），领金城（应县）、山阴（山阴城）；朔州（朔州），领鄯阳（朔州）、马邑（朔县北，马邑）。

明（1368—1644）

明代的行政区划行布政使司、府（州）、县三级制。明山西布政使司的太原府，治阳曲，辖代州（代县），领五台（五台）、繁峙（繁峙）、崞县（原平崞阳镇）。大同府：治大同，领大同（大同）、怀仁（怀仁）；浑源州（浑源）；应州（应县），领山阴（山阴城）；朔州（朔州），领马邑（朔县东）；蔚州（河北蔚县），领广灵（广灵）、灵丘（灵丘）。山阴为县制，属应州辖。县城故址，在桑乾河南，即今山阴城。

清（1616—1911）

清朝的地方行政体制承明旧制。省下辖府和直隶州，府、州下辖县和散州。省和府之间设道，一般属监察区；在新开垦地区设厅。山西在明代为5府，3直隶州，清雍正二年（1724）增平定、忻、代、保德、解、绛、吉、隰 8 直隶州。次年又增宁武、朔平 2 府。六年蒲州及泽州升府。乾隆三十七年(1772),吉州改为散州,属平阳府,霍州升为直隶州。总计领 9 府,10 直隶州、6 散州,86 县,12 直隶厅。

大同府,治大同,领大同(大同市)、怀仁(怀仁)、山阴(山阴城)、广灵(广灵)、灵丘(灵丘)、天镇(天镇)、阳高(阳高)、浑源州(浑源)、应州(应县);朔平府,治右玉,领右玉(右玉东北右玉镇)、左云(左云)、平鲁(平鲁东北平鲁镇)、朔州(朔州)。

山阴县故驿古城

关于山阴县故驿古城的建置年代和城建功能,一直是史学界和民众争论不休的一个话题。1951 年 2 月 28 日由中央人民政府文化部文物局出版的《雁北文物勘查团报告》(以下简称《报告》)。该《报告》中傅振伦先生撰写的《山阴县城南古城勘察记》(以下简称《勘察记》)一文,对了解古城的历史,将起到至关重要的作用。从"勘察缘起""勘察经过""采集物品""勘察结果"等几方面提出了比较清晰的线索,对古城建置年代的认定给出了"参考意见"。认为古城的年代上限为周朝末期,下限为北朝。但具体是那座城池不得而知。而陈梦家先生在《雁北考古旅行的收获》一文中也指出:"我们到了故驿以后,马上就发现所谓'被水堙没的古城'。根据方志所载,地上的土墙当是金代的忠州城故址。然而在此废址内,就所捡拾的陶片、瓦片和'半两''五铢'等铜钱来看,可以断定为汉代的遗址。在汉代,这里当有许多规模不小的建筑,一定是守边驻军之所在。由此去广武看到二百座以上封土很高的'乱冢'。有两个被水冲开的墓,由乡人所保存的出土陶器,可断定为汉代(可能为西汉)的墓葬。这样的墓在阳高的古城堡也有。后者曾被日本人盗掘,其出土器物也是属于西汉的。据王振铎先生说,广武汉墓可能是武将的墓,所以封土高,必是士卒群力所堆成的,这是很可能的。"

故驿古城的建置年代有了一个比较可信的答案:那就是"汉代的"遗址。这个遗址又是个什么建筑?探究这一问题唯一的办法就是发掘。鉴于目前有关故驿古城的种种臆测,也只有敦请有关部门进行考古发掘才能涣然冰释,否则,这个沉睡近两米以下的古城,将永远成为一个谜。

山阴进士崔增瑞八股贴

光绪八年(1882 年),这年举行的科举考试叫壬午科,考中者获赠朱卷雕版。崔增瑞 1882 年中乡试第 36 名举人,1883 年癸未科会试第 165 名进士。

崔增瑞壬午科乡试朱卷雕版（一）

曰禮後乎子曰起予者商也始可與言詩已矣

崔增瑞

賢者善悟聖言而詩學有傳人矣夫禮後一言悟禮而實深於詩者也嘉以起予而復許以言詩詩學不幸有傳人乎昔夫子訂禮刪詩莫非至教所昭宣要非旁參夫聖教者必不能默慰夫聖心心不可有所泥故篇什之涵吟可通夫秩序心不能無所契故神明之浹洽彌樂夫薰陶領會深斯穎悟愈捷而大聖入嘉許之殷懷覺既我以無窮者抑亦解人之可索也繪事後素子第以繪事言詩夫嘗於後素之外別舉一後之之說也且夫天下事非繪而

鄉試硃卷　壬午科

有類於繪者亦孰不在所後哉溯聲希味淡之初天下本渾然耳一自氣運之發皇與人心之暢遂藩之久而思有以自伸此品節儀文之所以日起也而夫子未嘗明言也追踵事增華而後宇宙固煥然耳要其中懷之淡定與內念之沖和返諸初而必求其可據此緣情飾性之所以漸加也而子夏固已默會也曰禮後乎斯言也謂非不言詩而深於詩者乎乃商也方纏夫創制顯庸之本而溯厥由來而子也宛觸其揚風扢雅之懷而倍殷啟迪蓋學問之端期其善悟故引伸在觸類滿志彌覺躊躇而裁成之用妙於[illegible]迎刃啟發有吾徒撫衷爲勝慰藉子曰孰使我神游夫禮制之

精孰使我目想夫禮文之盛蓋起予者商也冥之言詩不亦可乎大抵拘墟者泥言守者固而商也獨能於三千三百之中而進探其本則一時感　己不啻舉平日之新機未聞者悉於此渙其機不誠屬人之起予固後悟後不離觸反以三可言則言豈必端叩以兩推斯意也周召懷牆面之規恢求學終身之誦吾夫子居恆所訓戒者其猶啟此聰明已矣大抵矜高者決說吾者說而商也惟思於責少責多之旨而深會其原則一念旁通固不難舉吾儒之故見未嘗者悉於此獲其見是真大雅之林也執詩言詩教者不獨啟其蒙舍詩言詩學者直欲善覺解推斯意也請爰付而知

鄉試硃卷　壬午科

處境簡白圭而篤謹言吾夫子夙昔所期許者其殆同此實徵已矣曾子夏至是而益深於詩者也厥後聖門詩學之傳惟卜氏特著知其得力爲有自與

本房加批

手腕純熟筆意諧和青到功深候也

崔增瑞壬午科乡试朱卷雕版（二）

曾子子思易地則皆然　崔增瑞

易地以觀兩賢道所以歸於同也夫曾子子思其或然或不然易地爲之也易地皆然道豈有不同者乎且聖賢所可自信者道而已矣而必執成迹以論聖賢其不足以知聖賢也蓋聖賢之境不一而聖賢之心無不一聖賢之心無不一斯聖賢之境亦不一而自一試爲轉移於其際覺分而觀之彼與此不無異撤合而驗之去與守如出同揆也吾言曾子子思同道以二子固皆抱道自重者也而乃一師一臣之迥別者此曾子所然而子思不必然子思所然而曾子不宜然孰是以論二子不幾無以見二子哉虞琴書

鄉試硃卷　壬午科　五

杖履之間劍佩從容何必輕生以赴敵故以曾子律子思而子思無其逸猶之以子思律曾子而曾子無其勞也其勞與逸之難歸一致者則何也膺社稷民人之寄衣冠拜跪何敢遠害以全身故以子思衡曾子而曾子見其安猶之以曾子衡子思而子思見其危也其危與安之判厥兩途者則何也此無他地爲之也曾子之地既異於子思則子思之地斷難等於曾子也而猥曰皆然乎雖然執一成以論古人拘墟鮮化通之妙參兩境以觀往哲固應見僻往之宜曾子子思易地則皆然訓明哲保身避患於戎馬倉皇之日似曾子之易較勝於子思之難不知曾子子思固各行其是

者也曾子不易子思之地則得輿則駕不妨居乎劍之上子思不易曾子之地則棐躬自矢何難協乎蹇之初是道在而曾子自全其爲曾子亦道在而子思自全其爲子思也而曾子非好爲其易矣而子思非故出於難矣謂艱貞業難置躬於烽煙擾攘之間似子思之憂反不如曾子之樂不知曾子子思固互見其宜者也曾子既易子思之地則詩書之蘊蓄發之即爲官箴子思既易曾子之地則慷慨之襟期約之依然儒素是道在而曾子可以爲子思亦道在而子思可以爲曾子也而曾子能憂子思之憂矣而子思能樂曾子之樂矣故曰曾子子思同道也

鄉試硃卷　壬午科

本房加批

議論[illegible]

山阴县古八景

第一景：佛宿云眠。城南三十五里，高入汉表，云生其上，则雨。郭登云。

佛宿，即佛宿山，又名覆宿山。明《山阴县志》卷之二·山川篇载："佛宿山，县南三十五里。金王拱碑云：'文殊大师留宿处'。此佛宿山巍峨高耸，峰峦直插天际，白云环绕其上，甘霖普降。

第二景：寒潭石瓮。城南三十里，潭形如瓮，潞水成泓，深不可测。

寒潭，是谓寒凉的水潭，位于山阴县南三十里，潭成瓮状。每当夜晚或清晨，接近地面的水气遇冷凝结成的露珠，形成一泓清泉，深不可测。

第三景：香山叠翠。三峰秀起，松石苍翠。

香山，即夏屋山的支脉，在今沙家寺村南。三峰齐列，松石苍翠。

第四景：悲岩晚照。城南三十里，巉岩临下，夕阳最佳。

悲岩，指化悲岩，亦称桦皮岩。位于山阴县辛立庄村南三千米处翠微山东麓西侧山腰。每当夕阳西下，霞光映照在桦皮般的岩石上，色彩斑斓，光影四射，美不胜收。

第五景：龙湾异卉。辛寨村庙前，旧有芍药，岁久特盛。

龙湾，指龙湾山，上有龙王庙，亦称龙王祠。位于山阴县南辛寨村南。清顺治《云中郡志》载："龙王神芍：在山阴县辛寨南山麓龙王祠中。祠前芍药一丛，每岁开花一十五朵，色各不同。昔有一僧折其一，将以供佛，其花随萎。复至其处，则原茎复开一花如旧。人惊其神异，不敢攀折，虽无药栏，牛马过之，皆避不敢践。"乾隆《大同府志》载："山阴县辛寨村南龙王庙，有芍药一丛，每岁开花十五茎，色各不同，僧折其一将供佛，花随手萎。俄而故处复开一花，人咸异之，传为龙王神芍云。"

第六景：晓城楼橹。故驿废城，日初出时，曙光掩映，望如楼橹。

第七景：墉石征风。城西南十五里，相传有石如屏，人取砌坑，夜作风，声如吼，惧而送出。乡民建祠，以祀风神。

墉石，指的是位于忠州故城西北隅的风石。后人将此石移入城南，建风神祠以祭祀，今称大庙。

第八景：桑乾竞渡。县北十里。

桑乾，指的是桑乾河。桑乾河流经山阴县北十里，浪涛翻卷，水势渐增，河床渐宽，出现十里竞渡的奇观。

古八景诗词

游覆宿山

郭登庸

雨霁登登石径分，满身岚气郁氤氲。
苍岩古树高天近，平野孤城落日曛。
燕冀豪华伤寂寞，乾坤时事慨纷纭。
仙人每话山中乐，留我东风卧白云。

春尽登香山

王家屏

香山两度见春归，着屐登临兴不违。
石径穿云苔正滑，林峦著雨蕨初肥。
翻思岁月惊时变，俯瞰尘寰慨俗非。
直欲临风扳绝巘，轻身高驾彩虹飞。

和魏见泉化悲岩作

王家屏

泉石夙婴弘景癖，尘纷未谢尚平缘。
却拼家去玄都近，可卜身求大道专。
紫塞年来销戍火，丹崖高处隔人烟。
藏修剩有云霞窟，耻乞于公买宅钱。

渡桑乾河（一作　旅次朔方）

贾　岛

客舍并州已十霜，归心日夜忆咸阳。
无端更渡桑乾水，却望并州是故乡。

过桑乾河

张　逵

几年不渡桑乾水，今日重来二月中。
万里洪涛如旧涌，一川积冻未全融。
浮槎漫疑张骞兴，悲路何怜阮籍穷。
我已无心问津吏，闲来风浪看苍穹。

对于古八景，山阴籍诗人王爱芬作《山阴古八景漫题》以赞美之：

七律・佛宿云眠

瑶台泼墨意难平，深浅迂回漫不惊。
苍柏葱茏经雨翠，山花摇曳向阳明。
音传空谷层层叠，气蔚霞池树树生。

欲拟先贤寻佛迹，白云作榻一身轻。

七律·寒潭石瓮

岩抱崖环一镜开，流霞岁月漫浮杯。
朝将山气凝成露，暮挹青痕酿作醅。
沉碧瓮中当可掬，卧龙潭底费疑猜。
世人惯觅桃源地，问罢桑榆试问槐。

七律·香山叠翠

春发新枝欲举旗，三峰刺破白云池。
长生愿并松山老，沉郁任凭烟帐垂。
虚影浮光明灭处，秋风燃火紫橙时。
幽芬缕缕入青案，月下甘泉煮碧丝。

七律·悲岩晚照

层岩骨露入苍茫，石上孤松影自长。
一径通天云得路，半弯沁碧洞生凉。
居高可阅人间苦，持静或平心底伤。
钟有余音难染色，余音罩我立斜阳。

七律·龙湾异卉

女儿有泪不轻弹，汇滴成泉民养安。
一母云腾随浩宇，九贤鳞解化山峦。
深根沁碧翠微露，明月含珠清玉盘。
芍药花开风亦拽，枝枝叶叶是灵丸。

七律·晓城楼橹

凤凰杳渺不堪寻，晚照烧红融作金。
气势凌云冲北斗，驼峰蔽日过山阴。
霞生五彩繁华景，水漫孤城寂寞心。
代谢荣枯君莫叹，今苗翻碧浪森森。

七律·墉石征风

青石如屏声不穷，欲寻西向忽来东。
鸣琴绵缈寒烟杪，横笛幽深白草丛。
信有虔诚神佑福，谷逢喜雨岁登丰。
风刀刚烈频摧折，一座祠堂气自雄。

七律·桑乾竞渡

跌宕细流出管涔，烟波浩渺下山阴。
高帆云影连天去，夕照孤怀把酒斟。
草白时风常染雪，月明处泪易沾襟。
繁华古渡经年事，迟迈哀哀是客心。

2017 年政府工作报告

——2017 年 3 月 15 日在山阴县第十六届人民代表大会
第二次会议上

县长　南志中

各位代表：

现在，我代表县人民政府向大会报告工作，请予审议，并请县政协委员和其他列席人员提出意见。

一、2016 年工作回顾

2016 年，是十分艰难的一年，也是我们励精图治、奋力拼搏的一年。这一年，由于经济发展上的困难，导致财政的极度紧张，直接影响到了社会各项事业的投入不足，全县经济社会发展面临着前所未有的困难。一年来，县政府坚决贯彻落实党的十八大、十八届三中、四中、五中、六中全会精神和习近平总书记治国理政新理念、新思想、新战略，按照省委“一个指引，两手硬”重大思路和要求，以及市委“两大任务”工作主题，遵循县委“2361”工作思路，团结带领全县人民，在压力下砥砺前行，在困难中奋力开拓，在挑战中寻求机遇，化危为机，逆势而上，主动担当，积极应对，竭尽全力扭转经济下滑局面，千方百计推动社会全面进步，开创了经济止跌趋稳、稳中向好、下半年好于上半年，社会和谐稳定、各项事业都有进步的良好局面。

全年地区生产总值完成 143 亿元，同比增长 4.7%，比上半年提高了 6 个百分点；规模以上工业增加值完成 31.8 亿元，同比增长 4.2%，比上半年提高了 8.8 个百分点；一般公共预算收入完成 5.7 亿元，同比下降 11.3%，比上半年收窄 27 个百分点；社会消费品零售总额完成 37.4 亿元，同比增长 7.5%；城镇常住居民人均可支配收入 30470 元，同比增长 5.2%；农村常住居民人均可支配收入 14199 元，同比增长 6%。这里特别要向各位代表报告，去年我们县被省政府评为“县域经济发展争先进位县”，全省 119 个县区仅有 3 个县区获该项殊荣，我们是其中之一，也是朔州市唯一的一个县。

——逆势而为保增长，顶住了经济下行压力。面对近年来煤炭断崖式下滑，玉米价格下跌、乳品产业受挫，非煤产业停滞不前的经济困境，县政府抢抓下半年煤炭等工业品市场和价格有所回暖这一稍纵即逝的利好机遇，科学研判形势，果断采取了逐月经济调度，最大限度地释放煤炭生产先进产能，引导企业同舟共济，帮助奶农共度难关。全县煤炭主导产业成为县域经济的有力支撑，对财政的贡献率达到 60.9%；“三农”稳步发展，成为经济回升向好的“稳定器”，推动奶牛乳品业挺过了经济严寒；40 家规上企业成为经济发展的主力军。在经济困难的时候，我们的煤炭、奶牛和规上企业这三大主力军，发挥了重要的支撑作用，充分彰显了我们山阴县域经济的实力。

——坚定不移促转型，培育了经济增长新动能。县政府始终致力于晋北现代煤化工基地建设，切实加强与省、市的沟通配合，积极承接基地建设各项事宜。在多方努力下，成立了晋北现代煤化工基地管理委员会筹备委员会，总投资37亿元的阳煤200万吨低阶煤清洁高效利用多联产、总投资5亿元的普大100万吨洁净型煤和总投资160亿元的松蓝80万吨丙烯酸及酯类三大项目准备落地。强力推动经济转型，一方面大力招商引资，一方面培育新能源、新材料、节能环保等新兴产业，中电投合盛堡二期5万千瓦光伏发电、联成偏岭1.2兆瓦分散式风力发电、正大桑田2万吨玉米仓储烘干物流项目竣工投产；昱光二期2×35万千瓦低热值煤发电项目主体工程竣工；引进了神雾集团，拟新上煤炭清洁高效利用40万吨/年聚乙烯项目；引进了新大象集团，正在上马年出栏6000头生猪养殖项目等。在引进外资的同时，县政府全力激活内资，玉竹万吨针状硅酸钙项目为钙化工产业探出一条新路；森泰50万吨民用洁净型煤项目建成投产，成为治理雾霾的新型环保产业；金源化肥公司恢复生产，为县域企业应对经济下行、奋力崛起作出表率。华夏300万吨洗煤、昀鑫等畜禽养殖园区污水处理、五家沟等煤矿矿井水生活污水处理、老年公寓扩建等一批煤炭产业延伸、节能环保、健康养老项目正在积极新建，成为县域经济新的增长极。

——脱贫攻坚首战首胜。县政府始终以脱贫攻坚统揽农村工作全局，全党动员、政府推动、全民参与，脱贫攻坚战赢得了首战首胜的佳绩。全年投入各级各类扶贫资金达8000多万元，实现了17个贫困村退出，1706户4388名贫困人口脱贫。一年来，重点实施了2万亩渗水地膜旱地谷子等产业扶贫项目，与传统谷子种植相比，亩均增产700—1000多斤，亩均增收1500—2000元，开辟了山坡区农民新的增收渠道，为全省高寒地区脱贫增收走出了一条新路，全省特色产业扶贫“渗水地膜谷子穴播技术示范推广”项目现场会在我县胜利召开，楼阳生省长给予充分肯定。全力提升农业机械化水平，吸收贫困农户组建农机专业合作社，全县主要粮食作物综合机械化率达到82.1%，赢得了全省牧草机械化生产作业现场会在我县召开。以产业扶贫为龙头，举全县之力，推进八大工程二十个专项行动。县政府全面整合扶贫资金、涉农资金和2016年前财政结余扶贫资金，实施了“龙头企业、合作社+贫困农户+种养加产业”的资产收益扶贫模式，作为典型在全省推广。全县精准选择了信誉度好、产业竞争力强、市场前景广阔的古城乳业、泰和牧业、驿泽奶牛等龙头企业和合作社，构建与贫困农户的利益链接机制，采取“折股量化、保底收益”的模式，在玉井、合盛堡等10个乡镇实施了资产收益扶贫试点，共注入财政扶贫资金1977万元，带动了全县1196户3024人增收脱贫，形成了龙头企业、合作社与农户抱团增实力、闯市场，多赢发展、全社会扶贫的良好格局。光伏扶贫完成了织女泉、西短川2个100千瓦村级电站，新上了黄草梁340千瓦屋顶分布式光伏发电项目；电力扶贫完成了4个贫困村的农网改造任务；交通扶贫完成了贫困村吴家坪通村路1.2公里等。县直各单位倾心倾力、捐资捐物、献计献策、救济救助，为有劳动能力的贫困人口找到了增收脱贫门路；大病救助、教育扶贫、民政兜底等政策措施落到实处；各企业倾囊相助，全社会奉献爱心，企业扶贫、社会扶贫扎实推进。全县176支扶贫工作队、62名第一书记下乡驻村，摸实情、出实招、办事实，为脱贫攻坚注入了力量源泉。全县上下凝心聚力、奋力攻坚，圆满完成了年度脱贫攻坚目标任务。

——统筹推进补短板，提升了城市管理水平。城市管理是我们县的薄弱环节。一年来，县政府强力补短板，重拳出击打击违法占地和违法建设，全面规范城市用地和建设秩序，建立健全房地产开发、居民房屋翻修新建等制度，形成了依法打击“两违”的高压态势，全年审批房屋建设81例，依法查封违建8例，依法拆除12例，一改过去一喊就停、边整边建的不良局面，形成了依法审批、依法建设、规范有序的城建格局。同时，坚持精致、精细、精心管理，一方面营造全社会关爱城市、关爱家园的浓厚氛围，一方面健全城市卫生清洁机制，加大卫生清洁力度，确保了县城主要街道整洁、干净、靓丽，有效地改变了过去脏乱差落后面貌。在强化城市管理的同时，县政府始终坚持建管并重、规划至上，完成了《县城总体规划》和《县域城镇体系规划》文本编制，编制了城镇燃气、排水专项规划；在财力极度紧张的情况下，完成了府南路、文卫西街、府东街延长线一期工程、纵四路、府东街至青年街东段等道路建设工程；新增供热能力100万平米，新增供水能力1000多立方米，天然气入户820多户等。

——强力推动转型综改，激发了市场活力。县政府始终把改革作为推动转型、解决经济社会发展过程中矛盾和问题的有效手段，不遗余力推进改革。供给侧结构性改革任务全面完成，全年化解煤炭过剩产能400多万吨；坚持棚户区改造与鼓励农民进城相结合，着力去房地产库存；化解政府债务3亿元，实现了去杠杆目标；落实企业减负降费政策，支持实体经济恢复生产，扭亏增盈，大幅降低了企业成本；突出脱贫攻坚、民生领域、城市建设等短板，创新机制，加大投入，补足短板，惠及民生。用地改革方面，积极探索盐碱地综合利用改革，全力服务晋北现代煤化工基地重大项目建设；开发区改革方面，北周庄低碳循环经济工业园区按照“整合、改制、扩区、调规”的思路，全面深化“三化两制”改革，积极申报省级开发区，打造全县改革开放的窗口、转型升级的典范；金融改革方面，组建了能源、农业、城市三大投资公司，学习发达地区的先进经验，积极探索筹资融资体制机制创新，服务山阴城市建设、重大项目建设；公车改革方面，精简公车57%，车辆费用下降了14%以上；电力改革方面，中煤华昱、石星化工等4家企业实行大用户直供电，降低用电成本5100多万元；商事制度改革、医疗卫生体制改革、农村土地确权、不动产登记等各项改革深入推进。

——强力整治生态环境，改善了人民生产生活条件。牢固树立“绿水青山就是金山银山”的理念，持之以恒推进造林绿化，全年完成京津风沙源治理人工造林3000亩，巩固退耕还林干果经济林4300亩等。深入开展“铁腕治污”专项行动，改造升级工业燃煤锅炉13台，取缔燃煤小锅炉5台，淘汰老旧车、黄标车363辆。出重拳依法打击私挖滥采，有效遏制了过去屡禁不止的大肆盗抢矿产资源非法行为，打击非法采矿取得决定性胜利。

——增收节支保民生，提升了人民群众获得感。面对经济低迷、财源萎缩、财政增收乏力，而社会事业刚性支出逐年增长的现状，县政府一方面扶持实体经济培育税源，一方面广辟财源促增收，挖掘潜力保增收。狠抓煤炭主体税源，积极向上争取转移支付，有效地保障了干部职工工资的按时发放，兑现了机关事业单位政策性增资，保障了社会各项事业资金需求，促进了社会全面进步。虽财力紧张，但全县教育投入不减，2016年通过了教育部均衡教育验收，仅此一项投资9000万元。新招聘教师110名，教育优先发展地位得到巩固加强。公共卫生服务水平进一步提升，县乡“医联体”建设和分级诊疗制度得到落实；全面实施二孩政策，出生人口素质得到提升。社会保障体系进一步完善，全民参保登记率达到95%以上，机关事业单位养老并轨运行等。创业就业扎实推进，全年新增城镇就业2842人，农村转移劳动力就业2617人，城镇登记失业率控制在2.85%。文化事业繁荣发展，全民健身活动深入推进，“三下乡”活动扎实开展。加强国防后备力量建设，积极开展“双拥”工作。妇女儿童、老龄和残疾人事业进一步发展，民族、宗教、外事、人防、气象、地震、档案、史志等各项工作取得新成绩。

——全面加强政府建设和社会治理，创优了发展环境。县政府始终坚持依法行政，切实加强效能建设，全面提升公共服务水平和社会治理能力，为全县经济社会发展创造宽松优越的环境。深入推进“放管服效”改革，进一步健全了“两集中、两到位”工作机制，全面落实了“13710”工作制度。认真落实全面从严治党主体责任，扎实开展“两学一做”学习教育，持续推进政府系统党风廉政建设和反腐败工作。自觉接受人大和政协监督，支持各民主党派、工商联、无党派人士参政议政，全年办理人大代表建议85件、政协委员提案102件。深入开展“六打六整三加强”活动，积极创建平安山阴；切实加强安全生产，进一步夯实安全基础，落实安全责任，深入开展了安全隐患大排查、大整治专项行动，全面整改隐患，安全形势持续好转。坚持依法治访，推进领导干部接访，开展干部下访，加强矛盾调处和信息预警等，不遗余力解决了一些信访突出问题，群众满意度进一步提升。

各位代表，困难中的转机来之不易，压力下的收获弥足珍贵。这是县委统揽全局、正确领导的结果，是县人大、县政协有效监督、大力支持的结果，是全县人民同心同德、克难攻坚的结果。在此，我代表县人民政府，向全县人民，向各民主党派、工商联和无党派人士，向各位人大代表、政协委员，向所有关心支持山阴改革发展的同志们、朋友们，表示崇高的敬意和衷心的感谢！

各位代表，我们清醒地认识到，县域经济虽然呈现低位企稳、稳步向好的态势，但是仍没有走出困难时期，经济向好的基础还不牢固，由此带来的一系列经济社会问题也是相互交织、错综复杂。特别是经济增长还缺乏大项目、新要素、新动能支撑，倒逼我们下大力气招商引资、金融创新筹资、积极向上争资；多年积累的“一煤独大”结构性矛盾依然突出，乳品、冶金、化工等非煤产业整体竞争力有待提升，辐射带动能力亟待提高，新兴产业培育不足，“三产”服务业仍显滞后；长期积淀的融资、技术、人才、用地诸多方面创新不足，素质性矛盾远未从根本上解决；财政收支矛盾突出，“保工资、保民生、保运转”压力加大；脱贫攻坚任务加剧，社会事业欠账较多，补短板任务仍很艰巨；发展环境有待进一步改善和提升，一些干部不愿为、不敢为、不会为，个别部门和乡镇服务意识不强、行政效率不高、工作落实不力等等。这些矛盾和问题，需要我们在今后的工作中，努力加以解决。

二、2017 年工作安排

2017 年是实施“十三五”规划的重要一年，是供给侧结构性改革和转型综改的深化之年，也是我县经济克服困难、走出困境的关键之年。政府工作的总体要求是：深入学习贯彻习近平总书记系列重要讲话精神和治国理政新理念、新思想、新战略，按照“四个全面”战略布局，认真落实省委“一个指引、两手硬”重大思路和要求，紧扣“两大任务”工作主题，创新实施“2361”工作思路，践行落实新发展理念，主动适应经济发展新常态，坚持稳中求进工作总基调，以提高经济发展质量和效益为中心，以深化供给侧结构性改革与深化转型综改试验区建设为主线，着力稳增长、调结构、促改革、惠民生、保稳定，统筹推进经济、政治、文化、社会和生态文明建设，以优异成绩迎接党的十九大胜利召开。

主要预期目标是：地区生产总值增长 5.6%，在实际工作中争取更好；规模以上工业增加值增长 4% 左右；一般公共预算收入增长 13.32%；全社会固定资产投资增长目标，待省、市根据新的统计口径研究设置后，再结合我县实际研究确定；社会消费品零售总额增长 7%左右；城乡居民人均可支配收入分别增长 6%左右和 6%以上；居民消费价格指数涨幅控制在 3%左右；城镇登记失业率控制在 4.2%以内；其它约束性指标完成省、市下达任务。

各位代表，2017 年指标体系的设定，体现了中央稳中求进的工作总基调，顺应了我县经济稳中向好的态势，充分考虑了转型发展要求，彰显了县委、县政府积极进位、奋力开拓、向上向好的工作要求。地区生产总值增速 5.6%，虽然仅仅比省市平均水平高了 0.1 个百分点，但这充分表明了我们山阴县在困难时候的一个积极进取的态度。一般公共预算收入增速由负转正，保持两位数增长，高于全市平均水平 5.32 个百分点，这既是我们山阴县实际发展的需要，也是山阴县实际能力的体现。

各位代表，实现今年的经济社会预期目标难度较大，可能遇到意想不到的诸多困难和问题。困难不容低估，信心不可动摇。我们要发挥优势，抢抓机遇，乘势而上，全面推进各项目标如期实现。一要倍加珍惜四大班子精诚团结，各级各部门齐心协力，广大干部群众同心同德，全县上下政通人和、人心思上、人心思干的良好局面。二要把握国家、省、市推进晋北现代煤化工基地建设的有利契机，优化环境，服务重大项目早日开工建设；下大力气招商引资，积极引进一批重大项目，促进经济转型升级，促进山阴振兴崛起。三要大力开发我县丰富的石灰石资源，年内上马乙炔制丙烯酸项目，力促神雾集团落户山阴，变资源优势为发展优势，做强做大钙化工产业，形成新的经济增长极。四要全面贯彻全省 2017 旅游发展大会精神，实施大项目建设、大企业运作、大招商开发，启动开发广武边塞文化旅游区，推动旅游业成为我县转型发展新引擎。五要抢抓国家支持雁门关农牧交错带生态畜牧产业集聚区建设和全国草牧业发展示范区的良机，发挥我县生态畜牧产业优势，深化农业供给侧结构性改革，全面做好粮改饲这篇大文章，进一步做强做大生态畜牧产业，全力提升我县半农半牧、农牧结合的农业经济特色，引领农业转型升级、农民持续增收、农村经济全面发展。只要我们满怀信心，坚定信念，苦干实干，就一定能够在共克时艰中突破困境，就一定能够在攻坚克难中赢得主动。

2017 年，重点做好以下十个方面的工作：

（一）以晋北现代煤化工基地建设为龙头，开辟经济转型升级主阵地

晋北现代煤化工基地是国家“十三五”规划的全国七大煤化工基地最后一个基地，全市六区县乃至全省 119 个县唯我县一家独有，必须紧紧抓住这个平台，将其作为我县转型升级和招商引资的主战场，全力以赴推动基地建设。年内要紧紧围绕基地规划环评的评审批复和普大 100 万吨洁净型煤、松蓝 80 万吨丙烯酸及脂类、阳煤 200 万吨低阶煤分质清洁利用三大项目开工建设展开工作。同时要与市政府一道，共同推进基地水、电、通讯和框架道路建设，完成土地规划指标调整和土地转用储备，为基地的快速集聚发展打下坚实基础。只要今年我们把基地规划环评批复，并将总投资 200 亿的三个大项目落地开工建设，就标志着晋北煤化工基地建成了。

与此同时，要充分发挥和放大我县丰富的石灰石资源优势，吸引大集团、大企业跟踪科研机构、高等院校，走强强联合发展之路，发展“煤石化”高端项目，引领经济转型升级。年内山西玉竹 1 万吨针状硅酸钙新材料项目要建成，神雾 40 万吨聚乙烯项目要争取上马。要积极扶持实体经济发展壮大。实体经济就是经济实力，实体强则基础牢，实体强则底气足。要不折不扣落实国家和省、市减负降费政策，努力减轻企业负担，降低生产成本。要做好政银企对接，多渠道帮助企业融资，为企业发展注入新的活力。要继续引深“万名干部入企服务”活动，积极帮助企业走出困境。我们还要大力发展新兴能源产业，年内同煤织女泉四期 5 万千瓦、联成偏岭二期 5 万千瓦、漳泽吴马营 5 万千瓦 3 个风电项目都要开工建设。

（二）以农业供给侧结构性改革为主线，打造雁门关农业结构调整先行区

优化种植业结构。按照“北山小杂粮、南山经济林、川区粮草蔬”种植业三大区域布局，做精小杂粮，发展小杂粮标准化种植 20 万亩，其中渗水地膜旱地谷子推广种植 4 万亩，重点在吴马营、岱岳、北周庄等乡镇建设千亩以上渗水地膜高产谷子种植基地 10 个；在山区 4 个乡镇发展优质燕麦 6 万亩。要加快农产品加工企业的培育扶持，加强杂粮半成品、成品的研发生产，为消费者提供优质杂粮食品。要布局建设一批杂粮交易市场，培育农村经纪人队伍，发挥市场主体内联外引作用，构建优质杂粮产销体系。做大饲草业，建设古城乳业、部队农场和山阴农牧场三大基地，种植全株青贮玉米 15 万亩，种植优质苜蓿 2 万亩，为全县奶牛养殖业提质升级提供基础支撑。做强果蔬，在南山坡区种植大接杏 1 万亩、葡萄 1 万亩，川区种植蔬菜 4 万亩，要推进品种改良、品质提升和平台建设，以雁门关物流园区为依托，加快蔬菜产地冷链物流建设，推动产销对接和优势品牌创建，提高蔬菜质量安全水平和商品处理率。做好中药材，新发展中药材 4000 亩，把功能农业培育成农民增收、农业增效的新业态。

提升畜牧业水平。要抓住当前“南猪北养”结构调整和山西列为养猪业适度发展区的有利条件，大力支持国家级重点龙头企业山西大象农牧集团 20 万头种猪养殖项目落地。同时，力争年内发展标准化肉羊养殖场 10 个、规模化肉牛养殖场 5 个。实施奶业生产提质增效、转型升级工程，建设优质奶源基地，做强做大乳品加工业，促进奶业全面振兴，推进 20 个奶牛养殖园区向牧场化养殖转变。古城乳业集团与恒天然集团进行生产品牌合作，启动 20 万吨饲料加工厂生产，15 万吨液态奶生产线年内投产达效；

积极推进山阴农牧场奶粉加工厂项目建设。全县奶牛养殖业蓬勃发展，奶牛稳定在8万头左右。

提高农产品质量。以农业标准化倒逼供给侧结构性改革，围绕安全种植、健康养殖、绿色加工，突出农产品种植、采收、储藏、运输、加工等关键环节，引导新型农业经营主体推行标准化生产，推进“三园一场”（果园、菜园、药材园、标准化畜禽养殖场）和“三品一标”（无公害农产品、绿色食品、有机食品、农产品地理标志）创建。年内开工建设10兆瓦沼气发电和5万吨生物有机肥项目。实行严格的农产品投入使用和监管制度，推行绿色生产方式，创建绿色安全农产品。加快畜禽粪便集中处理，推广秸秆还田，种植绿肥，增施有机肥，形成粮畜循环发展的绿色养殖模式。深入开展农产品和食品质量安全专项整治，保障人民群众舌尖上的安全。

（三）以加快文旅产业融合发展为引领，培育县域经济增长新引擎

文化旅游业是朝阳产业，市场潜力巨大，发展文旅产业正当其时。我们要坚定信心，抢抓经济下行倒逼转型和旅游消费需求提速升级的重大机遇，充分挖掘我县独特而深厚的文物资源优势，加快把文化旅游培育成战略性支柱产业。

规划引领。要加强规划论证，把握旅游消费市场的新需求、文旅融合发展的新趋势和旅游内涵的新变化，统筹历史文物资源、自然生态资源、人文景观资源、地理气候环境，打好边塞文化牌、民俗特色牌、优质杂粮功能性农业牌、健康养生牌、湿地自然景观牌以及春光、夏凉、秋爽季节牌，着力打造具有区域影响力的旅游集散地。

市场运作。坚持“政府主导、市场运作”的原则，加强项目推介，加大招商引资，全力实施“四个一批”开发建设战略，即包装一批旅游项目、引进一批战略合作方、培育一批经营主体、打造一批旅游产品，尽快将我县的文化旅游产业做起来、热起来。年内争取与国内几家文化影视公司合作，通过在广武古城拍摄1—2部历史题材的影视作品，扩大知名度。

（四）以产业扶贫为抓手，夺取脱贫攻坚全面胜利

紧紧抓住产业扶贫这个“牛鼻子”，持续发力、精准施策，切实增加贫困人口收入，全面改善贫困人口生产生活环境，加大力度，压实责任，兑现脱贫攻坚“军令状”，向党和人民交上一份满意答卷。

实施特色种植扶贫。重点实施渗水地膜旱地谷子项目。实践证明，渗水地膜旱地谷子产量高、收入高，非常适合在我县山坡区种植，是农村贫困人口脱贫致富的有效途径。年内结合农业种植结构调整，在贫困人口集中的山区推广种植渗水地膜旱地谷子4000亩，落实普惠加特惠政策。实施畜牧养殖扶贫。依托龙头企业、专业合作社、能人大户，利用扶贫小额信贷资金、财政扶持资金，通过委托经营、合作经营、折股量化等方式，推动贫困户与企业、合作社形成密切的利益联结体，大力发展肉羊、肉驴、奶牛等畜牧养殖项目，重点与大象集团合作，发展500头小型家庭养猪场5个，养猪1万头。实施“8311”产业扶贫重大项目。完成道地中药材种植1500亩，每亩补助400—500元。完成设施蔬菜种植200亩，其中日光温室每亩补助2万元，塑料大棚每亩补助0.8万元；露地蔬菜开发1000亩，每亩补助0.2万元。新发展食用菌500亩，每棒补助1元。实施生态补偿扶贫。重点抓好新一轮退耕还林276亩，5年内亩均奖补1500元；组建造林专业合作社23家，吸收672个贫困人口，年人均获得造林绿化劳务收入3000元以上；加强林木管护，吸纳85个贫困人口管护林木，年人均获得林木管护劳务收入5000元以上。实施光伏项目扶贫。年内力争完成10个村100千瓦村级光伏扶贫电站建设，带动1000多贫困人口增收脱贫。实施电商扶贫。引导“百汇农珍”等电子商务平台做强做大，培育覆盖贫困村的村级电商，网上销售我县优质农副产品，年内网上交易额力争突破1000万元以上，把我县古城系列乳制品、健康牌燕麦、“雁门香”小米、“桑干河”杂粮等质优价廉的农产品推向市场，增加农业效益，带动贫困户增收。

同时，要坚持扶贫与扶智相结合，年内完成差异化技能培训600人、“山西护工”培训150人；大

力推进劳务输出，转移输出贫困人口500人次以上，年人均获得万元以上劳务收入；鼓励支持各类企业、经济组织优先吸纳有劳动能力的贫困人口就业，年内提供就业岗位300个以上，年人均获得万元以上劳务收入。做实做好社会保障兜底工作，完善农村最低生活保障制度，提高低保、"五保"补助标准，扩大覆盖面，将符合条件的贫困户纳入低保范围，实现应保尽保。加大新型农村合作医疗补贴力度，对贫困人口合作医疗个人缴费部分给予政策补贴，为贫困人口缴纳大病医疗补助保险和人身意外伤害保险每人每年68元。强化贫困人口医疗救助、救灾救济、慈善救助、大病救助等，落实贫困残疾人帮扶措施，让无劳动能力的贫困人口做到"两不愁、三保障"。

脱贫攻坚是硬任务，必须有硬责任、硬措施、硬作风。全县各级各部门要始终把贫困群众的冷暖挂在心上，把脱贫的责任扛在肩上，把攻坚的任务抓在手上，发挥好包村领导、驻村工作队和第一书记三支队伍的作用，强化县乡部门协调，凝聚社会合力，推动任务落实，全面完成贫困县摘帽、14个贫困村退出、569户1359人脱贫，夺取我县脱贫攻坚的全面胜利。

（五）以提档升级精致宜居为目标，打好城乡建设管理总体战

坚持规划引领。规划是一个城市建设管理的"大法"，看一个城市发展如何首先要看规划。在今年的城市建设布局中，第一件事情就是规划的修编完善、提档升级。一是完成《桑干河新区控制性详细规划》和《县城排水防涝设施规划》的编制，完善以总体规划为指导、控制性详规为基础、修建性详规和专项规划为依据的城乡规划体系。二是实行"五规合一"，提高土地使用、城市建设、产业发展的一致性和协调性，形成一本规划、一张蓝图，更好地发挥规划的引领、管控作用。规划一经批准就有法定效力，在实施过程中，必须坚决维护其严肃性、权威性。

完善基础设施。民之所盼，政之所向。尽管当前财政十分困难，但面对全县群众热切关注的城市建设短板，我们必须咬紧牙关千方百计把该办的、能办的事情办好。配合县医院搬迁，用2—3年时间对县城南部进行重新规划建设，年内启动世纪大道、西环南路、骏马路和王家涧路4条道路改造；加快推进县城天然气入户，在县城新铺设天然气管道5.5公里，完成天然气入户5000户；抓紧昱光电厂二期热电机组供热首站管网对接，县城新增集中供热面积100万平米，做到应供尽供；加大棚户区改造、城中村改造力度，加快府东街棚户区、兰园棚户区等配套设施建设，争取尽快投入使用。开工建设贺家窑—李家窑乡村旅游公路，完成岱岳—东榆林、董元线玉井段道路改造工程，完成合盛堡—山阴县线道路改造工程。同时，做好大原客运专线、北同蒲朔山联络线两条铁路和蒙西至天津南、晋北至江苏南京两条特高压电力外送通道等国家和省、市重大项目建设的配合协调工作。

强化城市管理。坚持"三分建设、七分管理"的城市发展理念，将城市管理放在更加突出的位置，在精致化上下苦功、要效果，落实、落小、落细，像"绣花"一样管理城市。全面提升城市管理水平。持续开展打击违章建设、违法占地"两违"专项行动，建立完善职责明确、监管到位、打击有力的长效管理机制，巩固已有整治成果。实施县城公共事业智能化、科学化管理，新增水表升级改造6000户，开展集中供热计量热平衡试点工作。强化县城环境综合治理，集中整治房屋乱搭乱建、摊点乱摆乱设、车辆乱停乱放、小广告乱贴乱画等。在"城中村"大力推广使用洁净型煤，彻底取消散煤燃烧，坚决取缔小区供热燃煤锅炉，不断改善大气质量。建设城乡道路交通防控体系，维护交通秩序。扩大县城保洁范围，提高机械化清扫程度和保洁频次。

推进乡村建设。全面实施农村生活垃圾治理和农村生活污水治理两个省级示范项目，深入开展美丽乡村、卫生乡村、清洁乡村、文明乡村、平安乡村"五村联创"活动，高起点设计、高标准推进，重点实施"两治三改"，即垃圾治理、污水治理，改水、改房、改电。年内完成15个村农村饮水安全巩固提升工程；完成农村危房改造468户；完成农村低压电网升级改造79公里，新增及改造配变43台1万千

伏安；完成农村机井通电线路改造193公里，新增及改造井变570台3.9万千伏安。启动北周庄镇创建省级卫生镇工作，打造村镇建设亮点。探索推进“空心村”复垦整治试点工作，有效盘活闲置土地，实施村庄绿化、景观建设，全面整治改善村容村貌。

（六）以深化改革为统领，释放县域经济发展新动能

推进供给侧结构性改革。全面完成“三去一降一补”任务。坚定去产能，释放煤炭生产先进产能，淘汰、压减落后产能，不折不扣实现去产能目标。努力去库存，加大棚户区、城中村改造货币化安置力度，用好住房公积金，引导农民有序进城，多管齐下促进商品房去库存。有序去杠杆，全面推进金融创新，加强政银企对接，有效化解企业融资难问题。多措降成本，全面落实中央、省、市税改减费和扶持实体经济系列措施，减轻企业负担，促进实体经济不断发展壮大。精准补短板，围绕补齐制约发展的新型产业、基础设施、“三农”等短板，重点推进产业转型、基础设施建设和脱贫攻坚。

深化农村综合改革。在严格保护农户承包权的基础上，加快激活土地经营权，完成农村土地承包经营权确权登记颁证工作，让农民吃上“定心丸”。推进农村土地集体所有权、农户承包权、土地经营权“三权分置”，全面完成集体土地和宅基地确权登记颁证工作。探索推行经营权流转、股份合作、代耕代种、土地托管等方式，加快土地适度规模经营，培育产业化龙头企业、专业合作社、家庭农场、种粮大户等新型农业经营主体。从今年开始，着手农村集体资产清产核资工作，三年内完成农村集体产权制度改革任务。深入推进供销合作社综合改革，提升支农服务水平等。

推进电力体制改革。进一步贯彻落实全省售电侧改革精神，大力度推进大用户直供、网前直供、组建售电公司等改革措施，落实煤电一体化企业享受厂用电价政策，推进园区内直供电，构建煤、电、网、高载能产业协同发展新格局。重点服务推动中煤华昱集团公司增量配电早日获批，积极争取列入全省区域电网运营试点。用足用活电改政策，不断深化电力改革，形成高载能产业竞争优势，加快构建煤—电—冶—建材循环发展体系。

推进商事制度改革。深入推进“五证合一”改革，继续深化“先照后证”和工商登记便利化改革，扩大市场主体总量，增强经济发展后劲。

（七）以增进人民福祉为根本，兜牢基本民生底线

优先发展教育事业。完善县城教育基础设施，完成第七小学改建。高度重视农村教育，让受教育者能够就近接受优质教育，完成北周庄镇小学和后所小学改造。发展职业教育，筹建一所职业中学。继续推进优秀教师和校长校际交流，挖掘和培养更多基层教育教学骨干。继续加强师资队伍管理，大力开展师风师德建设，净化教育风气。与省教科院合作开展“山阴县教育质量提升工程”项目，巩固国家教育均衡发展成果，办人民满意教育。

提升医疗卫生服务水平。开展全民“卫生与健康”行动，建设“健康山阴”。加快中医院综合门诊楼建设，年内投入使用；改善乡镇医疗条件，启动妇幼计生服务中心建设；巩固村级医疗卫生室标准化建设成果，完善基本公共卫生和医疗服务信息系统。全面推进医疗卫生体制改革，继续落实“医联体”建设、分级诊疗、基本药物制度，基本药物实行集中招标采购。实施基本公共卫生服务项目，为老年人群提供免费健康体检。坚持计划生育基本国策，稳妥有序实施全面二孩政策，提高出生人口素质。

大力发展文化事业。践行社会主义核心价值观，深入开展“树文明新风、建和谐山阴”精神文明创建活动，弘扬正能量。完善城乡公共文化服务设施，提升文化服务功能。实施文化惠民工程，组织开展送戏下乡、电影下乡等活动。广泛开展全民健身运动，丰富群众文体生活。加大文物古迹和非物质文化遗产保护力度，重点加强对广武明长城的保护。发展广播电视事业，新建一座高功率、多频道广播电视无线发射塔，覆盖惠及更多城乡用户。做好史志工作，完成二轮修志工作等。

织密扎牢民生保障网。实施全民参保登记，进一步扩大“五险”参保覆盖面。实现城乡居民基本医疗保险制度并轨，全面落实异地社保享受、转移、接续政策，推进基本医疗保险异地就医结算。落实兑现省、市城乡低保补差政策，将农村低保线与贫困线有效衔接，实现“两线合一”。加快养老事业发展，开工建设山阴县社会福利中心、山阴县中心敬老院和北周庄、玉井、合盛堡、马营等4个乡镇中心敬老院，建设10个农村老年日间照料中心；鼓励社会发展健康养老产业，支持山阴老年公寓创建省级医养融合试点单位，积极对接善济德生态医养养老和老年活动中心项目。

（八）以筑牢生态保护屏障为目标，创建天蓝地绿水清美好家园

持续实施造林绿化工程。坚持生态林、经济林、景观林三林共建，完成京津风沙源治理人工造林5000亩，环京津冀生态屏障建设2000亩，虎山线两侧荒山绿化1000亩，小流域综合治理6880亩，村庄绿化5个。继续完善荣乌高速公路通道绿化，扎实推进永定河水系桑干河综合治理和生态修复。坚持造管并重，管重于造，加大生态公益林和未成林管护力度。

加大环境污染治理力度。坚持源头严防、过程严管、后果严惩，引深“铁腕治污”行动，打好蓝天保卫战，打好水和土壤污染防治战。全面深化“控煤、治污、管车、降尘”等重要措施，依法关停不达环保要求及无证经营的小型煤场、洗煤厂、石灰窑等土小企业，加大对煤矸石乱堆乱放和无序填埋的整治力度，完成黄标车及老旧车淘汰任务。加强工业集聚区水污染治理，完成排水企业提标改造，推进畜禽养殖废弃物处理和资源化利用。

集约节约利用能源资源。全面推进工业、建筑、交通、公共机构等领域节能，积极开展全民节约行动。推广绿色节能建筑，发展低碳绿色公共照明。推进低碳交通发展，实施新能源汽车推广计划，规划建设充电桩。

（九）以安全稳定为基础，营造经济社会发展良好环境

压实安全生产责任。以开展安全生产“责任落实年”活动为契机，坚持“党政同责、一岗双责、企业（单位）主责、失职追责”，按照“三个必须”和谁主管、谁负责的要求，压实部门监管责任，严格落实企业主体责任，切实做到安全责任、管理、投入、培训和应急救援“五到位”。

开展安全隐患整治。全面开展安全风险排查评估，完善人防、技防、物防等安全防控措施。在煤矿、非煤矿山、道路交通、危险化学品、油气管道、建筑施工、人员密集场所等行业领域开展安全生产隐患大排查、大整治，及时消除各类事故隐患。对重大隐患要挂牌督办、限期整改，整改无望的要予以关闭，对非法生产经营的坚决打击取缔。进一步落实事前问责制，对安全监管不到位、隐患排查走过场的予以严肃问责。

强化社会治理创新。以创建“平安山阴、法治山阴”为目标，深入推进社会治安综合治理。积极引深“六打六整三加强”行动，深化“打黑除恶、铲除黄赌毒、缉枪治爆”三大战役，开展“无刑事案件、无行政案件村（社区）”创建活动，确保社会治安持续稳定。建立健全多元调解机制，实施调解组织“全覆盖工程”，有效化解各类矛盾纠纷；坚持重点信访问题源头化解，严格落实“四定”“五包”责任制；畅通信访渠道，实行信访事项网上受理、网下办理、网上答复，确保群众诉求件件有回应、事事有答复，保证信访办理公开、透明、公正；引导信访群众依法理性表达诉求，严厉打击缠访、闹访等非访活动，确保全县信访秩序明显好转。

维护社会大局稳定。加强社会风险评估和防控体系建设，强化公共应急管理和应急救援体系建设，提高应急处置能力。加强食品药品安全监管，提高快速检验水平，加快建立重要产品追溯体系。加强社会信用体系建设，对失信行为进行联合惩处。坚决防止发生重大群体性事件，确保群众安全感和满意度“双提升”，确保社会大局和谐稳定。建立健全军民融合领导机制，推进军民融合深度发展，支持国防和

军队建设，加强后备力量建设，做好双拥、优抚安置和人防工作，创建“省级双拥模范城”。

（十）以强征管开新源为路径，破解财力困局

煤炭行业是我县税收的主要来源，在去产能的前提下，要确保财政收入稳定增长，必须下大力气解决地销煤税收跑冒滴漏顽症。按照市政府的统一部署，县政府成立整顿和规范煤炭产业税收征管秩序领导组，用半年左右时间规范涉煤企业税收征管秩序。组织财税、煤管、公安、电力、审计等相关部门，抽调精兵强将，形成合力，联合治税，依法征管，堵塞漏洞。煤炭管理部门负责产量的核定统计；税务部门负责税收的核算清缴；公安经侦负责税收稽查；监委要重点对征收执法人员不作为、乱作为、失职渎职行为进行立案查处，务必应收尽收。同时，要多渠道开辟财源，盘活存量资产，努力增加非税收入。

三、政府备忘录

各位代表，今年我们的经济形势依然十分艰难，玉米价格和乳品市场仍在低谷徘徊，种地养牛比去年更困难，直接影响到农村经济和农民收入。尤其是我们的煤炭产业因受政策性和一些不确定因素的影响，产量要比去年减少一半以上，将直接导致税收减半，使财政雪上加霜更加吃紧。面对严峻的形势和困难，县政府将采取积极的财政政策加以应对，在收入方面的措施是：“预算内损失预算外补”，我们要开辟新渠道，以 1：1 或 1：2 的比例加大非税收入，以此来增加我们的可用财力；在支出方面的措施是：“有增有减，有保有压”，削减不必要的行政开支，增加生产性支出，把钱花在刀刃上，具体是“死保工资、力保运转、确保民生、确保稳定、确保刚性支出”。今年有若干件紧要的具体事情要办，这些事情已提到议事日程，并列入政府备忘录，现在我代表县人民政府郑重承诺：

● 再穷也不能穷教育。今年的教育经费预算要在去年的基础上再增加 21%，初步测算新增 2000 万，全年合计为 3.1 亿元，在实际的运作过程中力争更多。

● 增加扶贫资金投入。我们时刻不能忘记全县还有 1359 名贫困人口，今年是我县脱贫年，脱贫攻坚到了决战决胜发起最后总攻的时候了，所以要尽快补充“弹药”，县财政直接投入 1000 万元，比去年增幅 150%，在实际工作中力争更多。

● 增加环卫经费。山阴城建是短板，城市管理更是短板，尤其是环境卫生更是短板中的短板，投入不足是一个重要因素，所以环卫队的经费要在原来的基础上增加 20%。

● 取缔城市散煤燃烧，补贴 2000 万元。县城空气质量不好，尤其进入冬季，散煤燃烧污染严重，直接影响到居民的出行。空气质量已成为人民群众健康生活的一条不可逾越的红线，环境保护支出已成刚性支出，政府要拿出足够的资金，在县城内大力推广洁净煤和天然气，坚决取缔散煤燃烧。

● 筹资 1.5 亿元，完成新医院建设。我们的县医院已十分落后，住院部已成危楼，而新建的医院由于资金不足已拖建五年，这项工程再不能拖下去了，今年作为全县一号民生工程，要坚决完成并投入使用。

● 重新启动府东街跨线立交桥工程，打通府东街道路，缓解交通压力，提升城市功能。这是全县人民企盼的一项工程，尤其是跨铁路大桥今年要力争开工，所需资金要采取融资、向上级争取资金的办法加以解决。

● 解决城市供水安全问题。南山引水管道年久失修，其中从苏庄村高铁桥北至前帐堡高速路桥长达 6 公里的地段频繁爆裂，造成县城经常大面积停水，影响到居民的日常生活。逼至民生无退路，今年不论财政如何紧张，也要拿出资金来解决这个问题。

● 重修小街小巷。这些年县城主要街道都已修复，但小街小巷绝大部分仍是破烂不堪或黄土裸露，

每逢雨雪天行人怨声载道。据住建部门统计，县城内大约有 120 条小街小巷，政府决定咬紧牙关挤出钱来，用三到五年时间逐步予以解决。今年先改造 15 条紧要的小街小巷，在实际工作中争取更多。

● 新建农贸批发市场，打造城南森林公园。由于县城没有农贸市场，长期以来小商小贩占道经营严重；由于缺少城市公园，城市居民没有活动场所。为此，今年将在世纪大道南新建农贸批发大市场，在其北以退耕还林的形式修建森林公园。

● 完成玉马小区建设。玉马小区是紧急避让小区，也是国家采煤沉陷区治理项目，它涉及到我们县北部工矿区两个乡镇 10 个村 2986 户的搬迁，今年我们要继续利用国家政策和银行政策性贷款，必须使玉马小区全面完工，部分村民实行搬迁，让受土地沉陷影响生产生活的农民早日住进安全可靠的新居。

● 今年继续完成 450 套棚户区改造，总投资 1.7 亿元，县政府配套资金 3400 万元。没有棚户区改造就没有社会公平，棚户区的居民都是弱势群体，要让这部分群众更多地享受到改革发展的红利。

● 完成苜蓿种植 15000 亩的示范，县政府补贴 1000 万元。种植苜蓿对我们这个奶牛大县具有十分重要的作用，是广大奶农的一件大事，是提高奶质、增加乳品竞争力的一个措施。政府勒紧裤带拿出千万元资金补助，尽管杯水车薪，但我们一定要让养奶牛的农民，在与困难抗争中感受到政府的态度。

● 种植旱地地膜谷子，再补贴 1000 万元。山阴试种旱地谷子已是第三年了，但仍然是起步阶段，农民得到了实惠深受欢迎，今年将扩大到 4 万亩种植面积，政府咬紧牙关，再补贴千万元，虽然杯水车薪，但要让种谷子的农民体会到政府的决心，推动这个产业的发展壮大。

● 新建县城供暖管网。现在我们县城的供热能力最大负荷不超过 300 万平米，有近 100 多万平米的小区和住宅楼不能享受统一供热。今年，伴随着昱光二期 2×35 电厂建成投产，将新增 500 万平米的城市供热面积，彻底满足未来 10 年的城市供热需求。电厂建成了，管网必须跟进。内外管网总长 6.8 公里，再加上其它附属设施，投资巨大，但这又是一件涉及今年关乎未来的民生大事，政府将千方百计采取多种渠道多种方法，筹资融资加以解决。

● 增加招商引资争项目的公用经费。今年的公用经费，不论进行怎样的削减压缩，但不能出现一年不开账本的单位。削减一般性的公用经费，但同时也要增加招商引资和争项目的经费。战争年代共产党军队的两条腿跑过了国民党军队的汽车轮子，今天我们贫困县干部的两条腿也一定要赛过发达地区的奔驰宝马，我们一方面要撸起袖子加油干，另一方面也要挽起裤脚使劲跑，向上争项目、争资金、争支持，以此来建设我们美丽的家园。

各位代表，危难之时方显英雄本色，困难难不倒我们，压力压不垮我们，尽管经济形势困难，尽管财政压力巨大，但我们的工资要照发，我们的事情要照办，我们的社会各项事业照样要推进，这就是山阴的担当，这就是山阴的气概，这就是我们山阴 24 万人民的回答！

四、加强政府自身建设

责任在心重千钧，使命在肩当奋进。面对今年光荣而艰巨的经济社会发展重任，面对全县人民的热切期盼，我们深感重任在肩、责任重大、使命光荣。新的一年里，我们将以崭新的姿态、昂扬的斗志、拼搏的精神，抢抓新机遇、迎接新挑战、建树新作为、开拓新局面，努力建设为民、务实、廉洁、高效的政府。

提升履职能力。新形势、新任务倒逼我们要有新作为、新建树，倒逼我们提升履职能力，提升驾驭经济社会发展全局、统揽转型综改、统筹城乡一体化发展，解决前进道路上的矛盾和问题的决策力、执行力。要紧密结合山阴改革发展实际，创造性地开展工作。要增强解决问题的能力，善于在严峻复杂的发展形势中抓主要矛盾，解决突出问题。要增强改革创新的能力，解放思想、大胆创新，用改革创新的办法推动经济社会发展。要增强推动落实的能力，以“踏石留印，抓铁有痕”的劲头，卯足干劲抓落实。

推进依法行政。完善依法决策机制，实行规范性文件备案审查制度。加强行政复议，保障人民合法权益和合理诉求。强化行政执法监督，推进“双随机一公开”工作落实，深化事中事后监管。深入开展“七五”普法工作。严格执行人大及其常委会的决议、决定，自觉接受人大监督、政协监督、社会监督和舆论监督，让行政权力在法治轨道和阳光下运行。

增强行政效能。深入推进“放管服效”改革，持续推进简政放权、放管结合、优化服务，不断提高政府工作效能。要深化行政审批制度改革，继续做好审批事项承接、取消、下放、调整工作。严格执行“13710”工作制度。优化公共服务，提升便民服务效能，推动政务服务中心早日投入使用，健全为企业、为群众、为基层服务的各项制度，守信践诺，说到做到，全面提升服务水平。

狠抓工作落实。大力弘扬争先进位、不甘落后的精神和勇气，激发各级各部门干部的担当使命，马上就办、真抓实干，最大限度调动各方面干事创业的积极性和创造力，把各项工作真正落到实处。强化督查机制，严肃责任追究，问责不落实的人和事，问责不作为、慢作为、乱作为的人，坚决整治推诿扯皮、敷衍塞责等懒政怠政行为，不断提高政务服务质量和水平。要健全完善工作目标考核机制，把全年工作任务分解到各部门，做到任务到人，责任到人，严明奖惩，严格问责。

加强政风建设。政府党组要切实扛起全面从严治党主体责任，认真落实“一岗双责”，不断加强政府系统党的建设。要严守党的政治纪律，严肃党内政治生活，坚决把纪律和规矩挺在前面，深入开展政府系统党风廉政建设和反腐败斗争，严格落实中央八项规定、国务院“约法三章”和省、市各项规定，坚决防止“四风”反弹和变异回潮，自觉践行“三严三实”，全面引深“两学一做”常态化学习教育。强化对行政权力的监督和制约，对公共资金、国有资产、国有资源和领导干部履行经济责任实行审计全覆盖，切实把权力关进制度的笼子。牢固树立“过紧日子”思想，厉行勤俭节约、反对铺张浪费，把有限的资金用在改善民生、推动发展上。

各位代表，风雨砥砺鼓征帆，快马扬鞭自奋蹄。让我们更加紧密地团结在以习近平同志为核心的党中央周围，在中共山阴县委的坚强领导下，坚定信心、振奋精神，扎实工作、攻坚克难，为圆满完成经济社会各项工作而努力奋斗，以实际行动迎接党的十九大胜利召开！

2018年政府工作报告

——2018年3月31日在山阴县第十六届人民代表大会第三次会议上

山阴县人民政府县长　南志中

各位代表：

现在，我代表县人民政府向大会报告工作，请予审议，并请县政协委员和其他列席人员提出意见。

一、2017年工作回顾

2017年，是我县发展进程中不平凡的一年。一年来，县政府坚持以习近平新时代中国特色社会主义思想为指引，全面贯彻党的十九大精神和习总书记视察山西重要讲话精神，按照“一个指引、两手硬”重大思路和要求，紧扣“两大任务”工作主题，在县委的正确领导下，创新实施“2361”工作思路，团结带领全县广大干部群众，抢抓机遇，乘势而上，经济社会发展呈现出稳中有进、进中向好的态势。

——经济实现了一年好于一年的要求。面对前几年经济断崖式下滑和财政吃紧的重大挑战与重大考验，2016年省委明确提出“下半年好于上半年，明年好于今年”的要求。一年来，我们紧紧抓住煤炭市场企稳回升的有利时机，加强经济运行监测和调度，推动县域经济恢复和步入到健康的轨道。全年地区生产总值完成158亿元，同比增长6%，增幅比上年提高1.3个百分点；规模以上工业增加值完成38.9亿元，同比增长8.2%，增幅比上年提高4个百分点；一般公共预算收入完成11.5亿元，同比增长99.7%，增幅比上年提高111个百分点，总量和增幅均排全市第一位；固定资产投资完成17.7亿元，同比增长1.2%；社会消费品零售总额完成40亿元，同比增长7%；城镇常住居民人均可支配收入32481元，同比增长6.6%；农村常住居民人均可支配收入15278元，同比增长7.6%。

——经济转型迈出坚实步伐。加快推进山阴县经济开发区改革创新发展和晋北现代煤化工基地建设，松蓝2×40万吨乙炔制丙烯酸及酯类项目、锦晔100万吨低阶煤分质利用示范项目、超牌20万吨煅烧高岭土生产线项目等一批转型项目有序推进。加快发展新材料和资源循环利用产业，玉竹1万吨针状硅酸钙、金沙源6万吨废旧轮胎处理等项目建成投产。煤炭产业规模和装备水平得到新的提升，华夏、台东山、北祖3座煤矿达到国家一级标准化矿井，5座煤矿达到省二级标准化矿井，释放先进产能150万吨，全县原煤洗选率达到95%以上。

——现代农业建设推进有力。推进农业供给侧结构性改革，开展“粮改饲”试点和雁门关农牧交错带结构调整先行区建设，推广种植渗水地膜旱地谷子4万亩、燕麦6万亩、苜蓿1万亩、全株青贮玉米16万亩，粮经饲比例调整为64∶11∶25，全国北方农牧交错带农业结构调整现场观摩会、全国杂粮绿色高产高效模式观摩会、农业部农机化技术现场培训会在我县召开。农业生产基础得到巩固，完成高标准农田建设7100亩、膜下滴灌工程1500亩，完成20个村农村电网升级改造和12个村排灌机井通电等，全县粮食产量达到5.7亿斤，比上年增长7.4%，创历史新高。杂粮产品质量安全和品牌效应集中显现，我县被山西出入境检验检疫局、省农业厅评定为省级出口杂粮质量安全示范区，“百汇农珍”加入了山西省小米产业联盟，“雁门香”、“桑干河”等杂粮品牌走出国门，古城乳业、鑫邦燕麦、惠民小杂粮等一批农产品取得生态原产地认证。乳品畜牧产业得到新提升，古城二期15万吨液态奶生产线投产，20个奶牛养殖园区实现了向牧场化转型。持续推进农村改革，完成土地承包经营权确权登记；完成永久基本农田划定，基本农田保护面积84万亩；成立了农村产权交易中心，建立了不动产登记信息平台；农村集体建设用地和宅基地使用权地籍调查通过验收。

——脱贫攻坚取得再战再胜。坚持以脱贫攻坚统揽经济社会发展全局，全县派出78支扶贫工作队、31名第一书记驻村帮扶，安排1138名党员与贫困户开展“1+2”结对包扶，全年共投入各类扶贫资金2.45亿元，其中整合“6类56项”涉农资金1.3亿元，全面实施八大工程二十个专项行动，通过积极推进特色种植、养殖、光伏和农产品加工等产业扶贫项目，全面落实住房、医疗、教育、社保等政策保障，完成剩余14个贫困村退出任务，706户1722人稳定脱贫，贫困县退出接受了省委、省政府与各专项小组最严格的检查评估和考核验收，全县脱贫攻坚工作取得了决定性转折性的胜利。

——城乡建设管理稳步推进。坚持规划引领，完成县城总体规划、县域城镇体系规划、土地利用总体规划和县城供热总体规划修编等，拓宽了城乡和经济开发区发展空间。本着“量力而行、尽力而为”的原则，逐步补齐城市基础设施建设短板，完成河阳大道A段北端道路和紫光湖大桥、虎山线公铁立交桥整改拓宽等路桥工程；完成府东街延长线、新建县医院和3个住宅小区供热供水管网建设，新增供热面积40多万平米；完成17条小街小巷硬化等。坚持“三分建设、七分管理”，集中开展打击私搭乱建、占道经营、私停乱放等整治行动，加大县城主要街道的保洁范围和频次，县城卫生状况有了明显变化。坚持城乡共建共荣，农村基础设施不断完善，完成山合线、岱东线道路改造，完成农村“畅返不畅”道路改造19公里，对31个贫困村及85个公路沿线村庄进行环境集中整治，北周庄镇燕庄村被评为“全国改善农村人居环境示范村”。

——生态文明建设成效明显。深入践行“两山”理论，全面启动山河修复行动。推进生态恢复“治荒”，依法取缔“散乱污”企业71家，清理处置陈年煤矸石堆放900万吨。推进造林绿化“增绿”，完成京津风沙源治理人工造林5000亩，京津冀生态屏障工程2000亩，交通沿线荒山绿化1000亩，新一轮退耕还林276亩，植被恢复造林200亩，创建绿色村庄26个。推进节能减排“治气”，取缔县城建成区10蒸吨以下小锅炉22台，为5430户“煤改气”用户接通天然气管道，重点企业工业污染源治理达标14家，县城环境空气质量明显好转，全年二级以上天数达到295天。推进水源治理“净水”，加强县城饮用水源地以及3个乡镇集中式饮用水源地保护，确保了水质安全；全面落实“河长制”，桑干河河头断面水质稳定达到Ⅲ类以上标准。特别是针对中央、省环保督察组和国家林业局督察组反馈意见及问题线索，逐项进行了整改落实。

——公共服务水平全面提升。教育事业发展取得新突破，制定了教育发展中长期规划，与省教科院合作开展了教育质量提升工程，教育教学质量明显提升；全面推进高中教育改革，在全省公开择优聘任山阴一中校长，山阴一中教育教学管理呈现出新气象。深入开展“健康山阴”建设，以医疗集团组建为标志，县乡医疗机构一体化、“医联体”建设、医保支付方式等一系列改革全面推进，新建县人民医院落成并投入使用，中医院综合门诊楼建成。推进城乡住房保障，完成府东街延长线和梁山村、兰园村货币化安置棚户区改造450套，府东街城市棚户区改造回迁安置485套，落实公租房配租1680套，完成农村危房改造630户。做好社会保障和创业就业，养老、医疗等五项社会保险参保人数达到28万人次，基本实现了应保尽保；全年城镇新增就业人数4248人，城镇登记失业率控制在3.39%以内。大力发展文化事业，举办了首届山阴春晚、“六月二十四”传统庙会、全民朗读大赛和全民K歌大赛等系列文化活动，开展“送戏下乡”100场。

——改革创新释放发展动能。全面落实“三去一降一补”，在去产能方面，退出煤矿4座，淘汰落后产能450万吨；在去库存方面，着力从全县“五证齐全”的库存商品房中解决采煤沉陷区安置房；在去杠杆方面，全县规模以上工业资产负债率72.8%，较年初下降了2.1个百分点；在降成本方面，全面落实企业减税降费政策，大力推进电力体制改革，北周庄低碳循环经济工业园区列入国家第二批增量配电业务试点，永皓和昱光两个发电企业成立了售电公司，中煤华昱等4家企业实行大用户直供电，年节约用电成本3000多万元；在补短板方面，着力破解中小微企业融资难问题，通过“助保贷”为玉龙等22户企业解决贷款6508万元。推进用地改革，重度盐碱地规划为建设用地改革试点取得了省国土厅的批复。推进商事制度改革，全面落实“多证合一”，全年新增市场主体1161户。优化环境招商引资，扎实开展了优化营商环境“1+9”专项行动，完善了招商引资优惠政策和奖励办法，积极参加第十届“中博会”、晋商晋才朔商朔才回乡创业等招商活动，储备转型项目28个，签约金额197.4亿元。

——安全稳定工作全面加强。压实安全生产责任体系，实行企业安全生产网格化管理，深入开展安全生产隐患大排查大整治、非煤矿山安全专项整治和打非治违等专项行动，安全生产形势持续稳定好转。集中开展“六打六整三加强”、“创建平安山阴”、百日基层矛盾纠纷巡回化解大会战等活动，从根本上促进了发展环境、治安秩序、社会风气的进一步好转。特别是党的十九大召开期间，保持了良好的信访秩序。

——政府治理能力不断提升。严格落实政府系统全面从严治党主体责任，深入推进反腐败斗争，扎实开展“两学一做”学习教育常态化制度化，认真查找“四风”突出问题，特别是形式主义、官僚主义的新表现，形成作风建设的“头雁”效应。认真落实“三重一大”事项决策程序，保证各项决策的民主化、公开化、制度化和科学化。严格执行“13710”督办制度，承办督办件52件，整改审计发现问题64条。严格执行人大及其常委会的决议决定，自觉接受人大和政协监督，支持各民主党派、工商联、无党派人士参政议政，全年办理人大代表建议72件，政协委员提案76件，办结率100%。

此外，统计、通信、气象、人防、地震、社区建设取得新成绩；军民融合、外事侨务、档案史志、应急处置、妇女儿童、民兵预备役、老龄及残疾人等各项工作取得新进展。

各位代表，过去一年取得的成绩来之不易。这是县委统揽全局、正确领导的结果，是县人大、县政协有效监督、大力支持的结果，是全县人民同心同德、团结拼搏的结果。在此，我代表县人民政府，向给予政府工作鼎力支持的人大代表、政协委员、老领导、老干部、老同志，向一年来付出艰辛劳动的广大干部群众，向所有关心和支持山阴发展的社会各界人士表示衷心的感谢，并致以崇高的敬意！

在肯定成绩的同时，我们也要清醒地看到，我县经济社会发展还面临不少困难和挑战。集中表现为：产业结构仍不合理，多年积累的“一煤独大”的结构性矛盾仍未得到根本破解；新兴产业发展缓慢，带动经济发展的大项目好项目储备不多，经济转型任重道远；改革创新驱动能力不强，对外开放水平不高，营商环境仍需改善；基础设施建设滞后，民生社会事业欠账较多，补齐短板任务艰巨；政府职能转变还不到位，一些部门和个别干部还存在“无所谓、不作为、不担当、落实差、花架子”的现象，作风建设须进一步加强等等。对此，我们必须采取有力举措，切实加以解决。

二、2018年工作安排

2018年是贯彻落实党的十九大精神的开局之年，是改革开放40周年，是决胜全面建成小康社会、实施“十三五”规划承上启下的关键一年，做好今年的工作责任重大，意义深远。

今年政府工作的总体要求是：全面贯彻落实党的十九大精神，以习近平新时代中国特色社会主义思想为指导，加强党对经济工作的领导，坚持稳中求进总基调，坚持新发展理念，紧扣社会主要矛盾变化，按照高质量发展的要求，统筹推进“五位一体”总体布局和协调推进“四个全面”战略布局，全面落实省委“一个指引、两手硬”重大思路和要求，围绕市委构建“2+7”产业格局的战略举措，创新实施“2361”工作思路，统筹推进稳增长、促改革、调结构、惠民生、防风险各项工作，深化供给侧结构性改革和转型综改，推动质量变革、效率变革、动力变革，打好防范化解重大风险、精准脱贫、污染防治“三大攻坚战”，引导和稳定预期，促进经济社会持续健康发展。

主要预期目标是：地区生产总值增长7%左右，规模以上工业增加值增长5%左右，全社会固定资产投资力争增长30%，公共财政预算收入增长10%，社会消费品零售总额增长7%左右，城乡居民人均可支配收入分别增长7%左右和7%以上，城镇登记失业率控制在4.2%以内，其他约束性指标完成省市下达任务。

2018年，要重点做好以下八个方面的工作：

（一）坚持以高质量发展为根本，着力构建现代产业体系

全力推动产业转型升级。坚持“稳煤炭、促转型”，围绕全市“2+7”产业布局，推进传统产业改造和新兴产业培育。煤炭产业方面，要进一步提升煤矿技术装备水平，加大现代化矿井建设力度，在确保安全的基础上，持续释放先进产能。年内完成5座生产矿井标准化建设达标任务，全县所有生产矿井全部达到二级以上标准。开工建设中煤华昱水泉煤业井工矿项目，完成南阳坡煤矿300万吨扩能改造。抓好华夏、瑞之琦、金顺源等10个续建、新建洗煤生产线项目，新增洗选能力1530万吨。电力产业方面，抓住国家实施以电代煤的“电能替代”政策机遇，利用好蒙西至天津南、晋北到江苏两条过境特高压输电线路，争取更多入网指标，年内昱光二期2×35万千瓦低热值煤发电和热电联产项目投产运行。现代煤化工产业方面，紧紧抓住全国七大现代煤化工基地之一的晋北现代煤化工基地这一“金”字招牌，推进现代煤化工重大转型项目建设，把松蓝化工2×30万吨煤制乙二醇一体化项目作为“头号工程”来抓，力争5月份正式开工建设，年内完成基础工程和大型设备订购；锦晔100万吨低阶煤清洁利用、超牌20万吨煅烧高岭土生产线等项目年内建成投产；力争赐润与中信集团合作的400万吨低阶煤分质利用项目落地。新能源产业方面，大力发展风电、光伏发电、生物质能发电，年内着力推进同煤织女泉风电四期10万千瓦、漳泽吴马营风电10万千瓦、山西风光文博4×6兆瓦分散式风电、晋能清洁能源20兆瓦光伏发电、山西汇和玄同10兆瓦沼气发电及5万吨有机肥等项目建设。新材料产业方面，引导粉煤灰、煤矸石在水泥、墙材、陶瓷等产品的应用，开工建设朔州资源循环利用基地项目一期工程。大力推动钙化工产业延伸发展，推进山西玉竹2万立方硅酸钙保温板等项目的实施。推进固废资源化利用，金沙源废旧轮胎橡胶输送带加工2万吨胶粉和2万吨改性沥青及下游产品项目竣工投产。文化旅游产业方面，推动文旅融合发展，打造雁门边塞、广武长城旅游品牌，重点实施长城旅游公路、长城抢救性保护修复加固等工程。建设馒头山生态游和桑干河湿地休闲游“两大游憩片区”。整合旅游资源，融入朔同地区整体旅游布局，使旅游业态产生经济效益。

大力发展民营经济。落实支持非公经济发展政策，着力激发民间投资，鼓励民间资本进入民营经济投资领域。大力开展常态化入企服务活动，积极争取省级企业技改扶持资金，切实帮助企业解决发展中的困难和问题，减轻民营企业负担，激发民营经济发展活力和创造力，年内新培育小微企业200户以上，新增小升规企业3户。弘扬企业家精神，着力培育一支具有开阔视野和善于开拓创新的优秀企业家队伍。

增强金融服务实体经济能力。实体经济是经济发展的坚实基础，金融是实体经济的血脉。要进一步加大金融对转型项目的支持力度，为项目建设提供资金保障。要完善金融服务体系，支持金融机构发展

普惠金融业务，提升金融服务实体经济能力。要筹建金融服务管理机构，经常性地组织开展政银企对接活动，拓宽企业融资渠道。

（二）坚持以项目建设为抓手，着力夯实经济转型基础

加大招商引资力度。按照“上争、下促、外引、内培”的工作思路，立足我县区位优势、资源优势和产业优势，以京津冀、长三角、珠三角、环渤海和雄安新区等为招商重点区域，以央企、国企、大集团和上市公司等为招商主攻方向，编制全县产业招商规划，绘制招商地图，明确招商方向，提高招商精准度。积极组织参加高交会、中博会等重大经贸活动，深入开展“山阴企业家投资在山阴”、“请老乡、回故乡、建家乡”活动，引进一批有利于产业转型的龙头型、旗舰型大项目、好项目，年内至少引进2个投资超10亿元的重大产业转型项目。

加快项目建设进度。按照“转型项目建设年”要求，二季度开展“项目集中开工季”，确保续建项目全部复工，新建项目开工率达100%。要健全完善“县级领导包项目、责任单位抓落实、相关单位搞配合”的责任体系，加强项目建设的服务和管理，年内总投资78.69亿元的13个省、市重点项目，确保当年完成投资22亿元以上。

（三）坚持以改革创新为驱动，着力培育经济发展动能

深化开发区改革创新。把经济开发区作为转型综改试验区建设的“主战场”，积极创建省级开发区，打造以现代煤化工为主的国家级开发区。要复制推广先行先试经验，落实好“三化三制”改革任务，年内完成基地增量配电项目建设。

深入推进电力体制改革。以北周庄工业园区增量配电业务改革试点为契机，推进电力监测平台和综合能源交易平台建设，支持中煤华昱售电公司取得供电营业许可，扩大电力直接交易范围和规模。支持符合国家产业政策、用电成本较大的高载能企业，全电量优先参与电力交易；支持煤电联营发电企业与下游高载能企业实现相互参股，开展长协交易试点。

深化综合行政执法改革。全面推行“双随机一公开”监管，实行信用信息共享，建立守信联合激励失信联合惩戒机制，形成以信用为核心的监管模式。

防范化解重大风险。实施绩效管理，提高财政资金使用效益。严格政府债务规模限额管理，严控政府债务风险。普及金融知识，严厉防范和打击非法集资、金融诈骗等违法犯罪行为，坚决守住不发生系统性金融风险底线。

强化科技创新和人才支撑。以企业创新为主体，引导企业加大研发投入，建立技术研发中心，支持企业与高校、科研院所联合开展“产学研”对接活动，转移转化科研成果。实施人才强县战略，有计划地通过考录、遴选等方式引进高层次、专业型人才，对高精尖人才在住房、子女入学、社会保障等方面给予优厚待遇，对山阴籍全日制研究生以上学历紧缺人才直接进行考核聘用，重点引进企业创新型人才和教育、医疗等民生领域高学历、高职称专业技术人才。

（四）坚持农业农村优先发展，着力实施乡村振兴战略

科学编制发展规划。按照“产业兴旺、生态宜居、乡风文明、治理有效、生活富裕”的总要求，坚持农民主体地位、乡村全面振兴、城乡融合发展、人与自然和谐共生，科学规划主导产业、乡村风貌、文化特色、基础设施建设、基本公共服务、支撑政策体系，编制好乡村振兴规划。

发展有机旱作农业。以我县列为全省5个有机旱作农业示范县之一为契机，推进农业供给侧结构性改革，加强农业综合生产能力建设。夯实农业生产基础，新建高标准农田2万亩，新增高效节水灌溉面积5000亩，测土配方施肥69万亩，实施农机深松整地10万亩，旱作技术推广6万亩等。规划建设有机农业基地，在山区和坡区建设有机小杂粮种植基地，种植旱地谷子6万亩、优质燕麦8万亩；在川区

井灌区建设有机蔬菜种植基地，发展露地蔬菜 4 万亩；在寒旱山区建设优质中药材种植基地，种植红花、柴胡、枸杞等中药材 5000 亩。推进品牌创建，进一步扩大“百汇农珍”、“雁门香”、“桑干河”等山阴杂粮品牌的知名度，年内完成产品认证 5 个。

建设雁门关农牧交错带核心区。按照“草牧结合、农牧循环、生态有机”的总体思路，做大做强特色畜牧产业。优化畜禽养殖，推进奶牛养殖园区向现代化养殖牧场转型 20 个，建成标准化肉羊养殖园区 20 个，建成新大象集团种猪项目东堡、八里庄、双寨三个生猪养殖场。发展牧草产业，种植优质牧草 18 万亩，其中全株青贮玉米 14 万亩、优质燕麦草 3 万亩、苜蓿 1 万亩。高度重视粮食安全，籽粒玉米稳定在 30 万亩以上。

推动一二三产业融合发展。发展壮大乳品产业，鼓励古城乳业加快低温产能布局的整合优化，支持蒙牛乳业继续在山阴发展，引进星辰联盟入驻山阴，进一步拓展鲜奶外销能力，形成与奶牛养殖相适应的加工和销售体系。发展农村电子商务，充分发挥鑫霏农业电子商务平台带动作用，加快推进鑫霏公司小杂粮深加工及仓储物流项目建设，鼓励引导和支持更多的农业电商平台建成运营，形成“线上线下”融合发展的格局。推动农业与旅游产业融合发展，重点沿翠微山打造一条以大接杏、葡萄采摘为主的休闲观光旅游线路。

构建新型经营体系。加快培育新型农业经营主体，引导龙头企业采取订单、股份合作、利润返还等形式，与农民合作社、家庭农场、专业大户和农户建立利益联结机制，构建多元化、多层次、多形式的产业发展服务体系。重点支持宏远农机公司、骏宝宸农业科技公司等开展土地托管、开设“粮食银行”、开展农机专业服务等活动，发挥好示范带动作用。

深化农村各项改革。全面完成农村承包地确权登记颁证。落实农村土地所有权、承包权、经营权“三权分置”办法。探索农村宅基地集体所有权、农户资格权、宅基地及农房使用权“三权分置”具体实现形式。开展集体资产清产核资，摸清集体资产家底，进行身份确认和股份量化。深化集体林权、国有林场、水权制度、供销社综合改革等。

建设美丽宜居乡村。继续实施农村人居环境改善“四大工程”，开展农村环境连片综合整治。推进农村生活垃圾和污水治理两个省级示范项目建设，完成 30 个村的生活垃圾收运工程。推进农村“厕所革命”，改造和建设农村户用卫生厕所 2000 座。推进“四好农村路”建设，新建改建农村公路 170 多公里。提高农网供电能力和供电质量，完成农村低压电网升级改造 110 公里，新增和改造配电变压器 52 台 6900 千伏安。持续关注农村用水安全，完成 37 个村庄的农村饮水安全巩固提升工程。

（五）坚持城市建设管理并重，着力提升宜居宜业水平

完善城市规划体系。按照系统规划、协同规划、精细规划要求，依法加强规划编制和审批管理，推进城乡规划、土地利用规划等“多规合一”，实现规划“一张蓝图”。年内重点完成铁东区控规修编和桑干河新区控规编制。

加强基础设施建设。实施骏马路、世纪大道、站前街东段、纵三路、纵四路南段、山水巷等道路改造工程；完成第二供热站与热电联供主管网对接、昱光电厂供热首站与主管网对接；完成和顺社区棚户区改造货币化安置，同步考虑供热管网配套工程建设；实施府西街、青年西街立面改造和人行道改造工程；实施政府街、府南路路灯改造工程；规划建设县城防汛涝水网；规划建设一座休闲公园。启动“山西省园林县城”创建工作。全面做好大原客专建设的配合协调工作。

提升城市管理水平。要强化城市管理，理顺管理体制，严厉打击各种违法违章建设，开展交通秩序、建筑渣土、户外广告、“严管街”等专项整治。拓展县城保洁范围，向城中村、城乡结合部延伸，逐步实现环境卫生保洁全覆盖、无盲区。

（六）坚持人与自然和谐发展，着力建设绿色美丽家园

落实国土空间规划。开展资源环境承载能力和国土空间开发适宜性评价，合理划定城市开发边界、永久基本农田、生态保护“三条红线”和城镇、农业、生态“三类空间”。开展新一轮土地利用总体规划修编前期工作，启动第三次全国土地调查。开展第四次全国经济普查。完成第二次污染源普查工作。

实施山河修复行动。全面整顿露天开采矿山资源，依法取缔重要道路交通沿线可视范围内非煤矿山露天开采工作面，规范非煤矿山企业开采行为。扎实抓好采煤沉陷区矿山地质环境治理，实施矿区复垦、复绿工程，重点推进华夏煤业矿山生态环境治理试点示范项目。推进西山非煤矿山生态修复工程，在南起安荣乡大洋村、北至岱岳镇下沙河村10公里范围内，高标准规划建设一座矿山生态公园，打造生态景观。集中连片大规模植树造林，年内完成造林面积2.5万亩以上。

开展大气污染防治。深化“控煤、治污、降尘、管车”等措施，推动大气质量持续改善。大力推进“煤改气”和“煤改电”工程，逐步以燃气、电能代替燃煤。坚定不移清理取缔县城建成区经营性燃煤小锅炉；彻底取缔排放不达标、严重污染环境的“散乱污”企业，坚决杜绝已取缔“散乱污”企业死灰复燃；加大煤矸石治理力度，确保所有矸石堆场完成规范化处置，消除自燃隐患；县城建成区严禁燃放烟花爆竹和燃点原煤旺火，坚决杜绝农村秸秆露天焚烧和县城周边焚烧垃圾行为。持续抓好县城建成区内建筑工地、道路运输、非煤矿山扬尘治理，坚决控制扬尘污染。继续做好淘汰黄标车、老旧车工作，大力推广新能源汽车，率先在具备条件的住宅小区建设充电桩。

开展水污染防治。严格执行水资源开发利用、用水效率控制、水功能区限制纳污“三条红线”，落实开采地下水和煤矿开采破坏地下水资源征收水资源税政策。推进桑干河流域生态修复工程，继续落实“河长制”，加强河道沿线管理，持续改善河道水质。科学划定畜禽养殖禁养区、限养区，推进规模化养殖场畜禽粪便减量化处理。加强城市污水治理，逐步对城市道路进行雨污分流改造，完成污水处理厂扩容改造工程，实施玉马小区污水应急处理设施项目。

开展土壤污染防治。完成土壤污染防治详细调查工作，建立山阴县土壤环境基础数据库，加强工业废物和危险废物的处理处置。

大力推进节能降耗。全面推行清洁生产，开展冶金、建材、化工、新材料等重点行业和火力发电企业能效对标活动，实施重点用能单位能效提升行动，建立重点用能企业节能评价体系，支持发展合同能源管理，推进工业绿色发展。

（七）坚持以人民为中心的发展思想，着力提升群众幸福指数

办公平有质量的教育。加强与省教科院的合作，全面实施教育质量提升工程，巩固提升义务教育均衡发展成果，逐步解决“择校热”、“大班额”问题。加快普及高中阶段教育，支持山阴一中积极开展教育教学管理改革。合理布局县城小学，在世纪大道附近规划建设县第九小学。改善农村薄弱学校办学条件，完成北周庄小学项目建设。加快发展学前教育，启用铁东民福小区幼儿园。重视职业教育，提升办学水平。支持民办教育发展，规范社会力量办学。

实施健康山阴战略。深化医药卫生体制改革，加快推进“五项制度”建设，创新医疗、医保、医药“三医联动”改革管理模式，完善医疗集团运行机制，完成县乡医疗卫生机构一体化改革。深入开展提升医疗质量专项行动，全面提升医疗服务质量安全水平。全面推开医联体建设，启动优质服务基层行活动，促进优质医疗资源下沉，推动家庭医生签约服务提质增效。扩大公立医院薪酬制度改革试点范围，启动公立医院绩效考核。

完善社会保障体系。深化机关事业单位养老保险制度改革，全面建立城镇职工、城乡居民社会统筹和个人账户相结合的社会养老保险制度。继续推进城乡居民基本医疗保险制度整合，深化医保支付方式

改革，进一步完善大病保险制度，扩大医保费用全国异地就医及时结算。深入推进全民参保登记，扩大“五险”参保覆盖面。实行城乡低保动态管理，实现应保尽保。积极落实就业政策，抓好职业技能培训、高校毕业生、农民工、下岗工人、贫困群众等多渠道就业创业工作，筹建劳动力市场求职就业服务大厅，完成3000名农村劳动力转移就业培训。加快养老事业发展，年内开工建设山阴县中心敬老院，建设农村老年日间照料中心25个；鼓励社会养老产业发展，支持山阴老年公寓开展康养融合服务示范。

发展文化体育事业。深入开展“树文明新风、建和谐山阴”精神文明创建活动，评选山阴好人，讲好山阴故事，凝聚山阴正能量。实施文化惠民工程，免费送戏下乡100场，组织开展送电影下乡、送图书下乡等活动，积极营造健康向上的浓厚文化氛围，用文化引导提升全民素质。广泛开展全民健身活动，丰富群众文体生活。加强非物质文化遗产保护。加大志鉴编纂力度，实现“志鉴两全”。

巩固脱贫攻坚成果。按照“脱贫不脱政策、脱贫不脱帮扶、脱贫不脱投入、脱贫不脱产业”的要求，强化产业支持，跟进扶贫政策，全面巩固提升脱贫成果，坚决完成剩余159户357人的脱贫任务。

扎实办好六件民生实事。在落实好省政府六件民生实事的基础上，我们还要为民办好六件实事。一是政府补贴5000万元，继续扩大县城建成区“煤改气”覆盖范围，并向县城周边20个村辐射，完成新入网天然气用户1万户，同时对去年入网的用户进行完善。二是筹资5000万元开工建设府东街跨线立交桥。三是投资1000万元完成5.8公里南山输水线管网改造工程。四是规划建设一座县城大型农贸批发市场。五是完成小街小巷硬化15条。六是补齐历年拖欠干部职工津贴和补助，对2011年以前（包括2006年）拖欠的从今年起争取分两年补齐；对2011年以来拖欠的力争今年一次付清；对今年新增资当年全部兑现。

（八）坚持以建设平安山阴为引领，着力维护社会安全稳定

加强安全生产。进一步压实“党政同责、企业（单位）主责、失职追责”安全生产责任体系。构建安全生产法治环境，做到管行业必须管安全、管业务必须管安全、管生产经营必须管安全“三个必须”。扎实开展“安全生产执法年”活动，实施问题隐患整改、重大隐患挂牌督办、追责问责、联合惩戒等“四个清单”制度，确保安全责任、投入、培训、管理、应急救援“五到位”。持续加大煤矿、非煤矿山、道路交通、危化品、建筑施工、人员密集场所、特种设备等重点行业领域专项整治，及时消除各类安全隐患。提高预警、应急和依法处置能力，严防大规模群体性事件、突发环境事件、重大食品药品安全事故、重大交通事故等重大公共安全事件发生，坚决遏制重特大事故，确保人民生命财产安全。

创新社会治理。以创建“平安法治山阴”为目标，全面推进社会治安防控体系建设，推广“枫桥经验”，打造县乡村三级综治中心，提升城乡基层社会治理水平。以“零容忍”的态度，深入开展扫黑除恶专项斗争，严厉打击各类违法犯罪活动。深入开展“零命案县”和“零刑事案件村（社区）”创建活动，探索社会治安“微治理”模式，确保社会治安持续稳定。推进乡村视频监控“雪亮工程”和县城视频监控二期工程，着力建设立体化、动态化的社会治安防控体系。加大交通安全宣传力度，增强广大市民的交通安全意识，提升全县交通安全管理水平。加强消防基础设施建设，提高抢险救援能力。推进社区、社会组织、社会工作“三社联动”。创新信访工作机制，规范信访秩序，有效调处化解各类矛盾纠纷，维护和解决好群众合理合法利益诉求，引导人民群众依法办事、依法维权。做好重大突发事件舆情引导处置，确保社会大局和谐稳定。支持国防建设，加强双拥工作，创建双拥模范县城。

三、加强政府自身建设

新时代新方位新使命对政府自身建设提出新要求，我们必须以党的建设为统领，全力打造新时代人

民满意的政府。

加强政治建设。坚决维护以习近平同志为核心的党中央权威和集中统一领导，树牢“四个意识”，坚定“四个自信”，严守政治纪律和政治规矩，始终在政治立场、政治方向、政治原则、政治道路上，同以习近平同志为核心的党中央保持高度一致。坚持党要管党、从严治党，全面落实“两个主体”责任，推进党的建设新的伟大工程各项任务。

建设法治政府。把宪法和法律作为政府工作的根本准则，自觉运用法治思维和法治方式推动发展。完善依法决策机制，严格执行依法决策程序，重大决策深入论证、公开征求各方意见。坚持规范性文件备案审查制度。深入推进“七五”普法，全面落实行政执法责任制，严格公正、规范、文明执法。自觉接受人大及其常委会的依法监督、政协的民主监督、司法机关的司法监督以及社会公众监督，注重发挥新闻媒体和网络作用，让行政权力在阳光下运行。

建设效能政府。完善政府系统学习机制，切实提高政府部门领导干部政策领悟能力、处理复杂矛盾问题的能力和系统思维能力。倡行“马上就办”，坚持“办就办好”，真正把纸上写的、会上定的，一个一个盯实、一个一个落实，确保政令畅通。深入推进“互联网+政务服务”，新建政务服务中心投入运行，营造方便快捷的政务服务环境，努力实现群众办事“只进一扇门”“最多跑一次”，破除“中梗阻”。充分发挥“13710”电子督办平台的作用，实行清单化管理，确保工作任务高效落实。营造“六最”营商环境，构建“亲”“清”新型政商关系。

建设廉洁政府。深入推进“两学一做”学习教育常态化制度化，扎实开展好“不忘初心、牢记使命”主题教育，深入开展大学习、大调研、大落实活动。严格执行中央八项规定，驰而不息纠正“四风”，大力整治形式主义、官僚主义的新表现。严格执行财政审批、议决事项、请示报告“约法三章”，规范审批流程。严控“三公”经费，把有限财力优先用于民生保障。强化对行政权力的监督和制约，严格监管公共资金、公共资源、国有资产。加强审计监督，全面推行政府及其工作部门内审制度。扎实开展重点领域和关键环节专项整治，坚决纠正侵害群众利益的不正之风，以身正求公正、以公心换人心、以政风带民风，聚集发展正能量。深入开展政府系统党风廉政建设和反腐败斗争，确保干部清正、政府清廉。

各位代表，新时代赋予新使命，新征程呼唤新作为。让我们紧密团结在以习近平同志为核心的党中央周围，在中共山阴县委的坚强领导下，不忘初心、牢记使命，同心同德、攻坚克难，为决胜全面建成小康社会、谱写新时代中国特色社会主义山阴篇章而努力奋斗！

县十六届人大三次会议秘书处

二〇一八年年三月三十一日

2019年政府工作报告

——2019年1月30日在山阴县第十六届人民代表大会第四次会议上

代县长　苏　坡

各位代表：

现在，我代表县人民政府向大会报告工作，请予审议，并请县政协委员和其他列席人员提出意见。

一、2018年工作回顾

2018年，面对严峻复杂的经济形势和艰巨繁重的改革发展稳定任务，县政府坚持以习近平新时代中国特色社会主义思想为指引，深入贯彻党的十九大精神和习总书记视察山西重要讲话精神，以省“三大目标”为牵引，围绕市“生态立市、稳煤促新”发展战略，创新实施“2361”工作思路，在县委的坚强领导下，在县人大、县政协的监督支持下，团结带领全县广大干部群众，奋力拼搏、锐意进取，全力以赴做好稳增长、促改革、调结构、惠民生、防风险各项工作，有力地推动了全县经济社会持续健康发展。

全年地区生产总值完成179.69亿元，同比增长2.3％；规模以上工业增加值同比下降5.4%；固定资产投资完成21.6亿元，同比增长22.1%；公共财政预算收入完成15.46亿元，同比增长35%；社会消费品零售总额完成43.36亿元，同比增长8.5%；城镇居民人均可支配收入预计达到34592元，同比增长6.5%；农村居民人均可支配收入预计达到16561元，同比增长8.4%。

一年来，我们主要做了以下工作：

全力以赴稳增长，转型基础不断夯实。“稳煤”效果集中显现，按照“减、优、绿”要求，推进玉皇山煤业与南泉湾煤业减量置换和减量重组，全县13座生产煤矿全部达到安全生产标准化先进产能要求，南阳坡煤业产能由90万吨/年增至300万吨/年；电力产业快速发展，奕光2×35万千瓦低热值煤电厂试运行，昱光电厂二期、神头二电厂改接晋北交流特高压站、神泉改接晋北直流等三条500千伏送出工程线路过境，打通了我县电力外输通道。煤电行业为经济增长提供重要支撑，全年煤炭产量2067.7万吨，同比增长29.6%；洗煤产量2141.7万吨，同比增长3.7%；发电量39.5亿度，同比增长28%。投资拉动成效突出，扎实开展“转型项目建设年”活动，全年实施重点项目70个，总投资108.57亿元，当年完成投资21.6亿元，有效地促进了经济增长。招商引资成果丰硕，大力引进新兴产业和转型项目，完成招商引资签约项目38个，总投资114亿元，落地项目29个，开工项目12个，到位资金8.6亿元。

精准发力调结构，产业格局逐步优化。不断发展壮大非煤产业，晋能2万千瓦光伏扶贫、山西风光文博2.4万千瓦分散式风电项目竣工投产，漳泽吴马营10万千瓦风电、同煤织女泉四期10万千瓦风电等项目开工建设，年内完成投资近4亿元。项目全部竣工后，新增发电能力25.4万千瓦，全县电力总装机容量将达到189.4万千瓦。新材料产业逐步兴起，超牌一期10万吨/年煅烧高岭土、玉竹2万立方米/年绝热保温硅酸钙板项目竣工投产，完成投资1.36亿元。农业结构逐步优化，以全省有机旱作农业示范县建设为抓手，发展壮大谷子、莜麦、高粱、荞麦等优质杂粮，总面积达到25万亩，其中渗水地膜旱地谷子6万亩，荣获“山西富硒谷子强县”称号，申报“中国富硒小米之乡”品牌获得省粮食协会批准；惠牧源“塞外火山土”富硒有机小米荣获中国公信网“中国好小米”称号，惠民合作社“农食美”获得中国中轻质保中心“中国著名品牌”殊荣。积极开展粮改饲试点，以全株青贮玉米、苜蓿、燕麦草、甜高粱等为主的优质饲草种植面积达到15.5万亩，粮经饲比例调整为64∶10∶26，饲草种植比例较上年增加1个百分点，同步改善了奶牛饲喂结构，县畜牧局被授予“全省粮改饲试点工作先进单位”；粮食产量达到5.96亿斤，较上年增长4.85%，再创历史新高。现代服务业蓬勃发展，各类专业店、连锁便民店、大中型商业综合体等新的商业组织达到1370家，线上餐饮消费、美容美发、洗浴、家政服务等生活服务网商达到1301家，电子商务、连锁经营、物流配送等新兴业态达到41家；电商行政村服务站达到8个，网上产品销售额突破2000万元。

*锐意进取抓改革，发展活力逐步释放。*营商环境不断优化，完成新建政务服务中心整体搬迁，入驻单位31家，设立窗口45个，行政许可136项，行政确认15项，便民服务事项117项；全年办理行政许可2500余件、行政确认2000余件、便民服务4.6万件。“互联网+政务服务”平台建设逐步完善，受理、审核、审批、办结四个环节网上办理进入试运行，审批事项、证明事项逐步减少，公共服务效能和发展环境进一步提升优化。扎实推进“放管服效”改革，落实并联审批、企业投资项目承诺制等改革，承接省、市政府行政职权事项15项；创新政银企合作机制，全县金融机构各项贷款余额达到90.64亿元，较年初增加3.39亿元，支持530户中小企业和个体工商户累计发放贷款12.19亿元，培育小升规企业3家、双创基地1家。电力改革迈出坚实步伐，石星化工、晋能集团等8家企业实施了大用户直供电，全年交易电量6.7亿度，帮助企业节约用电成本3900多万元。农村土地制度和集体产权制度改革稳步推进，农业农村发展活力不断迸发。创新活力逐步提升，2家企业通过高新技术企业评审。

*坚持不懈强基础，城乡面貌明显改变。*城市基础设施不断完善，府东街跨线立交桥、世纪大道、王涧路等工程开工建设，虎山线铁立交桥通车运行，完成骏马路改造和21条小街小巷硬化，完成自来水输水线后所段复线改造并投入使用，改造更新主要街道路灯1000余盏等。完成永皓电厂设备更新改造和扩容，彻底关闭第二供热站区域供热锅炉并与热电联供主管网对接，新建供热主次管网12条11.7公里，热电联供集中供热扩容101万平方米。农业基础不断夯实，完成高标准农田建设1.85万亩，县级补充耕地项目新增耕地381.6亩，省级耕地开发基金项目新增耕地1076.39亩；完成9个乡镇55个村节水灌溉工程，新增节水灌溉面积2.58万亩。美丽乡村建设成效显著，按照“三点三圈三线”总体规划，结合农村人居环境整治和贫困村提升，共计投资5000多万元，完成19个美丽乡村示范村建设，完成10个行政村撤并，全市美丽乡村建设暨“百村示范、千村整治”行动现场观摩会在我县召开。

*久久为功优生态，环境质量明显改善。*坚决打赢“大气、水、土壤”三大污染防治攻坚战。大气污染防治得到加强，取缔散乱污企业75家，对全县27家重点行业企业燃煤锅炉进行了排放限值改造；完成集中供热改造户38户、“煤改气”4078户，采煤沉陷区搬迁签订协议2058户，全年重污染天气降低到12天，同比减少7天，综合质量指数降为5.88，同比下降13%。水污染防治逐步强化，强力推进桑干河“清河行动”，实施河道疏浚、清淤、固堤、沿河公路建设、岸线绿化等工程，完成投资1.8亿元；建设污水处理厂至桑干河排水通道1624米，完成污水处理厂改扩建，新增污水处理能力5000吨/日，桑干河出口断面水质稳定达标。土壤污染防治逐步强化，煤矿、洗选煤厂、矸石处理场防扬散、防流失、防渗漏等设施建设不断完善；化肥使用量降低到39254.7吨，较去年下降2%；农药使用量降低到89.5吨，较去年下降1.6%。持续开展造林绿化，完成整体造林2.5万亩，栽植各类树木250万株；启动实施西山矿山生态修复工程，当年完成投资1.7亿元。

千方百计惠民生，幸福指数持续提高。脱贫攻坚持续发力，退出贫困户 154 户 343 人，如期实现贫困县“摘帽”目标；结合贫困村提升工程的实施，完成“四好农村路”建设 20 公里，安全饮水工程村 12 个，农网升级改造村 34 个，通宽带网络村 32 个，农村危房改造 43 户等。教育事业取得新进步，继续实施与山西省教科院合作的教育质量提升工程，2018 年高考二本以上达线 675 人，同比增长 5.8%。医疗卫生服务水平明显提高，新建县人民医院和中医院综合门诊楼投入运营，县人民医院通过二甲医院复审、中医医院通过二甲医院评审；医药卫生体制改革深入推进，建立了医疗服务价格动态调整机制，按病种付费病种数达到 101 种；县乡医疗卫生机构一体化改革基本完成，医疗集团信息化建设正在进行。文化惠民工程深入推进，免费送戏下乡 104 场，农村电影放映 3084 场，农家书屋补充图书近 2 万册，建成电视无线数字化接受传输发射基塔，城乡居民可免费收看 12 套中央电视台节目。社会保障不断加强，五项社会保险扩面工作超额完成，建成 25 所农村老年日间照料中心，山阴县中心敬老院项目开工建设。安全生产形势保持平稳，深入开展煤矿、非煤矿山、危化行业领域安全生产隐患排查治理专项行动，煤矿实现“零事故”。社会管理不断创新，扫黑除恶专项斗争取得重大战果，信访工作全面加强，社会矛盾得到有效化解，各类社会风险得到有效控制，社会保持和谐稳定，连续四年荣获“省级平安县”称号。

转变作风提效能，自身建设得到加强。严格落实政府系统全面从严治党主体责任，深入推进反腐败斗争，扎实开展政府系统纪律作风整顿，认真整改“四风”突出问题，特别是形式主义、官僚主义的新表现，形成了作风建设的“头雁”效应。认真落实“三重一大”事项决策程序，保证各项决策的民主化、公开化、制度化和科学化。严格执行“13710”工作制度，承办督办任务 80 项。“12345”便民服务进一步规范，处理转办事项 270 件，做到了“事事有回音、件件有落实”。严格执行人大及其常委会的决议决定，自觉接受人大和政协监督，支持各民主党派、工商联、无党派人士参政议政，全年办理人大代表建议 91 件，政协委员提案 83 件。

此外，军民融合、双拥创建、气象通信、社区建设等取得新成绩；外事侨务、档案史志、应急处置、老龄及残疾人等各项工作取得新进展。

各位代表，过去一年取得的成绩来之不易。这是县委统揽全局、正确领导的结果，是县人大、县政协有效监督、大力支持的结果，是全县人民同心同德、团结拼搏的结果。在此，我代表县人民政府，向给予政府工作鼎力支持的人大代表、政协委员、老领导、老干部、老同志，向一年来付出艰辛劳动的广大干部群众，向所有关心和支持山阴发展的社会各界人士表示衷心的感谢，并致以崇高的敬意！

在肯定成绩的同时，我们也要清醒地认识到，我县经济社会发展还面临不少困难和挑战。集中表现为：产业结构仍不合理，多年积累的“一煤独大”的结构性矛盾仍未得到根本破解；新兴产业发展缓慢，带动经济发展的大项目好项目储备不多，经济转型任重道远；改革创新驱动能力不强，对外开放水平不高，营商环境仍需改善；基础设施建设滞后，教育、城建等民生社会事业欠账较多，补齐短板任务艰巨；少数干部担当精神不足、工作作风不实、执行力不强，行政效能建设仍需加强等等。对此，我们必须采取有力举措，切实加以解决。

二、2019 年工作安排

2019 年，是新中国成立 70 周年，是决胜全面建成小康社会的关键之年，是我省在“两转”基础上拓展新局面的攻坚之年，也是朔州建市 30 周年，做好今年的工作责任重大、意义深远。

今年政府工作的总体要求是：坚持以习近平新时代中国特色社会主义思想为指引，认真学习贯彻党的十九大精神，深入贯彻落实习近平总书记视察山西重要讲话精神，按照中央经济工作会议以及省委十一届七次全会、省委经济工作会议、市委六届八次全会、市委经济工作会议、县委十四届八次全会、县委经济工作会议的总体部署，增强“四个意识”，坚定“四个自信”，做到“两个维护”，高举新时代改革开放伟大旗帜，坚持稳中求进工作总基调，坚持新发展理念，坚持推动高质量发展，坚持以“供改”和“综改”相结合为主线，坚持深化市场化改革、扩大高水平开放，落实“稳就业、稳金融、稳外贸、稳外资、稳投资、稳预期”要求，创新实施“2361”工作思路，统筹做好稳增长、促改革、调结构、惠民生、防风险工作，继续打好“三大攻坚战”，坚持不懈推进全面从严治党，保持经济持续健康发展和社会大局和谐稳定，努力提高人民群众获得感、幸福感、安全感，以优异成绩迎接中华人民共和国成立70周年。

主要预期目标是：地区生产总值增长7%左右；规模以上工业增加值增长8%；全社会固定资产投资增长20%左右；公共财政预算收入增长6.6%；社会消费品零售总额增长7%左右；城乡居民人均可支配收入分别增长7%左右和7%以上；居民消费价格增幅控制在3%左右；城镇新增就业人数4000人，城镇登记失业率控制在4.2%以内。其它约束性指标不折不扣完成省市下达任务。

围绕上述思路目标，重点抓好九个方面的工作：

（一）坚持高规格推动园区建设，培育经济发展新支撑。抓住山阴经济技术开发区获得省政府批准设立的重大机遇，依托北周庄低碳循环经济工业园区和晋北现代煤化工基地现有基础，把开发区建设作为经济转型的主战场。

完善开发区功能配套。加快推进开发区“九通一平”基础设施配套建设，年内着力解决电力供应、污水处理两大瓶颈问题，在东区新建110千伏变电站1座、西区新建220千伏变电站1座；采用BOO模式，引进投资商在东、西两区分别规划建设一座日处理1万吨的污水处理厂。同步规划实施道路绿化、亮化、管网等建设。

加快开发区项目培育。将开发区作为转型项目的重要承载平台，持续推动转型产业集聚发展。规划建设化纤示范产业园，延伸开发乙二醇醚、聚酯、苯二酸钾等有机化工产品，加大高铝煤粉灰短流程电热提取金属铝的研发力度。力促安徽森愚仁竹柳种植及秸秆加工产业园、致恒实业组建铸铁件车轮实验基地、保定鸿程糖业玉米芯制木糖等一批重大招商引资项目落地开发区。

深化开发区改革创新。完成开发区调规整合升级扩区审批，编制调整控制性详细规划和各类专项规划。按照“三化三制”要求，完成开发区班子组建、“三定方案”制定及人才招聘等工作，建立充满活力的运行体制，为开发区创新发展、经济转型升级提供强有力的组织和人才保障。

（二）坚持高效益推进项目建设，迈出动能转换新步伐。把项目建设作为发展动能转换的主抓手，深化“转型项目建设年”活动，持续谋划项目，稳定投资规模，优化投资结构，培育更多新的经济增长点。

保持投资强度。实施一批新项目、大项目、好项目，保持投资强劲增长势头，年内围绕基础设施、产业转型、社会民生、生态治理四大板块，实施重点项目70多个，完成投资26亿元以上。要全力以赴创造条件，推动项目早日落地、早日开工、早日建成、早日达效。

推动稳煤促新。巩固提升传统产业，培育壮大新兴产业，加快构建“2+7+N”现代产业体系。煤炭产业，立足煤炭清洁利用供给侧改革，按照“减、优、绿”要求，推进煤矿减量置换、减量重组和煤炭洗选行业能源革命，进一步提升煤炭企业技术装备水平，提高先进产能占比，化解落后洗选能力。年内要在巩固13座生产矿井达标成果的基础上，重点推进朱和咀煤业与水泉煤业两个90万吨/年矿井开工建设，推进五家沟与高山矿由300万吨/年整合提能至400万吨/年。充分发挥煤炭洗选发运优势，实现煤炭产业效益最大化。新材料产业，以多联产、全循环、高端化为导向，提高粉煤灰、煤矸石、石灰石等资源化综合利用水平，年内玉竹2万立方硅酸钙新材料项目达产达效，超牌二期10万吨煅烧高岭土生产线项目竣工投产。新能源产业，着力抓好漳泽吴马营10万千瓦风电、同煤织女泉10万千瓦风电、联胜风能15万千瓦风电、汇和玄同10兆瓦沼气发电、日产6万方生物天然气等项目建设。现代煤化工产业，年内松蓝化工60万吨煤制乙二醇一体化项目开工建设，锦晔100万吨低阶煤分质清洁利用示范项目一期工程竣工投产，力争阳煤集团低阶煤分质清洁利用多联产等项目落地开工。陶瓷产业，引导现有3家陶瓷企业进行升级改造，加强与国内外知名陶瓷企业的合作，引进先进的生产线和工艺流程，发展建筑瓷、卫生瓷、工艺瓷、特种瓷等产品，创建自己的品牌，扩大产品出口率。文化旅游产业，围绕构建全域旅游发展格局，加快文旅融合步伐，推进广武边塞文化旅游区建设，积极与银泰公司等文旅开发商对接，制定详细的项目实施方案，整合旅游资源，赋予文化内涵，将广武古城、明长城融入雁门关景区，打造全省长城旅游板块的标志性景区。推进乡村旅游，打造东庄村358旅旧址国防教育和红色旅游基地。

完善推进机制。健全完善“县级领导包项目、责任部门抓落实、相关单位搞配合”的责任体系，实行“一个重大项目、一套工作班子、一抓到底”推进机制，开展“项目谋划季”“项目审批季”“项目开工季”和“带公章、进工地、到一线、解难题”活动，为项目建设提供“保姆式”服务。

（三）坚持高质量发展实体经济，激发民营企业新活力。我们要抓住国家支持民营经济发展的重大机遇期，加快推进民营企业发展壮大。

积极落实各类扶持政策。始终坚持“两个毫不动摇”，落实好“省30条”“市48条”和“县50条”支持民营经济发展政策措施，加大减费降税力度，降低企业生产成本，减轻企业经营负担，制定相关配套细则，打通政策落实“最后一公里”，进一步提高民营企业的政策获得感。

开展支持民营企业行动。放宽市场准入，开放民间投资领域，鼓励支持民营资本向基础设施、社会事业、城镇建设等领域进军。拓宽融资渠道，建立融资服务体系，设立2000万元中小企业应急还贷资金和一定数额的发展专项资金，争取省级企业技改扶持资金。支持民营企业“个转企、小升规、规改股、股上市”，力争年内有3家民营企业完成股份制改造、培育“小升规”企业3家。对产品有市场、因技术改造或资金短缺导致产值下滑的退规企业，积极帮助解决困难，推动企业重新入规。

优化民营企业发展环境。深化商事制度改革，统筹推进企业投资项目承诺制改革试点和工程建设项目审批制度改革，压缩重点事项审批时限，提高办理时效，加快营造“六最”营商环境。大力开展常态化入企服务活动，在用工、用地、融资等方面发力，扎扎实实帮助企业解难题、渡难关，让民企吃上定心丸，安心谋发展。

（四）坚持高层次深化改革开放，实现创新驱动新突破。坚决破除一切不合时宜的体制机制，增强发展环境吸引力，激发全社会创造力。

深化改革添活力。深化“放管服效”改革，加快“3545”专项改革在县政务便民服务中心落地，严格落实“两集中、两到位”要求，推动便民服务中心规范运行，加快建设全县一体化政务服务平台，推进省、市、县联审联办和县、乡联审联办的并联审批机制。深化行政审批制度改革，坚决取消国务院和省、市决定依法取消的行政审批项目，有效承接国务院和省、市依法下放的行政职权，妥善承接国务院和省、市依法要求转移的行政审批项目，简化流程，强化服务，提升效能。深化电力体制改革，推动北周庄工业园区增量配电改革迈出实质性步伐，继续做好新能源超保障小时电量打捆直供电工作，推进电力监测平台和综合能源交易平台建设，支持中煤华昱售电公司取得供电营业许可，扩大电力直接交易范围和规模。深化综合行政执法改革，全面推行“双随机一公开”监管，实行信用信息共享，建立守信联合激励失信联合惩戒机制，形成以信用为核心的监管模式。

开放合作强实力。坚持“走出去”与“引进来”并举。鼓励和支持干部、企业家走出去，学习发达地区的先进理念和宝贵经验，进一步开阔视野，增长见识；抓住我省新成立朔州海关的机遇，引导和组织活性炭、陶瓷、小米等生产加工企业扩大出口份额，开拓新的市场。立足我县区位、资源和产业等优势，抓住北京非首都功能疏解机遇，加强与北京跨区域产业协作中心合作，开展精准招商，承接产业转移；瞄准央企国企和上市民企，主动对接长三角、珠三角、京津冀等重点区域，推进全方位、高层次、宽领域产业合作。积极参加2019年中国国际进口博览会、高交会、中博会等重大经贸活动，举办各类招商专场，引进一批大项目、好项目，年内至少引进2个投资超10亿元的产业转型项目。

科技创新增潜力。引导企业加大研发投入，建立技术中心，与高校、科研院所联合开展“产学研”对接活动，引进外来专家开展科研创新和成果转化工作，不断提高企业自主创新能力和核心竞争力。完成第四次全国经济普查工作，摸清全县经济主体家底，更加注重成果运用，推动形成“大众创业、万众创新”新态势，促进年轻“创客”更多涌现。

（五）坚持高品质完善城市功能，展现城市建设新面貌。按照“一年整治、两年提升、三年变样”的工作目标，启动实施城市建设发展三年行动计划。

一体化规划城市。强化规划战略引领作用，合理布局发展空间，加强国民经济和社会发展规划、环境保护规划、城乡规划、土地利用规划等规划的融合，构建“多规合一”的规划体系。完善提升以控制性详细规划为基础的“一张图”系统，作为规划建设的基础依据，实现“一张蓝图绘到底”。

标准化建设城市。加强市政基础设施建设，着力解决一批人民群众反映强烈的突出问题。投资4个多亿，重点实施15项民生工程：“一座大桥”，府东街跨线立交桥力争年底前竣工通车；“六条道路”，完成世纪大道、西二环路、宝峰路改造和王涧路、府东街延长线东延至虎山线道路、河阳大道至污水处理厂道路建设工程；规划建设一座公园、两座天桥、两处市场、八座公厕；逐年对铁西区小街小巷进行污水管线铺设和多样化硬化改造。做好市际快速通道和韩原动车线改造、大原高铁、朔山联络线建设配合协调工作，完成山阴火车站候车室改造和站前广场、连接线建设。

精细化管理城市。围绕创建省级园林县城目标，搞好城市绿化整体规划，对城市空地、乱点和卫生死角进行生态治理，扩大城市公共绿地覆盖面；对城市资源资本进行聚集重组，积极对接格盟国际能源集团，推进县城集中供热市场化经营管理。强化城市管理，理顺管理体制，整合城市管理综合执法队伍，加大城市管理力度；赋予城市文化内涵，体现山阴人文特色，对县城主要街道进行重新征集命名；突出整治环境卫生、市容秩序等方面存在的问题，提高道路机械化清洗清扫程度、密度、广度和清洁度；随着集贸市场的建设，逐步取缔马路市场、流动摊点、商贩占道经营等。

（六）坚持高起点实施乡村振兴，开创三农工作新局面。把实施乡村振兴战略作为新时代“三农”工作总抓手，全面实施总体规划和“5+1”专项规划，深化农业供给侧结构性改革，推进一二三产融合发展。

围绕“农业强”抓好结构调整优化。坚持“土、肥、水、种、技、机”六大要素综合施策，持续推进农业种植结构调整，按照“三大”区域布局，在北山片4个乡镇发展小杂粮、马铃薯和中药材，在南部坡区和平川区3个乡镇发展蔬菜、果业和粮草兼用玉米，在川区片6个乡镇发展小杂粮和优质饲草，年内推广种植渗水地膜旱地谷子7万亩、特色露地蔬菜5万亩、覆膜高粱3万亩、中药材8000亩。推动草牧业做大做强，年内全株青贮玉米种植稳定在17万亩、优质苜蓿2万亩、燕麦草1万亩、柠条等多年生牧草2000亩，奶牛优质饲草饲喂达到100%。实施规模健康养殖工程，全县奶牛存栏量稳定在8万头左右，年内建设棚圈4.5万平方米、青贮窖3万立方米，推进5个规模化奶牛养殖园区向牧场转型，提高养殖效益。同时，要毫不松懈抓好非洲猪瘟防控工作。

围绕“农村美”抓好美丽乡村建设。学习借鉴浙江“千万工程”经验，结合全省农村人居环境三年整治的开展，围绕“三点三圈三线”推进美丽乡村建设，着力开展拆违治乱、农村生活垃圾治理、农村生活污水治理、农村厕所革命、卫生乡村建设行动，年内完成玉井镇、马营乡、安荣乡等5个乡镇垃圾转运站建设，在5个乡镇的12个村实施农村生活污水处理项目，建设美丽乡村示范村13个、村容村貌提升村13个。结合“三基建设”逐步改善乡镇办公条件，完成吴马营、古城、张家庄、后所等4个乡镇办公用房改造。改善农村生产生活条件，推进110公里“四好农村路”、15公里三大板块旅游路、12公里县乡道路建设；开工建设农牧交错带桑干河灌区故驿片区高效节水灌溉和白坊、东双山节水灌溉工程；完善平山右引黄工程进村入户工程；改造升级7个村配电网20公里，新建及改造配变13台2300千伏安。坚决抓好“大棚房”专项整治。

围绕“农民富”抓好农村各项改革。全面推进农村集体资产、资源、资金“三资”清产核资工作，科学确认农村集体经济组织成员身份，推动农村集体经营组织完成集体产权制度改革，加快运行农村产权交易市场。加快推进供销合作社综合改革，积极开展“三位一体”综合合作。推动土地改革，用足用活土地政策，积极推进城乡建设用地增减挂钩、农村凋敝宅基地改革、工矿废弃地改革，加大造地力度。同时，要引导新型农业经营主体快速健康成长。

围绕“质量优”实施品牌强农战略。持续推进全省有机旱作农业示范县建设，围绕乳品、杂粮等优势产业，开展标准化工作试点，加大特色农产品“三品一标”认证力度，年内认证面积达到3万亩以上，着力在提升质量、提高品位上下功夫，打造黄花梁富硒有机旱作农业基地，高标准组织好在我县召开的全省有机旱作农业示范创建现场观摩会。推广“互联网+现代农业”，鼓励龙头企业布局建设种、养、加与物流相配套的全产业链项目，推进与阿里巴巴集团的战略合作，支持惠牧源农牧专业合作社联合社、鑫霏小杂粮深加工电子商务运营中心、兴农电子商务有限公司等新兴农业市场主体发展壮大。加强品牌建设，进一步扩大“古城”乳品、“醇膳”燕麦、“桑干河”杂粮等品牌的知名度，打造“塞外火山土”“雁门香”小米品牌，争创“中国富硒小米之乡”。

（七）坚持高标准抓好生态建设，续写绿色发展新篇章。深入践行“两山”理论，坚决打好污染防治攻坚战，牢牢守住环保底线和生态红线。

大力推进造林绿化。按照“南山经济林、西山生态林”的总体布局，扎实推进京津风沙源治理、省级京津冀生态屏障、省级重点区域造林、县区造林等工程项目，年内完成整体营造林5万亩。继续推进西山矿山生态修复工程，逐步恢复矿石开采破坏的生态植被。

坚决打赢蓝天保卫战。围绕“转型、治企、减煤、控车、降尘”五个重点领域，全面完成涉煤企业堆场全封闭、场地全硬化、车辆清洗设施、装卸输送防尘设施、进出道路硬化保洁等“五项基本建设工程”，严防已取缔“散乱污”企业死灰复燃；继续推进清洁取暖工程，实施城中村及城边村集中供热改造，坚决取缔露天碳交易市场，扎实推进散煤治理，年内计划完成清洁取暖改造1.3万户，力争县城建成区清洁取暖覆盖率达到80%，农村清洁取暖覆盖率达到50%以上；继续开展散装物料和柴油货车专项整治行动，严厉打击超载超限运输违法行为；抓好县城建成区内建筑工地、拆迁现场、道路运输、混凝土搅拌站扬尘污染治理。加强农村秸秆焚烧和县城周边焚烧垃圾行为管控。

持续打好碧水攻坚战。扎实推进桑干河“清河行动”，严格落实“河长制”，坚持不懈开展水污染治理攻坚。年内重点实施桑干河河道综合治理工程，完成桑干河新区污水处理项目建设，做好县城污水处理厂提温提标工程扫尾工作，完成古城乳业集团污水处理提标升级改造工程；强化畜禽养殖污染防治；积极开展推广环境污染第三方治理；扎实开展乱占、乱采、乱堆、乱建“清四乱”专项整治行动，确保桑干河出境断面水质稳定达标。

统筹打好净土持久战。制定煤矸石、粉煤灰以及脱硫、脱硝、除尘产生固体废物堆存场所和危险废物贮存、处置场所整治方案；推进煤矿、洗选煤厂矸石处理场防扬散、防流失、防渗漏等设施建设；持续实施化肥减量增效和农药减量控害行动，加快畜禽养殖场资源化利用，推进土壤污染状况调查和工业企业用地、农用地详查工作。

深入推进环保督察问题整改落实。结合第二次全国污染源普查工作的开展，全面排查整治生态破坏、涉煤企业污染、城市环境、养殖污染四个方面的问题，对2018年中央第二环保督察组“回头看”交办群众反映的39件案件全面进行再梳理，确保整改工作不弄虚作假、不敷衍塞责、不出现反弹。对未完成整改的9件问题，要制定整改方案，明确时限标准，采取有效措施，确保整改落实到位。

（八）坚持高水平增进人民福祉，交出改善民生新答卷。坚持以人民为中心的发展思想，进一步加大民生投入，织密扎牢民生保障网，切实增强人民群众的获得感。

巩固提升脱贫成果。按照“已脱贫的要巩固、未脱贫的要攻坚、整体上要提升”总体要求，认真落实脱贫攻坚三年行动方案，对所有贫困退出村，贫困退出户持续跟进帮扶。统筹抓好产业扶贫和就业扶贫，因地制宜发展杂粮、中药材等特色扶贫优势产业，积极推进光伏、电商等扶贫产业；加大劳动技能培训力度，拓宽贫困劳动力就业渠道，保证产业脱贫成效得到全面巩固；深入实施生态扶贫项目，在增绿中实现增收；落实好教育资助、健康扶贫、社会救助等措施，保证扶贫政策的连续性和持续性；坚持扶贫扶志扶智相结合，变“输血”为“造血”，进一步激发贫困人口内生动力，确保脱贫攻坚工作不留死角、不落一人，贫困户的生活水平得到稳步提升。

办好公平优质教育。启动实施振兴山阴教育五年行动目标，围绕“一年打基础、三年见成效、五年进先进”，着力补齐我县教育短板。完善学前教育管理体制、办学体制和政策保障体系，幼儿园园长、幼儿园教师和保育园持证上岗率达到100%。巩固义务教育基本均衡县创建成果，探索建立县城和农村教师合理流动机制，推动城乡义务教育一体化发展。严格学校招生监管，实现均衡编班、均衡配置师资，消除“大班额”“大校额”和“择校热”现象；加快普通高中管理模式和育人模式改革，做好新高考改革制度准备工作，全面振兴高中教育；重视职业高中教育，加快校企合作办学模式改革步伐，提高“双师型”教师数量占比，为通过职教中心省级验收创造条件。继续加强与省教科院的合作，全面实施教育质量提升工程。优化师资结构，逐年补充学科紧缺教师，年内公开招聘优秀教师80名。加大教育投入，今年新增教育经费750万元，专门用于落实对教师的激励奖励。加强名校长、名师队伍建设，严控教师流失，确保教师队伍稳定。加强师德师风建设，坚决整治群众反映强烈的乱收费、乱补课、乱订资料“三乱”问题和班主任随意调换学生座位的现象。建立教育考核奖惩机制，对成绩突出的优秀校长和教师要给予奖励，评定职称给予优先考虑；对“庸懒散”校长和教师坚决调离或调整，形成全县教育事业持续健康向上发展的局面。

深化健康山阴建设。完成县乡医疗卫生机构一体化改革，加快推动信息化平台建设；完善医疗集团运行机制，开展人事管理和薪酬制度改革；继续加强医联体建设，提高基层医疗卫生服务能力，推进家庭医生签约服务；继续推进“三医联动”改革，建立医疗服务价格动态调节机制，实行医保总额打包付费；加强卫生人才队伍建设，逐年补招卫生系统缺编的医护人员；认真落实基本公共卫生服务均等化项目；加快发展健康服务业，推进医养和康养结合试点工作；年内县中医医院住院楼和山阴现代医院新建项目建成并投入使用。

推动文化繁荣发展。大力实施文化惠民工程，挖掘和弘扬传统文化，组织开展“送戏、送电影、送图书”下乡活动，满足人民群众多样化文化需求。完善体育基础设施，推进全民健身运动，对外开放山阴一中体育馆。加强文物和非物质文化遗产保护。加快推进二轮县志和年鉴编撰出版，力争年底前完成各项工作，实现“志鉴两全”。

做好社会保障工作。继续推进全民技能提升工程，稳定扩大就业创业，抓好建档立卡贫困人口、特困人员、军队退役就业困难人员、零就业家庭、残疾人员等就业困难群体的就业。继续推进全民参保和城乡居民基本医疗保险制度整合，在医保结算、社会保险转移接续等方面拓宽服务范围。实行城乡低保动态管理，落实好农村低保与脱贫攻坚的有效衔接制度。加快社会养老服务体系建设，着力保障城乡特困户和其他特困人群基本生活，积极推进山阴县中心敬老院和社会福利院项目建设，再建一批农村老年日间照料中心。

（九）坚持高警觉防范化解风险，创造安全稳定新环境。树立底线思维，强化问题导向，坚决打好防范化解重大风险攻坚战，营造人民满意的生产生活环境。

坚持不懈抓好安全生产。时刻紧绷安全生产这根弦，压实“党政同责、一岗双责、企业（单位）主责、失职追责”责任体系，以消除事故隐患、控制事故发生为目标，以强化安全生产执法为抓手，以完善安全生产责任体系、健全风险和隐患双重预防机制为重点，坚决杜绝重大事故，力争消除较大以上事故，实现事故总量和死亡人数双下降。重点抓好煤矿、非煤矿山、道路交通、危化品、食品药品、建筑施工、人员密集场所、特种设备等重点行业领域的安全生产专项整治，促进全县安全生产形势持续稳定好转。

积极稳妥防范和化解金融风险。强化债务风险防控，规范政府举债行为，妥善处置存量，严控债务增量，开展不良贷款清降专项行动，确保金融和政府债务风险可控。普及金融知识，严厉打击非法集资、金融诈骗等违法犯罪行为，持续稳定金融秩序，坚决守住不发生系统性金融风险底线。

加强和创新社会治理。以创建“平安法治山阴”为目标，持续开展“666平安创建”工程，创造性地借鉴推广“枫桥”经验，健全完善社会治安综合治理长效机制，提升城乡基层社会治理水平；推进“雪亮工程”建设，实现乡镇、农村、重点场所视频监控全覆盖，增强社会治安动态管控能力。加强和改进新形势下的群众工作和信访工作，规范信访秩序，源头化解信访积案，依法处置缠访闹访行为，最大限度消除不和谐因素。妥善处置各类突发事件，有效化解各类社会矛盾，维护社会和谐稳定。持续推进“扫黑除恶”专项斗争，严厉打击各种违法犯罪行为，不断提升人民群众安全感。加强国防动员体系建设，推进军民融合深度发展，完成“省级双拥模范县”创建工作。

三、加强政府自身建设

各位代表，中国特色社会主义进入新时代，山阴高质量发展迈上新征程。新形势、新任务对政府工作提出了新的更高要求，我们必须始终围绕“忠诚、干净、担当”，恪尽职守、奋发有为，抢抓机遇、苦干实干，倾力打造人民更加满意的服务型政府，以一流的作风、一流的业绩兑现向全县人民的承诺。

（一）坚定坚决讲政治。坚持用习近平新时代中国特色社会主义思想武装头脑，增强“四个意识”，坚定“四个自信”，做到“两个维护”。全面贯彻党的基本理论、基本路线、基本方略，确保中央大政方针以及省委省政府、市委市政府和县委重大决策部署不折不扣地落地见效。持续推进“两学一做”学习教育常态化制度化，认真开展“不忘初心、牢记使命”主题教育和“改革创新、奋发有为”大讨论活动。

（二）对标对表抓落实。坚决破除“小进即满、小富即安”的思想，对标找差距、对表抓落实。坚持说实话、谋实事、出实招、求实效，大力学习弘扬右玉精神，倡导“定了就干、马上就办，你追我赶、真抓实干”的作风，真正把纸上写的、会上定的，一个一个盯实、一件一件落实，以钉钉子精神做细做实做好各项工作，高标准、高质量推动改革发展稳定。

（三）担责尽责破难题。山阴正处于加速发展的爬坡期、转型发展的阵痛期、振兴发展的机遇期，我们必须要迎难而上、主动作为，敢于面对难事，勇于接受挑战，善于化解矛盾。要进一步强化机关作风效能建设，下大力气整治当官不作为、当差不干事的问题，下大力气整治“中梗阻”问题，打造在其位、谋其政、尽其责、倾其力的良好政治生态。

（四）依法守法重规矩。严格按照法定权限、法定程序履行职责。健全依法决策、科学决策、执行坚决、监督有力的运行机制，制定完善政府工作规则和各项规章制度，确保各项决策和工作更加符合发展实际、更加符合群众愿望。始终与县委同心同德、同向发力、同频共振，确保政令畅通、令行禁止。依法接受人大及其常委会的法律和工作监督，自觉接受政协的民主监督，全面接受监察监督，主动接受社会和舆论监督，让政府工作在法治轨道上稳步前行。认真办理人大代表意见、建议和政协委员提案，切实做好“13710”政务督办和“12345”政务热线反馈事项。

（五）勤政廉政作表率。严格落实全面从严治党要求，始终把纪律和规矩挺在前面，履行党风廉政建设主体责任和“一岗双责”。坚决落实中央八项规定精神，驰而不息纠“四风”。深化政务公开、财政预决算公开和绩效管理，加强对政府采购、工程招投标、财政资金使用等重点领域、关键环节的监督管理和风险防控，打造“阳光政务”。加强审计监督，厉行勤俭节约，严控“三公”支出，提高财政资金使用效益。严惩侵害群众利益的不正之风和腐败问题，树立干部清正、政府清廉、政治清明的良好形象。

各位代表！发展蕴含希望，奋斗赢得未来；没有等出来的精彩，只有干出来的辉煌。让我们在县委的坚强领导下，以高度负责的敬业精神、锐意进取的务实举措、干事创业的责任担当，不忘初心、牢记使命，脚踏实地、奋勇争先，为加快建设富裕和谐美丽新山阴而努力奋斗，以优异的成绩向新中国成立70周年献礼！

后　记

山阴县修志早在明朝崇祯时期，县令刘以守主编的《山阴县志》，也是现存于世唯一山阴最古老的志书。新中国成立后第一次修志是李志斌、黄冀主编的《山阴县志》于1999年出版印刷，下限至1997年，全书百万余字。按照《地方志工作条例》规定，凡20年修志一次。2009年，中央、省、市相继召开会议，安排部署建国后全国省市县三级二轮修志工作，要求“志鉴两全”（省市县志书、年鉴）目标2020年全覆盖。2013年朔州市召开了“志鉴两全”目标促进会，会上分管副市长与各县（区）分管副县（区）长签订了责任状，并安排各县区修志编鉴工作。中共山阴县委党史研究室（山阴县地方志研究室）原山阴县史志馆（以下简称党史研究室）在推进全县二轮修志工作上举步维艰，由于各种原因未能及时启动。党史研究室尽力而为，设置二轮修志篇目，在黄冀的大力帮助下几易其稿，充分做好修志前提工作。2016年，在全省二轮修志大潮推动下，党史研究室奋力推进山阴县二轮修志工作，在省委、省人大、省政府全力督导检查促进下，中共山西省委党史研究院（山西省地方志研究院）原省地方志办公室（以下简称省史志院）每月通报全省二轮修志情况。本县位列全省未启动县志的十八家市县区之一。2016年10月，山阴县召开了二轮修志动员及部署会议，二轮修志正式启动。县志篇目是志书总体设计的框架，首先要做的是编撰篇目。2017年5月4日省史志院志鉴“两全”目标推进会之后，史志馆侯志林、曹宝文以落后县（区）参加阳高县志评审会进行学习，5月14日又与贾常春一行三人到省史志院市县志处，请马正英处长帮忙修改篇目。篇目设置前后经过10余次的修改，最终形成征求意见稿和资料收集编纂稿两个版本，征求意见稿下发各单位征求意见，资料收集编纂稿下发各单位编修人员用于指导资料的收集和编纂。

2017年6月2日召开二轮修志资料收集编纂培训会，聘请省史志院市县志处处长马正英、市志办主任蔚铭对县志各承修单位的资料编辑人员进行业务培训。印发山西省第二轮修志行文规定、资料的收集整理、资料汇编若干要求、县志撰稿基本知识等学习资料，为提高志书整体质量奠定坚实基础。业务培训中，各单位编修人员都关注《方志山西》微信公众号，进一步提高对修志工作的认识和参与度。为使全县各界提高参与二轮修志的意识，营造浓厚修志氛围，激发修志热情，山阴县在政府官网、电视台、广告大屏等媒体发布二轮修志征稿公告，号召全社会踊跃投稿，积极参与修志。同时加强对资料收集工作的督促，成立二轮修志资料收集编纂领导组，下设5个联络指导小组分别联系指导全县各县志编修单位。

2017年9月，根据山阴县实际情况，县政府决定《山阴县志（1998—2016年）》编纂工作由山阴县史志馆牵头负责，聘请北京江海成志文化传媒有限公司协助承编，各县志编修单位按《山阴县志（1998—2016年）》篇目分解表的要求，完成各自的资料收集和撰稿任务，党史研究室负责制定方案、协调指导、评议审查、理论研究。负责省、市评审会议的召开及省院对志稿的终审，负责几次评审后志稿的修改检查与督促，并编纂部分篇章和全志合成，负责出版社三审志稿的修改。

编纂过程分准备工作、搜集资料、总纂合成和审查出版5个阶段。一、准备阶段（2016年10月—2016年12月）主要任务是制定编纂方案，拟订篇目，组建编修队伍，开展业务培训，进行舆论宣传。二、搜集资料阶段（2017年1月至2017年6月）主要任务是广泛搜集资料（包括文字、图片等），并对资料进行系统整理、考证和补充，各指导小组督促各单位完成资料收集与编辑报送工作。三、初稿起草阶段（2017年7月至2017年12月）主要任务是党史研究室对资料长编进行梳理和研究，撰写志书初稿，志书初稿约360万字。四、总纂合成和初审再审阶段（2018年1月至2019年10月）主要任务是党史研究室对初稿进行总纂合成，然后广泛征求意见，反复修改，形成送审稿，报市党史研究室进行初审，修改后报省地方志办进行再审评审。由省、市参加审稿的专家、领导、相关县级领导、编纂人员参加为期两天的评审会议。评审结束后按照要求进行修改，再报省史志院进行终审评审，终审意见修改完成，志稿修改补充完善后报省、市、县批准出版印刷。五、出版印刷：修改后的志稿打印成册送出版社，并申请、签署出版合同，经出版社三次审稿，三次修改形成定稿交印刷厂按规定印刷。

《山阴县志（1998—2016年）》的编著是一项浩繁的工程，是一个时间长、难度大的系统工程，在县志编纂过程中的各个环节倾注了大量人员的心血。我们十分感谢省地方志领导与专家，院长张志仁三次莅临本县，首次与省人大普法检查，二次与杨颖、郝世文、焦永萍、董建云对编撰进度进行督查，第三次召开评审大会。高生记处长一行对志鉴两全进行督查。县志两次评审，指导专家副院长刘益令、副院长钟启元、副巡视员马正英、处长刘辉等16人，市地方志主任蔚铭等6人参加评审并出席评审会议。省市专家逐字逐句审、改、评，专家领导对志稿存在的问题提出了中肯宝贵的意见。终审时省专家接受咨询，再次提出修改意见。在此对全县各乡镇，县直各单位，条管及驻县单位，人民团体，对所有为续修县志付出心血的领导专家和各界同志致以真诚的谢意。特别感谢文联黄冀、县委办郭东升，张连、李刚、组织部卢文权、刘建龙、李晋文，人大常委会办公室陈续，政府办公室闫志民，白杨、门建石、刘振国，团委曹宝文、政协办公室赵晋虎、魏志旻、统计局闫绪斌，档案局魏素梅、马森莲、税务稽查分局王茂盛等。退休干部董永国、韩耀光、兰思蓁、王守恒等等各行各业的的方志爱好者，在资料提供、编辑校对等各方面给予了大力支持和帮助，有识之士在此不能一一列举致谢，值志书出版之际，在此一并致以最大诚意和衷心的感谢。

2019年4月，《山阴县志（1998—2016年）》终审稿基本完成，送交省史志研究院评审。2019年7月评审意见和建议返回，10月完成修改。山阴县志的出版印刷得益于各界的鼎力相助。领导重视，全力支持，是顺利完成志书的根本保障；部门参与通力合作，是确保资料翔实的坚实基础。群策群力，众手成志，是志书内容充实的重要途径；专家指导，上下联动，是确保志书质量的关键所在；潜心修志，辛勤耕耘，是按时保质完成志书的决定因素。由于水平有限，经验不足，加之其他因素，虽已尽心竭力，但认识毕竟有限。故纰漏错讹在所难免，恳请专家赐教，读者指正，留待以后修志时借鉴。

《山阴县志（1998—2016）》编纂委员会

2019年10月

二轮《山阴县志》供稿人员

（以姓氏拼音排序）

安　宁	安　玉	白彩云	白帼英	白文柱	白新亚	白　杨	白育佳	白云瑞
边　伟	曹宏宇	曹永栋	曹云霞	缠宏山	缠丽霞	廛嘉鑫	廛润平	车晶峰
陈翠英	陈计珍	陈礼斌	陈　续	陈雁萍	陈　瑛	程　毅	池利军	崔明伟
邸明盛	丁广厚	段　莉	段日贤	段秀东	段振海	樊晋川	樊晋阳	樊茂逞
樊兴宇	樊宇峰	樊志斌	丰贵宝	丰　杰	丰远新	丰　智	冯国良	冯建禄
冯培森	冯清龙	冯文广	冯晓斌	高冬梅	高文广	高永富	高　珍	耿志欣
谷文有	郭　晔	郭补栓	郭　浩	郭虹霞	郭建府	郭建山	郭金业	郭　君
郭　俊	郭　磊	郭连兵	郭　敏	郭明樑	郭全兵	郭少华	郭秀清	韩丙财
韩承祎	韩世功	郝春辉	郝金仙	郝义宁	何壮太	贺　朝	贺少栋	洪常利
侯　静	侯志林	黄宏娥	黄　冀	黄雯霖	季中伟	贾　荣	贾永权	蒋月斌
降　英	解洪明	解文宇	解晓东	解晓娟	荆　锋	景彩平	康继文	康志耿
兰春叶	兰恒昌	兰志亮	雷德江	李宝鑫	李　斌	李福平	李　刚	李　根
李国亮	李国鹏	李海虎	李汉兵	李建宝	李建忠	李江峰	李晋文	李　茂
李　明	李鹏飞	李日旭	李蓉蓉	李瑞兰	李世春	李双利	李卫东	李文峰
李晓东	李晓明	李晓宁	李晓鹏	李兴唐	李永东	李永平	李永章	李　勇
李志芳	李志鹏	李子杰	梁昌生	梁昌生	梁昌文	梁日军	梁　星	梁艳锋
林　杰	刘　功	刘海章	刘汉权	刘浩涛	刘　华	刘建国	刘建胜	刘九文
刘培武	刘　锐	刘向前	刘晓东	刘晓慧	刘鑫钰	刘应飞	刘　宇	龙海鹰
卢建华	卢　胜	卢彦斌	卢　永	卢　跃	落　军	吕斌增	吕恩泽	吕高立
吕剑君	吕耀云	吕迎祉	吕跃乐	吕志宇	马　晓	马成帅	马登华	马建东
马森莲	马维华	马兴宏	马永德	门建石	孟大旭	孟丽萍	孟宪忠	秘　密
牛世宝	牛文智	庞彦锦	庞彦武	祁生利	乔　盛	秦汉文	冉志强	任　君
任兴育	施莉香	石　磐	史鸿德	史涧萍	史俊龙	宋喜平	宋　毅	苏　美
苏振东	孙培峰	孙少燃	孙世民	孙增喜	唐尚云	陶占有	田雅茹	王彩虹
王常厚	王川雪	王　聪	王　发	王桂霞	王国和	王红英	王鸿雁	王继业

王建永	王　军	王灵芝	王　梅	王明峰	王明庆	王　平	王平家	王日乐
王日平	王世明	王　伟	王　喜	王小娟	王兴莉	王雄鹰	王秀文	王学龙
王永军	王永卿	王玉国	王泽邦	王志全	王志文	尉晓芳	魏胜明	魏玉彪
魏玉芳	魏志旻	温克军	温　磊	温日林	温日旭	吴春燕	吴　丹	吴建国
吴进章	吴小龙	吴永杰	吴宇纬	武龙山	武新忠	夏生军	夏文清	徐　震
徐恒峰	徐华峰	许永平	闫加彪	闫加春	闫文广	闫文平	闫晓春	闫晓敏
闫绪斌	闫宇生	闫志民	闫祖国	杨　芳	杨海鸣	杨　敏	杨　威	杨雪峰
叶　青	殷占东	尹护帮	尤卫章	于振江	苑　平	张冬梅	张继锋	张　凯
张　连	张　凌	张　龙	张　宁	张青云	张　汕	张守江	张万山	张文华
张文利	张亚璞	张　友	张志斌	张治中	张智勇	赵秉国	赵秉钧	赵秉忠
赵禀祯	赵贵卿	赵国军	赵继平	赵建德	赵锦霞	赵晋虎	赵军义	赵　凯
赵丽敏	赵良才	赵　平	赵日文	赵润国	赵生富	赵晓辉	赵学荣	赵　晔
赵永胜	赵裕家	郑冬生	钟军辉	周芳兰	周文友	周应梅	周志锐	朱志斌
朱志勇	祝启海	庄晓勇	宗显青					